(사)한국유통관리사협회 추천 교재
The Korea Distribution Managers Association

22년, 23년 최신개정판

이춘길 유통관리사 1급

- 최신 이론적용, 현장이론반영
- 최신 출제경향 · 실전난이도
- 최근 기출문제 완벽 분석

유통관리사 1·2·3급 전문양성교육
사단법인 한국유통관리사협회
www.kdma.kr | 02 353 6696

본서의 특징

01 유통관리사를 출제한 저자의 경험과 그동안 온라인과 오프라인을 통하여 오랜기간 수없이 많은 수험생들에게 강의한 내용 및 상담실에서 상담한 경험을 바탕으로 현재 유통관리사를 합격하기에 어떤 책이 가장 적합하고, 타당한지를 수험생입장에서 저술한 교재이기에 수험생이 보기에 부담 없고, 편한 이론을 전개하였다.

02 유통관리사 시험은 시중의 전문서적을 바탕으로 출제교수들이 문제화를 하기에 본서는 시중의 100여권이 넘는 전 기본교재 뿐만이 아니라 미국의 마케팅이론 책과 일본의 판매전문가자격증 책을 바탕으로 출제가능 부분만을 이론화하고 문제화 하였기에 적중도나 적합도 측면에서 다른 교재와는 비교할 수 없는 기본서가 될 것이다.

03 유통관리사를 공부하는 상당수의 수험생들이 아직도 독학으로 공부를 한다고 생각을 하여 가급적이면 전문수험용어를 듣기에 편하고, 보기에 쉬운 수험용어로 배열을 하여 공부를 하는데 부담감을 없애는데 많은 노력을 하였으며, 영어단어의 내용도 가급적 시험을 벗어난 이론은 배제를 하여 자신감을 향상시키고자 노력을 하였다.

2판발행 2022년 1월 20일 | 2판인쇄 2022년 1월 15일 | 저자 이춘길
펴낸이 이경숙 | 펴낸곳 명품출판사 | 등록번호 311-2012-000032
주소 서울시 은평구 통일로 1010 포레스트게이트 2521호 | 전화 02-385-2002 | 팩스 02-384-2030
Email : luxurybooks@naver.com | Homepage : www.luxurybook.co.kr

ISBN 979-11-86999-11-0-13320

값 49,000원

머리말

21세기는 분명 경쟁의 시대다. 특히 급속한 산업의 발달로 인하여 보이지 않는 정보화 시대에서 앞서 가는 자 만이 21세기의 새로운 강자로 떠오르게 될 것이다. 현재 국가적인 차원에서 우리나라를 동북아 물류 중심지인 허브(Hub)로서의 역할을 하기 위하여 신공항과 신항만 등을 계속 확충해 가고 있다. 어찌 보면 정보 그 자체도 어떤 때 어떤 방법으로 사용하는 것을 먼저 알아야 정보로서 가치가 있듯이 정보를 창출하고 전달하는 역할을 수행하는 사람들은 분명 그 시대의 중심에 서 있게 마련이다. 유럽을 정복한 칭기즈칸에게 빠르게 기동성을 갖출 수 있는 말이 없었다면 어찌 세계를 정복했겠는가. 13세기의 칭기즈칸은 21세기의 유통관리사라고 할 수 있다.

유통관리사라는 자격증은 분명 자격증 그 자체 이상의 가치를 지니고 있으며 단순한 자격증이 아니다. 현 시대는 자격증의 시대이지만 자격증도 나름대로의 가치를 가지고 있는 것이다. 유통관리사는 국내 1200여개의 자격증 중에서도 30위권에 드는 국가자격증이다. 매년 4월, 7월, 10월에 3회 실시하는 유통관리사는 아직은 수요에 비해 공급이 부족한 상황이므로 지금 자격을 취득하는 것이 최적의 상황이 아닌가 생각이 든다.

현재 유통업체는 1984년부터 신규 회사형 연쇄화(連鎖化)사업자는 5명이상, 가맹점형 사업자는 3명 이상의 유통관리사를 확보해야 한다고 규정하여 권장하고 있다. 또한 '지식경제부장관, 지방자치단체의 장은 유통관리사를 고용한 유통사업자 및 유통사업자단체에 대하여는 그렇지 않은 단체 등에 우선하여 자금 등을 지원 할 수 있다'는 법규의 내용을 보더라도 유통관리사의 전망은 아주 밝다고 할 수 있다.

유통관리사시험은 1982년 판매사로 시작하여 2004년 유통관리사로 자격증명칭이 변경이 되었으며, 2012년부터는 기존의 4지선다에서 5지선다형으로 새로이 출제가 되었고, 2013년 부터는 기존의 200문항에서 100문항으로 줄었지만 지문이 길어짐에 따라서 수험생들이 나름대로는 수험 전략을 확실히 세워서 나가야 합격하는데 문제가 없을 것이다.

따라서 본 저자는 이미 유통관리사를 출제교수를 역임한 경험을 바탕으로 수험생들에게 앞으로 출제될 새로운 이론까지 충분히 교재에 반영을 했으며, 지금까지 출제된 모든 기출문제를 완벽히 분석하여 빠짐없이 반영을 했으므로 유통관리사를 공부하는 수험생들에게 분명히 커다란 도움이 되리라 생각한다.

2022년 협회 교재연구실에서 한국유통관리사협회 대표교수 이춘길 씀

유통관리사 (Distribution Manager)란?

(1) 유통관리사란?

유통업체의 전문화, 대형화와 국내 유동시장 개방으로 판매 · 유통전문가의 양성이 필수적으로 인식하게 되었다. 소비자와 생산자간의 커뮤니케이션, 소비자 동향 파악 등 판매현장에서 활약할 전문가의 능력을 평가하는 국가자격 시험에 합격한 자를 '유통관리사'라 한다.

(2) 유통관리사의 전망

현재 한국 기업들의 유통환경은 거센 변화의 바람이 일고 있으며, 유통업체의 전문화와 대형화, 기업형슈퍼마켓(SSM)과 골목길소상공인들 간의 갈등, 온라인 업체와 오프라인업체 간의 고객쟁탈전, 할인점 업태의 포화상태와 백화점업태의 쇠락, 지나치게 많은 창업을 하는 청년들과 퇴직의 베이비부머들 등 많은 유통업의 환경과 기업환경의 급격한 변화가 이루어지고 있다. 따라서 최소한의 유통지식을 갖추지 못하면 어디에서도 생존이 힘들다는 것을 보여주는 것이 유통환경이고 유통환경상의 변화는 그 파급범위와 영향이 심대할 것으로 보인다.

유통환경의 변화는 유통기능을 직접 수행하는 유통기구들은 물론 이들을 통하여 자사의 상품을 소비자 및 구매자들에게 전달하는 제조업체와 이들로부터 상품과 서비스를 제공받는 소비자들 모두에게 영향을 미친다. 따라서 유통 물류회사의 종합적인 관리책임자인 '유통관리사'는 대기업, 외국계 기업, 백화점, 대형 할인마트, 관공서 등을 비롯해 각 유통업체와 도매시장에서 책임자로 근무할 수 있어 취업 전망이 밝을 뿐 아니라 대부분 간부직원으로 근무할 수 있어 폭발적인 인기를 얻고 있다. 정부가 종업원의 일정비율 이상을 고용하도록 의무화하고 있을 뿐 아니라, 관련 업체에서도 유통관리사 확보에 열을 올리고 있어 취업전망은 양호하다.

(3) 주요 업무

소비자와 생산자 간의 커뮤니케이션과 소비자의 동향을 파악한다.

유통관리사 1급	유통업체의 경영자, 지점장급으로 경영 담당, 컨설턴트로 경영자문 역할
유통관리사 2급	유통업체의 매장 주임이나 감독자, 실장, 과장급으로 일선관리업무 담당
유통관리사 3급	고객을 직접 상대하는 일반판매원으로 고객응대업무 담당, 관리자보조업무

(4) 진출 분야

① 정부기관과 각 지방자치단체
② KBS, MBC 등 공중파방송과 홈쇼핑업체
③ 월마트와 같은 글로벌 유통업체와 물류업체
④ 전국의 대형 백화점과 대형할인점
⑤ 유명제조업체의 유통부서와 물류부서
⑥ 컨설팅업체와 같은 서비스제공업체
⑦ 전국의 수많은 물류센터 · 농 · 수 · 축협의 유통 관련 부서
⑧ 각 택배회사 및 물류 운송회사
⑨ 공항 · 부두 등의 물류 선적 및 하역 부서
⑩ 고속버스 터미널의 물류 부서
⑪ 각 대기업의 물류 관련 부서
⑫ 각 공장의 물류 관련 부서
⑬ 의류 · 보석 · 운동용품 · 서적 · 가전제품 · 가구 · 컴퓨터 · 한약재 · 포목 · 자동차 · 신발 · 목재 · 완구 · 철강제품 · 사무용품 · 화훼단지 · 농축산물 · 의약품 등의 도매시장에서 유통관리분야 및 물류관리 분야의 책임자로 근무

(5) 시험 실시

① 주관 : 산업통상자원부
② 시행 : 대한상공회의소
③ 교육 : (사단법인)한국유통관리사협회(02-353-6696)

(6) 응시 자격

① 유통관리사 1급

㉠ 유통분야에서 7년 이상의 실무경력이 있는 자
㉡ 유통관리사 2급 자격을 취득한 후 5년 이상의 실무경력이 있는 자
㉢ 중소기업진흥 및 제품구매촉진에 관한 법률 제31조 제1항의 규정에 의한 경영지도사 자격을 취득한 자로서 실무경력이 3년 이상인 자

② 2급, 3급 : 제한 없음

(7) 시험 과목

등 급	시험방법	시험과목	문항수	출제형태	시험시간
1급	필기시험 (5지선다형)	유통경영 물류경영 상권분석 유통마케팅 유통정보	10 10 10 10 10	객관식 (100문항)	100분
2급	필기시험 (5지선다형)	유통 · 물류일반관리 상권분석 유통마케팅 유통정보	25 20 25 20	객관식 (90문항)	100분
3급	필기시험 (5지선다형)	유통 상식 판매 및 고객관리	20 25	객관식 (45문항)	45분

(8) 합격결정 기준

매과목 100점 만점에 과목당 40점 이상, 평균 60점 이상(절대평가)

(9) 접수방법

1급 : 시험장지역 상공회의소에 방문접수만 가능(최초현장접수이후는 인터넷접수가능)
2,3급 : 인터넷접수가 원칙(단, 접수기간중 해당지역 상공회의소 방문접수가능)

(10) 검정수수료

27,000원(부가세 포함, 인터넷접수시 수수료는 제외)

(10) 시험시작시간

⊙ 필기시험 입실시간(시험시작시간)

- 1급 : 09 : 00
- 2급 : 09 : 00
- 3급 : 11: 10

⊙ 필기시험시간

- 1급 : 09 : 15 ~ 10 : 55(100분)
- 2급 : 09 : 15 ~ 10 : 55(100분)
- 3급 : 11 : 25 ~ 12 : 10(45분)

목 차

제1과목 유통경영

목 차

제2과목 물류경영

제1장 물류 관리 · 0262

제2장 물류 기능 · 0334

제3장 소매 물류 · 0460

목 차

상권분석

제1장 상권조사 · 0522

제2장 소매입지와 입지선택 · 0609

제3장 점포개점전략 · 0696

각 과목별 수험전략

① 제1과목:유통경영

㉠ 유통경영은 크게 조직론, 재무이론적인 측면이 출제에서 가장 많이 출제가 된다. 또한 인사관리의 세세한 이론과 유통관련 법규의 내용이 자주 출제되고 있다.

㉡ 유통의 순수한 이론보다는 경영적인 측면에서 접근을 하는 것이 유리하고, 제품별 직접이익, 계정과목, 인적자원관리시스템, 임금형태, 인사조직 관련 용어, 동기부여기대이론, 직무특성모델, 의사결정과 관련된 것 등이 주로 출제되고 있다.

② 제2과목:물류경영

㉠ 물류관리론의 전반적인 이론이 대부분 출제가 된다. 물류일반, 운송론, 보관하역론, 국제물류, 물류관련 법규 등의 내용을 전체적으로 요약하여 반복 학습을 하는 것이 합격에 유리하다.

㉡ 기업물류비 산정지침, 물류의사결정지원시스템, EOQ, 물류센터의 입지, 물류조직, 재고관리기법, 포장, 컨테이너 하역방식, 물류관련법규, 신속 대응(QR), 보세운송, 보관과 관련된 각종 원칙 등이 즈로 시험에 출제가 되므로 이런 부분을 집중적으로 학습을 해야 한다.

③ 제3과목:상권분석

㉠ 상권분석은 소매입지와 점포 선택 및 상권조사로 구성되어 있다. 이중 소매입지, 점포개점 부문에서 약 40% 가량 출제되고 있으며, 그 외에서 60% 출제가 되고있다.

㉡ 상권분석 기법들, Huff모델, 상권 및 입지분석과정, 컨버스(P. D. Converse)이론, 입지배정모형, 지리정보시스템(GIS), 점포개설과정, 권리금, 상권의 범위나 일반적인 특성, 회귀분석모형, 회귀분석 모형, 지수법(index), 용적률과 건폐율 등을 명확하게 학습을 해야한다.

③ 제4과목:유통 마케팅

㉠ 유통 마케팅은유통마케팅 전략기획, 점포관리, 상품판매와 고객관리, 마케팅 조사와 평가 등으로 구성되어 있으며 이러한 부분은 크게 범위를 넓힌 부분이다.

㉡ 제품의 유형, 브랜드, 제품의 유형, 원가와 이익, 마케팅전략, 시장세분화 과정, 판매원의 대응방식, 커뮤니케이션, 서비스수명주기, 가격결정 방식들, 판매촉진 방법, 카테고리관리, TV홈쇼핑, High/Low 가격전략과 EDLP 가격전략 등의 내용을 박복학습해야 한다.

④ 제5과목:유통정보

㉠ 유통정보는 유통정보의 이해, 지식 경영, 유통 · 물류정보시스템과 활용, 전자 상거래 등의 구성요소를 중심으로 각각의 세부적인 내용을 확인해야 한다.

㉡ 가치사슬 활동, 유통정보시스템, CRP, 전자자료교환(EDI), 전자상거래, GS1 표준기반, 회귀분석, 빅데이터 구축, VAN, 정보화 사회, 웹 요소기술 용어, 핀테크(FinTech), 지식, 인공지능(AI) 기술, RFID, 보안설정기법, 퍼베이시브 컴퓨팅 등의 내용을 박복학습해야 한다.

유통관리사1급

01 유통경영

Chapter 1 조직관리

01 조직 이론

1. 조직(Organization)의 정의

(1) 조직(Organization)의 정의

① 조직(organization)이란 개개의 요소가 일정한 질서를 유지하면서 결합하여 일체적인 것을 이루고 있는 형태를 말한다. 그런 의미에서 모든 사회현상이 조직을 가지고 있다고도 할 수 있다. 즉 현대 사회는 조직 사회라고 할 수 있다.

② 조직이라는 용어는 접근하는 시각에 따라 다양한 의미로 이해되고 있다. 사회과학적인 입장에서 보면, 조직은 공식적 집단의 협동체 혹은 공식적 조직뿐만 아니라 집단활동에 있어서 인간과 인간의 관계를 의미하기도 한다.

③ 공식조직이란 기업뿐만 아니라 학교, 병원, 군대, 노동조합 등 여러 목적을 갖는 집단으로 그 존재를 인식할 수 있다. 이러한 관점에서 볼 때 인간을 집단을 형성하고, 그 집단이 목적을 갖는다는 점이 조직연구의 출발점이 된다.

④ 대부분의 인간은 조직에서 죽게 되며, 매장될 때에는 가장 큰 조직인 국가의 공적인 허가를 얻어야 한다. 이와 같이 인간은 조직에서 태어나 조직과 더불어 살다가 조직에서 죽게 되는 조직의 시대에 살고 있다. 현대 사회는 조직의 사회요, 현대는 조직의 시대라고 정의할 수 있다.

⑤ 조직이란 목표를 달성하기 위한 인간의 결합 형태로서, 이러한 목표 달성을 위하여 계층제 구조와 분업 및 조정이 이루어지는 형태이며, 환경과 상호 작용하여 사회적 기능을 수행하는 사회체계를 의미한다.

⑥ 조직은 목표를 가진 존재이며, 그 목표는 구성원들의 개인적 목표와 다를 수 있고, 조직은 식별 가능한 경계를 갖고 있어 어떤 요소가 조직의 안에 있고, 또 밖에 있는지를 식별하게 해주며, 조직은 의도적으로 구조화된 활동 체계라고 할 수 있다.

(2) 조직(Organization)에 대한 일반론

① 조직의 사전적 의미는 기업 · 학교 · 노동조합 등 2명 이상의 사람들이 공통 목표를 달성하기 위해 통일적인 의지 아래 협동해나가는 행위의 체계라는 의미가 강하다. 조직은 개인 없이는 존재하지 않으며, 단순한 개인의 총화(總和)이상으로 개인의 퍼스낼리티에 주목하는 것만으로는 해명할 수 없는 고유의 현상이나 특징을 나타낸다.

② 현대사회는 조직사회라고 할 수 있다. 우리는 조직에서 태어나 조직에 의해 교육되고 인생의 대부분은 조직을 위하여 일하는 데 보내게 되며, 여가의 대부분을 조직에서 소비하고 생활하며 보낸다.

③ 조직의 참가자를 조직의 성원이라고 한다. 조직이 존속하기 위해서는 목표 달성, 성원의 욕구 충족, 성원의 공헌 확보, 협동을 위한 수단 확보 등의 과제가 사회적 환경이 부과하는 제약 속에서 계속해서 충족되지 않으면 안 된다.

④ 공식조직이란 기업뿐만 아니라 학교, 병원, 군대, 노동조합 등 여러 목적을 갖는 집단으로 그 존재를 인식할 수 있다. 이러한 관점에서 볼 때 인간을 집단을 형성하고, 그 집단이 목적을 갖는다는 점이 조직연구의 출발점이 된다.

(3) 조직의 유효성(Organizational effectiveness)

① 조직의 유효성을 효과성이라고도 한다. 일반적으로 유효성은 경영자가 그의 직위(position)에서 요구되는 생산량(output)을 실현해 내는 정도라고 정의된다.

② 유효성은 조직이 그의 목적을 달성하는 정도라고 하는데 이는 목표 성취면에서 본 성공정도와 일치하며, 그것은 경영자가 조직에서 무엇을 하는가가 아니고, 무엇을 성취하는가에 그 본질적 특성이 있다.

③ 유효성은 경영자가 상황을 어떻게 잘 관리해서 그것을 목표로 하는 바를 보다 많이 성취해 내느냐에 따라 그 수준이 실현될 수 있기 때문에 그것은 투입이 아닌 산출로서 나타나게 된다.

④ 조직의 유효성에 있어서는 질(quality)이 아니고, 양(quantity)이 중요하다. 유효성은 경영자가 상황을 어떻게 잘 관리해서 그것을 목표로 하는 바를 보다 많이 성취해 내느냐에 따라 그 수준이 실현될 수 있기 때문에 그것은 투입이 아닌 산출로서 나타나게 된다. 따라서 이 개념에서는 성취(performance)가 대단히 중요하다.

(4) 조직의 능률(Organizational efficiency)

① 조직의 능률에 대해서는 효율성이라고도 한다. 능률은 투입(input)에 대한 산출(output)의 개념으로 나타낼 수 있다.

② 적은 노동력과 물자를 투입하여 더 많은 산출을 얻을 때를 효율성이라고 한다. 즉, 일을 하는 방법에 관한 것이며, 특정의 일을 할 가치가 있는지 없는지와 같은 문제와는 무관하다.

③ 조직에서는 유효성이 중요하지만 유효성만을 강조하다 보면 효율성이 떨어질 수도 있다. 그 결과 인적 · 물적 자원의 낭비를 초래하게 된다. 반대로 효율성이 높은 경우라도 비유효적일 수도 있다.

④ 관리자는 주어진 일을 효율적으로 수행하는 것도 중요하지만 일을 할 가치가 있는 것을 찾아내고 모든 자원을 동원하여 노력을 집결하도록 하는 것이 중요하다.

⑤ 조직이 인간의 감정이나 비합리적인 요구를 무시한 채 합리성이나 경제성의 원리로만 관리될 때 그것을 종업원으로부터의 참된 협동을 통한 성취를 구할 수 없게 된다. 여기에서 사회적 유효성의 지표로서 성원의 만족을 중심으로 하는 조직풍토의 지표가 대두된다.

⑥ 사회적 유효성 변수의 추구에 의하여 성원의 만족을 보장할 수 있을 때, 이는 조직의 능률(efficiency) 지표가 된다. 구성원의 유효한 성취를 통해서 조직은 그것이 추구하는 성과실현을 더 잘할 수 있고, 개인도 성취를 통한 직무에의 만족과 보상을 얻음으로써 그가 갖는 직업인으로서 생의 보람을 키울 수 있다.

2. 조직구조(Organizational Structure)의 내용

(1) 조직구조(Organizational Structure)

① 조직구조란 조직의 목표달성을 위한 구성원의 배치라고 할 수 있다. 이러한 배치에 따라 기업의 형태와 구조가 결정된다. 따라서 모든 기업 구조의 기본적인 목적은 기업목표를 달성하기 위해 가장 효율적인 방법으로 인적자원을 배치하는 것이다.

② 현대적인 대규모 조직이 출현하여 인간의 생활에 커다란 영향을 미치기 시작한 것은 그리 오래되지 않았다. 현대 조직이 나타나기 전에는 사람들이 자신의 일을 관리할 수 있었기 때문에 전문적인 관리자가 필요하지 않았다.

③ 조직구조는 조직구성원의 '유형화된 교호작용(patterned interaction)'의 구조를 말한다. 조직구성원들은 조직 목표를 달성하기 위해 서로 협동하면서 끊임없이 상호 작용을 계속하는 바, 이러한 계속적인 교호 작용 속에서 조직구성원들의 행위의 유형이 형성된다.

④ 조직 내의 수평적 분화 및 수직적 계층에 따라 다양한 형태를 띤 대표적인 조직구조는 베버(M.Weber)가 제시한 관료제 조직으로 분업화와 집권화 및 공식화 정도가 높은 조직 형태이다. 그 밖의 조직구조로는 애드호크라시(adhocracy) · 사업부제 조직 · 직능 조직 · 행렬조직 등이 있으며, 기계적 조직과 유기체적 조직으로 나눌 수 있다.

⑤ 현대 사회에 존재하는 대부분의 조직은 대다수의 사람들이 이해하기 어려울 정도로 복잡하다. 조직이 이와 같이 복잡한 이유는 다양하다. 조직이 사람들에 의해 구성되어 있고, 아직까지 인간 행태를 이해하고 예측하는 능력에는 한계가 있기 때문이다.

⑥ 서로 다른 개인 집단, 조직 간의 상호 작용이 대단히 복잡하기 때문이다. 특히 대규모 조직에서의 사람들, 단위 조직, 기술, 목표 및 환경 간의 관계는 실로 복잡하게 얽혀 있다. 이러한 현상은 조직과 조직의 관계에서는 더욱 악화된다.

(2) 조직의 행태별 분류

① 조직은 기술과 지식에 따라 기능적 집단(functional groups)을 구성할 수 있다. 대부분의 대학이 이러한 구조를 선택하여 학과별로 구성되어 있다. 산업 조직에서의 기능적 구조는 제조, 기술, 영업, 판촉, 연구, 재정 등으로 분류할 수 있다.

② 조직은 시간에 따라 단위 조직으로 분류할 수 있다. 예컨대 경찰은 교대 근무 시간에 따라 배정하고 있다.

③ 조직은 고객을 기준으로 하여 단위 조직의 설계를 할 수 있다. 다수의 전문성이 높은 조직은 주로 고객을 중심으로 하여 구조화되어 있다. 예컨대 병원이 환자의 질병에 따라 분과하는 경우나, 정신 건강을 치료하기 위한 조직들이 성인 · 청소년 · 아동으로 구분하여 취급하는 경우가 이러한 예에 해당된다.

④ 조직은 조직이 생산하고 시장에 공급하는 상품을 중심으로 부서를 나눌 수 있다. 많은 기업 조직이나 정부 조직에서의 특정 상품과 서비스를 중심으로 설계하는 예가 여기에 속한다.

⑤ 조직은 또한 지리적 장소에 따라 설계될 수 있다. 다수의 기업 조직이 국내 사업과 국제 사업을 구분한다든가, 병원이 각 병동을 일정하게 구분하는 경우가 여기에 속한다. 특히 정부 조직은 이러한 지리적 기준에 의해 지역 관청을 두는 예를 볼 수 있다.

3. 일반적 조직(Organization)원칙

(1) 전문화의 원칙

① 전문화의 원칙(principle of specialization)은 현대기업이 규모의 증가에 따라 경영활동도 복잡하게 되었고, 모든 활동을 책임중심점에서 효율적으로 실행하기 위해서는 적절한 부문화 및 직무할당이 있어야 한다. 그리고 직무 할당시에는 전문화의 원칙이 적용되어야 한다.

② 전문화의 원칙이란 조직구성원이 가능하다면 단일의 업무만을 수행함으로써 자기의 전문적인 지식과 숙련 및 기술을 조직성과에 기여하려는 것이지만 한가지의 반복적인 일에만 국한되다보니, 창의력이나 자아실현 욕구가 저지될 수 있고, 개인의 부분적인 능력만 요구함으로써 자신이 가진 잠재력을 개발할 기회를 잃을 수도 있다.

(2) 명령일원화의 원칙

① 명령일원화의 원칙(principle of unity of command)은 부하는 한사람의 직속상사로 부터만 명령을 받아야 한다는 원칙이다.

② 명령계통이 일원화되지 못하고 명령과 지시가 복선화 된다면 조직은 책임의 일관성을 가질 수 없게 되어 조직의 능률이 저하될 수 있다.

(3) 감독범위의 원칙

① 감독(통제)범위의 원칙(principle of span of control)은 조직의 효율적 관리를 수행하기 위하여 한사람의 관리자가 지휘 감독할 수 있는 부하의 수를 적정하게 제한하여야 한다는 원칙이다.

② 감독의 범위가 넓어질수록 의사소통, 조정, 통제가 곤란해져 능률이 저하되고, 그 반대의 경우에는 감독범위가 좁아지면 부하에게 부담감을 주어 창의와 자주성이 저지될 수 있으며, 관리비용이 증대되거나 장(長)이 가지고 있는 능력조차 충분히 발휘하지 못한다.

(4) 책임과 권한의 원칙

① 책임과 권한의 원칙(principle of responsibility & authority)은 여러 사람의 직무는 어느 누구의 직무도 아니다(every body's job is nobody's job)라는 말이 있듯이 각 구성원에게 정확한 업무분담과 분담된 업무의 수행에 필요한 권한의 부여는 조직에 있어서 무엇보다 중요하다.

② 상사가 부하에게 직무를 할당하면 부하의 입장에서는 할당된 직무를 수행해야 하는 책임이 확정되는 것이며, 책임수행에는 반드시 권한의 행사가 따라야 한다.

(5) 권한위임의 원칙

① 권한위임의 원칙(principle of delegation of authority)은 경영규모가 확대됨에 따라 상위자가 경영활동의 전부를 담당하기란 불가능하며, 활동범위를 명확히 지정을 하여 그 범위내 에서만 명확히 책임을 지게 한다.

② 독재적인 권한의 행상에는 부하의 진정한 협조를 상실하게 되어 조직성과를 얻는데 큰 지장을 준다. 따라서 그 권한과 책임의 일부를 하위자에게 위임할 필요가 있으며 이를 위임의 원칙이라고도 한다.

(6) 조정(통합)의 원칙

① 조정(통합)의 원칙(principle of coordination & integration)은 전문화의 원칙과 부문화의원칙에 따라 향상된 능률에 반하여 상이한 목표로 인하여 일어나는 마찰을 해소하기 위한 원칙이다.

② 조직이란 2인 이상의 인간이 어떤 공통목적을 달성하기 위하여 협동하는 상호작용적 시스템이므로 조직의 모든 활동이 하나의 목적을 달성하기 위해 합리적으로 수행되려면 각 구성원의 노력이 조정되고 그들의 의사가 종합됨으로써 전체적인 균형을 이루어야 한다. 이 원칙이 확립되지 못하면 조직전체로서의 힘을 발휘하지 못한다.

4. 조직설계

(1) 조직설계의 의의

① 디자인이나 설계를 한다는 것은 존재하지 않는 것을 새로 만들기 위한 또는 지금 있는 그 어떤 것을 다른 것으로 바꾸기 위한 설계자의 의지적 행위를 말한다.

② 조직을 설계한다는 것은 새로 설립되는 조직을 바람직한 모습으로 체계화하거나 또는 비효과적인 기존의 조직을 좀더 효과적으로 새로운 조직으로 바꾸는 것이다.

③ 조직설계를 위해 설계자는 기본 도구가 되는 요소들인 조직 구성원 간의 분업, 의사결정권한의 배분, 통합을 위한 조정메커니즘을 주어진 상황인 조직이 처한 환경이나 사용하는 기술 및 조직의 규모 등에 가장 적절하게 맞도록 전문적인 지식을 가지고 설계하게 된다.

(2) 조직구조 설계의 기본요소

① 전문화의 정도가 높아질수록 작업자 한 사람에게 요구되는 기술의 수준과 폭은 줄어들게 된다.

② 권한의 배분은 공식적 힘의 계층에 따라 수직적으로, 그리고 부서에 따라 수평적으로 이루어진다.

③ 부서화는 한 조직이 생산하는 제품, 기능, 고객, 지역 등을 기준으로 이루어진다. 통제의 폭을 넓게 하기 위해 하나의 관리자가 관리하는 종업원의 숫자를 늘려갈수록 상하 간의 커뮤니케이션 기회는 줄어든다.

④ 학습조직이란 변화에 대응하는 능력(지식, 노하우, 실력 등)을 계속 습득해가는 조직을 말한다. 학습조직으로는 학습전이 효과, 적응조직과 생성조직, 이완학습 또는 파괴학습, 벤치마킹 과 관련이 있다.

5. 조직설계의 기본요소

(1) 분 화

① 분화는 '전체과업을 더 작은 과업단위로 세분하는 것'을 말하고, 이는 일반적으로 '수평적 분화(horizontal differentiation)' 혹은 '작업의 분화(division of labor)'라고 한다.

② 이러한 원리가 합리적인 이유는 어떤 복잡한 과업을 완성하는 데 한 사람이 모든 작업을 수행한다는 것은 극히 어렵기 때문이다.

③ 때문에 이들 작업을 세분화하여 비교적 간단한 작업을 수행해 나가면 분업의 이점이 나타나게 된다는 것이다.

(2) 부문화

① 조직의 전체과업이 분화되면 능률을 도모하기 위하여 관련된 과업을 모아 그룹을 형성할 필요가 있다. 이와 같은 그룹들의 형성과정을 '부문화(departmentalization)'라고 하고, 동시에 과업과 관련해서 형성된 사람들의 집단을 '부(部)' 또는 '과(課)'라 한다. 조직의 부문화는 기능별 부분화, 지역별 부문화, 고객별 부문화 및 제품별 부문화 등으로 구분한다.

② 분업은 전문가를 만들어내는데, 그 전문가 중에서 유사한 직무를 수행하는 집단화하는 것을 부문화라고 한다. 부문화란 전문가 집단을 만드는 것을 말하며, 수평적으로는 분화된 활동을 통합하는 것이다.

③ 오늘날 직무의 전문화로 인하여 직무만족도의 감소, 종업원의 낮은 공헌도, 종업원의 소외감 증가, 종업원의 낮은 참여의식 등의 현상이 두드러지게 나타나고 있다. 이와 같은 단점은 여러 부문에서 지적되고 있다.

④ 조직은 작업의 분화를 통해서 여러 가지 이득이 발생하는 것은 사실이지만 한 가지 유의해야 할 것은 고도로 작업의 분화가 이루어졌을 경우 그와 관련된 역기능이

문제가 된다. 결국 조직의 형성은 작업을 세분화하는 분화, 분화된 하위단위들을 전체 효율성을 높이기 위해서 결합하는 부문화를 통해서 이루어진다.

(3) 조직도

① 조직도(Organization charts)란 조직표(table of organization)라고도 하는데, 조직에 있어서의 직위 및 직위 상호 간의 공식적 관계를 단순히 도표로 나타낸 것을 말한다.

② 그러므로 한 기업의 조직구조를 표시하는 가장 일반적인 방법이며, 기업은 이 공식적인 조직도를 이용하여 조직을 운영하다.

③ 조직도는 대부분 복잡한 조직에서 볼 수 있는 계층 구조를 표시하고 있는데, 이러한 수직적 구조는 조직내의 권한계층 및 이러한 계층 간의 상호관계를 나타내 줄 뿐만 아니라 커뮤니케이션이 일어나게 되는 통로도 나타내 주고 있다.

④ 조직화(organizing)의 단계는 '계획과 목표의 검토－활동내용 결정－활동분류와 그룹화－작업할당 및 권한위양－조직구조 설계'단계를 거친다.

⑤ 조직에서 톱(top)으로부터의 거리는 직위의 수준 정도를 의미하고 있다. 즉 직위 간을 연결하는 수평선은 직위의 상호 동등함을 의미하며, 수직선은 상관과 부하관계를 의미하게 된다. 그런데 조직도는 조직 활동의 동태적인 과정에 대한 정태적 표시에 지나지 않는다는 한계가 있다.

6. 공식조직구조의 요소

(1) 복잡성(Complexity)

① 복잡성이란 조직내 분화의 정도며, 이러한 분화의 형태로 수평적 분화와 수직적 분화 등을 들 수 있다. 이 복잡성의 정도는 경영자에게 중요한 의미를 부여하게 된다.

② 목표달성을 효율적으로 하기 위해서 조직은 의사소통과 조정 및 통제 메커니즘을 가져야 하는데 복잡성에 따라 이들의 메커니즘이 달라지기 때문이다.

③ 조직의 복잡성 정도가 증대될수록 조직은 의사소통과정과 조정 및 통제 메커니즘에 대한 요구는 더욱 커지게 마련이다.

④ 복잡성 정도가 증대함에 따라 분화되어 있는 활동들이 조직목표라는 하나의 공통적 목표를 위해 유연하게 결합되도록 하는 관리의 필요성이 대두되기 때문이다.

⑤ 복잡성이 낮은 조직은 의사소통, 조정, 통제의 필요성이 적기 때문에 위원회나 자동화된 정보시스템이나 공식적 정책 지침서 등이 필요가 없다.

⑥ 종업원들이나 공장 혹은 관리계층이 많이 분산되어 있는 복잡성이 높은 조직은 의사소통기구나 조정기구는 거의 필수적인 것이다.

(2) 집권화(Centralization)

① 집권화는 조직의 어느 한 곳에 의사결정이 집중되는 정도를 나타낸다. 따라서 고도의 집중화는 고도의 집권화를 뜻하고, 낮은 집중도는 낮은 집권화 즉, 분권화를 의미한다.

② 집권화는 지역적 집중과는 다른 개념이다. 즉 집권화는 지역적인 집중이 아닌 조직 내에서의 의사결정 권한의 집중을 의미하는 것이다. 집권화는 한 개인 · 단위 · 계층, 즉 상위계층으로의 집중을 의미한다.

③ 집권화는 자율적인 선택을 하기 위한 공식적인 권한이 어떤 개인, 단위 혹은 계층에 집중되는 정도로 종업원이 작업에 최소한 개입을 하도록 하는 것이라고 할 수 있다. 또한, 집권화는 비공식적 조직이 아닌 공식적 조직에만 관심을 갖는다.

④ 집권화는 의사결정의 자율성에 초점을 둔다. 의사결정이 하위에 위임되었으나 하위 계층의 자율적인 선택을 억누르는 정책이 존재하면 집중화가 증대된다. 따라서 정책은 분권화를 무효화할 수 있는 것이다.

⑤ 의사결정 권한이 최고 경영층에 집중되어 있다면 집권화되어 있다고 할 수 있다. 그러나 그러한 의사결정에 투입이 다른 사람들에 의해 여과되면 될수록 의사결정의 집중과 통제는 약화된다.

(3) 공식화(Formaligation)

① 공식화는 비공식화에 대칭되는 의미이며, 공식화와 비공식화는 같은 연속선상에서 함께 표시될 수 있는 상대적 수준의 문제이다. 따라서 공식화와 비공식화를 획일적으로 규정하는 것은 잘못된 것이다.

② 어느 정도의 공식화 수준이 적절한 것인가 하는 문제는 상황 적응적으로 해결해야 한다. 즉 규모, 기술, 환경, 전략 및 권력작용 등 여러 가지 상황 요인과 공식화 수준이 최적의 배합을 이룰 때 조직의 유효성은 제고될 수 있는 것이다.

③ 공식화란 '조직이 어떤 일을 누가, 언제, 수행해야 한다는 것을 어느 정도 공식적으로 규정하느냐에 관한 것'이라고 할 수 있다. 조직구조 설계시에 고려할 사항으로 '조직 내의 업무가 표준화 되어있는 정도'를 의미하는 말은 공식화이다.

④ 조직에 따라서는 그러한 공식적 규정이 매우 세밀하고 엄격하게 되어있는 경우도 있고, 느슨하게 되어있는 경우도 있기에 공식화 수준은 조직에 따라 달라진다.

⑤ 공식화는 구성원의 행동에 대한 공식적 규범의 수준을 의미하므로 구성원들의 실제적인 형태가 그러한 공식적 규범에 반드시 부합되느냐 하는 문제와는 구별되어야 한다.

⑥ 조직에 따라서 구성원의 형태가 공식적 규범으로부터 크게 벗어나는 경우도 있고 적게 벗어나는 경우도 있을 것이다.

(4) 통합화(Integration)

① 조직구조를 구성하고 있는 마지막 차원은 통합이다. 통합은 분화에 대한 상대적인 개념이며 조직 내의 분화된 가치 창조 활동을 조정하고 조직의 구조가 보다 효과적인 기능을 수행하도록 하기 위한 내용이다.

② 직접 접촉방법은 상호 연관된 문제를 해결해야 할 필요성이 있는 부서 관리자들이 직접 접촉하는 것으로 문제해결을 위한 여건을 조성하기 위한 것을 말한다.

③ 부서 간 연계 역할 메커니즘이란 부서 간 연계가 늘어날수록 조정은 점점 어려워진다는 것을 말한다.

④ 태스크 포스는 둘 이상의 기능부서나 사업부서 사이들 간에 공통적인 문제가 발생할 경우 직접적인 접촉이나 연계 역할을 통한 통합은 한계를 가지게 된다. 따라서 보다 정교한 통합 메커니즘인 태스크 포스 형태의 통합이 필요하게 되었다.

⑤ 영구적인 팀은 임시적인 태스크 포스에 의하여 제기된 문제들이 반복되어 일어나게 될 경우 이러한 과제들을 효과적으로 다루기 위하여 영구적인 통합 메커니즘을 고려하는 것이다.

⑥ 부서 간 연계 역할만을 담당하는 기능과 부서를 따로 만들 수 있다. 이 부서는 통합되어야 하는 하위 단위의 부서와는 독립적인 것이다. 통합 전문가가 이 역할을 담당하며 주로 오랜 통합 경험과 통합되어야 하는 부서의 일을 잘 알고 있는 조직의 상위 경영자가 이 업무를 담당한다.

02 조직의 목표

1. 조직은 가로와 세로의 양면성

(1) 조직구조는 가로 · 세로분할의 결합

① 조직의 기본구조는 가로분할인 부문화와 세로분할인 계층화에 따라 성립되는 것으로 어떤 기업이건 발전 단계마다 반드시 이와 같은 가로분할과 세로분할을 거친다.

② 조직의 규모가 커지고 일의 양이나 종업원의 수가 어느 정도에 이르면 그 일이나 사람을 관리하기가 어렵게 된다.

③ 일의 종류 · 성격 · 양에 따라 그룹을 나누고, 나눈 일은 믿을 수 있는 부하를 장(長)으로 하여 맡기게 된다.

④ 이러한 과정을 통하여 조직은 가로 · 세로로 분할이 되풀이되면서 규모가 더욱 커지고 복잡해진다.

(2) 분할의 방법과 기준

① 부문화는 일을 어떻게 나누고 어떻게 맡길 것인지에 대한 문제인데 여기에서는 일의 분할이 중요하다.

② 기업의 목적, 곧 기업이 무엇을 하려고 하는지가 명백하게 제시되면, 기업이 전개해야 할 기능은 저절로 명확해진다.

③ 문제는 이들 기능을 어떤 일로 나누고, 다시 기업 전체로서 나눈 기능을 어떻게 결합해 갈 것인지 하는 것이다.

④ 일을 나누는 기준으로는 기능, 지역, 제품, 고객, 공정 · 설비 등을 들 수 있다. 그 가운데에서도 기능에 따른 분할방법이 많이 쓰이고 있다.

⑤ 일이 조직 전체에 걸쳐 기능에 따라서만 나누는 경우는 드물지만, 조직의 어느 단계만을 본다면 거의 모든 기업에서 찾아볼 수 있다.

(3) 관리의 한계로 생기는 계층화

① 조직의 계층은 조직이 이룩하려고 하는 목적이 크고, 그 때문에 일이 사람의 부담능력을 넘어서는 데에서 비롯된다.

② 그 결과 조직의 발전 팽창에 따라 조직도 생성 · 발전되어 간다. 그 과정에서 직책 · 권한의 위임이 이루어지게 된다.

③ 처음 위임을 받은 사람이 자신의 부담능력을 넘어서면 그 일부를 다시 다른 사람에게 위임하고, 그 위임을 받은 사람 역시 또 다른 사람에게 위임을 하게 된다.

④ 이처럼 부담능력의 한계는 조직에서 계층을 발생시키게 된다. 조직을 관리의 단계에 따라 나누면 일반적으로 경영층 · 관리층 · 감독층 · 작업층의 4가지가 된다.

⑤ 계층화는 조직을 세로로 나눈 형태가 된다. 따라서 계층화가 조직구조에서 지니는 기본적인 성격은 조직의 세로분할에 있다고 볼 수 있다.

2. 계층화와 관리범위

(1) 관리범위

① 한 사람이 몇백 명을 한꺼번에 관리할 수 있다면 조직계층의 문제는 없을지만, 사람의 능력에 한계가 있어서 한 사람이 관리할 수 있는 부하의 수는 한정되어 있다.

② 이것이 계층의 발생을 촉진하고 조직의 계층구조를 만들게 된다. 또한 이것이 관리의 범위라고 불리며 조직의 원칙 가운데에서도 매우 중요한 것이다.

③ 한 사람의 상사가 직접적으로 지휘 · 감독할 수 있는 부하 수의 일정한 한계를 넘어서면 부하를 잘 관리할 수 없게 될 뿐만 아니라 부하 쪽에서도 욕구불만을 갖게 된다.

④ 부하의 수를 적게 해야 하는 이유는 부하의 수가 많아지면 직접적인 관계가 많아질 뿐 아니라 부하 사이의 횡적인 관계도 많아지기 때문이다.

⑤ 사람의 주의력에는 한계가 있어 어느 정도를 넘어서면 부하를 효과적으로 감독할 수 없고, 부하의 수가 많아지면 장소 면에서도 부하의 분산을 낳는 것이 보통이어서 감독을 하는 것이 더욱 어렵게 된다.

(2) 비효율 관리범위

① 드럭커(P.F.Drucker)는 조직이 바람직하지 않다는 것을 말해주는 첫 번째 징후를 경영계층의 증가로 보았다.

② 사이몬(H.A.Simon)은 경영효율은 조직계층의 수를 최소로 유지함으로써 높일 수 있다고 주장하였다.

③ 이처럼 관리의 범위를 엄격하게 적용하면 거꾸로 계층 수를 늘려 경영 · 관리의 효과를 떨어뜨릴 우려가 있다.

(3) 관리범위와 계층 수

① 경영효율 관리

㉠ 관리범위의 원칙을 엄격하게 지키면 부하의 수가 한정되므로, 저절로 조직계층의 수는 증가하게 된다.

㉡ 조직계층이 늘어나면 일반적으로 감독비용이 늘어나고 또한 관리에서의 효과를 떨어뜨리고 사기도 저하된다고 한다.

㉢ 조직계층의 수가 한 단계씩 늘 때마다 의사소통은 보통 20~25%가 떨어지므로 관리에서는 결코 바람직스럽지 않다.

② 대기업도 7계층이면 충분

㉠ 계층의 수에 대한 재이크스(E. Jacgues) 이론은 메탈 회사에 관한 연구에서 주장한 이론으로서 이것은 어떤 대기업이라도 조직의 계층 수가 7계층만 있으면 충분하다는 것이다.

㉡ 이 견해의 기초는 '자유재량의 시간 폭'이라는 개념으로 이것은 상사의 제약을 받지 않고 스스로 자유롭게 계획하고 실행할 수 있는 시간의 길이를 뜻한다. 그는 이 '시간의 폭'으로써 조직계층을 결정해야 하며, 대기업이라도 7계층이면 충분하다고 하였다.

㉢ 제7계층에서는 20년, 제6계층에서는 10년, 제5계층에서는 5년, 제4계층에서는 2년, 제3계층에서는 1년이라는 '시간 폭'으로 일을 해야 한다고 주장한다.

㉣ 그의 견해로는 대개 5,000~6,000명 정도의 종업원으로 이루어지는 조직에서는 5계층만 있으면 되며, 그 이상의 대규모 조직에서야 비로소 7계층이 있어야 한다는 것이다.

㉤ 대기업에서 7계층이 수용되지 않으면 차라리 5계층으로 구성되는 자회사로 나누어 그것을 톱(top)이 관리하는 것이 좋으며, 그럼으로써 어떤 경우라도 7계층 이하로 계층이 이루어질 수 있다고 주장했다.

③ 관리의 범위와 계층 수의 딜레마

㉠ 조직계층의 수와 관리범위의 관계는 여러 가지 어려운 문제를 담고 있어서, 한 마디로 어느 쪽이 중요하다고 할 수는 없다.

㉡ 조직계층의 수가 많으면 관리비용이 증가하게 되며 인사의 전달효과도 나쁘고, 사기도 떨어진다. 그렇다고 해서 조직계층의 수를 줄이면 한 사람의 관리자가 관리하는 부하의 수가 늘어나고 관계도 늘어난다.

㉢ 사람의 능력은 한계가 있으므로 관리의 범위 역시 당연히 생기게 된다. 곧 계층 수와 부하의 관계들이 모두 적다면 더 바랄 나위가 없지만 그것을 함께 충족시킬 수 없다는 모순이 생기게 된다.

ⓓ 둘이 균형을 이루는 가장 좋은 점은 관리효과의 관점에서 보면 먼저 계층 수를 될 수 있으면 적게 하면서 효과적으로 감독할 수 있는 관리의 범위를 찾아내는 것이라고 할 수 있다.

ⓔ 관리의 범위와 계층의 문제를 직속 부하의 수는 경영관리자의 부담을 덜고 더욱 유리하게 일을 할 수 있는 시간적인 여유를 준다고 하는 위임의 이점, 인원증가에 대한 경비부담 과중, 증대되는 감독업무, 의사 전달에서의 곤란 증대 등이 서로 같아질 때까지 늘려야 한다'고 결론을 내리고 있다.

3. 소매조직

(1) 소매조직의 특성

① 유통산업은 특히 노동집약산업의 특성상 고객접점에 있는 일선 종업원의 근무태도에 따라 회사의 서비스수준과 기업이미지가 결정되기도 한다.

② 소매업에 있어서의 종업원 역할은 판매근로, 판매사무, 환경조성, 정보전달, 정보수집 등의 업무와 역할을 담당한다.

③ 소매업에 종사하는 종업원은 수많은 고객에게 쇼핑의 즐거움과 고객만족을 제공해야 하는 최일선 서비스맨이기도 하다.

④ 소매업 조직의 대표적 특성은 고객 지향적 조직구조를 가지고 있다는 것이다. 관리 위주가 아닌 고객지향의 서비스 중심 조직으로 구성되어야 한다.

⑤ 소매업의 조직구성은 현장에서의 서비스 수행을 위해 매우 중요하다. 유통업의 조직은 집중화된 의사결정(centralized decision making)과 분산화된 의사결정(decentralized decision making) 간의 선택이 필요하다.

⑥ 집중화된 조직은 본사에 주요 결정권이 많으며, 분산화된 조직은 지역 또는 현장에 의사결정권을 부여하는 조직 체계이다.

⑦ 대형 유통회사는 집중화된 조직체계를 갖추고 있으며, 현장 서비스에 신속히 대응하기 위해 최근에는 분산화된 조직체계도 도입하고 있는 실정이다.

⑧ 소매점의 조직구조 설계에 있어서 마지막 단계에 가장 적합한 활동은 보고체계(즉, 상하관계)의 결정이다.

(2) 고객 지향적 조직 구조의 특성

① 현장(매장) 중시의 조직을 갖추어야 한다.

② 조직구성은 전사적 마케팅 차원에서의 보다 영업적인 조직으로 구성해야 한다.

③ 본부조직은 작게 가져가고 지역 관리자에게 위임해야 하며, 본부는 시장조정(market co-ordinator) 기능만 유지해야 한다.

④ 시장 지향적 사고를 유지하고, 큰 조직의 장점을 살리면서 현지 차원의 작은 조직 강점을 최대한 살려야 한다.

⑤ 조직 체계가 시장 환경에 유연하고 신속성 있게 대처할 수 있어야 한다.
⑥ 유통업 조직은 수직적인 조직보다 수평화하여 벽을 허무는 것이 바람직하다.

4. 소매업의 조직관리

(1) 소매조직의 특성

① 유통산업은 특히 노동집약산업의 특성상 고객접점에 있는 일선 종업원의 근무태도에 따라 회사의 서비스수준과 기업이미지가 결정되기도 한다.
② 소매업에 있어서의 종업원 역할은 판매근로, 판매사무, 환경조성, 정보전달, 정보수집 등의 업무와 역할을 담당한다.
③ 소매업에 종사하는 종업원은 수많은 고객에게 쇼핑의 즐거움과 고객만족을 제공해야 하는 최일선 서비스맨이기도 하다.
④ 소매업 조직의 대표적 특성은 고객 지향적 조직구조를 가지고 있다. 관리위주가 아닌 고객지향의 서비스 중심 조직으로 구성되어야 한다.
⑤ 조직화(organizing)의 단계는 '계획과 목표의 검토－활동내용 결정－활동분류와 그룹화－작업할당 및 권한위양－조직구조 설계'의 단계를 거친다.
⑥ 집중화된 조직은 본사에 주요 결정권이 많으며, 분산화된 조직은 지역 또는 현장에 의사결정권을 부여하는 조직 체계이다.
⑦ 대형 유통회사는 집중화된 조직체계를 갖추고 있으며, 현장 서비스에 신속히 대응하기 위해 최근에는 분산화된 조직체계도 도입하고 있는 실정이다.
⑧ 소매점의 조직구조 설계에 있어서 마지막 단계에 가장 적합한 활동은 보고체계인 상하관계의 결정이다.
⑨ 채소가게 같은 경우에는 다양한 계층의 고객을 상대로 하고, 힘이드는 일을 주로 하기에 여성보다는 남성들을 위주로 조직을 구성하는 것이 유리하다.
⑩ 패스트푸드점은 젊은 고객들을 상대로 하기에, 정규직보다는 임시직이나 아르바이트를 주로 고용하는 형태가 유리하다.
⑪ 전화로 고객을 응대하는 소매업 같은 경우에는 너무 기본적으로 여성을 주로 상담원 조직으로 구성하되 연령층은 30대 이상의 연령층이 고객응대에 유리하다.
⑫ 자동차 판매업의 경우에는 대부분이 영업을 하기에 팀보다는 성과를 기준으로 조직을 구성하고, 개인의 역량을 충분히 발휘하게 만드는 것이 유리하다.

(2) 고객 지향적 조직 구조의 특성

① 조직구성은 전사적 마케팅 차원에서 보다 영업적인 조직으로 구성해야 한다. 현장(매장) 중시의 조직을 갖추어야 한다.

② 시장 지향적 사고를 유지하고, 큰 조직의 장점을 살리면서 현지 차원의 작은 조직 강점을 최대한 살려야 한다.

③ 본부조직은 작게 가져가고 지역 관리자에게 위임해야 하며, 본부는 시장조정(Market Coordinator) 기능만 유지해야 한다.

④ 조직체계가 시장 환경에 유연하고 신속성 있게 대처할 수 있어야 한다. 유통업 조직은 수직적인 조직보다 수평화하여 벽을 허무는 것이 바람직하다.

(3) 할인점 조직과 인력 계획

① 할인점 조직과 인력 배치는 노동생산성에 기초해야 한다. 노동집약 산업의 특성상 인건비가 상대적으로 높음으로 인력배치의 분석화가 절실하다.

② 백화점과 할인점의 판매방식에 따라 인건비 비중이 상대적으로 다르다. 인적구조 특성상 정규직 사원과 비정규직 사원의 업무를 뚜렷이 구분하여 비율을 확정해야 한다.

③ 현장에서의 부족 인원은 금방 눈에 보이지만, 여유 인원은 잘 체크되지 않는다. 전사적인력 활용이 필수적이다.

④ 조직구성의 기본 원칙은 점포규모, 매출실적, 관리상 하드웨어 측면 등을 고려하여 점포에 따라 상 · 중 · 하 모델별로 구분해야 한다.

(4) 우리나라 할인점조직의 특징

① 상당수의 할인점 업체들이 정규직보다는 계약직을 선호하고 있고, 임점업체들의 종업원들을 할인점 직원인 것처럼 고객들에게 보이고 있다.

② 고객응대의 수준은 상당히 높아졌지만, 체계적이고 전문성 없이 단순히 물건을 판매라는 개념에 집중을 하고 있어 고객의 불만을 야기할 수 있다.

③ 부서별 보다는 팀제 위주로 조직을 편재하고 있는데, 원칙적으로는 제품별로 전문성을 높이기 위해서는 카테고리별로 조직을 병화시키는 것이 유리하다.

④ 점장은 직원들의 관리자이자 상사라는 개념에서 벗어나 업무의 질을 향상 시키는 전도라라는 마인드를 가지고 조직을 융화하여야 한다.

⑤ 직원들은 자신의 이익을 추구하거나 성과에만 집착을 하기보다는 팀원이나 자신이 속한 조직의 입장에서 업무를 추진한다는 마인드 정립이 상당히 필요하다.

(3) 할인점 조직과 인력 계획

① 할인점업태의 중요한 조직과 인력 배치는 노동 생산성에 기초해야 한다.

② 백화점과 할인점의 판매방식에 따라 인건비 비중이 상대적으로 다른데 매출액 대비 할인점 인건비는 3% 전후인 반면 백화점은 6%선이라고 한다.

③ 노동집약 산업의 특성상 인건비가 상대적으로 높으므로 인력의 성역화가 절실한데 현장에서의 부족 인원은 금방 눈에 보이지만, 여유 인원은 잘 체크되지 않기에 전사적 인력 활용이 필수적이다.

④ 인적구조 특성상 정규직 사원과 비정규직 사원의 업무를 뚜렷이 구분하여 비율을 확정해야 한다. 조직구성의 기본 원칙은 점포규모, 매출실적, 관리상 하드웨어 측면 등을 고려하여 점포에 따라 상 · 중 · 하 모델별로 구분해야 한다.

⑤ 본부 조직구도를 감안하여 점포조직을 구성해야 하며, 사회의 여건상 퇴직률이 적으므로 서비스 산업에 맞는 적임자를 채용해야 한다.

⑥ 점포의 영업시간, 연장, 휴무, 근로조건 등을 감안하여 인력 관리상 누수를 최대한 방지해야 하고, 조직 및 인력구성은 영업환경에 따라 탄력적으로 편성해야 한다.

⑦ 유통기업의 조직구조는 구성요소에 따라 여러 가지 형태가 있다. 조직의 구조를 결정짓는 구성요소로 '과업과 분화 - 수평적 분화 또는 수직적 분화' '권한의 배분 - 집권화 또는 분권화' '공식화 - 명시적 공식화 또는 암묵적 공식화' '통제폭 - 한명의 상사가 통제할 수 있는 부하의 수'로 구분이 가능하다.

03 조직의 목표관리

1. 목표관리(MBO: Management By Objectives)

(1) 목표관리의 개념

① 목표관리법(Management By Objectives: MBO)은 종래 상사에 의한 일방적 · 하향적 목표설정 및 업적평가 대신에 부하가 스스로 혹은 상사와의 협의를 통하여 목표를 설정하고 업적평가도 하는 관리방식이다.

② 피터 드럭커(Peter F. Drucker)가 소개한 이래 일종의 경영 철학으로 자리 잡고 있다. 목표관리는 상사와 부하가 협조하여 목표를 설정하고, 그러한 목표의 진척상황을 정기적으로 검토하여 진행시켜 나간 다음 목표의 달성 여부를 근거로 평가를 하는 제도를 의미한다.

③ 목표관리는 전통적인 충동관리나 상급자 위주의 지시적관리가 아니라 공동목표를 설정 및 이행, 평가하는 전 과정에서 아래 사람의 능력을 인정하고 그들과 공동노력을 한다. 개인목표와 조직목표 사이에, 상부목표와 하부목표 사이에 일관성이 있도록 하는 관리방식을 말한다. 표현내용이 서로 다르기는 하지만 모두 MBO는 민주적이고 참여적이며 매우 의도적인 관리 방법임을 보여주고 있다.

④ 목표관리의 단계별 순서를 정리한다면 피평가자의 직무기술서를 상급자와 하급자가 함께 검토하여 직무의 범위와 핵심활동을 파악한뒤 상 · 하급자가 성과의 표준을 공동으로 개발한다. 평가자와 피평가자가 협의를 거쳐 목표를 합의하고 업무를 진행하면서 수시로 중간목표 달성 여부 및 근무여건 변화를 상.하급자간에 커뮤니케이션을 통해 지속적으로 점검한다.

(2) 목표관리의 특징

① MBO는 목표설정에 하급자를 참여시키는 것이 중요한 기준이 된다. 지시적인 통제관리 방식을 지양하고 목표설정에서부터 하급자를 참여시킴으로써 조직의 목표를 자신의 목표가 되도록 만든다.

② MBO는 하급자의 능력과 존재를 긍정적으로 인식하는 것이어서 동기부여 및 부하의 사기앙양에 도움을 준다. 조직전체의 목표와 하급자의 개별 목표를 민주적으로 그리고 효율적으로 일치시킨다.

③ 모든 수준의 경연자들은 상위 목표와 하위목표를 조정할 필요가 있으며 목표를 일치시키지 못할때 통합적 계획 수립과 통제체계로서의 MBO는 불가능하게 된다, MBO는 보다 장기적이고 전략적인 계획을 포함시키는 경향을 띠고 있다.

④ 성과와 능률을 중시하는 MBO는 기본적으로 주먹구구식 경영이나 비능률적 관리 행위를 배척하며, 관리체제면에서 볼때 집권화와 분권화를 잘 조화시킨 관리방식으로 매우 의도적인 관리 방식이다.

⑤ 종래 MBO는 업적평가나 동기부여 등 단기적인 목표에 초점을 맞추어 왔으나 보다 장기적인 안목에서 그리고 보다 전략적인 차원에서 MBO를 실현시켜 나가는 것이 바람직하다는 평가에 따라 그 개념이 점차 바뀌어가고 있다.MBO는 부수적인 것이 아니라 통합적인 체제아래 이루어지는 종합적 관리 방법이다.

(3) 목표관리의 목표설정형태

① **양적 목표**(quantitative objectives): MBO가 이익이나 생산에 있어 그 목표를 설정하고 이행함에 있어서 그 목표를 수량화단위인 숫자로 나타낼 수 있어야 한다는 것을 의미한다.

② **질적 목표**(qualitative objectives): 수량화하기 어렵지만 일부는 검증 가능한 성격을 가지고 있다. 종업원의 성장을 위해 새로이 컴퓨터 프로그램을 배우게 하는 것 등이 질적인 목표에 속한다.

③ **예산 목표**(budgetary objectives): 현재의 수준에서 이루어지는 MBO의 성과를 계속 유지하기 위해서 공식적으로 표현되는 목표를 가지고 있다는 것을 말한다.

(4) 목표관리의 기본단계

① **목표의 발견**(finding the objectives)**단계**: 부하가 작성하는 목표에는 조직의 존속과 성장, 발전 문제 해결을 위해 조직이 필요로 하는 것이 무엇인가로부터 출발한다. 조직의 현재 상황을 분석 할뿐만 아니라 성취하고자하는 장래의 소망을 검토하는 것이 무엇보다 중요하다.

② **목표의 설정**(setting the objective)**단계**: 조직이 실제로 달성하고자 하는 미래의 상태를 확고히 하고자 하는 창조적 단계로서 상사에게 제출된 부하의 목표가 상사에 의해서 검토되고 다시 부하와의 협의를 통해서 공식적으로 목표를 설정한다.

③ **목표의 확인**(validating the objectives)**단계**: 설정된 목표는 확인하고, 목표실행에 관련되는 개인, 부서가 계획된 시간내 그 목표를 달성할 수 있는지, 실행상 결점이나 실패요인이 없는지를 검토하게 된다, 이 단계에서 실패의 위험성이 높거나 달성 가능성이 낮은 것 등은 제외시키며 MBO의 신뢰성을 더욱 높일 수 있도록 조정하기도 한다.

④ **실행계획의 개발**(developing action plans)**단계**: 목표가 보다 구체적으로 실행되기 위해서는 실행계획으로 전환되어야 하고, 실행계획을 개발하기 위해서 경영자는 모든 요구되는 활동을 규정하고 이들을 단계적으로 분할한다. 상부경영자들은 중간 또는 하부경영자들과 함께 실행계획을 수립하되 그들의 목표를 서로 연결시켜 필요한 인적, 물적자원을 효과적으로 통합, 배분 할 수 있도록 한다. 이 같은 실행계획의 개발은 구체적인 달성시기와 함께 모든 활동을 규정하고 계획함으로써 MBO의 실행을 더욱 구체화 시켜준다,

⑤ 목표의 수행(implementing the objectives)단계: 설정된 목표는 실행계획으로 구체화됨과 아울러 행동으로 옮겨진다. 목표를 달성하기 위한 행동과정으로 MBO관련 당사자들의 적극적인 자세가 요청된다.

⑥ 목표달성 상태의 통제 및 보고(controllinging and reporting status of the objectives)단계: 상사와 부하가 정기적으로 만나 목표가 스케쥴대로 진행되는지의 여부를 측정하고 계획된 것에 비해 차질이 발생될 경우 그것을 시정 통제한다.

⑦ 성과의 평가(evaluating the results)단계: 앞서의 경우가 중간평가 라면 이 단계에서의 성과 평가는 최종평가이다. 대개의 경우 부하는 자신의 연말 성과 보고서를 작성하고 상사와 함께 토의하고 차이발생 원인을 함께 규명한다.

⑧ 목표관리의 재순환(recycling the MBO)단계: MBO의 제 1단계에서처럼 새로운 목표를 설정하고 MBO과정을 반복한다. MBO의 재순환에 있어서 중요한 것은 보다 높은 의욕으로 새 목표에 도전할 수 있도록 하는 것이다. 이를 위해서는 MBO의 본질인 참여의식의 터를 더욱 공고히 하고 상사와 담당자 사이의 신뢰관계를 더욱 돈독히 할 필요가 있다.

2. 조직의 갈등관리

(1) 갈등관리의 개념

① 조직내 갈등이 과도할 경우, 구성원들의 육체적 · 정신적 소모를 초래하고 건강한 조직문화를 파괴시킬 수 있지만, 갈등이 반드시 부정적 영향만을 초래하는 것은 아니다.

② 조직내 어느정도 갈등은 구성원들에게 건설적인 긴장감을 줌으로써 생산성이나 창의성을 높이는 긍정적인 효과를 가져 올 수도 있다.

(2) 소모적 · 생산적 갈등

① 갈등이 조직에 미치는 영향에서 보면 크게 소모적 갈등과 생산적 갈등으로 나눌 수 있다. 소모적 갈등과 생산적 갈등의 차이는 갈등 자체의 속성에 따른 것이 아니라 이를 어떻게 해결하고 관리하는 가에 의해 구분되는 것이다.

② 갈등은 관리되지 않으면 당사자 간의 질시와 반목 등 부정적인 감정 표출을 유발시켜 소모적 갈등으로 변질될 수 있다. 이는 개인이나 조직에 전혀 도움이 되지 않고 오히려 막대한 폐해를 불러일으킬 수 있다.

③ 구성원들의 회사에 대한 애착과 기대에서 비롯되어 개인의 욕구보다 조직 전체의 이익을 위해 의견이 대립되는 경우는 생산적 갈등이라 볼 수 있다. 생산적 갈등의 정확한 원인을 규명하고 합리적으로 해결한다면 조직은 물론 개인적으로도 많은 도움이 된다.

④ 생산적 갈등은 여러 순기능을 내포하고 있다. 우선 갈등을 다루는 당사자들은 갈등 발생 이전보다 문제의 핵심을 더 잘 파악하게 된다.

⑤ 갈등은 상대방과의 인간관계를 더돈독하게 하는 계기가 되기도 하고, 나아가 갈등 관계의 당사자들은 자신과 상대방의 능력이나 잠재력에 대한 확신을 가지게 되기도 한다. 갈등은 개인적인 차원에서 심리적, 인격적으로 한층 성숙할 수 있는 계기가 될 수 있다.

(3) 조직차원의 갈등

① 조직적 차원에서 갈등의 발생은 문제의 시작이 아니라 해결을 위한 첫 걸음이다. 효과적인조직과 비효과적인 조직의 가장 큰 차이점은 갈등을 회피하는 게 아니라 갈등을 인정하고 이를 해결하는 능력에 달려 있다.

② 내 · 외부적인 변화가 없다면 상당수의 갈등 요인들은 쉽게 밖으로 드러나지 않고 잠재된 채 지속되는 경향이 있다. 이러한 잠재된 갈등이 외부로 표출될 때 비로소 문제에 대한 보다 근본적인 해결책을 강구할 수 있는 것이다.

③ 갈등을 적극적으로 해석하여 조직에 대한 요구의 표출이나 조직의 발전을 위한 기회로 삼는 지혜가 필요하다. Johnson & Johnson은 부문별로 상당한 자율권이 부여된 분권화 조직으로 알려져 있다.

④ 조직구조상 부문간 갈등이 필연적으로 발생할 수밖에 없음에도 불구하고 적절한 갈등 관리를 통해 분권화된 조직을 매끄럽게 운영하고 있다. 그 기본적인 방법중 하나가 과거에 발생하였던 주요사례를 연구하고 이를 통한 개선 노력을 부단히 전개해 왔던 것이라고 한다.

⑤ 갈등이 거의없는 조직이라면 오히려 혁신과변화가 촉진되지 않는다는 연구결과도 있다. 기업의 여건에 맞는 갈등의 최적수준을 파악하여 적정수준의 갈등을 유지하는 것이 보다 현실적이고 바람직한 방안이 될 수 있다.

(4) 갈등의 해결

① 독일의 심리학자인 토마스킬먼은 타인의 관심을 만족시키고자 노력하는 정도인 협조성과자신의 관심을 만족시키고자 노력하는 정도공격성의 두 차원을 중심으로 갈등의 해결유형을 타협, 순응, 회피, 협조, 그리고 경쟁의 다섯 가지로 구분하였다.

② 타협은 자신과 상대방이 서로 양보하여 최적은 아니지만 부분적 만족을 취하는 방식이고, 순응은 자신의 욕구 충족을 포기함으로써 갈등을 해결하는 소극적 방식이며, 회피는 자신과 상대방 모두를 무시함으로써 갈등관계에서 탈출하고자 하는 방식이다.

③ 경쟁은 상대방을 좌절시키고 자신의 욕구를 만족시키려는 적극적 전략이다. 협조는 문제 해결을 통해 쌍방모두 이득을 보게 하려는 윈-윈(win-win) 전략이다.

④ 전통적으로 조화를 중시하고 집단주의적 성향이 강한 동양 문화권에서는 갈등이 부정적으로 인식되어온 것이 사실이다. 최근 가치관이 많이 서구화되었다고 하지만 유교사상이 뿌리 깊은 우리나라의 경우, 조직의 성과를 높이려면 갈등을 최소화해야 한다는 생각이 여전히 지배적이다.

⑤ 결과적으로 상하 간에는 아랫사람의 양보 또는 포기가, 동료 간에는 서로 타협함으로써 갈등을 이슈화하지 않으려는 소극적인 해결 방식이 주로 동양식방식이라면, 논리와 합리성을 중시하는 서구에서는 갈등에 대해 자연스럽게 인식하고 적극적으로 해결하려는 자세가 일반화되어 있다.

3. 효과적 갈등관리 요소

(1) 잠재적 갈등 요소 점검

① 우선 갈등이 발생할 수 있는 잠재적인 요인을 찾아내는 노력이 있어야 한다. 구성원들의 불만이나 건의 사항을 수렴할 수 있는 열린 공간을 운영하는 것도 한 방법이 될 수 있다.

② 드러나는 갈등유발 요인에 대해서는 지속적인 모니터링도 필요하다. 이러한 노력을 통해 회사는 구성원의 불만을 최소화하기 위한 제도를 고안하고 공정하게 운영함으로써 갈등의 발생을 사전에 줄일 수 있다.

③ 부서 간 갈등의 주요 원인이 될 수 있는 회사내부의 전략과 목표는 시장 여건의 변화를 감안하여 수시로 점검해 보아야 한다. 내부적으로 여러 개의 목표들이 설정되어 있다면 상치되는 부분을 미리 밝혀냄으로써 적절히 조정해야 한다. 예컨데, 신용카드 회사는 회원의 수를 늘리고 카드 이용률을 증가시켜 시장점유율을 높이는 동시에, 카드사용 대금 회수율을 높임으로써 연체를 줄이려는 노력을 한다.

④ 추구하는 목표들이 서로 상치됨으로써 유관 부서간 갈등을 일으킬 수 있다. 즉, 영업목표를 위해 회원 자격을 완화하거나 사용 한도를 높이면 이 정책은 곧 부실 채권의 증가라는 부메랑이 되어 돌아오는 것이다.

⑤ 반대로 부실채권을 막기 위해 회원 자격을 엄격하게 적용하고 사용 한도를 축소시키면 매출확대에 지장을 받아 영업 부서의 반발을 야기할 수 있다. 이 경우 시장의 상황에 맞게 각 부문의 영업 활동을 탄력적으로 조정하는 것도 부서 간 갈등을 줄이는 방법이 될 수 있다.

(2) 관리자 역량을 강화

① 조직 안에서 발생하는 갈등을 조기에 적절히 해결하는 데 있어 특히 중요한 것은 관리자의 역할이다. 유능한 관리자라면 구성원들 간의 갈등에 대해 객관적이고 공정한 해결 방안을 제시해주는 능력을 갖추어야 한다.

② 간과되기 쉬운 사실은 갈등에 직접적으로 연관된 당사자일수록 효과적이고 건설적인 해결책을 찾아내기가 가장 어렵다는 것이다.

③ 제 3자의 적절한 도움이 있을 때 갈등은 빠른 해결 과정을 밟아 나갈 수 있다. 관리자 역량의 강화는 갈등의 사후 관리뿐만 아니라 사전 예방 차원에서도 매우 중요하다.

④ 리더십 교육을 통해 구성원을 포용하고 조직내 부드러운 인간관계를 유지할 수 있는 유능한 리더를 육성해야 한다. 갈등 발생 징후를 보일 때 누구나 거리낌 없이 리더에게 상담을 할 수 있는 분위기를 만들어 주는 것이 갈등 관리의 시작이다.

⑤ 부하들 스스로의 갈등 해결능력을 키워줄 수 있어야 진정한 리더라 할 수 있을 것이다. IBM에서는 비슷한 유형의 갈등에 대한 반복적인 상담이 관리자들의 업무 효율을 저하시킨다는 판단으로 비효율적인 상담을 줄여주기 위해 코칭 프로그램을 운영하고 있다.

⑥ IBM은먼저 임원들에게 부하 직원들의 갈등 관리 능력을 높일 수 있는 교육 자료를 온라인으로 제공하고 있다. 이 자료를 활용하여 임원들이 부하 직원의 갈등 관리 능력을 키워주고 있다. 이를 통해 결국 IBM의 구성원들은 낮은 관리 단계에서부터갈등 관리에 적극적으로 임할 수 있는 것이다.

(3) 신속한 대처

① 갈등의 효과적인 해결을 위해서는 빠른 대처가 요구된다. 이는 모든 구성원이 갈등 관리의 중요성을 제대로 인식하고 있고 대처 방안에 대해 잘 알고 있을 때 가능하다. Intel은 신입사원 교육과정 때부터 신입사원들이 갈등의 적절한 관리와 최선의 해결을 위해 다양한 방식을 시도해 보는 경험을 하게 한다.

② 이러한 교육 과정을 통해 Intel은 회사가 비즈니스의 필수 요소로 갈등 관리에 대해 얼마나 중요하게 여기는 지를 구성원에게 보여주고 있다. 갈등을 관리하지 않고 방치할 경우 시간이 지날수록 상황이 더욱 악화되는 소위'눈덩이 효과(Snow Ball Effect)'가 발생한다.

③ 어떤 조직에서든 갈등은 필연적으로 발생하는 것이므로 해결은 빠를수록 좋다. 갈등의 해결이 늦어질수록 점점 더 많은 유형, 무형의 비용과 노력이 들어가게 된다. 예컨대, 사업부장과 팀장이 서로 엇갈린 정보를 갖고 있어 오해가 생겼다면 빠른 대응으로 정확한 정보를 명백하게 알려주기만 하면 쉽게 해결된다.

④ 하지만 양측이나 제3자 그 누구도 나서지 않고 그대로 방치한다면, 두 사람의 감정의 골이 깊어지게 된다. 이러한 소모적 갈등이 지속된다면 차후 업무 추진에도 상당한 영향을 미치게 될 수 있다.

⑤ 결국 작은 갈등에 신속하게 대응하지 못한 것이 전체 조직의 경쟁력을 약화시키는 결과로 이어질 수 있는 것이다.

04 조직의 리더십(Leadership)

1. 리더십(leader ship)

(1) 리더십의 중요성

① 오늘날 조직의 성과와 리더십(leadership)의 질(質)은 밀접하게 연관되어 있다는 것이 여러 가지 연구 결과 밝혀지고 있다. 유능한 리더십이 성공적인 경영활동을 보장해 주는 것은 아니지만 중요한 요소인 것만은 사실이다.

② 무능한 지도자(leader)는 조직구성원의 사기를 파괴하고 효율을 저하시키고 말 것이다. 반면에, 성공적이고 강력한 리더십을 가진 관리자는 활기 없는 조직을 강하고 공격적이며, 성공적인 조직으로 바꿀 수 있는 것이다.

③ 관리자는 리더십을 통하여 조직구성원의 협동을 확보할 수 있으며, 조직구성원들에게 동기를 부여하고 그들을 활용함으로써 조직의 목표를 달성할 수 있게 해준다.

④ 관리자가 가진 리더십의 효율성 여하가 조직의 성과를 좌우하는 중요한 요소라는 관점에서 살펴볼 때, 훌륭한 리더십을 가진 관리자를 확보하고 양성하며, 그들에게 효과적인 리더십의 기술을 습득시킨다고 하는 것은 현대조직으로서 매우 중요하다.

(2) 리더십의 의의

① 리더십은 일정한 상황에서 목표를 달성하기 위하여 개인이나 집단행동에 영향력을 행사하는 과정이라고 말할 수 있다. 결국 리드(lead), 즉 지도한다는 것은 인도하고 지시하며 선도하는 것이다.

② 지도자는 집단이 그 능력을 최대한으로 발휘하여 목표를 달성할 수 있도록 도와주어야 한다. 지도자는 집단의 배후에 서서 등을 밀어대고 괴롭히는 사람이 아니다. 지도자는 집단에 앞장서서 집단이 조직목표(組織目標)를 달성하는 것을 촉진하고 고무해주는 사람인 것이다.

③ 리더들은 내집단(in-group)과 외집단(out-group)을 만들며, 내집단의 지위를 가진 구성원들이 더 높은 성과, 더 낮은 이직률, 더 큰 만족을 갖는다는 내용과 가장 관련이 깊은 이론을 리더-구성원 교환이론이라 한다.

(3) 리더십의 개념

① 리더십(leader ship)의 사전적 의미는 '무리의 지도자로서 갖추어야 할 자질'로서 일을 결정하는 능력, 무리를 통솔하는 능력, 사람들에게 존경과 신뢰를 얻는 능력 따위가 해당된다. 리더십의 구체적인 내용에는 지도자의 퍼스낼리티(personality) 특징을 활동력, 결단력, 설득력, 책임감, 지적인 능력으로 보고 이를 리더십의 중심이 되게 한다.

② 리더십의 기초는 남을 이끄는 것이 아니라 자기 스스로를 옳은 방향으로 이끄는 '셀프' 리더십 즉, 자기 경영 리더십이다. '나는 어떤 일이든 해 낼 수 있다'고 확신하는 자기 자신에 대한 믿음, 즉 자신감에서 비롯되며 자신을 관리하는 능력과 같다.

③ 리더십이란 조직 구성원들이 그 조직 목적 달성에 자발적으로 협력하도록 유도하는 작용과 기능을 말하며, 권력에 바탕을 둔 지배는 해당하지 않고 어디까지나 조직 구성원의 자발적인 협력을 자극해 나가는 특징으로 볼 수 있다.

④ 리더십(leadership) 특성이론은 지도하는 관리자와 관리를 받는 입장의 인간 모티베이트가 되는 방법을 논한 것이라 할 수 있다. 예컨대 전 영국 수상인 마가렛대처 여사를 이야기할 때 자신감 있는, 강철 같은 의지, 과감하고 단호한 리더라고 묘사하고 있다.

⑤ 카리스마적 리더십은 리더의 특출한 성격과 능력에 의하여 추종자들이 특별히 강한 헌신과 리더와의 일체화를 이끌어내는 리더십이다. 핵심은 리더에 대한 추종자들의 개인적 일체화 그리고 헌신이다.

⑥ 초인적이거나 적어도 보통의 조직원과 다른 특출한 능력을 갖춘 사람들로서 그는 보다 나은 장래를 제시하고, 열정과 가지희생을 감행하고 목표성취에 대한 자신감과 추종자들의 무의식적 동기의 촉발을 일으키며, 부하직원을 격려하며 그들의 능력을 이끌어 낼 줄 알아야 한다.

2. 리더십(leader ship)이론과 그 접근방법

(1) 지도자의 특성 접근(Trait Approach)

① 리더십을 체계적으로 연구한 초창기에는 훌륭한 지도자에게는 남다른 특성이 있다고 생각하고 이러한 개인적인 특성을 추출하려고 노력하였다.

② 훌륭한 지도자가 되려면 어떠한 개인적 특성을 가지고 있어야 하는가를 알아내고자 노력했다. 이것이 지도자의 특성에 착안한 접근방법이라고 한다.

(2) 지도자의 행동 접근(Behavioral Approach)

① 리더십 연구에 있어서 지도자의 특성 추구에 실패한 학자들은 이번에는 외부로 나타나는 지도자의 행동을 관찰하는 방향으로 연구를 진행하게 되었다.

② 지도자의 행동에 착안하여 리더십의 유형(leadership style)을 연구의 대상으로 삼게 되었다. 이것을 지도자의 행동에 착안한 접근방법이라고 한다.

③ 지도자의 행동에 착안한 접근방법 중의 대표적인 것으로는 권위형 · 민주형 · 방임형 리더십, R. Likert의 관리시스템론, R. R. Blake와 J. S Mouton의 관리격자도가 있다.

(3) 지도자의 상황 접근(Situational Approach)

① 리더십의 유형에 관한 초기의 연구들은 가장 이상적인 유일 · 최선의 리더십을 발견하려는 데 집중되어 있었다. 학자들은 지도자가 처한 상황적 변수가 다르면 효율적인 리더십유형도 달라진다는 것을 깨닫고 연구를 진행하게 되었다.

② 효과적인 리더십 유형은 상황에 따라 결정되어야 한다고 보게 된 것이며, 이것을 상황에 착안한 접근방법이라고 한다.

(4) 리더십의 특성이론(Trait theory)

① 리더십을 발휘하기 위해서는 필요한 자질, 능력, 인격에 관한 논의로서 유능한 리더에게는 남과 다른 특성이 있다고 생각하고 그 특성을 찾으려고 하는 접근방식이다.

② 특성이론은 성공적인 리더와 그렇지 못한 리더를 구분할 수 있는 특성이나 특징이 존재한다는 것이다.

③ 특성이론은 리더가 자신만이 가지고 있는 우수한 자질이나 특성만 있으면 자신이 처해있는 상황이나 환경이 변하더라도 언제나 리더가 될 수 있다고 가정하고 있다.

④ 모든 사람이 리더가 될 수 있는 우수한 자질을 가지고 있는 것은 아니기 때문에 그러한 특성을 가지고 있는 사람만이 리더가 될 수 있는 가능성이 있다는 것으로 본 것으로 이는 리더십의 현상이 리더개인의 뛰어난 자질에서 연유된 것이라 가정 한다.

⑤ 테드(O.Tead)는 리더가 갖추어야 할 특성으로 육체적/정신적인 힘, 목적의식과 지도능력, 정열, 친근감과 우호심, 품성, 기술적 우월성, 결단성, 지능, 교육능력, 신념을 제시하였고, 버나드(C.I.Barnard)는 리더의 자질로 지구력과 인내력, 설득력, 책임감, 지적능력 등을 들었으며, 데이비스(K.Davis)는 성공적인 리더의 일반적인 특성으로 지력, 사회적 성숙 및 관용, 내적 동기 부여 및 성취 동기, 인간관계적 태도 등을 들었다.

⑥ 특성이론이 상황요인을 고려하지 않고 있다는 점이다. 리더로서의 어떤 특성이나 자질만 가지고 있으면 어떤 상황에서도 리더가 될 수 있다는 모순을 보여주고 있으며, 개인적 자질에만 초점을 두고 있기 때문에 개인이 리더십 상황에서 실제로 어떻게 행동하는가를 설명하지 못하고 있다. 즉 자질에 의해 리더가 누구인가는 확인할 수 있어도 리더가 부하의 행동에 영향을 미치기 위하여 행하는 행위 유형은 확인할 수 없다는 것이다.

(5) 리더십의 행위(동)이론(Behavioral theory)

① 행위이론은 리더의 행위유형을 기술한 것이다. 리더의 어떤 행위유형 또는 몇 개의 복합적인 행위유형이 모든 상황에서 언제나 효과적이다. 즉, 성공적인 리더와 비성공적인 리더는 그들의 리더십 유형에 의해 결정된다는 이론이다.

② 1950년대의 오하이오 주립대학(OSU: Ohio State University)의 리더십 연구로서 구조주도(initiating structure)와 배려(consideration)를 고려한 리더십은 리더의 행위요, 리더와 추종자 간의 관계이다.

③ 행동과학자들은 리더십의 특성이론이 비판을 받게 되자 실제적인 리더의 행위에 관심을 갖기 시작하였다. 즉, 어떤 특성을 가진 리더가 효과적인가 하는 특성추구적 관점에서 벗어나 리더가 하는 일이 무엇이며, 그 일을 어떻게 할 것인가 하는 관점에서 적합한 리더의 행동유형을 밝히려는 방향으로 리더십 연구가 전개되었다.

④ 리더의 특성보다는 실제행동 측면에 관심을 두어서 리더가 나타내는 반복적인 행동 패턴을 일컫는 리더십의 유형을 찾아내고, 어떤 유형이 효과적인 리더십 스타일 인지를 규명하는 것이다. 리더의 행동양식(유형)이 조직구성원의 만족감과 조직성과에 중요한 원인변수가 된다는 가정에 바탕으로 두고 있다.

⑤ 리더가 다른 구성원에게 보여줄 수 있는 행동은 기본적으로 두 가지 유형에 있는데 첫 번째는 조직이나 집단에 부여된 과업을 달성하는데 많은 관심을 두는 것(과업 지향적, 구조 주도적, 직무 중심적 리더십)이고, 두 번째는 조직이나 집단에서 일하는 사람(worker)들에 대해서 많은 관심을 두는 것(종업원 지향적, 고려 지향적, 관계 지향적 리더십)이다.

(6) 리더십의 상황적합성이론(Contingency theory)

① 상황이론은 리더십 유형과 상황의 관계에 대해 기술한 것으로 이는 모든 상황에 언제나 적합한 유일한 리더십의 유형은 없다는 내용이다.

② 어떤 상황에서나 효과적인 유일한 리더십 유형이란 존재하지 않는다고 가정하여 리더십의 유효성을 상황과 연결시키려는 상황이론이 등장하게 된 것이다.

③ 상황이론에 따르면 리더란 상황의 산물이기 때문에 한 상황이 요구하는 리더의 형태가 있는데, 리더가 이에 부응하게 될 경우 효율적인 리더십이 발휘된다는 것이다.

④ 피들러(Fiedler)의 상황적합이론에 따르면 높은 직무성과를 성취하는 데 있어서 리더십의 유효성은 리더와 집단간의 상호작용과 상황의 호의성에 따라 결정된다는 것이다. 다양한 상황이론 가운데 가장 잘 알려진 이론으로 리더십이 이루어지는 상황이 리더에게 얼마나 호의적인가 비호의적인가에 따라서 효과적인 리더십 유형이 다르다는 것이다.

⑤ 피들러(Fiedler)의 이론에서는 리더의 특성을 LPC(least preferred co-worker) 설문에 의한 점수로 측정하고, 점수에 따라 관계형, 과업형으로 구분하고, 리더와 부하의 관계, 과업구조, 리더의 직위권한을 상황변수로 정하여 상황에 적합한 효과적인 리더십을 발견하려고 하였다.

⑥ LPC 점수가 높을수록 관계 지향적 리더십으로 정의하고 있다. 피들러는 상황이 리더에게 호의적인 경우에 과업지향적인 리더십스타일이 적합하다고 하였다. 상황의 호의성이란 그 상황이 리더로 하여금 자기집단에 대하여 그의 영향력을 행사할 수 있도록 하는 정도를 의미한다.

⑦ 리더-구성원과의 관계는 집단의 구성원들이 리더를 지원하고 있는 정도를 나타내며, 과업구조는 구성원들이 맡은 과업이 명확히 정의되어 있는가의 정도를 의미하며, 이는 목표의 명확성, 목표에 이르는 수단의 다양성, 의사결정의 검증가능성 등에 의해 결정되고, 리더의 직위권한은 리더의 직위가 집단 구성원들로 하여금 명령을 수용하게 만들 수 있는 정도로써 구성원들에게 보상이나 처벌을 줄 수 있는 재량권 들을 의미한다.

(7) 스톡딜(R. M. Stogdill)의 이론

① 스톡딜(R. M. Stogdill)은 leader behavior로서 능력(지성, 민첩성, 언어구사능력, 창의성, 판단력), 업적(학식, 지식, 체력), 책임감(신뢰성, 주도성, 인내력, 공격성, 자신감, 우월감)을 가지고 있어야 한다고 하였고,leader behavior로서 참여적 태도(활동성, 사교적 능력, 협동성, 적응성, 유머감각), 지위(소시오 메트릭한 지위, 인기) 등을 들었다.

② 스톡딜은 리더의 특성에 관하여 발표되었던 여러 연구자들의 논문을 토대로 하여 훌륭한 리더에게서 발견되는 리더의 특성을 정리하였다. 특성을 가진 리더가 성공적인 리더가 될 가능성이 높다는 것이지 반드시 성공적인 리더가 될 수 있다는 것은 아니다.

【스톡딜의 성공적인 리더의 특성과 능력】

특 성	능 력
• 상황적응력이 높다. • 사회환경에 민감한 반응을 보인다. • 야심이 강하고 성취 지향적이다. • 결단력이 있다. • 협동심이 강하다. • 단호하다. • 신뢰성이 있다. • 타인을 지배하려는 욕구가 강하다. • 활동적이다. • 인내심이 강하다. • 자신감이 있다. • 스트레스에 잘 대처한다. • 책임지기를 좋아한다.	• 두뇌가 명석하다. • 개념 파악력이 우수하다. • 창의성이 높다. • 유머가 있다. • 언어구사능력이 좋다. • 과업수행에 대한 지식을 가지고 있다. • 행정능력이 우수하다. • 설득력이 있다. • 대인관계가 원만하다.

(8) 대표적인 리더 개인의 특성과 특질

① **신체적 특징** : 신체적 특징의 구성요인에는 리더의 활동성, 에너지, 연령, 신장, 체중, 외모 등이 있다. 이들 신체적 특성은 리더십 기능을 발휘할 수 있는 능력과 밀접한 관계에 있다고 본다.

② **사회적 배경** : 사회적 배경의 요인에는 사회적 신분, 교육, 이동성(mobility)을 들고 있는데, 이와 같은 연구결과는 일반적으로 높은 사회 · 경제적 신분은 리더십의 지위를 유지하는 데 유익하며, 산업체에서 고위직에 승진한 리더는 사회적 신분이 낮은 계층에서도 과거보다 많이 배출되고 있다는 결론을 도출하고 있다.

③ **지능과 능력** : 리더십은 지능, 능력과 정(+)의 상관관계를 갖는 것으로 나타난다. 여러 연구결과들은 리더가 부하보다 판단력, 결정력, 지식, 지능, 화술(speech) 등이 일반적으로 훨씬 뛰어나다고 지적하고 있다.

④ **성격** : 성격은 리더십과 밀접한 관계를 가지고 있으며, 리더십 유효성에 많은 영향을 미치고 있다. 성공적인 리더가 가지는 성격 특성으로는 적응성, 강한 신념, 공격성,

독립성, 객관성, 판단력, 자신감, 지배성, 창조성, 기민성, 조정력, 추진력, 열성, 외향성, 긴장에 대한 지구력 등 아주 많은 요인들이 있다.

⑤ **과업특성** : 리더의 과업에 대한 성취욕구 및 책임감 등은 중요한 리더십 요인이다. 유능한 리더는 높은 성취욕구와 책임감을 가지고 있다. 과업 지향적이며 장애가 부딪쳤을 때 좌절하지 않고 목표를 추구하는 끈기가 있다.

⑥ **사회적 특성** : 리더는 다양한 성격의 사람들과 잘 어울려야 하고 제반환경에도 적극적으로 참여해야 한다. 훌륭한 리더는 타인과 쉽게 친해질 수 있는 능력을 가지고 있다.

(9) 리더십의 개선(Improvement)

① 리더십에 관한 각 이론에 따라 리더십을 개선하는 문제에 대한 태도가 다르게 된다. 지도자의 특성에 착안한 접근방법을 주장한 학자들은 지도자로서 성공할 수 있는 사람의 특성을 파악하고 그러한 특성을 가진 사람들을 선발해내는 일에 전념하였다.

② 지도자의 특성에 착안한 접근방법을 주장한 학자들은 지도자의 훈련이나 상황을 개선함으로써 리더십의 유효성을 높여보려는 노력에는 거의 관심을 기울이지 않았었다.

③ 지도자의 행동에 착안한 접근방법이 대두되면서부터는 이미 지도자로 활동하고 있는 사람들에 대한 행동변화훈련을 통해서 리더십의 유효성을 높여보려는 방안을 모색하게 되었다.

④ 상황에 착안한 접근방법이 등장하자, 이를 지지하는 학자들은 리더십의 유효성을 높이기 위해서는 리더십에 영향을 미치는 모든 상황적 조건, 즉 환경을 변화시켜야만 한다고 생각하게 되었다.

(10) 조직문화(Organization Culture)

① 조직문화는 조직내 구성원들이 공유하고 있는 가치, 신념, 그리고 기본적 가정들의 총합으로, 구성원들의 사고방식과 행동방식에 중요한 영향을 미치는 요소이다. 기업 특유의 문화는 기업의 성장에 적극적인 활력소로 작용하기도 하지만, 반대로 기업 발전에 저해요소로 작용하기도 한다.

② 구성원들이 독특한 조직 환경에서 부딪치게 되는 문제점들을 해결해 온 방식이 일정하게 누적되어 그들의 행위 작용을 정당화시킬 수 있을 뿐만 아니라 앞으로 발생되는 행위에 대해 서로 이해할 수 있는 근거를 마련해 주는 등 다양한 역할을 수행한다.

③ 조직구성원들의 단결심, 정체성을 촉진시켜 강한 공동체 의식을 만들어내고, 일탈자를 통제하고 조직의 균형 상태를 유지함으로서 편안하고 안락한 조직분위기를 이끌어내는 순기능 작용을 한다. 하지만 조직문화가 항상 우리에게 긍정적 측면으로만 영향을 미치는 것은 아니다. 이는 조직문화가 양면성을 나타내기 때문이다.

④ 조직문화의 예를 들면 소매 기업들은 종업원들에게 업무에 대한 책임의식과 기업전략과 일치하는 행동지침을 심어준다. 가령, A업체는 고객서비스를 강조하고, B업체는 비용을 줄여 저가로 상품을 공급하는데 초점을 맞춘다. 이는 종업원의 활동에 대해 보수나 상사에 의한 지시 또는 문서화된 회사방침보다 더 큰 영향력을 행사한다.

⑤ 조직을 관리하는 데 있어 부하직원들의 근속연수를 잘 고려하여야 하는데 근속연수가 긴 직원일수록 이직률이 낮고, 근속연수와 결근의 빈도 및 결근일수(日數)는 반비례하며, 근속일수와 직장에서의 만족감은 비례한다는 것이 일반적인 이론이다.

(11) 소시오그램(Sociogram)

① 미국의 정신과 의사 모레노(Moreno.J.L.)가 창안한 것으로 집단의 구성원이 서로 가지고 있는 감정이나 태도를 바탕으로 하여 구성원 상호 간의 선택 · 거부 · 무관심 따위의 관계, 교우 관계, 집단 안에서의 인간 관계를 도식화한 것으로 서로의 감정이나 태도에 대한 평가를 바탕으로 작성한다.

② 집단구성원 간의 전체적인 사회적 서열관계는 물론 집단 내의 여러 하위집단, 특히 세력집단과 비세력집단, 정규지위, 비정규지위, 고립지위 등을 한눈에 알아보기 쉽게 나타낸 표 또는 그림을 말한다.

3. 리더십의 관리적 · 행동과학적 관점

(1) 관리적 관점의 개념

① 관리적 관점에서 리더십을 조직내부관리에 필요한 각계각층의 관리기능에 초점을 두고 기획 · 조직 · 지휘 · 통제기능을 포괄하는 기능으로 보는 사람이 있다. 이 중 지휘기능은 리더십과 동일하게 여겨진다.

② 관리적 관점에서 볼 때, 리더십의 개념은 관리(경영)사이클의 일부로서 조직 내 모든 계층의 관리자 직무를 포괄하는 보편화된 관리기능으로 인식되고 있다.

(2) 관리적 리더십의 기능

① **부하에게 업무배정:** 조직이나 집단의 목표달성을 위해 부하(하위자)에게 개인별 업무를 배정하는 기능을 뜻한다.

② **부하에게 동기부여:** 주어진 과업을 잘 수행하도록 부하에게 동기를 부여하는 기능을 의미한다.

③ **부하의 업무수행능력 지도 · 개발:** 부하가 자신의 업무를 수행하는 데 필요한 지도와 부하의 능력을 개발시키는 기능을 뜻한다.

④ **구성원들 간의 커뮤니케이션:** 구성원들 간의 커뮤니케이션과 목표달성에 필요한 일상 관리기능을 의미한다.

(3) 행동과학적 관점의 기능

① 행동과학적 관점에서는 리더십을 구성원들 간의 상호작용관점에서 보고 있다. 즉, 리더십의 기능은 미시적인 집단관점에서 구성원 상호 간의 역동적 상호작용을 중시하고, 동시에 비공개적이고 자생적인 관점에서 구성원의 상호작용을 구조적으로 중시하고 있다.

② 행동과학적 리더십의 개념에서는 상호작용의 변수로 리더(leader), 부하 또는 추종자(follower), 상황(situation) 등 세 가지 기본요소를 포괄하고 있다. 즉 여기서 리더십의 기능은 조직의 최고경영층에만 국한된 문제로 보는 것이 아니고, 구성원 전체의 기능으로 보고 있다.

③ 행동과학적 관점에서는 공식적인 지위가 없더라도 구성원간의 상호작용에서 영향력을 주도하는 것이 리더십이므로 누구라도 리더십과 관련이 있다고 보는 관점이다.

4. 차원관점의 리더십 유형

(1) 1차원적 관점의 리더십 유형

① 리더십의 유형에 대한 최초의 연구는 정치지도자들을 대상으로 하여 그들의 형태에서 어떤 유형을 발견하고자 한 것이었다. 처음에 리더십의 유형은 권위형, 민주형, 자유방임형으로 구분되었다.

② 권위형은 자신의 권위를 앞세워 부하에게 명령하고 지시하며, 과업에 높은 관심을 갖는 형이다. 맥그리거의 X이론에 근거를 두고 있으며, 모든 정책이 리더에 의해 결정된다.권위형 리더십에서는 부하의 불만이 높고 사기도 낮다. 민주형은 과업을 계획하고 수행하는 데 있어서 부하와 함께 책임을 공유하고, 인간에 대하여 높은 관심을 갖는 형이다.

③ 민주형은 Y이론에 입각하여 모든 정책이 집단토의나 결정에 의해서 이루어진다. 민주형 리더십에서는 부하 상호 간은 물론 리더와 부하 간의 관계가 우정 · 신뢰 · 존경으로 결합되기 때문에 협조적 · 자발적으로 일이 행해져 생산성과 사기가 높게 나타난다.

④ 종업원과 과업 중심적 리더십은 기업조직에서 의미 있는 리더십 유형에 대한 중요한 연구의 기본 목적은 작업집단의 성과와 만족을 증진시키는 리더십 유형을 찾아내는 것으로 서로 관련이 있어 보이는 특징들의 군을 추출하여 유효성을 알아내려는 방식으로 접근한 결과, 종업원 중심적 리더십과 과업 중심적 리더십이라는 두 가지 개념을 정립하였다.

⑤ 종업원 중심적 리더십의 유형은 인간 중심적이며 책임의 위임을 중요시하고 종업원의 복지 및 욕구, 성장에 관심을 갖는 유형으로 관계 지향적 리더십유형과 관련이 있는 유형이며, 과업 중심적 리더십은 계획을 수립하고 과업수행을 평가하는 데 있어서 폐쇄적인 감독, 합법적이고 강압적인 권력을 행사하는 유형으로 구조주도와 유사하며 과업 지향적 리더십과 관련이 있다.

(2) 2차원적 관점의 리더십 유형

① 실증연구를 통하여 리더행위의 결정요인과 작업진단의 성과와 만족에 대한 리더십의 유효성을 결정하기 위한 여러 종류의 리더행위를 규명하려고 노력하였다.

② 연구결과는 리더의 행위를 두 가지 차원, 즉 배려(consideration)와 구조주도(initiating structure)로 집약하고 있다. 배려는 관계 지향적 · 인간 중심적으로 인간에 관심을 가지고 있으며 온화한 인간관계, 신뢰, 리더의 행위 설명, 부하의 의견수렴과 같은 행동을 하는 유형이다.

③ 구조주도는 리더가 과업수행을 위하여 과업을 조직화하는 것으로 과업내용을 확정하고, 작업을 할당하고, 의사소통 네트워크를 수립하며, 과업수행 성과를 평가하는 리더의 행동을 의미한다. 이와 같은 리더의 행동은 과업지향적 리더십 유형이라고 할 수 있다.

④ 오하이오 대학의 리더십 요구에서 배려는 종업원의 결근율이나 고충과 같은 부정적인 결과와는 낮은 관련성이 있으며 성과면에서는 구조주도보다 낮은 관계를 가지고 있으며, 구조주도는 종업원의 생산성과 높은 관계가 있으며 결근율이나 고충과 같은 부정적인 결과와는 높은 관련성을 가지고 있다.

⑤ 배려와 구조주도가 둘 다 높을 때는 생산성과 만족이 둘 다 높은 경향이 있다. 그러나 어떤 경우에는 높은 생산성에 결근율과 고충의 문제가 수반되기도 한다. 이러한 연구결과는 높은 배려와 구조주도형이 가장 효과적인 유형임을 보여주고 있다. 하지만 오하이오 대학의 연구는 상황요소가 리더십 유효성에 미치는 영향이 고려되지 않았고, 리더와 그의 부하가 측정한 리더십은 관련성이 적다는 점에서 비판을 받고 있다.

(3) 매니지얼 그리드 이론

① 블레이크와 모우톤(R. R. Blake and J. S. Mouton)은 리더의 행위를 개발할 목적으로 직무중심과 과업중심의 양극적인 리더십 유형을 조화시켜 매니지얼 그리드의 개념을 정립시켰다.

② 블레이크와 모우톤은 매니지얼 그리드를 만들어서 리더가 지향할 수 있는 방향으로 두차원으로 구분하였다. 횡축에는 생산에 대한 관심의 정도를 파악할 수 있도록 9등 급으로 나누었고, 또 종축에는 인간에 대한 관심의 정도를 파악할 수 있도록 임시 9등 급으로 나누었다.

③ 무기력형(Impoverished Type)은 (1.1)형으로서 과업달성 및 인간관계 유지에 모두 관심을 갖지 않는 리더십 유형으로 리더 자신의 직위를 유지하는 데에만 최소한의 노력을 투입하는 형이다.

④ 컨트리클럽형(Country Club Type): 은 (1.9)형으로서 생산에는 최저의 관심을, 인간관계에는 최대의 관심을 갖는 리더십 유형이다. 따라서 구성원의 만족과 구성원의 친밀한 관계유지를 위하여 최대한의 노력을 기울인다.

⑤ 과업형(Task Type)은 (9.1)형으로 인간관계 유지에는 적은 관심을 보이지만 생산에 대해서는 높은 관심을 보이는 리더십 유형이다.

⑥ 중도형(Middle Of The Road)은 (5.5)형으로 생산과 인간관계 유지에 모두 적당한 정도의 관심을 갖는 리더십 유형이다.

⑦ 팀형(Team Type)은 (9.9)형으로 생산과 인간관계 유지에 모두 높은 관심을 보이는 유형으로서, 구성원의 자아실현의 욕구를 충족시켜 주고 신뢰와 지원의 분위기를 조성하며 한편으로는 과업달성을 위하여 노력하는 형이다. (9.9)형은 위 다섯 가지 중에서 가장 이상적인 유형의 리더가 된다.

5. 최근의 리더십연구의 전개 방향

(1) 변혁적 리더십의 개념

① 변혁적 리더십은 추종자의 신념, 요구, 가치를 변화시킬 수 있어야 한다. 또 기존의 틀 자체를 변화시켜 새로운 기회를 창출해내야 한다.

② 이렇게 하기 위해서는 추종자들에게 자유, 정의, 형평, 평화, 인본주의 등과 같은 높은 이상과 도덕가치에 호소함으로써 이들의 의식수준을 높여야 한다.

③ 리더가 어느 정도 변혁적인가는 추종자에게 미치는 효과를 통해서 측정할 수 있다. 변혁적 리더와 함께 직무를 수행하는 사람은 리더에 대하여 신뢰감, 존경심, 충섬심을 갖게 된다.

④ 리더는 추종자들이 과업결과의 중요성을 인식하게 만들고, 조직을 위해서 자신의 이익을 초월하게 만들며 그들의 상위욕구를 충족시켜 준다. 변혁적 리더십이 되기 위해서 가져야 할 중요한 자질은 다음과 같다.

⑤ 영감(靈感)적 동기를 부여하거나 지적자극(intellectual stimulation)을 제시하며, 이상(理想)에 부합하는 영향력을 행사하고, 부하들 개개인의 성취와 성공에 관심을 보이는 리더십의 유형을 변혁적 리더십이라 한다.

(2) 변혁적 리더십의 자질

① 변혁적 리더가 해야 할 가장 중요한 일은 무엇보다도 비전을 제시하는 것이다. 그럼으로써 리더는 추종자들의 사기와 가치관을 자극시켜 조직 내에 꿈과 용기를 불어넣어 줄 수 있는 것이다.

② 변혁적 리더는 추종자들에게 명확하고 달성가능하며 호소력이 있는 비전을 제시하고, 비전을 달성할 수 있는 전략을 개발하여 추종자들을 앞장서서 이끌어주는 능력이 있어야 한다.

③ 비전을 제시하는 것으로 끝나는 것이 아니라 추종자들이 비전을 이해하고 자기 것으로 만들 수 있도록 하여야 한다. 그래야만 추종자들이 나아갈 바를 분명하게 알게 되는 것이다.

④ 리더는 추종자들이 분명하게 이해할 수 있도록 전달하는 능력을 가지고 있어야 한다. 즉 리더 혼자만이 비전을 외치면서 따라오도록 해서는 안 되며 추종자를 설득시키고 동참시킬 수 있게 하는 능력을 가지고 있어야 한다.

⑤ 변혁적 리더는 추종자들로부터 전적으로 충성과 신뢰를 받을 수 있는 능력을 가지고 있어야 하며, 반대에 대처하면서 강력하게 계획을 추진할 수 있고 리더가 일시적으로 실수를 했을 경우에도 다수의 추종자들의 지지를 받아 건재할 수 있다.

⑥ 리더는 스스로 자신을 관리하는 데 힘써야 한다. 지식과 능력의 함양은 물론 행동과 처신하는 데 흠이 없도록 자기개발을 계속해야 하며 긍정적인 이미지를 심는데 노력해야 한다.

⑦ 조직의 상층부에서만 변혁적 리더십을 필요로 하는 것은 아니다. 조직의 각 계층에서 그리고 사회의 각 분야에서 이러한 리더십이 요구되고 있다.

⑧ 우리 부서의 비전과 사명은 무엇인가, 부서원들이 함께 나누어야 할 꿈이 무엇인가를 생각하고 이를 실현해 보려고 노력하는 것이 바로 변형적 리더십인 것이다.

(3) 카리스마적 리더십

① 카리스마적 리더십(charismatic leadership)은 사회학자나 정치학자, 역사학자 등에 의해서 1920년대부터 연구되기 시작하였다. 1980년대에는 심리학자들에 의해서 연구되었

② 미국기업들이 일본기업들과의 경쟁에서 뒤떨어지기 시작하면서 나름대로의 대변혁을 시작하는 시기와 맞물려 있어 관심이 되고 있다.카리스마적 리더십에 관한 연구는 크게 리더의 특성, 부하의 특성, 상황의 특성으로 나눌 수 있다.

③ 리더의 특성은 추종자에게 비전을 제시할 수 있거나 비전을 전달할 수 있는 능력을 가지고 있어야 하며, 추종자들로부터 신뢰를 얻어야 하고, 리더자신이 개인적인 매력을 가지고 있어야 한다. 추종자를 사로잡는 눈 접촉, 제스처, 억양, 표정 등의 비언어적 표현으로 감정표현을 할 수 있어야 한다.

④ 부하의 특성은 리더에 대한 강한 애정을 가지고 있어야 하고, 리더의 신념을 자신의 것으로 받아들여야 한다. 리더의 권위에 순종하여야 하며, 리더의 비전을 따르면 자신들이 얻을 수 있다는 높은 기대감을 보여주어야 하고, 리더의 개인적인 매력에 정신적으로 빠져 들어가야 한다.

⑤ 카리스마리더십의 상황 특성은 사람들이 위기의식을 느낄 때, 자신들이 처한 어려운 상황에서 자신들을 구해낼 수 있는 리더를 찾게 되며, 이러한 상황에서 카리스마적 리더가 나타날 가능성이 높다.업무처리를 하는 데 있어서 소속집단 구성원 간의 상호 의존도가 높을 경우 그 집단의 리더는 카리스마적 리더가 될 가능성이 높다.

⑥ 카리스마적 리더십의 특징은 카리스마적 리더들은 부하들이 모방하도록 그등 자신의 행동으로 예를 보여주는 역할 모범을 이용할 가능성이 크고, 추종자들에게 리더가 유능하고 성공적인 사람이라는 인상을 심어줄 수 있는 행동을 많이 할 가능성이 크며, 집단의 업무달성에 관계된 동기를 유발하는 방향으로 행동할 가능성이 매우 크다. 카리스마적 리더십에 있어 중요한 요소는 비전이다.

(4) 팀 리더십

① 팀(team)은 오늘날 조직 내에서 대표적인 작업 집단이 되었으며, 기업조직은 물론 행정조직, 병원, 대학조직에서도 모든 업무는 팀으로 이루어진다.

② 팀장의 리더십 또한 매우 중요하게 되었는데, 팀장의 역할은 종래 일선관리를 맡던 계장이나 과장의 역할과 다르기 때문에 다른 각도에서 리더십을 파악해야 한다.

③ 종래의 과장이나 부장은 자기 부서에 주어진 책임량을 해내기 위해 과(부)원들에게 업무를 할당하고 규정에 따라 규제하고 감독 · 평가했다.

④ 팀장은 관리 · 통제보다는 팀 내외의 정보흐름과 소통을 촉진하고 기존의 권위를 포기하며 자율을 최대한 보장하되 시기적절하게 충고하고 팀원 각자의 강 · 약점을 잘 지적해서 개발시키는 역할이 더 중요하다.

⑤ 팀 리더는 팀과 관련되는 외부와의 연결자 역할이다. 상급자, 다른 팀, 고객, 협력업체 등에 대해 팀을 대표하며, 팀 내의 정보를 제공하기도 하지만 외부에서 정보를 수집하여 내부 팀원에게 잘 알려야 하고, 팀이 문제에 직면했을 때 팀장은 회의와 협상을 주선하고 외부 도움도 요청하며 때로는 자신이 직접 개입하면서 문제해결을 주도한다.

⑥ 팀 리더는 팀원 간의 갈등과 분쟁이 있으면 이를 해결해줄 뿐만 아니라 갈등을 최소화하기 위해 보상, 업무할당, 배치 등에 있어 팀원과 계속 합의해 나가야 하고, 팀원에게 할 일을 제시하고, 가르쳐주고, 지원하며, 장단점을 잘 관찰하여 알려주는 역할을 한다.

05 조직의 기본 설계구조

1. 명령에의한 조직

(1) 직계식 조직(Line Organization)

① 명령 통일의 원칙에 의해 최고경영자의 의사 명령이 상부에서 하부로 직선적으로 전달되는 조직 형태이다. 각인(各人)은 오로지 한 사람의 상사로부터만 명령을 받는다.

② A는 B의 부하인 d나 e에게 명령을 할 수 없으며, B도 A의 부하인 a, b, c에게 명령을 할 수 없다. 이러한 조직은 흔히 군대에서 볼 수 있으므로 군대식 조직(military organization)이라고도 하며, 영국의 교회 조직과 같다 하여 '교정제도'라고도 한다.

③ 장점은 명령이 단일 · 명백하므로 상의 전달이 수직적으로 직결되고, 조직의 유지가 안정되고 규율을 지키기가 쉽다. 명령 계통이 단순하므로 관리를 위한 비용이 적게 들고, 조직원의 권한, 책임, 의무의 삼면등가의 원리의 귀속이 명확하며, 직계 상사의 개인 지도를 받을 수 있어 조직원의 훈련이 용이하다.

④ 단점은 각 부문의 독립성이 강하므로 유기적 합의나 조정이 힘들고, 지휘자의 독단적인 처사에 대한 오류가 발생할 수 있다. 직장의 직무가 너무나도 광범위하여 그 실행이 곤란한 경우가 많고, 업무의 지시가 너무 획일적이어서 부하와의 인간적인 면이 부족하며, 각 부문에서 직장의 양성이 쉽지 않다.

(2) 기능식 조직(Functional Organization)

① 테일러(F. W. Taylor)가 그의 과학적 관리 기법을 실천하기 위해 직계식 조직의 결함을 시정하고 그의 과학적 관리법을 실천하기 위하여 제창한 것이다.

② 관리자의 일을 부문마다 전문화시켜 수 명의 기능적 직장으로 하여금 관리시키는 것으로 각 전문가는 그가 담당하는 전문 영역의 모든 부하에게 명령을 할 권한을 갖는다.

③ 장점은 각 부문의 직장 양성의 기간이 단축되고, 각 기능적 직장의 장에게 정확한 과업을 할당할 수 있으며, 일의 성과에 따라 정확한 보수를 가감할 수 있다. 감독의 전문화로 인하여 능률적이며, 각자의 높은 기능적 능률이 유지되고, 육체적 노동과 정신적 노동을 분리할 수 있다.

④ 단점은 각 직장들 간의 책임의 소재가 불명확하고 조직의 모순은 사기를 떨어뜨리고, 각 직원의 차지하는 직능이 지나치게 전문화되어 그 수가 많아지면 간접적 관리자가 증가되며, 명령이 통일되지 않아 전체의 질서적 관리가 문란해지는 경우가 있다. 각 관리자가 담당하는 전문적 기능에 대한 합리적 분할이 실제상 용이하지 않고, 상위자들 간의 마찰이 일어나기 쉬우며, 조직이 상대적으로 안정성을 유지하기가 쉽지 않다.

(3) 직계 · 참모 조직(Line and Staff Organization)

① 직계 · 참모 조직은 에머슨(H. Emerson)에 의해서 제창된 조직인데 그 특징은 직계식 조직의 통일성을 살리는 동시에 그의 단점을 보충하기 위해서 참모 제도를 병설시킨 조직이다.

② 모든 명령과 감독은 라인의 장을 통해서 행해지며 스태프의 전문가는 직접 명령이나 결정을 할 권한이 없고 단지 라인의 장에 대한 조언자로서의 지위에 있을 뿐이다.

③ 라인은 스태프 각 부문에 대폭적인 권한을 주어 각각 적절한 결정을 독자적으로 할 수 있도록 되어 있는데 이것은 각 부문이 각자의 이질적(異質的) 업무를 담당하고 있으므로 현실적 결정에서 떠나 장기적 · 전사적인 결정에 전념할 수 있는 체제를 지향한 것으로 통제성이 풍부하다.

④ 장점은 소수의 강력한 인물의 능력에 의존하는 위험이 경감되고 사업이 안정되고, 조직을 관리 · 통제하고 방침을 일관되게 가는 것이 매우 용이하며, 일상 업무의 능률을 올릴 수 있다.

⑤ 단점은 집행 부문이 스태프 부문에 자료를 신속 · 충분하게 제공하지 않으면 참모 부문의 기능은 잘 발휘되지 못하고, 집행 부문의 종업원과 스태프 부문의 종업원 간 불화를 가져올 우려가 있다. 라인이 창의성을 발휘하기가 쉽지 않고, 명령 체계와 조언, 권고적 참여가 혼동되기 쉽다.

2. 고전 조직론

(1) 과학적 관리론

① 과학적 관리론은 작업, 특히 블루칼라의 일을 체계적으로 연구하고자 하는 것으로 이러한 생각은 과학적 경영의 아버지라 불리는 테일러(F. W. Taylor)에 의해 체계화되었다.

② 과학적 관리론의 4대 원칙으로 작업자의 표준 과업량 기준을 설정할 것, 과업 수행에 적합한 근로자의 선발, 교육 및 훈련 방법 등을 만들 것, 할당된 과업의 달성 여부에 따라 차별 성과급을 지급할 것, 근로자와 관리자가 맡은 직분에 따라 일하면서 서로 협동하도록 할 것 등이 있다.

(2) 일반 관리론

① 일반 관리론은 은 프랑스의 페이욜(H. Fayol)에 의해 제시되었으며,페이욜은 기업에는 공통적으로 기술 활동, 상업 활동, 재무 활동, 보전 활동, 회계 활동, 그리고 관리 활동이 있으며, 이 중에서 관리 활동이 가장 중요하다고 하였고, 관리 활동은 계획, 조직, 지휘, 조정 그리고 통제의 과정으로 구성되어 있다.

② 명령 통일의 원칙은 구성원들이 한 사람의 상사로부터 명령을 받아야 한다는 것을 말한다.

③ 작업 분업의 원칙은 능률을 가져올 수 있으며, 생산과 관련된 작업뿐만이 아니라 관리적인 일에도 적용이 가능하다.

④ 보상의 원칙은 종업원과 고용주 모두에게 공정하게 보상이 주어져야 한다는 것을 말한다.

⑤ 지휘 통일의 원칙은 동일한 목표를 위한 활동은 하나의 계획하에 있어야 하며 한사람이 관장하여야 한다는 내용이다.

⑥ 질서의 원칙은 각종 물건들과 재료들은 있어야 할 곳에 정돈되어 있어야 하며, 마찬가지로 적절한 인물이 적절한 곳에 배치되어야 한다는 내용이다.

⑦ 규율의 원칙은 조직을 원만하게 운영하기 위하여 절대적으로 필요하며 조직의 구성원들은 규칙과 규정을 존중하고 따라야 한다는 원칙이다.

⑧ 종속 원칙은 개인이나 집단의 이해는 조직의 이해나 목표보다 우선되어서는 안된다는 것을 말한다.

⑨ 권한의 원칙은 명령을 하고 복종을 요구할 권리로서, 이러한 권한은 지성과 경험과 같은 개인적인 근거와 조직의 공식 기구로부터 출발하며 따라서 권한에는 책임이 있어야 한다.

⑩ 스칼라 체인의 원칙에 따르면 스칼라(계층적) 체인은 조직의 상위층으로부터 하위층에 이르기까지 연결되어 있으며 의사소통의 경로이다.

⑪ 공평의 원칙은 관리자나 기업주는 종업원을 친절하고 공정하게 대해야 한다는 것을 말한다.

⑫ 집중화의 원칙에서 적절한 집중화의 정도는 상황에 달렸으며 문제는 사람들의 능력을 최대한으로 활용하는 것이다.

⑬ 고용과 정년의 안정화 원칙은 종업원의 고용과 정년을 안정화하고 이직률이 높아서는 안 된다는 원칙을 말한다.

⑭ 창의력의 원칙은 경영자는 부하들의 창의력을 적극적으로 개발하고 고무시켜야 한다는 것을 말한다.

⑮ 협동의 원칙이란 노동조합이 강력해짐에 따라 조화와 팀워크는 필수적으로 작용하게 된다는 것을 말한다.

(3) 관료제 이론

① 절대주의시대 관료제는 봉건제를 타파하고 강력히 국가통일을 달성한 절대군주제하에서 발달하였으며, 군대와 함께 군주의 정치지배를 위한 유력한 지주(支柱)였다.

② 테일러와 페이욜이 관리에 대한 이론을 제시하던 비슷한 시기에 독일에서 베버(M. Weber)가 조직의 관리에 대한 관료제 이론을 제시하였다.

③ 직무의 수행은 전문화되고 따라서 전문가로서 훈련을 받은 자만이 그 일을 담당할 수 있으며, 그것을 수행하는 자의 전체적인 능력을 요구하게 된다.

④ 직무의 수행은 안정적이며 철저하고 세밀한 동시에 누구나 습득할 수 있는 법규에 의하여 수행되고 있기 때문에 이론적으로 관료는 증오나 애정과 같은 감정을 갖지 않은 비정서적이며 형식주의적 합리성의 정신에서 직무를 행한다.

⑤ 직무의 조직화는 계층화의 원칙에 따른다. 즉, 각 하급 기관은 각 상급 기관의 통제와 감독하에 있다. 이러한 관리 계층에 속하는 각 직원은 그 하부의 결정 및 행위뿐만 아니라 그 자신의 결정과 행위에 대해서도 상급자에 대해서 책임을 지고 있다.

⑥ 직무의 집행은 서류에 의거해서 행해지며 조직의 재산과 사유 재산과는 구별되며, 관료의 권한은 규칙, 즉 법규나 행정 규칙에 의하여 엄격히 규정되고 있다. 시간적 순서를 기준으로는 '테일러시스템 – 포드시스템 – 인간관계학파 – 행동과학과조직론'의 순서 이다.

【고전적 조직론의 비교】

구분	과학적 관리론	일반 관리론	관료제 이론
특 징	• 일상성과 규칙에 의거한 훈련 • 최선의 방법을 강조 • 금전적 동기 부여	• 관리 기능의 정의 • 노동의 분업 • 계 층 • 권 한 • 공정성	• 규 칙 • 비 개인성 • 노동의 분업 • 계 층 • 권한구조 • 장기근속 • 합리성
초 점	작업자	관리자	전체 조직

장 점	• 생산성 • 효율성	• 분명한 구조 • 규 칙	• 일치성 • 효율성
단 점	사회적 욕구의 간과	• 환경을 인식하지 못함. • 관리자의 이성적 행동 강조	• 경직성 • 행동/의사결정 지연

3. 조직 구조의 형태

(1) 현실의 기업 조직

① 현실적으로 대부분의 기업 조직은 라인과 스태프 조직형을 기초로 하고 있어 그 분업의 형태는 매우 복잡하다.

② 조직화(organizing)의 단계는 '계획과 목표의 검토-활동내용 결정-활동분류와 그룹화-작업할당 및 권한위양-조직구조 설계'단계를 거친다.

③ 조직구조 설계시에 고려할 사항으로 '조직 내의 업무가 표준화 되어있는 정도'를 의미하는 말은 공식화이다.

④ 학습조직이란 변화에 대응하는 능력(지식, 노하우, 실력 등)을 계속 습득해가는 조직을 말한다. 학습조직으로는 학습전이 효과, 적응조직과 생성조직, 이완학습 또는 파괴학습, 벤치마킹 과 관련이 있다.

⑤ 현대적 조직구조는 '위원회조직', '프로젝트조직', '메트릭스조직', '네트워크조직', '사업부제 조직' 등이 있다. 태스크 포스(task force), 위원회(committee), 매트릭스(matrix) 조직구조의 한 유형으로 애드호크러시(adhocracy)라고도 한다.

⑥ 기업의 여러 가지 기능 중에서 핵심적인 기능은 직접수행하고, 그 외의 기능을 외부기업에 아웃소싱으로 대체함으로써 조직규모를 축소하고 효율성을 높이고자 채택하는 새로운 조직형태를 가상 조직(virtual organization)이라고 한다.

⑦ 조직을 관리하는 데 있어 부하직원들의 근속연수를 잘 고려하여야 하는데 근속연수가 긴 직원일수록 이직률이 낮고, 근속연수와 결근의 빈도 및 결근일수(日數)는 반비례하며, 근속일수와 직장에서의 만족감은 비례한다는 것이 일반적인 이론이다.

⑧ 유통기업의 조직구조는 구성요소에 따라 여러 가지 형태가 있다. 조직의 구조를 결정짓는 구성요소로 '과업과 분화-수평적 분화 또는 수직적 분화' '권한의 배분-집권화 또는 분권화' '공식화-명시적 공식화 또는 암묵적 공식화' '통제 폭-한명의 상사가 통제할 수 있는 부하의 수'로 구분이 가능하다.

(2) 라인 조직(Line organization)

① 라인조직은 각 조직구성원이 한 사람의 직속상관의 지휘/명령에 따라 활동하고 동시에 그 상위자에 대해서만 책임을 지는 형태이다.

② 라인은 스태프 각 부문에 대폭적인 권한을 주어 각각 적절한 결정을 독자적으로 할 수 있도록 되어 있는데 이것은 각 부문이 각자의 이질적(異質的) 업무를 담당하고

있으므로 현실적 결정에서 떠나 장기적, 전사적인 결정에 전념할 수 있는 체제를 지향한 것으로 통제성이 풍부하다.

(3) 네트워크조직(Network organization)

① 외부기관과 신뢰의 기반 위에서 상호 전략적 제휴를 체결하고, 외부 기관과 상호 협력적 아웃소싱(outsourcing) 등을 체결한다. 수직적인 위계적 조직이 아니고 수평형의 유기적 조직이다.

② 현재의 조직 기능을 경쟁력 있는 핵심 역량(core competence) 중심으로 합리화하며, 외부 기관과 신뢰의 기반 위에서 상호 전략적 제휴뿐만이 아니라 외부 기관과 상호 협력적 아웃소싱(outsourcing) 등을 체결한다.

③ 종래의 시장(markets)과 계층(hierarchies)이라는 양대 분류를 보완하는 새로운 조직에 대한 관점으로 합작투자, 전략적 제휴, 프랜차이즈 등도 포함되며, 네트워크 조직과 자원의존이론은 밀접한 관련이 있다.

④ 네트워크조직(network organization)은 현재의 조직 기능을 경쟁력 있는 핵심 역량(Core Competence) 중심으로 합리화하며, 외부 기관과 신뢰의 기반 위에서 상호 전략적 제휴뿐만이 아니라 외부 기관과 상호 협력적 아웃소싱(outsourcing) 등을 체결한다.

⑤ 종래의 시장(markets)과 계층(hierarchies)이라는 양대 분류를 보완하는 새로운 조직에 대한 관점으로 합작투자, 전략적 제휴, 프랜차이즈 등도 포함되며, 네트워크 조직과 자원의존이론은 밀접한 관련이 있다.

(4) 제품별 영업조직(product sales force structure)

① 다양한 제품계열을 가지고 있는 기업의 경우에 적합하다.

② 그 제품에 맞게 조직을 조직화 하였기에 상대적으로 높은 영업비용이 소요된다.

③ 특정 제품(군)에 대한 집중영업으로 인해 제품에 대한 지식과 전문성이 강화된다.

④ 제품 조직은 제품을 시장특성에 따라 대응함으로써 소비자의 만족을 증대시킬 수 있다.

⑤ 소비재 기업보다는 산업재를 취급하는 기업일수록 이런 형태의 조직이 더욱 유리하다.

(5) 백화점 체인조직

① 소매체인관리는 단일점포관리에 비해 보다 복잡하다.

② 대체로 상품, 기획, 마케팅, 재무, VMD, 인적자원관리자는 회사의 본부에서 근무한다.

③ 대부분의 소매체인은 기획유통부분의 부사장이 포함된 상품기획그룹에서 상품부문에 대한 권한과 책임을 가진다.

(6) 위원회 조직

① 위원회 조직은 단독적 경영 조직이라기보다는 오히려 경영관리 조직에 부속되어 그 조직을 보강하고 있으며 단독으로는 제대로 힘을 발휘할 수 없다는 점을 특색으로 한다.

② 다수의 부문이 있는 대규모 경영의 경우 각 부문 간의 관계는 소원해지고 협조가 제대로 되지 않을 때에 부문 간의 조정을 통해 전사적인 관점에서 의사결정을 위해 설정되는 기구이다.

③ 위원회는 위원회에 할당된 관리 기능의 종류에 따라 정책위원회, 계획위원회, 조정위원회, 통제위원회 등이 있고, 또 권한의 종류에 따라 결정위원회, 조사위원회, 자문위원회, 정보위원회 등이 있다.

④ 위원회 조직의 장점은 최고경영자(top management)로서의 각 부문 간의 조정을 통해 전사적인 관점에서 의사결정을 할 수 있고, 집단 결론이나 두뇌 순풍(brain storming)의 기회를 가지며, 중지를 모아 널리 의견을 모을 수 있다.

⑤ 의사소통(communication)의 기회를 가지고, 인간 관계의 효율을 높이며 협동의식을 고조시키며, 각 부문의 경영 방침과 정책 등을 이해할 수 있다. 따라서 경영의 민주화를 이룰 수 있다.

⑤ 위원회 조직의 단점은 위원들 간의 의견이 너무 많아 의견을 조율하는 단계에서 시간의 낭비를 초래하며, 서로의 의견만 주장하여 의견 통일이 어렵고, 논쟁이 심하면 불화를 일으킬 가능성이 있다.

⑥ 소수 유력한 위원에 의해서 회의가 지배되면 제대로 된 의견 일치가 힘들다. 따라서 강력한 리더십이 있는 사회자가 있어야 그 회의의 원활성과 경제성을 기대할 수 있다.

4. 구조적 분석조직

(1) 기능별 조직

① 기능별 조직의 개념

㉠ 기능별 조직은 유사한 기술, 전문성, 자원사용 등을 기준으로 종업원들의 직무를 집단화하고, 관련성이 있거나 유사한 기능을 가진 조직을 몇 개의 부서로 구분하여 전문가들을 한 부서에 편재시키는 것을 말한다.

㉡ 기능별 조직이란 조직이 그 목적 달성을 위해 수행하여야만 하는 기본적인 활동이나 기능을 의미하며, 기업의 경우에는 생산과 판매 등의 기능을 하는 활동이다. 기능별 조직은 환경이 비교적 안정적일 때 조직 관리의 효율성을 높일 수 있으며, 각 기능별로 규모의 경제를 얻을 수 있다.

② 기능별 조직의 장점

㉠ 기능부서의 관리자와 부서원들은 자신의 노력을 한 종류의 작업에 투입하게 된다. 이와 같은 일을 집단화함으로써 전문가를 고용할 수 있게 되어 전문화가 가능하다.

㉡ 자원을 중복적으로 소유하지 않음으로써 자원을 충분히 활용할 수 있기 때문에 경제성이 높다. 한 기능과 관련된 일은 한 사람의 관리자나 경영자에게 맡겨져 있기 때문에 기능부서 내에서의 조정과 통제가 보다 세밀하게 이루어진다.

③ 기능별 조직의 단점

㉠ 모든 기능부서의 전문가들이 수행한 작업의 최종적인 결과는 기업의 제품이나 서비스인 산출물이다. 그러나 어느 기능부서의 장(長)도 이러한 최종 제품에 책임이 명확하지 않다.

㉡ 기능식 형태는 한 기능 내에서는 조정이 용이한 반면 기능들 간의 조정에는 어려움을 겪게 된다.기능적인 조직 형태는 제품의 종류가 제한적일 때 효과적이다. 즉, 하나하나 소수의 제품을 만드는 경우에 기능식 조직은 제품에 중점을 둘 수 있어 다각화에 유리하다.

(2) 사업부제(별) 조직

① 사업부제 조직의 개념

㉠ 사업별 조직은 제품, 고객, 지역, 프로젝트 등을 기준으로 종업원들의 직무를 집단화하여 조직을 몇 개의 부서로 구분하는 것을 말한다.

㉡ 사업부제 조직은 독립적인 사업부로 부문화된 후 각 사업부 내부에 기능식 부문화가 이루어지는 형태를 말한다.

㉢ 사업부제 단위 사업부는 다른 사업부들과는 독립적으로 운영할 수 있는 자원을 가지고 있다.

② 사업부제 조직의 유형

㉠ 제품별 사업부제는 유사한 제품군, 또는 단일 제품을 기준으로 부문화된 형태이다. 기업은 그 사업부 내에서 마케팅, 생산, 제조 등의 기능전문가를 양성하게 되며, 그들은 그들 부서의 특화된 전문적인 기능을 수행하게 되어 제품에 대한 강조를 할 수 있게 된다.

㉡ 지역별 사업부제는 서로 다른 지역을 대상으로 부문화된 형태이다. 이러한 유형의 부문화는 서로 다른 지역의 요구에 따른 제품과 서비스가 상당한 차별화가 이루어질 때 적용되는 형태이다.

㉢ 고객별 사업부제는 특정한 고객의 유형에 따라 부문화가 이루어진 형태로서 기업이나 제품에 대한 고객들 간 요구의 차이가 보통의 기능적 형태로는 적절하게 조정되기 어려운 경우에 적용하게 된다.

③ 사업부제 부문의 장점

㉠ 각 사업부는 사업부의 활동을 위한 모든 자원을 가지고 있기 때문에 사업부 내의 조정과 통제가 용이하다. 의사결정자들이 나타나는 결과에 대한 책임을 지고 있으며, 그들의 제품이 성공적이지 못하다면 사업부의 장이 당연히 책임을 지게 된다.

㉡ 사업부제 조직에 속한 관리자와 종업원들은 그들이 무엇을 하고자 하는지를 이해하고 있으며 어떻게 진행되어 그 결과가 어떠한지를 알고 있다. 즉, 그들은 작업 결과를 인식하고 있는 것이다. 이러한 피드백을 통하여 그들은 스스로를 통제하고 학습하게 된다.

㉢ 제품을 위하여 필요한 관련된 모든 일들을 하나의 부서에 통제함으로써 책임의 소재를 분명히 하고 있다. 제품과 관련된 전문가들을 하나의 부서에 모음으로써 제품에 대한 강조점을 둘 수 있다.

④ 사업부제 부문의 단점

㉠ 사업부 내의 조정은 쉽게 이루어질 수 있지만, 사업부 간의 조정은 결코 쉽게 이루어지지 않게 된다. 이것은 우선 사업부를 만들 때, 통제력과 권한을 하위로 이양하게 되며, 이것은 결국 통일된 정책이나 일관된 지침에 의한 사업부 간의 조정이 원칙적으로 쉽지 않다는 것을 의미한다.

㉡ 사업을 계획하고 실행하며 통제하는 전반적인 경영 업무를 책임지고 수행할 수 있는 경영 능력의 소유자를 개발하는 데는 별로 효과적이지 못하다.

㉢ 각 사업부는 독자적인 환경에 따라 자율적으로 경쟁하기 때문에 자본과 시설, 관리자와 전문가를 독자적으로 보유하게 되고, 이는 기업 전체가 필요로 하는 자원보다는 많은 자원을 가지게 되는 자원의 중복 소유가 일어나게 된다.

(3) 매트릭스(matrix) 조직

① 매트릭스 조직의 개념

㉠ 새로운 조직형태로 매트릭스조직이라는 조직설계방식이 있다. 매트릭스조직의 특징은 필요한 전문가의 숫자를 줄일 수 있다.

㉡ 매트릭스 조직은 기능별 및 부서별 명령체계를 이중적으로 사용하여 조직을 몇 개의 부서로 구분하는 것을 말한다.

㉢ 매트릭스 구조는 계층적인 기능식 구조에 수평적인 사업부제 조직을 결합한 부문화의 형태이다.

㉣ 부문화의 장점은 살리고 약점은 피하고자 하는 조직설계방식이며, 조직이 복잡하고 상호의존적인 활동을 수행할 때 조율이 용이한 조직형태이다. 조직이 커지면 정보처리 능력에 한계가 올 수 있다.

㉤ 매트릭스 조직의 구성원은 종적으로 기능별 조직의 자기부서와 횡적으로 프로젝트에 동시에 소속되어 근무하는 형태로서 이 구조는 기능식 구조이면서 동시에 사업부제적인 구조를 가진 상호연관된 구조이다.

② 매트릭스 조직의 고려사항

㉠ 경쟁과 소비자의 요구, 각종의 규제들로 인하여 조직이 다양하고 혁신적인 제품을 생산하여야 할 뿐 아니라 기술적으로도 품질이 높은 제품을 생산하여야만 할 때이다.

㉡ 불확실하고 복잡한 환경이 되어 갈수록 조직이 처리하여야 할 정보는 보다 광범위하고 빠르게 변하므로, 이럴 경우에는 제품과 기술적인 전문성을 분리하여 정보를 처리하는 것이 보다 효과적인 방법이 요구될 경우이다.

㉢ 조직이 각 제품마다 인력과 장비를 제각기 배정할 수 없을 경우에는 이중적인 구조를 편성하여 여러 제품 라인에 걸쳐 인력과 자원을 교대로 배치하게 할 수 있다.

㉣ 새로운 조직형태로 매트릭스조직이라는 조직설계방식이 있다. 매트릭스조직의 특징은 필요한 전문가의 숫자를 줄일 수 있고, 부문화의 장점은 살리고 약점은 피하고자 하는 조직설계방식이며, 조직이 복잡하고 상호의존적인 활동을 수행할 때 조율이 용이한 조직형태이다. 조직이 커지면 정보처리 능력에 한계가 올 수 있다.

③ 매트릭스 조직의 장점

㉠ 매트릭스 조직은 자원을 효율적으로 활용할 수 있다는 장점을 지니고 있다. 매트릭스 조직과 프로젝트 조직의 차이점은 여러 사람의 프로젝트 관리자를 상존시키고 프로젝트 사업을 지속하게 한다.

㉡ 기능식 설계에서나 가능했던 제품이나 브랜드 간 수평적 조정이 가능하며, 그 성공의 가능성도 높다.

㉢ 프로젝트에 새로운 인력의 보강과 충원 그리고 재배치가 용이하기 때문에 프로젝트 수행에 필요한 모든 장비와 소프트웨어를 비롯한 자산들이 필요를 기준으로 배정될 수 있어 자원의 경제적 이용이 이루어진다.

④ 매트릭스 조직의 단점

㉠ 매트릭스 조직구조(matrix structure)는 담당자가 기능부서에 소속되고 동시에 제품 또는 시장별로 배치되어 다른 조직구조에 비하여 개인의 역할갈등이 증가된다.

㉡ 두 명의 관리자로부터 지휘를 받는 매트릭스 설계하의 종업원은 누가 의사결정에 대하여 권한과 책임이 있는지를 결정하는 데 혼란스러움을 겪게 되어 역할 갈등이 심화된다.

㉢ 매트릭스 조직은 집단 내에서 이루어지는 사소한 의견이라도 집단적 의사결정을 강조함으로써 생산성에 심각한 하락을 초래하기도 하며, 구성원들의 대인관계 능력이 부족하거나 상위의 경영층이 통제력을 장악하고자 하게 되면 원래의 장점이었던 신속한 대응이 불가능하게 되고 변화에 대한 대응은 극도로 지연된다.

(4) 임시적 조직

① 임시조직의 개념

㉠ 특정한 계획이나 긴급을 요구하는 문제 처리에 있어 프로젝트팀(project team)이라든가 태스크 포스(task force)라 불리는 조직이 있다.

㉡ 특정한 프로젝트(계획 · 목표)를 달성하기 위해 필요한 전문적 능력을 갖는 소수의 사람들로 종전의 조직에서 떠나 팀을 구성하는 것으로서 목적달성 후에는 해산한다.

② 임시조직의 특징

㉠ 특정한 일을 해결하기 위하여 모인 집단이기에 기존의 고정적인 조직을 혼란시키지 않고 임시적, 전략적 문제에 신속하게 대응할 수 있다.

㉡ 특정한 문제 해결에 그 활동을 한정하기 때문에 효과적이다. 이는 전문적 능력을 유효적절하게 살려 조직의 기능화에 의한 인원을 유효하게 이용할 수 있기 때문이다.

5. 집권(集權)과 분권(分權)

(1) 집권과 분권의 규정 조건

① 집권과 분권에 대한 것으로 규정지어진 것의 절대적인 개념은 없다. 단지 권한이 위쪽에 쏠려있으면 집권, 그 반대이면 분권으로 이해하면 된다.

② 방침의 통일성을 특히 필요로 하는 경우에는 집권적이 필요하지만 당사자의 사정 등을 고려하여 탄력적으로 행할 필요가 있는 경우에는 그만큼 분권화가 필요하다.

③ 기업의 업무 성질이 유동적이며 변화가 심한 경우에는 분권화를 할 필요가 있으나 이에 반하여 그것의 변화가 적은 경우에는 집권적 조직이 형성되는 경향이 있다.

④ 집권과 분권은 모두 다 나름대로 장점을 가지고 있기도 하고, 단점을 보유하고 있기 때문에 집권과 분권은 절대적인 개념이 아니라 상대적인 개념이다. 현대적 대기업의 경향은 분권화 방향을 나타내고 있다.

(2) 집권 조직

① 집권조직의 개념

㉠ 집권조직(centralized organization)이란 경영관리권한이 최고경영자 또는 상위의 관리계층에 집중되어 있는 상태에서 관리가 이루어지는 조직을 의미한다.

㉡ 기업의 규모가 적은 중소기업체는 톱매니지먼트가 경영상의 지식, 기술, 경험 등을 갖추고 경영자로서의 탁월한 능력을 발휘할 수 있을 때 집권조직이 유효할 수 있다.

㉢ 집권관리는 관료적 관리의 형태로서 모든 결정권과 관리 권한이 톱 매니지먼트에 집중되고 하위의 각 부문에서는 자주성을 주지 않는 관리 형태를 말한다.

㉡ 소규모 기업으로서 톱 매니지먼트가 업무의 전반에 걸쳐 탁월한 지식 · 경험 · 능력 등이 있고, 또한 합리적인 결정의 기초가 되는 여러 가지 상황을 정확 · 신속하게 파악할 수 있는 경우에는 이 관리는 오히려 분권관리보다 더 효과적이다.

② 집권적 관리의 특징

㉠ 모든 결정권은 본사 톱 매니지먼트에 있기 때문에 본사 스태프의 능력을 고도로 활용할 수가 있다.

㉡ 톱 매니지먼트가 사업경영에 대하여 많은 경험과 능력을 갖는 경우에는 그것을 하부단계까지 널리 활용할 수 있다는 장점을 지니고 있다.

㉢ 정책 · 계획 · 관리가 통일화되어 표준화되는 이익이 있으며, 고객에 대해서는 통일화된 표준적인 품질과 서비스를 제공할 수 있다. 회계절차 · 통계 보고서 등이 통일화되므로 각 지방 부문 간의 능률 비교와 원가 절감에 명확한 자료가 제공될 수 있다.

㉣ 톱 매니지먼트의 독재적 지배로 흐르는 경향이 있고, 각 관리자가 창의력을 발휘할 수 있는 기회가 거의 없다.

㉤ 톱 매니지먼트와 현장과의 거리가 멀기 때문에 이른바 커뮤니케이션을 조직화하는 수단으로 각종의 통계 보고서 등이 상달되고 상부에서는 복잡한 여러 가지 절차규정이 작성되어야 한다.

ⓑ 모든 결정권이 본사의 톱 매니지먼트에게 집중되어 있기 때문에 각 지방부문 관리자는 통일적 · 고정적인 절차 기준에 구속되어 결정의 자주성이 없기 때문에, 이러한 자주성 결여는 관리자와 종업원의 사기를 저하시키는 원인이 된다.

(3) 분권 조직

① 분권 조직의 개념

㉠ 분권 조직(decentralized organization)은 의사결정권이 하위의 조직계층에 대폭 이양되어, 각 부문 경영자가 계획 · 관리 면에서 일정한 자주성을 가지는 경영의 관리방식으로 권한의 배분이 분산적으로 행하여지는 것을 말한다.

㉡ 분권적 조직은 권한의 분산을 특징으로 하며, 분권 조직의 기초가 되는 권한은 특히 라인 권한을 중심으로 한다. 오늘날 대기업에서는 상대적으로 분권관리가 보다 합리적으로 이루어지고 있으므로 대개는 분권관리의 형태를 취하고 있다.

㉢ 대기업의 경우 관리계층의 수가 많아지므로 의사결정권을 가진 최고 경영층으로부터 현장에까지 이르는 커뮤니케이션의 경로가 길어지고 복잡해져서 부문 간의 조정이 곤란하게 된다.

㉣ 경영능력의 한계는 평균비용을 상승시켜 경영의 비 능률화를 가져온다. 이러한 결함을 없애기 위해서는 현장 가까이에 결정권을 대폭 이양할 수밖에 없으므로 분권관리 제도를 도입하지 않을 수 없게 된다.

㉤ 분권적 조직에는 크게 직능적 분권조직과 사업부제 분권조직의 두 가지가 있다. 직능적 분권조직이란, 제조 · 판매 · 재무 · 인사 등과 같이 어떤 부문에서 수행되는 기능을 중심으로 하는 조직단위를 설정함으로써 형성되는 분권적 조직이다.

ⓑ 사업부제 분권조직이란, 기업의 부문을 제품별 · 지역별 또는 고객별로 독립채산(獨立採算)을 하는 부문관리 단위로서의 사업부를 설치하여 권한을 이양하는 분권적 관리조직을 말한다. 이 사업부제 분권조직을 연방적 분권조직이라고도 하는데, 분권적 관리조직의 가장 전형적인 형태이다.

② 분권적 조직 관리의 특징

㉠ 기업이 다각화(多角化) 전략을 꾀하는 경우에는 각 제품별로 시장이나 기술환경이 달라지기 때문에, 최고 경영층은 각 제품 분야의 전략을 적절하게 세울 수 없게 되어, 분권적 조직을 갖추게 된다.

㉡ 분권적 조직을 갖추면, 결정장소와 집행장소 간의 커뮤니케이션의 거리가 단축되어 의사결정을 신속히 할 수 있게 되고, 적시에 현실적인 결정을 할 수 있음은 물론, 하위부문 경영사의 창의력이 의사결정에 반영됨으로써 전반적으로 종업원 사기가 향상되는 이점이 있다.

㉡ 제품 종류별로 생산과 판매 기타의 기간적 집행 활동을 통일적으로 하는 사업부를 설정하여 이것에 권한을 위양하는 방법, 즉 분권 조직이 필요하게 되는 것이다. 분권적 조직은 제품의 다양화 · 경영의 다각화라는 측면에서 불가피하다.

㉢ 분권적 조직은 제조 · 판매의 라인 활동을 특히 강화할 필요가 있을 때 유효하다. 제조 · 판매의 라인 부문을 분권화하여 이것에 라인 활동의 책임을 갖도록 하는 것은 당해 라인 활동을 강화하는 것이 되기 때문이다.

㉣ 분권적 조직은 경영 관리자의 육성에 대하여 결정적으로 기여한다. 분권적 조직은 사업적 의사결정을 하는 권한, 즉 포괄적 결정 권한이 기간적 · 집단적 활동을 행하는 조직 단위에 부여되는 것이므로 이 분권화된 조직 단위에서 경영관리자로서의 일이 존재하는 것이다.

㉤ 경영의 민주화를 구체화하며 조직과 인간 관계를 통합화하는 과제를 실현하는 조직이다. 분권적 조직은 각인(各人)의 인격을 존중하고 각인의 자주적 활동을 인정하는 것이기 때문에 인간 자유의 기조를 조직내에 도입한 것이라 할 수 있다.

(4) 집권화와 분권화의 바람직한 조건

① 정보전달 비용측면에서는 정보 전달비용이 크지 않을 때는 집권화가 유리하고, 정보가치에 비해 전달비용이 클 때에는 분권화가 유리하다.

② 의사결정정보측면에서는 원거리 정보가 의사결정에 가치가 있을 때는 집권화가 유리하고, 현장의사결정자가 수집한 정보를 중앙에 전달하기 어려울 때에는 분권화가 유리하다.

③ 신뢰성 측면에서는 조직구성원의 신뢰가 낮을 때는 집권화가 유리하고, 조직구성원의 신뢰가 높을 때에는 분권화가 유리하다.

④ 동기유발측면에서는 단순하고 체계적인 업무일 경우에는 집권화가 유리하고, 복잡하고 동태적인 업무일 경우에는 분권화가 유리하다.

⑤ 시간의 가치측면에서는 의사결정의 가치에 비해 정보 전달시간이 오래 걸리지 않을 때에는 집권화가 유리하고, 의사결정의 가치에 비해 정보전달시간이 오래 걸릴 때에는 분권화가 유리하다.

(5) 그레이프바인(grapevine) 조직

① 그레이프바인(grapevine)의 의미로 가장 적절한 것은 비공식적 의사소통 체계 또는 경로를 말하는 것이다.

② 그레이프바인은 조직의 커뮤니케이션은 공식적인 커뮤니케이션체계 뿐만 아니라 자생적으로 형성된 비공식적 커뮤니케이션 체계도 존재하며, 비공식적 커뮤니케이션 체계를 포도넝쿨을 닮았다하여 '그레이프바인(grapevine)'이라 칭한다.

③ 조직 내 커뮤니케이션네트워크의 하나로서 대부분 관리자들에 의해 통제되지 않으며, 대개 소속 구성원들의 이익을 위하여 활용되는 네트워크이다. 조직적 측면에서 비공식적 커뮤니케이션 체계를 흐르는 정보는 소문의 형태이고 왜곡될 소지가 있다하여 소홀하게 다루었으나. 역기능을 줄이고 장점을 이용하는 방안모색이 바람직하다고 할 수 있다.

Chapter 1 명품 적중 예상문제

01 다음 중 유통기업의 조직구조에 대한 설명으로 가장 올바른 것은?

① 조직의 유형에는 조직구성원의 역할에 대해 정형화한 비공식조직과 조직구성원의 사회적 관계나 네트워크에 의해서 자연스럽게 형성된 공식조직이 있다.

② 유통기업이 조직을 설계할 때, 관리자가 효과적으로 관리할 수 있는 업무량을 기준으로 관리의 범위를 결정한다.

③ 조직의 부문화는 기능별 부분화, 지역별 부문화, 고객별 부문화 및 제품별 부문화 등으로 구분한다.

④ 조직구조에서 관리의 범위와 조직계층의 수 사이에는 항상 정비례관계가 있다.

⑤ 매트릭스조직은 복수의 부문화조직을 결합하여 각 부문화의 장점을 활용하기 위한 구조로서 최고경영자의 조정과 통합능력은 상대적으로 덜 필요로 한다.

조직의 전체과업이 분화되면 능률을 도모하기 위하여 관련된 과업을 모아 그룹을 형성할 필요가 있다. 이와 같은 그룹들의 형성과정을 '부문화(departmentalization)'라고 하고, 동시에 과업과 관련해서 형성된 사람들의 집단을 '부(部)' 또는 '과(課)'라 한다. 조직의 부문화는 기능별 부분화, 지역별 부문화, 고객별 부문화 및 제품별 부문화 등으로 구분한다.

02 조직업무의 계획 · 실행 · 평가 및 피드백작업에 있어서 적용되어야 하는 직무의 3면 등가원칙에 대한 설명으로 가장 거리가 먼 것은?

① 주어진 의무에 상응한 권한이 주어지지 않은 경우 발생하는 것이 소위 "의무정체"이다.

② 업무진행과정에 있어서 권한 · 책임 · 의무의 3개 부문이 균형을 맞추어 실행되어야 한다는 원칙이다.

③ 직권남용이란 주어진 권리 · 권한을 지나치게 사용하고 그에 상응하는 의무를 다하지 않는 경우를 의미한다.

④ 의무란 주로 일정한 행위가 실행되도록 요청하는 것으로서 여기서는 책임과 권한에 대한 실행을 요청하는 것을 의미한다.

⑤ 조직의 업무수행에는 권한, 책임, 의무가 서로 등가의 관계를 갖고 있음을 의미한다. 어떤 사람이든 직무를 수행할 때 권한과 책임, 의무를 가져야 하는데, 이때 이 세 가지의 그 범위는 같아야 한다.

어떤 사람이든 직무를 수행할 때 권한과 책임, 의무를 가져야 하는데, 이때 이 세 가지의 그 범위는 같아야한다는 원칙으로, 즉 직무에는 '책임=권한=의무'의 등식이 성립되어야 한다는 것을 직무의 3면 등가법칙이라 한다. 직권남용은 권한 외의 행위를 말한다.

01 ③ 02 ③

03 정보의 전달은 최종 의사결정자 까지를 의미한다고 할 때, 다음 중 집권화 와 분권화가 바람직한 조건에 해당되는 경우가 아닌 것은?

	구분	집권화가 유리함	분권화가 유리함
①	정보전달 비용	정보 전달비용이 크지 않을 때	정보가치에 비해 전달비용이 클 때
②	의사결정정보	원거리 정보가 의사결정에 가치가 있을 때	현장의사결정자가 수집한 정보를 중앙에 전달하기 어려울 때
③	신뢰	일반적으로 조직구성원의 신뢰가 낮을 때	일반적으로 조직구성원의 신뢰가 높을 때
④	동기유발	단순하고 체계적인 업무	복잡하고 동태적인 업무
⑤	시간의 가치	의사 결정의 가치에 비해 정보전달시간이 오래 걸릴 때	의사결정의 가치에 비해 정보 전달시간이 오래 걸리지 않을 때

시간의 가치 측면에서 보면 의사 결정의 가치에 비해 정보전달시간이 오래 걸릴 때는 분권화가, 의사결정의 가치에 비해 정보 전달시간이 오래 걸리지 않을 때는 집권화가 유리하다.

04 인사평가방법인 목표관리(MBO)의 단계별 순서를 가장 바르게 연결한 것은?

가. 평가자와 피평가자가 협의를 거쳐 목표를 합의한다.
나. 상급자와 하급자가 성과의 표준을 공동으로 개발한다.
다. 피평가자의 직무기술서를 상급자와 하급자가 함께 검토하여 직무의 범위와 핵심활동을 파악한다.
라. 업무를 진행하면서 수시로 중간목표 달성 여부 및 근무여건 변화를 상 · 하급자 간에 커뮤니케이션을 통해 지속적으로 점검한다.

① 다-나-가-라　② 라-다-가-나　③ 가-나-다-라
④ 나-가-라-다　⑤ 다-가-나-라

목표관리(MBO ; Management By Objectives)는 전통적인 충동관리나 상사위주의 지시적관리가 아니라 공동목표를 설정 및 이행, 평가하는 전 과정에서 아래 사람의 능력을 인정하고 그들과 공동노력을 함으로써 개인목표와 조직목표 사이에, 상부목표와 하부목표 사이에 일관성이 있도록 하는 관리방식을 말한다.

정답 03 ⑤　04 ②

05 다음은 조직구조의 형태에 대한 설명으로 가장 옳지 않은?

① 제품별 영업조직(product sales force structure)은 제품을 시장특성에 따라 대응함으로써 소비자의 만족을 증대시킬 수 있다.
② 기능별 조직은 환경이 비교적 안정적일 때 조직 관리의 효율성을 높일 수 있으며, 각 기능별로 규모의 경제를 얻을 수 있다.
③ 사업별 조직은 제품, 고객, 지역, 프로젝트 등을 기준으로 종업원들의 직무를 집단화하여 조직을 몇 개의 부서로 구분하는 것을 말한다.
④ 매트릭스 조직구조(matrix structure)는 담당자가 기능부서에 소속되고 동시에 제품 또는 시장별로 배치되어 다른 조직구조에 비하여 개인의 역할갈등이 최소화된다.
⑤ 특정한 계획이나 긴급을 요구하는 문제 처리에 있어 프로젝트팀(project team)이라든가 태스크 포스(task force)라 불리는 임시적 조직이 있다.

매트릭스 조직구조(matrix structure)의 구성원은 적어도 두 개 이상의 공식적인 집단에 속하기 때문에 보고해야 하는 상급자도 둘 이상이 된다. 따라서 개인의 역할 갈등이 발생할 가능성이 높다.

06 유통기업은 인적서비스를 중심으로 고객과 접촉하므로 서비스를 실행함에 있어 리더십이 중요하다. 다음 중 리더십(Leader ship)이론에 대한 설명으로 가장 옳지 않은 것은?

① 리더십의 특성이론은 리더의 특성보다는 실제행동 측면에 관심을 두어서 리더가 나타내는 반복적인 행동패턴을 일컫는 리더십의 유형을 찾아내는 것이다.
② 자기경영 리더십은 '나는 어떤 일이든 해 낼 수 있다'고 확신하는 자기 자신에 대한 믿음, 즉 자신감에서 비롯되며 자신을 관리하는 능력과 같다.
③ 카리스마적 리더십은 리더의 특출한 성격과 능력에 의하여 추종자들이 특별히 강한 헌신과 리더와의 일체화를 이끌어내는 리더십이다.
④ 리더십의 구체적인 내용에는 지도자의 퍼스낼리티(personality) 특징을 활동력, 결단력, 설득력, 책임감, 지적인 능력으로 보고 이를 리더십의 중심이 되게 한다.
⑤ 조직구성원들이 목적달성에 자발적 협력하도록 유도하는 작용과 기능을 말하며, 어디까지나 조직 구성원의 자발적인 협력을 자극해 나가는 특징으로 볼 수 있다.

리더십의 행동이론은 리더의 특성보다는 실제행동 측면에 관심을 두어서 리더가 나타내는 반복적인 행동패턴을 일컫는 리더십의 유형을 찾아내는 것이다.

05 ④ 06 ①

07 유통기업은 인적서비스를 중심으로 고객과 접촉하므로 서비스를 실행함에 있어 리더십이 중요하다. 다음 중 리더십(Leader ship)이론에 대한 설명으로 가장 옳지 않은 것은?

① 리더십의 특성이론은 리더의 특성보다는 실제행동 측면에 관심을 두어서 리더가 나타내는 반복적인 행동패턴을 일컫는 리더십의 유형을 찾아내는 것이다.
② 자기경영 리더십은 '나는 어떤 일이든 해 낼 수 있다'고 확신하는 자기 자신에 대한 믿음, 즉 자신감에서 비롯되며 자신을 관리하는 능력과 같다.
③ 카리스마적 리더십은 리더의 특출한 성격과 능력에 의하여 추종자들이 특별히 강한 헌신과 리더와의 일체화를 이끌어내는 리더십이다.
④ 리더십의 구체적인 내용에는 지도자의 퍼스낼리티(personality) 특징을 활동력, 결단력, 설득력, 책임감, 지적인 능력으로 보고 이를 리더십의 중심이 되게 한다.
⑤ 조직구성원들이 목적달성에 자발적 협력하도록 유도하는 작용과 기능을 말하며, 어디까지나 조직 구성원의 자발적인 협력을 자극해 나가는 특징으로 볼 수 있다.

리더십의 행동이론은 리더의 특성보다는 실제행동 측면에 관심을 두어서 리더가 나타내는 반복적인 행동패턴을 일컫는 리더십의 유형을 찾아내는 것이다.

08 조직은 일정한 목적을 달성하기 위해 인간들이 상호작용을 하는 하나의 구조적 과정(Structured process)이라고 할 수 있다. 다음 중 조직에 대한 일반적인 설명으로 가장 옳지 않은 설명은?

① 조직이란 일정목적 달성을 위해서 필요한 제반활동을 결정, 집합 · 배열하며, 그 같은 활동에 사람들을 배정하고, 적절한 물질적 요소를 준비하며, 각 개인에게 권한을 이양하는 일이다.
② 조직이란 사람들이 목적을 달성하기 위해 가장 효과적으로 협력할 수 있도록 가능한 직무의 성격을 명확히 편성하고, 책임과 권한을 명백히 하여, 이것을 하위자에게 이양하고, 또 상호관계를 설정하는 일이다
③ 조직의 유효성은 경영자가 상황을 어떻게 잘 관리해서 그것을 목표로 하는 바를 보다 많이 성취해 내느냐에 따라 그 수준이 실현될 수 있기 때문에 그것은 투입이 아닌 산출로서 나타나게 된다.
④ 조직에서는 유효성이 중요하지만 유효성만을 강조하다 보면 효율성이 떨어질 수도 있다. 그 결과 인적 · 물적 자원의 낭비를 초래하게 된다. 반대로 효율성이 높은 경우라도 비 유효적일 수도 있다.

⑤ 조직에서 톱(top)으로부터의 거리는 직위의 수준 정도를 의미하고 있다. 즉, 직위 간을 연결하는 수직선은 직위의 상호 동등함을 의미하며, 수평선은 상관과 부하관계를 의미하게 된다.

조직에서 톱(top)으로부터의 거리는 직위의 수준 정도를 의미하고, 직위 간을 연결하는 수평선은 직위의 상호 동등함을 의미하며, 수직선은 상관과 부하관계를 의미하게 된다.

09 조직(Organization)이라는 용어는 접근하는 시각에 따라 다양한 의미로 이해되고 있다. 이러한 용어에 대한 설명으로 적합하지 않은 것은?

① 조직에서 복잡성(Complexity)이란 조직 내 분화의 정도를 의미하며, 이러한 분화의 형태로 수평적 분화와 수직적 분화 등을 들 수 있다. 이 복잡성의 정도는 경영자에게 중요한 의미를 부여하게 된다.

② 조직도(Organization charts)란 조직표(table of organization)라고도 하는데, 조직에 있어서의 직위 및 직위 상호 간의 공식적 관계를 단순히 도표로 나타낸 것을 말하며, 기업은 이 공식적인 조직도를 이용하여 조직을 운영하다.

③ 조직에서 분화는 '전체과업을 더 작은 과업단위로 세분하는 것'을 말하고, 일반적으로 '수평적 분화(horizontal differentiation)' 혹은 '작업의 분화(division of labor)'라고 하며, 한사람이 모든 작업을 수행한다는 것은 극히 어렵기 때문에 필요하다.

④ 분권화(decentralization)는 자율적인 선택을 하기 위한 공식적인 권한이 어떤 개인, 단위 혹은 계층에 집중되는 정도로 종업원이 작업에 최소한 개입을 하도록 하는 것이라고 할 수 있으며, 비공식적 조직이 아닌 공식적 조직에만 관심을 갖는다.

⑤ 공식화(formaligation)는 비공식화에 대칭되는 의미이며, 공식화와 비공식화는 같은 연속선상에서 함께 표시될 수 있는 상대적 수준의 문제이다. 따라서 공식화와 비공식화를 획일적으로 규정하는 것은 잘못된 것이다.

집권화(Centralization)는 자율적인 선택을 하기 위한 공식적인 권한이 어떤 개인, 단위 혹은 계층에 집중되는 정도로 종업원이 작업에 최소한 개입을 하도록 하는 것이라고 할 수 있으며, 비공식적 조직이 아닌 공식적 조직에만 관심을 갖는다.

09 ④

10 다음 아래의 조직형태에 대한 설명으로 가장 옳은 설명은?

① 기능별 조직에는 다양한 제품계열을 가지고 있는 기업의 경우에 적합하며, 소비재 기업보다는 산업재를 취급하는 기업일수록 이런 형태의 조직이 더욱 유리하지만, 상대적으로 높은 영업비용이 소요된다.

② 제품별 영업조직은 유사한 기술, 전문성, 자원사용 등을 기준으로 종업원들의 직무를 집단화하여 조직을 몇 개의 부서로 구분하는 것으로 관련성이 있거나 유사한 기능을 가진 전문가들을 한 부서에 편재시키는 것을 말한다.

③ 지역별 사업부제는 서로 다른 지역을 대상으로 부문화된 형태이다. 이러한 유형의 부문화는 서로 다른 지역의 요구에 따른 제품과 서비스가 상당한 차별화가 이루어질 때 적용되는 형태이다.

④ 네트워크 조직은 기능별 및 부서별 명령체계를 이중적으로 사용하여 조직을 몇 개의 부서로 구분하는 것으로 계층적인 기능식 구조에 수평적인 사업부제 조직을 결합한 부문화의 형태이다.

⑤ 매트릭스 조직은 현재의 조직 기능을 경쟁력 있는 핵심역량(Core Competence) 중심으로 외부 기관과 신뢰의 기반 위에서 상호 전략적 제휴를 체결하며, 수직적인 위계적 조직이 아니고 수평형의 유기적 조직이다.

다양한 제품계열을 가지고 있는 기업의 경우에 적합한 것은 제품별 영업조직, 유사한 기술, 전문성, 자원사용 등을 기준으로 종업원들의 직무를 집단화하여 조직을 몇 개의 부서로 구분하는 것은 기능별 조직, 부서별 명령체계를 이중적으로 사용하여 조직을 몇 개의 부서로 구분하는 것으로 계층적인 기능식 구조에 수평적인 사업부제 조직을 결합한 조직은 매트릭스 조직, 조직 기능을 경쟁력 있는 핵심 역량(Core Competence) 중심으로 외부 기관과 신뢰의 기반 위에서 상호 전략적 제휴를 체결하는 조직은 네트워크 조직이다.

11 기업의 여러 가지 기능 중에서 핵심적인 기능은 직접 수행하고, 그 외의 기능을 외부기업에 아웃소싱으로 대체함으로써 조직규모를 축소하고 효율성을 높이고자 채택하는 새로운 조직형태를 가장 잘 설명하고 있는 것은?

① 매트릭스 조직(matrix organization)
② 가상 조직(virtual organization)
③ 위원회 조직(committee organization)
④ 관료제 조직(bureaucracy organization)
⑤ 무경계 조직(boundaryless organization)

가상 조직(virtual organization)은 조직구성원의 효율적인 활용을 위하여 기업의 여러 가지 기능 중에서 핵심적인 기능은 직접 수행하고, 그 외의 기능을 외부기업에 아웃소싱으로 대체함을 중점적으로 한다.

해답 10 ③ 11 ②

12 조직구조의 한 유형으로 애드호크러시(Adhocracy)라는 것이 있다. 다음 중 애드호크러시와 거리가 먼 것은?

① 뷰로크래시(bereaucracy)
② 태스크 포스(task force)
③ 매트릭스(matrix) 조직
④ 위원회(committee)
⑤ 수평적(horizontal)조직

애드호크러시란 다양한 전문적인 기술을 가진 사람들이 어떠한 프로젝트를 위해서 일시적으로 조직되어 신속하게 주어진 과업을 해결하게 되고, 과업이 달성된 이후에는 다시 해체되어 다른 프로젝트를 준비하는 일시적인 조직을 말한다.조직(organization)이란 일정한 환경 하에서 특정한 목표를 추구하며, 이를 위해서 일정한 구조를 형성하는 사회적 단위이다. 일정한 목적을 전담할 독립조직을 설립하는 것은 광고, 가격결정 등이 자유롭게 하고 내부 경로갈등을 예방할 수 있기 때문이다.

13 온라인 판매 기능을 전담할 독립조직을 설립함으로서 얻을 수 있는 장점에 대한 설명과 가장 가까운 것은?

① 조직 운영비용이 적게 소요되며, 실패위험도 줄어든다.
② 온라인 조직의 독립으로 오프라인 조직의 자금조달이 원활해진다.
③ 광고, 가격결정 등이 자유로우며, 내부 경로갈등을 예방할 수 있다.
④ 고객과의 거리를 단축시키면 배송 서비스에 대한 만족도를 제고시킬 수 있다.
⑤ 온라인 조직의 독자 브랜드화는 온라인 고객의 충성도를 제고시킬 수 있는 방안 중 하나이다.

조직(organization)이란 일정한 환경 하에서 특정한 목표를 추구하며, 이를 위해서 일정한 구조를 형성하는 사회적 단위이다. 일정한 목적을 전담할 독립조직을 설립하는 것은 광고, 가격결정 등이 자유롭게 하고 내부 경로갈등을 예방할 수 있기 때문이다.

14 학습조직(Learning Organization)과 관련된 아래의 내용 중에서 옳지 않은 것은?

① 위험감수, 성장을 중요시하는 조직문화의 특징이 있고, 의견 차이, 건설적인 비판, 기능적 갈등의 중요성을 인정한다.
② 학습조직으로는 학습전이 효과, 적응조직과 생성조직, 이완학습 또는 파괴학습, 벤치마킹 과 관련이 있다.
③ 공유된 비전을 실현하기 위해 거래적 리더십(transactional leadership)의 중요성을 인정한다.

12 ① 13 ③ 14 ③

④ 위계적 계층과 분열적 부서화에 의해 생겨난 장벽을 허무는 것을 통해 '무경계성'을 추구한다.

⑤ 학습조직이란 변화에 대응하는 능력(지식, 노하우, 실력 등)을 계속 습득해가는 조직을 말한다.

학습(learning, learn)은 경험의 축적을 통해 행동이 비교적 · 지속적으로 변화하고 안정하여 그 뒤의 행동에 효과를 갖게 되는 과정을 말한다. 공유된 비전을 실현하기 위해 거래적 리더십(transactional leadership)의 중요성을 인정하지 않는다.

15 카리스마적 리더십(Charismatic Leadership)의 특징과 가장 거리가 먼 것은?

① 카리스마적 리더들십에 있어서 중요한 요소는 장기적인 비젼이다.

② 카리스마적 리더들은 부하에게 이데올로기적 목표를 제시할 가능성이 낮다.

③ 카리스마적 리더들은 부하들이 모방하도록 그들 자신의 행동으로 예를 보여주는 역할모범을 이용할 가능성이 높다.

④ 카리스마적 리더들은 카리스마적 리더들은 집단의 업무달성에 관계된 동기를 유발하는 방향으로 행동할 가능성이 높다.

⑤ 카리스마적 리더들은 추종자들에게 리더가 유능하고 성공적인 사람이라는 인상을 심어 줄 수 있는 행동을 많이 할 가능성이 높다.

카리스마적 리더십(charismatic leadership)은 사회학자나 정치학자, 역사학자 등에 의해서 1920년대부터 연구되기 시작하였다. 1980년대에는 심리학자들에 의해서 연구되었는데, 이는 미국기업들이 일본기업들과의 경쟁에서 뒤떨어지기 시작하면서 나름대로의 대 변혁을 시작하는 시기와 맞물려 있어 관심이 되고 있으며, 카리스마적 리더십에 관한 연구는 크게 리더의 특성, 부하의 특성, 상황의 특성으로 나눌 수 있고, 카리스마적 리더들은 부하에게 이데올로기적 목표를 제시할 가능성이 높다.

16 조직의 지도원리 중의 하나인 효과성(effectiveness)에 대한 설명으로 가장 옳지 않은 것은?

① 조직의 적절한 목표를 결정하는 능력을 말한다.

② 조직에서 결정된 목표를 달성하는 정도를 말한다.

③ 목적을 달성하기 위한 투입을 산출로 나눈 개념이다.

④ 앞으로 조직이 나가야할 조직활동의 방향성과 관련된 지도원리이다.

⑤ 조직구성원의 성취노력에 대해 제공되는 반대급부에 대해 구성원이 느끼는 만족의 정도를 말한다.

효과성(effectiveness)을 유효성이라고도 하며,크기를 고려하지 않고 목표가 얼마나 달성 되었는가인 목표성취에 초점이 있다. 효율성(efficiency)은 자원사용의 수단으로 적은투입으로 많은 산출을 얻을수록 효율적이라한다.

15 ② 16 ③

17 테일러(Taylor)의 과학적 관리법(scientific management)과 가장 관련이 없는 것은?

① 과업관리
② 인간관계관리
③ 차별적 성과급제도
④ 동작연구와 시간연구
⑤ 고입금과 저인건비

과학적 관리론은 작업, 특히 블루칼라의 일을 체계적으로 연구하고자 하는 것으로 이러한 생각은 과학적 경영의 아버지라 불리는 테일러(F. W. Taylor)에 의해 체계화 되었다. 인간관계관리는 호돈(Hawthorne)에 의해발전되고, 연구되었다.

18 '집단 구성원 간의 전체적인 사회적 서열관계는 물론 집단 내의 여러 하위집단, 특히 세력집단과 비세력집단, 정규지위, 비정규지위, 고립지위 등을 한눈에 알아보기 쉽게 나타낸 표 또는 그림'을 일컫는 용어는?

① 소시오그램(sociogram)
② 퍼셉철맵(perceptual map)
③ 플래노그램(Planogram)
④ 디시전 트리(decision tree)
⑤ 벤다이어그램(van-diagram)

소시오그램(sociogram)은 미국의 정신과 의사 모레노(J. L. Moreno)가 창안한 것으로 집단의 구성원이 서로 가지고 있는 감정이나 태도를 바탕으로 하여 구성원 상호 간의 선택, 거부, 무관심 따위의 관계, 교우관계, 집단 안에서의 인간 관계를 도식화한 것으로 서로의 감정이나 태도에 대한 평가를 바탕으로 작성한 것이다.

19 다음 항목 중 등장한 시간적 순서에 알맞게 나열된 것을 고르시오.

① 테일러시스템－포드시스템－인간관계학파－행동과학과 조직론
② 테일러시스템－포드시스템－행동과학과 조직론－인간관계학파
③ 포드시스템－테일러시스템－인간관계학파－행동과학과 조직론
④ 포드시스템－테일러시스템－행동과학과 조직론－인간관계학파
⑤ 인간관계학파－테일러시스템－포드시스템－행동과학과 조직론

조직의 도입순서는 테일러시스템→포드시스템→인간관계학파→행동과학과 조직론의 순으로 진행되어 왔다.

17 ② 18 ① 18 ①

20 다음 조직의 유효성(Organizational Effectiveness)에 대한 설명으로 옳지 않은 것은?

① 일반적으로 유효성은 경영자가 그의 직위(position)에서 요구되는 생산량(output)을 실현해내는 정도라고 정의된다.

② 유효성은 조직이 그의 목적을 달성하는 정도라고 하는데 이는 목표 성취의 면에서 본 성공정도와 일치한다.

③ 조직단위가 실현해내는 산출량으로 이해하든, 그것은 경영자가 조직에서 무엇을 하는가가 아니라 무엇을 성취하는가에 그 본질적 특성이 있다.

④ 조직의 유효성에 있어서는 양(quantity)이 아니고, 질(quality)이 중요하므로 투입이 아닌 산출로서 나타나며 성취(performance)가 대단히 중요하다.

⑤ 유효성은 경영자가 상황을 어떻게 잘 관리해서 그것을 목표로 하는 바를 보다 많이 성취해내느냐에 따라 그 수준이 실현될 수 있다.

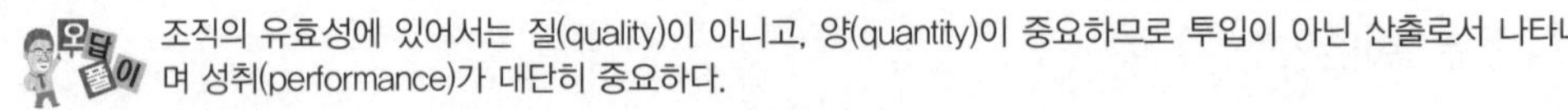

오답풀이 조직의 유효성에 있어서는 질(quality)이 아니고, 양(quantity)이 중요하므로 투입이 아닌 산출로서 나타나며 성취(performance)가 대단히 중요하다.

21 다음중 리더십의 특성이론(Trait Theory)에 대한 설명으로 가장 옳지 않은 것은?

① 성공적인 리더와 그렇지 못한 리더를 구분할 수 있는 특성이나 특징이 존재한다는 것이다.

② 리더가 자신만이 가지고 있는 우수한 자질이나 특성만 있으면 자신이 처해있는 상황이나 환경이 변하면 리더가 될 수 없다.

③ 버나드(C. I. Barnard)는 리더의 자질로 지구력과 인내력, 설득력, 책임감, 지적 능력 등을 들었다.

④ 데이비스(K. Davis)는 성공적인 리더의 일반적인 특성으로 지력, 사회적 성숙 및 관용, 내적 동기 부여 및 성취 동기, 인간관계적 태도 등을 들었다.

⑤ 모든 사람이 리더가 될 수 있는 우수한 자질을 가지고 있는 것은 아니기 때문에 그러한 특성을 가지고 있는 사람만이 리더가 될 수 있는 가능성이 있다는 것으로 본 것이다.

오답풀이 리더가 자신만이 가지고 있는 우수한 자질이나 특성만 있으면 자신이 처해있는 상황이나 환경이 변하더라도 언제나 리더가 될 수 있다고 가정하고 있다.

해답 20 ④ 21 ②

22 2차원적 관점의 리더십 유형중 매니지얼 그리드 이론에 대한 설명으로 가장 적합하지 않은 것은?

① 블레이크와 모우톤(R. R. Blake and J. S. Mouton)은 리더의 행위를 개발할 목적으로 직무중심과 과업중심의 양극적인 리더십 유형을 조화시켜 매니지얼 그리드의 개념을 정립시켰다.

② 횡축에는 생산에 대한 관심의 정도를 파악할 수 있도록 9등급으로 나누었고, 또 종축에는 인간에 대한 관심의 정도를 파악할 수 있도록 임시 9등급으로 나누었다.

③ 무기력형(impoverished type)은 (1.1)형으로서 과업달성 및 인간관계 유지에 모두 관심을 갖지 않는 리더십 유형으로 리더 자신의 직위를 유지하는 데에만 최소한의 노력을 투입하는 형이다.

④ 중도형(middle of the road)은 (9.1)형으로 인간관계 유지에는 적은 관심을 보이지만 생산에 대해서는 높은 관심을 보이는 리더십 유형이다.

⑤ 팀형(team type)은 (9.9)형으로 생산과 인간관계 유지에 모두 높은 관심을 보이는 유형으로서, 구성원의 자아실현의 욕구를 충족시켜 주고 신뢰와 지원의 분위기를 조성하며 한편으로는 과업달성을 위하여 노력하는 형이다.

오답풀이 중도형(Middle Of The Road): 이는 (5.5)형으로 생산과 인간관계 유지에 모두 적당한 정도의 관심을 갖는 리더십 유형이다.

23 다음 항목 중 직계 · 참모 조직(Line and Staff Organization)에 가장 적합한 항목은?

① 모든 명령과 감독은 라인의 장을 통해서 행해지며 스태프의 전문가는 직접 명령이나 결정을 할 권한이 없고 단지 라인의 장에 대한 조언자로서의 지위에 있을 뿐이다.

② 기업에는 공통적으로 기술 활동, 상업 활동, 재무 활동, 보전 활동, 회계 활동, 그리고 관리 활동이 있으며, 이 중에서 관리 활동이 가장 중요하다고 하였다.

③ 관리자의 일을 부문마다 전문화시켜 수 명의 기능적 직장으로 하여금 관리시키는 것으로 각 전문가는 그가 담당하는 전문 영역의 모든 부하에게 명령을 할 권한을 갖는다.

④ 명령 통일의 원칙에 의해 최고경영자의 의사 명령이 상부에서 하부로 직선적으로 전달되는 조직 형태로 각인(各人)은 오로지 한 사람의 상사로부터만 명령을 받는다.

⑤ 팀원 간의 갈등과 분쟁이 있으면 이를 해결해줄 뿐만 아니라 갈등을 최소화하기 위해 보상, 업무할당, 배치 등에 있어 팀원과 계속 합의해 나가야 한다.

오답풀이 ② 페이욜(H. Fayoldm)의 일반관리론, ③ 테일러(F. W. Taylor)의 기능식 조직(Functional Organization) ④ 직계식 조직, ⑤ 팀 리더십직계식 조직

해답 22 ④ 23 ①

24 다음중 테일러(F. W. Taylor)의 고전조직론에 대한 내용으로 잘못 설명되는 것은?

① 과학적 관리론은 작업, 특히 블루칼라의 일을 체계적으로 연구하고자 하는 것이었다.

② 일반 관리론에서 관리 활동은 계획, 조직, 지휘, 조정 그리고 통제의 과정으로 구성되어 있다.

③ 스칼라 체인의 원칙에 따르면 스칼라(계층적) 체인은 조직의 상위층으로부터 하위층에 이르기까지 연결되어 있으며 의사소통의 경로이다.

④ 테일러와 페이욜이 관리에 대한 이론을 제시하던 비슷한 시기에 독일에서 베버(M. Weber)가 조직의 관리에 대한 관료제 이론을 제시하였다.

⑤ 직무의 수행은 전문화되고 따라서 전문가로서 훈련을 받은 자만이 그 일을 담당할 수 있으며, 그것을 수행하는 자의 전체적인 능력을 요구하게 된다는 것은 일반관리론이다.

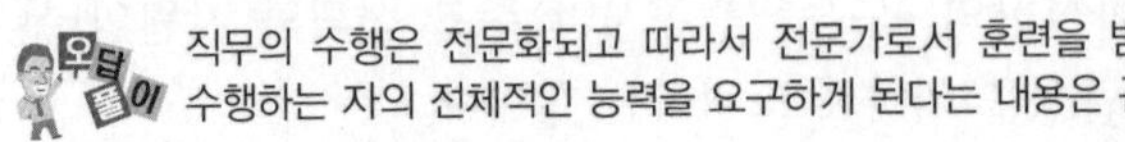

직무의 수행은 전문화되고 따라서 전문가로서 훈련을 받은 자만이 그 일을 담당할 수 있으며, 그것을 수행하는 자의 전체적인 능력을 요구하게 된다는 내용은 관료제 이론의 내용이다.

25 다음 항목 중 사업부제 조직의 설명으로 가장 잘 못된 것은?

① 제품, 고객, 지역, 프로젝트 등을 기준으로 종업원들의 직무를 집단화하여 조직을 몇 개의 부서로 구분하는 것을 말한다.

② 독립적인 사업부로 부문화된 후 각 사업부 내부에 기능식 부문화가 이루어지는 형태로 다른 사업부들과는 독립적으로 운영할 수 있는 자원은 없다.

③ 마케팅, 생산, 제조 등의 기능전문가를 양성하게 되며, 그들은 그들 부서의 특화된 전문적인 기능을 수행하게 되어 제품에 대한 강조를 할 수 있게 된다.

④ 의사결정자들이 나타나는 결과에 대한 책임을 지고 있으며, 만약 그들의 제품이 성공적이지 못하다면 사업부의 장이 당연히 책임을 지게 된다.

⑤ 조직에 속한 관리자와 종업원들은 그들이 무엇을 하고자 하는지를 이해하고 있으며 어떻게 진행되어 그 결과가 어떠한지를 알고 있다.

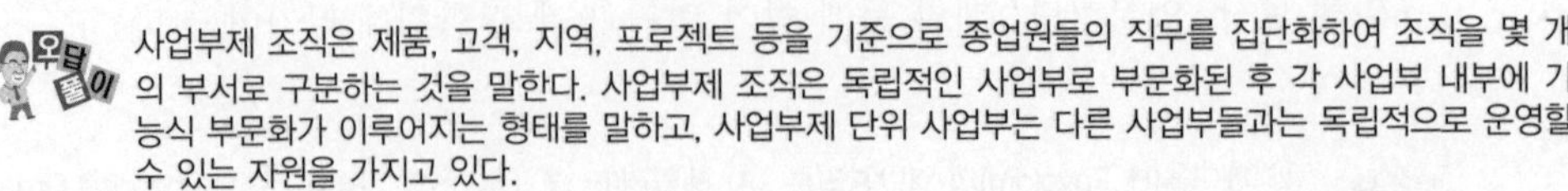

사업부제 조직은 제품, 고객, 지역, 프로젝트 등을 기준으로 종업원들의 직무를 집단화하여 조직을 몇 개의 부서로 구분하는 것을 말한다. 사업부제 조직은 독립적인 사업부로 부문화된 후 각 사업부 내부에 기능식 부문화가 이루어지는 형태를 말하고, 사업부제 단위 사업부는 다른 사업부들과는 독립적으로 운영할 수 있는 자원을 가지고 있다.

해답 24 ⑤ 25 ②

26 전문적인 능력을 갖는 소수의 사람들로 종전의 조직에서 떠나 팀을 구성하는 것으로서 목적 달성 후에는 해산되는 임시적인 조직은?

① project team
② committee organization
③ line organization
④ functional organization
⑤ bereaucracy

특정한 계획이나 긴급을 요하는 문제 처리에 있어서 프로젝트팀(project team)이라든가 태스크 포스(task force)라 불리는 조직이 있다. 이 조직은 특정한 목적을 이룬 후에는 해산되는 특징을 지닌 임시적인 조직이다.

27 다음 중 (가)에 가장 적합한 권력의 원천은?

> 권력(power)의 원천에 대해 살펴볼 때, 일반적으로 조직 내에서의 지위가 높아질수록 (가)이 높아지는 경향이 있다.

① 보상적 권력(reward power)
② 강압적 권력(coercive power)
③ 전문적 권력(expert power)
④ 준거적 권력(reference power)
⑤ 합법적 권력(legitimate power)

합법적 권력(legitimate power)이란 법규에 의해 부여되며, 조직 내의 직위에 의해 결정되는 권력을 말한다. 프렌치(J. French)와 레이븐(B. Raven)은 권력의 원천에 따라 권력을 합법적 권력, 보상적 권력(reward power), 강압적 권력(coercive power), 전문적 권력(expert power), 준거적 권력(reference power)의 다섯 가지로 나누었다.

28 다음 중 저명한 조직학자인 에치오니(A. Etigioni)가 분류한 3가지 유형의 복종에 해당되는 것으로만 열거된 것은?

① 규범적 복종(normative compliance)–강압적 복종(coercive compliance)–공리적 복종(utilitarian compliance)
② 소외적 복종(alienative compliance)–강압적 복종(coercive compliance)–공리적 복종(utilitarian compliance)

26 ① **27** ⑤ **28** ①

③ 규범적 복종(normative compliance)-소외적 복종(alienative compliance)-공리적 복종(utilitarian compliance)
④ 규범적 복종(normative compliance)-강압적 복종(coercive compliance)-소외적 복종(alienative compliance)
⑤ 선택적 복종(selection compliance)-강압적 복종(coercive compliance)-소외적 복종(alienative compliance)

저명한 조직학자인 에치오니(A. Etigioni)가 분류한 3가지 유형의 복종은 규범적 복종(normative compliance), 강압적 복종(coercive compliance), 공리적 복종(utilitarian compliance) 이다.

29 유통기업의 조직에 대한 다음의 설명 중 올바르지 않은 내용은?

① 기능별 조직은 유사한 기술, 전문성, 자원 사용 등을 기준으로 종업원들의 직무를 집단화하여 조직을 몇 개의 부서로 구분하는 것을 말한다.
② 사업별 조직은 제품, 고객, 지역, 프로젝트 등을 기준으로 종업원들의 직무를 집단화하여 조직을 몇 개의 부서로 구분하는 것을 말한다.
③ 매트릭스 조직은 기능별 및 부서별 명령체계를 이중적으로 사용하여 조직을 몇 개의 부서로 구분하는 것을 말한다.
④ 네트워크 조직은 조직의 위계적 서열을 존중하여 조직구성원 개개인에게 서열에 맞는 권한과 책임을 부여하여 기업의 목표를 달성하기 위해 구성하는 조직을 말한다.
⑤ 조직화(organizing)의 단계는 '계획과 목표의 검토-활동내용 결정-활동분류와 그룹화-작업할당 및 권한위양-조직구조 설계'단계를 거친다.

네트워크 조직은 현재의 조직 기능을 경쟁력 있는 핵심 역량(core competence) 중심으로 합리화하며, 외부 기관과 신뢰의 기반 위에서 상호 전략적 제휴뿐만이 아니라 외부 기관과 상호 협력적 아웃소싱(out-sourcing) 등을 체결한다. 네트워크 조직은 수직적인 위계적 조직이 아니고 수평형의 유기적 조직이다.

30 다음 중 집권화의 결정요소로 옳지 않은 것은?

① 기술의 복잡성이 증대되거나 발전이 이룩될수록 가급적 분권화를 통하여 관리의 효율성을 얻어야 한다.
② 다양한 사업을 여러 지역에 걸쳐 사업이 이루어지고 있는 경우에는 의사결정 권한을 집권화하여야 한다.

29 ④ 30 ②

③ 조직의 규모가 커짐에 따라 경영자들이 내려야 할 의사결정의 양이 많아지고 종류가 다양화되므로 집권화되어야 한다.

④ 최고 경영층의 불확실한 환경에 대한 평가 능력이나 신속한 대처 능력을 위하여 집권화되어야 한다.

⑤ 소규모 기업으로서 톱 매니지먼트가 업무의 전반에 걸쳐 탁월한 지식 · 경험 · 능력 등이 있고, 또한 합리적인 결정의 기초가 되는 여러 가지 상황을 정확 · 신속하게 파악할 수 있는 경우에는 이 관리는 오히려 분권관리보다 더 효과적이다.

여러 지역에 걸쳐 사업이 진행되고 있는 경우를 상정해 보자. 의사결정 권한이 집권화되어 있기 때문에 각 지역의 구체적인 상황을 이해하기가 어려워 적절한 의사결정을 내리기가 어렵다. 따라서 지역적으로 작업의 분산화가 되어 있는 경우에는 의사결정 권한을 분권화할 필요가 있다.

31 다음 중 집권과 분권의 규정 조건에 대한 설명으로 가장 옳지 않은 것은?

① 방침의 통일성을 특히 필요로 하는 경우에는 집권화가 필요하지만 당사자의 사정 등을 고려하여 탄력적으로 행할 필요가 있는 경우에는 그만큼 분권화가 필요하다.

② 기업의 업무 성질이 유동적이며 변화가 심한 경우에는 분권화를 할 필요가 있으나 이에 반하여 그것의 변화가 적은 경우에는 집권적 조직이 형성되는 경향이 있다.

③ 의사결정의 중요성이 있는 다액지출이 필요하다든가 또는 종업원 근로 의욕에 큰 영향을 주는 것과 같은 중요사항은 상층에 권한이 있는 집권적 결정사항이다.

④ 집권과 분권은 모두 다 나름대로 장점을 가지고 있기도 하고, 단점을 보유하고 있기 때문에 집권과 분권은 절대적인 개념이 아니라 상대적인 개념이다.

⑤ 소규모 기업으로서 톱 매니지먼트가 업무의 전반에 걸쳐 탁월한 지식 · 경험 · 능력 등이 있고, 또한 합리적인 결정의 기초가 되는 여러 가지 상황을 정확 · 신속하게 파악할 수 있는 경우에는 이 관리는 오히려 분권관리보다 집권관리가 더 효과적이다.

소규모 기업으로서 톱 매니지먼트가 업무의 전반에 걸쳐 탁월한 지식 · 경험 · 능력 등이 있고, 또한 합리적인 결정의 기초가 되는 여러 가지 상황을 정확 · 신속하게 파악할 수 있는 경우에는 이 관리는 오히려 분권관리보다 더 효과적이다.

31 ④

Chapter 2 인사관리

01 인적자원(人的資源)

1. 인적자원

(1) 인적자원의 이해

① 인적자원이란 국민 개개인과 사회 및 국가의 발전에 필요한 지식 · 기술 · 태도 등 인간이 지니는 능력과 품성이라고 정의한다.

② 인적자원 관리 시스템(human resources information systems)은 어떤 조직에서 구성원을 모집하거나, 그들의 능력을 평가하고 증진시키는 등의 인적자원 관리를 돕는다.

③ 장기적인 조직의 경영 목표를 달성하는 데 필요한 인력들에 대한 요구사항(기술, 학력, 인원 수, 비용)을 파악하는 기능과 채용, 배치, 급여 등의 정보를 분석하는 기능을 제공한다.

④ 인적자원관리의 기본방향인 고용관리에서는 배치전환을 장려하고, 보상관리에서는 비용을 통제하며, 개발관리에서는 고령인력의 기능과 유연성을 유지하는 단계는 조직의 수명주기 상 성숙기 단계이다.

⑤ 현재 및 장래의 각 시점에서 기업이 필요로 하는 종류의 인원수를 사전에 예측하고 결정하며, 이에 대한 사내, 사외의 공급인력을 예측하고 계획하는 것을 인력계획이라고 한다.

(2) 인간(Human Being)

① 인간은 조직사회를 이루고 언어와 도구를 사용하면서 생활을 한다. 이 같은 생활방법은 사람이 태어날 때부터 가지고 있는 것은 아니고 각자가 생후에 사회에서 습득하며, 자손에게 전해지는 것이다.

② 신체적 특징은 생물로서의 유전법칙에 의해 부모로부터 자식에게 전해지지만, 생후에 습득한 언어나 기술은 사회를 통해 세대에서 세대로 전해진다. 생후에 획득한 신체적 형질(形質)은 다음 대에 유전되지 않지만, 어떤 세대에서 발명되고 개선된 생활기술은 다음 세대에 계승되고 발전한다. 이 같이 신체의 진화와 생활기술의 진보는, 각자에 따라 발전의 방법을 전적으로 달리하고 있다.

③ 초기의 인간은 어느 쪽의 발전도 지극히 완만했으나, 생활기술의 발전은 점차 그 속도를 빨리하여 생물로서의 진화를 앞지르게 되었다. 이제는 인간의 진화는 정지한 것처럼 보이기도 한다.

④ 이 같은 인간 특유의 생활기술도, 그 근원을 거슬러 올라가면 역시 인간이 동물로서의 삶을 영위함에 있어서 이를 보충하기 위한 생물로서의 특성에 기인한 것에 불과하다.

⑤ 일찍이 지혜를 간직한 뇌의 발전은 사람으로 하여금 사람답게 하는 근원이라고 간주되었다. 그러나 오늘날에는 화석인류(化石人類)와 문화유물에 나타난 증거에서, 이족직립보행(二足直立步行)에 알맞은 신체구조의 변화가 먼저 이루어지고, 뇌의 발달은 이보다 늦게 진행되었다는 사실이 명백해졌다.

⑥ 인간의 생물로서의 특성에 바탕을 두고 성립된 생활기술은 반대로 생물로서의 진화에 영향을 주는 요인이 되었고, 지구상에 출현한 지 200만 년에 이르러 오늘날 지구상에 널리 퍼져, 독특한 생활을 영위하는 인간세계를 나타나게 하였다.

2. 인적자원관리 일반론

(1) 인적관리의 개념

① 인적관리(personal management or personal administration)는 기업의 경영을 원활히 하기 위해서 조직을 기능적으로 하는 조직관리 외에 종업원 한 사람 한 사람에 대한 채용, 배치, 교육, 훈련, 사기의 진작, 취업 규칙의 준수, 보수 규정 등을 합리적으로 하는 개인적 관리 체계가 필요하게 되었다.

② 인적관리는 경영자원 중에서 노동력의 관리를 주목적으로 하는 인간을 대상으로 하는 것인 만큼 노동력의 효율적 운용을 도모하기 위한 체계적인 시책 이외에 경영에 인간의 상호 이해와 신뢰를 유지할 필요가 있다.

③ 종업원의 처우 문제는 개인의 문제일 뿐만 아니라 타인과 비교했을 때 좋고 나쁨이 느껴지는 것이므로 직장 안에서 시샘과 불평을 낳게 되고 그것은 더 나아가 화목을 해치기까지 하기 때문에 종업원 관리에서는 목적 달성의 효율화를 기하면서도 공평성을 유지할 수 있는 합리적인 방법을 모색하여야 한다.

④ 조직이라는 활동의 체계가 아무리 합리적으로 관리된다고 해도 활동을 제공하는 개개인은 감정이나 의사를 표현하는 인간이므로 개개인을 어떻게 대우하고 관리시키느냐는 기업의 목적 달성에 중요한 영향을 준다.

⑤ 조직 구성원은 조직이 제공하는 직무를 수행한 대가로 조직체로부터 여러 가지 보상과 급여를 받게 되어 자신의 생계를 유지하게 된다. 또한 개인은 직무를 수행함으로서 성취감이나 보람을 느끼고 또한 지위(status)를 취득하게 된다.

(2) 인적자원관리(HRM)의 과업

① 인적자원관리의 특징

㉠ 남아도는 인력을 어떤 방식으로 처리할 것인가를 간주한다.

㉡ 자격을 갖춘 신입사원 후보를 어떻게 발굴할 것인가를 알아본다.

㉢ 어떻게 종업원의 기능이 시대변화에 뒤떨어지지 않게 유지할 것인가를 알아본다.

② 인적자원관리의 과정

㉠ 인적자원관리(HRM)는 훈련이나 교육을 통해 채용의 부족한 판단이나 좀 더 효율적이고 능률적인 인간으로의 전환을 목적으로 삼을 수밖에 없는 것이다.

㉡ 직무성과의 향상이라는 부분을 문제해결과 연관지어 생각해보면 인적자원관리(HRM)의 역할은 명백해진다.

㉢ 특정한 문제가 발생 시 이를 바람직한(Should) 방향으로 나아가는 혹은 그 GAP을 해결하는 것이 결국 문제해결이다.

㉣ 구체적인 해결방법과 전개방법에서 얼마나 능률적이고 효과적으로 수행하느냐가 직무능력이라고 생각할 수 있다.

3. 현대의 인사관리

(1) 현대 인사 관리의 개념

① 현대 인사 관리는 제2차 세계대전 이후 시작한 것으로 노동 능률을 전제나 온정에 의함이 아니라 노동자를 고용주와 대등한 인격으로 인정하고 과학적인 방법을 기초로 하여 인간성이나 개성을 살리는 방법이 가장 효율적이라고 생각하는 관리제도이다.

② 현대 인사 관리는 행동과학의 발전에 의해 점차로 양호한 인간 관계를 유지하는 것이 제도적인 인사 관리 체계를 기능화하기 위한 기초임이 명백해졌기 때문에 노동력 관리라는 제도적인 관리체계의 합리화와 인간관계 관리의 중시로 그 중요성이 옮겨지고 있으며 밑에서부터의 커뮤니케이션을 강화하는 체계로 바뀌고 있다.

③ 이러한 인사 관리 종류에는 인사 상담제도, 종업원 의견 조사, 집단 토의, 민주적 리더십, 참가에 의한 결정, 자기신고제, 목표관리 등의 제시책이나 종업원 서비스의 강화 등이 제창되기까지에 이르고 있다.

④ 인사 관리는 경영 자원 중에서 노동력의 관리를 주목적으로 하는 인간을 대상으로 하는 것인 만큼 노동력의 효율적 운용을 도모하기 위한 체계적인 시책 이외에 경영에 인간의 상호 이해와 신뢰를 유지할 필요가 있다. 그리고 각자가 경영 집단의 일원이라는 의식을 가지고 경영 집단의 발전에 기여하려는 정신 태도를 형성하는 체계적인 시책도 필요하다.

(2) 인사 관리의 목적

① 기업에 종사하는 종업원이 최고의 능력을 발휘하도록 한다.

② 기업 내 사항을 집단의 사회적 조화와 가능하게 조정되도록 해야 한다.

③ 기업 내의 모든 사람들은 능력의 신장을 조력하는 점을 목적으로 하고 있다.

(3) 일반적인 인사 관리

① 종업원 서비스 등의 경영의식, 직장 평가의 분류 제도, 조직적 승진 제도 등의 종업원 계층 질서의 관리, 임금 체계의 합리화 등의 임금관리 등 일반적인 사회 질서확립 · 유지에 관한 사항이 필요하다.

② 직무 분석, 인사고과 등의 기초조사, 노동력 공급원 개척과 모집, 선발, 교육 훈련, 배치, 이동, 승진, 퇴직 등의 노동 능력 관리, 작업 시간, 휴일 규정, 안전 위생의 일반적 관리 등의 노동력 유지 · 관리 등이 일반적인 노동력의 효율적인 이용에 관한 사항에 해당한다.

③ 각 직장에서의 사회 질서 확립 · 추대에 관한 사항으로는 직장 취업관리, 직장에서 좋은 팀워크 형성 등이 속한다. 직장에서의 노동력 유효 이용에 관한 사항으로는 직무 할당, 직장에서의 직접 지도 등으로 능력 육성, 개개의 안전 · 위생 지도, 근로 의욕에의 동기 부여 등이 속한다.

(4) 현대 인사 관리 특징

① 인사 관리 관계표, 조직, 감사 등 새로운 직능이 발달하여 과학적인 관리체계에까지 발전한 것이다.

② 인사 방침이 경영 방침과의 관련에서 수집된 것은 기술 혁신의 발전과 사회 보장 측면에서 중요한 원인이 되었다.

③ 인사 관리의 경험적인 것으로부터 더욱 과학적이고 조직적인 것에까지 고차원화되어 가고 있다.

(5) 현대 인사 관리론

① 인간관계론

㉠ 기존 인사관리의 한 영역으로서 인간관계 연구 중 커뮤니케이션의 여러 제도를 중심으로 한 인사관리 이론이다.

㉡ 인간관계론에 입각하여 종래의 인사관리제도의 전체를 재편성하려고 시도했었다.

② 행동과학 이론

㉠ 행동과학은 인간의 행동에 관하여 객관적인 방법을 수집한 경험적 증거에 의해 입증된 일반적 법칙을 확립하고 인간 행동을 과학적으로 설명하고 예측하는 사회과학이다.

㉡ 산업혁명 이후 기계일변도 위주에서 인간주의에 고려하여 인간의 행동을 될 수 있는대로 과학적 사실 그대로 파악하려는 행동이었다.

③ 모티베이션(motivation) 이론

㉠ 인간의 욕구는 그 충족을 위하여 인간으로 하여금 행동을 하게 한다.

㉡ 그 욕구가 목적 달성을 지향하여 행동을 유발하는 상황을 만들어내는 것이다.

④ 리더십(leadership) 이론

㉠ 리더십 이론은 지도하는 관리자와 관리를 받는 입장의 인간 모티베이트가 되는 방법을 논한 것이라 할 수 있다.

㉡ 리더십 이론에 비해 모티베이션 이론은 주로 일하는 사람의 인간적 욕구를 만족시키는 방법으로서 논한 것이었다.

02 인사 고과

1. 인사고과

(1) 인사고과의 정의

① 인사고과(人事考課,merit rating)란 근무평정(勤務評定, service rating) · 종업원평정(從業員評定) · 성적평정(成績評定) 또는 업적평정(業績評定) 등과 같이 다양하게 표현된다.

② 인사고과란 기업 내 각 종업원에 대한 인사정보 자료를 수집, 분석, 평가하는 과정으로서, 인사 평점 또는 근무 평점이라고 한다. 종업원평정, 능률평정 등과 같이 다양하게 불리고 있는데 종업원의 업무수행 업적과 이를 통한 미래의 잠재적 능력을 상위자로 하여금 측정, 평가하도록 하는 제도이다.

③ 직무를 담당하는 사람의 평가 대상으로서 능력, 소질, 근무 성적 등을 평가하여 기업에 얼마의 유용도가 있는가를 파악하여 상대적 가치를 체계적으로 결정하는 과정이다.

④ 종업원의 현재적(顯在的)인 업무수행상의 업적과 집무태도와 이를 통한 미래의 잠재적 능력 및 성격을 상위자(上位者)가 측정 · 평가하도록 하는 제도로서, 종업원의 실무능력 · 성격 · 적성(適性) 및 장래성 등이 판정된다.

⑤ 임금률 조정, 적재적소 배치, 종업원의 특성 및 결함 파악, 이에 대한 적절한 지도 및 교육 등을 통하여 인사의 합리화 · 능률화를 기하는 것이 목적으로 기업내 각 종업원에 대한 인사정보 자료를 수집, 분석, 평가하는 과정으로서, 인사 평점 또는 근무 평점이라고 한다.

⑥ 직무를 담당하는 사람의 평가 대상으로서 능력, 소질, 근무 성적 등을 평가하여 기업에 얼마의 유용도가 있는가를 파악하여 상대적 가치를 체계적으로 결정하는 과정이다.

⑦ 근무평정을 실제로 행하는 경우 객관적 평가가 행해지기 어려운 점과 평정자가 전단적(專斷的)이 되지 않도록 배려할 필요가 있다는 점 등이 있으므로 그 목적 달성을 위해서는 평정 방법의 객관성은 물론, 평정자의 신뢰성 구비(具備) 및 평가과정의 합리화와 민주화를 기할 필요성이 있다.

(2) 인사고과의 구성요소

① 타당성(validity): 타당성은 평가 내용이 고과목적을 얼마나 잘 반영을 하고 있느냐와 관련되는 요건이다.

② 신뢰성(reliability): 신뢰성은 평가하려는 고과내용(항목)이 정확하게 측정되어지는 정도를 의미하는 요건이다.

③ 수용성(acceptability): 수용성은 인사고과 제도를 피 고과자인 종업원이 정당하다고 느끼고 동의하는 정도를 의미하는 요건이다.

④ 실용성(practicability): 실용성은 고과제도가 현실적으로 비용과 효과 측면에서 얼마나 실용적인가를 의미하는 요건이다.

(3) 인사고과의 목적

① 인사고과는 종업원을 대상으로 그 가치를 체계적으로 평가하는 것이며, 능률 향상을 기하는 것이 목적이므로 경영에 있어서 다양한 목적으로 사용되고 있다.

② 인사고과의 주된 목적은 종업원의 가치를 객관적으로 파악하여 인사관리상의 문제점의 해결에 대한 기초를 마련하여 종업원의 자질 향상과 사기를 앙양하는 데 있으며 인사관리 분야에 걸쳐 각종 목적에 사용되고 있다.

③ 종업원의 특정한 유능성과 결함을 파악하여 적절히 지도하는 동시에 교육 및 훈련의 필요 여부를 검토하기 위한 것으로 사용하고 있다.

④ 인사고과는 종업원의 임금, 급료를 조정하기 위한 기초 자료를 얻는 동시에 인사고과의 결과를 임금 지급에 반영시켜 종업원의 작업 능률을 높이기 위한 것으로 사용된다.

⑤ 인사고과는 인력확보 활동에 필요한 정보를 얻기 위해서나 임금결정의 중요한 정보로 활용하기 위해서 및 종업원의 동기유지 및 사기관리 등 인력유지활동의 중요한 정보로 활용하기 위해서한다.

⑥ 인사고과는 종업원의 업무능률을 측정하는 과학적인 제도를 말하는 것으로, 기업내에서의 종업원의 활동을 객관적이고 정확하게 포착하여, 인사관리의 방침결정의 기초로 삼는 동시에 노동능률을 높이는 것이 목적이다.

(4) 인사고과의 효용

① 인사고과는 각자에게 관리의 공정성을 믿게 하고, 근로 의욕을 향상시키는데 도움이 된다.

② 인사고과는 승진 또는 이동의 자료, 임금 및 상여 등의 결정 자료, 그리고 기타 종사원을 관리하는 데 자료로 사용된다.

③ 인사고과는 관리자의 판단에 공정성 · 엄정성 · 관대성을 주는 데 실질적인 도움이 된다.

④ 인사고과는 종업원 각자의 '베일'을 벗기고, 그의 장 · 단점의 판단을 용이하게 한다.

⑤ 인사고과는 교육 훈련의 기초 자료를 제공해 준다. 인사고과는 교육훈련의 효과를 측정하는 데 도움이 된다.

⑥ 인사고과는 감독자에게 각 부하의 개인 차를 한층 더 깊이 인식시키는데 도움이 된다.

(5) 인사고과의 원칙

① 평가 기준의 명확화: 인사고과를 실시하는 기준이 명확해야 한다. 예를 들면 목적, 평정 방식, 평정 요소 가중치, 평정 단계 등이 명확해야 한다.

② 평가 기준의 준수: 업적, 근무 태도를 중점적으로 보는 고과에서는 평가 기준을 엄격히 준수해야 한다.

③ 평정자의 복수화: 인사고과의 평정은 1인에게만 맡기지 말고 2인 이상에게 맡김으로써 개인의 주관적 판단의 잘못을 시정할 수 있다.

④ 제1차 평정의 존중: 인사고과의 평정은 제1차 평정자의 것이 가장 존중되어야 한다.

⑤ 공 · 사 혼동의 배제: 인사 고과의 평정은 기업 내에서 공적직무 수행의 측면에서 행하되, 개인의 감정이 개입되어서는 안 된다.

(6) 인사고과의 원칙

① 누가 고과를 하느냐에 따라 자기고과(self rating), 수직적고과(vertical rating), 수평적고과(horizontal rating) 및 다각적고과(triangle rating)로 구분된다.

② 수직적고과는 상부 하향식과 하부 상향식으로 구분하여 전자를 상위자에 의한 고과라고 하고, 후자를 하위자에 의한 고과라고 한다. 수평적 고과는 동료에 의한 고과 이며 다각적 고과는 둘 이상 동시에 실시하는 경우를 말한다.

2. 인사고과 평가기법

(1) 서열법(Ranking Method)

① 서열법은 성적순위법 또는 등급법이라고도 하는데, 1등급, 2등급, 3등급 등 순위 번호를 붙여서 평가하는 방법으로 일반적으로 가장 먼저 사용된 고과 방법이다. 서열법의 장점으로는 실시 방법이나 실행 방법이 다른 방법에 비해 간편하다.

② 서열법의 단점은 고과 대상자가 20~30명이 넘을 때는 평정이 매우 어려우며, 같은 직무의 범위에서만 적용할 수 있으며, 부서 간 상호 비교는 불가능하고, 고과가 구체적인 기준 없이 이루어지기 때문에 평정 결과에 대하여 설득력이 부족하며 비교시에 불평이 발생할 수 있다.

(2) 평정 척도법(Rating Scale Method)

① 평정 척도법은 평정 방법이 비교적 간단하며 기업의 인사 고과에 널리 보급되고 있는 방식이다.

② 미국에서는 약 90%가 이 방식을 이용하고 있으며 평정 척도법에는 단계식과 도식의 두 가지 방법이 있다.

③ 직무 수행상 달성한 정도에 따라 사전에 마련된 척도를 근거로 하여 평정자로 하여금 체크할 수 있도록 하는 방법이다.

(3) 대조 리스트법(Check List Method)

① 평정이 적당한 몇 가지 표준 행동을 배열하고, 이 리스트에 해당 사항을 체크(check)하여 채점하는 방법이다.

② 대조 리스트법에는 프로보트식 고과법과 오드웨이식 고과법이 있다.

(4) 강제 선택법(Force Choice Method)

① 강제 선택법은 주어진 4~5개의 선택해야 할 기술 중에서 피고과자에게 '가장 적합한 기술' 또는 '가장 적합하지 않은 기술' 중 그 어느 하나를 선택하게 되어 있다.

② 강제 선택법의 내용은 '신입사원에게 친절하다.', '쓸데없는 데 시간을 너무 낭비한다.', '마음이 내키지 않으면 일의 질이 저하된다.', '비판을 받아들여 잘 살린다.' 등이 있다.

③ 강제 선택법은 일반적으로 보급되지 않아 현재 이를 채용하고 있는 기업은 미국에서도 2% 정도로서 미미한 상황이다.

(5) 강제 배분법(Force Distribution Method)

① 강제 배분법은 전체의 평점 등급을 수, 우, 미, 양, 가 또는 A, B, C, D, E 등 5등급으로 나눈다.

② 각 등급에 피고과자 총액의 10%, 20%, 40%, 20%, 10%씩을 강제 할당하는 것이다.

(6) 자유 서술법(Essay Method)

① 절대평가에 의한 가장 간단한 인사 고과 방법으로서, 이는 고과자가 피고과자의 장점, 약점, 잠재력 등을 기술하고 향상을 위한 제안을 하는 방법이다.

② 피고과자에게 자세한 정보를 전달할 수 있지만 전체적으로는 비구조화되어 있으며 길이가 길 수밖에 없다. 또한 자유롭게 서술하는 방법은 사람마다 다르기 때문에 불가능하다.

③ 자유 서술법은 정성적인(qualitative) 자료밖에 제시하지 못하기 때문에 비교를 위해서는 수량화될 수 있는(quantified) 고과 방식이 필요하다.

(7) 중요사건 서술법(Critical Incidents)

① 중요사건 서술법은 각각의 피고과자들이 직무를 수행하는 데 있어 효과적이었거나 비효과적이었던 행동들을 고과자가 직접 관찰하여 보고하는 것을 말한다.

② 중요사건 서술법이 성공적으로 수행되기 위해서는 고과자는 고과기간 동안에 피고과자의 행동을 충분히 관찰할 수 있는 시간과 기록할 수 있는 시간적인 여유를 가져야 한다.

③ 중요사건들은 다른 피고과자가 직접적으로 비교할 수 없는 것이기 때문에 해당분야의 관리자들과 협의하에서 인적자원 관리 전문가들에 의해 만들어진 표준화된 사건 목록이 준비되어야 한다.

④ 중요 사건 서술법을 통해 얻어진 결과는 피고과자에게 의미 있는 피드백으로 사용할 수 있으며 이들 자료는 개발프로그램을 설계하는 데 유용한 자료로 이용될 수 있지만, 많은 시간과 노력이 소요되므로 고과자에게 상당한 부담을 준다.

(8) 행동기준 고과 척도법(BARS : Behaviorally Anchored Rating Scales)

① 행동기준 고과 척도법은 전통적인 인사 고과 시스템이 지니고 있는 한계점을 극복하고 보완하기 위해 개발된 것이며, 또한 평가 척도법과 중요사건 서술법을 혼합시킨 방법의 일종이다.

② BARS에서 사용되는 척도는 평정 척도법에서 활용되는 것과 서로 유사하지만, 각각의 점수별로 구체적인 척도가 제시된다는 점에서 다르다. 즉, 피고과자의 능력이나 성과를 판단하는 점수별로 구체적인 사례나 성과를 반영해 주거나 형편없는 능력이나 성과를 반영하는 사례를 제시한 뒤, 고과자로 하여금 피고과자가 어떠한 점수에 해당되는지를 결정하게 하는 방법이다.

③ 피고과자의 능력이나 성과를 구체적으로 나타내주는 중요사건을 결정하는 과정에서 피고과자를 참여시켜, 피고과자가 평가받는 항목의 구체적인 예를 결정하고 각각의 항목별로 부과될 점수를 피고과자와 함께 결정해야 한다는 데 있다.

④ 행위기준고과법은 평가할 직무에 직접적으로 적용되는 행동묘사내용을 다양한 척도수준에 포함시키는 표준평정척도이다.

⑤ 직무를 수행하는 데 나타나는 중요한 사실을 추출해서 몇 개의 범주로 나눈 후 각 범주에 해당하는 중요한 사건을 척도에 의해 평정을 하는 인사고과 기법으로 행위기준고과법은 평정척도법과 중요사건 기술법을 혼용하여 보다 정교하게 계량적으로 수정한 기법이다.

⑥ 다양하고 구체적인 직무에 적용이 가능하고 목표관리의 일환으로 사용되어 어떤 행동이 목표달성에 관련이 있는지를 알 수 있고, 관찰 가능한 행위를 기준으로 평가하며, 개발된 척도를 피 평가자들에게 공개하며, 종업원에게 원활한 의사소통의 기회를 제공하며, 구체적인 행동이 수집됨으로써 교육훈련과 인수인계의 토대를 마련한다.

⑦ 직능별, 직급별 특성에 맞추어 설계되므로 바람직한 행위에 대한 정보를 개인에게 제시해 주며, 구체적인 행동을 척도수준에 맞춤으로써 고과 오류를 줄여, 주관적인 평가 성향을 감소시키며 고과기준을 명확히 한다.

3. 인사고과상의 오류

(1) 현혹효과(halo effect)

① 현혹효과는 한 분야에 있어서의 어떤 사람에 대한 호의적인 또는 비호의적인 인상을 말하는데, 이는 다른 분야에 있어서의 그 사람에 대한 평가에 영향을 주는 경향을 말하며 후광효과(後光效果)라고도 한다.

② 현혹효과는 실제 종업원을 평가하는 데 있어서 중요하다. 왜냐하면, 호의적인 특성을 지닌 종업원은 그렇지 못한 종업원에 비해 높이 평가되기 때문이다. 자기가 좋아하는 사람이나 성실해 보여서 좋은 인상을 준 사람은 실제의 업무 성과와는 관계없이 능력 있는 사람으로 판단해 버리는 잘못된 판단을 할 수가 있다.

③ 현혹효과가 자주 나타나는 상황은 지각된 특성이 충성심, 협동심, 친절함, 학습 의욕 등과 같이 행동적 표현이 불분명하거나 애매모호한 경우이고, 현혹 효과를 줄이기 위해서는 평가 항목을 줄이거나 여러 평가자가 동시에 평가하도록 하여야 한다.

(2) 상동적 태도(stereo typing)

① 상동적 태도는 현혹 효과와 유사한 점이 많이 있다. 현혹 효과가 한 가지 특성에 근거한 것이라면, 상동적 태도는 한 가지 범주(집단)에 따라 판단하는 오류이다.

② 상동적 태도는 그들이 속한 집단의 특성에 근거하여 다른 사람을 판단하는 경향을 많다. 예를 들어 미국인은 개인주의이고 물질적이며, 한국인은 매우 부지런하며, 흑인은 운동에 소질이 있으며, 이탈리아인은 정열적이라는 것 등이 있다.

③ 예를 들어 '남자들은 아이를 돌보는데 관심이 없다'라는 지각을 바탕으로 특정 남성을 판단하는 것과 같이, 그 사람이 속한 집단을 지각하고 이를 바탕으로 그 사람을 판단하는 지각과정을 일컫는 말이다.

④ 오늘날 조직의 사회적 지각에 영향을 미친다. 경영자, 감독자, 노조위원, 여성근로자, 공인회계사, 유통관리사, 컴퓨터 프로그래머, 엔지니어 등에 상동적 태도가 존재한다. 이런 범주에 속하는 사람들이 갖고 있을 특별한 특성이 있다고 믿는 경향이 있다.

⑤ 실제로 기대치나 특성 등에는 많은 차이가 있다. 즉, 엔지니어라고 해서 모두 다 냉정하고 합리적인 것은 아니며, 인적자원 관리 담당자라고 해서 모두 조직 구성원을 행복하게 해주지는 않는다는 것이다.

(3) 관대화 경향 오류(tendency to leniency)

① 직속 상관인 평정자가 자기 직원들에 대해 근무성적을 평정할 때 흔히 관대화 경향, 즉 후한 평점을 주려는 경향이 나타날 수 있다. 이러한 현상은 평정자가 평소에 부하직원들과 직장생활을 함께하여 깊은 동료애가 작용하기도 하고, 부하 직원들로부터 밉게 보이지 않으려는 데서 비롯되기도 한다.

② 관대화 경향이 나타나는 이유로 평가결과가 나쁜경우에 그 원인이 평가자의 통솔력 · 지도력 부족 등으로 오인할까봐 평가자가 후한 점수를 준다.평정자가 관대화 경향으로부터 벗어나지 못하고 '관대의 오류'를 범할 경우, 그 평정의 결과는 신뢰도와 타당도가 매우 낮아질 수밖에 없다.

③ 평가자가 피 평가자를 낮게 평가하는 것을 꺼려하여 평균치에 집중할 때 이를 중심화 경향(central tendency)이라고 하고 평가자가 피 평가자를 전체적으로 낮게 평가하는 것을 가혹화 경향(severity tendency) 또는 '인색의 오류'(error of severity)라고 부른다.

④ 관대화 경향, 중심화 경향, 가혹화 경향 등을 회피하기 위해서는 정규 분포를 기준으로 피평가자의 평가 등급 또는 점수를 일정 비율로 강제 할당시키는 방법이 사용되는 경우도 있다.

(4) 귀인(歸因)상의 오류(attribution error)

① 사람들은 자신의 성공은 능력이나 노력과 같은 내재적 요인으로 귀인하고 실패에 대해서는 운이나 다른 동료 탓이라고 귀인하는 경향을 귀인의 이기적 편견(self-serving bias)이라고 한다.

② 누군가 의도적 실수를 범했다면 그에 대한 심한 감정을 가지는 경향이 있으며, 그것이 의도적이 아니었다면 덜 비판적이거나 온정적으로 판단하려는 경향이 있다.

③ 귀인상의 오류 이론에 따르면 '지각 판단의 강도'는 타인의 행동이 직접적으로 그 사람에 귀인되느냐에 달려있다고 한다. 어떤 구성원의 생산성이 새로운 기계 설비의 도입으로 인해서가 아니라 스스로의 노력에 의해서 증가되었다면 경영층은 그에 대해 매우 호의적으로 생각해야 한다.

④ 사람들은 타인의 행동을 판단할 때 외재적 요인에 의한 영향을 과소평가하고 내재적 또는 개인적 요인에 의한 영향을 과대평가하는 경향이 있는데, 예를 들면 영업관리자들은 부하 영업사원의 성과가 낮은 경우 이를 경쟁제품이 더욱 좋기 때문이라고 생각하기 보다는 그 영업사원이 무능하거나 부지런하지 않기 때문이라고 판단하는 경향이 있다 이런 경향을 설명하는데 가장 합당한 용어가 귀인의 기본적 오류(fundamental attribution error)이다.

(5) 논리적 오류

① 발생하는 경우는 평가과정에서 평가요소 간 논리적 상관관계가 있는 경우에 나타난다.

② 논리적 상관요소 중에서 하나의 요소가 특별히 좋은 상태인 경우에 다른 요소도 좋을 것이라 생각하고 높게 평가하는 경향을 말한다.

(6) 불충분한 증거에 의한 판단 오류

① 상사들은 부하들의 업적에 대해서 한정된 정보와 왜곡된 견해를 갖는 경우가 많다. 특히 실제의 결과를 명확하게 측정할 수 없는 직무에 대해서는 부하들의 능력에 대한 평가가 더욱 어려워진다.

② 특히 평가자와 피평가자의 접촉이 적을수록, 그 평가자의 직무에 관해서 한정된 지식을 가지면 가질수록 평가의 유효성은 한계성을 띨 수밖에 없다.

(7) 기타의 오류

① 근접 오류란 유사한 고과요소들을 근접하게 배열해 놓을 때 나타나는 오류를 말하는 내용이다.

② 중심화 경향은 고과자 자신의 능력이 부족하거나 피고과자를 잘 파악하지 못하고 있는 경우에 많이 나타난다.

03 직무(JOB)

1. 직무분석(Job Analysis)

(1) 직무분석의 의의

① 직무(job)는 조직과 조직 구성원 개인을 연결시켜주는 연결고리 역할을 한다. 조직은 구성원들이 수행하는 직무를 통해서 그 고유의 목적을 달성하게 된다. 조직 구성원들이 수행해야 할 직무의 내용과 직무를 수행하는 데 필요한 직무 수행자의 개인적 특성 등에 관련된 정보를 수집 · 분석 · 정리하는 과정을 직무 분석이라 한다.

② 직무분석이란 직무에 포함되는 일의 성질이나 직무를 수행하기 위해서 종업원에게 요구되는 적성에 대한 정보를 수집 · 분석하는 것을 말하며 직무기술서와 직무명세서의 기초가 된다.

③ 직무분석은 직무의 내용이 무엇이고, 그 직무를 성공적으로 수행하기 위해서는 어떠한 자질이 필요한가를 정확히 이해해야 하는 데 필요한 정보를 제공해 주게 된다. 직무분석을 통한 정보는 채용 · 교육 · 평가 등 인적자원관리에 이용된다.

④ 직무분석(job analysis)은 직무에 관련된 정보들과 아울러 직무를 수행할 사람들이 갖추어야 할 요건을 체계적으로 수집하고 정리하는 과정이다. 즉, 직무에 관련된 정보를 체계적으로 수집하여 분석하고, 정리하는 과정이라 할 수 있다. 따라서 직무분석을 인적자원관리의 기초 또는 인프라스트럭처(infrastructure)라고 한다.

⑤ 조직 구성원은 조직이 제공하는 직무를 수행한 대가로 조직체로부터 여러 가지 보상과 급여를 받게 되어 자신의 생계를 유지하게 된다. 또한 개인은 직무를 수행함으로서 성취감이나 보람을 느끼고 또한 지위(status)를 취득하게 된다.

⑥ 인사관리의 전체 분야를 효율적으로 수행하는 데 필요한 정보를 제공하는 것이므로 직무 분석의 범위, 정보의 내용, 정보수집 방법 등에 따라 그 목적이 달라진다. 직무에 관한 정보를 수집하는 데는 그 의미나 정확성에 따라서 다양한 방법이 있다.

(2) 거시적 직무 분석

① 조직 구조의 설계(Organization Structure Design)

㉠ 조직 구조는 조직 활동을 명확한 여러 가지 과업들로 구분하고, 구분된 여러 가지 과업들을 통제하고 조정하기 위해서 형성된다고 볼 수 있다.

㉡ 직무 분석을 통해 얻어진 정보는 직무 요건 및 직무 간의 관계를 명확히 해 줌으로써, 조직의 모든 계층별 책임을 명시해 주고, 능률을 제고시켜 주며, 직무의 중복을 최소화시키며, 최종적으로는 보고 체계의 결정을 들 수 있다.

② 인적자원 계획 수립(Human Resource Planning)

㉠ 직무 분석 자료는 인적자원 계획 수립에 기초 자료로 활용이 된다.

㉡ 인적자원의 수요 및 공급을 예측하고 교육 · 훈련계획, 전직계획, 승진계획 등의 여러 가지 계획 등에 활용된다.

③ 직무평가 및 보상(Job Evaluating and Compensation)

㉠ 특정한 직무가 조직에 기여하는 가치(job worth)의 서열(序列)을 결정하거나 임금 조사의 일환으로 다른 조직에 존재하는 유사한 직무와 해당 직무를 비교하여 직무의 내용을 명확히 파악해야 한다.

㉡ 직무 분석을 통하여 얻어진 정보는 직무평가의 기초자료로 사용됨으로써 특정 직무에 대해 어느 정도의 보상을 해주어야 할지를 결정하는 데 활용된다.

(3) 직무3면 등가원칙

① 어떤 사람이든 직무를 수행할 때 권한과 책임, 의무를 가져야 하는데, 이때 이 세 가지의 그 범위는 같아야 한다는 원칙으로, 즉 직무에는 '권한 = 책임 = 의무'의 등식이 성립되어야 한다는 것을 직무의 3면 등가법칙이라 한다.

② 조직의 업무수행에는 권한, 책임, 의무가 서로 등가의 관계를 갖고 있음을 의미한다. 권한은 결정권, 명령권 및 행위를 이며, 책임이란 주로 업무수행 방법과 집행결과에 대한 책임이고, 의무란 주로 일정한 행위가 요청되는 것을 의미한다.

③ 업무진행과정에 있어서 권한, 책임, 의무의 3개 부문이 균형을 맞추어 실행되어야 한다는 원칙이다. 주어진 의무에 상응한 권한이 주어지지 않은 경우 발생하는 것이 소위 "의무정체"이고, 의무란, 주로 일정한 행위가 실행되도록 요청하는 것으로서 여기서는 책임과 권한에 대한 실행을 요청하는 것을 의미한다.

④ 직위에 따라 직능, 책임, 권한, 의무, 관계 등을 종합적으로 나타내는 직위명세서(position specification)와 업무처리 절차에서 관리권한만을 명세화한 통제명세서(contol specification)을 개발하여 권한과 책임을 명확히 규정하고 있다.

(4) 직무분석의 방법

① 실제 수행법(job performance method)

㉠ 직무분석 담당자가 분석 대상 직무를 직접 수행해 봄으로써 직무의 내용과 직무가 요구하는 특성 등을 자신의 경험을 통하여 분석하는 방법을 말한다.

㉡ 실제 수행법을 특정한 직무에 관련된 과업을 직접 경험해 봄으로써 직무의 육체적, 환경적, 사회적 요건 등을 정확히 파악할 수 있게 된다.

㉢ 경험법(experiential method)이라고도 하며 직무 분석자가 직무를 직접 수행해 보는 방법으로, 그 효과가 가장 좋은 방법이지만 기술발전과 지식의 증가로 실질적인 수행에 의하여 연구될 수 있는 직무는 많지 않다.

㉣ 비교적 짧은 기간 동안에 학습될 수 있는 직무에 적합하며, 광범위한 훈련이 필요하거나 수행하는 데 위험이 따르는 직무에는 적합하지 않다는 한계점이 있다.

② 관찰법(observation method)

㉠ 직무분석자가 특정한 작업자 또는 작업자 집단이 실제로 직무를 수행하는 것을 관찰하여 특정한 과업을 수행하는 목적과 방법 등을 기록하는 방법을 말한다.

㉡ 관찰법은 생산조립라인 직무 등과 같이 직무 수행 기간이 짧은 경우, 그리고 면접이나 질문지를 작성할 상황이 못 되는 경우에 이용되며 작업 활동의 범위가 한정되어 있고 작업 방법이 정형화되어 있으며 작업하는 광경이 쉽게 관찰될 수 있는 직무의 분석에 적합하다.

㉢ 관찰법은 실시하기가 간편하다는 장점이 있고, 직접 작업이 이루어지는 현장에서 관찰함으로써 실제 작업자가 자신의 직무에 대해 설명하는 것보다 심층 정보를 얻어낼 수 있다는 장점을 갖는다.

㉣ 관찰법은 객관적인 정보를 얻기 위해서는 작업수행자의 작업이 관찰자에 의하여 영향을 받지 않아야 하며, 정신적인 작업의 경우에는 관찰이 불가능하고, 작업시간이 길거나 직무의 성격이 반복적이지 않은 경우에는 관찰에 많은 시간이 걸린다는 단점이 있으므로 고급숙련도를 요구하지 않는 현장작업에 적합하다.

③ 면접법(interview method)

㉠ 직무분석 담당자가 특정한 직무를 직접 수행해 보는 것이 불가능하거나 다른 사람이 직무를 수행하는 것을 직접 관찰하기가 어려울 경우, 각 직무에 종사하고 있는 사람들을 면담하여 정보를 수집하는 방법을 말한다.

㉡ 면접법은 여러 가지 직무분석 방법 중 가장 광범위하게 활용되며 다른 직무분석 방법을 보완하는 수단으로서도 널리 활용되고 있다.

㉢ 면접은 직무 수행자 각각과 개별적으로 실시할 수도 있고, 동일한 직무를 수행하는 사람들을 소집하여 집단적으로 실시할 수도 있다. 또한 특정 직무를 수행하는 사람들의 상사나 그러한 직무에 대해 전문적인 식견을 가지고 있는 사람들을 면접함으로써 정보를 간접적으로 수집할 수가 있다.

㉣ 면접법은 정형화된 작업 활동과 비정형화된 작업 활동뿐만 아니라 육체적 활동 및 정신적 활동에 대한 정보를 얻어낼 수 있으며, 직접 작업을 수행하는 사람이 자신의 작업 내용과 그에 관련된 사항을 설명하기 때문에 직무 분석 담당자가 직접적으로 관찰할 수 없는 내용에 대한 정보도 얻을 수 있다는 장점을 지니고 있다.

㉤ 직무 분석자와 직무 수행자 간에 친밀한 관계를 유지해야 하고, 직무 수행자들이 직무 분석 과정을 호의적이고 유용한 것으로 이해할 수 있어야 한다. 오늘날 가장 많이 활용하는 직무분석의 방법으로서 주로 관리 · 감독업무, 사무적 업무에 널리 이용된다.

④ 설문지법(questionnaire method)

㉠ 직무에 대한 설문지를 작성하여 작업자가 이에 응답하도록 하여 직무 분석에 필요한 자료를 수집하는 방법이다. 설문지에는 직무의 내용, 직무 수행의 방법 · 목적 · 과정 등에 대한 질문이 포함되며 면접담당자가 필요 없고 시간과 노력이 절

약된다는 장점이 있으나 설문지의 유형과 작업자의 정확한 정보제공이 중요하다.

ⓛ 설문지법은 특정 직무를 직접 수행하는 사람이나 상사 또는 그 직무의 전문가 등에게 직무의 내용, 목적, 작업 조건, 사용 장비, 직무 요건인 지식 · 능력 · 기능 · 경험 · 학력 등에 대해 자유롭게 기술하게 하는 개방형 설문지를 활용하고 있다.

ⓒ 설문지법을 효과적으로 활용하기 위해서는 설문의 내용이 가능한 한 짧아야 하며, 설문 조사의 목적을 정확히 납득시켜야 하고, 설문의 내용을 이해하기 쉽게 구성해야 하며, 설문 조사를 실시하기 전에 충분한 예비 조사를 통하여 철저한 점검을 거쳐야만 한다.

ⓔ 설문지법을 사용할 경우 과업 또는 행동의 목록 등을 제시하고 그러한 과업이나 행동을 실제로 수행하는 여부를 묻고, 만일 수행한다면 빈도 · 중요도 · 난이도 · 전반적인 직무 성과와의 관계 등은 어떠한지에 대해 응답 내용을 분류하여 제시하고 간단히 체크하게 하는 폐쇄형 설문지를 사용하고 있다.

ⓜ 설문지법을 활용하는 데 있어 가장 중요한 점은 타당성 있고 신뢰성 있는 설문지를 개발하는 일이다. 설문지법을 효과적으로 활용하기 위해서는 설문의 내용이 가능한 한 짧아야 하며, 설문 조사의 목적을 정확히 납득시켜야 하고, 설문의 내용을 이해하기 쉽게 구성해야 하며, 설문 조사를 실시하기 전에 충분한 예비 조사를 통하여 철저한 점검을 거쳐야만 한다.

ⓑ 설문지법은 타당성 있고 신뢰성 있는 설문지가 개발되어 있기만 하다면 다른 방법에 비하여 비용이 저렴하고 광범위한 조사가 가능하다는 장점이 있고, 설문지에 대한 응답은 일과가 끝난 이후에 이루어질 수 있으므로 업무 시간을 희생시킬 필요가 없으며, 설문지를 통하여 얻어지는 정보는 대부분 수량화가 가능하므로 컴퓨터 프로그램의 활용 등 여러 가지 분석에 직접 활용될 수 있다는 장점이 있다.

⑤ 중요 사건법(critical incidents method)

ⓖ 직무 수행 과정에서 직무 수행자가 보였던 특별히 효과적이었던 행동 또는 특별히 비효과적이었던 행동을 기록해 두었다가 이를 취합하여 분석하는 방법을 말한다. 일반적으로 중요 사건을 기록해 두는 사람은 대개 직속 상관이 많다.

ⓛ 중요 사건법을 통하여 밝혀지는 행동은 대부분이 관찰이 가능하고 측정이 가능한 것인 경우가 많을 뿐만 아니라 한 직무에서 효과가 있는 행동이 다른 직무에서도 효과를 내는 경우가 많기 때문에 그러한 정보를 다른 직무를 분석하는 데에도 활용할 수 있다.

ⓒ 사람들이 직무에 임하여 실제로 어떠한 일을 하는가에 초점을 맞추기 때문에 직무의 역동적 성격에 대하여 이해할 수 있는 계기를 제공해 준다는 장점을 가지고 있다.

ⓔ 일반적으로 여러 가지 사건에 관한 내용을 수집하고, 정리하고 분류하려면 많은 시간과 비용이 소요된다는 점이 중요 사건법의 단점이며, 또한 이 방법의 핵심은 효과적 행동과 비효과적인 행동의 목록을 마련하는 것이므로, 효과적인 행동과 비효과적인 행동 중간에 드는 행동들에 대한 파악이 어렵다는 단점을 지니고 있다.

⑥ 작업 기록법(job recoding method)

㉠ 특정한 직무를 수행하는 사람에게 자신이 수행하는 작업에 대하여 작업 내용, 빈도, 시기 등을 중심으로 일지를 작성하도록 한 다음 직무 사이클(job cycle)에 따른 작업일지의 내용을 전문가들이 분석하는 방법을 말한다.

㉡ 작업 기록법의 장점은 모든 조직 구성원들에게 자신이 수행하는 업무 내용을 기록하게 하기 때문에 관찰 불가능한 정보를 얻어낼 수 있다는 점, 비교적 비용이 저렴하다는 점, 업무가 끝난 후에 작성시키는 경우에는 업무 시간을 희생시키지 않을 수 있다는 점, 광범위하게 적용할 수 있다는 점 등을 들 수 있다.

㉢ 직무 수행자가 작성하는 작업일지나 메모사항을 참고하여 정보를 수집하는 방법으로서 장기간 작성된 작업일지는 내용에 대한 신뢰도를 충분히 확보할 수 있으므로 엔지니어나 고급관리자가 수행하는 직무 등과 같이 관찰하기 어려운 직무인 경우에 많이 이용된다.

⑦ 직무 분석 방법의 평가

㉠ 이상의 방법은 해당 직무 분석의 주목적이나 특성, 직무 수행자 및 직무 분석을 위하여 투입할 수 있는 인력과 시간 등을 고려하여 가장 적합한 방법으로 선택하여야 하며, 대개는 여러 방법을 병행하여 사용하는 경우가 많다.

㉡ 숙련된 직무 분석자에 의한 직무 분석은 각종 과업(課業)을 정확하게 결정할 수 있고 직무수행에 필요한 지식 · 숙련 · 능력 · 책임 등을 포함한 인적자격요건(人的資格要件) 또한 정확히 알아내 모든 인사관리 활동에 영향을 미치게 되므로 그 책임과 중요성이 매우 크다고 할 수 있다.

㉢ 직무분석시 유의사항으로는 직무내용의 명확화, 실용성 있는 직무정보의 제공, 실무진의 협조, 충분한 자질을 가진 분석자 활용, 분석결과의 충분한 검토 등이 있다.

2. 직무기술서와 직무명세서

(1) 직무기술서(Job description)

① 직무기술서의 정의

㉠ 인사관리의 기초가 되는 것으로서 직무의 분류, 직무평가와 함께 직무분석에 중요한 자료이다. 일반적으로 직무명칭, 소속직군 및 직종, 직무의 내용, 직무수행에 필요한 원재료 · 설비 · 작업도구, 직무수행 방법 및 절차, 작업조건(작업집단의 인원 수, 상호작용의 정도 등) 등이 기술되어 있다.

㉡ 직무의 성격, 내용, 이행 방법 등과 직무의 능률적인 수행을 위하여 직무에서 기대되는 결과 등을 간략하게 정리해 놓은 문서라고 할 수 있고, 과업중심적인 직무분석에 의해 얻어지고 과업요건에 초점을 맞추고 있으며 이는 직무의 목적과 표준성과(performance standard)를 제시해줌으로써 직무에서 기대되는 결과와 직무수행 방법을 간단하게 설명해준다.

② 직무기술서의 내용

㉠ 직무 명칭(job title): 소속 부서, 직무 번호, 직속상관, 작성자, 작성일자 등 특정한 직무를 다른 직무들과 구별시켜주는 내용이다.

㉡ 직무 개요(job summary): 직무의 목적과 직무에서 기대되는 결과 등을 간략하게 나타낸 것을 말한다.

㉢ 장비(equipment): 직무를 효과적으로 수행하는 데 필요한 도구, 장비, 정보 등을 명시해 놓은 것을 말한다.

㉣ 환경(environment): 직무를 수행하는 작업 조건, 직무가 수행되는 장소, 그리고 위험 요인이나 소음 정도 등 직접적인 작업환경 특성을 말한다.

㉤ 작업 활동(activities): 직무에 포함되어 있는 임무, 책임, 행동 등과 아울러 직무에 요구되는 사회적 측면을 기술해 놓은 것, 예컨대 작업 집단의 규모, 작업 상호의존도 등을 말한다.

③ 조직시민행동(organizational citizenship behavior)

㉠ 직무기술서에 공식적으로 부과되어 있지는 않지만 조직의 효과에 기여하는 활동이다. 서로가 도와주고 추가적인 일을 자발적으로 하면서 불필요한 갈등을 피하면서 이따금 성가시거나 불편함도 우아하게 참아내는 행동을 일컫는다.

㉡ 조직시민행동이란 조직에서 공식적으로 부과된 직무 이상으로 수행하는 행동이며, 조직 내에서 다른 사람을 돕는 행동과 협동심을 앙양하고 인간관계를 강화하는 행동을 포함한다.

㉢ 개인 본연의 직무는 아니지만 전반적인 조직성과를 제고하는데 기여하는 직무외 행동을 일컫는 개념으로, 직무기술서 상에 명시되어 있지는 않지만 양심적인 시민으로서 타인에 대한 배려와 조직에 대한 애정에 기반한 시민의식의 자발적 발현을 통해 협력적인 분위기를 고취하는 행동을 말한다.

(2) 직무명세서(Job specification)

① 직무명세서의 정의

㉠ 직무의 특성에 중점을 두어 간략하게 기술된 직무기술서를 기초로 하여 직무의 내용과 직무에 요구되는 자격요건 즉, 인적 특징에 중점을 두어 일정한 형식으로 정리한 문서이다.

㉡ 직무 명세서는 주로 모집과 선발에 사용되며 여기에는 직무의 명칭, 소속 및 직종, 교육수준, 기능 · 기술 수준, 지식, 정신적 특성(창의력 · 판단력 등), 육체적 능력, 작업경험, 책임 정도 등에 관한 사항이 포함된다.

㉢ 직무 명세서는 직무를 만족스럽게 수행하는 데 필요한 종업원의 행동, 기능, 능력, 자격증, 지식 등을 일정한 형식에 맞게 기술한 문서로서 직무 분석의 결과를 정리할 때 인적특성을 중심으로 기록되는 문서로 인적요건에 초점을 맞추고 있다.

② 직무명세서의 특징

㉠ 직무명세서는 직무 그 자체의 내용을 파악하는 데 초점을 둔 것이 아니라 직무를 수행하는 사람의 인적 요건에 초점을 맞춘 것이다.

㉡ 직무명세서를 작성할 때에는 직무기술서의 내용을 토대로 하여 그 직무의 수행에 적합한 인적특성을 도출할 수 있고, 직무수행자나 특정직무에 대해 전문적식견을 가지고있는 사람에게 그 직무를 수행하는 데 필요한 요건을 물어서 작성할 수 있다.

㉢ 직무명세서를 별도로 작성하지 않고 직무 수행요건을 직무기술서에 합쳐서 작성하는 경우도 있는데, 이때에는 단순히 직무기술서라고 부른다.

㉣ 일반적으로 직무명세서에는 직무 명칭, 교육 수준, 육체적 · 정신적 특성, 지적 능력, 전문적 능력, 경력, 지식, 기능 등을 포함하게 된다.

㉤ 직무 분석의 목적에 따라 고용 명세서, 교육 훈련용 · 조직 확립용 · 임금 관리용 직무 명세서, 작업 방법 및 공정 개선 명세서 등이 있으며, 직무 기술서와 더불어 직무개선과 경력계획, 경력상담에 사용된다.

㉥ 직무분석의 결과를 문서로 정리 · 기록하였다는 점에서는 직무기술서와 같으나 직무기술서가 직무 내용과 직무 요건을 동일한 비중으로 다루고 있는 데 비하여 직무명세서는 직무내용보다는 직무요건에, 그 중에서도 인적요건에 큰 비중을 두고 있다는 점에 그 특징이 있다.

3. 직무평가와 직무설계

(1) 직무평가(Job Appraisal)

① 직무평가의 의의

㉠ 직무의 중요도, 난이도, 위험도 등의 평가 요소에 의해 직무의 상대적 가치를 평가하는 것을 말하며 직무 기술서와 직무 명세서의 기초로 이루어진다.

㉡ 직무급(職務給)에 있어서 직무 간의 임금비율을 정하는 가장 기본적인 절차로서, 각 직무 상호 간의 비교에 의하여 상대가치를 결정하는 일이다.

㉢ 직무 분석에 의해서 내용이 확정된 각 직무에 대하여, 그 내용과 특징, 담당자의 자격요건 · 책임 · 숙련도 등에 따라 등급이 정해진다.

② 직무평가의 목적

㉠ 조직 구성원의 합리적인 임금 격차를 결정하는 데 그 목적이 있다.

㉡ 직무평가는 직무 자체의 가치를 결정하는 것이지 구성원 개개인을 평가하는 것이 아니다.

③ 직무평가의 양적방법

㉠ 점수법은 책임 · 숙련 · 피로 · 작업환경 등 4항목을 중심으로 각 항목별로, 각 평가 점수를 매겨 점수의 합계로써 가치를 정한다.

㉡ 요인(소)비교법은 급여율이 가장 적정하다고 생각되는 직무를 기준직무로 하고 그에 비교해 지식 · 숙련도 등 제반 요인별로 서열을 정한 다음, 평가직무를 비교함으로써 평가직무가 차지할 위치를 정한다. 요소비교법의 절차로는 '기준직무의 선정-평가요소의 선정-요소별 기준직무의 서열화'로 나타날 수 있다.

④ 직무평가의 비양적방법

㉠ 서열법은 각 직무의 중요도 · 곤란도 · 책임도 등을 종합적으로 판단하여 일정한 순서로 늘어놓는다.

㉡ 분류법은 전기한 제반 요소로써 직무의 가치를 단계적으로 구분하는 등급표를 만들고 평가직무를 이에 맞는 등급으로 분류한다.

⑤ 직무평가의 결과

㉠ 이상의 방법 중 점수법이 가장 과학적이기 때문에 널리 보급되어 있지만, 이것은 각 항목에 대하여 어떻게 중요도를 두느냐는 것이 자의적(恣意的)이고, 각 항목은 상호 간에 서로 가산될 수 없는 이질적 요소이기 때문에 결코 과학적이라고는 할 수 없다.

㉡ 직무 분석 · 직무 평가의 결과는 직무기술서에 종합 · 정리되어 직무급의 도입이나 직무체계의 재편성 등에 유용하게 사용된다.

(2) 직무설계(Job Design)

① 직무설계의 의의

㉠ 직무설계는 조직 목표와 개인목표가 원만하게 융합되도록 하는 데 목적이 있으며 직무 분석과 직무설계는 직접적으로 연결되어 있다.

㉡ 직무설계는 특정 직무를 수행하기 위해 요구되는 과업들을 하나의 직무로 조직화하는 과정을 말하는 것이다.

㉢ 직무분석을 실시하여 직무기술서와 직무명세서가 마련되면 이러한 정보를 활용함으로써 직무를 설계하거나 재설계(redesign)할 수 있게 된다.

㉣ 직무설계를 실시하는 근본적인 목적은 직무 성과(job performance)를 제고함과 동시에 직무 만족(job satisfaction)을 향상시키기 위한 것이기 때문에 어떤 직무설계 방안들은 직무 성과를 개선하는 데 중점을 두기도 한다.

㉤ 직무설계가 조직체와 구성원들의 다양한 욕구를 동시에 충족시키기 위해서는 어느 정도 상충관계(trade-offs)를 인정해야 한다. 따라서 직무설계를 수행할 때에는 여러 가지 설계 방안들 중에서 조직이 당면하고 있는 현재의 상황에서 직무성과의 제고와 직무 만족의 향상이라는 목표 간에 상충이 가장 적게 일어나리라고 판단되는 대안을 선택해야만 한다.

② 직무설계에 대한 테일러의 과학적 관리법

㉠ 작업에 대한 과학적인 연구가 필요

㉡ 작업자들이 능률적으로 일할 수 있도록 작업 구성

㉢ 작업이 요구하는 사항들을 만족시킬 수 있는 사람들의 선발
㉣ 종업원들은 작업을 수행할 수 있도록 훈련
㉤ 종업원들의 성과에 대한 대가는 작업성과에 대한 직접적인 금전적 보상

② 직무설계에 대한 근대적인 접근 방법
㉠ 직무의 전문화에 대한 반감이 초래
㉡ 직무 순환(job rotation)과 직무 확대(job enlargement)에 의한 직무설계
㉢ 직무 충실화(job enrichment)로 보완

(3) 근대적인 직무설계(Job Design)기법

① 직무 순환(job rotation)
㉠ 조직 구성원에게 돌아가면서 여러 가지 직무를 수행하게 하는 것을 말하며 조직 구성원의 작업 활동을 다양화함으로써 지루함이나 싫증을 감소시켜준다는 데 있다.
㉡ 직무 순환이 가능하려면 작업자가 수행하는 직무끼리 상호 교환이 가능해야 하고 작업 흐름에 있어서 커다란 작업 중단 없이 직무 간의 원활한 교대가 전제되어야 한다.

② 유연시간 근무제(Flexitime)
㉠ 유연근무제(Purple job)는 종업원 자신이 선택에 따라 근무 시간 · 근무 환경을 조절할 수 있는 제도를 말한다. 종업원은 근무시간 등을 스스로 선택할 수 있음으로 근무 중 생산성이 증가할 수 있다.
㉡ 대한민국 정부는 2010년 7월 달부터 전체 중앙부처와 지방자치단체로 유연근무제를 확대하기 위해 유연근무제 운영지침을 관련 기관에 통보했다. 이에 따라 식약청은 2010년 8월부터 유연근무제를 시행하고 있다.
㉢ 변형근로제(탄력적 근로 시간제)는 근로시간 유연화의 한 방안으로 지금까지의 법정 근로시간을 보다 효율적으로 운영함으로써 시간적 손실을 줄이고, 근로효과를 더 높이기 위해 도입한 근로제이다.
㉣ 탄력성 있는 변형근로제를 도입하면 근로자에게는 여가를 활용할 수 있는 기회가 많아지는 등의 장점도 있으나, 장시간의 근로와 불규칙한 근로에 따른 정신적 · 신체적 부담 외에, 초과 근무수당의 감소 등으로 인한 소득상의 불이익도 따를 수 있다는 점 등이 단점으로 지적되고 있다.

③ 직무특성 모형(job characteristics model)
㉠ 조직 구성원들의 상위 계층의 욕구를 충족시키는 데 초점을 맞추어, 동기를 유발시키고 직무 만족을 경험하게 하는 직무의 특성을 개념화시킨 것으로 볼 수 있다.
㉡ 특정한 직무가 심리적으로 의미감을 심어주거나 가치 있는 일이라고 인식되어야만 한다. 직무가 의미 있고 가치 있기 위해서는 직무가 조건 내에서 이루어지는 활동의 일부분이 아니라 명확한 활동으로 드러나야 하고, 직무 수행에 여러 가지 기능과 능력이 발휘될 수 있어야 하며, 직무 수행의 결과가 조직 내부와 외부의 다른 사람들에게 어느 정도 인식 가능한 파급 효과를 미쳐야 한다.

㉢ 자신이 수행한 직무의 결과에 대해 개인적으로 책임감을 느끼게 해야 한다. 어떠한 직무에 대해 자신이 알아서 수행함으로써 직무 수행이 성공하든 실패하든 간에 그에 대해 개인적인 책임성을 느낄 때 작업자는 직무에 대한 의미감을 찾게 된다.

㉣ 직무를 수행한 결과에 대해 피드백이 신속하고 정확하게 이루어져야 한다. 이러한 피드백은 다른 사람들에 의해서 전달될 수도 있고 작업자 자신이 직무 그 자체를 수행하면서 알 수도 있다.

④ 직무확대(job enlargement)

㉠ 직무확대는 전통적인 직무설계의 단점인 전문화 원리의 단조로움, 지루함, 반복성에 따른 직무불만족과 생산성감소 및 이직률과 결근율 등의 부작용을 유발하는 문제점을 개선하기 위한 설계방법이다.

㉡ 한 직무에서 수행되는 과업의 수를 증가시키는 것을 말하는데, 직무의 다양성을 증대시키기 위해 직무를 수평적으로 확대시키는 방안을 말한다.

㉢ 직무 확대를 통한 직무설계에서는 직무 수행에 요구되는 기술과 과업의 수를 증가시킴으로써 작업의 단조로움과 지루함을 극복하여 높은 수준의 직무 만족으로 이끌어갈 것으로 기대하고 있다.

⑤ 직무충실화(job enrichment)

㉠ 직무충실화는 단순히 직무의 수를 '늘리는 것' 과 구별되어 실제적으로 직무 그자체가 성취감과 안정감 및 책임감, 발전 및 성장에 대한 기회를 제공하게끔 재구성하여 직무를 '기름지게 만드는 것'이다.

㉡ 직무충실화는 직무 성과가 직무 수행에 따른 경제적 보상보다도 직무와 연결된 모든 사회 · 심리적 요소들을 종합하여 개개인의 심리적 만족에 달려 있다는 전제하에 직무 수행 내용과 환경을 재설계하려는 방법이다.

㉢ 직무충실화 프로그램은 특히 작업(노동)생활의 질(QWL: Quality of Working Life)과 관련하여 품질 향상과 사기 향상을, 그리고 이직률 및 사고율의 감소와 간접비의 절감 등에 실질적인 많은 성과를 거두어 왔다.

㉣ 직무충실화에 의한 직무설계는 직무의 수평적 측면과 수직적 측면을 동시에 고려하고 있다. 직무의 수평적 측면만을 고려한다는 것은 직무를 구성하는 과업의 수와 종류를 고려한다는 것이고, 직무의 수직적 측면을 고려한다는 것은 직무내용에 자율적으로 계획하고 통제할 수 있는 부분을 확대시킨 내용이 포함되도록 한다는 점을 의미한다.

㉤ 직무충실화의 이론적 근거는 작업동기 유발 이론(theories of work-motivation)에서 찾아볼 수 있는데, 특히 매슬로우(A. Maslow)의 욕구단계이론 중 상위 수준의 욕구(high level needs)와 허즈버그(F. Herzberg)의 2요인이론(two-factor theory) 중 동기유발 이론(motivator), 그리고 맥클리랜드(D. C. McClelland)가 제시한 세 가지 욕구 중 성취 욕구(achievement need) 등이 뒷 받침하고 있다.

⑥ 직무 특성파악

㉠ 기능 다양성 : 작업자가 다양하고 상이한 기능이나 재능을 활용할 수 있도록 직무가 다양하고 상이한 활동을 요구하는 정도

㉡ 과업 정체성 : 직무가 전체 단위의 완성을 요구하는 정도

㉢ 과업 중요성 : 직무가 다른 사람의 작업이나 생활에 실질적으로 영향을 미칠 수 있는 정도

㉣ 자율성 : 작업자들이 작업 수행에 필요한 작업의 일정 계획과 작업 방법 및 작업 절차를 결정 · 선택하는 데 있어서 작업자 개인에게 부여되어 있는 자유, 독립성 및 재량권의 정도

㉤ 피드백 : 직무가 요구하고 있는 활동의 수행 결과에 관하여 작업자가 그 효과성 여부에 대하여 직접적이고 명확한 정보를 얻을 수 있는 정도

04 인적 자원의 확보

1. 인적 자원의 활용

(1) 인적자원과 직무

① 모집(Recruitment)

㉠ 조직이 필요로 하는 지식, 기능, 능력 및 기타 특성을 갖춘 인적자원들을 파악하고 그들로 하여금 조직에 지원하도록 유인하는 과정이라고 정의할 수 있다.

㉡ 인력선발에서 같은 지원자에 대해 다른 평가 방법을 사용하더라도 결과가 동일할 경우 선발도의 타당성이 높다고 할 수 있다. 인력선발 도구의 신뢰성은 피평가자에 대한 측정결과의 정확성을 의미한다.

㉢ 직무분석을 통해 파악된 내용을 중심으로 필요로 하는 인적자원의 질이 결정되며, 인적자원 계획에 의해서 필요로 하는 인적자원의 양이 결정된다.

② 선발(Selection)

㉠ 조직의 직무를 수행할 수 있는 최적의 요건을 지니고 있다고 판단되는 사람에게 조직구성원의 자격을 부여하는 과정이라고 할 수 있다. 모집과 선발이 이루어지기 위해서는 조직이 필요로 하는 인적자원의 질과 양이 먼저 결정되어야 한다.

㉡ 선발기준은 여러 자원자들 중 누가 더 뛰어난지 여부를 판단하기 위해서는 이들을 서로 비교할 수 있는 척도(尺度)가 존재해야 한다. 가장 근본적인 선발기준은 자원자가 보유하고 있는 지식, 능력, 기능 그리고 기타 특성 등이다.

㉢ 지원자가 갖추고 있는 경험도 선발기준으로 사용될 수 있다. 자원자가 보유하고 있는 직무경험이 그 사람의 직무능력과 직무관련 태도를 나타내주는 가장 훌륭한 지표라고 믿고 있는 선발담당자들이 많으며, 유사한 직무에서 달성한 성과가 미래의 성과를 가장 잘 예측해 줄 수 있는 지표라고 할 수 있다.

㉣ 새로운 조직 구성원을 채용하거나 승진 대상자를 선발하려면 특정한 직무가 어느 정도의 성과를 요구하는지를 예측하여야 한다. 지원자가 성과를 성공적으로 달성할 수 있을 것인가의 여부를 예측하는 데 직무분석을 사용해야 한다.

㉤ 인력은 어느 분야에서나 가장 중요한 생산요소중의 하나이다. 인력선발의 유용성 평가는 생산성측면의 비용분석과 혜택분석을 통해 이루어지는 것이 합리적이다.

㉥ 종업원을 선발할 때 직무중심으로 선발하는 경우에는 지능이나 자질보다는 실제 기술을 중시하며, 개발 가능성보다는 실적 가능성을 고려하고, 직무명세서를 만족스럽게 수행하는 자를 선발한다. 또한 잠재능력보다는 경험을 강조한다.

㉦ 모집 및 선발과정은 적절한 자격요건을 갖춘 인적자원을 모집하고 그 중에서 가장 뛰어난 사람들을 선별해 낸다고 해서 끝나는 것이 아니라, 인적자원을 적시에 적재장소로 공급하는 과정을 끊임없이 조정해 나가야 하는 과정이다.

㉧ 선발의 절차는 '지원서의 접수 및 1차 선발–실험 또는 검사의 실시–선발 면접–조회 및 검토작업–신체검사–실무자의 면접 및 실무자의 의견수렴–원자들에 대한 현실적인 직무소개–최종선발 결정'의 단계를 거친다.

③ 오리엔테이션과 훈련 및 개발(Orientation, Training, and Development)

㉠ 직무분석을 통하여 직무의 성격과 내용을 정확히 파악한다.

㉡ 직무의 수행에 필요한 자격 요건이 무엇인지를 정확히 파악한다.

㉢ 조직 구성원들에게 어떠한 내용을, 언제, 어떻게 오리엔테이션시키고, 훈련시키고, 개발해야 할지를 정확히 결정할 수 있다.

④ 배치(Placement)

㉠ 직무 내용이 무엇이고 그 직무를 수행하는 데 직무 수행자가 갖추어야 할 요건이 무엇인지를 알 수 있게 해야 한다.

㉡ 직무분석을 통하여 얻어진 정보는 인적 자원을 실무에 배치하는 데도 사용된다.

⑤ 성과의 평가(Performance appraisal)

㉠ 직무를 효과적으로 수행하는 사람과 그렇지 못한 사람을 구별할 수 있는 기준이 명확해야 한다. 직무분석은 그러한 평가의 기준이 될 수 있는 정보를 제공해 줄 수 있다.

㉡ 특정 직무를 수행하는 데 있어서 중요한 요건과 중요치 않은 요건을 구분하는 데 있어 분명한 기준이 있어야 한다.

㉢ 종업원의 성과를 향상시키기 위한 방법의 하나로 직원 동기부여에 관한 현대적 이론은 '기대이론', '공정성이론', '목표설정이론'이 있다.

⑥ 경력 계획(Career planning)

㉠ 경력 개발 계획의 실효를 거두기 위해서는 여러 가지 직무들을 수행하는 데 필요한 요건과 각 직무들이 계층별로 어떻게 연결되어 있는가를 알아야 할 필요가 있다. 직무분석 자료는 경력 개발 계획 · 수립의 기초 자료로 활용하는 데 매우 중요하다.

㉡ 경력정체인력 해결책으로 '만년 과장'과 같은 사람들을 경력정체인력이라 하며 경력정체인력에 대한 업무 재배치작업을 한다.

㉢ 경력정체인력에 대해 조직에서 멘토(mentor)를 선정해주며, 경력정체인력이 보다 잘 할 수 있는 분야로의 경력목표를 수정하게 지원한다.

⑦ 노사 관계(Labor relations)

㉠ 직무분석을 통하여 얻어진 정보는 노사 양측이 협상에 임했을 때 효과적으로 사용을 한다.

㉡ 각종 분규가 발생했을 때 분규를 해결하는 자료로 사용된다.

⑧ 직무설계(Job design)

㉠ 직무의 내용과 그것을 수행하는 방법을 설정하거나 변화시키려면 수행되어야 할 내용을 파악하여야 한다.

㉡ 직무 또는 현재 수행되고 있는 직무의 내용과 방법을 파악해야만 하는데, 그러한 정보는 직무분석을 통하여 확보된다.

⑨ 직무 지도 및 진로 상담(Job guidance and counseling)

㉠ 직무분석을 수행하면 특정 직무에 포함되어 있는 과업, 행동, 의무, 관계, 책임 등과 아울러 특정한 직무를 효과적으로 수행한다.

㉡ 필요한 지식, 능력, 기능, 기타 자질 등을 파악할 수 있으므로 직업의 선택 및 상담의 자료로 이용될 수 있다.

⑩ 직무 분류(Job classification)

㉠ 직무는 각 개인이 담당하고 있는 일의 총체이며 직무는 일(work)이 사람과 결부될 때 비로소 생기는 개념이다.

㉡ 모든 직무분석을 통하여 마련된 직무에 대한 내용을 기반으로 하여 각종 직무를 특정한 직군들로 분류할 수 있다.

(2) 소매 업체의 종업원 선발

① 지원자에 대한 보다 정확한 평가를 위해 지원자를 잘 알고 있을 것으로 보이는 주변 인물과의 접촉도 시도하여야 한다. 인력의 외부모집방법은 모집광고, 인력회사, 교육기관, 지발적 지원 등이 있다.

② 필요한 인원은 우선적으로 내부모집으로 충당하되 외부 선발이 어려울 땐 외부 자원에서 충당할 필요가 있다. 선발절차는 1차 서류심사, 개인면접, 기본지식테스트 등 다양한 방법을 활용할 필요가 있다.

(3) 취업 지원서 작성 내용

① **개인신상자료**: 직무수행에 직접적으로 관련된 자료만을 수집하는 것이 바람직하다.

② **고용과 관계된 내용**: 고용자가 고용에 관련되어 바라고 있는 내용을 기입하며, 이러한 정보는 지원자가 자신이 지원한 조직으로부터 바라는 내용과 조직체의 요구를 비교해 보는 데 활용된다.

③ **교육 및 기능과 관련된 내용**: 최종 학력, 전공, 성적 등의 내용을 기재하며 기능에 있어서는 보유하고 있는 자격증이라든가 보유하고 있는 특수한 기능 등을 기재한다.

④ **직무경력(Work History)**: 지원자의 직무 관련 경험과 근속 성향 등을 파악하는 데 활용이 된다.

⑤ **군복무 상황**: 남자의 경우에는 현역 복무인가, 보충역 복무인가 아니면 일반 사병 출신인가 장교 출신인가 등을 파악하여 업무에 활용한다.

⑥ **가입단체 · 수상경력 · 취미**: 일부 조직은 사회활동에 활발한 경험을 가진 지원자를 선호하며,수상 경력은 특정한 지원자가 그동안 이루어 온 여러 가지 업적을 보여주는 정보이다. 취미는 직무 수행과 관련된 특수한 기능에 도움을 줄 수도 있으며, 직무를 수행하면서 느끼는 스트레스를 해소하는 방식의 하나이다.

⑦ **신원에 관련된 사항**: 신원에 관한 사항으로서는 지원자의 신원을 파악하는 데 도움이 될 수 있는 사람들의 성명과 연락처, 보증인, 가족 사항, 교우 관계, 전과 여부, 재산 상태, 신용 상태 등을 기입하게 한다.

⑧ **서명 날인**: 지원서 작성 일자를 기입하고 자신이 기입한 내용이 사실과 다름이 없음에 대한 서명과 날인이 이루어진다.

(4) 인적자원 채용 도구

① 채용의 궁극적인 목적은 모집된 인원들 중에서 조직 내의 직무를 가장 잘 수행해 낼 자질을 갖추고 있다고 판단되는 사람을 선별하는 과정이다.

② 채용은 실제의 성과를 정확하게 예측해 줄 수 있는 예측도를 근거로 하여 이루어지는 게 보통인데, 이러한 예측치를 측정하는 도구를 선발 도구라 한다.

③ 채용 작업은 선발 도구를 사용하여 각각의 지원자들이 특정한 직무를 실제로 수행할 때 달성할 수 있는 성과의 수준을 예측한 뒤, 그러한 성과의 예측치가 가장 높은 사람을 선별해내는 일련의 과정이다.

(5) 인적자원의 검사

① **적성 검사(Aptitude Tests)**: 개인이 어떠한 과업이나 학습에서 효과를 나타낼 수 있는 잠재적인 역량 측정을 말한다.

② **성취도 검사(Achievement Tests)**: 개인이 특정한 과업이나 학습에 능력을 발휘 할 수 있을 잠재력보다는 특정한 과업이나 학습에 대해 현재 나타낼 수 있는 능숙도(能熟度)를 말한다.

③ 인성 검사(Personality Tests): 직무의 성격이 그 직무를 수행하는 사람의 성격과 잘 맞는지를 살펴봄과 동시에 같이 일하게 될 다른 사람과 조화를 이룰 수 있는가를 파악하기 위한 검사이다.

④ 흥미도 검사(Interest Tests): 개인이 흥미를 갖고 있는 활동과 직무의 특성이 서로 간에 조화를 이루는가를 판단하기 위해 활용되는 검사를 말한다.

2. 인적자원의 면접(Interview) 유형

(1) 면접 기술

① 면접은 넓은 의미로는 조사 · 진단 · 시험 · 취재 등의 목적으로 특정한 개인 · 집단과 대면하여 필요한 정보를 수집하는 것을 말한다.

② 특히 조사기술로서의 면접법은 자발적으로 의견을 말하게 하는 식의 임상적 연구에서 행하는 비지시적 면접(nondirective interview)과, 질문지나 테스트지 등을 이용하여 행하는 지시적 면접(directive interview)으로 대별된다.

③ 종업원의 선발과정 중 면접기술에서 면접은 지시적이지 않으면서도 구조적으로 진행하는 것이 바람직하며, 비지시적 면접의 특징은 한 명의 면접자가 각 지원자를 일대일로 면접한다는 것이다.

④ 보다 성공적인 면접을 위해서는 상황면접(situational interview)을 하는 경우가 있는데, 이는 구조적 면접의 한 형태이다. 비지시적 면접의 위험을 줄이기 위해서는 구조적 면접으로 보완할 필요가 있다.

(2) 개별 면접(Individual Interview)과 집단 면접(Group Interview)

구 분	면접 담당자 수	피면접자 수
개별 면접	1명 이상	1명
집단 면접	2명 이상	1명
	1명	2명 이상
	2명 이상	2명 이상

(3) 혼합형 면접(Mixed Interview)

① 구조적 면접(structured interview)과 비구조적 면접(unstructured interview)을 혼합한 방법을 말한다.

② 구조적 면접은 면접 담당자가 미리 정해진 질문 양식에 따라 모든 피면접자에게 동일한 질문을 던지고 그에 대한 반응을 기초로 평가하는 면접 방법을 말한다. 보다 성공적인 면접을 위해서는 상황면접(situational interview)을 하는 경우가 있는데, 이는 구조적 면접의 한 형태이다.

③ 비구조적 면접은 면접 담당자가 면접을 진행하면서 자유로운 분위기에서 다양한 질문을 던지고 그에 대한 피면접자의 반응을 토대로 평가하는 면접 방법이다.

(4) 상황적 면접(Situation Interview)

① 상황적 면접은 직무와 관련된 지식이나 필요한 정보를 얻는 데 있어서는 다른 면접 방법들과 동일하다.

② 추가적으로 지원자들에게 직무와 관련된 가상적인 상황을 제시하고 그러한 상황에서 어떻게 하겠는가를 묻거나 어떠한 문제에 대한 해결책을 물어 그에 대한 답변을 근거로 지원자들을 평가하는 것을 말한다.

(5) 스트레스 면접(Stress Interview)

① 스트레스면접은 피면접자가 지원한 직무가 스트레스 요인이 많은 직무인 경우에 주로 사용되는 방법이다.

② 면접 담당자가 피면접자에게 공격적인 질문을 연속적으로 던지고 퉁명스럽게 대하여 피면접자가 그러한 상황에 어떻게 대처하며 답변하는가를 토대로 평가하게 된다.

③ 지원자에게 조직체에 대한 부정적인 인상을 심어줄 수 있다. 따라서 선발이 결정된 후 피면접자가 입사를 거부하게 만들 수도 있기 때문에 반드시 필요한 상황에서만 활용해야 한다.

(6) 면접을 선발 기준으로 적용 시 준수사항

① 직무분석을 통하여 특정한 직무를 수행하는 데 반드시 필요한 요건을 파악해야 한다.

② 지원자들로부터 파악해야 할 내용을 결정해야 한다. 이력서나 지원서를 충분히 검토함으로써 특정한 직무를 수행하는 데 필요한 요건을 갖추고 있는지 여부를 나타내 주는 정보를 찾아내고, 다른 직장에서의 경험이 지원한 직무에 도움이 되는지 여부 등을 조사해야 한다.

③ 면접시 물어볼 질문은 직무 분석 결과에 의거하여 결정되어야 한다. 즉, 특정한 직무 수행에 반드시 필요한 지식, 기능, 능력 및 기타 특성을 파악할 수 있는 질문을 마련해야 한다.

④ 스트레스 면접을 제외하고는 면접은 부드럽게 담소하는 분위기에서 이루어지는 것이 바람직하다.

3. 인적 자원의 모집

(1) 내부 외부 노동시장 모집

① 노동시장을 외부와 내부로 구분하는 것은 모집 및 선발과정에 매우 중요한 의미를 부여한다.

② 조직이 외부시장으로부터 적절한 인원을 충원하기에 앞서 조직내부에 적절한 인적자원이 존재하는지 여부를 살피게 된다.

③ 조직이 특정한 직무를 수행할 사람들을 조직내부에서 물색하게 되는 경우에 이는 내부 노동시장을 고려한 것이다. 또한 외부에서 물색하게 되는 경우는 외부노동시장을 고려한 것이라 볼 수 있다.

④ 내부 노동시장 모집은 기존 구성원들에 대해서는 여러 자료가 보관되어 있기 때문에 외부 노동시장을 대상으로 한 모집보다 간편하게 모집할 수 있고, 정확한 능력평가나 동기부여, 부적격자 채용 위험을 감소시킬수 있지만, 새로운 부서의 인적자원의 개발인 인력개발 비용은 증가할 것이다.

(2) 내부 노동시장 모집

① 내부 노동시장의 의의

㉠ 조직이 특정한 직무를 수행할 사람들을 조직내부에서 물색하게 되는 경우에 이는 내부 노동시장을 고려한 것이다.

㉡ 기존 구성원들에 대해서는 여러 자료가 보관되어 있기 때문에 외부 노동시장을 대상으로 한 모집보다 간편하게 모집할 수 있다.

② 내부 노동시장의 장점

㉢ 기존의 구성원들은 이미 조직내부에 대하여 잘 알고 있으므로 오리엔테이션이나 초기 교육 훈련 등에 소요되는 비용을 절감시킬 수 있다.

㉣ 조직 구성원들의 기능과 능력 등을 자세히 분석할 수 있는 계기를 마련할 수 있고, 구성원들이 승진이나 더 나은 직위로의 배치 전환을 기대하기 때문에 사기를 높일 수 있는 계기가 된다.

③ 내부 노동시장의 단점

㉠ 조직이 구태의연한 방향으로 흘러갈 수 있어 조직이 경직되고 침체될 수 있다.

㉡ 필요한 능력을 갖춘 구성원이 존재한다고 보장할 수 없다.

㉢ 절대적으로 부족한 인원의 충당을 확보할 수가 없다.

(3) 외부 노동시장 모집

① 외부 노동시장의 의의

㉠ 조직이 특정한 직무를 수행할 사람들을 외부에서 물색하게 되는 경우는 외부노동시장을 고려한 것이라 볼 수 있다.

㉡ 조직이 외부시장으로부터 적절한 인원을 충원하기에 앞서 조직내부에 적절한 인적자원이 존재하는지 여부를 살피게 된다.

② 외부 노동시장의 장점

㉠ 현대와 같이 급변하는 환경 내에서 조직이 생존하려면 부단한 변화를 모색해야 하는데 새로운 사람들을 조직으로 유입하는 것이야말로 조직 변화를 촉진하는 매우 중요한 방법이라 할 수 있다.

ⓛ 외부 시장에서의 모집은 조직이 환경과 상호 작용하는 것을 돕는다. 즉, 모집 및 선발을 통하여 조직은 환경의 일부를 조직체계 안으로 끌어들임으로써 불확실성을 줄일 수 있는 것이다.

③ 외부 노동시장의 단점

㉠ 비용과 시간 및 노력 등에 상당한 에너지가 소요된다.

ⓛ 모집하여 선발된 인원에 대한 추가적인 훈련 및 적응기간이 필요한 경우가 일반적이다.

㉢ 특히 간부급 직원들의 모집에 있어서 기존 구성원들을 승진시키는 대신 외부에서 인력을 모집할 경우 기존 인력들의 사기 저하 등의 문제가 발생하여 업무에 지장을 초래할 수 있다.

05 임금 관리(Wage Administration)

1. 인적자원의 보상과 유지

(1) 임금관리의 의의

① 임금 및 봉급은 노동하여 얻는 소득을 가리키는 말로, 근로기준법에는 '사용자가 노동의 대가로 근로자에게 지급하는 임금, 봉급 기타 여하한 명칭으로든지 지급하는 일체의 금품'으로 정의하고 있다.

② 임금관리에 있어, 임금체계, 임금수준, 임금형태의 3가지를 결정하여야 한다. 그리고 임금관리를 위해서는 공정성, 적정성, 합리성 등의 원칙이 지켜져야 한다. 여기서 임금체계는 일정한 임금총액을 어떠한 방식으로 공정하게 배분하느냐에 중점을 두는 것이다.

③ 임금 관리는 임금 수준 또는 임금 총액의 영역과 개개인의 임금을 어떠한 원칙과 기준에 따라 결정하는가의 개별임금 결정에 대한 관리의 영역으로 나눌 수 있으며, 전자는 임금총액관리로서 노동자의 평균임금을 결정하는 임금수준관리이고 후자는 임금개별관리로서 개별적인 임금지불을 결정하는 임금체계관리이다.

④ 조직이 적절한 임금 수준을 유지할 때 임금의 외부적 공정성을 확보할 수 있다. 임금의 외부적 공정성이란 특정 조직의 임금 수준이 그와 동일하거나 비슷한 직무를 갖고 있으며 생산성 수준이 비슷한 다른회사나 조직의 임금 수준과 비교해 볼 때 경쟁력이 있는가를 나타내주는 개념인 것이다. 따라서 조직 구성원들이 납득할만한 임금수준을 책정할 때 임금의 외부적 공정성을 확보할 수 있다.

(2) 임금 수준

① 임금수준(pay level)이란 임금액의 크기를 나타내는 말로써, 사용자에 의해 종업원들에게 지급되는 평균 임금률을 말한다. 조직체가 모든 구성원들에 대해 지불하는 임금률(wage rate)의 평균이며,이는 조직에 대해 원가 발생과 수익 창출이라는 두 가지 측면에 중요한 영향을 가져온다.

② 임금수준을 결정할 때 고려해야 하는 요인으로는 노동시장의 임금수준, 최저 임금제도, 표준 생계비, 기업의 지불능력, 정부의 정책이나 법규, 기업의 손익분기점, 근로자의 생계비수준 등을 고려하지만 최저임금의 결정기준에는 '근로자의 생계비', '유사 근로자의 임금', '노동생산성 및 소득분배율' 등을 면밀히 고려해야 한다.

③ 기업의 임금관리 목표를 인건비 절약과 종업원의 동기유발이라고 할 때, 임금수준과 체계를 상호유기적인 관계 속에서 종합적인 하나의 실체로 파악하여 임금이 적정한 수준에서 결정되고 임금체계가 공정하게 이루어지며 임금형태가 합리적으로 지급될 때 임금의 동기유발 기능이 살아나고 임금관리의 효율성이 증대하게 된다.

④ 임금에 대한 합리적인 시책을 실시하여 임금이 인사 관리상 어떠한 기능을 하는가를 인식하고, 조직적으로 그 기능을 다할 수 있도록 개개의 임금시책기술을 계획 · 종합화하여 이에 따른 임금지급의 실시효과를 감사하며 개선해나가는 과학적 관리로서의 임금관리가 이루어져야 한다.

⑤ 임금 수준의 상한선 결정 요인조직의 지불 능력을 기준으로 하며, 임금 수준의 하한선 결정요인은 생계비 수준을 기준으로 한다. 임금을 중앙에서 결정 요인으로는 시장 임금률 또는 지배 임금률을 기준으로 한다.

(3) 임금 수준에 대한 학자들의 견해

① 던 롭(J.T.Dunlop): 임금비율, 생산비, 생계비, 지불능력 등을 주요 요소로 보았다.

② 밀코비치와 뉴먼(G.T.Milkovich & J.M.Newman): 노동시장 요인은 노동의 수요 및 공급의 성격, 인적 자원에 대한 투자, 직무에 대한 경쟁 정도, 노조의 압력 등을 주요 요인으로 보았으며, 제품시장 요인은 경쟁의 정도, 제품의 수요 수준, 산업의 특성 등을 주요 요인으로 보았다. 조직 · 인력 요인은 지불 능력, 사업 전략, 기술, 생산성, 인력의 생산성, 인력 구성의 특성 등을 주요 요인으로 보았다.

③ 시쿨라(A.F.Sikula): 지배 임금, 시장의 수요 및 공급 요인, 노동조합의 교섭력, 직무의 난이도, 지불 능력 등을 주요 요인으로 보았다.

④ 플리포(E.B.Flippo): 인력의 수요 및 공급, 노동조합, 지불 능력, 생산성, 생계비, 정부 등을 주요 요인으로 보았다.

2. 임금 체계(Wage System)

(1) 임금 체계의 의의

① 임금 체계(wage system)란 급여체계와 같은 뜻이다. 유럽에서는 직무급이 일반적이기 때문에 임금 체계라는 용어가 쓰이지 않고 있으며, 일본이나 한국에서 사용하고 있는 개념으로, 제2차 세계대전 후 많이 사용하고 있다.

② 임금 체계의 구성항목은 기준내 임금과 기준외 임금으로 나눌 수 있다. 소정 근로시간 내의 근로에 대하여 지급되는 임금이 기준내 임금이며, 소정 근로시간 외의 근로에 대하여 지급되는 것이 기준외 임금이다.

③ 기준내 임금으로서 무엇보다 중요한 항목은 기본급으로서, 이것은 근로자가 정상적인 상태에서 근무하는 대가로 지급되는 약속된 임금부문이며, 수당 · 능률급 · 상여금 등을 산정하는 기초가 된다. 따라서 기본급은 그 근로자의 기업에서의 임금상의 품격을 표시하는 것이라고도 할 수 있다. 기본급의 결정 방법은 연공급 · 직무급 체계로 나눌 수 있다.

(3) 임금 체계 관리

① 임금 체계란 임금의 내용적인 성격 및 특징을 말하는 것으로서 조직 구성원들에게 지급되는 임금이 어떠한 항목들로 구성되어 있고, 또한 각 임금 항목이 어떠한 기준에 의해 결정되는가를 나타내주는 개념을 말한다.

② 임금 수준 관리가 조직의 전체적인 평균임금 결정과 관련된 임금 총액 관리라고 한다면, 임금 체계 관리는 이러한 전체 임금을 개별 구성원에게 어떠한 기준에 의해서 어떠한 항목으로 구성하여 공정하게 배분하느냐 하는 문제를 다루는 것이라고 할 수 있다.

③ 임금 체계가 합당하게 형성될 때 임금의 안정성과 공정성이 확보될 수 있으며 조직 구성원들에게 조직의 보상 시스템을 충분히 납득시킬 수 있다. 따라서 임금 체계를 설정할 때에는 임금의 이론적 측면과 심리적 측면이 충분히 고려되어야 한다.

④ 이론적으로 합당한 임금 체계라 할지라도 조직 구성원들이 납득하지 못하는 임금체계는 올바른 기능을 하지 못한다. 반면 이론적으로 다소 불충분하더라도 조직 구성원들이 충분히 납득할 수 있는 임금 체계는 그 효과를 제대로 발휘할 수 있을 것이다.

3. 임금 체계(Wage System)의 내용

(1) 기본급(base pay)

① 기본급의 정의

㉠ 기본급(base pay)이란 본봉이라고도 하는데, 조직체가 일정한 룰(rule)에 의거하여 지급하며, 조직 구성원들에 대해 공통적 · 고정적으로 지급하는 임금 항목을 말한다.

㉡ 근로자의 최저생활을 보장하는 기본적 임금 항목이며 본봉(本俸) 또는 본급(本給)이라 하는데, 특수사정에 의해 지급되는 수당(手當)에 대응하는 말이다.

② 기본급 결정기준

㉠ 생활보장의 원칙은 최소한의 생활보장이 가능할 정도로 보장이 되어야 한다는 생계비원칙으로 근로자 입장을 말한다.

㉡ 노동대가의 원칙은 자신이 노력한 시간과 희생의 공정한 대가를 지급되어야 한다는 생산성원칙으로 기업측의 입장을 말한다.

㉢ 기본급결정에는 종업원의 근속년수를 기준으로 임금을 차별화하는 연공급, 동일노동에 동일임금의 원칙과 조직에 공헌 대가를 기준으로 지급하는 직무급, 종업원이 보유하고 있는 직무수행능력을 기준으로 임금을 차별화하는 직능급, 개인이 달성한 업적을 기준으로 하여 임금액이 결정되는 체계를 가진 성과급등으로 구분을 한다.

(2) 기본급(base pay)의 유형

① 연공급

㉠ 구성원 개인의 속인적 요소에 의해 금액이 결정되는 항목이 높은 비중을 차지하고 있는 급여 체계를 말한다.

㉡ 종업원의 근속연수를 기준으로 임금을 차별화하는 제도이다.

② 직무급

㉠ 직무와 관련된 요소에 의해 금액이 결정되는 임금 항목이 높은 비중을 차지하고 있는 급여 체계를 말한다.

㉡ 동일 노동에 동일 임금의 원칙과 조직에 공헌 대가를 기준으로 지급하는 급여체계를 말한다.

③ 직능급

㉠ 직무를 수행하는 능력에 관련된 요소들에 의해 금액이 결정되는 항목이 높은 비중을 차지하고 있는 급여 체계를 말한다.

㉡ 종업원이 보유하고 있는 직무 수행 능력을 기준으로 임금을 차별화하는 급여체계를 말한다.

④ 성과급

㉠ 개인이 달성한 업적을 기준으로 임금액이 결정되는 체계를 가진 급여를 말한다.

㉡ 동일 직무라도 종업원들의 임금을 성과나 능력에 따라 다르게 지급을 한다.

(3) 직무급(Job pay)

① 직무급의 정의

㉠ 직무급은 임금 원리상의 속무급(屬務給)으로, 연공서열급(年功序列給) 등과 같은 속인급(屬人給)과 대비되며, 직무 분석과 직무 평가를 기초로 직무의 중요성과 난이도 등 직무의 상대적 가치에 따라 개별 임금을 결정하는 것이다.

㉡ 직무급은 연령, 근속 연수, 학력 등 속인적요소에 의해 임금을 결정하는 속인급이 아니고 조직구성원이 담당하는 직무를 객관적으로 분석, 평가하여 결정하는 임금이므로 직무중심형의 속직급을 말한다.

㉢ 기업 등의 조직에서 각종의 직무 내용이나 책임의 정도 등을 분석 · 분류(직무분석)하여 각각 그 직무를 수행하는 데 필요한 정신적 · 육체적 요건을 정하고, 개개 직무의 상대적 가치를 평가(직무 평가)하여 직무별로 그 평가에 따라 급여율을 결정하는 임금형태로, 1930년대 미국에서 개발 · 보급되었다.

② 직무급의 장점

㉠ 동일직무에 동일임금의 원칙에 입각하여 직무에 상응하는 임금지급을 원칙으로 하며 특수한 업무를 처리할 특정인재의 확보가 유리하다.

㉡ 직무분석과 직무평가가 객관적으로 이루어질 수 있다면 가장 이상적인 임금형태이다. 직무를 기준으로 한 임금이기에 구성원의 납득이 용이하므로 직무 간의 임금을 둘러싼 불평 및 불만을 제거할 수가 있다.

㉢ 부가가치 상승없이 호봉이 오르는 불합리한 임금상승이 제거된다. 따라서 서로 고부가가치를 맡으려고 자기능력을 신장시키고 자아개발을 위해 노력한다.

㉣ 현실적으로 완전한 직무급제도를 실시하기에는 경영자 측이나 근로자 측에게 다같이 해결이 곤란한 문제가 적지 않으므로, 한국에서는 연공서열형 임금과 직무급의 병존형이나 혼합형이 도입 · 시행되고 있다.

③ 직무급의 단점

㉠ 직무분석과 직무평가를 실시해야 함에 따른 많은 시간의 소요와 직무평가기준이 소요된다.

㉡ 직무가 동일하다면 능력에 차이가 있더라도 임금이 같아야 하는데 이러한 점은 구성원이 납득의 어려움을 가지고 있다.

㉢ 종업원 간의 임금격차가 커지면서 노조나 개인의 반대를 유발시킬 수 있으며, 직무가치의 평가와 산정절차가 복잡하다.

(4) 직능급(Wage on Job Evaluation)

① 직능급의 정의

㉠ 직능급은 직무급과 달리 일반적인 원칙이 없으며, 기업에 따라 형태를 달리한다. 이를테면 직무 평가를 전혀 하지 않고 대체적인 직무군(관리직 · 사무직 · 기술직 등)을 결정하여, 직무군 별로 차별적인 승급기준선을 설정하고 이를 기준으로 하면서 개개인의 능력평가에 따라 승급액을 사정하는 방법이다.

㉡ 직능급은 직무 수행 능력(能力)을 기준으로 하여 각 근로자의 임금을 결정하는 임금 체계이지 직무에 기초한 임금 체계가 아니므로 직무의 표준화를 필요조건으로 하지 않으며, 직무 수행 능력이 중심이기 때문에 직무 평가가 엄격하게 요구되지 않는다.

② 직능급의 장점

㉠ 조직구성원 개인의 직능개발에 대한 노력이 직능 등급의 상승으로 이어지게 함으로써 직무수행능력 개발의욕을 가진 구성원에게 동기를 유발시킨다.

㉡ 직무급의 경우에는 직무가 변하지 않는 한 승급하지 않으나, 직능급에서는 직무수행 능력이 향상되면 일정한 범위 내에서 승급한다. 직위 승진을 보상받은 계층과 급여 보상을 받는 계층으로 구분되어 보상의 기회가 확대되는 효과가 있다.

③ 개인의 능력을 기준으로 하고 있기 때문에 개인의 능력 개발을 유도할 수 있으며 전문 인력의 확보와 유지가 용이하며 연공 중시에서 능력 중시에 이르기까지 조직의 실정에 맞는 폭넓은 운용이 가능하다.

④ 각 노동자의 직군에 대한 배분은 학력 · 근속 연수 등에 따라 시행하며, 직무 수행 능력은 엄밀하게 검토하지 않는 것이 보통이다. 번잡한 직무급의 실시가 곤란한 중소기업에서는 직무급 대신 직능급이 도입되는 일이 많으나, 현실적으로는 비근대적인 학력 편중, 능력급(能力給) 사상의 변형으로 빠져 있는 수가 많다. 연공 중시에서 능력 중시에 이르기까지 조직의 실정에 맞는 폭넓은 운용이 가능하다.

③ 직능급의 단점

㉠ 능력이나 자격은 지속적으로 증가하는 것이 아니기 때문에 일정수준 이상이 되면 임금이 동결되며, 운용을 잘못할 경우 연공급 위주로 판단될 위험성이 있다.

㉡ 종업원의 능력에 따른 임금격차의 발생으로 사내분위기를 저해할 수 있으며, 종업원의 직무 수행능력을 공정하게 파악하는 것이 수월하지 않다.

(5) 수당(Allowance)

① 수당의 정의

㉠ 수당은 일정한 급료 이외에 정기 또는 수시로 지급되는 보수로서 정상적인 근무 외의 작업에 대하여 근무의욕을 북돋우기 위해 지급되며 기본급의 기능을 보완하는 것으로서 기본급에 더하여 지급되는 임금 항목을 말한다.

㉡ 수당은 기본급과 비교해 볼 때 특정한 대상자에게만 한정되고, 지급 조건에 해당하는 경우에만 한정된다. 또한 임시적이고 조정적인 성격을 지니며, 대부분 상여금이나 퇴직금 등의 산정 기초에는 고려대상이 되지 않는다.

② 수당의 유형

㉠ 직무와 근무에 부가적인 수당은 직무수당, 직책수당, 자격수당, 기능수당, 특수작업수당, 직종수당, 교대근무수당, 외근수당 등을 말한다.

㉡ 생산 장려적 수당은 정 · 개근 수당, 증산수당, 판매 장려수당 등을 들 수 있다.

㉢ 생활 보조적 수당은 가족수당, 지역수당, 물가수당, 주택수당 등을 말한다.

㉣ 복리 후생적 수당은 통근수당, 자녀교육수당, 식대수당, 체력단련수당, 피복수당 등을 말한다.

㉤ 조정적 수당은 조정수당, 임시수당을 들 수 있다.

(6) 장려급(Incentive)

① 장려급의 정의

㉠ 장려급이란 조직 구성원들의 성과를 자극하기 위하여 조직 구성원들의 업적에 근거하여 변동적으로 제공하는 급부의 일종이다.

㉡ 기준능률을 초과한 산출성과에 대한 장려급은 일반적으로 수당에 포함된다.

② 장려급의 유형

㉠ 넓은 의미의 장려급은 조직 구성원들의 직무 성과를 기준으로 임금을 결정하는 임금 체계를 의미하는데, 이때의 장려급은 연공급, 직무급, 직능급 이외의 또 다른 임금 체계를 말한다. 즉, 넓은 의미의 장려급은 임금 결정기준의 의미에서 본 임금 체계를 말하는 것이다.

㉡ 좁은 의미의 장려급은 조직이 구성원들의 성과를 자극하기 위하여 기본급 이외에 구성원 개인 또는 구성원 집단의 성과에 근거하여 추가적으로 지급하는 임금을 의미한다. 즉, 좁은 의미의 장려급은 임금 구성 중에서 조직의 생산성과 연결되는 변동적 부분을 말한다고 할 수 있다.

㉢ 상여금이란 명절이나 결산기 등에 기업의 업적이나 종업원의 근무성적, 생활사정 등에 따라 상여, 보너스, 임시급여, 하계수당, 연말수당, 생활보조금 등의 명칭으로 지급되는 임금의 총칭이다.

(7) 연봉제

① 경영자측에서 연봉제를 선호하는 것은 그것이 고질적인 '고비용-저효율'의 체질을 개선할 수 있는 획기적인 임금관리 모형이라고 생각하기 때문이다.

② 연봉제는 변동급으로서 임금체계에 탄력성(임금의 개별화와 유연화)을 부여할 수 있다는 점을 들고 있다.

③ 연봉제의 장점에는 임금결정의 공정화, 상급관리자의 경영의식 강화, 노동력 운영의 유연화이고, 단점은 협동적인 분위기의 약화이다.

3. 특수한 임금 체계(Wage System)

(1) 스캔런 플랜(Scanlon Plan)

① 1930년대 스캔런에 의하여 처음 고안된 집단성과배분제도중의 하나이다. 이는 조직개발이론에 바탕을 두고 참여형 경영의 실현에 중점을 둔 제도로서 단순히 성과에 대한 보너스를 나누는 보너스 제도가 아니고 일반 종업원들의 잠재력을 극대화시키는 데에 목적이 있다. 즉 대부분의 종업원들은 기업의 경영성과 향상에 기여할 수 있는 능력과 의사가 있는 것으로 가정하고 있으며, 스캔런 플랜은 그 능력을 발휘할 기회를 제공하는 제도다.

② 생산액의 변동에 임금을 연결시켜 산출하는 것이다. 영업 실적 향상에 의해 생긴 경제적 이익을 노사 모두의 협조에 의한 결과로 보고, 이를 노사 간에 분배해 종업원의 참여의욕을 높이려는 제도이다.

③ 인건비가 점하는 비율을 정해 실제 지불한 임금과의 차액을 임금증액에 충당하는 방식으로, 매출액에 대한 인건비 비율을 일정하게 하는 것이 특징이다. 미국의 매사추세츠 공과대학 스캔론(J. N. Scanlon) 교수가 고안했다.

④ 이익참가의 대표적인 예가 스캔론 플랜인데 이는 종업원의 참여의식을 높이기 위하여 위원회제도의 활용을 통한 종업원의 경영참여와 개선된 생산의 판매 가치를 기초로 한 성과배분제도로서 노사관계를 개선하고 생산성을 향상시켰다는 점에서는 공헌했다.

⑤ 보너스 지급기준 산정이 어렵고, 경기변동 시의 지급기준 산정이 어렵다는 점과 인플레이션이 심할 때 정확한 경영성과 측정이 어렵다는 점이 스캔론 플랜에 대한 비판이라고 볼 수 있다.

⑥ 노사협력의 도구로써 집단 중심의 제안제도를 특징으로 개인 중심이 아닌 집단 중심의 위원회를 중심으로 형성한다. 스캔론 플랜은 노동성과에 따라 보너스가 지불된다.

⑦ 노동성과에 따른 보너스 지불이라는 명확한 기준에 의해 계산되므로 인센티브 효과가 높지만, 전체 경영성과를 개인별로 공정하게 할당하기 어려우며, 성과배분의 기준을 생산의 판매가치에 두고 있으므로 다른 요인(재료비 등)을 소홀히 취급하기 쉽다.

⑧ 스캔런 플랜은 부가가치 대신으로 생산금액 또는 판매금액을 사용한다. 즉, 판매금액에 대한 인건비의 비율을 일정하게 정해놓고, 생산성 향상 등으로 판매금액이 예상보다 증가 또는 인건비가 절약된 경우, 기준 인건비와 실제 인건비의 차액을 생산장려금 또는 상여금 형태로 지불한다.

(2) 럭커 플랜(Rucker Plan)

① 럭커플랜은 생산성 향상에 의한 성과배분방식이며 럭커생산분배의 원리(Rucker share of production principle) 또는 부가가치분배원리라고도 한다. 즉, '부가가치배분원리' 또는 '생산가치분배원리'라고도 한다.

② 미국의 경영학자 A. W. 럭커가 제창한 개념이다. 각 기업의 부가가치 중에서 인건비가 차지하는 비율을 미리 산정해 두고 이것과 실제의 비율을 비교하여 그 차액을 종업원에게 분배하는 방식이다.

③ 부가가치에 대한 임금총액의 비율, 즉 분배율을 미리 정해 놓고 매출액의 증가나 인건비의 절약 등 부가가치 생산성의 증감에 따라 자동적으로 임금총액을 계산하는 방식으로서, 노사협조에 의한 부가가치 생산성의 향상을 지향하는 것이다.

④ 성과배분제도의 하나로 생산가치, 부가가치에 대한 임금배분율을 미리 정해두고 이들 부가가치에 곱하여 임금총액을 정하는 임금결정방식으로 분배율을 미리 정해 놓고 매출액의 증가나 인건비의 절약 등 부가가치 생산성의 증감에 따라 자동적으로 임금총액을 계산하는 방식으로서, 노사협조에 의한 부가가치 생산성의 향상을 지향하는 것이다.

⑤ 그 산정방정식은 다음과 같다. '월간 판매액×표준 노무 비율=임금충당액', '상여총액=임금충당액-월간지불임금총액'이 방식은 종업원 개개인의 능률을 자극시키는 것이 아니라 집단적 능률을 자극시키는 집단능률급 방식으로서 주목된다. 미국에서는 중소기업을 중심으로 널리 보급되어 있다.

⑥ 러커플랜의 기본적인 견해는 노동자의 노력 여하에 따라 생산성이 향상되고 인건비 코스트가 절약될 경우, 그 절약분을 생산장려금으로 노동자에게 배분하고자 하는 것이다. 일본에서는, 이 견해를 상여의 결정방식으로 이용하고 있으며, 그 기본식은 「상여지급액=매상고×표준 인건비 비율-매월 지급한 임금 총액」이라는 예가 많고, 매상고 링크에 따른 성과 배분 방식이다.

(3) 기타의 특수임금제도

① Sliding scale plan: 일정한 임금률을 변동하는 제 조건에 순응하여 자동적으로 임률을 조정시키는 제도이나 현재는 생활임금결정을 위한 한 가지 방식으로서도 채용되고 있으므로 '생계비지수 임금제'라고 한다.

② Guaranteed annual wage plan: '연간보장제도'로 일정기간 근속한 근로자에 대하여는 해고된 경우일지라도 일정기간 동안은 취업 중의 실질임금의 일정률을 보장하는 제도이다.

4. 카페테리아식(Cafeteria Style) 후생복지

(1) 카페테리아 플랜의 개념

① '선택적 기업복지제도'를 말하며 '선택적 복리후생제도'라고도 한다. 선택적 기업복지제도는 마치 카페테리아에서 자신이 원하는 음식을 선택하듯이, 기업이 제공하는 복리후생 항목 중 일정금액 한도 내에서 노동자가 자신의 필요에 맞춰 복리후생 항목을 선택할 수 있게 한 제도이다.

② 전통적인 복리후생제도가 노동자 개개인이 그것을 이용하든 이용하지 않든 관계없이 모든 노동자에게 일률적으로 똑같은 복리후생제도를 적용하는 것이라면, 카페테리아 플랜의 기본적인 골격은 다양한 복리후생제도의 종류 가운데 노동자가 원하는 것을 선택할 수 있도록 하는 것이라고 할 수 있다.

③ 이는 1970년대 미국에서 소개된 이래로 독일, 일본 등에서 점차 도입이 증가하고 있다. 회사측에서는 노동자의 개인별 복리후생 한도를 결정함으로써 기업의 총 복리후생비용을 예측하고 효과적으로 운영할 수 있다는 장점이 있고, 노동자들은 자신들의 필요성을 충분히 반영해 복지제도를 선택할 수 있다는 장점이 있다.

(2) 카페테리아 플랜의 특징

① 종업원의 욕구를 반영하므로 동기부여에 효과적이다.
② 후생복지 항목에 대한 예산의 효율적 배분이 가능하다.
③ 제공되는 복지후생 프로그램의 효과 파악이 용이하다.

(3) 노동조합

① 화이트칼라와 블루칼라가 혼합되어 구성된 노동조합의 형태로서 직종이 다르더라도 하나의 노조에 소속될 수 있고, 직업의 안정성을 도모하는데 도움이 되며, 또한 지도자와 일반조합원의 유대가 강화된다.
② 노동조합이 조합원의 이해관계를 효율적으로 대표하기 어려운 면도 있다. 이런 노동조합의 형태를 기업별 노동조합이라 한다.

06 인적자원의 교육과 훈련

1. 교육과 훈련

(1) 교육과 훈련의 정의

① 오늘날 무한 경쟁의 산업사회에서 조직 내의 모든 근로자가 직장의 환경에 빨리 적응하고, 또 그들이 수행하여야 할 직무에 대해 보다 많은 지식이나 기술을 습득하게 하여 보다 나은 직무활동을 할 수 있게끔 하는 교육 및 훈련을 위한 활동의 전개가 요청된다.
② 교육 · 훈련은 기업에서 근로자의 자질을 계발하고 직무에 대한 적응성을 높임으로써 직무 수행을 위한 보다 나은 자격을 갖출 수 있도록 조직적 · 체계적으로 유도하여야 한다. 교육은 일반적 · 이론적 · 개념적인 주제를 위주로 지식을 습득하는 과정이며, 훈련은 특정한 직무 또는 한정된 주제에 대해 기술을 향상시키는 과정이라고 볼 수 있다.
③ 교육은 근로자의 일반적인 지식 · 기능 · 태도를 육성하는 것으로서 전체적 · 객관적 · 체계적인 입장에서의 능력 개발을 목적으로 하며, 기업에서 이루어지는 것이 아니라 정규 교육제도에 주로 국한되는 것으로 생각할 수 있다. 조직, 직무, 과업에 친숙해지도록 계획되어 있는 오리엔테이션을 통해서 신입사원은 조직의 성공에 기여하거나 직무에 대한 이해와 성과 및 조직에 대해서 이해를 높이게 된다.
④ 훈련이란 특정 직무를 수행하는 데 필요한 지식과 기술을 증진 또는 습득을 위한 것으로서 문제 해결, 태도, 관행, 행동의 변경에 관심을 두고 단기적인 변화를 추구하는 경향이 있다.

⑤ 오리엔테이션과 적절한 직무 배치가 이루어졌다 하더라도 기대했던 업무 수행이 이루어지지 못할 수 있다. 따라서, 오리엔테이션을 마치고 현업에 배치된 신입사원에게는 추가적인 교육 훈련이 요구되기 마련이다.

⑥ 교육과 훈련의 개념은 구분할 성질의 것이 아니며, 상호 보완적 관계에 있다고 보는 것이 타당하다. 교육 · 훈련은 근로자들이 직무를 수행함에 있어서 지식과 기능을 향상시키고 직무 태도를 개선하는 역할을 한다.

⑦ 경력 사원들도 새로운 업무를 담당하게 될 경우에는 업무 수행능력의 진작을 위하여 교육 훈련이 필요하다. 교육 · 훈련은 인적자원관리제도와 서로 밀접한 관계를 형성함으로써 그 효과를 거둘 수 있으며, 모든 근로자들에게 계속해서 실시됨으로써 기업의 성장 · 발전에 기여할 수 있다.

⑧ 교육이란 구성원의 일반적인 지식, 기능, 태도 등을 육성하는 것으로서 주로 구성원의 능력 개발에 관심을 두어 장기적인 변화 추구를 목적으로 한다.

⑨ 교육 · 훈련은 형식적이고, 단기적이며, 모방적인 것이 아니라 경영기능의 하나로 인정하고 의식적 · 계획적 · 계속적으로 기업의 체질에 적합한 방향으로 전개하여 나가는 데 그 의의가 있다고 하겠다.

⑩ 교육 훈련이나 인적 자원개발은 양자가 공히 여러 가지 면에서 장점이 있다. 교육 훈련은 조직과 개인, 그리고 직장 내의 대인 관계에서도 긍정적인 역할을 한다. 따라서 기업의 관리자들은 교육 훈련이나 인적 자원개발을 일종의 투자 개념으로 추구해야 한다.

(2) 교육과 훈련의 목적

① 교육 · 훈련 목적은 기업에 소속된 모든 종업원들의 지식 · 기술 · 태도를 향상시킴으로써 기업을 유리 · 발전시키는 데 있다. 좋은 교육 · 훈련은 근로자의 능력을 최대한도로 발휘케 할 수 있으므로 이들의 불만이나 결근율 및 노동이직률 등을 감소시킨다.

② 기업의 교육 · 훈련은 기업의 목표를 달성하기 위한 수단으로 필요하며, 인적자원의 수준을 예측하고, 장래에 예상되는 높은 수준의 업무수행이 가능하도록 종업원들의 자질과 능력을 개발하며, 미래의 기업을 경영할 유능한 후계자를 양성함에 그 목적이 있다.

③ 교육 · 훈련의 목적으로 낭비와 불량품의 감소, 작업방법의 개선, 습득기간의 단축, 감독자의 부담감소, 초과시간 노임의 감소, 기계유지비의 감소, 품질의 개선, 불평의 감소, 결근율과 노동 이동률의 감소, 사고율의 감소, 의사소통의 개선, 사기(morale)의 향상 등을 들고 있다.

④ 교육 · 훈련은 신입사원에게 방침이나 규칙 등과 같은 회사에 대한 기본적 지식을 주입해 줌으로써 이들에게 가능한 최단시일에 회사에 대한 친근감을 가지게 하고, 그들이 담당할 직무요건에 대하여 지도해 줌으로써 단시일에 질과 양의 양면에서 표준과업량을 달성할 수 있게 되어 소득증가를 꾀할 수 있다.

⑤ 교육 · 훈련은 현 근로자들의 기술을 증진시킬 수 있으므로 배치전환이나 승진을 위한 자격과 능력을 갖출 수 있게 한다. 나날이 도입되는 새로운 기술이나 생산방법에 대해 근로자들로 하여금 신속하게 적응할 수 있도록 도와주며, 사고나 불량품 및 기계설비의 소모율을 감소시킬 수 있다.

(3) 교육 · 훈련의 조직수준의 필요성

① 조직 유지의 측면

㉠ 조직이 외부노동시장으로부터 필요한 기능이나 관리능력을 충족시킬 수 있다.

㉡ 조직은 외부의 노동시장 대신에 기존 인력의 인력(人力) 재고적 측면을 분석 · 평가함으로써 파악될 수 있다.

② 조직 효율성의 측면

㉠ 교육 · 훈련을 통하여 조직의 부문의 효율성이 증대될 것인가를 파악하는 것이다.

㉡ 교육 · 훈련을 하지 않아서 발생하게 될 비용과 교육훈련을 함으로써 얻을 수 있는 성과를 비교하여 조직 효율성이라는 측면에서 교육훈련의 필요성을 평가할 수 있다.

③ 조직 분위기의 측면

㉠ 조직 분위기는 조직의 가치 시스템이나 조직 구성원이 지닌 감정이나 태도를 말한다. 교육 · 훈련은 계층별이나 조직별로 서로 다른 풍토를 기반으로 실시되므로 이러한 풍토를 유지할 것인가, 개선할 것인가 혹은 새로운 것으로 변화시킬 것인가를 고려하여야 한다.

㉡ 조직의 차원에서 새로운 풍토를 조성할 필요가 있을 때 교육 · 훈련의 목표로서는 새로운 모럴의 정립과 태도의 형성 그리고 행동의 수정을 위한 프로그램이 마련되어야 하는 것이다.

(4) 교육 · 훈련의 직무수준의 필요성

① 일반적으로 교육 · 훈련의 필요성을 직무와 관련시켜 고찰함이 중요하다. 말하자면 현재 시점에서 근로자가 보유하고 있는 조직기능(employees present job skills)을 전제로 교육 · 훈련이 계획 · 실시되어야 한다는 것이다. 한편 그것은 현재뿐만 아니라 예견되는 미래의 기능을 위한 것이 될 수도 있다.

② 직무 기능을 전제로 교육 · 훈련이 이루어지기 위해서는 그 직무가 필요로 하는 직무 요건이 밝혀져야 한다. 그러한 직무 요건에 비추어 현재의 직무 기능의 미흡한 부분은 교육 · 훈련에 의존하여 보충되지 않으면 안 된다.

③ 직무 수준에서의 필요성을 파악함에 있어서 중요한 것은 교육 · 훈련의 내용이 될 직무 요건을 기능 · 태도 · 직무 행동 · 인적 자질 등으로 구체화시켜 이들의 실행 단계에 적극적으로 반영해야 한다는 것이다.

(5) 교육 · 훈련의 직무수준의 필요성

① 개인 수준의 필요성은 개인 단위로 교육 · 훈련의 결과를 분석 · 평가함으로써 파악할 수 있다. 개개인 고용자의 교육 · 훈련의 성과 관찰 및 태도 조사 혹은 성과의 객관적 기록 등을 통해 측정 · 평가함으로써 새로운 교육 · 훈련의 목표를 설정할 수 있다.

② 교육 · 훈련에 대한 개인적 욕구를 고려할 때 경영자는 개인차가 개별적인 욕구뿐만 아니라 교육 · 훈련 프로그램에 대한 반응에도 영향을 미침을 반드시 고려하여야 한다.

(6) 교육 · 훈련의 지침

① 교육 · 훈련을 실시함에 있어서 계획과 집행 및 통제과정에서 일정한 지침에 따르도록 하여야 한다. 기업에서의 교육 · 훈련은 라인 부문에서 주관하는 까닭에 지침도 라인 부문에서 작성하는 것이 마땅하다.

② 스탭 부문으로서의 인적자원 관리자는 그 작성에 관하여 전문적 지식과 조언을 제공할 따름이다.

③ 이러한 지침 작성에 있어서는 라인 부문의 목적이나 정책 등이 반영되어야 하므로, 공통된 표준이나 획일적 형식이 있는 것은 아니다. 오히려 각기 특색 있는 지침 마련이 바람직하다고 볼 수 있다.

(7) 교육 · 훈련 실행 과정에서의 고려 요인

① 교육 · 훈련을 실시하는 목적은 어디에 있는가.
② 교육 · 훈련에 대한 전반적이고 구체적인 책임소재는 누구에게 있는가.
③ 교육 · 훈련을 공식적으로 실시할 것인가, 비공식적으로 실시할 것인가.
④ 교육 · 훈련 방법으로서 어떤 방법을 택할 것인가.
⑤ 교육 · 훈련을 함에 있어서 중점을 어디에 둘 것인가.
⑥ 교육 · 훈련의 시기와 장소는 어떠한가.
⑦ 교육 · 훈련 중 근로자에게 어느 수준으로 임금을 지급할 것인가.
⑧ 교육 · 훈련을 지속적으로 할 것인가, 임시적으로 할 것인가.
⑨ 교육 · 훈련을 단독으로 할 것인가, 공공기관이나 노동조합 등과 공동으로 할 것인가.
⑩ 교육 · 훈련을 노사관계 정책면에서 어떻게 실시해야 할 것인가.

(8) 교육 · 훈련의 분류

① 대상에 의한 분류

㉠ 교육 · 훈련을 받는 대상자를 중심으로 신입사원 교육 · 훈련과 현직사원 교육 · 훈련으로 나누어진다.

㉡ 신입사원의 교육 · 훈련은 입직훈련, 기초훈련, 실무훈련의 3단계로 나누어지고, 현직사원의 교육 · 훈련은 일선근로자 훈련, 감독자 훈련, 관리자 훈련, 최고 경영자 훈련의 4단계로 나누어진다.

② 장소에 의한 분류

㉠ 훈련 실시 장소가 직장 내부이냐 외부이냐에 따라 직장 내 훈련(OJT ; On the Job Training)과 직장 외 훈련(Off-JT ; Off the Job Training)으로 구분된다.

㉡ 직장 내 훈련은 오늘날 가장 널리 이용되는 일선 근로자를 위한 방법으로서 상사나 숙련공이 일하는 과정에서 직접 부하 종업원을 개별적으로 실무나 기능에 관해 훈련시키는 방법이며, 현장 훈련이라고도 한다.

㉢ 직장 외 훈련은 근로자를 직무로부터 분리시켜 일정기간 전문적으로 훈련을 실시하는 방법으로서 훈련을 통해서 경영을 보다 전문화 · 다양화할 수 있다.

③ 직능에 의한 분류

㉠ 교육 · 훈련은 제2차 세계대전을 계기로 기업경영의 개별부문에서 관리기술이 고도화되고 소비혁명 등이 일어남에 따라 직능적 전문지식이나 기법이 중시되기에 이르렀다.

㉡ 기업의 전문직능에 따른 교육 · 훈련의 종류를 보면 기능 및 기술관계 훈련, 일반교양 훈련, 일반사무 관계 훈련, 세일즈 훈련 및 소비자 · 고객 훈련, 전문 스탭 훈련, 경영기계화 훈련, 감독자 · 관리자 · 경영자 훈련, 신입사원 훈련 등이 있다.

2. 교육과 훈련 대상

(1) 신입사원 훈련(Orientation Training)

① 신입사원 훈련의 개념

㉠ 신입사원 훈련은 수습기간 중이나 채용 직후 회사에 대한 제반 사항과 회사의 기본정책 그리고 자신이 담당해야 할 직무에 대한 지식과 기술 및 근무태도 일반에 대한 사항을 습득시킬 목적으로 입사한 후 수습기간 중에 실시하는 수습사원의 훈련이다.

㉡ 따라서 새로 입사하는 사원들이 회사에 신속하게 적응할 수 있도록 도와주고 회사에 대해 좋은 인상과 감정을 갖게 하여 직무에 흥미를 느끼게 하고, 심리적으로도 안정감을 갖게 하는 데 주요 목적이 있다.

② 회사에 관한 기초적인 설명

㉠ 기업의 역사, 조직, 경영, 제품 및 업종
㉡ 인적자원 관리상의 방침 및 규정
㉢ 복지후생 및 근로자의 활동
㉣ 고용조건, 특히 징계에 관한 규정 및 그 절차
㉤ 식당이나 주차장과 같은 이용할 수 있는 회사의 시설
㉥ 그 지역에서 이용할 수 있는 여러 시설과 사정
㉦ 소속부문의 조직과 구성, 사무내용, 근로시간 및 승진의 기회
㉧ 사내 노동조합에 관한 사정

③ 직무에 관한 보다 구체적인 설명
  ㉠ 관계자의 소개
  ㉡ 해당 부서에 적용되는 규칙
  ㉢ 직장의 견학 설명
  ㉣ 직무내용, 표준근로시간, 임금 산출 방법 등의 직무에 대한 설명
  ㉤ 작업장, 공구, 기계에 대한 손질 등의 직무에 대한 설명
  ㉥ 신입사원의 동료에 대한 소개

④ 사후 검토를 위한 면접
  ㉠ 회사의 방침이나 절차에 관한 질의응답
  ㉡ 회사의 방침이나 규율에 관한 내용 중, 특히 중요한 점의 재설명
  ㉢ 단체 보험 등의 임의 가입제로 되어 있는 복지제도나 자발적인 근로자, 후생활동에의 참여 여부에 대한 의사의 타진
  ㉣ 공장 전체의 견학과 설명, 특히 작업과 직장의 여타 부문과의 관계에 대한 설명
  ㉤ 배치의 적부나 훈련의 진척상황에 대한 검토

(2) 일선 종업원(현직사원) 훈련(Employee Training)

① 일선 종업원 훈련의 개념
  ㉠ 신입사원 훈련이 신입사원을 대상으로 실시함에 비하여, 일선 종업원 훈련은 이미 종사하는 종업원을 위하여 계획된 훈련으로서, 현장의 제품생산과 직접 관련시켜 그 기능을 향상시키는 데 주된 목적이 있다.
  ② 따라서 이들에게는 관리방법에 관한 지식보다는 자기 직무에 관한 기술을 전수하는 기능훈련이 주요 내용이다. 일선 종업원 훈련을 위한 방식은 다양하다.

② 직업학교 훈련(Vocational School Training)
  ㉠ 종업원이 직무를 수행함에 있어서 요구되는 기초적인 지식, 예를 들어 수학, 물리, 화학, 독서 등에 대한 훈련은 회사에서 훈련하기가 어려운 측면이 있다.
  ㉡ 이 훈련은 이러한 문제를 전문적으로 다루고 있는 각종의 직업학교에 종업원을 파견하여 교육시키는 것이 비용이나 효과의 측면에서 다른 방법에 비하여 유리하다.

③ 도제 훈련(Apprentice Training)
  ㉠ 중세기의 도제제도에 그 유래를 두고 있는데, 종업원의 기능을 향상시키기 위한 훈련방법 가운데서 가장 오래된 역사를 가지고 있다.
  ㉡ 이 방법은 작업현장에서 감독자의 지도를 받거나 숙련공의 작업 수행을 보조하면서 기능과 지식을 습득하는 방식으로서 특히 정교한 수공기능을 장기간에 걸쳐 체득하여야 할 작업에 유용하다.

④ 실습장 훈련(Vestibule Training)
  ㉠ 실습장 훈련은 또 다른 말로 현관훈련이라고도 불리는 훈련 방식으로서, 대개 직장훈련을 실시하기 위한 예비단계라고 볼 수 있다. 이 훈련 방법은 일시에 다수의 종업원을 신속히 훈련시킬 필요가 있을 때 널리 이용된다.

㉡ 실습장 훈련은 회사 내에 마련된 실습장에서 훈련용의 기계나 설비를 직접 다루면서 훈련교사를 통하여 합리적인 작업 방법에 관한 기술을 습득하게 한다.

⑤ 지도공 제도(Sponsor System)

㉠ 도제훈련에서 파생된 방법으로서 종업원으로 하여금 현장에서 작업의 보조 활동을 수행 시키는 것이다.

㉡ 반 전문적으로 지도를 담당하는 직장에 의해 수행되는 방식이다.

⑥ 신디케이트 제도(Syndicate System)

㉠ 영국에서 발달한 종업원 훈련제도의 하나이다. 하나의 문제를 철저히 조사 · 검토하고 이를 다른 상급의 훈련생이나 관리자에 의하여 비판을 구하는 방식으로서 훈련생의 보고회 형태를 취하는 방식이다.

㉡ 그룹을 만들어 문제를 검토하고 판단력과 사고력을 양성하는 훈련방식으로서 소 회의식 연수의 형식을 취하는 경우가 많다.

⑦ 강의실 훈련(Classroom Training)

㉠ 소수의 훈련 지도원이 많은 근로자를 강당에 모아 놓고 일반적으로 주제에 대한 강의를 하고 피훈련자는 청강을 하는 기법이다.

㉡ 강의실을 이용하여 지도내용을 강의 · 시범 · 필름(film) · 기타 시청각 기재를 이용하여 훈련시키는 방법으로서 직무 수행의 현장에서 훈련하지 않아도 되는 훈련내용, 예컨대 경영이념이나 철학, 경영자로서의 사고력 · 태도 · 이론 · 문제해결능력 등을 교습시키기에 적당하다.

㉢ 감독 관리층이나 경영자층의 훈련계획과 같이 규모가 작을 때 참여의 성격을 띤 지도방법으로서 역할연기법(roleplaying), 시뮬레이션(simulation), 비즈니스게임(business game), 사례연구법(case study), 감수성 훈련(sensitivity training) 등도 이용할 수 있다.

⑧ 프로그램 훈련(Programmed Training)

㉠ 최근 심리학자에 의하여 개발된 훈련방식이다. 이는 낡은 기술의 개선에 따르는 근로자의 재훈련에도 효과적이다.

㉡ 계산 · 독도작업 등과 같이 기계나 서적을 사용하는 경우, 기본적 설명을 끝낸 후에는 피훈련자 자신이 해답의 정오를 가리고 그 성과에 따라 기능훈련의 정도를 높여가는 방식이다.

⑨ 해외연수(Foreign Training Courses)

㉠ 사원으로 하여금 선진국의 각종 행사를 시찰케 하거나 특별교육 과정에 보내는 방법이다.

㉡ 해외연수는 그 나라의 장점을 배워 국내의 시스템을 적절히 활용하는데 목적이 있다.

3. 직급에 따른 교육 훈련

(1) 비 관리자를 위한 교육 훈련

① 직장내 교육훈련(OJT: On the Job Training)

㉠ 직장내 교육훈련은 부여받은 직무를 수행하면서 직속상사와 선배사원이 담당하는 교육훈련이다.

㉡ 직장내 교육훈련은 훈련과 생산이 직결되어 있어 경제적이고 강의장 이동이 필요치 않지만 작업수행에 지장을 받는다.

㉢ 개인에게 적절한 지도를 할 수 있고, 직장실정에 맞는 교육이 가능하며, OJT를 통해 업무를 당장 익힐 수 있다.

㉣ 업무현장에서 동료선배와 피교육자에게 과업수행방법을 보여주고 피교육자에게 실행연습의 기회를 제공하며 그 결과에 대해 피드백하는 훈련기법이다.

㉤ 오늘날 일선 종업원을 위한 훈련 방법 중 가장 널리 이용되고 있는 것으로서 상사나 숙련공이 일하는 과정에서 직접 부하 종업원에게 개별적으로 실무 또는 기능에 관하여 훈련시키는 방법이며, 현장훈련을 시키는 데 있어 가장 효과적이라 할 수 있다.

㉥ 직장 내 교육 · 훈련은 제2차 세계 대전 중 미국의 많은 군수공장에서 새로 취업한 수백만의 미숙련 종업원을 단시일 내에 성공적으로 훈련시키는 데 적용하여 효과를 거둔 적이 있다.

② 직장외 교육훈련(Off-JT: Off the Job training)

㉠ 직장외 교육훈련은 연수원이나 교육원 등과 같은 곳에서 받는 집합교육을 말하며 많은 종업원에게 훈련을 시킬 수 있다.

㉡ 교육훈련은 교육훈련을 담당하는 전문가 및 전문시스템에 의해서 교육훈련을 실시하기 때문에 훈련효과가 높다.

㉢ 직장내 훈련(OJT: On the Job Training)은 개인별로 적절한 지도가 용이하고, 반면에 직장외 훈련(Off-JT: Off the Job Training)은 통일적이고 조직적 교육, 유능한 전문가의 훈련 및 교육, 다수의 종업원 교육이 가능하지만 현재의 업무와 불일치 가능성도 있다.

③ 직무교육훈련(job instruction training)

㉠ 직무교육훈련은 업무를 수행하면서 직접 교육을 받기 때문에 간단히는 임직훈련이라고 한다.

㉡ 주로 구성원들에게 현재의 업무 수행방법을 숙지시키기 위한 목적으로 사용되며, 교육강사, 상사 혹은 동료들이 교육을 담당한다.

㉢ 일상적 작업 환경에서 직접 경험이 이루어지므로 현실적이고, 교육 담당자와 피교육자간의 우호적인 관계형성 계기로 작용이 가능하다.

㉣ 체계적으로 구성된 훈련프로그램이 상당히 부족하며, 교육 훈련을 담당하는 사람의 기술이나 능력이 부족한 경우 훈련 효과를 기대하기 어려움이 있다.

(2) 감독자 훈련(Supervisor Training)

① 감독자 훈련의 개념

㉠ 감독자는 생산 활동에 대해 일선 책임자로서 직공을 감독하는 직장과 사무원을 감독하는 계장 등이 이에 해당된다. 감독자는 일선 근로자를 지휘 · 감독하며, 관리자와 작업자를 연결하는 중요한 위치에 있다.

㉡ 감독자는 그 직무 내용이 복잡할 뿐만 아니라 일거일동이 직접 · 간접으로 작업자의 생산능률과 경영실적에 영향을 미치므로, 철저하고도 체계적인 교육훈련을 실시할 필요가 있다.

② 일선 감독자 교육 훈련

㉠ 일선 감독자 교육 훈련에는 작업지시 교육훈련(JIT ; Job Instruction Training)과 직장 내 훈련기법(TWI ; Training Within Industry)이 있다.

㉡ TWI는 감독자를 위한 직장 내 훈련의 대표적인 정형방식으로서 주로 생산 부문에 있는 일선 감독자를 훈련하기 위한 방식이였다.

㉢ TWI는 한 마디로 직장의 조직적 · 합리적인 단기 훈련 방법으로서, 특별히 훈련받은 지도원(instructor)이 10인 이내의 직장(職長)을 한 자리에 모아 논리적이고 체계적으로 작성된 훈련 지도서(manuals)에 따라 교육 실습을 행하는 방법이다.

㉣ TWI(training within industry)는 직장을 조직적 · 합리적으로 훈련시키기 위한 단기훈련방식으로 JI(작업지도), JM(작업방법개선), JR(직장의 인간관계)을 10시간 정도 교육시키는 방법이다

③ TWI에 의한 직장(職長)의 습득 요건

㉠ 업무에 관한 지식

㉡ 회사에 관한 전반적인 지식

㉢ 작업지도를 행하는 기능

㉣ 작업방법 개선의 기능

(3) 관리자를 위한 교육 훈련(Program For Middle Management)

① 관리자 훈련의 개념

㉠ 관리자 훈련은 경영계층에서 중견적 역할을 담당하는 중간관리층(middle management) 즉, 과장과 부장에 대한 훈련을 말한다.

㉡ 중간관리자는 각 부문활동을 실질적으로 계획 · 지휘 · 조정 · 통제할 뿐만 아니라 조사 · 연구 · 조언 등 전문적 기능을 담당하므로, 자기의 소관 직무에 대한 지식과 경험이 풍부하여야 한다.

㉢ 관리자 훈련은 문제를 처리하는 능력과 협조성 그리고 부하에 대한 통솔력을 가져야 한다. 따라서 관리자 훈련은 일선 근로자나 감독자에 대한 훈련보다 높은 차원에서 실시되어야 한다.

㉣ 관리자 훈련의 대표적인 방식에는 MTP(Management Training Program)와 JST(Jinjiin Supervisory Training)가 있다.

② MTP(Management Training Program)

㉠ MTP는 TWI와 마찬가지로 실제 경험을 쌓은 중간관리자 12~15명을 1개 그룹으로 하여 실제 문제를 토론식(discussion method)으로 각 방면에서 구체적으로 연구 · 검토하는 방법을 택하고 있으며, 1일 2시간 총 20일 40시간의 강습을 계통적으로 실시하고 있다.

㉡ 과장이나 부장인 중간관리자를 위한 이러한 교육 · 훈련의 내용은 TWI의 작업지도 · 작업개선 · 인간관계의 세 부분을 포함하고 있음은 물론, 이 밖에도 관리의 기초와 관리의 전개등과 같이 관리자로서의 직책을 수행해야 한다.

㉢ MTP는 산업내 훈련방식에 비해 상위에 있는 관리자층을 대상으로 하는 것이므로 비교적 광범위한 경영문제를 취급하며, 경영원칙의 해명과 관리자로서 필요한 관리기술의 지도를 목적으로 한다.

③ JST(Jinjiin Supervisory Training)

㉠ 일본 사원이 TWI 및 MTP 등을 기초로 감독자 연수용으로 개발한 것인데, 사원부문에 있어 중간 관리자 내지 일선 감독자를 대상으로 사용되고 있다.

㉡ JST는 기초과정 또는 표준과정인 조직과 감독, 업무의 관리, 업무의 개선, 부하의 연수, 부하의 통솔방법, 보충과정인 건강관리, 감독자와 PR, 계속과정인 사례연구 등의 세 가지 과정으로 구성되어 1회 2시간, 12회 24시간으로 실시된다.

④ 청년 중역회의(junior boards of executives)

㉠ 아직 중역이 되지 않은 실무자들이나 중간 간부들에게 일정기간 중역의 역할을 맡겨서 실천해 보고 주기적으로 모여 상호 토의하도록 하는 것을 말한다.

㉡ 중견 간부들로 하여금 경영 관리자로서의 경험을 쌓고 그에 맞는 자질과 능력을 배양하는 훈련 방법으로서, 복수경영제도(Multiple management) 또는 청년이사회제도라고도 한다.

⑤ 사례연구방법(case study method)

㉠ 사례연구방법은 대화를 이끌어내기 위해 훈련에 필요한 특정 사례를 토의하도록 하기 때문에 사례 연구에 대한 사용 빈도가 교육 과정에서 증가하고 있다.

㉡ 훈련 수강생은 서술된 형태로 제시된 상황을 검토한 후, 사례 연구의 진행자가 개입하여 문제 해결을 다각적으로 검토하도록 유도한다.

⑥ 행동모형화(behavior modeling)

㉠ 역할 연기와 유사한 기법으로, 역할 연기에의 강의, 시청각 교육, 피드백 강화 법칙을 적용하여 개인의 기술 향상이나 행동 개선을 주목적으로 하는 기법이다.

㉡ 강의를 통하여 기본적 개념을 숙달시키고 영화나 슬라이드를 보여준 뒤 참여자 자신의 실제 역할 연기 내용을 촬영 후 교육 담당자와 다른 참여자들이 실제 연기에 대한 피드백을 제공함으로써 얻는 학습 효과이다.

⑦ 실험실 훈련(laboratory training method)

㉠ 실험실에서의 교육 훈련은 자신과 타인 집단 과정에 대한 이해력을 높이고 참여자의 감수성을 보다 개선시킴으로써 대인관계 기술을 향상시키기 위해 주로 사용되는 집단 교육 훈련이다.

㉡ 실험실 훈련의 변형방법인 감수성 훈련(sensitivity training)은 타인의 감정에 대한 개인의 민감성을 증진시키는 데 목적이 있다. 그러나 최근에는 개인적 감정이나 행위보다는 직무와 조직 지향적 토의를 강조하는 방향으로 수정되고 있다.

⑧ 대역법(understudy assignment)

㉠ 대역이란 다른 사람의 업무를 수행할 수 있도록 준비된 자 또는 다른 사람의 위치를 대신할 수 있도록 준비된 자를 의미한다.

㉡ 대역법은 대역이 지명됨으로써 승진에 대한 경쟁이 끝난 것으로 생각하게 만들기 때문에 그 외의 승진 대상자들의 불만을 발생시킨다.

⑨ 역할 연기(role playing)

㉠ 역할 연기란 피교육자로 하여금 다른 사람의 역할을 맡아 수행하게 함으로써 그 사람의 입장에서 교육을 시키는 것을 말한다. 양측에게 전형적인 상대방의 역할이 주어지고 그러한 역할을 실행하고 반응하도록 요청된다.

㉡ 역할 연기를 통해 참가자들은 자신들의 행동을 고려해 보게 되므로 통찰력을 얻을 수 있고, 다른 사람의 관점에서 생각하게 되므로 조직내의 여러 가지 상황을 이해하게 되며, 각자의 장 · 단점을 받아줄 수 있고 아량을 배우게 된다.

㉢ 역할연기의 단계를 보면 준비 단계에는 문제의 인식, 자료 준비, 연기자 선정, 관찰자 및 청중의 역할을 부여하고, 실연 단계에서는 실제로 행동하는 단계이며, 분석 · 평가 단계에서는 피드백이나 재연, 평가, 추후활동 단계이다.

(5) 경영자 개발 교육 훈련(Executive Developments Program)

① 경영자 훈련의 개념

㉠ 최고 경영층에 있는 전문 경영자나 그 후계자에 대한 교육 훈련이다. 오늘날과 같이 경영조직이 동태화되고 기업의 내 · 외적인 여건이 복잡화되며 기업의 규모가 커질수록 최고 경영자에 대한 교육 · 훈련의 필요성은 더욱 증대된다.

㉡ 최고 경영자들이 경영환경의 급격한 변화과정에서 올바른 경영기회를 포착하고 의사결정을 바로 내릴 수 있는 능력을 갖출 때 성장과 발전을 기대할 수 있다.

㉢ 최고 경영자의 교육 · 훈련에 있어서는 경영전반에 관한 전문적인 지식과 숙련을 갖추도록 해야 할 뿐만 아니라 최고 경영자에게는 판단력 · 추진력 · 계획력 · 분석력 · 종합력 · 통찰력 및 후계자 양성의 능력등을 계발시키고, 기업의 사회적 책임을 인식하면서 최고경영자로서 의사결정을 할 수 있는 교육 · 훈련이 뒷받침되어야 한다.

ⓡ 기업의 존속 · 발전을 위해 해로운 기업관의 정립, 기업경영의 전망, 소유와 경영의 분리개념, 기업환경에의 적응, 추진능력 및 경영리더십 문제 등과 같은 내용도 훈련에서 중점적으로 다루어져야 한다.

ⓜ 기법으로는 AMP · ATP · 브레인스토밍 · 사례연구법 · 비즈니스게임 · 역할연기법 · 모의연습 · 감수성훈련 · 매니지리얼 그리드 세미나 · 집단 토의법 등이 있다.

② 경영자 훈련의 개념

㉠ AMP(Advanced Management Program) : 경영 간부의 경영관리 능력을 향상시키고 시야가 넓은 경영자를 양성할 목적으로 AMP가 실시되었다. AMP의 강좌내용은 사업방침, 경영실무, 사회와 기업, 원가 및 재무관리, 마케팅관리, 노사관계 문제 등이다.

㉡ ATP(Administration Training Program) : 기업의 목적 및 방침의 확립기능(경영부문), 조직(통제방식, 통제확립에 불가결한 것, 조직통제의 운용, 품질관리, 원가통제의 응용, 감독통제의 실시 등), 운영(운영, 조직, 조정 등) 등이다.

③ 최고경영자 훈련 프로그램(ATP: Administrative Training Program)

㉠ 기업의 최고경영층(top management)을 대상으로 하는 토의식 경영강좌의 한 방법으로 경영 간부에게 최신의 과학적 기업 경영에 관한 지식과 기법을 지도하는 것을 목적으로 하고 있다. 미국의 AT&T의 계열조직인 벨시스템에서 행한 것에 기초를 두고 있다.

㉡ 주요 강좌내용은 기업의 목적과 경영방침, 조직상 문제(형태, 권한과 책임 등 조직 편성과 구조), 제반 관리문제(인사, 자재, 예산, 원가, 품질 등), 관리과정과 업무 실시 조정(작업 결정, 할당, 집행, 검토) 등에 관한 문제 등을 포함하고 있다.

④ 감수성 훈련(sensitivity training)

㉠ 다른 사람이 느끼고 있는 것을 정확히 감지할 수 있는 능력과 반응하는 태도, 행동을 개발하는 경영자 육성 방법의 하나이다.

㉡ 서로 알지 못하는 8~10명의 소집단 형태로 소위 대인 관계 문화 체험이라는 사회적 조건하에서 1~2주간 집단생활을 통해 자신의 감정이나 행동이 타인에게 미치는 영향과 타인의 반응을 체험하여 상대방에 대한 민감성을 높임과 동시에 집단간의 상호작용을 통하여 자신의 행동개선과 대인관계 기술을 향상시키려는 데 목적이 있다.

⑤ 비즈니스 게임(business game)

㉠ 모의 기업경영경기(management simulation)라고도 하며, 경영자들에게 경영 의사결정의 중요성을 훈련시키는 일종의 사례 연구법이다.

㉡ 보통 5~6명이 한 조로 된 여러 개의 집단이 가상적인 모의 회사의 경영진이 되어 부여된 각종상황(생산비, 설비 투자, 광고, 연구 개발 등)에서 의사결정을 내린 후 그 결과를 심사집단에서 평가하여 통보함으로써 우열을 가리게 하는 방법이다.

Chapter 2 명품 적중 예상문제

01 인사관리(Personal management)는 경영 자원 중에서 노동력의 관리를 주목적으로 하는 인간을 대상으로 하는 것인 만큼 노동력의 효율적 운용을 도모하기 위한 체계적인 시책 이외에 경영에 인간의 상호 이해와 신뢰를 유지할 필요가 있다. 다음 설명으로 가장 부적합한 내용은?

① 인사관리의 한 영역으로서 인간 관계론은 인간관계 연구 중 커뮤니케이션의 여러 제도를 중심으로 한 이론으로 종래의 인사관리제도의 전체를 재편성하려고 시도했었다.
② 직무분류(job classification)에서 직무는 각 개인이 담당하고 있는 일의 총체이며 직무는 일(work)과 그 일을 수행하는 사람과는 전혀 관련이 없는 분석이다.
③ 행동과학이론은 인간의 행동에 관하여 객관적인 방법을 수집한 경험적 증거에 의해 입증된 일반적 법칙을 확립하고 인간 행동을 과학적으로 설명하고 예측하는 사회과학이다.
④ 성과의 평가(performance appraisal)에서 종업원의 성과를 향상시키기 위한 방법의 하나로 직원 동기부여에 관한 현대적 이론은 '기대이론', '공정성이론', '목표설정이론'이 있다.
⑤ 경력 개발 계획의 실효를 거두기 위해서는 여러 가지 직무들을 수행하는 데 필요한 요건과 각 직무들이 계층별로 어떻게 연결되어 있는가를 알아야 할 필요가 있다.

오답풀이 직무분류(job classification)에서 직무는 각 개인이 담당하고 있는 일의 총체이며 직무는 일(work)이 사람과 결부될 때 비로소 생기는 개념이다..

02 직무를 효과적으로 수행하는 사람과 그렇지 못한 사람을 구별할 수 있는 기준이 명확해야 한다. 직무분석(Job Analysis)은 그러한 평가의 기준이 될 수 있는 정보를 제공해 줄 수 있는데 아래 설명으로 틀린 설명은?

① 직무분석(job analysis)이란 직무에 포함되는 일의 성질이나 직무를 수행하기 위해서 종업원에게 요구되는 적성에 대한 정보를 수집 · 분석하는 것을 말하며 직무기술서와 직무명세서의 바탕으로 분석이 이루어진다.
② 직무분석(job analysis)은 직무에 관련된 정보들과 아울러 직무를 수행할 사람들이 갖추어야 할 요건을 체계적으로 수집하고 정리하는 과정이다. 즉, 직무에 관련된 정보를 체계적으로 수집하고, 분석하고, 정리하는 과정이라 할 수 있다.
③ 직무기술서(job description)는 직무의 성격, 내용, 이행 방법 등과 직무의 능률적인 수행을 위하여 직무에서 기대되는 결과 등을 간략하게 정리해 놓은 문서라고 할 수 있으며, 과업중심적인 직무분석에 의해 얻어지고 과업요건에 초점을 맞추고 있다.

01 ② 02 ①

④ 직무 명세서(job specification)는 직무를 만족스럽게 수행하는 데 필요한 종업원의 행동, 기능, 능력, 지식 등을 일정한 형식에 맞게 기술한 문서이며, 직무분석의 결과를 정리 할 때 인적특성을 중심으로 기록되는 문서로 인적요건에 초점을 맞추고 있다.
⑤ 직무순환(job rotation)이란 조직 구성원에게 돌아가면서 여러 가지 직무를 수행하게 하는 것을 말하며 조직 구성원의 작업 활동을 다양화함으로써 지루함이나 싫증을 감소시켜준다는 데 있다.

오답풀이 직무분석이란 직무에 포함되는 일의 성질이나 직무를 수행하기 위해서 종업원에게 요구되는 적성에 대한 정보를 수집 · 분석하는 것을 말하며 직무 기술서와 직무명세서의 기초가 된다.

03 인사 고과란 기업 내 각 종업원에 대한 인사정보 자료를 수집, 분석, 평가하는 과정으로서, 인사 평점 또는 근무 평점이라고 한다. 인사고과에서 나타날 수 있는 내용에 대한 설명으로 가장 옳지 않은 것은?

① 직무를 담당하는 사람의 평가 대상으로서 능력, 소질, 근무 성적 등을 평가하여 기업에 얼마의 유용도가 있는가를 파악하여 상대적 가치를 체계적으로 결정하는 과정이다.
② 현혹 효과(halo effect)는 한 분야에 있어서의 어떤 사람에 대한 호의적인 또는 비호의적인 인상이 다른 분야에 있어서의 그 사람에 대한 평가에 영향을 주는 경향을 말한다.
③ 상동적 태도(Stereotyping)는 그들이 속한 집단의 특성에 근거하여 다른 사람을 판단하는 경향으로서 한 가지 범주에 따라 그 집단을 평가하고 판단하는 오류이다.
④ 관대화 경향(leniency tendency)이 나타나는 이유로평가 결과가 나쁜 경우에 그 원인이 평가자의 통솔력 · 지도력 부족 등으로 오인할까봐 평가자가 후한 점수를 주는 것이다.
⑤ 행위기준고과법(BARS)이란 사람들은 자신의 성공은 능력이나 노력과 같은 내재적 요인으로 귀인하고 실패에 대해서는 운이나 다른 동료 탓 이라하는 것이다.

오답풀이 귀인의 이기적 편견(self-serving bias)이란 사람들은 자신의 성공은 능력이나 노력과 같은 내재적 요인으로 귀인하고 실패에 대해서는 운이나 다른 동료 탓 이라하는 것이다.

04 교육 훈련은 조직과 개인, 그리고 직장 내의 대인 관계에서도 긍정적인 역할을 한다. 따라서 기업의 관리자들은 교육 훈련이나 인적 자원개발을 일종의 투자개념으로 추구해야 한다. 다음 중 교육과 훈련에 대한 설명으로 가장 적합하지 않은 것은?

① 교육이란 구성원의 일반적인 지식, 기능, 태도 등을 육성하는 것으로서 주로 구성원의 능력 개발에 관심을 두어 장기적인 변화 추구를 목적으로 한다.

해답 03 ⑤ 04 ④

② 훈련이란 특정 직무를 수행하는 데 필요한 지식과 기술을 증진 또는 습득을 위한 것으로서 문제 해결, 태도, 관행, 행동의 변경에 관심을 두고 단기적인 변화를 추구하는 경향이 있다.
③ OJT는 부여받은 직무를 수행하면서 직속상사와 선배사원이 담당하는 교육훈련으로 훈련과 생산이 직결되어 있어 경제적이고 강의장 이동이 필요치 않지만 작업수행에 지장이 있다.
④ OJT는 연수원이나 교육원 등과 같은 곳에서 받는 집합교육을 말하며 많은 종업원에게 훈련하며, 교육훈련을 담당하는 전문가 및 전문시스템에 의해서 교육훈련을 실시하기 때문에 훈련효과가 높다.
⑤ 감수성 훈련(sensitivity training)은 다른 사람이 느끼고 있는 것을 정확히 감지할 수 있는 능력과 반응하는 태도, 행동을 개발하는 경영자 육성 방법으로써 경영자 개발 교육 훈련의 하나이다.

우답 풀이 Off-JT는 연수원이나 교육원 등과 같은 곳에서 받는 집합교육을 말하며 많은 종업원에게 훈련하며, 교육훈련을 담당하는 전문가 및 전문시스템에 의해서 교육훈련을 실시하기 때문에 훈련효과가 높다.

05 카리스마적 리더십(Charismatic Leadership)의 특징과 가장 거리가 먼 것은?

① 부하는 리더의 권위에 순종하여야 하고, 카리스마적 리더들은 부하에게 이데올로기적 목표를 제시할 가능성이 낮다.
② 카리스마적 리더들은 부하들이 모방하도록 그들 자신의 행동으로 예를 보여주는 역할 모범을 이용할 가능성이 높다.
③ 카리스마적 리더들은 추종자들에게 리더가 유능하고 성공적인 사람이라는 인상을 심어 줄 수 있는 행동을 많이 할 가능성이 높다.
④ 카리스마적 리더들은 카리스마적 리더들은 집단의 업무달성에 관계된 동기를 유발하는 방향으로 행동할 가능성이 높다.
⑤ 리더는 추종자에게 비전을 제시할 수 있어야 한다. 카리스마적 리더들십에 있어서 중요한 요소는 장기적인 비젼이다.

우답 풀이 카리스마적 리더십(charismatic leadership)은 사회학자나 정치학자, 역사학자 등에 의해서 1920년대부터 연구되기 시작하였다. 1980년대에는 심리학자들에 의해서 연구되었는데, 이는 미국기업들이 일본기업들과의 경쟁에서 뒤떨어지기 시작하면서 나름대로의 대 변혁을 시작하는 시기와 맞물려 있어 관심이 되고 있으며, 카리스마적 리더십에 관한 연구는 크게 리더의 특성, 부하의 특성, 상황의 특성으로 나눌 수 있고, 카리스마적 리더들은 부하에게 이데올로기적 목표를 제시할 가능성이 높다.

해답 05 ①

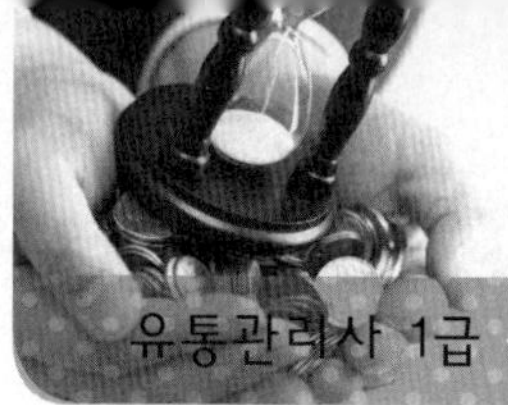

06 다음 중 직무분석과 관련된 설명으로 가장 틀린 설명은?

① 직무분석은 직무에 관련된 정보들과 아울러 직무를 수행할 사람들이 갖추어야 할 요건을 체계적으로 수집하고 정리하는 과정이다. 즉, 직무에 관련된 정보를 체계적으로 수집하고, 분석하고, 정리하는 과정이라 할 수 있다.

② 직무순환이란 조직 구성원에게 돌아가면서 여러 가지 직무를 수행하게 하는 것을 말하며 조직 구성원의 작업 활동을 다양화함으로써 지루함이나 싫증을 감소시켜준다.

③ 직무기술서는 직무의 성격, 내용, 이행 방법 등과 직무의 능률적인 수행을 위하여 직무에서 기대되는 결과 등을 간략하게 정리해 놓은 문서라고 할 수 있으며, 과업 중심적인 직무분석에 의해 얻어지고 과업요건에 초점을 맞추고 있다.

④ 직무명세서는 직무를 만족스럽게 수행하는 데 필요한 종업원의 행동, 기능, 능력, 지식 등을 일정한 형식에 맞게 기술한 문서이며, 직무분석의 결과를 정리 할 때 인적 특성을 중심으로 기록되는 문서로 인적요건에 초점을 맞추고 있다.

⑤ 직무분석은 직무기술서와 직무명세서를 우선 입수하여하고, 그리고 이를 바탕으로 분석이 이루어진다.

오답풀이 직무분석이란 직무에 포함되는 일의 성질이나 직무를 수행하기 위해서 종업원에게 요구되는 적성에 대한 정보를 수집 · 분석하는 것을 말하며 직무 기술서와 직무명세서의 기초가 된다.

07 교육과 훈련에 대한 설명으로 가장 적합하지 않은 것은?

① 교육이란 구성원의 일반적인 지식, 기능, 태도 등을 육성하는 것으로서 주로 구성원의 능력 개발에 관심을 두어 장기적인 변화 추구를 목적으로 한다.

② 훈련이란 특정 직무를 수행하는 데 필요한 지식과 기술을 증진 또는 습득을 위한 것으로서 문제 해결, 태도, 관행, 행동의 변경에 관심을 두고 단기적인 변화를 추구하는 경향이 있다.

③ OJT는 부여받은 직무를 수행하면서 직속상사와 선배사원이 담당하는 교육훈련으로 훈련과 생산이 직결되어 있어 경제적이고 강의장 이동이 필요치 않지만 작업수행에 지장이 있다.

④ 연수원이나 교육원 등과 같은 곳에서 받는 집합교육을 말하며 많은 종업원에게 훈련하며, 교육훈련을 담당하는 전문가 및 전문시스템에 의해서 교육훈련을 실시하기 때문에 OJT보다 훈련효과가 높다.

⑤ 감수성 훈련은 다른 사람이 느끼고 있는 것을 정확히 감지할 수 있는 능력과 반응하는 태도, 행동을 개발하는 경영자 육성 방법으로써 경영자 개발 교육 훈련의 하나이다.

Off-JT는 연수원이나 교육원 등과 같은 곳에서 받는 집합교육을 말하며 많은 종업원에게 훈련하며, 교육훈련을 담당하는 전문가 및 전문시스템에 의해서 교육훈련을 실시하기 때문에 훈련효과가 높다.

08 인사고과에 대한 설명으로 가장 옳지 않은 것은?

① 능력, 소질, 근무 성적 등을 평가하여 기업에 얼마의 유용도가 있는가를 파악하여 상대적 가치를 체계적으로 결정하는 과정이다.

② 현혹효과(halo effect)는 한 분야에 있어서의 어떤 사람에 대한 호의적인 또는 비호의적인 인상이 다른 분야에 있어서의 그 사람에 대한 평가에 영향을 주는 경향을 말한다.

③ 상동적 태도(Stereotyping)는 그들이 속한 집단의 특성에 근거하여 다른 사람을 판단하는 경향으로서 한 가지 범주에 따라 그 집단을 평가하고 판단하는 오류이다.

④ 관대화경향(leniency tendency)이 나타나는 이유로평가 결과가 나쁜 경우에 그 원인이 평가자의 통솔력 · 지도력 부족 등으로 오인할까봐 평가자가 후한 점수를 주는 것이다.

⑤ 행위기준고과법(BARS)이란 사람들은 자신의 성공은 능력이나 노력과 같은 내재적 요인으로 귀인하고 실패에 대해서는 운이나 다른 동료 탓 이라하는 것이다.

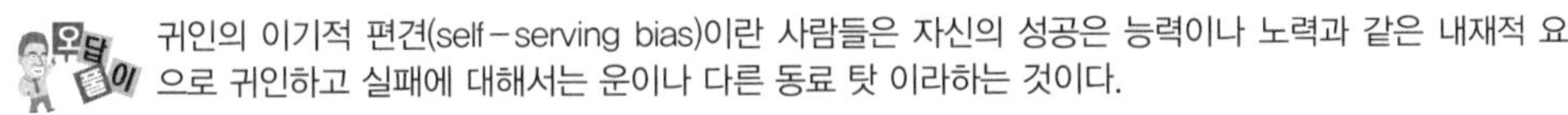
귀인의 이기적 편견(self-serving bias)이란 사람들은 자신의 성공은 능력이나 노력과 같은 내재적 요인으로 귀인하고 실패에 대해서는 운이나 다른 동료 탓 이라하는 것이다.

09 인사관리(Personal management)에 대한 설명으로 가장 부적합한 내용은?

① 인간 관계론은 인간관계 연구 중 커뮤니케이션의 여러 제도를 중심으로 한 이론으로 종래의 인사관리제도의 전체를 재편성하려고 시도했었다.

② 직무분류에서 직무는 각 기업이 속한 산업의 총체이며 직무는 일(work)이 사람과 결부될 때 비로소 생기는 개념이다.

③ 행동과학이론은 인간의 행동에 관하여 객관적인 방법을 수집한 경험적 증거에 의해 입증된 일반적 법칙을 확립하고 인간행동을 과학적으로 설명하고 예측하는 사회과학이다.

④ 성과의 평가에서 종업원의 성과를 향상시키기 위한 방법의 하나로 직원 동기부여에 관한 현대적 이론은 '기대이론', '공정성이론', '목표설정이론'이 있다.

⑤ 경력 개발 계획의 실효를 거두기 위해서는 여러 가지 직무들을 수행하는 데 필요한 요건과 각 직무들이 계층별로 어떻게 연결되어 있는가를 알아야 할 필요가 있다.

우답풀이: 직무분류(job classification)에서 직무는 각 개인이 담당하고 있는 일의 총체이며 직무는 일(work)이 사람과 결부될 때 비로소 생기는 개념이다.

해답 08 ⑤ 09 ②

10 다음 박스 안의 ㄱ, ㄴ, ㄷ내용이 순서대로 설명하고 있는 것은?

> ㄱ. 갑은 최근 자신이 근무하는 대형 마트에서 할당된 판매실적에 따라 급여가 결정되었다.
> ㄴ. 을은 최근 자신이 근무하는 소매점에서 월급과 함께 판매실적에 따라 보너스를 받게 되었다.
> ㄷ. 병은 자신의 판매실적에 비추어 보너스가 적다고 느낀다.

① 성과급제, 혼합제, 분배공정성에 대한 불만
② 고정급제, 성과급제, 절차공정성에 대한 불만
③ 혼합제, 성과급제, 상호작용공정성에 대한 불만
④ 고정급제, 혼합제, 기여공정성에 대한 불만
⑤ 혼합제, 성과급제, 분배공정성에 대한 불만

문제의 내용은 성과급제, 혼합제, 분배공정성에 대한 불만 순으로 구성되어 있다.

11 직무분석(Job Analysis)이란 직무에 포함되는 일의 성질이나 직무를 수행하기 위해서 종업원에게 요구되는 적성에 대한 정보를 수집 · 분석하는 것을 말한다. 다음 중 직무에 대한 설명으로 가장 옳지 않은 것은?

① 직무분석(job analysis)은 직무에 관련된 정보들과 아울러 직무를 수행할 사람들이 갖추어야 할 요건을 체계적으로 수집하고 정리하는 과정이다.
② 직무에 관련된 정보를 체계적으로 수집하고, 분석하고, 정리하는 과정이라 할 수 있다. 따라서 직무분석을 인적자원관리의 기초 또는 인프라스트럭처(infrastructure)라고 한다.
③ 직무의 성격, 내용, 이행 방법 등과 직무의 능률적인 수행을 위하여 직무에서 기대되는 결과 등을 간략하게 정리해 놓은 문서를 직무명세서(Job specification)라 한다.
④ 조직시민행동(organizational citizenship behavior)은 직무기술서(Job description)에 공식적으로 부과되어 있지는 않지만 조직의 효과에 기여하는 활동이다.
⑤ 직무명세서(Job specification)는 직무를 만족스럽게 수행하는 데 필요한 종업원의 행동, 기능, 능력, 지식, 자격증 등을 일정한 형식에 맞게 기술한 문서를 말한다.

조직시민행동(organizational citizenship behavior)은 직무기술서(Job description)에 공식적으로 부과되어 있지는 않지만 조직의 효과에 기여하는 활동을 말한다.

12 인사 고과란 기업 내 각 종업원에 대한 인사정보 자료를 수집, 분석, 평가하는 과정으로서, 인사 평점 또는 근무 평점이라고 한다. 다음 중 인사 고과상의 오류에 대한 설명으로 가장 거리가 먼 것은?

① 현혹 효과(halo effect)는 한 분야에 있어서의 어떤 사람에 대한 호의적인 또는 비호의적인 인상을 말하는데, 이는 다른 분야에 있어서의 그 사람에 대한 평가에 영향을 주는 경향을 말한다.
② 상동적 태도(Stereotyping)는 그 사람이 속한 집단을 지각하고 이를 바탕으로 그 사람을 판단하는 지각과정을 일컫는 말로서 한 가지 범주에 따라 판단하는 오류이다.
③ 관대화 경향(leniency tendency)오류는 특정의 피평가자의 인상이나 요소를 감안하여 실제 능력이나 실적보다도 더 높게 평가하고 그 피평가자에게 후한 점수를 주는 평가자의 오류를 의미한다.
④ 후광효과의 예로 미국인은 개인주의이고 물질적이며, 한국인은 매우 부지런하며, 흑인은 운동에 소질이 있으며, 이탈리아인은 정열적이라는 것 등이 있다.
⑤ 사람들은 자신의 성공은 능력이나 노력과 같은 내재적 요인으로 귀인하고 실패에 대해서는 운이나 다른 동료 탓이라고 귀인 하는 경향을 귀인의 이기적 편견(self-serving bias)이라고 한다.

미국인은 개인주의이고 물질적이며, 한국인은 매우 부지런하며, 흑인은 운동에 소질이 있으며, 이탈리아인은 정열적이라는 범주에 의한 오류는 상동적 태도(Stereotyping)의 내용이다.

13 아래에서 설명하는 인력충원 계획중 (　　)에 가장 적합한 용어는 무엇인가?

> 우리나라 대표적인 유통업체인 롯데그룹과 신세계그룹도 (　　)확대계획을 발표했다. 롯데는2014년 상반기까지 (　　)2000개를 만들어 경력 단절 여성과 재취업을 희망하는 중장년층을 고용할 방침이다. 지난달 말 기준 1068명의 (　　)근로자를 고용한 신세계는 연말까지 1000여 명을 추가 채용한다. 주요 부문별로는 이마트가 540명으로 가장 많고, 스타벅스 300명, 신세계백화점 80명, 신세계인터내셔날 60명 등 순이다. CJ그룹은 제일제당 · 오쇼핑 · 푸드빌 · E&M · CGV 등 10여 개의 주요 계열사에서 (　　)근로자 500명 채용 계획을 마련 중이다. 상반기 320명을 뽑은 SK그룹은 OK캐쉬백 고객상담직으로 연말까지 180명을 추가 채용할 계획이다. 한화는 갤러리아백화점과 호텔앤리조트 등 유통서비스 계열사에 시간선택제 근로자 150명을 채용할 계획이다.

12 ④　　13 ②

① 인턴사원제 일자리 ② 시간선택제 일자리
③ 선택근무 시간제 일자리 ④ 최저급여제 일자리
⑤ 플렉서블 타임제 일자리

시간선택제 일자리는 근로자가 근무시간을 택해 하루 4~6시간(주당 15~30시간) 일하는 고용 형태다. 4대 보험과 복리후생 등에서 정규직과 동등한 대우를 받기 때문에 박근혜정부의 '고용률 70% 로드맵'의 핵심 실천 과제로 주목받고 있다.

14 임금관리에 있어 임금 수준, 임금 체계, 임금 형태의 3가지를 결정하여야 한다. 그리고 임금관리를 위해서는 공정성, 적정성, 합리성 등의 원칙이 지켜져야 한다. 다음 중 공정성 원칙이지켜져야 하는 것과 가장 관련이 높은 것은?

① 임금 관리 ② 임금 수준 ③ 임금 체계
④ 임금 형태 ⑤ 임금 기준

조직이 적절한 임금 수준을 유지할 때 임금의 외부적 공정성을 확보할 수 있다. 조직 구성원들이 납득할 만한 임금 수준을 잘 갖추어야 한다.

15 인사고과방법 중 행위기준고과법(BARS)에 대한 설명과 가장 거리가 먼 것은?

① 관찰 가능한 행위를 기준으로 평가한다.
② 개발된 척도를 피 평가자들에게 공개한다.
③ 종업원에게 원활한 의사소통의 기회를 제공한다.
④ 주관적인 평가 성향을 감소시키며 고과기준을 명확히 한다.
⑤ 피 평가자들을 참여시키지 않는다는 점에서 비판이 되기도 한다.

행위기준고과법은 주관적인 개인특질에 기초를 두고 있는 전통적인 인사고과 시스템이 갖는 취약점을 극복하고 보완하기 위해 개발된 기법중의 하나로 행위기준에 의한 인사고과법이다. 따라서 관찰가능한 행동이기준이 되어야 하고, 피 평가자 공개와 종업원과의 원활한 의사소통 기회가 있어야 한다.

16 어떠한 사람을 평가할 때 실제의 업무와는 관계없이 자신이 호감을 가지고 있는 사람이기 때문에 능력이 있는 사람으로 판단해 버리는 인사 고과상의 오류는?

① 현혹 효과(halo effect) ② 중심화 경향(central tendency)
③ 상동적 태도(stereotyping) ④ 관대화 경향(leniency tendency)
⑤ 행위기준고과법(BARS)

해답 14 ③ 15 ⑤ 16 ①

현혹 효과(halo effect)는 한 분야에 있어서의 어떤 사람에 대한 호의적 또는 비호의적인 인상을 말한다. 이는 다른 분야에 있어서의 그 사람에 대한 평가에 영향을 주는 경향을 말하며 후광 효과라고도 한다.

17 예를 들어 '남자들은 아이를 돌보는데 관심이 없다'라는 지각을 바탕으로 특정 남성을 판단하는 것과 같이, 그 사람이 속한 집단을 지각하고 이를 바탕으로 그 사람을 판단하는 지각과정을일컫는 말은?

① 투사(projection)
② 현혹효과(halo effect)
③ 대조효과(contrast effect)
④ 상동적 태도(stereotyping)
⑤ 귀인의 일관성(consistency of attribution)

상동적 태도(Stereotyping)는 현혹 효과와 유사한 점이 많이 있다. 현혹 효과가 한 가지 특성에 근거한 것이라면, 상동적 태도는 한 가지 범주에 따라 판단하는 오류이다.

18 다음 중 기업의 임금수준을 결정할 때 고려해야 할 요소로서 가장 거리가 먼 내용은?

① 정부의 정책이나 법규
② 기업의 손익분기점
③ 근로자의 평균 근속년수
④ 근로자의 생계비수준
⑤ 조직체의 임금지불능력

종업원의 평균 근속년수를 기준으로 임금을 차별화하는 제도는 연공급이다.

19 임금 수준(pay level)이란 사용자에 의해 종업원들에게 지급되는 평균임금률(임금액의 크기)을 말한다. 다음 중 이와 같은 임금수준을 결정할 때 고려하여야 하는 요소와 가장 거리가 먼 것은?

① 기업의 지불능력
② 직무의 성격과 개인의 능력
③ 종업원의 표준생계비
④ 최저임금제도
⑤ 각종 법규의 정한 기준

임금 수준(pay level)이란 기업이 근로자에게 지급하는 1인당 평균임금액이며, 임금 체계는 일정한 임금 총액을 어떠한 방식으로 공정하게 배분하느냐에 중점을 두는 것이다.

17 ④ 18 ③ 19 ②

20 외부의 교육훈련기관이 직원의 교육을 담당하여 현장의 실무를 떠나서 이루어지는 집단교육은 다음 중 어느 것인가?

① 토론회의법
② 코칭법
③ on-the-job training
④ off-the-job training
⑤ 역할 연기(role playing)

직장 외 훈련(Off-JT : Off-the-job training): 직장외 교육훈련은 연수원이나 교육원 등과 같은 곳에서 받는 집합교육을 말하며 많은 종업원에게 훈련을 시킬 수 있다. 교육훈련은 교육훈련을 담당하는 전문가 및 전문시스템에 의해서 교육훈련을 실시하기 때문에 훈련효과가 높다.

21 소매 기업들은 종업원들에게 업무에 대한 책임의식과 기업전략과 일치하는 행동지침을 심어준다. 가령, A업체는 고객서비스를 강조하고, B업체는 비용을 줄여 저가로 상품을 공급하는데 초점을 맞춘다. 이는 종업원의 활동에 대해 보수나 상사에 의한 지시 또는 문서화된 회사방침보다 더 큰 영향력을 행사한다. 이에 대한 설명과 가장 관계가 깊은 것은?

① 기업가정신(entrepreneurship)
② 윤리경영(ethics management)
③ 진실의 순간(moment of truth)
④ 조직문화(organization culture)
⑤ 멘토경영(mentor management)

조직문화(Organization Culture)는 조직내 구성원들이 공유하고 있는 가치, 신념 그리고 기본적 가정들의 총합으로, 구성원들의 사고방식과 행동방식에 중요한 영향을 미치는 요소이다. 기업 특유의 문화는 기업의 성장에 적극적인 활력소로 작용하기도 하지만, 반대로 기업발전에 저해요소로 작용하기도 한다.

22 노동조합원 가입제도 중에서, 채용 당시에는 비조합원일지라도 일단 채용이 허락된 이후, 일정한 견습기간이 지나 정식 종업원이 되면 반드시 조합에 가입하여야 하는 제도를 무엇이라 하는가?

① open shop
② union shop
③ closed shop
④ agency shop
⑤ partner shop

노동조합을 통한 채용방법 중 유니온 숍(union shop) 제도는 채용 후 일정기간 경과 후 반드시 노동조합 가입을 조건으로 하고 있다.

20 ④ 21 ④ 22 ②

23 다음 중 '최저임금의 결정기준' 고려요인에 대한 설명으로 거리가 가장 먼 것은?

① 근로자의 생계비
② 유사 근로자의 임금
③ 노동생산성 및 소득분배율
④ 선진국 근로자의 임금
⑤ 정부에서 정한 최저임금제도 기준

이론적으로 합당한 임금 체계라 할지라도 조직 구성원들이 납득하지 못하는 임금 체계는 올바른 기능을 하지 못한다. 그 반면 이론적으로 다소 불충분하더라도 조직 구성원들이 충분히 납득할 수 있는 임금 체계는 그 효과를 제대로 발휘할 수 있을 것이다. 선진국 근로자의 임금은 관련이 없다.

24 유통기업은 인적서비스를 중심으로 고객과 접촉하므로 서비스를 실행함에 있어 리더십이 중요하다. 다음 중 리더십(Leader ship)이론에 대한 설명으로 가장 옳지 않은 것은?

① 리더십의 특성이론은 리더의 특성보다는 실제행동 측면에 관심을 두어서 리더가 나타내는 반복적인 행동패턴을 일컫는 리더십의 유형을 찾아내는 것이다.
② 자기경영 리더십은 '나는 어떤 일이든 해 낼 수 있다'고 확신하는 자기 자신에 대한 믿음, 즉 자신감에서 비롯되며 자신을 관리하는 능력과 같다.
③ 카리스마적 리더십은 리더의 특출한 성격과 능력에 의하여 추종자들이 특별히 강한 헌신과 리더와의 일체화를 이끌어내는 리더십이다.
④ 리더십의 구체적인 내용에는 지도자의 퍼스낼리티(personality) 특징을 활동력, 결단력, 설득력, 책임감, 지적인 능력으로 보고 이를 리더십의 중심이 되게 한다.
⑤ 조직구성원들이 목적달성에 자발적 협력하도록 유도하는 작용과 기능을 말하며, 어디까지나 조직 구성원의 자발적인 협력을 자극해 나가는 특징으로 볼 수 있다.

리더십의 행동이론은 리더의 특성보다는 실제행동 측면에 관심을 두어서 리더가 나타내는 반복적인 행동패턴을 일컫는 리더십의 유형을 찾아내는 것이다.

25 유통업체의 인적자원를 확보하고 활용을위한 각각의 단계에 대한 설명으로 가장 옳지 않은 것은?

① 모집(recruitment)은 조직이 필요로 하는 조직구성원을 모집하기 위해서 사용되며, 인력선발 도구의 신뢰성은 피평가자에 대한 측정결과의 정확성을 의미한다.
② 배치(placement)는 직무 내용이 무엇이고 그 직무를 수행하는 데 직무 수행자가 갖추어야 할 요건이 무엇인지를 알 수 있게 해야 한다.

23 ④ 24 ① 25 ④

③ 경력계획(career planning)은 경력 개발 계획의 실효를 거두기 위해서는 여러 가지 직무들을 수행하는데 필요한 요건과 각 직무들이 계층별로 어떻게 연결되어 있는가를 알아야 할 필요가 있다.

④ 직무분석(job analysis)는 직무의 내용과 그것을 수행하는 방법을 설정하거나 직무 또는 현재 수행되고 있는 직무의 내용과 방법을 파악해야만 하는데 수행되어야 할 내용을 파악하여야 한다.

⑤ 직무지도 및 진로상담(job guidance and counseling)은 특정 직무에 포함되어 있는 과업, 행동, 의무, 관계, 책임 등과 아울러 특정한 직무를 효과적으로 수행한다.

오답풀이 직무설계(job design)는 직무의 내용과 그것을 수행하는 방법을 설정하거나 직무 또는 현재 수행되고 있는 직무의 내용과 방법을 파악해야만 하는데 수행되어야 할 내용을 파악하여야 한다.

26 인간은 상황적인 변화요구에 민감하게 반응하여 자신의 역할을 수정하는 능력을 갖고 있다. 예를 들어, 어떤 노조간부가 회사의 간부직원으로 승진하게 되면 그의 친노조적 태도는 조금씩 친 경영자적 태도로 바뀌어가는 경향이 생긴다는 내용은?

① 역할 지각(role perception) ② 역할 기대(role expectation)
③ 역할 갈등(role conflict) ④ 역할 정체성(role identity)
⑤ 역할 능력(role capability)

오답풀이 역할 정체성(role identity)은 입장이 변화된 상황에서의 위치에서 오는 혼란을 말한다.

27 다음 중 연봉제의 장점 및 단점에 대한 설명으로 거리가 가장 먼 것은?

① 연봉제는 능력과 실적이 임금과 직결되어 있으므로 종업원에게 동기를 부여해 의욕적으로 근무할 수 있게 하고 조직의 활성화와 사기 앙양을 유도할 수 있다.

② 종래의 연공급체계로는 국제적인 감각을 지닌 관리자의 인재확보가 어렵기 때문에 연봉제를 통해 우수한 인적자원을 확보할 수 있다.

③ 연봉결정에 있어서는 단기적인 업적과 결과가 중시되기 때문에 장기적인 안목과 관련된 부분에 대한 배려가 소홀해질 우려가 있다.

④ 상사와 부하 간의 의사소통이 원활해진다. 연봉제 대상자는 매년 스스로 업무목표를 세우고 이를 상사와 면담하여 확정한 후 연말에 그 달성정도를 평가받기 때문이다.

⑤ 기존의 임금체계를 보완했다는 평을 들으면서도 일부의 근로자들의 입장에서는 불평을 야기하는 시스템이라고 할 수 있다.

정답 26 ④ 27 ③

종업원의 능력 및 실적을 평가하여 계약에 의하여 연간임금액을 결정하고 이를 매월 분할하여 지급하는 능력중시형 임금지급체계로서, 미국에서는 일반화된 형태이다. 종업원이 수행하는 직무의 특성에 따라 임금결정이 달라지는 직무급이나 종업원의 연령 · 성별 · 근속연수 등에 따라 이루어지는 연공급과 달리 종업원이 수행한 성과결과에 의하여 임금이 결정되는 성과급의 일종이며, 개인과 회사 간의 개별계약에 의한 개별성과급을 특징으로 한다.

28 교육 인적자원 관리를 하나의 통합적 · 시스템적 의사결정으로 볼 때 인적자원 관리의 과정(단계)를 올바르게 나열한 것은?

① 직무(구조)분석－충원－훈련/개발－보상－종업원 관계 관리
② 직무(구조)분석－충원－훈련/개발－종업원 관계 관리－보상
③ 충원－직무(구조)분석－훈련/개발－보상－종업원 관계 관리
④ 충원－훈련/개발－직무(구조)분석－종업원 관계 관리－보상
⑤ 보상－충원－훈련/개발－직무(구조)분석－종업원 관계 관리

인적자원 관리는 장기적인 조직의 경영 목표를 달성하는 데 필요한 인력들에 대한 요구사항(기술, 학력, 인원 수, 비용)을 파악하는 기능과, 채용, 배치, 급여 등의 정보를 분석하는 기능을 제공한다. ①이 가장 적합한 내용이다.

29 "노동위원회는 (A)기간 동안 (B)(이)가 이루어지지 않아 행정기관으로부터 사건의 이송을 받은 때에는 지체 없이 (C)에 착수하여야 한다."에서 (A), (B), (C)에 들어갈 용어로 구성된 항목은?

① 알선－알선－중재
② 알선－알선－조정
③ 조정－조정－중재
④ 조정－조정－알선
⑤ 알선－조정－중재

노동위원회(labor relations committee)는 노사분쟁의 조정과 심판기능을 담당하는 준 사법기구로서, 심판은 집단적 · 개별적 노사관계 등에 관한 권리분쟁에 대해 판단을 내리는 것이며, 조정기능은 노동쟁의에 대해 조정 · 중재 · 긴급조정을 내리는 것을 말한다. 일반사업장에 대한 조정은 10일간의 조정기간을 거쳐 사용자위원, 근로자위원, 공익위원 3명으로 구성된 조정위원회에서 결정된다. 그리고 공익사업에 대해서는 15일간의 조정기간이 지난 다음 공익위원 3명으로 구성된 특별조정위원회에서 조정하게 된다. 조정에 대해 불복할 경우에는 중재를 신청할 수 있다.

28 ①　　29 ③

30 근로자가 노조에 가입하지 않거나 이미 노조에 가입한 경우에는 탈퇴를 조건으로 고용하는 부당노동행위를 일컫는 말은?

① 황견 계약
② 이면 계약
③ 보복적 불이익 계약
④ 강제협의 계약
⑤ 1년 유예가입조건계약

오답풀이 황견 계약은 사용자가 피고용자를 고용할 때 노동조합에 가입하지 않는 조건으로 고용계약을 하는 것을 말하며, 이것은 노동3권을 침해하는 것이므로 위법이다.

31 사람들이 식당에서 자기가 먹고 싶은 것을 자유롭게 선택하듯이, 기업이 다양한 복지후생 프로그램을 제시하고 종업원이 일정한 기준에 따라 자유롭게 자기에게 맞는 복지프로그램을 선택하는 것을 카페테리아식(Cafeteria Style) 후생복지라고 한다. 다음 중 카페테리아식 후생복지의 장점이라고 보기 어려운 것은?

① 종업원의 욕구를 반영하므로 동기부여에 효과적이다.
② 후생복지 항목에 대한 예산의 효율적 배분이 가능하다.
③ '선택적 기업복지제도'를 말하며 '선택적 복리후생제도'라고도 한다.
④ 노동자들은 자신들의 필요성을 충분히 반영해 복지제도를 선택할 수 있다.
⑤ 종업원들의 선택에 의해 필요 없는 복지후생은 제공하지 않아도 되므로 운영비용도 줄일 수 있다.

오답풀이 '선택적 기업복지제도'를 말하며 '선택적 복리후생제도'라고도 한다. 선택적 기업복지제도는 마치 카페테리아에서 자신이 원하는 음식을 선택하듯이, 기업이 제공하는 복리후생 항목 중 일정 금액 한도 내에서 노동자가 자신의 필요에 맞춰 복리후생 항목을 선택할 수 있게 한 제도이다. 전통적인 복리후생제도가 노동자 개개인이 그것을 이용하든 이용하지 않든 관계 없이 모든 노동자에게 일률적으로 똑같은 복리후생제도를 적용하는 것이라면, 카페테리아 플랜의 기본적인 골격은 다양한 복리후생제도의 종류 가운데 노동자가 원하는 것을 선택할 수 있도록 하는 것이라고 할 수 있다.

32 우리 속담에 '잘 되면 내 탓, 잘못되면 조상 탓'이라는 말이 있다. 이 말은 인사고과를 할 때 발생할 수 있는 오류 중 어떤 것과 가장 관련이 깊은 말인가?

① 유사성 오류(similar-to-me errors)
② 상관 편견(correlational bias)
③ 대비 오류(contrast errors)

해답 30 ① 31 ⑤ 32 ④

④ 귀속과정 오류(errors of attribution process)
⑤ 대조효과(contrast effect)

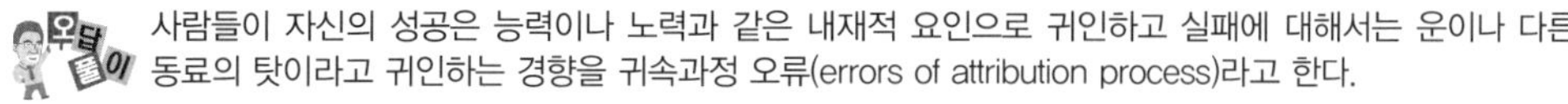
사람들이 자신의 성공은 능력이나 노력과 같은 내재적 요인으로 귀인하고 실패에 대해서는 운이나 다른 동료의 탓이라고 귀인하는 경향을 귀속과정 오류(errors of attribution process)라고 한다.

33 다음 중 선발 시 면접(Interview)에 대한 내용으로 옳지 않은 것은?

① 혼합형 면접은 구조적 면접과 비구조적 면접이 혼합된 방식의 면접이다.
② 평가자와 피평가의 수에 따라 면접은 개별 면접과 집단 면접이 있다.
③ 구조적 면접은 미리 정해진 질문 양식에 따라 피면접자에게 질문하는 형태이다.
④ 상황적 면접은 면접을 진행하면서 자유로운 분위기 속에서 진행한다.
⑤ 면접을 수행함에 있어 평가자는 피평가자의 상관이 아니라는 점을 고려해야한다.

오답풀이 비구조적 면접(unstructured interview)은 면접 담당자가 면접을 진행하면서 자유로운 분위기에서 다양한 질문을 던지고 그에 대한 피면접자의 반응을 토대로 평가하는 면접을 말한다.

34 다음은 인사 고과의 평가기법에 대한 설명이다. 이에 대한 설명으로 옳지 않은 것은?

① 대조리스트법은 평정이 적당한 몇 가지 표준 행동을 배열하고, 이 리스트에 해당 사항을 체크하여 채점하는 방식이다.
② 서열법은 성적 순위법이라고도 하는데 1등급, 2등급, 3등급 등 순위 번호를 붙여서 평가하는 방법이다.
③ 평정척도법은 평정 방법이 비교적 간단하며 기업의 인사 고과에 널리 보급되고 있는 방식이다.
④ 중요사건서술법은 주어진 4~5개의 선택해야 할 기술 중에서 피고과자에게 가장 적합한 기술과 그렇지 않은 기술 중 하나를 선택하게 되어 있다.
⑤ 인사 고과의 평가기법은 상황의 적합성을 고려해서 평가를 해야지 평가자의 감정이나 호감도, 비 호감도 등이 개입을 철저하게 배제해야 한다.

오답풀이 중요사건 서술법(critical incidents)은 각각의 피고과자들이 직무를 수행하는 데 있어 효과적이었거나 비 효과적이었던 행동들을 고과자가 관찰하여 보고하는 것이다.

해답 33 ④ 34 ④

Chapter 3 경영 분석

01 회계의 기초

1. 회계에 대한 이해

(1) 회계의 의의

① 회계는 거래 사건을 기록 · 분류 · 요약하고 그 결과를 해석하는 것으로서 주로 회계 보고서의 작성에 관한 내용이다.

② 회계란 경제적 정보를 측정 · 전달하는 과정으로서 정보 이용자의 경제적 의사결정에 유용한 정보를 제공하는 것을 목적으로 한다.

(2) 회계의 목적

① 회계의 목적(objective of accounting)이란 회계가 지향하는 목표가 되는 것으로, 재무회계의 목적, 재무보고의 목적, 또는 재무제표의 목적이라고도 부른다.

② 현재 일반적으로 받아들이고 있는 회계의 목적은 정보 이용자가 경제적 의사결정을 하는 데 유용한 정보를 제공하는 것으로 해석하고 있다. 이러한 목적은 광범위하게 정의된 것으로 회계의 기본 목적이라고 할 수 있다.

③ 재무회계는 회계 정보 이용자가 기업 실체와 관련하여 합리적인 의사결정을 할 수 있도록 재무상의 자료를 일반적으로 인정된 회계원칙에 따라 처리하여 유용하고 적정한 정보를 제공하는 것을 목적으로 한다.

(3) 미국(FASB)의 재무회계 개념보고서(SFAC)의 회계 목적

① 투자 및 신용 결정에 유용한 정보 제공

② 현금 흐름 전망을 평가하는 데 유용한 정보 제공

③ 기업의 자원, 청구권 및 소유주 지분에 관한 정보의 제공

④ 경제적 자원, 채무 및 소유주 지분에 관한 정보의 제공

⑤ 기업 성과와 이익에 관한 정보의 제공

⑥ 유동성, 지급 능력, 자금 흐름에 관한 정보의 제공

⑦ 경영 수탁 및 성과에 관한 정보의 제공

⑧ 경영 설명과 해석에 관한 정보의 제공

(4) 한국회계기준원(KAI) 재무회계의 목적

① 투자 및 신용 의사결정에 유용한 정보의 제공

② 미래 현금 흐름 및 예측에 유용한 정보의 제공

③ 경영자의 수탁 책임 평가에 유용한 정보의 제공
④ 재무 상태, 경영 성과, 현금 흐름 및 자본 변동에 관한 정보의 제공

2. 한국회계기준원(KAI ; Korea Accounting Institute)

(1) 한국회계기준원

① 사단법인 한국회계기준원은 '주식회사의 외부감사에 관한 법률'의 규정에 따라 2000년 7월 27일부터 기업회계기준의 제정, 개정, 해석과 질의회신 등 관련 업무를 금융위원회로부터 위탁받았다.

② 한국회계기준원은 규정과 정관의 규정에 따라 회계처리기준에 관한 사항을 심의 및 의결하기 위하여 회계기준위원회(KASB ; Korea Accounting Standards Board)를 설치하여 운영하고 있다.

③ 기업회계기준 전문은 기업회계기준의 일부는 아니나 회계기준위원회가 기업회계기준의 제정 및 개정 업무를 수행함에 있어서 기업회계기준의 구조와 제정 절차 등에 대한 회계기준위원회의 기본입장을 밝히기 위하여 제정되었다.

(2) 회계기준위원회의 기본 관점

① 재무회계정보는 한정된 경제적 자원이 자본시장을 통하여 효율적으로 배분되도록 지원하는 기능을 수행하는 자본주의 시장경제체제의 중요한 하부구조의 하나로 기업회계기준은 재무회계정보의 경제적 기능이 극대화될 수 있는 방향으로 제정되고 개정되어야 한다.

② 회계기준위원회는 국제적 수준의 기업회계기준, 기업에 의한 기업회계기준의 준수, 신뢰성 있는 외부감사 등 공정하고 투명한 기업회계제도의 확립이 자본시장 선진화의 선결 조건임을 인식하며 기업회계기준의 제정과 개정은 이러한 관점을 중시하여 수행되어야 한다고 믿는다.

③ 우리나라의 기업회계기준은 과거에는 법조문의 형식을 유지하여 왔기 때문에 실무상 적용에 필요한 상세한 규정이 결여되어 있고 국제회계기준 등 국제적으로 인정받고 있는 회계기준과의 비교가 어렵다는 비판을 받아 왔다. 또한 기업회계기준을 일관하는 기본 입장이 정립되어 있지 않아서 기준의 중립성이 훼손되는 경우가 많았다.

④ 회계기준위원회는 기업회계기준의 국제적 정합성을 제고하기 위하여 문단식의 구조를 채택하고 국제회계기준에 준거하여 기업회계기준을 제정 및 개정하는 것을 원칙으로 하여 왔다. 다만, 우리나라 고유의 기업환경 등으로 그 경제적 실질이 달라 국제회계기준을 적용하는 것이 명백히 적합하지 않다고 판단되는 경우에는 경제적 실질의 차이점을 감안하여 기준을 제정하거나 개정하였다.

(3) 기업회계기준의 구조

① 회계기준위원회는 회계기준제정기구가 회계기준을 제정 및 개정함에 있어서 기본적인 방향과 일관성 있는 지침을 제공하고 재무제표의 작성자, 감사인 및 이용자들의 재무제표에 대한 이해를 높일 목적으로 개념체계를 제정한다.

② 이에 따라 '현행의 기업회계기준'에 대한 '재무회계개념체계'와 '한국채택국제회계기준'에 대한 '재무제표의 작성과 표시를 위한 개념체계'를 제정하였다. 그리고 필요하다면, '일반기업회계기준'에 대한 별도의 개념체계도 제정할 것이다.

③ 기업회계기준은 '한국채택국제회계기준'을 도입하기 전에는 '현행의 기업회계기준'으로 구성되고, '한국채택국제회계기준'을 도입한 후부터는 '한국채택국제회계기준', '일반기업회계기준', '특수 분야 회계기준' 등으로 구성된다.

④ 현행의 기업회계기준은 '기업회계기준서', '기업회계기준 해석서', '기업회계기준', '업종별 회계처리 준칙 등' 및 '기업회계기준 등에 관한 해석' 등으로 구성된다.

⑤ 한국채택국제회계기준, 일반기업회계기준, 특수 분야 회계기준 등은 각각 '기업회계기준서'와 '기업회계기준 해석서'로 구성되며, 기준의 본문은 아니지만 실무적용의 편의를 위하여 관련 실무지침 등을 제공한다.

(4) 현행의 기업회계기준

① '현행의 기업회계기준'을 구성하는 '기업회계기준서'는 관련 회계 주제의 회계처리방법, 표시 및 공시에 대한 원칙을 제공한다. 동시에 기업회계기준서의 각 문단은 회계규범적인 성격을 갖고 있으므로 회계이론에 바탕을 두고 논리 정연하게 서술하고 있다.

② 기업회계기준서는 국제회계기준과의 정합성을 높이고 실무 적용상의 편의를 제공하기 위하여 문단식의 구조를 채택하고 있다. 기업회계기준서의 각 문단은 동일한 권위를 지니며 굵게 표시된 문단은 주요 기준을 의미한다. 각 문단은 해당 기준서의 목적과 결론도출근거, 본 전문과 '재무회계개념체계' 등을 배경으로 이해하여야 한다.

③ 현행의 기업회계기준을 구성하는 '기업회계기준해석서'는 기업회계기준서에서 다루지 못한 세부 실행지침을 기술하고 기술적인 문제 등을 사례를 중심으로 해설하거나 기업회계기준서의 적용에 필요한 지침을 제공한다.

④ 기업회계기준 해석서는 기업회계기준서의 내용 중 일반적인 표현에 대한 분명한 해석이 필요하거나 사후적으로 기업회계기준서의 내용과 관련된 추가적인 회계 문제가 인식되는 등 기업회계기준서의 내용을 개정할 필요는 없으나 보완이 필요한 경우에 제정한다.

⑤ 일반기업회계기준은 '주식회사의 외부감사에 관한 법률'의 적용대상기업 중 '한국채택국제회계기준'에 따라 회계처리하지 아니하는 기업이 적용해야 하는 회계처리기준이다.

(5) 기업회계기준 일반원칙

① 신뢰성의 원칙: 회계처리 및 보고는 신뢰할 수 있도록 객관적인 자료와 증거에 의하여 공정하게 처리되어야 한다는 원칙이다.

② **명료성의 원칙:** 재무제표의 양식 및 과목과 회계용어는 이해하기 쉽도록 간단명료하게 표시하여야 한다는 원칙이다.

③ **충분성의 원칙:** 중요한 회계처리의 회계처리기준 과목 및 금액에 관하여 그 내용을 재무제표상에 충분히 표시하여야 한다는 원칙이다.

④ **중요성의 원칙:** 회계처리와 재무제표 작성에 있어 과목과 금액은 중요성에 따라 실용적인방법에 의하여 결정해야 한다는 원칙으로, 경제성의 원칙이 기본이 된다.

⑤ **계속성의 원칙:** 회계처리기준 및 절차는 매기 계속하여 적용하고 정당한 사유 없이 이를 변경하여서는 안 되며, 기간별 비교가 가능하도록 하여야 한다는 원칙이다.

⑥ **안전성의(보수주의) 원칙:** 회계처리 과정에서 2개 이상의 선택 가능한 방법이 있는 경우, 재무적 기초를 견고히 하는 관점에서 처리해야 한다는 원칙이다.

⑦ **실질우선의 원칙:** 회계처리하는 거래의 실적과 경제적 사실을 반영할 수 있어야 한다는 원칙이다.

(6) 기업회계기준 주요용어

① **일반기업 회계기준:** '주식회사의 외부감사에 관한 법률'의 적용대상기업 중 '한국채택국제회계기준'에 따라 회계처리하지 아니하는 기업이 적용해야 하는 회계처리기준이다.

② **재무제표가 사실상 확정된 날:** 정기주주총회 제출용 재무제표가 이사회에서 최종 승인된 날. 다만, 주주총회에 제출된 재무제표가 주주총회에서 수정 · 승인된 경우에는 주주총회일을 말한다.

③ **측정 속성:** 일정 기간 동안 주주와의 자본거래를 제외한 모든 거래나 사건에서 인식한 자본의 변동. 포괄손익에는 주주의 투자 및 주주에 대한 분배 등 자본거래를 제외한 모든 원천에서 인식된 자본의 변동이 포함된다.

④ **현금 및 현금성 자산:** 통화 및 타인발행수표 등 통화대용증권과 당좌예금, 보통예금 및 큰 거래비용 없이 현금으로 전환이 용이하고 이자율 변동에 따른 가치변동의 위험이 경미한 금융상품으로서 취득 당시 만기일(또는 상환일)이 3개월 이내인 것을 말한다.

⑤ **포괄손익:** 일정 기간동안 주주와의 자본거래를 제외한 모든 거래나 사건에서 인식한 자본의 변동. 포괄손익에는 주주의 투자 및 주주에 대한 분배 등 자본거래를 제외한 모든 원천에서 인식된 자본의 변동이 포함된다.

3. 회계 정보 이용자와 회계의 분류

(1) 회계정보 이용자

① 기업이 산출하는 회계 정보를 이용하는 회계 정보 이용자는 투자자, 금융기관, 경영자 등을 비롯한 수많은 이해관계자들이 넓게 포진되어 있다. 이 중에서 투자자, 금융기관 등을 기업의 외부 정보 이용자라 하고, 경영자를 기업 내부의 정보 이용자라고 한다.

② 투자자와 금융기관은 자기가 투자 또는 대출을 하려는 기업에 관한 회계 정보를 필요로 하기 때문이며, 경영자는 경영관리를 위하여 자신이 경영하고 있는 기업의 회계 정보를 필요로 하게 된다.

(2) 회계의 분류

① 재무회계(Financial Accounting)

㉠ 투자자, 금융기관을 비롯한 기업 외부의 정보 이용자에게 유용한 정보를 제공하는 것을 가장 기본적인 목적으로 하는 회계이다.

㉡ 기업 외부의 이해관계자란 투자자, 금융기관 외에도 거래처, 소비자, 정부기관, 노동조합 등 다양한 집단으로 구성되어 있다.

㉢ 재무회계에서는 이처럼 다양한 정보 이용자들의 요구를 모두 수용할 수 없기 때문에, 단지 그들의 공통적인 요구만을 수용하는 일반적으로 인정된 회계 목적의 보고서인 재무제표를 통해 정보를 제공한다.

② 관리회계(Managerial Accounting)

㉠ 기업 내부의 정보 이용자인 경영자에게 유용한 정보를 제공하는 것을 목적으로 하는 회계이다.

㉡ 관리회계는 경영자의 의사결정 유형에 적합한 회계 정보를 제공해야 한다. 관리회계에서 제공하는 회계 정보는 경영자의 특정 의사결정에 적합한 정보가 되어야 하므로 특수 목적의 재무보고서라 한다.

③ 세무회계(Tax Accounting)

㉠ 세무회계는 기업의 관련 법규에 따라 세무 신고를 하게 되는 경우 이를 뒷받침하는 것을 말한다. 따라서 세무회계에서는 기업의 소득이나 판매액을 기준으로 하여 정부에 납부할 세금을 산출하는 데 필요한 정보를 생산한다.

㉡ 세금은 기업의 소득에 대해서만 하는 법인세뿐만 아니라, 판매액에 대해서도 징수하는 부가가치세 등 여러 가지 조세적인 특례사항들 때문에 기업의 영업 활동에 관한 회계 정보가 이용되는 경우도 있다.

4. 재무보고

(1) 재무보고의 개념

① 재무보고는 기업실체 외부의 다양한 이해관계자의 경제적 의사결정을 위해 경영자가 기업실체의 경제적 자원과 의무, 경영성과, 현금흐름, 자본변동 등에 관한 재무정보를 제공하는 것을 말한다.

② 재무보고는 기업실체의 회계시스템에 근거한 재무제표에 의해 주로 이루어지나, 그 외의 수단에 의해서도 재무정보가 제공될 수 있다. 이러한 정보 제공은 감독규정의 요구, 관습 또는 경영자의 자발적 판단 및 기타 이해관계자의 요구에 의해 이루어진다.

③ 재무보고의 기타 수단으로 제공되는 재무정보에는 재무제표에 보고되기에 적절하지는 않지만 재무정보이용자의 의사결정에 적합한 정보가 모두 포함된다.
④ 사업보고서는 재무제표와 더불어 기업실체의 재무정보를 제공하는 재무보고 수단의 예이며 일반적으로 비재무정보를 포함한다. 또한, 주석 외의 공시사항, 경영자 예측, 기업실체의 사회 · 환경적 영향에 대한 설명 등은 재무제표에서 제공되지 않는 재무정보 또는 비재무정보의 예이다.

(2) 재무제표

① 재무제표(financial statement)는 가장 핵심적인 재무보고 수단으로서 기업실체의 경제적 자원과 의무, 그리고 자본과 이들의 변동에 관한 정보를 제공하며 주석을 포함한다.
② 중요한 회계방침이나 자원(자산) 및 의무(부채)에 대한 대체적 측정치에 대한 설명 등과 같은 주석은 재무제표가 제공하는 정보를 이해하는 데 필수적인 요소로서 회계기준에 따라 작성된 재무제표의 중요한 부분으로 인정된다.
③ 재무제표(financial statement)는 기업이 보유한 재무적 자원을 활용하여 기업을 운영하고, 그 결과를 주기적으로 주주, 채권자, 직원 등 여러 이해관계자에게 제공하는 보고서를 말한다. 재무제표는 정해진 회계기간의 현금흐름을 보여 주는데, 재무상태표, 포괄손익계산서, 자본변동표, 현금흐름표, 주석으로 구성되어 있다.
④ 재무제표의 명칭은 전달하고자 하는 정보의 성격을 충실히 나타내야 하며 관련 법규와의 상충이 없는 경우에는 재무상태보고서, 경영성과보고서, 자본변동보고서(또는 소유주지분변동보고서), 현금흐름보고서 등 대체적인 명칭을 사용할 수 있다.
⑤ 재무제표의 한계점으로 지적되는 사항은 발생된 거래의 결과를 기록한 것이기는 하나, 실제로는 부분적으로 추정이 적용되고 있고, 신제품 개발과 같은 계량화가 어려운 유용한 질적 정보가 많이 생략되고 있다는 점이다.
⑥ 현행의 재무제표는 인플레이션을 고려하지 않은 역사적 원가에 의해 작성되고 있기 때문에 물가가 크게 변동할 경우 기업의 경제적 실태를 올바르게 나타내주지 못한다.

(3) 재무정보의 이용자

① 투자자는 기업실체가 발행한 지분증권(주식) 또는 채무증권(회사채)에 투자한 자 등을 말한다.
② 채권자는 기업실체에 대해 법적 채권을 가지고 있는 자금대여자 등을 말하며, 경우에 따라 공급자, 고객, 종업원을 포함한다. 본 개념체계에서는 문단 내용에 따라 채권투자자를 투자자 또는 채권자에 속하는 것으로 본다.
③ 기타 정보이용자는 경영자, 재무 분석가와 신용평가기관 같은 정보중개인, 조세당국, 감독 · 규제기관 및 일반대중 등을 말한다.

02 재무제표와 재무상태표

1. 재무제표

(1) 적용범위

① 중간기간을 포함한 모든 회계기간에 대하여 작성하는 재무제표, 연결재무제표 및 기업집단결합재무제표의 작성에 적용한다. 단, 중간재무제표, 연결재무제표, 기업집단결합재무제표의 작성과 표시에 관하여 특별한 사항은 특수분야회계기준에서 정할 수 있다.

② 특수분야회계기준은 관계 법령 등의 요구사항이나 한국에 고유한 거래나 기업환경 등의 차이를 반영하기 위하여 제정하는 회계기준을 말한다. 적용범위는 모든 업종의 기업에 적용하지만 특수한 업종을 영위하는 기업의 재무제표 작성과 표시에 관한 특별한 사항은 다른 장 또는 특수분야회계기준에서 정할 수 있다.

③ 재무제표(financial statement)는 기업이 보유한 재무적 자원을 활용하여 기업을 운영하고, 그 결과를 주기적으로 주주, 채권자, 직원 등 여러 이해관계자에게 제공하는 보고서를 말한다. 재무제표는 정해진 회계기간의 현금흐름을 보여 주는데, 재무상태표, 포괄손익계산서, 자본변동표, 현금흐름표, 주석으로 구성되어 있다.

(2) 재무제표 작성과 표시의 일반원칙–계속기업

① 경영진은 재무제표를 작성할 때 계속기업으로서의 존속가능성을 평가해야 한다. 경영진이 기업을 청산하거나 경영활동을 중단할 의도를 가지고 있지 않거나, 청산 또는 경영활동의 중단 외에 다른 현실적 대안이 없는 경우가 아니면 계속기업을 전제로 재무제표를 작성한다.

② 계속기업으로서의 존속능력에 유의적인 의문이 제기될 수 있는 사건이나 상황과 관련된 중요한 불확실성을 알게 된 경우, 경영진은 그러한 불확실성을 공시하여야 한다. 재무제표가 계속기업의 기준하에 작성되지 않는 경우에는 그 사실과 함께 재무제표가 작성된 기준 및 그 기업을 계속기업으로 보지 않는 이유를 공시하여야 한다.

(3) 재무제표의 작성책임과 공정한 표시

① 재무제표의 작성과 표시에 대한 책임은 경영진에게 있다. 재무제표는 경제적 사실과 거래의 실질을 반영하여 기업의 재무상태, 경영성과, 현금흐름 및 자본변동을 공정하게 표시하여야 하며,

② 재무제표가 일반기업회계기준에 따라 작성된 경우에는 그러한 사실을 주석으로 기재하여야 한다. 그러나 재무제표가 일반기업회계기준에서 요구하는 사항을 모두 충족하지 않은 경우에는 일반기업회계기준에 따라 작성되었다고 기재하여서는 아니 된다.

(4) 재무제표 항목의 구분과 통합표시

① 중요한 항목은 재무제표의 본문이나 주석에 그 내용을 가장 잘 나타낼 수 있도록 구분하여 표시하며, 중요하지 않은 항목은 성격이나 기능이 유사한 항목과 통합하여 표시할 수 있다.

② 재무제표의 표시와 관련하여 재무제표 본문과 주석에 적용하는 중요성에 대한 판단 기준은 서로 다를 수 있다. 재무제표 본문에는 통합하여 표시한 항목이라 할지라도 주석에는 이를 구분하여 표시할 만큼 중요한 항목이 될 수 있다. 이러한 경우에는 재무제표 본문에 통합하여 표시한 항목의 세부 내용을 주석으로 기재한다.

③ 일반기업회계기준에서 재무제표의 본문이나 주석에 구분 표시하도록 정한 항목이라 할지라도 그 성격이나 금액이 중요하지 아니한 것은 유사한 항목으로 통합하여 표시할 수 있다.

(5) 비교재무제표의 작성

① 재무제표의 기간별 비교가능성을 제고하기 위하여 전기 재무제표의 모든 계량정보를 당기와 비교하는 형식으로 표시한다. 또한 전기 재무제표의 비계량정보가 당기 재무제표를 이해하는 데 필요한 경우에는 이를 당기의 정보와 비교하여 주석에 기재한다.

② 전기 보고기간 종료일 현재 미해결 상태인 소송사건이 당기 재무제표가 사실상 확정된 날까지 해결되지 않은 경우에는 전기 보고기간종료일에 불확실성이 존재하였다는 사실과 내용, 당기에 취해진 조치 및 결과 등에 대한 정보를 주석으로 기재한다.

(6) 재무제표 항목의 표시와 분류의 계속성

① 재무제표의 기간별 비교가능성을 제고하기 위하여 일반기업회계기준에 의하여 재무제표 항목의 표시와 분류의 변경이 요구되는 경우, 사업결합 또는 사업중단 등에 의해 영업의 내용이 유의적으로 변경된 경우, 재무제표 항목의 표시와 분류를 변경함으로써 기업의 재무정보를 더욱 적절하게 전달할 수 있는 경우 재무제표 항목의 표시와 분류는 매기 동일하여야 한다.

② 재무제표 항목의 표시나 분류방법이 변경되는 경우에는 당기와 비교하기 위하여 전기의 항목을 재분류하고, 재분류 항목의 내용, 금액 및 재분류가 필요한 이유를 주석으로 기재한다. 다만, 재분류가 실무적으로 불가능한 경우에는 그 이유와 재분류되어야 할 항목의 내용을 주석으로 기재한다.

③ 기업은 변경된 표시방법이 재무제표이용자에게 신뢰성 있고 더욱 목적적합한 정보를 제공하며, 변경된 구조가 지속적으로 유지될 가능성이 높아 비교가능성을 저해하지 않을 것으로 판단할 때에만 재무제표의 표시방법을 변경한다.

(7) 재무제표의 보고양식

① 재무제표는 이해하기 쉽도록 간단하고 명료하게 표시하여야 하며, 이 장의 부록 적용사례에 예시된 재무제표의 양식을 참조하여 작성한다. 예시된 명칭보다 내용을 잘 나타내는 계정과목명이 있을 경우에는 그 계정과목명을 사용할 수 있다.

② 재무제표는 재무상태표, 포괄손익계산서, 자본변동표, 현금흐름표, 주석으로 구성되어 있다. 기업명, 보고기간종료일 또는 회계기간, 보고통화 및 금액단위 사항을 각 재무제표의 명칭과 함께 기재한다.

(8) 재무제표의 상호관련성

① 재무상태표(statement of financial position)는 회계기간 마지막 날을 기준으로 기업의 재무상태(자산, 부채, 자본)를 보여 주는 자료이다. 재무상태표 정보가 현금흐름표 정보와 함께 이용된다면 유동성 또는 재무적 탄력성을 평가하는 데 더 유용할 수 있다.

② 포괄손익계산서(statement of comprehensive income)는 한 회계기간 동안 기업의 경영성과(수익, 비용)를 보여주는 자료로서, 손익계산서 정보는 재무상태표 정보와 함께 사용될 때 더욱 의미 있는 해석이 가능하게 된다. 예를 들어, 자기자본이익률은 수익성의 기간별 비교 또는 기업실체 간 비교의 목적으로 유용한 정보를 제공할 수 있다.

③ 현금흐름표(statement of cash flows)는 한 회계기간 동안 발생한 현금흐름(현금의 유입 및 유출)이 어떠하였는지를 보여 주는 자료이다. 그러나 동일한 회계기간 내에서 수익과 비용이 대응되는 것과 달리 현금유입과 현금유출은 서로 대응되어 표시되지 않으므로 현금흐름표는 기업실체의 미래 현금흐름을 전망하는 데 충분한 정보를 제공하지 못한다. 예를 들어, 영업활동에서의 현금유입은 많은 부분이 과거의 영업활동에 의해 나타나게 되고, 또한 현재의 현금지출은 미래의 현금유입을 위해 이루어진다. 그러므로 미래의 현금흐름을 예측하기 위하여 현금흐름표 정보는 손익계산서와 재무상태표의 정보가 함께 사용될 필요가 있다.

④ 자본변동표(statement of changes in equity)는 한 회계기간 동안 기업의 자본이 어떻게 변하였는지를 보여 주는 자료이다. 그러나 이러한 정보는 다른 재무제표 정보와 함께 사용되어야 그 유용성이 증대된다. 예를 들어, 주주에 대한 배당은 손익계산서상의 이익과 비교될 필요가 있으며, 유상증자 및 자기주식 취득과 배당은 신규차입 및 기존 채무의 상환 등과 비교될 때 그 정보유용성이 증대될 수 있다.

⑤ 주석(footnotes, notes 또는 disclosure)은 위 네 보고서를 더 잘 이해하기 위한 추가 정보(재무제표 작성 기준, 감가상각 방법 설명, 차입금의 세부 내용 등)를 제시하는 자료이다.

2. 재무상태표(statement of financial position)

(1) 재무상태표의 목적

① 재무상태표는 일정시점 현재 기업이 보유하고 있는 경제적 자원인 자산과 경제적 의무인 부채, 그리고 자본에 대한 정보를 제공하는 재무보고서이다.

② 재무상태표가 제공하는 중요한 정보로는 기업의 경제적 자원에 관한 정보, 기업의 유동상태와 채무상환능력에 관한정보, 미래의 기업활동 예측에 관한정보, 기업의 자산, 자본, 부채 등에 관한 정보가 있다. 정보이용자들이 기업의 유동성, 재무적 탄력성, 수익성과 위험 등을 평가하는 데 유용한 정보를 제공한다.

(2) 재무상태표의 기본구조

① 재무상태표의 구성요소인 자산, 부채, 자본은 각각 다음과 같이 구분한다.

② 자산은 유동자산과 비유동자산으로 구분한다. 유동자산은 당좌자산과 재고자산으로 구분하고, 비유동자산은 투자자산, 유형자산, 무형자산, 기타비유동자산으로 구분한다.

③ 부채는 유동부채와 비유동부채로 구분한다.

④ 자본은 자본금, 자본잉여금, 자본조정, 기타포괄손익누계액 및 이익잉여금(또는 결손금)으로 구분한다.

⑤ 자산과 부채는 유동성이 큰 항목부터 배열하는 것을 원칙으로 한다.

(3) 재무상태표의 분석

① 재무상태표에 나타난 자산과 부채의 가액만으로 기업실체의 가치를 직접 평가할 수 있는 것은 아니지만, 재무상태표는 다른 재무제표와 함께 기업가치의 평가에 유용한 정보를 제공하여야 한다.

② 불확실성이나 비용 대 효익의 고려 등으로 인해 재무상태표는 모든 자산과 부채를 나타내지 않을 수 있다. 예를 들면, 무형자산의 성격과 유사한 인적자원이나 지식자산 등은 측정의 불확실성으로 인해 재무상태표에 자산으로 보고되지 않는 것이 일반적이다.

③ 재무상태표는 정보이용자들이 기업실체의 유동성, 재무적 탄력성, 수익성과 위험 등을 평가하는 데 유용한 정보를 제공하여야 한다. 예를 들어, 자산과 부채의 항목이 재무상태표에 그 유동성 정도에 따라 적절히 구분 표시되거나 영업활동과 재무활동의 구분을 고려하여 보고된다면 정보이용자의 의사결정에 보다 유용할 수 있다.

④ 가장 대표적인 재무제표이며, 일정 시점에 있어서 기업의 재무상태를 표시하며 구성요소로 자산, 자본 및 부채를 들 수 있다. 재무상태표는 대변(credit)과 차변(debit)으로 나누어 기록되며, 대변에는 기업의 부채 및 자본에 관해 기록된다.

⑤ 재무상태표(재무상태표)상 좌측은 자산이라 하여 현금자금이나 상품의 재고상태를 표시해준다. 자산은 재무상태표(재무상태표) 작성일로부터 1년을 기준으로 유동자산과 비유동자산으로 구분한다. 유동자산은 1년 이내에 현금화할 수 있는 자산을 의미하며 다시 당좌자산과 재고자산으로 분류한다.

(4) 자산의 유동성과 비유동성 구분

① 사용의 제한이 없는 현금및현금성자산, 기업의 정상적인 영업주기 내에 실현될 것으로 예상되거나 판매목적 또는 소비목적으로 보유하고 있는 자산, 단기매매 목적으로 보유하는 자산, 이외에 보고기간종료일로부터 1년 이내에 현금화 또는 실현될 것으로 예상되는 자산 유동자산으로 분류하고, 그 밖의 모든 자산은 비유동자산으로 분류한다.

② 자산은 1년을 기준으로 유동자산과 비유동자산으로 분류한다. 다만, 정상적인 영업주기 내에 판매되거나 사용되는 재고자산과 회수되는 매출채권 등은 보고기간종료일로부터 1년 이내에 실현되지 않더라도 유동자산으로 분류한다.

③ 이 경우 유동자산으로 분류한 금액 중 1년 이내에 실현되지 않을 금액을 주석으로 기재한다. 또, 장기미수금이나 투자자산에 속하는 매도가능증권 또는 만기보유증권 등의 비유동자산 중 1년 이내에 실현되는 부분은 유동자산으로 분류한다.

(5) 부채의 유동성과 비유동성 구분

① 기업의 정상적인 영업주기 내에 상환 등을 통하여 소멸할 것이 예상되는 매입채무와 미지급비용 등의 부채, 보고기간종료일로부터 1년 이내에 상환되어야 하는 단기차입금 등의 부채, 보고기간 후 1년 이상 결제를 연기할 수 있는 무조건의 권리를 가지고 있지 않은 부채.(이 경우 계약상대방의 선택에 따라, 지분상품의 발행으로 결제할 수 있는 부채의 조건은 그 분류에 영향을 미치지 아니한다)는 유동부채로 분류하고, 그 밖의 모든 부채는 비유동부채로 분류한다.

② 부채는 1년을 기준으로 유동부채와 비유동부채로 분류한다. 다만, 정상적인 영업주기 내에 소멸할 것으로 예상되는 매입채무와 미지급비용 등은 보고기간종료일로부터 1년 이내에 결제되지 않더라도 유동부채로 분류한다. 이 경우 유동부채로 분류한 금액 중 1년 이내에 결제되지 않을 금액을 주석으로 기재한다. 당좌차월, 단기차입금 및 유동성장기차입금 등은 보고기간종료일로부터 1년 이내에 결제되어야 하므로 영업주기와 관계없이 유동부채로 분류한다. 또한 비유동부채 중 보고기간종료일로부터 1년 이내에 자원의 유출이 예상되는 부분은 유동부채로 분류한다.

③ 보고기간종료일로부터 1년 이내에 상환되어야 하는 채무는, 보고기간종료일과 재무제표가 사실상 확정된 날 사이에 보고기간종료일로부터 1년을 초과하여 상환하기로 합의하더라도 유동부채로 분류한다.

④ 보고기간종료일로부터 1년 이내에 상환기일이 도래하더라도, 기존의 차입약정에 따라 보고기간종료일로부터 1년을 초과하여 상환할 수 있고 기업이 그러한 의도가 있는 경우에는 비유동부채로 분류한다.

⑤ 장기차입약정을 위반하여 채권자가 즉시 상환을 요구할 수 있는 채무는, 보고기간종료일과 재무제표가 사실상 확정된 날 사이에 상환을 요구하지 않기로 합의하더라도 유동부채로 분류한다.

(6) 자본의 분류

① 자본금은 법정자본금으로 한다. 자본잉여금은 증자나 감자 등 주주와의 거래에서 발생하여 자본을 증가시키는 잉여금이다. 예를 들면, 주식발행초과금, 자기주식처분이익, 감자차익 등이 포함된다.

② 자본조정은 당해 항목의 성격으로 보아 자본거래에 해당하나 최종 납입된 자본으로 볼 수 없거나 자본의 가감 성격으로 자본금이나 자본잉여금으로 분류할 수 없는 항목이다. 예를 들면, 자기주식, 주식할인발행차금, 주식선택권, 출자전환채무, 감자차손 및 자기주식처분손실 등이 포함된다.

③ 기타포괄손익누계액은 보고기간종료일 현재의 매도가능증권평가손익, 해외사업환산손익, 현금흐름위험회피 파생상품평가손익 등의 잔액이다.

④ 이익잉여금(또는 결손금)은 손익계산서에 보고된 손익과 다른 자본항목에서 이입된 금액의 합계액에서 주주에 대한 배당, 자본금으로의 전입 및 자본조정 항목의 상각 등으로 처분된 금액을 차감한 잔액이다.

3. 재무상태표 항목의 구분과 통합표시

(1) 자산 · 부채 · 자본

① 자산, 부채, 자본 중 중요한 항목은 재무상태표 본문에 별도 항목으로 구분하여 표시한다. 중요하지 않은 항목은 성격 또는 기능이 유사한 항목에 통합하여 표시할 수 있으며, 통합할 적절한 항목이 없는 경우에는 기타항목으로 통합할 수 있다. 이 경우 세부 내용은 주석으로 기재한다.

② 현금및현금성자산은 기업의 유동성 판단에 중요한 정보이므로 별도 항목으로 구분하여 표시한다. 현금및현금성자산은 통화 및 타인발행수표 등 통화대용증권과 당좌예금, 보통예금 및 큰 거래비용 없이 현금으로 전환이 용이하고 이자율 변동에 따른 가치변동의 위험이 경미한 금융상품으로서 취득 당시 만기일(또는 상환일)이 3개월 이내인 것을 말한다.

③ 자본금은 보통주자본금과 우선주자본금으로 구분하여 표시하고, 보통주와 우선주는 배당금 지급 및 청산시의 권리가 상이하기 때문에 자본금을 구분하여 표시하며, 자본잉여금은 주식발행초과금과 기타자본잉여금으로 구분하여 표시한다.

④ 자본조정 중 자기주식은 별도 항목으로 구분하여 표시한다. 주식할인발행차금, 주식선택권, 출자전환채무, 감자차손 및 자기주식처분손실 등은 기타자본조정으로 통합하여 표시할 수 있다.

⑤ 기타포괄손익누계액은 매도가능증권평가손익, 해외사업환산손익 및 현금흐름위험회피 파생상품평가손익 등으로 구분하여 표시한다.

⑥ 이익잉여금은 법정적립금, 임의적립금 및 미처분이익잉여금(또는 미처리결손금)으로 구분하여 표시한다. 이익잉여금 중 법정적립금과 임의적립금의 세부 내용 및 법령 등에 따라 이익배당이 제한되어 있는 이익잉여금의 내용을 주석으로 기재한다.

(2) 자산과 부채의 총액표시

① 자산과 부채는 원칙적으로 상계하여 표시하지 않는다. 다만, 허용하는 경우에는 예외로 한다.

② 기업이 채권과 채무를 상계할 수 있는 법적 구속력 있는 권리를 가지고 있고, 채권과 채무를 순액기준으로 결제하거나 채권과 채무를 동시에 결제할 의도가 있다면 상계하여 표시한다.

③ 매출채권에 대한 대손충당금 등은 해당 자산이나 부채에서 직접 가감하여 표시할 수 있으며, 이는 문단 2.41의 상계에 해당하지 아니한다. 이 장 외의 다른 장에서 달리 정하는 경우를 제외하고는 자산이나 부채의 가감항목을 해당 자산이나 부채에서 직접 가감하여 표시할 수 있다. 이 경우 가감한 금액을 주석으로 기재한다.

④ 평가손익의 회계처리에는 단기처리법과 이연법의 2가지가 있다. 미실현 이익을 계상하는 문제점에서 벗어날 수 있거나 미실현 손실을 이연시킬 수 있는 것, 처분시기 조정으로 이익조작의 가능성이 있는 것, 미실현 손익이므로 주주지분에 반영해야 하는 것 등은 이연법에 대한 설명이다.

⑤ 기업이 기존의 대출계약조건에 따라 보고기간 후 적어도 12개월 이상 부채를 차환하거나 연장할 것으로 기대하고 있고, 그런 재량권이 있다면, 보고기간 후 12개월 이내에 만기가 도래한다 하더라도 비유동부채로 분류한다.

4. 포괄 손익계산서(statement of comprehensive income)

(1) 포괄 손익계산서의 목적

① 포괄 손익계산서는 한 회계기간 동안 기업의 기업실체의 경영성과(수익, 비용)를 보여주는 자료로 일정기간 동안 에 대한 정보를 제공하는 동태적 재무보고서이다.

② 당해 회계기간의 경영성과를 나타낼 뿐만 아니라 기업의 미래현금흐름과 수익창출능력 등의 예측에 유용한 정보를 제공한다.

③ 포괄주의 관점에서 작성한 손익계산서는 일정 기간 동안 소유주와의 자본거래를 제외한 모든 원천에서 순자산이 증가하거나 감소한 정도와 그 내역에 대한 정보를 제공한다.

(2) 손익계산서의 기본구조

① 매출액
② 매출원가
③ 매출총손익(①-②)
④ 판매비와관리비
⑤ 영업손익(③-④)
⑥ 영업외수익

⑦ 영업외비용
⑧ 법인세비용차감전계속사업손익(⑤+⑥−⑦)
⑨ 계속사업손익법인세비용
⑩ 계속사업손익(⑧−⑨)
⑪ 중단사업손익(법인세효과 차감후)
⑫ 당기순손익

(3) 기본구조의 항목내용

① 매출액은 기업의 주된 영업활동에서 발생한 제품, 상품, 용역 등의 총매출액에서 매출할인, 매출환입, 매출에누리 등을 차감한 금액이다. 차감 대상 금액이 중요한 경우에는 총매출액에서 차감하는 형식으로 표시하거나 주석으로 기재한다.

② 매출액은 업종별이나 부문별로 구분하여 표시할 수 있으며, 반제품매출액, 부산물매출액, 작업폐물매출액, 수출액, 장기할부매출액 등이 중요한 경우에는 이를 구분하여 표시하거나 주석으로 기재한다.

③ 매출원가는 제품, 상품 등의 매출액에 대응되는 원가로서 판매된 제품이나 상품 등에 대한 제조원가 또는 매입원가이다. 매출원가의 산출과정은 손익계산서 본문에 표시하거나 주석으로 기재한다.

④ 판매비와관리비는 제품, 상품, 용역 등의 판매활동과 기업의 관리활동에서 발생하는 비용으로서 매출원가에 속하지 아니하는 모든 영업비용을 포함한다.

⑤ 판매비와관리비는 당해 비용을 표시하는 적절한 항목으로 구분하여 표시하거나 일괄표시할 수 있다. 이 경우 적절한 항목으로 구분하여 이를 주석으로 기재한다.

⑥ 영업외수익은 기업의 주된 영업활동이 아닌 활동으로부터 발생한 수익과 차익으로서 중단사업손익에 해당하지 않는 것으로 한다.

⑦ 영업외비용은 기업의 주된 영업활동이 아닌 활동으로부터 발생한 비용과 차손으로서 중단사업손익에 해당하지 않는 것으로 한다.

⑧ 계속사업손익은 기업의 계속적인 사업활동과 그와 관련된 부수적인 활동에서 발생하는 손익으로서 중단사업손익에 해당하지 않는 모든 손익을 말한다.

⑨ 계속사업손익법인세비용은 계속사업손익에 대응하여 발생한 법인세비용이다.

⑩ 중단사업손익은 중단사업으로부터 발생한 영업손익과 영업외손익으로서 사업중단직접비용과 중단사업자산손상차손을 포함하며, 법인세효과를 차감한 후의 순액으로 보고하고 중단사업손익의 산출내역을 주석으로 기재한다. 이 때 중단사업손익에 대한 법인세효과는 손익계산서의 중단사업손익 다음에 괄호를 이용하여 표시한다.

⑪ 당기순손익은 계속사업손익에 중단사업손익을 가감하여 산출하며, 당기순손익에 기타 포괄손익을 가감하여 산출한 포괄손익의 내용을 주석으로 기재한다.

⑫ 이 경우 기타포괄손익의 각 항목은 관련된 법인세효과가 있다면 그 금액을 차감한 후의 금액으로 표시하고 법인세효과에 대한 내용을 별도로 기재한다.

(4) 수익과 비용의 총액표시

① 수익과 비용은 각각 총액으로 보고하는 것을 원칙으로 한다.

② 다른 장에서 수익과 비용을 상계하도록 요구하는 경우에는 상계하여 표시하고, 허용하는 경우에는 상계하여 표시할 수 있다.

(5) 포괄 손익계산서의 분석

① 일정 기간의 포괄이익과 그 구성요소인 수익과 비용 등에 대한 정보를 제공하여야 하며, 이러한 정보를 통해 투자자 및 채권자 등의 정보이용자는 일정 기간 동안의 기업실체의 경영성과를 파악할 수 있다. 그러나 손익계산서에 표시되는 경영성과의 측정치는 측정방법을 달리 정함에 따라 포괄이익과 달라질 수 있다. 실무적으로 널리 사용되어 온 당기순이익이 그러한 예이다.

② 제공되는 정보의 유용성을 높이기 위해 포괄주의 포괄 손익계산서에 제시되는 포괄이익의 구성요소는 그 성격에 따라 적절히 구분 표시되어야 한다. 즉, 수익성의 정도 및 그 변동요인이 적절히 파악될 수 있도록 영업활동 대 재무활동의 항목이 구분 표시되어야 한다.

③ 항목 간의 미래 지속성을 상대적으로 고려하여, 지속성 정도에 큰 차이가 있는 항목은 구분 표시되어야 한다. 여기서 지속성이란 특정 항목의 금액이 미래에 유사한 크기로 다시 발생하는 정도를 의미한다. 항목들의 지속성 차이에 따른 구분 표시는 정보이용자가 기업실체의 미래 이익을 예측하는 데 매우 유용하다.

4. 현금흐름표(statement of cash flows)

(1) 현금흐름표의 목적과 기본구조

① 현금흐름표는 기업의 현금흐름을 나타내는 표로서 현금의 변동내용을 명확하게 보고하기 위하여 당해 회계기간에 속하는 현금의 유입과 유출내용을 적정하게 표시하여야 한다.

② 수입의 질(quality of earnings) 평가, 현금 가용능력의 평가, 미래 현금흐름의 예측 및 평가, 회계상 이익의 현실화 등은 현금흐름 분석의 유용성 또는 내용과 밀접하다.

③ 현금흐름표는 영업활동으로 인한 현금흐름, 투자활동으로 인한 현금흐름, 재무활동으로 인한 현금흐름으로 구분하여 표시하고, 이에 기초의 현금을 가산하여 기말의 현금을 산출하는 형식으로 표시한다. 현금흐름표에서 현금이라 함은 현금및현금성자산을 말한다.

④ 현금흐름표는 일정 기간 동안 기업실체에 대한 현금유입과 현금유출에 대한 정보를 제공하는 재무보고서이다. 현금흐름표는 영업활동을 통한 현금창출에 관한 정보, 투자활동에 관한 정보 및 자본조달을 위한 재무활동에 대한 정보를 제공한다.

⑤ 현금흐름 정보는 기업실체의 현금지급능력, 재무적 탄력성, 수익성 및 위험 등을 평

가하는 데 유용하며, 여러 기업실체의 미래현금흐름의 현재가치를 비교하고 기업가치를 평가하는 데 필요한 기초 자료를 제공한다. 발생기준에 따라 산출된 회계이익은 영업활동 순 현금흐름과 일치하지 않으므로 현금흐름표는 회계이익과 현금흐름 간의 차이 및 그 원인에 대한 정보를 제공한다.

(2) 영업활동으로 인한 현금흐름

① 영업활동이라 함은 일반적으로 제품의 생산과 상품 및 용역의 구매 · 판매활동을 말하며, 투자활동과 재무활동에 속하지 아니하는 거래를 모두 포함한다.

② 영업활동으로 인한 현금의 유입에는 제품 등의 판매에 따른 현금유입(매출채권의 회수 포함), 이자수익과 배당금수익, 기타 투자활동과 재무활동에 속하지 아니하는 거래에서 발생된 현금유입이 포함된다.

③ 영업활동으로 인한 현금의 유출에는 원재료, 상품 등의 구입에 따른 현금유출(매입채무의 결제 포함), 기타 상품과 용역의 공급자와 종업원에 대한 현금지출, 법인세(토지등 양도소득에 대한 법인세 제외)의 지급, 이자비용, 기타 투자활동과 재무활동에 속하지 아니하는 거래에서 발생된 현금유출이 포함된다.

(3) 투자활동으로 인한 현금흐름

① 투자활동이라 함은 현금의 대여와 회수활동, 유가증권 · 투자자산 · 유형자산 및 무형자산의 취득과 처분활동 등을 말한다.

② 투자활동으로 인한 현금의 유입에는 대여금의 회수, 단기투자자산 · 유가증권 · 투자자산 · 유형자산 · 무형자산의 처분 등이 포함된다.

③ 투자활동으로 인한 현금의 유출에는 현금의 대여, 단기투자자산 · 유가증권 · 투자자산 · 유형자산 · 무형자산의 취득에 따른 현금유출로서 취득 직전 또는 직후의 지급액 등이 포함된다.

(4) 재무활동으로 인한 현금흐름

① 재무활동이라 함은 현금의 차입 및 상환활동, 신주발행이나 배당금의 지급활동 등과 같이 부채 및 자본계정에 영향을 미치는 거래를 말한다.

② 재무활동으로 인한 현금의 유입에는 단기차입금 · 장기차입금의 차입, 어음 · 사채의 발행, 주식의 발행 등이 포함된다.

③ 재무활동으로 인한 현금의 유출에는 배당금의 지급, 유상감자, 자기주식의 취득, 차입금의 상환, 자산의 취득에 따른 부채의 지급 등이 포함된다.

5. 주석(footnotes, notes 또는 disclosure)

(1) 주석의 목적

① 재무상태표, 포괄손익계산서, 자본변동표, 현금흐름표의 보고서를 더 잘 이해하기

위한 추가 정보(재무제표 작성 기준, 감가상각 방법 설명, 차입금의 세부 내용 등)를 제시하는 자료 이다.

② 회사의 개요와 중요한 회계처리 방침, 재무제표 계정의 상세내역, 우발상황 등 발생한 사건 등 재무제표를 보충하는 정보로 채워진다.

(2) 주석의 효익

① 재무상태표상의 발생한 사건의 성격과 재무적 영향을 주석으로 공시를 한다.

② 주석사항을 읽어 보면 예상치 못한 귀중한 정보를 얻을 수 있다.

6. 자본변동표(statement of changes in equity)

(1) 자본변동표의 목적

① 자본변동표는 자본의 크기와 그 변동에 관한 정보를 제공하는 재무보고서이다.

② 자본을 구성하고 있는 자본금, 자본잉여금, 자본조정, 기타포괄손익누계액, 이익잉여금(또는 결손금)의 변동에 대한 포괄적인 정보를 제공한다.

③ 자본변동표는 기업실체에 대한 자본의 크기와 그 변동에 관한 정보를 제공하는 재무보고서이다. 자본변동표에는 소유주의 투자와 소유주에 대한 분배, 포괄이익(소유주와의 자본거래를 제외한 모든 원천에서 인식된 자본의 변동)에 대한 정보가 포함된다.

④ 소유주의 투자는 현금, 재화 및 용역의 유입, 또는 부채의 전환에 의해 이루어지며, 그에 따라 기업실체의 자본이 증가하게 된다. 소유주에 대한 분배는 현금배당 또는 자기주식 취득의 방법으로 이루어질 수 있으며, 그에 따라 기업실체의 자본이 감소하게 된다. 이러한 거래들에 대한 정보는 다른 재무제표 정보와 더불어 당해 기업실체의 재무적 탄력성, 수익성 및 위험 등을 평가하는 데 유용하다.

(2) 자본변동표의 기본구조

① 자본변동표에는 자본금, 자본잉여금, 자본조정, 기타포괄손익누계액, 이익잉여금(또는 결손금)의 각 항목별로 기초잔액, 변동사항, 기말잔액을 표시한다.

② 자본금의 변동은 유상증자(감자), 무상증자(감자)와 주식배당 등에 의하여 발생하며, 자본금은 보통주자본금과 우선주자본금으로 구분하여 표시한다.

③ 자본잉여금의 변동은 유상증자(감자), 무상증자(감자), 결손금처리 등에 의하여 발생하며, 주식발행초과금과 기타자본잉여금으로 구분하여 표시한다.

④ 자본조정의 변동은, 자기주식은 구분하여 표시하고 기타자본조정은 통합하여 표시할 수 있다.

⑤ 기타포괄손익누계액의 변동은, 매도가능증권평가손익, 해외사업환산손익 및 현금흐름위험회피 파생상품평가손익은 구분하여 표시하고 그 밖의 항목은 그 금액이 중요할 경우에는 적절히 구분하여 표시할 수 있다.

재무제표 기본요소

1. 재무상태표의 기본요소

(1) 자산(Asset)

① 자산은 과거의 거래나 사건의 결과로서 현재 기업실체에 의해 지배되고 미래에 경제적 효익을 창출할 것으로 기대되는 자원이다. 자산에 내재된 미래의 경제적 효익이란 직접 또는 간접적으로 기업실체의 미래 현금흐름 창출에 기여하는 잠재력을 말한다.

② 일반적으로 자산은 고객의 요구를 충족시킬 수 있는 재화 및 용역의 생산에 이용된다. 생산된 재화 및 용역에 대하여 고객은 그 대가를 지급할 것이며 이로부터 기업실체의 현금흐름이 창출된다.

③ 또한 자산은 다른 자산과의 교환 또는 부채의 상환에 사용되거나 소유주에 대한 분배에 사용될 수 있다. 현금은 그 자체로서 다른 자산에 대한 구매력을 통하여 기업실체에 경제적 효익을 제공한다.

④ 유형자산을 포함한 많은 자산이 물리적 형태를 가지고 있지만 물리적 형태가 자산의 본질적인 특성은 아니다. 예를 들어, 물리적 형태가 없는 자원이라도 특정 실체에 의하여 지배되고 그 실체에게 미래의 경제적 효익을 창출할 것으로 기대되는 경우 당해 항목은 자산의 정의를 충족할 수 있다.

⑤ 채권과 부동산을 포함한 많은 자산이 소유권과 같은 법적 권리와 결부되어 있다. 그러나 소유권 등의 법적 권리가 자산성 유무를 결정함에 있어 최종적 기준은 아니다. 경제적 효익에 대한 지배력은 법적 권리에 따라 발생하나, 경우에 따라서는 법적 권리가 없어도 자산의 정의를 충족시킬 수 있다. 예를 들어, 기업실체가 개발활동으로 획득한 신기술을 보유하면서 그 신기술로부터 예상되는 경제적 효익을 지배할 때에는 이러한 신기술 사업권은 자산의 정의에 부합할 수 있다.

⑥ 기업실체의 자산은 과거의 거래나 사건으로부터 발생한다. 기업실체는 구매 또는 생산에 의하여 자산을 취득하는 것이 일반적이지만 주주나 정부의 증여 등 다른 방법에 의해서도 자산을 취득할 수 있다. 자산이 과거의 거래나 사건의 결과라 함은 구매나 생산활동 등 자산을 취득하는 거래나 사건이 이미 발생하였음을 의미하는 것이므로 미래에 발생할 것으로 예상되는 거래나 사건만으로는 자산이 취득되지 않는다.

⑦ 일반적으로 현금유출과 자산의 취득은 밀접하게 관련되어 있으나 양자가 반드시 일치하는 것은 아니다. 예를 들어, 기업실체의 연구비 지출은 미래 경제적 효익을 추구했다는 증거는 될 수 있지만 자산의 정의를 충족시키는 자원을 취득했다는 확정적 증거는 될 수 없다. 반면에, 증여받은 재화는 이에 관해 지출이 발생하지 않았지만 자산의 정의를 충족시킬 수 있다.

⑧ 비유동자산은 현금으로 전환되기 위해 1년 이상 걸리는 자산을 의미한다. 대부분의 비유동자산은 제한된 수명을 가지고 있으므로 자산의 가치는 시간이 지나면서 작아진다. 따라서 자산원가에서 감가상각액을 공제함으로써 비유동자산을 파악할 수 있다.

(2) 부채(Liabilities)

① 부채는 과거의 거래나 사건의 결과로 현재 기업실체가 부담하고 있고 미래에 자원의 유출 또는 사용이 예상되는 의무이다. 유동부채는 유동자산처럼 1년 내에 지불되어야 할 채무를 말하며 외상매입금, 지급어음 및 증식부채(accrued liabilities ; 아직 지불하지 않은 세금, 급여, 임대료, 수도광열비 및 기타 미지불채무)가 가장 주된 유동부채이고, 비유동부채는 1년 후에 갚아야 할 채무이다. 재무상태표(재무상태표)의 비유동부채 항목에 기장하는 지급어음은 1년 후에 갚아야 할 채무이며 채권과 부동산의 저당권도 여기에 포함된다.

② 부채는 기업실체가 현재 시점에서 부담하는 경제적 의무이다. 의무란 일정한 방법으로 실행하거나 수행할 책무 또는 책임을 말하는 것으로서 이에는 계약이나 법령에 의해 법적 강제력이 있는 의무와 관습이나 관행 또는 거래상대방과의 원활한 관계를 유지하기 위한 정책 등으로 인해 발생하는 의무가 있다. 전자의 예로는, 이미 제공받은 재화 및 용역에 대한 대가의 지급의무를 들 수 있다. 후자의 예로는, 제품보증기간 후에 발생하는 하자에 대해서도 보수해주기로 방침을 정한 경우 품질보증기간이 경과한 후에 지출될 것으로 예상되는 금액을 들 수 있다.

③ 일반적으로 기업실체가 자산을 이미 인수하였거나 자산을 취득하겠다는 취소불능계약을 체결한 경우 현재의 의무가 발생한다. 그러나 미래의 일정 시점에서 자산을 취득한다는 결정이나 단순한 약정은 현재의 의무가 아니다. 취소불능계약이라 함은 의무불이행의 경우 상당한 위약금을 지급해야 하는 등 자원의 유출을 피할 수 없는 계약을 말한다.

④ 기업실체가 현재의 의무를 이행하기 위해서는 일반적으로 미래에 경제적 효익의 희생이 수반된다. 현재의 의무는 주로 현금 또는 기타 자산의 이전, 용역의 제공, 다른 의무로의 대체 또는 자본으로의 전환 등의 방법으로 이행된다. 또한, 기업실체의 의무는 채권자의 권리의 포기 또는 상실 등에 의해 소멸되기도 한다.

⑤ 부채는 과거의 거래나 사건으로부터 발생한다. 신용으로 재화를 구입하였거나 용역을 제공받은 경우 매입채무가 발생하며 은행대출을 받은 경우에는 상환의무가 발생한다. 그러나, 미래에 발생이 예상되는 대규모 수선비의 경우와 같이 장래에 자원의 유출 또는 사용이 기대된다 하더라도 과거의 거래나 사건으로부터 기인하지 않은 의무는 부채의 정의를 충족하지 못한다.

⑥ 일반적으로 부채의 액면금액은 확정되어 있지만 제품보증을 위한 충당부채와 같이 그 측정에 추정을 요하는 경우도 있다. 따라서, 부채의 정의를 만족하기 위해서 금액이 반드시 확정되어야 하는 것은 아니다.

(3) 자본(Capital)

① 자본은 기업실체의 자산 총액에서 부채 총액을 차감한 잔여액 또는 순자산으로서 기업실체의 자산에 대한 소유주의 잔여청구권이다. 주식회사의 경우 소유주는 주주이므로, 본 개념체계에서 주주지분은 자본과 동의어로 사용된다. 또한, 자본이라는 용어는 타인자본, 즉 부채를 포함하는 개념으로 쓰이기도 하나, 본 개념체계에서는 소유주지분인 자기자본을 의미한다.

② 자본을 분배 또는 사용에 대한 법적 제한이나 기타 사용목적에 따라 구분 표시함으로써 재무제표이용자에게 유용한 정보가 제공될 수 있다. 또한 배당금 수령이나 청산 시에 주주 간의 권리가 상이한 경우 그에 관한 정보를 제공하기 위해 주주지분을 구분 표시할 수 있다.

③ 재무상태표에 표시되는 자본의 총액은 회계기준에 의해 자산 및 부채를 인식, 측정함에 따라 결정된다. 따라서 재무상태표상의 자본의 총액은 주식의 시가총액과는 일치하지 않는 것이 일반적이다.

2. 포괄 손익계산서의 기본요소

(1) 포괄이익

① 포괄이익은 기업실체가 일정 기간 동안 소유주와의 자본거래를 제외한 모든 거래나 사건에서 인식한 자본의 변동을 말한다. 즉, 포괄이익에는 소유주의 투자 및 소유주에 대한 분배 등 자본거래를 제외한 모든 원천에서 인식된 자본의 변동이 포함된다.

② 포괄이익은 수익의 합계에서 비용의 합계를 차감하여 측정한다. 포괄이익을 이와 같이 측정하는 것은 거래접근법에 의한 것이다. 그러나 적용되는 회계기준에 따라 포괄이익의 정의를 만족하는 특정 항목이 손익계산서상 당기순이익의 계산에 반영되지 않을 경우 회계기준에 의한 당기순이익과 포괄이익은 동일하지 않을 수 있다. 예를 들어, 매도가능증권평가차손익, 해외사업환산차손익 등이 당기순이익에 반영되지 않고 누적기타포괄이익(손실)의 항목으로 자본에 표시되는 경우 포괄이익과 당기순이익은 일치하지 않는다.

③ 포괄이익은 화폐자본유지에 근거한 투자이익의 개념이다. 기업실체가 일정 기간 동안 자원을 투자해서 획득하게 되는 투자이익은 유지해야 할 자본을 화폐자본으로 측정하는지 또는 실물자본을 측정하는지에 따라 달라진다.

④ 화폐자본유지개념하에서는 소유주와의 자본거래를 제외하고 회계기간말의 순자산 화폐액이 회계기간 초의 순자산 화폐액을 초과할 때 그 초과액을 투자이익으로 측정한다. 이에 비해, 실물자본유지개념하에서는 소유주와의 거래를 제외하고 회계기간 말의 실물생산능력이 회계기간 초의 실물생산능력을 초과할 때 그 초과액을 투자이익으로 측정한다. 화폐자본과 실물자본은 측정단위의 관점에서 명목화폐단위 또는 불변화폐단위로 측정될 수 있다.

(2) 수익(Revenue)

① 수익이란 기업실체의 경영활동과 관련된 재화의 판매 또는 용역의 제공 등에 대한 대가로 발생하는 자산의 유입 또는 부채의 감소이다. 예를 들면, 재화 및 용역을 공급한 대가로서 현금이나 매출채권이 증가하게 된다. 또한 기업실체는 차입금을 상환하기 위하여 재화 및 용역을 채권자에게 공급할 수 있으며 그 결과로 부채가 감소된다.

② 수익은 기업실체의 경영활동의 결과로서 발생하였거나 발생할 현금유입액을 나타내며, 경영활동의 종류와 당해 수익이 인식되는 방법에 따라 매출액, 이자수익, 배당금수익 및 임대수익 등과 같이 다양하게 구분될 수 있다.

③ 손익계산서의 정보유용성을 높이기 위해 포괄이익을 증가시키는 요소인 수익 중에서 차익을 분리하여 표시할 수도 있다. 여기서 차익('이익' 또는 '이득'이라는 용어가 동일한 의미로 사용되어 왔음)이란 기업실체의 주요 경영활동을 제외한 부수적인 거래나 사건으로서 소유주의 투자가 아닌 거래나 사건의 결과로 발생하는 순자산의 증가로 정의된다.

(3) 비용(Expense)

① 비용이란 기업실체의 경영활동과 관련된 재화의 판매 또는 용역의 제공 등에 따라 발생하는 자산의 유출이나 사용 또는 부채의 증가이다. 예를 들면, 재화의 생산 및 판매 과정에서의 비용 발생은 재고자산의 유출, 유형자산의 사용 또는 미지급비용과 같은 부채의 증가로 나타난다.

② 비용은 기업실체의 경영활동의 결과로서 발생하였거나 발생할 현금유출액을 나타내며, 경영활동의 종류와 당해 비용이 인식되는 방법에 따라 매출원가, 급여, 감가상각비, 이자비용, 임차비용 등과 같이 다양하게 구분될 수 있다. 소매점의 영업비용은 판매비용, 일반비용, 관리비용으로 분류할 수 있고 판매원의 보수는 판매비용에 포함된다.

③ 손익계산서의 정보유용성을 높이기 위해 포괄이익을 감소시키는 요소인 비용 중에서 차손을 분리하여 표시할 수도 있다. 여기서 차손('손실'이라는 용어가 동일한 의미로 사용되어 왔음)이란 기업실체의 주요 경영활동을 제외한 부수적인 거래나 사건으로서 소유주에 대한 분배가 아닌 거래나 사건의 결과로 발생하는 순자산의 감소로 정의된다.

3. 현금흐름표의 기본요소

(1) 영업활동 현금흐름

① 영업활동 현금흐름은 사업활동의 지속, 차입금상환, 배당금지급 및 신규투자 등에 필요한 현금을 외부로부터 조달하지 않는 것이다.

② 제품의 생산과 판매활동, 상품과 용역의 구매와 판매활동 및 관리활동 등 자체적인 영업활동으로부터 얼마나 창출하였는지에 대한 정보를 제공한다.

(2) 투자활동 현금흐름

① 투자활동 현금흐름은 미래 영업현금흐름을 창출할 자원의 확보와 처분에 관련된 현금흐름에 대한 정보를 제공한다.

② 투자활동은 투자부동산, 비유동자산에 속하는 지분증권, 유형자산 및 무형자산의 취득과 처분활동 등을 포함한다.

(3) 재무활동 현금흐름

① 재무활동 현금흐름은 주주, 채권자 등이 미래현금흐름에 대한 청구권을 예측하는 데 유용한 정보를 제공하며, 영업활동 및 투자활동의 결과 창출된 잉여현금흐름이 어떻게 배분되었는지를 나타내어 준다.

② 재무활동은 현금의 차입과 상환 및 금융비용 지급, 신주발행과 배당금의 지급, 재무자산의 취득과 처분, 재무자산의 보유수익에 따른 현금유입 등을 포함한다. 금융비용 지급은 일상적인 영업활동에 수반되어 빈번히 발생하는 경우도 있으므로 영업활동으로 분류하기도 하나 자금의 차입 등 기업의 재무활동과 더 직접적인 관련이 있다고 볼 수 있다.

③ 현금예산(cash budget)에서 현금은 기업이 원활한 경영활동을 수행하는 데 반드시 필요하므로 기업 의 미래 현금흐름 상태를 예측하고 계획하는 것은 기업의 장래활동을 위 해 필수적이다. 이러한 현금에 대한 예측과 계획이 현금예산이다. 현금예산은 현금흐름표와는 달리 복식부기 체계를 따를 필요가 없으며, 금융기관 등의 외부분석자가 기업의 단기자금사정을 파악하는 데 유용하게 쓰이고 있다.

04 재무제표 기본요소의 인식과 측정

1. 인식의 기준

(1) 인식의 개념

① 인식이란 거래나 사건의 경제적 효과를 자산, 부채, 수익, 비용 등으로 재무제표에 표시하는 것을 말한다. 특정 항목은 인식기준이 충족되면 화폐단위 측정치가 적절한 계정과목으로 재무제표를 통해 보고된다.

② 인식은 거래와 사건의 경제적 효과를 최초로 기록하는 것뿐만 아니라 동일한 항목에 대한 후속적인 변화와 기록되었던 항목의 제거를 모두 포함한다.

③ 인식의 충족요건은 당해 항목이 재무제표 기본요소의 정의를 충족시켜야 하며, 당해 항목과 관련된 미래 경제적 효익이 기업실체에 유입되거나 또는 유출될 가능성이 매우 높아야 하고,당해 항목에 대한 측정속성이 있으며, 이 측정속성이 신뢰성 있게 측정될 수 있어야 한다.

(2) 자산의 인식

① 자산은 당해 항목에 내재된 미래의 경제적 효익이 기업실체에 유입될 가능성이 매우 높고 또한 그 측정속성에 대한 가액이 신뢰성 있게 측정될 수 있다면 재무상태표에 인식한다.

② 어떤 거래로 인한 지출이 발생하였을 때 그에 관련된 미래 경제적 효익의 유입가능성이 낮은 경우에는 당해 지출은 자산으로 인식하지 않고 비용으로 인식하여야 한다.

③ 이러한 회계처리는 경영자가 그 지출거래로부터 미래 경제적 효익을 창출하려는 의도가 없었음을 의미하는 것은 아니며, 단지 미래 경제적 효익의 유입가능성이 당해 지출을 자산으로 인식하기에는 충분치 않음을 반영하는 것이다. 예를 들면, 지출된 개발비가 자산의 인식기준을 충족하지 못한다면 경영자의 의도와 상관없이 비용처리되어야 한다.

(3) 부채의 인식

① 기업실체가 현재의 의무를 미래에 이행할 때 경제적 효익이 유출될 가능성이 매우 높고 그 금액을 신뢰성 있게 측정할 수 있다면 이러한 의무는 재무상태표에 부채로 인식한다. 그러나 일반적으로 미이행계약에 따른 의무는 부채로 인식하지 않는다.

② 다만, 계약이행이 법적으로 강제되어 있고 위약금과 같은 불이익의 조건이 있을 때에는, 그러한 의무가 부채의 인식기준을 충족하면 부채로 인식되어야 한다.

(4) 수익의 인식

① 수익은 경제적 효익이 유입됨으로써 자산이 증가하거나 부채가 감소하고 그 금액을 신뢰성 있게 측정할 수 있을 때 인식한다. 이는 수익의 인식이 자산의 증가나 부채의 감소와 동시에 이루어짐을 의미한다.

② 수익은 실현되었거나 또는 실현가능한 시점에서 인식한다. 수익은 제품, 상품 또는 기타 자산이 현금 또는 현금청구권과 교환되는 시점에서 실현된다. 수익이 실현가능하다는 것은 수익의 발생과정에서 수취 또는 보유한 자산이 일정액의 현금 또는 현금청구권으로 즉시 전환될 수 있음을 의미한다.

③ 현금 또는 현금청구권으로 즉시 전환될 수 있는 자산은 교환단위와 시장가격이 존재하여 시장에서 중요한 가격변동 없이 기업실체가 보유한 수량을 즉시 현금화할 수 있는 자산을 말한다.

④ 수익은 그 가득과정이 완료되어야 인식한다. 기업실체의 수익 창출활동은 재화의 생산 또는 인도, 용역의 제공 등으로 나타나며, 수익 창출에 따른 경제적 효익을 이용할 수 있다고 주장하기에 충분한 정도의 활동을 수행하였을 때 가득과정이 완료되었다고 본다.

(5) 비용의 인식

① 비용은 경제적 효익이 사용 또는 유출됨으로써 자산이 감소하거나 부채가 증가하고 그 금액을 신뢰성 있게 측정할 수 있을 때 인식한다. 이는 비용의 인식이 자산의 감소나 부채의 증가와 동시에 이루어짐을 의미한다.

② 수익과 직접 관련하여 발생한 비용은 동일한 거래나 사건에서 발생하는 수익을 인식할 때 대응하여 인식한다. 이와 같은 예로는 매출수익에 대응하여 인식하는 매출원가를 들 수 있다.

③ 수익과 직접 대응할 수 없는 비용은 재화 및 용역의 사용으로 현금이 지출되거나 부채가 발생하는 회계기간에 인식한다. 이와 같은 예로는 판매비와 관리비를 들 수 있다.

④ 자산으로부터의 효익이 여러 회계기간에 걸쳐 기대되는 경우, 이와 관련하여 발생한 특정 성격의 비용은 체계적이고 합리적인 배분절차에 따라 각 회계기간에 배분하는 과정을 거쳐 인식한다. 이와 같은 예로는 유형자산의 감가상각비와 무형자산의 상각비를 들 수 있다.

⑤ 과거에 인식한 자산의 미래 경제적 효익이 감소 또는 소멸되거나 경제적 효익의 수반 없이 부채가 발생 또는 증가한 것이 명백한 경우에는 비용을 인식한다.

2. 측정의 기준

(1) 취득원가(또는 역사적 원가)와 역사적 현금수취액

① 자산의 취득원가는 자산을 취득하였을 때 그 대가로 지급한 현금, 현금등가액 또는 기타 지급수단의 공정가치를 말하며 역사적 원가와 동일한 의미이다.

② 부채의 역사적 현금수취액은 그 부채를 부담하는 대가로 수취한 현금 또는 현금등가액이다.

(2) 공정가치

① 공정가치(또는 공정가액)는 독립된 당사자 간의 현행 거래에서 자산이 매각 또는 구입되거나 부채가 결제 또는 이전될 수 있는 교환가치이다. 기업실체가 보유하고 있는 자산에 대해 시장가격이 존재하면 이 시장가격은 당해 자산에 대한 공정가치의 측정치가 된다.

② 시장가격에는 당해 자산으로부터 기대되는 미래 현금흐름의 크기와 그 불확실성에 대한 시장참여자들의 평가가 반영되어 있다. 당해 자산의 시장가격이 관측되지 않는 경우에도 유사한 자산의 시장가격이 있으면 이 가격을 당해 자산의 공정가치 추정치로 사용할 수 있다. 이러한 공정가치 측정방법은 부채에 대해서도 적용될 수 있다.

③ 그러나 시장가격이 존재하지 않는 경우에는 시장참여자의 관점에서 당해 자산 또는 부채로부터의 미래 현금흐름을 추정하고 그 현재가치를 측정함으로써 공정가치를 추정할 수 있다. 이와 같이 본 개념체계에서 공정가치는 시장가격과 그 추정치로 특정한 가치에 한정하여 정의한다.

④ 자산의 매각과 부채의 결제 또는 이전에 관한 공정가치는 현행유출가치라고도 하며, 자산의 경우 수취될 수 있는 현금 또는 현금등가액, 그리고 부채의 경우는 결제 또는 이전에 소요될 현금 또는 현금등가액으로 측정된다.

⑤ 자산의 구입에 관한 공정가치는 현행원가라고도 하며, 이는 당해 자산을 지금 취득한다고 할 때 지급해야 할 현금 또는 현금등가액으로 측정된다.

(3) 기업 특유 가치

① 자산의 기업 특유 가치는 기업실체가 자산을 사용함에 따라 당해 기업실체의 입장에서 인식되는 현재의 가치를 말하며, 사용가치라고도 한다. 부채의 기업 특유 가치는 기업실체가 그 의무를 이행하는 데 예상되는 자원 유출의 현재가치를 의미한다.

② 계약상 현금으로 지급해야 하는 부채의 경우 기업 특유 가치는 위에서 기술된 현행유출가치와 동일하다. 자산과 부채에 대한 기업특유가치는 당해 기업실체가 그 자산 또는 부채를 계속 사용 또는 보유할 경우 이로부터 기대되는 미래 현금유입 또는 현금유출의 현재가치로 측정된다.

③ 이러한 기업 특유 가치는 현재 시점의 가치라는 점에서 공정가치와 공통점이 있다. 그러나 공정가치가 시장거래에서의 교환가치인데 비해, 기업 특유 가치는 당해 기업실체의 입장에서 인식되는 가치이다.

(4) 상각 후 가액

① 금융자산 취득 또는 금융부채 발생 시점의 그 유입가격과 당해 자산 또는 부채로부터 발생하는 미래 명목현금흐름의 현재가치가 일치되게 하는 할인율인 유효이자율로 측정한다.

② 유효이자율을 이용하여 당해 자산 또는 부채에 대한 현재의 가액으로 측정한 것을 상각후가액이라 한다. 상각후가액의 측정에 사용되는 이자율은 현재의 시장이자율이 아닌 역사적 이자율이다.

(5) 순실현가능가치와 이행가액

① 자산의 순실현가능가치는 정상적 기업활동과정에서 미래에 당해 자산이 현금 또는 현금등가액으로 전환될 때 수취할 것으로 예상되는 금액에서 그러한 전환에 직접 소요될 비용을 차감한 가액으로 정의되며 유출가치의 개념이다.

② 부채의 이행가액은 미래에 그 의무의 이행으로 지급될 현금 또는 현금등가액에서 그러한 지급에 직접 소요될 비용을 가산한 가액을 말한다. 순실현가능가치와 이행가액은 현재 시점의 가치로 환산되지 않은 금액이다.

4. 현재가치의 측정

(1) 현재가치 측정의 개념

① 공정가치나 기업특유가치와 같은 측정속성들은 미래 현금흐름의 현재가치에 기초하고 있다.

② 미래 현금흐름의 현재가치를 측정하기 위해서는 미래의 기간별 현금흐름 예상액, 화폐의 시간가치, 그리고 미래 현금흐름에 관한 불확실성(위험)의 세 요소가 고려되어야 한다. 미래 현금흐름 예상액은 발생가능한 현금흐름의 크기와 그 발생확률을 반영하는 현금흐름의 기대치이다.

③ 화폐의 시간가치는 미래 현금흐름의 할인 과정에서 항상 할인율의 일부로 반영된다. 위험은 발생가능한 각 미래 현금흐름 크기와 그 현금흐름의 기대치 차이 등에 관한 것이며, 그러한 차이의 분포가 넓을수록 위험이 큰 것이다.

(2) 명목현금흐름을 할인하는 방법

① 계약 등에 의해 미래의 명목현금흐름의 크기가 정해져 있는 경우 그러한 명목현금흐름을 위험조정할인율로 할인하여 현재가치를 측정할 수 있다.

② 이때 적용되는 위험조정할인율은 무위험이자율(화폐의 시간가치만을 반영), 현금흐름 기대치가 명목현금흐름과 다를 가능성, 그리고 위험의 크기를 모두 반영하는 할인율이다.

(3) 현금흐름 기대치를 할인하는 방법

① 이 방법에서는 명목현금흐름이 아닌 현금흐름 기대치를 현재가치 산식의 분자로 사용한다.

② 분모에 사용할 할인율은 무위험이자율과 위험에 대한 보상요소만을 포함하게 된다.

(4) 확실성등가액으로 측정된 현금흐름을 할인하는 방법

① 이 방법에서는 현금흐름 기대치에서 위험조정액을 차감하여 측정되는 확실성등가액을 현재가치 산식의 분자로 사용한다.

② 분모에서는 무위험이자율을 할인율로 사용한다.

05 수취채권과 지급채무

1. 수취채권과 지급채무의 의의

(1) 수취채권과 지급채무의 개념

① 수취채권(receivables)이란 기업이 영업활동을 수행하는 과정에서 재화나 용역을 외상으로 판매하고 그 대가로 미래에 현금을 수취할 권리를 획득하는 경우, 또는 다른 기업에 자금을 대여하고 그 대가로 차용증서나 어음을 수취하는 경우 등에서 발생하는 채권을 통칭하는 말이다.

② 지급채무(payables)란 기업이 영업활동을 수행하는 과정에서 재화나 용역을 외상으로 매입하거나 다른 기업으로부터 자금을 차입한 경우에 발생한 채무를 통칭하는 말이다.

③ 수취채권이나 지급채무 중 기업의 중요한 영업활동과 관련하여 상품이나 제품을 매출하거나 용역을 제공하는 과정, 즉 일반적 상거래에서 발생한 채권과 채무를 매출채권과 매입채무라고 하며, 기타 영업활동에서 발생한 채권과 채무를 기타채권과 기타채무라고 한다.

【수취채권과 지급채무】

수취채권	매출채권	외상매출금, 받을 어음 등 상거래에서 발생한 채권
	기타채권	미수금, 대여금 등 상거래 이외의 거래에서 발생한 채권
수취채권	매입채무	외상매입금, 지급어음 등 상거래에서 발생한 채무
	기타채무	미지급금, 차입금 등 상거래 이외의 거래에서 발생한 채무

(2) 기업회계기준 평가

① 기업회계기준에서는 수취채권과 지급채무 중 만기가 재무상태표일로부터 1년(매출채권과 매입채무는 1년기준과 정상영업순환주기기준 중 장기를 기준으로 함) 이내에 도래하는 것은 유동자산(당좌자산)과 유동부채로, 그 이후에 도래하는 것은 비유동자산의 투자자산(장기대여금) · 기타비유동자산(장기매출채권, 장기미수금)과 비유동부채(장기차입금 · 장기매입채무 · 장기미지급금)로 공시하도록 규정하고 있다.

② 외상매출금과 받을 어음 등 상거래에서 발생한 채권은 이를 구분하지 않고 매출채권이라는 계정과목으로 공시하도록 하고 있으며, 외상매입금과 지급어음 등 상거래에서 발생한 채무도 이를 구분하지 않고 매입채무라는 계정과목으로 공시하도록 규정하고 있다.

(3) 수취채권과 지급채무의 평가

① 수취채권과 지급채무의 금액은 미래에 획득하거나 지급하게 될 화폐청구권의 현재가치로 평가하여야 한다.

② 장기채권 · 채무의 경우 화폐의 시간가치를 고려해야 하며, 매출채권과 매입채무의 경우에는 매출에누리와 환입(매입에누리와 환출) 및 매출할인(매입할인) 등을 고려하고, 회수불가능한 채권의 경우에는 대손예상액을 추정하여 수취채권에서 차감시켜야 한다.

2. 매출에누리와 환입(매입에누리와 환출)

(1) 에누리와 환입의 개념

① 매출에누리(매입에누리)란 판매(구입)한 제품이나 상품에 파손이나 결함이 있어 값을 깎아 주는 것을 말하며, 매출환입(매입활출)이란 판매(구입)된 제품이나 상품에 파손이나 결함이 있어 판매(구입)된 제품이나 상품이 반환되는 것을 말한다.

② 기업회계기준에서는 일정기간의 거래수량이나 거래금액에 따라 매출액(매입액)을 감액하는 것도 매출에누리(매입에누리)에 포함하도록 규정하고 있다.

(2) 회계처리 방법

① 매출(매입)이 이루어진 회계연도에 예상되는 매출에누리와 환입(매입에누리와 환출)액을 반품추정충당부채(매입환출충당금)를 설정하여 매출액(매입액)에서 차감하는 방법이 있다.

② 매출에누리와 환입(매입에누리와 환출)이 실제로 발생한 시점에서 매출액(매입액)과 매출채권(매입채무)에서 차감하는 방법이 있다.

③ 회계처리에서 매출에누리와 환입(매입에누리와 환출)이라는 계정과목을 사용하지 않고 매출액(매입액)에서 직접 차감할 수도 있고, 매출에누리와 환입(매입에누리와 환출)계정을 사용하여 회계처리할 수도 있다.

④ 손익계산서에 매출액과 매입액을 공시할 때에는 총매출액(총매입액)에서 매출에누리와 환입(매입에누리와 환출)을 차감한 순매출액(순매입액)으로 공시하면 된다.

3. 매출할인과 매입할인

(1) 할인의 개념

① 오늘날과 같은 신용사회에서는 상품의 인도 즉시 현금을 주고받는 현금판매보다는 외상으로 상품매매를 하는 것이 일반적이다. 상품이 외상으로 판매될 때에는 일정한 신용조건이 부여되는데 신용조건은 통상 특정기간 내에 현금으로 결제해야 하는 신용기간(credit period)과 조기에 대금을 결제하는 경우에는 현금할인(cash discount)의 혜택이 주어진다.

② 예컨대 2/10, n/30이라는 신용조건은 30일 이내에는 전액을 지급하여야 하며, 만약 10일 이내에 외상대금을 지급하면 총 외상대금 중 2%를 할인해주겠다는 것을 의미한다.

③ 많은 기업들은 상품판매에 따른 현금의 회수를 촉진시키기 위하여 현금할인의 혜택을 부여하는데, 상품의 구입자가 할인기간 내에 상품대금을 지급하면 상품의 판매자 입장에서는 매출할인(sales discounts)이 발생하게 된다.

(2) 매출시 회계처리 방법

① 순액법은 매출시점에서 고객이 할인기간 내에 현금을 지급할 것이라는 가정하에 총판매가격에서 매출할인액을 차감한 순액으로 매출과 매출채권을 계상하고 할인기간 내에 고객이 현금할인을 이용하지 않을 경우 할인기간 경과액을 이자수익으로 인식하는 방법이다.

② 총액법은 매출시점에서 고객이 할인기간 이후에 현금을 지급할 것이라는 가정하에 총판매가격으로 매출과 매출채권을 계상하고, 할인기간 내에 현금을 지급한 경우에는 현금할인 혜택을 매출할인으로 인식하는 방법이다.

▣ 상품 ₩100,000을 2/10, n/30의 신용조건으로 판매한 경우 순액법과 총액법의 회계처리를 나타내면 다음과 같다.

상황	순액법	총액법
매출시	매출채권 98,000 /매출 98,000	매출채권 100,000 /매출 100,000
할인기간 내에 현금을 수취한 경우	현금 98,000 /매출채권 98,000	현금 98,000 매출할인 2,000 /매출채권 100,000
할인기간 이후에 현금을 수취한 경우	현금 100,000 /매출채권 98,000 이자수익 2,000	현금 100,000 /매출채권 100,000

(3) 매입 시 회계처리 방법

① 순액법은 매입시점에서 할인기간 내에 현금을 지급할 것이라는 가정하에 총 구입가격에서 매입할인액을 차감한 순액으로 매입과 매입채무를 계상하고, 자금사정이 어려워 할인기간 이후에 대금을 지급한 경우 할인기간 경과액을 이자비용으로 인식하는 방법이다.

② 총액법은 매입시점에서 할인기간 이후에 혐금을 지급할 것이라는 가정하에 총 구입가격으로 매입과 매입채무를 계상하고, 할인기간 내에 현금을 지급한 경우에는 현금할인액을 매입할인으로 인식하는 방법이다.

▣ 상품 ₩100,000을 2/10, n/30의 신용조건으로 구입한 경우 순액법과 총액법의 회계처리를 나타내면 다음과 같다.

상황	순액법	총액법
매입시	매입 98,000 /매입채무 98,000	매입 100,000 /매입채무 100,000
할인기간 내에 현금을 지급한 경우	매입채무 98,000 /현금 98,000	매입채무 100,000 /현금 98,000 매입할인 2,000
할인기간 이후에 현금을 지급한 경우	매입채무 98,000 이자비용 2,000 /현금 100,000	매입채무 100,000 /현금 100,000

4. 회수불능채권

(1) 회수불능채권의 회계처리

① 수취채권이 채무자의 파산 등의 사유로 회수불가능하게 된 경우가 있는데, 이러한 회수불능채권을 대손(bad debt) 또는 채권의 감액이라고 한다.

② 대손에 관한 회계처리방법으로는 직접상각법과 충당금설정법이 있다.

(2) 직접상각법(Direct Write-Off Method)

① 직접상각법은 특정 채권의 회수가 실제로 불가능하게 되었을 때 회수불가능한 금액을 당기비용으로 인식하고 동시에 수취채권에서 직접 차감하는 방법이다.

② 예컨대 2024년에 2023년 외상매출분 중 100,000이 대손되었다면, 2024년에 다음과 같은 회계처리를 하여 2024년의 비용으로 인식하고 동시에 매출채권에서 직접 차감한다.

(차) 대손상각비 100,000 대) 매출채권 100,000

(3) 충당금설정법(Allowance Method)

① 충당금설정법(allowance method)은 관련 수취채권이 기록되는 연도에 매출액 또는 수취채권 잔액으로부터 회수불능채권액을 추정하여 대손충당금을 설정하고, 동시에 이를 동기간의 비용으로 회계처리하는 방법이다.

② 충당금설정법에는 다시 재무상태표접근법과 손익계산서접근법이 있으며, 기업회계기준에서는 재무상태표접근법을 채택하고 있다.

▣(주)현웅의 외상매출금과 대손에 관한 자료는 다음과 같다.

1. 2024년 초 대손충당금의 대변잔액은 ₩15,000이다.
2. 2024년 2월, 전기에 매출한 ₩12,000의 외상매출금이 회수불가능하다고 판명되었다.
3. 2024년 3월, 당기에 매출한 ₩7,000의 외상매출금이 회수불가능하다고 판명되었다.
4. 2024년 4월, 전기에 대손처리한 외상매출금 중 ₩3,000이 회수되었다.
5. 2024년 5월, 2월에 대손처리한 외상매출금 중 ₩2,000이 회수되었다.

   2024년 12월 31일의 외상매출금 잔액은 ₩500,000이며, 2024년의 외상매출액은 ₩3,000,000이다(단, 과거의 경험에 의하면 외상매출금 잔액의 4%가 대손되었다고 가정한다).

일 자	회계 처리	
2024년 2월	(차) 대손충당금 12,000	(대) 매출채권 12,000
3월	(차) 대손충당금 3,000 대손상각비 4,000	(대) 매출채권 7,000
7월	(차) 현 금 3,000	(대) 대손충당금 3,000
9월	(차) 현 금 2,000	(대) 대손충당금 2,000
결산 시	(차) 대손상각비 15,000	(대) 대손충당금 15,000
	◐₩500,000×4%－₩5,000＝₩15,000	

06 재고자산(在庫資産)

1. 재고자산

(1) 재고자산의 목적과 적용범위

① 목적은 재고자산의 회계처리와 공시에 필요한 사항을 정하는 데 있다. 재고자산 회계에 있어서 가장 중요한 과제는 보고기간말 현재 재고자산의 장부금액을 적절하게 결정하는 것이다.

② 재고자산의 적용은 건설형 공사계약에서 발생하는 진행중인 건설공사, 금융상품, 농림어업활동과 관련된 생물자산과 수확시점의 농림어업 수확물을 제외한 모든 재고자산의 회계처리에 적용된다.

(2) 재고자산의 개념

① '재고자산'은 정상적인 영업과정에서 판매를 위하여 보유하거나 생산과정에 있는 자산 및 생산 또는 서비스 제공과정에 투입될 원재료나 소모품의 형태로 존재하는 자산을 말한다.

② 재고자산이란 정상적인 영업활동과정에서 판매목적으로 보유하고 있는 자산(제품, 상품)과 판매를 목적으로 생산과정에 있는 자산(재공품, 반제품) 및 판매할 자산을 생산하는 데 사용되거나 소모될 자산(원재료, 저장품)을 말한다.

③ 기업이 보유하는 재고자산의 종류는 기업의 특성에 따라 다르다. 상품매매기업인 경우에는 상품이 주요 재고자산이며, 제조업의 경우에는 완제품, 재공품, 원재료 등의 재고자산이 존재한다.

④ 한편 어떤 항목이 재고자산으로 분류되어야 할 것인지는 그 기업의 주요 영업활동 목적이 무엇이냐에 따라 달라진다. 예를 들어, 토지의 경우 일반기업이 공장을 건설하기 위하여 매입하였다면 이는 유형자산으로 분류되지만, 부동산매매업을 하는 기업이 판매목적으로 취득한 경우에는 재고자산으로 분류된다. 마찬가지로 일반제조회사가 보유하고 있는 주식은 단기매매증권이나 매도가능증권 등으로 분류되지만 증권회사가 보유하고 있는 주식은 재고자산으로 분류된다.

(3) 재고자산의 유형

① **상품**: 기업의 정상적인 영업활동과정에서 판매를 목적으로 구입한 상품, 부동산매매업에 있어서 판매를 목적으로 소유하는 토지, 건물, 기타 이와 유사한 부동산

② **제품**: 기업 내부에서 판매를 목적으로 제조한 생산품

③ **반제품**: 자가제조한 중간제품과 부분품

④ **재공품**: 제품의 제조를 위하여 제조과정에 있는 제품

⑤ **원재료**: 완제품을 제조 · 가공할 목적으로 구입한 원료, 재료 등

⑥ **저장품**: 소모품, 수선용 부분품 및 기타 저장품 등

⑦ **기타**: 위에 속하지 아니한 재고자산

(4) 재고자산의 회계처리

① 재고자산의 회계처리는 기업의 가장 중요한 영업활동을 기록하는 것이므로 다른 자산의 회계처리와는 다르다.

② 예컨대, 장부금액 ₩100,000의 단기매매증권을 ₩120,000에 처분하고 처분비용으로 ₩5,000을 지급하였다면, 다음과 같이 회계 처리하여 손익계산서에는 매매거래에 따른 손익을 순액으로 보고하게 된다.

(차) 현 금 115,000	(대) 단기매매증권	100,000
	단기매매증권처분이익	15,000

③ 재고자산의 경우에는 손익계산서에 재고자산의 판매로 인한 수익, 즉 매출액과 이 매출액에 대한 원가 및 판매비용을 별도로 구분해서 표시하여야 한다. 왜냐하면, 재고자산의 매매거래를 다른 자산의 경우와 같이 자산처분손익만 보고한다면 기업의 가장 중요한 영업활동에 대한 정보가 누락될 우려가 있기 때문이다.

④ 따라서 다른 자산의 매매거래와는 달리 재고자산의 매매거래는 매출액과 매출원가를 알 수 있도록 회계처리하여야 하는데, 재고자산의 회계처리방법에는 상품계정을 상품계정, 매입계정, 매출계정으로 분할하여 회계처리하는 방법과 상품계정을 상품계정과 매출계정으로 분할하여 회계처리하는 두 가지 방법이 있다.

(5) 재고자산 가치평가

① 소매 점포에서 재고는 재무제표에 영향을 주기 때문에 재고의 실제 가치를 평가할 필요가 있으며, 이때 재고의 가치는 소매판매가격을 기준으로 파악하는 방법과 구매가격을 기준으로 평가하는 방법이 있다.

② 판매가격을 기준으로 파악하는 방식으로 실제 재고조사를 하지 않아도 특정기간 동안의 기말재고액을 추정할 수 있고, 매입가격 기준 재고평가방식보다 계산이 복잡하나 시장가치를 재고가치에 반영할 수 있으며, 일정기간 동안의 재고액, 판매비, 파손이나 도난에 의한 결손액, 즉 장부재고에서 실제재고를 차감한 액수가 얼마인지 파악할 수 있는 장점이 있다.

2. 재고자산의 취득원가 결정

(1) 재고자산의 원가결정

① 재고자산의 장부금액 결정은 재고자산 취득원가를 장부금액으로 한다. 다만, 시가가 취득원가보다 낮은 경우에는 시가를 장부금액으로 한다(이하 '저가법'이라 한다).

② 재고자산의 취득원가는 매입원가 또는 제조원가를 말한다. 재고자산의 취득원가에는 취득에 직접적으로 관련되어 있으며, 정상적으로 발생되는 기타원가를 포함한다.

(2) 재고자산의 매입원가

① 재고자산의 매입원가는 매입금액에 매입운임, 하역료 및 보험료 등 취득과정에서 정상적으로 발생한 부대원가를 가산한 금액이다.

② 매입과 관련된 할인, 에누리 및 기타 유사한 항목은 매입원가에서 차감한다. 성격이 상이한 재고자산을 일괄하여 구입한 경우에는 총매입원가를 각 재고자산의 공정가치 비율에 따라 배분하여 개별 재고자산의 매입원가를 결정한다.

(3) 재고자산의 제조원가

① 제품, 반제품 및 재공품 등 재고자산의 제조원가는 보고기간말까지 제조과정에서 발생한 직접재료원가, 직접노무원가, 제조와 관련된 변동 및 고정 제조간접원가의 체계적인 배부액을 포함한다.

② 고정제조간접원가는 생산설비의 정상조업도에 기초하여 제품에 배부하며, 실제 생산수준이 정상조업도와 유사한 경우에는 실제조업도를 사용할 수 있다. 단위당 고정제조간접원가 배부액은 비정상적으로 낮은 조업도나 유휴설비로 인하여 증가하여서는 아니된다. 그러나, 실제조업도가 정상조업도보다 높은 경우에는 실제조업도에 기초하여 고정제조간접원가를 배부함으로써 재고자산이 실제원가를 반영하도록 한다. 변동제조간접원가는 생산설비의 실제 사용에 기초하여 각 생산단위에 배부한다.

③ 단일 생산공정을 통하여 여러 가지 제품을 생산하거나 주산물과 부산물을 동시에 생산하는 경우에 발생한 공통원가는 각 제품을 분리하여 식별할 수 있는 시점이나 완성한 시점에서의 개별 제품의 상대적 판매가치를 기준으로 하여 배부한다. 다만, 경우에 따라 생산량기준 등을 적용하는 것이 더 합리적이라고 판단될 때에는 그 방법을 적용할 수 있다. 중요하지 않은 부산물은 순실현가능가치를 측정하여 동 금액을 주요 제품의 제조원가에서 차감하여 처리할 수 있다.

④ 재고자산 원가에 포함할 수 없으며 발생기간의 비용으로 인식하여야 하는 원가는 재료원가, 노무원가 및 기타의 제조원가 중 비정상적으로 낭비된 부분, 추가 생산단계에 투입하기 전에 보관이 필요한 경우 외의 보관비용, 재고자산을 현재의 장소에 현재의 상태로 이르게 하는 데 기여하지 않은 관리간접원가, 판매원가 등이 있다.

⑤ 서비스기업의 재고자산 원가는 서비스의 제공에 직접 종사하는 인력의 노무원가와 기타 직접 관련된 재료원가와 기타원가로 구성된다. 서비스 제공과 직접 관련이 없는, 판매 및 일반관리 업무에 종사하는 인력의 노무원가와 기타원가는 재고자산 원가에 포함되지 않으며 발생한 기간의 비용으로 인식한다.

(4) 재고자산의 원가결정방법

① 통상적으로 상호 교환될 수 없는 재고항목이나 특정 프로젝트별로 생산되는 제품 또는 서비스의 원가는 개별법을 사용하여 결정한다. 개별법은 각 재고자산별로 매입원가 또는 제조원가를 결정하는 방법이다. 예를 들면, 특수기계를 주문 생산하는 경우와 같이 제품별로 원가를 식별할 수 있는 때에는 개별법을 사용하여 원가를 결정한다. 그러나 이 방법을 상호 교환 가능한 대량의 동질적인 제품에 대해서 적용하는 것은 적절하지 아니하다.

② 재고자산의 단위원가는 선입선출법이나 가중평균법 또는 후입선출법을 사용하여 결정한다. 성격과 용도 면에서 유사한 재고자산에는 동일한 단위원가 결정방법을 적용하여야 하며, 성격이나 용도 면에서 차이가 있는 재고자산에는 서로 다른 단위원가 결정방법을 적용할 수 있다.

(5) 표준원가와 소매재고법에 의한 원가 결정

① 표준원가법이나 소매재고법 등의 원가측정방법은 그러한 방법으로 평가한 결과가 실제 원가와 유사한 경우에 편의상 사용할 수 있다.

② 표준원가는 정상적인 재료원가, 소모품원가, 노무원가 및 효율성과 생산능력 활용도를 반영한다. 표준원가는 정기적으로 검토하여야 하며 필요한 경우 현재 상황에 맞게 조정하여야 한다.

③ 소매재고법은 판매가격기준으로 평가한 기말재고금액에 구입원가, 판매가격 및 판매가격변동액에 근거하여 산정한 원가율을 적용하여 기말재고자산의 원가를 결정하는 방법이다. 이 방법은 실제원가가 아닌 추정에 의한 원가결정방법이므로 원칙적으로 많은 종류의 상품을 취급하여 실제원가에 기초한 원가결정방법의 사용이 곤란한 유통업종에서만 사용할 수 있다.

④ 유통업 이외의 업종에 속한 기업이 소매재고법을 사용하는 예외적인 경우에는 소매재고법의 사용이 실제원가에 기초한 다른 원가결정방법을 적용하는 것보다 합리적이라는 정당한 이유와 소매재고법의 원가율 추정이 합리적이라는 근거를 주석으로 기재하여야 한다.

⑤ 소매재고법은 이익률이 유사한 동질적인 상품군별로 적용한다. 따라서 이익률이 서로 다른 상품군을 통합하여 평균원가율을 계산해서는 아니된다.

(6) 저가법의 적용

① 재고자산의 시가가 취득원가보다 하락한 경우에는 저가법을 사용하여 재고자산의 장부금액을 결정한다.

② 손상을 입은 경우, 보고기간말로부터 1년 또는 정상영업주기 내에 판매되지 않았거나 생산에 투입할 수 없어 장기체화된 경우, 진부화하여 정상적인 판매시장이 사라지거나 기술 및 시장 여건 등의 변화에 의해서 판매가치가 하락한 경우, 완성하거나 판매하는 데 필요한 원가가 상승한 경우 같은 사유가 발생하면 재고자산 시가가 원가 이하로 하락할 수 있다.

③ 재고자산을 저가법으로 평가하는 경우 재고자산의 시가는 순실현가능가치를 말한다. 생산에 투입하기 위해 보유하는 원재료의 현행대체원가는 순실현가능가치에 대한 최선의 이용가능한 측정치가 될 수 있다. 다만, 원재료를 투입하여 완성할 제품의 시가가 원가보다 높을 때는 원재료에 대하여 저가법을 적용하지 아니한다.

④ 재고자산 평가를 위한 저가법은 항목별로 적용한다. 그러나 경우에 따라서는 서로 유사하거나 관련있는 항목들을 통합하여 적용하는 것이 적절할 수 있다. 이러한 경우는 재고항목이 유사한 목적 또는 용도를 갖는 동일한 제품군으로 분류되고, 동일한 지역에서 생산되어 판매되며, 그리고 그 제품군에 속하는 다른 항목과 구분하여 평가하는 것이 사실상 불가능한 경우를 말한다.

⑤ 재고자산의 평가에 있어서 저가법을 서로 유사하거나 관련있는 항목들을 통합하여 적용하는 경우에는 계속성을 유지하여야 한다. 저가법은 총액기준으로 적용할 수 없다. 저가법을 적용하여 소매재고법을 사용하는 경우에는 원가율을 계산할 때 가격인하를 매출가격에 의한 판매가능액에서 차감하지 아니한다.

⑥ 시가는 매 회계기간말에 추정한다. 저가법의 적용에 따른 평가손실을 초래했던 상황이 해소되어 새로운 시가가 장부금액보다 상승한 경우에는 최초의 장부금액을 초과하지 않는 범위 내에서 평가손실을 환입한다. 재고자산평가손실의 환입은 매출원가에서 차감한다.

(7) 재고자산의 비용의 인식

① 재고자산은 이를 판매하여 수익을 인식한 기간에 매출원가로 인식한다. 재고자산의 시가가 장부금액 이하로 하락하여 발생한 평가손실은 재고자산의 차감계정으로 표시하고 매출원가에 가산한다.

② 재고자산의 장부상 수량과 실제 수량과의 차이에서 발생하는 감모손실의 경우 정상적으로 발생한 감모손실은 매출원가에 가산하고 비정상적으로 발생한 감모손실은 영업외비용으로 분류한다.

3. 재고자산의 취득원가 결정

(1) 매입운임

① 매입운임은 매입부대비용이므로 재고자산의 취득원가에 포함시켜야 하는데, 선적지인도기준인 경우에는 선적시점에서 소유권이 매입자에게 이전되기 때문에 매입자가 운임을 부담하게 되며 매입운임을 재고자산의 취득원가(매입가액에 포함)로 처리하여야 한다. 그러나 도착지인도기준에서는 판매자가 운임을 부담하게 되므로 매입자는 운임을 매입가액에 포함시키지 않는다. 이 경우에 판매자가 부담하는 운임은 판매비로 분류된다.

② 매입자가 부담하는 매입운임, 하역료, 보험료 등 상품매입에 직접 소요된 제비용은 재고자산의 취득원가로 처리해야 하지만, 기업실무에서는 매입운임 등을 매입상품별로 배분하는 것이 곤란한 경우도 있다. 이와 같이 매입운임, 하역료 및 보험료 등 상품매입에 직접 소요된 제비용을 매입상품별로 배부하기 곤란한 경우에 기업실무에서는 전액을 당기의 매출원가에 가산한다.

(2) 미착상품

① 미착상품(goods in transit)이란 상품을 주문하였으나 운송 중에 있어 아직 도착하지 않은 상품을 말한다. 이 경우에 상품에 대한 법적 소유권의 이전 여부는 선적지인도기준과 도착지인도기준과 같은 매매계약조건에 따라 결정된다.

② 선적지인도기준은 선적시점에서 소유권이 매입자에게 이전되므로 미착품은 매입자의 재고자산에 포함되어야 하며, 도착지인도기준은 목적지 도착시점에서 소유권이 매입자에게 이전되므로 미착품은 판매자의 재고자산에 포함되어야 한다.

③ 결산일에 운송 중인 상품이 있을 경우 선적지인도기준이라면 매입자의 입장에서는 당기의 매입과 기말재고자산에 포함시켜야 한다.

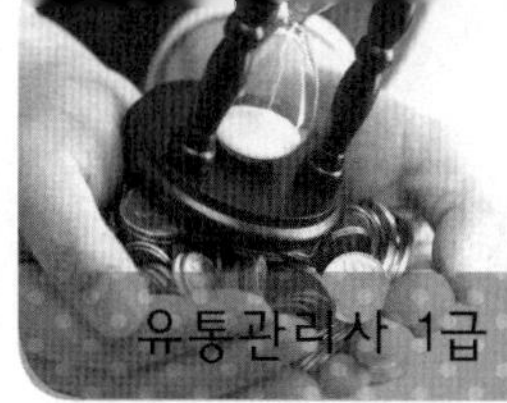

④ 판매자의 입장에서는 당기의 매출로 인식하여야 한다. 만약 도착지인도기준이라면 매입자 입장에서는 다음 기의 매입으로 처리하여야 하고, 판매자 입장에서는 다음 기를 매출로 인식해야 하므로 판매자의 당기 기말재고자산에 포함시켜야 한다.

(3) 위탁판매

① 위탁판매(consignment sales)란 자기(위탁자)의 상품을 타인(수탁자)에게 위탁하여 판매하는 것을 말한다. 위탁품은 수탁자가 점유하게 되지만 수탁자가 고객에게 위탁품을 판매하기 전까지는 위탁품에 대한 소유권이 위탁자에게 있다.

② 왜냐하면 직송비용 · 판매비용 및 기타 위험을 위탁자가 부담하며, 수탁자는 위탁자의 의뢰에 의해서 판매를 대행할 뿐이지 위탁품의 소유권을 이전받았다고는 볼 수 없기 때문이다.

③ 기업회계기준에서도 위탁판매의 경우 수익은 수탁자가 위탁품을 판매한 날에 인식하도록 규정하고 있으므로 수탁자가 위탁품을 판매하기 전까지 위탁자의 재고자산에 포함시켜야 한다.

④ 따라서 위탁자 입장에서는 결산일까지 판매되지 않은 위탁품은 창고에 없다 할지라도 기말재고자산에 포함시켜야한다.

(4) 시용판매

① 시용판매(sales on approval)란 주문을 받지 않고 상품 등을 고객에게 인도하여 고객이 그 상품을 사용하여 보고 매입하겠다는 의사표시를 함으로써 판매가 성립되는 특수한 판매방법을 말한다.

② 예컨대, 수집용 우표를 판매하는 상점에서 우표수집가들에게 우표를 송부하면 우표수집가는 구입하고 싶은 우표의 매입의사를 표시하고, 구입하고 싶지 않은 우표는 상점으로 반송하는 형태의 매매방식이 여기에 속한다.

③ 기업회계기준에서는 시용판매의 경우 수익은 매입자가 매입의사표시를 한 날에 인식하도록 규정하고 있다. 따라서 기말 현재 매입자로부터 매입의사표시가 없는 시송품은 창고에 없다 할지라도 기말재고에 포함시켜야 한다.

(5) 주문생산매출(예약매출)

① 주문생산매출이란 고객으로부터 특별주문을 받아 생산되는 제품의 매출로서 일반적으로 예약매출이라고 한다. 이론적으로 볼 때 주문생산매출은 진행기준에 따라 수익을 인식하는 것이 타당하다. 따라서 주문생산매출의 경우에는 당기에 발생한 생산원가가 기말재고자산에 포함되지 않는다.

② 주문생산매출의 경우에 수익금액은 사전약정에 의하여 객관적인 측정이 가능하고, 주문상품의 생산 그 자체가 수익창출활동을 위한 결정적인 사건에 해당하기 때문이다. 기업회계기준에서도 이러한 점을 고려하여 예약매출의 경우에는 진행기준으로 수익을 인식하도록 규정하고 있다.

(6) 반품가능판매

① 반품가능판매란 구매자가 매입한 상품이 마음에 들지 않을 경우 반품기간 이내에 반품을 할 수 있는 판매를 말한다. 기업회계기준에서는 반품가능판매의 경우에 반품률을 과거의 경험 등에 의하여 합리적으로 추정 가능하다면 상품인도 시에 반품률을 적절히 반영하여 수익을 인식하도록 규정하고 있다.

② 반품률을 합리적으로 추정 가능한 경우에는 상품인도 시에 판매된 것으로 보아 판매자의 재고자산에서 제외하여야 한다. 그러나 반품률을 합리적으로 추정할 수 없는 경우에는 구매자가 상품의 인수를 수락하거나 반품기간이 종료된 시점에서 수익을 인식하도록 규정하고 있으므로 수익을 인식하기 전까지는 판매자의 재고자산에 포함하여야 한다.

(7) 할부판매

① 할부판매란 상품 등을 고객에게 인도하고 대금은 미래에 분할하여 회수하기로 한 판매를 말한다. 기업회계기준에서는 할부판매의 경우 원칙적으로 상품 등을 인도한 시점에서 수익을 인식하도록 규정하고 있다.

② 할부판매의 경우에는 대금이 모두 회수되지 않았다 하더라도 상품 등의 판매시점에서 판매자의 재고자산에서 제외하여야 한다.

(8) 저당상품

① 저당상품이란 금융기관 등으로부터 자금을 차입하고 그 담보로 제공된 상품을 말한다. 이러한 저당상품은 저당권이 실행되기 전까지 단순히 저당만 잡힌 상태이므로 담보제공자가 소유권을 가지고 있다.

② 저당권이 실행되어 소유권이 이전되기 전에는 담보제공자의 재고자산에 포함하여야 하며, 담보제공자는 관련 내용을 주석으로 공시하여야 한다.

4. 재고자산의 원가배분

(1) 원가결정

① 재고자산의 취득원가(판매가능상품원가＝기초상품재고액＋당기상품매입액)는 기간손익을 결정하기 위해서 판매된 부분(매출원가)과 미판매된 부분(기말재고)으로 배분하여야 한다.

기초상품재고액	× × ×	
당기상품매입액	× × ×	– 판매된 부분 : 매출원가
판매가능상품원가	× × ×	– 미 판매된 부분 : 기말재고

② 재고자산의 원가를 매출원가와 기말재고에 배분하기 위해서 기업은 보조장부인 상품재고장을 사용한다. 상품재고장이란 상품의 재고관리를 위하여 상품의 입고와 출고를 계속적으로 기록하는 보조원장으로서 상품의 종류별로 작성된다.

xx상품 【상품재고장 】

월/일	적요	입 고			출 고			잔 고		
		수량	단가	금액	수량	단가	금액	수량	단가	금액

③ 기중에 상품매매거래가 발생하면 매입계정과 매출계정을 사용하여 회계처리하기 때문에 기중에는 당기상품매출액과 매입액에 대해서만 기록할 뿐 매출원가에 대한 회계처리는 하지 않는다.

④ 매출원가는 기말수정분개를 통해서 산출되는데, 이때 상품재고장에 기록된 사항을 이용한다. 즉, 상품재고장에는 상품의 기초재고액과 당기매입액 및 당기판매된 상품의 원가와 기말재고액을 알 수 있기 때문에 이를 통하여 매출원가를 산정할 수 있다.

⑤ 상품의 증감과 잔액, 즉 매출원가와 기말재고액은 '수량×단가'로 결정되므로, 수량과 단가를 산정하는 여러 가지 방법들에 대해서 살펴보기로 한다.

5. 수량을 결정하는 방법

(1) 계속기록법

① 계속기록법(perpetual inventory method)이란 상품의 입 · 출고 시마다 수량을 계속적으로 기록하는 방법으로 장부상 재고잔량을 기말재고수량으로 결정하는 방법이다. 즉, 기말재고수량은 당기판매가능수량(기초재고수량+당기매입수량)에서 당기판매수량을 차감하여 계산한다.

기초재고수량 + 당기매입수량 − 당기판매수량 = 기말재고수량

② 계속기록법에 의할 경우 기초재고수량, 당기매입수량, 당기판매수량이 모두 기입되므로 언제든지 장부상의 재고수량을 파악할 수 있다.

(2) 실지재고조사법

① 실지재고조사법(periodic inventory method)이란 정기적으로 실지재고조사를 통하여 재고수량을 파악하는 방법으로 상품재고장에 입고기록만 할 뿐 출고기록을 하지 않기 때문에 당기판매수량은 당기판매가능수량(기초재고수량+당기매입수량)에서 기말실지재고수량을 차감하여 계산한다.

② 재고자산은 회사가 판매하기 위해 보유하고 있는 상품과 제품이며, 이들을 진열하기 위한 매대나 선반은 재고자산에 포함되지 않는다. 계속기록법은 재고자산 수불장을 비치하고 매출시점마다 매출원가를 계산하는 방법을 말한다.

③ 실지재고조사법은 회계 기간동안 상품의 매입을 집계하였다가 기말에 재고자산을 실사하여 매출원가를 계산하는 방법으로 매입/매출의 빈도가 높을 때 유리하며 계속기록법은 빈도가 낮을 때 유리한 방법이다.

기초재고수량 + 당기매입수량 – 기말실지재고수량 = 당기판매수량

④ 기초재고수량과 당기매입수량만 기록하고 당기판매수량은 기말에 실지재고조사를 한 후에 일괄적으로 파악하는 방법이다.

(3) 혼합법

① 혼합법이란 계속기록법과 실지재고조사법을 병행하는 방법으로서 계속기록법에 의하여 상품재고장의 기록을 유지하고, 일정시점에서 실지재고조사도 실시하는 방법이다.

② 계속기록법에 의한 장부상의 기말재고수량과 실지재고조사를 통해서 확인된 기말실지재고수량이 도난이나 파손 등의 사유로 차이가 발생할 수 있는데, 순수한 의미에서의 계속기록법과 실지재고조사법은 재고감모량을 파악할 수가 없다.

③ 계속기록법에 의할 경우 실지재고조사를 하지 않기 때문에 감모량을 파악할 수 없으며, 재고감모손실만큼 기말재고수량이 과대평가된다.

④ 반대로 실지재고조사법에 의할 경우 재고실사에 포함되지 않은 재고자산은 모두 판매된 것으로 가정하므로 재고감모손실을 파악할 수 없으며, 재고감모손실분이 당기판매수량에 포함된다.

❖기초재고수량 100개, 당기매입수량 1,000개, 당기판매수량 800개, 기말실지 재고수량 250개일 경우 계속기록법, 실지재고조사법, 혼합법에 따른 수량을 파악하시오.

* 계속기록법 : 기초재고수량(100) + 당기매입수량(1,000) – 당기판매수량(800) = 기말재고수량(300)
* 실지재고조사법 : 기초재고수량(100) + 당기매입수량(1,000) – 기말실지재고수량(250) = 당기판매수량(850)
* 혼합법 : 기초재고수량(100) + 당기매입수량(1,000) – 기말실지재고수량(250) = 재고감모수량(50) + 기말재고수량(250)

4. 재고자산 원가흐름의 가정

(1) 원가흐름의 정의

① 상품재고장은 수량의 증감만을 기입하는데 그치지 않고 금액까지 아울러 기입하여야 하는데, 이때 동일한 상품을 서로 다른 가격으로 매입하였을 경우 판매된 상품의 단가를 얼마로 할 것인지가 문제가 된다.

② 이론적으로 상품에 가격표 등을 붙여 매입 상품별로 매입가격을 알 수 있도록 함으로써 매입가격별로 판매된 것과 재고로 남은 것을 구별하여 매출원가와 기말재고로 구분(개별법)하면 될 것으로 생각할 수도 있으나, 상품의 종류가 다양하고 상품의 구입과 판매가 빈번하게 발생하는 경우에는 이 방법을 적용하는 것이 현실적으로 불가능하다.

③ 따라서 상품의 실제물량흐름과 상관없이 일정한 가정을 통하여 매출원가와 기말재고로 배분하게 되는데, 이를 원가흐름의 가정이라고 한다.

❖ 재고자산의 단가산정

* 다음은 2023년의 재고자산거래와 관련된 자료이다.

	단위(개)	단위원가(₩)	총원가(₩)
기초재고(1. 1.)	300	10	3,000
매　입(7. 1.)	500	12	6,000
매　입(7. 1.)	400	15	6,000
계	1,200		15,000
매　출(6. 1.)	200		
매　출(8. 1.)	400		
매　출(12. 1.)	200		
판매수량	800		
기말재고(12. 31.)	400		
계	1,200		

(2) 개별법(Specific Identification Method)

① 개별법이란 재고자산에 가격표 등을 붙여 매입상품별로 매입가격을 알 수 있도록 함으로써 매입가격별로 판매된 것과 재고로 남은 것을 구별하여 매출원가와 기말재고로 구분하는 방법이다.

② 개별법은 원가흐름과 실제물량흐름이 일치하기 때문에 이론상 가장 이상적인 방법이지만 재고자산의 종류와 수량이 많고 거래가 빈번한 경우에는 실무에서 사용하기가 불가능하다. 따라서 개별법은 통상적으로 상호교환될 수 없는 제품이나 특정 프로젝트별로 생산되는 제품 또는 서비스의 원가에 적용되는 방법이다.

③ 원가흐름의 가정으로 개별법을 적용할 경우에는 원가흐름과 실제물량흐름이 일치하기 때문에 이론상 가장 이상적인 방법이고, 실제원가와 실제수익이 대응되기 때문에 수익 비용 대응이 이상적이라는 장점이 있다.

④ 재고자산의 종류와 수량이 많고 거래가 빈번해질 경우에는 실무적으로 번거롭고, 동일한 상품을 여러 가지 다른 가격으로 구입한 경우 의도적으로 이익을 조작할 가능성이 있다. 즉, 경영자가 매출원가에 포함시킬 항목을 임의로 선택하여 매출원가 및 기말재고자산의 금액을 조작할 수 있다는 단점이 있다.

⑤ 개별법에 따라 상품재고장을 계속단가기록법에 의하여 작성할 경우, 판매가능상품이 매출원가와 기말재고에 배분되는 금액은 다음과 같다.

기초상품재고액	₩ 3,000	매출원가	₩ 9,300
당기상품매입액	12,000	기말재고	5,700
판매가능상품원가	₩ 15,000	계	₩ 15,000

xx상품 【상품재고장 】

월/일	적요	입고			출고			잔고		
		수량	단가	금액	수량	단가	금액	수량	단가	금액
1월 1일	전기이월	300	10	3,000				300	10	3,000
6월 1일	매 출				200	10	2,000	100	10	1,000
7월 1일	매 입	500	12	6,000				100 500	10 12	1,000 6,000
8월 1일	매 출				400	12	4,800	100 100	10 12	1,000 1,200
11월 1일	매 입	400	15	6,000				100 100 400	10 12 15	1,000 1,200 6,000

12월 1일	매 출				100 100	10 15	1,000 1,500	100 300	12 15	1,200 4,500
12월31일	판 매 가 능 상 품	1,200개 ₩15,000								
매 출 원 가					800개 ₩9,300					
기 말 재 고									400개 ₩5,700	

(3) 선입선출법(FIFO ; First-In First-Out Method)

① 선입선출법이란 실제물량의 흐름과는 관계없이 먼저 취득한 자산이 먼저 판매된 것으로 가정하여 매출원가와 기말재고로 구분하는 방법이다. 따라서 매출원가는 오래전에 구입한 상품의 원가로 구성되고, 기말재고는 최근에 구입한 상품의 원가로 구성된다.

② 선입선출법에 따라 상품재고장을 계속단가기록법에 의하여 작성할 경우 판매가능상품이 매출원가와 기말재고에 배분되는 금액은 다음과 같다.

기초상품재고액	₩ 3.000	매출원가	₩ 9.000
당기상품매입액	12.000	기말재고	6.000
판매가능상품원가	₩ 15.000	계	₩ 15.000

③ 기말단가 기록법을 적용하는 상품재고장에 출고란 단가를 출고 시마다 기록하지 않고 기말에 일괄하여 산정한다면, 선입선출법의 가정에 따른 기말재고와 매출원가는 다음과 같다.

기말재고: 400개(11월 1일 매입) × ₩15	매출원가	₩ 15.000
메출원가: ₩15.000 － ₩6.000	기말재고	9.000
계		₩ 15.000

④ 원가흐름의 가정으로 선입선출법을 적용할 경우 일반적인 물량흐름은 먼저 들어온 것이 먼저 판매되므로 일반적인 물량흐름과 원가흐름의 가정이 일치하고, 기말재고는 최근에 구입한 상품의 원가가 되므로 재무상태표상 재고자산 가액은 공정가치에 가깝다는 장점이 있다.

⑤ 선입선출법은 물가상승 시 현재수익에 과거원가가 대응되므로 높은 이익을 계상하게 되어 실물자본유지를 어렵게 하는 단점이 있다. 즉, 물가상승 시에 선입선출법을 사용하면 현재의 높은 수익에 과거의 낮은 매출원가가 대응되어 매출총이익이 계산되는데, 이 매출총이익에는 과거의 취득원가와 판매시점에서의 현행원가의 차액인 보유이익이 포함되어 있으므로, 이 이익에 근거한 법인세와 배당금지급은 실물자본유지를 불가능하게 한다.

(4) 후입선출법(LIFO ; Last-In First-Out Method)

① 후입선출법(LIFO ; Last-In First-Out Method)이란 실제물량흐름과는 관계없이 가장 최근에 매입한 상품이 먼저 판매된 것으로 가정하여 매출원가와 기말재고로 구분하는 방법이다. 따라서 매출원가는 최근에 구입한 상품의 원가로 구성되며, 기말재고는 오래전에 구입한 상품의 원가가 된다.

② 후입선출법에 따라 상품재고장을 계속단가기록법에 의하여 작성할 경우, 판매가능상품이 매출원가와 기말재고에 배분되는 금액은 다음과 같다.

기초상품재고액	₩ 3.000	매출원가	₩ 9.800
당기상품매입액	12.000	기말재고	5.200
판매가능상품원가	₩ 15.000	계	₩ 15.000

③ 상품재고장에 출고란의 단가를 출고 시마다 기록하지 않고 기말에 일괄하여 산정한다는 기말단가기록법을 이용한다면 후입선출법의 가정에 따른 기말재고와 매출원가는 다음과 같다.

기말재고:	300개(기초재고) × ₩ 10	₩ 3.000
	100개(7월 1일 매입) × ₩ 12	1,200
메출원가:	₩ 15.000 − ₩ 4.200	10.800
계		₩ 15.000

④ 후입선출법을 적용할 경우에는 다른 방법에 비하여 현재의 수익에 현재의 원가가 대응되므로 수익 · 비용대응이 적절히 이루어진다. 즉, 최근에 매입한 단가가 매출원가를 구성하므로 매출총이익에 보유이익이 포함되는 것을 막을 수 있고, 물가상승시에 기말재고수량이 기초재고수량과 같거나 증가하는 한 다른 방법보다 이익을 적게 계상하므로 법인세이연효과가 있다는 장점이 있다.

⑤ 후입선출법은 재무상태표상 재고자산은 오래전에 구입한 원가로 구성되어 있기 때문에 현재가치를 표시하지 못하고, 일반적인 재화의 흐름은 선입선출이므로 물량흐

름과 원가흐름의 가정이 일치하지 않으며, 물가상승 시에 재고자산의 수량이 감소하게 되면 오래된 재고가 매출원가로 계상되어 이익을 과대계상하게 되므로 과다한 법인세 및 배당을 부담하는 기현상이 발생할 수 있다. 이러한 현상을 LIFO 청산(LIFO liquidation) 또는 비자발적 청산이라고 한다.

(5) 평균법(Average Cost Method)

① 평균법이란 일정기간 동안의 재고자산원가를 평균한 평균원가로 판매가능상품을 매출원가와 기말재고에 배분하는 방법이다. 여기서도 상품재고장의 단가란을 상품출고시마다 계속기록하는 방법과 기말에 일괄하여 기록하는 방법이 있는데, 전자를 이동평균법이라고 하고 후자를 총평균법이라고 한다.

② 이동평균법(계속단가기록법)은 구입이 이루어질 때마다 가중평균단가를 구하고 상품출고시마다 출고단가를 계속 기록하는 방법이다. 이동평균법은 화폐가치의 변동을 단가에 민감하게 반영시킨다는 장점이 있으나, 거래가 빈번한 경우 계산이 복잡하다는 단점이 있다. 이동평균법에 따라 상품재고장을 작성할 경우 판매가능상품이 매출원가와 기말재고에 배분되는 금액은 다음과 같다.

기초상품재고액	₩ 3.000	매출원가	₩ 9.444
당기상품매입액	12.000	기말재고	5.556
판매가능상품원가	₩ 15.000	계	₩ 15.000

③ 총평균법(기말단가기록법)이란 일정기간동안의 판매가능상품총액을 판매가능상품수량으로 나눈 단가로 매출원가와 기말재고에 배분하는 방법이다. 따라서 기말에 가서 평균단가를 구할 수 있기 때문에 기중에는 상품의 출고시마다 출고단가를 기록할 수 없다.

④ 총평균법은 간편하고 객관적이며 이익조작가능성이 없다는 장점이 있으나 기초의 원가가 기말의 원가에 영향을 미친다는 단점이 있다. 총평균법에 따라 상품재고장을 작성할 경우 판매가능상품이 매출원가와 기말재고에 배분되는 금액은 다음과 같다.

$$\text{총평균단가} = \frac{\text{기초상품재고원가+당기순상품 매입원가}}{\text{기초재고수량+당기순매입수량}}$$

$$\frac{3,000+12,000}{3,000+900} = 12.5$$

기초상품재고액	₩ 3,000	매출원가	₩ 10,000
당기상품매입액	12,000	기말재고	5,000
판매가능상품원가	₩ 15,000	계	₩ 15,000

(6) 각 방법들의 상호비교

① 통상적으로 상호교환될 수 없는 재고항목이나 특정프로젝트별로 생산되는 제품 또는 서비스의 원가는 개별법을 사용해야 한다.

② 그러나 상호교환 가능한 대량의 동질적인 제품에 대해서는 이를 적용하기 힘들기 때문에 선입선출법, 후입선출법, 평균법 등의 원가흐름의 가정이 도입된 것이다.

③ 매출원가와 기말재고는 '기말×단가'로 결정되는데 수량을 파악하는 방법에는 계속기록법과 실지재고조사법 및 혼합법이 있으나, 실무에서는 계속기록법과 실지재고조사법을 병행하는 혼합법만을 사용해야 한다.

④ 그리고 단가를 결정하는 방법에는 원가흐름의 가정에 따라 출고단가를 상품출고 시마다 계속 기록하는 계속단가기록법과 기말에 일괄하여 출고단가를 기록하는 기말단가기록법이 있다. 계속단가기록법과 기말단가기록법은 실무상 모두 사용할 수 있는 방법이다.

⑤ 이동평균법은 계속단가기록법으로 평균법을 적용한 방법이고, 총평균법은 기말단가기록법에 의하여 평균법을 적용한 방법이다. 개별법과 선입선출법은 계속단가기록법과 기말단가기록법에 의한 결과가 동일하지만 후입선출법에서는 다르다.

⑥ 일반적으로 네 가지 방법 중 인플레이션하에서는(매입단가는 계속 상승하고 있음) 기말재고수량이 기초재고수량과 같거나 증가하는 한 선입선출법, 평균법(이동평균법, 총평균법), 후입선출법 순으로 기말재고금액이 크고 매출원가는 작다.

⑦ 따라서 선입선출법은 가장 많은 순이익을 보고하는 방법이고, 후입선출법은 가장 적은 순이익을 보고하는 방법이며, 평균법과 개별법은 선입선출법과 후입선출법 사이에서 결정된다.

구 분	원가배분	개별법	선입선출법	후입선출법	평균법
계속단가 기록법	매출원가	9,300	9,000	9,800	9,444
	기말재고	5,700	6,000	5,200	5,556
기말단가 기록법	매출원가	9,300	9,000	10,800	10,000
	기말재고	5,700	6,000	4,200	5,000

(7) 소매재고법(Retail Inventory Method)

① 소매재고법이란 소매가(판매가)로 표시된 기말재고액에 당기원가율을 곱하여 기말재고(원가)를 구하는 방법으로 매출가격환원법이라고도 한다.

② 소매재고법은 할인점이나 편의점 등 재고자산의 종류가 다양하고 단가가 낮으며, 거래의 발생빈도수가 높아 상품재고장의 기록과 기말재고실사가 불가능하거나 비경제적일 경우에 사용하는 방법이다.

③ 소매재고법을 사용하는 경우 장부기장은 상품매입 시에 구입원가와 그 시점에서의 추정매가를 기록하고 차후에 추정매가와 판매가격이 상이할 수 있으므로 순인상액(가격인상액－가격인상취소액)과 순인하액(가격인하액－가격인하취소액)을 가감하여 당기매입액의 추정매가를 조정한다.

❖ 기말재고(원가)＝기말재고(매가)×원가율
❖ 매출원가＝기초재고(원가)＋당기매입(원가)－기말재고(원가)

④ 기말재고(매가)에 적용하는 원가율은 원가기준판매가능액을 매가기준판매가능액으로 나누어 계산하는데, 이를 원가흐름의 가정(평균법, FIFO, LIFO)과 자산평가방법(원가법, 저가법)에 따라 여러 가지로 계산할 수 있다.

⑤ 소매재고법은 원가율을 어떻게 산정하느냐에 따라 평균원가소매재고법, 선입선출소매재고법, 후입선출 소매재고법, 저가기준소매재고법 등으로 나누어진다.

5. 재고자산 감모손실과 평가손실

(1) 재고자산 감모손실

① 재고자산 감모손실이란 상품을 보관하는 과정에서 파손, 마모, 도난, 분실, 증발 등으로 인하여 회계기말에 상품재고장에 기록된 장부상의 재고수량보다 실제재고수량이 적은 경우에 발생하는 손실을 말한다.

② 재고자산 감모손실이 발생한 경우에는 장부상의 기말재고액을 감소시키고 감모손실만큼 비용으로 처리해야 하는데, 감모손실 중 상품의 보관 중에 정상적으로 발생하는 것은 이를 매출원가에 포함시키고 비정상적으로 발생하는 감모손실은 영업외 비용으로 처리하여야 한다.

③ 기업회계기준에서는 영업외 비용으로 계상되는 비정상적인 감모손실에 대하여 손익계산서에 재고자산 감모손실이라는 계정과목으로 공시하도록 규정하고 있다.

(2) 재고자산 평가손실

① 판매를 목적으로 보유하고 있는 재고자산은 외부에 판매됨으로써 기업에 효익을 제공한다. 따라서 기말현재보유하고 있는 재고자산에 대해서는 공정가치로 평가하여

공시하는 것이 정보이용자들에게 보다 목적적합한 정보가 되겠지만, 보수주의관점에서는 저가법을 적용하는 것이 일반적이다. 기업회계기준에서도 재고자산을 저가법으로 평가하도록 규정하고 있다.

② 저가법이란 원가와 공정가치를 비교하여 낮은 가액으로 평가하는 것을 말한다. 즉, 공정가치가 취득원가보다 더 큰 경우에는 취득원가로 평가하지만 공정가치가 취득원가보다 더 작을 경우에는 보수주의에 따라 공정가치로 평가한다. 여기서 원가란 판매가능상품(기초재고+당기매입)의 취득원가를 원가흐름의 가정(FIFO, LIFO, 평균법 등)에 따라 배분한 기말재고금액을 의미하므로 기말재고원가는 어떤 원가흐름의 가정을 선택하느냐에 따라 달라진다.

③ 재고자산의 저가법 적용 시에 이용되는 공정가치는 순실현가능가치나 현행원가를 의미하는데, 기업회계기준에서는 제품, 상품 및 재공품 등 판매목적자산의 경우에는 순실현가능가치(판매가격－예상처분비용)를 공정가치로 규정하고 있으며, 생산과정에 투입될 원재료의 경우에는 현행원가를 공정가치로 규정하고 있다.

④ 저가법 적용과 관련하여 주의할 점은 기업회계기준에 의할 경우 원재료 등을 투입하여 완성할 제품의 공정가치가 원가보다 높을 때에는 원재료 등에 대하여 저가법을 적용하지 않도록 하고 있다는 것이다. 따라서 현실적으로는 제품, 상품 및 재공품에 대해서만 저가법을 적용하는 것이 일반적이다.

⑤ 재고자산을 저가법으로 평가하는 경우에 평가손실이 발생하면 이를 어떻게 처리할 것인가가 문제이다.기업회계기준에서는 재고자산평가손실을 매출원가에 가산하도록 규정하고 있으며, 평가손실만큼 재고자산의 취득원가에서 차감하는 형식으로 기재하도록 하고 있다.

⑥ 저가법의 적용에 따라 평가손실을 초래했던 상황이 해소되어 새로운 공정가치가 장부금액보다 상승한 경우에는 최초의 장부금액을 초과하지 않은 범위 내에서 평가손실을 환입하도록 하고 있다.

(2) 재고손실 감축방안

① 재고손실 방지방안을 수립할 때는 쇼핑의 편의성 및 쾌적한 근무환경 제공 측면과 도난 및 종업원 절도로 인한 손실방지 측면 사이에서 균형을 맞추어야 한다.

② 전자식 상품감시 시스템(EAS)은 동종산업에서 표준화된 바코드를 부착하는 것으로 일반적으로 대형소매상보다는 공급업체에서 부착하는 것이 비용 측면에서 더욱 효율적이다.

③ 재고누락률을 낮추기 위한 가장 효과적인 방법 중의 하나는 종업원에게 재고 손실의 원인 및 영향에 대한 교육을 철저히 하는 것이다.

④ 재고누락률은 회계장부상의 재고액에서 실제 재고액을 차감한 값을 판매액으로 나눈 백분율을 말한다.

7. 기업의 재고관리

(1) 재고관리시스템

① 재고의 의의

㉠ 재고(inventory)관리란 기업이 미래에 사용할 목적으로 생산을 용이하게 하거나 또는 고객으로부터의 수요를 만족시키기 위하여 유지하는 원자재, 재공품, 완제품, 부품 등 재고를 최적상태로 관리하는 것을 의미한다.

㉡ 재고는 재무와 생산의 두 측면에서 중요하다. 재무적인 측면에서 재고는 기업의 종류를 막론하고 중요한 투자라고 할 수 있다. 그런데 재고를 유지하기 위해서는 많은 비용이 필요하므로, 경영자들에게 재고감소에 대한 많은 노력이 요구되고 있다.

㉢ 재고수준은 고객의 만족도에 영향을 미치는 동시에 유통이나 물류에 소요되는 비용에 있어서 중요한 요소이기도 하며, 미래의 판매에 대한 불확실성을 해소하기 위해 필요하기 때문에 초과수요와 판매지연 등에 초점을 두고 있다.

㉣ 재고는 생산과 관련된 요인으로 인해 주요 시장과 지리적으로 거리를 둔 제조업체들이 자재운송비의 최소화나 원자재와 부품이용의 편의를 도모하는 기능이 있으며, 최적주문량이 결정은 경제적 주문량(EOQ)에 의해 측정되며, 주문비용, 연간 수요량, 평균재고유지비, 재고품의 단위당 원가 등의 변수를 활용하여 계산된다.

㉤ 많은 양의 재고는 재무보고서에, 특히 유동비율에 영향을 준다. 참고로 유동비율은 유동자산을 유동부채로 나눈 값이며, 기업의 단기적인 지불능력을 나타낸다. 재고수준이 높으면 유동자산이 많아지고, 따라서 유동비율도 높아진다.

㉥ 회계기간 중에 매입한 재고자산의 취득가격 합계가 그 기간의 상품매입액이며, 재고자산 가운데 회계기간 중에 판매된 부분이 매출원가를 구성한다. 회계기간의 말일(기말 혹은 결산일)에 남아 있는 재고자산이 기말상품재고액이다. 재고를 보유하고자 하는 이유 중의 하나는 규모의 경제를 추구할 수 있기 때문이다.

㉦ 재고관리는 제조업자만의 문제가 아니고 경로전체 차원에서 관리되어야 할 기능이므로 경로구성원들 간에 정보기술을 통한 효율적 커뮤니케이션이 매우 중요하다.

② 재고관리의 목적

㉠ 원재료의 적정량 유지를 통해 기업의 계속적인 생산을 보장하여 안정적인 생산활동과 고용의 안정에 기여한다.

㉡ 상품재고의 적정량 유지로 품절방지 및 매출기회 상실에 대비하고, 고객의 수요(needs)에 즉각적인 대처로 고객서비스를 향상시킨다.

㉢ 원재료 및 완제품 재고의 적정량 보유로 재고비용(구매비용, 발주비용, 보관비용, 품절손실비용, 진부화비용)에 대한 원가를 절감한다.

㉣ 재고관리란 고객의 수요를 만족시키고 생산자의 생산조건을 고려하여 필요한 수량의 상품을 보관하는 활동으로 기업의 재무관리에 중요한 요인이 되고 있다.

㉤ 기업에서 재고관리활동은 기업이 보유하고 있는 각종 제품, 반제품, 원재료, 상품, 공구, 사무용품 등 의 재화를 합리적, 경제적으로 유지하기 위한 활동이다.

㉥ 재고관리의 의미는 단순히 물품의 수, 발주를 중심으로 한 재고관리와 경영적 관점에서 본 제고관리의 양면성을 갖고 있다.

㉦ 경영적 관점에서 본 재고관리는 일반적인 경영계획의 일환으로 발주량과 발주시점을 결성하며, 실시간으로 발주, 납품(입고), 출고, 이동, 조정, 기록 등의 업무를 수행하는 것이다.

③ 조달기간(lead time)

㉠ 수요를 결정한 다음 구매 요구서를 작성하여 발주(구매요구)조치를 취한 시점부터 계약, 검사를 거쳐 창고에 입고 · 저장되어 기록이 완료될 때까지의 경과한 시간을 말한다.

㉡ 조달기간의 또다른 의미는 보충되어야 할 재고의 필요성에 대한 인식시점과 주문 후 상품이 점포에 도착하는 시점 사이의 시간을 말한다.

④ 재 주문점

㉠ 재주문점(Reorder point)모형에서는 수요가 불확실한 경우 주문기간 동안의 평균수요량에 안전재고를 더하여 재주문점을결정한다.

④ ROP모형에서는 수요가 확실한 경우 조달기간에 1일 수요량을 곱하여 재주문점을 결정한다.

(2) 재고의 기능에 따른 분류

① 안전재고(safely stock): 예측하기 곤란한 불확실성에 대한 위험을 방지하기 위해 수요량이나 수요시기가 불확실한 경우에 대비하는 재고를 말한다.

② 예상재고(anticipation stock): 계절적인 수요나 가격의 급등, 파업 등에 대비하여 변동의 폭을 줄이기 위하여 유지되는 재고를 말한다.

③ 순환재고(cycle stock or lot-size inventory): 주문량 전체가 필요하지는 않지만 주문비용이나 할인 혜택을 받기 위하여 많은 양을 한 번에 주문하여 생기는 재고를 말한다.

④ 파이프라인 재고(pipeline inventory): 유통시스템에서 운반중인 제품이나 공장에서 가공하기 위하여 이동 중에 있는 재공품 성격의 재고를 말한다.

(3) 재고비용의 종류

① 주문비용(발주비용; ordering or procurement cost): 필요한 자재나 부품을 외부에서 구입할 때 구매 및 조달에 수반되어 발생되는 비용으로 주문발송비, 통신료, 물품수송비, 통관료, 하역비, 검사비, 입고비, 관계자의 임금 등이다.

② 재고유지비용(inventory holding cost or carrying cost): 재고품을 실제로 유지 · 보관하는데 소요되는 비용으로 이자비용, 보관비, 전부화에 의한 재고감손비, 재고품의 보험료 등이다.

③ **재고부족비용(shortage cost, stockout cost)**: 품절, 즉 재고가 부족하여 고객의 수요를 만족시키지 못할 때 발생하는 비용(일종의 기회비용)으로서 이것은 판매기회의 손실도 크지만 고객에 대한 신용의 상실은 기업입장에서 가장 큰 손실인 것이다.

④ **총재고비용(total inventory cost)**: 총재고비용=주문비용(준비비용)+재고유지비용+재고부족비용(out-of-stock)으로 구성되며 재고 유지비용, 주문비용 둘사이의 관계는 서로 상충(trade-off) 관계를 나타내게 된다. 즉, 재고 유지비용이 감소하면 주문비용이 증가하게 된다.

⑤ **총재고 최소비용**: 물류활동은 일반적으로 재고, 수송, 주문처리, 포장 및 하역 등으로 나누어지며 물류관리자는 각 물류활동과 관련된 일상적인 의사결정을 내린다. 최적 재주문량에 대한 결정은 재고유지비, 주문비 및 재고부족비의 비용항목들을 합한 총재고비용이 최소가 되는 점이 최적주문량이 되며,평균총비용이 가장 낮은 수준에서 생산할 때 기업은 최적생산수준이 된다.

(4) EOQ(Economic Order Quantity) 모형

① 경제적 주문량 모형(EOQ)의 개념

㉠ 경제적 주문량(EOQ)을 이용한 재고관리의 문제점은 전체 주문 사이클에 걸쳐서 볼 때 매일 실제 필요한 양보다 더 많은 재고를 유지해야 한다는 것이다.

㉡ 공식은 간단한 수식으로 인해 제조업체나 대형도매상에 의해 널리 사용되지만 상대적으로 소매업자들이 주문의사결정을 내리는 데는 큰 도움이 되지 못하기도 한다.

㉢ 경제적주문량(EOQ) 공식은 주요 구성요소인 주문비와 재고유지비는 항상 인도기간이나 수요가 일정하다는 가정 하에서 성립한다.

㉣ 최적주문량은 재고유지비, 주문비, 재고부족비 등을 함께 고려하여 결정되며 도표상 각 비용항목을 합한 총재고비용이 최소가 되는 점이 바로 최적주문량이 된다.

㉤ 최적주문량은 EOQ를 사용하여 구할 수 있다. 경제적 주문량은 연간수요량, 주문비, 평균재고 유지비 및 재고품의 단위당 가치(가격)를 통해 구한다.

㉥ 최적주문량에 영향을 미치는 요소로서 재고유지비 항목에는 이자비용, 창고비용, 취급비용, 보험, 세금 및 제품의 진부화 등이 핵심내용이다.

② 경제적 주문량 모형(EOQ)의 기본가정

㉠ 주문비용과 단가는 주문량 Q에 관계없이 일정하고, 매번 주문시 주문량이 동일하다.

㉡ 미납주문은 허용되지 않고, 주문 기간 중에 수요량, 주문원가, 유지원가, 조달기간(lead time)이 확실하게 알려져 있고 일정하다.

㉢ 재고 단위당 구입원가는 1회당 주문량에 영향을 받지 않으며, 재고 부족원가는 없다.

㉣ EOQ계산시 연간 수요량, 1회 주문비용, 평균재고유지비는 계산하는 데 필요한 정보이고, 주문량 Q는 한 번에 입고된다.

③ 총 재고 관련 원가(TC)=재고 주문원가+재고 유지원가

㉠ 재고 주문원가$=\dfrac{D(\text{수요량})}{Q(\text{1회 주문량})}\times O(\text{1회 재고 주문원가})$

㉡ 재고 유지원가=평균 재고량×단위당 재고 유지원가$=\dfrac{Q}{2}\times C$

㉢ $EOQ=\sqrt{\dfrac{2\cdot D\cdot O}{C}}=\sqrt{\dfrac{2\times\text{총수요량}\times\text{재고 주문원가}}{\text{단위당 재고 유지원가}}}$

(5) 재고조사

① **재고조사의 의의:** 재고조사란 재고를 정확히 식별하고 수량과 위치를 정확히 파악하여 장부와 일치되도록 조정함으로서 물류업무 수불에 착오가 없도록 하는데 있다.

② **재고조사의 목적:** 재고기록 균형의 확인과 재고기록 및 저장분배기록부 조정, 잉여품이나 사장품 파악과 대책 수립, 자산의 양, 적정재고량의 보유확인, 사용 불가품에 대한 거래 시정 등이 있다.

③ **재고자산 감모손실:** 재고자산의 감모손실은 수량부족에 따른 재고 손실액을 말한다. 계산방법은 수량부족액에 취득원가를 곱하여 계산하되, 정상적으로 발생한 것은 매출원가로 처리를 하고 비정상적으로 발생을 한 것은 영업외 비용으로 처리를 한다.

④ **재고자산 평가손실:** 재고자산 평가손실은 가격 하락에 따른 재고 손실액을 말한다. 계산방법은 실물수량에 가격하락액을 곱하여 계산하되, 전액을 매출원가로 처리한다. 하지만 평가 손실은 인정을 하지만 평가이익은 인정을 하지 않는다.

8. 기업의 재고 분석기법

(1) 재고피라미드 분석

① 보유재고의 구성을 움직임이 일어나지 않은 기간별로 구분하여 도표화하는 것으로서 간편하고 일목요연하게 나타낼 수 있는 점에서 유용한 기법이다.

② 잉여재고자산에 대한 정책을 수립하는 데 유용하게 이용되며, 재고가 건전할 때는 안정적인 피라미드 모양을 나타내지만, 재고의 운용이 극도로 불건전할수록 역삼각형을 나타낸다.

(2) Two-Bin 시스템

① Two-Bin시스템은 가장 오래된 재고관리기법 중의 하나로 가격이 저렴하고 사용빈도가 높으며, 조달기간이 짧은 자재에 대해 주로 적용하는 간편한 방식이다.

② ABC분석의 C급 품목에 대하여 효과적인 관리방법의 하나로 인식되고 있으며, Double Bin System 또는 포장법이라고도 불리 우고 있다.

③ 나사와 같은 부품의 재고관리에 많이 사용하는 재고관리기법으로 두 개의 상자에 부품을 보관하여 필요 시 하나의 상자에서 계속 부품을 꺼내어 사용하다가 처음의 상자가 바닥이 날 때까지 사용하여 바닥이 나면 발주를 시켜 바닥난 상자를 채우는 것이다.

④ Two-Bin시스템은 저가품에 주로 적용되는데, 재고 수준을 계속 조사할 필요가 없다는 장점이 있다.

(3) 정기주문시스템(fixed-order period system)

① 일정시점이 되면 정기적으로 적당한 양을 주문하는 방식이다. 이 방식은 주문시기 중심이므로 P시스템이라고도 하며, 정기적으로 재고수준을 조사하므로 정기실사방식(periodic review system)이라고도 부른다.

② 조달기간이 짧거나 주기적으로 조달을 받은 품목에 유리하고 또는 여러 품목을 동일한 업자로부터 구입하는 경우에 유용하며, 정기주문의 경우에 안전재고수준은 정량주문의 경우보다 더 높고, A급의 재고관리가 유리하다고 한다.

③ 정량주문시스템은 계속적인 실사를 행하므로 조달기간의 수요변동에 대비하면 된다. 그러나 정기주문의 경우에는 주문시기가 고정되어 있어 주문량으로 조정하여야 하므로 전 기간을 대비하는 안전재고가 필요하다.

③ 정기주문법은 조달기간 동안 뿐만 아니라 다음 주문주기 동안의 재고부족을 방지하기 위하여 더 많은 안전재고를 유지해야 하기 때문에 재고유지비용이 높다는 것이 단점이다.

(4) 정량주문시스템(fixed-order quantity system)

① 재고가 일정수준(발주점)에 이르면 주문하는 시스템으로 발주점법이라고도 부른다. 이 시스템은 주문량이 중심이 되므로 Q시스템이라고 부르며, 계속적인 실사를 통하여 재고수준을 체크하므로 연속실사방식(continuous review system)이라고 부른다.

② 정량주문시스템의 예를 보면, 대형슈퍼나 백화점의 계산대는 재고통제시스템과 연결되어 있다. 판매되는 품목의 코드번호가 입력되면 컴퓨터는 자동적으로 재고수준을 계산하여 준다.

③ 관리자는 그 제품의 재고수준이 재주문점에 도달하였는지 여부를 알 수 있으며 이것은 POS(point of sale)시스템의 한부분이다.

③ 정량주문시스템은 ABC재고관리기준의 재고에서 B급기준에 해당하는 재고를 통제하는데 이용하며, 정확한 재고기록이 필요한 품목에 적합하여 비교적 고가인 품목 등 재고자산 관리가 용이한 품목에 많이 사용된다.

항목	정기주문방식	정량주문방식(주문점법)
소비금액	많아야 좋다.	적은 편이 낫다.
수요의 변동	커도 된다.	적은 편이 낫다.
수요예측	특히 필요하다.	과거의 실적이 있으면 수요의 기준이 된다.
발주시기	일정하다.	부정기적이다.
수주량	변경가능하다.	고정되어야 좋다.
품목수	작을수록 좋다	많아도 된다.
표준성	표준보다 전용부품이 좋다.	표준인 편이 좋다.

(5) 기준 재고시스템

① 기업에서 가장 일반적으로 이용되는 재고관리시스템은 기준재고시스템이다. 이것은 s - S재고시스템 또는 mini-max재고시스템 등으로 불리우기도 하는데, 이 시스템은 정량재고시스템과 정기재고시스템의 혼합방식으로 두 시스템의 장점을 유지하도록 고안된 것이다.

② 이 시스템에서는 두 개의 재고수준(S, s)을 설정하게 되는데, S를 최대 재고량, s를 재발주점의 재고량이라 한다. 재고의 조사는 정기적으로 하게 되는데, 재고조사 결과 현재의 보유재고가 s보다 낮은 경우에 한해서만 주문을 하게 된다. 이때 주문량은 재고수준이 최대 재고량인 S에 이르도록 결정되며, 따라서 매 주문 시마다 주문량에는 변동이 생기게 된다.

③ 기준재고시스템을 취하면 주문의 회수는 줄어들게 되고, 주문량은 다소 많아지게 되는데, 많은 안전재고를 갖게 된다는 점이 이 시스템의 약점이다. 그러므로 불확실성에 대비하기 위해서는 안전재고의 규모가 커질 수밖에 없게 되는 것이다.

(6) MRP(Material Requirement Planning: 자재소요 계획)

① MRP(자재소요계획)는 수요를 입력요소로 하여 발주시점과 발주량을 결정하는 기법으로, 전자제품이나 자동차와 같은 수많은 부품들의 결합체로 이루어진 조립품의 경우에 독립수요에 따라 종속적으로 수요가 발생하는 부품들의 재고관리에 유용한 시스템으로, 독립수요뿐만 아니라 종속수요도 관리할 수 있도록 고안된 시스템이다. 경제적 주문량과 주문점 산정을 기초로 하는 전통적인 재고통제기법의 약점을 보완하기 위해 개발된 것이다.

② 기업에서는 어떠한 제품이 기간별로 얼마만큼이나 팔릴 것인지를 예측한 자료를 활용하여 생산계획(Production Plan)을 수립한다. 생산 계획 단계에서는 제품 단위의 계획을 수립하기도 하지만, Make-to-Stock 환경하의 기업에서는 대개 제품군 단위(Product Family 또는 Product Group)로 생산계획을 수립하는 것이 일반적이다. 생산 계획 활동에서는 생산 용량(기계용량,인력)의 조정까지를 계획 범위에 포함시키는 것이 일반적이다.

③ 생산계획에 기준하여 제품의 주(week)별생산 계획량을 수립하는 활동이 기준계획수립(Master Production Scheduling)이며, 기준계획을 수립하기 위해서는 제품별 수요예측치와 현 재고량에 대한 데이터가 필요하다. 기준 계획은 일반적으로 최종 제품(End Item 또는 Final Product)을 대상으로 수립되지만, 필요에 따라 중간 제품(sub-assembly 또는 component)을 계획의 대상에 포함시키기도 한다. 자재소요계획(MRP)을 활용함으로써 작업장에 안정적이고 정확하게 작업을 부과할 수 있다.

④ MPS(Master Production Schedule)는 최종제품에 대한 생산계획(재고 계획)이기 때문에, 제품을 구성하는 부품 단위의 생산계획(또는 재고 계획 수립)이 필요하고, 제품을 구성하는 제품(부품)의 종류 및 그 수량에 대한 정보를 가지고 있는 BOM(Bill of Material) 데이터, 제품(부품)별 주문 방법 및 주문량에 대한 정보를 가지고 있는 Item Master Data, 각 부품 및 제품별 재고에 대한 정보를 가지고 있는 재고 데이터(Inventory Record) 를 이용하여 각 부품별 소요량을 시점별로 계산할 수 있으며, 이 결과는 MRP 레코드에 저장된다.

(7) MRP II (Manufacturing Resource Planning: 제조자원계획)

① 자재소요계획은 두 가지 면을 강조한다. 우선, 자재소요계획은 주생산계획에서 필요로 하는 자재소요량에 초점을 맞추며, 롯트 규모와 안전재고에 대하여 알려준다.

② MRP는 노동력이나 시설에 대하여는 정보를 제공하지 못한다. MRP와 생산능력을 서로 조화시키기 위하여 능력소요계획을 세우지만, 이것은 사실 MRP 외부의 프로그램이다. 그래서 능력소요계획으로 생산능력을 재수립하는 경우에는 주 생산계획도 다시 수립되어야 하는 경우도 있다.

③ MRP는 주생산계획 및 능력소요계획과 통합되어야 하는데, 이 경우의 MRP 컴퓨터 프로그램은 폐쇄루프의 특성을 가진다. 따라서 폐쇄적인 MRP를 확장하여 생산시스템에 다른 기능을 포함시킬 필요성이 대두되었다.

④ MRP를 확장하여 사업계획과 각 부문별 계획을 연결시키도록 하는 계획을 MRP II 라고 부른다. MRP II 에서는 생산, 마케팅, 재무, 엔지니어링 등과 같은 기업자산을 함께 전반적으로 계획하고 통제하며, 나아가서는 제 시스템을 시뮬레이션한다.

(8) JIT시스템(Just In Time: 즉시납기체제)

① JIT시스템의 개념

㉠ JIT(just-in-time)생산의 기본개념은 적시에 적량으로 생산해 내는 것으로 부품이 필요한 시기와 장소에서 사용되도록 계획하는 자재소요계획과 비슷한 의미를 주는 것 같지만, JIT에서는 필요한 시기에만 부품이 생산되도록 한다.

㉡ JIT생산의 목적은 계획된 생산량을 예정대로 착오없이 성취하는 것이다. 단 한 개라도 과잉생산한다는 것은 하나가 부족한 경우와 마찬가지로 나쁘다고 생각한다. 일본 토요다 공장에서 개발된 이 JIT생산시스템은 토요다 생산시스템이라고도 부른다.

㉢ 이 시스템에서는 낭비를 줄임으로써 비용을 절감할 뿐만이 아니라, 근면성, 고도의 능력, 좋은 작업환경 등을 통하여 작업자의 능력을 최대한으로 이용한다.

㉣ 이 생산시스템은 서로 연결되어 있는 작업장을 하나의 거대한 네트워크의 생산공정으로 간주하여, 각 작업자는 그가 맡은 부품을 완성하여 후공정의 작업자가 준비되었을 때에 직접 넘겨줄 수 있도록 완전 작업배치를 모색한다.

② JIT시스템의 목적

㉠ 수요변화에 신속한 대응이 가능하다.

㉡ 재고투자의 극소화를 이룰 수 있다.

㉢ 생산조달기간의 단축을 가져올 수 있다.

㉣ 모든 품질 문제를 노출시킬 수 있다.

③ MRP와 JIT

㉠ MRP는 종속수요의 품목을 주문 처리하기 위한 정보시스템으로서, 공장 현장에서의 개별적인 주문, 소요자재, 후방 스케쥴링과 무한능력계획에 사용하기 위하여 미국에서 개발되었다. 이 계획절차는 고객주문으로부터 시작하여 완성품의 완료시간과 수량을 나타내는 주생산에 사용된다.

㉡ JIT는 일본에서 개발되었으며, 목표는 모든 사업 운영에서 낭비의 발생을 제거하는 것이다. 재고는 낭비로 간주되기 때문에, 이 시스템은 재고 감소 이상의 의미를 가지는 도구이다. JIT는 컴퓨터화 될 수도 있고 안될 수도 있다.

㉢ MRP와 JIT를 각각 효과적으로 운영하는 경우에도 제조기업은 커다란 이익을 얻는다. 그러나 두 시스템은 상호배타적이 아니며 통합적인 사용이 가능하다.

㉣ 서로 다른 환경에서 개발되었지만 제조계획과 통제의 관점에서 특성을 가지고 있기 때문이다. 대체로 기업들은 운영을 통제하기 위한 기본시스템으로 MRP를 필요로 한다.

㉤ JIT의 원칙은 전사적 품질경영(Total Quality Management; TQM)과 예방유지시스템을 잘 설치한 후에 기본 MRP에 부가될 수 있다. TQM은 JIT없이 존재할 수 있지만, TQM없이 JIT는 존재할 수 없다.

㉥ JIT 또는 MRP가 효과적으로 작동하기 위해서는 좋은 부품이 매회 만들어져야 하며, 필요할 때에는 생산시설이 언제나 이용될 수 있어야 한다.

④ JIT와 JIT Ⅱ에 대한 비교

㉠ JIT는 부품과 원자재를 원활히 공급받는 데 초점을 두고, JIT Ⅱ는 부품, 원부자재, 설비공구, 일반자재 등 모든 분야를 대상으로 한다.

㉡ JIT는 개별적인 생산현장을 연결한 것이라면, JIT Ⅱ는 공급체인상의 파트너 연결과 그 프로세스를 변화시티는 시스템이다.

㉢ JIT가 공급자의 헌신을 바탕으로 한 이기적 시스템이라면, JIT Ⅱ는 파트너십을 바탕으로 공급자와 구매자가 모두 이익을 볼 수 있는 윈윈시스템이라 할 수 있다.

㉣ JIT가 물동량의 흐름을 주된 개선대상으로 삼는데 비해, JIT Ⅱ는 기술, 영업, 개발을 동시화하여 물동량의 흐름을 강력히 통제한다.

07 유형자산(有形資産)

1. 유형자산의 의의

(1) 유형자산의 개념

① 유형자산(tangible assets)이란 재화의 생산, 용역의 제공, 타인에 대한 임대 또는 자체적으로 사용할 목적으로 보유하는 물리적 형태가 있는 자산으로서 1년을 초과하여 사용할 것이 예상되는 자산을 말한다.

② 유형자산은 정상적인 영업활동에 사용할 목적으로 취득한 자산이다. 따라서 투자목적으로 취득한 자산은 투자자산으로 분류되어야 하며, 판매를 목적으로 취득한 자산은 재고자산으로 분류되어야 한다.

③ 유형자산은 여러 회계기간에 걸쳐 기업에 서비스를 제공하는 미래의 용역잠재력(service potentials)을 지닌 자산이다.

④ 유형자산은 그 용역잠재력이 존속하는 한 계속하여 보유하며, 수익창출활동에 이용됨에 따라 당기에 소모된 용역잠재력을 비용인 감가상각비로 인식하게 된다.

⑤ 유형자산은 물리적 실체가 있는 유형의 자산이다. 이 점에서 물리적 실체가 없는 무형자산과 구별된다.

⑥ 상표권이나 특허권 등과 같은 무형자산도 미래의 경제적 효익이 있으며, 기업이 장기간 사용할 자산이지만 이들의 물리적 실체를 파악할 수 없기 때문에 유형자산으로 분류하지 않는 것이다.

(2) 유형자산의 종류와 수

① **토지** : 대지 · 임야 · 전답 · 잡종지 등으로 하며, 지목 또는 등기여부와 관계없으나 매매 목적으로 보유하는 토지와 비업무용 토지는 제외된다.

② **건물** : 건물과 냉온방 · 조명 · 통품 및 기타의 건물부속설비로 한다.

③ **구축물** : 교량, 궤도, 저수지, 갱도, 굴뚝, 정원 설비, 도로포장비 및 기타의 토목설비 또는 공작물 등으로 한다.

④ **기계장치** : 기계장치와 운송설비(콘베어, 기중기 등) 및 기타의 부속설비로 한다.

⑤ **차량운반구** : 철도차량 및 기타의 육상운반구 등으로 한다.

⑥ **건설 중인 자산** : 유형 자산의 건설을 위하여 직접 또는 간접으로 소요된 재료비 · 노무비 및 경비(제조간접비)로 하되, 건설을 위하여 지출한 도급금액 또는 취득한 기계 등을 포함한다. 즉, 건설 중인 자산은 유형 자산의 취득을 위하여 취득완료시 지출한 금액을 처리하는 임시계정으로서 취득완료 시에 본 계정으로 대체된다.

⑦ **기타의 유형자산** : 위에 속하지 아니한 유형자산으로 한다. 그 예로서 선박 공기구, 비품 및 리스개량자산(임차자산개량 leasehold improvement) 등을 들 수 있다.

여기서 리스개량자산이란 임차자산의 효익증대를 위한 자본적 지출(임차건물의 개·보수비용, 칸막이공사, 실내장치 등 내부시설공사)을 의미하는 것으로 자본적 지출의 내용연수와 임차기간 중 짧은 기간 동안에 걸쳐 감가상각한다.

2.유형자산취득 후의 지출

(1) 자본적 지출(Capital Expenditure)

① 유형자산의 내용연수를 증가시키거나 유형자산이 미래에 제공할 서비스의 양이나 질을 증대(생산능력의 증대, 원가절감, 품질향상 등)시키는 지출이면 자본의 지출로 처리한다.
② 자산을 취득한 후에 발생하는 지출에 대한 일반적인 회계처리지침은 최초 평가된 성능수준을 초과하여 미래와 경제적 효익을 증가시키는 경우에는 자본적 지출로 처리한다.

자본적지출	(차)유형자산 xxx	(대) 현금 xxx

(2) 수익적 지출(Revenue Expenditure)

① 유형자산의 원상회복이나 능력유지를 위한 지출 및 중요성 기준에 의하여 일정액 이하의 지출은 수익적 지출로 처리한다.
② 자산을 취득한 후에 발생하는 지출의 효익이 지속되는 기간 동안에 감가상각을 통하여 비용으로 인식하고 그렇지 않은 지출의 경우에 발생시점에서 비용으로 인식하는 것이다.

수익적지출	(차) 비　　용 xxx	(대) 현금 xxx

3.유형자산의 감가상각

(1) 감가상각의 본질

① 유형자산은 기업이 이를 사용하거나 시간이 경과함에 따라, 또는 그 수요의 변동이나 기술적 진보 등 여러 가지 원인으로 인하여 물리적으로나 경제적으로 그 가치가 점차 감소되어 가는데, 이러한 현상을 측정하여 기업의 재무상태와 경영성과를 반영시키는 회계절차를 감가상각이라고 한다.
② 감가상각(depreciation)이란 유형자산의 취득원가에서 잔존가치를 차감한 잔액(감가상각대상금액)을 그 자산의 경제적 효익이 발생하는 기간(내용연수)동안 체계적이고 합리적으로 배분하는 과정이다.
③ 이러한 정의는 감가상각을 자산의 시장가치의 감소분을 인식하는 자산평가과정이 아니라 원가의 배분과정으로 보고 있다. 즉, 수익·비용 대응의 원칙에 따라 유형자산을 수익창출활동에 사용하여 수익을 얻는 기간에 유형자산의 사용액을 비용으로 인식하자는 논리이다.

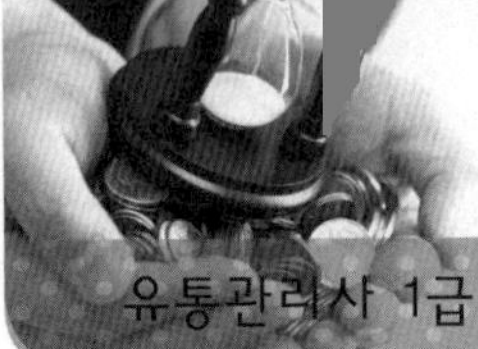

④ 그런데 수익 · 비용 대응의 관점에 따라 비용을 결정하기 위하여 감가상각을 한다면 당기의 수익획득에 공헌한 유형자산의 사용분만큼을 당기의 감가상각비로 인식하여야 하지만, 이를 현실적으로 적용하기는 어렵기 때문에 그 자산의 경제적 효익이 발생하는 기간 동안에 체계적이고 합리적으로 배분하는 것이다.

⑤ 일반적으로 감가상각(depreciation)이란 용어는 건물이나 기계장치와 같은 유형자산의 소모분에 대한 원가를 의미하며, 특허권이나 영업권과 같은 무형자산의 소모분에 대한 원가는 상각(amortization)이라는 용어를 사용하고, 광산이나 산림과 같은 천연자원에 대한 고갈분은 감모상각(depletion)이라는 용어를 사용한다.

(2) 감가상각대상금액

① 감가상각대상금액(depreciation base)이란 취득원가에서 잔존가치를 차감한 것으로 당해 자산을 수익획득과정에 이용하는 기간 동안 인식할 총감가상각비를 의미한다. 여기서 잔존가치(salvage value)란 유형자산의 내용연수가 끝나는 시점에서 자산을 폐기하거나 처분할 때 획득할 것으로 추정되는 금액에서 처분 비용을 차감한 금액을 말한다.

② 잔존가치의 크기는 기업의 폐기처분정책이나 처분 시의 시장여건 등에 많은 영향을 받으며, 그 금액의 추정도 자산을 처분하기 전에 이루어지기 때문에 매우 불확실하다. 예컨대, 내용연수가 30년인 자산의 경우 30년 이후에 남게 될 자산의 공정가치를 회계담당자가 추정한다는 것은 거의 불가능하며 극히 주관적일 수밖에 없다.

③ 이러한 추정의 불확실성과 잔존가치의 크기가 상대적으로 작다는 것을 고려하니 기업실무에서는 유형자산의 잔존가치를 없는 것으로 가정하는 것이 일반적이다. 우리나라 세법에서도 유형자산의 잔존가치를 '0'으로 하도록 규정하고 있다.

④ 비화폐성자산간의 교환거래가 상업적실질을 결여하지 않은 경우라 하더라도 제공한 자산과 취득한 자산 모두의 공정가치를 신뢰성 있게 측정할 수 없는 경우에는 취득하는 유형자산의 취득원가는 그 교환으로 제공한 자산의 장부금액으로 측정한다.

(3) 내용연수

① 내용연수(useful life)란 유형자산을 영업활동에 사용할 수 있는 기간, 즉, 수익획득과정에서 사용될 것으로 기대되는 기간을 말한다. 내용연수를 추정할 경우에는 유형자산의 용역잠재력이 감소하는 원인으로 고려해야 하는데, 유형자산의 용역잠재력이 감소하는 원인은 물리적 원인과 경제적 원인의 두 가지로 분류된다.

② 물리적 원인은 자산이 영업활동에서의 사용이나 시간의 경과에 의해서 마멸되거나 화재나 홍수, 지진 등으로 인하여 파손되는 것을 말한다. 이러한 물리적 원인들은 자산으로 하여금 더 이상 용역제공의 업무를 수행하지 못하게 함으로써 자산의 수명을 종결시키게 한다.

③ 경제적 원인에는 기업규모가 확대되거나 기술적 진보 등 기업환경의 변화로 인하여 자산이 제공하는 용역이 경제적이지 못한 것으로 부적응(inadequacy)은 기업의 영

업활동 규모가 성장하고 변화함에 따라 보유중인 자산으로는 업무를 수행할 수 없기 때문에 나타나는 자연수명의 종결을 의미하고, 진부화(obsolescence)란 기술환경의 변화에 의하여 효율적인 대체품이 나타남에 따라 현존하는 유형자산이 구식화되는 것을 의미한다.

4. 유형자산의 감가상각방법

(1) 회계의 수량단가금액

① 유형자산의 취득원가가 결정되고 내용연수와 잔존가치가 추정되면 감가상각대상금액(취득원가－잔존가치)을 내용연수 동안 체계적이고 합리적으로 배분하여야 한다.

② 체계적이란 것은 일단은 채택한 감가상각방법은 매기 계속해서 적용해야 한다는 것을 의미하며, 특별한 사유없이 임의적으로 감가상각방법을 변경해서는 안 된다는 뜻이다.

③ 그리고 합리적이란 의미는 각 회계연도에 소모될 용역의 양이나 가치를 고려하여 유형자산의 제공하는 효익과 대응되게 배분하여야 한다는 것을 의미한다.

④ 기업회계기준에 의하면 유형자산의 감가상각방법은 정액법, 정률법, 생산량비례법 및 기타 합리적인 방법에 의한다고 규정하고 있다. 따라서 위에 나열된 방법들 중에서 어떤 것을 선택하여 감가상각하더라도 무방하지만 이때 유의할 점은 어떤 방법이 감가상각대상금액을 체계적이고 합리적으로 배분하는가 하는 점을 고려하여 감가상각방법을 선택하여야 한다는 것이다.

❖ 감가상각방법 ❖

1. 정액법
2. 가속상각법 : 정률법, 이중체감법, 연수합계법
3. 비례법 : 작업시간비례법, 생산량비례법

*다음과 같은 공통예제를 토대로 각각의 감가상각방법에 대해서 구체적으로 살펴보기로 한다.

(주)평화는 2022년 초에 기계장치를 ₩2,000,000에 취득하였다. 이 기계장치의 내용연수는 3년, 잔존가치는 ₩200,000으로 추정되며, 총 생산단위는 250,000개, 총 작업시간은 50,000시간으로 추정된다. (주)평화의 결산일은 매년 말이다.
(주)평화는 2022년 기계장치를 15,000시간 사용하여 80,000개의 제품을 생산하였으며, 2023년에는 20,000시간 사용하여 100,000개의 제품을 생산하였고, 2024년에는 15,000시간 사용하여 70,000개의 제품을 생산하였다.

(2) 정액법(Straight-Line Method)

① 정액법은 자산의 가치는 시간의 경과에 따라 감소하며 수선유지비 및 수익(유형자산의 사용으로 인한 현금유입)은 매기 균등하다는 가정하에 감가상각 대상금액(취득원가-잔존가치)을 내용연수 동안 균등하게 배분하는 방법이다.

② 정액법에 의한 매기의 감가상각비는 다음과 같이 계산한다.

$$* \text{매기 감가상각액} = \text{감가상각대상금액(취득원가} - \text{잔존가치)} \times \frac{1}{\text{내용년수}}$$

연 도	계산근거	감가상각비	감가상각누계액	장부금액
취득시				₩2,000,000
2022년	(₩2,000,000-₩200,0000)×1/3	₩600,000	₩600,000	1,400,000
2023년	(₩2,000,000-₩200,0000)×1/3	₩600,000	₩1,200,000	800,000
2024년	(₩2,000,000-₩200,0000)×1/3	₩600,000	₩1,800,000	200,000
계		₩1,800,000		

③ 정액법은 계산절차가 간편하다는 장점이 있으나, 자산의 가치가 시간의 경과에 따라 감소한다고 가정하고 있으므로 조업도(가동률, 유형자산의 사용정도)의 영향을 무시하고 있다는 문제점이 있다.

④ 유형자산에 대한 수선유지비와 수익이 매기 균등하다고 가정하고 있으므로 투자이익(수익-수선유지비-감가상각비)은 매기 균등하고 장부금액은 감소하기 때문에 투자수익률(투자이익÷장부금액)이 후반기로 갈수록 증가한다.

(3) 정률법(Fixed-Rate Method)

① 정률법은 기초의 미상각잔액, 즉 취득원가에서 감가상각누계액을 차감한 장부금액에 대하여 매기 일정률로 감가상각비를 계산하는 방법이다.

② 정률법에 의한 매기의 감가상각비는 다음과 같이 계산한다.

$$* \text{매기 감가상각액} = \text{장부금액(취득원가} - \text{감가상각누계)} \times \text{상각률}(0.536)$$

연 도	계산근거	감가상각비	감가상각누계액	장부금액
취득시				₩2,000,000
2022년	₩2,000,000 × 0.536	₩1,072,000	₩1,072,00	928,000
2022년	928,000 × 0.536	497,408	1,569,408	430,592
2022년	430,592 × 0.536	230,592	1,800,000	200,000
계		₩1,800,000		

⊙ 상각률(0.536)은 문제에서 주어진다고 생각하면 된다.

③ 정률법은 상각률에 잔존가치가 고려되어 있으므로 감가상각비 계산시 잔존가치는 고려되지 않는다. 여기서 주의할 점은 상각률 계산 시 n은 내용연수가 아니라 감가상각 계산의 횟수를 의미한다.

④ 내용연수 5년인 유형자산에 6개월마다 결산을 하는 경우에는 공식의 n에 10을 대입하여야 한다. 그리고 잔존가치가 '0'인 경우에는 상각률이 100%가 되는데, 이 경우에는 잔존가치를 '1'로 보아 상각률을 계산한다.

❖ 정액법과 정률법 비교 ❖

- 정률법의 경우에 정액법에 비해 이익의 현가가 낮아진다.
- 정률법을 사용하는 경우에 기간이 지날수록 감가상각비가 정액법보다 낮아진다.
- 정률법을 사용하는 경우 정액법을 사용하는 경우보다 부채비율을 낮추는 효과가 있다.
- 정률법의 경우 정액법의 경우보다 내용연수가 끝날 때 까지는 감가상각충당금이 커지게 된다.

(4) 이중체감법(Double-Declining Balance Method)

① 이중체감법(정액법의 배법)은 감가상각비의 계산방법이 정률법의 경우와 같고, 단지 상각률을 간편하게 정액법에 의한 상각률의 두 배로 적용하는 방법으로서 정액법의 배법이라고도 한다.

② 이중체감법은 정률법과 마찬가지로 기초장부금액에 상각률을 곱하여 구하므로 감가상각비 계산과정에서 잔존가치를 고려할 필요는 없다.

$$\text{*매기 감가상각액} = \text{장부금액} \times \frac{1}{\text{내용년수}} \times 2$$

연 도	계산근거	감가상각비	감가상각누계액	장부금액
취득시				₩ 2,000,000
2022년	₩200,0000 × 0.667	₩1,334,000	₩1,334,000	666,000
2023년	666,000 × 0.667	444.222	1,778,222	221,778
2024년	(221,778−200,000) × 0.667	21,778	1,800,000	200,000
계		₩1,800,000		

⊙ 상각률(0.667) = (1/3) × 2 = 0.667

③ 이중체감법은 정률법과는 달리 상각률에 잔존가치를 고려하지 않았기 때문에 내용연수 마지막 연도의 감가상각비는 미상각잔액에서 잔존가치를 차감하여 계산한다.

(5) 연수합계법(Sum-Of-The-Years-Digits Method)

① 연수합계법은 감가상각대상금액(취득원가−잔존가치)에 상각률을 곱하여 매기 감가상각액을 구하되 상각률의 분모는 내용연수합계를, 분자는 연수의 역순으로 표시하여 일정하게 감가상각비가 체감해 가도록 하는 방법이다.

② 연수합계법에 의한 매기 감가상각비는 다음과 같이 계산한다.

$$\text{*매기 감가상각액} = \text{감가상각대상금액} \times \frac{\text{연수의 역순으로}}{\text{내용연수의 합계}}$$

연도	계산근거	감가상각비	감가상각누계액	장부금액
취득시				₩2,000,000
2022년	(₩2,000,000-₩200,0000)×3/6	₩900,000	₩900,000	1,100,000
2023년	(₩2,000,000-₩200,0000)×2/6	₩600,000	₩1,500,000	500,000
2024년	(₩2,000,000-₩200,0000)×1/6	₩300,000	₩1,800,000	200,000
계		₩1,800,000		

(5) 작업시간비례법

① 작업시간비례법은 사용가능한 작업시간에 비례하여 자산의 가치가 소멸하는 유형 자산의 감가상각에 적용하는 방법이다.

② 매기 감가상각액은 다음과 같이 계산한다.

$$* \text{매기 감가상각액} = \text{감가상각대상금액} \times \frac{\text{당기사용시간}}{\text{총사용가능시간}}$$

연도	계산근거	감가상각비	감가상각누계액	장부금액
취득시				₩2,000,000
2022년	₩1,800,000 × 0.3	₩540,000	₩540,000	1,460,000
2023년	₩1,800,000 × 0.4	₩720,000	₩1,260,000	740,000
2024년	₩1,800,000 × 0.3	₩540,000	₩1,800,000	200,000
계		₩1,800,000		

⊙ 2022년 상각률(0.3) = 15,0000시간/50,000시간

⊙ 2023년 상각률(0.4) = 20,0000시간/50,000시간

⊙ 2024년 상각률(0.3) = 15,0000시간/50,000시간

(6) 생산량비례법

① 생산량비례법은 생산 또는 채굴량에 비례하여 가치가 소멸하는 유형자산에 적용하는 방법으로서 산림, 유전, 광산과 같은 천원자원의 감가상각비를 계산하는 데 유용한 방법이다.

② 생산량비례법에 의한 매기 감가상각비는 다음과 같이 계산한다.

$$* \text{매기 감가상각액} = \text{감가상각대상금액} \times \frac{\text{당기생산량}}{\text{총생산가능량}}$$

연도	계산근거	감가상각비	감가상각누계액	장부금액
취득시				₩2,000,000
2022년	₩1,800,000 × 0.32	₩576,000	₩576,000	1,424,000
2023년	₩1,800,000 × 0.40	₩720,000	₩1,296,000	704,000
2024년	₩1,800,000 × 0.28	₩504,000	₩1,800,000	200,000
계		₩1,800,000		

◉ 상각률(0.320) = 80,000단위/250,000단위

◉ 상각률(0.400) = 100,000단위/250,000단위

◉ 상각률(0.280) = 70,000단위/250,000단위

③ 비례법에 의한 감가상각은 유형자산으로부터 기대할 수 있는 총작업 가능시간이나 총생산가능량을 어느 정도 정확히 추정할 수 있고, 자산의 용역잠재력이 그 자산의 사용 정도에 비례하여 감소하는 경우에는 수익과 비용을 가장 합리적으로 대응시킬 수 있는 방법이다.

④ 자산의 가치가 시간의 경과에 따라 감소하고, 감가상각의 원인이 물리적 원인이 아닌 경제적 원인인 경우에는 비례법에 의하여 감가상각비를 계산하는 것은 적절하지 못하다.

경영 효율 분석

1. 기업 활동

(1) 기업 활동의 개념

① 재화나 용역을 판매하고 이를 통하여 적정 수준의 투자 수익률을 얻기 위해 여러 활동을 하게 되며, 기업의 활동은 크게 영업활동, 투자활동, 재무활동으로 구분할 수 있다.

② 기업은 이와 같은 활동의 전 단계로 사업계획을 수립한다. 기업의 목표는 기업활동을 위한 목표와 전략을 기술하고 있는 사업 계획(business plan)으로 요약된다.

③ 사업 계획에 대한 이해는 기업의 현재와 미래를 분석하는 데 도움이 되며, 기업을 둘러싼 외부 환경과 기업의 전략을 분석하게 해준다.

④ 분석자는 기업의 목표와 전략, 기업이 참여하고 있는 시장, 경쟁자, 마케팅 전략, 경영성과, 그리고 미래의 전망에 대한 정보를 얻고자 한다. 이러한 정보는 재무제표에 표시될 수도 있고, 또한 신문 기사나 증권 회사의 보고서 등을 통하여 얻을 수 있다.

(2) 기업 활동 효과

① 사업 계획은 경영자가 그것을 달성하기 위해 노력을 집중할 수 있게 하며, 또한 예상 가능한 기회와 위험을 확인하는 데 도움을 준다.

② 사업 계획에 대한 이해는 기업의 현재와 미래를 분석하는 데 도움이 되며, 기업을 둘러싼 외부 환경과 기업의 전략을 분석하게 해준다.

③ 분석자는 기업의 목표와 전략, 기업이 참여하고 있는 시장, 경쟁자, 마케팅 전략, 경영 성과, 그리고 미래의 전망에 대한 정보를 얻고자 한다. 이러한 정보는 재무제표에 표시될 수도 있고, 또한 신문 기사나 증권 회사의 보고서 등을 통하여 얻을 수 있다.

④ 이러한 불확실성은 재무제표 분석에 있어서 결과의 유용성을 감소시키게 된다. 그러나 재무제표 분석을 통해서 분석자는 불확실성의 정도를 평가하는 데 도움을 얻을 수 있으며 또한 그 과정에서 더 나은 의사결정을 할 수 있다.

⑤ 재무제표로부터 얻은 정보는 명확한 해답을 제공하지는 못하지만, 그것은 분석자가 기업이 직면한 기회와 실행 중인 전략의 적정성을 평가하고, 또한 기업의 영업 활동, 투자 활동, 재무 활동을 이해하는 데 도움을 준다.

⑥ 듀퐁(du point)사에서 개발한 재무관리 모형에 기초한 이익모형을 이루는 구성요소로는 자본관리, 이윤관리, 재무관리가 있다.

2.경영 전략

(1) 경영전략의 개념

① 경영전략을 이해하고 이를 분석하는 것은 재무제표 분석에 있어서 중요한 출발점이다.

② 경영전략을 분석함으로써 분석자는 무엇이 이익을 창출하는 원천인지 그리고 기업이 직면한 주요 위험이 무엇인지 이해할 수 있으며, 이후에 이루어진 재무제표 분석은 보다 현실성 있게 할 수 있다.

(2) 경영전략의 효과

① 재무제표(financial statement)를 통하여 분석자는 현재의 경영 성과의 지속 가능성, 그리고 장래의 성과에 대한 보다 현실적인 예측을 할 수 있다.

② 기업의 가치는 결국 투자를 위해 조달한 자금에 대해 지불해야 할 자본 비용 이상의 이익을 얻을 때에만 창출된다고 할 수 있다. 이와 같은 기업의 생존 부등식의 좌변(자본비용)과 우변(이익)은 외부적인 요인과 내부적인 요인에 의해 결정된다.

③ 자본비용이 주식 시장 및 자금 시장에서 결정되는 외부적인 요인이라면, 기업이 창출하는 이익은 기업의 전략적 선택의 결과라 할 것이다.

3. CVP 분석

(1) CVP 분석의 개념

① 원가 · 조업도 · 이익 분석을 CVP 분석이라고 한다. CVP 분석은 조업도와 원가의 변화가 이익에 어떠한 영향을 미치는가를 분석하는 기법이다.

② CVP 분석은 특정 판매량에서 얻을 수 있는 이익과 일정한 목표 이익을 달성하기 위해서는 판매량(또는 매출액)이 어느 정도인가와 같은 경영활동을 계획하는 데 이용된다.

③ CVP 분석은 손실을 보지 않으려면 판매량(매출액)이 얼마를 넘어야 하는가와 판매 가격이나 원가가 변동하면 이익은 어떻게 변화하는가를 파악하는 데 이용된다.

(2) CVP 분석의 기본 가정

① 수익과 원가 형태는 결정되어 있고 관련 범위 내에서는 선형이라고 가정한다. 즉, 경영자의 의사결정을 위한 관련 범위가 정해지면 관련 범위 내에서는 제품 단위당 판매가격과 변동비 및 고정비가 일치한다고 가정한다.

② 모든 원가는 변동비와 고정비로 분류할 수 있고 혼합원가도 변동비와 고정비로 분류할 수 있다고 가정한다.

③ 생산량과 판매량은 일치하는 것으로 가정한다. 즉, CVP 분석에서는 생산량이 모두 판매된 것으로 가정함으로써 기초 재고 자산과 기말 재고 자산의 변화가 손익에 영향을 미치지 않는 것으로 본다.

④ 원가와 수익은 유일한 독립변수인 조업도에 의해 결정된다고 가정하고, 제품의 종류가 복수인 경우에는 매출 배합이 일정하다고 가정한다.
⑤ 매출 배합이 일정하지 않을 경우에는 각 제품의 판매량이 독립변수가 되므로 독립변수는 여러 개가 되어 CVP 분석을 복잡하게 만들 것이다.

(3) CVP 분석의 기본 개념

① 수익과 비용 사이에는 다음의 관계가 성립한다.

총 수익 = 총 비용 + 총 이익

② 공헌이익=총 수익(매출액)－변동원가단위당 공헌이익=단위당 판매가격－단위당 변동원가
③ 공헌이익률은 매출액에 대한 공헌이익의 비율로서 매출액에서 공헌이익이 차지하는 비율을 나타내주는 개념이다. 이는 총 공헌이익을 매출액으로 나누어서 계산할 수도 있고, 단위당 공헌이익을 단위당 판매가격으로 나누어서 계산할 수도 있다.

$$공헌이익률 = \frac{총공헌이익}{매출액} = \frac{매출액- 총\ 변동원가}{매출액}$$
$$= \frac{단위당\ 공헌이익}{단위당\ 판매가격} = \frac{단위당\ 판매가격-단위당\ 변동원가}{단위당\ 판매가격}$$

④ 매출액에 대한 변동원가의 비율을 변동비율이라고 하는데 변동비율과 공헌이익률을 합하면 1이 된다.

$$공헌이익률+변동비율 = \frac{공헌이익}{매출액} + \frac{변동원가}{매출액}$$
$$= \frac{매출액-변동원가}{매출액} + \frac{변동원가}{매출액} = 100\%$$

4. 손익분기점(BEP) 분석

(1) 손익분기점(BEP)의 개념

① 손익분기점분석(the break-even point analysis)은 손익분기점을 파악하기 위해 비용 및 매출액 수준과 이익 사이의 관계를 분석하는 기법으로 총수익과 총비용이 일치하게 되는 판매수량 혹은 매출액을 의미한다.

② 경영자가 손익분기점분석을 통해 어떤 특정가격과 원가 구조하에서 기업이 얼마를 판매해야만 손익이 분기되는가를 예측하는 방법 또는 판매액이 손익분기가 되는데 얼마나 시간이 소요되는가의 관점에서 예측할 수 있다.

③ 경영자가 손익분기점(break-even point) 분석을 통해 어떤 특정가격과 원가구조 하에서 기업이 얼마나 판매해야만 손익이 분기되는가를 예측하는 방법 또는 판매액이 손익분기가 되는데 얼마나 시간이 소요되는가의 관점에서 예측할 수 있다.

④ 손익분기점 분석은 기본적으로 단기적이고 정태적인 분석수단이라는 한계를 가지고 있음에도 불구하고 동태적인 분석을 위한 기초 자료로서 그 중요성을 간과할 수 없다.

(2) BEP 분석 기법

① 공헌이익법은 손익분기점에서 총 공헌이익이 고정비와 일치한다는 사실에 초점을 맞추어서 총 공헌이익과 고정비가 일치하는 판매량이나 매출액을 계산하는 방법이다.

- 매출액=매출액×변동비율+고정원가
- 판매량×단위당 판매가격=판매량×단위당 변동원가+고정원가
- 총수익=총비용

② 등식법은 CVP 분석의 기본 등식을 사용하되 손익분기점에서는 이익도 손실도 발생하지 않으므로 영업이익을 0(영)으로 놓고 손익분기점 판매량이나 매출액을 계산하는 방법이다.

③ 등식법 공식에서 우변에 고정비만을 남기고 변동비와 관련된 항목을 좌변으로 이항, 좌변은 공헌이익 금액이 되면 위의 식이 된다. 위 식들을 변형하면 아래의 손익분기점 공식을 도출할 수가 있다.

④ 손익분기점(break-even point)을 파악하기 위해 비용 및 매출액 수준과 이익 사이의 관계를 분석하는 기법으로 총수익과 총비용이 일치하게 되는 판매수량 혹은 매출액을 의미한다.

⑤ 손익분기점을 찾는 절차는 총고정비용(FC), 상품의 단위당 변동비용(VC), 상품의 단위당 판매가격(P)에 대한 정보가 필요하지만, 총생산량정보는 불필요하다.

- 손익분기점 매출액 = $\frac{\text{고정비}}{\text{공헌이익률}}$
- 손익분기점 판매량 = $\frac{\text{고정비}}{\text{단위당 공헌이익}}$
- 목표이익손익분기점 판매량 = $\frac{\text{고정비+목표이익}}{\text{단위당 공헌이익}}$

09 비율 분석

1. 비율 분석지표

(1) 비율분석의 개념

① 비율 분석(ratio analysis)은 재무제표 등과 같은 수치화된 자료를 이용하여 항목 사이의 비율을 산출, 기준이 되는 비율이나 과거의 실적 그리고 다른 기업과의 비교 등을 통하여 그 의미나 특징, 추세 등을 분석 평가하는 것이다.

② 기업의 재무 상태나 영업성과를 분석 평가하기 위한 재무 분석에서 사용되는 재무 비율은 크게 유동성비율, 효율성비율, 레버리지비율, 수익성비율, 시장가치비율로 구분할 수 있으며, 각 항목별로 구체적인 세부지표들이 있다.

③ 실질 재무자료로부터 비율이 계산된 경우 그 비율이 높은가, 낮은가 또는 양, 불량을 판단하기 위해서는 일반적으로 기업 비교인 횡단면 분석방법과 기간별 비교인 시계열 분석방법이 많이 이용되고 있다.

④ 이러한 비율 분석은 복잡한 경제현상을 비교적 단순한 분석방법으로 비교 · 평가할 수 있다는 장점이 있는 반면, 비교 · 평가의 절대적인 기준을 설정하기가 용이하지 않고 종합적인 평가가 곤란하다는 한계를 가지고 있다.

⑤ 경영분석시에 사용되는 비율분석은 이해가 간단하고 쉬워 활용하기가 용이하다. 의사결정을 위하여 다른 자료의 수집이 필요 없이 회기 말의 재무제표를 이용함으로써 시간과 경비를 절감할 수 있고, 구체적이고 복잡한 기업분석 이전에 예비분석으로써 재무분석이 활용될 수 있다. 비율분석은 이해가 간단하고 쉬워 활용하기가 용이하지만, 기업의 신용도, 조직의 효율성, 경영자의 리더십 계수화가 어려운 요소들 분석에 반영할 수 없다는 단점이 있다.

(2) 재무비율 분석의 의의

① 재무비율(Financial Ratio)은 재무제표상에 표기된 한 항목의 수치를 다른 항목의 수치로 나눈 것으로, 기업의 재무상태나 경영성과를 파악하는데 사용되는 비율이다.

② 재무비율 분석이란 분석목적에 따라 적합한 비율을 구성하여 기준이 되는 수치와 비교해서 경영성과와 재무상태를 분석하는 방법을 말한다.

③ 재무제표의 경제적 의미와 이론적인 관계성이 분명한 어느 두 항목의 상대적 비율을 구하여 이해하기 쉬운 지표로 나타낸 것이다.

④ 기업 경영 내용에 대한 의미 있는 정보를 추출하는 방법으로서 가장 오랫동안 널리 사용되어 온 재무 비율 분석은 기업 관계 자료 중에서 가장 손쉽게 얻을 수 있는 재무제표를 이용한 것이지만, 경영자, 금융기관, 투자자의 의사 결정에 유용하게 이용되고 있다.

(3) 비율분석의 종류

① **관계비율법**: 관련있는 두 항목간의 비율을 백분비로 나타낸 것으로 유동비율 · 고정비율 · 부채비율 · 상품회전율 · 자기자본회전율 등이 있다. 관계비율에 의한 분석의 예를 들면, 유동부채에 대한 유동자산의 비율은 유동비율로 나타내는데, 이 숫자가 클수록 기업의 지불능력이 충분하다는 것을 나타내므로 재무상태가 건전하다고 판정된다.

② **구성비율법**: 백분비법이라고도 하고, 대차대조표나 손익계산서 상의 각 구성부분을 전체에 대한 백분비로 표시한 것이며, 대차대조표 항목을 구성비율로 표시하면 백분비 대차대조표가 된다. 손익계산서에서 매출액을 100으로 하고 매출원가 · 매출총이익 · 일반관리비 · 판매비 · 영업이익 · 순이익 등을 백분비로 나타내는 경우도 있다. 비율법에 의한 분석에 많이 쓰이는 비율은 대체로 정해져 있는데, 대차대조표의 여러 항목간의 비율인 재무비율, 손익계산에 관한 항목간의 비율인 영업비율, 판매액과의 비율인 회전율등으로 분류한다.

③ **추세법**: 재무제표의 기준연도를 정하여 그 수치와 대비한 것이다. 재무제표의 기준연도를 정하여 그 연도의 각 항목의 수치를 100으로 하고, 그 후 각 연도의 금액을 지수로 표시한 것 등이 있다.

(4) 비율 분석의 유용성

① 재무비율은 쉽고도 가장 저렴하게 구할 수 있는 재무제표로부터 논리적 연관성이 있는 두 항목을 서로 나누어 구해지므로 계산이 쉽다는 점이다. 즉, 기술적으로 정보화하기 쉽다.

② 재무제표를 구성하는 항목은 매우 많으므로 재무비율도 수없이 구성할 수 있겠지만, 경제적 의미와 논리적 관계성이 분명하여 의사 결정자에게 실제로 의미 있는 정보로 이용되고 있는 것은 50여 가지를 넘지 않는다. 이용하기에 간편하다는 장점이 있다.

③ 재무제표의 두 항목으로 계산되지만 기업의 지급 능력, 안정성, 효율성, 수익성 등에 관한 다양한 정보를 제공함으로써 여러 형태의 의사 결정에 도움이 되는 비교적 풍부한 의미의 정보를 제공하기 때문이다.

④ 의사결정을 위하여 다른 자료의 수집이 필요없이 회기말의 재무제표를 이용함으로써 시간과 경비를 절감할 수 있고, 이해가 간단하고 쉬워 활용하기가 용이하다.

⑤ 구체적이고 복잡한 기업분석 이전에 예비분석으로써 재무분석이 활용될 수 있다. 예를 들어 재무비율을 업종평균비율 같은 표준비율과 비교하거나 과거의 실적치와 비교하여 기업의 재무상태나 경영성과를 평가한다.

(5) 비율 분석의 한계점

① 재무비율 분석은 결국 재무제표를 근간으로 하여 이루어지는 것이므로 재무제표 그 자체가 신빙성 있는 회계 자료이어야 한다. 만약 그렇지 못하다면 분석 결과는 의미를 상실하고 만다. 또 신빙성이 있는 회계 자료라 하더라도 자료의 특성을 고려하여 수정 내지 조정하는 작업이 필요하다.

② 재무비율은 기업의 재무적 건강상태를 나타내는 하나의 신호 또는 징후로서의 의미 외에 확정적인 결론으로 사용해서는 안 된다는 점이다.

③ 재무비율에 담겨진 정보 내용은 상대적일 수 있으므로 해석에 유의할 필요가 있다. 즉, 분석 목적에 따라 상대적으로 해석할 필요가 있는 것이다.

④ 비율 분석은 과거 일정 기간의 재무제표에 근거한 재무적 건전도에 대한 평가이므로, 미래에 대한 예측에 활용하는 데는 그 자체에 한계가 있다는 점이다. 사실 의사결정자들에게 필요한 정보는 기업의 미래 경영성과나 재무상태에 관한 정보인 것이다.

2. 재무비율(Financial Ratio)의 유형

(1) 유동성비율(Liquidity Ratio)

① 짧은 기간 (보통 1년)내에 갚아야 되는 채무를 지급할 수 있는 기업의 능력을 측정하는 비율로 기업에 돈을 빌려준 채권자들이 중요시하는 비율이다.

② 유동성 비율로는 유동자산을 유동부채로 나눈 유동비율과, 유동자산중에서 재고자산을 제외한 부분을 유동부채로 나눈 값을 말하는 당좌비율이 있다.

(2) 레버리지비율(Leverage Ratio)

① 부채성 비율이라고도 하며, 기업의 타인자본 의존도와 타인자본이 기업에 미치는 영향을 측정하는 비율이며, 특히 장기부채의 상환능력을 측정하는 것이라 할 수 있다.

② 레버리지비율 분석에는 타인자본을 자기자본으로 나눠서 산출하는 부채비율과, 영업이익을 이자비용으로 나누는 이자보상 비율이 있다.

(3) 활동성비율(Activity Ratio)

① 기업이 소유하고 있는 자산들을 얼마나 효과적으로 이용하고 있는가를 측정하는 비율이 바로 활동성 비율이다.

② 매출액을 재고자산으로 나눈 재고자산 회전율, 매출액을 외상매출금등 매출채권으로 나눈 매출채권회전율, 매출액을 총자산으로 나눈 총자산 회전율, 매입채무회전율 등이 주요한 비율로 자주 활용된다

(4) 수익성비율(Profitability ratio)

① 경영의 총괄적인 효율성의 결과를 매출에 대한 수익이나 투자에 대한 수익으로 나타내는 비율들을 말한다.

② 여기에는 흔히 ROI(투자수익률: Return On Investment)로 불리는 총자본 순이익률(net profit to total assets)이 포함되는데 이는 순이익과 총자산의 관계를 나타낸다. 이외에도 매출액 순이익률, 자기자본 순이익률등이 수익성을 나타내는 대표적인 지표가 된다.

(5) 생산성비율(Productivity Ratio)

① 기업이 생산활동에 사용하고 있는 인적, 물적 자원의 능률 및 업적을 평가하는 비율들이다.

② 부가가치를 종업원수로 나누는 노동생산성, 종업원 1인당 매출액, 부가가치를 총자본으로 나눈 자본 생산성(총자본 투자효용)등이 자주 쓰인다.

(6) 자본생산성(Capital Productivity)

① 투입된 자본과 산출량의 비율로 표시되는 자본의 유효이용도를 말한다. 기업에 투하한 자본을 운영한 결과로 얻어진 부가가치액이 얼마인가를 나타내는 것으로, 자본이 부가가치생산에 어느 정도 이바지했는지를 알 수 있다.

② 자본이란 산출에 기여하는 자원의 의미로 생산설비의 양, 생산능력(물적 표시), 유형고정자산액(가치적 표시) 등을 들 수 있으며 산출량으로는 생산량, 생산액, 매출액, 부가가치액 등을 들 수 있다.

④ 일반적으로 자주 사용되는 지표로는 기계 1대당 생산량, 조업도, 유형고정자산 회전율 등이 있는데 이 지표들이 높을수록 좋은 것이다.

(7) 회전율(Turnover Ratio)

① 자산회전율은 대차대조표의 자산측면에서 전체적인 성과척도를 나타내며 순 매출액을 총자산으로 나눈 값으로 표현된다.

② 상품재고회전율이란 특정기간(보통 1년) 동안 점포 내에서 재고가 평균적으로 얼마나 여러 번 순환되는가 하는 것이며 일반적으로 재고회전율이 클수록 좋다.

③ 상품재고회전율은 상품구성과 관련된 정책적 의사결정에 영향을 미치는 가장 중요한 요소(판단기준) 중의 하나이며 평균상품 재고액의 변화 없이 매출액이 향상되면 상품회전율이증가하는 것이 당연하다.

(8) 수익성지표(Profitability index)

① 기업의 경영 정책과 의사결정의 결과로 나타난 경영 성과를 나타내는 지표로써 기업이 얼마나 효율적으로 관리되고 있는가를 나타내는 종합적인 지표이다.

② 기업의 수익성이 좋다고 하는 것은 수익의 절대적인 크기도 중요하지만 투하된 자본의 단위당 수익의 크기, 즉 효율성이 높아야 하는 것이다.

③ 투자자의 입장에서는 이러한 효율성의 지표가 높은 기업에 투자하는 것이 경제적인 투자가 된다.

(9) GMROI(Gross Margin Return On Inventory Investment)

① GMROI는 재고투자수익률(총 마진수익률)이라고도 하며 협소한 유통매장의 진열대에서 제거 또는 추가돼야 할 상품에 대한 의사결정의 기준(척도)을 제공하며, 상품(상품관리자와 바이어)의 성과지표를 나타낸다.

② 각 척도의 구성요소를 분석함으로써 문제가 되는 상품계열의 수익성을 향상시키기 위한 머천다이징전략을 강구할 수 있다.

③ 수익성척도를 활용하는 소매업자들은 상품공급업자들로 하여금 더 많은 마케팅기능을 수행하도록 압력을 행사할 수 있다.

④ 유통업체에서 카테고리관리를 할 때, 상품기획 또는 머천다이징 전략을 수립할 때 가장 유용하게 시용할 수 있는 재무개념이다.

$$\text{GMROI산식} = \frac{\text{투자수익률}}{\text{평균재고자산}} = \frac{\text{투자수익률}}{\text{매출액}} \times \frac{\text{매출액}}{\text{평균재고자산}}$$

$$= \text{매출액 이익률} \times \text{재고자산 회전율}$$

(10) Open-to-buy

① 최대재고량결정

㉠ Open-to-buy(매입가능 단위)는 주문량을 결정하는 기법으로 미국에서 주로 사용을 하는 기법이다.

㉡ 최대재고량은 소매업자가 재 주문과 배달기간동안 예상되는 판매에 필요한 제품수량에 예상하지 못한 판매나 문제발생에 대비한 안전재고를 더한 수량이다.

㉢ 최대재고량은 현재 재고량과 주문중인 수량이 전혀 없는 경우 구매하는 상품의 수량을 말한다.

② Open-to-buy의 계산

㉠ 최대재고량={재 주문기간+배달기간}×{판매율}+{안전재고}

㉡ Open-to-buy=최대재고량-{현재 재고량+주문량}

3. 재무비율(Financial Ratio) 유형 분석 지표

(1) 안정성 비율

① 기업의 재무유동성과 안정성을 나타내는 정태비율을 말한다. 부채비율, 자기자본 구성비율 등이 활용된다. 안전성비율의 산식에는 네모의 내용들이 있다.

$$\cdot\ \text{유통성비율} = \frac{\text{유동자산}}{\text{유통부채}} \times 100$$

$$\cdot\ \text{부채비율} = \frac{\text{부채총계}}{\text{자기자본}} \times 100$$

$$\cdot\ \text{차입금의존도} = \frac{\text{차입금}}{\text{총자산}} \times 100$$

$$\cdot\ \text{영업이익대비 이자보상비율} = \frac{\text{영업이익}}{\text{이자비용}} \times 100$$

② 일정 시점에서 자산, 부채, 자본의 균형 상태를 분석하여 기업의 재무적 안정성을 파악하는 것이다.

③ 유동성 비율(liquidity ratio)은 기업의 단기적인 채무지급능력을 측정하는 비율로서, 유동성이란 기업이 보유하고 있는 자산으로부터 단기간에 동원할 수 있는 현금을 의미하고, 은행의 유동성을 판단하는 지표로도 사용한다.

④ 유동성 비율(liquidity ratio)에는 단기간에 현금화할 수 있는 자산과 1년 이내에 상환하여야 할 부채를 비교한 것인 유동비율(current ratio ; 유동비율이 클수록 기업의 단기부채 지급능력이 좋은 것으로 평가되며 일반적으로 200% 이상이면 유동성이 양호한 것으로 판단)과 유동자산 중 현금화하는 데 상대적으로 오랜 시간이 소요되는 재고자산을 제외한 유동자산과 유동부채를 비교한 것인 당좌비율(quick ratio ; 당좌비율이 클수록 기업의 단기부채 지급능력이 좋은 것으로 평가하는데 일반적으로 100% 이상이면 양호한 것으로 평가)이 있다.

⑤ 부채 비율(debt to equity ratio)은 총 자본을 구성하고 있는 자기자본과 타인자본, 즉 부채의 비율을 비교한 것으로 부채 비율이 낮을수록 채권자의 손실위험은 줄어들므로 채권자의 입장에서는 부채 비율이 낮을수록 좋다. 그러나 기업 측에서는 높은 부채 비율을 선호할 수 있다. 그 이유는 미래의 투자 확대 시 그 필요한 자금을 타인자본으로 조달할 경우 그 지급이자에 대한 세금감면효과가 발생하는 데 비해 유상증자를 통할 경우 배당부담은 물론 기업 지배권이 약화될 우려가 있기 때문이다.

(2) 수익성 비율

① 매출액과 관련된 수익성 비율은 이익계산서상의 각 항목들을 매출액에 대한 백분율로 표시함으로써 특정의 수익, 비용항목과 매출액 사이의 관계를 평가하는 것으로서 매출액 총 이익률, 매출액 영업이익률, 매출액 순이익률 등이 있다.

· 매출액 영업이익률 $= \dfrac{\text{영업이익}}{\text{매출액}} \times 100$

· 매출액 순이익률 $= \dfrac{\text{당기순이익}}{\text{매출액}} \times 100$

· 총자산 순이익률 $= \dfrac{\text{당기순이익}}{\text{총자산}} \times 100$

· 자기자본 순이익률 $= \dfrac{\text{당기순이익}}{\text{자기자본}} \times 100$

② 기업의 수익창출 능력을 나타내 주는 비율로서 영업성과에 미치는 종합적인 효과를 보여준다. 성장률과 부채비율의 관계를 보면, 일반적으로 기업의 성장률이 높아지면 부채의 비중은 높아진다.

③ 자산수익률은 자산회전율에 순이익률을 곱한 값으로, 소매업체가 자산에 대한 투자로부터 얼마나 많은 이익이 발생할 수 있는지를 나타내주는 개념이다.

④ 순 매출액을 총 자산으로 나눈 값을 자산회전률이라고 하며, 이것은 기업의 자산에 대한 투자의 생산(효율)성을 측정하기 위해 주로 사용된다.

⑤ 기업의 재무적 목표의 하나로 자산수익률(ROA) 혹은 투자수익률을 들 수 있는데 이것은 수익창출활동을 위해 사용된 투자자금에 대한 수익성 척도로 총 자본이익률(ROA)과 자기자본이익률(ROE)이 있다.

⑥ 대규모 제조업체나 프랜차이즈 본부는 개별 경로구성원이 해당기업(조직)에 얼마나 공헌하는가에 관심을 가지게 되는데, 이때 공급자(제조업체 혹은 도매상)의 입장에서 구매자(도매상 혹은 소매상)인 각각의 경로구성원이 성과로서 어느 정도의 수익성을 올리고 있는지를 평가하기 위하여 가장 많이 활용되는 기법이 경로구성원 총 자산수익률(CMROA ; Channel Member Return On Assets)이다.

(3) 성장성 비율

① 기업의 당해 연도 경영 규모 및 기업 활동의 성과가 전년도에 비하여 얼마만큼 증가하였는가를 보여주는 지표이다. 매출증가율, 총 자본증가율, 자기자본증가율, 순이익증가율 등이 쓰인다.

· 매출액 증가율 = $\frac{\text{당기매출액}}{\text{전기매출액}} \times 100$

· 영업이익 증가율 = $\frac{\text{당기영업이익}}{\text{전기영업이익}} \times 100$

· 당기순이익 증가율 = $\frac{\text{당기순이익}}{\text{전기순이익}} \times 100$

· 총자산 증가율 = $\frac{\text{당기말총자산}}{\text{전기말총자산}} \times 100$

② 기업의 가치는 수익성과 성장성에 의하여 결정된다. 기업의 주가는 미래의 현금 흐름을 반영하기 때문에 같은 수익률을 나타내는 기업이라 할지라도 향후 성장성이 좋을 것으로 기대되는 기업의 주가가 높게 형성된다.

(4) 영업 레버리지 비율(DOL: Degree of Operating Leverage)

① 고정자산을 보유함으로써 감가상각비를 부담하는 것을 말한다. 영업 레버리지 분석은 매출액의 변화에 따른 영업이익의 변화를 분석하는 것으로 영업 레버리지의 효과는 영업 레버리지가 높아짐에 따라 고정비가 지렛대 역할을 하여 매출액의 변화에 대한 영업이익의 변화율이 커지는 효과를 말한다.

② 영업 레버리지도가 높다고 영업이익이 많다거나 영업성적이 좋다는 것을 나타내는 것이 아니라 매출액의 변화에 대한 영업이익의 변화율이 크다는 것을 의미한다.

(5) ROI(Return on Investment)분석의 목적

① ROI(Return On Investment, 투자수익률 or 투자대비이익률)는 기업의 경쟁력을 알아보는 지표중의 하나가 투자 대비 이익률이다. 투자 대비 이익률은 기업이 어느 정도의 돈을 투자하여 얼마만큼의 이익을 올리는 지를 알아보는 지표이다.

② ROI분석은 투자결정의 신뢰성과 프로젝트의 경제성을 증명하는 효과적인 도구로써, 프로젝트 비용을 프로젝트 성과나 효과와 비교하는 것이다. 즉, ROI 분석을 통해 투자타당성을 도출하고, 시간에 따른 경제적 파급효과를 산정한다.

③ ROI분석은 재무통제, 투자이익 결정요인 파악, 투자이익변화의 원인분석 및 조정하는 것이다. 기법의 목적은 기업전체 경영성과의 계획 및 통제, 내부통제 및 기업 내의 자원배분결정과 채권자 및 투자자에 의한 기업경영성과의 평가를 주로한다.

④ ROI (Return On Investment) 개선을 통한 투자수익률을 높이는 방법으로 영업이익률을 높이기 위하여 마진이 높은 상품을 늘리고, 매출원가를 낮출 수 있는 상품화 계획을 개선한다. 손실을 줄이기 위하여 고정비를 줄여 변동비화 하는 스토어관리를 개선하고, 내점객 수를 증가시킬 수 있도록 마케팅 전략을 개선한다. 매출액 증대를 위하여 객단가를 높여 매입수량을 늘인다.

(6) 경제적 부가가치(Economic Value Added: EVA)

① 경제적 부가가치란 기업의 영업활동 결과 창출한 세전순영업이익(EBIT: Earnings Before Interest and Taxes)에서 그에 해당하는 법인세부담액을 차감하여 세후순영업이익(NOPLAT: Net Operating Profit Less Adjusted Taxes)을 산출하고 이에서 영업활동을 위해 제공된 투하자본(IC:Invested Capital)에 대한 자본비용을 차감하여 계산한 이익으로 기업이 재무활동이나 투자활동을 제외한 본연의 영업활동을 통하여 창출된 가치이다.

② 계산식은 EVA=세후순영업이익−자본비용=(영업관련 경상이익−법인세)−(타인자본비용+자기자본비용)=(영업관련 경상이익−법인세)−(투자자본×가중평균자본이자율)로 나타낼 수 있고, 세후영업이익에서 자본비용을 차감하여 구한다.

③ 적정임금수준의 결정할 수 있는데 경제적 부가가치는 임직원의 성과가 목표를 초과하는 경우 그 초과하는 만큼 임금에 반영하고 반면에 임직원의 성과가 목표에 미달하는 경우에는 이에 상응하는 임금을 지급할 수 있는 근거를 제공하는 것이다

④ 기업의 무분별한 확장 방지 및 구조조정 유도할 수 도 있다. 기업에 다수의 계열사가 존재할 경우 EVA를 많이 창출하는 계열사만을 주력기업으로 육성하고, EVA가 (−)이고 회생할 가능성이 없는 한계기업들을 정리하게 되면 기업 전체적으로 수익성이 제고될 수 있다. 투하자본수익율이 자본비용을 초과하는 투자가 이루어지는 경우에는 기업가치가 증대한다고 판단할 수 있다.

Chapter 3 명품 적중 예상문제

01 다음 중 재무제표 표시에 대한 설명으로 옳지 않은것은?

① 유동자산에는 보고기간 후 12개월 이내에 실현될 것으로 예상되지 않는 경우에도 재고자산 및 매출채권과 같이 정상영업주기의 일부로서 판매, 소비 또는 실현되는 자산이 포함된다.

② 기타포괄손익은 재평가잉여금의 변동, 해외사업장의 재무제표 환산으로 인한 손익, 매도가능금융자산의 재측정 손익, 현금흐름위험회피의 위험회피수단의 평가손익 중 효과적인 부분 등을 포함한다.

③ 기업이 재무상태표에 유동자산과 비 유동자산, 유동부채와 비유동부채로 구분하여 표시하는 경우, 이연법인세자산(부채)은 유동자산(부채)으로 분류한다.

④ 재무제표가 계속기업의 가정 하에 작성되지 않는 경우에는 그 사실과 함께 재무제표가 작성된 기준 및 그 기업을 계속기업으로 보지 않는 이유를 공시하여야 한다.

⑤ 회계정책을 적용하는 과정에서 추정에 관련된 공시와는 별도로, 재무제표에 인식되는 금액에 유의적인 영향을 미친 경영진이 내린 판단은 유의적인 회계정책의 요약 또는 기타 주석사항으로 공시한다.

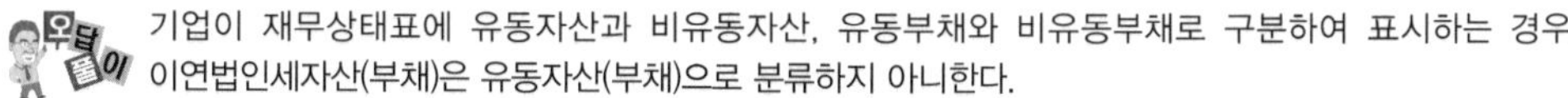
오답풀이 기업이 재무상태표에 유동자산과 비유동자산, 유동부채와 비유동부채로 구분하여 표시하는 경우, 이연법인세자산(부채)은 유동자산(부채)으로 분류하지 아니한다.

02 재고자산과 관련된 다음의 설명 중 옳지 않은것은?

① 회사가 실지재고조사법만을 사용하더라도 재고자산평가손실을 파악할 수 있다.

② 물가가 지속적으로 상승하는 경우 선입선출법 하의 기말재고자산금액은 평균법 하의 기말재고자산금액보다 작지 않다.

③ 선입선출 소매재고법을 사용할 경우 매출원가는 판매가능재고자산의 원가와 판매가를 이용하여 산출한 원가율을 매출액에 곱하여 결정한다.

④ 보유하고 있는 재고자산의 순실현가능가치 총합계액이 취득원가 총합계액을 초과하더라도 재고자산평가손실은 계상될 수 있다.

⑤ 보유하고 있는 재고자산이 확정판매계약의 이행을 위한 것이라면 동 재고자산의 순실현가능가치는 그 계약가격을 기초로 한다.

해답 01 ③ 02 ③

선입선출소매재고법(FIFO retail inventory method)은 먼저 구입한 자산이 먼저 판매된다고 보아 기말재고자산이 전부 당기매입분으로만 구성되어 있다고 가정한다. 따라서 원가율 산정시 기초재고자산은 고려하지 않는다. 원가율에서 원가는 당기매입만이 분자로 간다.

03 유통업체인 명품은 직접상품을 생산하기 위해 2023년에 제조업을 시작하였으며 아래는 ㈜명품의 2023년 자료이다. 정상조업도는 5,000개이고 실제조업도는 4,000개(비정상적으로 낮은 조업도)일 경우, 2023년에 단위당 제조원가와 당기비용으로 처리될 금액은? 단, 2024년부터 제품의 판매가 시작된다.

원재료	기초 ₩0 매입 ₩70,000 기말 ₩30,000(1,000개, 단위당 취득원가 ₩30) 기말 실사수량 900개 기말 단위당 순 실현가능가치는 ₩25이며, 원재료감모손실 중 50%는 정상적인 것으로 판단된다.
직접노무원가	₩60,000
고정제조간접원가	₩40,000

	단위당 제조원가	당기비용
①	₩31	₩7,500
②	₩33	₩15,500
③	₩33	₩7,500
④	₩33	₩11,000
⑤	₩31	₩15,500

원재료계정

기초(0)+매입(70,000)

=재공품/제품(40,000)+감모손실(3,000)+평가손실(4,500)+기말(22,500)

감모손실=(1,000개−900개)X30=₩3,000, 평가손실=900개X(30−25)=₩4,500

재공품/제품

기초(0)=원재료비(40,000)+직접노무원가(60,000)+고정제조간접원가(32,000)

=매출원가(0)+기말(132,000)

$$단위당제조원가 = \frac{132,000원}{4,000개} = ₩33$$

당기비용=평가손실(4,500)+감모손실(3,000)+비정상적낭비(8,000)=₩15,500

해답 03 ②

04 다음 재무제표 표시와 관련된 다음의 설명 중 옳지 않은 것은?

① 기업이 재무상태표에 유동자산과 비유동자산, 그리고 유동부채와 비유동부채로 구분하여 표시하는 경우, 이연법인세자산(부채)은 유동자산(부채)으로 분류하지 아니한다.
② 보고기간말 이전에 장기차입약정을 위반했을 때 대여자가 즉시 상환을 요구할 수 있는 채무는 보고기간 후 재무제표 발행승인일 전에 채권자가 약정위반을 이유로 상환을 요구하지 않기로 합의한다면 비유동부채로 분류한다.
③ 기업은 변경된 표시방법이 재무제표이용자에게 신뢰성 있고 더욱 목적적합한 정보를 제공하며, 변경된 구조가 지속적으로 유지될 가능성이 높아 비교가능성을 저해하지 않을 것으로 판단할 때에만 재무제표의 표시방법을 변경한다.
④ 극히 드문 상황으로서 한국채택국제회계기준의 요구사항을 준수하는 것이 오히려 '개념체계'에서 정하고 있는 재무제표의 목적과 상충되어 재무제표이용자의 오해를 유발할 수 있다고 경영진이 결론을 내리는 경우에는 관련 감독체계가 이러한 요구사항으로부터의 일탈을 의무화하거나 금지하지 않는다면, 한국채택국제회계기준의 요구사항을 달리 적용한다.
⑤ 기업이 기존의 대출계약조건에 따라 보고기간 후 적어도 12개월 이상 부채를 차환하거나 연장할 것으로 기대하고 있고, 그런 재량권이 있다면, 보고기간 후 12개월 이내에 만기가 도래한다 하더라도 비유동부채로 분류한다.

비 유동부채가 아니라 유동부채로 인식한다.

05 ㈜명품은 2023년 9월 1일 내용연수 5년의 기계장치를 취득하였다. 이 기계장치는 정률법을 사용하여 감가상각하며, 감가상각률은 36%이다. 2024년도에 인식한 감가상각비는 ₩253,440이다. 2024년도에 인식할 기계장치의 감가상각비는 얼마인가? 단, 계산 방식에 따라 단수차이로 인해 오차가 있는 경우, 가장 근사치를 선택한다.

① ₩ 85,899　　② ₩ 91,238　　③ ₩ 102,005
④ ₩ 103,809　　⑤ ₩ 162,202

1월부터 8월까지, 8월부터 12월까지의 두 부분으로 정률법상각을 하면 단순히 계산이 된다.

04 ②　　05 ⑤

06 지속성 상품의 매입에 있어 주문점을 파악할 필요가 있다. 주문점(order point)이란 다음 주문수량이 도달하기 이전에 재고량이 가용수준을 유지하지 못하면 품절이 발생하는 수준에 도달한때를 말한다. 주기적 주문시스템에서 아래와 같이 재고관련 지수가 주어지는 경우 주문점은 몇 단위인가?

- 일일 수요: 5단위
- 도달시간: 14일
- 재고점검주기: 7일
- 안전재고: 30단위

① 177단위 ② 165단위 ③ 155단위 ④ 147단위 ⑤ 135단위

5단위×(14일+7일)+30단위=135단위

07 다음 중 손익분기점분석(the break-even point analysis)에 관한 설명으로 가장 거리가 먼 내용은?

① 손익분기점분석은 손익분기점을 파악하기 위해 비용 및 매출액 수준과 이익 사이의 관계를 분석하는 기법으로 총수익과 총비용이 일치하게 되는 판매수량 혹은 매출액을 의미한다.

② 경영자가 손익분기점분석을 통해 어떤 특정가격과 원가 구조 하에서 기업이 얼마를 판매해야만 손익이 분기되는가를 예측하는 방법 또는 판매액이 손익분기가 되는데 얼마나 시간이 소요되는가의 관점에서 예측할 수 있다.

③ 손익분기점분석은 유동자산에 대한 투자의 적정성을 파악하는 기법으로서 금융권에서 기업대출을 위한 신용도(위험도)를 심사(평가)할 경우 판단기준을 제공해 주는 분석도구의 하나이다.

④ 손익분기점분석은 기본적으로 단기적이고 정태적인 분석수단이라는 한계를 가지고 있음에도 불구하고 동태적인 분석을 위한 기초자료로서의 중요성을 간과할 수 없다.

⑤ 손익분기점 분석은 어떠한 양(量)도 특정가격에 판매가 가능하며, 비용은 시간의 경과에 관계없이 일정하게 유지된다는 가정에 기초하고 있다.

손익분기점분석은 손익분기점을 파악하기 위해 비용 및 매출액 수준과 이익 사이의 관계를 분석하는 기법으로 총수익과 총비용이 일치하게 되는 판매수량 혹은 매출액을 의미한다.

해답 **06** ⑤ **07** ④

08 다음 중 재무제표의 작성과 표시를 위한 개념체계에 대한 설명으로 옳지 않은 것은? 단, 보고기간(회계기간)은 매년 1월 1일부터 12월 31일까지이며, 기업은 주권상장법인으로서 한국채택 국제회계기준(K-IFRS)을 계속적으로 적용하여 오고 있다고 가정한다.

① 어떤 항목이 재무제표 요소에 부합하는 본질적 성격을 가지고 있으나 인식기준을 충족하지 못하는 경우에도 해당 항목은 주석, 설명자료 또는 부속명세서에 공시될 수 있다.
② 지출이 발생하였으나 당해 회계기간 후에는 관련된 경제적효익이 기업에 유입될 가능성이 높지 않다고 판단되는 경우에도 재무상태표에 자산으로 인식할 수 있다.
③ 경제적효익이 여러 회계기간에 걸쳐 발생할 것으로 기대되고 수익과의 관련성이 단지 포괄적으로 또는 간접적으로만 결정될 수 있는 경우 비용은 체계적이고 합리적인 배분절차를 기준으로 포괄손익계산서에 인식된다.
④ 미래경제적효익이 기대되지 않는 지출이거나, 미래경제적효익이 기대되더라도 재무상태표에 자산으로 인식되기 위한 조건을 원래 충족하지 못하거나 더 이상 충족하지 못하는 부분은 즉시 포괄손익계산서에 비용으로 인식되어야 한다.
⑤ 제품보증에 따라 부채가 발생하는 경우와 같이 자산의 인식을 수반하지 않는 부채가 발생하는 경우에는 포괄손익계산서에 비용을 동시에 인식한다.

유닭풀이 당해 보고기간 후에는 경제적 효익이 유입될 가능성이 높지 않다고 판단되는 경우에는 포괄손익계산서에 비용으로 인식한다.

09 유형자산의 회계처리와 관련된 다음의 설명 중 옳은 것은?

① 자산에 내재된 미래경제적효익의 예상되는 소비형태에 유의적인 변동이 있어 감가상각방법을 변경할 경우, 그 변경효과를 소급적용하여 비교표시되는 재무제표를 재작성한다.
② 회사가 자산을 해체, 제거하거나 부지를 복구할 의무는 해당 의무의 발생시점에 비용으로 인식한다.
③ 비화폐성자산간의 교환거래가 상업적실질을 결여하지 않은 경우라 하더라도 제공한 자산과 취득한 자산 모두의 공정가치를 신뢰성 있게 측정할 수 없는 경우에는 취득하는 유형자산의 취득원가는 그 교환으로 제공한 자산의 장부금액으로 측정한다.
④ 재평가모형을 선택한 유형자산에 대해서는 자산손상에 대한 회계처리를 적용하지 않는다.

08 ② 09 ③

⑤ 유형자산의 보유기간 중 잔존가치의 추정치가 변경되어 해당 자산의 장부금액보다 큰 금액으로 추정되는 경우 그 차이에 해당하는 금액을 감가상각누계액에서 환입하여 당기이익에 반영한다.

10 소매업체의 부채와 소유주 지분에 대한 설명으로 옳지 않은 것은?

① 가장 일반적인 소유주 지분은 보통주와 이익잉여금이다.
② 소유주 지분은 총 자산에서 총 부채를 제외한 자산의 양이다.
③ 고정부채로 1년경과 후에 갚아야 될 채무에 증식부채가 있다.
④ 외상 매입금은 유동부채로 먼저 상품공급업체에 갚아야 할 금액을 말한다.
⑤ 지급어음은 소매업체가 1년 내에 은행에 지급해야 할 채무의 원금과 이자이다.

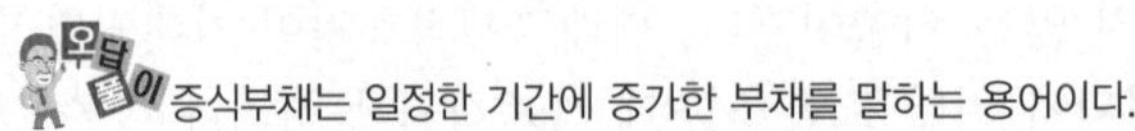

증식부채는 일정한 기간에 증가한 부채를 말하는 용어이다.

11 다음은 회전율(turnover ratio)에 대한 설명이다. 올바르지 않은 것은?

① 회전율(turnover ratio)이 높은 상품은 빠른 회전율을 보이기 때문에 회전율에 따른 이익을 보기도 한다.
② 자산회전율은 재무상태표의 자산측면에서 전체적인 성과척도를 나타내며 순매출액을총자산으로 나눈 값으로 표현된다.
③ 상품재고회전율이란 특정기간(보통 1년) 동안 점포 내에서 재고가 평균적으로 얼마나여러 번 순환되는가 하는 것이며 일반적으로 재고회전율이 클수록 좋다.
④ 고정자산은 상품처럼 신속하게 회전되지 않아 자산회전율은 경영자들이 자신들의 자산을 얼마나 효율적으로 사용하는가를 평가하고 비교하기 위해 사용될 수 없다.
⑤ 상품재고회전율은 상품구성과 관련된 정책적 의사결정에 영향을 미치는 가장 중요한 요소(판단기준) 중의 하나이며 평균상품재고액의 변화 없이 매출액이 향상되면 상품회전율이 증가하는 것이 당연하다.

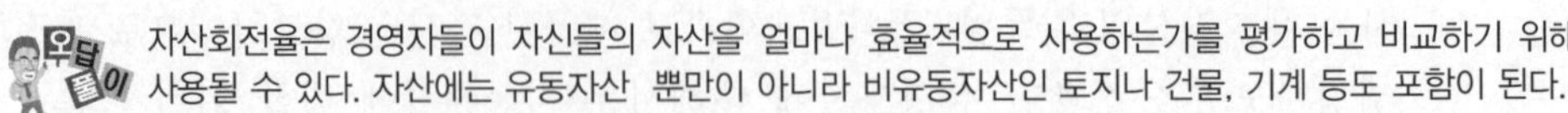

자산회전율은 경영자들이 자신들의 자산을 얼마나 효율적으로 사용하는가를 평가하고 비교하기 위해 사용될 수 있다. 자산에는 유동자산 뿐만이 아니라 비유동자산인 토지나 건물, 기계 등도 포함이 된다.

해답 10 ③ 11 ④

12 어느 소매점은 지난 한 해 동안 2억 7천만 원의 순매출 실적을 기록했다. 이 소매점의 지난해 총자산은 9천만 원, 취득원가로 계산한 연평균 재고액은 3억 6천만 원, 매출원가는 1억 8천만 원이었다. 이 소매점의 지난 해 재고총이익률(GMROI;Gross Margin Return on Inventory Investment)은?

① 25.0% ② 50.0% ③ 100.0% ④ 250.0% ⑤ 500.0%

GMROI산식 : $\frac{\text{투자수익률}}{\text{평균재고자산}} = \frac{\text{2억7천}-\text{1억8천}}{\text{3억6천만}} = 25.0\%$

13 다음 소매업체의 재무전략과 관련된 내용들 중에서 올바르지 않는 설명은?

① 자산수익률은 얼마나 많은 이익이 소매업체의 영업성과(순매출액)로부터 발생할 수 있는지를 나타내며 순이익을 순 매출액으로 나눈 값이다.

② 유동부채는 유동자산처럼 1년 내에 지불되어야 할 채무를 말하며 외상매입금, 지급어음 및 증식부채(accrued liabilities, 아직 지불하지 않은 세금, 급여, 임대료, 수도광열비 및 기타 미지불채무)가 가장 주된 유동부채이다.

③ 비유동부채는 1년 후에 갚아야 할 채무이다. 재무상태표(대차대조표)의 비유동부채 항목에 기장하는 지급어음은 1년 후에 갚아야 할 채무이며 채권과 부동산의 저당권 도여기에 포함된다.

④ 비유동자산은 현금으로 전환되기 위해 1년 이상 걸리는 자산을 의미한다. 대부분 의비유동자산은 제한된 수명을 가지고 있으므로 자산의 가치는 시간이 지나면서 작아진다. 따라서 자산원가에서 감가상각액을 공제함으로써 비유동자산을 파악할 수 있다.

⑤ 재무상태표상 좌측은 자산이라 하여 현금자금이나 상품의 재고상태, 외상매출금, 수취어음, 예금 및 현금은 차변(좌변)항목들을 표시해 주며 일정시점의 재산 상태를 나타내는 정태적 재무보고서이다.

자산수익률은 소매업체가 자산에 대한 투자로부터 얼마나 많은 이익이 발생할 수 있는지를 나타내 주는개념이다. 얼마나 많은 이익이 소매업체의 자산으로부터 발생할 수 있는지를 나타내며 순이익을 총자산(평균자산)으로 나눈 값이다.

12 ① 13 ①

14 특정 유통기업 연간 상품부문별 지표를 보고 기업전체의 수익에 대한 기여도가 가장 높은 상품 부문을 고르시오.

상품 부문	매출액 (만원)	매출 이익률(%)	상품 회전률(회)	교차 주의 비율(%)
①	600	25	4.0	100
②	800	30	5.0	150
③	350	50	3.5	175
④	150	40	3.0	120
⑤	100	35	2.0	70

오답풀이 수익에 대한 기여도가 가장 높은 상품부문은 매출액, 매출 이익률, 회전율 위주로 살펴보는 것으로 가장 높은 것은 ② 의 내용이 된다.

15 일정기간 동안 기업실체의 경영성과를 나타내는 회계보고서인 포괄손익계서산서에 대한 설명으로 옳지 않은 것은?

① 포괄주의 관점의 손익계산서는 일정 기간 동안 소유주와의 자본거래를 제외한 모든 원천에서 순자산이 증가하거나 감소한 정도와 그 내역에 대한 정보를 제공한다.
② 일정기간의 포괄이익과 그 구성요소인 수익과 비용 등에 대한 정보를 제공하여야 하며, 정보이용자는 일정 기간 동안의 기업실체의 경영성과를 파악할 수 있다.
③ 일정시점 현재 기업실체가 보유하고 있는 경제적 자원인 자산과 경제적 의무인 부채, 그리고 자본에 대한 정보를 제공하는 정태적인 회계보고서이다.
④ 제공되는 정보의 유용성을 높이기 위해 포괄이익의 수익성정도 및 그 변동 요인이 적절히 파악될 수 있도록 영업활동 대 재무활동의 항목이 구분 표시되어야 한다.
⑤ 해당 회계기간을 표시하기 위하여 항상 회계기간 시작부터 끝까지 하는 기간이 표시되고, 일정기간의 영업성적을 파악하기에 동태적인 재무제표에 속한다.

오답풀이 일정시점 현재 기업실체가 보유하고 있는 경제적 자원인 자산과 경제적 의무인 부채, 그리고 자본에 대한 정보를 제공하는 정태적인 회계보고서는 재무상태표의 내용이다.

해답 14 ② 15 ③

16 소매조직의 각 수준별로 성과척도를 다르게 할 필요가 있다. 각 수준을 기업(최고 경영자)–상품(상품관리자와 바이어)–점포운영(점포관리자) 등으로 나누었을 때, 각 수준의 성과 지표가 순서대로 가장 적절하게 나열된 것은?

① ROA–ROI–GMROI
② ROI–ROA–GMROS
③ GMROS–ROI–GMROI
④ ROI–GMROS–GMROI
⑤ ROA–GMROI–GMROS

자산수익률(ROA) 혹은 투자수익률을 들 수 있는데 이것은 순이익을 총자산(총투자)으로 나눈 값이고 기업의 최고경영자가 의사결정에 사용한다. GMROI는 재고투자수익률(총 마진수익률)이라고도 하며 협소한 유통매장의 진열대에서 제거 또는 추가돼야 할 상품에 대한 의사결정의 기준(척도)을 제공하기에 관리자가 사용을 하고, GMROS는 매장의 판매면적의 효용성을 따져보는 것으로 점포의 운영자가 관심을 가지고 있는 지표이다. 따라서 문제의 정답은 ⑤가 된다.

17 대규모 제조업체나 프랜차이즈 본부는 개별 경로구성원이 해당기업(조직)에 얼마나 공헌하는가에 관심을 가지게 된다. 다음 중 공급자(제조업체 혹은 도매상)의 입장에서 구매자(도매상혹은 소매상)인 각각의 경로구성원이 성과로서 어느 정도의 수익성을 올리고 있는지를 평가하기 위하여 가장 많이 활용되는 기법은?

① 직접제품이익(direct product profit)
② 간접제품이익(un direct product profit)
③ 평당총이익(GMROS: gross margin per square foot)
④ 경로구성원총자산수익률(CMROA: channel member return on assets)
⑤ 재고자산총이익률(GMROI: gross margin return on inventory investment)

경로구성원총자산수익률(CMROA: channel member return on assets)은 개별 경로구성원이 해당기업(조직)에 얼마나 공헌하는가를 측정하는 도구이다.

16 ⑤ 17 ③

18
매입자는 상품매입 이후 상품예산계획 혹은 지속성 상품관리시스템에 기반하여 매입자가 자유재량으로 사용할 수 있는 예산(Open-to-buy)을 확인하게 된다. 다음 상황에서 현재의 매입한도(Open-to-buy)는 얼마 인가?

- 계획된 월말재고: ₩68,640
- 실제 월초재고: ₩59,500
- 실제 주문량: ₩18,000
- 조정된 재고: ₩66,590
- 계획된 월별 매출: ₩ 15,600

① ₩43,900 ② ₩9,640 ③ ₩7,090
④ ₩4,850 ⑤ ₩2,050

매입 가능단위(Open-to-buy)=계획된 월말재고(₩68,640)-조정된 재고(₩66,590)=₩2,050

19
(주)명품유통은 분권화된 세 개의 사업부(X, Y, Z)를 운영하고 있다. 이들은 모두 투자 중심점으로 설계 되어 있으며, (주)명품유통의 최저필수익률은 20%이다. 각 사업부와 관련된 정보는 아래와 같을 경우에 투자수익률(ROI)이 높은 사업부 순서대로 옳게 배열한 것은?

	X	Y	Z
자산회전율	4회	6회	5회
영업이익	₩400,000	₩200,000	₩210,000
매출액	₩4,000,000	₩2,000,000	₩3,000,000

① X사업부 〉 Y사업부 〉 Z사업부
② X사업부 〉 Z사업부 〉 Y사업부
③ Z사업부 〉 Y사업부 〉 X사업부
④ Y사업부 〉 Y사업부 〉 Z사업부
⑤ Y사업부 〉 X사업부 〉 Z사업부

1. 각 사업부의 투자자산 계산
X사업부; 자산회전율=매출/투자자산=4,000,000/투자자산=4 ∴ 투자자산=1,000,000
Y사업부; 자산회전율=매출/투자자산=2,000,000/투자자산=6 ∴ 투자자산=333,333
Z사업부; 자산회전율=매출/투자자산=3,000,000/투자자산=5 ∴ 투자자산=600,000
2. 투자수익률 계산
X사업부; 투자수익률=영업이익/투자자산=400,000/1,000,000=40%
Y사업부; 투자수익률=영업이익/투자자산=200,000/333,333=60%
Z사업부; 투자수익률=영업이익/투자자산=210,000/600,000=35%
∴ 투자수익률이 높은 순서는 Y 〉 X 〉 Z 이다.

20 한국백화점은 선입선출법에 의한 저가기준 소매재고법을 이용하여 재고자산을 평가하고 있으며, 재고자산 관련자료는 다음과 같다. 한국백화점이 2024년도 포괄손익계산서에 인식할 매출원가는 얼마인가?(단,원가율은 평균법을 사용)

	원 가	소매가
기초재고액	₩2,000,000	₩3,000,000
당기매입액	6,000,000	12,800,000
매입운반비	100,000	
매입할인	100,000	
당기매출액		13,300,000
종업원할인		700,000
순인상액		500,000
순인하액		300,000

① ₩6,800,000　② ₩6,900,000
③ ₩7,000,000　④ ₩7,100,000
⑤ ₩7,200,000

1. 기말재고자산(매가) : ₩2,000,000
₩3,000,000+12,800,000+500,000– 300,000 = ₩13,300,000+700,000+(기말재고)
2. 원가율 : $\frac{2,000,000+6,000,000+100,000-100,000}{3,000,000+12,800,000+500,000-300,000}$ = 50%
3. 기말재고자산(원가) : ₩2,000,000X50%=₩1,000,000
4. 매출원가 : ₩8,000,000–1,000,000=₩7,000,000

21 괄호 안에 들어갈 용어가 알맞게 짝지어진 것은?

> 자산수익률 = (　　) X 자산회전율
> = {순이익 / 순매출}X{순매출 / (　　)}

① 순이익률–총자산　② 총자산–자산회전율
③ 총자산–순이익률　④ 순매출–자산회전율
⑤ 순매출–순이익

재무적 목표의 하나로 자산수익률(ROA) 혹은 투자수익률을 들 수 있는데 이것은 순이익을 총자산(총투자)으로 나눈 값을 의미한다.

해답 **20** ③　**21** ①

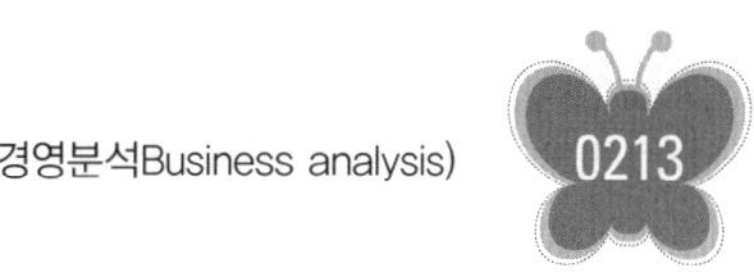

22 다음 중 유통매장경영에 있어서 공동비용항목에 속하지 않는 것은?

① 사무실 임차료 ② 상품특별포장비용
③ 봉급(인건비) ④ 감가상각비용
⑤ 화물운송차량비용

상품특별포장비용은 상품의 원가에 포함되어 판매가 되므로 상품과 관련된 비용이다.

23 최근 직장을 다니다가 정년퇴직을 한 A는 새로운 직장을 찾는 대신 자신의 점포를 열어 장사를 하기로 마음을 먹었다. 원래 시골출신인 A의 고향은 사과 생산지로 유명하기에 자신의 고향에서 사과를 가져와 도시에서 팔기로 마음을 먹고 장사를 시작했다. A는 어느 정도의 매출액과 판매량을 이루어야 손익분기점(BEP)이 되는 줄을 몰라 개업을 하기 전에 자신의 점포의 이익분석을 '유통관리사'인 당신에게 의뢰를 했다면 당신이 해 줄 수 있는 목표이익 판매박스와 목표이익 매출액은 얼마인가?

- 점포 월 임대료 ₩3,000,000(고정비성격)
- 사과 1박스 ₩70,000판매가격 (한 박스에는 20개 들어 있음)
- 사과 1박스 ₩50,000구입가격 (한 박스에는 20개 들어 있음)
- A가 원하는 자신의 목표이익 ₩3,000,000
  (다른 비용도 있으나 이 정도의 자료만 가져왔음)

	판매박스	매출액
①	300	₩21,000,000
②	400	₩21,000,000
③	450	₩25,000,000
④	500	₩27,000,000
⑤	600	₩31,000,000

단위당공헌이익($\frac{7,000}{20} - \frac{5,000}{20} = 1,000$), $\frac{6,000,000}{1,000} = 6,000$개,

$\frac{6,000개}{20개} = 300$박스, 6,000 x 3,500 = ₩21,000,000

해답 22 ② 23 ①

24 다음은 MP3 플레이어 매장에서의 특정 모델에 대한 기본적인 자료이다. 이를 이용하여 손익분기점에 대한 분석을 하고자 한다. 바르게 분석된 것은?

가. 판매가격: 300,000원　　　　나. 임대료(고정원가): 월 500,000원
다. 인건비(고정원가): 월 1,500,000원　　　　라. 매입원가: 250,000원
마. 1개월 판매량: 50개　　　　바. 목표이익: 월 3,000,000원

① 매출액: 월 12,500,000원　　② 공헌이익: 월 500,000원
③ 손익분기점 판매량: 월 50개　　④ 목표이익 매출액: 월 25,000,000원
⑤ 목표이익 달성 판매량: 월 100개

① 매출액 = P×Q = 300,000×50개 = 15,000,000원
② 공헌이익 = (P−VC)×Q = (300,000−250,000)×50개 = 2,500,000원
③ BEPq = $\frac{FC}{UCM}$ = $\frac{2,000,000}{50,000}$ = 40개
④ 목표이익 BEPs = 100개X300,000 = 30,000,000
⑤ 목표이익 BEPq = $\frac{\text{고정비+목표이익}}{\text{단위당공헌이익}}$ = $\frac{2,000,000+3,000,000}{50,000}$ = 100개

25 다음 사례에서 자산수익률은 얼마인가?(단, 소수점 첫째자리까지 계산)

· 총자산: 1억 2천만원　　· 순매출액: 3억 5천만원
· 총마진: 2억원　　· 총비용: 1억 3천 8백만원
· 구입원가: 1억 5천만원　　· 순이익: 6,200만원

① 1.8%　② 5.8%　③ 17.8%　④ 51.7%　⑤ 167%

자산수익률= $\frac{\text{순이익}}{\text{총자산}}$ = $\frac{\text{6,200만원}}{\text{1억2천만원}}$ = 51.7%

해답 24 ⑤ 25 ④

26 제품원가와 판매가격의 차이를 판매가격으로 나눈 값을 일컫는 용어는?

① 이익(profit) ② 마진(margin) ③ 로스(loss)
④ 마크업(mark-up) ⑤ 감모(reduction)

마크업(mark up) 가격책정은 도매상과 소매상이 흔히 사용하는 단순한 방법이다. 가격은 일단 단위당 구매비용에 의해서 계산하고, 다음에 판매비용을 회수하고 또한 기대하는 이익 수준을 낼 수 있는 가산치(mark up)를 결정하며, 제품원가와 판매가격의 차이를 판매가격으로 나눈 값을 일컫는다.

27 효율적인 재고관리를 위해서는 정확한 로스(loss)를 파악하는 것이 중요하다. 어떤 점포의 식품 매출과 재고현황이 다음과 같을 때 상품 로스(loss)율은 얼마인가?

매출실적액	기초 재고액	기중 매입액	실사 재고액
340	137	260	40

① 3% ② 4% ③ 5% ④ 6% ⑤ 7%

매출(340)+기말재고(40)−기초재고(137)−기중매입(260)=17, $\frac{17}{340} = 5\%$

28 "전략적 수익모델"을 통해 소매업체들의 경영 및 영업성과측정을 할 수 있다. 전략적 수익모델에서 활용되는 항목이 다음과 같을 때 재고회전율은 얼마인가?

총비용: 20,000 순매출액: 200,000
순이익: 50,000 평균상품재고액: 80,000

① 1.6 ② 2.5 ③ 4 ④ 5.5 ⑤ 8

$재고회전율 = \frac{순매출액}{평균상품재고액} = \frac{200,000}{80,000} = 2.5$

26 ④ 27 ③ 28 ②

29 상품기획의 재무목표를 설명한 것 중 가장 올바른 것을 고르시오.

① 자산수익률=경상이익/자산
② 재고총이익률=총이익/평균재고
③ 재고대비 매출비율=매출총액/평균재고
④ 재고회전율=매출총액/소매원가
⑤ 상품회전율=상품판매원가/소매원가

해설을 하면 다음과 같다.
① 자산수익률=수익/자산
③ 재고대비 매출비율=매출총액/총재고
④ 재고회전율=매출액/평균재고
⑤ 상품회전율=매출액/평균상품

30 전년도 영업실적 정보를 근거로 전년도 순이익률(net profit margin)을 구하시오. (단, 소수점 셋째 자리 아래는 버리고 %로 계산함)

순매출액: 200만원	판매원가: 140만원
판매원인건비: 20만원	관리비: 5만원
일반운영비: 5만원	주주배당금: 10만원

① 10.0% ② 14.2% ③ 15.0% ④ 21.4% ⑤ 30.0%

200−140−20−5−5=30만원, 30만원/200만원=15%, 주주배당금은 비용이 아니다.

31 유통업체에서 카테고리관리를 할 때, 카테고리별 재무목표를 설정하기 위하여 이익, 매출, 회전률을 결합하여 판단하여야 한다. 이와 같은 목적으로 사용하기 가장 적합한 재무비율은 어느 것인가?

① EVA ② ROI ③ ROA
④ GMROI ⑤ GMROS

재고투자수익률(GMROI: Gross Margin Return On Inventory Investment)은 재고에 대한 투자로 인해 어느 정도의 수익을 올리는지를 묻는 것이다. 이는 유통업체에서 카테고리관리를 할 때, 카테고리별 재무목표를 설정하기 위하여 이익, 매출, 회전률을 결합하여 판단하여야 한다.

29 ② 30 ③ 31 ④

32 다음은 유통업체들의 재무적 성과를 측정하기 위한 기본개념들에 대한 설명 내용들이다. 올바르지 않은 내용은?

① 재무적 목표의 하나로 자산수익률(ROA) 혹은 투자수익률을 들 수 있는데 이것은 순이익을 총자산(총투자)으로 나눈 값을 의미한다.
② 순이익율은 기업이 획득한 (세후)이익을 순매출액으로 나눈 금액을 말한다.
③ 자산회전율이란 기업의 자산에 대한 투자의 생산성을 측정하기 위해 사용되며 순이익을 총자산으로 나눈 값이다.
④ 자산수익률은 자산회전율에 순이익률을 곱한 값으로, 소매업체가 자산에 대한 투자로부터 얼마나 많은 이익이 발생할 수 있는지를 나타내 주는 개념이다.
⑤ 재고회전율이란 기업의 재고자산에 대한 투자의 생산성을 측정하기 위해 사용되며 매출액을 평균재고자산으로 나눈 값이다.

자산회전율이란 기업의 자산에 대한 투자의 생산성을 측정하기 위해 사용되며 매출액을 총자산(평균자산)으로 나눈 값이다.

33 다음은 총 마진수익률(GMROI)의 기능과 역할에 대한 설명이다. 올바르지 않은 것은?

① 협소한 유통매장의 진열대에서 제거 또는 추가돼야 할 상품에 대한 의사결정의 기준(척도)을 제공한다.
② 각 척도의 구성요소를 분석함으로써 문제가 되는 상품계열의 수익성을 향상시키기 위한 머천다이징전략을 강구할 수 있다.
③ 장기적 수익성보다 단기적 수익성을 측정하는 단점이 있으나 상품재고에 대한 재무적 투자를 정확히 반영하는 장점을 지니고 있다.
④ 수익성척도를 활용하는 소매업자들은 상품공급업자들로 하여금 더 많은 마케팅 기능을 수행하도록 압력을 행사할 수 있다.
⑤ 유통업체에서 카테고리관리를 할 때, 카테고리별 재무목표를 설정하기 위하여 이익, 매출, 회전율을 결합하여 판단하여야 한다.

재고투자수익률(GMROI;Gross Margin Return On Inventory Investment)은 유통업체에서 카테고리관리를 할 때, 카테고리별 재무목표를 설정하기 위하여 장단기 이익, 매출, 회전율을 결합하여 판단하여야 한다.

해답 32 ③ 33 ③

34 다음 주어진 예시의 경우 open-to-buy는 얼마인가?

> 오늘은 2024년 3월 1일이다. 4월 1일에 보유해야 할 재고액이 650만 원이며, 이번 3월의 판매목표는 500만 원이다. 현재 재고는 760만 원이며, 이번 3월에 도달할 주문량은120만 원이다.

① 120만 원 어치 ② 160만 원 어치 ③ 530만 원 어치
④ 270만 원 어치 ⑤ 350만 원 어치

650+500−760−120=270

35 다음 중 「국가회계기준에 관한 규칙」에 대한 내용과 「국가회계기준에 관한 규칙」에서 정하는 재정상태표에 관한 설명으로 옳지 않은 것은?

① 국가회계실체란 「국가재정법」 제4조에 따른 일반회계, 특별회계 및 같은 법 제5조에 따른 기금으로서 중앙관서별로 구분된 것을 말하고, 재무제표의 부속서류는 필수보충정보와 부속명세서로 한다.
② 재무제표는 국가가 공공회계책임을 적절히 이행하였는지를 평가하는 데 필요한 국가의 재정상태 및 그 변동과 재정운영결과에 관한 정보, 국가사업의 목적을 능률적 · 효과적으로 달성하였는지에 관한 정보, 예산과 그 밖에 관련 법규의 준수에 관한 정보를 제공하여야 한다.
③ 재무제표는 「국가회계법」에 따라 재정상태표, 재정운영표, 순자산변동표로 구성하고, 중앙관서 또는 기금의 순자산변동표를 통합하여 작성하는 국가의 순자산변동표는 기초순자산, 재정운영결과, 재원의 조달 및 이전, 조정항목, 기말 순자산으로 구분하여 표시한다.
④ 자산과 부채는 유동성이 높은 항목부터 배열하고, 부채는 국가회계실체가 부담하는 현재의 의무 중 향후 그 이행을 위하여 지출이 발생할 가능성이 매우 높고 그 금액을 신뢰성 있게 측정할 수 있을 때 인식한다.
⑤ 국가안보와 관련된 자산은 기획재정부장관과 협의하여 자산으로 인식하지 아니할 수 있으며, 순자산은 자산에서 부채를 뺀 금액을 말하고, 기본순자산, 적립금 및 잉여금, 순자산 조정으로 구분한다.

재무제표는 「국가회계법」 제14조 제3호에 따라 재정상태표, 재정운영표, 순자산변동표로 구성하되, 재무제표에 대한 주석을 포함한다. 국가의 순자산변동표는 기초순자산,재정운영결과,조정항목, 기말 순자산으로 구분하여 표시한다.

34 ④ 35 ③

Chapter 4 유통 법규

01 유통관련법규

1. 유통산업발전법

(1) 유통산업발전법의 목적

① 「유통산업발전법」은 유통산업의 효율적인 진흥과 균형적인 발전을 꾀하는 데 목적이 있다.

② 건전한 상거래 질서를 세움으로써 소비자를 보호하고 국민경제의 발전에 이바지함을 목적으로 한다.

(2) 유통산업발전법상 용어의 정의

① 유통 산업

㉠ 농산물 · 임산물 · 축산물 · 수산물(가공 및 조리물을 포함) 및 공산품의 도매 · 소매 및 이를 영위하기 위한 산업이다.

㉡ 보관 · 배송 · 포장과 이와 관련된 정보 · 용역의 제공 등을 목적으로 하는 산업을 말한다.

② 매 장

㉠ 매장이라 함은 상품의 판매와 이를 지원하는 용역의 제공에 직접 사용되는 장소를 말한다.

㉡ 이 경우 매장에 포함되는 용역의 제공 장소의 범위는 근린생활시설에 해당하는 용도의 시설이 설치되는 장소로 한다.

③ 대규모 점포

㉠ 하나 또는 2 이상의 연접되어 있는 건물 안에 하나 또는 여러 개로 나누어 설치되는 매장일 것

㉡ 상시 운영되는 매장일 것

㉢ 매장면적의 합계가 3천m^2 이상일 것

④ 준 대규모 점포

㉠ 대규모점포를 경영하는 회사 또는 「독점규제 및 공정거래에 관한 법률」에 따른 계열회사가 직영하는 점포

㉡ 「독점규제 및 공정거래에 관한 법률」에 따른 상호출자제한기업 집단의 계열회사가 직영하는 점포

㉢ 위와 같은 회사가 직영점형 체인사업 및 프랜차이즈형 체인사업의 형태로 운영하는 점포

⑤ 임시시장과 상점가

㉠ '임시시장'은 다수의 수요자와 공급자가 일정한 기간 동안 상품을 매매하거나 용역을 제공하는 일정한 장소를 말한다.

㉡ '상점가'는 일정범위 안의 가로 또는 지하도에 대통령령이 정하는 수 이상의 도매점포 · 소매점포 또는 용역점포가 밀접하여 있는 지구를 말한다.

⑥ 전문상가단지와 무점포 판매

㉠ 같은 업종을 영위하는 여러 도매업자 또는 소매업자가 일정지역에 점포 및 부대시설 등을 집단으로 설치하여 만든 상가단지를 말한다.

㉡ 상시 운영되는 매장을 가진 점포를 두지 아니하고 상품을 판매하는 것으로 산업통상부령이 정하는 것을 말한다.

(3) 유통산업발전법상 체인사업

① 체인사업

㉠ 같은 업종의 여러 소매점포를 직영(자기가 소유하거나 임차한 매장에서 자기의 책임과 계산 아래 직접 매장을 운영하는 것을 말한다)하는 것을 말한다.

㉡ 같은 업종의 여러 소매 점포에 대하여 계속적으로 경영을 지도하고 상품 · 원재료 또는 용역을 공급하는 사업으로서 대통령령이 정하는 것을 말한다.

② 체인사업의 구분

㉠ **직영점형 체인사업**: 체인본부가 주로 소매점포를 직영하되, 가맹계약을 체결한 일부 소매 점포에 대하여 상품의 공급 및 경영 지도를 계속하는 형태의 체인사업을 말한다.

㉡ **프랜차이즈형 체인사업**: 독자적인 상품 또는 판매 · 경영기법을 개발한 체인본부가 상호 · 판매방법 · 매장 운영 및 광고방법 등을 결정하고 가맹점으로 하여금 그 결정과 지도에 따라 운영하도록 하는 형태의 체인사업을 말한다.

㉢ **임의가맹점형 체인사업**: 체인본부의 계속적인 경영지도 및 체인본부와 가맹점 간 협업에 의하여 가맹점의 취급품목 · 영업방식 등의 표준화사업과 공동구매 · 공동판매 · 공동시설활용등 공동사업을 수행하는 형태의 체인사업을 말한다.

㉣ **조합형 체인사업**: 동일업종의 소매점들이 중소기업협동조합법 제3조의 규정에 의한 중소기업협동조합을 설립하여 공동구매 · 공동판매 · 공동시설활용 등 사업을 수행하는 형태의 체인사업을 말한다.

(4) 대규모점포 등에 대한 영업시간의 제한

① 시장 · 군수 · 구청장은 건전한 유통질서 확립, 근로자의 건강권 및 대규모점포등과 중소유통업의 상생발전을 위하여 필요하다고 인정하는 경우 대규모점포 중 '대형마트로 등록된 대규모 점포'와 준 대규모점포에 대하여 영업시간 제한을 명하거나 의무휴업일을 지정하여 의무휴업을 명할 수 있다.

② 연간 총매출액 중 「농수산물 유통 및 가격안정에 관한 법률」에 따른 농수산물의 매출액 비중이 51퍼센트 이상인 대규모점포 등으로서 해당 지방자치단체의 조례로 정하는 대규모점포 등에 대하여는 그러하지 아니하다.

③ '대형마트로 등록된 대규모점포'와 준대규모점포에 대하여 영업시간 제한은 시장 · 군수 · 구청장은 오전 0시부터 오전 8시까지의 범위에서 영업시간을 제한할 수 있다.

④ '대형마트로 등록된 대규모점포'와 준대규모점포에 대하여 의무휴업일 지정은 시장 · 군수 · 구청장은 매월 1일 이상 2일 이내의 범위에서 의무휴업일을 지정할 수 있으며, 영업시간 제한 및 의무휴업일 지정에 필요한 사항은 해당 지방자치단체의 조례로 정한다.

2. 전자문서 및 전자거래 기본법

(1) 전자문서 및 전자거래 기본법의 목적

① 전자문서 및 전자거래 기본법은 전자문서 및 전자거래의 법률관계를 명확히 하고 전자문서 및 전자거래의 안전성과 신뢰성을 확보하며 그 이용을 촉진할 수 있는 기반을 조성함으로써 국민경제의 발전에 이바지함을 목적으로 한다.

② 전자문서 및 전자거래 기본법 시행령은「전자문서 및 전자거래 기본법」에서 위임된 사항과 그 시행에 필요한 사항을 규정함을 목적으로 한다.

(2) 전자문서 및 전자거래 기본법상 용어의 정의

① '전자문서'란 정보처리시스템에 의하여 전자적 형태로 작성, 송신 · 수신 또는 저장된 정보를 말한다.

② '정보처리시스템'이란 전자문서의 작성 · 변환, 송신 · 수신 또는 저장을 위하여 이용되는 정보처리능력을 가진 전자적 장치 또는 체계를 말한다.

③ '작성자'란 전자문서를 작성하여 송신하는 자를 말하며, 수신자란 작성자가 전자문서를 송신하는 상대방을 말한다.

④ '전자거래'란 재화나 용역을 거래할 때 그 전부 또는 일부가 전자문서에 의하여 처리되는 거래를 말한다.

⑤ '전자거래사업자'란 전자거래를 업(業)으로 하는 자를 말하며, 전자거래이용자란 전자거래를 이용하는 자로서 전자거래사업자 외의 자를 말한다.

⑥ '공인전자주소'란 전자문서를 송신하거나 수신하는 자를 식별하기 위하여 문자 · 숫자 등으로 구성되는 정보로서 전자문서에 등록된 주소를 말한다.

⑦ '공인전자문서중계자'란 타인을 위하여 전자문서의 송신 · 수신/중계(전자문서유통)를 하는 자로서 전자문서유통의 안정성과 신뢰성을 확보하기 위하여 전자문서유통에 관하여 전문성이 있는 자를 공인전자문서중계자로 지정하여 전자문서유통을 하게 할 수 있다.

(3) 전자거래사업자의 일반적 준수사항

① 전자거래사업자는 전자거래와 관련되는 소비자를 보호하고 전자거래의 안전성과 신뢰성을 확보하기 위하여 다음 각 호의 사항을 준수하여야 함

② 상호(법인인 경우에는 대표자의 성명을 포함)와 그 밖에 자신에 관한 정보와 재화, 용역, 계약 조건 등에 관한 정확한 정보의 제공

③ 소비자가 쉽게 접근 · 인지할 수 있도록 약관의 제공 및 보존

④ 소비자가 자신의 주문을 취소 또는 변경할 수 있는 절차의 마련

⑤ 청약의 철회, 계약의 해제 또는 해지, 교환, 반품 및 대금환급 등을 쉽게 할 수 있는 절차의 마련

⑥ 소비자의 불만과 요구사항을 신속하고 공정하게 처리하기 위한 절차의 마련

⑦ 거래의 증명 등에 필요한 거래기록의 일정기간 보존

(4) 공인전자문서중계자의 지정

① 산업통상자원부장관은 전자문서유통의 안정성과 신뢰성을 확보하기 위하여 전자문서유통에 관하여 전문성이 있는 자를 공인전자문서중계자로 지정하여 전자문서유통을 하게 할 수 있다. 이 경우 개인정보 또는 영업비밀 보호를 위하여 필요한 경우에는 금융 · 의료 · 국방 등 분야별로 대표성이 있는 자를 우선하여 지정할 수 있다.

② 공인전자문서중계자로 지정을 받을 수 있는 자는 법인 또는 대통령령으로 정하는 국가기관 등으로 한정한다.

③ 공인전자문서중계자로 지정을 받으려는 자는 전자문서유통에 필요한 인력 · 시설 · 장비와 재정능력 및 기술능력(공인전자문서중계자요건)을 갖추어 산업통상자원부장관에게 지정을 신청하여야 한다.

④ 산업통상자원부장관은 전자문서유통의 안정성과 신뢰성 확보를 위하여 공인전자문서중계자 업무준칙을 고시할 수 있다.

⑤ 산업통상자원부장관은 공인전자문서중계자를 지정하는 경우에는 전자문서유통의 안정성과 신뢰성 확보에 필요한 조건을 붙일 수 있다. 공인전자문서중계자요건 및 지정절차 등에 관하여 필요한 사항은 대통령령으로 정한다.

3. 소비자기본법

(1) 소비자기본법 목적

① 소비자기본법은 소비자의 권익을 증진하기 위하여 소비자의 권리와 책무, 국가 · 지방자치단체 및 사업자의 책무, 소비자 단체의 역할 및 자유시장경제에서 소비자와 사업자 사이의 관계를 규정하고 있다.

② 소비자기본법은 소비자 정책의 종합적 추진을 위한 기본적 사항을 규정함으로써 소비생활의 향상과 국민경제의 발전에 이바지함을 목적으로 한다.

③ 소비자단체소송규칙은 「소비자기본법」에 따라 제기된 금지 · 중지 청구에 관한 소송(소비자단체소송)의 절차에 관하여 필요한 사항을 정하는 것을 목적으로 한다.

(2) 소비자기본법상 용어의 정의

① '소비자'라 함은 사업자가 제공하는 물품 또는 용역(시설물을 포함)을 소비생활을 위하여 사용(이용을 포함)하는 자 또는 생산 활동을 위하여 사용하는 자로서 대통령이 정하는 자를 말한다.

② 위항의 '대통령이 정하는 자'란 제공된 물품 또는 용역을 최종적으로 사용하는 자이며, 제공된 물품 등을 원재료(중간재를 포함), 자본재 또는 이에 준하는 용도로 생산활동에 사용하는 자는 제외한다.

③ 위항의 '대통령이 정하는 자'란 제공된 물품 등을 농업(축산업을 포함) 및 어업활동을 위하여 사용하는 자이며,「축산법」에 따라 농림수산식품부령으로 정하는 사육규모 이상의 축산업을 영위하는 자 및 「원양산업발전법」 에 따라 농림수산식품부장관의 허가를 받아 원양어업을 하는 자는 제외한다.

④ '사업자'라 함은 물품을 제조(가공 또는 포장을 포함) · 수입 · 판매하거나 용역을 제공하는 자를 말한다.

⑤ '소비자단체'라 함은 소비자의 권익을 증진하기 위하여 소비자가 조직한 단체를 말한다.

⑥ '사업자단체'라 함은 2 이상의 사업자가 공동의 이익을 증진할 목적으로 조직한 단체를 말한다.

(3) 소비자의 권리와 책무

① 소비자의 기본적 권리

㉠ 물품 또는 용역으로 인한 생명 · 신체 또는 재산에 대한 위해로부터 보호받을 권리

㉡ 물품 및 용역을 선택함에 있어서 필요한 지식 및 정보를 제공받을 권리

㉢ 물품 및 용역을 사용함에 있어서 거래상대방 · 구입 장소 · 가격 및 거래조건 등을 자유로이 선택할 권리

㉣ 소비생활에 영향을 주는 국가 및 지방자치단체의 정책과 사업자의 사업 활동 등에 대하여 의견을 반영시킬 권리

㉤ 물품 및 용역의 사용 또는 이용으로 인하여 입은 피해에 대하여 신속 · 공정한 절차에 의하여 적절한 보상을 받을 권리

㉥ 합리적인 소비생활을 영위하기 위하여 필요한 교육을 받을 권리

㉦ 소비자 스스로의 권익을 옹호하기 위하여 단체를 조직하고 이를 통하여 활동할 수 있는 권리

㉧ 안전하고 쾌적한 소비생활 환경에서 소비할 권리

② 소비자의 책무

㉠ 소비자는 사업자 등과 더불어 자유 시장경제를 구성하는 주체임을 인식하여 물품 등을 올바르게 선택하고, 소비자의 기본적 권리를 정당하게 행사하여야 한다.

㉡ 소비자는 스스로의 권익을 증진하기 위하여 필요한 지식과 정보를 습득하도록 노력하여야 한다.

㉢ 소비자는 자주적이고 합리적인 행동과 자원절약적이고 환경친화적인 소비생활을 함으로써 소비생활의 향상과 국민경제의 발전에 적극적인 역할을 다하여야 한다.

(4) 국가 · 지방자치단체 및 사업자의 책무

① 소비자에의 정보제공

㉠ 국가 및 지방자치단체는 소비자의 기본적인 권리가 실현될 수 있도록 소비자의 권익과 관련된 주요시책 및 주요결정사항을 소비자에게 알려야 한다.

㉡ 국가 및 지방자치단체는 소비자가 물품 등을 합리적으로 선택할 수 있도록 하기 위하여 물품 등의 거래조건 · 거래방법 · 품질 · 안전성 및 환경성 등에 관련되는 사업자의 정보가 소비자에게 제공될 수 있도록 필요한 시책을 강구하여야 한다.

② 사업자의 책무

㉠ 사업자는 물품 등으로 인하여 소비자에게 생명 · 신체 또는 재산에 대한 위해가 발생하지 아니하도록 필요한 조치를 강구하여야 한다.

㉡ 사업자는 물품 등을 공급함에 있어서 소비자의 합리적인 선택이나 이익을 침해할 우려가 있는 거래조건이나 거래 방법을 사용하여서는 아니된다.

㉢ 사업자는 소비자에게 물품 등에 대한 정보를 성실하고 정확하게 제공하여야 한다.

㉣ 사업자는 소비자의 개인정보가 분실 · 도난 · 누출 · 변조 또는 훼손되지 아니하도록 그 개인정보를 성실하게 취급하여야 한다.

㉤ 사업자는 물품 등의 하자로 인한 소비자의 불만이나 피해를 해결하거나 보상하여야 하며, 채무불이행 등으로 인한 소비자의 손해를 배상하여야 한다.

(5) 소비자단체

① 소비자단체의 업무

㉠ 국가 및 지방자치단체에 대한 소비자 보호시책에 관한 건의

㉡ 물품 및 용역의 규격 · 품질 · 안전성 · 환경성에 대한 시험 · 검사 및 가격 등을 포함한 거래조건이나 거래방법에 대한 조사 · 분석

㉢ 소비자 문제에 관한 조사 · 연구

㉣ 소비자의 교육

㉤ 소비자 피해 및 불만 처리를 위한 상담 · 정보 제공 및 당사자 간 합의의 권고

② 소비자단체의 등록과 취소

㉠ 소비자단체는 대통령령이 정하는 바에 따라 공정거래위원회 또는 지방자치단체에 등록할 수 있다.

㉡ 등록을 하고자 하는 소비자단체는 그 활동을 하기에 적합한 설비와 인력을 갖추어야 한다.

㉢ 공정거래위원회 또는 지방자치단체의 장은 소비자단체가 거짓 그 밖의 부정한 방법으로 등록을 한 경우에는 등록을 취소하여야 한다.

㉣ 국가 · 지방자치단체는 등록된 소비자단체의 건전한 육성 · 발전을 위하여 필요하다고 인정될 때에는 보조금을 지급할 수 있다.

(6) 한국 소비자원

① 한국 소비자원 설립

㉠ 소비자권익 증진시책의 효과적인 추진을 위하여 한국소비자원을 설립한다.

㉡ 한국소비자원은 법인으로 한다.

㉢ 한국소비자원은 공정거래위원회의 승인을 얻어 필요한 곳에 그 지부를 설치할 수 있다.

㉣ 한국소비자원은 그 주된 사무소의 소재지에서 설립등기를 함으로써 성립한다.

② 한국소비자원의 업무

㉠ 소비자의 권익과 관련된 제도와 정책의 연구 및 건의

㉡ 소비자의 권익증진을 위하여 필요한 경우 물품 등의 규격 · 품질 · 안전성 · 환경성에 관한 시험 · 검사 및 가격 등을 포함한 거래조건이나 거래방법에 대한 조사 · 분석

㉢ 소비자의 권익증진 · 안전 및 소비생활의 향상을 위한 정보의 수집 · 제공 및 국제협력

㉣ 소비자의 권익증진 · 안전 및 능력개발과 관련된 교육 · 홍보 및 방송사업

㉤ 소비자의 불만처리 및 피해구제

㉥ 소비자의 권익증진 및 소비생활의 합리화를 위한 종합적인 조사 · 연구

㉦ 국가 또는 지방자치단체가 소비자의 권익증진과 관련하여 의뢰한 조사 등의 업무

㉧ 그 밖에 소비자의 권익증진 및 안전에 관한 업무

③ 한국소비자원의 업무처리 제외대상

㉠ 국가 또는 지방자치단체가 제공한 물품 등으로 인하여 발생한 피해구제. 다만, 대통령령으로 정하는 물품 등에 관하여는 그러하지 아니하다.

㉡ 다른 법률의 규정에 따라 설치된 전문성이 요구되는 분야의 분쟁조정기구에 신청된 피해구제 등으로서 대통령령이 정하는 피해구제

④ 한국 소비자원의 공표사항

㉠ 소비자의 권익증진

㉡ 소비자피해의 확산 방지

㉢ 물품 등의 품질향상

㉣ 소비생활의 향상을 위하여 필요하다고 인정되는 사실

⑤ 한국소비자원의 피해구제

㉠ 소비자는 물품 등의 사용으로 인한 피해의 구제를 한국소비자원에 신청할 수 있다.

㉡ 국가 · 지방자치단체 또는 소비자단체는 소비자로부터 피해구제의 신청을 받은 때에는 한국소비자원에 그 처리를 의뢰할 수 있다.

㉢ 사업자는 '소비자로부터 피해구제의 신청을 받은 날부터 30일이 경과하여도 합의에 이르지 못하는 경우' '한국소비자원에 피해구제의 처리를 의뢰하기로 소비자와 합의한 경우' '한국소비자원의 피해구제의 처리가 필요한 경우로서 대통령령이 정하는 사유에 해당하는 경우'한국소비자원에 그 처리를 의뢰할 수 있다.

㉣ 원장은 규정에 따른 피해구제의 신청을 받은 경우 그 내용이 한국소비자원에서 처리하는 것이 부적합하다고 판단되는 때에는 신청인에게 그 사유를 통보하고 그 사건의 처리를 중지할 수 있다.

㉤ 원장은 피해구제신청의 당사자에 대하여 피해보상에 관한 합의를 권고할 수 있다. 피해구제절차 처리기간으로 원장은 피해구제의 신청을 받은 날부터 30일 이내에 합의가 이루어지지 아니하는 때에는 지체 없이 소비자분쟁조정위원회에 분쟁조정을 신청하여야 한다. 피해의 원인규명 등에 상당한 시일이 요구되는 피해구제신청사건으로서 대통령령이 정하는 사건에 대하여는 60일 이내의 범위에서 처리기간을 연장할 수 있다.

㉥ 한국소비자원의 피해구제 처리절차 중에 법원에 소를 제기한 당사자는 그 사실을 한국소비자원에 통보하여야 한다. 한국소비자원은 당사자의 소제기 사실을 알게 된 때에는 지체 없이 피해구제절차를 중지하고, 당사자에게 이를 통지하여야 한다.

(7) 소비자분쟁 조정 위원회

① 소비자와 사업자 사이에 발생한 분쟁을 조정하기 위하여 한국소비자원에 소비자분쟁조정위원회를 둔다.

② 소비자 분쟁조정위원회 심의사항으로는 소비자 분쟁에 대한 조정 결정을 하며, 조정위원회의 의사(議事)에 관한 규칙의 제정 및 개정 · 폐지한다. 그 밖에 조정위원회의 위원장이 토의에 부치는 사항을 결정한다.

4. 전통시장 및 상점가 육성을 위한 특별법

(1) 전통시장 및 상점가 육성을 위한 특별법의 목적

① 전통시장 및 상점가 육성을 위한 특별법은 전통시장과 상점가의 시설 및 경영의 현대화와 시장 정비를 촉진하여 지역상권의 활성화와 유통산업의 균형 있는 성장을 도모함으로써 국민경제 발전에 이바지함을 목적으로 한다.

② 전통시장 및 상점가 육성을 위한 특별법 시행령은 법에서 위임된 사항과 그 시행에 필요한 사항을 규정함을 목적으로 한다.

(2) 전통시장 및 상점가 육성을 위한 특별법상 용어의 정의

① '전통시장'이란 대규모점포로 등록된 시장, 등록시장과 같은 기능을 하고 있으나 대

규모점포의 요건은 갖추지 못한 곳으로서 대통령령으로 정하는 기준에 적합하다고 특별자치도지사 · 시장 · 군수 · 구청장이 인정한 곳에 해당하는 장소로서 상업기반시설이 오래되고 낡아 개수 · 보수 또는 정비가 필요하거나 유통기능이 취약하여 경영개선 및 상거래의 현대화 촉진이 필요한 장소를 말한다.

② '상점가'란 「유통산업발전법」에 따른 상점가를 말하며, '상인조직'이란 전통시장 또는 상점가의 점포에서 상시적으로 직접 사업을 하는 상인들로 구성된 법인 · 단체 등으로서 대통령령으로 정하는 것을 말한다.

③ '상권 활성화 구역'이란 시장 또는 상점가가 하나 이상 포함된 곳, 국토의 계획 및 이용에 관한 법률」에 따른 상업지역에 해당되는 곳, 해당 구역 안에 대통령령으로 정하는 수 이상의 도매점포 · 소매점포 또는 용역점포가 밀집하여 하나의 상권을 형성하고 있는 곳, 주요 상업 활동이 위축되었거나 위축될 우려가 있다고 판단되는 곳에 해당되는 곳으로서 시장 · 군수 · 구청장이 지정한 구역을 말한다.

④ '상업기반시설'이란 시장 · 상점가 또는 상권활성화구역의 상인이 직접 사용하거나 고객이 이용하는 상업시설, 공동이용시설 및 편의시설 등을 말한다.

⑤ '시장정비사업'이란 시장정비사업시행자가 시장의 현대화를 촉진하기 위하여 상업기반시설 및 「도시 및 주거환경정비법」에 따른 정비기반시설을 정비하고, 대규모점포가 포함된 건축물을 건설하기 위하여 이 법과 「도시 및 주거환경정비법」 등에서 정하는 바에 따라 시장을 정비하는 모든 행위를 말한다.

⑥ '시장정비사업추진계획'이란 토지 등 소유자(개인이나 법인이 단독으로 소유한 경우만 해당), 추진위원회, 시장정비사업법인, 시장 · 군수 · 구청장, 한국토지주택공사, 지방공사의 어느 하나에 해당하는 자가 시장정비사업을 추진하기 위하여 수립한 계획을 말한다.

⑦ '시장정비구역'이란 시장정비사업을 추진하기 위하여 특별시장 · 광역시장 · 도지사 또는 특별자치도지사가 승인 · 고시한 구역을 말한다.

⑧ '시장정비사업조합'이란 토지 등 소유자가 시장정비사업을 추진하기 위하여 「도시 및 주거 환경정비법」에 따라 설립한 조합을 말한다.

⑨ '상가건물'이란 같은 건축물 안에 판매 및 영업시설을 갖추고 그 밖에 근린생활시설을 갖춘 건축물을 말한다.

⑩ '복합형 상가건물'이란 같은 건축물 안에 판매 및 영업시설 외에 공동주택이나 업무시설을 갖추고 그 밖에 근린생활시설 등을 갖춘 건축물을 말한다.

5. 전자상거래 등에서의 소비자보호에 관한 법률

(1) 전자상거래 등에서의 소비자보호에 관한 법률의 목적

① 전자상거래 등에서의 소비자보호에 관한 법률은 전자상거래 및 통신판매 등에 의한 재화 또는 용역의 공정한 거래에 관한 사항을 규정함으로써 소비자의 권익을 보호하

고 시장의 신뢰도를 높여 국민경제의 건전한 발전에 이바지함을 목적으로 한다.

② 전자상거래 등에서의 소비자보호에 관한 법률 시행령은 전자상거래 등에서의 소비자보호에 관한 법률에서 위임된 사항과 그 시행에 필요한 사항을 규정함을 목적으로 한다.

(2) 전자상거래 등에서의 소비자보호에 관한 법률상 용어의 정의

① '전자상거래'란 전자문서 및 전자거래 기본법」에 따른 전자거래의 방법으로 상행위(商行爲)를 하는 것을 말한다.

② '통신판매'란 우편 · 전기통신, 그 밖에 총리령으로 정하는 방법으로 재화 또는 용역(일정한 시설을 이용하거나 용역을 제공받을 수 있는 권리)의 판매에 관한 정보를 제공하고 소비자의 청약을 받아 재화 또는 용역을 판매하는 것을 말한다. 다만, 「방문판매 등에 관한 법률」에 따른 전화권유판매는 통신판매의 범위에서 제외한다.

③ '통신판매업자'란 통신판매를 업(業)으로 하는 자 또는 그와의 약정에 따라 통신판매 업무를 수행하는 자를 말한다.

④ '통신판매중개'란 사이버몰(컴퓨터 등과 정보통신설비를 이용하여 재화등을 거래할 수 있도록 설정된 가상의 영업장)의 이용을 허락하거나 그 밖에 총리령으로 정하는 방법으로 거래 당사자 간의 통신판매를 알선하는 행위를 말한다.

⑤ '소비자'란 사업자가 제공하는 재화 등을 소비생활을 위하여 사용(이용)하는 자 및 같은 지위 및 거래조건으로 거래하는 자를 말한다.

⑥ '사업자'란 물품을 제조(가공 또는 포장을 포함) · 수입 · 판매하거나 용역을 제공하는 자를 말한다.

(3) 사업자의 거래기록의 보존

① 사업자는 전자상거래 및 통신판매에서의 표시 · 광고, 계약내용 및 그 이행 등 거래에 관한 기록을 상당한 기간 보존하여야 한다. 이 경우 소비자가 쉽게 거래기록을 열람 · 보존할 수 있는 방법을 제공하여야 한다.

② 사업자가 보존하여야 할 거래기록 및 그와 관련된 개인정보(성명 · 주소 · 주민등록번호 등 거래의 주체를 식별할 수 있는 정보로 한정)는 소비자가 개인정보의 이용에 관한 동의를 철회하는 경우에도 「정보통신망 이용촉진 및 정보보호 등에 관한 법률」 등 대통령령으로 정하는 개인정보보호와 관련된 법률의 규정에도 불구하고 이를 보존할 수 있다.

③ 사업자가 보존하는 거래기록의 대상 · 범위 · 기간 및 소비자에게 제공하는 열람 · 보존의 방법 등에 관하여 필요한 사항은 대통령령으로 정한다.

(4) 사업자가 보존하여야 할 거래기록의 대상 · 범위 및 기간

① 표시 · 광고에 관한 기록은 6개월간 보존을 해야 한다.

② 계약 또는 청약철회 등에 관한 기록은 5년간 보존을 해야 한다.

③ 대금결제 및 재화 등의 공급에 관한 기록은 5년간 보존을 해야 한다.

④ 소비자의 불만 또는 분쟁처리에 관한 기록은 3년간 보존을 해야 한다.

(5) 사이버몰 운영자의 표시원칙

① 상호 및 대표자 성명

② 영업소가 있는 곳의 주소(소비자의 불만을 처리할 수 있는 곳의 주소를 포함)

③ 전화번호 · 전자우편주소

④ 사업자등록번호

⑤ 사이버몰의 이용약관

⑥ 호스팅서비스를 제공하는 자의 상호

(6) 사이버몰 운영자의 표시원칙

① 통신판매업자는 소비자가 청약을 한 날부터 7일 이내에 재화 등의 공급에 필요한 조치를 하여야 하고, 소비자가 재화 등을 공급받기 전에 미리 재화 등의 대금을 전부 또는 일부 지급하는 통신판매(선지급식 통신판매)의 경우에는 소비자가 그 대금을 전부 또는 일부 지급한 날부터 3영업일 이내에 재화 등의 공급을 위하여 필요한 조치를 하여야 한다. 다만, 소비자와 통신판매업자 간에 재화 등의 공급시기에 관하여 따로 약정한 것이 있는 경우에는 그러하지 아니하다.

② 통신판매업자는 청약을 받은 재화 등을 공급하기 곤란하다는 것을 알았을 때에는 지체 없이 그 사유를 소비자에게 알려야 하고, 선지급식 통신판매의 경우에는 소비자가 그 대금의 전부 또는 일부를 지급한 날부터 3영업일 이내에 환급하거나 환급에 필요한 조치를 하여야 한다.

③ 통신판매업자는 소비자가 재화 등의 공급 절차 및 진행 상황을 확인할 수 있도록 적절한 조치를 하여야 한다. 이 경우 공정거래위원회는 그 조치에 필요한 사항을 정하여 고시할 수 있다.

④ 선 지급식 통신판매에서 재화 등의 대금을 환급하거나 환급에 필요한 조치를 하여야 하는 경우에는 제18조제1항부터 제5항까지의 규정을 준용한다.

6. 방문판매 등에 관한 법률

(1) 방문판매 등에 관한 법률의 목적

① 방문판매 등에 관한 법률은 방문판매, 전화권유판매, 다단계판매, 후원방문판매, 계속거래 및 사업권유거래 등에 의한 내용을 열거함에 있다.

② 재화 또는 용역의 공정한 거래에 관한 사항을 규정함으로써 소비자의 권익을 보호하고 시장의 신뢰도를 높여 국민경제의 건전한 발전에 이바지함을 목적으로 한다.

(2) 방문판매 등에 관한 법률상 용어의 정의

① '방문판매'란 재화 또는 용역(일정한 시설을 이용하거나 용역을 제공받을 수 있는 권리를 포함)의 판매(위탁 및 중개를 포함)를 업(業)으로 하는 자(판매업자)가 방문을 하는 방법으로 그의 영업소, 대리점, 그 밖에 총리령으로 정하는 영업장소(사업장) 외의 장소에서 소비자에게 권유하여 계약의 청약을 받거나 계약을 체결하여 재화 또는 용역을 판매하는 것을 말한다.

② '방문판매자'란 방문판매를 업으로 하기 위하여 방문판매조직을 개설하거나 관리 · 운영하는 자(방문판매업자)와 방문판매업자를 대신하여 방문판매업무를 수행하는 자(방문판매원)를 말한다.

③ '전화권유판매'란 전화를 이용하여 소비자에게 권유를 하거나 전화회신을 유도하는 방법으로 재화 등을 판매하는 것을 말한다.

④ '전화권유판매자'란 전화권유판매를 업으로 하기 위하여 전화권유판매조직을 개설하거나 관리 · 운영하는 자(전화권유판매업자)와 전화권유판매업자를 대신하여 전화권유판매업무를 수행하는 자(전화권유판매원)를 말한다.

⑤ '다단계판매'란 판매업자에 속한 판매원이 특정인을 해당 판매원의 하위 판매원으로 가입하도록 권유하는 모집방식이 있을 것, 판매원의 가입이 3단계(다른 판매원의 권유를 통하지 아니하고 가입한 판매원을 1단계 판매원으로 함) 이상 단계적으로 이루어질 것. 다만, 판매원의 단계가 2단계 이하라고 하더라도 사실상 3단계 이상으로 관리 · 운영되는 경우로서 대통령령으로 정하는 경우를 포함하거나 판매업자가 판매원에게 후원수당을 지급하는 방식을 가지고 있을 것의 요건을 모두 충족하는 판매조직(다단계판매조직)을 통하여 재화 등을 판매하는 것을 말한다.

⑥ '다단계판매자'란 다단계판매를 업으로 하기 위하여 다단계판매조직을 개설하거나 관리 · 운영하는 자(다단계판매업자)와 다단계판매조직에 판매원으로 가입한 자(다단계판매원)를 말한다.

⑦ '후원방문판매'란 위의 요건에 해당하되, 대통령령으로 정하는 바에 따라 특정 판매원의 구매 · 판매 등의 실적이 그 직근 상위판매원 1인의 후원수당에만 영향을 미치는 후원수당 지급방식을 가진 경우를 말한다. 이 경우 방문판매 및 다단계판매에는 해당하지 아니하는 것으로 한다.

⑧ '후원방문판매자'란 후원방문판매를 업으로 하기 위한 조직(후원방문판매조직)을 개설하거나 관리 · 운영하는 자(후원방문판매업자)와 후원방문판매조직에 판매원으로 가입한 자(후원방문판매원)를 말한다.

⑨ '후원수당'이란 판매수당, 알선 수수료, 장려금, 후원금 등 그 명칭 및 지급 형태와 상관없이 판매업자가 판매원 자신의 재화 등의 거래실적, 판매원의 수당에 영향을 미치는 다른 판매원들의 재화 등의 거래실적, 판매원의 수당에 영향을 미치는 다른 판매원들의 조직관리 및 교육훈련 실적, 규정 외에 판매원들의 판매활동을 장려하거나

보상하기 위하여 지급되는 일체의 경제적 이익과 관련하여 소속 판매원에게 지급하는 경제적 이익을 말한다.

⑩ '계속거래'란 1개월 이상에 걸쳐 계속적으로 또는 부정기적으로 재화 등을 공급하는 계약으로서 중도에 해지할 경우 대금 환급의 제한 또는 위약금에 관한 약정이 있는 거래를 말한다.

⑪ '사업권유거래'란 사업자가 소득 기회를 알선 · 제공하는 방법으로 거래 상대방을 유인하여 금품을 수수하거나 재화 등을 구입하게 하는 거래를 말한다.

⑫ '소비자'란 사업자가 제공하는 재화 등을 소비생활을 위하여 사용하거나 이용하는 자 또는 대통령령으로 정하는 자를 말한다.

⑬ '지배주주'란 특수관계인과 함께 소유하고 있는 주식 또는 출자액의 합계가 해당 법인의 발 행주식총수 또는 출자총액의 100분의 30 이상인 경우로서 그 합계가 가장 많은 주주 또는 출자자, 해당 법인의 경영을 사실상 지배하는 자에 해당하는 자를 말한다.

(3) 방문판매 등에 관한 법률이 적용되지 않는 거래

① 사업자(다단계판매원, 후원방문판매원 또는 사업권유거래의 상대방은 제외)가 상행위를 목적으로 재화 등을 구입하는 거래, 단 사업자가 사실상 소비자와 같은 지위에서 다른 소비자와 같은 거래조건으로 거래하는 경우는 제외한다.

② 「보험업법」에 따른 보험회사와 보험계약을 체결하기 위한 거래와 개인이 독립된 자격으로 공급하는 재화 등의 거래로서 대통령령으로 정하여 거래하는 경우는 제외한다.

(4) 방문판매자등의 소비자에 대한 정보제공의무

① 방문판매업자등의 성명(법인인 경우에는 대표자의 성명), 상호, 주소, 전화번호 및 전자우편주소

② 방문판매원등의 성명, 주소, 전화번호 및 전자우편주소. 다만, 방문판매업자등이 소비자와 직접 계약을 체결하는 경우는 제외

③ 재화 등의 명칭, 종류 및 내용, 가격과 그 지급의 방법 및 시기, 재화 등을 공급하는 방법 및 시기

④ 청약의 철회 및 계약의 해제의 기한 · 행사방법 · 효과에 관한 사항 및 청약철회 등의 권리 행사에 필요한 서식으로서 총리령으로 정하는 것

⑤ 재화 등의 교환 · 반품 · 수리보증 및 그 대금 환불의 조건과 절차

⑥ 전자매체로 공급할 수 있는 재화 등의 설치 · 전송 등과 관련하여 요구되는 기술적 사항

⑦ 소비자피해 보상, 재화 등에 대한 불만 및 소비자와 사업자 사이의 분쟁 처리에 관한 사항

⑧ 거래에 관한 약관 및 그 밖에 소비자의 구매 여부 판단에 영향을 주는 거래조건 또는 소비자피해 구제에 필요한 사항으로서 대통령령으로 정하는 사항

(5) 청약 철회 기간

① 방문판매 또는 전화권유판매의 방법으로 재화 등의 구매에 관한 계약을 체결한 소비자는 계약서를 받은 날부터 14일. 다만, 그 계약서를 받은 날보다 재화 등이 늦게 공급된 경우에는 재화 등을 공급받거나 공급이 시작된 날부터 14일 기간 이내에 그 계약에 관한 청약철회 등을 할 수 있다.

② 계약서를 받지 아니한 경우, 방문판매자등의 주소 등이 적혀 있지 아니한 계약서를 받은 경우, 방문판매자등의 주소 변경 등의 사유로 기간 이내에 청약철회 등을 할 수 없는 경우에는 방문판매자등의 주소를 안 날 또는 알 수 있었던 날부터 14일 기간 이내에 그 계약에 관한 청약철회 등을 할 수 있다.

③ 계약서에 청약철회 등에 관한 사항이 적혀 있지 아니한 경우에는 청약철회 등을 할 수 있음을 안 날 또는 알 수 있었던 날부터 14일 기간 이내에 그 계약에 관한 청약철회 등을 할 수 있다.

④ 방문판매업자등이 청약철회 등을 방해한 경우에는 그 방해 행위가 종료한 날부터 14일 기간이내에 그 계약에 관한 청약철회 등을 할 수 있다.

(6) 원칙적 청약 철회 불가와 가능

① 소비자에게 책임이 있는 사유로 재화 등이 멸실되거나 훼손된 경우(단, 재화 등의 내용을 확인하기 위하여 포장 등을 훼손한 경우는 제외),소비자가 재화 등을 사용하거나 일부 소비하여 그 가치가 현저히 낮아진 경우, 시간이 지남으로써 다시 판매하기 어려울 정도로 재화 등의 가치가 현저히 낮아진 경우, 복제할 수 있는 재화 등의 포장을 훼손한 경우에는 방문판매자등의 의사와 다르게 청약철회 등을 할 수 없다.

② 청약철회 등을 할 수 없는 재화 등의 경우에는 그 사실을 재화 등의 포장이나 그 밖에 소비자가 쉽게 알 수 있는 곳에 분명하게 표시하거나 시용(試用) 상품을 제공하는 등의 방법으로 청약철회 등의 권리행사가 방해받지 아니하도록 조치하여야 한다. 조치를 하지 아니한 경우에는 규정에 해당하더라도 청약철회 등을 할 수 있다.

③ 소비자는 재화 등의 내용이 표시 · 광고의 내용과 다르거나 계약 내용과 다르게 이행된 경우에는 그 재화 등을 공급받은 날부터 3개월 이내에, 그 사실을 안 날 또는 알 수 있었던 날부터 30일 이내에 청약철회 등을 할 수 있다.

④ 청약철회 등을 서면으로 하는 경우에는 청약철회 등의 의사를 표시한 서면을 발송한 날에 그 효력이 발생한다.

7. 할부거래에 관한 법률

(1) 할부거래에 관한 법률의 목적

① 할부거래에 관한 법률은 할부계약 및 선불식 할부계약에 의한 거래를 공정하게 함으로써 소비자의 권익을 보호하고 시장의 신뢰도를 높여 국민경제의 건전한 발전에 이바지함을 목적으로 한다.

② 할부거래에 관한 법률시행령은 법률에서 위임된 사항과 그 시행에 필요한 사항을 규정함을 목적으로 한다.

(2) 할부거래에 관한 법률상 용어의 정의

① '할부계약'이란 계약의 명칭 · 형식이 어떠하든 재화나 용역(일정한 시설을 이용하거나 용역을 제공받을 수 있는 권리를 포함)에 관한 소비자가 사업자에게 재화의 대금(代金)이나 용역의 대가를 2개월 이상의 기간에 걸쳐 3회 이상 나누어 지급하고, 재화 등의 대금을 완납하기 전에 재화의 공급이나 용역의 제공을 받기로 하는 계약, 소비자가 신용제공자에게 재화 등의 대금을 2개월 이상의 기간에 걸쳐 3회 이상 나누어 지급하고, 재화 등의 대금을 완납하기 전에 사업자로부터 재화 등의 공급을 받기로 하는 계약을 말한다.

② '선불식 할부계약'이란 계약의 명칭 · 형식이 어떠하든 소비자가 사업자로부터 장례 또는 혼례를 위한 용역(제공시기가 확정된 경우는 제외) 및 이에 부수한 재화, 소비자피해가 발생하는 재화 등으로서 소비자의 피해를 방지하기 위하여 대통령령에 해당하는 재화 등의 대금을 2개월 이상의 기간에 걸쳐 2회 이상 나누어 지급함과 동시에 또는 지급한 후에 재화 등의 공급을 받기로 하는 계약을 말한다.

③ '할부거래'란 할부계약에 의한 거래를 말하며, '할부거래업자'란 할부계약에 의한 재화 등의 공급을 업으로 하는 자를 말한다.

④ '선불식 할부거래'란 선불식 할부계약에 의한 거래를 말하며, '선불식 할부거래업자'란 선불식 할부계약에 의한 재화 등의 공급을 업으로 하는 자를 말한다.

⑤ '소비자' 란 할부계약 또는 선불식 할부계약에 의하여 제공되는 재화 등을 소비생활을 위하여 사용하거나 이용하는 자, 또는 이외의 자로서 사실상 동일한 지위 및 거래조건으로 거래하는 자 등 대통령령으로 정하는 자를 말한다.

⑥ '신용제공자'란 소비자 · 할부거래업자와의 약정에 따라 재화 등의 대금에 충당하기 위하여 신용을 제공하는 자를 말한다.

⑦ '지배주주'란 대통령령으로 정하는 특수관계인과 함께 소유하고 있는 주식 또는 출자액의 합계가 해당 법인의 발행 주식총수 또는 출자총액의 100분의 30 이상인 경우로서 그 합계가 가장 많은 주주 또는 출자자, 해당 법인의 경영을 사실상 지배하는 자를 말한다.

(3) 할부계약 청약의 철회

① 소비자는 계약서를 받은 날부터 7일. 다만, 그 계약서를 받은 날보다 재화 등의 공급이 늦게 이루어진 경우에는 재화 등을 공급받은 날부터 7일의 기간(거래당사자가 그 보다 긴 기간을 약정한 경우에는 그 기간)이내에 할부계약에 관한 청약을 철회할 수 있다.

② 소비자는 계약서를 받지 아니한 경우, 할부거래업자의 주소 등이 적혀 있지 아니한 계약서를 받은 경우, 할부거래업자의 주소 변경 등의 사유로 기간 이내에 청약을 철

회할 수 없는 경우에는 그 주소를 안 날 또는 알 수 있었던 날 등 청약을 철회할 수 있는 날부터 7일. 다만, 그 계약서를 받은 날보다 재화 등의 공급이 늦게 이루어진 경우에는 재화 등을 공급받은 날부터 7일의 기간(거래당사자가 그 보다 긴 기간을 약정한 경우에는 그 기간)이내에 할부계약에 관한 청약을 철회할 수 있다.

③ 소비자는 계약서에 청약의 철회에 관한 사항이 적혀 있지 아니한 경우에는 청약을 철회할 수 있음을 안 날 또는 알 수 있었던 날부터 7일의 기간(거래당사자가 그 보다 긴 기간을 약정한 경우에는 그 기간)이내에 할부계약에 관한 청약을 철회할 수 있다.

④ 소비자는 할부거래업자가 청약의 철회를 방해한 경우에는 그 방해 행위가 종료한 날부터 7일의 기간(거래당사자가 그 보다 긴 기간을 약정한 경우에는 그 기간)이내에 할부계약에 관한 청약을 철회할 수 있다.

(4) 할부계약 청약의 철회 불가와 가능

① 소비자는 소비자에게 책임 있는 사유로 재화 등이 멸실되거나 훼손된 경우(재화 등의 내용을 확인하기 위하여 포장 등을 훼손한 경우는 제외)청약의 철회를 할 수 없다.

② 소비자는 사용 또는 소비에 의하여 그 가치가 현저히 낮아질 우려가 있는 것으로서 대통령령으로 정하는 재화 등을 사용 또는 소비한 경우 청약의 철회를 할 수 없다.

③ 소비자는 시간이 지남으로써 다시 판매하기 어려울 정도로 재화 등의 가치가 현저히 낮아진 경우에는 청약의 철회를 할 수 없다.

④ 소비자는 복제할 수 있는 재화 등의 포장을 훼손한 경우에는 청약의 철회를 할 수 없다.

⑤ 할부거래업자가 청약의 철회를 승낙하거나 청약을 철회할 수 없는 재화 등에 대하여는 그 사실을 재화 등의 포장이나 그 밖에 소비자가 쉽게 알 수 있는 곳에 분명하게 표시하거나 시용(試用) 상품을 제공하는 등의 방법으로 소비자가 청약을 철회하는 것이 방해받지 아니하도록 조치를 하지 아니한 경우에는 청약을 철회할 수 있다.

8. 청소년보호법

(1) 청소년보호법의 목적

① 청소년보호법은 청소년에게 유해한 매체물과 약물 등이 청소년에게 유통되는 것과 청소년이 유해한 업소에 출입하는 것 등을 규제함에 목적이 있다.

② 청소년보호법은 청소년을 청소년 폭력 · 학대 등 청소년 유해 행위를 포함한 각종 유해한 환경으로부터 보호 · 구제함으로써 청소년이 건전한 인격체로 성장할 수 있도록 함을 목적으로 한다.

(2) 청소년보호법상 용어의 정의

① 청소년은 만 19세 미만의 자를 말한다. 다만, 만 19세에 도달하는 해의 1월 1일을 맞이한 자를 제외한다.

② 청소년 유해 매체물은 청소년 위원회가 청소년에게 유해한 것으로 결정하거나 확인

하여 고시한 매체물로써 각 심의기관이 청소년에게 유해한 것으로 확인하여 청소년위원회가 고시한 매체물을 말한다.

③ 청소년 유해 약물 등은 청소년에게 유해한 것으로 인정되는 청소년 유해 약물과 물건을 말한다.

(3) 청소년 유해 약물

① 청소년의 신체기능에 영향을 미쳐 정상적인 신체발육에 장애를 초래할 수 있는 약물일 것

② 청소년의 정신기능에 영향을 미쳐 판단력장애 등 일시적 또는 영구적 정신장애를 초래할 수 있는 약물일 것

③ 습관성, 중독성, 내성, 금단증상 등을 유발함으로써 청소년의 정상적인 심신발달에 장애를 초래할 수 있는 약물일 것

(4) 청소년 유해 물건

① 청소년에게 음란한 행위를 조장하는 성기구 등 청소년의 사용을 제한하지 아니하면 청소년의 심신을 심각하게 훼손할 우려가 있는 성관련 물건으로서 대통령령이 정하는 기준에 따라 청소년보호위원회가 결정하고 보건복지가족부장관이 이를 고시한 것

② 청소년에게 음란성 · 포악성 · 잔인성 · 사행성 등을 조장하는 완구류 등 청소년의 사용을 제한하지 아니하면 청소년의 심신을 심각하게 훼손할 우려가 있는 물건으로서 대통령령이 정하는 기준에 따라 청소년보호위원회가 결정하고 보건복지가족부장관이 이를 고시한 것

(5) 청소년유해물건의 결정기준

① 청소년이 사용할 경우 성관련 신체부위의 훼손 등 신체적 부작용을 초래할 우려가 있는 성관련 물건일 것

② 청소년으로 하여금 인격비하 · 수간 등 비인륜적 성의식을 조장할 우려가 있는 성관련 물건일 것

③ 청소년으로 하여금 음란성이나 비정상적인 성적 호기심을 유발할 우려가 있거나 지나치게 성적 자극에 탐닉하게 할 우려가 있는 성관련 물건일 것

④ 물건의 형상 · 구조 · 기능 등이 청소년의 사용을 제한하지 아니하면 청소년의 생명 · 신체 · 재산에 해를 미칠 우려가 있는 물건일 것

⑤ 물건의 형상 · 구조 · 기능 등이 청소년에게 포악성 또는 범죄의 충동을 일으킬 수 있거나 청소년에게 성적인 욕구를 자극하는 선정적이거나 음란한 것으로서 청소년의 건전한 심신발달에 장애를 유발할 우려가 있는 물건일 것

(6) 청소년유해업소

① 청소년유해업소의 정의

㉠ 청소년의 출입과 고용이 청소년에게 유해한 것으로 인정되는 청소년출입 · 고용금

지업소와 청소년의 출입은 가능하나 고용은 유해한 것으로 인정되는 청소년고용금지업소를 말한다.

㉡ 이 경우 업소의 구분은 그 업소가 영업을 함에 있어서 다른 법령에 의하여 요구되는 허가 · 인가 · 등록 · 신고 등의 여부에 불구하고 실제로 이루어지고 있는 영업행위를 기준으로 한다.

② 청소년유해업소의 범위

㉠ 유흥주점영업 및 단란주점, 노래연습장(다만, 청소년실을 갖춘 노래연습장업의 경우에는 당해 청소년실에 한하여 청소년의 출입을 허용한다)

㉡ 윤락행위, 퇴폐적 안마 등의 신체적 접촉, 성관련 신체부위의 노출 등 성적 접대행위 및 이와 유사한 행위가 이루어질 우려가 있는 영업일 것

㉢ 영업의 형태나 목적이 주로 성인을 대상으로 한 술 · 노래 · 춤의 제공 등 유흥접객행위가 이루어지는 영업일 것

㉣ 주로 성인용의 매체물을 유통하는 영업일 것

㉤ 청소년 유해매체물 · 청소년 유해약물 등을 제작 · 생산 · 유통하는 영업 중 청소년의 출입 · 고용이 청소년의 심신발달에 장애를 유발할 우려가 있는 영업일 것

㉥ 휴게음식점영업으로서 주로 다류를 조리 · 판매하는 다방 중 종업원에게 영업장을 벗어나 다류 등을 배달 · 판매하게 하면서 소요시간에 따라 대가를 수수하게 하거나 이를 조장 또는 묵인하는 형태로 운영되는 영업

㉦ 일반음식점영업 중 음식류의 조리 · 판매보다는 주로 주류의 조리 · 판매를 목적으로 하는 소주방 · 호프 · 카페 등의 영업형태로 운영되는 영업

㉧ 청소년유해매체물 또는 청소년유해약물 등을 제작 · 생산 · 유통하는 영업으로서 청소년이 고용되어 근로할 경우에 청소년유해매체물 또는 청소년유해약물 등에 쉽게 접촉되어 고용청소년의 건전한 심신발달에 장애를 유발할 우려가 있는 영업일 것

㉨ 외견상 영업행위가 성인 · 청소년 모두를 대상으로 하지만 성인대상의 영업이 이루어짐으로써 고용청소년에게 유해한 근로행위의 요구가 우려되는 영업일 것

(7) 청소년유해매체물의 청소년대상 유통 규제

① 유해매체물의 범위

㉠ 「영화 및 비디오물의 진흥에 관한 법률」의 규정에 의한 비디오물, 「게임산업진흥에 관한 법률」에 의한 게임물 및 「음악산업진흥에 관한 법률」에 의한 음반

㉡ 「공연법」 및 「영화 및 비디오물의 진흥에 관한 법률」의 규정에 의한 영화 · 연극 · 음악 · 무용, 기타 오락적 관람물

㉢ 「전기통신사업법」 및 「전기통신기본법」의 규정에 의한 전기통신을 통한 부호 · 문언 · 음향 또는 영상정보

㉣ 「방송법」의 규정에 의한 방송프로그램(보도방송프로그램은 제외)

㉤ 특수일간신문(경제, 산업, 종교분야 제외), 일반주간신문(정치, 경제분야 제외),

특수주간신문(경제, 산업, 과학, 시사, 종교분야 제외), 잡지(정치, 경제, 산업, 과학, 시사, 종교분야 제외) 및 대통령령으로 정하는 기타 간행물과 동법의 규정에 의한 정기간행물 외의 간행물 중 만화, 사진첩, 화보류, 소설 등의 도서류, 전자출판물 기타 대통령령이 정하는 것

ⓑ 간판, 입간판, 전단 기타 이와 유사한 상업적 광고 선전물과 각종 매개물에 수록, 게재, 전시 기타 방법으로 포함된 상업적 광고 선전물

ⓢ 기타 청소년의 정신적, 신체적 건강을 해칠 우려가 있다고 인정되는 것으로서 대통령령이 정하는 매체물

② 청소년유해매체물의 심의기준

㉠ 청소년에게 성적인 욕구를 자극하는 선정적인 것이거나 음란한 것

㉡ 청소년에게 포악성이나 범죄의 충동을 일으킬 수 있는 것

㉢ 성폭력을 포함한 각종 형태의 폭력행사와 약물의 남용을 자극하거나 미화하는 것

㉣ 청소년의 건전한 인격과 시민의식의 형성을 저해하는 반사회적 · 비윤리적인 것

㉤ 기타 청소년의 정신적 · 신체적 건강에 명백히 해를 끼칠 우려가 있는 것

④ 청소년유해매체물 판매금지

㉠ 청소년유해매체물을 판매 · 대여 · 배포하거나 시청 · 관람 · 이용에 제공하고자 하는 자는 그 상대방의 연령을 확인하여야 하고, 청소년에게 이를 판매 · 대여 · 배포하거나 시청 · 관람 · 이용에 제공하여서는 아니된다.

㉡ 청소년유해표시를 하여야 할 매체물은 청소년유해표시가 되지 아니한 상태에서는 당해 매체물의 판매 또는 대여를 위하여 전시 또는 진열하여서는 아니된다.

㉢ 포장을 하여야 할 매체물은 포장이 되지 아니한 상태에서는 당해 매체물의 판매 또는 대여를 위하여 전시 또는 진열하여서는 아니된다.

㉣ 청소년유해매체물의 판매금지 등에 관하여 기타 필요한 사항은 대통령령으로 정한다.

9. 소방기본법

(1) 소방 기본법의 목적

① 소방기본법은 화재를 예방 · 경계하거나 진압하고 화재, 재난 · 재해, 그 밖의 위급한 상황에서의 구조 · 구급 활동 등을 통하여 국민의 생명 · 신체 및 재산을 보호함으로써 공공의 안녕 및 질서 유지와 복리증진에 이바지함을 목적으로 한다.

② 소방기본법 시행령은 법에서 위임된 사항과 그 시행에 관하여 필요한 사항을 규정함을 목적으로 한다.

(2) 소방 기본법상 용어의 정의

① '소방대상물'이란 건축물, 차량, 선박(「선박법」에 따른 선박으로서 항구에 매어둔 선박만 해당), 선박 건조 구조물, 산림, 그 밖의 인공 구조물 또는 물건을 말한다.

② '관계지역'이란 소방대상물이 있는 장소 및 그 이웃 지역으로서 화재의 예방 · 경계 · 진압, 구조 · 구급 등의 활동에 필요한 지역을 말한다.
③ '관계인'이란 소방대상물의 소유자 · 관리자 또는 점유자를 말한다.
④ '소방본부장'이란 특별시 · 광역시 · 도 또는 특별자치도에서 화재의 예방 · 경계 · 진압 · 조사 및 구조 · 구급 등의 업무를 담당하는 부서의 장을 말한다.
⑤ '소방대(消防隊)'란 화재를 진압하고 화재, 재난 · 재해, 그 밖의 위급한 상황에서 구조 · 구급 활동 등을 하기 위하여「소방공무원법」에 따른 소방공무원, 「의무소방대설치법」에 따라 임용된 의무소방원(義務消防員), 의용소방대원(義勇消防隊員)으로 구성된 조직체를 말한다.
⑥ '소방대장(消防隊長)'이란 소방본부장 또는 소방서장 등 화재, 재난 · 재해, 그 밖의 위급한 상황이 발생한 현장에서 소방대를 지휘하는 사람을 말한다.

10. 식품위생법

(1) 식품위생법의 목적

① 식품위생법은 식품으로 인한 위생상의 위해를 방지하고 식품영양의 질적 향상을 도모한다.
② 식품위생법은 식품에 관한 올바른 정보를 제공함으로써 국민보건의 증진에 이바지함을 목적으로 한다.

(2) 식품위생법의 용어 정의

① '식품'이라 함은 모든 음식물을 말한다. 다만, 의약으로서 섭취하는 것은 제외한다.
② '식품첨가물'이라 함은 식품을 제조 · 가공 또는 보존함에 있어 식품에 첨가 · 혼합 · 침윤 기타의 방법으로 사용되는 물질(기구 및 용기 · 포장의 살균 · 소독의 목적에 사용되어 간접적으로 식품에 이행될 수 있는 물질을 포함한다)을 말한다.
③ '화학적 합성품'이라 함은 화학적 수단에 의하여 원소 또는 화합물에 분해반응 외의 화학반응을 일으켜 얻은 물질을 말한다.
④ '기구'라 함은 음식기와 식품 또는 식품첨가물의 채취 · 제조 · 가공 · 조리 · 저장 · 운반 · 진열 · 수수 또는 섭취에 사용되는 것으로서 식품 또는 식품첨가물에 직접 접촉되는 기계 · 기구 기타의 물건을 말한다. 다만, 농업 및 수산업에 있어서 식품의 채취에 사용되는 기계 · 기구 기타의 물건은 제외한다.
⑤ '용기 · 포장'이라 함은 식품 또는 식품첨가물을 넣거나 싸는 물품으로서 식품 또는 식품첨가물을 수수할 때 함께 인도되는 물품을 말한다.
⑥ '위해'라 함은 식품, 식품첨가물, 기구 또는 용기 · 포장에 존재하는 위험요소로서 인체의 건강을 해하거나 해할 우려가 있는 것을 말한다.
⑦ '표시'라 함은 식품, 식품첨가물, 기구 또는 용기 · 포장에 기재하는 문자 · 숫자 또는 도형을 말한다.

⑧ '영양표시'라 함은 식품의 일정량에 함유된 영양소의 함량 등 영양에 관한 정보를 표시하는 것을 말한다.

⑨ '영업'이라 함은 식품 또는 식품첨가물을 채취 · 제조 · 가공 · 수입 · 조리 · 저장 · 운반 또는 판매하거나 기구 또는 용기 · 포장을 제조 · 수입 · 운반 · 판매하는 업을 말한다. 다만, 농업 및 수산업에 속하는 식품의 채취업은 제외한다.

⑩ '식품위생'이라 함은 식품, 식품첨가물, 기구 또는 용기 · 포장을 대상으로 하는 음식에 관한 위생을 말한다.

⑩ '집단급식소'라 함은 영리를 목적으로 하지 아니하고 계속적으로 특정다수인에게 음식물을 공급하는 기숙사 · 학교 · 병원 기타 후생기관 등의 급식시설로서 대통령령이 정하는 것을 말한다.

⑪ '식품이력추적관리'란 식품을 제조 · 가공단계부터 판매단계까지 각 단계별로 정보를 기록 · 관리하여 해당 식품의 안전성 등에 문제가 발생할 경우 해당 식품을 추적하여 원인규명 및 필요한 조치를 할 수 있도록 관리하는 것을 말한다.

⑫ '식중독'이라 함은 식품의 섭취로 인하여 인체에 유해한 미생물 또는 유독물질에 의하여 발생하였거나 발생한 것으로 판단되는 감염성 또는 독소형 질환을 말한다.

(3) 식품이력추적관리 등록기준

① 식품을 제조 · 가공 또는 판매하는 자 중 식품이력추적관리를 하고자 하는 자는 보건복지부령으로 정하는 등록기준을 갖추어 해당 식품을 식품의약품안전청장에게 등록할 수 있다.

② 등록한 식품을 제조 · 가공 또는 판매하는 자는 식품이력추적관리에 필요한 기록의 작성 · 보관 및 관리 등에 관하여 식품의약품안전청장이 정하여 고시하는 "식품이력추적관리기준"을 준수하여야 한다.

③ 등록을 한 자는 등록사항이 변경된 경우 변경사유가 발생한 날부터 1개월 이내에 식품의약품안전청장에게 신고하여야 한다.

④ 등록한 식품에는 식품의약품안전청장이 정하여 고시하는 바에 따라 식품이력추적관리의 표시를 할 수 있다.

⑤ 등록의 유효기간은 등록한 날부터 3년으로 한다. 다만, 그 품목의 특성상 달리 적용할 필요가 있는 경우에는 보건복지부령으로 정하는 바에 따라 그 기간을 연장할 수 있다.

⑥ 보건복지부장관 또는 식품의약품안전청장은 제1항에 따라 등록을 한 자에게 예산의 범위 안에서 식품이력추적관리에 필요한 자금을 지원할 수 있다.

⑦ 식품의약품안전청장은 제1항에 따라 등록을 한 자가 식품이력추적관리기준을 준수하지 아니한 때에는 그 등록을 취소하거나 시정을 명할 수 있다.

11. 가맹사업거래의공정화에관한법률

(1) 가맹사업거래의공정화에관한법률의 목적

① 가맹사업거래의공정화에관한법률은 가맹사업의 공정한 거래질서를 확립하고 가맹본부와 가맹점사업자가 대등한 지위에서 상호보완적으로 균형있게 발전하도록 함으로써 소비자 복지의 증진과 국민경제의 건전한 발전에 이바지함을 목적으로 한다.

② 가맹사업거래의 공정화에 관한 법률 시행령의 목적은「가맹사업거래의 공정화에 관한 법률」에서 위임한 사항과 그 시행에 관하여 필요한 사항을 규정함을 목적으로 한다.

(2) 용어의 정의

① "가맹사업"이라 함은 가맹본부가 가맹점사업자로 하여금 자기의 상표 · 서비스표 · 상호 · 간판 그 밖의 영업표지를 사용하여 일정한 품질기준이나 영업방식에 따라 상품(원재료 및 부재료를 포함) 또는 용역을 판매하도록 함과 아울러 이에 따른 경영 및 영업활동 등에 대한 지원 · 교육과 통제를 하며, 가맹점사업자는 영업표지의 사용과 경영 및 영업활동 등에 대한 지원 · 교육의 대가로 가맹본부에 가맹금을 지급하는 계속적인 거래관계를 말한다.

② "가맹본부"라 함은 가맹사업과 관련하여 가맹점사업자에게 가맹점운영권을 부여하는 사업자를 말한다.

③ "가맹점사업자"라 함은 가맹사업과 관련하여 가맹본부로부터 가맹점운영권을 부여받은 사업자를 말한다.

④ "가맹희망자"란 가맹계약을 체결하기 위하여 가맹본부나 가맹지역본부와 상담하거나 협의하는 자를 말한다.

⑤ "가맹점운영권"이란 가맹점사업자가 가맹본부의 가맹사업과 관련하여 가맹점을 운영할 수 있는 계약상의 권리를 말한다.

⑥ "가맹지역본부"라 함은 가맹본부와의 계약에 의하여 일정한 지역 안에서 가맹점사업자의 모집, 상품 또는 용역의 품질유지, 가맹점사업자에 대한 경영 및 영업활동의 지원 · 교육 · 통제 등 가맹본부의 업무의 전부 또는 일부를 대행하는 사업자를 말한다.

⑦ "가맹중개인"이라 함은 가맹본부 또는 가맹지역본부로부터 가맹점사업자를 모집하거나 가맹계약을 준비 또는 체결하는 업무를 위탁받은 자를 말한다.

⑧ "가맹계약서"라 함은 가맹사업의 구체적 내용과 조건 등에 있어 가맹본부 또는 가맹점사업자(이하 "가맹사업당사자"라 한다)의 권리와 의무에 관한 사항(특수한 거래조건이나 유의사항이 있는 경우에는 이를 포함한다)을 기재한 문서를 말한다.

⑨ "정보공개서"란 가맹본부의 일반 현황, 가맹본부의 가맹사업 현황(가맹점사업자의 매출에 관한 사항을 포함), 가맹본부와 그 임원(「독점규제 및 공정거래에 관한 법률」 따른 임원)이 다음의 어느 하나에 해당하는 경우에는 해당 사실에 관하여 대통령령으로 정하는 사항을 수록한 문서를 말한다.

⑩ "점포환경개선"이란 가맹점 점포의 기존 시설, 장비, 인테리어 등을 새로운 디자인이나 품질의 것으로 교체하거나 신규로 설치하는 것을 말한다. 이 경우 점포의 확장 또는 이전을 수반하거나 수반하지 아니하는 경우를 모두 포함한다.

⑪ "영업지역"이란 가맹점사업자가 가맹계약에 따라 상품 또는 용역을 판매하는 지역을 말한다.

(3) 가맹금의 정의

① 가입비 · 입회비 · 가맹비 · 교육비 또는 계약금 등 가맹점사업자가 영업표지의 사용허락 등 가맹점운영권이나 영업활동에 대한 지원 · 교육 등을 받기 위하여 가맹본부에 지급하는 대가

② 가맹점사업자가 가맹본부로부터 공급받는 상품의 대금 등에 관한 채무액이나 손해배상액의 지급을 담보하기 위하여 가맹본부에 지급하는 대가

③ 가맹점사업자가 가맹점운영권을 부여받을 당시에 가맹사업을 착수하기 위하여 가맹본부로부터 공급받는 정착물 · 설비 · 상품의 가격 또는 부동산의 임차료 명목으로 가맹본부에 지급하는 대가

④ 가맹점사업자가 가맹본부와의 계약에 의하여 허락받은 영업표지의 사용과 영업활동 등에 관한 지원 · 교육, 그 밖의 사항에 대하여 가맹본부에 정기적으로 또는 비정기적으로 지급하는 대가로서 대통령령으로 정하는 것

⑤ 그 밖에 가맹희망자나 가맹점사업자가 가맹점운영권을 취득하거나 유지하기 위하여 가맹본부에 지급하는 모든 대가

12. 부정경쟁방지 및 영업비밀보호에 관한 법률

(1) 부정경쟁방지 및 영업비밀보호에 관한 법률의 목적

① 부정경쟁방지 및 영업비밀보호에 관한 법률은 국내에 널리 알려진 타인의 상표 · 상호(商號) 등을 부정하게 사용하는 등의 부정경쟁행위와 타인의 영업비밀을 침해하는 행위를 방지하여 건전한 거래질서를 유지함을 목적으로 한다.

② 부정경쟁방지 및 영업비밀보호에 관한 법률 시행령은 「부정경쟁방지 및 영업비밀보호에 관한 법률」에서 위임된 사항과 그 시행에 필요한 사항을 규정함을 목적으로 한다.

(2) 부정경쟁행위의 정의

① 국내에 널리 인식된 타인의 성명, 상호, 상표, 상품의 용기 · 포장, 그 밖에 타인의 상품임을 표시한 표지(標識)와 동일하거나 유사한 것을 사용하거나 이러한 것을 사용한 상품을 판매 · 반포(頒布) 또는 수입 · 수출하여 타인의 상품과 혼동하게 하는 행위

② 국내에 널리 인식된 타인의 성명, 상호, 표장(標章), 그 밖에 타인의 영업임을 표시하는 표지와 동일하거나 유사한 것을 사용하여 타인의 영업상의 시설 또는 활동과 혼동하게 하는 행위

③ 위 ①,② 항목을 혼동하게 하는 행위 외에 비상업적 사용 등 대통령령으로 정하는 정당한 사유 없이 국내에 널리 인식된 타인의 성명, 상호, 상표, 상품의 용기 · 포장, 그 밖에 타인의 상품 또는 영업임을 표시한 표지와 동일하거나 유사한 것을 사용하거나 이러한 것을 사용한 상품을 판매 · 반포 또는 수입 · 수출하여 타인의 표지의 식별력이나 명성을 손상하는 행위

④ 상품이나 그 광고에 의하여 또는 공중이 알 수 있는 방법으로 거래상의 서류 또는 통신에 거짓의 원산지의 표지를 하거나 이러한 표지를 한 상품을 판매 · 반포 또는 수입 · 수출하여 원산지를 오인(誤認)하게 하는 행위

⑤ 상품이나 그 광고에 의하여 또는 공중이 알 수 있는 방법으로 거래상의 서류 또는 통신에 그 상품이 생산 · 제조 또는 가공된 지역 외의 곳에서 생산 또는 가공된 듯이 오인하게 하는 표지를 하거나 이러한 표지를 한 상품을 판매 · 반포 또는 수입 · 수출하는 행위

⑥ 타인의 상품을 사칭(詐稱)하거나 상품 또는 그 광고에 상품의 품질, 내용, 제조방법, 용도 또는 수량을 오인하게 하는 선전 또는 표지를 하거나 이러한 방법이나 표지로써 상품을 판매 · 반포 또는 수입 · 수출하는 행위

⑦ 「공업소유권의 보호를 위한 파리협약」당사국, 세계무역기구 회원국 ,「상표법 조약」의 체약국(締約國)나라에 등록된 상표 또는 이와 유사한 상표에 관한 권리를 가진 자의 대리인이나 대표자 또는 그 행위일 전 1년 이내에 대리인이나 대표자이었던 자가 정당한 사유 없이 해당 상표를 그 상표의 지정상품과 동일하거나 유사한 상품에 사용하거나 그 상표를 사용한 상품을 판매 · 반포 또는 수입 · 수출하는 행위

⑧ 정당한 권원이 없는 자가 상표 등 표지에 대하여 정당한 권원이 있는 자 또는 제3자에게 판매하거나 대여할 목적, 정당한 권원이 있는 자의 도메인이름의 등록 및 사용을 방해할 목적, 그 밖에 상업적 이익을 얻을 목적으로 국내에 널리 인식된 타인의 성명, 상호, 상표, 그 밖의 표지와 동일하거나 유사한 도메인이름을 등록 · 보유 · 이전 또는 사용하는 행위

⑨ 타인이 제작한 상품의 형태(형상 · 모양 · 색채 · 광택 또는 이들을 결합한 것을 말하며, 시제품 또는 상품소개서상의 형태를 포함)를 모방한 상품을 양도 · 대여 또는 이를 위한 전시를 하거나 수입 · 수출하는 행위. 다만, 상품의 시제품 제작 등 상품의 형태가 갖추어진 날부터 3년이 지난 상품의 형태를 모방한 상품을 양도 · 대여 또는 이를 위한 전시를 하거나 수입 · 수출하는 행위, 타인이 제작한 상품과 동종의 상품(동종의 상품이 없는 경우에는 그 상품과 기능 및 효용이 동일하거나 유사한 상품을 말한다)이 통상적으로 가지는 형태를 모방한 상품을 양도 · 대여 또는 이를 위한 전시를 하거나 수입 · 수출하는 행위에 해당하는 행위는 제외

⑩ 그 밖에 타인의 상당한 투자나 노력으로 만들어진 성과 등을 공정한 상거래 관행이나 경쟁질서에 반하는 방법으로 자신의 영업을 위하여 무단으로 사용함으로써 타인의 경제적 이익을 침해하는 행위

02 노사관련 법규

1. 근로기준법

(1) 근로기준법의 목적

① 근로기준법의 목적은 법은 헌법에 따라 근로조건의 기준을 정함으로써 근로자의 기본적 생활을 보장, 향상시키며 균형 있는 국민경제의 발전을 꾀하는 것을 목적으로 한다.

② 근로기준법 시행령의 목적은 「근로기준법」 에 따라 근로감독관의 자격, 임면(任免), 직무 배치 등에 관한 사항을 규정함을 목적으로 한다.

(2) 용어의 정의

① "근로자"란 직업의 종류와 관계없이 임금을 목적으로 사업이나 사업장에 근로를 제공하는 자를 말한다.

② "사용자"란 사업주 또는 사업 경영 담당자, 그 밖에 근로자에 관한 사항에 대하여 사업주를 위하여 행위하는 자를 말한다.

③ "근로"란 정신노동과 육체노동을 말한다.

④ "근로계약"이란 근로자가 사용자에게 근로를 제공하고 사용자는 이에 대하여 임금을 지급하는 것을 목적으로 체결된 계약을 말한다.

⑤ "임금"이란 사용자가 근로의 대가로 근로자에게 임금, 봉급, 그 밖에 어떠한 명칭으로든지 지급하는 일체의 금품을 말한다.

⑥ "평균임금"이란 이를 산정하여야 할 사유가 발생한 날 이전 3개월 동안에 그 근로자에게 지급된 임금의 총액을 그 기간의 총일수로 나눈 금액을 말한다. 근로자가 취업한 후 3개월 미만인 경우도 이에 준한다.

⑦ "소정(所定)근로시간"이란 근로시간의 범위에서 근로자와 사용자 사이에 정한 근로시간을 말한다.

⑧ "단시간근로자"란 1주 동안의 소정근로시간이 그 사업장에서 같은 종류의 업무에 종사하는 통상 근로자의 1주 동안의 소정근로시간에 비하여 짧은 근로자를 말한다.

(3) 통상 임금

① 법과 이 영에서 "통상임금"이란 근로자에게 정기적이고 일률적으로 소정(所定)근로 또는 총 근로에 대하여 지급하기로 정한 시간급 금액, 일급 금액, 주급 금액, 월급 금액 또는 도급 금액을 말한다.

② 「근로기준법」에 따른 평균임금 산정기간 중에 수습 사용 중인 기간, 사용자의 귀책사유로 휴업한 기간, 출산전후휴가 기간, 업무상 부상 또는 질병으로 요양하기 위하여 휴업한 기간, 「남녀고용평등과 일 · 가정 양립 지원에 관한 법률」에 따른 육아휴직 기간, 「노동조합 및 노동관계조정법」에 따른 쟁의행위기간, 「병역법」, 「향토

예비군 설치법」 또는 「민방위기본법」에 따른 의무를 이행하기 위하여 휴직하거나 근로하지 못한 기간(기간 중 임금을 지급받은 경우에는 그러하지 아니함), 업무 외 부상이나 질병, 그 밖의 사유로 사용자의 승인을 받아 휴업한 기간의 어느 하나에 해당하는 기간이 있는 경우에는 그 기간과 그 기간 중에 지급된 임금은 평균임금 산정기준이 되는 기간과 임금의 총액에서 각각 뺀다. 임금의 총액을 계산할 때에는 임시로 지급된 임금 및 수당과 통화 외의 것으로 지급된 임금을 포함하지 아니한다. 다만, 고용노동부장관이 정하는 것은 그러하지 아니하다.

(4) 통상임금 시간급 금액

① 시간급 금액으로 정한 임금은 그 금액
② 일급 금액으로 정한 임금은 그 금액을 1일의 소정근로시간 수로 나눈 금액
③ 주급 금액으로 정한 임금은 그 금액을 주의 통상임금 산정 기준시간 수(소정근로시간과 소정근로시간 외에 유급으로 처리되는 시간을 합산한 시간)로 나눈 금액
④ 월급 금액으로 정한 임금은 그 금액을 월의 통상임금 산정 기준시간 수(주의 통상임금 산정 기준시간 수에 1년 동안의 평균 주의 수를 곱한 시간을 12로 나눈 시간)로 나눈 금액
⑤ 일 · 주 · 월 외의 일정한 기간으로 정한 임금은 제2호부터 제4호까지의 규정에 준하여 산정된 금액
⑥ 도급 금액으로 정한 임금은 그 임금 산정 기간에서 도급제에 따라 계산된 임금의 총액을 해당 임금 산정 기간(임금 마감일이 있는 경우에는 임금 마감 기간을 말한다)의 총 근로시간 수로 나눈 금액
⑧ 근로자가 받는 임금이 위항목의 규정에서 정한 둘 이상의 임금으로 되어 있는 경우에는 위 항목의 규정에 따라 각각 산정된 금액을 합산한 금액

(5) 근로계약

① 근로기준법에서 정하는 기준에 미치지 못하는 근로조건을 정한 근로계약은 그 부분에 한하여 무효로 한다. 무효로 된 부분은 이 법에서 정한 기준에 따른다.
② 계약기간은 근로기준법에서 정하는 기준에 미치지 못하는 근로조건을 정한 근로계약은 그 부분에 한하여 무효로 한다. 무효로 된 부분은 이 법에서 정한 기준에 따른다.
③ 사용자는 근로계약을 체결할 때에 근로자에게 임금, 소정근로시간, 사용자는 근로자에게 1주일에 평균 1회 이상의 유급휴일을 주어야 한다는 원칙에 따른 휴일, 사용자는 1년간 80퍼센트 이상 출근한 근로자에게 15일의 유급휴가를 주어야 한다는 원칙에 따른 연차 유급휴가, 그 밖에 대통령령으로 정하는 근로조건의 사항을 명시하여야 한다. 근로계약 체결 후 다음 각 호의 사항을 변경하는 경우에도 또한 같다.
④ 사용자는 임금의 구성항목 · 계산방법 · 지급방법 및 ③의 사항이 명시된 서면을 근로자에게 교부하여야 한다. 다만, 본문에 따른 사항이 단체협약 또는 취업규칙의 변경

등 대통령령으로 정하는 사유로 인하여 변경되는 경우에는 근로자의 요구가 있으면 그 근로자에게 교부하여야 한다.

(6) 임금

① 임금은 통화(通貨)로 직접 근로자에게 그 전액을 지급하여야 한다. 다만, 법령 또는 단체협약에 특별한 규정이 있는 경우에는 임금의 일부를 공제하거나 통화 이외의 것으로 지급할 수 있다.

② 임금은 매월 1회 이상 일정한 날짜를 정하여 지급하여야 한다. 다만, 임시로 지급하는 임금, 수당, 그 밖에 이에 준하는 것 또는 대통령령으로 정하는 임금에 대하여는 그러하지 아니하다.이 법에 따른 임금채권은 3년간 행사하지 아니하면 시효로 소멸한다.

③ 대통령령으로 정하는 임금은 1개월을 초과하는 기간의 출근 성적에 따라 지급하는 정근수당, 1개월을 초과하는 일정 기간을 계속하여 근무한 경우에 지급되는 근속수당, 1개월을 초과하는 기간에 걸친 사유에 따라 산정되는 장려금, 능률수당 또는 상여금, 그 밖에 부정기적으로 지급되는 모든 수당 등을 말한다.

2. 최저임금법

(1) 최저임금법의 목적

① 최저임금법은 근로자에 대하여 임금의 최저수준을 보장하여 근로자의 생활안정과 노동력의 질적 향상을 꾀함으로써 국민경제의 건전한 발전에 이바지하는 것을 목적으로 한다.

② 최저임금법 시행령은 「최저임금법」에서 위임된 사항과 그 시행에 필요한 사항을 규정함을 목적으로 한다.

(2) 용어의 정의와 적용범위

① 최저임금법에서 "근로자", "사용자" 및 "임금"이란 「근로기준법」 제2조에 따른 근로자, 사용자 및 임금을 말한다.

② 최저임금법은 근로자를 사용하는 모든 사업 또는 사업장에 적용한다. 다만, 동거하는 친족만을 사용하는 사업과 가사(家事) 사용인에게는 적용하지 아니한다.

③ 최저임금법은 「선원법」의 적용을 받는 선원과 선원을 사용하는 선박의 소유자에게는 적용하지 아니한다.

④ 최저임금은 근로자의 생계비, 유사 근로자의 임금, 노동생산성 및 소득분배율 등을 고려하여 정한다. 이 경우 사업의 종류별로 구분하여 정할 수 있다.

(3) 최저임금액

① 최저임금액(최저임금으로 정한 금액)은 시간 · 일(日) · 주(週) 또는 월(月)을 단위로 하여 정한다. 이 경우 일 · 주 또는 월을 단위로 하여 최저임금액을 정할 때에는 시간급(時間給)으로도 표시하여야 한다.

② 수습 사용 중에 있는 자로서 수습 사용한 날부터 3개월 이내인 사람에 대해서는 같은 조 제1항 후단에 따른 시간급 최저임금액에서 100분의 10을 뺀 금액을 그 근로자의 시간급 최저임금액으로 한다.

③ 감시(監視) 또는 단속적(斷續的)으로 근로에 종사하는 자로서 사용자가 고용노동부장관의 승인을 받은 사람에 대해서는 같은 조 제1항 후단에 따른 시간급 최저임금액에서 100분의 10을 뺀 금액을 그 근로자의 시간급 최저임금액으로 한다.

④ 임금이 통상적으로 도급제나 그 밖에 이와 비슷한 형태로 정해진 경우에 근로시간을 파악하기 어렵거나 그 밖에 같은 조 제1항에 따라 최저임금액을 정하는 것이 적합하지 않다고 인정되면 해당 근로자의 생산고(生産高) 또는 업적의 일정단위에 의하여 최저임금액을 정한다.

⑤ 정신장애나 신체장애로 근로능력이 현저히 낮은 자나 그 밖에 최저임금을 적용하는 것이 적당하지 아니하다고 인정되는 자는 최저임금의 적용에서 제외한다.이 경우 고용노동부장관의 인가를 받아 최저임금의 적용을 제외할 수 있는 자는 정신 또는 신체의 장애가 업무 수행에 직접적으로 현저한 지장을 주는 것이 명백하다고 인정되는 사람으로 한다.

(4) 최저임금의 적용을 위한 임금의 환산

① 일(日) 단위로 정해진 임금은 그 금액을 1일의 소정근로시간 수(일에 따라 소정근로시간 수가 다른 경우에는 1주간의 1일 평균 소정근로시간 수)로 나눈 금액으로 한다.

② 주(週) 단위로 정해진 임금은 그 금액을 1주의 소정근로시간 수(주에 따라 소정근로시간 수가 다른 경우에는 4주간의 1주 평균 소정근로시간 수)로 나눈 금액으로 한다.

③ 월(月) 단위로 정해진 임금은 금액을 1개월의 소정근로시간 수(월에 따라 소정근로시간 수가 다른 경우에는 1년간의 1개월 평균 소정근로시간 수)로 나눈 금액으로 한다.

④ 시간 · 일 · 주 또는 월 외의 일정 기간을 단위로 정해진 임금은 ①~③까지의 규정에 준하여 산정(算定)한 금액으로 한다.

⑤ 생산고에 따른 임금지급제나 그 밖의 도급제로 정해진 임금은 그 임금 산정기간(임금 마감일이 있는 경우에는 임금 마감기간)의 임금 총액을 그 임금 산정기간 동안의 총근로시간 수로 나눈 금액을 시간에 대한 임금으로 한다.

⑥ 근로자가 받는 임금이 둘 이상의 임금으로 되어 있는 경우에는 해당 부분을 대하여 각각 해당 규정에 따라 환산한 금액의 합산액을 그 근로자의 시간에 대한 임금으로 한다.

⑦ 근로자의 임금을 정한 단위가 된 기간의 소정근로시간 수가 그 근로자에게 적용되는 최저임금액을 정할 때의 단위가 된 기간의 근로시간 수와 다른 경우에는 제1항 각 호의 구분에 따라 그 근로자의 임금을 시간에 대한 임금으로 환산한다.

3. 남녀고용평등과 일 · 가정 양립 지원에 관한 법률

(1) 법률의 목적

① 남녀고용평등과 일 · 가정 양립 지원에 관한 법률의 목적은 「대한민국헌법」의 평등이념에 따라 고용에서 남녀의 평등한 기회와 대우를 보장하고 모성 보호와 여성 고용을 촉진하여 남녀고용평등을 실현함과 아울러 근로자의 일과 가정의 양립을 지원함으로써 모든 국민의 삶의 질 향상에 이바지하는 것을 목적으로 한다.

② 남녀고용평등과 일 · 가정 양립 지원에 관한 법률 시행령의 목적은 「남녀고용평등과 일 · 가정 양립 지원에 관한 법률」에서 위임된 사항과 그 시행에 필요한 사항을 규정함을 목적으로 한다.

(2) 용어의 정의

① "차별"이란 사업주가 근로자에게 성별, 혼인, 가족 안에서의 지위, 임신 또는 출산 등의 사유로 합리적인 이유 없이 채용 또는 근로의 조건을 다르게 하거나 그 밖의 불리한 조치를 하는 경우(사업주가 채용조건이나 근로조건은 동일하게 적용하더라도 그 조건을 충족할 수 있는 남성 또는 여성이 다른 한 성(性)에 비하여 현저히 적고 그에 따라 특정 성에게 불리한 결과를 초래하며 그 조건이 정당한 것임을 증명할 수 없는 경우를 포함)를 말한다.

② 직무의 성격에 비추어 특정 성이 불가피하게 요구되는 경우, 여성 근로자의 임신 · 출산 · 수유 등 모성보호를 위한 조치를 하는 경우, 그 밖에 이 법 또는 다른 법률에 따라 적극적 고용개선조치를 하는 경우는 차별이 아니다.

③ "직장 내 성희롱"이란 사업주 · 상급자 또는 근로자가 직장 내의 지위를 이용하거나 업무와 관련하여 다른 근로자에게 성적 언동 등으로 성적 굴욕감 또는 혐오감을 느끼게 하거나 성적 언동 또는 그 밖의 요구 등에 따르지 아니하였다는 이유로 고용에서 불이익을 주는 것을 말한다.

④ "적극적 고용개선조치"란 현존하는 남녀 간의 고용차별을 없애거나 고용평등을 촉진하기 위하여 잠정적으로 특정 성을 우대하는 조치를 말한다.

⑤ "근로자"란 사업주에게 고용된 자와 취업할 의사를 가진 자를 말한다.

4. 독점규제 및 공정거래에 관한 법률

(1) 법률의 목적

① 독점규제 및 공정거래에 관한 법률의 목적은 사업자의 시장지배적지위의 남용과 과도한 경제력의 집중을 방지하고, 부당한 공동행위 및 불공정거래행위를 규제하여 공정하고 자유로운 경쟁을 촉진함으로써 창의적인 기업활동을 조장하고 소비자를 보호함과 아울러 국민경제의 균형있는 발전을 도모함을 목적으로 한다.

② 독점규제 및 공정거래에 관한 법률 시행령의 목적은 「독점규제 및 공정거래에 관한 법률」에서 위임된 사항과 그 시행에 관하여 필요한 사항을 규정함을 목적으로 한다.

(2) 용어의 정의

① "사업자"라 함은 제조업, 서비스업, 기타 사업을 행하는 자를 말한다. 사업자의 이익을 위한 행위를 하는 임원 · 종업원 · 대리인 기타의 자는 사업자단체에 관한 규정의 적용에 있어서는 이를 사업자로 본다.

② "지주회사"라 함은 주식(지분을 포함)의 소유를 통하여 국내회사의 사업내용을 지배하는 것을 주된 사업으로 하는 회사로서 자산총액이 대통령령이 정하는 금액이상인 회사를 말한다. 이 경우 주된 사업의 기준은 대통령령으로 정한다.

③ "자회사"라 함은 지주회사에 의하여 대통령령이 정하는 기준에 따라 그 사업내용을 지배받는 국내회사를 말한다.

④ "손자회사"란 자회사에 의하여 대통령령으로 정하는 기준에 따라 사업내용을 지배받는 국내회사를 말한다.

⑤ "기업집단"이라 함은 동일인이 회사인 경우 그 동일인과 그 동일인이 지배하는 하나이상의 회사의 집단, 동일인이 회사가 아닌 경우 그 동일인이 지배하는 2이상의 회사의 집단이 정하는 기준에 의하여 사실상 그 사업내용을 지배하는 회사의 집단을 말한다.

⑥ "계열회사"라 함은 2이상의 회사가 동일한 기업집단에 속하는 경우에 이들 회사는 서로 상대방의 계열회사라 한다.

⑦ "사업자단체"라 함은 그 형태 여하를 불문하고 2이상의 사업자가 공동의 이익을 증진할 목적으로 조직한 결합체 또는 그 연합체를 말한다.

⑧ "임원"이라 함은 이사 · 대표이사 · 업무집행을 하는 무한책임사원 · 감사나 이에 준하는 자 또는 지배인등 본점이나 지점의 영업전반을 총괄적으로 처리할 수 있는 상업사용인을 말한다.

⑨ "재판매가격유지행위"라 함은 사업자가 상품 또는 용역을 거래함에 있어서 거래상대방인 사업자 또는 그 다음 거래단계별 사업자에 대하여 거래가격을 정하여 그 가격대로 판매 또는 제공할 것을 강제하거나 이를 위하여 규약 기타 구속조건을 붙여 거래하는 행위를 말한다.

⑩ "시장지배적사업자"라 함은 일정한 거래분야의 공급자나 수요자로서 단독으로 또는 다른 사업자와 함께 상품이나 용역의 가격 · 수량 · 품질 기타의 거래조건을 결정 · 유지 또는 변경할 수 있는 시장지위를 가진 사업자를 말한다. 시장지배적사업자를 판단함에 있어서는 시장점유율, 진입장벽의 존재 및 정도, 경쟁사업자의 상대적 규모등을 종합적으로 고려한다.

⑪ "일정한 거래분야"라 함은 거래의 객체별 · 단계별 또는 지역별로 경쟁관계에 있거나 경쟁관계가 성립될 수 있는 분야를 말한다.

⑫ "경쟁을 실질적으로 제한하는 행위"라 함은 일정한 거래분야의 경쟁이 감소하여 특정 사업자 또는 사업자단체의 의사에 따라 어느 정도 자유로이 가격 · 수량 · 품질 기타 거래조건등의 결정에 영향을 미치거나 미칠 우려가 있는 상태를 초래하는 행위를 말한다.

⑬ "여신"이라 함은 국내금융기관이 행하는 대출 및 회사채무의 보증 또는 인수를 말한다.

⑭ "금융업 또는 보험업"이라 함은 「통계법」의 규정에 의하여 통계청장이 고시하는 한국표준산업분류상 금융 및 보험업을 말한다.

Chapter 4 명품 적중 예상문제

01 근로조건의 기준을 정함으로써 근로자의 기본적 생활을 보장, 향상시키며 균형 있는 국민경제의 발전을 꾀하는 것을 목적으로 하는 근로기준법의 설명으로 옳지 않은 것은?

① "평균임금"이란 이를 산정하여야 할 사유가 발생한 날 이전 3개월 동안에 그 근로자에게 지급된 임금의 총액을 그 기간의 총일수로 나눈 금액을 말한다. 근로자가 취업한 후 3개월 미만인 경우는 제외한다.

② "단시간근로자"란 1주 동안의 소정근로시간이 그 사업장에서 같은 종류의 업무에 종사하는 통상 근로자의 1주 동안의 소정근로시간에 비하여 짧은 근로자를 말한다

③ 근로기준법은 상시 5명 이상의 근로자를 사용하는 모든 사업 또는 사업장에 적용한다. 다만, 동거하는 친족만을 사용하는 사업 또는 사업장과 가사(家事) 사용인에 대하여는 적용하지 아니한다.

④ 단시간근로자의 근로조건은 그 사업장의 같은 종류의 업무에 종사하는 통상 근로자의 근로시간을 기준으로 산정한 비율에 따라 결정되어야 한다.

⑤ 사용자가 경영상 이유에 의하여 근로자를 해고하려면 긴박한 경영상의 필요가 있어야 한다. 이 경우 경영 악화를 방지하기 위한 사업의 양도 · 인수 · 합병은 긴박한 경영상의 필요가 있는 것으로 본다.

근로기준법 제 1장 총칙, 제2조 정의 6항. "평균임금"이란 이를 산정하여야 할 사유가 발생한 날 이전 3개월 동안에 그 근로자에게 지급된 임금의 총액을 그 기간의 총일수로 나눈 금액을 말한다. 근로자가 취업한 후 3개월 미만인 경우도 이에 준한다.

02 다음 중 현행 식품위생법 상 식품이력추적관리등록의 유효기간은?

① 1년　② 2년　③ 3년　④ 4년　⑤ 5년

식품을 제조 · 가공 또는 판매하는 자 중 식품이력추적관리를 하려는 자는 보건복지가족부령으로 정하는등록기준을 갖추어 해당 식품을 식품의약품안전청장에게 등록할 수 있다. 법에 따라 등록의 유효기간을 연장하려는 자는 식품이력추적관리등록 유효기간 연장신청서에 유효기간 연장사유서와 식품이력추적관리 품목 등록증을 첨부하여 유효기간이 끝나는 날의 30일 전까지 식품의약품안전청장에게 제출하여야 한다. 연장기간은 유효기간이 끝나는 날부터 3년 이내로 한다. 식품이력추적관리의 등록사항은 국내식품의 경우(영업소의 명칭(상호)과 소재지, 제품명과 식품의 유형, 유통기한 및 품질유지기한, 보존 및 보관방법)이고, 수입식품의 경우(영업소의 명칭(상호)과 소재지, 제품명, 원산지(국가명), 제조회사 또는 수출회사)이다.

01 ①　**02** ③

03 청소년보호법령상 청소년 유해 약물에 해당되지 않는 것은?

① 주세법의 규정에 의한 주류
② 담배사업법의 규정에 의한 담배
③ 식품위생법의 규정에 의한 식품첨가물
④ 유해화학물질 관리법의 규정에 의한 환각 물질
⑤ 마약류관리에 관한 법률의 규정에 의한 마약류

청소년 유해약물
1. 주세법의 규정에 의한 주류
2. 담배사업법의 규정에 의한 담배
3. 마약류관리에 관한 법률의 규정에 의한 마약류
4. 유해화학물질 관리법의 규정에 의한 환각 물질
5. 기타 중추신경에 작용하여 습관성, 중독성, 내성 등을 유발하여 인체에 유해 작용을 미칠 수 있는 약물등 청소년의 사용을 제한하지 아니하면 청소년의 심신을 심각하게 훼손할 우려가 있는 약물로서 대통령령이 정하는 기준에 따라 관계기관의 의견을 들어 국가청소년위원회가 결정하여 고시한 것

04 다음 중 '소비자기본법'에 포함되어 있는 '소비자의 기본적 권리'가 아닌 것은?

① 합리적인 소비 생활을 영위하기 위하여 필요한 교육을 받을 권리
② 소비자 스스로의 권익을 옹호하기 위하여 단체를 조직할 수 있는 권리
③ 스스로의 권익을 증진하기 위하여 필요한 지식과 정보를 습득 하도록 노력할 권리
④ 소비 생활에 영향을 주는 국가의 정책과 사업자의 사업 활동에 대하여 의견을 반영시킬 권리
⑤ 물품 및 용역을 사용 또는 이용함에 있어서 거래의 상대방 · 구입 장소 · 가격 · 거래 조건 등을 자유로이 선택할 권리

■소비자의 기본적 권리
① 모든 물품 및 용역으로 인한 생명 · 신체 및 재산상의 위해로부터 보호받을 권리
② 물품 및 용역을 선택함에 있어서 필요한 지식 및 정보를 제공받을 권리
③ 물품 및 용역을 사용 또는 이용함에 있어서 거래의 상대방 · 구입장소 · 가격 · 거래조건 등을 자유로이 선택할 권리
④ 소비생활에 영향을 주는 국가 및 지방자치단체의 정책과 사업자의 사업활동 등에 대하여 의견을 반영시킬 권리
⑤ 물품 및 용역의 사용 또는 이용으로 인하여 입은 피해에 대하여 신속 · 공정한 절차에 의하여 적절한 보상을 받을 권리
⑥ 합리적인 소비생활을 영위하기 위하여 필요한 교육을 받을 권리
⑦ 소비자 스스로의 권익을 옹호하기 위하여 단체를 조직하고 이를 통하여 활동할 수 있는 권리
⑧ 안전하고 쾌적한 소비생활 환경에서 소비할 권리

해답 **03** ③ **04** ③

05 다음 중 소비자 기본법상 국가 및 지방단체가 소비자의 능력향상을 위해 힘써야 할 내용과 가장 거리가 먼 것은?

① 경제 및 사회의 발전에 따라 소비자의 능력 향상을 위한 프로그램을 개발하여야 한다.
② 국가 등은 소비자의 능력을 효과적으로 향상시키기 위한 방법으로 방송 사업을 할 수 있다.
③ 소비자가 자신의 선택에 책임을 지는 소비생활을 할 수 있도록 필요한 교육을 하여야한다.
④ 소비자 교육과 학교교육을 연계하여 교육적 효과를 높이기 위한 시책을 수립하고 시행하여야 한다.
⑤ 물품 등으로 인하여 소비자에게 생명, 신체 또는 재산에 대한 위해가 발생하지 아니하도록 필요한 조치를 강구해야 한다.

물품 등으로 인하여 소비자에게 생명, 신체 또는 재산에 대한 위해가 발생하지 아니하도록 필요한 조치를 강구해야 한다는 소비자에의 정보제공을 말한다.

06 "최저임금법"에 대한 설명 중 옳지 않은 것은?

① 동거하는 친족만을 사용하는 사업과 가사(家事) 사용 인에게는 적용하지 않는다.
② 최저임금은 근로자의 생계비, 유사 근로자의 임금, 노동생산성 및 소득분배율 등을 고려하여 정한다.
③ 최저임금액은 시간 · 일(日)、주(週) 또는 월(月)을 단위로 하여 정한다.
④ 선원과 선원을 사용하는 선박의 소유자에게는 적용 하지 않는다.
⑤ 최저임금위원회는 매년 8월 5일까지 최저임금을 결정 하여야 한다.

◐제8조(최저임금의 결정)

1. 고용노동부장관은 매년 8월 5일까지 최저임금을 결정하여야 한다. 이 경우 고용노동부장관은 대통령령으로 정하는 바에 따라 제12조에 따른 최저임금위원회(이하 "위원회"라 한다)에 심의를 요청하고, 위원회가 심의하여 의결한 최저임금안에 따라 최저임금을 결정하여야 한다.
2. 위원회는 제1항 후단에 따라 고용노동부장관으로부터 최저임금에 관한 심의 요청을 받은 경우 이를 심의하여 최저임금안을 의결하고 심의 요청을 받은 날부터 90일 이내에 고용노동부장관에게 제출하여야 한다.
3. 고용노동부장관은 제2항에 따라 위원회가 심의하여 제출한 최저임금안에 따라 최저임금을 결정하기가 어렵다고 인정되면 20일 이내에 그 이유를 밝혀 위원회에 10일 이상의 기간을 정하여 재심의를 요청할 수 있다.
4. 위원회는 제3항에 따라 재심의 요청을 받은 때에는 그 기간 내에 재심의하여 그 결과를 고용노동부장관에게 제출하여야 한다.
5. 고용노동부장관은 위원회가 제4항에 따른 재심의에서 재적위원 과반수의 출석과 출석위원 3분의 2 이상의 찬성으로 제2항에 따른 당초의 최저임금안을 재의결한 경우에는 그에 따라 최저임금을 결정하여야 한다.

05 ⑤ **06** ⑤

07 다음중 대규모 점포 등을 등록함에 있어 점포의 개설과 운영에 대한 신고, 지정 등록, 허가와관련된 업무가 지자체의 장과 행정기관의 장의 협의에 의해 허가 등을 받은 것으로 인정하는 사항이 아닌 것은?

① 관광진흥법에 따른 유원시설업의 신고
② 평생교육법에 따른 평생 교육시설 설치의 신고
③ 식품위생법에 따른 집단급식소설치, 운영의 신고
④ 식품위생법에 따른 식품의 제조업, 가공업, 판매업
⑤ 외국환거래법에 따른 저축, 예금 등 은행 업무의 등록

대규모 점포 등을 등록함에 있어 점포의 개설과 운영에 대한 신고, 지정 등록, 허가와 관련된 업무가 지자체의 장과 행정기관의 장의 협의에 의해 허가 등을 받은 것과 외국환거래법에 따른 저축, 예금 등 은행 업무의 등록은 전혀 다르다. 나머지는 시행령에 열거되어있다.

08 현행 유통산업발전법 및 동법 시행령에서 규정한 매장, 대규모점포, 준대규모점포, 체인사업 등에 대한 설명으로 가장 올바른 것은?

① 매장은 상품의 판매와 이를 지원하는 용역의 제공에 직접 사용되는 장소를 말하며, 바닥 면적이 1천 제곱미터 이상인 슈퍼마켓과 일용품등의 소매점을 포함한다.
② 매장 면적의 합계가 2천 제곱미터 이상이고 상시 운영되는 매장은 모두 대규모 점포에 해당한다.
③ 대규모점포를 경영하는 회사 또는 그 계열회사가 직영하는 점포 중에서 상호출자제한기업집단의 계열회사가 직영하는 점포만 준대규모점포라 한다.
④ 같은 업종의 여러 소매점포를 직영하거나 같은 업종의 여러 소매점포에 대하여 계속적으로 경영을 지도하고 상품원재료 또는 용역을 공급하는 사업을 체인사업이라한다.
⑤ 2천 제곱미터 이내의 가로 또는 지하도에 30 이상의 점포(도매점포는 제외) 또는 용역점포가 밀집하여 있는 지구를 상점가라 한다.

1. 매장: "매장"이라 함은 상품의 판매와 이를 지원하는 용역의 제공에 직접 사용되는 장소를 말한다. 이 경우 매장에 포함되는 용역의 제공장소의 범위는 제1종 근린생활시설, 제2종 근린생활시설, 문화 및 집회시설, 운동시설, 일반업무시설(오피스텔은 제외)을 말한다.
2. 대규모점포: "대규모점포"라 함은 하나 또는 대통령령이 정하는 2이상의 연접되어 있는 건물 안에 하나 또는 여러 개로 나누어 설치되는 매장일 것,상시 운영되는 매장일 것, 매장면적의 합계가 3천제곱미터 이상일 것, 의 요건을 모두 갖춘 매장을 보유한 점포의 집단으로서 대통령령이 정하는 것을 말한다.
3. 준대규모점포: "준대규모점포"란 대규모점포를 경영하는 회사 또는 그 계열회사(「독점규제 및 공정거래에 관한 법률」에 따른 계열회사)가 직영하는 점포,「독점규제 및 공정거래에 관한 법률」에 따른 상호출자제한 기업집단의 계열회사가 직영하는 점포, 직영점형 체인사업 및 프랜차이즈형 체인사업의 형태로 운영하는점포로서 대통령령으로 정하는 것을 말한다.
4. 체인사업: "체인사업"이라 함은 같은 업종의 여러 소매점포를 직영(자기가 소유하거나 임차한 매장에서 자기의 책임과 계산아래 직접 매장을 운영하는 것)하거나 같은 업종의 여러 소매점포에 대하여 계속적으로 경영을 지도하고 상품 · 원재료 또는 용역을 공급하는 사업을 말한다.

07 ⑤ 08 ④

09 다음 아래 항목은 방문판매 등에 관한 법률에 열거된 내용들 이다. 현행법에 열거된 사항 중에서 가장 잘못 설명하고 있는 내용은?

① 방문판매자란 방문판매를 업으로 하기 위하여 방문판매조직을 개설하거나 관리 · 운영하는 자(방문판매업자)와 방문판매업자를 대신하여 방문판매업무를 수행하는 자(방문판매원)를 말한다.

② 전화권유판매자란 전화권유판매를 업으로 하기 위하여 전화권유판매조직을 개설하거나 관리 · 운영하는 자(전화권유판매업자)와 전화권유판매업자를 대신하여 전화권유판매업무를 수행하는 자(전화권유판매원)를 말한다.

③ 다단계판매란 판매업자에 속한 판매원이 특정인을 해당 판매원의 하위 판매원으로 가입하도록 권유하는 모집방식이 있을 것, 판매원의 가입이 3단계(다른 판매원의 권유를 통하지 아니하고 가입한 판매원을 1단계 판매원으로 함) 이상 단계적으로 이루어져야 한다.

④ 다단계판매자란 다단계판매를 업으로 하기 위하여 다단계판매조직을 개설하거나 관리 · 운영하는 자(다단계판매업자)와 다단계판매조직에 판매원으로 가입한 자(다단계판매원)를 말한다.

⑤ 계속거래란 3개월 이상에 걸쳐 계속적으로 또는 부정기적으로 재화 등을 공급하는 계약으로서 중도에 해지할 경우 대금 환급의 제한 또는 위약금에 관한 약정이 있는 거래를 말한다.

계속거래란 1개월 이상에 걸쳐 계속적으로 또는 부정기적으로 재화 등을 공급하는 계약으로서 중도에 해지할 경우 대금 환급의 제한 또는 위약금에 관한 약정이 있는 거래를 말한다.

10 다음 중 소비자기본법에 대한 설명으로 옳지 않은 것은?

① 소비자의 기본권익을 보호하기 위해 제정되었다.

② 소비자들은 자신들의 권익을 위해 특정단체를 구성할 수 없다.

③ 소비자는 안전하고 쾌적한 소비생활 환경에서 소비할 권리가 있다.

④ 소비자 보호 시책의 효과적인 추진을 위해 한국소비자원이 설립되었다.

⑤ 모든 물품 및 용역으로 인한 생명, 신체 및 재산상의 위해로부터 보호받을 권리를 포함하고 있다.

소비자는 소비자 스스로의 권익을 옹호하기 위하여 단체를 조직하고 이를 통하여 활동할 수 있는 권리를 향유한다.

09 ⑤ **10** ②

11 다음은 제조물책임법(Product Liability)에서 손해배상 청구권 소멸시효와 관련된 내용이다. 손해배상 청구권은 피해자가 손해배상 책임자를 인지한 날로부터 몇 년이 경과되어야 시효가 소멸되는가?

① 3년 ② 5년 ③ 7년 ④ 10년 ⑤ 15년

제조물책임법(Product Liability)은 제조물의 결함으로 인하여 발생한 손해에 대한 제조업자 등의 손해배상책임을 규정함으로써 피해자의 보호를 도모하고 국민생활의 안전향상과 국민경제의 건전한 발전에 기여함을 목적으로 한다. 이 법에 의한 손해배상의 청구권은 피해자 또는 그 법정대리인이 손해 및 손해배상책임을 지는 자를 안 날부터 3년간 이를 행사하지 아니하면 시효로 인하여 소멸한다.

12 할부거래에 관한 법률은 할부계약 및 선불식 할부계약에 의한 거래를 공정하게 함으로써 소비자의 권익을 보호하고 시장의 신뢰도를 높여 국민경제의 건전한 발전에 이바지함을 목적으로한다. 다음 중 할부계약에서 청약의 철회에 대한 내용으로 옳지 않은 것은?

① 소비자는 계약서를 받은 날부터 7일. 다만, 그 계약서를 받은 날보다 재화 등의 공급이 늦게 이루어진 경우에는 재화 등을 공급받은 날부터 14일의 기간(거래당사자가 그 보다 긴 기간을 약정한 경우에는 그 기간)이내에 할부계약에 관한 청약을 철회할 수 있다.
② 소비자가 계약서를 받지 아니한 경우, 할부거래업자의 주소 등이 적혀 있지 아니한 계약서를 받은 경우, 할부거래업자의 주소 변경 등의 사유로 기간 이내에 청약을 철회할 수 없는 경우에는 그 주소를 안 날 또는 알 수 있었던 날 등 청약을 철회할 수 있는 날부터 7일 이내에 할부계약에 관한 청약을 철회할 수 있다.
③ 소비자는 계약서에 청약의 철회에 관한 사항이 적혀 있지 아니한 경우에는 청약을 철회할 수 있음을 안 날 또는 알 수 있었던 날부터 7일의 기간(거래당사자가 그 보다 긴 기간을 약정한 경우에는 그 기간)이내에 할부계약에 관한 청약을 철회할 수 있다.
④ 소비자는 할부거래업자가 청약의 철회를 방해한 경우에는 그 방해 행위가 종료한 날부터 7일의 기간(거래당사자가 그 보다 긴 기간을 약정한 경우에는 그 기간)이내에 할부계약에 관한 청약을 철회할 수 있다.
⑤ 할부거래업자가 청약의 철회를 승낙하거나 청약을 철회할 수 없는 재화 등에 대하여는 그 사실을 재화 등의 포장이나 그 밖에 소비자가 쉽게 알 수 있는 곳에 분명하게 표시하거나 시용(試用) 상품을 제공하는 등의 방법으로 소비자가 청약을 철회하는 것이 방해받지 아니하도록 조치를 하지 아니한 경우에는 청약을 철회할 수 있다.

오답풀이 소비자는 계약서를 받은 날부터 7일. 다만, 그 계약서를 받은 날보다 재화 등의 공급이 늦게 이루어진 경우에는 재화 등을 공급받은 날부터 7일의 기간이다.

해답 11 ① 12 ①

13 청소년보호법령상 청소년 유해 매체물에 대한 설명으로 맞지 않은 것은?

① 청소년 유해 매체물에 대해서는 청소년에게 유해한 매체물임을 나타내는 표시를 하여야 한다.
② 청소년 유해 매체물에 대해서는 이를 포장하여야 한다. 다만, 매체물의 특성상 포장할 수 없는 것은 그러하지 아니하다.
③ 청소년 유해 매체물은 청소년에게 유통이 허용된 매체물과 구분 격리하지 않고 다만 대여하기 위하여서는 전시 또는 진열할 수 있다.
④ 누구든지 청소년유해표시 및 포장을 훼손하여서는 아니 된다.
⑤ 청소년으로 하여금 인격비하 · 수간 등 비인륜적 성의식을 조장할 우려가 있는 성관련 물건을 말한다.

청소년보호법의 목적에서 청소년에게 유해한 매체물과 약물 등이 청소년에게 유통되는 것과 청소년이 유해한 업소에 출입하는 것 등을 규제하고 있다. 또한 청소년 유해매체물은 청소년에게 유통이 허용된 매체물과 구분 격리하지 않고 다만 대여하기 위해서라도 전시나 진열은 할 수 없다.

14 직장생활을 하는 '나뚱뚱'씨는 최근에 살을 빼기 위해 런닝머신을 구입하였다. 그러나 제품에 심각한 하자가 발생하여서 반품이나 환불을 요구할 수 있는 소비자의 기본적인 권리가 있다는 것을 알았고, 권리를 행사할려고 한다. 이런 권리행사에 해당되지 않는 것은?

① 런닝머신을 구입하기 위해 영업사원에게 제품에 대한 카탈로그를 가지고, 내가 근무하는 직장의 커피숍에서 설명을 받을 권리가있다.
② 구입하여 달리기를 하던 중 갑자기 기계가 멈춰서 앞으로 넘어지면서, 부상에 대한 심각한 공포심을 가지게 되어 보호받을 권리가 있다.
③ 기계의 옵션이 다양하여 설명서를 읽고도 이해를 하는 것이 부족하여, 필요한 지식을 제공받기를 원하는 권리가 있다.
④ 동일한 기계를 사용한 소비자들끼리 모여서 기계사용으로 인하여 입은 피해에 대하여 신속 · 공정한 절차에 따라 적절한 보상을 받을 권리가 있다.
⑤ 소비생활에 영향을 주는 국가나 지방자치단체의 정책과 사업자의 사업활동 등에 대하여 법안을 제출하고, 의견을 반영시킬 권리가 있다.

소비생활에 영향을 주는 국가나 지방자치단체의 정책과 사업자의 사업활동 등에 대하여 법안을 제출하고, 의견을 반영시킬 권리가 있는 곳은 일반적인 소비자가 하는 권리가 아니라 법안을 제출하는 국회에서 하는 행위이다.

13 ③ 14 ⑤

15 소비자기본법(법률 제10678호)에서 규정하고 있는 내용으로 가장 잘못된 것은?

① 소비자는 소비생활의 향상과 국민경제의 발전에 적극적인 역할을 다하여야 한다.
② 소비자 스스로의 권익을 증진하기 위하여 단체를 조직하고 이를 통하여 활동할 수 있는 권리를 가진다.
③ 공정거래위원회는 소비자정책위원회의 심의의결을 거쳐 소비자정책에 관한 기본계획을 3년마다 수립하여야 한다.
④ 국가는 소비자문제의 국제화에 대응하기 위하여 국가사이의 상호협력방안을 마련하는 등 필요한 대책을 강구하여야 한다 .
⑤ 국가는 지방자치단체의 소비자권익과 관련된 행정조기의 설치운영 등에 관하여는 장관이 정하는 바에 따라 필요한 지원을 하여야 한다.

제7조(지방행정조직에 대한 지원) 국가는 지방자치단체의 소비자권익과 관련된 행정조직의 설치 · 운영 등에 관하여 대통령령이 정하는 바에 따라 필요한 지원을 할 수 있다.

16 다음 중 독점규제 및 공정거래에 관한 법률에 대한 내용으로 옳지 않은 것은?

① "사업자"라 함은 제조업, 서비스업, 기타 사업을 행하는 자를 말한다. 사업자의 이익을 위한 행위를 하는 임원 · 종업원 · 대리인 기타의 자는 사업자단체에 관한 규정의 적용에 있어서는 이를 사업자로 본다.
② "기업집단"이라 함은 동일인이 회사인 경우만을 말하며, 2이상의 회사의 집단이 정하는 기준에 의하여 사실상 그 사업내용을 지배하는 회사의 집단을 말한다.
③ "자회사"라 함은 지주회사에 의하여 대통령령이 정하는 기준에 따라 그 사업내용을 지배받는 국내회사를 말한다.
④ "손자회사"란 자회사에 의하여 대통령령으로 정하는 기준에 따라 사업내용을 지배받는 국내회사를 말한다.
⑤ "계열회사"라 함은 2이상의 회사가 동일한 기업집단에 속하는 경우에 이들 회사는 서로 상대방의 계열회사라 한다.

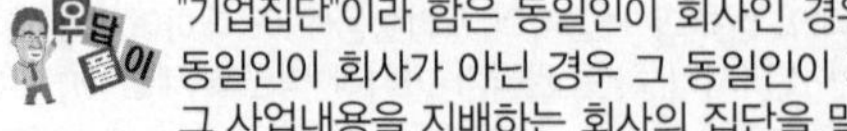

"기업집단"이라 함은 동일인이 회사인 경우 그 동일인과 그 동일인이 지배하는 하나이상의 회사의 집단, 동일인이 회사가 아닌 경우 그 동일인이 지배하는 2이상의 회사의 집단이 정하는 기준에 의하여 사실상 그 사업내용을 지배하는 회사의 집단을 말한다.

해답 15 ⑤ 16 ②

17 다음 중 근로기준법에 관한 법률에 대한 내용중 통상임금 시간급 금액으로 옳지 않은 것은?

① 시간급 금액으로 정한 임금이 있는 경우에는 정한 그 금액
② 일급 금액으로 정한 임금은 그 금액을 1일의 소정근로시간 수로 나눈 금액
③ 주급 금액으로 정한 임금은 그 금액을 주의 통상임금 산정 기준시간 수로 나눈 금액
⑤ 월급 금액으로 정한 임금은 그 금액을 월의 통상임금 산정 기준시간 수로 나눈 금액
⑤ 도급 금액으로 정한 임금은 그 임금 산정 기간에서 도급제에 따라 계산된 임금의 총 금액

도급 금액으로 정한 임금은 그 임금 산정 기간에서 도급제에 따라 계산된 임금의 총액을 해당 임금 산정 기간(임금 마감일이 있는 경우에는 임금 마감 기간을 말한다)의 총 근로 시간 수로 나눈 금액으로 한다.

18 가맹사업거래의 공정화에 관한 법률에 대한 내용으로 옳지 않은 것은?

① "가맹본부"라 함은 가맹사업과 관련하여 가맹점사업자에게 가맹점운영권을 부여하는 사업자를 말한다.
③ "가맹점사업자"라 함은 가맹사업과 관련하여 가맹본부로부터 가맹점운영권을 부여받은 사업자를 말한다.
④ "가맹희망자"란 가맹계약을 체결하기 위하여 가맹본부나 가맹지역본부와 상담하거나 협의하는 자를 말한다.
⑤ "가맹점운영권"이란 가맹점사업자가 가맹본부의 가맹사업과 관련하여 가맹점을 운영할 수 있는 계약상의 권리를 말한다.
⑥ "가맹지역본부"라 함은 가맹본부 또는 가맹지역본부로부터 가맹점사업자를 모집하거나 가맹계약을 준비 또는 체결하는 업무를 위탁받은 자를 말한다.

"가맹지역본부"라 함은 가맹본부와의 계약에 의하여 일정한 지역 안에서 가맹점사업자의 모집, 상품 또는 용역의 품질유지, 가맹점사업자에 대한 경영 및 영업활동의 지원 · 교육 · 통제 등 가맹본부의 업무의 전부 또는 일부를 대행하는 사업자를 말한다.

17 ⑤ 18 ⑤

19 아래 글상자 내용 중에서 "유통산업발전법"에서 규정하는 대규모점포의 요건에 해당하는 것만 나열한 것으로 옳은 것은?

> ㉠ 하나 또는 대통령령으로 정하는 둘 이상의 연접되어 있는 건물 안에 하나 또는 여러 개로 나누어 설치되는 매장일 것
> ㉡ 상시 운영되는 매장일 것
> ㉢ 대규모 점포를 경영하는 회사 또는 그 계열사가 직영하는 매장일 것
> ㉣ 매장면적의 합계가 3천 제곱미터 이상일 것
> ㉤ 상호출자제한 기업집단의 계열사가 직영하는 점포일 것

① ㉠-㉡-㉢ ② ㉠-㉡-㉣
③ ㉠-㉡-㉣ ④ ㉠-㉡-㉤
⑤ ㉠-㉢-㉤

❖대규모 점포
㉠ 하나 또는 2이상의 연접되어 있는 건물안에 하나 또는 여러개로 나누어 설치되는 매장일 것
㉡ 상시 운영되는 매장일 것
㉢ 매장면적의 합계가 3천m2 이상일 것

20 독점규제 및 공정거래에 관한 법률(법률 제17290호, 2020.5.19., 일부개정)에서는 시장 지배적 사업자에 대해 규정하고 있다. 아래 글상자 (㉠)과 (㉡)에 들어갈 숫자로 옳은 것은?

> 일정한 거래분야에서 1사업자(시장점유율 1위 사업자)의 시장점유율이 (㉠)% 이상이거나, 3이하의 사업자(시장점유율이 1~3위 사업자)의 시장점유율의 합계가 (㉡)% 이상인 경우(다만, 이 경우 시장점유율이 10% 미만인 사업자는 제외) 시장지배적 사업자로 추정한다.

① ㉠ 45, ㉡ 70 ② ㉠ 50, ㉡ 75
③ ㉠ 45, ㉡ 75 ④ ㉠ 50, ㉡ 80
⑤ ㉠ 45, ㉡ 80

제6조(시장지배적사업자의 추정) 일정한 거래분야에서 시장점유율이 다음 각 호의 어느 하나에 해당하는 사업자(일정한 거래분야에서 연간 매출액 또는 구매액이 40억원 미만인 사업자는 제외한다)는 시장지배적사업자로 추정한다.
1. 하나의 사업자의 시장점유율이 100분의 50 이상
2. 셋 이하의 사업자의 시장점유율의 합계가 100분의 75 이상. 이 경우 시장점유율이 100분의 10 미만인 사업자는 제외한다.

19 ② 20 ②

유통관리사1급

02 물류경영

Chapter 1 물류 관리

01 물류 일반

1. 물류의 의의

(1) 물류의 개념

① 물적유통(physical distribution, logistics)은 모든 유통경로 상에 있어서 제품과 서비스(goods & service)를 적절한 장소에(Right place)에, 적절한 시기에(Right time)에, 적절한 품질(Right quality)로 중간상 및 최종소비자에게 전달되는 것을 말한다.

② 물적유통은 원초지점부터 소비지점까지 원자재, 중간재, 완성재, 그리고 각종 관련 정보를 소비자의 욕구를 충족시키기 위하여 이동시키는 것과 관련된 흐름과 저장을 효율적이면서 효과적으로 계획, 수행, 통제하는 과정이다.

③ 물적유통은 유형적이거나 무형적인 모든 재화에 대하여 공급자나 생산자로부터 최종 소비자 및 수요자에 이르는 흐름을 관리하는 것을 의미한다. 생산이 형태효용을 창출하고 소비가 소유효용을 창출하는 의미가 있다면 물적유통은 시간효용과 장소효용을 창출함으로써 양자를 연결시킨다.

④ 물적유통은 구체적으로는 수송, 포장, 보관, 하역 및 통신의 여러 가지 활동을 포함하며, 상거래에 있어서는 유형적인 물자를 운송하므로 재화의 공간적 · 시간적인 한계를 극복하게 해준다.

(2) 물류의 중요성

① 기업의 물류비 증가

㉠ 기업에서 차지하는 비용 중에서 물류비용이 차지하는 비용의 비중이 매우 클 뿐만 아니라 점점 증가하고 있다는 면에서 관리상의 중요성이 증가하고 있다.

㉡ 기업은 물류비뿐만이 아니라 물류활동수행 중에 발생하는 기회비용의 개념도 무시를 할 수가 없다.

㉢ 물류의 커버리지가 글로벌시장으로 확장되면서 글로벌 경쟁력을 갖추기 위한 효율적 또는 효과적 물류활동의 필요성이 증대되고 있다.

㉣ 지속적으로 제품 생산비를 절감하기 위한 노력이 진행되어 한계를 인식하고 있지만, 여전히 제품원가에서 높은 비중을 차지하는 물류비 절감에 대한 기업들의 관심이 높아지고 있다.

② 물류의 산업적 기능

㉠ 물적유통은 재화나 서비스의 모든 경제재의 흐름을 말하는 것으로, 물적유통망은 산업전반에 커다란 비중을 차지하고 있다.

ⓛ 물류활동은 증가하는 에너지비용, 부존자원과 재료의 부족, 생산성감소 등으로 특징지어지는 현 경제상황에서 물류활동의 지원이 사회적 경제활동의 지원이라고 할 수 있다.

ⓒ 물적유통망 구조가 잘 갖추어진 선진국에서도 물류활동에 따른 비용이 총 생산의 20%를 상회할 만큼 물류비의 비중이 점점 더 커지고 있다.

③ 물류의 최적화

㉠ 물류의 최적화를 위하여 도로건설 등 사회 기간산업의 확충과 설비를 투자할 여력을 주기 때문에, 이것은 국민 경제생활의 발전 증가에 상당한 상승작용을 한다.

ⓛ 물류의 최적화는 지역경제가 발전할 수 있는 원인이 되므로, 인구의 대도시 집중현상을 억제하는 역할을 한다.

ⓒ 물류의 최적화는 배송에 있어서 정해진 시간 내에 할 수 있어 수요자의 요구에 부응함으로써 서비스의 향상과 더불어 양질의 서비스가 제공된다.

㉣ 물류의 최적화는 유통 흐름의 효율적 향상으로 물류비를 절감할 수 있고, 이런 요인으로 인해 기업의 체질개선과 소비자 물가와 도매물가의 상승을 최대한 유보시킨다.

㉤ 고객만족을 창출하고 유지하기 위한 수단의 하나로서 물류부문의 경쟁우의 확보가 최근 중요시 되고 있다.

④ 기업에 대한 물류의 영향

㉠ 제품의 다각화가 증가함에 따라 보다 진보된 물류관리가 필요하며 시장의 환경변화에 대응할 수 있도록 적정 재고수준을 유지하기 위함에 있다.

ⓛ 수송, 보관, 재고관리와 같은 통합적인 물류관리 시스템을 통하여 물류비용을 줄일 수 있는 여건을 마련해야 한다.

ⓒ 물류시스템에 의해서 제공되는 고객 서비스 수준을 개선하는 노력에도 상당한 비용이 소요되고, 비용절감의 노력이 고객 서비스 수준을 저하시킬 수도 있다.

㉣ 물류관리에 있어서 비용의 문제는 고객에 대한 서비스 수준과 균형을 이루어야 하며 이러한 균형을 달성하기 위해서는 일정한 지침이 필요하다.

㉤ 일반 기업의 입장에서 볼 때 서비스 경쟁 등 고객의 욕구를 충족시켜 줄 수 있는 물류서비스는 판매서비스 경쟁에서 중요한 역할로 부각될 것이다.

(3) 물류 합리화

① 계획 수송

㉠ 물류활동을 합리화하여 물류혁명으로 승화시키기 위해서 보다 효과적인 것은「계획화」이다. 판매가 결정되었을 때에 정해진 양을 소정 루트에 보낼 수 있다면, 그 이상의 합리화는 없을 것이다. 이것이「계획수송」이며, 이것은 간단해 보이지만 실제로는 여간 어려운 것이 아니다. 판매가 계획과 같이 되지 않기 때문이다.

ⓛ 계획수송은 판매계획을 기본으로 하게 되므로, 판매계획에 차질이 생기면 계획수송 역시 제대로 이루어질 수 없다. 판매가 계획대로 되지 않는데 물류만 계획을 지킨다면 재고의 과부족이 생기게 마련이다.

㉢ 계획수송의 성패는 판매계획, 더 쉽게 설명하자면 판매예측의 정확도에 달려 있는 것이다. 판매예측의 충실도가 높으면 높을수록 판매는 계획대로 이루어지게 마련이다. 판매계획이 차질 없이 이루어진다면 계획수송도 가능하게 된다. 계획수송은 이와 같이 조건부 시책이므로 실제적인 예는 그다지 많지 않다.

② 실차율의 향상

㉠ 물류합리화 추진 단계 가운데 수송차량의 실차율을 향상시키는 방법은 사내물류에 있어서 합리화 대책으로 자주 거론되는 것 중의 하나이다. 「실차」란 수송수단으로 트럭을 이용했을 때 화물을 싣고 운행하는 상태를 말하고 그 반대를 「공차」라고 한다.

㉡ 공장에서 제품을 적재하여 물류거점까지 운반하고 그 곳에서 제품을 하차시키고 올 때는 빈차로 오는것이 통상의 예이다. 즉, 「공장 → 물류거점」은 실차로, 「물류거점 → 공장」은 공차라는 뜻이다.

㉢ 트럭을 이용하는 화주 쪽에서 돌아올 때의 화물을 알선해 주었다면 왕복의 운임은 각기 20%까지 할인될 수 있을 것이다. 이와 같이 실차율을 향상시키는 것은 간단히 말해서 돌아올 때의 화물을 찾아서 수입을 얻으라는 의미이다. 이것은 하주인 물류담당자의 활동에 따라 자신의 운임을 절감할 수 있다는 뜻이다.

㉣ 돌아올 트럭을 위한 화물을 찾기란 그리 쉬운 일이 아니다. 일반적으로 말하면 한 기업의 물류는 항상 생산지로부터 소비지를 향한 일방통행이 대부분이다. 이것의 역류는 반품류이며 이러한 경우는 그다지 많지 않다. 「귀로실차」를 위한 화물 찾기란 이쪽 방향으로 물류를 행할 기업을 찾는 것이라고 이해해야 할 것이다.

③ 귀로화물의 획득 방법

㉠ 일본의 경우 귀로화물의 획득 방법을 이해시키기 위해 어느 간장회사는 관동의 공장에서 관서지구로 제품을 운송하고 돌아올 때의 귀로화물로서 관서지방의 청주를 찾아냈다. 일본의 청주회사는 거의 관서에 집중되어 있고 이곳에서 전국으로 출하된다.

㉡ 이는 역 물류에 눈을 뜬 것이다. 관동공장에서 출발한 트럭은 간장을 관서에 운송하고 그 귀로에 청주회사에 들러 청주를 적재하여 관동까지 온다는 것이다. 화물로서는 두 제품 모두 비슷한 형체이므로 트럭업자로서도 취급하기에 곤란하지 않으니 좋은 상대를 만난 것이다.

㉢ 어느 맥주회사에서는 공장으로부터 특약점으로 맥주를 운송한 후 돌아오는 길에 빈병 야적장에 들러 빈병을 적재해 오는 시스템을 만들었다. 이 회사는 하절기의 최성수기에는 특약점으로부터 빈병을 사전 집적하도록 통보하여 귀로에 빈병을 적재하고 돌아오는 것으로 하고 있으나, 동절기에는 빈병이 소량이므로 병 회사에 들러서 새 병을 적재하여 돌아오도록 했다.

㉣ 이와 같은 방법은 가령 도착지 근처에 하청 가공업자 또는 원자재 회사가 있는 경우에도 응용될 수 있다. 즉, 제품수송 귀로에 하청공장에 원자재나 부품 또는 반제품 등을 적재하고 오는 등의 방법이 있다.

㉤ 이 방법은 자사의 생산부문의 양해가 없으면 할 수 없는 방법이다. 왜냐하면 원자재, 부품 등을 오후 늦게까지 하역해야 하므로 다소의 문제점이 생길 수 있다. 이와 같은 하역시간의 조정은 귀로화물을 찾을 때 항상 고려해야 할 사항이다.

㉥ 귀로화물을 찾을 때 운송트럭의 도착시간과 상대편의 출하시간이 도저히 맞지 않을 경우에는 실현될 수 없는 것이다. 또 화물량의 밸런스 조사도 필요하게 된다. 이쪽에서 10톤의 트럭으로 갔는데 상대 출하량이 2~3톤밖에 되지 않는 경우라면 귀로화물 획득의 효과는 별로 없다.

2. 물류관리

(1) 물류관리의 필요성

① 비용절감과 재화의 시간적 · 장소적 효용가치의 창조를 통한 시장능력(market ability)의 강화로 비용절감과 판매 촉진 실현이라는 2가지 측면에서 대두되었다.

② 기업의 경영비용은 제조원가와 영업비로 구성되며 영업비는 다시 판매비, 물류비, 일반관리비로 구분을 한다.

③ 제조원가관리에 있어 대부분의 기업은 제조시설의 기계화와 원가관리기법의 도입을 통하여 상당한 수준에 있으나 판매비는 판매촉진효과를 증대시키기 위하여 증가시켜야 하며, 일반관리비는 성질상 대폭적인 절감이 어렵기 때문에 기업 활동에 있어 비용 절감의 가능한 부분이 물류비이다.

(2) 물류관리의 특징

① 물류는 운송, 보관, 포장, 하역 정보기능 등으로 이루 어지며, 각각의 기능을 종합한 시스템으로서 분석, 설계가 필요하다.

② 판매용 완제품 및 보수용 부품의 유통은 물론 원재료 및 부품의 조달, 구매상품의 수납까지도 관리대상으로 한다.

③ 기업 내 및 기업간의 물류활동은 물론 소유권을 이전한 후의 배송, 반품, 회수, 폐기 등의 광범위한 분야를 총괄한다.

④ 물류활동은 판매활동과 관련이 크며, 통상 판매촉진을 위한 고객 서비스의 향상과 물류비용의 절감이라는 목표를 추구한다.

(3) 물류관리의 목표

① 마케팅활동을 효과적으로 달성하기 위한 물류기능의 발휘는 경영관리측면에서 중요시되며, 물류관리의 목표는 고객 서비스 수준의 향상과 물류생산성의 효율화 그리고 물류이익을 추구하는 데 있다.

② 오늘날 대부분의 기업들은 물류관리의 목표를 최소비용으로 적정상품을 적절한 장소와 시간에 전달하는 데에 두고 있다.

③ 비용의 최소화를 위해서는 운송비, 재고비(inventory cost) 및 주문처리비 등과 같은 눈에 보이는 비용뿐만 아니라, 배달지연과 재고부족에 따른 매출감소 등과 같이 눈에 보이지 않는 비용(서비스 부실에 의한 기회비용)까지 포함을 시켜야 한다.

(4) 물류관리 목표로서의 비용

① 물류관리 목표로서의 비용은 물류활동을 비용을 수단으로 하여 관리하는 것을 의미하며, 비용에 의한 물류관리는 달성하고자 하는 수준의 고객 서비스를 최소비용으로 달성하는 데 있다.

② 물류활동은 기업의 생산 및 판매부문에 의해 영향을 받으므로 물류비의 형성은 생산이나 판매부문에 의해서 많은 영향을 받는다.

③ 물류관리상 물류비용은 활동실태를 솔직하고 충실히 반영해야 하고, 활동을 비용이라는 통일적인 척도로 파악함으로써 제 활동을 비교 분석 가능해야한다.

3. 고객서비스

(1) 고객서비스의 의의

① 물류에서 가장 중요한 두가지인 비용감소가 있고, 그리고 고객서비스가 있는데 고객서비스는 고객요구를 만족시키는 것으로 고객요구에 대한 만족도를 나타내는 비율로 서비스 상태를 측정하고 관리를 위한 지표로 기업의 시장점유율(market share)과 물류원가(物流原價)에 영향을 미치고 있다.

② 고객 서비스는 마케팅 서비스, 물류 서비스, 경영 · 기술 서비스로 구성되어 있으며, 마케팅 서비스는 주로 가격 서비스가 주가 되며, 물류 서비스에는 주로 납품 서비스, 시간 서비스, 품질 서비스, 재고 서비스 등이 계수관리(計數管理)의 주체가 된다.

(2) 고객서비스의 3대 목적

① 고객만족을 시켜야 한다.

② 고객이 요구하는 상품(품질)의 공급을 해야한다.

③ 고객이 요구하는 상품을 지정한 기간 내 인도해야 한다.

(3) 고객서비스의 구분

① 거래전 요소로는 명시화된 회사정책, 회사조직 ,시스템의 유연성 등이 있다.

② 거래중 요소로는 주문 충족률, 정시배달, 미배송 잔량, 재고 품질수준, 환적, 제품의 대체 등을 들 수 있다.

③ 거래후 요소로는 설치, 보증, 변경, 수리, 제품추적, 고객 클레임, 불만 등을 들 수 있다.

④ 중요한 순서로는 거래중 요소, 거래후 요소, 거래전 요소로 구분을 할 수 있다.

(4) 고객서비스를 좌우하는 주요 요소

① **물품의 가용성** : 가장 보편적인 고객서비스 측정요소이며, 통상 발주량, 생산량 또는 금액 등을 기준으로 그 재고비율을 기준치의 퍼센트(%)로 측정한다.

② **리드 타임** : 발주로부터 납기까지의 기간을 말하며, 통상 표준 또는 목표 리드타임으로부터 시간단위 및 변동단위로 측정한다.

③ **비상조치능력** : 예상치 못한 특별주문에 대한 대처능력을 말하며 특별한 요구에 대한 대응시간으로 측정한다.

④ **유통 정보** : 고객이 정보를 요구할 경우 제때에 정확히 답할 수 있는 능력을 말하며, 회신의 속도, 정확성 및 그 내용을 측정한다.

4. 물적유통의 기원

(1) 물류(Logistics)의 용어

① 로지스틱스(Logistics)의 기원

㉠ 로지스틱스란 원래 프랑스어로 병참을 의미하며, 병참이란 '군 작전을 위해 후방에 있는 차량 및 군수품의 수송, 보급 및 후방 연락선을 확보하는 임무를 수행하는 기관'을 말한다.

㉡ 이러한 용어는 제2차 세계대전 중 오퍼레이션 리서치(Operation Research;OR) 군사 목적의 업무수행에 적용하면서 발전하였다.

② 로지스틱스(Logistics)의 의미

㉠ 로지스틱스에서 창고는 보관, 포장, 상품분류, 가공 등의 활동을 수행하는 장소이기도 하다.

㉡ 로지스틱스는 제조업체가 고려해야 할 고객서비스 구성요소로서 재고이용 가능성, 서비스 제공능력, 서비스 질 등에 영향을 미치는 요소이다.

㉢ 로지스틱스는 기업물류의 총체적 관점에서 관리해야 하는데, 그 이유는 비용과 밀접한 관련이 있기 때문이다.

㉣ 로지스틱스의 일부로서 재고관리는 불규칙한 수요에 대응하고 안정적인 노동력의 유지와 생산체제 구축에 도움이 된다.

㉤ 로지스틱스에서 창고는 보관, 포장, 상품분류, 가공 등의 활동을 수행하는 장소이기도 하다.

㉥ 로지스틱스는 물자활동을 제한하지 않고 소유권을 이전한 후의 단계에서 유통 · 소비 · 폐기, 환원 및 회수라는 광범위한 분야를 적극적으로 총괄하는 개념이다.

㉦ 로지스틱스에 포함되는 물류활동은 판매활동과 관련이 크며, 판매촉진을 위한 물류서비스의 향상과 물류비용의 절감이라는 상반된 목표를 추구한다.

㉧ 로지스틱스는 수송 · 배송 · 보관 · 포장 · 하역 등 여러 기능을 종합한 시스템으로 분석하고 설계할 필요가 있다.

㉧ 로지스틱스는 다수의 고객 확보를 위한 경쟁 무기로 사용하고, 일반 고객의 요구 변화에 즉흥적 · 유연적으로 대응하고 행동결과를 깊이 인식한다.

㉨ 로지스틱스는 첨단기술의 채택에 적극적이며 전략적 방향이 분명하고, 관련 기업과 긴밀한 유대 관계를 유지한다.

㉩ 국민경제적 관점에서 물류의 직접적 역할을 설명으로 유통효율의 향상을 통한 물류비 절감으로 기업의 경쟁력을 높이고 물가상승을 억제하며, 정시, 정량배송의 실현을 통해 수요자에게 양질의 서비스를 제공한다. 또한 원료의 조달, 생산, 판매 활동에 관련된 물적 흐름을 효율화시켜 자원이용의 효율화를 가능하게 한다.

(2) 물류(Rhocrematics)의 용어

① 로크레매틱스의 기원

㉠ 미국 워싱턴 대학의 브리워(S. H. Brewer)와 존슨(R. A. Johnson) 교수가 1950년에 물적 유통이란 용어 대신에 로크레매틱스라는 물류공학적 용어를 최초로 사용하였다.

㉡ 강이나 흐름을 뜻하는 로(rhoe)와 제품 · 재물 · 정보를 포함한 물건을 뜻하는 크레마(chrema)에 과학을 뜻하는 접미사 'ics'를 붙여 만든 합성어이다. 로지스틱스(logistics)나 물류 관리(the administration of physical distribution)와 기본적으로는 같다.

㉢ 로크레매틱스는 공장, 물류시설의 배치 등을 어떻게 합리적으로 할 것인가 하는 문제를 하드웨어 측면에 중점을 두고 관리하는 물류공학이다.

② 로크레매틱스의 정의

㉠ "로크레매틱스란 조달물류를 포함한 물(物)의 흐름을 정보의 흐름과 결합시킨 시스템을 관리하는 과학이다"라고 정의하고 있다.

㉡ 로크레매틱스란 자재관리와 물류관리를 다같이 조합하는 것으로 구매, 운수, 생산계획, 재고관리 및 기타 기능을 포함하는 의미로 사용하게 된 것이다.

㉢ 로크레매틱스를 주장하게 된 시대적 배경은 바로 물자 유통비(material cost)가 급속하게 상승하기 시작했기 때문이지만, 최근에는 로지스틱스(logistics)라는 용어가 물류부문에서 광범위한 의미로 사용되고 있기 때문에 지금은 별로 사용되지 않고 있다.

02 물류의 영역

1. 물적유통의 영역

(1) 물적유통의 구성

① 물류의 구성

㉠ 경제활동은 상적유통활동(상류)과 물적유통활동(물류)으로 그 범위를 분류할 수 있다. 여기서 물류(物流)는 상류(商流)의 2차적 기능을 수행하는 분야이다.

㉡ 상류(商流)는 생산자와 생산자, 생산자와 판매자, 도매상과 소매상, 생산자와 소비자 및 판매자와 소비자 사이에 상거래 계약이 성립된 후 상품 대금을 지불하고 상품의 소유권을 이전하는 단계를 총칭한다.

㉢ 물류(物流)는 일반적으로 상거래가 성립된 후 그 물품인도의 이행기간 중에 생산자로부터 소비자에게 물품을 인도함으로써 인격적 · 시간적 · 공간적 효용을 창출하는 경제활동이다.

② 상류(商流)와 물류(物流)의 분리

㉠ 경제활동을 활성화 시키기 위해서는 상류(수주, 발주 및 마케팅 등과 같은 상업적 행위)와 물류의 흐름을 분리시킨다. 지점이나 영업소에서 하고 있던 물류활동은 배송센터나 공장의 직배송(直配送) 등을 통하여 수행되어야 한다.

㉡ 대량수송 및 수 · 배송시간의 단축화와 재고의 집약화를 통해 최소 재고화를 달성함으로써 고객 서비스를 향상하고 총 물류비를 절감할 수 있기 때문이다.

㉢ 물류를 상류와 분리하더라도 양자 간의 횡적인 연계성은 물류정보 시스템의 구축을 통하여 충분히 의사소통이 가능하게 할 수 있기 때문이다.

㉣ 상물분리는 지점이나 영업소에 부족된 물류시설 또는 기능을 지점, 영업소로부터 분리하여 물류상 바람직한 곳에 새로운 물류 거점(재고, 배송 등의 거점)을 설립하는 것을 말한다.

㉤ 생산 물류의 흐름은 「공장→지점 · 영업소」라고 하는 경로로부터 「공장 →물류거점」이라고 하는 경로로 변하게 된다. 이렇게 상물분리를 함으로써 수송, 배송, 재고, 하역 작업에 큰 장점이 생긴다.

㉥ 「공장→물류거점」의 수송단계에서는 경로가 단축됨에 따라 지금까지 수 개 지점과 영업소로 제품을 이동시키던 것을 정리할 수 있다. 이로써 대형차량의 이용이 가능하게 되고 운임이 낮아진다.

㉦ 「물류거점→고객」의 배송단계에 있어서도 수 개소의 지점, 영업소의 주문을 종합적으로 처리할 수 있게 되므로 배송차량의 적재율 향상과 효과적인 이용이 가능하게 된다.

ⓞ 물류거점에서 재고의 집약, 재고관리의 철저 등에 따라 재고의 편재나 과부족이 해소되는 효과가 있다.

ⓩ 물류거점의 규모가 커지므로 하역의 기계화, 창고의 자동화 등을 이룰 수 있다.

(2) 순 물류와 역 물류

① 순 물류(Forward Logistics)

㉠ 동종제품의 포장형태가 균일하고, 가격이 동일하다.

㉡ 물류계획의 수립 및 실행이 용이하고, 재고 관리가 편리하고 정확하다.

㉢ 제품수명주기 관리가 가능하다.

㉣ 속도의 중요성을 인지한다.

㉤ 비용의 투명성이 높다.

② 역 물류(Reverse Logistics)

㉠ 동종제품의 포장형태가 상이하고, 가격이 상이하다.

㉡ 물류계획의 수립 및 실행의 어려움이 있고, 재고 관리가 어렵고 부정확하다.

㉢ 제품수명주기에 어려움이 있다.

㉣ 상품처리의 중요성을 인지한다.

㉤ 비용의 투명성이 낮다.

③ 역 물류(Reverse Logistics)의 대상

㉠ 고객반품 : 제품 자체에는 전혀 문제가 없으나 반품된 제품을 말한다.

㉡ 재고반품 : 신제품이나 판매되지 못해 반품된 제품을 말한다.

㉢ 리콜제품 : 수리나 폐기대상의 제품을 말한다.

㉣ 고장제품 : 수리가 필요한 제품을 말한다.

㉤ 재활제품 : 고장이나 제품의 수명이 다한 제품으로서 재사용이 가능한 제품을 말한다.

㉥ 리스제품 : 계약이 종료된 후의 빌려준 제품의 회수를 말한다.

㉦ 폐기제품 : 소각시키거나 매립을 해야 할 제품을 말한다.

(3) 물류기능의 종류

① 시간적 기능

㉠ 물류활동은 생산시기와 소비시기의 시간적 거리를 조정하는 기능을 지니고 있다.

㉡ 물류활동은 이러한 시간적 거리를 극복하는 것이 가장 중요한 요소로 작용하고 있다.

② 장소적 기능

㉠ 물류활동은 생산 장소와 소비 장소의 거리를 조정하는 기능을 지니고 있다.

㉡ 물류활동이 생산 장소와 소비 장소를 좁혀주는 기능을 수행하므로, 생산자와 소비자 모두에게 효용을 가져다준다.

③ 인격적 기능

㉠ 산업사회에서는 분업(分業)의 원칙이 발전되고 있으며, 시장경제를 통하여 생산과 소비 간에는 복잡한 유통경제 조직을 형성하게 된다.

㉡ 생산자와 소비자를 인격적으로 결합하여 생산 · 유통 · 소비를 유기적으로 결합 · 조직화함으로써 생산자와 소비자를 물류활동을 통해 더욱 가깝게 접속시키는 동시에 생산자의 고객인 소비자에의 서비스도 향상시킬 수 있다.

④ 수량적 기능

㉠ 물류활동은 생산자의 생산단위 수량과 소비자의 소비단위 수량이 사회 전체적으로 볼때 도저히 일치할 수 없다.

㉡ 물류활동을 통한 소비의 양적 예측은 실제로 기업이 생산규모를 선택하기 위한 의사결정에 기본적인 요인으로 작용하고 있다.

⑤ 품질적 기능

㉠ 대부분의 소비자들은 동일한 효용가치를 지니고 있는 재화의 경우에도 소비의 다양화 · 개성화 · 패션화가 진행되고 있기 때문에, 기업은 신속 · 정확한 수 · 배송을 통하여 소비자의 욕구에 맞는 품질의 재화를 적기에 소비자에게 공급할 수 있다.

㉡ 이를 통해 소비자의 욕구를 충족시킬 수 있는 제품 차별화나 시장세분화 정책을 추구할 수 있게 된다.

⑥ 가격적 기능

㉠ 수요와 공급의 수급에 따라 가격이 자동적으로 조정되는 시장경제 체제하에서는 기본적으로 물류활동을 통해서 시장에서의 효율적인 가격 메커니즘이 조정된다고 본다.

㉡ 물류활동의 원활화를 통하여 생산자와 소비자 간의 장소적 · 시간적 효용을 통해 제품원가를 실제로 절감할 수 있다고 본다.

2. 기업 물류활동의 범위

(1) 기업 물류의 성격

① 제품을 생산지에서부터 고객이 위치하는 최종 목적지까지 물리적으로 이동시키는데 있어서, 각 물류 거점을 중심으로 물류 네트워크를 구성하는데 필요한 체제인 물류 시스템을 설계해야 한다.

② 물류활동을 극대화하기 위한 물류 조직, 시간, 시설, 기관, 공정, 정보통신, 노무 및 재고관리 등을 주어진 네트워크에서 상품이 지속적 · 안정적으로 흐르도록 물류관리의 효율성을 향상시켜야 한다.

③ 물류작업은 물류 시스템이 구축되고 물류관리가 정착되면 이를 바탕으로 수 · 배송, 보관, 포장 및 하역 등의 작업 활동으로, 기업은 구체적으로 이들 물류작업의 효율화를 통해 물류비를 절감하도록 노력하여야 한다.

(2) 기업 물류의 중요성

① 물류의 중요성의 흐름

㉠ 물류 분야는 마케팅믹스의 다른 분야에 비해 상당히 미개척 분야이다. 따라서 물류관리의 합리화와 효율화를 통하여 물류비용을 대폭 절감할 수 있다.

㉡ 물류비용 절감은 매출 증대와 제조원가를 절감한다는 뜻에서 제3의 이윤원이라 할 수 있다.

㉢ 생산부문의 합리화는 임금 상승과 기술 개발의 애로로 인하여 생산비 절감이 매년 한계에 부딪히고 있다.

㉣ 물류비 자체가 사회간접비의 증가로 매년 증가하고 있으며, 기업간 시장 확보를 위하여 고객 서비스의 경쟁이 치열하게 전개되고 있다.

㉤ 생활수준의 향상으로 고객의 욕구가 다양화 · 전문화 · 고도화되어 고객 서비스 향상이 시급하게 되었다.

㉥ 수 · 배송, 포장, 하역 및 보관 등 물류작업 기술의 발전과 정보통신의 발전이 가속화되고 있다.

② 기업의 물류비 증가

㉠ 기업에서 차지하는 비용 중에서 물류비용이 차지하는 비중이 매우 클 뿐만 아니라 점점 증가하고 있다는 면에서 관리상의 중요성이 증가하고 있다.

㉡ 물류는 고객서비스 수준과 밀접하게 관련되어 중요성이 커지고 있고, 기업은 물류비뿐만이 아니라 물류활동 수행 중에 발생하는 기회비용의 개념도 무시할 수 없다.

③ 물류의 산업적 기능

㉠ 물적유통은 재화나 서비스의 모든 경제재의 흐름을 말하는 것으로, 물적 유통망은 산업전반에 커다란 비중을 차지하고 있다.

㉡ 물류활동은 증가하는 에너지 비용, 부존자원과 재료의 부족, 생산성 감소 등으로 특징지어지는 현 경제상황에서 물류활동의 지원이 사회적 경제활동의 지원이라고 할 수 있다.

㉢ 물적 유통망 구조가 잘 갖추어진 선진국에서도 물류가 총 생산의 20%를 상회할 정도가 될 만큼 물류비의 비중이 점점 더 커지고 있다.

④ 물류의 최적화

㉠ 물류의 최적화를 위하여 도로건설 등 사회 기간산업의 확충과 설비에 투자할 여력을 주기 때문에, 이것은 국민 경제생활의 발전 증가에 상당한 상승작용을 한다.

㉡ 물류의 최적화는 지역경제가 발전할 수 있는 원인이 되므로, 인구의 대도시 집중현상을 억제하는 역할을 한다.

㉢ 물류의 최적화는 배송에 있어서 정해진 시간 내에 할 수 있어 수요자의 요구에 부응함으로써 서비스의 향상과 더불어 양질의 서비스가 제공된다.

㉣ 물류의 최적화는 유통 흐름의 효율적 향상으로 물류비를 절감할 수 있고, 이런 요인으로 인해 기업의 체질개선과 소비자 물가와 도매 물가의 상승을 최대한 유보시킨다.

㉤ 물류의 최적화는 자원의 효율적인 이용이 가능하고 생활환경의 개선에 도움이 된다.

⑤ 기업에 대한 물류의 영향

㉠ 기업 전체적인 측면에서 살펴보면 물류비용은 전체 비용의 20%를 초과하며, 물류 관련 부동산은 물류기업 전체 부동산의 30% 이상을 차지한다.

㉡ 수송, 보관, 재고관리와 같은 통합적인 물류관리 시스템을 통하여 물류비용을 줄일 수 있는 여건을 마련해야 한다.

㉢ 물류시스템에 의해서 제공되는 고객 서비스 수준을 개선하는 노력에도 상당한 비용이 소요되고, 비용절감의 노력이 고객 서비스 수준을 저하시킬 수도 있다.

㉣ 물류관리에 있어서 비용의 문제는 고객에 대한 서비스 수준과 균형을 이루어야 하며 이러한 균형을 달성하기 위해서는 일정한 지침이 필요하다.

㉤ 일반기업의 입장에서 볼 때 서비스 경쟁 등 고객의 욕구를 충족시켜 줄 수 있는 물류서비스는 판매서비스 경쟁에서 중요한 역할로 부각될 것이다.

㉥ 물류비는 매년 증가하는 경향이 있고 물류면에서의 경쟁우위가 중요해지고 있고, 운송, 보관, 하역, 포장, 정보 관련 기술이 현저히 발전되고 있다.

⑥ 국민경제적 관점에서 물류의 직접적 역할

㉠ 정시 배송, 정량 배송의 실현을 통해 수요자에게 양질의 서비스를 제공한다.

㉡ 유통효율의 향상을 통한 물류비 절감으로 기업의 경쟁력을 높이고 물가상승을 억제한다.

㉢ 원료의 조달, 생산, 판매 활동에 관련된 물적 흐름을 효율화시켜 자원이용의 효율화를 가능하게 한다.

㉣ 우리나라 물류정책의 추진방향은 지역거점 물류시설의 확충, 전문적인 국제물류의 중심지화, 물류기술혁신 및 첨단물류시설의 장비 보급 등이 있다.

㉤ 우리나라 물류개선 시책 중 국토해양부의 소관업무로는 거점 수송시설 확충, 물류관련 전문 인력 양성, 화물 유통관련 제도 · 절차 개선 등이 있고, 국토교통부 기술표준원에서 물류비용의 획기적인 절감과 동북아 물류중심 체계 구축을 위해 '물류표준설비인증' 제도를 시행하고 있다.

⑦ 우리나라 물류정책의 추진 방향

㉠ 지역거점에 물류시설을 확충한다.

㉡ 전문적인 국제물류의 중심지화 한다.

㉢ 물류기술혁신 및 첨단물류시설의 장비를 보급한다.

(3) 기업물류의 역할

① 물류의 역할 개념

㉠ 물류는 마케팅의 절반을 구성하고 있을 정도로 마케팅의 가장 중요한 요소로 부각되고 있다.

㉡ 오늘날 마케팅의 실현은 종래의 고객조사, 가격정책, 판매망의 조직화, 광고 및 홍보 등에서 물리적인 고객서비스가 요청되고 있어 물류의 역할은 더욱 커지고 있다.

㉢ 물류는 운송, 보관, 포장, 하역 정보기능 등으로 이루 어지며, 각각의 기능을 종합한 시스템으로서 분석, 설계가 필요하다.

㉣ 판매용 완제품 및 보수용 부품의 유통은 물론 원재료 및 부품의 조달, 구매상품의 수납까지도 관리대상으로 한다.

㉤ 기업내 및 기업간의 물류활동은 물론 소유권을 이전한 후의 배송, 반품, 회수, 폐기 등의 광범위한 분야를 총괄한다.

㉥ 물류활동은 판매활동과 관련이 크며, 통상 판매촉진을 위한 고객 서비스의 향상과 물류비용의 절감이라는 목표를 추구한다.

② 물류의 원칙

㉠ 3S1L원칙은 신속하게(Speedy), 확실하게(Surely), 안전하게(Safely), 저렴하게(Low)를 말한다.

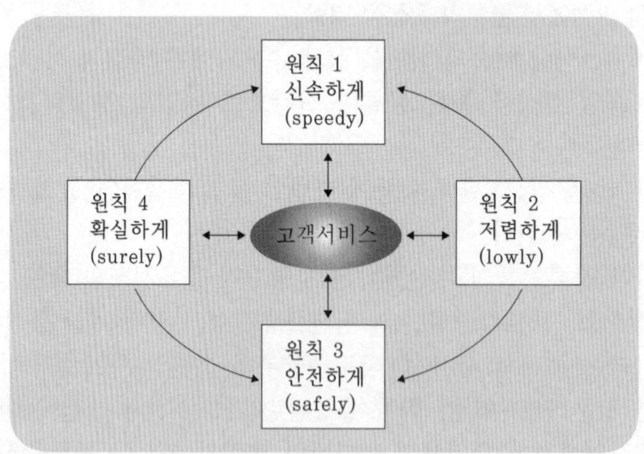

【3S 1L 원칙】

㉡ 7R's원칙은 적절한 상품(Right commodity)을 적절한 품질(Right quality)로서 적절한 양(Right quantity)만큼, 적절한 시기에(Right time), 적절한 장소에(Right place), 적절한 인상(Right impression)을 주면서 적절한 가격(Right price)으로 거래처에 전달하는 것을 소기의 목적으로 하고 있다. 여기에서 '적절한'이란 고객이 요구하는 서비스 수준을 의미한다.

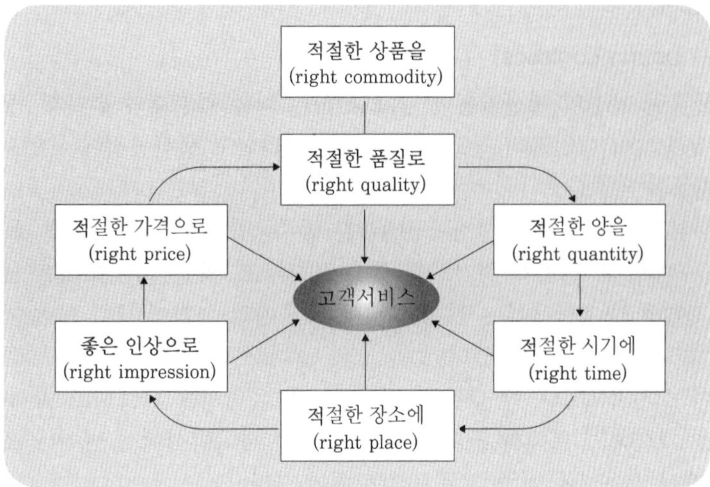

【7R's 원칙】

㉢ 유통상의 판매기능은 물류의 이상적 기준이 되고 있는 물류의 예를 들어 6가지 올바른 기능 가운데 고객의 주문품이 품질(quality)이 다르거나 배송시간을 지키지 못한다면, 다음 판매는 다른 업자에게 넘어가 판매기능은 정지될 것이다.

㉣ 7R's원칙 가운데 1개의 기능이라도 실현하지 못하는 사고를 방지하기 위해서는 수주활동(受注活動)에서 배송활동에 이르기까지 여러 활동을 시스템화하는 동시에 고객서비스를 향상시키도록 노력해야 한다.

③ 물류의 역할 개념

㉠ 업종과 상품의 특성에 따라 물류비의 매출액 대비 비중은 다소간 차이가 있지만, 현재 물류비의 비중은 점차로 그 비중이 올라가고 있다. 기업의 경우 제1의 이윤원이 생산, 제2의 이윤원이 판매라고 한다면 제3의 이윤원은 물류라고 할 수 있다.

㉡ 각 나라별로 물류비의 수준을 직접 비교하는 것은 물류활동의 성격과 환경이 다를 뿐 아니라 조사방법, 분류대상 및 분류방법 등 물류회계제도상의 차이 때문에 큰 의미가 없다.

㉢ 물류의 기본적인 기능인 상품의 장소적 · 시간적 이동을 물리적으로 제어하는 기능을 통해 메이커의 경우 원자재의 조달물류에서는 MRP 제고 및 JIT를 이용한다.

㉣ 생산물류에서는 공정(工程)제로화 그리고 판매물류에서 적정재고의 조정 등을 통해 재고의 수급을 조절함으로써 과잉재고를 억제하여 금융비용을 극소화하는 동시에 생산과 소비 및 유통상의 상품 비축을 최적화할 수 있어 재고품의 동맥화에 따른 손해율을 극소화시킬 수 있다.

3. 물류활동 영역

(1) 조달물류(Inbound Logistics)

① 조달물류란 기업의 생산활동에 필요로 하는 각종 원자재와 부자재, 물자가 조달처로부터 운송되어 매입자의 창고 등에 보관, 관리되고 생산공정에 투입되기 직전까지의 물류활동을 말한다.

② 조달물류활동은 공급자 선정, 구매주문 발주, 입하, 검수, 원자재 재고관리 및 품질관리, 구매협상, 원자재 원가산정 등을 포함하고, 공급사슬(Supply chain)내에서 물류의 출발점인 조달물류는 자사 입장에서 구매의 성격이 강한 탓에 기업 물류관점에서 상대적으로 등한시 되었다.

③ 다양한 소비자의 요구에 맞추어 생산기능의 유연성을 확보하고 막대한 재고 비용의 부담을 개선하기 위해서 완제품 물류 중심의 사고방식에서 벗어나 조달물류의 중요성과 개선 가능성에 비중을 두고 검토해야 한다.

(2) 생산물류(Manufacture Logistics)

① 생산물류는 자재창고에서의 출고로부터 생산 공정으로의 원자재, 부품 등이 생산 공정에 투입될 때부터 생산, 포장에 이르기까지의 물류활동으로서 운반, 생산 공정에서의 하역, 그리고 창고입고까지의 전 과정을 의미한다.

② 생산물류란 물자가 생산공정에 투입되어 제품으로 만들어지기까지의 물류활동을 말한다. 즉, 원재료 입하 후 생상공정에서 가공하여 제품으로서 완성될 때까지의 물류활동을 지칭한다.

(3) 판매물류(Outbound Logistics)

① 판매물류는 판매로 인하여 완제품이 출고되어 고객에게 인도될 때까지의 물류활동을 말하며 제품창고에서 출고하는 과정과 배송센터까지의 수송 그리고 고객에게까지 배송하는 작업 등이 포함된다.

② 제품이 소비자에게 전달될 때까지의 수송 및 배송활동으로서 제품창고로부터 제품의 출고, 배송센터까지의 수송, 배송센터로부터 각 대리점이나 고객에게 배송되는 작업이 모두 포함된다.

(4) 사내물류(Inter-company logistics)

① 사내물류(Inter-company logistics)의 흐름은 '원재료 공급→ 생산 공정→ 수송 → 보관→ 거래처 납품'의 과정을 거친다.

② 사내물류란 물자가 생산 공정에 투입되어 제품으로 만들어져 판매를 위하여 물류창고나 배송창고에 입고되는 과정 중 회사의 내부에서 행하여지는 물류활동을 말한다.

(5) 반품물류(Reverse Logistics)

① 판매된 제품에 문제점이 발생하여 반품되는 제품을 운송하는 프로세스도 역물

류라고한다. 제품의 종류로는 불량품, 리콜된 제품, 리사이클링 제품, 진부화된 제품 등이다.

② 반품되는 제품의 증가 원인으로는 짧아진 제품수명주기, 전자상거래 확대 등에 기인하기도 한다. 반품을 통해 고객의 불만족 원인과 개선사항 등과같은 가치 있는 정보를 수집하기도 한다.

③ 최근 전자상거래의 확산과 더불어 판매된 제품이 주문과 상이하거나, 제품 하자에 따른 교환 등이 증가하고 있다. 이로 인해 기업의 관련 서비스 및 비용절감 측면에서 그 중요성이 날로 증대되고 있는 물류영역이다.

(6) 회수물류(Recycle Logistics)

① 제품의 가치를 살리거나 창출하기 위한 목적으로 소비지를 시작점으로 하여 최종 목적지에 이르기까지의 물류활동으로서 회수물류라고 하는 것은「리사이클 시스템」이라고도 부르며 매매를 통하여 소비자에게 배송된 상품은 일정기간 사용 후 더이상의 사용할 수 없을 때 폐기를 함으로써 제품을 한번 더 운송해야 한다.

② 회수물류에는 용기의 회수(맥주, 우유병 등), 팔레트 · 컨테이너의 회수, 원재료의 재이용(유리, 철, 고지), 반품 등이 있다. 이 같은 회수물류는 일반 물류에 비해 중요성의 인식이 낮고, 불합리하게 행해지기 쉽다. 따라서 회수물류도 제도적으로 효율화를 도모한 리사이클 시스템으로 정비될 필요가 있다.

③ 회수물류는 최근 전자상거래의 확산에 따라 판매된 제품이 상이하거나 문제점이 발생하여 교환 등으로 기업의 서비스나 비용절감 측면에서 그 중요성이 높아지고 있는 물류 영역이다.

④ 판매물류에 부수적으로 발생하는 빈 용기나 포장재의 재활용에 초점을 둔 물류로서, 환경물류, 녹색물류 등으로 불리기도 하며 폐기물을 줄여서 환경을 보호하는 데 대한 관심이 커지면서 새로운 물류의 분야로 중요한 역할을 하고 있다.

(7) 폐기물류(Scrapped Logistics)

① 폐기물류는 사회적으로 환경적인 문제를 다루고 있지만 물류에서도 이러한 중요성을 인식하여 적극적으로 대처해야 하며, 특히 회수물류 중에도 '자원의 재 이용'이라고 하는 분야는 회사시스템화가 가능한 분야이다.

② 임시보관 장소가 필요한 빈깡통이라든지, 전문업자가 존재하는 고지나 빈병 또는 철물 등은 행정기관 또는 전문업자와의 상호보조가 필요한 일이다. 그러나 사회시스템과의연계없이 기업이 스스로 행하는 회수나 반품에 있어서는 일반적인, 즉 전방물류와의 결합을 생각하지 않으면 안된다.

③ 그것은 배송과 회수를 하나의 계획배송의 네트워크로 연결한다든지, 반품을 접수하고 검품 · 선별하여 괜찮은 물건은 재고화하는 과정을 유통센터에 위임하는 것 등에 의해서 가능하다.

4. 환경물류(Green Logistics)

(1) 환경물류의 개념

① 환경은 우리를 둘러싸고 있는 모든 것을 말하며, 지구상의 모든 인간과 동물, 그리고 식물들은 환경을 벗어나 살 수 없다. 또한, 인간 역시 환경을 구성하고 있는 한 부분이다. 이렇게 인간 생활과 밀접한 관련이 있는 환경이 점차 사회가 발전하면서 훼손되고 있다.

② 환경물류에 대한 국내 문헌들의 정리를 보면 물류 과정상에서 자원을 절약하고, 물자의 재활용을 촉진시키며, 환경 친화적 대체재를 사용하고, 원료를 보호하고 쓰레기를 줄이기 위한 자재의 순환시스템의 정립 및 재활용이 불가능한 제품, 생산 부산물과 포장재 등의 환경 우호적인 처리에 이바지함으로써 지속 가능한 개발을 촉진시키는 활동이라고 할 수 있다.

③ 환경 친화적 물류시스템이란 다양한 포워드 물류시스템 활동을 통하여 불가피하게 발생하는 폐기물의 양을 최소화할 수 있도록 감량화(제품 및 포장재료 감량화)와 대체화(폐기물의 발생을 최소화할 수 있는 생산 방법, 소비 방법, 물류시스템으로 대체함) 방안을 실시하고 소비자가 사용한, 사용 중 고장난 제품 또는 구형으로 더 이상 사용을 원치 않아 신제품과 대체하여 발생되는 유해한 제품을 회수하는 것을 포함한다.

④ 지구온난화, 에너지보존, 쓰레기 재사용 등의 환경문제는 물류활동에도 큰 영향을 주고 있다. 환경물류는 제품의 설계부터 구매, 생산, 유통, 판매 후 폐기 및 재사용에 이르는 물류의 전 과정을 통하여 환경 친화적인 요소를 고려하는 동시에 환경의 유해요소들을 원천적으로 제거하거나 최소화할 수 있는 물류활동이다.

⑤ 환경물류란 제품을 생산하기 위한 설계단계에서부터 판매되어 소비자 사용에 이르기까지, 필요한 물류의 제 활동들이 저비용 · 고효율로 달성되도록 환경적 유해요인을 최소화하는 것을 말한다. 기업에서 제품을 설계 및 생산 단계부터 환경 친화적인 재료 및 부품을 사용하여야 하며, 제품을 사용한 후 철저한 분리 및 회수시스템을 적용하여야 한다.

(2) 환경물류의 필요성

① 우리 인류는 이때까지 자연으로부터 많은 혜택을 받아 왔다. 자연은 인간에게 많은 혜택을 공급해주는 기능을 가지고 있었기 때문이다. 우리가 쉽게 망각해버린 그 첫 번째 기능은, 자연은 우리의 경제활동에 필요한 원료나 원자재 특히 사람이 살기 위해 꼭 필요한 식량을 제공해주고 두번째는, 생물학적 또는 화학적 정화작용을 통해서 다시 깨끗하게 정화해 주었을 뿐만 아니라 마지막으로 우리에게 건강은 물론 생활수준과 그 질을 향상시킬 수 있도록 쾌적한 삶의 터전을 마련해주었다.

② 중요한 기능들은 인구팽창과 공업화 및 경제성장의 진전에 따라 약화되고 말았다. 자원의 고갈, 공해에 따른 환경파괴, 쾌적한 삶의 터전 감소 등 심각한 환경의 위기를 맞이하고 있는 것이다. 환경파괴는 오랜 시간에 걸쳐 진행되고 대규모로 축적된

후에야 인간의 시야에 포착된다. 인간이 환경파괴를 문제로 인식하고 의제로 설정하였다 하더라도 이미 환경파괴는 거대한 규모로 광범위하게 진행되었기 때문에 해결이 어려운 단계로 접어든다는 속성을 갖는다.

③ 환경문제는 일단 현실화된 이후에 해결을 시도한다고 하여도 그 부정적 영향을 해소하는 데 매우 긴 시간이 걸리며, 경우에 따라서는 회복 자체가 불가능해질 경우도 있다. 따라서 문제해결을 위한 사전 예방성이 강조되고 있다. 이러한 사전 예방을 위한 한 방법으로 환경물류가 대두되었다.

④ 물류 관련분야와 환경에 대해 구체적 논의를 해보자면 국제적인 환경규제 증가, 좁은 국토 면적, 폐기물의 지속적인 증가로 인한 매립지 부족 등의 이유로 환경 친화적인 물류시스템을 구축할 필요성이 증가하고 있고, 친환경적인 정책을 편다면 제한된 국내 자원 및 에너지 낭비의 최소화를 통한 원가, 물류비용이 감축되어 제품의 가격 경쟁력과 기업의 환경 이미지가 향상된다는 이점이 있으며 또한 고객들도 환경단체 등을 통해 경제적인 효율성을 요구하고 있어 물류 관련분야에서도 환경 친화적인 활동이 필요한 단계에 와 있다.

(3) 환경물류의 사례

① 용기의 제조, 회수, 재생 혹은 재사용 공정에 있어서 환경오염 방지에 대한 대응, 오수(汚水), 폐유, 페인트 등의 처리대책, 산업폐기물 발생량의 삭감 및 발생량의 재자원화, 자원절약, 에너지절약의 추진, 이산화탄소 등 온실효과 가스발생량의 삭감, 자원절약, 에너지절약을 기본으로 한 Reduce(감량화, 감용화), Reuse(재사용), Recycle(재자원화) 등을 들 수 있다.

② 환경물류활동을 위해서는 자원의 절감(Reduce), 재사용(Reuse), 재활용(Recycle)은 물론 요구되는 역물류(Reverse Logistics) 활동을 통해 환경 오염원인의 폐기물 처리량을 줄일 수 있느냐가 중요하다. 자원의 재사용 및 재활용률 향상을 위해 자원순환형 물류체계를 구축할 수 있도록 생산기업과 소비자 간에 협력체제가 형성되는 유기체적인 사회시스템이 중요하다.

(4) 환경물류의 직접적인 성격

① 물류활동의 자체에서 발생을 하는 결과물이나 부산물 등을 지칭한다. 예컨대 팔렛트나 물건을 담은 포장 상자, 오염 등 환경에 미치는 영향력을 최소화하기 위한 것들이다.

② 물류활동에서 재사용이 가능한 툴(tool)을 개발한다거나 차량의 최적인 운행경로를 설계하고, 화물의 수송방법이나 수단을 환경에 맞게 설계하는 것을 가장 우선적으로 해야 한다.

(5) 환경물류의 간접적인 성격

① 물류활동 자체에서 발생하는 것이 아니라 물류활동의 대상물을 말하는 것으로 반품이나 회수품, 폐기처리 과정에서 발생하는 결과가 환경에 미치는 영향력을 최소화시키는 물류활동을 말한다.

② 물류활동에서 발생하는 대상물들을 최적으로 수거하거나 적정하게 처리하는 프로세스를 개발하거나 효율적인 관리를 하며, 신속하고 정확한 의사결정 정보시스템을 활용하여 물류활동을 하는 것을 말한다.

(6) 환경친화적 활동

① 폐기물, 폐유 등을 최소화 할 수 있는 JIT에 의한 구매를 습관화 한다.
② 가능한 한 불필요한 포장 억제 및 재사용 가능한 포장재 사용 권장한다.
③ 물류업자가 사용하는 재료에 관한 비용과 이용가능성에 관한 정보를 제공한다.
④ 자원분리, 재사용, 기타 자원감소 활동과 관련된 사람들의 교육훈련을 실시한다.

(7) 환경 친화적 물류시스템 구축

① 환경문제 발생 요인은 초기단계부터 고려한다.
② 물류시스템 설계는 과잉포장을 시정하고 용기의 표준화를 지향한다.
③ 물류활동을 통하여 발생되는 폐기물의 양(量)을 최소화하는 것이다.
④ 창고시설은 하역장소에서 재활용과 폐기물 관리가 가능하도록 재설계한다.
⑤ 포장용기는 현 상태 그대로 또는 변형하여 재사용 가능한 자재로 대체한다.
⑥ 물류시스템 활동 중 발생되는 제품과 포장재 등의 폐기물을 역(逆)물류로 회수한다.
⑦ 환경 친화적 물류시스템의 성공을 위해서는 전문 인력, 전문장비 및 시설 투자 등이 필요하다.
⑧ 자원의 재사용, 재활용을 위해 필요한 적정프로세스를 실시할 수 있도록 물류시스템을 설계하여 부가가치를 재창출한다. 검토해야 한다.

5. 기업의 물류조직

(1) 물류조직의 정의

① 물류조직은 기업내 물류관리 및 물류 관련 업무를 수행하기 위하여 책임과 권한을 체계적으로 조직화한 것이다. 기업은 이를 통하여 물류활동에 대해 효율화와 체계화 및 통합화를 통하여 대고객 서비스 개선 및 경영활동의 목적을 추구한다.
② 물류조직은 분산형, 집중형, 독립부문형, 독립채산형 등의 형태로 발전되어 왔으며, 기업 내의 물류활동과 관련된 활동을 전문적으로 수행하기 위하여 책임과 권한을 체계화시킨 조직이다.

(2) 물류조직의 필요성

① 물품을 구매하는 경우 구매 담당부서나 다른 부서 간의 전체적인 회사의 효율성을 증진하기 위해서는 보통 갈등이 발생하게 된다. 이러한 갈등을 해결하기 위하여 서로의 기능적 타협이 필요하기 때문에 조직의 필요성이 요구되었다.

② 물품 구매 과정에서 원가절감을 위하여 대량으로 구매하면 보관이나 창고 관리비가 소요되기 때문에, 이러한 것은 개별적으로 관리되고 관리자는 발생된 문제점을 조정, 통제 등 종합하여 운영과정을 조정하게 된다.

(3) 물류시스템의 구축을 위한 조직 구성

① 고객 물류서비스 제고를 우선시 하는 조직

② 수요예측의 정확도를 향상시키는 조직

③ 정보시스템 통합 구축을 통하여 물류 및 판매정보를 연동화하는 조직

(4) 물류조직의 전략

① 프로세스(Process)전략 : 생산계획, 구매계획, 재고수송, 발주와 같은 활동들이 원재료를 구입하여 재공품 단계를 지나 제품이 완성되기까지의 과정에서 최대한의 효율을 달성하는 것을 주요한 목표로 하고 있다.

② 시장(Market)전략 : 매출액의 증대와 신속한 물류 조정을 추구하는 기업들은 구매고객들에게 강력한 서비스 제도를 행사하여야 한다는 것을 시장전략이라 한다.

③ 정보(Information)전략 : 정보 전략이란 회사 내 조직의 구석구석을 통한 물류활동이 주요 목적이다. 이러한 목적을 추구하는 기업들은 상당량의 재고를 보유하고 있는 거래상들과 분배에 중요한 하부조직을 보유하고 있는 회사들이다.

(5) 물류조직의 목표

① 전사적인 물류 관계 프로젝트를 추진한다.

② 물류 예산의 편성관리와 물류비의 파악 및 물류 비용표를 작성한다.

③ 전사적인 물류 전략의 수립과 물류 시스템의 설계 개선을 목적으로 한다.

(6) 물류조직의 유형

① 공식적 물류조직

㉠ 물류활동에 관련이 있는 관리자의 지위를 격상시키고, 물류활동에 대한 권한과 책임이 명확하게 설정되어 있는 조직이다.

㉡ 마케팅이나 재정 및 운영 등과 같은 회사 내 다른 기능 영역과의 관계를 협상을 통하여 효과적으로 타협을 이끌 수 있도록 조직구조 내의 관리자에게 책임과 권한을 부여한다.

② 비공식적 물류조직

㉠ 기존의 조직구조에 어떠한 변화를 요구하지 않으면서 특정 활동이나 그 활동부문의 책임자 사이의 협력이 이루어지도록 한다.

㉡ 이러한 활동에 대한 회사 내의 지원이 과다하게 주어질 때 활동과 활동부문의 책임자 사이의 협력은 비공식적인 방법으로 유지된다.

③ 준 공식적 물류조직

㉠ 물류관리자는 물류를 포함한 여러 기능 영역을 망라하는 조정프로젝트를 설정하는데, 이러한 조직은 항공우주산업에서 주로 사용되며, 이러한 조직을 매트릭스 조직이라 한다.

㉡ 매트릭스 조직의 물류관리자는 부문활동에 대하여 직접적인 권한을 가지고 있지는 않고, 전체 물류시스템에만 책임이 있다.

6. 기업 물류조직의 형태

(1) 직능형 물류조직

① 직능형 물류조직의 개념

㉠ 직능형 조직은 1955년대까지의 조직 형태로, 라인부문과 스태프부문이 미분화된 상태의 물류 조직이다.

㉡ 제품과 서비스의 생산과 판매조직이 라인부문이고, 스태프부문은 분석 · 조사 · 권고 등의 활동으로 생산 · 판매의 라인업무를 돕는 서비스 제공 조직을 말한다.

② 직능형 물류조직의 장점

㉠ 물류 부서를 다른 부서와 병렬 배치하거나 발송과 창고관리 등의 형태를 조직의 하부에 배치한다.

㉡ 조직 구성원 개인의 직능 개발에 대한 노력이 직능 등급의 상승으로 이어지게 함으로써 직무 수행능력 개발 의욕을 가진 구성원에게 동기를 유발한다.

③ 직능형 물류조직의 단점

㉠ 전사적인 물류 정책, 전략, 계획 수립이나 계획 등을 도모하기가 어렵다.

㉡ 직무 수행능력을 파악하기가 수월하지 않고, 조직 자체가 미숙하여 물류 전문 집단의 육성화가 곤란하다.

㉢ 직능형 조직 자체가 조직적으로 결점을 보유하고 있어 물류 활동이 부문 활동 속으로 매몰되어 버린다.

(2) 라인(Line)과 스태프(Staff)형 물류 조직

① 라인과 스태프형 물류 조직의 개념

㉠ 라인과 스태프의 기능을 분화하여 작업 부문과 지원 부문으로 분리한 조직으로 직능형 조직의 결점을 보완한 물류 조직이다.

㉡ 라인은 전선과 지휘 · 명령 계통이라는 2가지 뜻을 포함하며, 생산 활동에 직접 종사하는 사람 · 직위 · 부문 및 이와 연결되는 지휘 · 명령 계통상에 위치하는 각급 경영자 · 관리자를 말한다.

㉢ 스태프는 라인의 경영자 · 관리자가 맡은 바 경영관리활동을 효율적으로 할 수 있도록 전문적인 입장에서 돕는 기능 · 직위 · 사람 · 부문을 말한다.

② 라인과 스태프형 물류 조직의 특징

㉠ 어느 계층의 경영자 · 관리자를 돕느냐에 따라 일반 스태프와 특별 스태프로 나누어진다. 일반 스태프는 경영관리 전반과 관계되는 문제에 대하여, 특별 스태프는 특정분야의 문제에 대하여 돕는다.

㉡ 스태프는 경영관리의 사전적(事前的)인 면을 원조하는 계획 · 조직 스태프와, 사중(事中) · 사후적(事後的)인 면을 돕는 통제 스태프로 나누어진다. 조사부나 기획부는 일반 스태프인 동시에 계획 · 조직 스태프이며, 품질관리계는 특별 스태프인 동시에 통제 스태프이다.

㉢ 스태프는 라인에 대하여 명령권이 없으나 스태프는 경영자의 강력한 지지와 전문가로서의 권위를 배경으로 지배적인 영향력을 가짐으로써 라인에 대해 명령을 내리고 이를 통제하는 상태에 이르기도 한다. 이 상태가 되면 스태프를 될 수 있는 한 분산시켜, 라인과 스태프와의 관계를 정상화하는 것이 좋다.

③ 라인과 스태프형 물류 조직의 장점

㉠ 라인과 스태프 분리에 따른 실시기능과 지원기능 간의 분리가 명확하게 드러난다.

㉡ 라인 활동은 주문처리, 커뮤니케이션, 재고관리, 창고보관, 선적, 운송, 차량관리를 주업무 활동으로 한다.

㉢ 스태프 활동은 재고분석, 창고배치, 시스템과 절차, 자재관리공학, 지역화계획 등의 활동을 한다.

④ 라인과 스태프형 물류 조직의 단점

㉠ 스태프 기능의 지나친 강화와 간섭으로 인하여 일선 현장의 상황과 일치하지 않는 계획을 수립할 수가 있다.

㉡ 물적 유통의 체계적인 관리가 어렵고 책임에 따른 권한이 없으며, 실천력이 부족하기 쉽다.

㉢ 물류부문과 영업부문이 혼재되어 있다면, 물류에 대하여 물류부문의 책임과 관리가 애매하여 어렵게 된다.

(3) 사업부형 물류 조직

① 사업부형 물류 조직의 개념

㉠ 현재 대부분의 물류 조직은 사업부 단위의 조직이 일반적인 형태이다.

㉡ 사업부형 조직으로는 상품별 사업부형과 지역별 사업부형 및 이 둘의 조직을 절충한 형태가 있다.

㉢ 기업 규모가 점점 증가하고 대규모화되어 감에 따라 경영자가 기업의 모든 업무를 세밀하게 관리하기가 어렵게 됨으로써 등장한 조직 형태이다.

② 사업부형 물류 조직의 장점

㉠ 사업부형 물류조직에서 각 사업부는 하나의 회사처럼 운영되고 있다.

ⓛ 각 사업부의 장은 이익의 책임과 경영책임이 있으며, 인재를 육성하는 데 있어서 우수한 조직 형태라 할 수 있다.

③ 사업부형 물류 조직의 단점

㉠ 각 사업부 내에서 인재의 교류가 경직화되고 효율적 이용이 어렵다.

㉡ 원칙적으로 사업부 물류 조직과 본부 물류 조직 간에 단일의 유기적인 조직처럼 움직일 수 없다.

㉢ 그 사업부 단위 채산성이 최우선적으로 고려되기 때문에 실비투자, 연구개발 등을 회사 전체적인 관점으로 실시하기가 어려워 경영에 효율성과 체계적인 계획 수립이 어렵다.

(4) 그리드(Grid)형 조직

① 그리드(Grid)형 조직의 개념

㉠ 모회사와 자회사의 권한 이양이라는 형태로, 모회사의 스태프부문이 복수의 자회사에 해당하는 물류부문을 관리 및 지원하는 형태의 조직으로 그리드형 조직은 대부분 다국적 기업에서 많이 나타난다.

㉡ 그리드형 조직은 다국적 기업의 물류관리 시스템의 조직 형태라 할 수 있으며, 다국적 기업은 해외 사업본부하에 각국의 자회사를 하부구조로 하고 있고, 각국의 자회사에 있는 제너널 스태프와 서비스 스태프를 두고 영업활동의 결과에 대한 책임을 지고 있다.

② 그리드(Grid)형 조직의 특징

㉠ 그리드형 조직이란 매트릭스 조직의 전형적인 한 형태로서 이 조직구조는 미국의 기업들에 있어서 종래의 조직구조에 보이던 결점을 보완한다고 하는 의도로 고안된 것이다.

㉡ 종래의 글로벌 조직구조에서 유지되어 왔던 명령일원화의 원칙을 타파하고 제품별 사업부와 지역별 사업부가 동등한 입장에서 해외자회사의 통제에 대응하는 것을 특징으로 하고 있다.

㉢ 이 때문에 이 조직구조에서는 제품별 사업부가 해외자회사의 활동에 대해 공동의 책임을 가짐과 함께 해외 자회사도 그의 양 조직에 대해 업무 등에 관해서 동시에 보고할 의무도 가지고 있는 조직이다.

(5) 매트릭스(Matrix) 조직구조

① 매트릭스(Matrix) 조직구조의 개념

㉠ 매트릭스 조직은 생산, 마케팅, 운송, 구매 등 각 기능 간에 업무가 거미줄같이 얽혀져 있어 각 활동의 조정이 필요할 때 물류 관리자는 각 활동영역 관리자와 함께 의사결정 권한과 책임을 갖고, 평소에는 자기 부서에서 근무를 하며, 특정 물류문제를 해결하기 위해서 여러 다른 부서의 인원이 모두 구성되는 조직이다.

㉡ 행렬식(行列式) 조직이라고도 한다. 재래형 조직은 모두 상하관계의 시점(視點)에 의해 구조화되어 있기 때문에 집권적(集權的) · 분권적인 것, 직능별 · 제품별 · 지역별인 것 등 모든 조직이 동일하였다. 매트릭스 조직은 재래형의 열(列) 형태 조직에 대한 혁신으로 나타났다.

② 매트릭스(Matrix) 조직구조의 장 · 단점

㉠ 장점으로 자원의 효율적인 활용, 즉 관리자는 유휴인력을 가진 거대집단을 구축하기보다는 오직 일을 완수하기 위해 필요로 하는 전문화된 스태프(staff)만 활용하고, 특수 과제를 맡은 팀에서 작업하는 직원들은 높은 수준의 주인의식, 몰입도 및 높은 작업의욕을 체험할 수도 있다는 장점이 있다.

㉡ 반면 팀 구성원들 사이의 혼란, 보고관계와 직무에 대한 책임이 명확하지 않을 수 있다. 이와 같은 매트릭스 조직은 환경의 다양화에 대응하기 위한 필요에 따라 생겼으나, 이원적 관리에 따른 조직질서의 혼란이 최대의 문제로 지적된다.

03 물류비 관리

1. 기업물류비(logistics cost)의 개념

(1) 기업물류비의 의의

① 물류비(logistics cost)란 원산지로부터 소비자까지의 조달, 사내 및 판매, 재고의 전 과정을 계획, 실행, 통제하는 데 소요되는 비용을 말한다. 물류비는 고객의 요구에 대응하기 위해 비용효과가 가장 높은 방식으로 원재료 및 제품의 효율적인 흐름을 제공할 수 있도록 구입, 운송 및 보관 기능을 통합한다고 정의한다.

② 많은 기업에 있어 물류비 산정이 대체로 각 기업의 독자적인 방식으로 이루어지고 있는 실정이다. 기업물류비는 특정 제조업자의 제조와 판매활동에 수반되는 물류를 위하여 자사 혹은 타사가 소비한 경제적 가치를 나타낸 것이다.

③ 기업물류비는 원산지로부터 최종소비자까지의 조달, 판매, 재고의 전과정을 계획, 실행, 통제하는 데 소요되는 비용으로 물류비의 구성요소 중 운송비의 비중이 가장크다.

④ 기업물류비의 감소와 소비자 만족의 증가를 동시에 가능하게 할 수 있는 것은 적절한 제품을 적절한 장소, 적절한 시간, 적절한 양으로 소비자에게 전달하는 기업은 경쟁자에 비해서 소비자의 욕구를 보다 잘 충족시킬 수 있다는 것이다.

⑤ 자가 물류비보다 위탁물류비의 비중이 증가하는 경향이고, 정보비는 다른 물류비와 상반 관계에 있다. 물류 원가 계산의 일반모델은 회계부서의 원가 자료를 이용하여 관리회계방식에 의해 물류비를 산정하는 형식을 말한다.

⑥ 물류비에 대한 예산관리 및 채산분석을 통해 원가 절감을 달성하기 위해서는 영역별, 기능별 물류비의 정확한 파악이 가장 중요하다.

⑦ 영역별 물류비는 물류비의 발생 원천을 나타내 줄 수 있으며 기능별 물류비는 물류비 절감의 대상과 목표를 구체화시켜줄 수 있기 때문이다. 이를 위해 주로 재무회계상의 물류관련 원가 자료로부터 영역별과 기능별로 물류활동에 직·간접적으로 소비된 물류비를 집계함으로써 물류비를 산정하면 된다.

(2) 기업 물류비산정

① 물류비 산정은 물류영역별, 발생형태별, 기능별, 관리목적별 등에 따라 달리 산정할 수 있다. 일반기준에 의한 물류비의 과목분류는 영역별, 기능별, 자가 위탁별, 세목별, 관리 항목별로 구분된다.

② 영역별 물류비는 기업경영의 주요 영역 중 어느 영역에서 발생한 물류비인가를 식별하여 조달 물류비, 사내물류비, 판매물류비 등으로 분류한다.

③ 물류비의 영역별로 조달, 생산, 판매, 반품 및 폐기물류비로 분류할 수 있고, 기능별 물류비는 수송, 보관, 하역, 포장, 유통가공, 정보, 관리비로 분류할 수 있다.

④ 관리항목별 물류비는 중점적으로 물류비 관리를 실시하기 위한 관리대상, 예를 들어 제품별, 지역별, 고객별 등과 같은 특정의 관리단위별로 분류하는 것을 말한다.

⑤ 물류비의 발생 형태별로 자사 내에서 물류활동에 소비되는 자가물류비와 물류활동의 일부 또는 전부를 사외업자에게 위탁하여 그 대가로 지불하는 위탁물류비로 구분할 수 있다.

⑥ 물류비의 영역별로 조달, 생산, 판매, 반품 및 폐기물류비로 분류할 수 있고, 기능별 물류비는 수송, 보관, 하역, 포장, 유통가공, 정보, 관리비로 분류할 수 있다.

⑦ 물류비를 합리화하기 위해 단일 운송수단을 이용하기보다는 두 개 이상의 운송수단을 이용하여 물류비 합리화를 추구할 수 있다.

(3) 기업 물류비산정의 과정

① 물류비를 정확하게 파악하기 위해서는 우선 물류원가계산이 이루어져야 하는데, 물류원가계산 방식에는 재무제표를 이용한 재무회계방식과 물류원가계산 제도에 의한 관리회계 방식이 있다.

② 재무회계 방식은 재무제표를 이용하여 물류비를 추산하는 방식으로, 손익계산서의 계정과목 중 지불운송료, 지불임차료, 지불보관료 등 물류관련 항목에서 물류비를 산정하고 또한 판매비, 일반관리비에서 물류관련 비용을 추산하게 된다.

③ 재무회계 방식에 의한 물류 원가 계산은 물류관리의 초기단계인 기업이나 물류비 계산 시스템이 확립되지 못한 기업에 유용하다. 그러나 재무회계 방식은 물류비의 일부만을 파악할 수밖에 없어(총 물류비의 20% 정도), 정확한 물류비 파악과 효율적인 물류비 절감을 위해 관리회계 방식의 도입이 필요하다.

④ 재무회계 방식은 주로 기업의 외부 이해관계자를 위해서 매년 작성 보고되는 결산보고서에 해당하는 재무제표를 이용해서 물류비를 추적하여 역산하는 방식을 말한다.

⑤ 재무회계 방식은 물류관리의 초기단계에 있는 기업, 물류 원가 계산 시스템이 확립되지 않은 기업, 물류비를 산출하기 위한 노력과 비용이 과다하게 드는 기업, 물류비의 상세한 정보보다 개략적인 총액 정보로써 만족하는 기업, 물류원가 계산의 실시까지는 물류관리상 곤란한 중소기업 등에서 더욱 유용하게 활용할 수 있다.

⑥ 관리회계 방식은 원가 계산 제도에 의거하여 물류활동에 대한 비용을 산정하는 방식의 하나로, 비교적 정확한 물류비 계산이 가능할 뿐만 아니라 이로부터 산출된 물류비 정보를 활용하여 원가 절감의 달성 여부 등을 파악하는 데 매우 용이하다. 이 방식은 매뉴얼에서의 일반모델을 개발하는 데 기본적인 틀을 제공해 주고 있다.

⑦ 국토교통부가 고시하고 있는 기업물류비계산에 관한 지침에서 물류비의 기능별 분류에서 판매물류비는 영역별 물류비분류체계에 해당하고, 기능별 분류에는 운송비, 보관 및 재고관리비, 포장비, 유통가공비, 하역비, 물류정보 · 관리비가 있다.

⑧ 판매물류비는 생산된 완제품 또는 매입한 상품을 창고에 보관하는 활동에서부터 그 이후의 모든 물류활동에 따른 비용을 말하며, 넓은 의미로 본 이 비용에는 반품물류활동과 공용기, 팔레트 등의 회수물류활동 및 파손 또는 진부화된 제품, 포장용기 등의 폐기물류활동에 따른 비용까지를 모두 포함하기도 한다.

(4) 기업물류비의 산출단계

① 제1단계 : 물류비 계산 니즈의 명확화
  ㉠ 원가계산의 목표 확인
  ㉡ 원가계산 대상의 설정

② 제2단계 : 물류비 자료의 식별과 입수
  ㉠ 원가계산 대상별 관련자료의 식별
  ㉡ 발생 형태별 원가자료의 입수
  ㉢ 물류관리자가 기업의 물류비 수준 파악 가능

③ 제3단계 : 물류비 배부 기준의 선정
  ㉠ 물류비를 간접비와 직접비로 구분하여 직접비는 원가대상별로 직접 부과하고, 간접비는 적절한 배부방법과 배부기준에 의하여 원가대상별로 배부
  ㉡ 물류관리자는 간접물류비의 배부방법과 배부기준을 물류 특성에 맞추어 선정

④ 제4단계 : 원가계산의 대상별 물류비의 배부와 집계
  ㉠ 제2단계에서 계산된 발생 형태별 물류비를 직접비에 직접 부과
  ㉡ 간접비는 선정된 배부방법과 배부기준에 의하여 배부한 다음, 집계하여 원가대상별로 물류비를 계산

⑤ 제5단계 : 물류 원가계산의 보고
  ㉠ 물류 원가계산의 실시에 따른 보고서를 원가계산의 대상별로 작성
  ㉡ 물류 원가계산의 내용을 종합하여 종합보고서를 기간별로 작성하여 최고경영층에 제출

◐물류비 산정 절차◐

〈제 1단계〉	〈제 2단계〉	〈제 3단계〉	〈제 4단계〉	〈제 5단계〉
• 물류비계산 욕구의 명확화 • 수요의 명시 • 물류비 계산 목표의 확인 • 물류비 계산 대상의 설정 • 물류비 계산 범위의 설정	• 물류비 자료의 식별과 입수 • 물류비 계산 대상별 관련 자료의 식별 • 발생 형태별 물류비 자료의 입수 • 물류비 기회원가 관련 자료 입수	• 물류비 배부기준의 선정 • 물류비 배부기준 결정 －영역별 배부기준 －기능별 배부기준 • 물류비의 배부방법	• 원가계산의 대상별 물류비의 배부와 집계 • 물류영역별 집계 • 물류기능별 집계 • 물류관리 목적별 집계	• 물류비 원가계산의 보고 • 물류비 보고서 작성 • 문제점과 대책제시 • 물류비 정보의 활용 및 피드백

(5) 기업물류비의 계산과 계산표

① 발생 형태별 계산 : 물류비의 발생단계별 계산은 1개월 또는 분기별(물류 원가계산기간)로 소비된 물류비를 발생형태별, 혹은 지불형태별로 분류하고 집계하는 절차를 말한다. 발생형태별 물류비 계산은 영역별, 혹은 기능별로 집계할 수 있다.

② 기능별 계산 : 발생형태별로 파악된 비용요소를 수송, 포장, 보관, 하역, 유통가공이라고 하는 물자유통비와 물류정보비 및 물류일반관리비라고 하는 물류기능별로 분류하고 집계하는 절차를 말한다.

(6) 기업 물류비 관리

① 물류비 관리의 목적을 고객 요구의 대응, 효과적인 비용 절감 방식 사용, 재화 흐름의 효율적인 운영 및 통제, 물류기능의 통합화에 두고 있다. 물류활동의 계획(plan), 실행(do), 통제(control)라는 물류관리 절차 측면에서 물류비 관리 대상을 결정한다.

② 활동기준 원가관리를 통해 각 물류프로세스에 대한 보다 정확한 원가 추정이 가능하고, 총이익이 최대화되는 점을 발견하기 위해서는 관리목적별 물류비 관리시스템, 물류정보시스템 등이 필요하다.

③ 유통물류에서 물류비의 절감과 관련하여 가시적 비용과 비가시적 비용의 문제, 비용상쇄효과의 문제, 부문최적화의 문제 등이 발생할 수 있다.

④ 재고를 줄여 재고비용을 낮추려고 노력하면 판매기회 및 재구매기회가 상실할 가능성이 높아진다.

⑤ 물류비는 재무제표 작성시 제조원가, 판매비와 일반관리비 또는 매입원가 등 계정과목과 관계 없이 물류활동을 수행하기 위하여 발생하거나 소비한 경제가치는 전부 대상이 된다는 점에서 기업회계 기준과 다르다.

⑥ 기업회계 기준에서는 인정하고 있지 않는 기회원가(機會原價)를 일부 적용한다. 물류관련 의사결정 대안들을 비교할 때, 매몰원가, 고정비용 등은 반드시 고려해야 한다.

(7) 기업 물류비와 관련된 여러 지표

① 물류생산성지표란, 물류활동에 대한 투입과 산출의 비율이다.
② 물류서비스지표란, 물류활동의 서비스 요구치에 대한 충족치의 비율이다.
③ 물류이용지표란, 물류시설의 이용가능 능력(용량)에 대한실적치의 비율이다
④ 물류업적지표란, 계획치에 대한 실적치의 비율을 말하며 실적치를/계획치로 나눈 비율이다.

2. 기업물류비(logistics cost)의 분류

(1) 발생 형태별 물류비의 분류

① 발생형태별 물류비는 일정기간 동안의 물류활동을 위해 소비된 비용을 발생 형태별로 분류하고 집계하는 절차를 말한다. 발생형태별로 물류비를 계산하면 위탁물류비와 자가 물류비를 파악할 수 있으며 물류 빙산의 전모를 해명함으로써 물류비 절감의 중요성을 인식할 수 있다.
② 전기와 당기의 물류비를 비교함으로써 당기의 물류비에 대한 효율적인 사용 여부를 판단할 수 있으며 위탁물류비와 자가 물류비를 비교함으로써 위탁과 자가 물류의 타당성 비교 등을 할 수 있는데 무엇보다도 중요하다고 볼 수 있는 것은 영역별 · 기능별 및 관리목적별 물류비 계산의 기초자료를 제공한다는 것이다.

(2) 영역별 물류비

① 영역별 물류비 분류는 물품의 흐름에 따른 분류로서 조달물류비, 사내물류비, 판매물류비, 반품물류비, 폐기물류비로 구분된다. 생산물류비는 제조원가에 포함되므로 이 분류에서 제외한다.
② 영역별 물류비의 계산은 발생형태별로 입수된 물류비 자료를 기초로 조달물류, 사내물류, 판매물류, 반품물류 및 폐기물류비로 구분하여 각 항목별로 배부되는 비용액을 집계하면 되는 것이다. 즉, 물품(제품, 반품, 폐기물을 포함)의 물리적 이동에 따라서 분류를 하고, 조달물류비, 사내물류비, 판매물류비, 반품물류비 및 폐기물 물류비 등이 있다.
③ 영역별 물류비 방식에 따르면 물품의 영역별 이동에 따른 물류의 흐름과 비용의 흐름을 파악할 수 있고, 물품의 이동 상황에 맞춘 비용 파악을 통해 물류비 절감 부분을 파악할 수 있으며, 물품의 이동상황에 맞춘 물류업무의 문제점과 이에 관한 효율 증대 방안을 강구할 수 있도록 유도하며 기능별 및 관리목적별 물류비 계산의 기초자료를 제공한다.

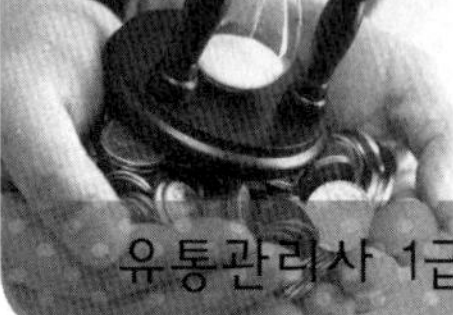

(3) 형태별 · 영역별 집계 방법

① 자가물류비는 재료비, 인건비, 경비, 투자보수비로 구분한다.

② 재료비는 직접재료비와 간접재료비로 나눈다. 직접재료비는 일정기간 동안의 실제 소비량에 소비가격을 곱하여 계산하고, 간접재료비는 적절한 기준에 따라 일정기간 동안의 지불액을 배부한다.

③ 인건비는 직접인건비와 간접인건비로 구분한다. 직접인건비는 일정기간 동안의 실제 작업시간 또는 작업량에 임률(賃率)을 곱하여 계산하며, 간접인건비는 적절한 기준에 따라 일정기간 동안의 지불액을 배부한다.

④ 경비는 실제 발생한 금액을 기초로 해서 공공서비스비, 관리유지비, 일반경비를 계산하며, 감가상각비는 실제내용년수와 잔존가치를 매입가격의 10%로 한 정액법으로 계산한다.

⑤ 투자보수비는 물류활동에 사용되는 고정자산의 평가액 및 물품제품의 재고자산 장부가액에 적정투자 보수율을 곱해서 계산한다.

⑥ 자사지불물류비는 자가물류비에 위탁물류비를 합하여 계산한다.

⑦ 위탁물류비는 일정기간 동안에 있어서 물류활동의 일부를 사외의 물류업자에게 위탁하고 지불한 실제 발생액을 기초로 한다.

⑨ 기업물류비는 자사지불물류비에 타사지불물류비를 합한 것이다.

⑩ 타사지불물류비는 조달과 판매로 구분해서 일정기간 동안의 발생건수 혹은 발생수량에 견적비용단가를 곱한 것이다.

⑪ 위의 발생형태별로 계산한 것을 해당영역에 직접 부과한다.

(4) 기능별 물류비

① 기능별로 물류비를 계산하면 물류관리조직이 기능별로 편성되어 있을 경우 비용에 대한 책임소재 등의 파악과 관련하여 매우 중시된다.

② 물류기능별로 채산분석을 실시하여 물류비 절감 목표를 설정한 경우 실제 대체적인 방법에 대한 코스트 트레이드오프, 즉 어느 기능에서 얼마가 절감 가능한가를 나타내 주는데 유용하다.

③ 비용이 어떠한 물류기능 때문에 발생했느냐에 따른 분류로 물자유통비(제품, 폐기물 등을 물리적으로 유통시키기 위하여 소비되는 포장, 수송, 보관, 하역, 유통, 가공비용), 정보유통비(물류에 대한 정보수집, 전달을 관리하기 위하여 소비되는 비용), 물류관리비(물자유통과 정보유통을 포함한 전반적인 물류활동을 계획, 조정, 통제하기 위하여 소요되는 비용) 등이다.

(5) 관리 목적별 물류비

① 기업에서 필요로 하는 또는 중점적 관리를 희망하는 조직단위나 제품, 또는 지역별 등의 원가정보를 입수할 수 있다는 점이 장점이며, 이 정보를 이용하여 채산분석이

나 타당성분석과 같은 특별 의사결정에 활용할 수도 있으며 특정 관리단위별 성과의 측정이나 평가에도 매우 유용하다.

② 관리목적별 물류비를 계산하여 물류비 관리의 성과를 높이기 위해서는 물류비에 대한 원가중심점별로 직접비와 간접비의 구분 이외에도 조업도에 따른 고정비와 변동비, 그리고 관리 가능성에 따른 관리 가능비와 관리 불가능비에 대한 구분, 계산이 필요하다.

(6) 기타의 물류비

① **적용 방법별 물류비** : 제품, 조직, 지역, 고객, 물류경로, 운송수단 등으로 나누어 중점적으로 물류비 관리를 하는 것으로, 관리담당 책임자에 의해 비용 통제를 하게 된다.

② **물류 조업도별 물류비** : 물류활동의 실시 정도를 개수, 거리, 면적, 용적, 작업시간 등의 수량 또는 금액 등으로 파악하여 조업도의 증감에 따른 물류비 발생 정도를 알 수 있다.

③ **관리 가능성별 물류비** : 각 물류비가 관리 가능한 것인지 혹은 불가능한 것인지를 구분하여 산출하는 것으로서 각 물류관리자의 유형과 계층에 따라 관리 여부가 다르다.

(7) 기능별 물류비 계산방법

① 각 명세표별 물류비 계산표를 포장비 계산 명세서, 운송비 계산 명세서(수송비와 배송비), 보관비 계산 명세서(창고비와 재고투자비), 하역비 계산 명세서, 유통가공비 계산 명세서, 물류정보비 계산 명세서, 물류 일반관리비 계산 명세서를 이용하여 명세표를 작성한다.

② 각 명세표 합계액을 기능별 · 지급 형태별 분류비 계산표에 전기하여 그 합계를 산출하고, 기능별 및 지급 형태별로 비용 지출 내역을 산출한다.

③ 각 명세표별 “기업물류비 합계”란의 금액을 기능별 · 영역별 물류비 계산표에 전기하여 그 합계를 구한다.

(8) 영역별 물류비 계산방법

① **재료비** : 직접 재료비의 계산 「당해 원가 계산 기간의 실제 소비량×소비가격」,간접 재료비의 계산「간접 재료비는 매입액」에 가산한다.

② **인건비** : 직접 인건비의 계산 「당해 원가 계산 기간의 실제 작업량×임률」, 간접인건비의 계산「간접 인건비는 매입액」에 가산한다.

③ **용역비** : 전기료, 수도료, 가스료 등의 용역비는 일반적으로 당해 원가 계산 기간의 실제 소비량에 의하여 계산한다.

④ **유지비** : 수선비, 임대료, 보험료 등의 유지비는 당해 원가 계산 기간의 실제 발생액으로 계산한다.

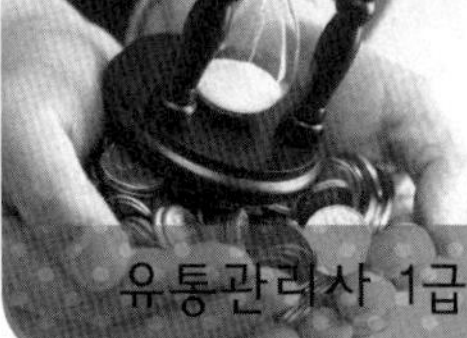

⑤ **일반경비** : 여비, 교통비, 잡비 등의 일반경비는 원가 계산 기간의 실제 발생액으로 계산한다.

⑥ **특별경비** : 특별경비 중 감가상각비는 법인세법상 감가상각 방법을 적용하여 계산하고, 사내금리는 자본비용의 형태로 부가원가로 처리하여 물류비에 가산한다.

⑦ **위탁물류비** : 포장비, 지급운임, 보관료 등의 위탁물류비는 당해 원가 계산 기간의 실제 발생액으로 계산한다.

⑧ **타사(他社)지급 물류비** : 구입 타사지급 물류비「구입수량 또는 구입 건수×견적비용 원가」이고, 판매 타사지급 물류비「판매수량 또는 판매 건수×견적비용 단가」이다.

3. 재무회계와 관리회계방식

(1) 재무회계방식

① 재무회계 방식은 재무제표를 이용하여 물류비를 추산하는 방식으로, 손익계산서의 계정과목 중 지불운송료, 지불임차료, 지불보관료 등 물류관련 항목에서 물류비를 산정하고 또한 판매비, 일반관리비에서 물류관련 비용을 추산하게 된다.

② 재무회계 방식에 의한 물류 원가 계산은 물류관리의 초기단계인 기업이나 물류비 계산 시스템이 확립되지 못한 기업에 유용하다. 그러나 재무회계 방식은 물류비의 일부만을 파악할 수밖에 없어(총 물류비의 20% 정도), 정확한 물류비 파악과 효율적인 물류비 절감을 위해 관리회계 방식의 도입이 필요하다.

(2) 관리회계방식

① 관리회계 방식은 원가 계산 제도에 따른 물류비를 산정하는 방식이다. 이 방식은 비교적 정확한 산정방식이며 원가절감의 달성 여부를 파악할 수 있다.

② 이 방식을 사용하기 위해서는 우선 기업 특성에 맞는 물류비 정의와 분류, 물류 원가 계산 단위의 결정, 물류비 자료 입수와 집계 방법, 간접물류비의 기준 설정 등 적합한 물류 원가 계산 제도가 마련되어야 한다.

(3) 재무회계방식과 관리회계방식의 차이

① 재무회계방식은 기업 활동의 손익상태와 재무 상태를 중심으로 회계제도의 범주에서 물류활동에 소비된 비용항목을 대상으로 1회계기간의 물류비 총액을 추정한다.

② 물류비 계산방식 중 재무 회계방식은 기업 활동의 손익상태(손익계산서)와 재무상태(대차대조표)를 중심으로 물류활동에 소비된 비목을 대상으로 1회계기간의 물류비 총액을 추정하며, 개략적인 물류비의 총액계산에 있어 별도의 물류비 분류, 계산절차 등이 불필요하다.

③ 상세한 물류비의 파악이 곤란하기 때문에 구체적인 업무평가나 목표달성의 측정에 한계가 있으며, 전담조직이나 전문지식이 미흡해도 계산이 가능한 장점과 물류비 절감효과의 측정 한계의 단점도 있다.

【물류비 산출방식과 주요 특질】

회계제도 비교항목	관리회계 방식의 물류비 계산	재무회계 방식의 물류비 계산
산출방식	• 물류활동의 관리와 의사결정에 필요한 회계정보를 입수한다는 것이다. • 물류활동을 관리목적에 따라서 기능별로 나눠 각각의 기능영역에 있어서 발생한 비용을 집계해 나간다. • 이와 같은 기능별, 적용별로 발생한 비용의 회계를 물류비라 하는 것이다.	• 재무회계의 형태별 비목 중에 물류활동에 소비된 비용이 혼합되어 계산되고 있다. • 이것을 비목마다에 배부기준을 근거로 하여 산정한다. • 각각의 형태별 비목의 물류부분을 집계해서 물류비의 당해 회계기간의 총액으로 한다.

(4) 재무회계방식과 관리회계방식의 특성 비교

① 관리회계 방식(일반기준/일반모델)의 기본적인 관점은 물류활동에 투입되는 인력, 자금, 시설 등의 계획 및 통제에 유용한 회계정보의 작성이다. 재무회계 방식(일반기준/일반모델)의 기본적인 관점은 기업 활동의 손익상태(포괄손익계산서)와 재무상태(재무상태표)를 중심으로 물류활동에 소비된 비목을 대상으로 1회계 기간의 물류비 총액산정이다.

② 관리회계 방식(일반기준/일반모델)의 계산 방식은 물류활동의 관리 및 의사결정에 필요한 회계정보의 입수를 위해 영역별, 기능별, 관리목적별로 구분하여 발생비용을 집계한다. 재무회계 방식(일반기준/일반모델)의 계산 방식은 재무회계의 발생 형태별 비용항목 중 물류활동에 소비된 비용을 항목별 배분기준을 근거로 해당 회계기간의 물류비를 추산한다.

③ 재무회계 방식(일반기준/일반모델)의 장점은 전담조직이나 전문지식이 미흡해도 계산이 가능하다는 것이고, 관리회계 방식(일반기준/일반모델)의 장점은 물류활동의 개선안과 개선항목을 보다 명확하게 파악이 가능하다는 것이다.

④ 관리회계 방식(일반기준/일반모델)의 단점은 정보시스템 구축이 전제조건이 되어야 한다는 점이고, 재무회계 방식(일반기준/일반모델)의 단점은 물류비 절감효과의 측정한계가 있다는 점이다.

4. 물류 예산관리

(1) 물류예산관리의 정의

① 물류비 예산이란 물류활동에 대한 계획을 수량화한 것을 말하는데 예산이 갖고 있는 여러 기능이 계획 · 조정 · 통제이다.

② 물류예산 편성 절차의 가장 일반적인 나열은 물류환경 조건의 파악→장기물류계획의 설정→물류예산 편성 방침의 작성과 제출→물류비 예산안의 작성과 제출→물류비 예산안의 심의 · 조정→물류비 예산의 확정의 순서를 거친다.

③ 물류예산관리란 기업의 물류활동을 위해 설정된 물류지침에 의해서 물류관리자가 물류요원의 의견을 수렴하여 과학적으로 예산을 편성하고, 예산집행에 있어서 관련 지출을 조정하거나 통제하는 것을 말한다.

(2) 물류예산관리의 일반모델

① 물류활동에 대해 미리 물류예산을 편성하여 예산과 실적의 물류비를 대비시켜 물류비 예산과 실적과의 차이를 분석해 준다.

② 물류비 실적의 계산식에서 자가 물류비 실적은 물류원가×월별 물류량 실적으로 산출한다.

③ 차기의 물류계획과 예산편성에 관한 정보의 제공에 효과를 볼 수 있다.

④ 예산 편성의 물류현장의 종사자를 참여시켜 자주적인 예산 목표를 설정 유도해야 한다.

(3) 물류예산관리의 실시요건

① 물류 예산에 대한 올바른 이해와 협력이 필요하다.

② 참가적인 예산편성제도를 도입하여야 한다.

③ 예산책임을 명확히 구분하여 명시하여야 한다.

④ 물류예산을 탄력적으로 운용하여야 한다.

(4) 물류예산의 편성 절차

① 제1단계 : 물류 환경조건의 파악

㉠ 물류환경에 대해서 분석하고 예측

㉡ 자사의 과거 물류 실태를 파악

㉢ 사외의 환경조건을 고려하면서 개괄적으로 파악

② 제2단계 : 장기물류계획의 설정

㉠ 기업의 장기적인 경영전략 등의 바탕

㉡ 물류전략이나 정책을 기초로 물류환경을 고려해서 설정

③ 제3단계 : 물류 예산편성 방침의 시달

㉠ 예산편성 방침은 당해연도 물류정책에 대한 최고 경영자의 의향이 포함

㉡ 방침의 내용속에는 일정액의 물류비 절감과 같은 예산목표가 명시

④ 제4단계 : 물류비 예산안의 작성
㉠ 물류 예산안의 작성은 예산편성 방침에 의하여야 함.
㉡ 물류부문의 관리자가 하부직원의 의견을 수렴하여 이루어짐.

⑤ 제5단계 : 물류비 예산의 심의 조정
㉠기업의 사업연도별 기업 종합예산의 범위 내에서 물류부문의 원안을 최대로 존중하는 것이 중요
㉡물류종합예산의 차원에서 종합적으로 검토가 이루어져야 함.

⑥ 제6단계 : 물류비 예산의 확정
㉠ 예산심의위원회에서 심의된 내용을 검토
㉡ 기업의 최고 경영자가 최종 승인을 함으로써 이루어짐.

(5) 물류예산의 종류

① 물류종합 예산
㉠ 기업의 모든 물류활동을 위해 투입되는 예산을 종합예산이라고 하는데, 이 예산은 물류시설의 건설, 취득을 대상으로 한다.
㉡ 물류시설 예산(물류자본 예산), 물류요원의 확보를 위한 물류요원 예산(물류인력 예산), 물류활동에서 발생하는 손실과 이익을 대상으로 하는 물류손익 예산으로 구분된다.

② 물류손익 예산
㉠ 물류손익 예산은 물류수익 예산과 물류비 예산으로 구분한다. 물류수익 예산은 물류부문을 독립채산제로 운영하는 경우 발생하는 경우에 적용한다.
㉡ 사내물류요금을 대상으로 하는 예산이며, 물류비 예산은 물류활동 시 수익창출을 위해 지출되는 비용을 그 대상으로 한다.

③ 물류비 예산
㉠ 물류비 예산은 물류예산관리에서 가장 중시하는 예산이다.
㉡ 종류는 발생형태별, 물류영역별, 물류기능별, 관리목적별 예산으로 세분할 수 있다.

(6) 물류예산안 작성

① 발생형태별 예산안의 작성
㉠ 물류재료비 예산=차기의 예상재료소비량×예정단가
㉡ 물류노무비 예산=차기의 예상 작업량×예정임률
㉢ 물류경비 예산=과거의 예산 실적을 기초로 해서 적절히 증감 계산
㉣ 투자보수비 예산은 계산이 매우 복잡하므로 장부가액의 15%(시중금리를 반영한 적정 보수율)을 곱해서 산정하는 정도로 충분
㉤ 위탁물류비 예산=위탁회사에서 제출하는 견적서를 기초로 편성

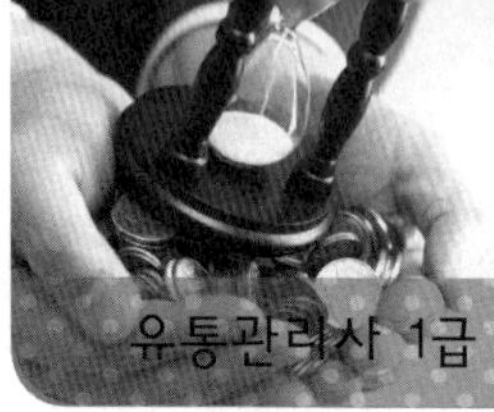

② 기능별 예산안의 작성

㉠ 포장비 예산=포장비 표준×차기의 예상물류량

㉡ 운송비 예산=운송비 표준×차기의 예상물류량

㉢ 보관비 예산=보관비 표준×차기의 예상물류량

㉣ 하역비 예산=하역비 표준×차기의 예상물류량

㉤ 유통가공비 예산=유통가공비 표준×차기의 예상물류량

㉥ 물류정보비 예산=과거의 예산실적을 기초로 하여 적절히 증감 계산

㉦ 물류관리비 예산=과거의 예산실적을 기초로 하여 적절히 증감 계산

③ 물류비 예산의 통제 방법

㉠ 사전 통제 방법 : 예산편성에 물류부문의 종사자를 직접 참여시킴으로써 자주적으로 통 제 기능의 수행을 유도하는 방법

㉡ 기중 통제 방법 : 예산기간 동안 정기적으로 예산의 집행 정도를 점검하고 감시하는 방법

㉢ 사후 통제 방법 : 예산의 실시 후 예산과 실적을 비교하여 차이를 분석하는 방법

④ 예산의 탄력적 운영 방안

㉠ 실행예산제의 실시 : 물류조업도에 따라 연간예산을 분기별 또는 월별로 세분하여 실행 예산을 편성하여 운영한다.

㉡ 예비물류비의 계산 : 물류환경의 변화에 대비해서 일정액의 예비비 예산을 편성해서 집행이 가능하도록 한다.

㉢ 예산 항목의 유용 : 주로 경비예산을 중심으로 비용예산의 총액 범위 내에서 예산항목별로 적당한 유용을 인정한다.

㉣ 예산 외 지출의 허용 : 예산의 항목별 총액은 그대로 유지하면서 필요하다고 인정되는 경우에 예산초과를 인정하는 것으로 예외적인 조치에 해당한다.

㉤ 기초예산의 수정 : 기초예산의 편성 시 고려하지 못했던 물류환경에 본질적인 변화가 발생하였을 때 새로 수정예산을 편성한다.

⑤ 물류예산 보고서의 작성 원칙

㉠ 예산보고서의 내용, 양식, 보고 등은 물류관리의 목적에 부합되어야 한다.

㉡ 예산보고서의 정보는 신뢰할 수 있어야 한다.

㉢ 예산보고서의 내용은 보고자의 권한과 책임에 대응해야 한다.

㉣ 예산보고서의 양식이나 표시 방법 등은 간단명료해야 하며 가능한 표준화하여야 한다.

㉤ 예산보고서의 보고는 신속하게 작성되어 적시성을 가져야 한다.

㉥ 예산보고서의 작성과 전달은 경제성의 원칙을 고려해야 한다.

㉦ 예산보고서의 보고는 물류관리자나 물류책임자에게 전달되어야 한다.

(7) 물류업무의 채산분석 방법

① 트레이드 오프(Cost Trade Off)분석 방식

㉠ 상치분석, 상충분석이라는 이름으로도 사용을 하고 있다.

㉡ 물류업무의 추진에 있어서 이율배반적인 관계가 발생하는 경우 원가의 비교를 중심으로 분석하는 방법을 말한다.

② 총 비용 접근방식(Total Cost)

㉠ 물류개선에 관해서 요구되는 모든 비용 중 각 비용의 부분적인 절감이 아니다.

㉡ 비용의 총액을 어떻게 절감할 것인가를 분석하는 방법이다.

③ 물류비 절감과 물류서비스와의 관계

㉠ 일반적으로 물류절감 목표를 설정할 때 가장 고려해야 할 점은 물류서비스의 수준에 대한 문제이다. 기업에서는 판매경쟁력의 강화를 위해 도입되는 전략의 하나로서 물류서비스의 강화를 시도하는데 이 경우 물류비의 상승을 초래하게 된다.

㉡ 물류서비스의 향상은 물류상승을 유발하게 되지만 반대로 물류절감은 물류서비스의 저하를 초래한다는 트레이드오프 관계에서 발생하고 있다.

④ 기업 물류비 절감의 10대 원칙

㉠ 제1원칙 : 물류비 절감계획의 필요성을 명시하라.

㉡ 제2원칙 : 물류비 절감의 분위기를 만들어라.

㉢ 제3원칙 : 물류비 절감 목표를 설정하라.

㉣ 제4원칙 : 물류비 절감 목표를 달성하기 위한 계획을 수립하라.

㉤ 제5원칙 : 물류비 절감의 책임을 부과하라.

㉥ 제6원칙 : 물류비 절감의 일정표를 작성하라.

㉦ 제7원칙 : 물류비 절감 계획을 개시하라.

㉧ 제8원칙 : 물류비 절감 계획을 통제하라.

㉨ 제9원칙 : 물류비 절감의 성과를 측정하라.

㉩ 제10원칙 : 물류비 절감을 계속 추진하라.

⑤ 일반적인 물류비 절감 방안

㉠ 파렛트화나 컨테이너화 등 유니트 로드화에 의한 물류비의 절감

㉡ 물류의 자동화 · 기계화 등에 의한 물류비 절감

㉢ 물류센터의 건립에 의한 물류비 절감

⑥ 물류비 관리 시스템의 주요 특질

㉠ 모든 물류활동의 계수적인 파악

㉡ 시스템 구축의 목적은 물류비정보의 산출과 활용

㉢ 물류계획의 설정을 위한 정보 제공

㉣ 물류활동의 업적 평가와 효율 측정

04 물류 흐름 관리

1. 조달물류

(1) 물류의 순환

① 물류는 상적유통에서부터 시작해서 원자재 구입가격이 결정되면서 그 순환이 시작된다. 물류의 순환은 '조달→생산→판매'의 과정을 거쳐 소비자에 이어진다.

② 조달물류는 전체 물류의 스타트라인으로서 어느 순환 과정보다 중요하다고 볼 수 있다. 물류가 말 그대로 물자의 흐름인 이상 한 번 잘못 시작되면 그 흐름은 전체의 흐름을 그르칠 수 있다.

③ 조달물류 관리는 공급요청을 받은 협력회사에서 원자재를 어떻게 적절히 포장하고 단위화해서 모기업의 자재 창고에 수 · 배송할 것인가, 또한 자재창고에 보관과 재고관리는 어떻게 할 것인가 등에 성패가 달려 있다.

④ 조달물류의 탄력적인 관리능력은 바로 기업의 능률적인 경영과 경쟁력에 직결된다고 할 것이다.

(2) 국내 조달물류의 상황

① 작업개선을 위해서는 측정과 현상파악이 우선인데 이러한 현장들은 수첩(개인)에 의존하여 구매가 이루어지고 심지어 지난달에 정확히 얼마의 구매가 이루었는지 현재 얼마의 재고가 있는지를 알지 못하는 경우도 있다.

② 제조업체에서 물류비 부분의 큰 비중을 차지하고 있는 조달물류 분야는 타 판매물류, 유통물류 등에 비해 상당히 낙후되어 있다. 중소기업들은 인식부족, 재정부족 등의 원인으로 시설 투자를 하지 못했고, 이 같은 상황이 인력의존도를 높여 생산성을 떨어뜨리는 악순환을 만들어냈다.

③ 국내 기업들은 조달물류에 대한 인식과 전문지식이 부족하여 그동안 '조달물류'라는 분야는 종합물류기업도 서비스를 제공하지 않는 '물류 사각지대'에 놓여 있었다. 조달물류의 비중이 절대적이라 할 수 있는 조달청, 국방부 등을 제외하고는 대부분 기업들은 조달품목들을 원재료, 자재 등을 벌크 형태로 공급받아 물류자동화 시설 없이 인력에 의존하여 관리해 왔다.

④ 조달물류의 주요 개선과제로는 운송체제정비, 리드타임 및 재고관리, 품질 및 정확성 유지에 초점을 두고 있다.

(3) 조달물류의 혁신

① 물류비 절감

㉠ 최근 경기불황, 글로벌 경쟁으로 인해 기업들은 생산원가 절감을 통해서라도

제품의 가격경쟁력을 갖추지 않으면 살아남기가 힘든 상황이다. 때문에 대기업을 중심으로 원자재의 조달, 생산, 유통 등 물류부분의 전 과정을 통합하는 SCM체제로 전환하여 '물류 사각지대'에 놓여 있었던 조달물류 부분의 물류절감을 위해 많은 시도를 하고 있다.

ⓛ 대형 제조기업에 국한될 뿐 중소 제조업체들은 아직도 조달물류 분야에 대한 관심을 두지 않고 있다. 이 같은 환경이 기업의 물류비를 증가시키는 중요 원인으로 자리하고 있다.

② 수익증감 효과

㉠ 일반적으로 조달물류비용은 제조기업이 제품판매에서 얻어지는 수익보다 더 큰 비중을 차지한다. 비용의 대부분은 중소 공급협력사가 자재를 공급하는 과정에서 발생하게 되는데, 수만 가지 부품이 들어가는 자동차 산업의 경우 조달물류비의 대부분이 공급협력사에서 발생하고 있는 셈이다.

㉡ 조달물류 분야는 국내에서 오랫동안 가려져 왔던 분야이다. 그러나 이를 역으로 생각하면 블루오션을 창출할 수 있는 새로운 기회의 땅으로 생각할 수 있다.

㉢ 만약 조달물류비 30%를 절감할 경우 매출 신장 100%와 맞먹는 효과를 갖는다. 대형 제조기업과 자재를 공급하는 중소 협력사, 물류업체, 정부 등이 조달물류의 혁신을 위해 노력을 기울인다면 전체 산업의 물류경쟁력을 한 단계 업그레이드할 수 있을 것이다.

2. 조달물류와 구매(Purchasing)

(1) 본사구매(집중구매)

① 본사구매(집중구매)의 장점

㉠ 구매수량이 종합이 되므로 가격이나 거래조건을 유리하게 정할 수가 있다.

㉡ 각 부문에서 사용하는 공통자재를 종합하여 관리하기 때문에 단순화 · 표준화하는 것이 용이하여 그 결과로써 재고량을 감소시킬 수 있다.

㉢ 구매를 위하여 전문적인 지식 · 기능이 효과적으로 활용되기 때문에 유리한 구매를 할 수 있다.

㉣ 구매절차를 통일하기에 용이하다.

㉤ 구매품의 발주, 독촉, 감사, 수령지불 등 일련의 구매업무를 종합하여 행할 수가 있기 때문에 구매비용이 적어도 가능하다.

㉥ 구매시장 조사나 구매처의 조사 · 구매효과의 측정 등을 유리하게 행할 수 있다.

② 본사구매(집중구매)의 단점

㉠ 각 공장의 재고사항을 알기가 어렵다.

㉡ 각 공장에서는 구매의 자립성이 없어 수속도 복잡해진다.

㉢ 납입업자가 공장으로부터 멀리 떨어져 있는 경우 납입일수 · 운임이 증가한다.

㉣ 긴급수요의 경우에는 시간을 맞추지 못한다.

㉤ 공장이 있는 지방업자와의 유대가 약화되기 쉽다.

③ 본사구매(집중구매)에 유리한 품목

㉠ 수요량, 수요빈도가 비교적 많은 품목

㉡ 구매량에 따라 가격의 차이가 있는 품목

㉢ 고가품목 및 외자품목

㉣ 사업상 긴요한 품목

㉤ 대량품목

(2) 현장구매(분산구매)

① 현장구매(분산구매)의 장점

㉠ 자주적 구매가 가능하다.

㉡ 긴급수요의 경우에는 유리하다.

㉢ 구매수속이 간단하여 비교적 단기간에 가능하다.

㉣ 공장과 그 지방업자의 호의적인 관계를 얻을 수 있다.

㉤ 거래업자가 공장으로부터 근거리일 경우에는 운임, 기타의 경비가 절감되어지며 납입 후의 "서비스"면에서 유리하다.

② 현장구매(분산구매)의 단점

㉠ 본사 의향이나 방침과 다른 자재 · 자금의 수불이 있을 수 있다.

㉡ 일괄구매에 비하여 구입경비가 많이 들며 구입단가도 비싸다.

㉢ 재료시장으로부터 멀리 떨어진 공장에서는 적절한 재료를 취득하는 데 곤란하다.

③ 현장구매(분산구매)에 유리한 품목

㉠ 시장성 품목

㉡ 소량(소액) 품목

㉢ 사무용 소모품 및 수리 부속품

㉣ 구매지역에 따라 가격의 차이가 없는 품목

(3) 당용구매

① 당용구매의 장점

㉠ 초과구매를 방지할 수 있다.

㉡ 가격 하락이 명백한 경우에 유리하다.

㉢ 설계 변경 등에 대응하기가 용이하다.

㉣ 재고 zero가 가능함으로써 보관비용의 절감을 도모할 수 있다.

② 당용구매의 단점

㉠ 조달비용이 증가된다.

㉡ 필요한 시기에 맞추어서 구매하기가 곤란하다.

㉢ 소량구매 및 구매량이 일정하지 않으므로 할인 등 가격결정이 불리하다.

③ 당용구매의 적용 대상 품목

㉠ 비저장품목(비상비품목)

㉡ 계절품목 등 일시적인 수요품목

㉢ 소요시기가 결정되어 있는 품목

(4) 예측구매

① 예측구매의 장점

㉠ 재고 고갈의 방지 또는 생산 활동의 원활을 기할 수 있다.

㉡ 수량할인, 수송비의 감소 등 경제적인 구매가 가능하다.

㉢ 계획적인 구매로 조달비용의 절감을 도모할 수 있다.

② 예측구매의 단점

㉠ 자금의 사장(死藏)화 및 보관비용이 증대된다.

㉡ 설계변경, 계획변경 등에 대응하기가 곤란하다.

③ 예측구매의 적용 대상 품목

㉠ 저장품목(상비품목)

㉡ 계획생산품목

05 물류 표준화 및 공동화

1. 물류 표준화

(1) 물류 표준화의 의의

① 물류표준화의 주요 내용은 기기 및 설비들의 규격 · 치수 · 제원 등이고, 주요 대상은 포장용기, 랙, 트럭적재함 등으로 유닛로드(unit load) 시스템이 필요하고, 국제적으로 연계성과 일관성 유지가 필요하다.

② 물류표준화는 포장 · 하역, 보관 수송 및 정보 등 각각의 물류기능 및 단계에서 사용되는 물동량의 취급단위를 표준화 또는 규격화하고 여기에 이용되는 기기 · 용기 · 설비 등의 강도나 재질 등을 통일시키는 것을 말한다.

③ 물류표준화가 팔레트 풀 시스템 등의 활성화에 크게 기여하였고, 운송과 보관, 하역, 포장, 정보 등과 같은 물동량의 취급단위를 표준화 또는 규격화하여서 기준을 정하고 이용하는 것을 말한다.

④ 물류표준화 체계의 근간이 되며, 물류시스템을 구성하는 각 요소, 즉 수 · 배송 수단, 하역기기 및 시설 등의 기준척도가 되는 것을 물류모듈(Module)이라한다.

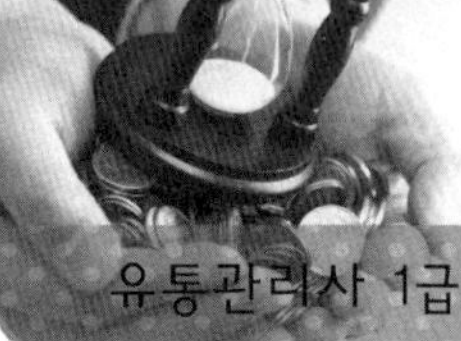

(2) 물류 표준화의 필요성

① **물류의 일관성과 경제성 확보** : 물류 표준화는 물동량의 이동과 흐름의 증대에 대비하여 물류의 일관성 및 경제성 확보의 수단으로 기준이 필요하게 되었다.

② **물류비의 절감** : 국내 도로나 화물터미널, 항만 등의 물류기지 및 시설의 미비로 인한 물류비가 증가하는 추세이며, 이는 물류 표준화의 재해로 인한 생산성의 저하와 비용의 증가를 초래하고 있다.

③ **물류의 신기술 도입용이** : 국내 물류 표준화를 국제 표준화에 연계하기 위하여 국가에 의한 표준화가 설정됨으로써 기업 규격의 선도적인 역할의 필요성이 대두되었다.

④ **국제표준화에 부응** : 국제화 및 시장개방으로 인한 국제표준화(ISO)에 연계되는 물류 표준화가 요구된다.

(3) 물류 표준화의 당위성

① 물류활동에 소요되는 물류비용의 절감
② 물류활동의 물류정보화 구축에 밑바탕 역할
③ 물류활동과 관련된 신기술을 적용하기에 적합
④ 물류활동과 관련된 각 부문 상호 간의 효과적 연계

(4) 물류 표준화의 영향

① 물류공동화를 추구할 수 있다.
② 물류기기의 표준화가 이룩될 수 있다.
③ 국가경쟁력 강화와 물류비가 절감된다.
④ 물류 활동의 효율화와 수급의 합리화를 이룩할 수 있다.
⑤ 자원과 에너지가 절약되고, 소비자에 대한 서비스가 증대된다.

(5) 물류 표준화의 원리

① 롤박스
② 수송포장
③ 유니트 로드치수
④ 일관수송용 팔레트

(6) 국제적인 표준화 추진 방향

① 사회의 의식적 노력의 결과로 단순화를 위한 행위이다.
② 경제활동이자 사회활동으로 상호 협력에 의해 추진한다.
③ 설정 규격에 대한 현실적인 적용 및 실시를 중시한다.
④ 일정기간의 검토 및 필요에 따른 개정에 의한 규격을 설정한다.
⑤ 규격 선택의 여지 및 물류환경 변화에 대응하기 위한 유동적인 원리를 채택한다.
⑥ 국가규격의 법적 강제성의 필요성에 대한 규격의 성질과 공업화의 정도 및 사회에 적용되는 법률과 정세 등에 대한 검토가 필요하다.

(7) 국제적인 표준화 추진 방향

① 국제표준화 정책은 정부주도형보다는 민간주도형으로 추진하는 것이 효과적이다.

② 국제 표준화를 실현하기 위해서는 급속한 변화가 발생하는 국제환경에 대응하여야 한다.

③ 선진 국가들의 각종 표준기구나 회의에 적극 참여하여 표준화의 우선순위 영역, 표준화 정책 및 전략 등에 대한 정보를 체계적이고 신속하게 교환하여야 한다.

(8) 물류 표준화의 목적

① 추진 방향

㉠ 물류 표준화는 하드웨어 분야와 소프트웨어 분야로 구분되어 추진되어야 한다.

㉡ 물류 표준화 추진방향으로는 물류의 기계화, 자동화, 공동화, 물류시설이나 장비들의 표준화 및 표준화된 물류정보 시스템과 unit load system 구축이 필요하다.

② 진행 속도

㉠ 물류 표준화는 수 · 배송, 하역, 운반, 포장 등의 하드웨어 분야는 상당한 표준화가 이루어지고 있으나, 물류기능과 절차 및 양식 등 소프트웨어 분야에서는 거의 표준화를 이루지 못하고 있다.

㉡ 물류 소프트웨어 분야의 표준화는 물류의 기능, 절차, 양식, 자료를 전반적으로 고려하면서 표준화하여야 한다.

③ 전문성

㉠ 물류 표준화는 특정한 조직이나 인원들이 추진하는 것은 바람직하지 않다.

㉡ 표준화를 적용받는 관련조직과 관련전문요원들이 폭넓게 참여하여 물류 표준화 위원회 같은 전문성 기구를 구성하여 진행해야 시행착오가 적다.

(9) 모달 시프트(modal shift)

① 일반적으로 도로중심의 물류수송은 에너지문제, 도로정체, 대기오염을 일으키는 중요한 요인이 된다.

② 이러한 도로중심의 mode에서 선박과 철도 등 친환경적 수송시스템 mode로 이동(shift)하는 것을 모달 시프트(modal shift)라고 하고 정부 역시 적극적인 지원을 하고 있다.

(10) 운송관리지표 중 집배활동

① 물류관리지표에서 우리나라의 택배물량은 도심지역이 전체지역 물량 가운데 80% 이상을 차지하는 것으로 나타났다.

② 택배터미널은 신속한 배달과 효율적인 작업을 위해서는 수도권 등 도심지역과 가까운 곳에 위치하여야 경쟁력이 확보되는 반면, 현실적으로 대도시 주변지역은 지가가 높고 부지확보가 곤란하여 대부분 외곽지역에 터미널을 입지시키게 된다.

③ 이는 업체들에게는 비용 상승은 물론, 사회적으로도 교통유발, 환경오염 등 부정적인 효과가 발생한다는 문제점으로 작용하고 있다. 적재작업은 운송보다는 하역과 관계가 깊다.

④ 물류관리지표의 하나인 운송관리지표 중 집배활동에 포함되는 것은 출발 사전작업, 도착 후 작업, 집배처 작업 등이 있고 적재작업은 해당되지 않는다.

2. 물류 공동화

(1) 의 의

① 물류활동에 필요한 노동력, 수송수단, 보관설비, 정보시스템, 도로 등의 물류인프라를 참여기업과 연계하여 하나의 시스템으로 운영하는 것을 물류공동화라고 한다.

② 물류 공동화는 자사의 물류 시스템과 타사의 물류 시스템이 동일지역과 동일업종을 중심으로 공유되는 것을 말한다. 고객의 제품 수주에서부터 판매되기까지의 물류를 주문, 제품의 수집, 운송, 집하(보관), 배송기능으로 분류하여야 한다.

③ 물류 공동화는 물류비용의 절감을 위하여 자사의 물류 시스템을 타사의 물류 시스템과 연계시켜 하나의 시스템으로 운영하는 것을 말한다.

④ 물류 공동화는 수 · 배송의 효율화를 높이고 비용을 절감하기 위해 동일지역이나 동종업종을 중심으로 노동력, 수송수단, 보관설비, 정보시스템 등 물류시설을 2인 이상이 공동으로 설치하고 이용 · 관리하는 것을 말한다.

(2) 물류 공동화를 위한 전제조건

① 다른회사와 물류 공동화를 위해서는 자사의 물류 시스템을 완전히 개방하여야 한다.

② 표준적인 물류심벌 및 업체 통일전표와 외부와 교환이 가능한 팔레트를 사용해야 한다.

③ 명확하게 서비스 내용을 표준화하고, 통일된 회계기준에 근거하여 물류비를 명확하게 산정하고 체계화하여야 한다.

(3) 물류 공동화의 특징

① 동종 업체나 이종관련 기업들이 전국적 · 지역적으로 물류시설을 공동으로 설치 · 운영하고 관리함으로써 물류시설을 개별적으로 관리하는 것보다 더 적은 비용으로도 더 많은 이익을 산출할 수 있다.

② 고객 서비스 향상과 물류비 절감을 추구하는 물류 공동화의 도입은 물류 합리화의 기본이 된다.

③ 물류 공동화를 저해하는 요인은 여러 가지가 있지만 법적 · 제도적 문제점의 개선이 우선 시급한 과제가 되고 있다. 예를 들면 화물자동차의 도심지역 진입 제한, 자동차운수사업법상 업종위반 규정에 따른 제한, 공업단지 내 물류업체의 입주제한 등의 문제점은 합리적인 해결책이 시급한 상황이다.

(4) 물류 공동화 성공필요 조건

① 취급 물량의 확대
② 공동규칙의 제정과 준수
③ 참가 구성원의 높은 열의
④ 공동화 사업자의 적정한 물류센터용량 및 정보서비스 능력

(5) 물류 공동화의 목적

① 사람,자금,시간,물자 등 물류자원을 최대로 활용함으로써 비용절감이 가능하고, 중복투자가 감소한다.
② 수 · 배송 효율의 향상으로 외부불경제인 대기오염, 소음, 교통체증 등에 대한 문제를 최소화할 수 있다.
③ 인력부족에 대한 대응으로 물류비를 절감하고 고객에 대한 서비스 향상을 도모한다.

(6) 물류 공동화의 효과

① 자금 조달 능력이 향상되고, 다빈도 소량배송에 의하여 서비스가 확대된다.
② 수송단위의 대량화가 진행되고, 수 · 배송의 효율이 향상되며, 정보가 네트워크화 된다.
③ 대도시 내의 트럭교통에 의한 도로정체, 대기오염, 소음, 진동 등 환경문제가 감소된다.

(7) 개별기업 물류공동화 정책수단

① 물류센터와 물류단지의 건립
② 물류자회사와 공동물류회사의 건립
③ 공동 집 · 배송 단지의 건립과 공동 수 · 배송 체제의 도입
④ 공동화에 대한 요구, 합의, 시기, 환경조건, 행정지원 등
⑤ 공동이념을 갖고, 수익자 부담원칙과 공동규칙을 지킬 것

(8) 물류 공동화의 저해요인

① 기업간 정보공유 기피
② 서열납입 등 수요처의 다양한 요구
③ 제품 및 포장의 다양한 규격과 취급 특성
④ 물류부문의 이해관계자(퇴직임원 등)에 대한 높은 의존도

(9) 공동 수송과 배송

① 공동화의 특징

㉠ 동일 지역과 동일 업종을 중심으로 하는 것을 원칙으로 공동으로 수행함으로 인해 사람, 물자, 자금, 시간 등 물류자원을 최대로 활용하여 비용을 절감할 수 있다.

㉡ 공동 수송과 배송은 시간적으로 적시에 고객에게 도착할 수 있으므로, 고객에 대한 서비스 향상을 추구할 수 있고, 수송과 공동배송은 횟수를 줄일 수 있으므로 대기오염, 소음, 교통체증 등에 대한 문제인 외부불경제를 감소시킬 수 있다.

㉢ 동일지역과 동일업종을 중심으로 하는 것을 원칙으로 공동으로 수행함으로 인해 사람, 물자, 자금, 시간 등 물류자원을 최대로 활용하여 비용을 절감할 수 있다.

㉣ 공동 수송과 배송은 시간적으로 적시에 고객에게 도착할 수 있으므로, 고객에 대한 서비스 향상을 추구할 수 있고, 수송과 공동배송은 횟수를 줄일 수 있으므로 대기오염, 소음, 교통체증 등에 대한 문제인 외부불경제를 감소시킬 수 있다.

② 공동 수 · 배송의 의의

㉠ 수 · 배송이란 물류거점에서 지역 내의 수요자에게 화물을 배달하는 것을 말하는 것이다. 공동화는 트럭운송이 감소하게 된다.

㉡ 효율적인 배송을 위해서는 배차계획, 적정차량의 사용, 배송구간, 루트설정, 운전기사 관리, 공동배송의 채용, 배송코스트의 관리, 적재하역의 합리화, 배송거점의 정비 등 배송에 관련된 인력, 제품, 차량, 비용, 운용, 거점 이외의 계획, 실시, 개선을 행하는 것을 말한다.

㉢ 협의의 수송은 대형화, 고속화, 전용화, 계획화를 지향하고 있지만 최근에 극심한 대도시의 교통 혼잡으로 각 기업들의 수 · 배송효율이 저하되고 있고 수요의 패턴 변화에 따른 기업에의 소량 · 다 빈도 수 · 배송요구가 점차 증가하고 있다.

㉣ 수 · 배송부문의 합리화는 비용의 절감뿐 아니라 고객서비스 향상이라는 면에서도 매우 중요하고, 참여기업 간 공동 수 · 배송시스템의 필요성에 대한 인식이 높다. 배송의 품질은 싸고 빠르게 안전하며 정확히 하는 것으로 평가된다.

③ 공동 수 · 배송을 위한 전제 조건

㉠ 일정지역 내 유사영업과 배송을 실시하는 복수 기업이 존재해야 하고, 공동 수 · 배송의 이해의 일치가 있어야 한다.

㉡ 공동 수 · 배송시 대상기업 간의 배송조건의 유사성이 상존해야 하고, 공동 수 · 배송을 위한 지도업체의 존재가 필요하다.

④ 공동 수 · 배송의 장점

㉠ 업무에 따른 사무 처리를 합리화할 수 있고, 적재율이 향상됨으로 인해 배송량의 증대를 가져올 수 있다. 중복교차 배송을 막기 위해 공동수송과 배송을 하는 것이다.

㉡ 출하작업의 시스템화가 가능하고, 요금체제의 명확화와 요금계산이 간소화된다.

㉢ 공동으로 행하기 때문에 동일지역에 함께 배송하므로 중복 교차를 방지할 수 있고, 소규모의 화물차와 투자로도 합리적인 배송과 수송이 가능하며 개별배달에 비하여 필요한 차량의 숫자를 줄일 수 있다.

㉣ 정보시스템의 일원화 관리를 통해 창고내 정보시스템의 효율적 사용이 가능하고, 사무자동화를 통해 공동 물류회계 및 화물정보(VAN, EDI)의 시스템화가 가능하다.

ⓜ 적재율의 향상에 따라 배송량의 증가와 파손 및 도난이 방지되며 수납자 측에게 수납횟수를 줄이고 고객의 검품생산성을 향상시킴과 관리비를 절감하고 전체적인 물류비를 절감할 수 있다.

ⓗ 수 · 배송 비용의 절감과 납품회수의 증가로 상품구색의 강화 및 선도를 향상시키고, 교통량의 감소에 의한 환경보전을 할 수 있다.

⑤ 공동 수 · 배송의 유형

㉠ 공동 배송형 : 배송면에서 공동화하는 방법으로서, 현실적으로 보관면에서 공동화하거나 또는 특정 터미널에서의 일원적인 집약화가 우선적인 조건으로 한다.

㉡ 집 · 배송의 공동형 : 보관의 공동화 및 집화의 집약화를 전제조건으로 한다. 이같은 유형은 동일화주가 협동조합이나 연합회사를 설립하여 공동화하는 특정화주 공동형과 운송업자가 공동화하여 불특정 다수 화물을 상대로 대처하는 운송업자 공동형으로 구분되어진다.

㉢ 공동 수주 · 공동 배송형 : 운송회사가 협동조합을 설립하여 화주로부터 수주를 기준으로 하여 조합원에게 배차지시를 수행하는 형태이다.

㉣ 노선집화 공동형 : 노선별로 집화되는 화물을 노선업자가 공동 집화하여 각지에 발송하는 형태이다.

㉤ 납품대행형 : 수송업자가 납입선에 대행하여 납품하는 유형으로 화물집화, 유통가공 및 납품 등 일련의 작업을 포함하고 있다.

3. 물류시스템

(1) 물류시스템의 정의

① 생산업자가 생산한 제품과 수입된 제품을 소비자에게 공급하기까지 수송, 보관, 하역, 정보활동 등을 수행하는 요소들의 체계적인 집합체를 물류시스템이라 한다.

② 기업 활동은 하나의 일관성을 가지고 진행되어야 하므로, 기업 전체의 목표와 전략을 바탕으로 물류시스템 설계가 이루어져야 한다. 기업의 목표와 전략을 축으로 하여 물류 시스템의 설계가 이루어지는 것이 효율적이다.

③ 근래 물류회사들의 주요 관심사로는 파렛트의 파손, 분실 및 재고 파악의 문제로 적정 보유율 산정의 어려움 등을 들 수 있다. 이러한 문제점을 개선하기 위해서는 회수물류시스템에 초점을 두어야 한다.

(2) 물류시스템 구축의 필요성

① 기업의 취급 상품이 증가하고, 물류 현장의 혼란을 방지하기 위하여 효율적인 물류시스템 구축이 필요하다.

② 고객이 주문한 제품을 고객이 원하는 시간과 장소에 도달할 수 있도록 하기 위하여 시스템 구축이 필요하다.

③ 경기가 침체되고 원재료 가격의 상승 및 경쟁업체의 가격파괴 등으로 인하여, 이윤 창출의 어려움을 극복하기 위한 방안으로 시스템 구축이 필요하다.

④ 통행료나 기름값 등 물류와 관련된 비용의 인상으로 인한 물류비의 증가로 물류 시스템 구축이 필요하다.

(3) 물류시스템의 구축을 위한 발상 전환

① 고객이 원하는 서비스 조건을 100% 충족시키는 수 · 배송 조직이어야 한다.

② 소비자와 거래처 동향을 정확하게 파악하여 수요예측의 정확도를 향상시키는 물류 조직이어야 한다.

③ 판매네트워크의 구축을 통하여 수 · 발주에 따르는 입력 작업의 생력화와 정확성을 향상시키는 물류조직이어야 한다.

(4) 물류시스템 구축의 내용

① 현행 시스템 분석, 사례연구 등을 통해 갭 분석, 벤치마킹 등을 할 수 있다.

② 물류정보시스템 구축의 성공요인은 고객의 요구 및 만족도를 정확히 파악하는 것이다.

③ VAN(Value Added Network) 도입에 따른 주요 경제적 효과로서는 정보전달 경로의 단축화를 들 수 있다.

④ 물류시스템 구축의 목적은 기업의 목표 달성을 위한 적절한 수준의 고객서비스를 최소비용으로 제공하는 것이다.

(5) 물류 시스템의 설계

① 원 칙

㉠ 물류 시스템의 설계는 기업 전체의 목표와 이익을 위하여 이루어져야 한다.

㉡ 일관성이 있는 목표와 전략을 고려하여 설계되어야 한다.

② 시스템의 설계

㉠ 물류 시스템의 설계 과정에서 마케팅 분야와 밀접한 연관성을 고려하여 기업 내 다른 조직의 가장 하부조직으로 설계하여야 한다.

㉡ 물류 시스템의 설계는 기업 전체의 목표와 전략을 바탕으로 이루어지기 때문에 처음부터 끝까지 일관된 정책수행이 필요하다.

③ 시스템 설계 우선 고려사항

㉠ 최단거리의 경로 모색

㉡ 처리 물동량의 극대화

㉢ 물류관리시스템의 일관성 유지

㉣ 물류작업 일정계획 수립

④ 물류 관리 시스템의 추구 방향

㉠ 물류 기업 간 전략적 제휴를 통한 물류전략의 구현

㉡ 규모의 경제를 달성하기 위한 업체 간 공동물동량의 대량화

㉢ 고부가가치 물류를 서비스하기 위한 물류센터의 정보서비스 기지화

(6) 물류 시스템 설계 시 고려사항

① 대고객 서비스 수준

㉠ 물류 시스템 설계에 있어서 최우선 순위로 고려되어야 하는 과제이다.

㉡ 전략적 물류 시스템 설계가 효과적으로 이루어지기 위해서는 소비자의 서비스 욕구가 무엇인가를 잘 파악하여야 하며, 이에 대한 적절한 대고객 서비스 수준을 설정하여야 한다.

② 생산과 관련된 설비 입지

㉠ 생산을 위한 공장과 생산된 제품의 보관을 위한 창고의 위치는 물류 시스템 설계에 있어서 상당히 중요하게 고려되어야만 한다.

㉡ 생산공장과 보관창고를 설비라고 하며 이러한 설비의 수, 지역, 크기 등의 결정과 이에 따라 시장의 수요를 할당함으로써 제품이 소비자 시장에 도달하기까지의 전과정이 명확하게 나타난다.

㉢ 설비의 입지 결정에 있어서 가장 중요한 사항은 제품이 생산되고, 생산될 제품이 최종 소비자 시장에 이르는 과정에서 발생되는 비용을 어떻게 최소화시키느냐에 있다.

③ 운송 경로와 운송 수단

㉠ 설비의 입지 문제를 해결한 뒤 소비자들의 수요에 따라서 재고의 수준을 결정한다. 이러한 결정은 운송 경로와 운송 수단에 영향을 미친다.

㉡ 창고의 수가 증가하게 되면 각 창고(재고 입지)에 부여되는 소비자의 수는 감소되지만, 전체적인 운송비는 증가하게 될 것이다.

(7) 환경 친화적 물류시스템 구축

① 환경문제 발생 요인은 초기단계부터 고려한다.

② 포장용기는 현 상태 그대로 또는 변형하여 재사용 가능한 자재로 대체한다.

③ 창고시설은 하역장소에서 재활용과 폐기물 관리가 가능하도록 재설계한다.

④ 환경 친화적 물류시스템의 성공을 위해서는 전문 인력, 전문 장비 및 시설 투자 등이 필요하다.

(8) 물류시스템 설계의 5S 목표

① Speed(신속 정확한 배달) : 상품을 고객이 요구하는 시간과 장소에 정확하게 배송하기 위해서 물류시설을 수요지 인근에 배치하고, 다이어그램 배송 및 정기 배송을 실시하게 된다.

② Scales Optimization(물류시설 규모의 적정화) : 물류시설의 집약 및 분산 검토, 기계화 및 자동화 도입에 의한 절약화 또는 정보처리의 전산화 등 물류시설의 적정 규모를 고려한다.

③ Service(목표 서비스) : 물류 시스템 설계의 최대 목표는 고객 서비스 향상이다.

④ Stock Control(재고관리) : 재고관리의 적정화를 위하여 수급 조절, 경제적 발주, 계획화 및 상품의 전시화 기능들이 발휘되도록 재고기능을 조절할 필요가 있다.

⑤ Space Saving(공간의 효율적 이용) : 고가(高價)의 토지를 효율적으로 이용할 수 있도록 입체화 시설과 시스템기기를 도입해야 한다.

06 전략적 물류기법

1. 물류 아웃소싱(Logistics Outsourcing)

(1) 물류 아웃소싱 개념

① 기업이 고객 서비스의 향상, 물류비 절감 등 물류활동을 효율화할 수 있도록 물류기능 전체 혹은 일부를 외부의 전문업체에 위탁 · 대응하는 업무를 말한다.

② 물류 아웃소싱의 종류에는 EDI 정보교환, 주문접수, 운송업체 선정, 포장, 라벨링(labeling), 상품조립 등 직접적 고객업무를 포함한다.

③ 기업이 직접 고객 서비스 향상이나 물류비 절감등을 추구하지 못할 경우, 물류기능의 전체 혹은 일부를 위탁, 대행하는 것을 말하며, 물류업무를 사내에서 분리하여 외부 제3의 전문기업에 위탁할 때 일반적으로 다양한 효과를 기대할 수가 있다.

(2) 물류 아웃소싱의 효과

① 핵심역량사업에 집중할 수 있는 장점이 있는 반면 고객 불만에 대하여 신속하게 대응하기가 쉽지 않지만, 물류 공동화와 물류 표준화가 가능하여 물류비 절감과 서비스의 향상이 가능하다.

② 제조업체나 외부 물류업체를 관리하여야 함으로 경영역량은 분산되나 핵심역량사업에 집중할 수 있는 장점이 있고, 기업의 경쟁우위 확보 및 사회적 비용의 절감과 국가경쟁력 강화에기여할 수 있다.

③ 전문화의 이점을 살려 고객욕구의 변화에 맞는 주력사업에 집중할 수 있으며, 물류투자비로 인한 기업 활동의 제약을 어느 정도벗어나 조직의 유연성을 확보할 수 있다.

④ 초기에는 단순한 운송, 창고, 자재관리에 국한되었으나, 최근에는 EDI 정보교환, 주문접수, 운송업체 선정, 포장, 상품조립 등 직접적인 고객업무로 범위가 확대되고 있다.

⑤ 확대되면 물류공동화와 물류표준화의 가능성이 있으며, 이 밖에 물류시설 및 장비를 이중으로 투자하는데 따르는 투자위험을 피할 수 있다.

⑥ 아웃소싱을 통해 창고, 대지 및 기계 등을 처분하거나 임대함으로써 투자비용을 회수하고 물류전문업체에게는 사용한 실적만큼의 비용만을 지출함으로써 비용이 획기적으로 절감된다.

⑦ 제조업체가 보유한 한정된 차량운행에서 오는 불편함을 해소할 수 있을 뿐만 아니라, JIT배송이 가능해질 수 있으므로 고객에 대한 배송서비스를 대폭 강화할 수 있다.

⑧ 소량 다빈도 배송과 발주단위의 다양화 요구 등도 물류전문업체의 노하우를 통해 해결할 수 있으므로 이러한 요구를 해오는 고객층에 대한 틈새시장공략 또한 가능해진다.

⑨ 물류전문업체의 첨단 정보시스템을 이용함으로써 시스템 추가개발에 소요되는 인력과 비용을 절감할 수 있다.

⑩ 제조업체가 보유하고있는 한정된 차량운행에서 오는 불편함을 물류전문업체의 전차량을 이용하는 정시배송으로 개선하여 배송서비스를 대폭 강화할 수 있다.

⑪ 창고, 대지 및 물류장비 등을 처분 혹은 임대를 통해 투자비용을 회수하는 한편, 물류 전문업체에게 사용한 내용만큼의 비용만 지불하므로 전체적으로 비용 절감의 효과를 기대할 수 있다.

⑫ 제조업체가 물류 아웃소싱을 추구할 때, 그 업체는 전문화의 이점을 살려 고객 욕구의 변화에 대응하여 주력사업에 집중할 수 있고, 물류시설 및 장비를 이중으로 투자하는 데 따르는 투자위험의 회피가 가능하다.

(3) 물류 아웃소싱의 단점

① 물류비용 산정의 어려움이 있다.

② 물류과정에 대한 통제력이 상실될 수 있다.

③ 고객 불만에 대하여 신속하게 대응하기가 쉽지 않다.

④ 물류 전문업체가 제공하는 서비스품질의 불확실성이 있다.

(4) 전략적 아웃소싱의 이점

① 규모의 경제효과를 얻을 수 있다.

② 위험을 분산하는 효과를 얻을 수 있다.

③ 핵심역량사업에 집중투자를 할 수 있다.

2. 제3자 물류(Third party Logistics;3PL)

(1) 제3자 물류 개념

① 제3자 물류는 화주기업이 고객서비스향상, 물류비절감, 물류활동의 효율성 향상 등의 목표를 달성할 수 있도록 물류경로 내의 다른 주체와 일시적이거나 장기적인 관계를 가지고 있는 것을 말한다.

② 제3자 물류는 물류경로 내의 대행자 또는 매개자를 의미하며, 화주와 단일 혹은 복수의 제3자가 일정 기간 동안 일정 비용으로 일정 서비스를 상호 합의하에 수행하는 과정을 말한다.

③ 제3자란 물류채널 내의 다른 주체와 일시적이거나 장기적인 관계를 가지고 있는 물류채널내의 대행자 또는 매개자를 의미하며, 화주와 단일 혹은 복수의 제3자간의 일정기간 동안 일정비용으로 일정서비스를 상호합의 하에 수행하는 과정을 제3자 물류 혹은 계약물류라고 한다.

(2) 제3자 물류(3PL)의 효과

① 서비스 개선 효과

② 자본비용의 감소 효과

③ 물류에 따른 운영 비용 감소 효과

④ 물류설비, 물류인력 등에 대한 고정 투자비 축소

⑤ 제조업체 및 유통업체에서 핵심역량에 대한 집중 가능

(3) 제3자 물류(3PL)의 특징

① 제3자 물류를 실행함으로써 운영비용과 자본비용 감소효과, 서비스 개선효과, 핵심역량에 대한 집중효과 및 물류관리를 위한 인력의 절감 효과가 발생한다.

② 제조업체가 제3자 물류(3PL)를 이용하는 전략적 동기는 아웃소싱(outsourcing), 부가가치물류(value added logistics), 물류 제휴(logistics alliance)효과 등을 기대하는 것이다.

③ 물류비용의 부담이 줄어들 수 있으므로 비용절감, 전문물류서비스의 활용을 통한 고객서비스 향상, 핵심 사업 분야 집중을 통한 기업경쟁력 향상 등의 기대에서 출발한다.

④ 물류관리에서 공급 사슬내 관련주체간(제조업체와 유통업체) 전략적 제휴라는 형태로 나타난 것이 QR 또는 ECR이라면, 제조업체나 유통업체 등의 화주와 물류서비스 전문제공업체간의 전략적 제휴형태로 나타난 것이 제3자 물류이다.

⑤ 제3자 물류를 실행함으로써 물류관련 자산비용의 부담이 줄어들 수 있으므로 비용절감, 전문물류서비스의 활용을 통한 고객서비스 향상, 핵심사업 분야 집중을 통한 기업경쟁력 향상 등의 기대에서 출발한다.

(4) 제3자 물류의 태동과 성장 과정

① 1998년 화물자동차운수사업법 및 화물유통촉진법의 규제 완화와 IMF 체제 이후라고 본다.

② 기업들은 생존을 위하여 구조조정을 다각적으로 실시하면서, 기존조직에 흡수되어 있던 물류부문이 독립 · 분리되어 하나의 전문분야가 되었다.

③ 대기업을 필두로 분사된 물류 자회사나 전문 물류기업 등 제3자 물류 기업에게 자사의 물류기업을 위탁하기 시작하면서 제3자 물류는 활성화되어 나갔다.

④ 국내에는 아직 제3자 물류의 개념이 명확히 정립되어 있지 않고, 제3자 물류시장에 대한 정확한 시장규모나 성장가능성 또는 일반 현황조차도 제대로 파악이 안 된 상태이다. 업체수도 매우 부족하지만 제3자 물류를 이용하려는 기업체가 늘어나고 있다.

【제3자 물류와 물류 아웃소싱의 비교】

구 분	제3자 물류	물류 아웃소싱
화주와의 관계	전략적 제휴, 계약위반	수 · 발주관계, 거래기반
운영 기간	1년 이상의 장기, 협력적	일시 또는 수시
서비스 제공 및 범위	제안형, 종합적인 물류서비스 지향	수주형, 수송, 보관 등 기능별 서비스 지향
정보 공유	필수적	불필요
도입 결정 권한	최고경영층	중간관리자
도입 방법	경쟁계약	수의계약

3. 제4자 물류(Forth party Logistics;4PL)

(1) 제4자 물류 개념

① 단순하게 제1자 물류(자가물류), 제2자 물류(자회사물류), 제3자 물류(물류 활동의 외부위탁)의 분류 체계에 근거하여 그 다음 단계로 제4자 물류라고 한다. 제3자 물류에 솔루션 제공 능력을 더하면 제4자 물류가 된다.

② 물류업무 수행능력 및 정보기술, 컨설팅능력을 보유한 업체가 공급망상의 모든 활동에 대한 계획과 관리를 전담하여, 다수의 물류업체 운영 및 관리를 최적화함으로써 생산자와 유통업체 간에 효율화를 도모하는 데 있다.

③ 제4자 물류 운용모델에는 시너지 플러스(Synergy Plus), 솔루션 통합자(Solution Integrator), 산업혁신자(Industry Innovator) 모델이 있고 제3자 물류업체와 물류 컨설팅업체, IT업체의 결합된 형태이다.

(2) 제4자 물류의 목적

① 모든 영역의 물류서비스를 제공할 수 없었던 기존 전문 물류업체(3PL)의 한계를 극복하고, 공급체인에 대해 탁월하고 지속적인 개선효과를 발휘할 목적에 있다.

② 제4자 물류 이용 시 수입증대, 운용비용 감소, 운전자본 감소, 고정자본감소 등의 효과를 볼 수 있다.

(3) 제4자 물류의 특징

① 세계 수준의 전략 · 기술 · 경영관리를 제공하며, 제3자 물류업체, 컨설팅업체, IT업체들이 가상조직을 형성하여 한 번의 계약으로 공급체인 전반에 걸친 통합서비스를 제공한다.

② 원재료의 조달부터 최종 고객으로의 판매에 이르기까지 공급체인상에서 발생하는 모든 물류활동을 하나의 조직이 수행한다.

③ 제4자 물류는 기업간 전자상거래의 확산에 따른 공급체인 효율화를 위한 발전적 대안이라고 볼 수 있다.

07 물류관련법규

1. 물류정책기본법

(1) 물류정책기본법의 목적과 기본이념

① 「물류정책기본법」은 물류체계의 효율화, 물류산업의 경쟁력 강화 및 물류의 선진화 · 국제화를 위하여 국내외 물류정책 · 계획의 수립 · 시행 및 지원에 관한 기본적인 사항을 정함으로써 국민경제의 발전에 이바지함을 목적으로 한다.

② 물류정책기본법 시행령은 「물류정책기본법」에서 위임된 사항과 그 시행에 필요한 사항을 규정함을 목적으로 한다.

③ 물류정책기본법에 따른 물류정책은 물류가 국가 경제활동의 중요한 원동력임을 인식하고, 신속 · 정확하면서도 편리하고 안전한 물류활동을 촉진하며, 정부의 물류 관련 정책이 서로 조화롭게 연계되도록 하여 물류산업이 체계적으로 발전하게 하는 것을 기본이념으로 한다.

(2) 물류정책기본법상 용어의 정의

① "물류(物流)"란 재화가 공급자로부터 조달 · 생산되어 수요자에게 전달되거나 소비자로부터 회수되어 폐기될 때까지 이루어지는 운송 · 보관 · 하역(荷役) 등과 이에 부가되어 가치를 창출하는 가공 · 조립 · 분류 · 수리 · 포장 · 상표부착 · 판매 · 정보통신 등을 말한다.

② "물류사업"이란 화주(貨主)의 수요에 따라 유상(有償)으로 물류활동을 영위하는 것을 업(業)으로 하는 것으로 자동차 · 철도차량 · 선박 · 항공기 또는 파이프라인 등의 운송수단을 통하여 화물을 운송하는 화물운송업, 물류터미널이나 창고 등의 물류시설을 운영하는 물류시설운영업, 화물운송의 주선(周旋), 물류장비의 임대, 물류정보의 처리 또는 물류컨설팅 등의 업무를 하는 물류서비스업의 사업을 말한다.

③ "물류체계"란 효율적인 물류활동을 위하여 시설 · 장비 · 정보 · 조직 및 인력 등이 서로 유기적으로 기능을 발휘할 수 있도록 연계된 집합체를 말한다.

④ "물류시설"이란 물류에 필요한 화물의 운송 · 보관 · 하역을 위한 시설, 화물의 운송 · 보관 · 하역 등에 부가되는 가공 · 조립 · 분류 · 수리 · 포장 · 상표부착 · 판매 · 정보통신 등을 위한 시설, 물류의 공동화 · 자동화 및 정보화를 위한 시설과 이러한 시설이 모여 있는 물류터미널 및 물류단지을 말한다.

⑤ "물류공동화"란 물류기업이나 화주기업(貨主企業)들이 물류활동의 효율성을 높이기 위하여 물류에 필요한 시설 · 장비 · 인력 · 조직 · 정보망 등을 공동으로 이용하는 것

을 말한다. 다만, 「독점규제 및 공정거래에 관한 법률」 '부당한 공동행위의 금지' 각 호 및 같은 '사업자단체의 금지행위' 각 호에 해당하는 경우(공정거래위원회의 인가를 받은 경우를 제외)를 제외한다.

⑥ "물류표준"이란 「산업표준화법」 한국산업표준(KS)중 물류활동과 관련된 것을 말한다.

⑦ "물류표준화"란 원활한 물류를 위하여 시설 및 장비의 종류 · 형상 · 치수 및 구조, 포장의 종류 · 형상 · 치수 · 구조 및 방법, 물류용어, 물류회계 및 물류 관련 전자문서 등 물류체계의 효율화에 필요한 사항을 물류표준으로 통일하고 단순화하는 것을 말한다.

⑧ "단위물류정보망"이란 기능별 또는 지역별로 관련 행정기관, 물류기업 및 그 거래처를 연결하는 일련의 물류정보체계를 말한다.

⑨ "제3자물류"란 화주가 그와 대통령령으로 정하는 특수관계에 있지 아니한 물류기업에 물류활동의 일부 또는 전부를 위탁하는 것을 말한다.

⑩ "국제물류주선업"이란 타인의 수요에 따라 자기의 명의와 계산으로 타인의 물류시설 · 장비 등을 이용하여 수출입화물의 물류를 주선하는 사업을 말한다.

⑪ "물류보안"이란 공항 · 항만과 물류시설에 폭발물, 무기류 등 위해물품을 은닉 · 반입하는 행위와 물류에 필요한 시설 · 장비 · 인력 · 조직 · 정보망 및 화물 등에 위해를 가할 목적으로 행하여지는 불법행위를 사전에 방지하기 위한 조치를 말한다.

⑫ "국가물류정보화사업"이란 국가, 지방자치단체 및 물류관련기관이 정보통신기술과 정보가공기술을 이용하여 물류관련 정보를 생산 · 수집 · 가공 · 축적 · 연계 · 활용하는 물류정보화사업을 말한다.

(3) 국가 및 지방자치단체의 책무

① 국가는 물류활동을 원활히 하고 물류체계의 효율성을 높이기 위하여 국가 전체의 물류와 관련된 정책 및 계획을 수립하고 시행하여야 한다.

② 국가는 물류산업이 건전하고 고르게 발전할 수 있도록 육성하여야 한다.

③ 지방자치단체는 국가의 물류정책 및 계획과 조화를 이루면서 지역적 특성을 고려하여 지역물류에 관한 정책 및 계획을 수립하고 시행하여야 한다.

(4) 물류표준화

① 국토교통부장관 또는 해양수산부장관은 물류표준화에 관한 업무를 효과적으로 추진하기 위하여 필요하다고 인정하는 경우에는 산업통상자원부장관에게 「산업표준화법」에 따른 한국산업표준의 제정 · 개정 또는 폐지를 요청할 수 있다.

② 국토교통부장관 · 해양수산부장관 또는 산업통상자원부장관은 물류표준의 보급을 촉진하기 위하여 필요한 경우에는 관계 행정기관, 「공공기관의 운영에 관한 법률」에 따른 공공기관, 물류기업, 물류에 관련된 장비의 사용자 및 제조업자에게 물류표준에 맞는 장비를 제조 · 사용하게 하거나 물류표준에 맞는 규격으로 포장을 하도록 요청하거나 권고할 수 있다.

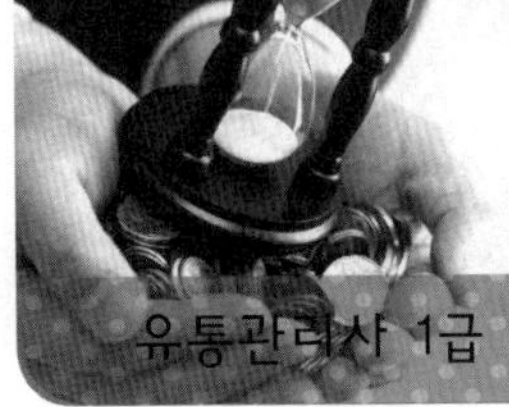

2. 화물자동차 운수사업법

(1) 화물자동차 운수사업법의 목적

① 화물자동차 운수사업을 효율적으로 관리하고 건전하게 육성하여 화물의 원활한 운송을 도모함으로써 공공복리의 증진에 기여함을 목적으로 한다.

② 화물자동차 운수사업법령은 「화물자동차 운수사업법」에서 위임된 사항과 그 시행에 필요한 사항을 규정함을 목적으로 한다.

(2) 화물자동차 운수사업법상 용어의 정의

① "화물자동차"란 「자동차관리법」 제3조에 따른 화물자동차 및 특수자동차로서 국토교통부령으로 정하는 자동차를 말한다.

② "화물자동차 운수사업"이란 화물자동차 운송사업, 화물자동차 운송주선사업 및 화물자동차 운송가맹사업을 말한다.

③ "화물자동차 운송사업"이란 다른 사람의 요구에 응하여 화물자동차를 사용하여 화물을 유상으로 운송하는 사업을 말한다. 이 경우 화주(貨主)가 화물자동차에 함께 탈 때의 화물은 중량, 용적, 형상 등이 여객자동차 운송사업용 자동차에 싣기 부적합한 것으로서 그 기준과 대상차량 등은 국토교통부령으로 정한다.

④ "화물자동차 운송주선사업"이란 다른 사람의 요구에 응하여 유상으로 화물운송계약을 중개 · 대리하거나 화물자동차 운송사업 또는 화물자동차 운송가맹사업을 경영하는 자의 화물 운송수단을 이용하여 자기 명의와 계산으로 화물을 운송하는 사업을 말한다.

⑤ "화물자동차 운송가맹사업"이란 다른 사람의 요구에 응하여 자기 화물자동차를 사용하여 유상으로 화물을 운송하거나 소속 화물자동차 운송가맹점(제3조제3항에 따른 운송사업자인 가맹점만을 말한다)에 의뢰하여 화물을 운송하게 하는 사업을 말한다.

⑥ "화물자동차 운송가맹사업자"란 제29조제1항에 따라 화물자동차 운송가맹사업의 허가를 받은 자를 말한다.

⑦ "운수종사자"란 화물자동차의 운전자, 화물의 운송 또는 운송주선에 관한 사무를 취급하는 사무원 및 이를 보조하는 보조원, 그 밖에 화물자동차 운수사업에 종사하는 자를 말한다.

⑧ "공영차고지"란 화물자동차 운수사업에 제공되는 차고지로서 특별시장 · 광역시장 · 특별자치시장 · 도지사 · 특별자치도지사(이하 "시 · 도지사"라 한다) 또는 시장 · 군수 · 구청장(자치구의 구청장을 말한다. 이하 같다)이 설치한 것을 말한다.]

⑨ "화물자동차 휴게소"란 화물자동차의 운전자가 화물의 운송 중 휴식을 취하거나 화물의 하역(荷役)을 위하여 대기할 수 있도록 「도로법」에 따른 도로 등 화물의 운송경로나 「물류시설의 개발 및 운영에 관한 법률」에 따른 물류시설 등 물류거점에 휴게시설과 차량의 주차 · 정비 · 주유(注油) 등 화물운송에 필요한 기능을 제공하기 위하여 건설하는 시설물을 말한다.

(3) 화물자동차 운송가맹점

① "화물자동차 운송가맹점"이란 화물자동차 운송가맹사업자(이하 "운송가맹사업자"라 한다)의 운송가맹점으로 가입하여 그 영업표지(상호와 상표 등을 포함)의 사용권을 부여받은 자로서 다음 각 목의 어느 하나에 해당하는 자를 말한다.

② 운송가맹사업자로부터 운송 화물을 배정받아 화물을 운송하거나 운송가맹사업자가 아닌 자의 요구를 받고 화물을 운송하는 화물자동차 운송사업의 허가를 받은 운송사업자를 말한다.

③ 운송가맹사업자의 화물운송계약을 중개 · 대리하거나 운송가맹사업자가 아닌 자에게 화물자동차 운송주선사업을 하는 제24조제2항에 따른 운송주선사업자를 말한다.

④ 운송가맹사업자로부터 운송 화물을 배정받아 화물을 운송하거나 운송가맹사업자가 아닌 자의 요구를 받고 화물을 운송하는 자로서 제40조제1항에 따라 화물자동차 운송사업의 경영의 일부를 위탁받은 사람. 다만, 경영의 일부를 위탁한 운송사업자가 화물자동차 운송가맹점으로 가입한 경우는 제외한다.

3. 농수산물 유통 및 가격안정에 관한 법률

(1) 농수산물 유통 및 가격안정에 관한 법률의 목적

① 농수산물 유통 및 가격안정에 관한 법률은 농수산물의 유통을 원활하게 하고 적정한 가격을 유지하게 함으로써 생산자와 소비자의 이익을 보호하고 국민생활의 안정에 이바지함을 목적으로 한다.

② 농수산물 유통 및 가격안정에 관한 법률 시행령영은 「농수산물 유통 및 가격안정에 관한 법률」에서 위임된 사항과 그 시행에 필요한 사항을 규정함을 목적으로 한다.

(2) 농수산물 유통 및 가격안정에 관한 법률용어의 정의

① "농수산물"이란 농산물 · 축산물 · 수산물 및 임산물 중 농림축산식품부령 또는 해양수산부령으로 정하는 것을 말한다.

② "농수산물도매시장"이란 특별시 · 광역시 · 특별자치시 · 특별자치도 또는 시가 양곡류 · 청과류 · 화훼류 · 조수육류(鳥獸肉類) · 어류 · 조개류 · 갑각류 · 해조류 및 임산물 등 대통령령으로 정하는 품목의 전부 또는 일부를 도매하게 하기 위하여 제17조에 따라 관할구역에 개설하는 시장을 말한다.

③ "중앙도매시장"이란 특별시 · 광역시 · 특별자치시 또는 특별자치도가 개설한 농수산물도매시장 중 해당 관할구역 및 그 인접지역에서 도매의 중심이 되는 농수산물도매시장으로서 농림축산식품부령 또는 해양수산부령으로 정하는 것을 말한다.

④ "지방도매시장"이란 중앙도매시장 외의 농수산물도매시장을 말한다.

⑤ "농수산물공판장"이란 지역농업협동조합, 지역축산업협동조합, 품목별 · 업종별협동조합, 조합공동사업법인, 품목조합연합회, 산림조합 및 수산업협동조합과 그 중앙회

(농협경제지주회사를 포함), 그 밖에 대통령령으로 정하는 생산자 관련 단체와 공익상 필요하다고 인정되는 법인으로서 대통령령으로 정하는 법인("공익법인")이 농수산물을 도매하기 위하여 제43조에 따라 특별시장 · 광역시장 · 특별자치시장 · 도지사 또는 특별자치도지사의 승인을 받아 개설 · 운영하는 사업장을 말한다.

⑥ "민영농수산물도매시장"이란 국가, 지방자치단체 및 제5호에 따른 농수산물공판장을 개설할 수 있는 자 외의 자(이하 "민간인등"이라 한다)가 농수산물을 도매하기 위하여 제47조에 따라 시 · 도지사의 허가를 받아 특별시 · 광역시 · 특별자치시 · 특별자치도 또는 시 지역에 개설하는 시장을 말한다.

⑦ "도매시장법인"이란 제23조에 따라 농수산물도매시장의 개설자로부터 지정을 받고 농수산물을 위탁받아 상장(上場)하여 도매하거나 이를 매수(買受)하여 도매하는 법인(제24조에 따라 도매시장법인의 지정을 받은 것으로 보는 공공출자법인을 포함한다)을 말한다.

⑧ "시장도매인"이란 제36조 또는 제48조에 따라 농수산물도매시장 또는 민영농수산물도매시장의 개설자로부터 지정을 받고 농수산물을 매수 또는 위탁받아 도매하거나 매매를 중개하는 영업을 하는 법인을 말한다.

⑨ "중도매인"(仲都賣人)이란 농수산물도매시장 · 농수산물공판장 또는 민영농수산물도매시장의 개설자의 허가 또는 지정을 받아 농수산물도매시장 · 농수산물공판장 또는 민영농수산물도매시장에 상장된 농수산물을 매수하여 도매하거나 매매를 중개하는 영업, 농수산물도매시장 · 농수산물공판장 또는 민영농수산물도매시장의 개설자로부터 허가를 받은 비상장(非上場) 농수산물을 매수 또는 위탁받아 도매하거나 매매를 중개하는 영업을 하는 자를 말한다.

⑩ "매매참가인"이란 제25조의3에 따라 농수산물도매시장 · 농수산물공판장 또는 민영농수산물도매시장의 개설자에게 신고를 하고, 농수산물도매시장 · 농수산물공판장 또는 민영농수산물도매시장에 상장된 농수산물을 직접 매수하는 자로서 중도매인이 아닌 가공업자 · 소매업자 · 수출업자 및 소비자단체 등 농수산물의 수요자를 말한다.

⑪ "산지유통인"(産地流通人)이란 농수산물도매시장 · 농수산물공판장 또는 민영농수산물도매시장의 개설자에게 등록하고, 농수산물을 수집하여 농수산물도매시장 · 농수산물공판장 또는 민영농수산물도매시장에 출하(出荷)하는 영업을 하는 자(법인을 포함)를 말한다.

⑫ "농수산물 전자거래"란 농수산물의 유통단계를 단축하고 유통비용을 절감하기 위하여 「전자문서 및 전자거래 기본법」 제2조제5호에 따른 전자거래의 방식으로 농수산물을 거래하는 것을 말한다.

⑬ "경매사"(競賣士)란 도매시장법인의 임명을 받거나 농수산물공판장 · 민영농수산물도매시장 개설자의 임명을 받아, 상장된 농수산물의 가격 평가 및 경락자 결정 등의 업무를 수행하는 자를 말한다.

Chapter 1 명품 적중 예상문제

01 다음 중 물류(Logistics)에 대한 기본이론의 설명내용으로 가장 부적합한 설명은?

① 물적 유통(physical distribution)은 모든 유통경로 상에 있어서 제품과 서비스(goods & service)를 적절한 장소에(Right place)에, 적절한 시기에(Right time)에, 적절한 품질(Right quality)로 중간상 및 최종소비자에게 전달되는 것을 말한다.

② 물적 유통은 원초지점부터 소비지점까지 원자재, 중간재, 완성재, 그리고 각종 관련 정보를 소비자의 욕구를 충족시키기 위하여 이동시키는 것과 관련된 흐름과 저장을 효율적이면서 효과적으로 계획, 수행, 통제하는 과정이다.

③ 물적 유통은 구체적으로는 수송, 포장, 보관, 하역 및 통신의 여러 가지 활동을 포함하며, 상거래에 있어서는 유형적인 물자를 운송하므로 재화의 공간적 · 시간적인 한계를 극복하게 해준다.

④ 물적 유통의 최적화는 유통 흐름의 효율적 향상으로 물류비를 절감할 수 있고, 이런 요인으로 인해 기업의 체질개선과 소비자물가와 도매물가의 상승을 최대한 유보시키며, 자원의 효율적인 이용이 가능하다.

⑤ 물적 유통은 구매활동과 관련이 크며, 판매촉진을 위한 물류서비스의 감소와 물류비용의 증가라는 상반된 목표를 추구하지 않으면 안 되고, 수송 · 배송 · 보관 · 포장 · 하역 등 여러 기능을 종합한 시스템으로 분석하고 설계할 필요가 있다.

물적 유통은 판매활동과 관련이 크며, 판매촉진을 위한 물류서비스의 향상과 물류비용의 절감이라는 상반된 목표를 추구하지 않으면 안 되고, 수송 · 배송 · 보관 · 포장 · 하역 등 여러 기능을 종합한 시스템으로 분석하고 설계할 필요가 있다.

02 경제활동은 상적유통활동과 물적 유통활동으로 그 범위를 분류할 수 있다. 여기서 물류(物流)는 상류(商流)의 2차적 기능을 수행하는 분야이다. 다음 설명으로 가장 옳지 않은 것은?

① 물류(物流)는 일반적으로 상거래가 성립된 후 그 물품인도의 이행기간 중에 생산자로부터 소비자에게 물품을 인도함으로써 인격적 · 시간적 · 공간적 효용을 창출하는 경제활동이다.

01 ⑤ 02 ④

② 상류(商流)는 생산자와 생산자, 생산자와 판매자, 도매상과 소매상, 생산자와 소비자 및 판매자와 소비자 사이에 상거래 계약이 성립된 후 상품 대금을 지불하고 상품의 소유권을 이전하는 단계를 총칭한다.

③ 물류(物流)는 물류활동이 생산 장소와 소비 장소의 거리를 조정하는 기능을 지니고 있어 생산 장소와 소비 장소를 좁혀주는 기능을 수행하므로, 생산자와 소비자 모두에게 효용을 가져다준다.

④ 상류(商流)란 재화가 공급자로부터 조달 · 생산되어 수요자에게 전달되거나 소비자로부터 회수되어 폐기될 때까지 이루어지는 운송 · 보관 · 하역 등과 이에 부가되어 가치를 창출하는 가공 · 조립 · 분류 · 수리 · 포장 · 상표부착 · 판매 · 정보통신 등을 말한다.

⑤ 물류(物流)와 상류(商流)를 분리함으로써 얻을 수 있는 경제적 효과로 배송차량의 적재율 향상, 유통경로 전체의 물류효율화 실현,지점과 영업소의 수주 통합으로 효율적 물류관리 가능,운송경로의 단축과 대형차량의 이용으로 수송비 절감 등을 들 수 있다.

오답풀이 물류(物流)란 재화가 공급자로부터 조달 · 생산되어 수요자에게 전달되거나 소비자로부터 회수되어 폐기될 때까지 이루어지는 운송 · 보관 · 하역 등과 이에 부가되어 가치를 창출하는 가공 · 조립 · 분류 · 수리 · 포장 · 상표부착 · 판매 · 정보통신 등을 말한다.

03 물류(物流)와 상류(商流)를 분리함으로써얻을 수 있는 경제적 효과로 배송차량의 적재율 향상, 유통경로 전체의 물류효율화 실현,지점과 영업소의 수주 통합으로 효율적 물류관리 가능, 운송경로의 단축과 대형차량의 이용으로 수송비 절감 등을 들 수 있다. 다음 물류활동의 영역에서 회수물류(Recycle Logistics)영역에 해당되지 않은 것은?

① 회수물류에는 용기의 회수(맥주, 우유병 등), 팔레트 · 컨테이너의 회수, 원재료의 재이용(유리, 철, 고지), 반품 등이 있다. 이 같은 회수물류는 일반 물류에 비해 중요성의 인식이 낮고, 불합리하게 행해지기 쉽다.

② 회수물류는 최근 전자상거래의 확산에 따라 판매된 제품이 상이하거나 문제점이 발생하여 교환 등으로 기업의 서비스나 비용절감 측면에서 그 중요성이 높아지고 있는 물류 영역이다.

③ 제품이 소비자에게 전달될 때까지의 수송 및 배송활동으로서 제품창고로부터 제품의 출고, 배송센터까지의 수송, 배송센터로부터 각 대리점이나 고객에게 배송되는 작업이 모두 포함된다.

해답 03 ③

④ 판매물류에 부수적으로 발생하는 빈 용기나 포장재의 재활용에 초점을 둔 물류로서, 환경물류, 녹색물류 등으로 불리기도 하며 폐기물을 줄여서 환경을 보호하는 데 대한 관심이 커지면서 새로운 물류의 분야로 중요한 역할을 하고 있다.
⑤ 회수물류라고 하는 것은「리사이클 시스템」이라고도 부르며 판매를 통하여 소비자에게 배송된 상품은 일정기간 사용 후 더 이상의 사용할 수 없을 때 폐기를 함으로써 제품을 한번 더 운송해야 한다.

제품이 소비자에게 전달될 때까지의 수송 및 배송활동으로서 제품창고로부터 제품의 출고, 배송센터까지의 수송, 배송센터로부터 각 대리점이나 고객에게 배송되는 작업이 모두 포함되는 것은 판매물류(Outbound Logistics) 이다.

04 물류용어 중 물류의 표준화(Standardization)에 대한 설명으로 가장 잘못된 것은?

① 물류표준화의 주요 내용은 기기 및 설비들의 규격 · 치수 · 제원 등이고, 주요 대상은 포장용기, 랙, 트럭적재함 등으로 유닛로드(unit load) 시스템이 필요하고, 국제적으로 연계성과 일관성 유지가 필요하다.
② 물류표준화 체계의 근간이 되며, 물류시스템을 구성하는 각 요소, 즉 수 · 배송 수단, 하역기기 및 시설 등의 기준척도가 되는 것을 모달시프트(modal shift)라 한다. 물류활동의 효율성을 제고시키는데 무엇보다 물류의 표준화가 선행되어야 한다.
③ 물류표준화가 팔레트 풀 시스템 등의 활성화에 크게 기여하였고, 운송과 보관, 하역, 포장, 정보 등과 같은 물동량의 취급 단위를 표준화 또는 규격화하여서 기준을 정하고 이용하는 것을 말한다.
④ 물류 표준화는 포장 · 하역, 보관 수송 및 정보 등 각각의 물류기능 및 단계에서 사용되는 물동량의 취급단위를 표준화 또는 규격화하고 여기에 이용되는 기기 · 용기 · 설비 등의 강도나 재질 등을 통일시키는 것을 말한다.
⑤ 물류 표준화는 유통물량이 증가함에 따라 물류의 일관성과 경제성을 확보하기 위해 표준화를 하지 않을 수 없고, 물류의 시스템화를 전제로 하여 단순화, 규격화 및 전문화를 통해 물류활동에 공통의 기준을 부여하는 것이다.

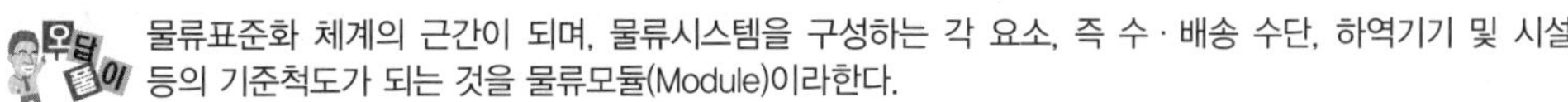
물류표준화 체계의 근간이 되며, 물류시스템을 구성하는 각 요소, 즉 수 · 배송 수단, 하역기기 및 시설 등의 기준척도가 되는 것을 물류모듈(Module)이라한다.

04 ②

05 다음은 우리나라 물류정책기본법에서 규정하고 있는 물류에 대한 정의이다. (㉠), (㉡), (㉢)에 들어갈 단어의 조합이 옳은 것은?

> "물류"란 (㉠)가 공급자로부터 조달 · 생산되어 수요자에게 전달되거나 소비자로부터회수 되어 (㉡)될 때까지 이루어지는 운송 · 보관 · 하역 등과 이에 부가되어 가치를 창출하는 가공 · 조립 · 분류 · 수리 · 포장 · 상표부착 · (㉢) · 정보통신 등을 말한다.

① ㉠: 재화와 서비스 ㉡: 반품 ㉢: 판매
② ㉠: 재화와 서비스 ㉡: 폐기 ㉢: 교환
③ ㉠: 재화와 서비스 ㉡: 재가공 ㉢: 교환
④ ㉠: 재화 ㉡: 폐기 ㉢: 판매
⑤ ㉠: 재화 ㉡: 반품 ㉢: 운송

"물류"란 재화가 공급자로부터 조달 · 생산되어 수요자에게 전달되거나 소비자로부터 회수되어 폐기될 때까지 이루어지는 운송 · 보관 · 하역 등과 이에 부가되어 가치를 창출하는 가공 · 조립 · 분류 · 수리 · 포장 · 상표부착 · 판매 · 정보통신 등을 말한다.

06 물류는 일반적으로 로지스틱스(Logistics)와 동의어로 불리 우고 있다. 다음 중 물류활동에 따라 영역별로 아래의 네모안의 특징을 보이는 물류영역은 무엇인가?

> 판매물류에 부수적으로 발생하는 빈 용기나 포장재의 재활용에 초점을 둔 물류로서, 환경물류, 녹색물류 등으로 불리기도 하며 폐기물을 줄여서 환경을 보호하는 데 대한 관심이 커지면서 새로운 물류의 분야로 중요한 역할을 하고 있다.

① 조달물류(Inbound Logistics)
② 생산물류(Manufacture Logistics)
③ 반품물류(Reverse Logistics)
④ 회수물류(Recycle Logistics)
⑤ 폐기물류(Scrapped Logistics)

제품의 가치를 살리거나 창출하기 위한 목적으로 소비지를 시작점으로 하여 최종 목적지에 이르기까지의 물류활동을 말한다.

해답 05 ④ 06 ④

07 다음 중 물류관리의 필요성에 관한 설명으로 옳지 않은 것은?

① 전자상거래의 증가로 인하여 물류관리의 중요성이 감소되고 있다.
② 국제적인 경제환경이 변화하면서 물류관리의 중요성이 부각되고 있다.
③ 물류관리를 통해 비용절감, 서비스 수준의 향상, 판매촉진 등을 꾀할 수 있다.
④ 기업활동의 특성상 판매비나 일반관리비에 비하여 물류비의 절감이 요구되고 있다.
⑤ 제품의 수명이 단축되고 차별화된 제품생산의 요구 증대로 인하여 물류비용 감소의 필요성이 부각되고 있다.

물류관리(Logistics management)란 경제재의 효용을 극대화시키기 위한 재화의 흐름에 있어서 운송, 보관,하역, 포장, 정보, 가공 등의 제 활동을 유기적으로 조정하여 하나의 독립된 시스템으로 관리하는 것을 말한다. 전자상거래의 증가로 인하여 물류관리의 중요성이 점점 증가되고 있다.

08 다음은 물류활동을 영역별로 설명한 것이다. ㉠~㉤에 해당하는 물류영역이 바르게 연결된 것은?

> ㉠ 판매로 인하여 완제품이 출고되어 고객에게 인도될 때까지의 물류활동
> ㉡ 원자재, 부품 등이 생산 공정에 투입될 때부터 생산, 포장에 이르기까지의 물류활동
> ㉢ 제품의 가치를 살리거나 창출하기 위한 목적으로 소비지를 시작점으로 하여 최종 목적지에 이르기까지의 물류활동
> ㉣ 물자가 조달처로부터 운송되어 매입자의 창고 등에 보관, 관리되고 생산공정에 투입되기 직전까지의 물류활동
> ㉤ 판매된 제품 자체의 문제점이 발생하여 그제품의 교환이나 반품을 위해 판매자에게 되돌아 오는 물류활동

① ㉠: 조달 ㉡: 생산 ㉢: 회수 ㉣: 판매 ㉤: 반품
② ㉠: 판매 ㉡: 생산 ㉢: 조달 ㉣: 반품 ㉤: 회수
③ ㉠: 판매 ㉡: 생산 ㉢: 회수 ㉣: 조달 ㉤: 반품
④ ㉠: 판매 ㉡: 조달 ㉢: 회수 ㉣: 생산 ㉤: 반품
⑤ ㉠: 판매 ㉡: 회수 ㉢: 생산 ㉣: 조달 ㉤: 반품

「물류코스트 산정 통일기준」에서는 물류의 영역을 조달물류, 생산물류, 판매물류, 반품물류, 폐기물류의 다섯 분야로 구분한다. 물론 회수물류는 공 컨테이너, 공 팔레트, 빈 용기 등을 재사용하기 위한 물류활동과 가장 관련이 깊다.

07 ① **08** ③

09 일반적으로 물류비는 기업의 활동에 따라 다양하게 분류할 수 있다. 다음의 설명 내용은 기업의 어떠한 물류비용을 설명하고 있는 것인가?

생산된 완제품 또는 매입한 상품을 창고에 보관하는 활동에서부터 그 이후의 모든 물류활동에 따른 비용을 말하며, 넓은 의미로 본 이 비용에는 반품물류활동과 공용기, 팔레트 등의 회수물류활동 및 파손 또는 진부화된 제품, 포장용기 등의 폐기물류활동에 따른 비용까지를 모두 포함하기도 한다.

① 생산물류비　② 구매(조달)물류비　③ 사내물류비
④ 판매물류비　⑤ 회수물류비

국토해양부가 고시하고 있는 기업물류비계산에 관한 지침에서 물류비의 기능별 분류에서 판매물류비는 영역별 물류비분류체계에 해당하고, 넓은 의미로 본 이 비용에는 반품물류활동과 공용기, 팔레트 등의 회수물류활동 및 파손 또는 진부화된 제품, 포장용기 등의 폐기물류활동에 따른 비용까지를 모두 포함하기도 한다.

10 다음 중 전략적 물류기법에 대한 설명으로 가장 옳지 않은 지문은?

① 물류 아웃소싱은 핵심역량사업에 집중할 수 있는 장점이 있는 반면 고객 불만에 대하여 신속하게 대응하기가 쉽지 않고, 물류 공동화와 물류 표준화가 가능하여 물류비 절감과 서비스의 향상이 가능하다.
② 제1자 물류는 화주기업이 고객서비스향상, 물류비절감, 물류활동의 효율성 향상 등의 목표를 달성할 수 있도록 물류경로 내의 다른 주체와 일시적이거나 장기적인 관계를 가지고 있는 것을 말한다.
③ 현대자동차입장에서 자신이 만든 자동차를 자회사인 현대글로비스를 이용하여 운반하는 업무를 맡긴다면 업무의 다양한 효과를 얻을 수도 있지만, 독점적인 내용이라 하여 비난을 받기도 하는데 이런경우를 2자물류라 한다.
④ 제조업체가 제3자 물류(3PL)를 이용하는 전략적 동기는 아웃소싱(outsourcing), 부가가치물류(value added logistics), 물류 제휴(logistics alliance)효과 등을 기대하기 때문이다.
⑤ 제4자 물류는 세계 수준의 전략 · 기술 · 경영관리를 제공하며, 제3자 물류업체, 컨설팅업체, IT업체들이 가상조직을 형성하여 한 번의 계약으로 공급체인 전반에 걸친 통합 서비스를 제공한다.

우답풀이 제3자 물류는 화주기업이 고객서비스향상, 물류비절감, 물류활동의 효율성 향상 등의 목표를 달성할 수 있도록 물류경로 내의 다른 주체와 일시적이거나 장기적인 관계를 가지고 있는 것을 말한다.

11 다음 중 환경 친화적 물류시스템 설계에 관한 설명으로 옳지 않은 것은?

① 물류활동을 통하여 발생되는 폐기물의 양을 최소화하는 것이다.
② 물류시스템 설계는 과잉포장을 시정하고 용기의 표준화를 지향한다.
③ 물류시스템 활동 중 발생되는 제품과 포장재 등의 폐기물을 역(逆)물류로 회수한다.
④ ISO 9001을 통하여 환경 친화적 물류시스템과 관련된 방침, 목표 등을 설정하고 실행하는 것이다.
⑤ 자원의 재사용, 재활용을 위해 필요한 적정프로세스를 실시할 수 있도록 물류시스템을 설계하여 부가가치를 재창출한다.

ISO 9001은 일련의 품질 경영 시스템 표준 시리즈 중 하나로, 기업이 고객에게 제품이나 서비스를 제공하는 과정을 세계적으로 인정받는 독보적인 품질 경영 체제로, 현재 161개국의 75만 개 이상의 기업에서 사용하고 있으며 품질 경영 시스템뿐만 아니라 일반적인 경영 시스템까지 포괄하는 광범위한 표준을 규정한 것이다.

12 물류에서는 서비스와 비용을 중심으로 이론이 흘러가는데 다음 중 고객서비스를 적정 수준으로 유지하면서 비용을 절감하기 위한 배송의 합리화에 관한 내용과 가장 거리가 먼 것은?

① 배송시간을 단축시킨다.
② 배송거리를 단축시킨다.
③ 차량 적재효율을 향상시킨다.
④ 하역작업 효율을 향상 시킨다.
⑤ 수주시간, 수주단위를 차별화 시킨다.

수주시간, 수주단위를 차별화 시키면 고객은 불편이 더 심해지고, 불편이 높으면 서비스의 질은 더 떨어진다.

13 다음 중 제조업체가 제3자물류(3PL)를 이용하는 전략적 동기로 가장 거리가 먼 것을 고르시오.

① 아웃소싱(outsourcing)
② 다각화(diversification)
③ 물류 제휴(logistics alliance)
④ 부가가치 물류(value added logistics)
⑤ 핵심 사업 분야 집중(concentration business)

제3자 물류(Third party Logistics;3PL)는 물류경로 내의 대행자 또는 매개자를 의미하며, 화주와 단일 혹은 복수의 제3자가 일정 기간 동안 일정 비용으로 일정 서비스를 상호 합의하에 수행하는 과정을 말한다.

11 ④ 12 ⑤ 13 ②

14 물류업무를 사내에서 분리하여 제3의 전문기업에 위탁할 때 일반적으로 다양한 효과를 기대할 수가 있다. 이런 내용을 제3자 물류(Third party Logistics; 3PL)라 하는데 이에 대한 설명으로 가장 틀린 내용은?

① 제3자물류는 물류경로 내의 대행자 또는 매개자를 의미하며, 화주와 단일 혹은 복수의 제3자가 일정 기간 동안 일정 비용으로 일정 서비스를 상호 합의하에 수행하는 과정을 말한다.
② 제조업체가 제3자물류(3PL)를 이용하는 전략적 동기는 아웃소싱(outsourcing), 부가가치물류(value added logistics), 물류제휴(logistics alliance)효과 등을 기대하는 것이다.
③ 제3자물류를 실행함으로써 물류관련 자산비용의 부담이 줄어들 수 있으므로 비용절감, 고객서비스 향상, 핵심사업 분야 집중을 통한 기업경쟁력 향상 등의 기대에서 출발한다.
④ 제3자물류는 화주기업이 고객서비스향상, 물류비절감, 물류활동의 효율성 향상 등의 목표를 달성할 수 있도록 물류경로 내의 다른 주체와 일시적이거나 장기적인 관계를 가지고 있는 것을 말한다.
⑤ 제3자물류는 물류업무 수행능력 및 정보기술, 컨설팅 능력을 보유한 업체가 공급망상의 모든 활동에 대한 계획과 관리를 전담하여, 다수의 물류업체 운영 및 관리를 최적화함으로써 생산자와 유통업체 간에 효율화를 도모하는 데 있다.

오답풀이 물류업무 수행능력 및 정보기술, 컨설팅 능력을 보유한 업체가 공급망상의 모든 활동의 전략은 제 4자 물류의 내용이다.

15 다음 중 물류합리화에 관한 설명으로 옳지 않은 것은?

① 물류합리화를 위해서는 총비용적 사고가 필요하다.
② 거점을 집약하면 거점비용은 감소하지만 물류서비스는 향상된다.
③ 운송리드타임을 단축하면 물류서비스는 향상되지만 운송비용은 상승한다.
④ 재고량을 적게 하면 보관비는 감소하지만 서비스 수준은 일반적으로 저하된다.
⑤ 물류합리화는 비용과 서비스 사이의 트레이드오프(Trade-Off) 관계를 고려하여, 그 수준을 적정하게 조정하여야 한다.

오답풀이 거점을 집약하면 거점비용은 감소하지만 물류서비스는 오히려 감소할 수 있다.

해답 14 ⑤ 15 ②

16 기업은 제품이나 서비스의 형태, 시간, 장소, 소유가치를 창출하는 활동을 수행하는데, 이 중 물류와 가장 관계가 깊은 것은?

① 형태, 시간 ② 시간, 장소 ③ 장소, 소유
④ 소유, 형태 ⑤ 시간, 소유

물류는 상품의 물리적 이동에 관계되는 활동을 의미한다.

17 다음 중 물류합리화를 적극적으로 실행하여야 하는 이유로 옳지 않은 것은?

① 다품종 소량생산 체제가 가속화되고 있으며, 고객요구의 다양화, 물류 서비스의 차별화가 요구되고 있다.
② 물류비는 기업별 사업 환경여건 및 개선 노력에 따라 상당부분 감소하고 있지만 여전히 높은 비중을 차지하고 있다.
③ 마케팅 비용 및 생산비 절감만으로는 기업 전반의 비용절감을 통한 이윤추구에 한계가 있다.
④ 기술혁신에 의해 기본적인 물류영역의 발전이 가속화되고 있으며, 정보측면에서도 발전 속도가 매우 빠르다.
⑤ 기업간 경쟁력을 확보하기 위해서는 물류측면의 우위가 있어야 하며, 통합물류기능을 분산 배치하여야 한다.

기업간 경쟁력을 확보하기 위해서는 물류측면의 우위가 있어야 하며, 통합물류기능은 통합하여야 한다.

18 다음 중 전략적 아웃소싱의 이점과 거리가 먼 것은?

① 규모의 경제 ② 위험분산
③ 전문화 역할증가 ④ 유동성 감소
⑤ 핵심역량에 집중투자

유동성(Liquidity)은 기업의 자산을 필요한 시기에 손실 없이 화폐로 바꿀 수 있는 안전성의 정도를 나타내는 경제학 용어이다. 예를 들어 개인이 재산 증식을 목적으로 투자 대상을 선택할 때 그 대상을 자신이 원하는 시기에 바로 현금으로 전환할 수 있는지를 따지는데, 이 현금으로 전환할 수 있는 정도를 유동성이라 한다. 이것은 아웃소싱과는 관련이 없다.

16 ② **17** ⑤ **18** ④

19 기업에서 차지하는 비용 중에서 물류비용이 차지하는 비용의 비중이 매우 클 뿐만 아니라 점점 증가하고 있다는 면에서 관리상의 중요성이 증가하고 있다. 이런 특징을 바탕으로 물류관리에 대한 설명으로 가장 적절하지 않은 것은?

① 물류는 원초지점부터 소비지점까지 원자재, 중간재, 완성재, 그리고 각종 관련 정보를 소비자의 욕구를 충족시키기 위하여 이동시키는 것과 관련된 흐름과 저장을 효율적이면서 효과적으로 계획, 수행, 통제하는 과정이다.
② 물류는 구체적으로는 수송, 포장, 보관, 하역 및 통신의 여러 가지 활동을 포함하며, 상거래에 있어서는 유형적인 물자를 운송하므로 재화의 공간적 · 시간적인 한계를 극복하게 해준다.
③ 물류에서는 비용의 최소화를 위해서는 운송비, 재고비(inventory cost) 및 주문처리비 등과 같은 눈에 보이는 비용뿐만 아니라, 배달지연과 재고부족에 따른 매출감소 등과 같이 눈에 보이지 않는 비용까지 포함을 시켜야 한다.
④ 물류관리 목표로서의 비용은 물류활동을 비용을 수단으로 하여 관리하는 것을 의미하며, 비용에 의한 물류관리는 달성하고자 하는 수준의 고객 서비스를 최소비용으로 달성하는 데 있다.
⑤ 물류는 생산자와 생산자, 생산자와 판매자, 도매상과 소매상, 생산자와 소비자 및 판매자와 소비자 사이에 상거래 계약이 성립된 후 상품 대금을 지불하고 상품의 소유권을 이전하는 단계만을 지칭한다.

상거래 계약이 성립된 후 상품 대금을 지불하고 상품의 소유권을 이전하는 단계를 총칭하는 것은 물류가 아니라 상류이다.

20 다음 중 제4자 물류에 관한 설명으로 옳지 않은 것은?

① 제3자 물류에 솔루션 제공 능력을 더하면 제4자 물류가 된다.
② 물류 컨설팅과 네트워크 개선 등에 관한 조언을 해 줄 수 있다.
③ 제3자 물류나 제4자 물류 둘 다 물류서비스의 아웃소싱에 해당한다.
④ 제3자 물류가 기업과 고객 간의 거래(B2C)에 집중하는 반면 제4자 물류는 기업간의 거래(B2B)에 집중한다.
⑤ 제4자 물류 서비스 제공자는 공급사슬관리와 아울러 부가가치 서비스를 제공할 수 있는 능력을 갖춘 물류업체이다.

제4자 물류 운용모델에는 시너지 플러스(Synergy Plus), 솔루션 통합자(Solution Integrator), 산업혁신자(Industry Innovator) 모델이 있고 제3자 물류업체와 물류 컨설팅업체, IT업체의 결합된 형태이다.

해답 **19** ⑤ **20** ④

21 다음 중 유통업체가 물류활동을 직접 수행하지 않고 아웃소싱 할 경우 해당 유통업체가 직면할 수 있는 문제점을 가장 잘 서술한 것은?

① 물류업무의 아웃소싱은 유통기업 자체물류부문에 있어서 규모의 경제를 달성할 수 없음으로 물류비용은 급격히 증대된다.
② 제조업체나 외부 물류업체를 관리하여야 함으로 경영역량은 분산되나 핵심역량사업에집중할 수 있는 장점이 있다.
③ 해당 유통업체는 제3자 물류와 관련된 추가적인 자격증이나 인력 및 시설을 확보하여야 한다.
④ 핵심역량사업에 집중할 수 있는 장점이 있는 반면 고객 불만에 대하여 신속하게 대응하기가 쉽지 않다.
⑤ 물류시설 및 장비를 이중으로 투자하는데 따르는 투자위험의 회피가 가능하고, 핵심역량에 대한 집중력을 강화할 수 있다.

물류 아웃소싱(Logistics Outsourcing)은 기업이 고객 서비스의 향상, 물류비 절감 등 물류활동을 효율화 할수 있도록 물류기능 전체 혹은 일부를 외부의 전문 업체에 위탁 · 대응하는 업무를 말한다. 외부업체에서는 고객의 컴플레인을 본사처럼 적극적으로 대응을 하기는 어려울 것이다.

22 다음 중 상류(상적유통)과 물류(물적유통)를 구분하여 설명한 내용으로 가장 옳지 않은 것은?

① 물류는 일반적으로 상거래가 성립된 후 그 물품 인도의 이행기간 중에 생산자로부터 소비자에게 물품을 인도함으로써 인격적, 시간적, 공간적 효용을 창출하는 경제활동이다.
② 상류는 생산자를 포함하여 중간상과 소비자 사이에서 발생하는 교환과정을 총칭한다.
③ 물류는 물류활동이 생산 장소와 소비 장소의 거리를 조정하는 기능을 지니고 있어 그 거리를 좁혀주는 기능을 수행하므로, 생산자와 소비자 모두에게 효용을 가져다준다.
④ 상류란 재화가 공급자로부터 조달.생산되어 수요자에게 전달되거나 소비자로부터 회수되어 폐기될 때까지 이루어지는 운송.보관.하역 등과 이에 부가되어 가치를 창출하는 가공, 조립, 분류, 수리, 포장, 상표부착, 판매, 정보통신 등을 말한다.
⑤ 물류와 상류의 분리로 얻을 수 있는 경제적 효과로 배송차량의 적재율 향상, 유통경로 전체의 물류효율화 실현, 지점과 영업소의 수주 통합으로효율적 물류관리 가능, 운송경로의 단축과 대형차량의 이용으로 수송비 절감 등을 들 수 있다.

재화가 공급자로부터 조달.생산되어 수요자에게 전달되거나 소비자로부터 회수되어 폐기될 때까지 이루어지는 운송.보관.하역 등과 이에 부가되어 가치를 창출하는 가공. 조립. 분류. 수리. 포장. 상표부착. 판매. 정보통신 등을 말하는 것은 물류의 내용이 된다.

해답 21 ① 22 ③

23 다음 중 물류표준화에 관한 설명으로 옳지 않은 것은?

① 물류활동의 효율화, 화물유통의 원활화, 수급의 합리화, 물류비 비중의 증대를 주요 목적으로 한다.

② 기대효과로는 재료의 경량화, 적재효율의 향상, 작업의 기계화 및 표준화, 물류생산성의 향상 등이 있다.

③ 물류의 시스템화를 전제로 하여 단순화, 규격화 및 전문화를 통해 물류활동에 공통의기준을 부여하는 것이다.

④ 표준화의 주요 내용으로는 포장 표준화, 수송용기 및 장비의 표준화, 보관시설의 표준화, 물류정보 및 시스템 표준화 등을 들 수 있다.

⑤ 화물유통 장비와 포장의 규격, 구조 등을 통일하고 단순화하는 것으로 구성 요소 간 호환성과 연계성을 확보하는 유닛로드시스템을 구축하는 것이다.

물류 표준화는 포장 · 하역, 보관 수송 및 정보 등 각각의 물류기능 및 단계에서 사용되는 물동량의 취급단위를 표준화 또는 규격화하고 여기에 이용되는 기기 · 용기 · 설비 등의 강도나 재질 등을 통일시키는 것을 말한다.

24 다음 중 물류비 비목별 계산과정이 옳게 나열되어 있는 것은?

① 물류비 계산의 보고 → 물류비 계산 니즈의 명확화 →물류비 자료의 식별과 입수 → 물류비 배부 기준의 선정 → 물류비 배부와 집계

② 물류비 계산 니즈의 명확화 → 물류비 자료의 식별과 입수 → 물류비 배부 기준의 선정→ 물류비 배부와 집계 → 물류비 계산의 보고

③ 물류비 배부 기준의 선정 → 물류비 배부와 집계 → 물류비 계산의 보고 → 물류비계산 니즈의 명확화 → 물류비 자료의 식별과 입수

④ 물류비 배부와 집계 → 물류비 계산의 보고 → 물류비계산 니즈의 명확화 → 물류비 자료의 식별과 입수 →물류비 배부 기준의 선정

⑤ 물류비 자료의 식별과 입수 →물류비 계산 니즈의 명확화 → 물류비 배부 기준의 선정→ 물류비 배부와 집계 → 물류비 계산의 보고

물류비의 산출단계

1. 제1단계: 물류원가를 계산해야 하는 필요성 명시
2. 제2단계: 물류비 자료의 식별과 입수
3. 제3단계: 물류비 배부 기준의 선정
4. 제4단계: 원가계산의 대상별 물류비의 배부와 집계
5. 제5단계: 물류 원가계산의 보고

해답 23 ① 24 ②

25 다음 중 환경물류(Green Logistics)흐름에 대한 설명으로 가장 적합하지 않은 것은?

① 제품의 설계부터 구매, 생산, 유통, 판매의 단계는 제외하고, 상품을 폐기하거나 재사용에 이르는 물류의 단계에만 환경 친화적인 요소를 고려하는 흐름이다.
② 지구온난화, 에너지보존, 쓰레기재사용 등의 환경문제는 물류활동에도 큰 영향을 주고, 환경의 유해요소들을 제거하거나 최소화할 수 있는 물류활동이다.
③ 제품생산을 위한 설계단계에서부터 판매되어 소비자 사용에 이르기까지, 필요한 물류의 제 활동들이 저비용 · 고효율로 달성되도록 환경적 유해요인을 최소화하는 것을 말한다.
④ 기업에서 제품을 설계 및 생산 단계부터 환경 친화적인 재료 및 부품을 사용하여야 하며, 제품을 사용한 후 철저한 분리 및 회수시스템을 적용하여야 한다.
⑤ 자원의 재사용 및 재활용률 향상을 위해 자원 순환형 물류체계를 구축할 수 있도록 생산기업과 소비자 간에 협력체제가 형성되는 유기체적인 사회시스템이 중요하다.

오답풀이 제품의 설계부터 구매, 생산, 유통, 판매 후 폐기 및 재사용에 이르는 물류의 전 과정을 통하여 환경 친화적인 요소를 고려하는 흐름이다.

26 다음 중 물류관리에 대한 설명으로 가장 적절하지 않은 것은?

① 물류는 원초지점부터 소비지점까지 원자재, 중간재, 완성재 및 각종 관련 정보를 소비자의 욕구를 충족시키기 위하여 이동시키는 것과 관련된 흐름을 효율적 · 효과적으로 계획, 수행, 통제하는 과정이다.
② 물류는 생산자, 중간상, 소비자 사이에 상거래계약이 성립된 후 상품대금을 지불하고 상품의 소유권을 이전하는 단계만을 지칭한다.
③ 비용의 최소화를 위해서는 운송비, 재고비 및 주문처리비 등과 같은 눈에 띄는 비용뿐만 아니라, 배달지연과 재고부족에 따른 매출감소 등과 같이 눈에 띄지 않는 비용도 포함시켜야 한다.
④ 물류관리는 목표수준의 고객서비스를 최소의 비용으로 달성하고자 하는 비용접근적 측면도 포함된다.
⑤ 물류는 구체적으로는 수송, 포장, 보관, 하역 및통신의 여러 활동을 포함하며, 상거래 과정에서 유형적인 물자를 운송하므로 재화의 공간적, 시간적인 한계를 극복하게 해준다.

오답풀이 물류는 생산자, 중간상, 소비자 사이에 상거래계약이 성립된 후 상품대금을 지불하고 상품의 소유권을 이전하는 단계를 포함한 전체적인 흐름을 지칭한다.

해답 25 ① 26 ②

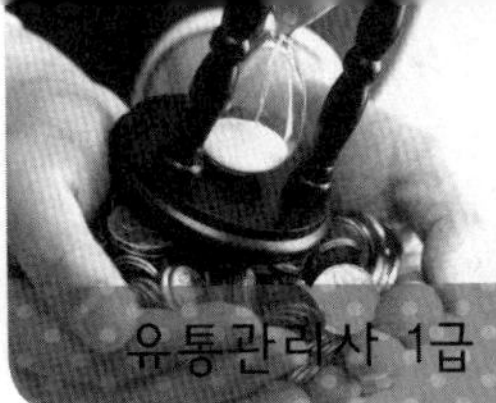

27 물류에 대한 개념이 시대적으로 계속 변화하고 있는데 이런 물류개념의 변화 순서로 맞는 것은?

① Physical Distribution → Logistics → Supply Chain Management
② Physical Distribution → Supply Chain Management → Logistics
③ Supply Chain Management → Physical Distribution → Logistics
④ Logistics → Supply Chain Management → Physical Distribution
⑤ Logistics → Physical Distribution → Supply Chain Management

물류에 대한 개념이 시대적으로 계속 변화는 Physical Distribution → Logistics → Supply Chain Management가 가장 적합하다.

28 물류채산분석이란 현재 실시하고 있는 물류관리회계시스템에 대한 구조 및 수행상의 문제 등에 관하여 그 채산성 여부를 파악하기 위하여 실시하는 분석을 말한다. 아래 중 물류채산분석의 절차가 옳은 것은?

① 물류비 측정 → 물류비 비교 → 물류개선대안 설정 → 물류현황 파악 →물류개선안의 확정
② 물류개선대안 설정 → 물류비 측정 → 물류비 비교 → 물류현황 파악 → 물류개선안의 확정
③ 물류비 비교 → 물류현황 파악→ 물류비 측정 → 물류개선대안 설정 → 물류개선안의 확정
④ 물류현황 파악 → 물류개선대안 설정 → 물류비 측정 → 물류비 비교 → 물류개선안의 확정
⑤ 물류현황 파악→물류비 비교 → 물류비 측정 → 물류개선대안 설정 → 물류개선안의 확정

우답 풀이 물류관리회계시스템에서 물류채산분석이란 물류현황 파악, 물류개선대안 설정, 물류비 측정, 물류비 비교, 물류개선안의 확정의 순으로 이루어 져야한다.

해답 27 ① 28 ④

29 다음 중 물류정책기본법에 언급한 내용으로 잘못 설명된 내용은?

① 물류체계의 효율화, 물류산업의 경쟁력 강화 및 물류의 선진화 · 국제화를 위하여 국내외 물류정책 · 계획의 수립 · 시행 및 지원에 관한 기본적인 사항을 정함으로써 국민경제의 발전에 이바지함을 목적으로 한다.

② 물류란 재화가 공급자로부터 조달 · 생산되어 수요자에게 전달되거나 소비자로부터 회수되어 폐기될 때까지 이루어지는 운송 · 보관 · 하역(荷役) 등과 이에 부가되어 가치를 창출하는 가공 · 조립 · 분류 · 수리 · 포장 · 상표부착 · 판매 · 정보통신 등을 말한다.

③ 물류정책은 물류가 국가 경제활동의 중요한 원동력임을 인식하고, 신속 · 정확하면서도 편리하고 안전한 물류활동을 촉진하며, 정부의 물류 관련 정책이 서로 조화롭게 연계되도록 하여 물류산업이 체계적으로 발전하게 하는 것을 기본이념으로 한다.

④ 물류사업이란 화주의 수요에 따라 유상(有償)으로 물류활동을 영위하는 것을 업(業)으로 하는 것으로 자동차 · 철도차량 · 선박 · 항공기 또는 파이프라인 등의 운송수단을 통하여 화물을 운송하는 화물운송업은 포함되나, 물류터미널이나 창고 등의 물류시설을 운영하는 물류시설운영업은 제외한다.

⑤ 물류기업 및 화주는 물류사업을 원활히 하고 물류체계의 효율성을 증진시키기 위하여 노력하고, 국가 또는 지방자치단체의 물류정책 및 계획의 수립 · 시행에 적극 협력하여야 한다.

물류 경영

물류사업이란 화주의 수요에 따라 유상(有償)으로 물류활동을 영위하는 것을 업(業)으로 하는 것으로 자동차 · 철도차량 · 선박 · 항공기 또는 파이프라인 등의 운송수단을 통하여 화물을 운송하는 화물운송업은 포함되나, 물류터미널이나 창고 등의 물류시설을 운영하는 물류시설운영업도 포함한다.

29 ④

Chapter 2 물류 기능

01 화물 운송

1. 운송 일반론

(1) 운송의 개념

① 상품이 생산되는 장소와 그것을 필요로 하는 장소 간에는 항상 거리(공간)가 존재하며 이러한 거리조정을 위해 장소적 이동을 담당하는 것이 운송(transportation)이다.

② 운송은 장소적 효용창출을 위해 인간과 물자를 한 장소에서 다른 장소로 공간적으로 이동시키는 물리적 행위라 할 수 있다. 오늘날 경제의 확대에 따라 대량생산, 대량소비의 현상이 나타나고 있으며, 그 결과 대량유통, 대량운송의 필요성이 부각되고 있다.

③ 기존의 운송은 단순히 생산지와 생산지, 생산지와 소비지, 소비지와 소비지 간에 재화의 장소적 이전이나 공간적 거리 극복이란 기능에 주안점을 두고 있었다.

④ 현대의 운송은 보다 많은 물량을, 보다 빠른 속도로, 보다 높은 안전도와 저렴한 가격으로 운송시켜야 그 기능을 충분히 발휘할 수 있다. 따라서 물류라는 개념하에서 운송은 운송 외에 수주, 포장, 보관(재고관리), 하역, 유통가공을 포함함으로써 마케팅 비용절감과 고객서비스 향상이라는 관점에서 접근되고 있다.

⑤ 이제 운송은 단순한 재화의 장소적 · 공간적 이동이란 개념에서 벗어나 마케팅 관리상 물류 시스템 합리화의 중요한 요소로서 인식되고 있으며, 단위적재 시스템(unit load system)의 핵심이 되고 있는 일관 팔레트 적재(pallet load)와 일관 컨테이너 적재(container load)를 통해 협동일관운송, 나아가 국제복합운송으로 발전하고 있다.

(2) 운송의 기능과 종류

① 생산과 소비 사이의 장소적 불일치를 극복하며,상품 시장의 확대와 대량 생산 촉진한다. 가격의 안정과 표준 가격 형성하는 가격 조절 기능과 수송비 절감으로 판매촉진, 문화적 생활의 질을 향상 시킨다.

② 운송 종류에 육상 운송인 철도 운송, 자동차 운송이 있고, 수상 운송인 내수로 운송(하천, 호수 이용), 해상 운송(바다 이용)이 있으며, 항공 운송 인 항공기로 운송, 육상, 수상, 항공 운송 중 두 가지 이상의 운송 수단을 동시 이용하는 복합운송이 있다.

③ 화물자동차는 주로 근거리 운송을 담당하고 있고 취급품목이 다양하다는 특징이 있다. 반면, 같은 육로운송수단으로서 철도운송은 중량이 무겁거나 중거리 운송에 적합하다.

④ 해상운송으로서 연안 해상운송은 대량화물을 장거리 운송하는 데 가장 저렴하게 운송할 수 있지만, 다른 운송수단에 비해 시간이 많이 소요되는 단점을 가지고 있다. 그러나 육상운송의 도로정체가 심각할 경우 대체 운송경로로서 좋은 대안이 될 수 있다.
⑤ 한편 국제운송은 선박과 항공기에 의하여 주로 이루어지고 있다. 선박은 대량화물을 장거리에 가장 저렴하게 운송할 수 있으며, 항공기는 부가가치가 높은 정밀전자제품이나 귀금속 또는 신선도나 긴급함을 요하는 화물 등의 운송에 이용되고 있다.
⑥ 오늘날의 국제운송에서는 여러 운송수단을 연결한 복합운송인 대륙횡단철도 등을 이용한 유닛 로드 시스템(unit load system)의 활용이 두드러지게 나타나고 있다.

2. 공로운송

(1) 공로운송의 개념

① 공로(자동차)운송은 공로만의 확충과 운반차량의 발전 및 대형화 추세에 따라 종합운송체계의 핵심적인 역할을 수행하고 있을 뿐 아니라 일관운송이나 국제복합운송에서 문전까지 역내수송, 즉 마감운송을 담당한다.
② 역내운송에서는 전세 및 구역(단거리 100km, 중거리 300km 이내, 장거리 300km 이상)운송을 담당하는 동시에 노선운송에서의 정기 및 부정기 화물취급을 통해 국내운송 면에서 핵심적인 운송을 담당하고 있다.
③ 공로(자동차)운송은 기동성과 신속한 배송(high mobility and delivery)은 물론 다양한 고객요구에 대응하여 문전에서 문전운송(door to door delivery)을 실현할 수 있고, 운송단위가 소량이면서 에너지 다소비형의 운송기관이라는 특징을 가지고 있다.

(2) 자동차운송

① 자동차 운송의 특징은 화물의 포장과 운송 절차가 간편하며, 고속도로 등 자동차 도로망 발달. 대형차 개발로 자동차 운송이 발달하고 있다.하지만,대량 운송에 적합하지 않고, 장거리 운송시 비용이 높고 안정성이 낮으며, 중량의 제한이 있고, 특정지역에서의 교통 체증을 유발할 수 있다.
② 문전에서 문전까지 일관운송이 가능하기 때문에 수취가 편리하다.대량운송이나 원거리 운송에는 철도운송에 비해 경쟁력이 약하다. 비교적 간단한 포장으로 운송할 수 있으며, 단위 포장에서는 파레트를 이용할 수 있다.

(3) 공로운송의 특징

① 기동성과 신속한 배달이 가능하다. 자동차는 통행가능한 도로이기만 하면 어디든지 이동할 수 있고 또 언제든지 가동할 수 있다. 또 가솔린이나 경유 등 연료보급 면에서도 다른 수송기관에 대해 우위성을 유지하고 있다. 이렇듯 기동력이 있기 때문에 다 빈도 소량배송에 가장 적합하다.

② 신속하고도 정확한 택배서비스(door to door delivery)를 실현할 수 있다는 점이다. 기본적으로는 문전까지의 배달이 가능하며, 또한 다른 운송수단을 개입시키지 않고 집하 · 수송 · 배달을 스스로 일관되게 끝맺을 수 있다.

③ 고객의 다양한 요구에 대응할 수 있다는 점이다. 차종 · 차량이 풍부하고 다종다양한 화물을 운송수요에 부합한 형태로 집배할 수 있다.

④ 운송단위가 소량이고 에너지 다소비형의 수송기관이라는 점이다. 따라서 에너지 효율이 나쁘고, 또 운반생산성이 낮다.

【자동차 운송의 장 · 단점】

장 점	단 점
• 문전에서 문전까지 일괄운송 가능 • 근거리 운송에 적합하고 경제적임. • 포장이 비교적 간단함. • 배차 용이	• 대량운송에 부적합 • 원거리 운송 시 운임이 비쌈. • 교통사고 및 공해문제 발생 • 중량의 제한

3. 해상운송

(1) 해상운송의 개념

① 육상운송이 안정성 · 정확성 · 신속성 · 편리성 등을 갖고 있는데 비해 해상운송은 쾌적성 · 자유성 · 대량운송성 · 저렴성 · 원거리편리성 등이 추가됨으로써 운송부문을 선도하고 있다. 해상운송이란 화물선을 운송수단으로 하여 원양항로와 연안항로를 따라 운항하는 운송시스템을 말한다.

② 해상운송은 육상운송, 항공운송과 비교하여 신속성, 편리성, 안전성, 정확성 등에서 뒤떨어지지만 일시에 대량으로 장거리를 운송할 수 있는 경제성으로 인하여 현재 수출입화물의 99.7%가 해상운송에 의존하고 있다.

③ 해상운송의 발전은 1차대전 후 디젤기관의 발명, 조선기술과 운항기술의 발달에 따라 부정기선 분야에서는 유조선(tanker)과 건화물선(bulk carrier)으로 특화되었으며, 중화학공업의 발달에 따라 화물을 자기선박이나 용선으로 운송하는 산업운송인이 등장하게 되었다.

④ 정기선 분야에서는 1960년대 하반기부터 컨테이너선 운항이 발전하면서 물류합리화의 기본이 되는 국제복합운송의 시대가 열리게 되었다.

(2) 해상운송의 특징

① 해상운송은 국가 간의 경쟁을 유발하여 운송의 안정성 · 신속성 · 정확성을 향상시키고 낮은 운송비는 상품의 유통을 촉진시켜 재고량을 감소시킴으로써 유통자본의 회전율을 높임은 물론 생산 및 유통양면에 걸쳐 산업발전과 국민경제발전의 기초적 조건을 조성하는 기능을 담당, 국제적인 분업과 교환을 촉진함으로써 경제활동을 원활하게 해준다.

② 해상운송의 운임수입은 국민소득을 형성하며, 직접적인 자본 및 노동의 투입부문으로서 국민소득의 증대에 기여할 뿐 아니라 자국선 이용 시 외화지출을 절감시켜 외화절약효과를 가져온다.

③ 해상운송은 수출입증대 등을 통하여 외화획득 및 절약효과로 국제수지개선에 큰 역할을 한다. 자국선박을 이용하여 상품운송 시 외화를 절약할 수 있으며, 선박대여를 통하여 용선료를 획득할 수 있다.

④ 해상운송은 조선공업, 보험업 등 관련 산업과 밀접한 관련이 있으며, 이들 산업의 발전은 연쇄유발효과가 있어 고용증대 및 국민경제에 미치는 영향이 크다.

⑤ 선박의 증강은 전시에 여객선 및 일반상선을 군대와 군수품의 운송에 이용하여 전쟁수행을 원활하게 하며 또한, 특수선으로 개조하여 군무에 종사하게 함으로써 전력을 크게 증대시킬 수 있다.

⑥ 자국 선박을 이용한 안정적인 운송은 국제시장에서 가격경쟁력을 높여주며, 대외무역에서 해상운임과 운송 서비스에 대하여 영향력을 행사할 수 있게 하여 무역을 유리하게 이끌 수 있게 한다.

(3) 해상운송업의 종류

① **해상여객운송사업** : 여객선(13인 이상의 여객정원을 가진 선박)으로 사람 또는 물건을 운송하는 사업이며, 항만운송사업법의 규정에 의한 항만운송부대업 이외의 것으로 내항여객운송사업과 외항여객운송사업으로 구분된다.

② **해상화물운송사업** : 해상에서 선박(예선과 결합한 부선을 포함)으로 물건을 운송하는 사업(용대선을 포함하며, 어장으로부터 어획물 또는 그 제품을 운송함을 사업으로 하는 경우를 제외)으로서 항만운송사업법의 규정에 의한 항만운송사업 외의 것으로서 내항화물운송사업, 외항정기화물운송사업 및 외항부정기화물운송사업으로 구분된다.

③ **해상화물운송주선업** : 자기(계약된 외국인 주선인을 포함) 명의로 선박에 의한 운송을 주선하는 사업이다.

④ **해운중개업** : 해상화물운송의 중개 또는 선박의 대여 · 용대선 또는 매매를 중개하는 사업이다.

⑤ **해운대리점업** : 해상여객운송사업 또는 해상화물운송사업을 영위하는 자(외국인 운송사업자를 포함)를 위하여 통상 그 사업에 속하는 거래의 대리를 하는 사업이다.

⑥ **선박대여업** : 해상여객운송사업 또는 해상화물운송사업을 영위하는 자 외의 자가 그가 소유한 선박을 타인(외국인 포함)에게 대여하는 사업이다.

⑦ **선박관리업** : 해상여객운송사업 · 해상화물운송사업 또는 선박대여업을 영위하는 자(외국인 포함)로부터 선박관리 · 선원관리 및 해상보험 등의 업무를 수탁하여 대행하는 사업이다.

(4) 항만운송사업

① **항만하역사업** : 항만에서 화물을 선박에 적양화하거나 보관, 장치, 운송 등 유통과정을 담당하는 사업

② **검수사업** : 적양화하는 화물의 개수계산 또는 수도를 증명하는 사업

③ **감정사업** : 화물의 적재에 관한 증명 또는 조사 및 감정하는 사업

④ **검량사업** : 화물의 용적 또는 중량을 계산 또는 증명하는 사업

(5) 항만운송 부대사업

① **통선업** : 통선으로 본선과 육지 간의 연결을 중계하는 사업

② **용달업** : 본선이나 선원이 필요로 하는 선용품, 주부식, 기타 물품의 공급이나 선원 의류 등을 세탁하는 사업

③ **경비망취방업** : 본선의 경비 또는 접안을 보조하기 위하여 줄잡이 역무를 제공하는 사업

④ **선박청소업** : 선박의 청소, 오물제거, 폐유수집, 화물의 고정 또는 파장하는 사업

⑤ **선박급유업** : 선박용 연료유를 공급하는 사업

(6) 선박운송

① 대량 화물의 장거리 운송에 적합하고 비용이 저렴하고, 전용선에 의한 운송 및 일괄 하역작업이 가능하며, 용적 및 중량 화물의 운송에 적합하다.

② 운송기간이 길고, 항만설비와 하역비가 비싸며. 항구에서 화물을 선적, 하역하기 때문에 문 앞 운송을 위해서는 컨테이너나 다른 연계 수단이 필요하다.

4. 정기선과 비정기선 운송

(1) 정기선 운송

① 정기선 운송의 개념

㉠ 정기선 운송이란 정해진 운항계획(schedule)에 따라 정해진 항로를 규칙적으로 반복 운항하면서 공포된 운임률(tariff rate)에 따라 화물의 많고 적음에 관계없이 운임이 부과되는 화물선과 여객선의 운송을 말한다.

㉡ 정기선 운송은 농산물, 광산물 등 살화물(bulk cargo)을 전문적으로 운송하는 부정기선 운송과는 달리 잡화 등 불특정 다수의 일반화물운송에 주로 이용되고 있어 소량의 개별적 화물로 구성되며, 일정항로에서의 수요발생이 계속적인 동시에 발생량이 비교적 안정되어 있는 것이 특색이다.

㉢ 정기선 운송에는 컨테이너 화물전용의 컨테이너선과 재래선으로 분류되나 주요 정기항로에는 컨테이너선이 투입되고 있다.

② 정기선 운송의 특징

㉠ 항해의 반복성 : 정기선은 일정한 간격으로 사전에 지정된 항구를 주기적으로 운항하면서 서비스를 제공한다.

㉡ 공공 서비스의 제공 : 정기선 운송은 적법한 화물을 대상으로 불특정 다수화물을 대상으로 하는 대중 운송서비스를 제공한다.

㉢ 고가 서비스 : 정기선 운송은 시장과 선복의 수요량이 비교적 안정되어 있으나 일정규모의 선대를 보유하고 항해의 규칙성을 유지하여야 하기 때문에 채산성을 맞추기 힘든 특성을 가지고 있으며, 운임은 하역비까지 포함하고 있어 비교적 비싼 운임이 적용되고 있다.

㉣ 표준화된 계약서의 존재 : 정기선 운송은 이질적인 다수의 개별수요로 이루어지므로 화주가 다수이며, 운송대상도 많은 종류로 이루어지고 있다. 계약형태는 제품운송계약이 대부분이며 다수의 운송수요자가 존재하므로 개별선사에 의한 수요의 독점이 불가능하며, 화물의 크기와 종류에 관계없이 정형화된 계약이 사용되고 있다.

㉤ 운임요율의 존재 : 정기선 운송에는 경제성 확보를 위해 선박건조, 육상 터미널, 운송장비 등에 거액의 자본이 소요되며 본선운항비, 제반시설 운영비 등에 막대한 출자가 수반되어 기업경영의 위험을 최소화하고 취항선사 간 과당경쟁을 방지하기 위하여 공동운항, 해운동맹(freight conference)이 존재하며, 공포된 운임률(tariff)이 적용되고 있다.

【정기선 · 부정기선 운송의 비교】

구 분	정기선 운송	부정기선 운송
운항형태	규칙성 · 반복성	불규칙성
운송인	• 보통운송인(common carrier) • 공중운송인(public carrier)	• 계약운송인(contract carrier) • 전용운송인(private carrier)
화물의 성격	이종화물	동종화물
화물의 가치	고 가	저 가
운송계약	선하증권(B/L)	용선계약서(charter party)

③ 정기선 운송화물의 종류

㉠ 일반화물(General Cargo)

화물의 분류	개 념	화물의 종류
정량화물 (clean cargo)	다른 화물과 혼적해도 적부 또한 보관에 특별한 주의가 필요없는 화물	도자기, 면포, 양모, 백미, 차, 종이, 칠기, 통조림류 등
조악화물 (dirty cargo)	먼지, 냄새, 악취 등으로 인하여 운송 중 다른 화물에 손해를 입힐 위험이 있는 화물	피혁, 비료, 시멘트, 생선 등
액체화물 (liquid cargo)	입자나 분말상태, 액체상태로서 선창이나 탱크에 싣는 화물	유류, 주류, 약액류 등
살화물 (bulk cargo)	입자나 분말상태로 포장하지 않고 그대로 적양하하는 화물	곡류, 광석, 석유, 당밀 등
단위화물 (container cargo)	포장용기 또는 컨테이너 용기에 포장되어 있는 화물	단위화된 유류, 주류, 약액류 등

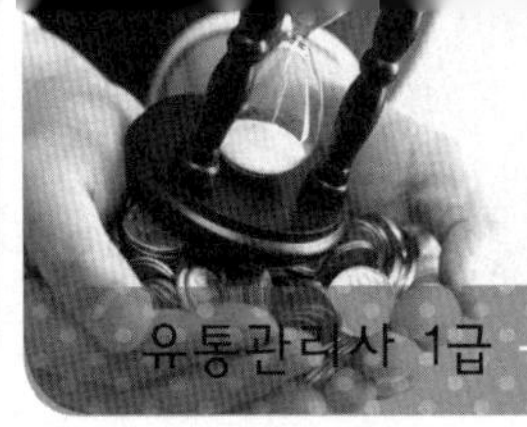

ⓛ 특수화물(Special Cargo)

화물의 분류		개 념	화물의 종류
위험화물 (dangerous cargo)	발화성 화물 (inflammable cargo)	가연성 가스를 발생시키거나 자연발화가 쉬운 화물	휘발유, 알코올, 황인, 성냥 등
	폭발성 화물 (explosive cargo)	폭발성이 있는 화물	화약, 탄약, 비크린산 등
	압축 · 액화가스 (compressive of liquid gas)	압축 또는 액화하여 용기에 넣은 것으로 누출 시 발화, 폭발, 독성을 가진 화물	아세틸렌가스, 탄산가스, 일산화탄소 등
	유독성 화물 (poisonous cargo)	접촉 시 피부가 상하고, 호흡 시 내장을 상하게 하는 화물	초산, 황산, 아질산, 암모니아 등
	부식성 화물 (corrosive cargo)	화물자체에 부식성이 있거나 다른 화물과 혼합 시 부식성을 띠는 화물	초산, 유산, 생석회 등
	방사성 화물 (radio-active cargo)	방사성이 있는 화물	우라늄광, 역청 등
부패성 화물 (perishable cargo)		부패 또는 변질되기 쉬운 화물	과일, 야채, 생선, 계란, 우유, 육류 등
냉장 · 냉동화물 (refrigerating or chilled cargo)		부패방지 및 신선도 유지를 위하여 냉장 또는 냉동된 상태로 운송해야 하는 화물	과일, 생육, 버터, 치즈, 생선류 등
고가 화물 (valuable cargo)		값이 비싼 화물	귀금속, 금, 은, 미술품, 화폐, 유가증권, 보석류 등
동 · 식물 (live stock or plant)		죽거나 병들기 쉬워서 특별한 관리가 필요한 화물	소, 말, 양, 개, 조류, 어류, 묘목 등

③ 정기선 운임의 형태

㉠ 운임의 지급시기에 의한 구분

구 분	개 념	주요 무역조건
운임선불 (freight prepaid)	운임을 선적이 완료되고 선하증권 교부 시 지급하는 방식	CFR, CIF, CPT, CIP, DES, DEQ, DDU, DDP
운임후불 (freight to collect)	화물이 목적지에 도착 후 수화인이 화물을 인수 시 지급하는 방식	EXW, FAC, FAS, FOB, DAF

㉡ 운송 완성도에 의한 구분

구 분	개 념
전액운임 (full freight)	운송의 완성여부에 관계없이 지불되는 운임
비율운임 (pro rate freight)	운송행위가 중단되었을 경우 운송 완성의 정도에 따라 지불되는 운임
공적운임 (dead freight)	계약수량의 화물을 전량 선적하지 못했을 경우 선적되지 않은 부분에 대해서도 지불하여야 하는 운임

㉢ 하역비 부담에 의한 구분

구 분	개 념
berth term (liner term)	선적 시와 하역 시의 하역비를 선주가 부담하는 조건(정기선의 개품운송에 사용)
Free In(F.I)	선적 시에는 화주가, 하역 시에는 선주가 부담하는 조건
Free Out(F.O)	선적 시에는 선주가, 하역 시에는 화주가 부담하는 조건
Free In and Out (F.I.O)	berth term의 상대조건으로 선적 시와 하역 시의 하역비를 화주가 부담하는 조건

㉣ 정기선 운임의 종류

운임의 종류	개 념
품목별 운임 (commodity rate)	운임요율표에 유형별로 명시된 품목에 적용되는 운임
등급별 운임 (class rate)	운임요율표에서 화물을 종류, 성질, 형태별로 분류하여 적용하는 운임
특별운임 (special rate)	운임요율표에서 일반운임과는 별도로 특정목적을 위해 설정한 운임
최저운임 (minimum rate)	극소량 화물에 대하여 운임이 일정액 이하로 산출될 때 톤수에 관계없이 징수되는 최소운임
종가운임 (ad valorem rate)	운송 시 특별한 관리와 주의를 요하는 고가품에 대하여 송장 가격에 일정률의 운임을 부과하는 운임
경쟁운임 (open rate)	운임동맹에서 화물운임을 해운동맹에서 결정한 운임요율표에 의하지 않고 가맹선사가 임의로 결정할 수 있는 운임
박스운임 (box rate)	톤(W/M)당 운임에 기초한 운임산정방법의 번거로움을 줄이기 위하여 화물의 종류나 용적에 관계없이 컨테이너당 정한 운임
통운임 (through rate)	1개 이상의 운송기관에 의해 운송되는 화물에 대해 일괄적으로 적용되는 운임
지역운임 (local rate)	선박회사가 단일운송업자로서 직접 서비스하는 지역 또는 동등지역에 적용하는 운임
접속운임 (O.C.P rate)	북미 태평양 연안에서 항공기, 철도, 트럭 등에 환적되는 내륙지행 화물에 적용되는 운임
기간/물동량 운임 (time/volume rate)	일정기간 제공한 물량에 따라 차등제로 적용되는 운임

운임의 종류	개 념
독자운임 (independent action rate)	운임동맹 내 선박회사가 동맹의 일반운임 대신 특별한 이유로 적용하는 운임
무차별 운임 (rak rate)	화물의 종류나 용적에 관계없이 중량과 용적에 따라 동일하게 부과되는 운임

ⓜ 정기선 운임의 구조

운임의 종류		개 념
기본운임(basic rate)		운임요율표에 표기된 품목별 운임을 말하며 중량 또는 용적단위로 표시
추가 할증료 (surcharge)	유류 할증료(BAF ; Bunker Adjustment Factor)	유가 인상분에 대한 추가비용을 보전하기 위해 부과되는 할증료
	통화 할증료(CAF ; Currency Adjustment Factor)	화폐가치 변화에 의한 손실보전을 위해 부과되는 할증료
	혼잡항 할증료 (Congestion Surcharge)	항구에서 선박폭주로 대기기간이 장기화될 경우 부과되는 할증료
	수에즈운하 할증료 (Suez surchagre)	수에즈운하 봉쇄 시 희망봉 회항에 따른 추가비용 보전을 위해 부과되는 할증료
	특별운항 할증료 (special operating service charge)	비상사태에 대비하여 부과되는 할증료
추가운임 (additional charges)	외항 추가운임 (out port arbitrary)	선박이 기항하는 항구(base port) 이외의 지역행 화물에 적용되는 운임
	선택항 추가운임 (optional charge)	선적 시 양하항을 복수로 선정하여 최초항 도착 전 양하항을 지정할 경우 적부상의 문제 등을 감안, 추가로 부과하는 운임
	항구 변경료 (diversion charges)	선적시 지정했던 항구를 선적 후 변경 시 추가로 부과하는 운임
	환적 할증료 (transshipment charge)	환적으로 발생하는 추가비용을 보전하기 위해 부과하는 운임
	초과중량 할증료 (heavy lift charge)	단위당 중량이 초과하여 특별한 장비 사용 시 발생하는 추가비용보전을 위해 부과되는 운임
	장척 화물료 (long length charge)	단위당 길이가 길어 특별한 장비 사용 시 발생하는 추가비용보전을 위해 부과되는 운임
	전쟁위험 할증료 (war risk premium)	전쟁위험지역이나 전쟁지역에서 적 · 양하되는 화물에 부과되는 운임

기 타	CFS 비용 (CFS charge)	소량화물(LCL ; Less than Container Load) 취급시 발생하는 비용을 보전하기 위해 부과되는 운임
	D.D.C 비용 (Destination Delivery Charge)	화물의 양하지에서 발생하는 비용을 보전하기 위해 부과되는 운임
	부두 사용료 (wharfage)	안벽 · 잔교부두를 통과하는 화물톤수를 근거 부과되는 항만 사용료
	체선료 (demurrage)	무료기간(free time) 이내에 화물을 컨테이너야드(container yard)에서 반출하지 않을 경우 부과되는 운임
	지체료 (detention)	무료기간 이내에 반출해 간 컨테이너를 지정된 선박회사의 컨테이너 야드에 반송하지 않을 경우 부과되는 운임

(2) 부정기선 운송

① 부정기선 운송의 개념

㉠ 부정기선(tramper)이란 정기선과 달리 운항의 기일이나 항로가 일정하지 않고 화물의 수요에 따라 화주가 요구하는 시기와 항로에 선복을 제공하여 화물을 해상운송하는 형태이다.

㉡ 주로 광석, 곡류, 목재, 비료 등 운임부담력이 상대적으로 적은 살화물(bulk cargo)이며, 운임은 수요와 공급의 시장기능에 따라 선주와 화주 간의 용선계약(charter)에 의한 특수한 시설과 구조를 갖춘 특수전용선에 의하여 이루어진다.

㉢ 정기선 운송과 부정기선 운송의 관계는 국제무역의 발전과 조선 및 항해기술의 발달, 컨테이너선의 출현 등으로 정기선 운송이 세계 해운의 주류를 이루고 있으나 운용면에서의 한계를 극복할 수 있는 특정 활동분야의 필요성으로 인하여 상호 보완적인 관계에 있다.

② 부정기선 운송의 특징

㉠ 항로선택이 용이하다.

㉡ 대량화물을 주 대상으로 한다.

㉢ 운임은 계절적 화물의 동태, 경기변동, 국제정세 등 제반요건에 따라 수요와 공급에 의하여 결정된다.

㉣ 수요가 시간적 · 지역적으로 불규칙하고 불안정하여 수시로 항로를 바꿔야 하므로 전 세계가 활동범위가 된다.

㉤ 정기선 운송과 같은 해운동맹의 형성이 어려우며 단일시장에서의 자유경쟁이 전개되어 가격(운임 · 용선료)이 시장기능에 따라 다변적으로 변화한다.

㉥ 선복의 공급이 물동량변화에 대해 매우 비탄력적이기 때문에 선복수급의 균형을 이루기가 불가능하다.

■부정기선 운항 형태

운항 형태	내 용
항해용선계약 (voyage charter)	한 항구에서 다른 항구까지 한 번의 항해를 위해 체결되는 운송계약
선복용선계약 (lump sum charter)	항해용선계약의 변형으로 정기선 운항사 간에 한 선박의 선복 전부를 한 선적으로 간주하여 운임액을 결정하는 용선계약
일대용선계약 (daily charter)	항해용선계약의 변형으로 하루 단위로 용선하는 용선계약
정기용선계약 (time charter)	모든 장비를 갖추고 선원이 승선해 있는 선박을 일정기간을 정하여 고용하는 계약
나용선계약 (bare boat charter)	선박만을 용선하여 인적 및 물적 요소 일체를 용선자가 부담하고 운항의 전부에 걸친 관리를 하는 계약

(3) 항해용선계약(Voyage Charger)

① 항해용선계약의 의미

㉠ 항해용선계약은 선박소유자가 용선자에게 선박을 항차동안 사용하게 하고 그 대가로 선박소유자는 용선자로부터 용선료를 지급받기로 하는 계약이다.

㉡ 운송에 대한 보수가 원칙적으로 적화의 수량에 따라 톤당 얼마로 정해지는 것이 보통이고 담보책임은 없다.

㉢ 선주가 선장을 임명하고 지휘감독을 하며, 용선자는 선복을 이용하고 선주는 운송행위를 하고, 운임은 화물의 수량 또는 선복으로 결정한다.

■적재 및 하역비 부담조건

구 분	내 용
Liner or Berth terms	적하 시와 양하 시의 선내하역 인부임을 선주가 부담하는 조건
F.I.O(Free In and Out)	적하 시와 양하 시의 선내하역 인부임을 화주가 부담하는 조건
F.I(Free In)	적하 시의 선내하역 인부임은 화주가 부담하고 양하 시는 선주가 부담하는 조건
F.O(Free Out)	적하 시의 선내하역 인부임은 선주가 부담하고 양하 시는 화주가 부담하는 조건
Gross trems(Gross charter)	항비, 하역비, 검수비를 선주가 부담하는 조건
Net terms(Net charter)	항비, 하역비, 검수비를 화주가 부담하는 조건

② 운임과 지불조건

㉠ 운임은 톤을 기준 적재량에 따라 산정된다. 지불방법은 선불(freight prepaid)과 후불(freight collect)이 있으며 원칙적으로 후불이 합리적이지만 관습상 선불방법이 많이 사용되고 있다.

㉡ 선불에는 지불시기에 따라 적재완료불(payable on completion of loading)과 선하증권 발행시불(payable on signing of B/L)로 구분되며, 후불에는 양륙지도착불(payable on arrival to destination)과 양하완료불(payable on completion of discharge)이 있고, 선주는 운임상승이 있기 때문에 운임을 보험목적물로 하여 부보를 하여야 한다.

③ 적재 및 하역비 부담조건

㉠ 선내하역인부임(stevedore)을 선주와 화주 중 누가 부담하는지를 구별하여 결정하여야 한다.

㉡ 적재 및 하역비 부담조건의 종류로는 다음과 같은 것이 있다.

(4) 해상운송서류

① 본선수취증(MR ; Mate's Receipt)

㉠ 본선에 적재한 화물을 수취했다는 증거로 일등항해사가 하주에게 발급하는 서류이다. 영문 Mate's Receipt의 머릿글자를 따서 간략히 M/R이라고 하며, 본선화물수령증이라고도 한다. 하주가 선하증권을 발급받아 선적을 완료하기 위하여 배서된 신고필증과 함께 선박회사에 제출하는 서류이다.

㉡ 선명과 선적연월일 · 부선명(艀船名) · 화물의 화인(貨印) · 번호 · 품명 · 수량 · 선창 번호 등과 함께 개수의 과부족, 손상 및 그 정도 등을 기재하여 일등항해사가 서명한다.

㉢ 화물의 누손이나 손상 · 개수에 이상이 생기면 이를 수취증의 비고란에 기록하는데, 사고부본선수취증(dirty M/R 또는 foul M/R)이라고 한다. 비고란에 기재가 없는 경우, 화물은 외관상 양호한 상태로 선박회사에 인도된 것으로 간주된다.

② 신용장(LC ; Letter of Credit)

㉠ 무역대금결제를 위하여 수입자의 요청에 따라 발행은행이 신용장을 개설해주고, 수출자가 신용장에 명시된 조건에 일치하는 서류를 매입은행을 통해 제시하면 이와 상환으로 발행은행이 물품대금의 지급을 보장한다는 조건부지급 확약 증서이다.

㉡ 오늘날과 같은 은행발행 신용장이 국제무역대금의 결제수단으로 본격 사용되기 시작한 것은 19세기 중반부터이다. 신용장을 통해 통상 물품인도에 따른 대금회수불능의 위험을 부담하게 되는 수출자는, 신용장이 수입자를 대신해서 은행이 대금지급을 확약해줌으로써 대금회수불능의 위험을 제거할 수 있다.

㉢ 통상 물품수령불능의 위험을 부담했던 수입자에게는 신용장이 물품을 수령할 수 있는 운송서류와 상환으로 대금을 지급함으로써 수입대금 지급 후 물품수령불능의 위험을 제거할 수 있게 되었다.

③ 고장본선수취증(Foul Receipt/Dirty Receipt)

㉠ 해상운송에서 화물을 선박에 선적할 때 외관상 고장이 있는 경우 일등항해사가 그 고장을 부기하여 발행하는 서류이다. dirty receipt라고도 하며, 화물의 외관상 고장이 없는 경우에 발행되는 무고장본선수취증(clean receipt)에 상대되는 개념이다.

㉡ 이 서류에 따라 고장부선하증권(dirty or foul B/L)이 발행되는데, 이 경우 하주는 파손화물보상장(L/I ; letter of indemnity)을 제출하고 무고장선하증권(clean B/L)을 발급받아야 본선수취증(M/R ; mate's receipt)을 정당한 서류로 사용할 수가 있다.

④ 사고선하증권(Foul or Dirty B/L)

㉠ 화물을 본선에 선적할 때 파손이나 수량부족 · 침수 · 오염 · 유손(濡損) 등의 사고나 하자가 발생할 경우에 발행하는 선하증권이다. 무사고선하증권(clean B/L)에 상대되는 개념으로 고장선하증권 · 사고부선하증권이라고도 하며, 영문으로는 'foul or dirty B/L' 또는 'claused B/L' · 'unclean B/L'로도 표기한다.

㉡ 화물에 사고나 하자가 발생할 경우, 화물을 인수한 일등항해사는 본선수취증의 비고란에 이 사실을 기재하여 사고본선수취증을 발급한다. 이를 하주가 선박회사에 제출하면 발행하는 선하증권이다. 매입은행에서 수리하지 않으므로 하주는 선박회사에 파손화물보상장을 제출하고 무사고선하증권을 교부받은 뒤 어음을 매입하는 은행에 제출해야 한다.

⑤ 기명식선하증권(Straight B/L)

㉠ 기명식선하증권(straight B/L)은 화물을 받는 수하인(受荷人, consignee)란에 수입업자의 이름이 구체적으로 표시된 선하증권이다.

㉡ 수하인란에 이름이 적혀 있지 않은 지시식 선하증권(order B/L)에 상대되는 개념으로, 주로 이삿짐이나 개인 물품 등의 화물 운송에 많이 이용된다.

㉢ 무역거래에서는 유럽 국가들 간의 거래 또는 수입국에 수출업자의 대리인이 있을 경우에 국한하여 사용된다.

(5) 나용선계약

① 나용선계약의 개념

㉠ 나용선계약은 선주가 선박만을 일정기간 용선자에게 대여하고 선장, 승무원, 선용품 및 연료 외에 본선의 사용 및 운항에 필요한 일체의 비용을 임차인인 용선자가 부담하는 계약을 말한다.

㉡ 용선자는 선주의 승인을 얻어 선장 · 기관장을 임명할 수 있으며, 임명된 선장을 통하여 선박을 점유 · 지배하고 일시적으로 선주의 지위를 취득하게 된다.

㉢ 일반적으로 나용선계약에서 선주는 본선의 관리권을 일시적으로 용선자에게 위임하는 것이기 때문에 당사자 간 특수관계나 관리능력을 신뢰할 수 있는 용선자가 아닌 한 선박보호를 위하여 정기용선계약을 택하는 경향이 있다.

② 나용선 계약의 구성

㉠ 용선기간 : 나용선은 용선기간이 장기이며 통상 1~5년으로 약정된다.

㉡ 본선의 수도와 반선 : 본선의 수도와 반선에 앞서 본선의 현상을 확인하여야 하며, 수도시에는 선주, 반선 시에는 용선자부담으로 선저검사를 하여야 한다. 반선을 할 때에는 인도 당시의 상태로 반선을 하여야 한다.

㉢ 경비의 부담 : 나용선자는 본선에 자기소유와 같은 운항관리권을 가지며 본선의 사용, 운항, 보전에 필요한 일체의 경비를 부담한다. 용선자가 부담할 비용으로는 보험료, 수선비 및 유지비, 검사비용 등이 있다.

㉣ 용선자의 책임과 의무 : 나용선자는 계약기간 중 본선의 점유자가 되며, 운항 중 제3자에게 입힌 손해와 본선의 손상에 대해서는 용선자가 책임을 부담한다.

㉤ 재용선 : 해상운송계약에 있어 운송인수자는 선박의 소유자이어야 할 필요는 없으며, 선박임차인, 용선자가 해상운송인이 될 수 있다. 용선자가 용선한 자기 화물을 선적하는 대신 그 선복을 제3자에게 제공하여 체결하는 운송계약을 재운송계약이라 하며, 용선자는 선주의 승낙을 얻어 본선을 제3자에게 용선할 수 있다.

(6) 항만시설

① 부두(Wharf) : 항만 내에서 화물의 하역과 승선 및 하선을 위한 여러가지 구조물을 총칭하는 것으로 안벽, 잔교 등이 포함된다.

② 안벽(Quay) : 화물의 하역이 직접 이루어지는 구조물로서 해안선에 평행하게 축조된 석조 또는 콘크리트제로서 선박의 접안을 위하여 해저로부터 수직으로 만들어진 벽을 말한다. 안벽의 부속물로는 선박과 안벽과의 충돌 시 충격을 줄이기 위한 팬더(fender), 안벽에 견고하게 설치된 석제 또는 강철제의 짧은 기둥인 계선주(bitt, mooring post), 선박의 입 · 출항 시 방향을 조절하는 장치인 캡스턴(capstan) 등이 있다.

③ 잔교(Pier) : 선박을 접안 계류하여 화물의 하역과 여객의 승 · 하선을 용이하게 만든 목재 · 철제 또는 콘크리트로 만든 교량형 구조물을 말한다.

④ 방파제(Breakwater) : 선박을 파도로부터 보호하기 위하여 항만 내에 설치한 구축물로서 여러 가지 모양과 구조가 있다.

⑤ 중간창고(Transit Shed) : 안벽, 잔교, 양륙장 등에서 운송작업과 보관작업 사이에 중간작업을 하는 장소로 화물의 적화 및 양화, 입 · 출고 과정인 화물의 분리, 정리, 포장작업 등이 이루어진다.

⑥ 임항철도(Railway Siding) : 선박과 철도를 원활히 연결하기 위하여 철도간선으로부터 항만 내로 갈라져 이어진 철도를 말한다

⑦ 해분(Basin) : 조수간만의 차가 심한 항만에서 항구의 한쪽에 갑문(lock gate)을 설치하여 바닷물 저장과 수심의 평균을 유지하게 함으로써 선박의 정박과 작업을 용이하게 하는 수역을 말한다.

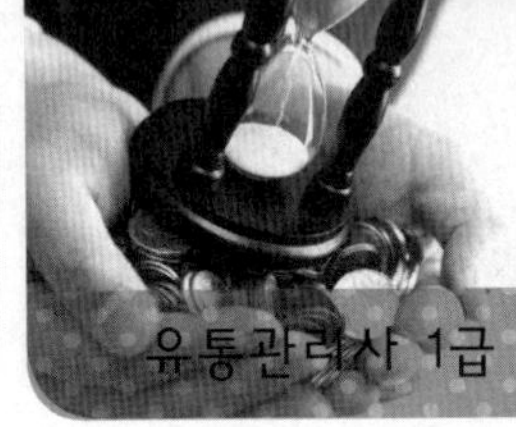

5. 항공운송

(1) 항공운송의 개념

① 항공기의 항복(plane's space)에 승객, 우편 및 화물을 탑재하고 공로(air route)로 공항에서 다른 공항까지 운송하는 운송시스템이다.

② 항공운송은 해상운송이나 육상운송에 비해 최근에 도입된 운송시스템이나 경제적 특성에 따라 가장 체계화된 유통시스템과 정보체계를 이용하여 물적 유통체제가 완벽하게 운영되고 있는 운송부문이다.

③ 항공화물운송은 운송의 신속성, 적시성이 우월하여 매년 물동량이 증가하고 있으며, 긴급화물, 소형화물 등의 장거리운송에 주로 이용되고 있다. 또한 타운송수단에 비해 상대적으로 물류포장비가 적게 소요된다.

(2) 항공기운송의 특징

① 운송속도가 신속하여 계절성, 유행성, 신선도를 유지해야 하는 상품의 운송에 적합하며, 소량 및 경량 물품의 장거리 운송에 가장 유리하며,파손율이 낮고 보험료가 저렴하다.

② 운임이 가장 비싸며, 중량 및 용적의 제한을 받고, 기후의 영향을 받으며 공항에서 탑재와 인수가 이루어지므로 다른 연계 수단이 필요하다.

③ 항공사의 귀책사유로 손해를 입은 경우 피해 당사자의 손해배상청구를 항공운송클레임이라고 한다. 파손에 대한 클레임은 화물인수일로부터 14일 이내에 하여야 한다.

(3) 항공운송의 이점

① 물류상 이점

㉠ 포장비의 절감이 가능하다.

㉡ 통관이 간편하고, 수요기간이 짧은 물품 운송에 적합하다.

㉢ 긴급화물, 소형화물 등의 장거리운송에 주로 이용되고 있다.

㉣ 운송의 신속성, 적시성이 우월하여 매년 물동량이 증가하고 있다.

㉤ 운송시간 단축으로 비용절감 및 화물의 손해 발생을 감소시킬 수 있다.

② 비용상 이점

㉠ 신속성으로 인한 보관비의 절감이 가능하다.

㉡ 포장의 경량화에 따른 운임의 절감이 가능하다.

㉢ 운송 중인 상품에 대한 투자 자본비용의 절감이 가능하다.

㉣ 하역처리 빈도가 적어 도난, 파손위험의 발생률이 저하된다.

㉤ 타 운송수단에 비해 상대적으로 물류포장비가 적게 소요된다.

㉥ 비상 시 손해의 최소화가 가능하고, 육상운송에 비해 보험료가 저렴하다.

㉦ 보관 장소, 보관기간이 짧아 재고품 창고시설의 투자자본, 임차료, 관리비 등의 절감이 가능하다.

③ 서비스상의 이점

㉠ 갑작스런 수요에 대처가 가능하다.

㉡ 운송 중인 상품의 위치 파악이 용이하다.

㉢ 고객서비스 향상에 의한 매출이 증대된다.

㉣ 변질가능성 상품의 시장 확대 가능성을 줄인다.

㉤ 신속한 운송으로 투자자본의 효율적 회전이 가능하다.

(4) 항공운송장(AWB)

① 수출상에게는 shipper용 1부만 교부하게 된다.

② carrier용 AWB은 항공화물 취급대리점이 항공회사로 송부하여 항공회사가 보관한다.

③ consignee용 AWB은 화물을 운송하는 항공기의 기장이 직접 휴대하고 도착지까지 운송하게 된다.

④ 항공운송장(AWB)은 original 1은 shipper용(화주에게 줌), consignee용(화물수취인이 수입통관용으로 사용), carrier용(발행업체 보관용)이고, original 2 awb은 화물과 같이 비행기로 가는데 화물은 화물칸, 서류는 pouched되어 기장이 가지고 나간다.

(5) 해상운송과의 비교

① 신속한 운송(Lower Transit Time)

㉠ 항공운송은 해상운송에 비해 운송기간이 짧으며, 발착시간, 정시운항(ontime operation), 운항횟수(frequency)에 의한 정시성을 서비스의 최우선으로 본다.

㉡ 긴급화물로서 시간에 민감하여 기회비용(opportunity cost)이 중요시되는 상품은 수요를 예측하기 어려우며 운송비의 고저가 수요변동에 영향을 주지 않는 신속한 운송이 필요한 상품운송에 이점이 있다.

㉢ 대상화물은 긴급한 광산 및 선박부품, 납기가 촉박한 상품, 계절성 상품, 투기성 상품 등의 화물이다.

② 재고비용의 저렴성(Lower Cost of Holding Goods in Inventory)

㉠ 운임 면에서는 항공운임이 해상운임에 비해 높다.

㉡ 포장비, 보험료, 창고료 등 직접비와 재고품에 대한 투자자본, 관리, 손실 등 간접비 및 배달시간, 정시성, 신뢰성 등이 있다.

③ 혼합화물의 운임산정

㉠ 화물의 중량(또는 용적량)에 일반화물 운임률(GCR)을 곱해 계산하며, 송하인이 각 화물의 중량 및 품명을 별도로 신고하면 신고된 각각의 화물이 마치 별도로 탑재된 것처럼 운임이 적용된다.

㉡ 별도로 신고한 일부화물의 운임이 최저운임에 달하지 못해도, 일건화물(一件貨物)전체액이 최저운임에 달하면, 일부화물에 대해 최저운임을 적용하지 않고 종가운임은 일건화물(一件貨物) 전체신고가액에 기초하여 산정한다.

6. 단위적재운송(Unit Load System)

(1) 단위적재운송의 의의

① 유닛로드시스템이란 복수의 화물을 팔레트나 컨테이너 등을 이용하여 단위화 시켜 일괄적으로 하역 및 수송함으로써 물류의 효율성을 높이기 위한 시스템이다.

② 하역이나 운반의 혁신적인 단위 적재를 통해 수송합리화를 이룩하는 체제로서 화물을 일정한 표준의 중량과 용적으로 단위화하여 기계적인 힘에 의해 일괄적으로 하역 또는 수송하는 물류 시스템이다.

(2) 단위적재운송의 선결과제

① 팔레트 표준화가 이루어져야 한다.

② 거래단위의 표준화가 이루어져야 한다.

③ 운반하역장비의 표준화가 이루어져야 한다.

④ 수송 장비의 적재함의 규격표준화가 이루어져야 한다.

(3) 단위적재운송 도입효과

① 작업의 표준화에 따라 계획적인 작업이 가능해진다.

② 물품의 손상을 감소시키는 보호효과를 기대할 수 있다.

③ 취급단위를 크게 함으로써 작업효율을 향상시킬 수 있다.

④ 유닛로드에 의해 운반활성이 향상되어 운반이 용이해진다.

⑤ 협동일관수송을 가능하게 해주며, 하역작업의 기계화 및 자동화, 화물파손방지, 적재의 신속화, 차량회전율의 향상 등을 가져와 물류비 절감에 크게 기여한다.

(4) 단위적재운송 도입결과

① 협동일관운송을 가능하게 하는 체제로서 전형적인 하역 및 수송을 합리화하는 시스템으로 중량, 용량, 포장 등을 통일하여 하역의 기계화, 화물의 파손방지, 신속한 적재, 수송수단의 회전율 향상을 가능하게 하며, 액체, 분립체, 비포장화물의 운송합리화에 비교적 용이하다.

② 복수의 화물을 팔레트나 컨테이너 등을 이용하여 단위화시켜 일괄적으로 하역 및 수송함으로써 물류의 효율성을 높이기 위한 시스템으로 유닛로드시스템(unit load system) 도입을 위해서는 수송 장비 적재함의 규격표준화가 필요하다.

③ 단위적재운송의 기본요건으로는 단위규모의 적정화와 단위화 작업의 원활화, 협동운송체제의 확립이 있고, 장점으로는 운송수단의 운용효율성을 높이고, 하역의 기계화로 높은 작업생산성, 포장이 간단하며 포장비 절감이 가능하고, 시스템화가 용이하지만 컨테이너와 팔레트 확보에 추가경비가 소요되고, 하역기기 등의 고정시설에 투자가 필요하며, 자재관리의 시간과 비용 추가와 넓은 공간확보와 적재효율성의 저하는 단점으로 작용한다.

(5) 단위적재운송기기

① 하역기기 : 팔레트 로더(pallet loader), 컨베이어, 승강기 등이 있다.

② 포장 · 보관기기 : 대형포장기, 밴드(band)조립기, 래크(rack) 등이 있다.

③ 운송기기 : 컨테이너 전용화차, 컨테이너 전용선, 컨테이너탑재 전용기, 컨테이너를 적재할 수 있는 트럭을 말한다.

7. 컨테이너(Container)운송

(1) 컨테이너운송의 개념

① 컨테이너(container)는 화물운송에 있어 경제성, 신속성, 안전성의 이점을 갖고 물적 유통부문의 운송, 보관, 하역 등 전 과정을 합리적으로 일관 운송할 수 있는 혁신적인 운송용구이다.

② 컨테이너의 등장은 2차 세계대전 중 미군의 전략적 기동력강화를 위한 군사운송에서부터 시작되었다. 제2차 세계대전 이후 생산기술의 발전은 대량생산시대를 맞이하게 되었으며, 화물운송의 대형화, 전용화, 고속화 등 운송기능의 분화에 의한 생산성 향상의 수단으로 컨테이너운송은 국제운송에 있어 중요한 수단이 되었다.

【컨테이너 운송의 장 · 단점】

장 점	단 점
• 문전에서 문전까지 일관운송으로 적하 시간과 비용의 감소 • 화물의 중간적입 및 적출작업 생략, 화물의 손상과 도난 감소 • 높은 노동생산성의 실현과 창고 및 재고관리비 절감 가능 • 특수화물취급 가능(특수 컨테이너 이용) • 해상운송을 위한 내륙 터미널 시설 이용 가능 • 서류의 간소화 가능	• 내컨테이너화에 대규모 자본 필요 • 운항관리와 경영 일반 재래선에 비해 복잡하고 고도의 전문적인 지식과 기술이 필요 • 컨테이너에 적입할 수 있는 화물의 제한 • 컨테이너에 대한 하역시설이 갖추어진 항구에만 입항 가능

(2) 컨테이너화의 의의

① 컨테이너화란 컨테이너라고 하는 일정한 용기에 미리 화물을 적입하여 운송하는 단위적재 시스템(unit load system)의 일종으로 송화인으로부터 수화인까지 컨테이너로써 화물을 운송하는 것을 말한다.

② 컨테이너화는 하역과 포장과정에서 기계화, 자동화를 가능하게 하고 육 · 해 · 공 일관운송을 통한 정형화된 화물을 대량으로 적재 · 운송할 수 있도록 함으로써 규모의 경제의 실현을 가능하게 한다.

③ 컨테이너화의 목적은 물류비의 절감에 있다. 송화인의 문전에서 수화인의 문전까지 컨테이너에 적입된 내용물을 운송수단의 전환에도 불구하고 재적입이나 적출 없이

운송함으로써 이에 따른 경제적 이익을 얻을 수 있고 따라서 컨테이너에 의한 이상적인 복합운송은 달성되는 것이다.

(3) 컨테이너 Number 구성

① Container 소유자(업체)들은 Container 의 국제적인 식별 부호를 "BIC Codes" 또는 "ISO Alpha-codes“ 라고 부르고 있다. 컨테이너 Number는 Prefix, Serial Number, Check Digit로 구성된다.

② 운송 Container 들은 “U”로 표기하며, Owner Prefix Code 는 U를 포함해서 Container 소유자(운영자) Code 3개와 함께 총 4개의 알파벳 문자로 표시된다. Prefix는 소유자기호(Owner Code) 세 자리와 장비구분기호(Equipment Category Identifier)로 구성된다.

③ 일련번호(Serial number) 는 6개의 아라비아 숫자로 구성되며, B.I.C 에 6자리의 일련번호(Serial Number)를 등록 하는 것은 아니며 Container 소유자(운영자) 가 일련번호가 중복되지 않도록 할당하여야 한다.

④ Check Digit는 마지막 7번째 자리 숫자이며, 소유자기호, 장비구분과 일련번호의 연결 전달의 정확성을 검증하는 숫자로 자동 부여된다. Container 관련 data의 정확한 기록과 전달을 위한 검증을 위한 의미로 제공된다.

ABZU 001234 3

(OWNERS CODE) (SERIAL NUMBER) (CHECK DIGIT)

(4) 크기에 따른 컨테이너의 분류

① 해상운송에 사용되는 컨테이너는 길이에 따라 20ft, 35ft, 40ft의 3가지 종류가 있다.

② 이 중 20ft 컨테이너를 TEU(Twenty-foot Equivalent Unit)라고 하여 물동량 산출의 표준단위로 하고 있으며, 이 단위는 선박의 최대 적재능력의 표시와 운임지급의 기준이 된다.

(5) 재질에 따른 컨테이너의 분류

① 철재 컨테이너(Steel Container) : 대부분의 컨테이너가 철재로 되어 있으며, 제조원가가 저렴한 장점이 있는 반면 무겁고 녹이 스는 단점이 있다.

② 알루미늄 컨테이너(Aluminum Container) : 가볍고 외관이 아름답고 내구성이 있는 장점이 있으나 제조원가가 높은 단점이 있다.

③ 강화플라스틱 컨테이너(Reinforced Plastic Container) : 강화플라스틱(reinforced plastic)을 합판표면에 접착제로 붙인 컨테이너이다.

(6) 컨테이너선의 선형별 분류

① 혼재형 컨테이너선(Conventional Ship) : 재래선의 갑판이나 선창에 일반잡화와 컨테이너화물을 혼재하여 운송하는 선박으로 엄밀한 의미로 볼 때 컨테이너선이 아니다.

② 분재형 컨테이너선(Semi-Container Ship) : 재래선의 특정 선창에다 컨테이너 전용선창을 설치해 놓았거나, 갑판을 개조하여 컨테이너를 실을 수 있도록 설계된 선박이다.

③ 전용형 컨테이너선(Full-Container Ship) : 선박을 건조할 때부터 갑판과 선창에 컨테이너만을 싣도록 설계된 선박을 말한다.

(7) 컨테이너선의 적재방식에 따른 분류

① LO-LO(Lift On/Lift Off)방식

㉠ 일반적으로 풀 컨테이너에 적용되는 방식으로 겐트리 크레인(gantry crane)을 이용하여 수직으로 컨테이너를 선박에 적재 또는 양륙하는 것을 말한다.

㉡ 이 방식을 도입하는 선박은 창구가 넓기 때문에 선창의 양현에 상형탱크를 설치하는 동시에 cross deck beck beam(sponson beam)을 설치하고 있다.

② RO-RO(Roll On/Roll Off)방식

㉠ 자동차나 철도화차를 운송하는 ferry boat에서 종전부터 이용해 오던 방식으로 컨테이너에 샤시를 부착한 채로 육상전용의 트레일러를 선미와 현측의 현문에 설치된 경사관(ramp)을 거쳐 트랙터로 수평으로 끌어들이거나 끌어내는 방식을 말한다.

㉡ RO-RO방식은 LO-LO방식과 비교하여 broken space가 3~5배나 필요하기 때문에 적재량면에서 불리하나 근거리 운송 시 하역시간의 단축을 통하여 하역비를 절감할 수 있으므로 feeder 서비스에 많이 이용되고 있다.

③ LASH(Light Aboard SHip)방식

㉠ LASH방식은 입항식(pusher barge)에 의해 부선을 항내적소에 이동시켜 대형부선의 상당척수를 전후로 주행하는 250~500톤의 겐트리 크레인으로 선미에게 들어올려 선상에 적재하는 방식이다.

㉡ LASH방식을 사용하는 선박은 single-deck, 전부거주구, 선미 또는 semiaft, 기관 등으로 구성되어 있고 각 선창은 1~3 barge cell로 구성되어 있다.

(8) CFS/CFS(LCL/LCL)운송

① 가장 초보적인 운송형태로 선적항의 CFS에서부터 목적항의 CFS까지 컨테이너를 운송하는 방법으로 pier to pier 또는 LCL/LCL운송이라고 말하기도 한다.

② 이 방법은 운송인이 여러 화주로부터 LCL화물의 운송을 위탁받아 이를 목적지별로 분류, 한 개의 컨테이너에 혼재하여 운송한 후, 목적항의 CFS에서 다수의 수화인에게 화물을 인도하는 운송방법이다.

③ 그러므로 LCL화물의 운송형태는 다수의 송화인과 수화인으로 구성되며 운송인은 선적항과 목적항, 목적항 간에 해당 해상운임만을 징수하고 이에 따른 운송책임만 지게 된다.

(9) CFS/CY(LCL/FCL)운송

① 운송인이 지정한 선적항의 CFS로부터 목적지의 CY까지 컨테이너 화물을 운송하는 형태로 운송인이 다수의 송화인으로부터 LCL화물을 선적항의 CFS에서 집하하여 한 개의 컨테이너에 적입한 후, 최종목적지인 수화인의 공장이나 창고까지 운송하는 형태이다.

② CFS/CFS운송보다 진일보한 방법이다. 일반적으로 대량의 수입자가 다수의 송화인으로부터 각각의 LCL화물을 주문하여 일시에 자기의 창고까지 운송하는 경우에 이용하는 방법이다.

【컨테이너 화물의 운송방법】

운송구분	운송방법	해상 수화주 출고지 → 출발점 → 도착항 → 창고 운송
CY/CY (FCL/FCL)	송화주의 공장이나 창고에서 수화인에게 전달될 때까지 동일한 컨테이너에 적재된 상태로 일관운송된다. 운송인의 책임은 CY에서CY까지이다.	O → O → O → O CY CY shipper's pack
CY/CFS (FCL/LCL	송화주의 공장이나 창고에서 FCL 상태로 떠나 도착지에서는 여러 명의 수화주에게 전달하기 위해 도착항의 CFS에서 분배된다.	O → O → O → O CY CFS shipper's pack
CFS/CFS (LCL/LCL)	여러 명의 송화주로부터 모은 LCL 화물을 CFS에서 혼재하여 여러 명의 수화주에게 인도하는 방법이다. 주로 운송인의 집하에 이용되는 운송방법이다.	O → O → O → O CFS CFS carrier's pack
CFS/CY (LCL/FCL)	출발지의 CFS에서 혼재된 화물이 도착항에서는 단일의 수화주에게 전달된다. 주로 구매자의 집하에 적용되는 운송방법이다.	O → O → O → O CFS CY shipper's pack

(10) CY/CFS(FCL/LCL)운송

① 선적자의 운송인이 지정한 CY로부터 목적항의 지정 CFS까지 컨테이너 화물을 운송하는 형태로 1인의 송화인이 동일 목적항을 갖는 다수의 LCL화물을 FCL로 혼재하여 목적항의 CFS까지 운송한 후, 이 곳에서 다수의 수화인에게 화물을 인도하는 경우에 이용되는 운송형태이다.

㉡ 한 수출자가 동일한 지역의 여러 소규모 수입자에게 동시에 화물을 운송할 경우에 이용되고 있다.

(11) CY/CY(FCL/FCL ; Door to Door)운송

① 송화인의 공장이나 창고에서 수화인의 영업소나 창고까지 육 · 해 · 공을 연결하여 컨테이너 화물을 운송하는 방식이다.

② 복합운송의 가장 대표적인 운송형태로 신속성, 경제성, 안전성 등의 운송의 3대 원칙을 최대한 충족시켜 주는 운송형태이다.

(12) COFC(Container On Flat Car)방식

① 컨테이너의 철도운송방식으로 컨테이너만을 화차에 적재하여 대량의 컨테이너를 신속히 취급하기에 효율적인 방식으로 컨테이너운송에 있어 TOFC방식보다 발전되어 보편화된 방식이다.

② TOFC방식은 컨테이너의 상 · 하차를 위하여 오버 헤드 크레인(over head crane) 또는 사이드 로우더(side loader) 등의 하역기기를 필요로 하므로 주요 거점에 한하여 취급되며, 또한 기점과 종점에 각기 샤시 또는 트레일러(flat bed trailer)의 준비가 필요하다

(13) TOFC(Trailer On Flat Car)방식

① 컨테이너의 철도운송방식으로 화차 위에 고속도로용 트레일러를 적재한 운송방식으로 이를 피기백방식(piggy back system)이라 한다.

② TOFC방식은 장거리 정기노선에 있어서 운송의 효율성을 높이고 트럭에 의해 지역간의 집화 및 인도를 신속하게 하고자 두 운송체제가 결합한 것으로 하역기구의 불필요, 열차배차의 규칙성, 정시인도(on-time delivery) 및 연료의 효율성 등의 장점을 가지고 있다.

(14) 트랙터 · 세미 트레일러방식(Tractor · Semi-Trailer System)

① 컨테이너의 육상운송방식으로 1대의 동력차(tractor)에 1대의 세미 트레일러를 연결하는 형태로서 컨테이너 운송의 대부분이 이 방식에 의하여 이루어지고 있다.

② 트레일러의 자체 뒷부분에 차대 버팀 장치와 결합된 차축이 있어 나머지 중량을 지탱할 수 있기 때문에 트럭 · 풀 트레일러방식보다 사용하는 데 탄력성이 있다.

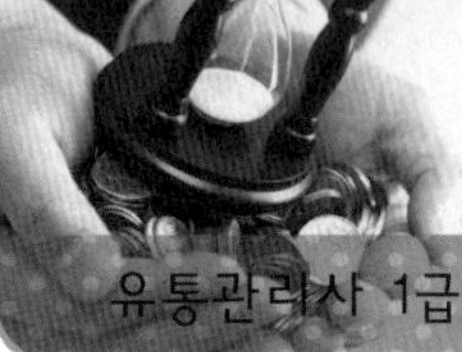

③ 계약에 따라 트랙터는 세미 트레일러와 연결시키기만 하면 되기 때문에 컨테이너를 적재 또는 하역하는 동안 트랙터는 다른 컨테이너의 운송을 담당할 수 있어 효율성이 높다.

(15) 트럭 · 풀 트레일러방식(Truck · Full-Trailer System)

① 컨테이너의 육상운송방식으로 트레일러 자체 중량과 적재화물의 중량을 뒷부분의 차축에 의하여 지탱시키는 방식이다.

② 두 방면의 화물을 트럭과 트레일러에 각각 분할적재하고 분리하는 등 장점이 있으나 트럭의 적재부분이 항상 추진기관에 연결되어야 하기 때문에 운영상 탄력성이 부족하다.

(16) 자동차결합방식(Double Bottom Trailer System)

① 컨테이너의 육상운송방식으로 트레일러(trailer), 트랙터(tractor), 돌리(dolly) 등의 운송기기가 필요하다.

② 1대의 트랙터에 1대 이상의 트레일러를 연결하여 견인하는 방식으로 도시 간의 컨테이너운송에 이용되고 있다.

(17) 컨테이너 터미널

① **안벽(Berth, Quay)** : 컨테이너선을 항만 내에 계선시키는 시설을 갖춘 접안장소로 선석이라고도 한다. 길이는 대체로 300m 이내이며, 수심은 간조 시에도 접안할 수 있도록 12m 정도이다.

② **에이프론(Apron, Wharf Surface)** : 안벽에 접한 야드의 일부분으로 컨테이너의 적재와 양륙작업을 위하여 임시로 하차하거나 크레인이 통과주행을 할 수 있도록 레일을 설치하는 데 필요한 공간을 말한다.

③ **마샬링 야드(Marshalling Yard)** : 컨테이너선에 직접 선적하거나 양륙하기 위하여 컨테이너를 정렬시켜 놓은 넓은 공간으로 에이프론과 인접하여 설치하는 경우가 많다. 마샬링 야드는 컨테이너 야드의 상단부분을 차지하며 컨테이너 터미널 운영에 있어 중심이 되는 부분이다. 이 곳에는 스롯(slot)이라고 불리우는 사각형의 선을 그려넣는 곳이 있으며, 1개의 스롯에는 1개의 컨테이너가 선내적부계획에 따라 장치된다.

④ **컨테이너 야드(CY ; Container Yard)** : 컨테이너를 인수 · 인도 및 보관하는 장소로 마샬링 야드의 배후에 배치되어 있으며, 때때로 마샬링 야드까지 포함하여 컨테이너 야드라고 부를 때도 있다. 부산항의 경우 컨테이너 터미널 안에 있는 5, 6부두의 CY는 on-dock CY라 부르며, 수영이나 감만 등 따로 떨어져 있는 CY는 off-dock CY라 부르고 있다.

⑤ **컨테이너 프레이트 스테이션(CFS ; Container Freight Station)** : 컨테이너 1개를 채울 수 없는 소량화물을 인수, 인도하고 보관하거나 컨테이너에 적입(stuffing) 또는 인출(unstuffing 또는 devanning)하는 작업을 하는 장소를 말한다.

⑥ 메인티넌스 숍(Maintenance Shop) : 컨테이너 자체의 검사, 보수, 사용전후의 청소 등을 포함하여 컨테이너 터미널 내에서 사용하는 모든 기기의 정비공장으로 냉동 컨테이너용 전원, 용접기 및 충전에 필요한 여러 기계류가 설치되어 있다.

⑦ 컨트롤 센터(Control Center) : 컨테이너의 작업을 통제하는 시설로 본선 하역작업에 대한 계획, 지시, 감독과 컨테이너 야드의 배치 등을 담당한다.

⑧ 출입문(Gate) : 터미널을 출입하는 FCL화물이나 공 컨테이너 등이 통과하는 출입구를 말하며 출입 시에 필요한 서류의 접수, 봉인, 중량, 손상유무 등 확인이 이루어진다. 출입문은 화주, 수화인 또는 육상 운송인과 운송확인 또는 관리책임이 변경되는 접점으로서의 중요한 기능을 가지고 있다.

(18) 컨테이너 터미널의 기기

① 겐트리 크레인(Gantry Crane) : 컨테이너 하역용으로 특별히 설계된 하역용 및 교형이다. 화물을 수평으로 주행시키며 20피트, 40피트 컨테이너를 시간당 30~40개 정도 적재 또는 하역할 수 있다.

② 스트래들 캐리어(Straddle Carrier) : 컨테이너 터미널 내에서 컨테이너를 양각 사이에 놓고 이동시키는 운반차량으로 기동성은 풍부하나 최근에는 트럭에서 컨테이너를 직접 겐트리 크레인을 통해 바로 적상할 수 있기 때문에 그 이용도가 떨어지고 있다.

③ 트렌스테이너(Transtainer, Transfer Crane) : 야드 내에서 설치된 컨테이너 장치전용의 문형 크레인을 말한다.

④ 야드 트랙터(Yard Tractor) : 야드 내에서 작업용 컨테이너 운반트럭으로 일반 컨테이너 트럭과 동일하다.

⑤ 윈치 크레인(Winch Crane) : 차체를 이동 및 회전시키면서 컨테이너 트럭이나 flat car로부터 컨테이너를 적 · 양화하는 중기이다.

⑥ 지게차(Pork Lifter) : 컨테이너 터미널 내에서 트럭이나 flat car로부터 컨테이너를 적양화하는 차량을 말한다.

⑦ 샤시(Chassis) : 컨테이너를 탑재하여 일체화되는 트레일러 대차로서 컴보형(combination type)이 대부분을 차지하고 있다.

물류 복합 운송

1. 복합운송(Combined Transport)

(1) 국제운송의 개념

① 운송(transport, transportation, conveyance)이라 함은 인간(사람)이나 재화(財貨)를 어떤 장소에서 다른 장소로 이동시키는 것을 말하며, 한 국가내(국내)에서 이루어지는 경우를 국내운송(domestic transport, internal transport)이라고 하는 반면 한 국가의 범위를 넘어 다른 국가(他國)간에 이루어지는 경우를 국제운송(inter national transport)이라고 한다.

② 국제운송 또는 국제교통이란 국제간에 교환경제가 형성됨에 따라 인간과 재화의 국제간의 공간적 거리극복과 장소적 이전현상을 의미한다. 즉, 운송(수송) 또는 교통이란 인간의 욕구 및 충족을 연결하는 중간행위로서 인간과 재화를 공간적 거리극복과 장소적 위치변화를 통해 가치의 이전적 형성에 기여하는 국제용역(國際用役)이라고 볼 수 있다. 따라서 운송은 교통용역(transport service)이기 때문에 재화의 생산과 동일한 경제행위라 하더라도 고유의 생산인 가치(價値)의 질적(質的) 창출에 속하는 것이 아니라 질적 창출을 위한 가치의 전치적(轉置的) 형성에 기여하는 용역이라고 할 수 있다.

③ 물품의 국제운송에는 국가마다 상관습이나 운송방법이 다르며, 특히 물품의 국제간 운송에는 통관이라는 행위가 반드시 필요하게 된다. 국내운송은 한 국가내에서 물품운송이 이루어지므로 통관절차가 필요없으나 국제간의 운송은 재화가 국경을 넘어 이전되므로 통관절차가 필요하게 된다.

(2) 복합운송의 개념

① 복합운송이란 어느 한 국가(또는 지역)의 특정지점에서 다른 국가(또는 지역)에 위치해 있는 지정 인도지점까지 복합운송계약에 의거 반드시 2가지 이상의 운송수단을 이용하여 화물을 운송하는 것을 말한다.

② 복합운송의 특징은 단일운임의 설정, 운송방식의 다양성, 위험 부담의 분기점 등이 있다. 위험부담의 분기점은 송화인이 물품을 내륙운송인에게 인도하는 시점이 된다.

③ 처음의 철도와 화물자동차의 piggy-back방식, 즉 무개화차(Flat Car)에 TOFC(Trailer On Flat Car) 또는 COFC(Car On Flat Car)에서 시작하여 이를 해상운송과 항공운송에도 이용하게 되었다.

④ 여기서 운송방식의 다양성이란 반드시 2가지 이상의 서로 다른 운송방식에 의하여 이행되는 것을 말한다. 트럭과 철도의 결합(piggy-back), 트럭과 항공의 결합(birdy-back), 철도와 선박의 결합(fish-back) 등이 있다.

⑤ 위험부담의 분기점은 송화인이 물품을 내륙운송인에게 인도하는 시점이 된다. 복합운송인은 복합운송의 서비스 대가로서 각 운송구간마다 분할된 것이 아닌, 전 운송구간이 단일화 된 운임(Through Rate)을 설정한다.

(3) 복합운송인의 개념

① 국제복합운송인은 이종(異種) 또는 동종(同種) 운송수단을 조합하여 2국 이상을 수송하는 운송인을 말하는 것으로 TCM 조약안에서는 CTO(Combined Transport Operator), UN 조약 및 UNCTAD/ICC 규칙에서는 MTO(Multimodal Transport Operator)라고 규정하고 있으며, 미국에서는 주로 ITO(Intermodal Transport Operator ; 협동일관운송인)라고 부른다.

② 복합운송인에 대해 TCM 조약안에서는 복합운송증권을 발행하며, 화물의 수령에서부터 인도에 이르기까지 전구간에 걸쳐 자기의 이름으로 운송을 이행하고, 그 운송에 대하여 조약에 규정된 책임을 부담하며, 복합운송증권에 기명된 자 또는 정당하게 배서된 증권의 소지인에게 화물의 인도를 확실히 하기 위해 필요한 조치를 다하는 자로 정의하고 있다.

③ UN 국제복합운송조약에서는 "자기 또는 자신의 대리인을 통하여 복합운송계약을 체결하고 송하인이나 복합운송에 관여하는 운송인의 대리인으로서가 아닌 주체(하수 또는 하청운송인이 아님)로서 행위하고, 그 계약의 이행에 관한 채무를 부담하는 자를 말한다"라고 정의하고 있다. 또한 1992년 부터 시행되고 있는 UNCTAD / ICC 복합운송증권규칙에 의하면 복합운송인은 복합운송계약을 체결하고 또한 운송인으로서 그 계약이행의 채무를 부담하는 자를 의미한다고 규정하고 있다. 반면 UNCTAD/ICC규칙 제2조 3항에서는 복합운송인과 일치하지 않는 실제운송인(performing carrier, actual carrier)을 복합운송인과 구별하기 위하여 운송인(carrier)의 정의를 규정하고 있다.

(4) 복합운송인의 유형

① 실제운송인(Actual Carrier)형 복합운송인

㉠ UNCTAD/ICC 복합운송증권규칙에서 운송인은 복합운송인과 동일인이거나 아니거나와 상관없이 실제로 운송의 전부나 일부를 이행하거나 또는 이행의 인수하는 자라고 정의한 것과 같이 실제운송인형 복합운송인이란 자신이 직접 운송수단(선박, 트럭, 항공기 등)을 보유하면서 복합운송인의 역할을 수행하는 운송인을 말한다.

㉡ 실제운송인의 대표적인 회사로서 선박회사, 철도회사, 트럭회사 및 항공회사 등을 들 수 있는데, 복합운송구간중 해상구간이 차지하는 비중에 비추어 볼 때 선박회사가 가장 대표적인 실제운송인형 복합운송인이라 할 수 있다.

㉢ 컨테이너선의 등장으로 선박회사의 운송책임은 종래의 Tackle to Tackle(선측에서 선측까지)에서 Terminal to Terminal로 확대되고, 다시 더 확대되어 해상운

물류 경영

송에만 머무르지 않고 국제간의 Door to Door운송을 일괄하여 인수하는 국제복합운송업자로 바뀌고 있다.

② 계약운송인(Contracting Carrier)형 복합운송인

㉠ 실제운송인은 Carrier형 운송인인데 비해 계약운송인은 선박, 트럭, 항공기 등의 운송수단을 직접 보유하지 않으면서도 실제운송인처럼 운송주체자로서의 기능과 책임을 다하는 운송인을 말한다. 즉, 계약운송인은 실제운송인에게는 화주의 입장에서, 화주에게는 운송인의 입장에서 책임과 의무 등을 수행한다.

㉡ 이러한 유형의 복합운송인으로는 해상운송주선인(Ocean Freight Forwarder), 항공운송주선인(Air Freight Forwarder), 통관업자 등이 있는데 해상 및 항공운송주선인이 가장 대표적이라고 할 수 있으며, 현행 국내법상 복합운송주선인이 여기에 해당된다. 이에 따라 보통 계약운송인형 복합운송인을 프레이트 포워더형 복합운송인이라고 한다.

③ 무선박운송인(NVOCC)형 복합운송인

㉠ 프레이트 포워더형 복합운송인을 법적으로 실체화시킨 것이 NVOCC(Non-vessel Operating Common Carrier)인데, NVOCC가 처음 법제화된 것은 1963년 미국 FMC General Order 이다. 1984년 신 해운법에서는 NVOCC가 Common Carrier 라는 점을 명확히 하고 있다.

㉡ 1984년 미국 해운법에 의하면 NVOCC란 해상운송에 있어서 자기 스스로 선박을 직접 운항하지 않으면서 해상운송인(Ocean Common Carrier)에 대해서는 화주의 입장이 되는 것이라고 정의하고 있다. 여기에서 Common Carrier란 보수를 받고 미국과 타국간에서 해상화물운송업무를 수행할 것을 일반에게 공시하는 자를 뜻한다.

㉢ 이러한 Common Carrier에는 NVOCC 외에 VOCC(Vessel Operating Common Carrier)가 있는데, NVOCC는 VOCC에 대하여 화주의 입장이 되며 화주에게는 Common Carrier의 입장이 된다.

(5) 복합운송의 유형

① Piggy-Back Service

㉠ 도로운송에서 철도-트럭의 장점을 활용, 트레일러(trailer)나 컨테이너를 기차의 무개화차에 싣고 운송하는 서비스이다.

㉡ 국내운송에서는 「송화인(truck)→출발역(flat car)→도착역(truck)→수화인」 또는 항만터미널(CT)로 연결되며, 수입지에서는 「항만터미널(truck)→출발역(truck)→ 수화인」으로 연결된다.

② Fishy-Back Service

㉠ 도로운송과 해상운송의 장점을 활용한 트럭과 선박의 혼합이용 운송방법으로서 운송비 절감, 운송시간 단축, 운송능률 증대 등의 이익이 발생한다.

㉡ 수출지에서는 송화인(truck) → 항만터미널의 컨테이너선에 적재하고, 수입지에서는 항만터미널(truck) → 수화인으로 연결된다.

③ Truck-Air Service

㉠ 도로운송과 항공운송을 활용한 트럭과 항공기의 혼합이용 운송방법이다.

㉡ 고가상품 및 긴급화물의 증가와 항공기의 대형화에 따라 1960년대부터 시작된 최신 운송방법이다.

④ Rail-Water Service

㉠ 철도와 해운을 활용한 기차와 선박의 혼합이용 운송방법이다.

㉡ 대량·중량화물과 저가품의 장거리 대량 운송 시에 가장 경제적인 운송방법이다.

⑤ Ship-Barge Service

㉠ 주로 내륙수로와 연안 항구 간의 해운을 연계하여 이용할 때 바지선과 원양선을 혼합 이용하는 운송방법이다.

㉡ 주로 산화물의 운송을 위해 미국이나 서유럽 등에서 많이 사용하였고, 우리나라는 현재까지 내수로가 없기 때문에 이용할 수 없는 서비스였으나 경인운하가 개통되면 활성화 가능할 것이다.

⑥ Sea-Air Service

㉠ 항공기와 선박을 혼합하여 이용하는 운송방식을 말한다.

㉡ 아직 항공기용 ULD와 해상컨테이너와의 규격 표준화가 미흡하여 현재 항공기에서 ULM(Unit Load Module)을 개발하여 시험 중에 있으며 선박을 이용한 장거리 운송의 저렴함과 항공기를 이용한 간선운송의 신속함의 장점 때문에 날로 그 이용도가 증가하고 있다.

(6) 복합운송인의 책임

① 과실 책임(Liability For Negligence)

㉠ 과실 책임은 선량한 관리자로서 운송인의 주의의무, 즉 당해사정에 대한 상당한 주의(reasonable care)를 전제로 구성되어 있는 책임관계로서 피해자 측에서 운송인이 관계된 주의의무를 태만히 하였다는 운송인 과실을 입증하는 책임을 지는 원칙이다.

㉡ 그러나 이것과는 반대로 그 입증책임이 운송인 측에 전가되어 운송인 측에서 자기나 사용인이 상당한 주의를 기울였다는 무과실의 입증책임을 지도록(과실이 확정될 때) 하는 입법의 예도 있다.

② 무과실 책임(Liability Without Negligence)

㉠ 무과실 책임은 운송인의 책임 발생에 관해서 운송인이나 사용인의 과실을 그 요건으로 하지 않는 것을 말한다.

㉡ 무과실 책임에서는 엄격 책임 또는 절대 책임과는 달리 불가항력 및 기타 약간의 사유가 면책사유로서 인정되고 있다. 헤이그 규칙, 바르샤바 조약 등에서 무과실 책임을 원칙으로 하고 있다.

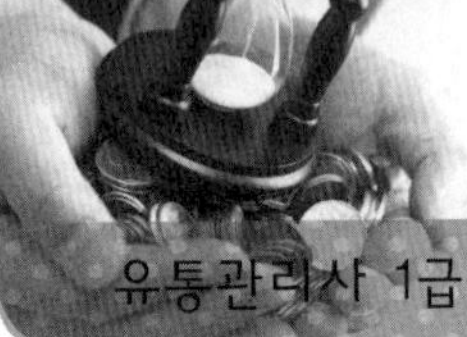

③ 엄격 책임(Strict Liability, Absolute Liability)

㉠ 엄격(절대) 책임은 손해의 결과에 대해서 절대적으로 책임을 지는 것, 다시 말해 면책의 항변이 인정되지 않는 것을 말한다.

㉡ 여기에는 미국의 통상법 및 통일선하증권약관, 프랑스의 상법, 독일의 상법상의 철도책임, 철도에 의한 화물운송에 관한 국제조약 및 도로에 의한 화물의 국제운송을 위한 계약에 관한 조약 등에서 적용되고 있다.

(7) 국제복합운송(International Combined Transportation)

① 국제복합운송(Combined Transportation)이란 수출입화물을 단일 운송계약에 의거하여 최소한 2개 이상의 이종(異種) 운송수단에 의해 송하인의 문전에서 송하인의 문전까지 즉, 소위 "Door to Door"로 국제간을 일관해서 운송하는 것이라고 할 수 있다.

② 복합운송업자에 의한 일괄 운송업무 수행으로 운송책임의 일원화가 가능케 됨으로써 그에 따라 클레임처리도 일원화가 가능하고, 컨테이너화에 의해 수송수속의 간소화로 화물과 서류의 체크, 서류의 단순화가 가능하며, 환적작업 검사, 사무수속 등 수송기관의 접점에서 발생하는 작업코스트를 절감할 수 있다.

2. 복합운송 유형

(1) 랜드 브리지 시스템(Land Bridge System)

① 국제복합운송의 대부분은 랜드 브리지 시스템(land bridge system)에 이해 이루어지고 있다. 랜드 브리지(land bridge)란 해 · 육 · 공 일관운송의 본격화에 따라 해상 · 육로 · 해상으로 이어지는 운송 구간 중 중간구간인 육상운송구간을 매개운송구간으로 하는 것을 말한다.

② 화물의 이적 없이 선적된 화물 그대로 일괄 운송함으로써 최종 목적지까지 일관운송업자의 책임하에 선박, 트럭 혹은 철도편 때로는 항공편 등 두 개 이상의 상이한 운송수단에 의해서 운송되는 서비스를 말한다.

③ 랜드브리지에 의한 일관운송체계가 이루어지기 위해서는 '운송시설의 확충과 정비', '협동운송방법의 연구개발', '운송시설의 공동이용 및 운임체계의 정비'가 전제가 된다.

④ 정기항로에 대항하는 강력한 경쟁 루트인 랜드 브리지 운송방식은 '운송수단의 단축-재고량의 감소', '운송비의 절감-해상운송과의 경쟁에 의한 운송비 절감', '투자자본효율의 상승-현존하는 시설의 전적인 이용 가능' 등을 통하여 거리, 시간, 비용을 절약하는 시스템으로 3구간 복합일관운송(3 span land bridge)과 2구간 복합일관운송(2 span land bridge)의 두 가지 형태가 있다.

▣ **랜드 브리지의 두 가지 형태**

1. 3 구간 복합일관운송형태(3 Span 랜드브릿지 형태)

극동 ——— 북미서해안 ———북미동해안 ——————— 유럽
(해로) (육로) (해로)

2. 2 구간 복합일관운송형태(2 Span 랜드브릿지 형태)

① 극동 ——————— 북미서해안 ——————— 북미동해안
(해로) (육로)

② 북미서해안 ——————— 북미동해안 ——————— 유럽
(육로) (해로)

(2) 미국대륙횡단철도(ALB ; American Land Bridge)

① 북미 태평양항로와 북미대서양 항로를, 미국대륙을 횡단하는 철도로 연결하여 운송하는 극동~유럽 간의 복합일관운송루트를 가리키는 말이다.

② 북미 랜드 브릿지는 American Land Bridge(ALB)와 Canadian Land Bridge (CLB)가 대표적이다. ALB는 극동지역의 항만으로부터 북미서안의 주요 항만까지 해상운송한 뒤 철도운송으로 연계, 북미동안/걸프만의 항만에서 다시 해상운송으로 유럽지역 항만 또는 유럽내륙까지 일관운송하는 서비스 방식이다.

③ 북미 Land Bridge는 1967년 아랍국가와 이스라엘간의 전쟁으로 수에즈운하가 봉쇄됨에 따라 수에즈운하를 경유하는 극동/유럽항로와 경쟁하는 새로운 운송방법으로 각광을 받았다.

④ 미국대륙횡단철도운송은 정기선보다 약 1주일 정도 긴 편이지만 운임 면에서 20~30%까지 저렴하며 비교적 운송일수가 안정적이기 때문에 유럽항 직항 해상운송서비스와 경쟁관계에 있다.

⑤ ALB시스템으로 운송되는 경우 복합운송인의 책임은 전 운송 구간에 대한 것으로 해운 운송구간에서는 Hague Rules을 따르고, 북미대륙의 내륙운송구간에는 ICC에 따른다.

(3) 미니랜드브리지(MLB ; Mini-Land Bridge)

① MLB는 북미대륙 횡단철도를 중심으로 그 양단을 각각 극동/태평양안 및 대서양안/유럽 간을 정기항로로 연결하여 미국서안 → 대륙횡단 → 미국동안 → 유럽대륙으로 연결된다.

② MLB서비스는 아시아 신흥공업국가의 무역량 증가에 따라 발전하였고 All Water Service 보다 경쟁우위에 있기 때문에 급속하게 발전하였다.

③ Land Bridge와 MLB의 차이점은 랜드 브릿지가 해상운송→육상운송→해상운송의 과정인데 비해 MLB는 해상운송→육상운송의 과정만을 포함한다는 것이다.

④ MLB의 장점으로서 화주는 다양한 범위의 운송서비스를 제공받을 수 있고, 운송수단 및 선박 스케쥴의 선택에 여유를 가질 수 있다는 점이며, 선사를 비롯한 운송인으로서는 동일한 화주를 계속 확보하면서도 항만 선택에 여유가 있으며, 소수의 항만에 화물을 집중토록 하여 선박의 활용도를 높일 수 있을 뿐만 아니라 효율적인 내륙운송이 가능한 점 등이다.

(4) IPI(Interior Point Intermodal)

① IPI (INTERIOR POINT INTERNATIONAL)는 내륙지역 복합운송 서비스의 약자로서 파나마운하의 통행료 인상과 운하갑문이 좁아 초대형 컨테이너선이 통과하는데 어려움이 있어 그 대안으로 이용된다. 이 경로에서 전 미국의 철도 및 도로망을 이용하여 내륙지역의 목적지까지 화물을 운송하는 것을 마이크로랜드브리지(micro land bridge) 또는 인테리어 포인트 인터 모덜(IPI: Interior Point Inter modal)이라고도 한다.

② 마이크로 브리지(micro bridge)이라고도 불리 우며 극동에서 북미 서부해안까지 화물을 해상으로 운송하고 북미 내륙도시까지는 철도나 트럭으로 복합 운송하는 형태이다. 한국, 일본 등을 비롯한 극동지역의 주요항만으로부터 미국의 서안이나 동안을 경유하여 미 내륙의 주요도시까지 선사가 일관적으로 운송해 주는 서비스이다.

③ 1980년 Sea-Land사가 북미동맹을 탈퇴하면서 개발한 서비스방법이다. 이 서비스는 미 동해안 항만까지의 해상루트 대신에 개발된 미 서해안을 경유하여 미 동해안 항만까지 가는 MLB서비스와는 달리 미국의 내륙도시까지 운송해 준다는 점에 특색이 있다.

④ IPI 서비스는 운송인이 내륙지점까지의 B/L을 발행하고 철도에서 트럭으로의 연결, 최종 목적지에서의 인도에 이르기까지 모두 운송인이 수배한다. 최근에는 화주의 문전까지의 운송하는 Store Delivery Service도 제공하고 있다.

⑤ 미 내륙지에서 수출되는 화물을 선사가 통 선하증권을 발행하여 복합운송을 할 수 있다. 이때 내륙운송의 운임은 각 선사가 개별 트럭운송업자나 철도업자 등과 교섭하여 결정하고 여기에 해상운송운임을 붙여 IPI운임이라 하여 일괄적으로 받게 된다.

⑥ IPI 지역은 매우 광범위하여 IPI Ⅰ, IPI Ⅱ, IPI Ⅲ 등과 같이 3개의 지역그룹으로 나누어 운임을 공시한다. IPI Ⅰ은 미시시피강을 중심으로 한 서쪽 지역으로 Chicago, Kansas City, Dallas, Denver, Phones, St. Louis, Cleveland, Grand Rapids 등이고, Ⅱ지역은 미시시피강 동쪽으로 Minneapolis, Cincinati, Columbia, Detroit 등이다. 그룹 Ⅲ은 동안에 가까운 도시로 Atlanta, Charlotte, Greensboro 등이다. 한편 Reversed Micro Bridge라고도 불리우는 Reversed Interior Point Inter modal(RIPI) 서비스도 있다.

(5) OCP(Overlan Common Point) 운송

① OCP란 북미 대륙 내에서 공통운임이 부과되는 지역으로 록키산맥 동쪽의 원격지를 말한다. 화주가 OCP목적지까지의 운송을 의뢰하는 경우 OCP화물은 OCP운송인으로 하여금 철도나 트럭에 일관운송되어 목적지에 도착하게 하는 운송을 말한다.

② OCP의 운임체제는 MLB시스템과 비슷하지만 공통운임이 부과된다는 데 차이점이 있다. 최근에는 선사들에 대한 MLB 및 IPI일반수송이 발달함에 따라 OCP 서비스는 감소하고 있다.

(6) 캐나다 횡단철도(CLB ; Canadian Land Bridge)

① 캐나다 횡단철도는 운송일수가 비교적 안정적인 운송경로로 미국대륙 횡단철도와 같이 한국이나 극동지역에서 캐나다 서해안에 있는 항구인 벤쿠버, 시애틀까지 해상으로 화물을 운송한 후 캐나다 철도를 이용하여 몬트리올 또는 캐나다 동부해안까지 운송한다.

② 그리고 다시 캐나다 동부해안의 항구에서 제2의 선박에 환적하여 유럽의 함부르크, 로테르담, 르하브르 등 각 항까지 해상운송하는 시스템이다.

(7) 중국대륙횡단철도(TCR ; Trans China Rail-road)

① 유럽대륙과 아시아대륙을 연결하는 Land Bridge로서 기존의 TSR 이외에 중국대륙을 통과하여 유럽과 연결되는 중국횡단철도(Trans China Railway)도 큰 관심을 끌고 있다.

② TCR은 우리나라를 비롯한 일본, 대만, 홍콩 등 극동지역을 기점으로 하여 1차로 선박을 이용, 강소성 연운항까지 해상으로 운송한 후 중국대륙을 동서로 관통하는 철도운송에 의해 중국대륙을 횡단해서 구소련 국경지역에서 환적한 후 시베리아횡단철도(TSR)에 연결하여 유럽까지 운송하는 대륙간 횡단철도서비스이다.

③ 중국정부는 1990년 7월 중국 신강(新疆) 위그루자치구와 카자흐스탄공화국간에 TCR을 이용한 임시 대외무역화물운송이 개시되자 국경통과운수관리법 관련 문건을 발표하였다. 그 내용은 중국 국경을 통과하는 국제컨테이너운송과 관련된 노선, 항만, 운영기관, 비용, 세관, 동식물검역, 위생검역, 상품관리규정 등을 포함하고 있다. 그리고 TCR과 연결되는 대표적인 항만으로 대련항, 청도항, 천진항, 연운항, 심천 북구안(北口岸) 등을 지정하였다.

④ TCR은 운송거리상 극동/유럽을 연결하는 최단코스로써 TSR보다 약 2,000km의 운송거리 단축이 가능하며, 운송일수와 운송비용면에서도 상당한 절감이 가능하다. 그러나 TCR은 중국국경을 지나 구소련의 TSR과 연결되어야 하나 궤도(TSR은 광궤 1,520mm, TCR은 표준궤 1,435mm)의 차이로 인해 중국국경에서 반드시 환적되어야 하며, TCR은 TSR과 반드시 연계되어야 하므로 TCR의 전체운임은 러시아측과의 협상여하에 영향을 받기 때문에 경쟁관계인 TSR보다 현저하게 낮은 운임책정이

어려울 것이고, TCR 서비스에 대한 관계국간의 운영상 비협조, 원활한 집화활동의 제한, 컨테이너 환적 및 창고시설등 물리적으로 국제화물운송에 부적합한 시설 등의 문제점으로 인해 TCR의 활성화에는 상당한 시간이 걸릴 것으로 보인다.

(8) 시베리아 대륙횡단철도 운송

① SLB(또는 TSR ; Trans Siberian Railway)란 시베리아 철도를 이용하여 극동지역의 우리나라와 일본을 바롯하여 동남아, 호주 등과 유럽대륙, 스칸디나비아반도 및 중동간을 해 · 륙 또는 해 · 륙 · 해의 형태로 연결하는 복합운송시스템을 말한다.

② 현재 극동과 유럽을 연결하는 여러 가지 운송서비스 경로(부산/로테르담 구간)를 비교해보면 TSR은 약 13,000km, 북미대륙을 경유하는 ALB는 약 20,700km, 수에즈(Swez)운하 경유 전구간해상운송시는 약 20,700km, 파나마(Panama)운하 경유시는 약 23,000km, 케이프타운(Cape Town) 경유 전구간해상운송시에는 약 27,000km 등이다.

③ 따라서 TSR이 가장 짧은 운송루트이며, 그 결과 운송소요일수도 다른 경로보다 며칠 빠를 뿐만 아니라 운임도 구주운임동맹(FEFC)보다 약간 저렴하게 책정되어 있다. 그러나 운송일수 및 러시아 철도운임이 불안정하여 수시로 대폭 인상되는 문제점이 있다.

④ 과거 TSR은 거리의 단축에 따른 비용의 저렴성 이외에도 유럽 내륙지점에의 양호한 접근성, 중동항로의 대체경로, 체선이 심한 중동항만의 회피 등의 장점에 따라 국제복합운송의 주동맥으로서의 무한한 잠재력을 갖고 있는 것으로 평가되었다. 그러나 TSR 서비스의 문제점도 많았다. 극동지역과 유럽간의 대외교역 불균형에 따른 컨테이너의 수급문제, 동절기의 결빙문제, 화물운송의 안전성 및 화물추적에 따른 커뮤니케이션 문제, 시베리아 철도시설의 노후화 및 TSR 운영관리의 비효율성에 따른 적기화물인도 문제 등이다.

⑤ TSR 운임은 프레이트 포워더에 의한 일관공통운임으로써 품목별, 행선지별로 컨테이너 1개당의 운임(Box Rate)이 설정되어 있다. 즉, 구소련국철의 운임체계가 화물별기준(품목그룹별 7단계)으로 되어 있는 관계로 FCL은 20ft 1개, 40ft 1개당의 화물종류를 기준으로 하여 그룹별로 운임이 설정되어 있다. 또한 LCL은 별도로 CBM(㎥)당 요금이 설정되어 있다.

⑥ TSR 운송경로는 시베리아 랜드브릿지의 운송방식은 부산, 일본 등의 각 항구로부터 러시아의 나바호드카 · 보스토치니항까지 선박에 의한 해상운송 후, 구소련 영토내는 철도에 의한 육상운송을 이용하여 각각 유럽 · 중근동의 국경까지 화물을 운송하며, 그 이후 각 운송수단의 결합에 따라 Transrail, Transsea, Tracons 등으로 나누어진다. Transrail이 TSR의 3가지 운송시스템중 가장 일반적인 운송방법이다.

⑦ Trans-Rail은 유럽으로 가는 화물이 부산에서 선적되어 러시아의 보스토치니항까지 해상 운송된다. 거기에서 유럽시베리아 철도로 구 소련국 경계까지 운송되고 거기에서 다시 최종행선지까지 유럽철도로 운송되는 복합운송방식이다.

⑧ 이는 TSR, TCR, TMR, TMGR, TKR 등의 5개 노선으로 구성되는 것으로 「러시아 보스토치니~모스크바~벨라루스(TSR)~독일」, 「중국 롄윈강~우루무치(TCR)~카자흐스탄~러시아~유럽」 「중국 톈진항~몽골(TMGR)~러시아」, 「북한 라진~러시아~유럽」, 「부산 광양~한반도횡단철도(TKR)~러시아 또는 중국~유럽」 등의 노선이다.

⑨ 그런데 한반도종단철도(TKR)는 TSR, TCR 등 다른 어떤 노선과도 연결할 수 있다. 그렇기 때문에 특히 러시아는 TSR의 활성화를 위해 TKR와의 연결에 힘을 기울이고 있다. TKR과 TSR이 연결되는 TAR노선이 확정될 경우 시베리아횡단철도(TSR)를 이용한 동북아 물류사업선점을 이룰 수 있기 때문이다.

⑩ 1992년 UN 경제사회이사회에 의하여 추진 중인 한반도-중국-러시아를 경유하여 유럽까지 연결되는 새로운 철도망으로 이 루트를 이용할 경우 부산에서 로테르담까지 거리는 약 10,370km로서 컨테이너 운송이 24일 정도 걸리며, 전구간 해상운송시 거리인 20,000km보다 9,630km가 짧아 운송기일의 단축 가능성이 존재하는 노선이다.

	해상		시베리아		유럽	
부산	———→	Vostochny	———→	소련국 경계	———→	최종 목적지
	운송		철도운송		철도운송	

【Trans-Rail 운송경로】

⑪ Trans-Sea은 해상운송으로 보스토치니항까지 운송된 컨테이너화물이 TSR에 의해 Baltic해 연안 또는 흑해의 항구인 Leningrad, Riga, Tallin, Zhdanov, Ilyichevsk까지 철도운송이 이루어진 후 다시 선박으로 최종 목적지(지중해, 서유럽, 스칸디나비아)까지 운송되는 Land Bridge 시스템이다.

	해상		시베리아		해상	
부산	———→	Vostochny	———→	서부항만	———→	최종 목적지
	운송		철도운송		운송	

【Trans-Sea 운송경로】

⑫ Trancons은 러시아 또는 폴란드 국경의 Brest의 동쪽에 위치한 비소코리트 브스크(Vysoko-Litovsk)까지 운송된 화물을 스위스, 프랑스 이북 등의 서비스지역까지 트럭으로 운송하는 형태이다.

(9) 만주횡단철도(TMR)

① 만주횡단철도(Trans-Manchuria Railway)는 영문 첫 글자를 따서 TMR 또는 중국 창춘철도라고도 한다. 러시아 지바이탈(트란스바이칼) 지방과 블라디보스토크를 연결하는 철도노선으로 제2차 세계대전 이후 완전히 중국의 통제권에 들어옴으로써 중국창춘철도로 바뀌었으며, 만주횡단철도의 운송 프로세스는 심양-하얼빈-수분하-만주리로 이어진다.

② 1891년 제정러시아의 황제인 알렉산데르 3세에 의하여 시베리아 철도(Trans-Siberian Railroad:정식 명칭은 시베리아횡단철도) 건설의 일환으로 진행되었다. 이때 여러 구간에서 동시에 건설 공사가 진행되었는데, 서쪽에서는 모스크바로부터, 동쪽에서는 블라디보스토크로부터 중부 시베리아 철도와 자바이칼 철도 외 여러 철도를 건설하여 서로 연결시키는 방식으로 건설되었다. 이 가운데 자바이칼 지방에서 블라디보스토크를 연결하는 만주횡단철도는 선로의 건설을 위해 중국으로부터 허가를 받는 과정을 거쳐 1901년에 완공하였다. 제2차 세계대전 이후 완전히 중국의 통제권에 들어옴으로써 노선의 이름도 중국창춘철도로 바뀌었다.

③ 이 철도는 경의선 복원을 계기로 아시아와 유럽을 연결하는 철의 실크로드의 한 축으로 관심을 모으고 있으며, 한반도와 연결하는 두 가지 노선이 검토되고 있다. 첫째, 평강~남양~TMR 연결노선은 부산 · 광양시에서 출발하여 서울 · 신탄리를 거쳐 북한의 평강군 · 청진시 · 회령군을 경유, 북한과 중국 접경역인 남양(중국은 투먼[圖們])에서 TMR와 연결된다.

④ 총 연장 1만 1608㎞이며 한국 · 북한 · 중국 · 러시아 등 4개국을 경유한다. 둘째, 순천~만포~TMR 연결노선은 경의선 순천시에서 분기하여 만포시에서 중국 지안시[集安市]와 연결되어 창춘 · 하얼빈을 거쳐 TMR와 연결된다. 이 노선은 중국에서 가장 심각한 정체구간인 하얼빈~창춘 구간을 통과하게 되어 검토되고 있는 5개의 한반도 대륙연결 철도망 중 가장 경제성이 없는 구간으로 평가된다.

(10) 몽골리아횡단철도(TMGR)

① 몽골횡단철도는 영문(Trans-Mongolia Railway) 첫 글자를 따서 TMGR라고도 한다. 이 철도는 시베리아철도와 만나 모스크바를 거쳐 파리로 이어진다.

② 2000년 9월에 서울과 북한의 신의주시를 잇는 경의선 복원공사가 시작되면서 경의선과 연결하여 아시아와 유럽을 잇는 철(鐵)의 실크로드의 한 노선으로 거론되고 있다.

③ 신의주시 대안에 자리잡은 중국 랴오닝성[遼寧省]의 국경도시 단둥으로 연결되어 베이징을 거쳐 이 철도와 만나는 노선은 총 연장이 1만 1231km이며, 한국을 시종점으로 하는 아시아 횡단철도(TAR) 북부 노선으로 검토되는 5개의 노선 가운데 길이가 가장 짧다. 이밖에 남양~중국 투먼[圖們]~TMGR, 만포~중국 지안[集安]~TMGR 노선도 거론된다.

(11) 아시아횡단철도(TAR) 및 아시안 하이웨이

① 동북아 물류협력벨트로 오래 전부터 검토해온 시베리아횡단철도(TSR)와 한반도 종단철도(TKR) 연결 사업의 하나이다.

② 아시아 횡단철도(Trans Asian Railway)는 1992년 UN 경제사회이사회(Economic and Social Commission for Asia and the Pacific ; ESCAP)에 의하여 추진중인 한반도(TKR)-중국(TCR)-러시아(TSR)를 경유하여 유럽까지 연결되는 새로운 철도망이다.

③ 아시아 횡단철도를 이용할 경우 장점은 부산에서 로테르담까지 거리는 약 10,370km로서 컨테이너 운송이 약 24일 정도 걸리며, 전구간 해상운송시 거리인 20,000km보다 9,630km가 짧아 운송기일이 약 4~5일 정조 빠르고 운임도 20% 이상 저렴해진다.

④ UN 아시아 · 태평양경제사회이사회는 1996년 10월 제52차 ESCAP회의에서 남북한 등 42개국이 TAR의 개통을 위해 단절된 남북한 철도를 복원하는데 최우선적으로 노력한다는 결의안을 채택함으로써 실현가능성은 남아 있다.

⑤ ESCAP의 결의대로 아시아 횡단철도가 개통될 경우 부산항이나 광양항에서 북한을 거쳐 TSR이나 TCR과 연결시킬 수 있는 한반도종단철도(Trans Korean Railway ; TKR)망 구축 가능성은 존재하고 있다. 이 경우 새로운 화물운송경로로써 충분한 잠재력이 있는 것으로 평가되고 있다.

⑥ 한편 1992년 UN ESCAP의 제48차 회의에서는 전술한 아시아 횡단철도(TAR) 외에도 아시아 횡단고속도로(Asian Highway)를 포함하는 아시아육상교통인프라개발계획(Asian Land Transport Infrastructure Development Project ; ALTID)을 추진키로 하였다.

⑦ 아시안 하이웨이는 당초 동남아시아(태국, 베트남, 인도네시아, 필리핀 등)와 서아시아(아프카니스탄, 이란 등)를 연결하는 65,000km의 도로망 구축에 있었으나 동서냉전 구조 속에서 중국, 베트남 등 사회주의 국가의 불참으로 필리핀-인도네시아-태국-인도-파키스탄-이란 등을 연결하는 남부노선을 대상으로 추진하여 왔다.

⑧ 최근 동서냉전구조가 와해되면서 1988년부터 1991년까지 중국, 몽고, 베트남, 미얀마 등이 적극 UN ESCAP에 가입함에 따라 한반도를 기점으로 중국-몽고-중앙아시아-유럽을 최단거리로 연결하는 북부노선이 추가되게 되었다.

⑨ UN ESCAP(아시아 · 태평양 경제사회이사회)가 1992년부터 추진해온 '아시아횡단철도(TAR)계획'은 당초 동남아시아-방글라데시-인디아-파키스탄-이란-터키를 연결하는 남부노선만을 포함하였다.

⑩ 아시아북부지역의 긴장완화, 중국의 급속한 경제성장, 북한과의 경제교류 가능성 증가, 몽골 · 카자흐스탄 · 러시아연방의 시장경제체제 도입으로 인한 경제발전에 대한 기대 때문에 아시아육상 교통기반시설계획(ALTID)하에서 한반도, 중국, 러시아, 중앙아시아 등을 연결하는 북부노선을 포함하게 되었다.

(12) 해공(Sea & Air)복합운송

① 해상운송과 항공운송을 혼합한 해 · 공 복합운송은 그 구조에서 볼 수 있는 것처럼 All Water 운송이나 All Air 운송에게는 없는 특수한 성격의 중간운송수단으로 전개되고 있다.

② 이러한 Sea & Air 복합운송은 해상운송의 저렴성(Economy of Seafreight)과 항공운송의 신속성(Speed of Aircargo)이라는 장점을 상호 결합한 운송방식으로 비용면에서 가장 효과적으로 운송시간을 단축하고 취급상의 문제점을 최소화하기 위한 제 3의 논리적인 국제복합운송방식이다.

③ Sea & Air 운송은 운송일수와 운송요금이 전구간항공운송(All Air)과 전 구간해상운송(All Water)의 중간에 있는 것으로써 전구간을 항공운송하는 경우 운임이 너무 높고 전구간을 해상운송하는 경우 운송일수가 너무 오래 소요되는 문제점을 효과적으로 극복할 수 있는 운송방식이다.

④ Sea/Air 운송의 이점은 운임과 운송일수가 해상운송과 항공운송에서의 이점이 중간적 입장에 있으므로 항공운송에서의 고운임율과 해상운송에서의 운송기간의 장기성을 극복할 수 있는 해공복합운송방식이라는 관점에서 경제적인 운송방식이라 할 수 있다.

⑤ 운송수단의 선택기준은 긴급성(납기 등)과 화물유통상 총비용과의 조합, 즉 운송일수와 운송비의 Trade-Off이다. 유럽으로의 운송을 예를 들면 여러 가지 운송수단이 있으며, 그 중에서 Sea & Air 운송의 운임은 All Air의 1/2, 운송시간은 All Water의 1/2수준인 제3의 운송수단으로서 해상운송과 항공운송의 중간에서 Trade -off하고 있다고 할 수 있다. 더구나 해공복합운송에서는 하나의 동일 행선지에 대해서도 여러 가지 경로가 설정되어 있고, 화주의 요구에 따라 선택의 여지가 있다.

⑥ Sea & Air 운송방식은 1950년대말 또는 60년대초 미국의 Flying Tiger사 또는 캐나다의 Air Carnada사에 의해 개발되었으며, 또한 1978년 Concord사와 Japan Sea Air Service(JSAS) 등 2사가 해공복합운송의 전문 복합운송인으로서 업무를 개시한 이후 현재에는 프레이트 포워더에 의해 이 서비스가 활발히 제공되고 있다.

⑦ 해공복합운송방식으로는 세계 해상항로 중에서 가장 선편이 많은 한국, 일본을 비롯한 극동-북미서안간의 태평양항로에서는 해상운송을 이용하고, 미국내 및 대서양선에서는 항공운송을 이용하여 미국 중동부 및 유럽 각지로 수송하는 방식이다. 이외에도 캐나다 서안의 밴쿠버에서 양륙하여 항공운송에 의하여 몬트리올을 경유하여 유럽으로 운송하는 방식, 북미 서안에서 양륙하여 남미 또는 유럽으로 항공운송하는 방식, 한국 및 일본에서 러시아의 보스토치니간을 해상운송하고, 보스토치니-블라디보스톡에서 모스크바까지는 항공운송하여 각 공항까지 운송하는 방식, 한국 및 일본-홍콩간은 해상운송, 홍콩-유럽까지는 항공운송하는 방식, 한국-두바이간은 해상운송하고 두바이-유럽까지 항공운송하는 방식 등이 있다.

3. 복합운송서류

(1) 복합운송서류의 의미

① 복합운송은 여러 형태의 운송수단을 이용하여 화물을 지정 목적지까지 운송하는 것으로 전 운송구간에 걸쳐 모든 책임을 부담하는 복합운송인에 의하여 화물의 운송이 이행된다.

② 복합운송인이 물품의 수령과 계약조건의 이행을 증명하기 위해 발행하는 서류를 복합운송서류(CTD ; Combined Transport Document, CT B/L ; Combined Transport Bill of Lading, MTD ; Mutimodal Transport Document)라고 한다.

③ 복합운송서류는 그 발행자인 복합운송인이 서류상에 기재된 종류, 수량 및 상태의 화물을 수령지로부터 목적지까지 운송하기 위하여 자기의 지배하에 수리하였음을 증명하고, 운송서류의 발생 전에 이미 성립된 계약의 내용과 조건을 구체적으로 명시하는 운송계약의 증거서류이다.

【통선하증권과 복합운송증권의 특징 비교】

구 분	through B/L	combined transport B/L
운송수단의 조합	동종운송수단과의 조합 이종운송수단과의 조합	이종운송수단과의 조합만 가능
운송계약의 형태	형태불문, 최종목적지까지 전항 운송증명만으로 가능	복합운송계약(하청운송형태)
운송인의 책임	각 운송인 분할책임 (network liability system)	전 구간 단일책임 (uniform liability system)
1차 운송인과 2차 운송인의 관계	2차 운송인에 대한 1차 운송인 지위는 화주의 단순한 운송대리인에 불과	1차 운송인 : 원청운송인 2차 운송인 : 하청운송인
증권발행인	선박회사나 그 대리인	발생인의 특별한 제한이 없고 운송주선업자도 가능(fiata B/L에 한함)
증권의 형식	B/L 형식	B/L 이외 형식도 존재
선적 증명 (on board notation)	shiped B/L로서 특정 선박에의 선적 증명	taking in charge만 증명

④ 유통성 복합운송서류는 수화인의 배서 또는 교부에 의해 화물을 처분할 수 있는 운송물에 관한 권리증권(document of title)으로서 유가증권적 성격을 가지는 운송서류를 말한다.

⑤ 국제상업회의소의 복합운송서류에 관한 통일규칙은 복합운송서류에 대해 복합운송계약에 의해 어떤 국가의 물품인수지로부터 다른 국가에 있는 인도지까지 최소 한 두 가지 이상 이중운송형식에 의한 물품운송의 이행 및 이행의 확보에 대한 계약을 증명하고 그 표면에 'Negotiable(or Non-negotiable) Combined Transport Document issued Subject to Uniform Rules for Combined Transport Document (ICC Brochure No. 273)'이라는 두서가 있는 서류라고 규정하고 있다.

⑥ 복합운송서류가 무역거래상 기능을 충분히 발휘하기 위해서는 운송계약의 체결이나 운송서류의 작성배경에서 전혀 이에 관여할 수 없는 화환어음의 할인은행, 신용장 개설은행, 화물의 매수인 등이 복합운송인의 지위를 철저히 보호하여 복합 운송서류의 실존가치를 충분히 보장하여야 하며, 이를 위해서는 복합운송서류를 뒷받침할 제도의 확립이 필요하다.

(2) 유통성 복합운송서류

① 유통성 복합운송서류는 지시식 또는 소지인식으로 발행되며, 유통성 복합운송 서류가 발행된 경우 운송물의 인도는 필요한 경우 정당하게 배서된 유통성 복합운송서류와 상환으로 복합운송인 또는 그 대리인에게 이를 청구할 수 있다.

② 지시식 증권은 증권상에 권리자의 기명이 없고 지시인 또는 그 양수인이라고 기재되면 배서 양도에 따라 유통될 수 있는 선하증권을 말하는 것으로 대부분의 복합운송증권은 지시식으로 발행된다.

③ 무기명식 복합운송증권은 배서 없이 양도가 가능한 것으로 모든 증권소지인은 정당한 소지인이 된다. 따라서 이를 분실하였을 경우, 화물의 수취는 불가능하게 되므로 현행 실무상에서는 거의 사용하지 않고 있는 실정이다.

④ 비유통성증권으로 복합운송증권이 발행된 경우 지명된 수화인을 증권에 기재하여야 하며 복합운송인을 그러한 증권에 지명되어 있는 수화인 또는 수화인으로부터 정당하게 지시를 받은 그 밖의 자에게 물품을 인도한 경우에는 그의 인도의무가 면제된다.

(3) 비유통성 복합운송서류

① 비유통성 복합운송증권의 경우 ICC의 통일규칙이나 UN조약에서는 복합운송증권이 비유통성 형식으로 발행된 경우에는 지명된 수화인을 표시해야 한다고 규정하고 있다.

② 이것은 복합운송증권이 비유통성으로 발행되는 경우 기명식 복합운송증권만 발행할 수 있다는 것을 의미한다.

③ 비유통성 복합운송서류는 은행의 화환취결 시 운송물에 대한 담보가 될 수는 없으며, 단지 신용장을 근거로 하여 은행에서 수리가 가능하기 때문에 그 유통상 상당한 제약을 받고 있다.

④ 비유통성 복합운송증권은 유가증권이 아니고 증거증권에 불과하다. 따라서 복합운송인은 증권에 기재된 수화인에게만 화물을 인도하여야 한다.

4. 프레이트 포워더

(1) 프레이트 포워더의 기능

① **전문적 조언자** : 송화인에게 최적의 운송경로, 운송수단, 화물포장형태, 목적국의 법규, 관행 등을 조언한다.

② **항구로 반출** : 항구에 정박하고 있는 선박에 적재할 수 있도록 물품을 항구까지 운송하는 것은 해상운송주선업자의 중요한 기능이라 할 수 있다. 이때 효율적으로 물품을 운송할 수 있도록 지시서가 사용되는데 이것은 해상운송주선업자가 화주에게 제시하여 명세서를 작성하게 한 뒤 돌려받게 되며 이것에 의해 필요한 운송서류를 작성하게 된다.

③ **운송서류의 작성 및 적재업무** : 운송주선인이 발행하는 복합운송증권과 화주가 작성하는 다른 서류에 대하여 효율적인 자문을 하며 물품이 항구에 도착했을 때 선박회사나 그의 대리점으로부터 해상운송주선업자는 선적허가서나 선하증권, 부두 수취증을 수령해야 한다.

④ **보험의 수배** : 운송주선인은 화물보험과 관계되는 가장 유리한 보험형태, 보험금액, 보험조건 등에 대하여 전문가이므로 화주를 대신하여 보험수배를 하고 사고가 발생하면 화주가 보험금을 청구하는 데 필요한 조치를 대행한다.

⑤ **운임 및 기타 비용의 입체** : 해상운송주선업자는 특별한 협정을 맺어 송 · 수화인의 물품운송에 따르는 일체의 비용을 입체해 준다.

⑥ **포장 및 창고보관** : 해상운송주선업자는 송화인에게 직접 포장서비스를 제공하거나 적절한 포장방법을 조언해 주며 환적창고를 소유하고 화물을 보관하게 된다.

⑦ **화물의 관리 및 분배** : 운송주선인은 수화인을 대신하여 화물의 관리업자 및 분배업자로서의 기능도 가지고 있다.

⑧ **기타 업무** : 해상운송주선업자는 통관 업무를 할 수 있는 hanging container service, 혼재업무를 할 수 있는데 이에 대해서는 뒤에서 자세하게 다루기로 한다.

(2) 프레이트 포워더의 유형

① **운송인형 프레이트 포워더**

㉠ 자신이 직접 선박, 트럭, 항공기 등 운송수단을 보유하면서 복합운송인의 역할을 수행하는 것을 말하며, 이에 속하는 것으로는 선박회사, 철도회사, 트럭회사, 항공회사 등이 있다.

㉡ 복합운송구간 중 해상구간이 차지하는 비중을 통해서 볼 때 선박회사가 대표적인 운송인형 프레이트 포워더이다.

② **운송주선인형 프레이트 포워더**

㉠ 선박, 트럭, 항공기 등 운송수단을 자신이 직접 보유하지 않고 다만 계약운송인(contracing carrier)으로서 운송책임을 지는 형태이다.

㉡ 해상운송주선업자(ocean freight forwarder), 항공 운송주선업자(air freight forwarder), 통관업자(custom's clear), 컨테이너임대업자 등이 있으며, 대표적 형태는 해상운송주선업자이다.

물류 경영

팔레트(Pallet)

1. 팔레트 풀 시스템

(1) 팔레트 풀 시스템의 개념

① 팔레트 풀 시스템(PPS;Pallet Pool System)은 팔레트의 규격과 척도 등을 표준화하고 상호 교환성이 있도록 한 후, 이를 서로 풀로 연결하여 사용함으로써 각 기업의 물류 합리화를 달성하여 물류비를 절감하려는 제도이다.

② 기업은 팔레트 풀 시스템을 통해 과다한 투자부담을 경감시킬 수 있으며, 일관팔레트화를 무리 없이 정착시킬 수 있고, 기업의 물류비 절감에도 기여할 수 있다.

③ 팔레트 랙(Pallet Rack)은 주로 팔레트에 쌓아 올린 물품의 보관에 이용하는 랙으로 가장 광범위하게 사용되며 랙의 이동설치 및 단수조정이 자유로운 조립식 구조이다.

④ 팔레트를 상호 교환성 있게 사용하기 위해서는 일정규격의 팔레트를 풀 시스템으로 제도화하여 관리 · 운영하여야 한다. 팔레트화는 화물의 이동을 시스템적으로 관리하고 있으므로 팔레트와 컨테이너의 규격화 · 표준화가 선결요건이다.

(2) 팔레트 풀 시스템의 이점

① 사용자가 직접 팔레트를 반환하기 때문에 시스템 운영자의 팔레트 회수에 대한 노력이 감소하고,지역이나 계절 변화에 따른 팔레트의 수급변동에 잘 대응할 수 있다.

② 팔레트를 직접보유하지 않아 파레트 관리에 소요되는 비용을 절감시킬 수 있으며 기업의 파레트수요에 맞춰 대출하고 불필요시 반환받기 때문에 파레트 수급의 탈력성에 잘 대응할 수 있다.

(3) 팔레트의 흐름

① 자사팔레트를 사용할 경우 팔레트 소요량, 공장 물동량, 하치장 물동량, 거래처 물동량, 납품 및 회수에 따른 물동량이 발생하여 실생산 소요량의 2배 이상이 필요하다. 또한 팔레트 구입비, 하역장소에서 거래처까지의 운반비나 이를 다시 공장으로 회수하는 장거리 회수운반비가 발생한다.

② 풀 팔레트를 사용할 경우 풀 팔레트는 1회용 팔레트와 같이 사용할 수 있으므로 소요량은 실생산 소요량과 동일하며, 가까운 집배소까지의 납품, 회수를 위한 팔레트 집품에 따른 운반비가 발생한다. 하치장소 및 거래처에서 공장으로 직송하는 경우도 있다.

(4) 팔레트 풀 시스템 활성화 방안

① 표준형 팔레트 · 컨테이너 구입 시 자금을 지원한다.
② 인증마크 부착 물류설비에 대한 금융 · 세제지원을 확대한다.
③ 팔레트, 지게차, 포장용기, 수송적재함 등 물류설비의 표준인증 제도를 도입한다.
④ 표준형 팔레트 · 컨테이너 풀(pool)시스템 운영 확대를 위하여 국가 간 호환성을 높인다.

2. 팔레트 풀의 형태

(1) 즉시 교환방식 풀시스템

① 유럽식방식은 즉시 교환방식으로서 유럽 각국의 국영철도에서 송화주가 국철에 팔레트 로드형태로 수송하면 국철에서는 이와 동수의 공 팔레트를 주어 상계하며, 수하인은 인수한 팔레트와 동수의 팔레트를 국철에 인도하는 방식이다.
② 교환방식 풀 시스템의 장점은 팔레트의 즉시 교환사용이 원칙이므로 팔레트의 분실에 대한 위험이나 회수 부담이 없다.
③ 교환방식 풀 시스템의 단점은 팔레트 풀의 사용자가 언제나 교환에 응할 수 있는 팔레트를 준비하지 않으면 안되고, 또 팔레트의 교환을 충분히 하기 위해서는 정비상태가 양호한 팔레트를 항상 준비해 놓아야 하는 부담이 있고, 교환용 팔레트의 보존상태가 불량하거나 품질이 낮은 경우가 있고, 수송기관이 복잡하거나 수송기관의 수가 많을 경우에는 원활하게 진행하기가 어렵다.

(2) 리스 & 렌털방식 풀시스템

① 이 방식을 적용하고 있는 대표적인 예는 오스트레일리아(호주)이다. 이 방식에서는 팔레트 풀을 운영하는 기관이 사용자의 요청에 따라 규격화된 팔레트를 사용자의 소재지의 가까운 데포에서 공급해 준다. 팔레트를 공급받은 사용자는 도착지에서 가까이 있는 팔레트 풀 운영기관의 데포에 반납하는 방식으로 운영된다.
② 리스 & 렌털방식 풀시스템의 장점으로는 사용자가 교환을 위해 동일한 품질, 동일한 수량의 팔레트를 사전에 준비해 놓을 필요가 없다.
③ 리스 & 렌털방식 풀시스템의 단점으로는 팔레트의 인도 및 반환에 따른 렌털료의 계산 등 사무처리가 필요하며, 물동량의 편재에 따라 팔레트 보관량의 균형이 깨어지는 데포가 발생할 수 있다.

(3) 교환 · 리스 병용방식 풀 시스템

① 1975년 영국의 GKN-CHEP사에서 국내 팔레트 풀의 설정을 개발한 제도로 교환방식과 리스 · 렌탈 방식의 단점을 보완한 방식이다.
② 교환 팔레트와 대여팔레트 모두를 관리해야 하기 때문에 운영상 어려움이 많고 사무관리가 복잡해 성공하지 못했다.

(4) 대차결제방식 풀 시스템

① 1968년 스웨덴의 팔레트 풀 회사에서 교환방식의 단점을 보완하기 위해 개발한 제도로 국유철도역에서 팔레트를 일정한 기간 내(화물도착 후 3일)에 반환해야 한다.

② 일정한 기간을 초과한 반환과 분실은 정해진 별도의 변상금을 지불해야 하고, 팔레트 회수를 위해서 그 책임 소재를 분명히 해야 하는 단점이 있다.

3. 일관팔레트(pallet)화

(1) 일관팔레트화의 의의

① 팔레트화란 팔레트를 사용하여 복수단위의 화물을 한 단위의 화물로 전환하여 하역시 화물의 취급빈도와 하역시간을 낮춤으로써 물류작업의 효율성을 증진시키는 것을 말한다.

② 일관팔레트화란 화물 이동의 출발지점으로부터 최종도착지점까지 팔레트상에 적재된 화물을 운반, 하역, 수송, 보관하는 물류과정 중 최초에 팔레트에 적재된 화물의 형태를 변형시키지 않고 일관되게 팔레트 화물의 흐름을 만드는 것을 말한다.

③ 일관팔레트화의 효과는 매우 크지만 기업마다 팔레트의 소유가 달라서 자사팔레트를 회사 밖으로 유출시키면 회수에 상당한 시간과 비용이 들고, 호환성 측면의 제약이 있는 점 등 장애요인의 극복이 필요하다.

④ 일관 팔레트화는 스웨덴에서 처음으로 실시되어 스웨덴 방식이라고도 하고, 인력에 의한 상 · 하차 작업을 기계화하여 하역인원과 하역시간을 크게 감축할 수 있다.

⑤ 하역시간의 단축은 트럭의 상 · 하차작업 대기시간을 단축시켜 운행효율을 크게 향상시키며 보관방법의 개선 및 전반적인 물류작업의 신속화로 보관 능력 향상과 재고감축 등으로 보관비가 절감된다.

(2) 일관팔레트화의 장 · 단점

① 장점으로는 작업능률의 향상, 인력의 절약, 상품단위화를 위한 포장의 간소화, 포장비의 절약,물품의 파손 · 오손 · 분실의 방지,물품의 검수 및 점검의 용이, 고단적의 용이성 및 적재공간의 절약, 작업의 표준화 · 계획화 · 기계화가 용이, 물품이동이 용이, 자동차 · 화차의 운용효율의 향상 등이 있다.

② 단점으로는 넓은 작업공간 및 통로를 필요, 팔레트나 컨테이너의 관리가 복잡, 설비비가 일반적으로 높음, 팔레트나 컨테이너 자체의 체적 및 중량 만큼 물품의 적재량이 줄어든다는 것 등이 주요 단점이다.

(3) 일관팔레트화 추진의 선결과제

① 팔레트단위로 유니트로드화할 경우 적재효율성의 감소 및 적재된 화물의 붕괴가 발생할 수 있으므로 이를 방지하기 위한 포장 모듈화가 선행되어야 한다.

② 일관팔레트화를 추진하기 위해서는 반드시 1,100mm×1,100mm의 일관수송용 표준팔레트를 사용해야 한다.

③ 적재된 화물이 이동중 붕괴되는 것을 방지하기 위한 방안이 마련되어야 한다. 팔레트상의 화물이 수송하역 작업 도중 붕괴되지 않도록 쌓는 방식개선, 띠두르기, 스트레치 필름(stretch film) 포장법, 수축포장법 등 붕괴방지 기술개발이 필요하다.

④ 원칙적으로 일관팔레트화의 도입범위는 공장이나 생산지에서 소비지의 물류거점까지로서 출하단위를 팔레트 단위화하기가 쉽지만, 대고객 직송체제나 다품종소량 물품의 경우에는 생산부문과 판매부문간의 협의로 출하방식과 출하단위의 조정이 필요하다.

⑤ 일관팔레트화에 의한 경제적 편익은 크지만 관련대상이 많고 이해득실이 불분명한 점이 많으므로 상호 협의하여 비용분담과 이익분배에 대한 규정수립이 필요하다.

04 보관과 하역

1. 보관물류

(1) 보관의 개념

① 보관이란 재화를 물리적으로 저장하고 관리하여 고객의 주문에 따라 피킹(picking), 분류(sorting), 검품 및 출고 · 배송하는 일련의 작업을 수행하는 물류센터의 핵심기능이다. 최근 보관은 스톡(stock) 기능으로부터 플로우(flow) 기능 중심으로 그 중심 기능이 변해가고 있다.

② 전체 물류시스템의 수평적인 흐름(lateral flow) 가운데 보관은 입고와 출고, 자재와 생산, 생산과 판매 간의 시간과 공간적인 갭을 메꿔주는 일종의 완충장치의 기능을 수행하며, 수 배송경로(link)의 접점이 이루어지는 연결점(node)의 역할을 한다.

③ 보관은 기업 활동 중에서 마케팅 지향이 강해지고 또한 재고투자에 대한 인식이 높아짐에 따라 유동성 활성화 또는 고회전화라는 적극적인 지위로 탈바꿈하여 경영관리 면에서 중요성을 더하고 있다.

④ 보관은 물품의 시간적 효용을 발생시키는 것이지만 동시에 시속 0km의 수송이라 할 수 있다. 기업의 보관시설 사용 목적은 수송비와 생산비를 줄이고, 공급과 수요의 균형을 통해 생산 과정과 판매활동을 지원하기 위함이다.

(2) 보관의 기능

① 고객서비스의 최전선기능 : 보관은 고객의 주문에 대응하여 결품을 방지할 수 있도록 효율적인 재고관리를 하며, 발주 시 신속 · 정확하게 고객에게 주문품을 인도해주는 기능을 수행한다.

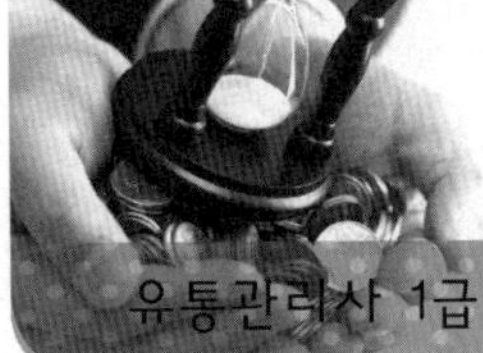

② **수송과 배송의 윤활유기능** : 보관은 수송과 배송이 연계되는 윤활유로서의 기능을 한다. 즉, 공장에서 물류센터까지 수송된 대량 로트를 발주내역에 따라 소량 로트로 나누어 배송해주는 중간기지의 역할을 수행한다.

③ **생산과 판매와의 조정 또는 완충기능** : 보관은 생산과 판매 사이에서 발생하는 시간과 공간적인 갭을 재고관리 기능을 통해 조정해준다.

④ **유통 가공기능** : 보관은 단순한 저장 기능뿐만 아니라 분류, 유통 가공, 재포장, 검품 등 유통관련 기능을 담당한다.

(3) 보관시스템의 설계 고려사항

① 보관시스템의 설계 시 주요 고려사항은 일반적으로 랙과 운반하역기기 및 부속설비가 중심이 되는데, '보관물품의 흐름', '재고수용능력', '재고관리방법'을 고려하여 최적의 레이아웃을 결정해야 한다.

② 과거에는 보관시스템 설계 시 재고수용능력을 가장 중요하게 생각하였으나 최근에는 판매시점(point of sales) 정보시스템과 출하시점(point of shipping) 정보시스템을 중심으로 생산라인에 대한 적시조달 및 소비자의 발주에 대하여 필요한 물품을 적시에 공급해 주는 기능이 보다 중요하게 인식되고 있다.

2. 보관의 원칙의 유형

(1) 원칙의 개념

① 보관 물류의 기능과 관련하여, 창고관리시스템은 보관의 기본요소로서 창고 내의 원활한 화물의 흐름과 활성화를 위한 보관의 기본적인 원칙이다.

② 이들 원칙 사이에는 상호연관성이 있으므로 보관을 할 경우에는 물품의 성격이나 창고 내 상황에 따라 적절히 조합하여 적용하여야 한다.

(2) 통로대면보관의 원칙

① 물품의 입 · 출고 작업을 용이하게 하고 효율적으로 보관하기 위해서는 통로 면에 보관하는 것이 창고 내 레이아웃의 기본원칙이다.

② 이 같은 원칙에 따라 창고 내에서 원활한 물(物)의 흐름을 활성화하는 기본적 요건이 바로 통로대면보관이다.

(3) 고적의 원칙(높이 쌓기 원칙)

① 고적(高積)의 원칙이란 물품을 고층으로 적재하는 것으로서 평적(平積)보다 팔레트 등을 고적하게 되면 용적효율이 향상된다.

② 창고 전체의 유효보관이란 견지에서 보더라도 입체효율을 향상시키하는 것은 당연하며, 선입선출 등 재고관리상 제약조건이 많은 경우 랙(Rack) 및 적층선반(load beam) 등의 보관설비의 이용을 고려하여야 한다.

(4) 선입선출(FIFO)의 원칙

① 선입선출(FIFO ; First In First Out)의 원칙이란 먼저 보관한 물품을 먼저 끄집어내는 원칙으로서 이 원칙은 일반적으로 상품의 라이프 사이클이 짧은 경우에 많이 적용된다.

② 재고관리상 선입선출(FIFO)이 필요한 경우는 '형식(model)의 변경이 자주 바뀌는 상품', '라이프 사이클(life cycle ; 상품 수명)이 짧은 상품', '보관 시 파손 · 마모가 생기기 쉬운 상품(감광지, 필름, 식품 등)' 등이다.

(5) 회전대응보관의 원칙

① 회전대응보관의 원칙은 보관물의 장소를 회전에 대응하도록 결정하는 원칙으로서 입 · 출고 빈도가 높고 낮은 경우 보관 장소를 결정할 때의 원칙이다. 즉, 출입구가 동일한 창고의 경우나 입 · 출고 빈도가 높은 경우에는 출입구 가까운 곳에 보관하며, 낮은 경우에는 출입구에서 먼 장소에 보관한다.

② 이 같은 원칙이 중요한 이유는 일상 업무 가운데 이 같은 원칙을 이용해서 물품을 정리할 수 있기 때문이다. 예를 들어 계절에 따라 입 · 출고 빈도의 고저가 심한 품종의 경우에는 계절에 따라 보관 장소를 재검토하여 보관 장소를 변경하도록 하여야 한다.

(6) 동일성의 원칙

① 동일성의 원칙은 동일 품종은 동일 장소에 보관해야 한다는 원칙이다. 즉, 동일 품종의 관리는 동일 장소에 보관하여 관리하면 관리의 효율을 높일 수 있다.

② 만일 동일 품종이 창고 내에 산재한다면 현재의 입고 · 출고는 재고관리, 작업원의 재고지식 및 각종 면에서 작업생산성을 크게 저해하는 요인이 된다.

(7) 유사성의 원칙

① 유사성의 원칙은 유사품을 근처 가까운 장소에 보관하는 원칙이다.

② 동일성의 원칙의 재고관리 효율성과 동일한 관점에서 파악되는 원칙이다.

(8) 중량특성의 원칙

① 중량특성의 원칙은 중량에 대응하여 보관 장소나 고저를 결정하는 원칙이다. 예를 들면 중량물은 상(床) 및 하층부에 보관하고 경량물은 상층부에 보관한다.

② 수 · 하역을 할 때는 허리 이하의 장소에는 중량물과 대형물을 보관하고, 허리 이상에는 경량물이나 소화물을 보관하는 것이 좋다. 랙의 경우 안전성 문제라든지 하역의 작업성 등은 이런 원칙을 크게 적용할 수 있다.

(9) 형상특성의 원칙

① 형상(形狀)특성의 원칙이란 형상에 따라 보관방법을 변경하며, 형상특성에 부응하여 보관한다는 원칙이다. 예를 들어 표준품은 랙에 보관하고 비표준품은 형상에 부응하여 보관하는 것이다.

② 여기서 포장의 모듈(module)화에 대응하는 것이 표준품이며, 비표준품은 그렇지

못한 성격의 품종이라고 볼 수 있다. 그리고 자동차 부품 및 타이어 등은 특수한 보관기기 및 설비를 사용하여 복잡한 형상을 표준화하여 보관한다.

(10) 위치표시의 원칙

① 위치표시의 원칙은 보관품의 장소와 선반에 번호를 명시하는 원칙이다. 위치표시를 하게 되면 입 · 출고작업이 단순화되어 작업원의 실수가 적어진다.

② 창고 내 작업의 아르바이트화는 고령화 사회에서 필수조건이 되고 있어 위치표시의 원칙은 고령화 작업원의 채용이라는 사회 환경의 변화에 대한 필수적인 대응방안의 하나이기도 하다.

(11) 명료성(표시)의 원칙

① 명료성의 원칙은 시각적으로 보관품을 용이하게 식별할 수 있도록 보관하는 원칙이다.

② 위치표시 및 동일성의 원칙에 따라 고적하는 경우 창고 내 작업원의 시각을 통해 보관 장소나 보관품 자체를 용이하게 찾아서 출고할 수 있도록 하는 원칙이다.

(12) 네트워크(Network) 보관의 원칙

① 네트워크 보관의 원칙은 다양한 출하품목을 관련 품목별로 연관성에 따라 정리하여 집중적으로 보관하는 원칙이다. 즉, 출하품목의 연대적 출고를 예상하여 품목을 정리하고 계통적으로 보관함으로써 출하 시 용이하게 찾아내도록 보관하는 원칙이다.

② 위와 같은 원칙들 간에는 반드시 정합성이 있는 것이 아니라, 보관할 때에는 재고관리비용, 작업성, 효율성을 고려하여 보관의 탄력성(보관의 원칙)을 고려할 필요가 있다.

3. 보관의 랙(Rack)

(1) 랙(Rack) 관리의 3가지 방법

① 프리 로케이션(Free location): 보관 품목과 보관 랙의 장소를 대응시키지 아니하고 보관 품목을 그 특성에 따라 최적하다고 생각되는 장소에 보관하는 방법으로 자동창고시스템에 사용한다.

② 존드 로케이션(Zoned location): 일정 범위를 한정하여 품목군의 보관구역을 정해 두는데 그 범위 내에서는 프리 로케이션을 적용하는 방법으로 널리 사용하고 있는 랙 관리의 방법이다.

③ 픽스트 로케이션(Fixed location): 고정랙 번호방식이라고도 불리우며 랙 번호마다에 품목을 대응시켜서 보관하는 방법으로 수작업 방식이 많이 사용한다.

(2) 팔레트 랙(Pallet Rack)

① 주로 팔레트에 쌓아올린 물품의 보관에 이용되는 랙이다.

② 범용성이 있는 형태이며 화물의 종류가 여러 가지라도 유연하게 보관할 수 있다.

③ 용적효율이 떨어지고 안전성이 결여되어 있으며, 바닥면적 활용률이 비효율적이다.

④ 통로면적이 보관면적보다 많아져 용적 효율이 떨어지고 안전성이 결여되어 있으며, 또 바닥면적 활용률이 낮다.

(3) 드라이브 인 랙(Drive In Rack)

① 한쪽에 출입구를 두며 지게차를 이용하여 실어 나르는데 사용하는 랙이다. 소품종 다량 또는 로트(lot)단위로 입 · 출고될 수 있는 화물을 보관하는 데 적합하다. 용적률과 상면 면적 효율이 양호하며, 다품종의 경우에도 유연하게 적용할 수 있다.

② 파렛트에 쌓아 올린 물품의 보관에 이용하며, 한쪽에 출입구를 두어 포크리프트 트럭을 이용하여 파렛트 화물을 실어 나르는데 사용하는 랙으로 포크리프트가 랙 내부에 진입하여 하역 작업을 할 수 있고 보관 장소와 통로를 겸하기 때문에 화물의 적재율을 높일 수 있는 랙이다.

(4) 하이스택 랙(High-Stack Rack)

① 좁은 통로에 높게 적재할 수 있기 때문에 상면면적효율과 공간 활용도가 좋고 입고도 유연하게 할 수 있다.

② 재고관리도 용이한 편이며, 통로를 적재공간으로 활용하여 높이 쌓을 수 있으므로 공간 활용의 경제성이 크다.

(5) 슬라이딩 랙(Sliding Rack)

① 선반이 앞 방향 또는 앞 뒤 방향으로 꺼내지는 기구를 가진 랙이다.

② 입 · 출고가 각각 다른 방향에서 이루어지므로 선입선출에는 이상적인 보관방법이다.

③ 상면 면적 효율이나 용적률이 양호한 편이고 유동성도 높다. 그러나 다품종 시에는 부적합하며, 랙 설치비가 많이 든다.

④ 팔레트가 랙에서 미끄러져 움직이며, 한쪽에서 입고하고 다른 한쪽에서 출고되는 이상적인 선입선출 방법이다.

(6) 이동식 랙(Mobile Rack)

① 통로를 대폭 절약할 수 있는 모빌 랙은 한정된 공간을 최대한 활용할 수 있다.

② 특히 다품종 소량 물품의 보관에 적합한 보관형태로서 상면 면적 효율, 용적률도 높다. 입 · 출고가 자유롭고, 신속성 역시 양호하다.

③ 레일 등을 이용하여 직선적으로 수평 이동되는 랙으로 상면 면적률, 용적률의 효율이 높다. 통로를 대폭 절약, 한정된 공간을 최대로 사용, 다품종소량의 보관에 적합한 보관형태이다.

④ 보관공간이 크고 작음에 맞춰 레이아웃을 자유자재로 변경할 수 있어 효율적이며, 공간이용이 뛰어나 2-3단의 적재가 신속하게 되므로 작업 효율이 높고, 앞면이 개방형이므로 적재상태로 물품의 출납이 가능한 랙이다.

(7) 적층 랙(Pile Up Rack)

① 선반을 다층식으로 겹쳐 쌓은 랙이다.

② 최소의 통로를 최대로 높게 쌓을 수 있어 경제적이다.

③ 상면면적효율과 공간활용이 좋고, 입출고 작업과 재고관리가 용이하다.

05 창고 관리

1. 창고 관리

(1) 창고의 정의

① 창고란 물품이 감소되거나 품질이 저하되지 않는 상태에서 수요공급의 조정을 원활히 하여 생산 활동, 판매활동, 소비활동에 기여하기 위한 시설이다.

② 창고를 자가 창고와 영업 창고로 분류할 경우 영업 창고는 창고업 법에 "물품의 감실 또는 손상을 방지하기 위한 구축물 또는 물품의 감실 또는 손상을 방지하기 위한 공작물을 시설한 토지 또는 수면으로 물품의 보관용으로 제공하는 것을 말한다"라고 정의되어 있다.

③ 창고를 단순히 상품이나 물자의 손상, 감실과 같은 품질의 변화에 대응하기 위해서만 존재한다고 생각해서는 안 되며, 창고의 역할은 물류의 전반적인 효율을 결정짓는 매우 중요한 요소임을 인식해야 한다.

(2) 창고 관리의 개념

① 최근 창고의 기능이 보관창고에서 탈피하여 유통창고, 유통가공창고 형태 중심으로 변해감에 따라 창고관리의 중점관리 항목도 함께 변해가고 있다.

② 창고관리는 화물의 입고 및 출고, 오더피킹 및 분류, 재고관리, 창고 내의 하역 및 보관계 획 등을 통해 창고의 효율화를 도모하고, 나아가 전체 물류비 절감과 대고객서비스 증진에 기여하기 위한 활동이다.

③ 창고관리의 주요 과제는 입고에서 출고까지의 전과정에서 발생하는 관리상의 문제들로서 하역의 효율화, 재고관리의 정확성 제고, 로케이션 관리, 오더피킹, 분류의 신속성과 정확성 제고, 반품처리의 정확성 제고, 공간사용의 효율화, 창고의 자동화 시스템 설계, 입고 및 출고 · 반품처리 등에 따른 재고와 판매수불의 일치, 출하정보시스템 구축 등 매우 다양한 과제들을 포함한다.

(3) 창고의 기능

① 보관기능

㉠ 소비자 요구(needs)의 고도화 및 다양화에 따라 상품의 품질 특성이나 영업 전략에 알맞은 세밀한 보관기능이 요구되고 있다.

㉡ 다품종 소량체제에 대응할 수 있는 창고 사용효율의 향상이 요구되고 있다. 또한 품질관리에 대한 필요성이 점차 증대되어가고 있다.

② 재고관리기능

㉠ 재고관리는 보관의 기본적인 기능이다. 재고감축은 기업경영의 중요한 과제이므로, 불필요한 재고량이 발생하지 않도록 노력한다.

㉡ 품절에 의한 판매기회의 손실을 막아야 하고 신속 · 정확한 재고정보시스템이 구축되어야 한다.

㉢ 입 · 출고와 하역작업은 수주에서 납품까지의 리드 타임(lead time)의 단축을 도모하기 위해서 입 · 출고 하역작업의 스피드화, 효율화가 요구된다.

③ 유통가공기능

㉠ 유통과정에서 가공이 이루어진 후에 상품구색을 갖추는 기능이다.

㉡ 단위화하여 포장, 라벨 부착, 검품이 이루어지는 기능을 말한다.

④ 수 · 배송 기능

㉠ 유통거점 및 배송거점으로서 창고는 수 · 배송 기능과 연동이 잘 되지 않으면 존재가치가 없게 된다.

㉡ 창고는 정보시스템을 기초로 해서 수 · 배송 기능과 긴밀하게 연결되는 것이 중요하다.

⑤ 물류비 관리기능

㉠ 창고는 물품의 입고, 재고관리, 오더피킹, 분류, 검품, 출고 등의 업무와 관련된 비용이 많이 발생한다.

㉡ 물류비의 절감은 창고기능의 합리화를 위해서 매우 중요한 과제이다.

2. 창고보관의 흐름

(1) 보관물품의 흐름

① One Way 방식 : 입고 구(口)와 출고 구(口)가 달라서 입고되는 물품이 일방통행으로 창고 내를 이동하여 출구에서 반출되는 방식이다.

② U-Turn 방식 : 입고구와 출고구가 동일하거나 또는 동일한 방향에 있어서 보관물품은 보관 후 입고방향과 반대방향의 흐름으로 출고되는 방식이다. 입 · 출고구는 필요에 따라서 두 개 이상 설치하는 경우도 있지만 관리 수준을 향상시키기 위해서는 입 · 출고구의 수를 최소화하는 것이 바람직하다.

(2) 재래식 창고(Ordinary Warehouse)

① 창고의 내부에 아무런 시설 없이 바닥에 적재하고 때에 따라서 가볍거나 중력에도 파손되지 않는 물품이면 3단계까지도 적재할 수 있다.

② 단일품종일 때에는 용적효율이 매우 좋으나 창고 기능이 제한되어 있어 비능률적이며, 다품종일 때에는 입 · 출고하기가 어렵다.

(3) 유니트식 자동창고(Unit Type Courier System)

① 컴퓨터에 의한 자동운전으로 입 · 출고되며 작업능률도 매우 높다. 또한 카드리더 시스템(card reader system)으로 수동식 운영도 가능하게 설치할 수 있어서, 수동식, 반자동식, 완전자동식 모두 설치가 가능하다.

② 특히 재고관리가 용이하며 다품종 소량 시에 가장 적합하다. 입 · 출고도 자유롭게 조정할 수 있으며, 신속성 또한 양호하다.

(4) 빌딩식 자동창고(Building Courier System)

① 재고관리가 매우 용이하며 다품종 소량 물품 시 효율성이 크다.

② 고층일수록 상면면적효율이나 용적률이 높아진다.

(5) 트래버서(Traverser) 자동창고

① 한 대의 트래버서(traverser)와 스태커 크레인(stacker crane)을 통해 많은 통로를 사용할 수 있는 설비로서 재고관리가 용이하며 다품종 소량품목의 보관에 적합한 창고이다.

② 입 · 출고는 신속하지 못하며 용적률도 다소 떨어진다. 이런 창고는 상면면적 상의 특성이나 보관제품의 특성에 따라 설립하는 경우가 많다.

3. 창고의 종류

(1) 재래식 창고

① 우리나라에서 가장 많이 보유하고 있을 것으로 추정되는 창고로 어떤 조사에 의하면 전국에 약 75%나 되는 것으로 나타나 있다.

② 창고의 내부에 아무런 설비도 없으나, 부분적으로 2층 선반과 사다리를 설치하여 오르내리도록 한 형태도 있다.

③ 현재는 많은 기업이 랙(rack) 시설을 하여 기계화 또는 간이 자동화 창고로 개조하고 있다.

(2) 기계화 창고

① 랙 시설을 하고 포크 리프트 트럭 및 크레인 또는 컨베이어 등에 의해서 운영되며 입 · 출고는 수동 운전방식과 수동 원격조정방식의 두 가지로 이루어진다.

② 기계화 창고는 우선 유니트로드시스템(unit load system)에 의한 팔레트화(palletiza- tion)가 선행되어야 효과를 발휘할 수 있다.

(3) 자동화 창고

① 컴퓨터에 의한 정보시스템과 입 · 출고시스템이 연계되어 운영되는 창고이다. 자동화 창고는 간이 자동화 창고와 자동 창고로 구분하기도 한다. 제어방식은 온라인(on-line) 제어방식과 오프라인(off-line) 제어방식으로 구분된다.

② 온라인 제어방식은 컴퓨터와 하역기기가 일체가 되어 운영되는 방식이며 오프라인 제어방식은 컴퓨터에 의해 처리된 입 · 출고카드 및 테이프 등을 해독시켜 하역기기를 작동하는 제어방식을 말한다.

(4) 저장창고와 유통창고

① 창고는 많은 기능을 가지고 있지만 기본적인 역할은 상품을 보관 및 저장하는 것이다. 그러나 최근에는 물류시스템이 발전하면서 창고의 저장기능보다 유통기능이 더욱 중시되어 가고 있다.

② 유통창고는 스톡(stock) 기능보다는 플로우(flow) 기능이 더 중시되는 창고이다. 다시 말해서 단순한 저장이나 보관기능보다는 물류센터로서 고객의 주문에 대하여 신속하고 정확하게 대응할 수 있도록, 재고관리 및 유통가공 등의 기능이 보다 강화된 개념의 창고이다.

③ 유통창고는 창고의 구조적인 특징에 따라 단층창고, 이층창고, 다층창고, 입체자동창고 등의 형태로 구분된다.

④ 과거에는 창고의 중심기능이란 단순히 상품을 일시 보관하는 것이었다. 그러나 통합적인 물류시스템의 개념이 도입되면서 창고시스템의 역할은 생산과 판매를 연결시켜주는 중심 기능을 수행하는 시설로 그 인식이 바뀌어 가고 있다.

⑤ 창고는 보관뿐만 아니라 고객의 수요에 대응하여 적시출고가 이루어져야 하는데, 창고의 유통기능을 강조한 새로운 형태의 창고를 물류센터(DC ; Distribution Center)라고 부르기도 한다. 많은 기업들이 자사의 물류거점을 물류센터 또는 유통센터라고 부르기도 하고, 유통업무 단지 등의 공공물류기지를 유통센터라고 부르기도 한다.

⑥ 제조업이나 도매업에서는 소비지에 있는 소단위 배송거점을 배송센터라고 부르고, 백화점이나 슈퍼 등의 자사 상품공급 점포를 상품센터(또는 납품센터)라고 부르며, 도매업에서는 자사의 판매 및 물류거점을 데포(depot)라 하고 물류네트워크 중 중계점으로서 상품의 일시 보관거점을 스톡 포인트(stock point)라고 부르기도 한다.

⑦ 유통기능을 강조한 물류센터를 유통창고라고 한다. 한편 종래의 보관기능을 중심으로 하는 창고도 여전히 존재하고 있어 이러한 창고를 유통창고에 대비하여 저장창고라고 한다. 저장창고는 항만창고나 산지창고로 존재하는 경우가 많고, 유통창고를 소비지나 집산지에 갖고 있는 기업도 부속시설로서 저장창고를 가지고 있는 경우가 많다.

(5) 자가창고와 영업창고

① 항만과 같은 형태의 물류거점에서는 영업창고의 이용이 보편적이다. 그 이유는 물류거점에서 발생하는 물동량의 변동이 크고, 부정기적인 보관이 이루어지기 때문이다.

② 산지의 생산주체가 소규모이고, 계절성이 있는 상품의 경우는 영업창고에 비축하는 것이 일반적이다.

③ 생산공장을 보유한 제조업 분야의 기업들은 자가 공장 내에 예속된 자가창고를 가지고 있는 곳이 많다. 자가창고는 공장시설의 일부로 인식되며, 자가창고에 보관할 수 없는 경우 보완시설로서 가까운 영업창고를 이용하는 경우가 많다.

④ 제조업체들은 주로 시장창고로서 영업창고를 이용한다. 스스로 수행하는 배송업무 이전에는 전문 창고업자의 영업창고를 이용하는 경우가 많다.

⑤ 도매업은 판매거점과 배송거점이 일치하는 것이 보통이기 때문에 자가창고를 이용하는 것이 보통이다. 단, 대규모 도매업인 경우 비축용시설이나 배송거점의 보완시설로서 영업창고를 이용하는 경우가 있다.

⑥ 자가창고의 장점으로는 창고의 이용과 생산, 판매의 시간적 결손이 적고, 기업의 목적에 부합될 수 있는 적지에 건립 가능하며, 기업에서 취급하는 상품에 알맞은 설비, 보관, 하역이 가능하고, 합리화 및 생력화가 가능하다. 단점으로는 토지 구입 및 설비 투자에 비용이 들고, 상품의 수요 변동에 대응하기 어려우며, 종업원의 고정적 배치에 의한 인건비, 관리비의 부담이 있다.

⑦ 영업창고의 장점으로는 필요로 하는 공간을 언제 어디서나 이용 가능하고, 전문업자의 운영에 따른 안도감이 있으며, 상품의 수요변동에 대한 대응력이 증가하며, 고정투자의 회피가 가능하다. 단점으로는 성수기에는 여유 공간이 적고, 하주의 상품기밀이 유지되기 어려우며, 작업시간의 탄력성이 적다.

(6) 냉장 · 냉동창고

① 냉장창고란 냉각장치에 의하여 창고 내의 온도를 저온으로 유지하는 창고를 말한다. 일반적으로 이용목적에 따라 냉동창고, 저온창고, 정온창고로 구분된다.

② 영업용 창고에서는 10℃ 이하의 온도로 유지할 수 있는 창고를 냉장창고라 하고 공조기로 10~20℃ 정도까지 일정온도로 유지된 창고를 정온창고라 한다.

③ 온도 구분에 따른 냉동창고는 F급는 －20℃ 이상, C1급－10~－20℃ , C2 급은 －2~－10℃, C3 급은 ＋10~－2℃로 구분한다.

④ 청과물 및 야채류 등 식물류의 식품으로 보관 중에 주성분이 소모되고 또한 성숙이 진행되어 신선도가 떨어진다. 따라서 적절한 보냉온습도의 유지와 환기에 주의가 필요하다.

⑤ 생선 및 육류 등 비동결식품으로 세균에 의한 품질노화가 진행된다. 세균의 발육은 10℃ 이하가 되면 현저하게 저하되지만 저온 내성(耐性)이 강하고 빙결온도시(氷結溫度時)에도 사멸되지 않는다. 세균의 발생률을 억제하기 위해서는 보냉온도를 저온으로 하고, 창고내부는 항상 청결을 유지할 필요가 있다.

⑥ 각종 냉동식품과 같은 동결식품으로 창고 내의 온도변화에 의하여 건조하고 품질열화(品質烈火)현상이 발생한다. 또한 빙결정생성(氷結晶生成)에 의한 세포조직이 파괴되어 상품가치가 저하된다. 건조를 방지하기 위해 창고 내의 온도변화를 가능하면 소폭으로 억제하고 식품 자체를 방온필름으로 포장할 필요가 있다.

4. 창고의 입지

(1) 유통창고의 입지조건

① 유통창고의 입지조건의 의의

㉠ 창고를 어디에 설치할 것인가 또는 집중형이 좋은가, 그리고 분산형이 좋은가 하는 문제가 자가창고의 입지선정에 가장 큰 핵심요인이 되고 있다.

㉡ 창고에는 두 가지 형이 있는데 유통창고형과 공장창고형이다. 유통창고형은 범위를 확대하면 데포(depot)나 배송센터, 집 · 배송단지나 복합화물 터미널까지 확대할 수도 있다.

㉢ 유통창고는 공장생산을 위해 생산용 자재나 시설용 자재를 보관하는 순수한 저장용 창고가 아니고 공장에서 출하한 상품의 원활한 시장유통을 위해 필요한 창고이다.

㉣ 유통창고는 순수한 보관창고에 비해 재고의 회전율이 높기 때문에 입지 선정에서도 공장 내 또는 인근에 배치하는 공장창고와는 달리 교통의 편리성, 고객의 분포, 경쟁사의 물류거점 위치, 관계법규, 투자비용 및 운영비용 등의 요소를 감안해야 한다.

② 입지와 수송비관계

㉠ 수송비는 1회 수송량이 많을수록 저렴해지므로 수송비를 1이라고 하고 운송수단을 선박, 철도 및 트럭으로 구분하여 수송비를 계산해 보면, 유통창고는 각 운송수단의 수송비를 비교하여 배송비가 가장 최소화하는 위치에 입지를 선정토록 해야 한다.

㉡ 악화되는 교통난으로 인해 수송비가 계속 상승하고 있으므로 다음과 같이 메이커로부터 거점(유통창고)까지 거리를 am로 하고 창고로부터 고객까지의 거리를 bm라고 할 때 a : b의 비율을 어떻게 조절하느냐가 가장 중요한 관건이 된다.

㉢ 보통 a루트는 대량수송이 가능하고 b루트는 소량 다배송이 이루어지기 때문에 a>b가 되는 지점에 창고입지를 선정하되, 물론 거점에서 고객까지 배송거리의 합계(Σbm)를 최소화해야 한다. 그러나 창고의 입지가 수송비 측면에서만 결정되는 것은 아니기 때문에 지가와 교통난 등 주변요소를 동시에 고려하여 거리를 수정하여야 한다.

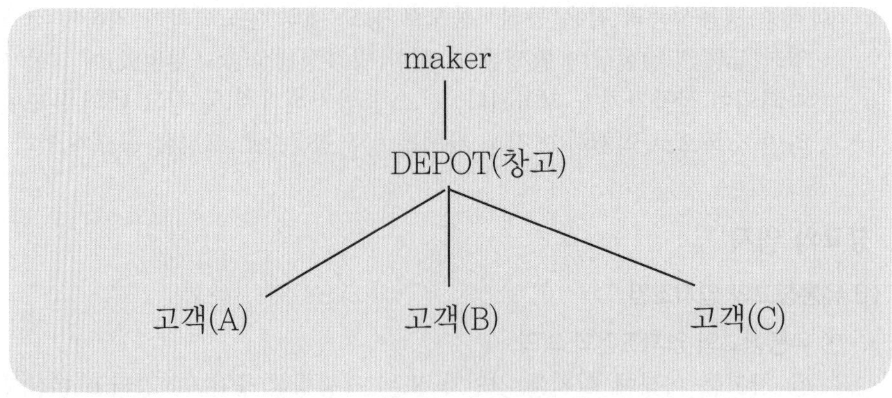

③ 입지와 시장과의 관계

㉠ 불특정 다수형은 좋은 입지를 미리 구획단위로 사전에 구입해 두어야 한다. 이 방법은 자사의 시장점유율을 인구예측 구획단위로 계산하고 1인당 소비량을 구한 다음 인구예측과 곱하여 각 연도의 지구별(연간) 소비량을 구한다. 먼저 각 블록을 정하여 자사 제품의 수요량(예측)을 각 연도별로 찾아서 각 블록의 중심점을 구한다.

㉡ 특정 다수형의 경우 시장의 크기는 인구가 아니라 특정 고객에 대한 공급량의 예정수치 간의 상호관계를 통해 정해진다. 따라서 특정 고객의 연간 소비량을 구해 그것을 지도상에 표시하여 불특정 다수형 방법의 순서대로 구하면 된다.

④ 입지와 업종과 업태와의 관계

㉠ 업종 · 업태에 따라 정보와 물품의 유통경로가 분리되어야 한다. 그러나 정보와 물품의 유통경로가 분리되지 않으면 창고입지는 절대적인 제약을 받게 된다.

㉡ 분리되지 않은 경우에 영업입지를 우선하여 창고를 건설한다면 창고는 상업 중심지인 도시 중심부에 있어 제일 먼저 교통난에 직면하기 때문에 이 경우에는 협동화에 의한 상업단지를 형성하여 상업입지와 창고입지의 경제적 융화성을 도모하는 길밖에 없다.

⑤ 입지와 지가와의 관계

㉠ 지가는 입지의 경제성이 주로 상업성과 도시 중심지로부터의 거리와 시간에 따라서 결정되기 때문에 지가와 입지는 밀접한 관계에 있다.

㉡ 만일 지가의 경제적 측면에 따라(값이 싼 외곽지역) 입지를 정하면 거리가 멀어 불편하고 수송비도 많이 소요될 것이다.

⑥ 창고입지와 총괄적 의사결정

㉠ 창고입지를 선택하는 데는 여러 가지 요인을 비용함수로 계산하는 방법이 좋다. 그러나 실무적으로 볼 때 각 요인의 비용화를 위한 계산 기초를 객관적으로 정하는 것이 어렵기 때문에 주관치로 계산하는 경우가 많다.

㉡ 유통창고의 입지를 정할 때는 이상의 네 가지 요인 간의 상호평가를 무리하지 아니하는 범위 내에서 각 요인의 최적화를 통해 의사결정이 이루어지도록 해야 할 것이다.

(2) 공장창고의 입지 조건

① 공장창고의 입지 조건의 의의

㉠ 공장창고에는 첫째로 자재의 수급이나 제품의 수불(受拂)이 제조현장을 중심으로 이루어지고 있는 창고, 둘째로 재료에서부터 제품까지 하나의 시스템으로 파이프(pipe)나 컨베이어류와 같은 설비를 통하여 제조현장과 일체식으로 설계되는 형태의 장치산업형태의 창고로 구분할 수 있다.

㉡ 창고의 위치결정은 물(物)의 흐름을 중심으로 한 공장 전체의 합리적 레이아웃을 기준으로 하여 결정되어야 한다. 창고입지의 다섯 가지 요인은 P(物 : Materials or Products), Q(수량 ; Quantity), R(경로 ; Route), S(서비스 ; Service), T(시간 ; Time)이다. 이 같은 요인에 대해 분석하면 다음과 같다.

② P-Q분석

㉠ P-Q분석은 물(物)이 어느 정도의 양으로 흐르고 있는가에 대한 물류유형 분석기법으로서 대개 팔레트 그림을 이용하여 분석한다. '물'의 범위에 속하는 분석요소는 품종 · 하자 · 단위중량 · 단위용적 등이며, '양'의 범위에 속하는 분석요소는 중량 · 개수 · 용적 · 시간 · 건수 등이다.

㉡ P-Q분석기법은 이와 같은 요소들을 과거와 현재의 기간 층별로 구분하고 그것을 목적별로 조합하여 장래계획을 분석하고 의사결정을 하는 기법이다.

③ R분석

㉠ R분석은 어떠한 물량이 어떠한 경로로 흐르고 있는가를 과거에서부터 현재까지 경향을 파악함으로써 장래계획에 대한 의사를 결정하는 분석기법으로서 연관차트(relationship chart)를 이용하는 것이 효과적이다.

㉡ 이 차트에 의해 근접정도와 근접이유 등 현상을 그대로 기록하고 장래의 평가기준에 따라 재평가한다.

④ S-T분석

㉠ S-T분석은 주부문인 제조와 판매부문을 효율성 있게 가동시키기 위해서 보조부문이 어떠한 기능을 갖추어야 하는지를 과거와 현재의 실상을 면밀히 분석한 후 결정하는 기법을 의미한다.

㉡ 다시 말해 현재의 창고가 '언제', '어떤 형태'로 입 · 출고에 대응하고 있는가를 명확히 하고 장래의 공정관리, 품질관리, 판매관리 및 수 · 배송관리를 위해서 어떠한 창고기능을 가져야 할지를 분석하여 이에 대한 의사결정을 수행한다.

5. 창고의 형태

(1) 창고의 배치

① 분산형(雙子型)

㉠ 쌍자형은 각 창고의 성격이 같은 형태로 이루어지는 것으로서 서로 품종구성이 같다.

㉡ 장점은 규모가 큰 공장에서 수송과 운반거리가 단축되며, 개개의 창고 크기가 적기 때문에 창고 간 운반거리가 짧으며, 긴급한 출고에 대한 대응이 민첩하다는 점 등이다.

㉢ 단점은 기계화와 생력화가 어려우며, 관리요원이 많아 효율이 떨어지며, 재고와 현품과의 대응관계가 나쁘며, 집중형에 비해 재고량이 많지 않으면 품절손실(品切損失)이 증가한다는 점 등이다.

② 분산형(親子型)

㉠ 친자형은 각 창고의 성격이 다른 형태로서 서로 간에 보관품종도 다르다.

㉡ 장점은 창고 단위 내의 품종이 적어 관리가 쉬운 동시에 화물형태의 유닛화가 용이하며, 설비(운반, 하역, 보관)의 기능이 단순화되어 경제적이며, 운송거리 단축과 민첩성을 갖고 있다는 점 등이다.

㉢ 단점은 수요발생 시 여러 창고에서 집화하여야 하며, 공정관리가 어렵다는 점 등이다.

③ 집중형(集中型)

㉠ 집중형의 장점은 관리공간이 한 곳으로 집중해 있기 때문에 정보와 현품의 대응이 용이하며, 수요에 대한 품목을 모두 갖출 수 있으며, 위치별 출고가 가능하며, 관리요원이 적어 효율성이 제고된다는 점 등이다.

㉡ 단점은 창고가 대형화되어 창고 내 운반거리가 길어지며, 작업자 개인의 책임 추적이 어렵다는 점 등이다.

(2) 화물형태(화자)의 정비

① 화자정비의 특성

㉠ 화자(화물의 형태)란 유통과 운반을 위해 표준화된 화물의 형태로서 물품의 외장, 치수와 종류뿐 아니라 화물의 구성 강도, 높이 쌓았을 때의 안전성, 내용물의 보호력, 세트적 포장 및 모듈화된 치수 등도 포함된다. 화자가 중요한 이유는 유통과 운반 면을 기준하여 창고의 공간면적이나 운반기기의 계획과 화물취급방법 등의 결정 요인이 되기 때문이다.

㉡ 화자는 결국 창고설계의 기본이 되며 창고설계는 처음에는 대부분 판매, 유통, 생산 및 운송상의 여건을 고려하여 결정하지만, 창고의 운영을 원활하게 하기 위하여 화자를 정비하고 표준화하는 것이다.

ⓒ 운반 활성화를 고려할 때 화물취급이 많지 아니한 창고 내 화물이나 빈(bin)에서만 사용하는 경우 트레이(tray), 팔레트, 낮은 높이의 대차 및 카고 카트(cargo cart) 등 임시로 화자를 만들어 사용할 수도 있다.

② 화자정비계획의 진행 방법

㉠ 화자는 통일성과 창고가 필요로 하는 방향으로 표준화시켜 나가는 것이 순서이며 화자에 대해 가장 중요한 것은 바로 운반활성과 재고단위에 대한 출고단위관계이다.

㉡ 화자정비의 목적은 적절한 활성지수를 갖도록 화자나 임시 화자를 형성하는 것이다.

㉢ 운반활성이란 화물의 입·출고와 운반이 쉬운 상태를 의미하므로 작업을 기계화 내지 자동화하려면 방식과 사양을 결정해야 한다.

③ 활성지수의 단계

㉠ 활성지수1 : 화물을 상자 적입이나 포장상태로서 인력작업을 하는 경우(단, 포크리프트나 고층 랙용 로더의 사용이 가능하도록 받침목이나 팔레트에 올려두면 2로 상향)

㉡ 활성지수2 : 팔레트나 스키드(skid) 등에 적재되어 포크 리프트나 고층 랙용 로더를 사용하므로 자동화와 기계화가 가능

㉢ 활성지수3 : 무인대차 위나 전동 컨베이어 위에 유동식 저장형태로 적재되어 무인운반이나 자동 출고가 가능하여 운반 자동화에 적합(카고 차, through rack 등)

㉣ 활성지수4 : 현재 움직이고 있는 상태로서 창고 내 화자에는 발생하지 않음.

(3) 보관공간의 관리

① 공간의 활용방안

㉠ 창고설비를 최적화한다.

㉡ 입체적으로 공간을 활용한다.

㉢ 계획적으로 공간을 활용한다.

㉣ 적재 공간을 융통성 있게 활용한다.

㉤ 적재 장소의 구분을 합리화하여 통로면적을 줄인다.

② 공간 활용의 비효율성 요인

㉠ 선입선출에 구애되어 불안전하게 보관한다.

㉡ 공정관리의 가감 때문에 재공품이 많아진다.

㉢ 공간 활용을 무시하고 운반설비를 사용한다.

㉣ 낱개로 분산 적재하여 불필요한 동선이 많아진다.

㉤ 공간을 평면으로만 사용하고 입체적으로 활용하지 않는다.

② 공간 활용의 효율성 척도

㉠ 창고 공간 중에서 물품이 점유하고 있는 공간의 비율을 산출해 주는 척도이다.

㉡ 공간 활용의 효율성을 나타내는 척도로서 면적충진효율(물건점유면적/저장가능면적)과 잠적충진효율(물건체적/저장가능체적)을 검토해야 할 필요가 있다.

(4) 자동창고

① 자동창고의 개념

㉠ 창고의 기능을 자동화하여 보관 및 하역의 효율성을 증대시키기 위한 창고이다.

㉡ 자동창고는 생산라인에 투입될 부품, 원부자재와 판매를 위해 보관되는 완제품 등의 적정 재고수준 유지 및 적시 공급을 위함에 있다.

② 자동창고의 목적

㉠ 인건비 절감을 통한 물류비가 감축된다.

㉡ 신속한 배송과 수주처리의 정확도 개선에 의한 대고객 서비스 향상과 이를 통한 기업경쟁력을 높인다.

㉢ 신속하고 정확한 로케이션 관리, 오더피킹, 분류, 검토 등의 재고관리 기능을 강화하여 재고자산의 활성도 증가 및 이를 통한 수익성 개선을 중시한다.

② 자동창고의 필요성

㉠ 토지사용의 효율성 증대에 대한 필요성 증가

㉡ 인건비의 급상승 및 창고분야 인력확보의 어려움

㉢ 제조부문의 자동화에 따른 물류부문의 자동화 및 기계화에 대한 요구

㉣ 유통환경의 급변으로 다품종소량 주문 및 신속한 다빈도 배송에 대한 요구 증대

(5) 창고의 자동화 추진

① 대량생산 및 다품종 소량생산에 따라 요구되는 복잡한 재고관리체계는 기존의 수동제어식 방법으로는 경제성과 운영 면의 합리화를 극복할 수 없는 형편에 이르게 되었으며, 노사분규 등에 따른 인력개발과 관리의 어려움이 더해짐에 따라 고도의 자동화된 재고관리시스템이 요구되고 있다.

② 창고 자동화의 추진을 통한 기존 창고를 개선함으로써 창고면적 활용의 극대화를 기할 수 있으며 총괄적인 관리시스템에 의해 작업자가 창고 내에 출입할 필요가 없어 무거운 물품이나 위험물 취급에서 오는 안전사고, 화재 등의 위험을 사전에 방지할 수 있다.

③ 자동창고시스템의 도입은 부가적으로 불용재고의 방지와 재고조사의 간소화 및 신속·정확화를 기함으로써 인건비, 동력비, 자재비 등의 원가를 절감할 수 있어 경영합리화와 더불어 궁극적으로 물류합리화를 기대할 수 있게 된다.

(6) 건축 구조적인 자동창고

① 유니트 랙 형태(Unit Rack Type)

㉠ 상품의 보관을 위한 랙을 단위화하여 기존 창고 내에서 조립한 후 스태커(stacker)를 설치함으로써 창고를 자동화하는 방식이다.

㉡ 이 방식은 기존 창고에 필요한 만큼만 설치한 후 필요 시 증설이 가능하고, 창고의 사용 용도 변경시에는 분해와 재조립이 간편하므로 유연성이 높은 장점이 있다.

② 랙 빌딩 형태(Rack Building Type)

㉠ 이 방식은 처음부터 전용창고를 건축하는 것으로서 랙이 견고한 구조물이므로 이것을 이용하여 랙을 직접 지붕 및 벽재에 부착시켜 창고를 완성하는 형태이다.

㉡ 건물을 별도로 건축하고 유니트 랙을 설치하는 것보다 약 30%의 시설비가 절약되는 장점이 있다.

(7) 유통창고로서의 기능 확충

① 지금까지의 단순한 보관기능을 갖는 창고(storage warehouse)에서 벗어나 재고품의 화물거점적 기능으로서 유통창고(distribution warehouse)로의 전환이 시급한 실정이다.

② 유통창고는 보관은 물론 입하품의 검품, 검수, 유통, 가공, 분류, 포장작업에도 관여하는 다목적 물류기지화하고 기존의 창고를 유통창고로 전환함으로써 신속한 배송체계의 확립과 대량운송계획 및 운송비 절감, 효율적인 재고관리, 상거래 기능과 물류기능의 분화로 물류구조의 개선을 가져올 수 있다.

06 재고 관리

1. 재고(在庫)

(1) 재고의 개념

① 재고자산이란 정상적인 영업활동과정에서 판매목적으로 보유하고 있는 자산(제품, 상품)과 판매를 목적으로 생산과정에 있는 자산(재공품, 반제품) 및 판매할 자산을 생산하는 데 사용되거나 소모될 자산(원재료, 저장품)을 말한다.

② 기업이 보유하는 재고자산의 종류는 기업의 특성에 따라 다르다. 상품매매기업인 경우에는 상품이 주요 재고자산이며, 제조업의 경우에는 완제품, 재공품, 원재료 등의 재고자산이 존재한다.

③ 재고는 재무와 생산의 두 측면에서 중요하다. 재무적인 측면에서 재고는 기업의 종류를 막론하고 중요한 투자라고 할 수 있다. 그런데 재고를 유지하기 위해서는 많은 비용이 필요하므로, 경영자들에게 재고감소에 대한 많은 노력이 요구되고 있다.

(2) 재고자산 포함 여부

① **운송중인상품** : 선적지 인도기준인 경우 매입회사의 재고자산에 포함하고, 목적지 인도기준인 경우에는 판매회사의 재고자산에 포함한다.

② **적송품** : 수탁자가 위탁품을 판매하기 이전까지는 위탁자의 재고자산에 포함한다.

③ **시송품** : 고객이 구매의사를 표시하기 전까지는 판매회사의 재고자산에 포함한다.

④ **담보제공상품** : 저당권 행사에 따른 소유권 이전일 전까지는 담보제공회사의 재고자산에 포함한다.

⑤ **반품가능상품** : 반품률을 합리적으로 추정할 수 없는 경우에는 구매자가 상품의 인수를 수락하거나 반품기간 종료 전까지는 판매회사의 재고자산에 포함한다.

⑥ **할부판매상품** : 상품인도시점까지 판매회사의 재고자산에 포함한다.

(3) 재고자산의 원가 결정

① **매입시 취득원가** : 매입가액과 매입과정에서 정상적으로 발생하는 매입부대비용을 취득원가로 한다.

② **매입부대비용** : 매입운임이나 운송보관비 및 매입수수료 등을 말한다. 단지 매입에누리, 매입환출, 매입할인은 취득원가에서 차감처리한다.

③ **일괄구입** : 총 매입원가를 각 재고자산의 공정가치 비율에 따라 배분을 한다. 하지만 매입완료 후 발생하는 보관비용이나 각종 관련이자비용은 기간비용으로 처리한다.

④ **제조시 취득원가** : 직접재료비와 직접노무비, 제조관련 변동 및 고정제조 간접비의 체계적 배부액을 취득원가로 한다. 여기서 고정제조 간접비의 체계적 배부액이란 정상조업도에 기초한 배부액을 말한다. 단지 실제조업도가 정상조업도와 유사한 경우 실제조업도를 사용 가능하다.

⑤ **취득관련 금융비용** : 재고자산의 취득과정이 1년 이상 소요될 경우 자본화나 비용으로 처리할 수 있다.

(4) 기업 내 재고의 역할

① **규모의 경제** : 원자재 조달, 운송, 제품생산 과정에서 경제규모의 이익을 추구할 수 있으며, 원자재 조달의 경우 적정량을 구매하여 단위당 운송비나 원가를 낮추게 된다.

② **수요공급의 조절** : 계절적으로 수요가 변동되거나 공급이 집중되는 상품의 경우 연중 안정적인 노동력의 유지와 생산체제의 구축이 필요하며 재고의 관리가 전제 되어야 한다.

③ **불확실성에 대한 대비** : 재고관리는 장래의 수요 예측, 가격폭등 등 예측 곤란한 불확실성에 대한 대비가 되고, 완제품의 재고는 대고객 서비스의 향상을 위한 대비가 되어 급격한 수요의 증가가 있을 경우 적절히 공급해주게 된다.

④ **생산물의 특화** : 특정 생산물을 특화하여 규모의 경제를 달성하게 되는 경우 이러한 제품은 혼재가 가능하도록 배송창고에 운송되고 다시 유통창고로 운송된다.

⑤ **종합물류경로로서의 완충(緩衝) 역할** : 종합물류경로과정에서 각 과정별로 재고가 발생되며 이러한 재고의 효율적인 관리 및 처리가 전체의 효율을 향상시키는 중요한 요소가 된다.

⑥ **재고회전율(turnover ratio of inventory)** : 연간 매출액을 평균재고로 나눈 것으로 재고상품에 대한 판매효율, 즉 생산한 상품이나 구입한 상품이 얼마나 팔리는지를 표시한 비율을 말한다.

2. 재고관리

(1) 재고관리의 의의

① 재고(inventory)관리란 기업이 미래에 사용할 목적으로 생산을 용이하게 하거나 또는 고객으로부터의 수요를 만족시키기 위하여 유지하는 원자재, 재공품, 완제품, 부품 등 재고를 최적상태로 관리하는 것을 의미한다.

② 재고수준은 고객의 만족도에 영향을 미치는 동시에 유통이나 물류에 소요되는 비용에 있어서 중요한 요소이기도 하며, 미래의 판매에 대한 불확실성을 해소하기 위해 필요하기 때문에 초과수요와 판매지연 등에 초점을 두고 있다.

③ 재고는 생산과 관련된 요인으로 인해 주요 시장과 지리적으로 거리를 둔 제조업체들이 자재운송비의 최소화나 원자재와 부품이용의 편의를 도모하는 기능이 있으며, 최적주문량이 결정은 경제적 주문량(EOQ)에 의해 측정되며, 주문비용, 연간수요량, 평균재고유지비, 재고품의 단위당 원가 등의 변수를 활용하여 계산된다.

④ 많은 양의 재고는 재무보고서에, 특히 유동비율에 영향을 준다. 참고로 유동비율은 유동자산을 유동부채로 나눈 값이며, 기업의 단기적인 지불능력을 나타낸다. 재고 수준이 높으면 유동자산이 많아지고, 따라서 유동비율도 높아진다.

⑤ 회계기간 중에 매입한 재고자산의 취득가격 합계가 그 기간의 상품 매입액이며, 재고자산 가운데 회계기간 중에 판매된 부분이 매출원가를 구성한다. 회계기간의 말일(기말 혹은 결산일)에 남아 있는 재고자산이 기말상품재고액이다. 재고를 보유하고자 하는 이유 중의 하나는 규모의 경제를 추구할 수 있기 때문이다.

⑥ 재고관리는 제조업자만의 문제가 아니고 경로전체 차원에서 관리되어야 할 기능이므로 경로구성원들 간에 정보기술을 통한 효율적 커뮤니케이션이 매우 중요하다.

(2) 재고관리의 목적

① 원재료의 적정량 유지를 통해 기업의 계속적인 생산을 보장하여 안정적인 생산활동과 고용의 안정에 기여한다.

② 상품재고의 적정량 유지로 품절방지 및 매출기회 상실에 대비하고, 고객의 수요(needs)에 즉각적인 대처로 고객서비스를 향상시킨다.

③ 원재료 및 완제품 재고의 적정량 보유로 재고비용(구매비용, 발주비용, 보관비용, 품절손실비용, 진부화비용)에 대한 원가를 절감한다.

④ 재고관리란 고객의 수요를 만족시키고 생산자의 생산조건을 고려하여 필요한 수량의 상품을 보관하는 활동으로 기업의 재무관리에 중요한 요인이 되고 있다.

⑤ 기업에서 재고관리활동은 기업이 보유하고 있는 각종 제품, 반제품, 원재료, 상품, 공구, 사무용품 등 의 재화를 합리적, 경제적으로 유지하기 위한 활동이다.

⑥ 재고관리의 의미는 단순히 물품의 수, 발주를 중심으로 한 재고관리와 경영적 관점에서 본 제고관리의 양면성을 갖고 있다.

⑦ 경영적 관점에서 본 재고관리는 일반적인 경영계획의 일환으로 발주량과 발주시점을 결성하며, 실시간으로 발주, 납품(입고), 출고, 이동, 조정, 기록 등의 업무를 수행하는 것이다.

(3) 물류에서 재고관리기능

① **수급적합기능** : 품절로 인한 판매기회 상실을 방지하는 기능으로 재고본래의 기능, 결품으로 인한 판매기회 상실을 방지하는 기능

② **생산계획 · 평준화기능** : 재고를 통해 수요의 변동을 완충하는 기능으로 주문이 불규칙적이고 비정기적인 경우, 재고를 통해 계획적인 생산과 조업도의 평준화 유지 기능

③ **경제적 발주기능** : 발주정책 수립 시 재고관련비용(재고유지비, 발주비/준비비, 품절비)을 최소화하는 경제적 발주량(EOQ) 또는 롯트(lot)량을 구하여 이것을 발주정책에 반영하여 추가비용을 방지 · 최소화하는 기능

④ **수송합리화기능** : 재고의 공간적 배치와 관련된 기능, 즉 어떠한 재고를 어떠한 보관장소에 보관하는 것이 수송비 절감 요인인가를 결정하는 기능

⑤ **유통가공기능** : 오늘날 다양한 소비자 요구에 대응하기 위해 제조과정(공장)에서 충족시키는 것이 아니고 유통과정에서 일부의 조립과 검사, 가공, 포장하는 기능

(4) 재고관리상 보관방법

① **프리 로케이션(Free Location)** : 보관품목과 보관장소를 대응하지 않고 보관품목을 그 특성에 따라 보관하는 방법이다. 보통관리방법은 컴퓨터로 처리하기 때문에 자동창고 같은 곳에 많이 이용한다.

② **쇼트 프리 로케이션(Short Free Location)** : 일정 범위를 한정하여 품목군의 보관구역을 지정해 놓고 그 범위 내에서 자유롭게 보관하는 방식이다. 이 방식은 일반적인 보관방식으로서 프리 로케이션의 변형이라고 보면 된다.

③ **고정 로케이션(Fixed Location)** : 고정재고번호 부착방식으로서 재고번호에 따라 품목을 대응하여 보관하는 방식이다. 이 방식은 전자가 컴퓨터를 이용하는 방식인데 비하여 수작업방식에 많이 이용하는 방식으로서 작업자가 재고수불수량을 기록하게 된다.

(5) 재고관리시스템의 구성요소

① **조달기간(Lead Time)** : 수요를 결정한 다음 구매 요구서를 작성하여 발주(구매요구)조치를 취한 시점부터 계약, 검사를 거쳐 창고에 입고 · 저장되어 기록이 완료될 때까지의 경과한 시간을 말한다. 또다른 의미는 보충되어야 할 재고의 필요성에 대한 인식시점과 주문 후 상품이 점포에 도착하는 시점 사이의 시간을 말한다.

② **행정소요시간(ALT ; Administrative Lead Time)** : 구매요구를 한 때로부터 계약을 체결할 때까지의 기간을 말한다.

③ 생산소요시간(PLT ; Production Lead Time) : 계약을 체결할 때부터 최초 납품이 될 때까지의 기간을 말한다.

④ 납품 소요시간(DLT ; Delivery Lead Time) : 최초 납품을 시작한 때로부터 불출이 가능할 때까지의 기간을 말한다.

⑤ 재 주문점(Reorder point) : 모형에서는 수요가 불확실한 경우 주문기간 동안의 평균수요량에 안전재고를 더하여 재주문점을 결정한다.. ROP모형에서는 수요가 확실한 경우 조달기간에 1일 수요량을 곱하여 재주문점을 결정한다.

(6) 재고의 기능에 따른 분류

① 안전재고(safely stock) : 예측하기 곤란한 불확실성에 대한 위험을 방지하기 위해 수요량이나 수요시기가 불확실한 경우에 대비하는 재고를 말한다.

② 예상재고(anticipation stock) : 계절적인 수요나 가격의 급등, 파업 등에 대비하여 변동의 폭을 줄이기 위하여 유지되는 재고를 말한다.

③ 순환재고(cycle stock or lot-size inventory) : 주문량 전체가 필요하지는 않지만 주문비용이나 할인 혜택을 받기 위하여 많은 양을 한 번에 주문하여 생기는 재고를 말한다.

④ 파이프라인 재고(pipeline inventory) : 유통시스템에서 운반중인 제품이나 공장에서 가공하기 위하여 이동 중에 있는 재공품 성격의 재고를 말한다.

(7) 재고비용의 종류

① 주문비용(발주비용;ordering or procurement cost) : 필요한 자재나 부품을 외부에서 구입할 때 구매 및 조달에 수반되어 발생되는 비용으로 주문발송비, 통신료, 물품수송비, 통관료, 하역비, 검사비, 입고비, 관계자의 임금 등이다.

② 준비비용(Set-up or Production Cost) : 재고품을 외부로부터 구매하지 않고 회사 자체 내에서 생산할 때 발생하는 제비용이다. 제조 작업에 맞도록 준비요원의 노무비, 필요한 자재나 공구의 교체, 원료의 준비 등에 소요되는 비용으로 주문비용과 대등하다.

③ 재고유지비용(inventory holding cost or carrying cost): 재고품을 실제로 유지 · 보관하는 데 소요되는 비용으로 이자비용, 보관비, 전부화에 의한 재고감손비, 재고품의 보험료 등이다.

④ 재고부족비용(shortage cost, stockout cost) : 품절, 즉 재고가 부족하여 고객의 수요를 만족시키지 못할 때 발생하는 비용(일종의 기회비용)으로서 이것은 판매기회의 손실도 크지만 고객에 대한 신용의 상실은 기업입장에서 가장 큰 손실인 것이다.

⑤ 총재고비용(total inventory cost) : 총재고비용=주문비용(준비비용)+재고유지비용+재고부족비용(out-of-stock)으로 구성되며 재고 유지비용, 주문비용 둘사이의 관계는 서로 상충(trade-off) 관계를 나타내게 된다. 즉, 재고 유지비용이 감소하면 주문비용이 증가하게 된다.

⑥ **총재고 최소비용** : 물류활동은 일반적으로 재고, 수송, 주문처리, 포장 및 하역 등으로 나누어지며 물류관리자는 각 물류활동과 관련된 일상적인 의사결정을 내린다. 최적 재주문량에 대한 결정은 재고유지비, 주문비 및 재고부족비의 비용항목들을 합한 총재고비용이 최소가 되는 점이 최적주문량이 되며, 평균총비용이 가장 낮은 수준에서 생산할 때 기업은 최적생산수준이 된다.

3. EOQ(Economic Order Quantity)

(1) 경제적 주문량 모형(EOQ)의 개념

① 경제적 주문량(EOQ)을 이용한 재고관리의 문제점은 전체 주문 사이클에 걸쳐서 볼 때 매일 실제 필요한 양보다 더 많은 재고를 유지해야 한다는 것이다.

② 공식은 간단한 수식으로 인해 제조업체나 대형도매상에 의해 널리 사용되지만 상대적으로 소매업자들이 주문의사결정을 내리는 데는 큰 도움이 되지 못하기도 한다.

③ 경제적주문량(EOQ) 공식은 주요 구성요소인 주문비와 재고유지비는 항상 인도기간이나 수요가 일정하다는 가정 하에서 성립한다.

④ 최적주문량은 재고유지비, 주문비, 재고부족비 등을 함께 고려하여 결정되며 도표상 각 비용항목을 합한 총재고비용이 최소가 되는 점이 바로 최적주문량이 된다.

⑤ 최적주문량은 EOQ를 사용하여 구할 수 있다. 경제적 주문량은 연간수요량, 주문비, 평균재고 유지비 및 재고품의 단위당 가치(가격)를 통해 구한다.

⑥ 최적주문량에 영향을 미치는 요소로서 재고유지비 항목에는 이자비용, 창고비용, 취급비용, 보험, 세금 및 제품의 진부화 등이 핵심내용이다.

(2) 경제적 주문량 모형(EOQ)의 기본가정

① 주문비용과 단가는 주문량 Q에 관계없이 일정하고, 매번 주문시 주문량이 동일하다.

② 미납주문은 허용되지 않고, 주문 기간 중에 수요량, 주문원가, 유지원가, 조달 기간(lead time)이 확실하게 알려져 있고 일정하다.

③ 재고 단위당 구입원가는 1회당 주문량에 영향을 받지 않으며, 재고 부족원가는 없다.

④ EOQ계산 시 연간 수요량, 1회 주문비용, 평균재고유지비는 계산하는 데 필요한 정보이고, 주문량 Q는 한 번에 입고된다.

(3) 총재고 관련 원가(TC)=재고 주문원가+재고 유지원가

① 재고 주문원가 $= \dfrac{D(\text{수요량})}{Q(\text{1회 주문량})} \times O(\text{1회 재고 주문원가})$

② 재고 유지원가=평균 재고량×단위당 재고 유지원가 $= \dfrac{Q}{2} \times \mathrm{C}$

③ $\mathrm{EOQ} = \sqrt{\dfrac{2 \cdot D \cdot O}{C}} = \sqrt{\dfrac{2 \times \text{총수요량} \times \text{재고 주문원가}}{\text{단위당 재고 유지원가}}}$

(4) 재고조사

① **재고조사의 의의** : 재고조사란 재고를 정확히 식별하고 수량과 위치를 정확히 파악하여 장부와 일치되도록 조정함으로서 물류업무 수불에 착오가 없도록 하는데 있다.

② **재고조사의 목적** : 재고기록 균형의 확인과 재고기록 및 저장분배기록부 조정, 잉여품이나 사장품 파악과 대책 수립, 자산의 양, 적정재고량의 보유확인, 사용 불가품에 대한 거래 시정 등이 있다.

③ **재고자산 감모손실** : 재고자산의 감모손실은 수량부족에 따른 재고 손실액을 말한다. 계산방법은 수량부족액에 취득원가를 곱하여 계산하되, 정상적으로 발생한 것은 매출원가로 처리를 하고 비정상적으로 발생을 한 것은 영업외 비용으로 처리를 한다.

④ **재고자산 평가손실** : 재고자산 평가손실은 가격 하락에 따른 재고 손실액을 말한다. 계산방법은 실물수량에 가격하락액을 곱하여 계산하되, 전액을 매출원가로 처리한다. 하지만 평가 손실은 인정을 하지만 평가이익은 인정을 하지 않는다.

4. 기업의 재고 분석기법

(1) 재고피라미드 분석

① 보유재고의 구성을 움직임이 일어나지 않은 기간별로 구분하여 도표화하는 것으로서 간편하고 일목요연하게 나타낼 수 있는 점에서 유용한 기법이다.

② 잉여재고자산에 대한 정책을 수립하는 데 유용하게 이용되며, 재고가 건전할 때는 안정적인 피라미드 모양을 나타내지만, 재고의 운용이 극도로 불건전할수록 역삼각형을 나타낸다.

(2) Two-Bin 시스템

① Two-Bin시스템은 가장 오래된 재고관리기법 중의 하나로 가격이 저렴하고 사용빈도가 높으며, 조달기간이 짧은 자재에 대해 주로 적용하는 간편한 방식이다.

② ABC분석의 C급 품목에 대하여 효과적인 관리방법의 하나로 인식되고 있으며, Double Bin System 또는 포장법이라고도 불리 우고 있다.

③ 이 시스템에서는 BIN-1의 재고를 사용하다가 발주점에 도달하면 필요한 양만큼 발주를 하고, BIN-1의 재고를 전부 사용한 후 BIN-2의 재고를 사용한다. 통상적으로 BIN에 보관되는 재고의 양을 경제적 발주량으로 하여, BIN이 비게 되는 시점을 발주점으로 이용하게 된다.

④ 나사와 같은 부품의 재고관리에 많이 사용하는 재고관리기법으로 두 개의 상자에 부품을 보관하여 필요시 하나의 상자에서 계속 부품을 꺼내어 사용하다가 처음의 상자가 바닥이 날 때까지 사용하여 바닥이 나면 발주를 시켜 바닥난 상자를 채우는 것이다.

⑤ Two-Bin시스템은 저가품에 주로 적용되는데, 재고 수준을 계속 조사할 필요가 없다는 장점이 있다. 그리고 조달기간 동안 나머지 상자에 남겨져 있는 부품으로 충당한다. 나머지 상자에 남아있는 부품이 바로 안전재고라 생각하면 된다.

(3) 정기주문시스템(fixed-order period system)

① 일정시점이 되면 정기적으로 적당한 양을 주문하는 방식이다. 이 방식은 주문시기 중심이므로 P시스템이라고도 하며, 정기적으로 재고수준을 조사하므로 정기실사방식(periodic review system)이라고도 부른다.

② 조달기간이 짧거나 주기적으로 조달을 받은 품목에 유리하고 또는 여러 품목을 동일한 업자로부터 구입하는 경우에 유용하며,정기주문의 경우에 안전재고수준은 정량주문의 경우보다 더 높고, A급의 재고관리가 유리하다고 한다.

③ 정량주문시스템은 계속적인 실사를 행하므로 조달기간의 수요변동에 대비하면 된다. 그러나 정기주문의 경우에는 주문시기가 고정되어 있어 주문량으로 조정하여야 하므로 전 기간을 대비하는 안전재고가 필요하다.

③ 정기주문법은 조달기간 동안 뿐만 아니라 다음 주문주기 동안의 재고부족을 방지하기 위하여 더 많은 안전재고를 유지해야 하기 때문에 재고유지비용이 높다는 것이 단점이다.

④ 정기주문의 경우에 안전재고수준은 정량주문의 경우보다 더 높다. 정량주문시스템은 계속적인 실사를 행하므로 조달기간의 수요변동에 대비하면 된다. 그러나 정기주문의 경우에는 주문시기가 고정되어 있어 주문량으로 조정하여야 하므로 전 기간을 대비하는 안전재고가 필요하다.

⑤ 정기주문시스템은 재고수준을 자동적으로 유지하지 못할 때나 정기적으로 주문할 경우 공급자가 상당한 할인을 해줄 때 및 물품을 FOB 조건으로 구입하여 자가트럭을 이용할 수 있을 때에 주문이 용이하다.

(4) 정량주문시스템(fixed-order quantity system)

① 재고가 일정수준(발주점)에 이르면 주문하는 시스템으로 발주점법이라고도 부른다. 이 시스템은 주문량이 중심이 되므로 Q시스템이라고 부르며, 계속적인 실사를 통하여 재고수준을 체크하므로 연속실사방식(continuous review system)이라고 부른다.

② 정량주문시스템의 예를 보면, 대형슈퍼나 백화점의 계산대는 재고통제시스템과 연결되어 있다. 판매되는 품목의 코드번호가 입력되면 컴퓨터는 자동적으로 재고수준을 계산하여 준다.

③ 관리자는 그 제품의 재고수준이 재주문점에 도달하였는지 여부를 알 수 있으며 이것은 POS(point of sale)시스템의 한부분이다.

④ 정량주문시스템은 ABC재고관리기준의 재고에서 A급기준에 해당하는 재고를 통제하는데 이용하며, 정확한 재고기록이 필요한 품목에 적합하여 비교적 고가인 품목 등 재고자산관리가 용이한 품목에 많이 사용된다.

항 목	정기주문방식	정량주문방식(주문점법)
소비금액	많아야 좋다.	적은 편이 낫다.
수요의 변동	커도 된다.	적은 편이 낫다.
수요예측	특히 필요하다.	과거의 실적이 있으면 수요의 기준이 된다.
발주시기	일정하다.	부정기적이다.
수주량	변경가능하다.	고정되어야 좋다.
품목수	작을수록 좋다	많아도 된다.
표준성	표준보다 전용부품이 좋다.	표준인 편이 좋다.

(5) 기준 재고시스템

① 기업에서 가장 일반적으로 이용되는 재고관리시스템은 기준재고시스템이다. 이것은 s – S재고시스템 또는 mini-max재고시스템 등으로 불리우기도 하는데, 이 시스템은 정량재고시스템과 정기재고시스템의 혼합방식으로 두 시스템의 장점을 유지하도록 고안된 것이다.

② 이 시스템에서는 두 개의 재고수준(S, s)을 설정하게 되는데, S를 최대 재고량, s를 재발주점의 재고량이라 한다. 재고의 조사는 정기적으로 하게 되는데, 재고조사 결과 현재의 보유재고가 s보다 낮은 경우에 한해서만 주문을 하게 된다. 이때 주문량은 재고수준이 최대 재고량인 S에 이르도록 결정되며, 따라서 매 주문 시마다 주문량에는 변동이 생기게 된다.

③ 기준재고시스템을 취하면 주문의 회수는 줄어들게 되고, 주문량은 다소 많아지게 되는데, 많은 안전재고를 갖게 된다는 점이 이 시스템의 약점이다. 그러므로 불확실성에 대비하기 위해서는 안전재고의 규모가 커질 수밖에 없게 되는 것이다.

(6) MRP

① MRP(Material Requirement Planning : 자재소요계획)

㉠ MRP(자재소요계획)는 수요를 입력요소로 하여 발주시점과 발주량을 결정하는 기법으로, 전자제품이나 자동차와 같은 수많은 부품들의 결합체로 이루어진 조립품의 경우에 독립수요에 따라 종속적으로 수요가 발생하는 부품들의 재고관리에 유용한 시스템으로, 독립수요뿐만 아니라 종속수요도 관리할 수 있도록 고안된 시스템이다. 경제적 주문량과 주문점 산정을 기초로 하는 전통적인 재고통제 기법의 약점을 보완하기 위해 개발된 것이다.

㉡ 기업에서는 어떠한 제품이 기간별로 얼마만큼이나 팔릴 것인지를 예측한 자료를 활용하여 생산계획(Production Plan)을 수립한다. 생산 계획 단계에서는 제품 단위의 계획을 수립하기도 하지만, Make-to-Stock 환경하의 기업에서는 대개 제품군 단위(Product Family 또는 Product Group)로 생산계획을 수립하는 것이 일반적이다. 생산 계획 활동에서는 생산 용량(기계용량, 인력)의 조정까지를 계획 범위에 포함시키는 것이 일반적이다.

ⓒ 생산계획에 기준하여 제품의 주(week)별생산 계획량을 수립하는 활동이 기준계획수립(Master Production Scheduling)이며, 기준계획을 수립하기 위해서는 제품별 수요예측치와 현 재고량에 대한 데이터가 필요하다. 기준 계획은 일반적으로 최종 제품(End Item 또는 Final Product)을 대상으로 수립되지만, 필요에 따라 중간 제품(sub-assembly 또는 component)을 계획의 대상에 포함시키기도 한다. 자재소요계획(MRP)을 활용함으로써 작업장에 안정적이고 정확하게 작업을 부과할 수 있다.

ⓓ MPS(Master Production Schedule)는 최종제품에 대한 생산계획(재고 계획)이기 때문에, 제품을 구성하는 부품 단위의 생산계획(또는 재고 계획 수립)이 필요하고, 제품을 구성하는 제품(부품)의 종류 및 그 수량에 대한 정보를 가지고 있는 BOM(Bill of Material) 데이터, 제품(부품)별 주문 방법 및 주문량에 대한 정보를 가지고 있는 Item Master Data, 각 부품 및 제품별 재고에 대한 정보를 가지고 있는 재고 데이터(Inventory Record) 를 이용하여 각 부품별 소요량을 시점별로 계산할 수 있으며, 이 결과는 MRP 레코드에 저장된다.

② MRP II (Manufacturing Resource Planning : 제조자원계획)

ⓐ 자재소요계획은 두 가지 면을 강조한다. 우선, 자재소요계획은 주생산계획에서 필요로 하는 자재소요량에 초점을 맞추며, 롯트 규모와 안전재고에 대하여 알려준다.

ⓑ MRP는 노동력이나 시설에 대하여는 정보를 제공하지 못한다. MRP와 생산능력을 서로 조화시키기 위하여 능력소요계획을 세우지만, 이것은 사실 MRP 외부의 프로그램이다. 그래서 능력소요계획으로 생산능력을 재수립하는 경우에는 주 생산계획도 다시 수립되어야 하는 경우도 있다.

ⓒ MRP는 주생산계획 및 능력소요계획과 통합되어야 하는데, 이 경우의 MRP 컴퓨터 프로그램은 폐쇄루프의 특성을 가진다. 따라서 폐쇄적인 MRP를 확장하여 생산시스템에 다른 기능을 포함시킬 필요성이 대두되었다.

ⓓ MRP를 확장하여 사업계획과 각 부문별 계획을 연결시키도록 하는 계획을 MRP Ⅱ 라고 부른다. MRP Ⅱ 에서는 생산, 마케팅, 재무, 엔지니어링 등과 같은 기업자산을 함께 전반적으로 계획하고 통제하며, 나아가서는 제 시스템을 시뮬레이션한다.

(7) JIT

① JIT시스템

ⓐ JIT(just-in-time)생산의 기본개념은 적시에 적량으로 생산해 내는 것으로 부품이 필요한 시기와 장소에서 사용되도록 계획하는 자재소요계획과 비슷한 의미를 주는 것 같지만, JIT에서는 필요한 시기에만 부품이 생산되도록 한다.

ⓑ JIT생산의 목적은 계획된 생산량을 예정대로 착오없이 성취하는 것이다.

단 한 개라도 과잉생산한다는 것은 하나가 부족한 경우와 마찬가지로 나쁘다고 생각한다. 일본 토요다 공장에서 개발된 이 JIT생산시스템은 토요다 생산시스템이라고도 부른다.

㉢ 이 시스템에서는 낭비를 줄임으로써 비용을 절감할 뿐만이 아니라, 근면성, 고도의 능력, 좋은 작업환경 등을 통하여 작업자의 능력을 최대한으로 이용한다.

㉣ 이 생산시스템은 서로 연결되어 있는 작업장을 하나의 거대한 네트워크의 생산공정으로 간주하여, 각 작업자는 그가 맡은 부품을 완성하여 후공정의 작업자가 준비되었을 때에 직접 넘겨줄 수 있도록 완전 작업배치를 모색한다.

② JIT시스템의 목적

㉠ 수요변화에 신속한 대응이 가능하다.

㉡ 재고투자의 극소화를 이룰 수 있다.

㉢ 생산조달기간의 단축을 가져올 수 있다.

㉣ 모든 품질 문제를 노출시킬 수 있다.

③ JIT－II

㉠ JIT－Ⅱ는 미국기업들이 제품원가 중 구매비인 조달물류비가 차지하는 비중이 증가하는 원인을 파악하고 해결하고자 하는 데에서 개발되었다.

㉡ 발주회사와 공급회사 간에 원활한 업무협조가 미약하고, 정보 전달 등 의사소통이 잘 되지 않아 물류업무의 비효율성과 과도한 비용 등이 발생하는 데 따른 해결방법이다.

㉢ 공급회사의 판매업무와 발주회사의 조달(구매)업무를 연결한 하나의 가상기업(virtual company)으로 하여금 공급회사업무와 발주회사업무를 상호신뢰를 바탕으로 장기적 계약하에 협력하도록 하여 업무의 효율성을 극대화하도록 한다.

㉣ 발주회사와 공급회사가 수시로 발주하고 납품한다는 측면에서는 JIT와 유사하나 계약관계가 아닌 상호 파트너십 관계를 전제로 한다는 점에서 JIT와 크게 차이가 있다.

㉤ 발주회사 입장에서는 공급회사와의 중복기능을 없애 구매기능 및 구매인력을 감축할 수 있고, 신제품 설계변경의 감소와 설계기간의 단축을 기할 수 있으며, 공급부품의 가격을 인하하거나 동결할 수 있는 효과를 얻을 수 있다.

㉥ 공급회사는 발주회사와의 공존번영과 동반성장을 보장받게 되며, 장기계약의 보장, 이익률의 향상, 신기술의 동반연구 등을 통한 기술개발의 효과를 얻을 수 있다.

④ JIT와 JIT II에 대한 비교

㉠ JIT는 부품과 원자재를 원활히 공급받는 데 초점을 두고, JITⅡ는 부품, 원부자재, 설비공구, 일반자재 등 모든 분야를 대상으로 한다.

㉡ JIT는 개별적인 생산현장을 연결한 것이라면, JITⅡ는 공급체인상의 파트너 연결과 그 프로세스를 변화시티는 시스템이다.

㉢ JIT가 공급자의 헌신을 바탕으로 한 이기적 시스템이라면, JITⅡ는 파트너십을 바탕으로 공급자와 구매자가 모두 이익을 볼 수 있는 윈윈시스템이라 할 수 있다.

㉣ JIT가 물동량의 흐름을 주된 개선대상으로 삼는데 비해, JITⅡ는 기술, 영업, 개발을 동시화하여 물동량의 흐름을 강력히 통제한다.

(8) MRP와 JIT

① MRP는 종속수요의 품목을 주문 처리하기 위한 정보시스템으로서, 공장 현장에서의 개별적인 주문, 소요자재, 후방 스케쥴링과 무한능력계획에 사용하기 위하여 미국에서 개발되었다. 이 계획절차는 고객주문으로부터 시작하여 완성품의 완료시간과 수량을 나타내는 주생산에 사용된다.

② JIT는 일본에서 개발되었으며, 목표는 모든 사업 운영에서 낭비의 발생을 제거하는 것이다. 재고는 낭비로 간주되기 때문에, 이 시스템은 재고 감소 이상의 의미를 가지는 도구이다. JIT는 컴퓨터화 될 수도 있고 안될 수도 있다.

③ MRP와 JIT를 각각 효과적으로 운영하는 경우에도 제조기업은 커다란 이익을 얻는다. 그러나 두 시스템은 상호배타적이 아니며 통합적인 사용이 가능하다. 서로 다른 환경에서 개발되었지만 제조계획과 통제의 관점에서 특성을 가지고 있기 때문이다. 대체로 기업들은 운영을 통제하기 위한 기본시스템으로 MRP를 필요로 한다.

④ JIT의 원칙은 전사적 품질경영(Total Quality Management;TQM)과 예방유지시스템을 잘 설치한 후에 기본 MRP에 부가될 수 있다. TQM은 JIT없이 존재할 수 있지만, TQM없이 JIT는 존재할 수 없다.

⑤ JIT 또는 MRP가 효과적으로 작동하기 위해서는 좋은 부품이 매회 만들어져야 하며, 필요할 때에는 생산시설이 언제나 이용될 수 있어야 한다.

07 포장 물류

1. 포장의 의의

(1) 포장의 개념

① 포장은 물품을 수송 · 보관함에 있어서 가치 또는 상태를 보존하기 위해서 적절한 재료, 용기 등을 물품에 가하는 기술 또는 상태를 의미한다.

② 포장은 종종 판매증진뿐만 아니라 다른 중요한 운영활동의 수행을 용이하게 한다. 포장은시장에서 전반적인 소매환경에 적합해야 한다.

③ 포장은 선적과 보관, 전시할 때의 용이성, 그리고 다른 환경적인 요구사항들을 충족시켜야하며, 품의 확인을 돕고, 그렇게 함으로써 지각상의 장애를 제거한다.

④ 포장은 화물의 운송, 보관 또는 하역 시 화물을 안전하게 보호하고 취급이 편리하도록 하기 위해 용기 등으로 화물의 외부를 싸는 것을 말한다. 이것은 낱포장(단위포장, 개장), 속포장(내부포장, 내장), 겉포장(외부포장, 외장)으로 나뉜다.

⑤ 포장분류시 재료를 기준으로한 분류는 기초포장(primary package), 2차 포장(secondary package), 운송포장(shipping package)의 3가지로 구분한다.

(2) 포장의 분류

① 개장(item packaging) : 흔히 낱포장이라고도 하며, 물품 개개의 포장을 말하며 물품의 상품가치를 높이기 위해 또는 물품을 보호하기 위해 적절한 재료, 용기 등을 물품에 가하는 기술 또는 가한 상태를 의미한다. 또는 단위포장이라 한다.

② 내장(interior package) : 속포장이라고도 하고, 포장화물 내부의 포장을 말하며, 물, 습기, 광열, 충격 등을 고려하여 적절한 재료, 용기 등을 물품에 가하는 기술 또는 가한 상태를 의미한다. 또는 내부포장이라 한다.

③ 외장(exterior package) : 겉포장이라고도 하고, 포장화물의 외부의 포장을 말하며, 물품을 상자, 자루, 통 따위의 용기에 넣거나 또는 용기에 넣지 아니한 채 결속하고, 기호, 표식 등을 가하는 기술 및 가한 상태를 의미하며 외부포장이라고도 한다.

(3) 포장의 상품기능

① 상품의 내용물을 다양한 위험으로부터 보호하는 기능이 있다.

② 소비자가 상품을 편리하게 운반하고 사용하게 하는 기능이 있다.

③ 상품포장의 기능은 크게 상품기능, 의사전달기능, 가격기능 등으로 분류된다.

④ 상품 내용물 즉 일정한 수량을 정해진 단위에 알맞도록 적재하는 기능이 있다.

(4) 포장의 상품기능

① 공업포장의 경우 판촉을 고려하지만 절대적인 것은 아니고, 상업포장의 경우 판촉이 중요하다.

② 공업포장은 물류활동이고, 상업포장은 상류활동이다. 즉, 공업포장은 물류수단이고 상업포장은 판촉수단의 하나이다.

③ 공업포장은 보호를 전제로 항상 최저비용을 추구하지만, 상업포장은 매출신장을 위해 비용 상승도 감수한다.

④ 상업포장은 구매자 또는 소비자와 직접 접촉한다는 것을 염두에 두어야 하는 반면, 공업포장은 상품보호가 가장 중요하므로 최우선으로 하여야 한다.

(5) 포장과 물류

① 포장은 생산의 최종단계인 동시에 물류의 출발점이 된다. 그리고 포장은 물류시스템을 구성하는 하부시스템의 하나로서 수송, 보관, 하역 등 다른 하부시스템과 밀접한 관계에 있기 때문에, 포장 활동은 물류활동에 커다란 영향을 미친다.

② 포장은 물류의 하부시스템으로서 상품의 이동성을 높이고 수송, 하역, 보관 면에서 상품내용을 보호하는 기능과 역할을 할 뿐만 아니라, 포장은 생산과 마케팅을 연결하는 기능을 가지고 있다.

③ 특히 생산 측면에서는 생산의 설계단계로부터 포장을 고려해야 생산에서 판매 소비에 이르기까지의 일관시스템의 실현이 가능하다. 더 나아가서는 수송수단, 보관설비 등 다른 물류하부시스템과도 유기적인 관계에 있다.

④ 포장의 합리화를 위해 포장 간소화, 무포장화를 추구하더라도 다른 물류비가 상승해 총물류비가 높아져 결국 물류 합리화가 무의미해진다. 특히 포장은 물류의 규격화 · 표준화 관점에서 중요한 역할을 하고 있다.

2. 포장의 분류

(1) 기능별 분류

① 공업포장과 상업포장으로 분류된다. 공업포장은 수송포장이라고 불리며, 상업포장은 판매포장, 소비자포장이라고 불린다.

② 공업포장은 물류상 필요한 포장으로 보호성과 수송, 하역의 편리성을 주체로 하는 포장을 말하며, 외부포장을 의미한다.

③ 상업포장은 보호성과 판매촉진의 기능을 주체로 하는 포장을 말하며, 단위포장을 의미한다.

【상업포장과 공업포장의 차이】

상업포장	공업포장
• 상품성, 판매촉진성 중시 • 구매자 및 소비자와 직접 접촉 • 상적 유통의 중요한 요소(판매촉진의 수단) • 매출액 증가 중심	• 보호성, 취급편리성 중시 • 반드시 직접 접촉하지는 않음. • 물적유통의 중요한 요소(물류기술의 수단) • 비용 최소화 중심

(2) 사용재료 · 형태별 분류

① 골판지 포장, 나무상자, 플라스틱 용기 등 포장 재료에 따라 분류한다.

② 포장의 일반적인 형태별 분류방법으로 낱포장, 속포장, 겉포장으로 분류할 수 있다.

(3) 포장기법별 분류

① 방수포장은 포장의 내 · 외부로부터 물이 스며들지 못하게 하는 포장을 말하며, 방습포장은 내용물이 습기에 의해 손상을 입는 것을 막기 위하여 적용하는 포장이다.

② 방청포장은 녹의 발생으로 성능저하, 사용불능이 되는 기기의 녹 발생을 방지하는 포장이다.

③ 완충포장은 운송, 하역 중의 가속도로 인해 발생하는 파손을 막기 위한 포장방법이다.

④ 진공포장은 포장 내를 진공으로 밀봉하는 포장이다.

⑤ 압축포장은 포장비 등 물류비를 절감하기 위해 상품을 압축하여 부피를 적게 하는 포장 방법이다.

⑥ 포장상품별 분류는 포장된 내용물의 상품별로 분류한 것으로 식품포장, 약품포장, 의료품 포장, 전기기기포장 등을 의미한다.

⑦ 발송목적지별 분류는 수출용 포장, 국내용 포장 등 발송목적지별로 분류한다.

⑧ 내용상태별 분류는 액체포장, 분말포장, 입체포장 등 상품의 내용상태에 따른 분류이다.

⑨ 기타로는 이상의 포장분류 이외에도 유통단계를 기준으로 한 포장단계별 분류, 납품처별 분류, 운송수단에 따른 운송수단별 등이 있다.

▣포장의 분류

포장분류의 종류	분류의 내용
형태별 분류	낱포장(단위포장), 속포장(내부포장), 겉포장(외부포장)
기능별 분류	공업포장과 상업포장으로 분류
사용재료별 분류	골판지 포장, 나무상자, 플라스틱 용기 등
포장기법별 분류	방수포장, 방습포장, 방청포장, 완충포장, 진공포장, 압축포장 등
포장상품별 분류	식품포장, 약품포장, 의료품포장, 전기기기포장 등
발송목적지별 분류	수출용 포장, 국내용 포장 등
내용상태별 분류	액체포장, 분말포장, 입체포장 등
기 타	포장단계별 분류, 납품처별 분류, 운송수단별 분류 등

(4) 포장의 보호성기능

① 포장의 최대의 기능은 내용품을 보호하는 것이다. 보호성은 품질유지에 필요한 것으로 물품을 보호하는 기능이다.

② 물품 손상의 요인 중 첫째 요인은 회피 가능한 사고의 경우로서 운반, 하역 시에 일어나는 부주의에 의한 낙하와 운반 그리고 이동 중에 예측지 못해 발생하는 물리적 파손, 변형 등 구조적인 변화를 의미한다.

③ 둘째 요인은 자연현상에 의한 불가항력적인 사고로서 온도, 습도의 변화에 의한 내용물의 변질, 변형 그리고 가스, 방사선의 영향에 의한 기능의 파손 등 화학적인 내용물의 변화 등이 많다. 또한 화물 수송 시 수송기관으로부터 받는 진동과 충격 등에 의한 장애로서 물리적, 구조적 변화를 의미한다.

■포장의 보호성

변화의 분류	분류의 내용
화확적 변화	습기, 물, 녹, 광선으로부터의 보호
물리적 변화	외력에 의한 변화 · 파손 등으로부터 보호(완충포장)
이물질의 영향	이물질의 혼입, 오염 등으로부터 보호
생물에 의한 변화	세균에 의한 부패, 곰팡이, 벌레 등으로 부터 보호

(5) 단위화(또는 정량성)

① 포장에는 물품을 일정한 단위로 정리한다는 기능이 있다. 이 단위는 거래상, 취급상 편리한 단위를 의미하며, 포장단위는 제품의 내용에 따라 여러 가지로 나눌 수 있으며, 거래처 또는 취급자의 요구에 따라 결정된다.

② 포장의 단위화, 정량화 조건은 거래단위와 일치하고, 취급이 편리하고, 수송, 하역, 보관 등의 물류조건에 적합하여야 한다는 것이다. 한편 팔레트, 컨테이너, 트럭 등을 고려하여 표준규격에 의해 단위화시켜야 한다.

(6) 표시성

① 포장의 표시성은 화물취급 및 분류에 필요한 사항을 포장에 인쇄, 라벨 등으로 표시함으로써 하역활동을 용이하게 하는 것을 의미하는 것이다.

② 표시방법에는 문자, 표지, 기호, 바코드, 심벌 등이 있다. 또한 포장의 구분 및 표시기능은 물류과정에서 하역의 자동화 추세에서 그 중요성이 더욱 증대되고 있다.

(7) 상품성과 판매 촉진성

① 상업포장의 본질로서 상품 이미지를 높이는 것이 상품성이다. 즉 포장은 상품과 소비자를 연결하는 매체역할을 하게 되는 것이다. 또한 포장은 판매의욕을 높이는 광고성이 높아서 상품의 판매촉진 기능이 있다.

② 소비자에게 부각될 수 있는 포장이 되기 위해서는 상품보호가 잘 되어 있을 것, 상품 내용을 판별하기 쉬울 것, 친근한 모양과 배색일 것, 아름답고 눈에 잘 띌 것, 사용방법에 대한 설명이 충분할 것, 사용상 편리하다는 인상을 줄 것 등이 고려되어야 한다.

③ 소비자에게 부각될 수 있는 포장이 되기 위해서는 운반 또는 보관, 관리할 수 있는 장소가 마련되어 있을 것, 대량진열 효과가 있을 것, 브랜드 이미지와 코포레이트 이미지의 표현이 뛰어날 것, 광고주체가 되기 쉬운 구조와 의장을 구비할 것 등이 고려되어야 한다.

(8) 편리성과 효율성

① 편리성을 구체적으로 살펴보면 화물취급의 편리, 수송, 하역, 보관에 적절한 형상 유지, 생산시 사용이 편리할 것, 이동이 간단히 이루어질 수 있을 것, 비용의 저렴, 진열이 간단하고 진열효과가 높을 것, 사용 용기의 재사용 가능, 설명서, 서비스물품, 팸플릿 등의 첨부이다.

② 포장은 이용, 진열을 용이하게 하고, 수송, 하역, 보관 작업이 용이하도록 해야 한다. 효율적 포장은 생산, 하역, 판매, 수 · 배송, 보관 등의 효율적인 작업을 가능하도록 해준다.

(9) 포장의 중요성

① **포장 작업 면** : 포장 작업 면에 따라 작업의 능률이나 비용이 좌우되기 때문에 포장의 표준화, 자동화가 중요한 과제가 된다.

② **보관 면** : 보관 면에서는 품질의 보호를 위해 적절한 강도, 밀폐성의 보장이 되어야 한다. 또 보관면적을 유효하게 활용할 수 있고, 하역작업의 효율성을 저하시키지 않는 포장이 되어야 한다.

③ **수송 면** : 수송 중에 품질이 저하되지 않도록 포장의 강도, 밀폐, 통기, 보온, 보냉, 완충, 방습, 방청 등이 유지되어야 한다. 또한 포장은 수송운임에도 영향을 미친다.

④ **하역 및 운반의 과제** : 많은 하역조작을 경제적으로 행하기 위해서는 형상길이, 강도 등 화물 모형의 표준화가 필요하다. 화물 모형의 표준화에 의해서 하역 기계와 그 부속기기, 하역작업 등의 표준화가 추진될 수 있다.

3. 골판지 포장재

(1) 골판지 포장재의 기원

① 골판지 포장재는 1856년 영국의 Edward Charkes Hearley와 Edward Ellis Allen이 종이에 골을 쳐서 특허를 얻은 후 모자의 땀받이로 사용한 것이 그 시초이며 포장용재로 사용된 것은 1871년 미국의 Albert Jones가 골진 종이를 특허받아 물약병 포장 등 완충재로 쓰인 것이 그 효시가 된다.

② 편면골판지의 출현은 1874년 미국의 Oliver Long이 골친 종이에 liner 원지를 붙여 특허를 받은 것이 처음이고, 양면골판지 제조회사의 시초는 1875년 미국의 Robert H. Thomson과 Henry Morris가 각기 편면골판지 회사를 설립한 후 두 회사를 합병하여 Thomson & Morris사로 전환된 것이 제조회사의 시초가 된다.

③ 우리나라는 일본의 연합지기주식회사의 골판지가 쉬트(sheet) 상품으로 처음 들어온 이래 1939년 조선판지주식회사가 설립된 것이 시초가 된다. 골판지(corrugated fiber- board)는 파형으로 골을 낸 골심지의 단면 또는 양면에 평평한 라이너(liner) 원지를 붙인 것으로서 일반적으로 다음의 4종류가 있다.

(2) 골판지의 종류

① **편면 골판지(Single)** : 파형으로 골을 낸 골심지의 한쪽에만 라이너를 붙인 것으로서 주로 내장용으로 사용된다.

② **양면 골판지(Double)** : 파형으로 골을 낸 골심지의 양쪽에 라이너를 붙인 것으로, 골판지 상자용으로 가장 많이 이용되고 있다.

③ **2중 양면골판지(Double Wall)** : 양면 골판지에 단면 골판지를 덧붙인 것으로서, 주로 상하기 쉬운 물품 또는 중량품에 사용된다.

④ 3중 골판지(Triple Wall) : 2중 양면 골판지에 단면 골판지를 덧붙인 것으로서, 초 · 중량물 수송용에 사용된다.

(3) 골의 종류

① A골은 골의 높이가 가장 커서 골판지 상자의 압축강도가 가장 크고, 판지의 두께가 두꺼워 완충성이 높아 가장 많이 사용되고 있다. 30cm당 골수 342, 골높이 4.3~5.3mm

② B골은 골의 수가 많아 평면 압축강도가 커서 금속통 등에 이용된다. 30cm당 골수 502, 골높이 2.3~2.7mm

③ C골은 A골과 B골의 중간으로 구미에서 사용되고 있다. 30cm당 골수 402, 골높이 3.3~3.7cm

(4) 골의 특징

① A골 : A골의 골판지는 완충성이 우수하고 압축강도는 B골보다 강하다. 우리나라는 A골의 생산이 대부분을 사용하고 있다.

② B골 : B골의 골판지는 완충성에서 A골보다 떨어지지만 평면압축성이 강하기 때문에 많이 이용된다.

③ C골 : C골은 규격과 특성이 A골과 B골의 중간의 것을 말한다. 그러나 우리나라에서는 미생산되고 있다.

④ D골 : D골은 가장 섬세한 골을 가진 골판지로 용도는 낱포장 혹은 속포장에 사용되고 있다.

(5) 포장의 부자재

① 완충재 : 화물에서의 진동이나 낙하에 의한 충격을 완화시키기 위해 사용되는 부자재이며, 구체적으로는 플라스틱 발포재, 스프링, 목모, 골판지, 플라스틱포, 기포 주입 플라스틱 필름 등이 있다.

② 방청재 : 녹을 막기 위해 사용되는 약재로서 방청유, 기화성 방청제 등이 이에 속한다. 방청유는 물품의 수하인 측에서 개봉 후 세척을 하여야 하고 이에 따라 작업 공정이 많아진다는 문제가 있다.

③ 방충제, 방서제 : 충해, 곰팡이의 발생을 방지하고, 쥐의 피해를 방지하기 위해 가공처리 시 사용하는 약재이다.

④ 결속재 : 포장을 그대로 묶는 재료이며, 구체적으로는 끈, 종이밴드, 플라스틱 밴드, 와이어, 테이프 등이 있다.

(6) 포장 기계

① 수축포장장치(Shrink Packing Equipment) : 가열했을 때 수축성이 있는 필름으로 덮어 씌우거나 둘러싼 후 열풍터널 따위를 통과시켜 수축포장을 하는 장치의 총칭이다.

② 골판지케이스(Case Packing Machine) : 골판지 케이스를 한 장씩 꺼내 조립하고 내용물을 채운 후 뚜껑을 닫을 때까지의 과정을 작업한다.
③ 케이스 조립기(Case Forming Machine) : 케이스를 일으켜 세워 저부(底剖) 또는 단면의 플랩을 접어서 봉하기까지의 공정을 수행한다.
④ 풀 붙이기 봉함기(Case Gluing and Sealing Machine) : 골판지 케이스의 플랩에 풀칠을 하고 접어서 압착, 봉함하는 작업을 한다.
⑤ 테이프 붙이기 봉함기(Case Taping Machine) : 골판지 케이스의 플랩을 접고 고무테이프나 접착테이프로 봉함한다.
⑥ 결속기(Binding Machine) : 수 개의 물품 또는 포장물을 끈, 밴드, 와이어, 테이프 따위를 한데 모아서 묶는 기계의 총칭으로 이에는 끈걸이 기계(tying machine), 밴드걸이 기계(binding machine), 와이어 걸이 기계, 대봉기 등이 있다.
⑦ 언케이서(Uncaser) : 골판지 케이스 또는 컨테이너에 넣어서 반입된 물품이나 포장용기를 꺼내서 포장라인에 보내는 역할을 수행한다.
⑧ 팔레타이저(Palletizer) : 팔레트의 위에 포장화물 또는 물품을 쌓아서 일정 단위로 조합하는 기능을 수행하는 기계이다.
⑨ 디팔레타이저(Depalletizer) : 팔레트에 쌓은 포장화물 또는 물품을 순서 있게 꺼내는 역할을 수행한다.
⑩ 스테플러(Stapler) : 골판지 케이스의 플랩을 스테플러로 봉하는 일을 한다.

4. 포장 기법

(1) 방습포장 기법

① 방습포장이란 물류과정에서 습기가 상품에 스며들지 않도록 방지하는 포장으로 습기로 인해 상품에 미치는 영향으로는 비료, 시멘트, 의약품과 공업약품 등에 나타나는 팽창, 조해, 응고나 건조식품, 의약품에 나타나는 변질, 식료품, 섬유제품, 피혁제품에 나타나는 곰팡이, 금속제품에 나타나는 녹과 같은 것이 있다.
ⓛ 방습의 완전한 포장 재료로는 금속이나 유리를 들 수 있으며 플라스틱이나 종이는 방습성능이 떨어진다.

(2) 방청포장 기법

① 기계류나 금속제품은 물류과정에서 공기 속의 산소, 이산화탄소, 수분 등에 의해 표면에 산화물, 탄산염, 수산화물 등이 생기는데 이를 녹이라고 한다. 녹에 의하여 상품은 본래의 기능을 상실하게 되므로 이를 막기 위해서는 녹을 발생하게 하는 산소나 습기가 금속의 표면에 접촉되지 않도록 하여야 한다.
② 방청을 위해서는 일반적으로 그리스, 기화성 방청제, 플라스틱 따위가 사용되고 있으나 이 외에도 진공포장, 특수충전제 및 특수골판지 등이 개발되어 사용되고 있다.

(3) 완충포장 기법

① 물품이 물류과정에서 진동이나 하역의 충격에 의한 파손을 방지하고, 외력이 물품에 직접 가해지지 않도록 외압을 완화시키는 포장기법을 완충포장기법이라 한다.

② 완충포장을 하기 위해서는 물품의 성질, 유통환경, 포장재료의 완충성능을 고려하여야 한다. 완충포장의 설계에는 내용물의 중량, 허용 가속도, 물류 환경에 의해 예상되는 최대 낙하높이, 내용물과 완충재료와의 접촉 면적 등의 검토가 이루어져야 한다.

③ 이때 외력에 의해 물품이 견딜 수 있는 가속도를 그 물품의 허용 가속도라고 하며 이를 중력의 가속도를 단위로 하여 그 배수(G)로 나타내므로 이를 G팩터(factor)라고도 한다.

(4) 집합포장 기법

① 집합포장은 운송포장의 취급 시 기계하역의 대상이 되는 비교적 대형화물의 집합체로서 단위화물을 형성하는 것을 말한다.

② 집합포장이 갖추어야 할 요건은 물류의 각 단계에서 집합체가 무너지지 않을 정도의 충분한 보호기능이 있어야 하며, 운송기관이나 보관설비에의 하역작업과 취급이 용이하도록 지게차나 하역기계기구 등의 사용에 적합하여야 한다.

③ 이 같은 보호기능과 기기취급이 용이하도록 하기 위해서는 설계시에 적재 공간을 고려해 용적과 중량을 기계하역에 적합하도록 포장하여야 한다.

(5) 집합포장기법의 팔레트집합적재방식

① **블록 쌓기** : 가장 단순한 쌓기 방식으로 포장 방향이 아래에서 위까지 같아지게 쌓는 방법으로 짐이 갈라질 염려가 있고 안정감이 없다.

② **교호열 쌓기** : 짝수 층과 홀수 층을 90° 회전시켜 쌓는 방법으로 짐이 갈라질 염려가 없으나 정방형의 팔레트에서만 적용할 수 있다.

③ **벽돌 쌓기** : 벽돌을 쌓듯이 가로와 세로를 조합하여 일단을 배열하고 홀수층과 짝수층을 180° 회전시켜 쌓는 방법을 말한다.

④ **핀 홀(Pin Hole) 쌓기** : 풍차형으로 쌓고 중앙에 빈 공간이 생기게 하여 각 단에서 포장의 방향을 바꾸어 쌓는 방식으로 정방형의 팔레트의 적재에 사용된다.

⑤ **스플리트(Split) 쌓기** : 이 중 장방형 팔레트에는 블록 쌓기, 벽돌 쌓기 및 스플리트 쌓기 방식이, 정방형 팔레트에는 블록 쌓기, 교호열 쌓기, 핀홀 쌓기 및 스플리트 쌓기 방식이 많이 사용되고 있다. 이러한 집합포장의 방법으로는 종이, 플라스틱, 나일론, 금속밴드, 꺾쇠 및 물림쇠 등을 이용하여 밴드 결속, 테이핑(taping), 슬리브(sleeve), 꺾쇠 고정, 틀, 대형 골판지 상자, 슈링크(shrink) 포장, 스트레치(stretch) 포장, 접착 등을 이용한 방법이 있다. 이때 집합포장에 사용되는 보호재료는 코너 패드(corner pad), 덮개(tray, cap), 틀, 컨막이판, 덧받침재, 충전물 등이 이용된다.

4. 포장합리화의 원칙

(1) 대량화 및 대형화의 원칙

① 포장의 합리화를 위해서는 그 크기를 대형화할 수 있는지 여부를 검토하여야 한다.

② 다수의 업체와 거래하고 있는 경우에는 대량화를 통하여 비용을 절감할 수 있는지 검토하여야 한다.

(2) 규격화 및 표준화의 원칙

① 비슷한 길이, 넓이와 깊이에 대해서는 되도록 같은 크기로 통일한다. 규격화 및 통일화를 통하여 1회당의 발주단위가 커지며 이를 통하여 규모의 이익을 가져올 수 있다. 표준화는 국내 · 외에서 생산 유통되는 각종 포장용기의 규격을 검토 · 분석하여 표준화함으로써 유통의 합리화를 도모하는 데 그 목적이 있다.

② 포장이 규격화됨에 따라 하역 능률이 향상되어 유통비를 절감시키며 업체로 하여금 가공의 신속화를 기하고 일정한 단위에서 많은 생산비를 절감할 수 있는 균일한 포장으로 종합유통원가를 절감시킬 수 있다.

③ 규격화 및 통일화가 포장비에 미치는 효과는 포장설계의 간소화와 과잉포장의 배제로 포장비의 절감을 가져오고, 포장재료비의 절감, 용기제작비의 절감, 포장작업비의 절감, 포장재료의 보관장소 및 재고의 감소를 들 수 있다.

④ 물류비로서의 효과는 보관효율의 향상 및 보관비 절감, 운송효율의 향상 및 운송비 절감, 하역효율의 향상과 파손율의 감소를 가져온다. 포장의 표준화는 강도의 표준화, 재료의 표준화, 규격의 표준화 그리고 기법의 표준화로 분류되며 포장강도의 표준과 규격의 표준화는 상호관련이 있다. 포장의 표준화는 생산물의 보호와 그 촉진을 가져온다고 할 수 있다.

(3) 집중화 및 집약화의 원칙 및 시방변경의 원칙

① 집중화와 집약화를 통하여 관리수준을 향상시킴과 동시에 대량화의 추진이 가능하게 된다.

② 포장의 보호성에 벗어나지 않는 범위에서 시방의 변경을 통한 비용절감이 이루어질 수 있도록 검토하여야 한다.

(4) 시스템화 및 단위화의 원칙

① 컨베이어나 기중기, 컨테이너, 팔레트, 보관창고 등의 발전에 따라 유통시스템의 본격적인 발전이 기대되고 있다. 팔레트화나 컨테이너화를 효과적으로 실시하기 위해서는 그 기본요소인 팔레트와 컨테이너의 규격, 구조, 품질 등을 공동으로 사용할 수 있도록 표준화하고 운송, 배송, 보관, 하역 등 물류의 제 활동이 유기적으로 연결되도록 시스템화할 필요가 있다.

② 단위화의 형태는 팔레트류, 컨테이너류 등 기재를 사용하지 않고 포장화물 자체를 결속자재 등을 사용하여 단위화하는 집합포장과 팔레트류를 사용하는 팔레트화물 및 컨테이너류를 사용하는 컨테이너화물의 세 가지 형태로 분류할 수 있다.

③ 세 가지 형태 중 일련의 운송, 보관, 하역을 실시하는 데 있어 팔레트 화물의 형태로 실시하는 방식을 팔레트화라고 하며 컨테이너화물의 형태로 실시하는 방식을 컨테이너화라 한다. 일반적으로 개개의 운송화물을 어느 단위로 총괄하는 형태인 단위적재체계는 이들 두 가지의 시스템 방식으로 대표된다.

4. 포장의 표준화

(1) 표준화의 필요성

① 표준화란 물류의 시스템화를 전제로 하여 단순화(simplification), 전문화(specification) 및 규격화(standardization)를 통해 제 활동을 구성하는 운송, 보관, 하역, 포장, 정보 등 각각의 물류기능 및 단계별 물동량 취급단위를 표준 규격화하고 사용되는 기기, 용기, 설비 등을 대상으로 규격, 강도, 재질 등을 통일시키는 것을 말한다.

② 구체적으로는 운송, 보관, 하역 등 화물유통의 각 단계에서 기계화, 자동화를 촉진하고 일관수송이 가능하도록 팔레트, 지게차, 적재함 등 화물 유통장비와 외부포장의 규격, 구조 등을 통일하고 단순화하는 것을 말한다.

③ 표준화의 대상은 규격(치수), 재질, 강도 등으로 이 중 가장 중요한 것이 규격의 표준화이다. 이는 규격이 우선적으로 표준화 · 통일화되어야만 운송, 보관, 하역 등 물류의 제반기능 및 단계에서 일관된 작업이 가능해지기 때문이다.

④ 우리나라에 있어 표준화가 필요한 것은 물류비의 급증으로 물류의 제 기능에 대한 기계화 및 자동화를 통해 인력의존 비율을 줄이고, 기계화와 일관운송시스템 구축을 통하여 물류활동의 원활화 · 신속화가 요구되기 때문이다.

⑤ 여기에 기계화 · 자동화가 연결되어 물류의 고도화 · 성력화가 실현되면 결과적으로 인력난을 해결하고 물류의 원활화 · 신속화를 통해 물류비의 절감과 원가절감의 효과를 얻을 수 있을 뿐 아니라 나아가 최종 소비자인 고객에 대한 서비스의 질이 높아지기 때문이다.

⑥ 표준화는 기업 내의 자체 규격에 의한 비표준 규격의 자동화 시설, 장비 등이 보급 · 정착되기 전에 국가 표준화가 선행되어야만 표준화된 물류시설이나 장비의 보급을 용이하게 하고 낭비를 예방할 수 있다.

⑦ 또한 물류부문에서의 기계화나 자동화가 불가결해짐에 따라 화물유통과 관련된 각종 운송수단 및 기기, 시설의 규격, 강도, 재질에 대한 국가 전체적인 효율성 제고의 차원에서 표준화가 요구되고 있으며, 신기술, 신소재, 공장자동화, 하역 · 보관의 기계화, 자동화 등의 과제를 경제적으로 실현하기 위해서도 물류의 표준화가 필요하다.

(2) 표준화의 목적

① 물류 흐름 속도의 증가
② 보관시설의 적재효율 향상
③ 운송장비의 회전율, 운행시간의 증대
④ 하역작업의 기계화로 일손부족의 해결
⑤ 물류장비, 시설의 공동 이용 등으로 다 빈도 소량의 물류활동에 공통의 기준을 부여함으로써 전체적인 효율성을 향상

5. 화물의 취급 표지

(1) 하인(荷印)의 의의

① 화물취급표지(荷印)란 포장화물의 표면에 기입하는 특정한 기호, 번호, 목적지, 취급상의 문구 등을 총칭하는 것으로 이의 목적은 화물취급자로 하여금 다른 물건과의 구분, 매수인의 사용편의 및 선적서류와 물품과의 대조에 편의를 주는 데 있다.
② 국제무역에 있어 하인이 부정확하면 다른 화물과 혼동을 가져와 하역착오, 화물의 인도착오, 불착 등의 직접적인 원인이 되며 또한 통관 시 문제가 발생하는 등 확인과정에서 시간과 비용상 큰 손실을 주므로 하인은 반드시 2곳 이상에 방수잉크를 사용하여 기입하도록 하여야 한다.

(2) 하인(荷印)표시의 종류

① **스템핑(또는 프린트)** : 하인할 장소에 고무인이나 프레스기 등을 사용하여 찍는 것을 말한다.
② **카빙(또는 엠보싱)** : 금속제품에 사용하는 방법으로 직접 내용상품에 쇠로 된 인각을 찍거나 주물의 경우 주물을 주입할 때 미리 하인을 해두어 제품완성 시 하인이 나타나도록 하는 방법이다.
③ **라벨링(Labelling)** : 견고한 종이나 직포에 필요한 표시를 미리 인쇄해두었다가 일정한 장소에 붙이는 것을 말한다.
④ **태그(Tag)** : 종이나 직포 또는 양철, 알루미늄, 플라스틱 판 등에 일정한 표시내용을 기재한 다음 다시 철사나 기타 다른 적절한 방법으로 매는 방법이다.
⑤ **스티커(Sticker)** : 태그방법과 유사하나 못으로 박거나 혹은 특정 방법에 의하여 고착시키는 것을 말한다.
⑥ **스텐실(Stencil)** : 상자에 널리 쓰이는 방법으로 기름기가 많은 두꺼운 종이나 셀룰로이드 판, 플라스틱 판, 알루미늄 판 등의 시트(sheet)에 글자를 파두었다가 잉크나 페인트 등을 붓이나 스프레이를 사용하여 칠하는 방법을 말한다.

【표시 방법별 적용 포장】

표시 방법	적용 포장
스템핑(stamping)	종이 상자 및 자루, iron sheet, 골판지 상자
카빙(carving)	hot stamping, 기계류(器械類)
라벨링(labeling)	통조림 병, 베일(bale), 유리병
태그(tag)	기계 , 베일, 각종 소형잡화
스탠실(stencil)	나무상자, 베일, 드럼

(3) 하인(荷印)의 종류

① 주 표시(Main Mark) : 주 표시는 하인 중 가장 중요한 표시로서 타 상품과 식별을 용이하게 하는 기호이다. 이것은 송하인이나 수하인을 표시하는 특정한 기호에 대표 문자를 넣어 만드는 것이 통례로서 회사의 상호를 넣어 표시하는 경우가 많다.

② 부 표시(Counter Mark) : 내용물품의 직접 생산자나 혹은 수출대행사 등이 붙이는 기호로서 주 마크의 위쪽이나 밑쪽에 기재하게 되나 기재되지 않는 경우도 있다.

③ 품질 표시(Quality Mark) : 내용품의 품질이나 등급 등을 표시하여 송하인과 수하인 당사자만이 알 수 있도록 하기 위하여 사용하는 마크는 주 마크의 위쪽이나 밑에 기재하게 된다.

⑤ 목적지 표시(Destination Mark) : 내용품이 도착하게 되는 목적지를 표시하는 것으로 선박운송이 되는 경우 항구명을 기재하게 된다. 이 표시는 화물의 행방을 가르키는 것이므로 가장 주의하여 기재할 필요가 있다. 보통 최종 도착지명을 크게 하고 경유지나 전송지는 작게 표시하기도 한다.

⑥ 수량 표시(Case Mark) : 단일포장이 아닌 두 개 이상의 많은 수량인 경우 포장에 번호를 붙여야 한다. 이때 번호는 한 개씩 순서대로 기재되어야 하며 표시 방법은 포장수량 가운데 몇 번째에 해당되는지를 표시하도록 하여야 한다.

⑦ 주의 표시(Care Mark) : 주의 표시는 내용품의 성격, 품질, 형상 등에 따라 취급상의 주의를 표시하는 것으로 붉은색을 사용하여 표시하게 된다. 주의 표시 방법은 문자에 의한 방법과 그림으로 표시하는 방법이 있으나, 최근에는 그림으로 표시하는 경향이 현저하게 나타나고 있으며 국제 간의 물류활동이 활발해짐에 따라 주의 표시의 국제적인 표준화의 움직임이 일어나고 있다.

⑧ 원산지 표시(Origin Mark) : 정상적인 절차에 의해 선적되는 모든 수출품은 관세법규의 규정에 따라 원산지명을 표시하도록 되어 있다. 즉 대미 수출품인 경우에는 미국 관세법규에 따라 원산국(country of origin)을 식별하기 쉬운 장소에 영어로 표함을 의무화하고 있다.

5. 포장의 합리화 방안

(1) 포장의 표준화 및 규격화 도모

① 포장의 규격화를 위해서는 제품의 설계 시부터 이를 고려하여야 하며 팔레트의 효용성을 충분히 검토하고 팔레트의 치수를 포장모듈의 기본 치수로 하여 포장치수를 표준화하는 방안을 강구하여야 한다.

② 이를 위해서는 KS 및 ISO 규격을 기준으로 표준규격을 설정하여 실정에 맞게 운영함으로써 국제적인 호환성을 갖추어 운송, 운반, 하역이 원활히 이루어질 수 있도록 하여야 한다.

③ 최근 수출량의 급증으로 포장산업도 발전하여 포장기기의 도입 등으로 포장의 근대화가 이루어지고 있지만 포장산업부문의 합리화를 위해서도 포장의 표준화와 규격화가 동시에 이루어져야 한다.

(2) 포장라인의 자동화

① 제품의 원가절감을 통하여 대외경쟁을 강화하기 위해서는 포장라인의 자동화가 중요한 요소가 된다.

② 포장라인의 자동화를 위해서는 포장자동화 설비기기의 다양한 기술개발과 포장의 표준화와 규격화가 선행되어야 한다.

(3) 포장설계의 전산화 추진

① 컴퓨터를 이용하여 자사제품의 유통구조에 적합한 운송수단, 포장치수, 기법, 강도, 재료 등을 쉽게 찾을 수 있는 방법을 개발하여야 한다.

② 소프트웨어의 개발은 단계적으로 포장치수 중심에서 포장기법, 강도, 재료로 영역을 확대하여 포장라인의 기계화, 자동화 및 창고자동화에 연결되어야 한다.

(4) 포장의 사회성 인식

① 최근 인공 포장 재료의 증가와 포장 재료들이 인간의 생활에 밀착됨에 따라 포장의 사회성이 문제되고 있다. 포장이 갖고 있는 판매기능을 너무 중시한 과대 포장을 지양하고 적정포장을 중시하여야 하며 품명, 특징, 상표, 제조 년월일, 가격, 사용상의 주의 등을 표시하고 포장 재료의 폐기방안까지 고려하여 포장설계를 하여야 한다.

② 수입품이 대부분인 포장 재료의 재회수 사용방법을 강구하여야 하며 위험방지 등을 위하여 소비자 포장재료 및 용기 등의 안정성을 확보하여야 한다.

(5) 신제품개발과 제품의 다양화

① 제품의 수명 단축에 따른 신제품 개발과 제품의 다양화는 필연적으로 새로운 포장 재료의 개발을 요구하고 있다.

② 합성수지를 기초로 한 새로운 포장 재료의 개발을 통하여 방습, 투시, 단열, 방청 등의 포장기능을 강화할 필요가 있다.

(6) 팔레트 풀 시스템의 활용

① 팔레트는 보관 하역작업뿐만 아니라 운송에 이용되어야 물류 혁신의 수단이 될 수 있으며 이를 위해서는 일관 팔레트화가 필수적이다.

② 실현을 위한 방편으로 팔레트의 규격, 척도 등을 통일하여 교환성이 있도록 팔레트를 풀로 사용함으로써 운송의 합리화와 물류비의 절감을 가져올 수 있는 팔레트 풀시스템(pallet pool system)을 적극적으로 도입하여야 한다.

08 하역론

1. 하역(荷役)

(1) 하역의 개념

① 하역은 물류의 과정에서 운송 및 보관에 수반하여 발생하는 부수작업이다. 생산에서 소비에 이르는 전 유통과정에서 수많은 하역이 행해지고 있어 하역의 합리화는 물류 합리화에 큰 의미를 가지는 것이다.

② 수송과 보관의 전후에는 반드시 하역작업이 수반되기 때문에 하역의 합리화는 물류 프로세스의 전체적인 합리화에 중요한 요소가 된다.

③ 하역이란 '물류 과정에서 물건을 싣고, 내리고, 운반하고, 쌓고, 꺼내고, 나누고, 상품구색을 갖추는 등의 작업 및 이에 부수적인 작업'을 말한다.

(2) Material Handling

① material handling이란 주로 제조공장에서 생산 공정이나 공장 내의 자재운반과 취급을 의미하는 데 쓰여지고 있는 용어이다.

② material handling이란 그 형상을 불문하고 모든 물자의 이동, 포장, 저장에 관한 기술과 과학을 말한다.

③ 물(物)에 대한 시간적 효용과 장소적 효용을 창조하는 것 즉, 필요한 자재를, 필요한 양만큼, 필요한 장소에, 적절한 시간에, 자재의 손상 없이 가장 저렴한 비용으로 운반, 저장, 통제하는 것을 말한다.

(3) 하역작업의 원칙

① 하역작업은 적재와 하차, 피킹(picking)과 분류(sorting), 반송과 이동 등 3가지를 기본 목적으로 한다.

■ 하역작업의 작업별 내용

구 분		내 용
적재 및 하차작업	적재작업	화물을 일정 장소로부터 운송기관의 설비나 창고 등 보관시설의 보관장소에 놓는 작업
	하차작업	적재작업의 반대작업
피킹과 분류	피킹작업	보관장소에서 물품을 꺼내는 작업
	분류작업	품종별, 행선지별, 고객별로 묶어 분류하는 작업
반송과 이송	반송작업	수평, 수직 경사면으로의 화물 움직임
	이송작업	설비, 거리, 비용 면에서의 화물의 이동작업

② 하역작업의 결정에 따른 요소를 외적인 요소와 내적인 요소로 구분하여 보면 다음과 같다.

■ 하역작업 결정 요소

구 분	내 용
외적인 요소	• 작업단위 물품의 형상, 중량, 치수 • 하역의 목적 • 하역에 따른 소요능력 • 운송수단의 제원
내적인 요소	• 사용시설 • 작업동작 전후의 물품상태에 필요한 변화 • 다음 동작과의 연계성 • 하역기기의 종류, 능력, 조합 등 • 안전성 • 노동력 • 처리능력의 탄력성

③ 하역작업의 실시에 따라 발생하는 동작은 다음과 같다.

■ 하역작업의 동작 분석

구 분	내 용
이동방향	수평(전 · 후 · 좌 · 우), 수직(상승, 하강), 경사(상승, 하강), 회전(수평, 경사, 전복)
이동량	수평거리(장, 중, 단), 수직거리(장, 중, 단), 경사각도(급, 중, 완)
운동의 형태	평면운동(직선, 원호), 입체운동
동작 빈도	연속, 간헐

물품의 지지방법	밑면을 받침, 측면으로 밀음, 위로 매달음, 위로 들어올림.
힘의 방향	물품에 직접방향(누름, 당김, 매달음, 떨어뜨림) 물품에 간접방향(지지물을 움직이게 함)

④ 하역작업의 용어

㉠ 적화(積貨) : 수송기기 등으로 물품을 싣고 내리는 것을 말하는데, 특히 컨테이너에 물건을 싣는 것을 vanning이라 하고 내리는 것을 devanning이라고 한다.

㉡ 적부(積付) : 창고 등 보관시설의 소정 장소에 이동된 물품을 소정의 위치, 형태로 쌓는 작업을 말한다.

㉢ 반출(搬出) : 보관 장소에서 물품을 꺼내는 작업을 말한다. 특히 오더 피킹(order pick- ing)은 주문된 물품을 보관 장소에서 꺼내는 작업을 말한다.

㉣ 분류(分類) : 물품을 품목별, 발송지별, 고객별 등으로 나누는 것을 말한다.

㉤ 정돈(整頓) : 출하할 물품을 운송기기에 즉시 적입할 수 있도록 정돈하는 작업을 말한다.

㉥ 운반(運搬) : 공장 또는 창고 내에서 물품을 비교적 짧은 거리로 이동시키는 것을 말한다. 생산, 유통, 소비 등 어느 경우에도 운반은 수반되며 점차 하역과 운반을 합쳐서 운반관리(material handling)라는 개념이 도입되면서 그 범위가 넓어지고 있다.

(4) 원칙의 개념

① 하역장소에 의한 분류

㉠ 운반하역 : 물류거점 내에서의 이동

㉡ 출하하역 : 수 · 배송을 위하여 차량에 적재하는 작업

㉢ 납품구색하역 : 출하를 위해서 상품구색을 갖추는 작업

㉣ 납품하역 : 물류거점으로 가지고 돌아온 것을 차에서 내려서 받아들이는 하역

② 작업의 주체에 의한 분류

㉠ 기계하역 : 컨베이어 및 지게차 등의 기기를 사용하여 행하는 하역

㉡ 인력하역 : 사람의 손에 의한 하역 또는 간단한 보조구를 사람이 사용하는 하역

㉢ 자동하역 : 입체자동창고, 자동분류기 등 기계나 컴퓨터가 중심이 되어 이루어지는 하역

③ 하역기기에 의한 분류

㉠ 보조 하역기기 : 겹 사다리 등

㉡ 시스템화된 하역기기 : 자동분류기 등

㉢ 연속운반방식의 하역기기 : 컨베이어 등

㉣ 일괄운반방식의 하역기기 : 포크리프트 트럭 등

㉤ 차량이나 시설의 일부가 되는 하역기기 : 도크 레벨러(dock leveller) 또는 돌리(dolly) 등

④ 운송수단에 의한 분류

㉠ 트럭하역

㉡ 화차하역

㉢ 선박하역

㉣ 항공기하역

⑤ 화물형태에 의한 분류

㉠ 개별하역 : 상자, 대(袋) 등 포장형태의 명칭의 하역 또는 역 화물, 귀중품 등 대형화물의 명칭을 사용하는 하역

㉡ unit load하역 : 팔레트, 컨테이너 등 unit load화하기 위해 사용된 기재의 명칭 또는 집합포장 등의 상태를 가리키는 하역

㉢ 무포장 화물하역 : 분립체, 액체 등 물품을 수송수단, 화물탑재설비 또는 저장설비에 직접 적재, 입 · 출고하는 하역

2. 하역(荷役)기계

(1) 하역의 기계화

① 기계화의 의의

㉠ 인력에 의한 하역은 물류시스템의 발전을 저해하고 물류비 상승의 요인이 되고 있다. 하역을 기계화함으로써 보다 높은 생산성과 안정성 및 경제성을 통한 질 좋은 서비스가 가능하게 된다.

㉡ 하역의 기계화는 신속, 정확, 경제, 간이라는 하역의 기본 원칙이 최대한 발휘됨으로써 궁극적으로 물류비의 절감을 가져온다. 물류활동 중에서 하역활동은 가장 기술진보가 늦으며 또한 이 분야는 아직도 인력하역의 의존도가 높아 가장 낙후된 분야로 지적되고 있다.

㉢ 하역의 기계화와 관련 팔레트화에 의한 하역의 기계화는 주로 물류비의 절감을 도모하는 데 기여하는 반면, 컨테이너에 의한 하역의 기계화는 하역비의 절감 외에도 포장비의 절감, 화물사고의 감소 및 컨테이너 전용열차에 의한 화물발착시간의 명확화, 하역시 화물에 대한 충격의 완화 등을 통하여 안전운송을 가능하게 한다.

② 하역기계화의 필요성

㉠ 대량으로 많은 노력이 필요한 경우

㉡ 인체에 해롭거나 위험물을 다루는 경우

㉢ 운반거리가 너무 길어 인력으로는 무리한 경우

㉣ 화물(貨物)이 중량(重量)으로 인력작업이 곤란한 경우

ⓜ 작업장의 위치가 높고 낮음으로 해서 상 · 하차 작업이 곤란한 경우
ⓑ 액체(液體) 및 분립체(分立體)로 인해 인력으로 취급하기 곤란한 경우
ⓢ 인력으로는 작업의 원활한 기능을 수행할 수 있는 시간을 맞추기가 어려운 경우

(2) 크레인(Crane)

① 크레인(Crane)의 정의

㉠ 화물을 동력 또는 인력에 의하여 달아 올리고, 상 · 하 · 전 · 후 및 좌 · 우로 운반하는 기계로서 포크리프트가 도입되기 전에 많이 사용되었던 대표적인 하역기계이다.

㉡ 크레인은 구조와 형상에 따라 천정 크레인, 지브(jib) 크레인, 교량형 크레인, 케이블 크레인(cabel crane), 언로더(unloader) 등이 있다.

② 천장 크레인

㉠ 천장을 주행한다고 천장 크레인이라고 한다.

㉡ 공장이나 창고에서 양쪽 벽의 상부에 레일을 달아 자동차 바퀴가 달린 크레인 본체가 이동할 수 있게 되어 있는 것이다.

③ 교량형 크레인

㉠ 교량형 크레인은 석탄, 광석 등을 취급하는 곳에서 많이 이용된다.

㉡ 교량형 크레인은 크레인 본체의 형상(形狀)이 다리를 닮았다고 하여 붙여진 명칭으로서, 상부 다리의 횡목양단(横木兩端)에 주행용 다리가 달려 있어 그것으로 지상의 레일 위를 주행한다.

④ 케이블 크레인

㉠ 일반적으로 오지(奧地)의 토목건설용으로 사용된다.

㉡ 비교적 먼 지점을 케이블로 연결하여 그것에 훅 또는 바케트를 매다는 것을 말한다.

⑤ 언로더(Unloader)

㉠ 주로 철광석이나 석탄의 하역에 사용된다.

㉡ 항만에서 낱개 상태의 뱃짐을 부리기 위한 크레인으로서 바케트로 퍼올린 나(裸)화물을 바케트에 달려 있는 호퍼를 열어 컨베이어로 저장까지 직결시키는 대규모 하역설비이다.

⑥ 기타 크레인

㉠ 지브 크레인은 막대 또는 앵글을 소재로 하여 조립한 다리를 비스듬히 내밀어 화물을 매다는 크레인으로서, 비스듬하게 내민 막대 또는 다리를 지브라고 한다. 지브는 내민 각도의 변경과 좌 · 우 선회에 의하여 훅의 행동범위를 바꿀 수 있다.

㉡ 인입 크레인이란 화물의 인입 시 궤적의 기복에 관계없이 수평으로 이동시키는 기기이다. 화물의 인입 시 상 · 하 진동이 상당히 크지만 인입 속도가 빨라 항만하역에 주로 이용되고 있다.

㉢ 벽 크레인은 건물의 기둥이나 벽에 부착하여 화물을 운반하는 기기로서 공장 및 창고 등에 주로 이용되고 있다.

㉣ 자동주행 크레인이란 임의의 장소에 이동할 수 있는 지브(jib) 크레인으로서, 크레인을 적재한 대차의 종류에 따라 트럭 크레인, 휠(wheel) 크레인 및 이대 크레인으로 구분된다.

(3) 컨베이어(Conveyer)

① 컨베이어(Conveyer)의 정의

㉠ 컨베이어는 화물(貨物)을 연속적으로 운반하는 기계로서, 대상으로 하는 화물의 형상(形狀), 용도(用途)에 따라 각종 컨베이어가 개발되고 있다.

㉡ 컨베이어 작업은 비교적 간단한 하역작업이나 짧은 거리의 이동, 고정된 장소에서 컨베이어 양단에서의 하역의 기계화 및 자동화를 포함할 수 있는 경우에 채용되고 있다.

㉢ 종류에는 벨트 컨베이어, 롤러 컨베이어, 체인 컨베이어, 플로어 컨베이어, 스크루 컨베이어, 유체 컨베이어, 휠 컨베이어, 슬랫 컨베이어, 토우 컨베이어, 뉴우매틱 컨베이어, 레들러 컨베이어, 플라이트 컨베이어 등이 있다.

② 컨베이어(Conveyer)의 종류

㉠ 롤러 컨베이어 : 롤러 컨베이어는 롤러 및 휠을 운반방향으로 병렬시켜 화물을 이동시키는 컨베이어로서 인력형, 중력형 및 동력형 등 세 종류가 있다.

㉡ 벨트 컨베이어 : 벨트 컨베이어는 프레임의 양끝에 설치된 벨트 차에 루프 상(狀)으로 벨트를 확장하여 화물을 운반하는 하역기기이다. 여기서 벨트는 고무나 강철재질을 사용한다.

㉢ 체인 컨베이어 : 체인 컨베이어는 각종 체인을 루프상으로 연결하여 화물을 운반하는 하역기기이다.

㉣ 플로우 컨베이어 : 밀폐된 상태로 체인이나 케이블로 이동시키는 특수 컨베이어로서 주로 분립체(시멘트나 곡물 등)를 운반할 때 사용하며, 수평 · 수직 · 경사 · 곡선 등으로 운반할 수 있다.

㉤ 유체 컨베이어 : 유체 컨베이어는 파이프 속에 공기나 물의 흐름을 이용하여 화물을 이동시키는 하역기기로서 주로 분립체를 운반하는 데 이용된다.

㉥ 진동 컨베이어 : 진동 컨베이어란 철판의 진동을 통해 그 가운데 부품 등을 경사를 이용해서 반송하는 하역기기이다.

㉦ 스크루 컨베이어 : 스크루 컨베이어란 밀폐된 구상 가운데 스크루상의 철판을 삽입하여 이를 회전시켜 그 추진력으로 액체화물을 반송하는 하역기기이다.

(4) 하역 합리화 차량

① **테일 게이트 로더(Tail Gate Loader)** : 트럭 뒷문을 수평으로 높혀 유압에 의하여 트럭 바닥면과 지면 사이를 상 · 하로 움직이도록 한 자동차

② **팔레트 로더 자동차** : 트럭의 바닥 면에 로더용 레일을 만들어 이동시키도록 고안된 자동차

③ 롤러 장치차 : 적재함 바닥에 롤러 컨베이어를 설치한 자동차
④ 동력 컨베이어 장치차 : 적재함 바닥에 동력을 이용한 롤러 컨베이어나 체인 컨베이어를 설치한 자동차
⑤ 슬라이드 플로어차 : 적재함 바닥 자체가 앞뒤로 움직이도록 고안된 자동차
⑥ 윙 바디 : 차체 중앙에 칸막이를 하고 측면을 양쪽으로 새 날개 형태로 펼 수 있도록 고안된 자동차
⑦ 스테빌라이져 바디 : 천장을 상 · 하로 움직일 수 있게 하여 하물 적재 시에는 천장을 올리고 적재 후에는 천장을 낮추어 화물을 눌러서 운송하는 자동차
⑧ 롤 박스 2단 적재차 : 적재 높이가 낮은 롤 박스를 2단으로 적재하도록 상단바닥이 승강하는 구조로 되어 있는 자동차
⑨ 하이드로 오토 시스템 : 체인 컨베이어를 바닥 면에 설치하고 롤 박스의 위치를 바꾸어 나열할 수 있는 방식의 자동차
⑩ 워크 스루식 밴형 차 : 운전석에서 밖으로 나오지 않고 짐칸쪽으로 바로 들어갈 수 있도록 설계된 밴형 차
⑪ 인스텝 밴 : 짐칸에서 딛고 내리기 쉽게 하기 위하여 적재함 내에 계단이 설치된 밴
⑫ 워킹플로어 바디 : 짐을 하역 시 적재함에 올라갈 필요 없이 바닥면을 씩 몇 스트로크 이동하고 이어 전체 바닥 면이 원상태로 되돌아가도록 고안된 자동차
⑬ 스탭언 리프트 : 트럭 뒷부분을 낮추어 이곳으로 포크리프트를 바로 진입할 수 있도록 되어 있는 자동차

3. 하역(荷役)작업

(1) 크레인(Crane) 작업

① 크레인(Crane) 작업의 개념
㉠ 크레인은 동력 또는 인력에 의하여 하물을 끌어올리거나 수평으로 운반하는 것으로 컨베이어, 포크리프트가 도입되기 전에 주로 사용되었던 대표적인 하역 기기였다.
㉡ 처음에는 중량물을 크레인을 써서 기계화하기 시작한 이래 지금은 선박 하역시 크레인을 이용한 작업이 대부분을 차지하고 있다.

② 크레인(Crane) 작업의 장점
㉠ 화물의 형상에 제약받지 않음.
㉡ 노면의 영향을 받지 않고 대용량의 기계 사용 가능
㉢ 원격조정이 가능하여 고열이나 위험한 장소에서도 사용 가능
㉣ 위쪽 공간을 이용 운반함에 따라 화물운반을 위한 통로의 불필요
㉤ 고지대에 올리거나 기다란 팔을 이용하여 높은 장소에 이적 가능
㉥ 화물의 방향전환이 자유로워 장방형의 화물취급에 편리하고 조립작업 등에 적합

③ 크레인(Crane) 작업의 단점
㉠ 설비변경에 대한 탄력성 적음.
㉡ 와이어나 체인을 걸 때 손이 많이 필요
㉢ 크레인 설치를 위해 견고한 구조물 필요
㉣ 작업 범위의 한정에 따른 장소의 제한과 작업 범위 밖에 운반 시 별도 하역기기 필요
㉤ 화물을 달아 옮기는 경우 위험하며, 와이어로프의 움직임으로 화물이 무너질 가능성 상존
㉥ 천장 크레인이나 다리형 크레인의 경우 주행 거리가 멀어 계속적인 작업이 곤란하며, 와이어를 걸 때 대기시간 발생

(2) 크레인(Crane) 작업

① 컨베이어(Conveyer)작업의 개념
㉠ 컨베이어는 주로 창고 및 유통센터에서 많이 사용되고 있다.
㉡ 컨베이어(conveyer) 작업은 중량물이나 선박 이외의 작업에 사용되고 있다.

② 컨베이어(Conveyer) 작업의 장점
㉠ 중력을 이용한 운반 가능
㉡ 좁은 장소에서 작업 가능
㉢ 라인 중에서도 작업 가능
㉣ 노면에 관계없이 설치 가능
㉤ 원격 조정이나 자동제어가 가능
㉥ 포장 안 된 물품도 운반 가능
㉦ 다른 기기와 연계하여 사용 가능
㉧ 자동운반으로 운반 인력이 불필요
㉨ 자동분류장치의 도입으로 선별이나 집화가 가능
㉩ 설비비용이나 동력비 등 유지비가 비교적 저렴
㉪ 운반거리의 장 · 단이 작업능률에 영향을 주지 않음.

③ 컨베이어(Conveyer) 작업의 단점
㉠ 기동성이 적음.
㉡ 높이 쌓기에 부적당
㉢ 양단에 인력이 필요
㉣ 사용 방법에 탄력성이 없음.
㉤ 일단 설치 시 라인 이동 곤란
㉥ 다른 작업에 방해될 수 있음.
㉦ 화물의 형상이 다른 경우 부적당
㉧ 단시간에 대량화물의 운반 불가능

ⓩ 속도의 한정으로 하역작업에 시간 소요
ⓒ 컨베이어의 이동이나 준비작업을 바꾸어야 할 경우 많음.
ⓚ 고장 시 라인 전체가 정지하고 부품의 흐름에 영향을 미침.

(3) 하역비의 구성

① 하역비의 의의

㉠ 하역비란 생산과정과 유통과정에서 화물의 이동, 보관, 포장, 하역 등의 수행과정에서 발생하는 비용을 말한다.

㉡ 하역비용은 부수 작업비용으로서 그 자체로서는 가치도, 효용도 부가되지 않는 순수작업비이며, 생산과정의 생산비용의 일부로 또는 유통과정 중 유통비의 일부로 분산되어 있다. 따라서 독립 · 분리하여 파악하기에 어려움이 있다.

② 하역노무비

㉠ 하역을 담당하는 창고부서, 하역 담당부서, 포크리프트, 크레인 운전자 등의 관리비와 직접 운반 작업을 하는 인력작업자의 작업시간 및 노무비 등 2개항으로 구성된다.

㉡ 하역비를 산출할 때에는 관련 부문 작업자의 순수 하역업무비를 설정하여 전체 노무비에서 적정 구성비의 하역노무비를 산출하도록 하여야 한다.

▣ 하역노무비의 구성

구 분	내 용	관련 비용
직접노무비	제공된 노동의 질과 양에 따라 지불되는 노동의 대가	임금, 급료 이외의 노무비(시간 외 수당), 직무수당, 상여금, 퇴직금 등
간접노무비	기업경영상 필요한 조직적 노동력으로서 고용유지를 위한 제 비용	법정복지비, 복리시설비, 후생비, 교육훈련비, 노무관리비 등

③ 설비 · 장비비

㉠ 설비 · 장비비는 크게 유지비와 가동비로 구분된다.

㉡ 설비 · 장비비란 지게차, 크레인, 컨베이어 등 운반장비의 사용에 따른 비용과 컨테이너 용기, 팔레트 등 보관용 설비비를 말한다.

■ 설비 • 장비비의 구성

구 분	내 용	관련 비용
유지비	사용이 가능한 상태로 유지하기 위한 비용	감가상각비, 임차료, 보험료, 정비비, 예방보수 유지비 등
가동비	사용에 필요한 비용	동력비, 연료비, 소모유지비, 공구비, 사후수리비, 용수비, 공압비, 보조재료비 등

④ 토지 · 건물면적비

■ 토지 • 건문면적비의 구성

구 분		내 용	관련 비용
면적비	통로비	공장이나 창고 내의 통로 면적에 대한 비용	옥내 면적비, 옥외 통로면적비
	보관면적비	보관 전용면적과 공정 중 재공품 재고나 일시 대기장소의 면적을 포함한 보관에 따라 발생하는 비용	재료창고보관비, 부품창고보관비, 반제품창고보관비, 제품창고보관비
	장비시설 면적비	운반, 하역장비나 시설의 설치에 필요한 면적	운반장비의 주차장 대기장소, 보관장소, 상 · 하차 대기장소, 포장기계 설치장소, 컨베이어 · 엘리베이터 · 크레인 설치장소
토지건물비		보관에 사용된 토지건물비	도로포장비, 교통표시장치비, 조명비, 토지세, 건물감가상각비, 건물세, 공조설비 등

⑤ 재료비

■ 재료비의 구성

구 분	내 용	관련 비용
운반보관 용기비	사용이 가능한 상태로 유지하기 위한 비용	감가상각비, 임차료, 보험료, 정비비, 예방보수 유지비 등
가동비	운반하역을 위한 포장재료비	원료, 부품, 제품 등의 보호나 능률향상을 목적으로 사용한 결속재료, 완충재료, 피복재료, 포장상자 등의 비용

4. 하역(荷役)유형

(1) 항만

① 항만의 개념

㉠ 항만(harbor)이란 해상운송의 중계지로서 육송된 화물의 선적과 화물을 원활하게 양륙할 수 있는 시설을 갖추고 이러한 산업 활동을 수행하는 장소를 말한다.

㉡ 항만은 선박이 입 · 출항하고 하역을 하기 위해서 선박의 안전정박을 위한 충분한 수심과 넓은 접안시설, 하역장비 및 창고, 화물장치장과 육상교통과의 연계, 입 · 출항에 필요한 세관 및 검역시설과 기타 간접시설을 갖추고 있어야 한다.

㉢ 항만은 한 나라의 경제발전에 직접적으로 주도하는 상공업활동을 통하여 국제무역의 증진에 중요한 역할을 한다. 즉 교통경제상 사회간접시설의 범주에 속하는 항만시설의 확충과 효율적인 항만운영은 상품의 수입가격을 낮추고 수출경쟁력을 촉진하는 촉매역할을 하게 되며, 자국항만의 비효율적인 운영과 시설의 미비는 운송비용의 상승을 가져와 국제경쟁력을 저하시키게 된다.

② 부두(Wharf)

㉠ 항만 내에서 화물의 하역과 여객의 승선 및 하선을 위한 여러 가지 구조물을 총칭한다.

㉡ 형태는 석재 또는 콘크리트로 물밑에서부터 수직으로 쌓아올려 가장자리는 선박의 적재 및 양하를 위한 부두를 형성하고 장치장 등의 창고건물이나 공작물이 설치되는 형태이다.

③ 암벽(Quay)

㉠ 화물의 하역이 직접 이루어지는 구조물을 가리킨다. 해안선, 하안(河岸) 등에 평행하게 축조된 석조 또는 콘크리트제로서 선박의 접안을 위하여 해저로부터 수직으로 만들어진 벽을 말한다.

㉡ 이 벽에 접안하는 선박의 손상을 방지하기 위한 목재 또는 고무제의 시설이 설치되어 있다.

④ 잔교(Pier)

㉠ 선박을 접안 계류하여 화물의 하역과 여객의 승 · 하선을 용이하게 만든 시설물이다.

㉡ 목재, 철재 또는 콘크리트로 만들어진 교량형 구조물이다.

⑤ 항만하역시설(Loading and Discharging Facilities)

㉠ 하역시설은 선박의 가동능력에 큰 영향을 미치는 동시에 항만의 경제적 가치를 결정하는 중요한 기기이다.

㉡ 부선(barge), 해상기중기(floating crane), 고정식 또는 이동식의 육상기중기(crane), 벨트 컨베이어(belt conveyor)를 비롯하여 여러 가지 하역기기를 총칭한다.

⑥ 컨테이너 관련 시설

㉠ 컨테이너 처리장소로는 컨테이너 야드(CY ; Container Yard), 컨테이너 프레이트 스테이션(CFS ; Container Freight Station), 마샬링 야드(marshalling yard) 등이 있다.

㉡ 컨테이너 하역시설로는 갠트리 크레인(gantry crane), 트렌스퍼 크레인(transfer crane), 윈치 크레인(winch crane), 스트래들 캐리어(straddle carrier), 야드 트랙터(yard tractor), 지게차(fork lift), 샤시(chassis) 등이 있다.

(2) 항만 하역

① 항만하역의 개념

㉠ 항만하역이란 항만에서 항만운송면허사업자가 화주나 선박운항업자로부터 위탁을 받아 선박에 의하여 운송된 화물을 인수받아 하주에게 인도하는 행위를 말한다.

㉡ 항만하역이란 항만에서 화물을 선박으로부터 양하인수하거나 선박에 적하인도하는 작업과 항만에서 화물을 창고 또는 하역장(옥상시설 포함)에 반입, 반출하거나 일정거리를 운송(이송)하는 작업을 수행하는 것을 말한다.

② 항만하역의 범위

㉠ 항만하역의 범위는 수출의 경우에는 수출을 위하여 선적항에 입항한 때로부터 선박에 선적이 끝난 시점까지, 수입의 경우에는 선박이 입항하여 선창의 뚜껑(hatch)을 연때로부터 양륙된 화물이 보세구역에 들어갈 때까지의 모든 작업을 말한다.

㉡ 이러한 항만하역의 작업을 구분하면, 장치, 검사, 처리, 운반, 선적, 양륙, 적부로 분류된다.

③ 항만하역의 작업 구분

㉠ 본선 양하작업 구분 : 본선 양하작업은 접안작업과 해상작업으로 구분된다. 접안작업이란 입항지 부두정박처에 접안된 선박에 적재된 화물을 본선의 양하기를 이용하여 부두양륙장으로 하역하는 작업을 말한다.

㉡ 운반작업 구분 : 운반작업에는 크게 이송과 운송으로 나뉘어진다. 이송은 본선접안시설이나 부선양륙장 작업 시 작업장을 마련하기 위하여 일정한 거리에서 인력이나 포크 리프트 또는 차량으로 물량을 이동시키는 작업을 말한다. 운송은 입항지 주변에 있는 보관창고나 수요 기관창고에 입고하기까지의 운반 작업을 말한다.

(3) 항공 하역

① 최근의 선진국 하역시스템은 정보시스템과 결합시키는 ACS(Airport Cargo handling System)을 도입하여 정착시키고 있으며, IPS(Information Processing System)과 MHS(Mechanical Handling System)을 합쳐 궁극적으로 종합 MIS(Management Information System)을 실현하는 데 목표를 두고 있다.

② 공항터미널은 항만이나 복합화물 터미널에 비하여 하역시스템과 정보시스템이 가장 완벽하게 구축되고 있어 하역의 기계화와 자동화가 거의 완벽하게 구비되어 있다. 그 이유는 항공화물의 구조상 대량 벌크화물의 운송보다는 대개 소량화물을 자동창고화된 화물 청사 내에서 하역작업을 수행하기 때문이다.

(4) 수출 항공화물의 흐름

① 반입

㉠ 공항에서 생산된 완제품은 트럭에 의한 육로운송으로 화물터미널에 도착하게 되고 화물터미널의 land side에 있는 truck dock를 통하여 장치장으로 반입된다.

㉡ 반입 시 화물의 척량검사를 실시한 후 수출화물 반입계를 발급받으며, 보세구역인 보세장치장에 수출화물을 반입하기 위해서는 세관에 수출화물 반입계를 제출하고 장치지정 및 승인을 받아야 한다.

② 수출신고 및 화물검사

㉠ 보세구역 내에 수출화물 반입 후, 자가 통관의 허가를 받지 않은 수출업자는 통관업자를 통하여 수출신고를 하여야 하며, 신고된 서류는 심사과정에서 수출인증서, 신용장상의 단가와 장부의 가격 비교, 정상 결재 여부, 수출 금지 품목 여부, 신고서 기재사항의 정확성, 화물의 기호, 품종, 수량, 계약 조건, 목적지 등에 대한 서류심사가 이루어진다.

㉡ 이상이 없을 경우 감정과로 이송되어 서류와 실물을 대조하면서 수량, 규격, 품질 등을 검사하며 이 과정에서 검사수량에 대해 전부 또는 일부를 개봉하여 검사하게 된다. 이때 재포장 비용은 화주가 부담하게 된다.

③ 수출허가

㉠ 화물검사 결과 이상이 없는 경우 서류는 심사과로 회송되어 2차 심사 후 수출면장을 발급받게 된다.

㉡ 일단 수출면허가 되면 해당 화물은 관세법상 외국화물이 되며 수출업자는 대금결재용으로 수출대금을 은행에서 찾을 수 있다.

④ 운송장 및 화물의 인계

㉠ 통관절차가 완료된 운송장은 항공화물 대리점에서 cargo delivery receipt와 함께 송품장(invoice), 포장명세서(packing list), GSP, 원산지 증명서, 검역증 등 목적지에서의 통관에 필요한 서류가 첨부되어 해당 항공사에 접수된다.

㉡ 항공사에서는 cargo delivery receipt에 접수 확인을 기재하여 화물을 인수하도록 한다. 화물인수 시 화물의 포장 상태, 파손 여부, 표식(marking)과 레이블(lable)의 정확성, 수량 및 중량 일치 여부를 확인한다.

⑤ 적재 및 탑재 작업

㉠ 항공사는 해당 항공편의 항공기 특성을 고려하여 사용 단위적재 운송용기(ULD ; Unit Load Device) 및 적재작업방법 등의 작업지시를 해당 검수원에게 하달하고 검수원은 작업지시에 따라 작업을 실시한다.

㉡ 적재작업이 완료된 화물은 중량분배를 위해 계량한 후 (주)한국공항(Korea Air Terminal Service Co)의 담당자에게 인계되어 항공기로 이동된다. 항공사는 항공기의 안전운항 및 화물의 안전운송을 고려한 탑재작업지시를 (주)한국항공 담당자에게 하달하고 작업결과를 통보받는다.

⑥ 항공기의 출발

㉠ 화물기의 경우 적하목록이 완성되면 general declaration 및 기용품 목록과 함께 세관 승기실에 제출하여 출항허가를 획득한다.

㉡ 탑재된 화물의 운송장 및 출항허가, 적하목록, load sheet를 운항 승무원에게 인계함으로써 항공기는 목적지를 향하여 출발하게 된다.

(5) 수입 항공화물의 흐름

① 전문 접수

㉠ 출발지로부터 항공기 출발 후, 해당편 탑재화물에 관한 관련 전문(電文)을 접수하면 화물을 완벽한 상태로 신속히 인도하기 위하여 항공기 도착 이전에 조업사에 통보하여 필요한 장비 및 시설을 확대하도록 한다.

㉡ 부패성 화물, 외교행낭, 긴급화물, 유해, 생동물 등의 특수화물에 대해서는 수하인에게 사전에 도착시간 및 운송장 번호, 수량, 중량 등을 통보하여 수하인으로 하여금 신속히 인도할 수 있도록 조치를 취하게 된다.

② 항공기 도착

㉠ 항공기가 도착하면 항공사 직원이 기내에 탑승, 운항 승무원 또는 객실 승무원으로부터 운송장 및 출발지 출항허가, 적하목록 등을 인계받은 다음 세관 승기실에 일반목록(general declaration), 적하목록, 기용품목록을 제출하여 입항허가를 받는다.

㉡ 화물은 (주)한국항공 담당자에 의해 하역된 후 화물터미널로 이동 담당자에게 인계된다.

③ 서류 분류 및 검토

㉠ 서류가 도착하면 운송장과 적하목록을 대조하여 수입 금지품목, 안보위해 물품 여부를 확인하고 보냉 또는 냉동을 요하는 화물은 적절한 조치를 취하게 된다.

㉡ 검토 완료된 적하목록은 통과화물의 경우에는 최종 목적지로의 이송을 위해 세관에 이적허가를 신청하고, 한국 도착 화물의 경우에는 창고 배정 및 보세운송을 위하여 세관으로 이송한다.

④ 창고 분류 및 배정

㉠ 세관에서는 보세운송업체인 협동통운, 국제상운 및 (주)한국항공 직원이 지시를 한다.

㉡ 세관직원의 감독하에 운송장상의 목적지 또는 화주의 요청에 따른 창고 배정 작업을 한 후 적하목록에 표기한다.

⑤ 화물 분류작업

㉠ 창고 배정이 완료되면 분류 적하목록에 의거 (주)한국항공 직원이 화물을 배정된 창고에 입고시킨다.

㉡ 이때 서울이 목적지인 모든 무환 화물은 서울세관 관할 영동창고로 보세 운송되며 기타 유환화물은 김포세관 관할 김포 화물터미널에서 통관된다.

⑥ 도착 통지

㉠ 창고 배정 작업이 완료되면 운송장은 통관지역에 따라 대한항공 김포화물운송지점 인도과(김포 화물터미널 소재)나 영동 영업소(영동소재)로 보내진다.

㉡ 수하인에게 전화, 전보, 텔레스, 우편 등을 이용하여 도착 통지를 하게 된다.

⑦ 운송장 인도

㉠ 해당 화물 수하인이 운송장을 인계할 때 본인인 경우 주민등록증, 실수하인의 대리인인 경우에는 주민등록증 외에 위임장을 제출하여야 한다.

㉡ 이때 착 지불 화물인 경우에는 운송요금 외에 2%에 해당하는 charge collect fee를 지불하여야 한다.

⑧ 보세 운송

㉠ 무역에서 보세는 외국화물이라는 개념이다. 즉, 수출이라면 수출면허를 득한 물품에 대한 운송이고, 수입의 경우에는 수입허가를 득하기 이전의 제품운송에 해당된다. 보세 운송신청을 하여 보세 운송으로 목적지에 도착시킨 후에는 반드시 목적지 세관장에 도착 보고를 해야 한다.

㉡ 외국물품이 통관 완료되지 않은 상태에서 김포 화물터미널 이외의 지역으로 운송되는 경우 이를 보세 운송하게 된다. 원래 규정은 하주가 진행하게 되어있지만 주로 운송사에 대행을 시킨다.

(6) 항공화물단위 적재 용기(Unit Load Device)

② 팔레트 류

㉠ 팔레트는 알루미늄 합금으로 만들어진 평판으로 팔레트 위에 화물을 특정 항공기의 내부 모양과 일치되도록 적재 작업한 후 네트(net)나 스트랩(strap)으로 묶을 수 있도록 고안한 장비이다.

㉡ 팔레트의 두께는 1인치 이하이며 가장자리에는 seat track이 있어 이 부분에 네트와 스트랩이 attachment fitting에 연결되어 고정된다. 대부분의 팔레트는 IATA가 제정한 표준규격에 의거 제작되고 있다.

② 컨테이너 류

㉠ 별도의 보조장비 없이 항공기 내의 화물실에 탑재 및 고정이 가능하도록 제작된 것으로서 재질은 탑재된 화물의 하중을 충분히 견딜 수 있는 강도로 제작되어야 하며, 또한 항공기 기체에 손상을 주지 않아야 한다.

㉡ 팔레트와 항공기가 고정되는 장치와 동일한 방법으로 컨테이너의 밑바닥이 항공기에 고정되도록 제작되고 있다.

③ 이글루

㉠ 구조적 이글루(structural igloo)는 상기의 비구조적 이글루를 팔레트에 고정시켜 놓은 것으로서 적재된 화물을 네트 없이 고정시킬 수 있도록 제작되었다.

㉡ 비구조적 이글루(non-structural igloo)는 밑바닥이 없이 화이버 글라스(fiber-glass) 또는 알루미늄 등의 재질로 만들어지며 항공기의 내부 형태와 일치시켜 윗면의 모서리 부분이 둥근 형태로 되어 있다. 따라서 팔레트류와 함께 사용되어 공간을 최대한 활용하도록 고안되었다.

5. 품목별 하역 방법

(1) 일반 잡화

① 규격화물

㉠ 규격화물이란 규격화되어 있어 취급이 용이한 화물로 팔레트화물, 컨테이너화물 등이 이에 속한다.

㉡ 규격화물의 하역은 통상 본선 데릭의 카고 폴(cargo fall) 끝에 달린 후크에 규격화물을 쌓은 슬링(sling)을 걸어서 선 내에 적양하하게 된다.

② 정량화물

㉠ 정량(定量)화물이란 다른 화물에 손상을 입히지 않는 화물을 뜻하며 일반 포장화물, 포대물 등 포장품과 개별 포장된 상품 등이 이에 해당된다.

㉡ 이들 정량화물의 하역방법은 규격화물의 하역방법과 동일하나 중량 50kg을 기준으로 소중량은 인력에 의하여 하역이 이루어지지만 대중량은 포크 리프트에 의하여 하역이 이루어진다.

(2) 살화물

① 살화물의 개념

㉠ 살화물(bulk cargo)은 포장하지 않고 그대로 적양하하는 곡류, 석탄, 염, 광석, 비료, 목재, 원유, 시멘트 등이 이에 속한다.

㉡ 이들 화물은 주로 특수 설비를 갖춘 전용부두에서 하역이 이루어진다.

② 양곡 하역

㉠ 양곡은 전용 부두에 양곡 전용 사일로(silo)가 설치되어 있다.

㉡ 언로더(unloader), 즉 공기흡입장치에 의하여 화물을 흡입하여 컨베이어벨트에 연결하여 직접 사일로에 저장한다.

③ 석탄 및 광석 하역

㉠ 언로더나 그랩(grab)에 의하여 컨베이어 시스템을 통하여 야적장에 야적된다.

㉡ 야적된 화물은 스택커(stacker), 리클레이머(reclaimer), 트랙 호퍼(track hopper)를 이용하여 상차되어 반출된다.

④ 고철 하역

㉠ 고철 전용부두에서는 육상 크레인을 설치하고 크레인 끝에 자석을 부착하여 하역한다.

㉡ 고철은 크기 및 중량이 다양하기 때문에 하역 초기부터 엑스카베이터(excavator)를 투입하여 자석에 고철이 많이 붙을 수 있도록 장치되어 있다.

(3) 특수화물

① **냉동화물** : 냉동화물은 그 특수성에 의하여 냉동차에 직상차되어 냉동창고에 보관한다.

② **중량화물** : 중량화물은 기관차, 자동차 등과 같이 단위화물의 중량이 과대한 화물을 말하며 이의 하역에는 heavy derrick을 장치한 특수선박이나 또는 육상의 용량이 큰 크레인(crane)을 동원하여 하역한다.

③ **용적화물** : 용적화물은 단위화물의 용적이 크거나 특히 긴 장척화물로서 선창에 적부하는데 특별한 주의가 필요하거나 또는 불가능하기 때문에 갑판이나 기타의 장소에 적부 하는 화물을 말한다.

Chapter 2 명품 적중 예상문제

01 운송(transportation)은 물자를 한 장소에서 다른 장소로 공간적으로 이동시키는 물리적 행위라 할 수 있다. 다음 중 이런 운송활동에 대한 설명으로 가장 적합하지 않은 항목은?

① 상품이 생산되는 장소와 그것을 필요로 하는 장소 간에는 시간적 차이가 존재하며 운송은 시간적 효용창출을 위해 인간과 물자를 한 장소에서 다른 장소로 시간적으로 이동시키는 물리적 행위라 할 수 있다.
② 현대의 운송은 보다 많은 물량을, 보다 빠른 속도로, 보다 높은 안전도와 저렴한 가격으로 운송시켜야 그 기능을 충분히 발휘할 수 있다.
③ 오늘날 경제의 확대에 따라 대량생산, 대량소비의 현상이 나타나고 있으며, 그 결과 대량유통, 대량운송의 필요성이 부각되고 있다.
④ 기존의 운송은 단순히 생산지와 생산지, 생산지와 소비지, 소비지와 소비지간에 재화의 장소적 이전이나 공간적 거리 극복이란 기능에 주안점을 두고 있었다.
⑤ 현재의 운송은 물류라는 개념이래에서 운송 외에 수주, 포장, 보관(재고관리), 하역, 유통가공을 포함함으로써 마케팅 비용절감과 고객서비스 향상이라는 관점에서 접근되고 있다.

상품이 생산되는 장소와 그것을 필요로 하는 장소 간에는 항상 거리(공간)가 존재하며 운송은 장소적 효용창출을 위해 인간과 물자를 한 장소에서 다른 장소로 공간적으로 이동시키는 물리적 행위라 할 수 있다.

02 다음 중 하드웨어적 수송경로(link), 물류거점(node) 및 수송수단(mode)을 연계체계화하려는 시도에 적합한 표현은?

① 물류네트워크화　　② 물류시스템화
③ 공급체인화　　④ 통합물류정보화
⑤ 물류 프로세스혁신

물류네트워크화는 하드웨어적 수송경로(link), 물류거점(node) 및 수송수단(mode)을 연계체계화하려는 시도에서 도입이 되었다.

01 ①　**02** ①

03 다음 중 기업의 재고관리 (Inventory management)에 대한 설명으로 옳지 않은 것은?

① 재고는 재무와 생산의 두 측면에서 중요하며, 재무적인 측면에서 재고는 기업의 종류를 막론하고 중요한 투자라고 할 수 있다. 그런데 재고를 유지하기 위해서는 많은 비용이 필요하므로, 경영자들에게 재고감소에 대한 많은 노력이 요구되고 있다.

② 재고주문비용은 필요한 자재나 부품을 외부에서 구입할 때 구매 및 조달에 수반되어 발생되는 비용으로 주문발송비, 통신료, 물품수송비, 통관료, 하역비, 검사비, 입고비, 관계자의 임금 등이다.

③ 최적재고의 재 주문량에 대한 결정은 재고유지비, 주문비 및 재고부족비의 비용항목들을 합한 총재고비용이 최소가 되는 점이 최적주문량이 된다.

④ 경제적 주문량(EOQ) 공식은 간단한 수식으로 인해 제조업체나 대형도매상에 의해 널리 사용되지만 상대적으로 소매업자들이 주문의사결정을 내리는 데는 큰 도움이 되지 못하기도 한다.

⑤ EOQ계산시 연간 수요량이 160,000개, 1회 주문비용이 4, 평균재고유지비용이 8인 경우 는 계산하는 데 필요한 정보이고, 주문량 Q는 한 번에 입고되며, 경제적 주문량은 800개 이다.

EOQ계산 시 연간 수요량이 160,000개, 1회 주문비용이 4, 평균재고유지비용이 8인 경우 는 계산하는 데 필요한 정보이고, 주문량 Q는 한 번에 입고되며, 경제적 주문량은 400개 이다.

04 다음 중 송하인의 공장이나 창고에서 수하인에게 전달될 때 까지 동일한 컨테이너에 적재된 상태로 일관운송되는 컨테이너 운송방식을 가장 잘 표현한 것은? (단, CY=Container Yard;CFS=Container Freight Station;LCL=Less than Container Load;FCL=Full Container Load)

① CY → CY: FCL → FCL
② CY → CFS: FCL → LCL
③ CFS → CFS: FCL → LCL
④ CFS → CY: LCL → LCL
⑤ CY → CFS: LCL → FCL

일괄운송 컨테이너 운송방식은 처음부터 마지막까지 변함없이 운송을 하는 것을 말한다.

해답 03 ⑤ 04 ①

05 다음 중 포장물류(Packaging Logistics)에 대한 설명으로 가장 어울리지 않는 내용은?

① 포장은 물품을 수송 · 보관함에 있어서 가치 또는 상태를 보존하기 위해서 적절한 재료, 용기 등을 물품에 가하는 기술 또는 상태를 의미하며 생산단계의 종착점이며 물류단계의 출발점에 해당한다.

② 적정포장이란 상품의 품질보존, 취급상 편리성, 판매촉진 등을 만족시키는 가장 경제적인 포장을 말하며, 포장의 표준화는 하역작업의 능률을 향상시켜 유통의 합리화를 도모하는 것이다.

③ 포장은 물류의 하부시스템으로서 상품의 이동성을 높이고 수송, 하역, 보관 면에서 상품내용을 보호하는 기능과 역할을 할 뿐만 아니라, 포장은 생산과 마케팅을 연결하는 기능을 가지고 있다.

④ 공업포장과 상업포장으로 분류되며, 공업포장은 주로 상품보호기능과 판매촉진기능을 중시하며, 상업포장은 운송과 보관의 보호성을 중시한다. 공업포장은 수송포장이라고 불리며, 상업포장은 판매포장, 소비자포장이라고 불린다.

⑤ 포장의 합리화를 위해 포장 간소화, 무포장화를 추구하더라도 다른 물류비가 상승해 총물류비가 높아져 결국 물류 합리화가 무의미해진다. 특히 포장은 물류의 규격화 · 표준화 관점에서 중요한 역할을 하고 있다.

공업포장과 상업포장으로 분류되며, 공업포장은 주로 운송과 보관의 보호성을 중시하며, 상업포장은 상품보호기능과 판매촉진기능을 중시한다. 공업포장은 수송포장이라고 불리며, 상업포장은 판매포장, 소비자포장이라고 불린다.

06 다음 중 보관공간이 크고 작음에 맞춰 레이아웃을 자유 자재로 변경할 수 있어 효율적이며, 공간 이용이 뛰어나 2~3단의 적재가 신속하게 되므로 작업 효율이 높고, 앞면이 개방형이므로 적재상태로 물품의 출납이 가능한 랙을 고르시오.

① 암 랙(Arm Rack)
② 인테이너(Intainer)
③ 모빌 랙(Mobile Rack)
④ 하이 랙(High Rack)
⑤ 슬라이딩 랙(Sliding Rack)

모빌 랙(Mobile Rack)은 레일 등을 이용하여 직선적으로 수평 이동되는 랙으로 통로를 대폭 절약하고, 한정된 공간을 최대로 사용하며 다품종소량의 보관에 적합한 보관형태이다.

05 ④ 06 ③

07 다음 자재소요계획(MRP)에 대한 설명 중 가장 옳지 않은 것을 고르시오.

① 자재소요계획(MRP)을 활용함으로써 작업장에 안정적이고 정확하게 작업을 부과할 수있다.

② 자재소요계획에서는 재고수준이 낮더라도 제조상의 요구가 없는 경우에는 재고를 보충하지 않는다.

③ 생산계획 활동에서는 생산 용량(기계 용량, 인력)의 조정까지를 계획 범위에 포함시키는 것이 일반적이다.

④ 경제적 주문량과 주문점 산정을 기초로 하는 전통적인 재고통제기법의 약점을 보완하기 위해 개발된 것이다.

⑤ 생산 계획에 기준하여 제품의 주(week)별 생산 계획량을 수립하는 활동이 기준계획수립이며, 기준계획을 수립하기 위해서는 제품별 수요예측치와 현 재고량에 대한 데이터가 필요하다.

MRP(자재소요계획)는 수요를 입력요소로 하여 발주시점과 발주량을 결정하는 기법으로, 전자제품이나 자동차와 같은 수많은 부품들의 결합체로 이루어진 조립품의 경우에 독립수요에 따라 종속적으로 수요가 발생하는 부품들의 재고관리에 유용한 시스템으로, 독립수요뿐만 아니라 종속수요도 관리할 수 있도록 고안된 시스템이다.

08 다음 중 자재소요계획(MRP)에 대한 설명 중 옳지 않는 것은?

① 재고자산이 독립수요(Independent Demand)의 성격을 지닌 점을 많이 이용하고 있다.

② 자재소요계획(MRP)을 활용함으로써 작업장에 안전하고 정확하게 작업을 부과할 수 있다.

③ 자재소요계획에서는 재고수준이 낮더라도 제조상의 요구가 없는 경우에는 재고를 보충하지 않는다.

④ 경제적 주문량과 주문점 산정을 기초로 하는 전통적인 재고통제기법의 약점을 보완하기 위해 개발된 것이다.

⑤ MRP는 컴퓨터를 이용하여 최종제품의 생산계획에 따라 그에 필요한 부품 소요량의 흐름을 종합적으로 관리하는 시스템이다.

MRP는 수요를 입력요소로 하여 발주시점과 발주량을 결정하는 기법으로, 전자제품이나 자동차와 같은 수많은 부품들의 결합체로 이루어진 조립품의 경우에 독립수요에 따라 종속적으로 수요가 발생하는 부품들의재고관리에 유용한 시스템으로, 독립수요뿐만 아니라 종속수요도 관리할 수 있도록 고안된 시스템으로 재고수준이 낮다면 제조상의 요구가 없는 경우에도 재고를 보충한다.

해답 **07** ③ **08** ④

09 창고운영 전문업자의 영업 창고를 임차하여 보관 및 하역 업무를 수행할 때의 장점이 아닌 것은?

① 창고이용과 생산과 판매를 연결시키는 데 시간적결손이 적음
② 운영의 전문성 제고 가능하여 상당한 경쟁력을 보유할 수 있음
③ 고정비 투자의 축소 가능성으로 인하여 비용활용이 높아짐
④ 직접 소유보다 창고 활용의 유연성 제고 가능
⑤ 상품의 수요변동에 유연하게 대처 가능

오답풀이 창고운영 전문업자의 영업 창고를 임차하여 보관 및 하역 업무를 수행하는 경우에는 임대창고 이므로 생상과 판매를 연결시키는 것에는 한계를 지니고 있다.

10 다음 중 화물의 하역과 보관에 사용을 하는 랙(Rack)에 대한 용어 설명으로 적합하지 않은 것은?

① 프리로케이션(Free location)이란 보관 품목과 보관 랙의 장소를 대응시키지 아니하고 보관 품목을 그 특성에 따라 최적하다고 생각되는 장소에 보관하는 방법. 자동창고 시스템에 사용한다.
② 적층 랙(Pile Up Rack)은 범용성이 있는 형태이며 화물의 종류가 여러 가지라도 유연하게 보관할 수 있다. 용적효율이 떨어지고 안전성이 결여되어 있으며, 바닥면적 활용률이 비효율적이다.
③ 드라이브 인 랙(Drive In Rack)은 한쪽에 출입구를 두며 지게차를 이용하여 실어나르는데 사용하는 랙으로 소품종다량 또는 로트(Lot)단위로 입출고될 수 있는 화물을 보관하는 데 최적격이다.
④ 슬라이딩 랙(Sliding Rack)은 팔레트가 랙에서 미끄러져 움직이며, 한쪽에서 입고하고 다른 한쪽에서 출고되는 이상적인 선입선출 방법으로 상면면적효율이나 용적효율도 양호하고, 다품종에는 부적합하며 랙 설치비용이 많이 든다.
⑤ 모빌 랙(Mobile Rack)은 레일 등을 이용하여 직선적으로 수평 이동되는 랙으로 상면 면적률, 용적률의 효율이 높고, 통로를 대폭 절약, 한정된 공간을 최대로 사용, 다품종소량의 보관에 적합한 보관형태이다.

팔레트 랙(Pallet Rack)은 범용성이 있는 형태이며 화물의 종류가 여러 가지라도 유연하게 보관할 수 있다. 용적효율이 떨어지고 안전성이 결여되어 있으며, 바닥면적 활용률이 비효율적이다.

해답 **09** ① **10** ②

11 다음은 재고관리 기법에 대한 설명이다. 가장 올바른 것은?

① 정기주문방식과 정량주문방식 모두 재고를 주문하는 경우 EOQ분석을 통해 주문량을 결정하는 시스템이다.
② 정량주문방식에서는 재고 고갈을 방지하기 위해 정기주문방식보다 더 높은 안전재고의설정이 일반적이다.
③ 기준재고방식은 정량주문방식과 정기주문방식의 장점을 유지하도록 고안한 방식이지만 안전재고를 높게 설정해야 하는 단점이 있다.
④ Two-Bin 시스템은 1-Bin에 발주점을 정하지만, 2-Bin의 재고가 충분하다면 1-Bin의 발주점을 사용하지 않고 2-Bin의 발주점을 사용하는 유연성이 높은 시스템이다.
⑤ 기준재고방식은 보유재고의 구성을 움직임이 일어나지 않은 기간별로 구분하여 도표화하는 것으로서 간편하고 일목요연하게 나타낼 수 있는 점에서 유용한 기법이다.

기업에서 가장 일반적으로 이용되는 재고관리시스템은 기준재고시스템이다. 이것은 s-S재고시스템 또는 mini-max재고시스템 등으로 불리우기도 하는데, 이 시스템은 정량재고시스템과 정기재고시스템의 혼합방식으로 두 시스템의 장점을 유지하도록 고안된 것이며, 기준재고시스템을 취하면 주문의 횟수는 줄어들게 되고, 주문량은 다소 많아지게 되는데, 많은 안전재고를 갖게 된다는 점이 이 시스템의 약점이다.

12 다음 중 경제적 주문량(EOQ)에 관한 설명으로 잘못된 것은?

① 경제적 주문량(EOQ)을 이용한 재고관리의 문제점은 전체 주문 사이클에 걸쳐서 볼때 매일 실제 필요한 양보다 더 많은 재고를 유지해야 한다는 것이다.
② 경제적 주문량(EOQ) 공식은 간단한 수식으로 인해 제조업체나 대형도매상에 의해 널리 사용되지만 상대적으로 소매업자들이 주문의사결정을 내리는 데는 큰 도움이 되지 못하기도 한다.
③ 경제적 주문량(EOQ) 공식은 주요 구성요소인 주문비와 재고유지비는 항상 인도기간이나 수요가 일정하다는 가정 하에서 성립한다.
④ 경제적 주문량(EOQ) 공식에서는 주문비와 재고유지비가 변동 가능한 것으로 가정하고 있어 비교적 유연성이 높다.
⑤ 경제적 주문량(EOQ)계산 시 연간 수요량, 1회 주문비용, 평균재고유지비는 계산하는데 필요한 정보이고, 주문량 Q는 한 번에 입고된다.

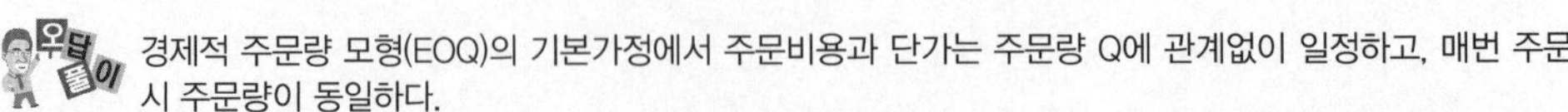

경제적 주문량 모형(EOQ)의 기본가정에서 주문비용과 단가는 주문량 Q에 관계없이 일정하고, 매번 주문시 주문량이 동일하다.

해답 **11** ③ **12** ④

13 다음에서 설명하는 컨테이너(Container)의 특징에 대한설명으로 가장 적합한 것은?

> 용도에 따른 컨테이너의 분류 중에서 목재, 승용차, 기계류 등과 같은 중량화물을 운송하기 위한 컨테이너로서 지붕과 벽을 제거하고 기둥과 버팀대만 두어 전후좌우 및 쌍방에서 하역을 가능하게 한 컨테이너

① 서멀 컨테이너(Thermal Container)
② 사이드 오픈 컨테이너(Side Open Container)
③ 오픈 톱 컨테이너(Open Top Container)
⑤ 플랫 랙 컨테이너(Flat Rack Container)
⑤ 드라이 벌크 컨테이너(Dry Bulk Container)

플랫 랙 컨테이너(Flat Rack Container) : 목재, 승용차, 기계류 등과 같은 중량화물을 운송하기 위한 컨테이너로 지붕과 벽을 제거하고 기중과 버팀대만 두어 전후좌우 및 상방에서 하역할 수 있는 특징을 갖고 있다.

14 다음 포장합리화 원칙중 가장 적합하게 설명된 것은?

① 대량화 및 대형화의 원칙: 포장의 보호성에 벗어나지 않는 범위에서 시양의 변경을 통한 비용절감이 이루어질 수 있도록 검토하여야 한다.
② 재질변경의 원칙 : 포장의 합리화를 위해서는 그 크기를 대형화할 수 있는지 여부를 검토하고, 다수의 업체와 거래하고 있는 경우에는 대량화를 통하여 비용을 절감할수 있는지 검토하여야 한다.
③ 규격화 및 표준화의 원칙 : 비슷한 길이, 넓이와 깊이에 대해서는 되도록 같은 크기로 통일하며, 규격화 및 통일화를 통하여 1회당의 발주단위가 커지며 이를 통하여 규모의 이익을 가져올 수 있다.
④ 시스템화 및 단위화의 원칙 : 재질의 변경을 통하여 비용절감이 가능하므로 재질을 한 등급 낮출 수 있는지 검토하여야 한다.
⑤ 사양변경의 원칙 : 집중화와 집약화를 통하여 관리수준을 향상시킴과 동시에 대량화의 추진이 가능하게 된다.

규격화 및 표준화의 원칙 : 비슷한 길이, 넓이와 깊이에 대해서는 되도록 같은 크기로 통일하며, 규격화 및 통일화를 통하여 1회당의 발주단위가 커지며 이를 통하여 규모의 이익을 가져올 수 있다.

해답 **13** ④ **14** ③

15 다음 중 기업의 EOQ model을 바탕으로한 재고관리에 대한 설명으로 옳지 않은 것은?

① EOQ model은 재고관리 시스템의 가장 기본적인 Q시스템 모형으로서, 총비용을 최소화하는 주문량을 결정하는 모형이다.

② EOQ model 가정에서 매 기간의 수요는 알려져 있고 일정하고, 주문비용과 단가는 주문량 Q에 관계없이 일정하다고 본다.

③ EOQ계산시 연간 수요량이 160,000개, 1회 주문비용이 4, 평균재고유지비용이 8인 경우 경제적 주문량은 400개 이다.

④ EOQ계산시 연간 수요량이 160,000개, 1회 주문비용이 4, 평균재고유지비용이 8인 경우 최적발주횟수는 400회 이다.

⑤ 도매상은 연간 수요량이 160,000개, 제품을 주문하면 3일후에 도착, 1년 영업일수는 250일, 안전재고를 1080개보유, 재주문점은 2800개 이다.

① EOQ model은 재고관리 시스템의 가장 기본적인 Q시스템 모형으로서, 총비용을 최소화하는 주문량을 결정하는 모형

② EOQ model 가정에서 매 기간의 수요는 알려져 있고 일정하고, 주문비용과 단가는 주문량 Q에 관계없이 일정

③ EOQ= $\sqrt{\frac{2 \times 160{,}000 \times 4}{400개}}$ = 400회

④ 최적발주횟수 = $\frac{160{,}000개}{400개}$ = 400회

⑤ 재주문점(Rop) = 1일 평균재고량 X 조달기간 + 안전재고

= $\frac{160{,}000개}{259일}$ X 3일+1080 = 3,000개

16 물류에 대한 개념이 시대적으로 계속 변화하고 있는데 이런 물류개념의 변화 순서로 맞는 것은?

① Physical Distribution → Logistics → Supply Chain Management

② Physical Distribution → Supply Chain Management → Logistics

③ Supply Chain Management → Physical Distribution → Logistics

④ Logistics → Supply Chain Management → Physical Distribution

⑤ Logistics → Physical Distribution → Supply Chain Management

물류에 대한 개념이 시대적으로 계속 변화는 Physical Distribution → Logistics → Supply Chain Management가 가장 적합하다.

해답 15 ⑤ 16 ①

17 전사적자원관리(ERP)시스템에 대한 설명으로 가장 적합하지 않은 것은?

① 기업내의 마케팅, 생산, 물류, 재무, 회계, 구매 등의 기간업무 프로세스들을 통합적으로 연계 관리하고, 주위에서 발생하는 정보들을 공유해서 새로운 정보의 생성 및 신속한 의사결정을 도와주는 기업통합정보시스템이다.

② 종속수요품목의 소요량과 소요시기를 결정하기 위해 개발된 기법기법으로, 전자제품이나 자동차와 같은 수많은 부품들의 결합체로 이루어진 조립품의 경우에 독립수요에 따라 종속적으로 수요가 발생하는 부품들의 재고관리에 유용한 시스템이다.

③ 급변하는 경영환경의 변화와 정보기술의 변화에 대응하기 위해 최신의 정보기술과 선진 프로세스를 결합하여 기업의 구조 및 업무처리방식에 혁신을 가져오고 기업의 전체 정보시스템을 혼합하기 위한 소프트웨어 패키지이다.

④ 영업, 생산, 구매, 자재, 회계, 인사 등 회사 내 모든 업무를 IT(information Technology : 정보기술) 자원을 활용하여 동시에 통합 처리하고 정보를 실시간으로 공유할 수 있으며, 유통정보시스템의 응용시스템에 속한다.

⑤ 기업의 인적 · 물적 자원을 효율적으로 활용하는 관리시스템으로서 통합업무 패키지 또는 기간업무 시스템으로 불리우며, 기업경쟁력 강화를 위한 통합정보시스템 구축을 목적으로 한다.

MRP(Material Requirement Planning ; 자재소요 계획)시스템의 내용이다.

18 물류표준화 체계의 근간이 되며, 물류시스템을 구성하는 각 요소, 즉 수 · 배송 수단, 하역기기및 시설 등의 기준척도가 되는 것은 무엇인가?

① 물류공동화　　② just in time　　③ 물류모듈
④ 유닛로드시스템　　⑤ ERP

물류표준화체계의 근간이 되는 것이 물류모듈이다. 물류모듈이란 물류시스템을 구성하는 각종 요소인 화물의 유닛로드 및 이 유닛로드에 대한 하역, 운반기기, 기계트럭, 철도화차, 컨테이너, 선박 등 수송을 위한장비 및 보관용 기기나 시설 등의 치수나 사양에 관한 기준척도와 대칭 계열을 말한다. 이는 물류시설이나 장비들의 규격이나 치수가 일정한 배수나 분할관계로 조합되어 있는 집합체로서 물류표준화를 위한 기준치수들이다.

17 ②　**18** ③

19 물류채산분석이란 현재 실시하고 있는 물류관리회계시스템에 대한 구조 및 수행상의 문제 등에 관하여 그 채산성 여부를 파악하기 위하여 실시하는 분석을 말한다. 아래 중 물류채산분석의 절차가 옳은 것은?

① 물류비 측정 → 물류비 비교 → 물류개선대안 설정 → 물류현황 파악 → 물류개선안의 확정
② 물류개선대안 설정 → 물류비 측정 → 물류비 비교 → 물류현황 파악 → 물류개선안의 확정
③ 물류비 비교 → 물류현황 파악→ 물류비 측정 → 물류개선대안 설정 → 물류개선안의 확정
④ 물류현황 파악 → 물류개선대안 설정 → 물류비 측정 → 물류비 비교 → 물류개선안의 확정
⑤ 물류현황 파악 → 물류비 비교 → 물류비 측정 → 물류개선대안 설정 → 물류개선안의 확정

오답풀이 물류관리회계시스템에서 물류채산분석이란 물류현황 파악, 물류개선대안 설정 , 물류비 측정, 물류비 비교 , 물류개선안의 확정의 순으로 이루어 져야한다.

20 컨테이너 터미널(Container terminal)은 화물유통의 중추인 해상과 육상 운송을 연결하는 접속점의 역할을 담당하는 곳이다. 이에 대한 설명으로 가장 옳지 않은 것은?

① 화물유통의 중추인 해상과 육상운송을 연결하는 접속점의 역할을 담당하는 곳으로 컨테이너를 신속하고 효율적으로 컨테이너선에 선적하거나 양륙하는 곳이다.
② 트럭과 기차와의 컨테이너 화물의 수도, 컨테이너의 장치, 공 컨테이너의 집적, 컨테이너 및 그 관련 기기의 정비 및 수리 등의 업무를 수행하고 있다.
③ 소요 TGS수는 실제 컨테이너를 장치할 수 있는 면적에 40피트 컨테이너를 1단적으로 나열한 경우의 수를 나타내는 수치이다.
④ 컨테이너 평균 장치기간이 짧을수록 CY의 회전율이 증가되어 생산성이 향상되고, 평균 장치단적수는 CY의 처리능력을 나타내는 지표로 사용된다.
⑤ 피크계수는 일시적인 교통량, 화물량이 폭주하는 경우에 대비하여 여유공간을 확보하여 효율적인 운영을 위해 고려되는 요소이다.

소요 TGS수는 20~40피터짜리 컨테이너를 시간당 30~40개씩 하역할 수 있는 수를 나타낸다.

19 ④ 20 ③

21 다음 중 샤시방식(chassis system)컨테이너터미널의 운영방식에 가장 적한한 설명은?

① 컨테이너를 2-3단 적재할 수 있고, 터미널내에 작업량이 급증할 경우에는 이를 해결할 수 있는 탄력성이 있으며, 운반이나 적재에 융통성이 많다는 장점이 있다

② Sealand사에서 개발한 컨테이너 터미널에서의 하역방식으로 육상 및 선상에서 크레인으로 컨테이너선에 직접 상차하며, 보조 하역기기가 필요 없는 방식이다.

③ 정밀한 작업이 요구되어 장비보수비용과 시간이 많이 들며, 아스팔트 포장에 손상율이 높아 계속적인 도장이 필요하며, 장비와 컨테이너의 파손율이 높다.

④ 컨테이너선에서 야드 샤시에 탑재한 컨테이너를 마샬링 야드에 이동시켜 트랜스퍼 크레인에 의해 장치하는 방식이다.

⑤ 수입 컨테이너를 이동할 경우에는 스트래들 캐리어를 사용하고 수출컨테이너를 운반할 경우에는 트랜스테이너를 사용하여 작업의 효율성을 높이는 방법이다.

① 스트래들 캐리어 방식(straddle carrier system)
② 샤시방식(chassis system)
③ 스트래들 캐리어 방식(straddle carrier system)
④ 트랜스테이너방식(transtainer system, transfer crane system)

22 다음 중 오더피킹(Order picking)에 대한 설명으로 가장 어울리지 않은 설명은?

① 인력에 의한 방식은 선반 등에 보관되어 있는 물품을 사람이 걸어서 또는 오더피킹 기계를 이용하여 피킹하는 것으로서 물품의 종류나 수량이 많아지면 물품 파악이 어려워 피킹시간이 많이 소요된다.

② 보관 중에 있는 창고의 재고에서 거래처로부터 수주받은 물품을 주문별로 모아 출하하는 과정으로 넓은 의미로 거래처의 정보에 기초한 서류의 흐름과 물품의 피킹, 정돈, 포장 및 배송지역별로 차에 싣는 것까지 포함하는 것으로 볼 수 있다.

③ 릴레이방식은 여러 사람의 피커(picker)가 각각 자신이 분담하는 종류나 선반의 작업범위를 정해 놓고, 피킹 전표에서 자기가 맡은 종류의 물품만을 피킹하여 릴레이식으로 다음 피커에게 넘겨주는 방식이다.

④ 싱글 오더피킹방식은 한 건의 주문마다 물품을 피킹해서 모으는 것으로서 1오더별로 품목 갖추기가 완료되기 때문에 그때마다 출하할 수 있고, 총량피킹방식은 주어진 기간내의 주문전표를 한데 모아서 피킹하는 방식이다.

⑤ 일괄오더피킹방식은 여러 건의 주문전표를 합쳐서 한번에 피킹하는 방식으로서 피킹 전표상의 물품이 자동 선별되므로 주문별로 분류할 필요가 없다.

21 ② **22** ①

오더피킹에서 가장 중요한 과제는 고객의 주문내역과 일치하도록 상품을 집품하고, 지정한 납기안에 배송해 주는 것이라 할 수 있다. 이러한 이유로 피킹 시간이 많이 절감된다.

23 다음 네모에 해당하는 물류체계 운영방식을 무엇이라고 하는가?

> PC를 국내에서 생산하여 수출하는 P사는 유럽지역 판매를 위하여 암스테르담에 물류센터를건립하였다. 유럽 각국의 언어가 매우 다양하므로 수요를 예측하여 각국의 언어에 맞는 제품을 포장한 상태로 완제품 재고를 유지하기에는 많은 재고와 수요예측 차이로 인한 결품과 과잉재고가 발생할 수 있다. 따라서 가급적 주문이 확정되거나 가시화된 시점에서 각국의 언어에 맞는 자판 조립, OS설치, 내용물 피킹 등을 하여 최종 제품을 포장하고자 한다.

① 크로스도킹(Cross Docking)
② 혼재(Consolidation)
③ 팔레트 랙(Pallet Rack)
④ 총량피킹 방식(Total picking)
⑤ 신속 대응(Quick Response)

QR(Quick Response : 신속대응) : 생산, 유통관계의 거래당사자가 협력하여 소비자에게 적절한 시기에 적절한 양을 적정한 가격으로 제공하는 것이 목표이며, 소비자의 개성화나 가격지향시대에 적응하기 위해 기업의 거래선과 공동으로 실시하는 리엔지니어링의 개념이다.

24 화물거점 시설까지 각 화주 또는 각 운송업자가 화물을 운반해 오고 배송 면에서 공동화 하는 유형의 공동 수 · 배송시스템은?

① 남품대행업　　② 배송공동형
③ 노선 집하공동형　　④ 화주중심의 집하배송공동형
⑤ 운송업자 중심의 집하배송공동형

배송공동형은 일정한 장소까지는 각 화주들이 물건을 가지고 오고, 공동의 목적지까지는 함께한다는 용어이다.

해답 23 ⑤　24 ②

25 다음의 네모안에서는 일정주체를 설명하고 있다. 조건을 갖춘 물류경영 주체로 볼 수 있는 것은?

> 설비나 트럭 없이 기존의 창고 및 운수업자들을 실시간 네트워크로 조직화시켜 가상공간에서 물류서비스를 실행하는 업체들로서, 실시간 네트워크 조직화란 수송하는 상품정보의 디지털화, 상품유통의 전 프로세스의 디지털화 그리고 위치정보 및 메시지 전송기기에 의한 차량의 네트워크 단말화 등의 요소들에 대한 조직화를 의미한다. 일반적으로 이들은 화주 및 창고 그리고 차량과의 네트워크로 연결하는 시스템을 갖지만 물적으로 소유하는 것은 없다.

① Home Delivery Player
② e-fulfillment Provider
③ Solution Provider
④ e-logistics Provider
⑤ Market Maker

우답풀이 e-Logistics는 물류서비스 제공업체가 IT 기술을 기반으로 다양한 부가가치 물류서비스를 온라인상에서 구현하는 것을 지원하는 활동이다.

26 물류업무나 정책을 수행하는 과정에서 나타날 수 있는 내용중 (　　)안에 들어갈 가장 적당한 말은?

> 종래의 로지스틱스가 필요한 상품을 양의 과부족 없이 적시에 인도한다는 개념이었다면, e-logistics에서는 네트워크(network)와 BPO(Business Process Outsource)가 덧붙여진다고 할 수 있다. 네트워크화란 정보전달매체가 과거에는 종이, 전표, 전화 또는 직접 상담 등인데 비해, 정보를 모두 디지털화하여 상호전달은 실시간(real time)으로 통신네트워크로 하고, 데이터는 파일화하여 누적시켜 데이터베이스화하는 것을 포함한 개념이다. 이 때 중요한 것이 (　　)(으)로, 업무프로세스가 어디에서도 누구에게나 항상 파악되어야 한다는 것이다. 최근 수출입업체나 온라인쇼핑몰 등을 중심으로 고객업체들의 이에 대한 니즈(needs)가 확산되면서 관련 정보시스템이 구축되는 사례가 늘고 있다.

① 표준화(Standardization)
② 연결성(connectivity)
③ 가시성(visibility)
④ 속도(velocity)
⑤ 능률(efficiency)

해답 25 ④ 26 ③

네트워크(network)화란 정보전달매체가 과거에는 종이, 전표, 전화 또는 직접 상담 등인데 비해, 정보를 모두 디지털화하여 상호전달은 실시간(real time)으로 통신네트워크로 하고, 데이터는 파일화하여 누적시켜 데이터베이스화하는 것은 가시성(visibility)을 포함한 개념이다.

27 가전제품을 주로 판매하는 어느 지역의 한 유통매장은 최근 LED TV의 인기가 높아짐에 따라 다음 해에 AA모델의 TV를 3,600대 가량 판매할 것으로 기대하고 있다. 연간 재고유지비용은 TV 한 대당 16,000원이며, 주문비용은 120,000원이다. 이 유통매장은 1년에 363일 영업한다면, 다음 중 가장 올바르게 계산한 것은?

① 경제적 주문량은 120~121대이다.
② 연간 주문 수는 30~31회이다.
③ 주문 사이클의 길이는 12~13일이다.
④ 총비용은 371~372만원이다.
⑤ 다른 비용이 고정이라면 주문비용이 클수록 경제적 주문량이 작아진다.

문제를 정확히 계산하면 다음과 같다.
1. EOQ = $\sqrt{\frac{2\times 3,600\times 120,000}{16,000}}$ = 232대
2. 연간 주문 횟수 = 3,600/232 = 16회
3. 주문 사이클 = 363/16회 = 23일
4. 총비용=(3,600/232)×120,000+(232/2)×160,000 = 3,718,069
5. 다른 비용이 고정이라면 주문비용이 클수록 경제적 주문량이 커진다.

28 물류문제를 해결하기 위한 최적의 개선책을 찾기 위해서는 비용 요소들 간의 관계를 정확하게 파악하는 것이 중요하다. 다음 중 유통업자 관점에서 수송비용과 재고비용의 관계를 가장 올바르게 설명한 내용은?

① 재고비용과 수송비용간에는 비례관계에 있다.
② 재고비용과 수송비용간에는 상충관계에 있다.
③ 재고비용과 수송비용간에는 상호 독립적이다.
④ 재고비용과 수송비용간에는 상호 종속적이다.
⑤ 재고비용과 수송비용간에는 상호 배타적이다.

회계학적 측면에서 경제적 주문량(EOQ)은 재고와 관련된 모든 비용을 나타내고 있다. 이러한 비용에는 재고 유지비용과 주문비용으로 나눌 수 있는데, 둘 사이의 관계는 서로 상충(trade-off)관계를 나타내게 된다. 즉, 재고 유지비용이 감소하면 주문비용이 증가하게 된다.

27 ④　28 ②

29 다음 중 물류의 일반적인 내용에 대한 설명으로 가장 잘못된 것은?

① 물적유통(Physical Distribution)은 생산된 재화를 제공자로부터 수요자에게 이동시키는 과정과 관련된 운송, 보관, 하역, 포장 및 이러한 활동을 지원하는 제반 경제적 활동을 말한다.

② 물적공급(Physical Supply)은 완성품을 생산라인의 종점으로부터 소비자에게 유효하게 이동하는 것과 관련된 폭넓은 활동을 말하나, 원재료의 공급원으로부터 생산라인의 시점까지 이동시키는 것은 제외된다.

③ 미국물류관리협의회 정의에 의하면, 물류(Logistics)란 고객의 요구조건에 부합하기 위해 생산지점에서 소비지점에 이르기까지 원재료, 반제품, 완성품 및 관련 정보의 흐름과 보관을 효율적이면서 비용을 최소화하기 위한 계획입안, 실시, 통제하는 과정을 말한다.

④ 물적유통은 재화가 공급자로부터 수요자에게 전달될 때까지 이루어지는 운송 · 보관 · 하역 · 포장과 이에 필요한 정보통신 등의 경제활동이며, 생산의 단계에서 최종소비 또는 이용의 단계에 이르기까지의 재화의 이동 및 취급을 관리하는 것을 말한다.

⑤ 7R 원칙은 고객이 요구하는 상품을, 고객이 요구하는 상품의 품질로 유지하며, 고객이 요구하는 정량을, 고객이 요구하는 시기에, 고객이 요구하는 장소에, 고객에게 좋은 인상의 상품 상태로, 가격결정기구에 의해 적정한 가격으로 고객에게 전달하는 것을 말한다.

물류는 생산자로부터 소비자까지의 유통단계의 실시로, 유형의 재화와 무형의 서비스를 대상으로 포장, 수송, 보관, 하역 등 물류활동을 내용으로 하고, 각 활동을 종합적으로 계획, 통제하는 것으로 원재료의 공급원으로부터 생산라인의 시점까지 이동시키는 것도 포함된다.

30 경제적 주문량(Economic Order Quantity)모형에서 총비용은 주문비용과 재고유지비용 및 구입원가로 구성된다. 아래와 같은 조건에서의 경제적 주문량은?

- 연간 수요량 : 1,600개
- 1회 주문비용 : 4원
- 연간 단위당 재고 유지비용 : 8원

① 20개 ② 30개 ③ 40개 ④ 50개 ⑤ 60개

$$EOQ = \sqrt{\frac{2 \cdot D \cdot O}{C}} = \sqrt{\frac{2 \times 총수요량 \times 재고주문원가}{단위당재고유지원가}}$$

$$= \sqrt{\frac{2 \times 1,600 \times 4}{8}} = 40개$$

해답 29 ② 30 ③

31 운송(transportation)에서 수요지, 공급지 수요량 등이 다음과 같을 때 최소비용법을 이용하여 산출한 총운송비용은?

수요처 / 공급처	A	B	C	공급량
1	20원/톤	50원/톤	15원/톤	300톤
2	40원/톤	30원/톤	60원/톤	450톤
수요량	300톤	250톤	200톤	750톤

① 20,500원 ② 21,000원 ③ 21,500원
④ 22,000원 ⑤ 22,500원

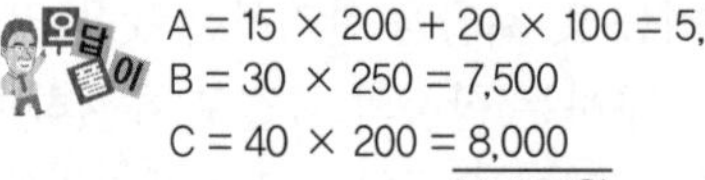

A = 15 × 200 + 20 × 100 = 5,000
B = 30 × 250 = 7,500
C = 40 × 200 = 8,000
20,000원

32 유통기업의 재고관리에 대한 설명으로 가장 어울리지 않은 것은?

① 최적주문량이 결정은 경제적 주문량(EOQ)에 의해 측정되며, 주문비용, 연간수요량, 평균재고유지비, 재고품의 단위당 원가 등의 변수를 활용하여 계산된다.
② 회계기간 중에 매입한 재고자산의 취득가격 합계가 그 기간의 상품매입액이며, 재고자산 가운데 회계기간 중에 판매된 부분이 매출원가를 구성한다.
③ 기업에서 재고관리활동은 기업이 보유하고 있는 각종 제품, 반제품, 원재료, 상품, 공구,사무용품 등 의 재화를 합리적, 경제적으로 유지하기 위한 활동이다.
④ 최적주문량은 재고유지비, 주문비, 재고부족비 등을 함께 고려하여 결정되며 도표상 각 비용항목을 합한 총재고비용이 최소가 되는 점이 바로 최적주문량이 된다
⑤ 경제적 주문량(EOQ)에서 최적주문량이 1000개였다면 총수요량은 1백만개, 재고유지비는 단위당 10원, 주문비는 단위당 10원이었을 것이라고 유추할 수 있다.

경제적주문량(EOQ)의 최적주문량이 1000개였다면 총수요량은 1백만개, 재고유지비는 단위당 10원, 주문비는 단위당 5원이었을 것이다고 유추할 수 있다.

해답 31 ① 32 ⑤

33 FIATA(International Federation of Freight Forwarder Association)국제운송주선인협회 연합회와 복합운송증권(Multimodal Transport Document)에 관한 설명으로 옳지 않은 것은?

① 국가별 포워더협회와 포워더로 구성된 국제민간기구로서 1926년 비엔나에서 설립되었고, 세계 복합운송업계의 결속 및 복합운송업의 발전, 전세계 국가간의 국제교역 촉진 등을 위한 목적으로 현재 스위스 쮜리히에 본부를 두고 있다.
② 프레이트 포워더가 인도지연으로 인한 손해, 화물의 멸실, 손상 이외의 결과적 멸실 또는 손상에 대해 책임을 져야 할 경우, 책임한도는 FBL(Forwarder's B/L)에 의거한 복합운송계약 운임의 2배, 상당액을 초과하지 않는다.
③ FBL에 따르면, 화물의 손상, 멸실 등의 경우, 프레이트 포워더는 무과실을 입증하지 못하는 한 배상책임을 면할 수 없다.
④ 해상운송이나 내수로운송이 포함되지 않은 국제복합운송의 경우, 프레이트 포워더의 책임은 멸실 또는 손상된 화물의 총중량 1kg당 8.33SDR(Special Drawing Rights)을 초과하지 않는 금액으로 제한된다.
⑤ 프레이트 포워더(Freight Forwarder)는 화주의 단독위험으로 화물을 보관할 수 있고, 총책임은 화물의 전손에 대한 책임한도를 초과한다.

손해발생 구간의 확인 여부와 관계없이 동일한 책임규정을 적용하나 예외적으로 손해발생구간이 확인되고 그 구간에 적용될 법규의 책임한도액이 UN조약의 책임한도액보다 높은 경우에는 그 구간법을 적용한다.

34 구둣가게에서의 구두끈이나 가전제품 및 자동차 제조업체에서의 볼트와 같은 부품 등은 이익의 공헌도가 다른 부품에 비해 적은 편이다. 그러나 이러한 부품의 재고가 부족할 경우 고객서비스 수준이 낮아지거나 제품 및 기업이미지가 나빠지기도 하기 때문에 재고관리를 소홀히 할 수 없다. 이러한 특성을 지닌 부품의 재고관리에 적용될 수 있는 기법은?

① 고정주문량(q-system) 분석
② CVA(critical value analysis) 분석
③ 미니-맥시(mini-maxi) 분석
④ 경제적 주문량(EOQ) 분석
⑤ 고정주문기간(p-system) 분석

별로 중요치 않는 재고를 보유하는 기법으로 임계가치분석(CVA;Critical Value Analysis)법이라 한다.

33 ⑤ 34 ②

35 다음 중 컨테이너 터미널에서 주로 선박에 적·양하가 이루어지는 구역은 어디인가?

① 게이트 ② 에이프런 ③ 마샬링야드
④ 컨테이너 야드 ⑤ 컨트롤 센터

에이프런(Apron) : 안벽을 따라서 포장된 부분으로 컨테이너의 적재와 양륙작업을 위하여 임시로 하차하거나 크레인이 통과주행을 할 수 있도록 레일을 설치하는데 필요한 공간을 말하며 그 폭은 하역시설에 따라 다르며 보통 20~30m이다. 에이프런에는 안벽당 2개의 컨테이너 전용갠트리 크레인이 안벽천장에 활용할 수 있도록 크레인 베일이 설치되어 있다.

36 자동화창고 시스템의 하드웨어 중에서 랙의 화물을 입출고시키는 주행장치, 승강장치, 포크장치로 구분된 창고 입출고기기를 무엇이라고 하는가?

① 파렛트 랙(Pallet Rack) ② 스태커 크레인(Stacker Crane)
③ 트레버서(Traverser) ④ 컨베이어(Conveyor)
⑤ 무인반송차(AGV)

크레인 등 기타 하역기기는 중량물을 입·출고하는데 이용한다. 그리고 대규모의 선반에서 중량물을 입·출고하기 위해서는 스태커 크레인(Stacker Crane)이 사용된다. 이 가운데 하이랙 시스템(High- Rack System)의 랙 로우더(Rack Loader) 등의 고층무인창고용의 자동입출기는 무인작동이 가능하며, 입·출고 명령의 기억 및 상품이동에 대한 정보를 컴퓨터가 처리하여 작업의 정확성 및 효율성을 크게 향상시킬 수 있다.

37 공동 집·배송단지에 대한 설명으로 가장 적합하지 않은 것은?

① 다수 기업체의 배송센터를 하나의 대단위로 집결시켜 물류작업의 공동화를 이룸으로 물류비용을 절감할 수 있다.
② 권역별, 지역별, 상품별로 계획배송 및 혼합배송함으로써 차량의 적재효율을 높일 수 있다.
③ 공동구매 및 보관에 대한 집배송단지 업체들의 공동참여로 대량구입 및 계획매입을 할 수 있어 매입가격을 인하할 수 있다.
④ 상품 공급을 조절할 수 있어 가격에 대한 이윤을 극대화할 수 있다.
⑤ 개별기업의 보관수요를 통합관리함으로써 업체별 보관시설확보 및 관리비용 부담을 경감할 수 있다.

공동 집·배송단지란 동종 및 이업종업체 간에 또는 유통업체들이 제조업자나 산지로부터 물품을 집하하여 보관, 가공 또는 포장하고 이를 수요자에게 배송하며 유통정보를 종합·분석 및 처리하기 위하여 체제적으로 구획되고 개발된 대규모 유통업무설비 단지를 말한다. 가격에 대한 이윤을 극대화할 수 있는 곳은 아니다.

35 ② 36 ② 37 ④

38 다음 중 재고의 종류에 대한 설명으로서 잘못 된 것은?

① 수송중인 재고 : 자재흐름체계를 통해 한 지점에서 다른 지점으로 이동중인 재고를 말한다.

② 투기성 재고 : 금, 은, 동과 같은 원자재는 작업에 필요한 양만큼 가격투기로 구매되는 재고로서 재무관리에 초점을 두고 있다.

③ 순환 재고 : 소비자로부터 반품되어 발생하는 재고로서 반출량, 납품기간에 관계된다.

④ 안전 재고 : 재고에 대한 수요와 보충 조달기간의 변동에 대한 방지책으로 발생되는 재고를 말한다.

⑤ 침몰(불용) 재고 : 재고기간동안 손상, 손실 및 진부화되는 재고를 말한다.

재고의 종류 ; 효율적인 재고관리는 기업운영에 필수적이다. 이를 위해서는 재고의 종류나 특성에 대하여 잘 파악할 필요가 있다. 기업이 보유하고 있는 재고는 그 기능에 따라 안전재고, 예상재고, 순환재고, 파이프라인재고 등의 네 가지로 분류할 수 있다.

① 안전재고(safety stock) : 예측하기 곤란한 불확실성에 대한 위험을 방지하기 위해 수요량이나 수요시기가 불확실한 경우에 대비하는 재고

② 예상재고(anticipation stock) : 계절적인 수요나 가격의 급등, 파업 등에 대비하여 변동의 폭을 줄이기 위하여 유지되는 재고

③ 순환재고(cycle stock or lot – size inventory) : 주문량 전체가 필요하지는 않지만 주문비용이나 할인 혜택을 받기 위하여 많은 양을 한 번에 주문하여 생기는 재고

④ 파이프라인 재고(pipeline inventory) : 유통시스템에서 운반중인 제품이나 공장에서 가공하기 위하여 이동중에 있는 재공품 성격의 재고

39 창고의 입지 선정을 위한 분석방법의 하나로, 물류의 유형을 파악하기 위해 X축에는 물품의 종류를, Y축에는 수량을 표시하는 파레토도를 이용하는 분석기법은?

① R 분석 ② ABC 분석 ③ P-Q 분석
④ S-T 분석 ⑤ From-To 분석

P-Q 분석 : 이 분석은 물(物)이 어느 정도의 양으로 흐르고 있는가에 대한 물류유형 분석기법으로서 대개 팔레트 그림을 이용하여 분석한다. "물"의 범위에 속하는 분석요소는 품종 • 하자 • 단위중량 • 단위용적 등이며, "양"의 범위에 속하는 분석요소는 중량 • 개수 • 용적 • 시간 • 건수 등이다. P-Q 분석기법은 이와 같은 요소들을 과거와 현재의 기간층별로 구분하고 그것을 목적별로 조합하여 장래계획을 분석하고 의사 결정을 하는 기법이다.

38 ③ 39 ③

40 다음 중 입하시스템에 관한 설명이 아닌 것은?

① 일반적으로 입하와 출하의 작업시간이 비슷하게 소요된다.
② 사무처리작업의 능률화를 위해 온라인방식의 도입이 필요하다.
③ 입하는 화물을 창고에 적입하는 작업으로 많은 시간이 소요되는 부문이다.
④ 입하된 화물의 임시보관, 검품 및 보관장소 등에 대한 사무능률화가 요구된다.
⑤ 창고입하설비 외에 트럭에 입하설비를 부착하여 사용할 경우, 영업용보다는 자가용이나 전용트럭이 효율적이다.

입하시스템에 있어서는 입하된 물품의 일시보관이나 검품 및 보관상의 위치관리 등 입하에 따르는 서류작업과 정보처리 등의 사무처리의 효율화도 기하여야 하는데, 이를 위하여 오늘날에는 정보시스템을 이용하여 각종 서류를 온라인으로 처리하는 방식을 적용함으로써 입하작업의 사무처리시간을 신속 · 정확하게 수행하고 있다.

41 밀폐된 상태로 체인이나 케이블로 이동시키는 특수 컨베이어로 주로 분립체(시멘트, 곡물 등)를 운반할 때 사용하며 수평, 수직, 경사, 곡선 등으로 운반하는 기기는?

① 롤러 컨베이어(Roller Conveyor)
② 벨트 컨베이어(Belt Conveyor)
③ 슬랫 컨베이어(Slat Conveyor)
④ 플로우 컨베이어(Flow Conveyor)
⑤ 스크루 컨베이어(Screw Conveyor)

① 롤러 컨베이어 : 롤러 컨베이어는 롤러 및 휠을 운반방향으로 병렬시켜 화물을 이동시키는 컨베이어로서 인력형, 중력형 및 동력형 등 세 종류가 있다.
② 벨트 컨베이어 : 벨트 컨베이어는 프레임의 양끝에 설치된 벨트 차에 루프 상(狀)으로 벨트를 확장하여 화물을 운반하는 하역기기이다. 여기서 벨트는 고무나 강철재질을 사용한다.
③ 체인 컨베이어 : 체인 컨베이어는 각종 체인을 루프상으로 연결하여 화물을 운반하는 하역기기이다.
④ 플로우 컨베이어 : 밀폐된 상태로 체인이나 케이블로 이동시키는 특수 컨베이어로서 주로 분립체(시멘트나 곡물 등)를 운반할 때 사용하며, 수평 • 수직 • 경사 • 곡선 등으로 운반할 수 있다.
⑤ 유체컨베이어 : 유체 컨베이어는 파이프 속에 공기나 물의 흐름을 이용하여 화물을 이동시키는 하역기기로서 주로 분립체를 운반하는데 이용된다.
⑥ 진동 컨베이어 : 진동 컨베이어란 철판의 진동을 통해 그 가운데 부품 등을 경사를 이용해서 반송하는 하역기기이다.
⑦ 수쿠류컨베이어 : 스쿠류 컨베이어란 밀폐된 구상 가운데 스쿠류상의 철판을 삽입하여 이를 회전시켜 그 추진력으로 액체화물을 반송하는 하역기기이다. 이외에도 슬레프 컨베이어, 토컨베이어, 뉴매틱 컨베이어 등이 있다.

해답 **40** ① **41** ④

42 다음 창고에 대한 설명 중 잘못된 것은?

① 창고의 형태로는 단층창고, 이층창고, 다층창고, 입체자동창고 등이 있다.
② 제조업이나 도매업에서는 소비지에 있는 소단위 배송거점을 배송센터라고 한다.
③ 최근 물류시스템이 발전하고 소비자 중심의 물류가 중시되면서 창고의 유통기능보다 저장기능이 더욱 중시되어 가는 추세에 있다.
④ 통합적인 물류시스템의 개념이 도입되면서 창고 시스템은 생산과 판매를 연결시켜 주는 중심기능을 수행하는 시설로 인식이 바뀌어 가고 있다.
⑤ 도매업에서는 자사의 판매 및 물류거점을 데포(Depot)라 하고, 물류네트워크 중계점으로서 상품의 일시 보관거점을 스톡 포인트(Stock Point)라고도 한다.

최근 창고의 기능이 보관창고에서 탈피하여 유통창고, 유통가공창고 형태 중심으로 변해감에 따라 창고관리의 중점관리 항목도 함께 변해가고 있다. 창고관리의 주요 과제는 입고에서 출고까지의 전과정에서 발생하는 관리상의 문제들로서 하역의 효율화, 재고관리의 정확성 제고, 로케이션 관리, 오더피킹, 분류의 신속성과 정확성 제고, 반품처리의 정확성 제고, 공간사용의 효율화, 창고의 자동화 시스템 설계, 입고 및 출고・반품처리 등에 따른 재고와 판매 수불의 일치, 출하정보시스템 구축 등 매우 다양한 과제들을 포함한다.

43 오더 피킹(Picking)의 방법과 그 내용을 설명한 것이다. 틀린 것은?

① 일괄 오더피킹 방법 : 여러 건의 주문전표를 한데 모아 한번에 피킹
② 총량피킹 방법 : 하루의 주문전표를 모아 한꺼번에 피킹하는 방법
③ 집어내기 방법 : 필요한 물품을 각 보관장소를 순회하면서 피킹하는 방법
④ 1인 1건 방법 : 1인의 피커(Picker)가 1건의 주문표로 요구물품을 피킹
④ 존(Zone) 피킹 방법 : 여러 사람의 피커가 자기가 맡은 종류의 물품만을 피킹해서 릴레이식으로 다른 사람에게 넘겨주는 방법

오더피킹이란 고객의 발주내역에 따라 물류센터 및 창고내에서 체계적인 로케이션 관리하에 보관중인 상품을 집품하여 납품준비를 하는 물류활동을 말한다. 오더피킹에서 가장 중요한 과제는 고객의 주문내역과 일치하도록 상품을 집품하고, 지정한 납기안에 배송해 주는 것이라 할 수 있다. 존(Zone) 피킹 방법은 여러 사람의 피커가 각각 자신이 부담하는 종류나 선반의 작업범위를 정해 놓고 피킹 전표 속에서 자기가 맡은 종류의 물품만을 피킹하여 릴레이식으로 다음의 피커에서 넘겨주는 방식이다.

42 ③ 43 ⑤

44 컨테이너 터미널내의 소요면적 산정과 관련하여 잘못 서술된 것은?

① 평균 장치단적수는 CY의 처리능력을 나타내는 지표로 사용된다.
② 컨테이너 평균 장치기간이 짧을수록 CY의 회전율이 증가되어 생산성이 향상된다.
③ 분리계수는 필요 컨테이너를 추출하기 위하여 필요한 하역작업 또는 여유공간을 확보하기 위해 고려하는 요소이다.
④ 소요 TGS수는 실제 컨테이너를 장치할 수 있는 면적에 40피트 컨테이너를 1단적으로 나열한 경우의 수를 나타내는 수치이다.
⑤ 피크계수는 일시적인 교통량, 화물량이 폭주하는 경우에 대비하여 여유공간을 확보하여 효율적인 운영을 위해 고려되는 요소이다.

컨테이너 터미널(container terminal)은 화물유통의 중추인 해·육운송을 연결하는 접속점의 역할을 담당하는 곳으로 컨테이너를 신속하고 효율적으로 컨테이너선에 선적하거나 양륙하고, 트럭과 기차와의 컨테이너 화물의 수도, 컨테이너의 장치, 공 컨테이너의 집적, 컨테이너 및 그 관련 기기의 정비 및 수리 등의 업무를 수행하고 있다. 소요 TGS수는 20~40피터짜리 컨테이너를 시간당 30~40개씩 하역할 수 있는 수를 나타낸다.

45 안벽(Quay)을 따라 설치된 레일 위를 주행하면서 선박에 컨테이너를 적재하거나 선박으로부터 컨테이너를 하역하는데 사용되는 대표적 하역기기를 무엇이라 하는가?

① 갠트리크레인
② 트랜스테이너
③ 스트레들 캐리어
④ 포크리프트
⑤ 야드트랙터

❖컨테이너 터미널의 하역방식

① 샤시방식(chassis system) : 시-랜드사가 개발하여 운영하는 방식으로, 육상 및 선상에서 크레인으로 컨테이너선에 직접 직상차하는 방식으로 보조하역기기가 필요없이 하는 하역방식이다.
② 스트래들 캐리어 방식(straddle carrier system) : 컨테이너를 컨테이너선에서 크레인으로 에프론에 직접 내리고 스트래들 캐리어로 운반하는 방식으로 컨테이너를 2-3단으로 적재할 수 있고, 토지의 효율성이 높고 작업량의 탄력성을 가진다. 다만, 장비와 컨테이너의 파손률이 높다는 단점이 있다.
③ 트랜스테이너 방식(transtainer system) : 컨테이너선에서 야드 샤시에 탑재한 컨테이너를 마샬링 야드에 이동시켜 트랜스퍼 크레인에 의해 장치하는 방식으로 적은 면적의 컨테이너 야드를 가진 터미널에 가장 적합하며 일정한 방향으로 이동하기 때문에 전산화에 의한 완전 자동화가 가능하다. 단 물량이 증대될 때 대기시간이 길어진다.
④ 혼합방식(mixed system) : 수입 컨테이너를 이동할 때 트랙터로 인도할 경우에는 스트래들 캐리어를 사용하고 수출컨테이너를 야드에서 직접 선측까지 운반할 경우에는 트랜스테이너를 사용하여 작업의 효율성을 높이는 방식이다.

해답 **44** ④ **45** ①

46 다음 보기 중 JIT시스템과 MRP기법을 비교한 것이 잘못된 것은?

① JIT시스템은 후공정에 의해 요구된 양만 생산하고, MRP기법은 lot단위로 생산
② JIT시스템은 자재계획이 push시스템이고, MRP기법은 자재계획이 pull시스템
③ JIT시스템은 재고를 줄이기 위해 모든 노력을 경주하고, MRP기법은 미래의 불확실성에 대비해 안전재고 유지
④ JIT시스템은 자재공급자를 인접화하여 조달기간을 짧게 유지하고, MRP기법은 필요한 조달기간을 인정
⑤ JIT시스템은 일본에서 발달되었고, MRP기법은 미국에서 발달

JIT시스템(Just In Time : 즉납체제) 생산의 기본 개념은 적시에 적량으로 생산해 내는 것이다. 예컨대, 자동차를 만들기 위하여 부품을 조립할 때, 전공정의 중간조립품이 적시에 적량으로 생산라인에 도착하도록 한다. 이 JIT생산은 부품이 필요한 시기와 장소에서 사용되도록 계획하는 자재소요계획과 비슷한 의미를 주는 것 같지만, JIT에서는 필요한 시기에만 부품이 생산되도록 한다.
MRP(Material Requirement Planning : 자재소요 계획)는 수요를 입력요소로 하여 발주시점과 발주량을 결정하는 기법으로, 앞서 언급한 ROP시스템은 완제품과 관련되는 개별품목에 대한 독립수요를 전제로 하고 있으나, TV · VTR와 같은 전자제품이나 자동차와 같은 수많은 부품들의 결합체로 이루워진 조립품의 경우에 독립수요에 따라 종속적으로 수요가 발생하는 부품들의 재고관리에 유용한 시스템으로, 독립수요뿐만 아니라 종속수요도 관리할 수 있도록 고안된 시스템이다. JIT시스템은 자재계획이 pull시스템이고, MRP기법은 자재계획이 push시스템이라고 할 수 있다.

47 하역합리화 원칙에 관한 설명으로 옳지 않은 것은?

① 유닛로드의 원칙 : 화물을 어느 일정 단위로 단위화하는 것을 의미한다.
② 인터페이스의 원칙 : 하역작업의 공정간 접점을 원활히 소통하도록 하는 것이다.
③ 하역기계화의 원칙 : 인력작업을 기계화하여 하역 작업의 효율성과 경제성을 증가시킨다.
④ 하역경제성의 원칙 : 운반속도의 원칙, 최소취급의 원칙, 수평직선의 원칙 등을 포함하는 원칙이다.
⑤ 하역활성화의 원칙 : 운반 활성지수를 최소화하는 원칙으로, 지표와 접점이 작을수록 활성지수는 낮아지며 하역작업의 효율이 증가한다.

하역 활성화의 원칙(또는 운반활성화의 원칙)은 운반활성지수를 최대화하는 원칙으로 지표와 접점이 작을수록 활성지수는 높아지며 하역작업의 효율이 증가한다. 즉 물품을 운반하기 쉽고, 움직이기 쉽게 두어 운반을 편리하게 하는 것이다.

46 ② 47 ⑤

48 운반관리(Material Handling)의 4요소에 관한 설명으로 옳지 않은 것은?

① Space : 공간, 장소를 계통적이고 효율적으로 이용한다.
② Quality : 제조공정에 필요한 고품질의 물품을 운반한다.
③ Time : 제조공정이나 기타 필요한 장소에 필요한 것을 적시에 공급한다.
④ Quantity : 필요량의 변화에 대응하여 정확한 수량, 중량, 용량을 공급한다.
⑤ Motion : 재료, 부품, 제품을 필요로 하는 분야로 보다 경제적이고 합리적으로 운반한다.

운반관리(Material Handling) 또는 하역의 4요소는 Motion, Time, Quantity, Space이다. 이 4가지 요소를 종합적으로 고려하여, 보다 더 합리적인 운반관리를 행하는 것이 하역의 과제이다.

49 다음 중 배송센터의 입지선정 기법에 관한 설명 중 옳은 것은?

① '톤 · 킬로법'은 공급지 및 수요지가 고정되어 있고, 각 공급지로부터 단일 배송센터로 반입되는 물량과 배송센터로부터 각 수요지로 반출되는 물동량이 정해져 있을 때 활용하는 기법이다.
② '무게중심법'은 각 수요지에서 배송센터까지의 거리와 각 수요지까지의 운송량에 대해 평가하고 총계가 최소가 되는 입지를 선정하는 기법이다.
③ '브라운 · 깁슨법'은 물류센터 유지관리비용을 산출하고 총비용이 최소가 되는 대안을 선정하는 기법이다.
④ '총비용비교법'은 입지에 영향을 주는 인자들을 필수적 요인, 객관적 요인, 주관적 요인 등을 고려하여 다수의 입지를 결정하는 기법이다.
⑤ '체크리스트법'은 입지에 관련된 양적 요인과 질적 요인을 동시에 고려하여 중요도에 따라 가장 평가점수가 높은 입지를 선정하는 기법이다.

①은 무게중심법, ②는 톤 · 킬로법, ③은 총비용 비교법, ④는 브라운 깁슨(Brown and Gibson)법이다. 브라운 깁슨법은 양적 요인과 질적 요인을 고려하여 다수의 입지를 결정하는 기법이다. 세 가지 평가기준으로는 장소적 적합성을 판정하는 필수적 기준, 화폐가치로 평가될 수 있는 경제적 기준인 객관적 기준, 지역의 민심 등 객관적으로 평가하기 어려운 질적 요인인 주관적 요인 등이 있다.

해답 48 ② 49 ⑤

50 다음 글상자 안의 내용은 보관의 일반적 원칙들에 대한 설명이다. 각 원칙을 가장 올바르게 순서대로 나열한 것은?

> 가. 물품을 고층으로 적재하는 것으로 평적보다 팔레트 등을 이용하여 용적 효율을 향상시킨다.
> 나. 형상에 따라 보관 방법을 변경하여 형상특성에 맞게 보관한다.
> 다. 물품의 정리와 출고가 용이하도록 관련 품목을 한 장소에 모아서 보관한다.
> 라. 시각적으로 보관품을 용이하게 식별할 수 있도록 보관한다.

① 높이 쌓기의 원칙－형상특성의 원칙－네트워크 보관의 원칙－명료성의 원칙
② 높이 쌓기의 원칙－형상특성의 원칙－위치표시의 원칙－유사성의 원칙
③ 네트워크 보관의 원칙－명료성의 원칙－위치표시의 원칙－형상특성의 원칙
④ 네트워크 보관의 원칙－명료성의 원칙－중량특성의 원칙－형상특성의 원칙
⑤ 회전대응보관의 원칙－형상특성의 원칙－네트워크 보관의 원칙－명료성의 원칙

보관의 10가지 원칙
1. 통로대면 보관의 원칙: 입 · 출고를 용이하게 하고 창고내 레이아웃의 기본원칙
2. 높이 쌓기의 원칙: 창고 용적효율 향상목적
3. 선입선출의 원칙: Life Cycle의 최소화 목적
4. 회전대응보관의 원칙: 물품회전율 빈도수에 따라 구분
5. 동일성 · 유사성의 원칙: 관리효율, 생산성향상
6. 중량특성(重量特性)의 원칙: 대형 · 중량물은 하층, 소형 · 경량물은 상층
7. 형상특성의 원칙: 표준품은 랙에 보관하고 비표준품은 별도 보관
8. 위치표시의 원칙: 단순화–소인화–효율화
9. 명료성의 원칙: 식별표시로 신입사원 실수 최소화
10. 네트워크 보관의 원칙(계통적으로 관련화–그룹화): 관련품목을 한 장소에 모아서 보관

51 다음 중 물류네트워크상 노드(Node)가 아닌 것은?

① 철도 화물터미널 ② 의왕 내륙컨테이너기지
③ 경부선 철도망 ④ 부산 신선대 부두
⑤ 부곡 복합화물 터미널

노드(Node)는 일반적으로 물류거점이라는 의미로 해석을 할 수가 있다. 경부선 철도망은 물류거점이 아니다.

42 ① 43 ③

Chapter 3 소매 물류

01 전략적 물류기법

1. 데이터 웨어하우스(DW:Data Warehouse)

(1) DW의 의의

① 데이터웨어하우스(Data Warehouse)는 기업 전반의 의사결정자에게 관심이 될 만한 제품 제조 및 판매에 대한 현재 및 과거 데이터를 저장하고 추출하여 사용할 수 있도록 지원하는 데이터베이스이다.

② DW는 의사결정지원에 효과적으로 사용될 수 있도록 다양한 운영시스템으로부터 추출, 변환, 통합되고 요약된 읽기전용 DB를 말한다. 다양한 형태의 데이터베이스 자원을 통합 및 가공하여 의사결정 지원을 목적으로 특별히 설계한 주제 중심의 정보 저장소라고 한다.

③ 기존의 데이터베이스가 업무 · 거래처리의 신속, 정확, 효율화를 목적으로 구축되어지는데 반해 데이터 웨어하우스는 분석을 통한 기업의 전략 수립이나 의사결정을 효율적으로 지원하는 것이 주요한 목적이다.

④ ADW(Active Data Warehouse)는 데이터 창고로서 기업의 데이터를 유효하게 활용하여 경영 및 의사결정에 활용하기 위한 것이다. 여러 시스템에 산재된 데이터들이 웨어하우스로 취합되고 통합되므로 사용자는 자신들의 필요로 하는 데이터가 어디에 있는지 신경쓰지 않고 필요한 데이터를 쉽게 가져다 쓸 수 있다.

(2) DW의 등장 배경

① 기업의 정보 기반, 즉 의사결정 데이터베이스가 부재한 상황에서는 최고 경영진에 제공되는 정보들이 일반 정보와 별 차이가 없었다.

② EUC란 명목하에서 기업 전체적인 데이터 통합없이 한시적이고 1회성으로 분석 활동이 이루어져 효율적으로 활용하지 못하고 있다.

(3) DW의 데이터 추출 및 가공

① 웨어하우스에 데이터를 로딩하는 단계는 데이터웨어하우스구축에 있어 가장 중요한 단계중의 하나이다.

② 운영시스템의 데이터는 단순히 추출되어 복제되는 것이 아니라 전사적모델에 기초하여 통합되며, 이 단계에서 정제 및 변형과정을 필요로 한다.

③ 중복된 데이터는 제거되고 잘못된 값은 수정되며 다양한 포맷의 데이터가 하나의 포맷으로 통일된다. 필요한 경우 데이터는 집계되고 연산과정을 거쳐 변형된다.

④ 추출 및 변형과정에서 소스와 타겟사이의 대응관계설정, 변환규칙, 추출주기 등과 같은 부가적인 데이터가 발생하는데 이러한 데이터를 메타데이터라 한다. 이러한 메타 데이터는 메타 데이터리파지토리를 통해 중앙집중식으로 관리된다.

⑤ 사용자의 의사결정을 지원하기 위해 기업이 축적한 많은 데이터를 사용자 관점에서 주제별로 통합하여 운영시스템과 사용자 사이의 별도의 장소에 저장해 놓은 데이터베이스로 이해할 수 있다.

⑥ 의사결정을 지원하기 위해 별도의 통합된 저장 공간을 구축함으로 운영시스템을 보호하고 사용자 질의에 신속한 응답을 제공하고, 데이터는 웨어하우스로 옮겨오기 전에 정제 및 검증과정을 거치게 되며, 사용자는 양질의 데이터를 사용할 수 있다.

⑦ 데이터웨어하우스의 목적은 데이터에 기반한 의사결정의 막연함이나 불완전한 데이터에 의존하는 대신 통합된 데이터를 바탕으로 사실에 근거하여 이루어질 수 있다.

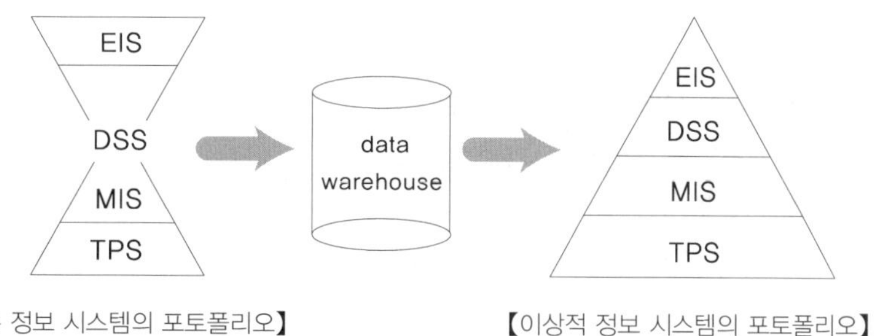

【기존 정보 시스템의 포토폴리오】 【이상적 정보 시스템의 포토폴리오】

(4) DW 특징

① 주제 지향성(Subject-Oriented)

㉠ 데이터는 세분화된 주제별로 정리되어 있고, 의사결정에 적당한 정보만 포함하고 있는데, 기업에서 주문 처리나 급여 데이터와 같은 기능별 분야에 따라 구성된다.

㉡ 조직성(organization)이라고도 하며, 고객, 거래처, 공급자, 상품 등과 같은 주제별로 구성되며, 자료가 일정한 주제별로 집합, 각 자료는 다른 하드웨어나 운영체제에서도 서로 제한을 받지 않고 작동되어야 한다.

② 통합성(Integrated)

㉠ 기존의 운영 시스템은 부서나 부문 혹은 기관별로 일관성 없이 다기능의 데이터를 중복 관리하였다.

㉡ 일관성(consistency)이라고도 하며, 데이터는 속성의 이름, 코드의 구조, 도량형 단위 등의 일관성을 유지하며 전사적 관점에서 하나로 통합된 개념이다.

③ 시계열성(Time Variant)

㉠ 데이터는 일정기간 정확성을 유지하여 과거의 데이터와 현재의 데이터가 동시에 유지된다는 것이다.

㉡ 일정 기간 동안 수집된 데이터를 갱신 없이 보관하는 일, 월, 분기, 년 등과 같은 기간 관련 정보를 함께 저장하기에 경향 예측, 비교가 가능하다.

④ 비휘발성(Non-Volatile)

㉠ 한 번 입력된 데이터는 변화하지 않는다는 데이터의 장기지속성을 말한다.

㉡ 데이터는 일단 적재(loading)가 완료되면 일괄처리 작업에 의한 갱신이외에는 DB에 삽입(insert),이나 삭제(delete)등의 변경이 수행되지 않는다.

⑤ 기타

㉠ 관계형(relational)은 일반적으로 데이터웨어하우스는 관계형 구조를 가지고 있다는 내용이다.

㉡ 클라이언트(client)와 서버(server)는 데이터웨어하우스는 최종사용자의 사용 편리성을 위해 클라이언트/서버를 주요구조로 한다.

(5) DW의 판매관리용 정보시스템구축 특성

① 지역, 고객 등 각 주제별로 관련 자료의 분석이 가능하다.

② 과거 매출액에 대한 자료가 풍부하게 있어서 시계열분석이 가능하다.

③ 데이터마이닝 기법들의 지원이 가능해서 다양한 분석 자료를 얻을 수 있다.

2. 데이터 웨어하우징(Data Warehousing)

(1) 데이터 웨어하우징의 의의

① 데이터 웨어하우징(data warehousing)이란 데이터의 수집 및 처리에서 도출되는 정보의 활용에 이르는 일련의 프로세스라고 정의할 수 있으며, 데이터는 의사결정 지원을 위해 합리적인 정보만을 포함하는 세부 주제별로 조직화된다.

② 데이터 웨어하우징(data warehousing)이란 데이터웨어하우스를 구축하고 활용하는 일련의 과정으로, 전사적인 아키텍쳐상에서 의사결정을 지원하기 위한 환경을 구축하고 데이터가 한 번 입력되면 사라지지 않는다.

③ 데이터 웨어하우징(data warehousing)은 의사결정지원,중역정보지원시스템,그리고 최종사용자의 애플리케이션과 같은 분석적 프로세싱을 위해 언제나 준비된 형태의 운영데이터를 제공하는 데이터저장소를 확립하는 것이다.

④ 대부분의 데이터웨어하우징 관련 응용프로그램들이 실시간으로 운영되지는 않지만, 실시간 처리역량은 구비되어 있으며, 데이터웨어하우스는 최종사용자에게 데이터의 용이한 접근을 제공하는데 있어서 주로 클라이언트 · 서버 구조를 사용한다.

(2) 데이터 웨어하우징의 단계

① 1단계: 데이터의 추출 · 변환 · 정제 · 통합 단계

㉠ 업무에 따라 다양한 운영 시스템별로 산재해 있는 데이터나 외부 원천으로부터 데이터를 추출하게 된다.

㉡ 사용자의 요구에 맞게 변환하여 통합하며 상황에 따라서는 정제하는 과정이 필요하고, 데이터 웨어하우징 프로세스 중에서 가장 힘들고 많은 인원과 시간이 소요된다.

② 2단계: 정보 도출 단계

㉠ 보편적인 질의사항이나 보고서 작성 도구를 이용하여 필요한 정보를 조회하고 정리하는 과정을 말한다.

㉡ 보다 심도 있는 정보를 찾아내기 위해서는 OLAP 도구를 이용하는 것이 일반화되어 있고, 새로운 정보의 필요성에 대한 요구가 증대함에 따라 데이터 마이닝을 적용하는 사례가 점차적으로 증가하고 있다.

③ 3단계: 정보 활용 단계

㉠ 추출된 정보를 실제 현장에서 활용하는 단계이다.

㉡ 고객에게 성과를 바로 기대하지는 못하지만 앞으로의 대응방법을 찾을 수 있다.

④ 4단계: 데이터의 추가 · 갱신 · 삭제 단계

㉠ 운영 시스템상의 데이터를 변경하는 절차로 데이터 웨어하우스는 궁극적으로 기존의 운영 시스템의 데이터나 외부 데이터를 이용하여 만들어진다.

㉢ 원천 데이터의 품질은 데이터 웨어하우스의 데이터의 품질에 직접적으로 영향을 준다. 이 단계는 원천 데이터의 고품질을 유지하는 데 기여하는 바가 크다.

3. 데이터 마이닝(Data Mining)

(1) 데이터 마이닝의 의의

① Data Mining은 대량 데이타군 내에서 경향과 패턴을 발견해내는 기법, 데이터 항목들 간의 관계를 발견하기 위해 통계적인 기술을 사용하는 기법을 말한다. 데이터마이닝에서 얻을 수 있는 정보 유형에는 연관, 순차, 분류, 군집, 예측 정보 등이 있다.

② 데이터베이스로부터 과거에는 원하는 정보를 알지 못했지만 데이터 속에서 유도된 새로운 데이터 모델을 발견하여 실행 가능한 유용한 정보를 도출해 내고 의사결정에 이용하는 것을 말하며, 예측모델들의 구축도 이 데이터마이닝을 바탕으로 한다.

③ 일반적인 기법들이 미처 발견하지 못한 기업 데이터베이스 내에 숨겨져 있는 유용한 패턴을 발견한다. 일반적으로 데이터마이닝은 사용자의 개입 없이 혹은 최소한의 개입으로 데이터로부터 유용한 추세나 패턴을 자동적으로 추출할 수 있는 기법의 사용을 말한다.

④ 데이터 마이닝은 데이터 속에 숨어 있는 정보를 추출하여 인공신경망, 귀납규칙 등을 이용하여 분석하며, 유통 정보 분석에 많이 이용한다. 유통정보DB 쿼리 및 리포팅을 위한 소프트웨어,제품군별 판매예측과 같은 요약, 다차원분석, 패턴 등을 파악한다.

⑤ 대량의 실제 데이터로부터 잠재되어 드러나지 않은 유용한 정보를 찾아내는 것으로 대량의 데이터 사이에 서로 연관 있는 것을 찾아내 이러한 연관 관계를 바탕으로 미래를 예측하는 방법이다.

(2) 데이터 마이닝의 기법

① 연관 규칙(Association Rule)

㉠ 시장바구니분석과 같이 동시에 발생하는 사건그룹 내에서 사건들 사이에 존재하는 친화성(affinity)이나 패턴을 발견하는 작업을 말한다. 상품 · 서비스 간의 관계를 살펴보고 이로부터 유용한 규칙을 찾아내고자 할 때 이용될 수 있는 기법이다.

㉡ 상품 · 서비스의 거래기록 데이터로부터 상품간의 연관성정도를 측정하여 연관성이 많은 상품들을 그룹화하는 클러스터링의 일종이며, 동시에 구매될 가능성이 큰 상품들을 찾아냄으로써 시장바구니분석에서 다루는 문제들에 적용될 수 있다.

② 연속 패턴(Sequential Pattern)탐사

㉠ 연관규칙탐사의 변형으로 사건들이 시간적인 관계를 가지는 것을 말하며, 동시에 구매될 가능성이 큰 상품군을 찾아내는 것이다.

㉡ 연관성측정에 시간이라는 개념이 포함되어 순차적인 구매가능성이 큰 상품군을 찾아내는 것으로, 컴퓨터를 산사람은 다음 달에 레이저프린터를 산다는 것이다.

③ 군집 분석(Clustering)

㉠ 이질적인 항목들을 몇 개의 보다 동질적인 그룹(군집)으로 구분하는 작업이다. 군집구분은 어떠한 그룹도 사전에 정의되어 있지 않다는 점에서 분류와 다르다.

㉡ 고객수입, 고객연령과 같은 속성이 비슷한 고객들을 묶어서 몇 개의 의미 있는 군집으로 나누는 것을 목적으로 한다. 전체가 너무 복잡할 때에는 몇 개의 군집을 우선 살펴봄으로써 전체에 대한 윤곽을 잡을 수 있다.

④ 의사결정 수(Decision Trees)

㉠ 응답 여부 등에 영향을 미치는 변수들과 변수들의 상호작용을 누구나 쉽게 이해가능하도록 설명하는 것을 말한다.

㉡ 분류 및 예측에 자주 쓰는 기법으로 DM의 응답여부 등에 영향을 미치는 변수들과 변수들의 상호작용을 누구나 쉽게 이해할 수 있도록 굳이 통계학적인 용어를 쓰지 않고도 설명이 가능하다는 것이 큰 장점이며 특징이다.

⑤ 신경망(Neural network)

㉠ 인간이 경험으로부터 학습해 가는 두뇌의 신경망활동을 모방한 것으로 반복적인 학습과정을 거쳐 패턴을 찾아내고 일반화하여 향후를 예측 가능한 것을 말한다.

㉡ 인간이 경험으로부터 반복적인 학습과정을 거쳐 패턴을 찾아내고 이를 일반화 뒤 고객의 신용평가, 불량거래의 색출, 우량고객의선정 등 다양한 분야에 적용된다. 다계층 인식인자의 신경망은 입력계층, 출력계층 그리고 은닉계층으로 구성된다.

⑥ 추정(Estimation)과 분류(Classification)

㉠ 추정은 주가나 매출액과 같은 연속된 결과를 예측하는 작업을 말한다. 추정은 회귀분석(Regression)으로 표현되기도 한다.

㉡ 분류는 어떤 항목이 속하는 그룹의 특성을 가장 잘 나타낼 수 있는 특징들을 발견하는 것이다.

(3) 데이터 마이닝의 프로세스

① 문제 정의단계 : 해결할 비즈니스 문제를 정의하는 것에서부터 시작된다. 이 과정에서 애플리케이션영역에 대한 이해와 적절한 사전지식은 매우 중요하다.

② 선별 단계 : 마이닝 작업에 필요한 목표데이터를 선택하는 작업이 필요하다. 만약 필요한 데이터가 축적되어 있지 않은 경우 별도의 데이터 수집작업이 필요할 수 있다.

③ 정제 단계 : 마이닝에 사용될 데이터의 질을 향상시키는 정제작업을 또한 같이 해준다. 데이터웨어하우스가 구축된 경우 정제작업의 상당부분이 웨어하우스 구축과정에서 수행된다.

④ 변환 단계 : 목표데이터는 분석에 적합한 형태로 변환된다.

⑤ 데이터마이닝 단계 : 실제 데이터마이닝 알고리즘이 적용되는 단계이다.

⑥ 해석 및 평가 단계 : 마이닝된 결과를 해석하고, 기업에 실제적인 가치가 있는지 평가하는 단계로 이 과정에서 인적요소의 역할은 매우 중요한데 사람만이 마이닝의 결과로 나타난 어떤 패턴이나 규칙이 타당하고 기업에 유용한 것인지를 판단할 수 있다.

⑦ 통합 단계 : 발견된 지식은 비즈니스에 활용된다.

(4) 데이터 마이닝의 활용사례

① 제조 분야

㉠ 제품의 수요예측

㉡ 경쟁사의 입찰액 예측

㉢ 대리점 여신평가 모형개발

㉣ 최종 생산품의 품질에 영향을 미치는 요인 발견

② 유통 분야

㉠ 상품 교차 판매

㉡ 매장 진열 전략 수립

㉢ 상품 카탈로그 디자인

③ 소매 · 마케팅 분야

㉠ 제품과 서비스의 교차 판매

ⓛ 고객 분류, 그룹별 특성 발견
ⓒ 광고, 프로모션, 이벤트의 효과측정

(5) 데이터 마이닝과 데이터웨어하우스

① 데이터웨어하우스에는 여러 소스에서 추출 · 통합되어 일차 필터링된 깨끗한 데이터가 저장되므로 마이닝을 위한 데이터의 질과 일관성이 보장된다.
② 데이터웨어하우스가 구축된 후 마이닝을 수행한다면, 데이터와 관련된 많은 문제들이 상당부분 해결될 수 있다. 즉 데이터웨어하우스는 마이닝에 필요한 형태의 정제된 데이터를 가지고 있으며 마이닝을 위한 좋은 기반을 제공한다.

4. 데이터 마트(Data Mart)

(1) 데이터 마트의 의의

① Data Mart란 데이터의 한 부분으로서 특정 사용자가 관심을 갖는 데이터들을 담은 비교적 작은 규모의 데이터 웨어하우스(Data warehouse)를 말한다. 즉, 한두 개의 특별한 영역에 중점을 둔 데이터 웨어하우스이다.
② Data Mart는 데이터 웨어하우스를 축소한 소규모 버전을 통해 데이터 웨어하우스 구축의 높은 비용 대비 낮은 비용으로 창출할 수 있으며, 주로 전략적 사업단위나 부서를 위해 설계된 작은 웨어하우스이다.
③ Data Mart는 한 두개의 특별한 영역에 중점을 두어 만든 데이타 웨어하우스의 일부라고 할수 있으므로 일반적으로 데이타마트는 데이터웨어하우스로 부터 추출되어 특별한 사용자 입맛에 맞도록 역정규화되고 인덱싱된다.
④ 데이터웨어하우스의 부분집합으로 제품관리자가 항시 확인해야 하는 데이터를 요약하거나 매우 집중화시켜 제품관리자 집단을 위한 개별적인 데이터를 제공한다.

(2) 데이터 마트의 내용

① 소규모 형식이므로 설치비용이 저렴
② 데이터량과 사용자 규모에서 상대적으로 왜소
③ 고객관계관리(CRM)에 사용될 다양한 사용자의 요구에 부적합
④ 데이터량이 적기 때문에 세밀한 데이터분석을 시도하는 데는 한계
⑤ 데이터 추출도구, 데이터베이스 관리 시스템(DBMS) 분석도구의 기본구성요소

(3) 데이터 마트의 종류

① 관계형(ROLAP) 데이터 마트는 2차원 구조이고, 데이터의 입력과 출력이 용이하고 속도가 빠른 편이다.
② 다차원(MOLAP) 데이터 마트는 데이터의 주조가 매트릭스 형태로 구성되어 있으며, 동일한 Data를 다른 여러 View를 통해 분석한다.

5. OLAP(On Line Analytical Processing)

(1) OLAP의 개념

① OLAP(On Line Analytical Processing)은 데이터의 분석과 관리를 위해서 다차원 데이터를 모으고, 관리하고, 프로세싱하고, 표현하기 위한 응용 프로그램 및 기술이다.

② 최종 사용자가 데이터베이스에 쉽게 접근하여 필요로 하는 정보를 직접 작성하고 의사결정에 활용하는 일련의 과정으로서, 데이터 웨어하우스나 CRM시스템에서 데이터 접근 및 활용전략에 있어 매우 중요한 기술 요소이다.

(2) OLAP의 주요기능

① Drill Down

㉠ 드릴다운 (Drill Down)은 가장 요약된 레벨로부터 가장 상세한 레벨까지 차원의 계층에 따라 분석에 필요한 요약 수준을 바꿀 수 있는 기능을 말한다. 이 기능을 활용함으로써 분석가는 분석 계층의 깊이를 마음대로 바꿔가며 심도 있는 분석을 할 수 있다. 반대의 분석을 하는 것은 드릴 업 (Drill Up)이라한다.

㉡ 드릴의 통로는 차원의 계층이나 또 다른 차원과의 동적인 관계를 통해 정의된다. 예를 들어 지역을 포함한 분석을 수행한다면 최초에 전국에 대한 데이터를 시/도별 화면으로 분석하고 필요에 따라 각 시/도에 대한 구/군별 분석화면, 다시 읍/면/동별 분석화면으로 계층을 바꿔가며 분석 작업을 할 수 있다.

② Pivot(=Rotate)

㉠ 사용자에게 최종적으로 보여지는 결과화면을 리포트(Report)라고 할 때 리포트에 보여지는 축(차원:Dimension)을 서로 바꾸는 기능이다. 사용자는 보고서의 행, 열, 페이지 차원을 무작위로 바꾸어 볼 수 있으며 이러한 작업을 피보팅(Pivoting)이라 한다.

㉡ 이 기능을 활용함으로써 분석가는 고정된 포맷에 구애 받지 않고 분석의 패턴을 바꿀 수 있다.예를 들어 기간별로 기준으로 분석된 리포트(Report)를 새로운 프로그램 없이 지역별 기준으로 바꿔 볼 수 있다.

③ Slice & Dice

㉠ 다차원 배열에서 한 차원의 한 멤버나 그 이상의 멤버를 가지고 한 값을 선택했을 때 나타나는 그 부분 집합을 Slice라 한다. 보통은 3차원 배열에서 한 차원의 멤버를 선택하여 나타나는 2차원의 배열을 일컫는다.

㉡ 이때 Slice &Dice라고 하면 사용자가 Slice의 특정한 항목에 대해 Rotation이나 드릴다운/업 등을 이용하여 대회식으로 화면을 디스플레이 해가며 분석하는 프로세스를 말한다.

㉢ 분석가가 원하는 방향에 따라 분석 차원 또는 분석 관점을 바꿔가면서 분석할 수 있어 벙형화된 보고서 뿐 아니라 비정형적인 질의에 의한 보고서도 작업 가능하므로 유연한 업무분석이 가능하게 한다.

물류 경영

④ Data Surfing

㉠ 마우스를 이용하여 새로운 장표나 조건을 열려있는 리포트(Report)위로 끌어서 놓으면(Drag &Drop) 그 새로운 장표나 조건에 의해 리포트가 다시 실행된다.

㉡ 실행 중에 간단히 레포트(Report)의 형태와 조건을 바꾸는 것을 말한다. 이 기능을 이용하게 되면 현재 리포트에 보여지고 있는 정보를 간단한 대화식 조작을 통해 어떠한 형태의 리포트로도 나타낼 수 있게 해준다.

(3) OLAP의 Agent

① OLAP시스템에서 에이젼트 (Agent)는 사용자를 대신하여 백그라운드에서 작업을 수행하는 독립적인 소프트웨어 객체라고 할 수 있다.

② Agent는 방대한 데이터를 대상으로 예외사항이나 문제점을 자동으로 탐지하고 사용자에게 경고한다.사전에 정의된 특정 사건에 의해 자동적으로 구동될 수 있다.

③ Agent는 직접적인 사용자의 개입 없이 작업을 자동화하고, 사전에 정의된 어떤 조건을 탐지하여 사용자에게 경고하도록 설계되는 것이 일반적이며, Agent는 정보과잉 문제를 해결하기 위해 필수적이다.

(4) OLAP과 데이터 웨어하우징

① 초기 데이터웨어하우징의 초점이 의사결정을 지원할 수 있는 정보기반의 구축에 있었던 반면, OLAP은 정보의 효과적인 활용 측면에 보다 초점을 맞추었다.

② 초기 데이터웨어하우징이 전사적 의사결정 지원환경의 전 단계인 데이터 통합과 관리, 인프라 구축의 측면을 강조한 반면, OLAP은 데이터접근과 활용, 애플리케이션 구축측면을 강조하였다.

③ 초기 데이터웨어하우징은 '어떻게 데이터웨어하우스를 구축할 것인가'라는 측면에 초점을 맞추어 왔다. 그러나 점차 데이터웨어하우스를 구축하고 사용하게 되면서, 기업들은 자신들의 재량에 맡겨진 방대한 정보의 가치를 인식하게 되었다.

④ 데이터웨어하우징의 초점은 구축에서 활용으로, 즉 '어떻게 데이터웨어하우스를 활용할 것인가'라는 측면으로 옮겨지게 되었다. 데이터웨어하우징이 구축단계에서 활용단계로 급속하게 발전함에 따라 OLAP은 데이터웨어하우징 환경으로 급격히 통합되었다.

(5) OLAP과 CRM의 비교

① Analytical CRM은 데이터 웨어하우스, 데이터 마이닝, OLAP을 이용하여 고객의 다양한 분석을 접근하는 확장된 DW로 해석된다.

② Operational CRM이나 Collaborative CRM은 ERP가 가지고 있는 기능 중에서 고객 접촉과 관련된 기능을 강화하여 ERP 기능을 확장하거나 인터넷에 대응하는 신개념의 e-CRM이다.

고객충성도 프로그램

1. 고객 충성도 프로그램

(1) 고객 충성도의 개념

① 특정한 제품에 대한 고객들의 정열적인 관심도를 말한다. 이러한 고객 충성은 기업에게는 꼭 필요한 자산이다.

② 고객 충성이 높은 제품은 시장에서 상대적 가치가 높다고 할 수 있다. 다른 브랜드보다 선택하는 면이 넓고 크기 때문에 자신과 가치의 평가가 높아진다.

(2) 고객 충성도의 프로그램

① 충성도는 고객이 한 기업의 제품 및 서비스를 잠재적 구매 고객들에게 자발적으로 추천하거나 적극적인 구매 성향을 보이는 것으로 높은 재 구매의 정도와 구매한 상표에 대한 애착을 말한다.

② 충성도의 강 · 약 구분으로는 잠재적 충성 고객과 최우량 충성 고객 및 타성적 충성 고객과 비충성 고객으로 분류할 수 있으며 일반적으로 충성도의 지표를 나타내는 것으로 그 제품을 반복 구매하는 재 구매율이 적합하다.

③ 충성도의 지표는 기업이 지속적으로 고객에게 타사보다 우월한 가치를 제공함으로써 그 고객이 해당 기업의 브랜드에 호감이나 충성심을 갖게 되어 지속적인 구매 활동이 유지되는 것으로 고객의 구매 성향과 추천 의도 및 재 구매 의사로 표현된다.

④ 고객은 이탈되지 않도록 하고, 고객이 이탈한 경우 그들을 다시 충성고객으로 전환시키는 마케팅 활동을 위해 먼저 고객의 유형을 유지고객과 이탈고객으로 분류하고 그들의 특성을 규명하고, 유지고객은 충성고객으로 유도하고, 이탈고객은 다시 유지고객으로 전환시키기 위한 효과적인 고객보상 프로그램을 전략적으로 다루고자 하였다.

(3) 고객 충성도 적용 사례

① **최우량 충성도 고객** : 기업의 매출 증대에 가장 커다란 영향을 미치며, 구매 빈도가 상당히 높은 몇몇의 고객을 지칭하는 것이다. 기업이 이들을 상대로 하는 개별적이고 현실적인 마케팅 전략이 고객 충성도 프로그램인 것이다.

② **우수 고객에 대한 인센티브** : 대부분의 기업들이 줄어드는 고객을 확보하기 위하여 손쉽게쓸 수 있는 방법이다. 하지만 단기적인 효과 밖에는 기대할 수 없으며, 장기적으로는 별다른효과를 기대하기가 어렵다.

③ **단골 프로그램** : 고객의 충성도를 높이는 대표적인 방법으로 마일리지 제도를 이용할 수가있는 이러한 제도는 마일리지가 축적될수록 보상이 커지기 때문에 고객의 충성도를 높이는효과적인 방법이다.

④ **동반자 관계** : 고객과 기업과의 협력관계를 통하여 고객은 받고 싶은 서비스를 회사에 전달하고, 회사는 고객의 구체적인 요구사항에 따라 서비스나 제품을 제공하는 관계를 말한다.

⑤ **고품질 전략** : 고객만족도의 가장 기본이 되고 효과가 가장 크다고 볼 수 있는 것이 고객만족도를 충족시키는 제품의 품질이다.

2. 고객 생애가치(Customer life tim value)

(1) 고객 생애가치의 개념

① 고객 생애가치는 한 시점에서의 단기적인 가치를 말하는 것이 아니고 고객과 기업간에 존재하는 관계의 전체가 가지는 가치를 말한다.

② 고객 생애가치(LTV)는 한 고객이 평균적으로 기업에 기여하는 미래수익의 현재가치를 말하며, 관계마케팅의 여러 가지 효익을 계량적으로 정리한 개념이다.

(2) 고객 생애가치의 특징

① 고객 생애가치는 고객들의 이탈률이 낮을수록 증가하고, 고객 생애 가치는 매출액을 말하는 것이 아니고, 이익을 말하는 것이다.

② 고객 생애가치를 산출함에 있어서 기업은 어떤 고객이 기업에게 이롭고 유리한 고객인가를 파악할 수 있으며, 그 고객과 앞으로 어떤 관계를 가지도록 하는 것이 합리적인가를 파악할 수 있다.

③ 고객의 입장에서 보면 고객자신이 느끼는 가치에서 고객이 지불하는 비용을 뺀 차이가 얼마인가가 선택의 척도가 된다. 고객이 느끼는 가치를 좌우하는 것이 단지 제품의 품질이나 수량만이 아니기 때문에 고객이 느끼는 가치를 높이기가 쉽지 않다.

④ 오늘날의 고객들은 각자 서로 다른 욕구를 가지고 있기 때문에 각 고객이 가지고 있는 욕구들을 파악하는 것 자체도 매우 어려운 것이 되고 있다. 하지만 기업은 목표를 달성하기 위해서 모든 가능한 수단을 동원해서 고객을 만족시키고 그로부터 고객 생애가치를 높여야 한다.

⑤ 우량 고객의 선정을 위한 양적 기준과 질적 기준을 명확히 선정해야 한다. 우량 고객의 효과적 관리를 위해서는 이들이 느끼는 가치에 따라 보상프로그램을 차별적으로 실시하는 것이 바람직하다.

⑥ 복수의 다양한 상품을 판매하는 기업의 경우에는 고객별 거래실적에 관한 데이터베이스(Data Base)를 구축하는 것이 중요하다.

3. e - CRM

(1) e - CRM의 개념

① 과거 오프라인 시장이 주요 무대였을 때에는, 다양한 정보를 수집하고 저장하는 것에 막대한 비용이 소요 되었지만, 온라인 시장에서는 상대적으로 저렴한 비용을 이용하여 다양한 정보를 수집하고 저장하는 것이 가능하다.

② 시대적 흐름에 따라 발생한 것이 e-CRM이며, e-CRM은 e-Busienss 경쟁력을 위해 현대 온라인 비즈니스에 있어서는 필수불가결한 요소가 되었으며, 웹분석은 e-CRM에서, 특히 웹사이트에서 발생하는 데이터들을 수집 및 저장하는 단계이다.

③ IT기술을 이용하여 가치있는 고객을 발굴하고 양성하여 고객의 생애가치를 최대화 할 수 있도록, 데이터의 분석을 수행하고, 자동화된 마케팅 프로세스를 구현하는 것을 인터넷 고객관계관리(e-Customer Relationship Management:e-CRM)라고 한다.

(2) e - CRM의 특징

① 인터넷을 활용한 단일 통합 채널을 통해서 고객과 접촉하며, 지역적 및 시간적 한계를 극복할 수 있는 고객 관리방법으로서 음성, 동영상, FAQ 등 다양한 기술을 이용해서 고객 응대를 할 수 있다.

② 고객에 대한 관리를 위해서 온라인과 오프라인을 동시에 이용할 수도 있으며, 인터넷을 통해서 고객의 주문활동을 지원함으로서 고객구매정보의 이력화가 가능하다. 고객을 공동의 가치창조자로서 간주하고 관리할 필요성이 있다.

▣ CRM 과 e-CRM

	CRM	e-CRM
Data 수집 채널	다양한 고객접점 영역에서 다양한 채널을 통해 데이터 수집 (영업사원, 콜센터, DM, 기간계 시스템 정보, 구매정보 등)	온라인 기반의 채널중심 (웹로그, 이메일반응 등)
분석 이슈	통계기법, 데이터 마이닝, OLAP(다차원분석) 등	개인화엔진을 위한 실시간 고객성향 분석, 행동패턴 분석, 마케팅효과분석 등
Data 활용	마케팅캠페인, 이탈고객관리, 영업기회관리, 콜센터자동화 등	타겟메일링, 1:1 마케팅, 웹사이트 컨텐츠 개인화 및 온라인 상품추천 등
비용	적용규모 및 컨설팅인건비로 인해 높음. 지속적인 유지비용 높음	IT를 기반으로 구성되므로 초기비용 높지만, 유지비용이 상대적으로 낮음

(3) e − CRM의 단계

① 분석적 CRM(Analytical CRM)

㉠ 분석 CRM은 고객의 자료를 분석하는 시스템을 말하며, 흔히 data miming을 비롯한 Data Warehouse나 Data Mart에 해당하는 것으로서 많은 통계패키지들과 분석결과를 손쉽게 볼 수 있는 user interface들로 구성되어 있다.

㉡ 개별고객 및 고객그룹의 특성에 따라 효과적인 유통경로 등의 최적의 서비스를 제공하고 우수고객에 대한 서비스상품을 선정하여 제공하고 상품의 Cross-Selling, Up-Selling기회를 활용하며 고객접촉 후 평가 및 기록을 하는 작업프로세스를 의미한다.

② 운영적 CRM(Operational CRM)

㉠ 운영 CRM은 분석된 결과를 활용해서 각각의 고객들에게 제품과 서비스를 제공하는 것을 자동화하는 시스템을 말한다.

㉡ 분석 CRM의 결과가 서울지역에 거주하는 사람들이 겨울철에 세차권을 주는 것이 효과적이라고 한다면 운영 CRM은 서울지역 거주자들을 고객 DB에서 선발해서, e-mail 이나 SMS를 통해서 세차권을 자동으로 발송하는 시스템이다.

③ 협업적 CRM(Collaborative CRM)

㉠ CRM의 협업적 단계에서는 운영적 단계와 분석적 단계에서 나온 다양한 자료들을 합하여 모형을 총합한다.

㉡ 운영적 단계와 분석적 단계에서 나온 모형과 개인정보를 가지고 고객의 세분화에 따른 차별적 마케팅전략을 수립 및 수행하는 과정을 의미한다.

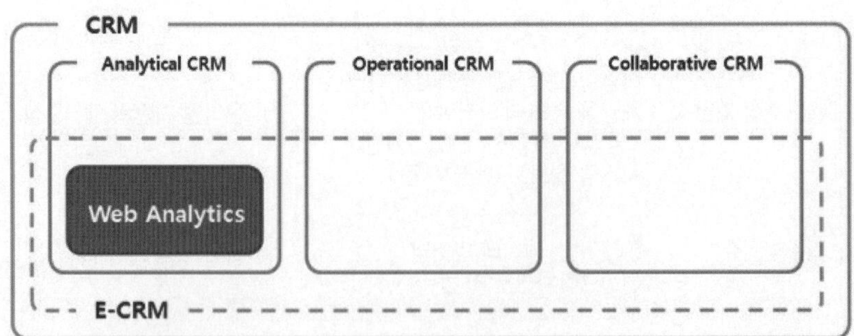

(4) Front/Back-end Application

① Front-end Applications : 고객접점에서 이루어지는 다양한 서비스 활동부분을 지원하고, E-mail, 채팅, 팩스, 영업사원의 접촉, A/S방문, 고객전화 등으로 고객과 접촉하는 채널을 지원하는 애플리케이션이다.

③ Back-end Applications : 고객을 정의하고 관리기준을 설정함으로써 데이터마이닝을 통해 고객에게 제공하는 제품과 서비스의 품질향상을 지원하며 보통 요구되는 자원들에 가깝게 있거나, 또는 요구되는 자원들과 교신할 수 있는 능력을 가지는 등을 통해 프론트 엔드 서비스를 간접적으로 지원한다. 백엔드 응용프로그램은 프론트엔드와 직접 상호 작용할 수 있지만, 중간에 또다른 프로그램이 개입되어 프론트엔드와 백엔드의 활동을 조정한다.

03 전자문서교환(EDI)

1. EDI(Electronic Data Interchange)

(1) EDI의 의의

① EDI(Electronic Data Interchange)란 기업과 행정관청 사이에서 교환되는 행정서식을 일정한 형태를가진 전자메시지로 변환 처리하여 상호간에 합의한 통신표준에 따라 컴퓨터와 컴퓨터 간에 교환되는 전자문서 교환 시스템을 의미한다.

② EDI는 선적요청서(S/R), 주문서(P/D), 상업송장(C/I) 등 기업간 교환되는 서식이나 수출입허가서(E/L 및 I/L), 수출입 신고서(E/D 및 I/D), 수출입허장(E/P 및 I/P) 등에 사용되며, 다량 자료의 반복적 교환이나 가입된 거래상대자에게의 공식서류 전달을 위해 이용된다.

③ EDI는 국내 유통거래, 원격 교육, 원격 행정업무, 원격 의료 서비스, 홈 쇼핑 및 홈 뱅킹 등 다방면에 걸쳐 이용할 수 있는 전자통신 방식을 의미하며 통신망은 주로 VAN 통신망을 이용한다.

④ EDI는 컴퓨터로 주문서, 주문응답서, 송장, 발송통지서, 인수통지서 등의 상거래 서식을 업체 간에 표준화된 양식에 맞추어 교환하는 정보 전달 방식으로 조직간에 자료를 전자적 형태로 교환하여, 기계가 직접 읽고 처리할 수 있는 정형화된 문서를 표준화된 형태로 전자적인 통신 매체를 통해 교환하는 방식이다.

⑤ EDI의 도입으로 생산성이 증대되고 이익이 증대되며 거래비용의 감소와 각종 유통정보의 신속한 입수와 더불어 거래절차의 비용 절감 및 업무 처리시간의 단축을 통해 매출량을 크게 성장시킬 수 있다.

(2) EDI 표준

① EDI의 데이터 표준이란 자료항목의 syntax와 semantic에 대한 규칙을 말한다.

② EDI 표준이란 사용자 간의 전자문서의 내용, 구조, 통신방법 등에 관한 표준규칙이다.

③ EDI란 통신회선을 통해 표준적인 규약을 이용하여 컴퓨터 간에 데이터를 상호교환하는 방식을 말한다.

(3) EDI의 필요성

① 서류작업을 축소하고 실시간 자료의 전송으로 일관성이 증가하고 정확히 데이터를 전송할 수 있으며, 서류 정리작업에 필요한 관리자의 수와 인건비 등을 절감할 수 있다.

② 조직내부나 조직간에 일어나는 활동을 관리하기 용이하고 불필요한 활동을 제거함으로써 업무의 효율성을 구축할 수 있다.

③ 적절한 시기에 빠른 정보를 제공받음으로써 고객에게 서비스 제공시간을 단축할 수 있고, 판매자와 고객 사이의 반품이라든가 주문시간을 줄일 수 있다는 장점이 있다.

④ 각각의 구성원들이 지속적으로 정보를 교환함으로써 장기적이고 전략적인 동반자의 관계 구축을 실현하여 품질 향상, 부가가치의 증가라는 측면에서 중요하다.

2. EDI도입의 효과

(1) 도입 효과 내용

① **직접적인 효과** : EDI 도입으로 거래시간의 단축과 업무처리에 따른 오류의 감소 및 정보처리 비용과 거래비용을 절감할 수 있다.

② **간접적인 효과** : EDI 도입은 인력 절감과 재고의 감소, 정보의 검증 및 보호 기능으로 효율성이 증대되며, 인력 및 자금관리에 효율성을 증대시킬 수 있다.

③ **전략적인 효과** : EDI 도입으로 거래 상대방과의 관계가 개선되고, 다른 경쟁 업체에 비해경쟁우위에 설 수 있으며, 전략적 정보 시스템 구축이 가능하다.

(2) 생산성 향상

① EDI 도입의 전략적 이점으로는 거래상대방과의 업무절차 개선, 경영혁신 등이 있다.

② EDI 도입으로 수신자료의 재입력을 최소화함으로써 자료입력 오류를 줄일 수 있다.

③ EDI 도입으로 모든 거래관련 자료가 컴퓨터와 컴퓨터 사이에서 전자 메시지로 신속 · 정확하게 전달될 수 있게 되었다.

(3) 이윤의 향상

① EDI 도입은 서류 없는 거래(document less trade)가 가능하게 되어 사무처리 비용, 인건비 및 재고관리 등에 소요되는 운영비를 절감시킬 수 있다.

② EDI 도입으로 인해 신속 정확한 주문과 배달 처리로 적정 재고관리가 가능하고, 고객서비스 증대와 고객의 요구에 효율적으로 대응하여 경쟁력 우위를 확보할 수 있다.

③ 거래 상대방과 정보의 공유로 협력관계 증진, 분산된 정보의 신속 · 정확한 전달 및 처리, 보관, 신속한 의사결정, 다른 정보망과의 연결로 다각적인 정보망의 구축에서 오는 간접적인 효과를 유발할 수가 있다.

(4) 업무처리비용의 절감

① EDI의 도입은 유통 거래가 활발하게 이루어지고 신속 · 정확한 유통 정보의 상호 교환이 가능함에 따라 유통 정책 수립 및 관리의 고도화와 함께 합리적인 구매 · 생산 · 판매 · 보관 · 운송 등을 통하여 거래 절차 비용과 시간이 상당히 줄어들었다.

② EDI의 도입으로 기업 내 사무자동화의 효과를 향상시킴과 동시에 정보화시대에 부응하는 유통 거래 환경의 구축을 통해 고객에 대한 서비스의 질적 수준을 높이고 경쟁력을 유지 · 강화하는 계기가 되었다.

(5) EDI 도입의 부대 효과

① 자동화 거래 시스템이 구축되면 화물 도착에 앞서 유통 정보 및 전자서류가 미리 입수되어 대외거래 시는 통관 절차를 사전에 마침으로써 화물을 즉시 반출할 수 있어 항만 운영을 원활히 할 수 있게 되었다.

② 트럭 상자, 선적 및 화물 정보가 신속하고 용이하게 파악되므로 내륙 운송의 정시성(定時性)과 효율성이 제고되어 불필요한 교통 유발을 최소화할 수 있다.

③ 지역에 관계없이 거래 업무의 처리가 가능하게 됨에 따라 업체의 지방 분산과 지역의 균형적인 발전에 기여할 수 있고, 각종 유통 정보의 신속한 입수와 더불어 거래절차의 비용 절감 및 업무 처리시간의 단축 등을 통하여 매출량을 크게 신장시킬 수 있을 것으로 보인다.

(6) EANCOM

① 각국 코드관리기관의 전자문서 표준화 작업을 국제적 차원으로 끌어올리기 위해 국제표준코드 관리기관(GS1 International)은 이를 전담할 실무작업반을 구성하였다.

② GS1총회에서 EDIFACT를 근거로 한 EANCOM이라는 국제 EDI표준을 개발할 것을 의결하였다.

③ EANCOM은 EDIFACT표준의 개발을 전적으로 지원하고 있으며, EDIFACT 전자문서 표준의 서브셋(subset)으로 EANCOM을 사용할 수 있고, 최초의 EANCOM EDI 표준 메뉴얼은 1990년 7월에 발간된 바 있다.

④ 계속해서 발간하여 지금 현재 주문서(Purchase Order), 송장(Invoice), 발송통지서(Despatch Advice) 등 총 42종에 이르고 있다.

(7) EDI와 e-Mail

① EDI와 기존의 전자우편(electronic mail)은 자료 축적과 전송이라는 점에서는 유사하지만 EDI는 표준화(정형화)된 자료 교환인 데 반해 전자우편은 비표준화(비정형화)된 자료의 교환이다.

② 전자우편이 비정형화(非定型化)된 자료를 다른 용도로 활용하기 위해서는 다시 입력을 해야 하나 EDI는 다시 입력할 필요없이 즉시 업무에 활용이 가능하다.

③ EDI는 구조화된 표준양식을 사용하며, 공식적인 거래서류를 교환하고, 다량자료의 반복적 인 교환하는 시스템으로 가입된 거래상대만 사용이 가능하다.

④ 수신자가 정보의 재입력 불필요하며, 표준메시지의 변환처리 및 독립적인 DB구축이 가능하다는 장점이 있는 반면, 정보교환이 불가능 하다는 단점이 있다.

⑤ e-mail은 단순한 구조의 일반 구문으로서 일반적으로편지, 안내문 등 비정형적이자 비 표준화된 문서를 이용하며, 자유로운 형식의 문서교환이 용이하다는 장점이 있는 반면, 정보의 즉시 DB화가 불가능하다는 단점이 있다.

04 소매 물류

1. 소매 물류의 흐름

(1) 소매물류의 개념

① 소매물류의 정의

㉠ 소매 물류는 소매점이나 대리점, 배송센터에서제품의 보관, 배송 등 소비자에게 인도되는 과정에서의 물류활동을 말한다.

㉡ 소매 물류는 물류센터에 배송, 설치 주문을 별도로 하므로 무재고 점포의 운영과 완전한 상(商)과 물(物) 분리를 기반으로 판매 방식의 효율화를 극대화시킨 것이다.

② 소매업체의 정의

㉠ 소매업체의 형태는 정해진 것이 없이 다양한 형태로 나타나고 있으며, 각각의 소매업체들의 소매 물류 과정도 다르게 나타난다.

㉡ 각 소매업체는 고객이 구매하는 상품과 제품 및 용역에 대해 가치를 증가시키는 역할을 담당하고 있다.

③ 소매업체의 역할

㉠ 대형 할인점이나 하이퍼마켓 등에서는 다양한 상품을 색깔, 동일한 상품군, 디자인 등의 구색을 맞추어 고객이 편리하게 구매할 수 있도록 상품의 구색을 제공한다.

㉡ 소매업체에서는 제조업체나 도매업체에서 대량으로 배송된 제품들을 고객이 구매하기 좋게 상품을 분할하고 배치하는 역할을 담당하고 있다.

㉢ 소매업체는 고객들이 편리하게 구매할 수 있도록 각종 서비스를 제공하고, 직원들로 하여금 상품에 대한 정보, 기능, 대금결제에 대한 사후지불방법 등에 대한 교육을 실시하고 있다.

㉣ 소매업체가 재고를 적절히 관리함으로써 고객이 필요로 할 때 제품을 제공하는 역할을 한다. 이는 소비자가 제품을 구매하여 저장, 보관하는 불편을 감소시키는 기능을 한다.

ⓜ 소매업체가 다양한 제품 진열과 재고를 유지하고, 제품 서비스를 제공함으로써 제품에 대한 가치를 상승시키는 효과를 수행하고 있다.

(2) 소화물 일관운송

① 소화물 일관운송의 개념

㉠ 하주로부터 1건 또는 1개 이상의 소형 · 소량의 화물운송을 의뢰받아 송하주의 문전에서 수하주의 문전으로 화물의 집하, 포장, 운송, 배달에 이르기까지 자기의 책임 하에 제공해 주는 편의 위주의 운송체계를 말한다.

㉡ 소화물 일관운송은 일반적으로 특송, 택배서비스, 문전 배달제라는 이름으로 화물운송 및 이에 관련된 일련의 서비스를 신속 · 정확하게 배달하는 이름으로 사용되고 있다.

② 소화물 일관운송의 특징

㉠ 신속성과 안전성 및 경제성을 특징으로 하고 있다.

㉡ 운송인이 화물에 대해 일관적인 책임을 부담한다.

㉢ 일관책임운송제도로서 포괄적인 운송서비스이다.

㉣ 소형 · 소량의 화물에 대한 운송체계이다.

ⓜ 문전에서부터 원하는 장소까지 모든 운송서비스를 제공하는 포괄적인 서비스이다.

③ 소화물 일관운송의 영향

㉠ 무점포 판매라는 새로운 형태의 판매업을 발생시켰다.

㉡ 물류업과 유통업 간의 경계를 파괴하는 결과를 야기하였다.

2. 물류센터

(1) 물류센터의 의의

① 물류시설은 주요기능에 따라 일반적으로 크게 보관센터(SC:stock center), 환적센터(TC:transshipment center), 배송센터(DC:distribution center) 등으로 구분할 수 있다.

② 현대의 물류시설은 보관, 환적, 집배송의 기능을 수행하게 되는데, 이 기능들을 집합적으로 수행되거나 일부 기능이 수행되는 물류시설을 통칭하여 물류센터라 한다.

③ 물류센터가 2개 이상 들어간 단지에 대해서는 물류단지, 유통단지, 도소매단지 등의 다양한 이름으로 부르고 있다.

④ 물류시스템은 크게 물류경로(link ; 수배송)와 물류거점(node ; 연결점)으로 구성되어 있다. 물류거점은 철도역, 항만, 트럭터미널 등 간접자본으로 정비되어 있는 것이 있고, 공장창고, 물류센터 등 민간 기업에 의해 정비, 운용되고 있는 것도 있다.

⑤ 물류센터는 다품종 대량의 물품을 공급받아 분류, 보관, 유통가공, 정보처리 등을 수행하여 다수의 수요자에게 주문에 대한 구색을 맞추어 서비스 수준을 유지하여 적기에 배송하기 위한 시설이라고 할 수 있다.

⑥ 물류센터는 복수의 공급자와 수요자가 교차하는 배송의 경우, 그것들을 통합하여 계획화하고 효율화를 도모하기 위해서 공급자와 수요자의 중간에 설치하는 시설을 의미한다. 이러한 물류센터는 운영 형태에 따라 물류센터, 물류거점(stock point) 센터, 배송센터, 데포(depot) 등 여러 가지 호칭으로 불리우고 있다.

(2) 물류센터의 특징

① 일정지역에서는 집하 후 물류센터에서 분류하여 해당지역의 물류센터들로 수송하고, 일정지역에서는 물류센터에서 분류작업 없이 해당지역의 물류센터로 바로 직송하는 방식을 Hub & Spoke 방식과 Point-to-Point 방식의 혼합방식이라고 한다.

② 물류센터에서 차량 적재방법 처리시, 주문건별(제품중심), 거래선별(거래선 중심), 배송코스별(배송코스 중심)로 선택하여 실시할 수 있으며, 차량 적재방법 여부에 따라,차당 적재율이 표시된다.

③ 즉시 · 적시 배송이 가능한 위치, 즉 다수 소매점으로의 접근성이 중요한 입지조건으로 고려되어야 한다. 일반적으로 일시보관, 피킹 · 분류, 유통가공 등의 기능 중심으로 운영된다.

④ 유통산업발전법상의 공동 집 · 배송센터는 도시 내 소매점에 상품을 공급하기 위한 물류시설로서 적시 배송이 가능한 위치, 즉 다수 소매점으로의 접근성이 중요한 입지조건으로 고려되어야 하고, 일반적으로 일시보관, 피킹 · 분류, 유통가공 등의 기능중심으로 운영된다.

(3) 물류센터의 기능

① 유입관리기능

㉠ 긴급한 주문은 직접 출고구역으로 이동하기도 한다.

㉡ 일반적으로 제품은 제조업체에서 물류센터로 이동하게 된다.

㉢ 물류센터로 이동된 물류는 필요한 수량검사를 통해 산지 피킹구역에서 보관한다.

② 인수 및 제품 점검기능

㉠ 제품이 물류거점에 도착했을 때 제품의 수량을 기록하는 과정이 인수과정이다.

㉡ 인수과정에서는 도착한 제품의 정확한 수량과 제품의 하자 여부에 대한 전반적인 검사를 실시한다.

㉢ 현재는 전자문서로 인수 및 점검과정을 단순하게 포장 내용물이 무엇인지 나타내는 코드에 의해 자동적으로 인식되기 때문에 배송물의 인수 · 점검이 쉽게 이루어진다.

③ 보관기능

㉠ 보관은 파렛트 보관구역(reserve area)에서 장기간 보관한다. 파렛트 단위로 제품을 보관하며, 피킹구역에서 제품을 보충하기도 한다.

㉡ 피킹시스템(picking system)이란 물류센터 내에서 상품을 유형별로 분류하는 작

업을 말한다. 이는 물건의 크기와 수량에 따라 분류할 수도 있고, 고객별로 분류할 수도 있다. 먼저 고객별로 물건을 피킹하고 물건의 크기와 동일 제품별로 피킹하는 것이 좋다.

④ 관리기능

㉠ 주문처리, 장부작성 및 정리, 재고량의 통계 등을 수행한다.

㉡ 여러 기능 중에서 어떠한 기능에 중점을 두느냐에 따라 물류센터의 성격이 결정되며, 이에 따라 입지, 건물구조, 규모, 시설, 기기 등 제반 시설이 달라진다.

⑤ 출고기능

㉠ 소매업체가 물류센터를 많이 이용하기 때문에, 물류센터에서 점포까지 출고 · 수송과정이 점차 복잡해지는 문제점이 발생하고 있다.

㉡ 물류센터는 복잡한 수송문제를 해결하기 위해 시스템을 개발하여 교통량, 도로상태, 수송시간 등을 계산해서 점포에 통고함으로써 점포와 유기적인 관계를 유지할 수 있다.

▣ 물류센터의 기능분석표

물류기지의 기능	활 동	활동내용	주요시설
중계기능	운송과정에서 중계활동 및 상거래활동	운송, 집배, 분류, 정리, 검수	트럭터미널, 물류센터, 창고, 철도, 항만, 공항, 도매 연계시설 등
보관기능	수요, 공급의 균형 조정을위한 보관 및 상거래활동	보관, 분류, 배송, 정리, 검수	창고, 물류센터, 도매시장, 정보센터
비가공 · 조절기능	제품의 질적변화를 위한 조립, 가공활동 및 상거래활동	가공, 조립, 분류, 정리, 검수	가공, 조립, 창고, 도매, 연계시설 등

(4) 물류센터의 위치

① 물류센터의 위치(입지)는 화물의 흐름을 잘 고려하여 결정해야 하며, 이를 위해 일반적으로 5가지 중요한 요소(PQRST)를 분석해야 한다. 이들 5가지 요소는 화물(Product or Material), 수량(Quantity), 경로(Route), 서비스(Service), 시간(Time)으로 구분된다.

② 물류센터는 배송시간 · 배송비용을 절감할 수 있는 상품의 수요가 많은 지역에 있어야 하고, 상품의 대량보관에 중점이 있는 것이 아니고, 효율적인 물류배분에 초점을 맞추어 위치를 선정해야 한다.

③ 물류센터는 물류거점의 위치에 따라 기능이 좌우되고 재고관리 등을 고려하여 납기를 지킬 수 있는 장소에 위치하여야 한다.

④ 물류센터 입지선정시 고려해야 할 요인 중 수배송서비스 조건으로는 배송의 빈도, 고객에 대한 도착시간, 리드타임, 고객까지의 거리여부 등을 충분히 고려해야 한다.

(5) 물류센터의 종류

① 공동 집 · 배송단지

㉠ 공동 집 · 배송단지는 동종 및 이종업체 간 또는 유통업체들이 대규모 유통업무단지를 조성하여 도매거래기능, 유통가공기능, 공동 수 · 배송기능, 공동 재고관리기능을 수행하는 대규모 물류단지를 말한다.

㉡ 공동 집 · 배송단지의 종류 중 공동건물식이란 건물은 하나이지만 상당수의 유통업체들이 단지화시킨 방식이고, 가구식은 대규모 유통물류단지를 질서 있게 구획을 설정하고 합리적으로 단지 내 지도를 마련하여 다수의 구획단위로 구분하는 방식이다.

㉢ 유통산업발전법상의 공동 집 · 배송센터는 도시 내 소매점에 상품을 공급하기 위한 물류시설이다.

② 농수산물 종합유통센터

㉠ 농수산물의 출하경로를 다양화하고 물류비용의 절감을 위하여 만든 장소이다.

㉡ 농수산물의 수집 · 가공 · 보관 · 수송 · 판매 및 그 정보처리 등 농수산물의 물류활동에 필요한 시설과 이에 관련된 업무시설을 갖춘 장소이다.

③ 복합물류터미널

㉠ 복합물류터미널은 순수물류기능을 담당하는 물류기지로서 넓은 의미로는 유통가공시설 또는 창고단지를 말하며, 좁은 의미에서는 배송센터나 물류터미널 외에 운송수단 간 연계시설, 화물취급장, 화물정보센터, 내륙통관기지를 말한다.

㉡ 복합물류터미널의 기능은 터미널기능으로서 적환기능의 기계화와 자동화 등의 생력화를 실현하고, 로트방식의 소규모 단위화를 촉진하여 혼재기능을 강화시키며 화물의 운송시스템과 보관시스템으로 연결하여 서로 간에 일체화를 가능하게 한다.

㉢ 알맞은 판매단위의 작은 단위로 분화하고, 다종류 상품을 세트조립 등의 작업을 통하여 상품의 수요형태로 변형하여 적합하게 한다. 탁송화물의 운행과 도착 정보 및 재고관리정보 등의 정보서비스를 가능하게 한다.

(6) 물류센터의 배치형태

① **연결형** : 대형 배송센터를 중앙에 위치하게 하며 보급거점으로서의 역할을 수행하게 하고, 그 주변에 소형 배송센터를 분산 설치한 다음 이를 고객의 배송거점으로 활용하는 배치형태이다.

② **구분형** : 다품종 소량생산 제조업자들이 주로 활용하는 집 · 배송센터이다. 전체적이고 합리적인 재고관리를 실시하는 재고배치로서 A · B · C로 분석하여 A · B품목을 제1선의 물류센터에 보관하고, C품목은 지역블록 담당의 전략창고에 보관하는 형태이다.

③ **집중형** : 배송센터를 집중적으로 배치하여 공동으로 구입하고 관리하는 일원적인 구조 및 계획배송을 실시하는 거점의 형태로서 이러한 집중형은 백화점이나 슈퍼 등의 집 · 배송센터로 활용된다.

④ **분산형** : 각자 자신의 회사에서 생산한 물품을 인근의 영업창고에 보관한 후, 고객이 주문할 경우 상(商) · 물(物) 분리형태에 따라 서로의 데이터 전송 등의 방법으로 정보시스템을 결합하여 이를 배송 · 운송하는 형태이다.

(7) 해외 물류센터

① 해외물류센터의 설치는 수출자에게 해외의 특정지점에 보관창고를 보유하게 하는 것이고, 개별운송하는 방식에서 벗어나 비용을 절감하고 서비스의 개선을 가져온다.

② 해외물류센터의 설치는 물류비를 절감하고 물류서비스를 개선하는 효과가 있다. 중 · 소화주들의 신용장(L/C) 개설 부담을 줄이고, 소량주문에도 제품인도를 가능하게 한다.

③ 대형업체들은 안정적인 수송 및 보관활동과 수주활동을 할 수 있고, 국내물류센터의 조건과 비슷하지만, 현지공장과 생산거점화 할 수 있는 곳이 바람직하다.

3. 물류센터와 관련항목

(1) 내륙ICD(Inland Container Dpot)

① 공단과 항만 사이를 연결하여 화물유통을 원할히 하기 위한 대규모 물류기지를 말한다. 규모의 경제효과인 대규모의 화물을 수송함에 따라 수송효율의 향상과 항만지역이 교통 혼잡을 회피할 수 있어 수송비를 절감할 수 있다.

② 지역적으로 위치한 시설 면에서는 항만지역보다 창고시설 · 보관시설의 토지 취득이 용이하고 시설비용이 절감되어 창고보관료를 상당히 절감할 수 있다.

③ 하역작업의 자동화와 기계화로 노동력을 안정적으로 확보할 수 있고, 노동자들의 노동생산성이 향상된다.항만에서의 통관혼잡을 피하여 통관을 신속하게 하므로 정체비용을 절감할 수 있다.

④ 물류시설 중 '항만 및 내륙운송수단의 연계가 편리한 산업지역에 위치하여 컨테이너 집화, 혼재를 위한 하치장을 말하며, 컨테이너장치, 보관기능, 집화, 분류기능 및 통관기능을 담당' 하는 시설물이며, 통관절차를 마친 제품의 재포장이 필요한 경우 ICD 자체 내에 있는 포장시설을 이용할 수 있다.

(2) 스톡포인트(SP : Stock Point)

① 재고품의 보관거점으로, 앞으로 있을 수도 있는 예상수요의 보관거점으로 물품보관에 주력하는 보관창고라고 할 수 있다. 스톡포인트는 정태적 의미에서 유통창고를 말하며, 배송센터와 비교된다.

② 제조업체들이 원료를 쌓아두거나 완성품 · 폐기물을 쌓아두는 경우가 많고 유통업체들의 입장에서는 배송의 전 단계라고 본다. 재고품을 비축하거나 다음 단계의 배송센터로 상품을 이전시키기 위해 일시 보관하는 곳이다.

(3) 디포(DP; Depot)

① 디포(DP;Depot)는 수송을 효율적으로 수행하기 위해서 갖추어진 배송처를 말하고, 컨테이너가 CY에 반입되기 전에 야적된 상태인 컨테이너를 적재시킨 장소이다.
② 생산지에서 소비지로 배송할 때 각지의 디포까지는 하나로 통합하여 수송을 하기 때문에 수송비의 절감과 고객의 서비스 향상에 기여한다.
③ CY(Container Yard)는 보세장치장을 이르는 말로, 빈 컨테이너나 풀 컨테이너에 넘겨주고 넘겨받아 보관할 수 있는 넓은 장소를 말한다.

4. 물류 거점

(1) 물류 거점의 개념

① 물류시스템은 크게 수배송 경로에 해당하는 연결선(link)과 이러한 연결선들 간의 접점이 이루어지는 장소인 연결점(node)으로 구성되어 있는데, 바로 이 연결점에 해당하는 장소 및 시설이 물류거점 또는 물류단지에 해당한다.
② 물류단지에는 하역, 보관, 유통가공, 포장, 정보, 수배송 등 물류시스템의 하부기능들이 집약되어 있어 물류합리화의 중요한 원천이 된다. 물류합리화는 이러한 연결점과 연결선이 얼마나 합리적으로 설계되어 있고, 또 얼마나 효율적으로 연계되어 있느냐에 따라 그 결과가 달라진다.

(2) 물류 거점의 종류 및 기능

① 복합화물 터미널은 화물의 집하, 하역, 분류, 포장, 보관 또는 통관에 필요한 시설을 갖춘 화물유통의 중심장소로서 2종류 이상 운송수단간의 연계수송을 할 수 있는 규모와 시설을 갖춘 화물터미널로서 포함시설은 화물 취급장, 주차장, 배송센터, 화물정보시설, ICD(CY 및 CFS), 운송수단간 연계시설, 창고시설, 관련 복지시설이다.
② 집 · 배송단지는 유통산업발전법에 근거하여, 상품을 산지에서 집하하여 보관, 가공 또는 포장하고 이를 수요자에게 수배송하여 관련 유통정보를 종합분석, 처리하기 위한 유통업무 설비단지로서 복합시설은 창고, 주차장, 보관, 분류하역장, 일반편의시설, 복지후생 시설이다.
③ 내륙컨테이너기지(Inland Container Depot)는 컨테이너화물의 유통생산성을 향상시키고 내륙수송체계를 확립시키기 위한 ICD를 부곡과 양산지역에 조성함으로서 지역의 화물터미널과 연계하여 내륙화물 기지를 구축할 계획이고, ICD의 조성으로 내륙지 항만으로서의 기능, 집화 및 물류센터로서의 기능, 내륙통관기지로서의 기능, 공 컨테이너의 재고관리 및 유지보수기능 등을 수행하게 될 것이다.

공급체인망관리(SCM)

1. SCM의 개요

(1) 공급체인(Supply Chain)

① 공급체인의 개념

㉠ 공급체인은 원자재업자로부터 공장, 창고를 거쳐 소비자에게 최종제품을 전달하는 것 까지의 모든 활동이며, 원자재 공급업체, 제조업체, 유통업체, 고객 등을 연결한다. 즉 , 공급사슬은 원자재 공급업체, 제조업체, 유통업체, 고객 등을 연결한다.

㉡ SCM은 「협력업체(공급)→제조공장(제조)→물류센터(유통)→유통업체(판매)→소비자(고객)」의 단계를 거치는 자재 및 제품의 흐름이다. 공급사슬에서 재화 및 자금은 일방향인 반면, 정보는 양방향으로 흐른다.

㉢ 제조, 물류, 유통업체 등 유통공급망에 참여하는 모든 업체들이 협력을 바탕으로 정보기술(Information Technology)을 활용, 재고를 최적화하고 리드타임을 대폭적으로 감축하는 관리시스템이다.

㉣ 소비자의 수요를 효과적으로 충족시켜주기 위해서 신제품 출시, 판촉, 머천다이징 그리고 상품보충 등의 부문에서 원재료 공급업체, 제조업체, 도소매업체 등이 서로 협력하는 경영관리시스템구축활동이다.

② 공급사슬 구성 요소

㉠ 상위 흐름 공급사슬(Upstream Supply Chain)은 조직의 첫째 상단에 있는 2차 원자재 공급상과 1차 원자재 공급상 간의 공급사슬이다.

㉡ 하위 흐름 공급사슬(Downstream Supply Chain)은 제품을 최종 고객에게 전달하는데 관련된 전 과정을 지칭한다.

㉢ 내부 공급사슬(Internal Supply Chain)은 입고분을 출고분으로 전환하는 과정에서 조직이 수행하는 과정을 말한다.

③ 공급사슬 구성의 부수적 요인

㉠ 공급사슬(Supply Chain)은 원자재 획득, 원자재를 반자재 및 완성재로 변환하고 유통시키는 역할을 수행하는 네트워크이다.

㉡ 공급사슬 대응시간(Supply Chain Response Time)은 시장의 변화에 대응할 수 있는 기업의 유연성과 대응성을 측정하는 지표로 시장의 심각한 수요변화에 전체 공급사슬이 대응하는데 소요되는 시간을 말한다.

㉢ 총 공급사슬 관리비용 (Total Supply Chain Management Costs)은 공급사슬을 운영하는데 소요되는 모든 비용의 합을 의미하며, 이 성과지표를 측정하는데 가장 어려운 점은 각 비용요소를 계산하기 위한 데이터를 수집 하기가 쉽지 않다는데 있다.

㉣ IOIS(Inter Organizational Information System)은 공급체인 기업간 정보 공유를 위한 시스템으로공급체인 구성원 간 실시간 정보공유가 가능하며, 통합공급체인의 환경에서의 정보의 중요성에 의해 도입되었다.

④ 시장대응적 공급사슬 형태

㉠ 혁신적 제품에 적합한 공급사슬 형태이다.

㉡ 불확실한 수요에 대응하기 위해서 완충 생산능력을 보유하도록 구축된다.

㉢ 스피드와 유연성을 가진 공급자를 통해서 원자재를 조달하는 것이 바람직하다.

㉣ 원자재로부터 소비자까지의 과정상의 자재, 정보, 지불, 서비스 등 흐름을 포함한다.

㉤ 공급체인 관리(supply chain management)에서의 구매 성향은 장기적인 협조 관계의 구축에 있다.

(2) SCM의 의의

① 공급자로부터 최종 소비자에게 상품이 도달되는 모든 과정으로서 공급사슬관리라고 하며, 제품, 정보, 재정의 흐름을 통합하고 관리하는 것을 말한다.

② 제조, 물류, 유통업체 등 유통 공급망에 참여하는 전 기업들이 협력을 바탕으로 양질의 상품 및 서비스를 소비자에게 전달하고 소비자는 거기에서 극대의 만족과 효용을 얻는 것을 목적으로 한다.

③ 효율적인 SCM은 필요할 때면 언제든지 제품이 항상 쓸 수 있다는 전제하에 재고를 줄이는 것이라고도 말할 수 있다.

④ 소비자의 수요를 효과적으로 충족시켜 주기 위하여 신제품 출시, 판촉, 머천다이징, 그리고 상표 보충 등의 부문에서 원재료 공급업체, 제조업체, 도소매업체 등이 서로 협력하는 것이다.

⑤ 제품, 정보, 재정의 세 가지의 주요 흐름으로 나눌 수 있는데 제품 흐름은 공급 자로부터 고객으로의 상품 이동은 물론 어떤 고객의 물품 반환이나 사후 서비스 등이 모두 포함된다. 정보 흐름은 주문의 전달과 배송 상한의 갱신 등이 수반된다. 재정 흐름은 신용 조건, 지불 계획, 위탁 판매, 그리고 소유권 합의 등으로 이루어진다.

⑥ SCM은 크게는 SCP와 SCE로 구분된다. SCP(Supply chain planning)는 수요예측, 글로벌 생산 계획, 수 · 배송 계획, 분배 할당 등의 공급망의 일상적 운영에 대해 최적화된 계획을 수립하며, SCE(Supply chain excution)는 창고, 수 · 배송 관리 등의 현장물류의 효율화와 바코드(Bar code) 등의 정보도구의 인터페이스에 의한 현장 물류 관리를 한다.

(3) SCM의 등장 배경

① 고객 서비스 요구 증가

㉠ 제품에서는 여러 경쟁 기업들 간에 품질적인 큰 차이가 없어졌다.

㉡ 고객에 대한 관심이 비제품 쪽으로 옮겨가므로 자연스럽게 고객에 대한 서비스 향상을 목표로 설정한다.

㉢ 원재료의 조달부터 제품을 제조하여 판매를 하는 데까지와 판매 후에는 사후 서비스를 높여 고객을 효율적으로 관리하여야 한다.

② 시간 경쟁

㉠ 제품의 수명 주기가 점점 더 단축되고 있다.

㉡ 신제품의 개발 속도가 빨라져 적기에 원재료와 제품의 공급이 필요하게 되었다.

㉢ 그 결과 시간 경쟁은 피할 수 없는 현실이 되고 있다.

③ 세계 경영

㉠ 국가간 교역을 하는 대부분 기업은 해외에 지점이나 자회사를 두고 있다.

㉡ 해외지점이나 자회사에 판매망을 통하여 효율적으로 원재료나 완제품을 공급하는 효율적인 관리체계가 필요하다.

㉢ 체계적인 시스템에 의해 경쟁에서 앞서 나갈 수 있고 세계경영이 가능하다.

(4) SCM의 효과

① EDI를 통한 유통업체의 운영비용 절감 및 생산 계획의 합리화가 증가한다.

② 수주 처리기간의 단축과 공급업체에 자재 품목별로 분리하여 주문 가능하다.

③ 재고의 감소와 생산성 향상, 조달의 불확실성 감소, 수익성의 증가, 고객 만족도 증가한다.

④ 제조업체의 생산계획이 가시화 되어 공급업체의 자재재고가 축소 가능하고, 자동 수 발주 및 검품, 업무 절차의 간소화가 가능하다.

⑤ 정보의 적시 제공과 공유, 업무 처리시간의 최소화, 납기 만족에 의한 생산의 효율화, 유통정보기술을 통한 재고관리의 효율화가 가능하다.

(5) SCM의 특징

① SCM은 구매, 생산, 배송, 판매 등을 단편적인 책임으로 보는 것이 아니라 하나의 단일체로서 인식한다. '기획-생산-유통'의 모든 단계를 포괄한다.

② SCM은 공급자, 유통업자, 제3자 서비스 공급자 및 고객 간의 협력과 통합을 포괄한다.

③ SCM은 물류의 흐름을 고객에게 전달되는 가치의 개념에 기초하여 접근하고, 주문 사이클의 소요시간을 단축한다.

④ 정보기술의 공급사슬 관리 영향은 채찍효과의 감소, 안전재고량 감소, 수요와 공급의 불확실성이 감소한다.

⑤ SCM의 문제점 해결 위한 방안 으로 공급업자의 수를 줄이고, 구매와 판매의 리드타임을 줄이며, 공급업자와 전략적인 동반자 관계를 만든다.

(6) SCM의 산업별 표현 방법

① 의류 부문(QR; Quick Response)
② 식품 · 잡회 부문(ECR; Efficient Consumer Response)
③ 신선식품 부문(EFR; Efficient Food Service Response)
④ 의약품 부문(EHCR; Efficient Healthcare Consumer Response)

(7) SCM용 솔루션

① 기업간의 정보교류를 위해서 개발된 것으로 기업간 정보시스템의 특성을 가진다.
② 기업 내의 ERP 시스템과 연동되면 제품의 생산계획 및 판매에도 영향을 미친다.
③ 조직내외부의 정보화가 동시에 추진되며 총괄적 의사결정을 지원하기 위해서 계획관리 중심으로 운영된다.

(8) 공급체인 이벤트관리(SCEM : Supply Chain Event Management)

① 공급체인이벤트관리(SCEM)는 물류정보를 실시간으로 획득하여 고객과 공유하고, 이 정보를 바탕으로 발생할 수 있는 문제를 미리 예상하여 협력함으로써 공급체인 계획과 공급체인실행의 효과성 및 효율성을 제고하는 시스템이다.
② 도입 배경으로는 고객의 다양한 요구사항에 대한 대응력 부족과 주문 이후의 고객 서비스 및 사후관리 서비스의 문제점 대두 및 관련기업간 수작업 업무의 증가로 인한 유연성 부족 및 고정비용 증대 때문이다.

2. 린(Lean)공급사슬과 애쥐얼(Agile)공급사슬

(1) 린(Lean)공급사슬

① 린(Lean)의 사전적 의미는 '얇은','마른','(비용을)절감한'이란 의미로 정확하게 자재구매에서부터 생산, 재고관리, 유통의 모든과정에 손실최소화, 최적화한다는 개념이다.
② 린공급사슬의 경우 대량생산이 가능한 제품의 형태를 가지고 있어 규모의 경제를 추구하는 것이 필요하다. 생산방식은 불규칙한 수요에 맞춰서 생산량을 조절할 수 있는 유연하면서 효율성 높은 생산방식을 의미한다.
③ 필요한 것을, 필요할 때에, 필요한 만큼, 얼마나 싸게 만들어내느냐 하는 제조업의 영원한 테마로써 재고 제로, 불량 제로를 이루는 것이다. JIT 즉, 도요타 생산방식은 MIT의 프로젝트팀에 의해 '린 생산방식'으로 명명되었으며, 대량생산시대에서 다품종 소량생산시대로 이행한 오늘날 뛰어난 제조방식으로 높이 평가받고 있다.
④ 상품의 다양성 측면에서 보면 린공급사슬의 경우가 Agile공급사슬의 경우보다 낮다. 린 경영혁신을 성공적으로 추진하기 위해서는 전사적 조직문화가 밑바탕이 되면서 경영층과 전 사원이 한 방향으로 참여할 때 그 시너지가 발휘된다.
⑤ 경영혁신은 "철저한 낭비제거를 통한 고객 가치 창출"을 목적으로 한다. 사람도 꾸준히 적절한 운동을 하지 않으면 살이 찌듯이 비대해지고 느려지는 기업도 전략적으로 날씬하게 만들어주는 방법이 바로 린 경영혁신이다.

(2) 민첩(Agile)공급사슬

① 민첩(Agile)공급사슬은 간편한 구성관리로 즉시 사용한 구조로 되어있으며 산업별 장점들을 시스템에 반영하고 있다. 경쟁사대비 우위의 기술을 보유하고 있으며, 이는 지속적인 경쟁력 확보의 수단이다.

② 영업과 배송은 적시에 적량을 고객에게 서비스하는 것이 최우선과제라면 생산에서는 생산원가 절감이 우선인 경우가 그렇다. 그러다 보니 부서별로 Lean하게 갈 것인지 아니면 Agile해야 되는지를 판단하는 것이 어렵게 되었다.

3. SCM의 성과측정도구

(1) 균형성과 표(BSC : Balanced Score Card)

① 조직의 비전과 경영목표를 각 사업 부문과 개인의 성과측정지표로 전환해 전략적 실행을 최적화하는 경영관리기법으로 하버드 비즈니스 스쿨의 Kaplan 교수와 경영 컨설턴트인 Norton이 공동으로 개발하여 1992년에 최초로 제시했다.

② 주요 성과지표로는 재무, 고객, 내부프로세스, 성장과 학습 등이 있으며 기존의 재무성과 중심의 측정도구의 한계를 극복하기 위해 개발되었다. 재무, 고객, 내부 프로세스, 학습·성장 등 4분야에 대해 측정 지표를 선정해 평가한 뒤 각 지표별로 가중치를 적용해 산출한다.

③ BSC는 비재무적 성과까지 고려하고 성과를 만들어낸 동인(動因)을 찾아내 관리하는 것이 특징이며 이런 점에서 재무적 성과에 치우친 EVA(경제적 부가가치), ROI(투자수익률) 등의 한계를 극복할 수 있다.

④ BSC는 재무적인 성과지표를 중심으로 하는 전통적인 성과측정제도의 문제점을 보완할 수 있는 성과측정시스템으로 인식되고 있으며, 조직의 비전과 전략을 성과지표로 구체화함으로써 조직의 전략수행을 지원하고, 다양한 성과지표 간의 인과관계를 통하여 조직의 전략목표 달성과정을 제시하는 성과지표의 체계를 전략지도(strategy map)라고 한다.

(2) SCOR(Supply Chain Council & Supply Chain Operation Reference) 모형

① SCOR는 'Supply Chain Council'에서 개발·보급하고 있는 표준적인 공급망 프로세스 참조 모델(process reference model)이다.

② SCOR는 비즈니스 프로세스의 관점에서 해당 기업의 공급업체로부터 고객에 이르기까지 계획(plan), 공급(source), 생산(make), 인도(deliver), 회수(return)가 이루어지는 공급망을 통합적으로 분석한다는 데 그 기초를 두고 있다.

③ 조직내 외부의 관점에서 성과를 측정할 수 있으며, 공습사슬관리의 성과측정을 위해 개발된 모형이고, 계획, 조달, 제조, 인도, 반환 등의 5가지 기본 프로세스를 가지고 있다.

④ SCOR에서는 공급망 성과측정을 위해 공급망의 신뢰성(reliability), 유연성(flexibility), 대응성(responsiveness), 비용(cost), 자산(asset) 등 크게 5가지 분야의 성과측정 분야를 제시하고 있다.

⑤ 공급망의 통합적 분석을 통해 공급망 상의 상품, 서비스, 정보의 흐름을 개선하며 망 내의 연결부분에서 발생하는 과잉재고와 낭비요인을 절감시킬 수 있는 방법을 도출할 수 있게 한다.

⑥ SCOR는 기존의 성과측정 방법들이 가지고 있는 기능위주의 성과측정의 문제점을 보완하고, 공급망 전반의 성과와 효과성에 대한 측정을 가능하도록 하고 있다.

⑦ 전략적인 수준에 초점을 두고 있는 BSC와는 대조적으로 SCOR는 SCM의 전략 및 운영성과를 측정하고 개선분야를 구체적으로 파악할 수 있다는 장점을 가지고 있다.

(3) EVA(Economy Value Added)법

① EVA는 세전영업이익에 법인세와 가중평균자본비용을 차감함으로써 측정한다. 가중평균자본비용이란 기업의 투하자본을 부채와 자기자본의 비중으로 나누고 각각에 대해 자본조달비용과 기회비용을 산출하여 가중평균한 것이다.

② 부가가치 생산성(Value-Added Productivity)은 상품 매출이라는 목표를 달성하기 위해 필요한 비용과 생산성 성과를 측정하는 지표로 기업의 공급사슬프로세스를 운영하기 위해 자원을 얼마나 효율적으로 관리하는 지표이다.

06 QR 시스템

1. 신속 대응(QR : Quick Response)

(1) QR system의 개념

① 신속대응시스템(QR시스템)은 소비자의 만족을 극대화하기 위해 제조업자와 공급업자 및 운송업자들이 긴밀한 협조관계를 유지하기 위해서도 필요한 시스템이다.

② 상품을 수령하는 데 따른 비용을 줄이고, 업체에서는 즉각적인 고객서비스를 할 수 있어 서비스의 질을 향상시킬 수 있고 업무의 효율성과 소비자의 만족을 극대화시키며, 유행의 속성을 지닌 패션상품에 적합하다.

③ 생산에서 판매에 이르기까지 시장정보를 즉각적으로 수집하여 대응하고, 회전율이 ECR에 비해 상대적으로 낮은 상품에 적합한 시스템이며, 구성요소로는 EDI, 인터넷 통신시스템, POS시스템, KAN(GS1) 코드 등이 있다.

④ 생산, 유통관계의 거래 당사자가 협력하여 소비자에게 적절한 시기에 적절한 양을 적정한 가격으로 제공하는 것이 목표이며 소비자의 개성화나 가격지향시대에 적응하기 위해 기업의 거래선과 공동으로 실시하는 리엔지니어링의 개념이다.

⑤ 소비자 중심의 시장 환경에 신속히 대응하기 위한 시스템으로서 생산에서 유통에 이르기까지 표준화된 전자거래 체제를 구축하고, 기업간의 정보 공유를 통한 신속, 정확한 납품과 생산 및 유통기간의 단축, 재고의 감축, 반품 로스의 감소 등을 실현하기 위한 산업 정보화의 체계이다.

(2) QR시스템의 효율성

① 신기술 접목을 통한 상품의 기획 · 구매 · 생산 · 유통과정상의 재고수준 절감 및 소요기간을 단축시키고, 물류비를 줄일 수 있는 잠재력을 가지고 있다고 볼 수 있다.

② QR은 정보기술과 참여기술의 활동을 통해 상품에 대한 소비자들의 반응에 신속히 대처하며 비용을 절감한다는 목표를 두고 있다.

③ QR시스템에서는 즉각적인 시장수요에 대응하여 소량으로 주문하여 판매하는 것으로 재고비용을 절감할 수 있다.

④ QR은 상품을 공급함에 있어서 소비자들이 원하는 시간에 맞추어 공급하고, 불필요한 재고를 없애서 비용을 감소시킨다는 원칙이 출발점이다.

⑤ QR은 POS나EDI 등의 정보기술을 활용하여 발주에서 제품이 조달되는 기간을 단축시켜 소비자가 원하는 상품을 즉시 보충할 수 있게 pull시스템을 사용한다.

⑥ QR이 추구하는 목적은 제품개발의 짧은 사이클화를 이룩하고, 소비자의 욕구에 신속대응하는 정품을, 정량에, 적정가격으로, 적정장소로 유통시키는 데 있다.

⑦ QR은 원자재 조달과 생산 그리고 배송에서의 누적 리드타임을 단축시키고, 미국의 패션의류업계가 수입의류의 급속한 시장잠식에 대한 방어목적으로 개발하였다.

⑧ 유통업자와 제조업자간의 정보네트워크를 축으로 하기 때문에 납기를 단축할 수 있다. 공급업체와 점포가 협조관계를 유지하면서 점포에 진열준비가 끝난 제품들을 배달함으로써 상당한 물류비의 절감을 가져온다.

(3) QR시스템의 필요성

① QR시스템은 기본적으로 소비되는 제품에서도 필요하지만, 최신 유행의 의류업체에서도 필요하며, 유행성이 강한 상품은 새로운 색상과 스타일이 중요하므로 즉각적으로 대응할 수 있어야 하고, 계절적으로도 민감하므로 빠르게 적응할 수 있어야 한다.

② 상당수의 소매업체는 자신들이 물류업체에서 제품을 수령하거나 도매업체로부터 배송되어 온 제품에 대해 일일이 검색하는 과정을 거치는 등 물류비가 많이 들어간다.

③ 전 세계의 시장규모가 생산자의 대량생산에 의한 수요를 창출하는(Product Out) 방식에서 정확한 수요자의 필요에 대응하는 기획생산형(Make In)방식으로 변화하고 있다.

④ 산업의 경쟁력은 보다 신속하게 적절한 가격으로 소비자가 필요로 하는 제품을 공급할 수 있는 정보화산업으로 구조를 개선해야 한다.

⑤ 고객의 소비욕구에 적절히 대응하기 위해서 필요하다. 구체적으로 출고된 제품이 어느정도 판매되고 있으며, 고객의 불만사항이 어느 곳에 있는지를 파악해서 즉각적으로 대응함으로써 기회손실과 부동재고의 문제를 해결할 수 있다.

2. QR시스템의 활용

(1) QR 시스템의 활용내용

① QR 시스템을 구축하기 위해서는 상품 공통의 표준화 사업 및 제정된 표준의 정부 차원의 인준이 요구된다.

② QR 시스템은 재원 조달이나 업무 추진에 대한 한계로 인해 기업이나 개인이 이를 추진하기는 무리가 있으므로 정부가 정책적으로 추진해야만 한다.

(2) QR시스템의 발전단계

① **제 1단계 :** 공동상품코드를 제품에 표시하며, 경쟁력 있는 서비스를 우선 개발하고, EDI를 기반으로 하여 개발서비스를 확대해 나간다. 이후에 서비스 개발을 고려한 시스템을 구축하며, 서비스의 신뢰성을 높이기 위해 운영능력을 제고한다.

② **제 2단계 :** 전자거래의 활성화로 기업의 EDI업무에 적용하며, 물류센터의 크로스 도킹(Cross Docking)화와 소매창고의 재고삭감이 실현된다. 유로화를 고려하여 시스템을 구축하고 QR 참여기업의 업무프로세스 개선을 지원한다.

③ **제 3단계 :** POS판매 데이터를 공유함에 따라 예측가능성이 강화되며, 고부가가치 정보 제공을 통한 재원기반이 구축되고, EDI 서비스와 다중 미디어 정보서비스를 기반으로 CALS 확대 및 해외 DB서비스의 본격적인 제공과 성숙한 마케팅 부서를 통한 장기적인 전략을 수립한다.

④ **제 4단계 :** 제 3단계까지의 성과로 얻은 고도의 정보를 이용한 상품 디스플레이, 영업 등의 소매지원이 행해지고, QR을 이용하여 유행의 변화에 대응하고 소량생산 제품의 대응을 신속하게 할 수 있으며, POS · EDI · EOS · DB의 기술요소가 사용되고 있다.

(3) ECR시스템과 QR의 상대적인 비교

① ECR은 가격이 싼 상품에, QR은 가격이 비싼 상품에 적합하다.

② ECR은 회전율이 높은 상품에, QR은 회전율이 낮은 상품에 적합하다.

③ ECR은 자동발주 연속보충시스템이고, QR은 타이밍에 맞는 보충이 중요한 상품에 적합하다.

④ ECR은 크로스도킹(Cross Docking)상품납입방식이 적합하고, QR은 진열된 상태에서의 상품납입(FRM:Floor Ready Merchandise)방식이 적합하다.

⑤ 수요가 예측가능하고 마진이 낮으며 제품유형이 다양하지 않은 기능적 상품의 경우에는 ECR이 QR보다 적절하다.

⑥ 제품이 비교적 혁신적이고 다양하며 유행에 민감하여 수요가 가변적인 상품은 시장에 대한 신속한 대응이 요구되므로 ECR보다 QR이 더 적합하다.

⑦ ECR이 운송비용을 최소화하는 관점에서 운송수단을 선택하는데 비해, QR은 소비자 욕구에 신속히 대응하기 위해 비용이 높은 항공편으로 배송하기도 한다.

(4) QR시스템의 관리방식

① 재고주문 시 재고량이 적정재고량 밑으로 감소하게 되는 발주점에 이르면, 재주문이 자동적으로 이루어진다.

② 대금을 결제할 때에는 전자대금결제방식으로 신속하게 이루어지며, 전자대금의 결제는 POS시스템을 통한 신용카드, 선불카드, 직불카드 등을 포함한다.

③ 계산대에서 상품의 바코드를 판독하고, 컴퓨터는 상품이름과 가격 등을 자동적으로 인식하기 때문에 계산기간을 단축할 수 있다.

④ 공급자가 주문을 받으면 공급업자, 주문번호, 주문처, 목적지 등의 정보를 상품에 표시해서 발송한다.

(5) QR시스템의 운용분야

① 거래업체 상호 간에 정보공유체제를 구축하거나 POS정보의 시스템, 바코드, 스캐닝, 수·발주시스템 등을 포함한다.

② 유연생산시스템으로써 단위생산시스템, 컴퓨터 지원생산, 자동생산공정, 생산계획 등을 포함한다.

③ 고객을 제품기획단계에 포함시켜 그 제품 내에 고객의 기술요소가 포함되도록 하며, 재고 주문시 다품종 소량주문이 포함되고, 관리는 자동재고관리시스템을 운용한다.

(6) QR시스템의 효과

① 공급업체는 소매업체와 지속적인 정보교환을 함으로써 판매량과 생산계획 및 물류과정을 예측할 수 있어 위험부담을 줄일 수 있으며, 시장수요에 신속하게 대응하여 기업경쟁력을 향상시킨다.

② 주문되어진 상품이 점포에 배송되는 시간인 누적리드타임이 최소화되면서 재고의 감소 효과를가져오며, 리드타임이 짧을수록 수요의 예측이 쉽기 때문에 재고의 부담이 줄어들며, 공급사슬에서 재고를 쌓이게 하는 요소를 제거한다.

③ 고객에 대한 양질의 서비스를 제공할 수 있으며, 물류비용 등 기타의 비용을 절감함으로써 매출과 수익의 증가를 가져오며, 고객요구에 대한 반응시간을 길게 만드는 요인을 제거한다.

④ 공정의 단계가 다단계에서 소단계로 축소되기 때문에 공정시간이 줄어들고, 공정관련 인원도 줄어든다.

⑤ 계절적 제품이나 유행성 제품들은 한시적으로 판매를 해야 하기 때문에 QR시스템으로 인하여 판매를 할 수 있는 기회가 증가하였다.

⑥ 시장의 수요변화 등을 즉각적으로 체크함으로써 상품의 다양화, 제품의 하자를 알 수 있어 제품의 질이 향상된다.

⑦ QR(Quick Response)의 도입을 통해 얻을 수 있는 효과의 대표적인 내용으로는 상품의 품절 방지와 재고회전율의 증가, 고객정보의 효율적 활용에 의한 소비자 기호에 부응, 신속한 물류서비스를 실현할 수 있다.

07 e-Retailing 관리

1. e-Logistics

(1) e-Logistics의 개념

① IT기술을 기반으로 물류서비스를 제공하는 업체가 다양한 부가가치 물류서비스를 온라인상에서 구현하도록 지원하는 것을 말한다.

② 정보 통신 기술을 기반으로 하여 물류 서비스 제공업체가 다양한 부가가치 물류 서비스를 온라인상에서 구현하여 공급체인관리 개념하에 화주 기업의 물류 프로세스를 효율적으로 지원하는 활동이다.

③ IT 기반인 특히 인터넷을 기반으로 하는 관련 주체들 간에 물류 프로세스 수행을 효율적으로 지원하는 서비스이다.

(2) e-Logistics의 기능

① 수요 충족기능인 운송 · 보관 · 하역 · 포장 등의 물류관리 본래의 기능을 한다.

② 수요 창조기능은 물류 서비스를 고도화하고 물류를 통한 유통 채널의 강화 및 유통 채널의 물류를 효율적으로 지원하는 일을 말한다.

③ 수요 창조기능에 속하는 e-Logistics의 주요 기능으로 부가가치 물류 서비스를 들 수 있고, 부가가치 물류 서비스의 유형으로는 화물 추척 서비스, 화주의 물류 업무 지원 서비스, 온라인 물류 업무 지원 서비스 등이 포함된다.

(3) e-Logistics 서비스

① 화주의 물류 업무 지원 서비스는 화주 또는 e-Markeplace를 통한 운송업체의 운송 정보를 연계 서비스인 운임 조회, 운송 의뢰, 화물 추적, 운임 청구 및 정산, 실적관리 등을 말한다.

② 동적 운송 경로관리는 실시간 운송을 지시할 수 있으며, 화주의 운송 경로 변경 의뢰를 처리할 수 있다.

③ 화물 추적 서비스는 화물의 위치 정보 서비스를 받을 수 있으며, 또한 예상 도착시간과 운송지역 정보를 제공할 수 있다.

(4) e-Logistics의 효과

① 조달 구매주기 감소와 자동화를 통해 주문주기 단축 효과가 있다.

② 프로세스의 효율화와 구성원을 통제하는 효과가 있다.

③ 수요 예측을 통한 재고 절감 효과가 있다.

④ 중개 및 아웃소싱의 기회 확대 효과가 있다.

⑤ 원활한 의사 소통으로 빠른 제품출시 효과가 있다.
⑥ 판매시장과 거래 대상을 다변화하는 효과가 있다.
⑦ 내부 프로세스의 유기적인 연대 가능 효과가 크다.
⑧ 물류의 전문화와 3PL의 등장 및 물류정보의 통합화인 가상 SCM의 구현효과가 있다.

(5) e-Logistics의 발전과 한계

① 소비자들이 원하는 화물 추적, 차량위치 추적, 화물상태 정보 등을 실시간으로 Mobile Device를 활용하여 제공하며 휴대폰, PDA, 무선 스캐너 등의 통신망의 의존도가 절대적이다.
② 화물 중개 사이트에서 제공하는 화주나 운송사에 대한 정보가 불충분한 경향이 있으며, 화주와 포워드에게 기존거래 관행에 대한 고정 관념이 남아있고, 중개 사이트가 제공하는 서비스에 대한 인지도가 낮다.

2. e-Procurement

(1) e-Procurement의 개념

① 인터넷 환경을 이용하여 입찰 공고와 협상을 통해 재화나 용역을 구매하는 것을 말한다. 인터넷을 통해 기업의 구매 및 조달 문제를 처리함으로써 업무의 효율성과 상당한 비용의 절감을 가져온 방법으로 전자구매 또는 전자조달이라고 한다.
② 물품 선택, 구매 요건, 승인, 주문, 운반, 결제, 수령까지 구매 프로세스 전체를 인터넷을 통하여 자동화하는 것이다.
③ 기업의 구매비용을 절감시켜 기업 경쟁력을 강화하고자 하는 전자구매 시스템을 말하며, 구매 · 조달의 투명성을 확보하는 부수적인 효과를 거둘 수 있다.
④ 대부분의 구매업무를 실시간으로 처리할 수 있도록 해 구매기간을 단축시키고, 구매처리의 lead time역시 단축시킬 수 있다.
⑤ 구매, 재고비용의 절감으로 경영의 효율화를 달성할 수 있으며, 불필요한 업무 프로세스를 과감하게 없애, 필요한 업무를 최적화 시킨다.

(2) e-Procurement의 특징

① 거래비용의 절감, 구매자의 생산성 향상, 상품의 표준화와 구매 통합을 통한 가격하락, 공급자 정보와 가격 정보의 흐름과 관리가 증진된다.
② 구매절차의 간소화, 구매와 배송 과정에서의 행정절차와 오류감소, 더 좋은 가격과 품질의 상품과 서비스를 공급할 수 있는 새로운 공급자의 발굴 가능성이 있다.
③ e-procurement는 구매과정에서 발생할 수 있는 프로세스의 효율화에 중점을 두고 있으며, e-marketplace는 구매와 판매가 효율적으로 이루어져 거래가 발생하도록 하는 데 중점을 두고 있다는 것을 알아야 한다.

④ 구매프로세스를 자동화하고 단순화하여 구매원가 및 처리비용 절감 등 전략구매를 지원하고, 자사 중심의 SCM을 구축할 수 있도록 지원하는 시스템이다.

⑤ 주문에서 인도에 이르기까지 전체 구매프로세스를 인터넷 환경하에서 유기적으로 연계하고 동시에 구매자와 공급자 간의 공조를 이루어 구매업무의 최적화를 도모하려는 전략적 기법이다.

⑥ 물품선택, 구매요청, 승인, 주문, 운반 및 수령까지의 구매과정 전체를 인터넷을 통하여 자동화한 것이다.

⑦ 전자조달이 효율적으로 운영되면, 담당자는 보다 전략적 구매 업무에 치중할 수 있다. 전자적 매체를 통하거나, 역경매를 통해 구매 단가를 낮출 수 있다. 공급자와의 협업적 구매 관계의 구축이 용이해진다.

(3) e-Procurement의 과정

① 유통과정이 생략되므로 구매절차가 간소화되고 신속한 업무처리를 수행할 수 있다.

② 전자조달용 웹사이트들은 상품 및 서비스의 구매자와 판매자만이 이 사이트를 이용할 수 있도록 하며, 미리 등록된 유자격 사용자에게만 접근을 허용한다.

③ 점포를 직접 방문하여 상품을 구입하는 것보다 저렴한 비용으로 구매가 가능하고, 공급자 입장에서도 다양한 정보를 제공받을 수 있다.

④ 거래는 언제든지 개시될 수 있고 완료될 수 있지만, 진행중인 구매는 대량구매 할인이나 특별할인가 등을 제공하기 위해 고객들을 일부로 한정시키기도 한다.

⑤ 접근방법에 따라 구매자나 판매자는 가격을 명시하거나 입찰에 참여할 수도 있다.

(4) e-Procurement의 도입 효과

① 전자구매 시스템을 도입함으로써 신속한 업무처리가 가능하고, 거래절차에 있어 투명성과 신속성을 확보할 수 있으며, 원가의 절감을 가져와 기업의 전략적인 구매업무가 실현가능하게 되었다.

② 기존의 행정업무에 치우친 비생산적 역할에서 전사적으로 정보를 공유함으로써 전략적이고 분석적 사고를 극대화할 수 있는 구매전문가로서의 역할을 수행할 수 있게 된다.

③ 전자구매 형태는 표준화된 시스템이므로 인터넷 환경에서 자동화된 구매업무, 정보처리를 통해 축적된 업체정보 및 조달정보를 전사적 차원에서 공유할 수 있다.

④ 구매프로세스의 개선으로 구매비용의 절감과 납기를 단축하며, 구매과정의 투명성을 제고하고, 소요시간 단축에 의한 신속성, 원가 절감, 매출을 증가시키는 직접적인 효과가 있다.

⑤ 구매활동의 전략적 역량 강화를 통하여 기업 전체의 목표에 부응하는 전략적 구매업무를 수행한다.

⑥ 자사의 구매시스템과 기존의 운용시스템 및 공급사 시스템과의 기능적 통합을 통하여 구매 업무의 효율성을 제고한다.

(5) e-Procurement의 문제점

① 전자구매는 기존의 대형점포, 소매점보다 상품의 다양성 면에서 경쟁력이 약하며, 제품의 신뢰성 측면에서 기존 점포 소매상보다 낮다.

② 전자구매 시 시스템상의 보안문제, 결제방법의 신뢰도 문제 등이 거론되며, 기존 점포에서 제공하는 서비스는 역으로 무점포 거래에서는 단점으로 작용된다.

③ 전자구매는 주문 이후에 일괄배송이 아닌 개별적으로 배송을 하고 있기 때문에 배송 지연과 상품에 하자가 있을 경우 반품의 번거로움 등의 문제점이 발생한다.

④ 전자구매는 기존 점포에서 제공하는 판매원의 직접적인 설명, 부가적인 서비스, 직접 상품을 보고 확인하고 구매할 수 없다는 한계성을 보유하고 있다.

(6) 구매 담당자의 비교

① 전통적 구매 담당자

㉠ 입찰 시 수작업에 의한 낮은 부가가치 창출업무를 수행하였다.

㉡ 구매 주문 시 프린터, 팩스, 전화 등에 의하여 업무를 수행하였다.

㉢ 재구매를 추적할 때 사이클 추적에 부적절한 대응으로 일관하였다.

㉣ 전통적 구매 담당자는 원시적인 수작업에 의한 주문과 행정처리 등 단순 업무를 담당했다.

㉤ 전통적 구매 담당자는 구매 과정에서 일선 담당자와 최고경영자 사이의 승인에 따른 업무가 지연되었다.

② 전통적 구매 담당자

㉠ 인터넷이나 EDI에 의한 구매 발주 처리를 수행할 수 있다.

㉡ 구매 업무 내용이 절차적으로 최신자동화 및 최적화를 이룰 수 있다.

㉢ 인터넷 전자입찰 등에 의한 하이테크 부가가치 업무를 창출할 수 있다.

㉣ 다양하고 충분한 전략적 공급사를 관리하기가 쉽고, 업체 선정이 빠르다.

㉤ 구매 주문 기준에 의한 자동추적관리 및 공급사에 대한 정보 교환이 원활하다.

㉥ 전사적 관점의 구매정보를 공유하고 분석에 의한 신속한 의사결정이 가능하다.

㉦ 인터넷상에서 판매자들 간의 경쟁에 의해 가격이 결정되는 온라인 역경매를 통한 전략을 수립할 수 있다.

3. e-Catalog

(1) e-catalog의 개념

① 전자카탈로그는 상품 및 서비스의 거래조건, 가격, 거래처 등의 표준화된 단일장소를 제공함으로써 다양한전자상거래를 지원하는 도구를 제공한다고 볼 수 있다.

② 구매자가 인터넷을 통하여 정보를 쉽고 빠르게 찾을 수 있도록 전자적으로 제품에 관련된 정보 등을 구성하여 저장하며, 고객의 선호도나 요구에 맞춘 맞춤식 전자카탈로그가 제공되기도 한다.

③ 전자카탈로그는 전자상거래를 위하여 상품 및 서비스에 대한 정보를 인터넷을 통하여 기업이 불특정 다수에게 제공하는 수단으로 사용되고 있다.
④ 전자상거래에 적용되는 기법으로 상품 사진이나 각종 사양 등을 그대로 전자적으로 기록해 데이터베이스화하여 제공한다.
⑤ 전자카탈로그를 통해 고객에게 상품에 대한 자세한 정보를 제공하며, 고객의 구매를 유도하며, 소매활동을 하는 무점포소매업의 한 형태이다.
⑥ 전자카탈로그는 종이카탈로그에 비하여 상품 정보의 신속한 변경이 가능하고 강력한 검색기능을 가지며, 배달비용이 없고 배포지역이 넓다는 장점을 지니고 있다.
⑦ 전자카탈로그는 움직이는 사진과 같은 동적인 정보 표현이 가능하고, 구매와 판매 프로세스의 연결이 가능하다는 장점이 있다.

(2) e-catalog의 목적

① 전자카탈로그는 공급자와 구매자 사이에 상품이나 서비스에 대한 신속한 정보를 제공하는 것을 목적으로 한다.
② 공급자 입장에서 상품과 서비스에 대한 광고와 촉진의 목적을 수행하고, 구매자 입장에서는 구매 의사결정을 위한 상품과 서비스에 대한 정보검색을 가능하게 한다.

(3) e-catalog의 특징

① 전자카탈로그는 개별 제품과 서비스별로 정의된 정보를 전자적 형태로 저장하고, 이를 전자적 방식으로 교환함으로써 상거래를 할 수 있도록 역할을 수행한다.
② 전자카탈로그는 제품과 서비스에 대한 하나의 특정 정보에 의존하는 것이 아니라, 개별품목의 여러 가지 특징적 정보들을 이용하여 제품과 서비스를 표현한다.
③ 전자카탈로그가 어떠한 전자적 형태와 방법으로 교환될 것인가 하는 약속은 서로간에 호환성 확보를 위하여 매우 중요하다.
④ 전자카탈로그는 전자적 방식으로 제작하므로, 기존의 종이로 제작하는 것보다 비용이 훨씬 적게 든다.

(4) e-catalog의 표준

① **표현표준** : 제품과 서비스의 정보를 화면에 출력 시 적용한다.
② **포맷표준** : 제품과 서비스의 정보를 담고 있는 문서형태를 말한다.
③ **전송표준** : 통신망상으로 카탈로그를 교환하기 위한 프로토콜에 대한 전송을 말한다.
④ **게시표준** : 해당 제품과 서비스의 가격 등에 대한 카탈로그 및 목록 등에 사용되는 정보를 정의한다.

(5) e-catalog의 장점

① 제품에 대한 정보의 변화가 있으면 신속히 대응할 수 있다.
② 움직이는 사진도 표시할 수 있어 생생한 느낌을 줄 수 있다.
③ 넓은 지역에 상품 정보를 배포하는 데 비용적인 면에서 저렴하다.

④ 상품을 검색하는 데 있어서 많은 정보를 신속하게 검색하게 할 수 있다.
⑤ 자사와 자사 제품을 타사와 타사 제품과 비교하여 쇼핑을 가능하게 해준다.

(6) e-catalog의 단점

① 전자카탈로그를 개발하는 데에는 현실적으로 기술과 비용측면에서 보편화 된 것이 적어 상대적으로 어려움이 많다.
② 전자카탈로그 소비자들이 컴퓨터와 인터넷에 쉽게 접근이 가능해야 하고, 이것을 다룰 수 있는 기술적인 능력도 겸비하고 있어야 한다.

(7) 종이카탈로그의 장점

① 종이에 손쉽게 작성할 수 있으므로 작성이 수월하다.
② 종이카탈로그는 이동하는 데 전자카탈로그보다 손쉽다.
③ 카탈로그 이용에 컴퓨터 시스템의 도움이 없어도 가능하다.

(8) 종이카탈로그의 단점

① 정보를 제공하는 데에 지면상 한정적으로 제공할 수밖에 없다.
② 전화나 팩스 등의 다른 방법으로만 주문이 가능하여 제한적이다.
③ 종이카탈로그는 재료가 종이이기 때문에 날씨나 계절적으로도 영향이 있다.
④ 종이카탈로그를 배포하는 데에는 전자카탈로그에 비해 시간이 많이 소요된다.
⑤ 한번 인쇄후에는 변경이 불가능하므로 정보의 변경이 전자카탈로그에 비해 어렵다.

(9) 전자카탈로그의 전개과정

① 표현과정

㉠ 전자카탈로그는 동적(dynamic)인 측면과 정적(static)인 측면으로 구분된다.
㉡ 활동사진, 소리를 포함한 그림, 생동감 있는 상품정보를 기술적 수단으로 카탈로그에 표현하는 것을 동적인 카탈로그라 하고, 문자에 의한 상품설명이나 정적인 사진을 정적인 카탈로그라 한다.

② 욕구과정

㉠ 고객의 선호도나 특성에 따라 그 고객에게만 적용되도록 맞춤 주문된 콘텐츠만 카탈로그에 표현한다.
㉡ 고객의 요구에 따라 진열방법을 다르게 표현하며, 이 부분을 기술적으로 일대일 마케팅을 위한 개인화 카탈로그에 적용한다.
㉢ 특정 고객을 가리지 않고 판매자는 무차별적으로 동일한 카탈로그의 내용과 모양을 제공한다.

③ 비즈니스 과정

㉠ 전자상거래를 위한 기업 상호 간에 전자카탈로그에서는 주문처리 이전에 여러 의사결정자의 승인을 요하는 경우가 있는데, 이와 같은 상황을 지원할 수 있도록 전자카탈로그와 인트라넷과 워크플로가 통합되도록 해야 한다.

㉡ 전통적인 상거래 시에 정보시스템을 활용하듯이, 전자상거래에서도 주문 이전의 과정과 주문 이후의 과정을 기존의 정보시스템인 재고관리시스템과 회계관리시스템에 자연스럽게 연결함으로써 비즈니스 프로세스와 전자카탈로그가 통합되도록 해야 한다.

㉢ 전자카탈로그상에서 직접 주문처리기능을 제공하며, 주문된 내용을 구매자에게 배달하기까지의 기능을 전자카탈로그로부터 one-stop 쇼핑이 가능하도록 해야 한다.

㉣ 보안의 문제가 해결된 신용카드나 전자화폐를 이용한 전자상의 지불처리가 전자카탈로그와 통합되도록 해야 한다.

㉤ 협력관계에 있는 외부 공급업자와 정기적으로 납품하고 있는 납품업체들에 대해 다양한 형태의 디렉토리를 이용하여 전자카탈로그와 통합되도록 해야 한다.

(10) 전자카탈로그의 변천과정

① 전자카탈로그는 문자 등을 사용하여 제품에 대한 설명, 기능, 구입가격 등을 제공하였으나 점차로 문자뿐만 아니라 시각과 청각을 이용하는 동영상 등 동태적 매체로 대체되고 있다.

② 대부분 고객에게 고정된 형태로 카탈로그를 제공하기도 하고, 고객들의 특성과 기호, 구매력 등에 따라 차별화를 유지하면서 카탈로그를 제작하기도 한다.

4. e-마켓플레이스(e-Marketplace)

(1) e-Marketplace의 개념

① e-마켓플레이스는 온라인시장(on-line marketplace), 전자시장(electronic marketplace), 웹 마켓플레이스(web marketplace), 넷 마켓플레이스(net marketplace), 마켓 메이커(market maker) 등으로 불린다.

② 구매자 측면에서는 구매비용의 감소, 높은 구매협상력을 통한 구입단가의 하락, 구매 프로세스의 효과성과 향상 그리고 시간을 단축시키는 장점이 있다.

③ 다수의 거래 주체들이 참여하여 컴퓨터에 의해 구매 및 판매가 이루어지는 시장 형태를 띠는 것으로, 거래 관련 활동들을 수행하는 인터넷 기반의 온라인 시장이다.

④ 인터넷상에서 불특정 다수의 공급자와 수요자 간의 비즈니스 거래를 유발시켜 주기 때문에 다수의 거래자들이 참여하게 되지만 시간적 · 장소적 제약을 거의 받지 않는다.

⑤ 공급자 측면에서는 고객 확보와 판매비용을 절감할 수 있으며, 시장 정보를 확보하고 온라인 협력을 통하여 공급업자와 구매자 간의 신뢰성을 증가시킬 수 있다.

⑦ e-Marketplace는 인터넷상에서 다수의 공급자와 수요자가 필요한 제품이나 서비스를 최적의 조건으로, 다양한 구매방식에 의해 비즈니스 거래를 하도록 유발하는 가상시장을 통칭한다.

⑧ 제품 표준화 정도가 낮은 업종의 제조업체가 사업수행을위하여 여러 협력업체들과 긴밀한 관계를 유지해야 하며, 가격보다는 서비스 품질을 강조해야 하는 경우에 가장 효과적인 e-Marketplace 모델은 커뮤니티형이다.

(2) e-Marketplace의 특징

① 단순한 오프라인상의 시장기능을 온라인상에서 대신 수행하는 것이 아니라 전자상거래의 발전된 개념이다. 이는 전자상거래의 범위를 확장시킨 개념이기 때문에 전자상거래의 특성을 반영하고 있다.

② 전자상거래의 가장 큰 특징인 시간과 공간의 제약을 받지 않으므로, 다양한 업종과 다양한 품목에 따라 국제적 거래를 할 수 있다.

③ 인터넷상의 가상시장이기 때문에 제품, 서비스, 정보 등 기업의 구매 및 판매와 관련된 모든 서비스를 제공하는 공급자와 구매자의 B2B 전자상거래 커뮤니티로 e-비즈니스의 결정판이라 할 수 있다.

④ 오프라인상에서 이루어지던 불필요하고 복잡한 거래 과정들을 합리적이고 효율적으로 변화시키고, 혁신적인 프로세스와 투명한 거래를 통해 거래 소요시간 및 거래비용을 획기적으로 감소시킨다.

⑤ 경매 · 역경매, 거래소, 입찰시스템, 공동구매 등 다양한 상거래 기능과 공급망관리(SCM), 공동생산 계획과 같은 지능적인 기능, 다양한 공급자 및 구매자 정보, 광범위한 상품 카탈로그 등 강력한 콘텐츠와 커뮤니티 서비스를 제공할 수 있다.

⑥ 일반적인 상거래 기능만 존재하던 B2B 쇼핑몰 사이트와는 달리, 인터넷을 수단으로 구매기업과 생산기업 사이를 완전히 연결 · 통합하는 혁신적인 구조이다.

⑦ 기존의 1 : 1 혹은 1 : N 거래관계에서 N : N의 복잡한 거래관계로 바꾸어 놓았고, 기업의 비즈니스 프로세스를 근본적으로 변화시키고 있다. e-마켓플레이스는 오프라인상의 시장기능을 온라인상으로 옮겨 놓은 것이다.

⑧ 기존의 완제품을 사고파는 소비자 위주의 B2C에서 최종적인 소비자에게 공급되기 전 단계에서의 거래를 대상으로 한다. 더 나은 자재 계획과 구매로 재고를 줄임으로써 공급체인에서 비롯되는 원가를 절감할 수 있는 특징을 가지고 있다.

⑨ 종류에는 제품이나 서비스의 공급자(금융기관, 공공기관) 또는 사람단체(각종 협회나 단체)들이 가입자들에게 서비스를 제공하는 상업적 e-Marketplace가 있다.

⑩ 제품 표준화 정도가 높지만, 기업 간 협력수준을 요구하는 정도가 낮은 제품을 대상으로 대량 생산과 판매가 가능한 경우에 가장 효과적인 e-marketplace 모델은 중개 거래형이다.

⑪ 특정 산업체나 시장, 특정분야의 특화된 서비스를 중심으로 한 e-Marketplace로 특히 자동차부품, 화학, 전자부품 등 구매자와 공급자의 상호작용을 하는 e-Marketplace는 수직적 e-Marketplace이다.

(3) e-Marketplace의 구분

① 운영 주체에 따른 구분

㉠ 구매자 중심의 e-마켓플레이스 : 단일의 구매기업이 e-마켓플레이스를 구축하고 있으면, 이러한 구매기업에 납품하고자 하는 다수의 공급자들이 참여하게 된다.

㉡ 판매자 중심의 e-마켓플레이스 : 단일의 판매기업이 e-마켓플레이스를 구축하고 있으면, 이러한 판매기업에서 물품을 구매하는 다수의 구매자들이 참여하게 된다.

㉢ 중개자 중심의 e-마켓플레이스 : 구매기업도 판매기업도 아닌 중개기업이 e-마켓플레이스를 구축하고 있으면, 다수의 구매기업과 판매기업이 참여하게 된다.

② 통합 방향에 따른 구분

㉠ Vortal(vertical portal) : 일반 기업이 아닌 특정 산업이나 특정 품목을 중심으로, 원재료부터 최종 완성품에 이르기까지 수직적인 관계를 가지고 전품목을 취급하는 e-마켓플레이스를 말한다.

㉡ Hortal(horizontal portal) : 특정 산업이나 특정 제품에 제한없이 여러 기업과 다양한 제품을 폭넓게 취급하는 e-마켓플레이스를 말한다. 물류 e-marketplace도 여기에 속한다.

③ 상거래 기능에 따른 분류

㉠ 경매형

㉡ 거래소형

㉢ 정보제공형

㉣ 공동구매형

④ 구조에 의한 분류

㉠ 나비형

㉡ 피라미드형

⑤ 주도자에 따른 분류

㉠ 솔루션 업체 주도형

㉡ 온라인 업체 주도형

㉢ 인터넷 기업 주도형

(4) e-Marketplace의 전제조건

① 합리화 조건

㉠ 기업들은 전자상거래 환경에 적합하도록 업무프로세스를 합리적으로 재구축하는 것이 필수 조건이다.

㉡ 기업들의 인프라와 솔루션 보급이 확대되고, 인증 · 지불보안 · 관세 · 조세 · 디지털 상품의 지적 재산권 등과 관련된 문제들이 합리적으로 우선 해결되어야 한다.

㉢ 효율적으로 e-마켓플레이스를 활용하기 위해서는 기업 내부 업무 프로세스 뿐만이 아니라 기업 간 업무 프로세스에 대한 합리화를 우선 시행해야 한다.

② 활성화 조건

㉠ 전형적인 대기업과 중소 하청업체들 간의 수직적인 종속 관계가 사라져야 한다.

㉡ 기업 경영자들의 획기적인 의식 전환이 있어야만 e-마켓플레이스가 활성화될 수 있다.

㉢ e-마켓플레이스에서는 시간과 거리의 제약이 없이 거래기업 간에 대등한 관계에서 투명한 거래를 해야 하기 때문에 공정성과 투명성이 중시된다.

③ 표준화 조건

㉠ 전자카탈로그 표준화 작업이 지연됨에 따라 같은 규격과 속성을 지닌 품목을 업체마다 혹은 업종마다 다르게 표시함으로써, 같은 품목을 서로 다르게 인식하여 기업 간 전자상거래 확산의 장애물이 되고 있다.

㉡ 국제표준에 적합한 전자카탈로그 국제표준을 시급히 마련하지 않으면, 같은 상품에 대해 업체나 단체별로 표준안이 달라 전자카탈로그를 중복 구축하거나 호환이 안 되는 문제가 발생할 가능성이 높다.

④ 협력 조건

㉠ 경쟁업체 간에 협력 관계가 e-마켓플레이스의 성공과 활성화에 중요한 변수가 되고 있다.

㉡ 국내에서 오프라인 경쟁업체들이 e-마켓플레이스 또한 경쟁적으로 구축하고 있다는 점은 향후 e-마켓플레이스 활성화에 걸림돌이 될 가능성이 높다.

㉢ e-마켓플레이스는 특성상 다수의 기업이 참여해야만 수익 모델을 갖출 수 있으며, 국제적인 경쟁력을 확보할 수 있다.

㉣ 미국 자동차 3사의 연합이나 다국적 유통업체인 시어즈와 까르푸 연합 등에서 볼 수 있는 것처럼, 외국에서는 동일 업종 내의 경쟁업체들 간의 제휴 · 협력이 활발히 진행되고 있다.

(5) e-Marketplace의 발전 과정

① 최초의 e-마켓플레이스는 단순하고 기본적인 공급자 정보를 제공하고, 접속한 구매자들이 검색하는 거래를 하는 단순한 몇 가지 거래기능만이 제공되었다.

② e-마켓플레이스가 발전하면서 경매 및 역경매, 거래소, 입찰, 공동구매 등 다양한 상거래 기능과 공급망 계획, 공동생산 계획과 같은 인텔리전트 기능, 다양한 구매자 정보, 전자카탈로그, 분석가 의견, 토론실 등 다양한 콘텐츠와 커뮤니티 서비스 등의 기능 등이 증가되었다.

③ e-마켓플레이스는 산업군 전반의 정보와 프로세스를 담아 놓은 포털 시장이 인터넷상에서 완전히 결합된 형태로 발전하고 있다.

④ e-마켓플레이스는 후방 통합에서 전방 통합으로, 동일 업종의 수직적 통합에서 다양한 업종을 포괄하는 수평적 통합으로 그 범위를 넓혀가고 있다.

⑤ 오프라인 리더 기업들과 소프트웨어 및 하드웨어 업체, 컨설팅 업체, 보안 및 지불 관련 업체 등 다양한 업종의 기업들이 e-마켓플레이스에 참여하면서 다양한 형태로 발전하고 있다.

(6) e-Marketplace의 전개 과정

① 초기의 e-마켓플레이스의 형태는 힘 있는 구매자나 판매자 중심으로 형성되었다.

② e-마켓플레이스가 구매자나 판매자 중심으로 발전하면서 중개자가 등장하였고, 중개자 중심으로 다수의 판매자와 구매자가 참여하는 e-마켓플레이스가 등장하게 되었다.

③ 구매자나 판매자 중심에서 중개자가 개입되고 점점 그 단계가 발전하면서 그 범위가 공급 체인상의 후방으로 확대되며, 각 공급 단계별로 e-마켓플레이스가 구축되었다.

④ 공급 체인상의 모든 업체들이 참여하는 B2B e-마켓플레이스와 소비자를 대상으로 완성품을 판매하는 B2C 쇼핑몰이 존재하게 되었다.

⑤ 공급 체인상의 모든 기업과 소비자가 참여하는 B2B2C 형태의 e-마켓플레이스가 구축되어 하나의 온라인 시장에서 모든 거래가 이루어지게 되었다.

⑥ e-Marketplace의 발전단계는 '상품/MRO조달 확대→조달프로세스의 개선→공급체인의 통합화→새로운 비즈니스모델의 구축'의 단계로 진행된다.

Chapter 3 명품 적중 예상문제

01 다음 중 OLAP(Online Analytical Processing)의 분석기능에 대한 설명으로 가장 옳지 않은 것은?

① 리포팅 기능은 리포트 작성을 지원하는 기능이다.
② 드릴 업 기능은 요약 자료의 상세 정보를 확인하게 하는 기능이다.
③ 필터링 기능은 원하는 자료만을 걸러서 추출하기 위해서 이용되는 기능이다.
④ 피보팅 기능은 분석 차원을 분석자의 필요에 따라 변경해서 볼 수 있는 기능이다.
⑤ 분해(slice and dice)기능은 다양한 관점에서 자료를 분석 가능하게 하는 기능이다.

OLAP(On Line Analytical Processing)은 데이터의 분석과 관리를 위해서 다차원의 데이터를 모으고, 관리하고, 프로세싱하고, 표현하기 위한 응용 프로그램 및 기술을 말한다. 용자는 보고서의 행, 열, 페이지 차원을 무작위로 바꾸어 볼 수 있으며 이러한 작업을 피보팅(Pivoting)이라 한다. 보고서 상에 나타나는 데이터를 특정기준(계층구조, 애트리뷰트, 항목이름, 데이터에 기초)에 부합하는 항목으로 한정하는 것을 필터링이라 한다. 드릴다운은 요약된 형태의 데이터 수준에서 보다 구체적인 내용의 상세데이터로 단계적으로 접근하는 분석기법을 말하며, 이것은 좀더 자세한 데이터를 보여 달라는 것으로 꼭 계층구조를 따라서 이루어지는 것은 아니다. 드릴업은 드릴다운과 반대방향으로 사용자가 정보를 분석하는 것을 말한다.

02 다음 박스 안 문장의 괄호 안에 들어갈 가장 알맞은 용어는?

> ( )은(는) 데이터 웨어하우스를 축소한 소규모 버전을 통해 데이터 웨어하우스 구축의 높은 비용 대비 낮은 비용으로 창출할 수 있으며, 주로 전략적 사업단위나 부서를 위해 설계된 작은 웨어하우스이다.

① 데이터 마트
② 데이터 마이닝
③ 데이터 큐브
④ 데이터 무결성
⑤ 데이터 웨어하우스

데이터 마트(Data Mart)란 데이터의 한 부분으로서 특정 사용자가 관심을 갖는 데이터들을 담은 비교적 작은 규모의 데이터 웨어하우스(Data warehouse)를 말한다. 즉, 한두 개의 특별한 영역에 중점을 둔 데이터웨어하우스이다.

01 ② 02 ①

03 다음 중 데이터웨어하우징(data warehousing)의 특징과 관계없는 것은?

① 주제지향성(Subject oriented)
② 통합성(Integrated)
③ 시계열성(Time variant)
④ 비휘발성(Non-volatile)
⑤ 전자창고(Electronic warehouse)

경영의사결정을 지원하기 위한 주제 지향적이고, 통합적이며 비휘발성인 시간의 변화를 반영하는 집합체를 전자창고(Electronic warehouse)라 한다.

04 다음 중 Data Warehouse, Data Warehousing, Data Mining, Data Mart에 대한 일반적인 설명으로 가장 잘못된 내용은?

① Data Warehouse는 사용자의 의사결정을 지원하기 위해 기업이 축적한 많은 데이터를 사용자 관점에서 주제별로 통합하여 운영시스템과 사용자 사이의 별도의 장소에 저장해 놓은 데이터베이스로 이해할 수 있다.

② Data Warehousing은 데이터웨어하우스에 있는 데이터들로부터 적합한 의사결정을 위한 데이터를 구축하고 활용하는 일련의 과정으로, 전사적인 아키텍쳐상에서 의사결정을 지원하기 위한 환경을 구축하자는 사상이다.

③ Data Mining은 데이터 속에 숨어 있는 정보를 추출하여 연관 규칙(Association Rule), 신경망(Neural network) 등을 이용하여 분석하며, 유통 정보 분석에 많이 이용된다. 대량의 실제 데이터로부터 잠재되어 드러나지 않은 유용한 정보를 찾아내는 것이다.

④ Data Mart는 데이터웨어하우스를 축소한 소규모 버전을 통해 데이터 웨어하우스 구축의 높은 비용 대비 낮은 비용으로 창출할 수 있으며, 주로 전략적 사업단위나 부서를 위해 설계된 작은 규모의 데이터웨어하우스이다.

⑤ Data Warehouse내의 데이터는 일단 적재(loading)가 완료되면 일괄처리 작업에 의한 갱신이외에는 DB에 삽입(insert)이나 삭제(delete)등의 변경이 수행되지 않는다는 데이터의 장기지속성을 말하는 것은 주제 지향성(Subject-Oriented)을 말하는 것이다.

데이터는 일단 적재(loading)가 완료되면 일괄처리 작업에 의한 갱신이외에는 DB에 삽입(insert)이나 삭제(delete)등의 변경이 수행되지 않는다는 데이터의 장기지속성을 말하는 것은 비휘발성(Non-Volatile)이다.

해답 **03** ⑤ **04** ⑤

05 고객관계관리 시스템에 응용되는 데이터웨어하우스의 특징으로 가장 옳지 않은 것은?

① 데이터의 휘발성
② 데이터의 통합성
③ 데이터의 시계열성
④ 데이터의 주제지향성
⑤ 데이터의 대규모 저장소

기존의 데이터베이스에서는 추가나 삭제, 변경 등과 같은 갱신 작업이 레코드 단위로 지속적으로 발생하였다. 이러면 데이터의 정확성이 감소하므로 갱신이나 삭제가 불가능한 비휘발성(Non-Volatile)이 있어야 한다.

06 다음 중 데이터 웨어하우징(data warehousing)의 이점에 대한 설명이 아닌 것은?

① 일관성 있는 정보를 제공받을 수 있다.
② 기술 환경 변화에 신속한 대응이 가능하다.
③ 미개척된 새로운 시장을 발견할 수 있는 기회가 있다.
④ 다차원적으로 신속하게 분석하여 의사결정에 도움을 준다.
⑤ 의사결정에 필요한 정보가 늘어나므로 전산실의 업무가 증대된다.

데이터 웨어하우징(data warehousing)의 데이터는 표준화된 다양한 정보가 지속적으로 입력되지만, 시간순서에 따른 정보들을 체계적으로 구성하였기 때문에 의사결정 정보에 관한 전산실의 업무가 최소화된다.

07 전자조달에 대한 설명으로 가장 옳지 않은 것은?

① 역경매를 통해 구매 단가를 낮출 수 있다.
② 전자적 매체를 통해 구매 단가를 낮출 수 있다.
③ 공급자와의 협업적 구매관계의 구축이 용이해진다.
④ 조달업무 분야의 예산이 분산처리되어 혼란이 야기되는 경향이 있다.
⑤ 전자조달이 효율적으로 운영되면, 담당자는 보다 전략적 구매업무에 치중할 수 있다.

e-procurement(전자구매, 전자조달)은 인터넷을 통해 기업의 구매 및 조달 문제를 처리함으로써 업무의 효율성과 상당한 비용의 절감을 가져온 방법으로 물품 선택, 구매 요건, 승인, 주문, 운반, 결제, 수령까지 구매 프로세스 전체를 인터넷을 통하여 자동화하는 것이다.

05 ①　06 ⑤　07 ④

08 다음 중 데이터 웨어하우스의 특성에 대한 설명으로 옳지 않은 것은?

① 데이터 웨어하우스 내의 데이터는 일정한 주제별로 구성된다.
② 데이터 웨어하우스 내의 데이터는 고도로 통합되어야만 한다.
③ 데이터 웨어하우스 내의 데이터는 전사적으로 통합되어야만 한다.
④ 데이터 웨어하우스는 시계열 데이터베이스의 기능을 가지고 있다.
⑤ 데이터 웨어하우스에 데이터가 로딩된 후 사용자들의 갱신이나 삭제가 자유롭다.

오답풀이 데이터 웨어하우스의 데이터는 오퍼레이션에서 수시 발생되는 갱신이나 삭제가 쉽게 적용되지 않는다. 따라서 사용자들의 갱신이나 삭제를 할 수 있는 것이 아니다.

09 다음 중 데이터웨어하우징(data warehousing)의 향후 기대 효과로 옳지 않은 것은?

① 다수의 변형된 데이터 제공
② 데이터 자산의 효율적 이용
③ 사용자에게 직접 데이터 제공
④ 기존의 낡은 정보 시스템의 리엔지니어링
⑤ 정확하고 적절하고 정확한 단일의 정보를 제공

오답풀이 데이터 웨어하우징(data warehousing)은 사용자의 관심에 따라 고객, 영업, 상품 등의 업무영역별로 분류되어 구축됨으로써 업무의 내용과 목적에 따라 적절하고 정확한 단일의 정보를 제공하고 있다. 하나의 일관된 데이터를 제공하고 있다.

10 다음 중 전자구매의 문제점을 설명한 것으로 가장 옳지 않은 것은?

① 전자구매 시 결제방법의 신뢰도 문제가 발생할 수 있다.
② 전자구매는 구입하는 자에게 편리함을 가져다 줄 수 있다.
③ 전자구매 시 판매원의 대면판매가 아니므로 제품의 설명에 한계성을 지니고 있다.
④ 전자구매 시 기존의 점포에서 제공하는 서비스는 역으로 무점포 거래에서는 단점이 될 수도 있다.
⑤ 전자주문 이후에 개별적인 배송이 아닌 일괄배송을 하기 때문에 배송의 지연 문제가 발생한다.

오답풀이 전자구매 시 주문 이후에 배송은 일괄배송이 아닌 개별적으로 배송을 하고 있다. 따라서 배송 지연, 상품의 하자가 있을 경우 반품의 번거로움 등 문제점이 많이 노출되고 있다.

해답 **08** ⑤ **09** ① **10** ⑤

11 다음 중 종이카탈로그의 단점에 대한 내용으로 가장 옳지 않은 내용은?

① 카탈로그의 이용에 컴퓨터 시스템의 도움이 필요 없다.
③ 정보를 제공하는 데에 지면상 한정적으로 제공할 수밖에 없다.
② 한 번 인쇄를 한 후에는 변경이 불가능하므로 정보의 변경이 어렵다.
④ 종이카탈로그를 배포하는 데에는 전자카탈로그에 비해 시간이 많이 소요된다.
⑤ 한번 인쇄를 한 후에는 변경이 불가능하므로 정보의 변경이 전자카탈로그에 비해 어렵다.

카탈로그의 이용에 컴퓨터 시스템의 도움이 필요 없다는 것은 단점이라고 보다는 장점이라고 해야 한다.

12 다음 중 전자카탈로그에 대한 설명으로 옳지 않은 것은?

① 전자카탈로그는 전자상거래를 위하여 제공하는 수단이다.
② 전자카탈로그는 종이카탈로그에 비하여 배달 범위가 작다.
③ 전자카탈로그는 소매활동을 하는 무점포 소매업의 한 형태이다.
④ 전자카탈로그는 움직이는 사진과 같이 동적인 정보 표현이 가능하다.
⑤ 자사와 자사 제품을 타사와 타사 제품과 비교하여 쇼핑을 가능하게 해준다.

전자카탈로그(e-catalog)는 종이카탈로그에 비하여 상품 정보의 신속한 변경이 가능하고 강력한 검색 기능을 가지며, 배달비용이 없고 배포지역이 넓다는 특징을 지니고 있다.

13 다음 중 전자카탈로그의 장점으로 볼 수 없는 내용은?

① 배달비용이 없는 넓은 지역에 상품 정보의 배포가 가능하다.
② 움직이는 사진도 표시할 수 있어 생생한 느낌을 줄 수 있다.
③ 넓은 지역에 상품 정보를 배포하는 데 비용 측면에서 제한이 없다.
④ 자사와 자사 제품을 타사와 타사 제품과 비교하여 쇼핑이 가능하다.
⑤ 인터넷 작동법을 몰라도 전자카탈로그의 사용에는 전혀 문제가 없다.

전자카탈로그 사용자들이 컴퓨터와 인터넷에 손쉽게 접근이 가능해야 하고, 이것을 다룰 수 있는 기술적 능력도 충분히 있어야 한다.

11 ① **12** ② **13** ⑤

14 고객관계관리 정보시스템의 자료 저장소에 대한 설명으로 옳지 않은 것은?

① 다차원 모델링을 통해서 자료저장의 구조화를 추구한다.
② 스타스키마 구조는 각 차원별로 하나의 자료테이블을 갖는 구조이다.
③ 여러 차원들이 하나의 사실(fact)을 중심으로 연결되는 구조로 모델링이 된다.
④ 스노우 플레이크 스키마 구조를 이용하면 자료의 정규화를 하지 않을 수 있다.
⑤ 데이터웨어하우스라는 자료저장소가 가장 기본적 고객관계 관리용 자료저장소이다.

우탑 풀이 스노우 플레이크 스키마의 dimension table은 정규화(Normalization)가 잘 되어 있기 때문에 중복이 최소화 된다. 즉 정규화가 이미 이루어져 있어야 한다.

15 충성도(loyalty)는 고객이 한 기업의 제품 및 서비스를 잠재적 구매 고객들에게 자발적으로 추천하거나 적극적인 구매 성향을 보이는 것으로 높은 재구매의 정도와 구매한 상표에 대한 애착을 말한다. 따라서 기업은 고객충성도(customer loyalty)프로그램을 개발해야 하는데, 아래 고객충성도 프로그램에 대한 설명으로 가장 옳지 않은 것은?

① 충성도의 지표는 기업이 지속적으로 고객에게 타사보다 우월한 가치를 제공함으로써 그 고객이 해당 기업의 브랜드에 호감이나 충성심을 갖게 되어 지속적인 구매 활동이 유지되는 것으로 고객의 구매 성향과 추천 의도 및 재 구매 의사로 표현된다.
② 우량 고객의 선정을 위한 양적 기준과 질적 기준을 명확히 선정해야 한다. 우량 고객의 효과적 관리를 위해서는 이들이 느끼는 가치에 따라 보상프로그램을 차별 없이 실시하는 것이 바람직하다.
③ 고객은 이탈되지 않도록 하고, 고객이 이탈한 경우 그들을 다시 충성고객으로 전환시키는 마케팅 활동을 위해 먼저 고객의 유형을 유지고객과 이탈고객으로 분류하고 그들의 특성을 규명하는 작업이 선행되어야 한다.
④ 최우량 충성도 고객은 기업의 매출 증대에 커다란 영향을 미치며, 구매 빈도가 상당히 높은 몇몇의 고객을 지칭하는 것이다. 기업이 이들을 상대로 하는 개별적이고 현실적인 마케팅 전략이 고객 충성도 프로그램인 것이다.
⑤ 고객의 입장에서 보면 고객자신이 느끼는 가치에서 고객이 지불하는 비용을 뺀 차이가 얼마인가가 선택의 척도가 된다. 고객이 느끼는 가치를 좌우하는 것이 단지 제품의 품질이나 수량만이 아니기 때문에 고객이 느끼는 가치를 높이기가 쉽지 않다.

우탑 풀이 우량 고객의 효과적 관리를 위해서는 이들이 느끼는 가치에 따라 보상프로그램을 차별적으로 실시하는 것이 바람직하다.

해답 **14** ④ **15** ②

16 다음 중 e-CRM(Customer Relationship Management)에 대한 설명으로 가장 옳지 않은 것은?

① 인터넷을 활용한 단일 통합 채널을 통해서 고객과 접촉한다.
② 지역적 및 시간적 한계를 극복할 수 있는 고객 관리방법이다.
③ 고객의 주문활동을 지원함으로서 고객구매정보의 이력화가 가능하다
④ 음성, 동영상, FAQ 등 다양한 기술을 이용해서 고객 응대를 할 수 있다.
⑤ 초기의 셋업비용은 적게 소요되나 유지 및 관리에는 비용이 비교적 높은 편이다.

e-CRM은 초기의 셋업비용은 높게 소요되나 유지 및 관리에는 비용이 비교적 낮은 편이다.

17 최근 많은 기업들이 e-SCM을 도입하여 활용하고 있다. e-SCM 도입의 결과로서 나타나는현상과 가장 거리가 먼 것은?

① 유통채널 갈등의 해소
② 중간상을 배제한 거래
③ 수직적 가치사슬의 해체
④ 최소한의 핵심자산에 집중
⑤ 유통경로의 다변화로서 소비자의 효용증가

e-SCM은 고객 그리고 기업 내부의 다양한 욕구를 만족시키고 업무의 효율성을 극대화하려는 전략적 기법이라고 할 수 있다. e-SCM을 도입한다고 하여 유통경로상의 갈등을 해소한다고 어렵다.

18 오프라인 카탈로그에 비해 전자 카탈로그의 장점에 관한 설명으로 다음 중 가장 거리가 먼 것은?

① 오프라인 카탈로그에 비해 고객화(customizing)가 용이하다.
② 오프라인 카탈로그에 비해 초기 개발비용이 상대적으로 매우 저렴하다.
③ 오프라인 카탈로그에 비해 상품 탐색이 편리하며 시간을 줄일 수 있다.
④ 오프라인 카탈로그에 비해 상품정보에 대한 내용변경이 용이하고 신속하다.
⑤ 오프라인 카탈로그에 비해 동영상으로 표시할 수 있으며 상품별로 개별화된 카탈로그를 제작할 수도 있다.

e-catalog(전자 카탈로그)는 상표 또는 기업에 대한 광고가 전자적 파일의 형태로 제작되어 인터넷, 홈페이지, 홍보용 CD, 동영상, 플래시 애니메이션 등의 형태로 만들어진 카탈로그이며, 오프라인(종이) 카탈로그에 비해 초기 개발비용이 상대적으로 매우 높다.

16 ⑤ **17** ① **18** ②

19 e - CRM, e-SCM, e-Logistics, e-procurement 등 앞에 'e'가 붙는 이유는 거래의 공간이 오프라인이 아니라 온라인이라는 특징을 암묵적으로 설명해 주는 것이라 할 수 있다. 다음 설명 중에서 가장 잘못된 항목을 고르시오.

① e-Procurement은 인터넷을 활용한 단일 통합 채널을 통해서 고객과 접촉하며, 지역적 및 시간적 한계를 극복할 수 있는 고객 관리방법으로서 음성, 동영상, FAQ 등 다양한 기술을 이용해서 고객 응대를 할 수 있다.

② e-SCM을 한마디로 말하면 전자상거래를 포함한 e-Busienss 환경아래에서의 디지털 기술을 활용하여 공급자, 유통 채널, 소매업체, 그리고 고객 등과 관련된 물자, 정보, 자금 등의 흐름을 신속하고 효율적으로 관리하는 것을 의미한다.

③ e-Logistics는 정보통신 기술을 기반으로 하여 물류 서비스 제공업체가 다양한 부가가치 물류 서비스를 온라인상에서 구현하여 공급체인관리 개념 아래에서 화주 기업의 물류 프로세스를 효율적으로 지원하는 활동이다.

④ e-Auction은 구매의 편리성과 접근성, 가격 결정에 있어서 소비자가 참여할 수 있다는 능동성, 시 · 공간의 비제약성, 소액, 저가 상품에 대한 경매가 다양하게 이루어지고 있으며 이러한 점들이 소비자들의 관심을 끌어 모으는 계기가 된다.

⑤ e-CRM은 과거 오프라인 시장이 주요 무대였을 때에는, 다양한 정보를 수집하고 저장하는 것에 막대한 비용이 소요 되었지만, 온라인 시장에서는 상대적으로 저렴한 비용을 이용하여 다양한 정보를 수집하고 저장하는 것이 가능하다.

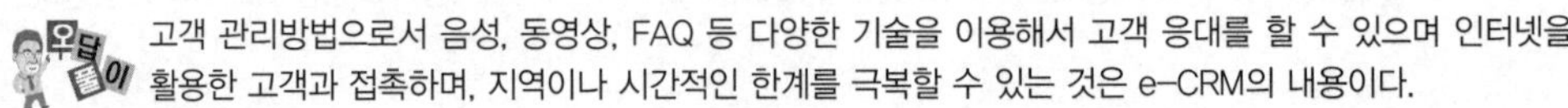

고객 관리방법으로서 음성, 동영상, FAQ 등 다양한 기술을 이용해서 고객 응대를 할 수 있으며 인터넷을 활용한 고객과 접촉하며, 지역이나 시간적인 한계를 극복할 수 있는 것은 e-CRM의 내용이다.

20 다음 중 전자구매(e-Procurement)시스템의 특징으로 가장 거리가 먼 것은?

① 구매과정의 간소화 및 비용 절감
② 구매절차의 투명성과 공정성 확보
③ 신속한 제품구매를 통한 구매비용 감소
④ 입찰 공고와 협상을 통해 재화나 용역을 구매
⑤ Push방식에 의한 효율적인 제품보충으로 공급오류 방지

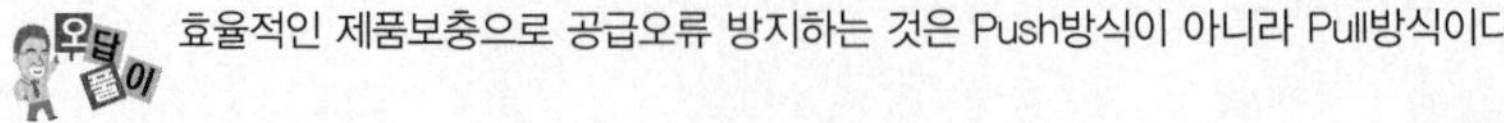

효율적인 제품보충으로 공급오류 방지하는 것은 Push방식이 아니라 Pull방식이다.

해답 19 ① 20 ⑤

21 다음은 일정한 공급자와 공급을 받는 자의 협력에 관한 시스템이다. 무엇에 관한 설명인가?

> 생산, 유통관계의 거래 당사자가 협력하여 소비자에게 적절한 시기에 적절한 양을 적정한 가격으로 제공하는 것이 목표이며 소비자의 개성화나 가격지향시대에 적응하기 위해기업의 거래선과 공동으로 실시하는 리엔지니어링의 개념이다.

① QR ② CRM ③ POS ④ EDI ⑤ CPFR

QR(Quick Response)은 신속 대응이나 반응을 말한다. 소비자 중심의 시장 환경에 신속히 대응하기 위한 시스템으로서 생산에서 유통에 이르기까지 표준화된 전자거래체계를 말한다. QR시스템은 재원 조달이나 업무추진에 대한 한계로 인해 개인이 이를 추진하기에는 무리가 있다.

22 신속대응(QR:Quick Response)시스템은 소비자의 만족을 극대화하기 위해 제조업자와 공급업자 및 운송업자들이 긴밀한 협조관계를 유지하는 것이다. 다음 중 QR시스템에 대한 설명으로 가장 적절하지 않은 것은?

① QR시스템은 상품을 수령하는 데 따른 비용을 줄이고, 업체에서는 즉각적인 고객서비스를 할 수 있어 서비스의 질을 향상시킬 수 있고 업무의 효율성과 소비자의 만족을 극대화시킨다.
② QR시스템은 생산에서 판매에 이르기까지 시장정보를 즉각적으로 수집하여 대응하며 회전율이 높은 상품에 적합한 시스템이며, 구성요소로는 EDI, 인터넷 등 통신시스템, POS시스템, KAN 코드 등이 있다.
③ QR이 추구하는 목적은 제품개발의 짧은 사이클화를 이룩하여 소비자의 욕구에 신속 대응하고, 원자재 조달과 생산 그리고 배송에서의 누적 리드타임을 단축시키기 위하여 미국의 패션의류업계가 수입의류의 급속한 시장잠식에 대한 방어목적으로 개발하였다.
④ QR시스템은 기본적으로 소비되는 제품에서도 필요하지만, 최신 유행의 의류업체에서도 필요하다. 유행성이 강한 상품은 새로운 색상과 스타일이 중요하므로 즉각적으로 대응할 수 있어야 하고, 계절적으로도 민감하므로 빠르게 적응할 수 있어야 한다.
⑤ QR시스템의 도입을 통해 얻을 수 있는 효과의 대표적인 내용으로는 상품의 품절 증가와 재고회전율의 감소, 고객정보의 효율적 활용에 의한 소비자 기호에 부응, 완만한 물류서비스를 실현할 수 있다.

QR시스템의 도입을 통해 얻을 수 있는 효과는 상품의 품절 방지와 재고회전율의 증가, 고객정보의 효율적 활용에 의한 소비자 기호에 부응, 신속한 물류서비스의 실현이다.

해답 21 ① 22 ⑤

23 다음은 QR시스템에 대한 설명이다. 이에 대한 설명으로 옳지 않은 것은?

① QR시스템으로 인하여 판매를 할 수 있는 기회가 증가하였다.
② QR시스템은 불필요한 재고를 발생시키는 한계점을 노출하고 있다.
③ QR시스템은 상품을 수령하는 데 따른 비용을 줄이는 효과가 있다.
④ 제조업자와 공급업자 간의 긴밀한 협조 관계를 유지하기 위해서도 필요한 시스템이다.
⑤ QR시스템은 생산에서 판매에 이르기까지 시장 정보를 즉각적으로 수집하여 대응하는시스템이다.

QR시스템(Quick Response System)은 상품을 공급함에 있어서 소비자들이 원하는 시간에 맞추어 공급하며, 불필요한 재고를 없애서 비용을 감소시킨다는 원칙에서 출발한다. 이것은 마치 JIT 시스템의 재고공급시스템과 유사하다.

24 QR(Quick Response) 시스템과 ECR(Efficient Consumer Response)시스템에 관한 설명으로 가장 거리가 먼 것은?

① QR 시스템은 고객이 원하는 시간과 장소에 필요한 제품을 공급하기 위한 물류정보시스템으로, 미국의 패션의류업계가 수입의류상품의 급속한 시장잠식에 대한 방어목적으로 개발하였다.
② QR시스템이 원자재 조달→생산→배송이라는 공급망 전체에 걸쳐 채택된다면, 처리시간의 단축을 통해 누적리드타임이 단축되고 재고의 감소로 이어지며 그 결과 고객에 대한 반응시간 감축 등의 효과를 얻을 수 있다.
③ ECR 시스템의 성공적인 도입을 위해서는 상호간 유익이 되는 강력한 동맹관계가 형성되어야 하며, 성과측정기준이 같지 않더라도 보상시스템은 같은 기준으로 적용되어야 한다는 전제조건이 충족되어야 한다.
④ ECR 시스템은 소비자에게 더 나은 가치를 제공하기 위핫 유통기관과 제조기업이 서로 밀접하게 제휴하는 전략이다.
⑤ ECR 시스템이 갖는 혜택으로 제품의 선택과 구매편의 증가, 품절품목 감소, 신선도 증가 등을 꼽을 수 있다.

ECR 시스템의 성공적인 도입을 위해서는 상호간 유익이 되는 강력한 동맹관계가 형성되어야 하며, 성과측정기준이 같지 않으면 보상시스템 역시 다른 기준으로 적용되어야 한다는 전제조건이 충족되어야 한다.

해답 23 ② 24 ③

25 다음 중 물류센터와 관련항목에 대한 설명으로 가장 옳지 않은 것은?

① 내륙ICD은 공단과 항만 사이를 연결하여 화물유통을 원할히 하기 위한 대규모 물류기지를 말하며, 규모의 경제효과인 대규모의 화물을 수송함에 따라 수송효율의 향상과 항만지역이 교통 혼잡을 회피할 수 있어 수송비를 절감할 수 있다.
② 스톡포인트(SP)는 재고품의 보관거점으로, 앞으로 있을 수도 있는 예상수요의 보관거점으로 물품보관에 주력하는 보관창고라고 할 수 있으며, 정태적 의미에서 유통창고를 말하며, 배송센터와 비교된다.
③ 일관팔레트화(Pallet)란 화물 이동의 출발지점으로부터 최종도착지점까지 적재된 화물을 운반, 하역, 수송, 보관하는 물류과정 중 최초에 팔레트에 적재된 화물의 형태를 변형시키지 않고 일관되게 화물의 흐름을 만드는 것을 말한다.
④ 적층 랙(Pile up rack)보관공간이 크고 작음에 맞춰 레이아웃을 자유자재로 변경할 수 있어 효율적이며, 공간이용이 뛰어나 2-3단의 적재가 신속하게 되므로 작업 효율이 높고, 앞면이 개방형이므로 적재상태로 물품의 출납이 가능한 랙이다.
⑤ 물류시스템은 크게 수배송 경로에 해당하는 연결선(link)과 이러한 연결선들 간의 접점이 이루어지는 장소인 연결점(node)으로 구성되어 있는데, 바로 이 연결점에 해당하는 장소 및 시설이 물류거점 또는 물류단지에 해당한다.

모빌 랙(Mobile Rack)보관공간이 크고 작음에 맞춰 레이아웃을 자유자재로 변경할 수 있어 효율적이며, 공간이용이 뛰어나 2-3단의 적재가 신속하게 되므로 작업 효율이 높고, 앞면이 개방형이므로 적재상태로 물품의 출납이 가능한 랙이다.

26 다음 중 QR(Quick Response)시스템에 대한 설명으로 가장 옳은 내용은?

① 고객에 대한 서비스 서비스의 질이 낮아진다.
② 고객이 원하는 시간과 장소에 필요한 제품을 공급하기 위함이다.
③ 바이어의 사전 구매 결정에 따른 재고 비용 부담을 발생시키기도 한다.
④ 원자재 조달과 생산 그리고 배송에서의 누적 리드 타임을 증가시킨다.
⑤ 유럽의 패션 의류 업계가 수입 의류 상품의 급속한 시장 잠식에 대한 방어 목적으로 개발하였다.

QR시스템은 생산에서 판매에 이르기까지 시장 정보를 즉각적으로 수집하여 대응하는 시스템이다. QR시스템은 상품을 수령하는데 따른 비용을 줄이고, 업체에서는 즉각적인 고객 서비스를 할 수 있어 서비스의 질을 향상시킬 수 있으며, 업무의 효율성과 소비자의 만족을 극대화시킨다.

25 ④ 26 ②

27 통합물류시스템의 하나로 각광을 받는 ECR과 QR을 비교한 아래의 내용 중에서 옳지 않은 것은?

① ECR은 식품잡화, QR은 의류상품에 적합하다.
② ECR은 가격이 싼 상품에, QR은 가격이 비싼 상품에 적합하다.
③ ECR은 회전율이 낮은 상품에, QR은 회전율이 높은 상품에 적합하다.
④ ECR은 자동발주 연속보충 시스템이고, QR은 타이밍에 맞는 보충이 중요한 상품에 적합하다.
⑤ ECR은 Cross Docking 상품납입방식이 적합하고,QR은 Floor Ready Merchandise 상품 납입방식이 적합하다.

ECR은 회전율이 높은 상품에, QR은 회전율이 낮은 상품에 적합하다.

28 다음 중 물류센터(Logistics center)에 대한 설명으로 가장 어울리지 않은 설명은?

① 물류센터의 위치(입지)는 화물의 흐름을 잘 고려하여 결정해야 하며, 이를 위해 일반적으로 5가지 중요한 요소(PQRST)를 분석해야 한다. 이들 5가지 요소는 화물(Product), 질적 요인(Quality), 경로(Route), 서비스와 시간(Service and Time)으로 구분된다.
② 물류센터는 배송시간 · 배송비용을 절감할 수 있는 상품의 수요가 많은 지역에 있어야 하고, 상품의 대량보관에 중점이 있는 것이 아니고, 효율적인 물류배분에 초점을 맞추어 위치를 선정해야 한다.
③ 일정지역에서는 집하 후 물류센터에서 분류하여 해당지역의 물류센터들로 수송하고, 일정지역에서는 물류센터에서 분류작업 없이 해당지역의 물류센터로 바로 직송하는 방식을 Hub & Spoke 방식과 Point-to-Point 방식의 혼합방식이라고 한다.
④ 물류시스템은 크게 물류경로(link ; 수배송)와 물류거점(node ; 연결점)으로 구성되어 있고, 고객 서비스, 고객 주문 사이클, 수요 예측은 직접적인 구성요소다. 물류거점은 철도역, 항만, 트럭터미널 등 간접자본으로 정비되어 있는 것이 있다.
⑤ 물류센터 내에서 분류시스템(Sorting System)이란 상품을 유형별로 분류하는 작업을 말한다. 이는 물건의 크기와 수량에 따라 분류할 수도 있고, 고객별로 분류할 수도 있다. 먼저 고객별로 물건을 피킹하고 물건의 크기와 동일 제품별로 피킹하는 것이 좋다.

물류센터의 위치(입지)는 화물의 흐름을 잘 고려하여 결정해야 하며, 이를 위해 일반적으로 5가지 중요한 요소(PQRST)를 분석해야 한다. 이들 5가지 요소는 화물(Product or Material), 수량(Quantity), 경로(Route), 서비스와 시간(Service and Time)으로 구분된다.

27 ③ 28 ①

29 다음 중 물류시설에 대한 설명 중에서 가장 옳지 않은 것은?

① 물류시설은 주요 기능에 따라 일반적으로 크게 보관센터(SC:stock center), 환적센터(TC:transshipment center), 배송센터(DC:distribution center) 등으로 구분할수 있다.

② 현대의 물류시설은 보관, 환적, 집배송의 기능을 수행하게 되는데, 이 기능들을 집합적으로 수행되거나 일부 기능이 수행되는 물류시설을 통칭하여 물류센터라 한다.

③ 물류센터가 2개 이상 들어간 단지에 대해서는 물류단지, 유통단지, 도소매단지 등의 다양한 이름으로 부르고 있다.

④ 환적센터는 보관센터, 배송센터에 비해 물류의 부가가치 창출이 상대적으로 가장 높은 수준으로 발생하고 있다.

⑤ 물류시스템은 크게 수 · 배송 경로에 해당하는 연결선(link)과 이러한 연결선들 간의 접점이 이루어지는 장소인 연결점(node)으로 구성되어 있다.

환적센터(TC:transshipment center)는 화물이 다양한 곳에서 오는 것을 한 곳에 모아 다른 곳으로 가는 환적(換積)하는 기능을 수행하므로 부가가치를 창출하는 기능은 약하다.

30 다음의 글상자에서 QR(quick response)에 대한 옳은 설명만으로 나열된 것을 고르시오.

> 가. 서로 떨어져있는 기업과 부서간의 물류정보가 실시간으로 전달된다.
> 나. 시장수요에 신속하게 대응하여 기업경쟁력을 향상시킨다.
> 다. 공급사슬에서 재고를 쌓이게 하는 요소를 제거한다.
> 라. 품질을 증가시킬 수 있는 정보를 조기에 획득할 수 있다.
> 마. QR을 사용함으로써 누적 리드타임이 감소하게 된다.
> 바. 고객요구에 대한 반응시간을 길게 만드는 요인을 제거한다.

① 가, 다, 라, 마　　② 나, 다, 라, 마
③ 가, 다, 라, 바　　④ 나, 다, 마, 바
⑤ 나, 다, 라, 바

QR시스템은 소비자의 만족을 극대화하기 위해 제조업자와 공급업자 및 운송업자들이 긴밀한 협조관계를 유지하여 시장수요에 신속하게 대응하여 기업경쟁력을 향상하고, 공급사슬에서 재고를 쌓이게 하는 요소를 제거하기 위해서도 필요한 시스템이다.

29 ④　**30** ④

31 SCM(Supply Chain Management)은 공급자로부터 최종 소비자에게 상품이 도달되는 모든 과정으로서 공급사슬관리라고 하며, 제품, 정보, 재정의 흐름을 통합하고 관리하는 것을 말한다. 이에 대한 성과 측정도구로서 가장 잘 못 설명되어지고 있는 것은?

① SCOR는 비즈니스 프로세스의 관점에서 해당 기업의 공급업체로부터 고객에 이르기까지 계획(plan), 공급(source), 생산(make), 인도(deliver), 회수(return)가 이루어지는 공급망 을 통합적으로 분석한다는 데 그 기초를 두고 있다.
② SCOR에서는 공급망의 성과측정을 위해 공급망의 신뢰성(reliability), 유연성(flexibility) 대응성(responsiveness), 비용(cost), 자산(asset) 등 크게 5가지 분야의 성과측정 분야를 제시하고 있다.
③ EVA는 기업이 영업활동을 통해 얻어 들인 세후 영업이익으로부터 자본비용을 제외한 금액을 말한다. 즉, 투자자본과 비용으로 실제로 얼마의 이익을 얻었는가를 나타낸다. 따라서, 영업을 통해 창출한 부가가치의 순증가분을 따져 볼 수 있다.
④ BSC는 비재무적 성과까지 고려하고 성과를 만들어낸 동인(動因)을 찾아내 관리하는 것이 특징이며 이런 점에서 재무적 성과에 치우친 EVA(경제적 부가가치), ROI(투자수익률) 등의 한계를 극복할 수 있다.
⑤ BSC 주요 성과지표로는 공급망관리, EVA(경제적 부가가치), 포괄손익계산서, 재무상태표, 성장과 학습 등이 있으며 기존의 비재무성과 중심의 측정도구의 한계를 극복하기 위해 개발되었다.

주요 성과지표로는 재무, 고객, 내부프로세스, 성장과 학습 등이 있으며 기존의 재무성과 중심의 측정도구의 한계를 극복하기 위해 개발되었다.

32 다음 중 물류센터(Logistics Center)입지 결정을 위한 의사결정 수립절차로 가장 알맞은 것은?

① 필요성 인식 - 전략대안의 평가 - 전략대안 도출 - 입지 및 규모의 결정
② 입지 및 규모의 결정 - 전략대안의 평가 - 전략대안 도출 - 필요성 인식
③ 전략대안 도출 - 필요성 인식 - 전략대안의 평가 - 입지 및 규모의 결정
④ 전략대안 도출 - 전략대안의 평가 - 입지 및 규모의 결정 - 필요성 인식
⑤ 필요성 인식 - 전략대안의 도출 - 전략대안의 평가 - 입지 및 규모의 결정

오답풀이: 물류센터의 위치(입지)는 '필요성 인식 - 전략대안의 도출 - 전략대안의 평가 - 입지 및 규모의 결정'으로 진행을 한다.

해답 **31** ⑤ **32** ⑤

33 다음 중 채찍 효과(Bullwhip effect)설계 및 관리에 관한 다음의 설명 중 옳은 것으로만 구성된 것은?

a. 공급사슬의 구성은 공급자, 생산자, 도매상, 소매상, 소비자의 연결 단계로 볼 수 있다.
b. 공급자로 갈수록 상류(upstream)이고 소비자 쪽으로 갈수록 하류(downstream)라고 한다.
c. 수요가 발생하면 기업들은 안전재고 목표량과 결부시켜 공급자에게 더 많은 가수요를 발생시킨다.
d. 소매상들이 만약에 미리 많은 물량을 확보하였다면 하류로 갈수록 수요의 왜곡 현상인 채찍 효과를 초래하게 될 것이다.
e. 수요가 공급을 초과하고 있는 경우 소매상이 낸 가수요가 오히려 채찍 효과를 감소시키는 요인이 되고 있다.

① a, b, c ② b, c, d
③ c, d, e ④ a, c, e
⑤ b, d, e

d. 소매상들이 만약에 미리 많은 물량을 확보하였다면 상류로 갈수록 수요의 왜곡 현상인 채찍 효과를 초래하게 될 것이다.
e. 수요가 공급을 초과하고 있는 경우 소매상이 낸 가수요가 오히려 채찍 효과를 가중시키는 요인이 되고 있다.

34 다음은 SCOR(Supply Chain Council & Supply Chain Operation Reference) 모형에 대한 설명이다. 올바르지 않은 것은?

① 조직내외부의 관점에서 성과를 측정할 수 있다.
② 공습사슬관리의 성과측정을 위해 개발된 모형이다.
③ 계획, 조달, 제조, 인도, 반환 등의 5가지 기본 프로세스를 가지고 있다.
④ 기업의 회계자료를 바탕으로 한 자산성과를 중심으로 국내기업의 공급망 성과를 분석하고 있다.
⑤ 재무적 측면만을 강조한다는 단점이 있으나 현금 입출력 흐름을 정확히 분석할 수 있다는 장점이 있다.

SCOR에서는 공급망 성과측정을 위해 공급망의 신뢰성(reliability), 유연성(flexibility) 대응성(responsiveness),비용(cost), 자산(asset) 등 크게 5가지 분야의 성과측정 분야를 제시하고 있다. 그러나 국내 실정상 자료수집의 용이성을 고려해 기업의 회계자료를 바탕으로 한 자산성과를 중심으로 국내기업의 공급망 성과를 분석했

33 ① **34** ⑤

35 다음 중 창고관리시스템(WMS)에 관한 설명으로 옳지 않은 것은?

① WMS를 활용하면 재고정확도, 공간과 설비의 활용도가 높아진다.

② WMS의 출고관련 기능은 수·배송관리, 배차스케줄 운영 등이다.

③ WMS의 주문관련 기능은 입고관리, 보관관리, 재고관리, 선입선출관리 등이다.

④ 물류단지의 대형화, 중앙집중화, 부가가치기능강화의 추세에 따라 WMS가 유통중심형 물류단지를 위한 차별화 전략의 핵심요인으로 등장했다.

⑤ WMS를 활용하면 창고에 관한 업무 프로세스를 전산화·정보화하여 일반적으로 적은 인원으로 쉽고 편리하게 업무를 수행할 수 있다.

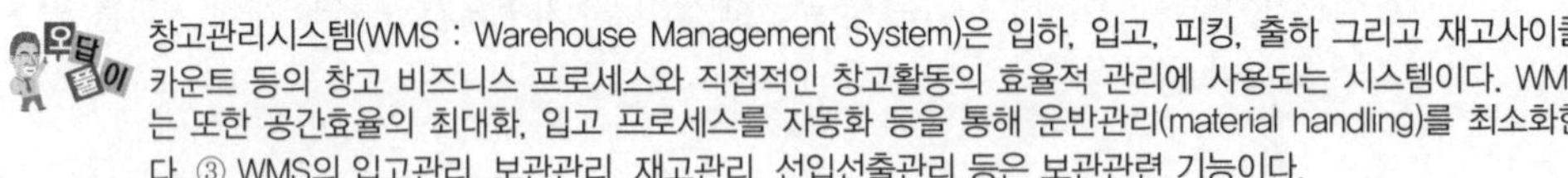

창고관리시스템(WMS : Warehouse Management System)은 입하, 입고, 피킹, 출하 그리고 재고사이클 카운트 등의 창고 비즈니스 프로세스와 직접적인 창고활동의 효율적 관리에 사용되는 시스템이다. WMS는 또한 공간효율의 최대화, 입고 프로세스를 자동화 등을 통해 운반관리(material handling)를 최소화한다. ③ WMS의 입고관리, 보관관리, 재고관리, 선입선출관리 등은 보관관련 기능이다.

36 컨테이너 터미널(Container terminal)은 화물유통의 중추인 해상과 육상 운송을 연결하는 접속점의 역할을 담당하는 곳이다. 이에 대한 설명으로 가장 옳지 않은 것은?

① 컨테이너를 신속하고 효율적으로 컨테이너선에 선적하거나 양륙하고, 트럭과 기차와의 컨테이너 화물의 이동, 컨테이너의 장치, 공 컨테이너의 집적, 컨테이너 및 그 관련 기기의 정비 및 수리 등의 업무를 수행하고 있다.

② 컨테이너 터미널은 내륙 터미널과 항만 터미널이 있으며, 컨테이너운송이 활성화되기 위해서는 컨테이너전용선의 활용, 항만에서의 하역작업, 그리고 내륙운송수단과의 연계과정 등이 컨테이너운송에 적합하여야 한다.

③ 에이 프론(apron)은 안벽에 접한 야드 부분에 일정한 폭으로 나란히 뻗어있는 공간으로서 컨테이너의 적재와 양륙작업을 위하여 임시로 하치하거나 크레인이 통과주행을 할 수 있도록 레일을 설치한 곳을 말한다.

④ 야드트랙터(yard tractor)는 야드 내에서 작업용 컨테이너 운반트럭으로 일반 컨테이너 트럭과 동일하다. 컨테이너 야드(CY)내에서 트레일러를 견인 이동한다. CY내에서 트레일러를 이동하는 견인차량인 이것을 통상 Head라고도 부른다

⑤ 마샬링야드(marshalling yard)는 컨테이너선에 직접 선적하거나 양륙하기 위하여 컨테이너를 정열시켜 놓은 넓은 공간으로 에이프론과 인접하여 설치하는 경우가 많고, 일시적으로 정열해 두는 컨테이너 터미널의 주요 시설이다.

오답풀이 에이 프론(apron)은 안벽에 접한 야드 부분에 일정한 폭으로 나란히 뻗어있는 공간으로서 컨테이너의 적재와 양륙작업을 위하여 임시로 하치하거나 크레인이 통과주행을 할 수 있도록 레일을 설치한 곳을 말한다.

35 ③ 36 ③

37 공급체인관리(SCM)의 도입효과에 대한 설명으로 가장 옳지 않은 것은?

① 제조업체의 생산계획이 가시화 되어 공급업체의 자재재고 축소 가능
② 주문량과 안전재고의 증가, 맞춤서비스 제공을 통한 고객 충성도 강화
③ 판매 계획 수립 및 수요 예측, 유통정보기술을 통한 재고관리의 효율화
④ 수주 처리기간의 단축, 자동 수 · 발주 및 검품, 납기 만족에 의한 생산의 효율화
⑤ 공급업체에 자재 품목별로 분리하여 주문 가능, EDI를 통한 유통업체의 운영비용 절감

SCM(Supply Chain Management)은 공급자로부터 최종 소비자에게 상품이 도달되는 모든 과정으로서 공급사슬관리라고 하며, 제품, 정보, 재정의 흐름을 통합하고 관리하는 것으로 전체 공급망상에는 주문량과 안전재고가 감소할 것이다.

38 다음은 공급사슬에 대한 설명이다. 이 중 가장 적절하지 않은 것은 무엇인가?

① 공급사슬의 하류는 원재료 공급업체와 그 공급업체들로 구성된다.
② 공급사슬은 원자재 공급업체, 제조업체, 유통업체, 고객 등을 연결한다.
③ 공급사슬상에서 재화 및 자금은 일방향인 반면, 정보는 양방향으로 흐른다.
④ 내부 공급사슬은 입고분을 출고분으로 전환하는 과정에서 조직이 수행하는 과정을 말한다.
⑤ 공급사슬은 원자재 획득, 원자재를 반자재 및 완성재로 변환하고 유통시키는 역할을 수행하는 네트워크이다.

공급자로 갈수록 상류(upstream)이고 소비자 쪽으로 갈수록 하류(downstream)라고 한다.

39 다음 중 SCM의 응용형태에 대한 설명으로 가장 부적절한 것은?

① EOS는 발주자가 주문자료를 수주자의 컴퓨터로 전송함으로서 주문이 이루어진다.
② CAO시스템은 POS와 EOS를 결합해서 수요에 즉각적으로 대응하기 위한 방식이다.
③ Cross Docking은 상품이 중간물류센터에 재고로 머무르지 않고 소매점포로 곧바로 이동하게 하는 방식이다.
④ CRP는 주문업체가 POS를 통한 실제 판매량을 계산해서 예측 수요량과 재고 등을 토대로 상품보충 여부를 결정한다.
⑤ 끊임없는 상품 보충(CRP)은 소비자의 수요에 근거해서 제조업체 또는 공급업체가 유통업체의 재고를 자동보충해주는 방식이다.

CRP(Continuous Replenishment process)는 유통 공급망 내의 주문량에 근거한 상품의 판매 데이터를 근거로 하여 적절한 양을 항시 보충해 주는 시스템의 일종이다. pull 방식은 상품을 소비자의 수요에 근거하여소매상이 요구할 때에만 공급자가 공급하는 끌어당기기 방식으로 CRP와 거의 일맥상통하다.

37 ② **38** ① **39** ④

40 물류정책기본법(법률 제17550호, 2020.10.20., 일부개정)상 용어의 정의로 옳지 않은 것은?

① "물류체계"란 효율적인 물류활동을 위하여 시설 · 장비 · 정보 · 조직 및 인력 등이 서로 유기적으로 기능을 발휘할 수 있도록 연계된 집합체를 말한다.
② "종합물류정보망"이란 기능별 또는 지역별로 관련 행정기관, 물류기업 및 그 거래처를 연결하는 일련의 물류정보체계를 말한다.
③ "제3자물류"란 화주가 그와 대통령령으로 정하는 특수관계에 있지 아니한 물류기업에 물류활동의 일부 또는 전부를 위탁하는 것을 말한다.
④ "국제물류주선업"이란 타인의 수요에 따라 자기의 명의와 계산으로 타인의 물류시설 · 장비 등을 이용하여 수출입화물의 물류를 주선하는 사업을 말한다.
⑤ "물류보안"이란 공항 · 항만과 물류시설에 폭발물, 무기류 등 위해물품을 은닉 · 반입하는 행위와 물류에 필요한 시설 · 장비 · 인력 · 조직 · 정보망 및 화물 등에 위해를 가할 목적으로 행하여지는 불법행위를 사전에 방지하기 위한 조치를 말한다.

오답풀이 "단위물류정보망"이란 기능별 또는 지역별로 관련 행정기관, 물류기업 및 그 거래처를 연결하는 일련의 물류정보체계를 말한다.

41 물류정책기본법 (법률 제14541호, 시행 2019.3.19.) 제2조 정의에 나오는 용어에 대한 설명으로 가장 옳지 않은 것은?

① 화물의 운송, 보관, 하역을 위한 시설을 물류시설이라 한다.
② 효율적인 물류활동을 위하여 시설, 장비, 정보, 조직 및 인력 등이 서로 유기적으로 기능을 발휘할 수 있도록 연계된 집합체를 물류사업체라 한다.
③ 물류 또는 화주기업들이 물류활동의 효율성을 높이기 위하여 물류에 필요한 각종 시설이나 장비 등을 공동으로 이용하는 것을 물류공동화라 한다.
④ 원활한 물류를 위하여 시설 및 장비를 통일하고 단순화하는 것은 물류표준화이다.
⑤ 물류터미널이나 창고 등의 물류시설을 운영하는 물류시설운영업은 물류사업에 속한다.

오답풀이 「물류체계」: 효율적인 물류활동을 위하여 시설 · 장비 · 정보 · 조직 및 인력 등이 서로 유기적으로 기능을 발휘할 수 있도록 연계된 집합체를 말한다.

해답 40 ② 41 ②

유통관리사1급

03 상권분석

제1장 상권조사

제2장 소매입지와 입지선택

제3장 점포개점전략

Chapter 1 상권조사

01 상권(商圈)설정

1. 상권의 정의

(1) 상권의 개념

① 상권(trade area)의 가장 일반적인 정의는 한 점포가 고객을 흡인할 수 있는 지역의 한계 범위(geographic area)를 지칭하는 말이다. 점포에 대한 마케팅 전략의 수립에 앞서 기업은 자사 점포의 상권 범위를 어디까지로 할 것인가를 먼저 결정해야 한다.

② 상권은 시장지역 또는 배후지라고도 부르며 점포와 고객을 상행위와 관련하여 흡수할 수 있는 지리적 영역이고, 경쟁자의 출현은 상권을 차단하는 중요한 장애물이며 고객밀도는 상권 내의 인구밀도와 밀접한 관련이 있다.

③ 일반적상권은 지리적 범위에 따라 계층적구조로 형성된 것으로 보는 경향이 있다. 즉, 상권은 지역상권(general trading area), 지구상권(district trading area), 개별점포 상권(individual trading area) 등으로 계층적으로 분류될 수 있다.

④ 상권의 크기는 소비자와의 물리적 거리와 밀접한 관련이 있다. 상권의 크기는 주택가 상권은 좁다는 특징이 있고, 주변에 점포가 많으면 상권은 넓은 범위를 가진다.

⑤ 상권(trade area)이란 한 점포뿐만 아니라 점포집단이 고객을 유인할 수 있는 지역적 범위(geographic area)를 의미하며, 상권은 단순한 몇Km권이라고 하는 원형의 형태가 아니라 아메바와 같이 정형화되지 않은 형태로 되는 경우가 일반적이다.

⑥ 지방 중소도시의 경우 지역상권은 지구상권과 거의 일치한다고 볼 수 있다. 즉, 지역상권 내의 가장 중심부에 위치한 지구상권은 지역 전체의 소비자들을 흡인한다. 일반적으로 대형점일수록 동일 위치에 출점한 경쟁점포보다 점포 상권이 광범위하다.

⑦ 중소점포의 경우에도 유명 전문점은 동일 위치의 경쟁점포보다 점포 상권의 규모가 크며, 한 점포의 상권은 지역상권, 지구상권, 개별점포 상권을 모두 포함하는 것이지만, 이와 같이 엄격히 구분하지는 않는다.

⑧ 상권이란 하나의 점포 또는 점포들의 집단이 고객을 유인할 수 있는 지역적 범위를 나타내며, 판매수량의 크기에 따라 1차, 2차, 3차 상권으로 구분할 수 있다. 상권의 구매력은 상권 내의 가구소득수준과 가구 수의 함수로 볼 수 있다.

⑨ 신호등의 위치, 좌회전 로(路)의 존재, 접근로의 경사도 등도 상권의 범위에 영향을 미치며, 경관이 좋고 깨끗하다든지, 도로주변이 불결하다든지 하는 심리적 요소도 상권범위에 영향을 미친다.

(2) 상권 설정이유

① 상권 설정시 해당 지역을 직접 돌아다니면서 자신의 경험적 감각을 활용한 상권파악 방법으로 실사 상권설정법이 있다.

② 미래 판매예측을 위해서, 세분화된 고객 파악, 상품 구색, 판매촉진 등 전략수립을 위해서, 입지의 참고자료와 상점가 재개발의 기초자료로 활용하기 위해서 상권을 설정한다.

③ 상권설정의 필요성은 잠재수요를 파악하기 위해서나 지역 내 고객 특성 파악을 통한 구색 갖춤과 판촉방향을 파악하기 위해서, 구체적인 입지계획을 수립하기 위해서이다.

(3) 상권 규정 요인

① 상권을 규정하는 가장 중요한 요인은 소비자나 판매자가 감안하게 되는 시간과 비용요인이지만, 일반적으로 상권을 규정하는 구성요인은 인구, 시간, 거리요인이다.

② 상품가치를 좌우하는 보존성이 강한 재화일수록 오랜 운송에도 견딜 수 있으므로 상권이 확대되며, 생산비, 운송비, 판매가격 등이 낮을수록 상권은 확장된다.

③ 구매자 측면에서의 상권은 적절한 가격의 재화 및 용역을 합리적으로 구매할 수 있을 것으로 기대되는 지역적 범위이다.

④ 소비자가 직접 이동하는 경우에는 재화의 종류에 따라 소비자가 투자하는 시간과 비용이 바뀌게 되어 상권의 크기도 바뀐다.

⑤ 판매량 측면에서의 상권은 판매량에 따라 1차상권, 2차 상권, 3차 상권 및 영향권 등으로 구분하여 각 상권별 판매량에 따른 상권의 범위이다.

⑥ 판매자 측면에서의 상권은 특정 마케팅 단위나 집단이 상품과 서비스를 판매하고 인도함에 있어 비용과 취급규모면에서의 특정 경계에 의해 결정되는 경제적인 범위이다.

⑦ 미래 판매예측을 위해서, 세분화된 고객 파악, 상품 구색, 판매촉진 등 전략수립을 위해서, 입지의 참고자료와 상점가 재개발의 기초자료로 활용하기 위해서 상권을 설정한다.

⑧ 상권설정의 필요성은 잠재수요를 파악하기 위해서나 지역 내 고객 특성 파악을 통한 구색갖춤과 판촉방향을 파악하기 위해서, 구체적인 입지계획을 수립하기 위해서이다.

⑨ 도로나 강과 같은 인공적 및 자연적 요소에 의해 경계가 그려지는 상권을 다각형(polygons)에의 하여 그릴 수 있다. 상품의 질이나 맛보다는 쾌적함이나 정서적 가치를 추구하는 상품의 경우에는 일반적으로 상권의 범위를 넓게 규정하여야 한다.

(4) 효과적 상권개발전략

① 전략상권의 범위를 구체적으로 확정해야 한다.

② 소비자와의 지속적인 커뮤니케이션 채널을 구축해야 한다.

③ 업태의 이미지를 분명히 확립하고 지속적으로 유지해야 한다.

(5) 상권에 관한 일반적인 내용

① 고객의 방문주기가 길거나 혹은 고객구매빈도가 낮은 업종일수록 보다 넓은 상권을 가져야 한다. 상권은 정적이지 않고 마케팅 전략, 가격, 점포 규모, 경쟁 등에 따라 수시로 변하는 변동성을 가지고 있다.

② 상권은 점포의 매출 및 고객이 창출되는 지리적으로 인접한 구역을 말하는데, 두세 개의 구역으로 분리될 수 있다.

③ 동일지역에 출점한 경쟁 점포들의 경우 규모가 큰 대형점포 일수록 상권이 크고, 동일한 업종으로 형성된 상권의 규모가 다양한 업종으로 형성된 상권에 비해 크다.

④ 상권을 정의하기 위한 기초자료요소로는 고객 스포팅(customer spotting), 지리정보시스템 분석자료, 구매력 지수 등을 참고해야 한다.

⑤ 상권 내의 기생점포만으로는 고객이동을 발생시키지 못하며, 이곳의 상권은 해당지역의 쇼핑센터나 소매지역에서 주도적으로 성장하는 소매업체에 의해 결정된다.

⑥ 대도시에 인접한 소도시(위성도시)의 경우 소비자들이 대도시에서 주로 구매하기 때문에 상권형성이 어렵지만 건전지, 식료품, 간단한 의약품 등은 위성도시에서도 상권이 형성될 수 있으리라고 추측할 수 있는 품목들이다.

⑦ 기본상권이란 해당점포의 고객 또는 매출이 50%이상 존재하는 범위를 말한다. 고객의 방문주기가 길거나 혹은 고객 구매 빈도가 낮은 업종일수록 보다 넓은 상권을 가져야 한다.

(6) 상권설정시 고려요소와 평가지수

① 상권에 영향을 미칠 수 있는 인구와 구매행동, 가구의 소득과 구성, 지역의 발달정도는 상권의 잠재적 수요를 파악할 때 사용할 수 있는 요소가 된다.

② 시장 구매력을 측정하는 BPI(buying power index)는 인구와 소매매출, 유효소득 등에 대해 전체규모와 특정지역의 규모를 이용하여 계산하는 방법이다.

③ 점포당 면적, 종업원당 면적, 점포의 성장 등의 요소는 시장의 공급요인을 평가할 때 사용할 수 있는 지표로 매출과 연계하면 상권의 포화정도를 설명할 수 있다.

④ 판매활동지수(SAI :sales activity index)는 다른 지역과 비교한 특정지역의 1인당 소매매출액을 측정하는 방법으로 인구를 기준으로 소매매출액의 비율을 계산한다.

(7) 도심상권(재래시장) 활성화 방안

① 소비자들이 재래시장을 외면하는 이유로는 불편함이 가장 크다. 인근에 있는 재래시장에서 더 싼 물건도 있지만 상점이 여기저기 떨어져 있어 자주 찾지 않게 된다.

② 재래시장에 비해 대형 마트는 평균적으로 값도 싸고 깨끗하게 포장해 놓아 많이 이용하게 된다. 선진국에서는 1980년대부터 점포밀집지역을 하나로 묶어 관리하고 있다.

③ 미국의 경우는 1980년대의 침체된 도심상권 활성화를 위해 필라델피아에서 처음으로 BID(business improvement district)를 도입하였다.

④ 영국에서는 BID(business improvement district)를 도입하여 정부의 정책적 지원과 금융적후원을 받게 되었다. 도심지 상권 활성화를 위한 TCM(Town Center Management)사업에 착수한 뒤 지금은 TCM보다 개발범위가 넓은 BID사업을 도입, 지역개발과 상권개발을 병행 추진하고 있다.

⑤ 일본에서는 TMO(town management organization)가 미국의 BID, 영국의 TCM을 벤치마킹하여 1998년에 설립되고 정부의 지원 아래 민간 활동으로 도심공동화 현상을 막기 위한시가지 상권 활성화사업을 하고 있다.

⑥ 일본정부 8개 부처가 참여하는 TMO 사업을 통해 도심상업지역 개선을 지원하고 중심시가지 활성화본부와 중심시가지 활성화 협의회를 설치해 구도심 상점가 활성화를 지원하고 있다.

2. 상권의 형태

(1) 고객흡인율에 따른 상권

① 점포의 상권은 일반적으로 1차 상권(primary trading area), 2차 상권(secondary trading area), 한계상권(fringe trading area)으로 구성된다. 한계상권을 3차 상권이라고도 한다. 이는 판매수량(판매자)관점에서 본 것이라 할 수 있다.

② 1차 상권(Primary trading area)은 점포에서 가장 가까운 지역을 포함하며, 점포 전체 이용고객의 60~65%를 흡인하는 지역범위로서 전체 상권 내에서 자사점포 이용 고객들이 가장 밀집되어 있기 때문에 고객 1인당 매출액은 최고라 할 수 있다.

③ 2차 상권(Secondary trading area)은 1차 상권의 외곽에 위치하며, 전체 점포 이용 고객의 20~25%를 흡인하는 지역 범위이다. 2차 상권 내의 고객은 1차 상권의 고객들과 비교할 때 지역적으로 넓게 분산되어 있다.

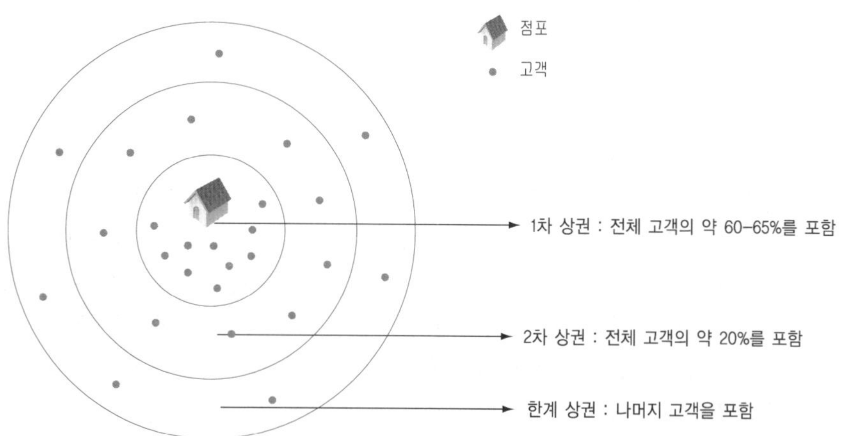

④ 3차 상권(Third trading area) 또는 한계상권은 2차 상권 외곽을 둘러싼 지역 범위를 말하며, 1차 상권과 2차 상권에 포함되지 않은 나머지 고객들을 흡인하게 된다. 한계 상권 내에 위치한 고객들은 1차 상권 및 2차 상권과 비교할 때 고객의 수와 이들의 구매 빈도가 적기 때문에 점포 매출에서 차지하는 비율은 극히 미미하다고 할 수 있다.

(2) 권역별 구분에 의한 상권

① 근린형 상권

㉠ 주택가형이나 소형상권으로 일반적으로 생활필수품을 중심으로 한 식품류와 편의품 위주의 상품을 취급하고 판매하는 상가가 형성되어 있는 권역을 말한다.

㉡ 신규 점포창업자에게 근린형 상권이 유리하다고 할 수 있는 것은 권리금이나 임대보증금이 싸고 취급상품이 우리들에게 친숙한 품목들이기 때문이다.

㉢ 근린형 상권의 범위는 반경 500~1,500m이며, 도보로 이용할 수 있는 거리를 상권으로 보면 된다. 이곳의 인구는 10,000명에서 30,000명 이하를 상권으로 한다.

② 지구중심형 상권

㉠ 동이나 읍 · 면의 전체를 상권의 범위에 포함하여 소비빈도가 높은 비식품류를 넓게 취급하되 가격을 낮게 책정하여 대량 판매를 시도하는 중형규모의 상권이 형성되어 있는 권역이다.

㉡ 지구형은 다시 지구중심형과 대지구 중심형으로 구분되는데, 지구중심형은 반경 1킬로 미터 이내의 생활권을 범위로 하며, 대지구 중심형은 몇 개의 거주지역을 상권으로 한다.

③ 지역중심형 상권

㉠ 시(市)의 경우 시전부와 인접한 1~2개 구 · 읍 · 면을 상권으로 하며 지방 중소도시의 경우는 그 중소도시 전지역을 대상으로 하는 대규모 상권을 형성한다.

㉡ 지역중심형 상권은 편의품과 선매품 이외에 고급패션의류, 고급가구 등 전문품을 취급하는 대 중앙판매점과 같은 대규모 상권이 형성되어 있는 권역이다.

④ 도심형 광역 상권

㉠ 시내(市內) 전역 및 전국을 대상으로 할 수 있는 대규모 상권이 형성되어 있는 권역을 말하며 주간과 야간의 인구 규모 격차가 심하다.

㉡ 역전, 번화가, 대형 백화점 등이 몰려있고, 이러한 상권은 주거지에서 멀리 떨어져 있으며 쇼핑은 1년에 수회 간격으로 행하며, 일반상품 업종은 물론이고 외식업이나 오락, 유흥 등 여러 업종이 복합적으로 구성되어 있는 번화가형이라고도 한다.

㉢ 광역형, 지역형 상권을 형성하고 있으며 중심형은 도심형과 부도심형으로 나눌 수 있는데, 남대문이나 동대문같이 전통적이고 복합형으로 구성된 중심 상권을 도심형이라 하고, 신촌이나 영등포 등 교통이나 도시개발과 함께 새롭게 신흥 상권으로 떠오른 곳을 부도심이라 한다.

㉣ 부도심은 공공시설, 상업시설, 업무시설 등이 입지하여 기능을 수행하고, 역세권을 중심으로 부도심이 형성되며, 업종 간 높은 연계성과 업종간의 집단화도 이루어져 소비자가 볼 때, 도심보다 방문주기가 빈번하며, 체류하는 시간은 짧다.

㉤ 유흥과 휴일 시간보내기 좋은 곳, 윈도우 쇼핑과 같은 무(無)목적성 행위가 쉬운 곳, 레크리에이션 소비도 많이 발생하는 곳, 상권의 질이 매우 좋다고 평가할 수 있는 곳은 쇼핑가 상권이다.

3. 상권의 분류

(1) 주체에 따른 분류

① 상권의 범위는 인구밀도 분포, 쇼핑몰에 접근하는 교통조건, 경쟁 상업지의 위치와 규모에 의해 결정된다.

② 판매자 측면에서의 상권은 특정 마케팅 단위나 집단이 상품과 서비스를 판매하고 인도함에 있어 비용과 취급규모면에서 특정 경계에 의해 결정되는 경제적인 범위이다.

③ 구매자 측면에서의 상권은 적절한 가격의 재화 및 용역을 합리적으로 구매할 수 있을 것으로 기대되는 지역적 범위이다.

④ 1차 상권, 2차 상권, 3차 상권 등으로 구분하여 각 상권별 판매량이나 판매금액에 따라 구분을 하는것은 보는 측면에 따라 다르기에 고정적인 상권의 범위는 아니다.

(2) 상권범위의 영향인자

① 신호등의 위치, 좌회전 로의 존재, 접근로의 경사도, 경관이 좋고 깨끗하다든지, 도로주변이 불결하다든지 하는 심리적 요소도 상권범위에 영향을 미친다.

② 주요고속도로나 철도가 남북으로 길게 놓여있을 경우에는 상권도 남북으로 긴 타원의 형태가 되고, 이곳의 상권은 해당지역의 쇼핑센터나 소매지역에서 주도적으로 성장하는 소매업체에 의해 결정된다.

③ 상권의 구매력은 상권 내의 가구소득수준과 가구 수의 함수로 볼 수 있다. 상권을 정의하기 위한 기초자료요소로는 고객 스포팅(customer spotting), 지리정보시스템 분석자료, 구매력 지수 등을 참고해야 한다.

(3) 상품특성에 의한 상권

① 편의품의 수요를 올바르게 예측하기 위해서는 업태별 경쟁구조 분석과 업태 내 경쟁구조 분석이필요하다.

② 선매품의 경우에는 위계별 경쟁구조 분석이 필요하며, 다른 위계의 점포들도 경쟁 상대로 보고 분석하는 것이 필요하다.

③ 전문품의 경우 구매 고객이 많지 않지만, 전문품을 구매하는 고객이 여러지역에 분포가 되어있다.

④ 점포상권의 규모를 보면 전문품을 취급하는 점포의 상권은 선매품을 취급하는 점포의 상권보다 크고, 선매품을 취급하는 점포의 상권은 편의품을 판매하는 점포의 상권보다 크다.

(4) 상권에 관한 일반적인 내용

① 고객의 방문주기가 길거나 혹은 고객구매빈도가 낮은 업종일수록 보다 넓은 상권을 가져야 한다. 상권은 정적이지 않고 마케팅 전략, 가격, 점포 규모, 경쟁 등에 따라 수시로 변한다.

② 동일지역에 출점한 경쟁 점포들의 경우 소형점보다 대형점이 상권이 크고, 동일한 업종으로 형성된 상권의 규모가 다양한 업종으로 형성된 상권에 비해 크다.

③ 대도시에 인접한 소도시(위성도시)의 경우 소비자들이 대도시에서 주로 구매하기 때문에 상권형성이 어렵지만 건전지, 식료품, 간단한 의약품 등은 위성도시에서도 상권이 형성될 수 있으리라고 추측할 수 있는 품목들이다.

④ 상권 내 목적점포는 상품, 상품의 종류, 전시, 가격 혹은 다른 독특한 특징이 고객유인 역할을 하는 점포이며, 상권은 점포의 매출 및 고객이 창출되는 지리적으로 인접한 구역을 말하는데, 두세 개의 구역으로 분리될 수 있다.

⑤ 상권의 범위가 가장 좁은 업태부터 넓은 업태로 순서로 나열하면 '편의점→할인점→백화점→리저널(regional) 쇼핑센터→수퍼 리저널(super regional) 쇼핑센터'로 구분을 할 수 있다.

(5) 점포수의 정도에 따른 상권

① 과소지역 상권은 해당 지역의 욕구를 만족시키기 위한 특정 제품이나 서비스를 판매하는 점포가 매우 부족한 지역이다.

② 과다지역 상권은 너무나 많은 점포들이 특정 상품이나 서비스를 판매하여 현재 상권 내 경쟁이 치열한 지역으로 수익실현이나 유지에 대한 불확실성이 높다.

③ 과점지역 상권은 특정 상품이나 서비스를 몇몇 점포가 과점하여 판매하지만 경쟁력이 있는 점포는 그 시장에 진입을 하여 이익을 볼 수가 있다.

④ 포화지역 상권은 고객에게 우수한 상품과 서비스를 제공하며, 경쟁 소매업체들이 이익을 많이 남길 수 있도록 해주기에 소매업체들은 이 지역이 매력적이라고 생각한다.

⑤ 점포적정지역은 상권 내부의 소비자 수요에 맞게 적정수준의 점포가 개설되어 있으며, 점포적정지수는 소비자의 지출액과 매장면적과의 관계를 설명하는 지표이다. 점포적정지수의 변화를 보면 신규점포의 출점이 미치는 영향을 예측해볼 수 있다.

(6) 유점포와 무점포에 따른 상권

① 물리적 점포가 존재하는 경우 잠재상권, 확률상권, 현재상권 등으로 구분하여 분석하기도 한다.

② 상권의 가장 단순한 형태인 일반상권은 지역 내 존재하는 자기점포를 중심으로 상권을 표기하는 방법이다.

③ 물리적 점포가 없는 경우 상권은 인터넷, 우편 등의 접촉수단에 대한 접근 가능성에 더 많은 영향을 받는다.

④ 무점포 판매의 경우 제품을 홍보하고 주문하는 수단이 발전함에 따라 상권으로 평가할 수 있는 범위가 넓어지게 되었다.

⑤ 근대 이전 과거를 이용하여 상권을 분석한다면 시전을 점포상으로 보고 상권을 분석해볼 수 있다.

4. 상권의 설정 방법

(1) 범위와 경계선

① 시장진입을 위한 범위

㉠ 주변 인구밀도분포

㉡ 개별매장, 점포집단 등 경쟁사업자의 위치

㉢ 철도, 도로, 버스노선 등의 쇼핑몰에 접근하는 교통조건

② 점포상권의 경계선

㉠ 구매빈도가 낮은 업종일수록 점포상권의 경계선이 확대된다.

㉡ 동일 지역에서 비슷한 상품을 판매하는 소매점포 들의 밀집현상은 일반적으로 상권의 범위를 확장한다.

③ 위계별 계층적 구조

㉠ 지역상권(general trading area)

㉡ 지구상권(district trading area)

㉢ 개별점포상권(individual trading area)

(2) 상권 설정법

① 고객리스트를 통한 상권 설정법

㉠ 특정점포의 고객정보를 상권 설정을 위한 샘플로 활용하는 방법을 말한다.

㉡ 이 방법은 앙케이트를 이용한 상권설정법에 비해 시간과 비용이 많이 든다.

② 앙케이트 조사를 통한 상권 설정법

㉠ 상권을 설정하기 위해서 점포에 찾아온 고객을 직접 대상으로 하는 방법이다.

㉡ 이 방법은 고객에게 직접 물어보고 조사한 뒤 그 결과를 집계 · 분석하여 설정한다.

③ 실사(實査)에 의한 상권 설정법

㉠ 상권 설정 시 해당 지역을 직접 돌아다니면서 자신의 경험적 감각을 활용한 상권파악방법으로 실사 상권설정법이 있다.

㉡ 기존 점포의 고객을 잘 관찰하여 교통수단별 내점비율을 파악하는 것이 중요하며, 항상 지도를 휴대하여 어느 지역에서 고객이 유입되는지에 관심을 가져야 한다. 점포에 내점하는 고객의 범위를 파악하는 것이 목적이다.

④ 단순원형 상권 설정법

㉠ 설정한 상권에서 경합도 및 방향도를 산출할 수 있으며 일반적으로 가장 많이 활용되는 상권설정 방법이다.

㉡ 기본상권을 몇 킬로미터로 할 것인지를 확실히 정해야 하며, 만약 기본상권을 불명확하게 하면 상권 설정의 의미와 목적이 없다.

(3) 오피스빌딩이 밀집된 상권

① 고객들의 구매 패턴이 일정하기 때문에 매출액에 대한 예측이 용이하다.
② 대부분의 고객이 직장인을 대상으로 영업하므로 거래행위가 비교적 양호하다.
③ 점심시간 등 하루 중에서 특정시간대에 매출이 집중적으로 발생하므로 상품 및 자금 회전이 빠르다.
④ 영업일수(營業日數)는 주거지의 상권에 비해 적기 때문에 지속적이고 안정적인 매출이 발생하지 못하는 단점이 있다.

(4) 상권 형별 입지전략

① 대학가의 상권에서는 야간시간대에 매출이 많이 발생하는 업종이 유리하다.
② 아파트단지의 경우 테이크아웃형 업종일수록 단지 초입에 위치하는 것이 유리하다.
③ 중심가상권의 경우 경쟁으로 인한 이익이 크기 때문에 치열한 경쟁구도가 형성된다.
④ 역세권은 업종 간 경쟁관계가 높지만 소비자들이 많으므로 초보창업자도 유리하다.

(5) 중심성지수

① 소매업의 공간적 분포를 설명하는 중심성 지수는 어떤 지역의 소매판매액을 1인당 평균 구매액으로 나눈 값을 상업인구라 하고, 상업인구를 그 지역의 거주인구로 나눈 값을 중심성지수라 한다.
② 소매 판매액의 변화가 없어도 해당 지역의 인구가 감소하면 중심성 지수는 높아지게 된다.

◐입지와 상권의 비교

구 분	입 지	상 권
개 념	지점(점포)이 소재하고 있는 위치적인 조건(Location)	지점(점포)이 미치는 영향권(거래권)의 범위(Trading Area)
물리적 특성	평지, 도로변, 상업시설, 도시계획지구 등 물리적 시설	대학가, 역세권, 아파트단지, 시내중심가, 먹자상권 등 비물리적인 상거래 활동공간
등급구분	1급지, 2급지, 3급지	1차상권, 2차상권, 3차상권
분석방법	점포분석, 통행량 분석	업종 경쟁력 분석, 구매력 분석
평가기준	권리금(영업권), 임대료(평당 단가)	반경거리(250m, 500m, 1Km)

IRS 와 MEP

1. 수요와 공급의 측정

(1) 수요의 측정

① 수요 측정방법은 인구와 가처분 소득을 통한 구매력을 조사하는 것으로, 인구는 소매 목적상 특정 집단의 가구 수를 조사하는 것보다 더 효과적이라 할 수 있다.

② 소매업체는 특정 지역시장의 소매잠재력을 측정하기 위해 반드시 그 지역의 전체 인구 및 가구 수와 그들의 소득 수준을 조사해야 하는 것은 아니다. 자신의 표적 시장이 이미 결정된 소매업체는 특정 인구집단을 중점적으로 조사하는 것이 보다 효과적이다.

③ 고소득층을 표적 시장으로 하는 소매업체는 고소득층의 가구 수만을 조사하는 것이 가장 적합하다. 소매업자는 인구통계적 특성, 가족 구성원의 수, 사회 · 경제적 특성인 연간 가구소득, 주거 유형 등에 따라 나누어진 세부시장들 중에서 선정된 표적 세분시장의 수요를 측정하는 것이 보다 타당하기 때문이다.

④ 가구 구성원들의 나이 구성에 따라 소매 점포의 수요가 달라지는데, 예를 들어 나이가 젊은 가구들이 많이 거주하는 지역에는 패스트푸드점에 대한 수요가 많을 수밖에는 없다.

⑤ 가구 구성원들의 수도 소매업체에 대한 전반적인 수요와 특정 소매업종에 대한 수요에 영향을 미친다. 가구 구성원의 수가 많을수록 가구당 가처분 소득의 구매력이 줄어들게 된다.

⑥ 특정한 지역의 인구밀도는 단위 면적당 인구 수로 정의할 수 있다. 인구밀도가 높을수록 점포의 평균 면적이 커지며, 따라서 그 지역에 필요한 점포의 수는 적어질 수밖에는 없다.

⑦ 거주자들의 유동성도 소매 수요에 영향을 주게 된다. 유동성이 높을수록 보다 먼 거리에 위치한 점포를 방문할 가능성이 높아지므로 교통이 편리한 위치에 다수의 소형 점포들이 입지하는 것보다, 소수의 대형 점포들이 입지할 가능성이 커지게 된다.

⑧ 특정 상권에서의 기본적인 수요예측의 방법으로는 '실태조사에 의한 방법', '유추법(analog method)', '통계분석법' 등이 있다.

(2) 공급의 측정

① 지역시장의 매력도를 측정하는 소매포화지수(IRS)는 한 지역시장에서의 수요와 공급의 현 수준을 반영하는 척도이다.

② 그러나 지역시장의 매력도는 기존의 수요와 공급뿐만이 아니라 미래시장의 시장 성장 잠재력에 의해서도 크게 영향을 받는다.

③ 소매포화지수(IRS ; Index of Retail Saturation)와 시장확장잠재력(MEP ; Market Expansion Potential)을 활용하여 신규점포가 입지할 지역시장의 매력도를 평가할 수 있다.

2. 소매포화지수(Index of Retail Saturation;IRS)

(1) IRS의 개념

① IRS는 한 시장지역 내에서 특정소매업태 또는 집적소매시설의 단위 면적당 잠재수요를 말하며, 특정 시장 내에서 주어진 제품계열에 대한 점포면적당 잠재매출액의 크기이고, 신규점포에 대한 시장 잠재력을 측정하는 데 유용하게 사용된다.

② 소매포화지수(IRS)는 지역시장의 수요 잠재력을 총체적으로 측정할 수 있는 지표로 많이 이용되며 특정 시장내에서의 특정 제품계열에 대한 점포면적당 잠재 매출액을 의미하는 지수이다.

③ IRS는 지역시장의 수요 잠재력을 총체적으로 측정할 수 있는 지표로 많이 이용되며 특정 시장내에서의 특정 제품계열에 대한 점포면적당 잠재 매출액을 의미하는 지수로서 값이 클수록 시장의 포화정도가 낮기에 앞으로는 시장의 매력도가 높아진다.

④ 지역시장의 수요 잠재력을 총체적으로 측정할 수 있는 지표로 많이 이용되는 것이 소매포화지수(IRS)이고, 수요를 측정하기 위해서는 인구수와 가처분 소득을 통한 소매구매력의 조사, 수요측정지표로 가구 구성원의 연령, 구성원 수, 인구밀도, 유동성 등이 있다.

⑤ 한 지역시장의 점포포화(store saturation)란 기존 점포만으로 고객의 욕구를 충족시킬 수 있는 상태를 의미하고, IRS가 지역시장에서 특정업태에 대한 수요 잠재력을 측정할 수 있다는 것은 해당지역의 잠재적인 판매규모를 잘 예측해야 적정한 수준의 매장규모를 선택할 수 있기 때문이다.

(2) 소매포화지수(IRS)에 포함되는 요인

① 특정제품(서비스)에 배분한 총 매장면적
② 특정제품(서비스)에 대한 특정상권 고객의 지출액
③ 특정제품(서비스)에 대한 특정 상권 내의 고객 수(가구 수)

(3) 소매포화지수(IRS)의 특징과 산식

① 소매 수요가 아무리 높다고 하더라도 기존 점포들 간의 경쟁이 매우 치열한 상황이라면 지역시장의 매력도는 낮아진다.

② IRS에서는 점포가 비슷한 전통적인 수퍼마켓 등은 적용이 용이하나 스포츠 용품 또는 가구점등 전문화된 점포에 적용이 어렵다.

③ IRS의 값이 적어질수록 점포가 초과 공급되었다는 것을 의미하므로 신규점포에 대한 시장 잠재력은 상대적으로 낮아질 것이다.

④ IRS의 값이 클수록 시장기회가 커진다. IRS 값은 마케팅 능력의 부족 때문에 다른 지역에서 쇼핑하는 상황을 반영 못한다.
⑤ IRS의 값이 크면 클수록 공급보다 수요가 상대적으로 많은 것을 의미하며 따라서 신규점포를 개설할 시장기회는 더욱 커지는 것을 의미한다.
⑥ IRS 값은 특정업태가 가지는 시장에서의 단위면적당 잠재수요로서 클수록 신규점포 개설에 유리하다.
⑦ IRS 점수가 높은 경우는 시장 포화도(市場飽和度)가 낮아 경쟁이 별로 없어 새로운 점포의 출점이 기대된다.

$$IRS = \frac{\text{수요}}{\text{특정업태의 총매장면적}}$$
$$= \frac{\text{지역시장의 총가구수} \times \text{가구당 특정업태에 대한 지출비}}{\text{특정업태의 총매장면적}}$$

(4) 소매포화지수(IRS)의 단점

① 지역이나 거주자들의 미래 신규수요를 반영하지 못한다.
② 거주자들이 지역시장 밖에서의 쇼핑정도나 수요를 측정, 파악하기 어렵다.
③ 경쟁의 양적인 측면만 고려되고 질적인 측면에 대한 고려가 되고 있지 않다.

3. 시장 확장 잠재력(Market Expantion Potential;MEP)

(1) MEP의 개념

① 마케터는 신규점포가 입지할 지역시장의 매력도를 평가할 때, 기존 점포들에 의한 시장 포화 정도뿐 아니라 시장 성장 잠재력(MEP)을 함께 고려해야 한다.
② MEP 값은 특정 지역시장이 앞으로 얼마나 신규 수요를 창출할 수 있는 가능성이 있는가를 예측할 수 있는 지표이다.
③ MEP값은 타 지역에서의 쇼핑지출액을 근거로 계산되며 이 값이 클수록 타 지역에서 쇼핑을 더 많이 한다는 의미이며, 타지역 쇼핑의 정도가 높을수록 시장 확장 잠재력은 커진다.

(2) MEP와 IRS의 관계

① MEP란 지역시장이 미래에 신규 수요를 창출할 수 있는 잠재력을 반영하는 지표지만, IRS는 특정 지역시장의 시장 성장 잠재력을 반영하지 못하는 한계점을 지니고 있다.
② MEP는 IRS의 단점을 보완하는 지표이기에, MEP를 활용하여 IRS의 한계성을 보완하여야 하고, 단독적인 사용보다는 이 두 가지 지표를 보완적으로 사용하면 좋다.
③ MEP는 구체적으로는 거주자들이 지역시장 외에 다른 시장에서의 쇼핑 지출액을 추정하여 계산이 가능하다. 이 경우 다른 지역의 쇼핑 정도가 높을수록 시장 확장 잠재력은 증가하게 된다.

(3) IRS와 MEP의 평가

① 지역시장 매력도는 IRS와 MEP를 함께 사용하여 평가하고, 그 외 경제적, 행정적 기반도 고려하여 평가가 이루어지며, 시장 매력도는 네 가지 유형으로 분류하고 있다.

② IRS와 MEP의 점수가 모두 높은 지역시장이 가장 매력적인(Most Attractive)시장이며, 그 지역의 부지가격만 적정하다면 현재나 미래에도 시장은 아주 좋은 지역이다.

③ IRS가 높고, MEP가 낮은 지역은 현재시장의 매력은 높지만, 앞으로의 발전가능성은 불확실한 지역이므로 현재와 미래의 중요성의 평가자의 주관에 따라 구분된다.

④ IRS가 낮고, MEP가 높은 지역은 현재는 매력이 낮지만 미래에 유망한 지역으로 적절한 시기에 개발을 해야 하고, MEP 점수가 높은 경우는 총수요의 증가 가능성이 높다는 것을 나타낸다.

⑤ MEP와 IRS 점수가 모두 낮은 가장 비 매력적인(Least Attractive)시장은 치열한 시장경쟁과 낮은 시장 성장 가능성 때문에 신규점포의 진출은 어렵게 되며 검토 대상이 되지 않는다.

4. 상권 측정과 전략

(1) 경제적 기반의 평가대상

① 앞으로의 경제 활성화 정도

② 광고 매체의 이용 가능성과 비용

③ 근로자의 이용 가능성과 비용

④ 지역 정부 기관의 지역경제 활성화 노력정도

⑤ 지역시장에 대한 정부의 법적 규제의 내용

(2) 상권의 질(質)

① 오피스형 상권은 목적성이 너무 강하므로 통행량이 많더라도 상권의 질은 높지 않다.

② 상권의 질을 평가하는 정량적 요소로는 통행량, 야간 인구, 연령별 인구, 남녀비율 등이 있다.

③ 상권의 질을 평가하는 정성적 요소로는 통행객의 복장, 소지 물건, 보행 속도, 거리 분위기 등이 있다.

④ 상권의 질(質) 평가에 있어서 일반적으로 특정지역에 유사한 단일 목적으로 방문하는 통행객보다는 서로 다른 목적으로 방문하는 통행객이 많을수록 상권의 질은 높아진다.

(3) 구체적인 상권 측정 방법

① 소매 집적지와 직접 거래 관계를 갖는 소비자의 지역적 넓이는, 그 관계의 강약의 정도에 따라 10등급으로 나누어 10에서 1까지 점수를 책정하고 상권을 결정하는 데는 정량적(定量的)인 분석에 의해서 상권을 구분한다.

② 상권 측정을 위해서는 우선적으로 소비자가 거주하는 지역의 넓이인 광역지역을 조각으로 분할하여 단위화하고, 거래 관계는 지표를 통해 정량적으로 살펴보아야 한다.

③ 직접적인 거래 관계는 소매 집적지에 대한 소비자의 구매행동을 의미하기 때문에 일정기간 내의 구매 척도, 평균 구매액, 조각 단위에서 일정기간 내의 구매자 수를 거주인구로 나눈 수치 구매 척도를 구매지표로 이용하게 된다.

④ 특정 지역의 인구 분포를 적당한 지역 조각 단위로 분할하여 내점객이 어떤 지역 조각 단위에서 온 고객인가를 먼저 확인하고, 그 고객이 1주간 해당 점포에서 일정액을 구매했을 경우에 이를 1고객 단위라고 한다.

⑤ 기준화된 고객 수를 그 지역 조각 단위 내의 거주 인구수로 나누고, 이것에 의해 그 지역 조각 단위에 의한 해당 점포의 1인당 주간 판매액을 구할 수 있다.

⑥ 해당 점포를 중심으로 거리(500m, 1km, 1.5km, 2km 등)에 따라 중심원을 그리고, 몇 개의 지층대(地層帶)를 설정하거나 또는 시간대를 설정하여 그 지대 중심에 지역별 조각 단위를 그린다.

⑦ 그 지대 내의 고객 단위 수로 지역 조각 단위의 인구 합계치로 얻은 그 지대 내의 인구 수를 나누어, 각 지대 내의 1인당 주간 판매액을 계산할 수 있다. 이는 해당 점포의 중심원에 대한 고객 흡인력을 나타낸다.

⑧ 지역 단위(조각)에 거주하는 1인당 지출을 통계적 지출액으로 나누어, 지역 단위(조각)내에서 해당 점포의 시장점유율을 구할 수 있다.

(4) 상권에 미치는 환경요소

① 소비자의 소비행동 변화

㉠ 총소득에서 차지하는 비율로 보면 소득의 증가로 인해 식품 등 기초적 상품에 대한 수요 감소와 취미상품 등에 대한 수요증가를 가져온다.

㉡ 자동차의 보급이 높아질수록 일괄구매(one-stop shopping)의 가능성이 높고, 자동차보급률 증가에 따라 차량접근성이 소매점 선택에 그 중요성이 강화되고 있다.

② 교통 상태

㉠ 특정지역에 어느정도의 차량이 통행하고 있으며, 차량 이용시 복잡하여 혼잡 비용이 소요되는지 등 도로나 교통 상태도 상권 형성에 상당한 작용을 한다.

㉡ 주변에 교통 수단이 잘 발달하여 있거나 부수적인 측면에서 활용성이 크게 느껴진다면, 그 점포의 상권은 그렇지 않은 경우보다 유리하다.

㉢ 교통상태나 운송수단이 발달되어 있으면 소비자들이 그 점포에 접근하기가 쉽고, 따라서 매출이 증대될 가능성이 높고 이러한 결과로서 이익이 발생하게 된다.

③ 점포 규모와 유통업의 형태

㉠ 보편적으로 점포 규모는 매출과 비례관계에 있다. 점포가 크다면 그만큼 새로운 흡인력이 생기게 되고 점포를 방문하는 고객 수가 증가하게 되어 매출 증대가 예상되며, 상권의 규모 역시 동일하게 증가될 것이다.

㉡ 매장의 규모가 동일하다고 할지라도 취급하는 상품의 종류에 따라 상권의 범위가 변화할 수 있다. 취급 품목 수가 많다면 당연히 그 상권의 범위는 넓게 되고, 취급하는 품목 수가 적다면 상권 역시 좁게 될 것이다.

㉢ 고가의 상품이나 전문적인 상품을 취급하는 점포는 치약이나 식품과 같은 편의품을 취급하는 점포보다 상권의 범위가 더 크고, 특징적인 상품, 개성이 강한 상품을 취급하는 점포일수록 그렇지 못한 점포에 비하여 상권의 범위가 커지게 된다.

㉣ 상권의 크기는 규모에 따라 「지역상권 ＞지구상권 ＞개별점포상권(=지점상권)」으로 구분된다.

④ 수요와 특정지역 고용동향

㉠ 단기적으로 한 지역의 고용율과 구매력은 비례하고, 지역의 고용 환경은 상품에 대한 전반적 수요 동향에 영향을 미친다.

㉡ 극소수 산업의 비중이 높은 지역의 고용동향은 상황에 따라 급격하게 악화될 수 있고, 다양한 산업에 걸쳐 고용이 이루어지는 지역일수록 상품 수요가 경기순환의 영향을 적게 받는다.

⑤ 자연 조건

㉠ 교통 수단이나 도로 등의 유동성에 유리하게 작용할 수 있는 도구가 발달하지 않은 시장 형성 초기에는, 하천이나 산 및 지형의 형세 등 자연 조건이 상권 형성에 크게 기여하였다.

㉡ 도로 개설이 용이하지 않은 산이나 하천을 배후지로 하여 독립적인 상권이 형성되기도 한다. 자연적인 경관과 환경적인 면에서 긍정적으로 작용하기 때문이다.

03 상권 조사(商圈 調査)

1. 상권 변화 조사

(1) 상권조사의 의의

① 자료조사는 저렴한 비용으로 필요정보를 효율적이고 신속하게 구할 수 있도록 자료에 대한 신뢰성을 확보하는 것이 좋다.

② 실지조사는 점두조사, 호별방문조사, 경쟁점조사 등과 같이 상권의 파악 및 도로구조와 지역특성을 분석하는 경우가 많으며, 대부분은 입지조건분석을 위해 행한다.

③ 경쟁조사는 경쟁대상이 되는 점포나 쇼핑센터를 선정하여 시설현황, 상품구성, 영업전략, 홍보전략 등을 조사한다.

④ 호별 방문조사는 지도상에 설정한 상권 내에서 표본조사의 대상이 되는 세대를 추출하여 조사하는 것으로 일반적으로 표본수가 많을수록 좋다.

(2) 상권 변화의 내용

① 상권은 상업상의 거래가 행하여지고 있는 공간적 범위를 말하며, 상세권과 동일한 말이다. 상권은 한 점포가 고객을 흡인하거나 흡인할 수 있는 범위를 지칭하고, 다수의 상업시설이 고객을 흡인하는 공간적 범위를 말하는 내용이다.

② 상권은 어떤 사업을 영위함에 있어서 대상으로 하는 고객이 존재해 있는 공간적 · 시간적 범위와 고객의 내점빈도를 감안한 상태 하에서 기재할 수 있는 매출액의 규모 등을 포함한 내용을 말한다.

③ 상권이 변화한다는 것은 기존의 상가 및 점포 사이에 새로운 상가나 점포가 들어서거나 소비자들의 위치가 변화하는 것이며, 이러한 상권의 변화 요인은 대형할인점, 백화점, 지하철의 등장, 버스터미널 및 정류장의 형성 및 이전, 관공서 · 대규모 회사의 등장 및 이전 등이 요인이다.

(3) 상권 변화 분석

① 상권 변화 분석의 방법으로 대형점은 유추법에 의한 분석을, 중소형점은 실지조사법을 많이 이용한다.

② 상권의 변화는 소비패턴, 생활패턴, 계층의 변화,세대 간의 인식차이, 사회구조 등과 같은 생활환경의 변화에 의해서도 촉진된다.

③ 유동인구가 입지 내로 진입하는 주요 동선 등의 고객 접근성이 변화하면 상권규모도 변화하게 된다.

④ 기존의 상가 및 점포 사이에 새로운 상가 및 점포의 신설, 소비자들의 위치 변화, 고정인구 및 유동 인구의 변화, 지역 주민들의 직업 형태 등에 의해서도 상권이 변화된다.

⑤ 상권 변화 분석은 점포의 개점여부, 규모 등에 따라 사업성 검토의 중요한 자료가 되기 때문에 시간과 노력이 많이 필요하다. 상권 변화 분석의 요령은 현지 상황의 정확한 파악과 주민의 성향을 알아야 한다.

2. 상권 변화의 유형

(1) 일상적인 상권변화

① 지역에 거주하는 가정주부의 의식 변화, 보통 사람들의 여가 변화, 일반 사람들의 시간 사용에 대한 구조의 변화에 따라 상권도 변화한다.

② 소비패턴 · 생활패턴 변화 및 실버계층 증가의 변화, 한 세대와 한 세대 간의 변화, 신세대 내에서의 변화, 사회구조의 변화 등에 의해서도 상권이 변화된다.

③ 라이프 사이클의 변화, 새로운 소비층의 변화, 계층 간의 소비 변화 등으로 상권이 변화되며, 한 사회나 지역의 사회 · 경제 · 문화 · 정보화 시대의 발달로 인해서도 상권이 변화되고, 고정 인구와 유동 인구의 변화와 지역 주민들의 직업 형태에 의해서도 상권이 변화된다.

(2) 순환주기에 따른 상권변화

① 성장기 지역의 경우

㉠ 성장기 지역에서는 지역 내 모든 것이 발전하는 단계이다. 따라서 부동산에 대한 투기현상도 발생하고, 소비 행태도 소득이 증가함에 따라 고급 · 전문품의 수요가 증가하며 모든 가격이 지속적으로 증가하고 있다.

㉡ 성장기 지역에 입지하는 데 유리한 업종으로는 부동산중개업소, 실내장식업, 편의점과 세탁소 등이고, 보편적으로 성장기 지역의 성장기는 보통 15~20년 정도의 기간이 지속된다고 한다.

② 성수기 지역의 경우

㉠ 성수기 지역은 부동산이나 각종 가격은 이미 최고의 수준에 올라가 있는 상태이므로, 상권도 상당히 안정적이다.

㉡ 성수기 지역에는 어느 특정 지역에만 특정 업종이 있는 것이 아니고, 전 지역에 걸쳐서 모든 업종이 골고루 분포되어 있다.

③ 쇠퇴기 지역의 경우

㉠ 쇠퇴기 지역에서는 대부분의 건물들이 노후화되어 있거나 노후화하기 때문에 지가가 하락하기 시작하고,지역 주민들의 노령화 추세가 강화된다.

㉡ 쇠퇴기 지역에서는 리모델링업, 노령인구대상의 실버산업, 단순한 편의 소매점 등의 업종이 주를 이룰 것이다. 쇠퇴기의 기간은 보통 30년 이상이라고 한다.

(3) 상권 변화의 조사

① 유동 인구 조사

㉠ 유동 인구는 항상 일정하지 않다. 평일이나 주말 또는 공휴일에 따라서 차이가 발생할 수 있다.

㉡ 낮과 밤 또는 날씨에 따라서도 차이가 발생하고 또한 근무하는 형태도 5일제로 하는지 6일제로 하는지에 따라서 차이가 발생할 수 있다.

② 매출액 조사

㉠ 상권에 후보지가 정해진 다음 점포를 결정하기에 앞서, 그 상점에서의 매출은 어느 정도 될 것인가에 대한 매출을 추정하기 위해서 하는 조사이다.

㉡ 동일업종의 경쟁 점포나 유사 점포의 매출을 간접적으로 추정하여 자신의 매출 수준을 추정할 수 있기 때문에 조사 방법으로는 가장 적절하게 사용된다.

③ 내점고객 조사

㉠ 주요 고객이 몰리는 시간대만 조사해서는 안 되고 하루의 시간대를 선택하여 조사하는 경우에도 오전 중 1시간을 선택하여 유동 인구를 산출하고, 오후부터는 2시간마다 1시간을 조사한다.

㉡ 매시간을 조사하여 산출할 수도 있으며, 업종에 따라 차이가 있으나 12~14시, 18~20시, 21~22시를 기준으로 중점적으로 조사한다.

④ 통행량 조사

㉠ 대상 고객층에 따라 통행량 시간대가 달라지게 되기 때문에 이러한 요인을 참작하여 조사하여야 한다. 주부들의 경우에는 오전 11시부터 오후 5시까지 조사한다.

㉡ 조사 대상이 학생이라면 학교를 마친 하교시간에 조사하고, 직장인을 대상으로 할 때에는 퇴근시간대를 면밀히 조사하여야 한다.

⑤ 구매품목과 가격대 조사

㉠ 유동 인구의 조사는 성별, 연령별, 주요 구매품목과 구매가격대도 조사해야 하며 점포 앞은 물론 각 방향에서 입체적 통행량까지 조사해야 한다.

㉡ 만일 대로변이라면 길 건너까지의 유동인 조사와 차량통행량까지 조사해야 한다.

(4) 상권 조사의 과정

① 상권 조사의 절차

㉠ 상권에 대한 2차적인 지역정보를 수집해야 한다.

㉡ 지역 상권에 대한 상권 지도를 작성한다.

㉢ 상권 내의 지역에 대한 관찰조사를 실시한다.

㉣ 직접 방문하여 정성조사 및 정량조사를 실시한다.

② 할당표본추출법

㉠ 상권 내 소비자의 소비패턴조사를 위해 실시할 때 가장 일반적으로 사용할 수 있는 방법이다.

㉡ 상권이나 공간이용실태 등에 대한 표본조사를 실시할 때 가장 일반적으로 사용할 수 있는 방법이다.

③ 유치조사법

㉠ 유치조사법은 상권조사시 조사원이 조사대상자에게 조사의 취지와 질문내용의 조사표를 배포하고 수일 후에 조사원이 돌아다니며 회수하는 방법이다.

㉡ 유치조사법은 회답하는 데 시간을 요하는 조사일 때 유효한 방법이지만, 조사대상 이외의 사람이 기입하거나 타인의 의견을 회답할 우려가 있다.

(5) 상권조사를 위한 표본 추출방법

① 표본 추출단위의 선정은 조사대상이 누구인지를 결정하는 단계로 표적 집단을 정의한 후 이루어진다. 표본크기의 결정은 조사대상의 수를 결절하는 것으로 일반적으로 큰 표본이 작은 표본보다 신뢰성이 높은 결과를 예측한다.

② 표본추출절차는 응답자를 선정하는 방법을 결정하는 것으로서 대표성이 있는 표본을 추출하려 노력해야 한다. 단순무작위 추출과 층화표본추출은 확률표본 추출방법으로 표본을 선택할 가능성을 감안하여 사용하는 방법이다.

③ 편의 표본추출방법은 모집단에 대한 정보가 전혀 없거나, 모집단 구성요소 간에 차이가 별로 없다고 판단될 때, 선정의 편리성에 기준을 두고, 조사자가 마음대로 표본을 선정하는 방법이다.

④ 층화표본추출법(stratified sampling)으로 상권조사를 할 때 X라는 상표를 소비하는 전체 모집단에 대해 구매량을 중심으로 빈번히 구매하는 사람(heavy users)과 가끔 구매하는 사람(light users)으로 분류하고, 각각의 집단에서 무작위로 일정한 수의 표본을 추출하는 표본추출방식이다.

(6) 상권조사와 분석방법

① 상권조사 방법은 전수조사와 표본조사로 크게 구분할 수 있다. 조사지역의 대상자가 많을수록 전수조사가 어려워 표본 조사가 많이 사용된다.
② 조사지역의 대상자가 많을수록 전수조사는 많은 비용과 시간을 필요로 하기에 경우에 따라서 전수조사 자체가 아예 불가능 한 경우 표본조사를 실시한다.
③ 모집단을 구성하는 구성원들의 명단이 기재된 표본프레임이 있는 경우 확률표본추출법을 통해 표본을 추출한다.
④ 상권분석중 공간적 독점형 분석에는 완전한 독점형과 부분적 독점형으로 구분하여 분석하며, 시장 침투형 분석에서는 고객분포와 시장침투율을 중심으로 분석한다.
⑤ 분산시장형 분석에서는 지역단위로 표적시장을 정하고 세대비율과 고객특성을 중심으로 분석한다.

(7) 상권의 수요추정

① 상권의 수요를 추정하는 다중회귀분석법과 아날로그 접근법은 유사한 논리에 바탕을 두고 있다.
② 다중회귀분석법은 일반적으로 두 변수이상의 독립변수(영향변수, 원인변수)들이 종속변수(결과변수)에 어떠한 영향을 미치는 가를 알기위한 분석기법으로 통계학적 자료를 근거로 하여 상권의 수요를 추정하게 된다.
③ 아날로그 접근법은 주관적 판단을 근거로 하여 상권의 수요를 추정하게 된다.

상권 분석(Trade Area Analysis)

1. 상권 분석

(1) 상권 분석의 의의

① 상권 분석이란 상권 전체의 성쇠를 파악하는 것으로 잠재수요를 반영하는 판매예상량을 추정하는데 필요하고, 상권 분석을 통한 상권에 대한 올바른 인식과 파악은 고객 지향적인 마케팅 전략의 수립과 전개에 필요하다.
② 상권 분석은 상권 전체의 가치에 많은 영향을 주는 요인을 파악하는 것을 말한다. 상권과 입지 조건 분석을 동시에 묶어 상권 분석이라 한다.

③ 실제로 상권 자체는 쇠퇴의 상태로 진행되고 있지만, 자기의 점포 입지가 워낙 뛰어나 다른 점포보다 훨씬 장사가 잘 되는 경우도 상당히 존재하기 때문에 상권 자체의 번성 여부보다는 개개 점포의 입지 조건만 분석할 확률이 높다.

④ 상권 자체가 쇠퇴하면 대부분의 개개 점포도 머지않아 쇠퇴하게 되어, 상권과 점포는 같은 운명에 처해지게 된다. 하지만 개개의 점포 입지가 좋지 않아도 상권 자체가 형성되는 곳에서 자신만의 노하우와 경쟁력만 갖추고 있다면 언제든지 번성하는 데 장애는 없다.

(2) 상권 분석의 중요성

① 상권이 소매업 성공의 핵심은 부적절한 입지는 매출에 지대한 영향을 미치기 때문에 상권분석은 자사점포의 수요예측과 마케팅 전략의 수립을 위한 필수적 단계이다.

② 상권분석을 통해 고객수요와 발전가능성이 충분하다는 판단이 섰다면 상권 내 가장 적합한 입지선정이 뒤따라야 한다. 좋은 입지에는 기본적인 조건이 필요하다.

③ 소비자의 인구 통계적 · 사회경제적 특성을 파악할 수 있으며, 마케팅 및 촉진활동의 방향을 명확히 할 수 있고, 시장의 구조와 각 브랜드별 점유율을 파악할 수 있다.

④ 상권분석을 위해서는 배후상권고객뿐 아니라 점포주변에 근무하는 직장인이나 학생들과 같은 직장(학생)고객들도 분석의 대상에 포함시켜야 한다.

⑤ 배후상권고객이란 목표상권의 지역경계 내에 거주하는 고객들을 지칭하며 상대적으로 도심지역의 점포보다는 외곽지대의 점포에서 매출기여도가 높다.

⑥ 유동고객에 대해서도 분석이 필요하며, 유동고객이란 기타의 목적을 가지고 점포주변을 왕래하는 거주민과 비거주민 모두를 의미한다.

⑦ 상권분석단계에서 반드시 필요한 내용들이라면 소매점의 경쟁정도와 취급품목에 대한 상품수요는 반드시 분석을 하여야 한다.

⑧ 소매업의 경우 상권 분석을 통하여 자사점포의 매출액을 어느 정도 추정할 수 있으며, 같은 상권 내의 소비자 특성과 다른 요소들을 파악할 수 있기 때문에 판매촉진 전략을 위한 마케팅 계획 수립에 기초를 제공한다.

(3) 상권 분석의 법칙

① 고객 내점가능성의 척도 즉 유동인구가 상권 내로 진입하는 초입 또는 메인라인에서부터 도보 또는 차량으로 고객들이 점포에 수월하게 진입이 가능한지를 보는 것을 접근성의 법칙이라 한다.

② 점포가 시각적으로 눈에 잘 뛰는지를 평가하는 것 즉, 도보고객 뿐만 아니라 차량고객들에게 시각적으로 얼마나 잘 띄느냐에 따라 내 점고객수는 현저하게 차이가 나는 것을 가시성의 법칙이라 한다.

③ 점포의 위치에 대해 고객이 얼마나 쉽게 기억하고 있는가를 평가하는 것을 인지성의 법칙 이라한다.

④ 특정 입지에 다양한 업종이 입점하기 쉬운 정도가 높으면 높을수록 좋은 입지라고 볼 수 있는 것을 입지성의 법칙이라고 한다.

(4) 상권 분석 시 조사 대상

① 상권 내 경쟁시설물

㉠ 경쟁시설물의 규모와 경쟁력

㉡ 경쟁시설물의 위치와 경쟁개수

㉢ 경쟁시설물의 영업상황 및 임대료 상황

② 상권 내 각종 통계치

㉠ 상권 내 세대 수와 인구 수

㉡ 상권 내 유동 인구 및 통행객 수

㉢ 상권 내 세대별 소비지출 비용의 내역

㉣ 상권 내 사업체 수와 종사하는 종업원 수

③ 상권 분석의 순서

㉠ 지리적 여건을 분석 한다.

㉡ 인구 통계 및 상권 구조 분석 를 분석한다.

㉢ 자사점포상권이나 입지 주변의 경쟁점을 분석한다.

(6) 공간적 상호작용모델

① 목표상권 내에서 구매를 하는 소비자의 쇼핑행위(spatial behavior) 패턴을 실증분석하는데 이용된다.

② 해당상권 내의 경쟁점포들에 대한 소비자의 지출패턴이나 소비자의 쇼핑여행패턴을 반영함으로써 특정점포의 매출액과 상관규모들보다 정확하게 예측할 수 있는 상권 분석 이론이다.

2. 상권 분석

(1) 상권분석의 접근방법

① 공간적 독점형 분석에서는 완전한 독점형과 부분적 독점형으로 구분하여 분석한다. 공간적 독점형 접근법은 주택지역이나 특정 지역전체를 상대로 하는 점포가 주요 적용대상이 된다.

② 시장침투형 접근법은 특정점포가 흡인하는 세대비율이 지역적으로 변화하며 중복되는 경우가 많은상황에서 사용할 수 있는 방법으로 시장 침투형 분석에서는 고객 분포와 시장침투율을 중심으로 분석한다.

③ 분산시장형 분석에서는 지역단위로 표적시장을 정하고 세대비율과 고객특성을 중심으로 분석한다. 고급가구나 고가의 카메라와 같은 상품을 취급하며 특정 소득계층을 대상으로 판매가 이루어지는 점포를 주요 적용대상으로한다.

(2) 공간적 독점형

① **상권 형태** : 일정한 점포로서 독립적으로 영업하는 주택지역이나 지역 전체를 대상으로 하며 관련이 없는 지역은 대상에서 제외한다.

② **공간적 정의** : 공간 형태는 다각형이며 등시간성(等時間性)에 따른 주행시간이 중요하다. 주로 1차 상권을 형성한다.

③ **취급 품목** : 주로 선매품을 취급하며, 보통 연쇄점이 많고 일반 쇼핑센터로 영업한다. 주택지역의 고객 수준이 매출을 좌우한다.

④ **단계별 적용** : 입지 선정 과정과 시장 구조를 알아보는 것이다.

⑤ **적용 업태** : 주점, 식당, 우체국 등이 주요 대상으로 분류된다.

⑥ **적용 기법** : 시장 프로필 조사, 공백(vacuum) 기법, 상권 예측 등의 기법을 이용한다.

(3) 시장 침투형

① **상권 형태** : 일정한 점포가 흡인하는 세대비율은 지역적으로 변하면서 동시에 겹쳐지는 경우도 상당하다.

② **공간적 정의** : 공간 형태에서 고객의 분포도, 거리 체감 모델 적용, 1 · 2차 상권이 구별된다는 점 등을 들 수 있다.

③ **취급 품목** : 주로 편의품을 취급하며, 전문적 쇼핑센터로 영업하고 체인점 간에 경쟁이 격화되는 경향이 높다.

④ **단계별 적용** : 상권 평가와 새로운 방향 설정을 설계하는 단계이다.

⑤ **적용 업태** : 백화점이나 슈퍼마켓 등이 주요 대상으로 분류된다.

⑥ **적용 기법** : 시장 지분 모델, 회기 분석 모델, 허프 모델, 아날로그(類推法) 분석 기법 등이다.

(4) 분산 시장형

① **상권 형태** : 특정 성격의 지역이지만, 불연속적으로 상권이 형성된다.

② **공간적 정의** : 공간 형태는 국세 조사지역 단위로 분석되는 프리즘형 시장이며, 동일한 시장을 가진 점포가 서로 유사성을 갖고 있다. 행동연구의 대상이 되는 시장이다.

③ **취급 품목** : 대부분 전문점 상품을 취급하며, 특정 소득과 특정 인종을 대상으로 한다. 인구통계적 그룹을 대상으로 하는 점포들이다.

④ **단계별 적용** : 새로운 점포 입지나 판촉이 중요성을 가지게 된다.

⑤ **적용 업태** : 고급 가구점, 주방용품점, 혼수품과 같은 전문점이 대상이 된다.

⑤ **적용 기법** : 중심지 분석기법을 적용할 수 있다.

3. 상권 분석 절차

(1) 예비조사

① 예비조사는 지구상권을 선택하며, 지역과 지구상권을 전체로 한다.
② 지역상권의 특성을 조사하여 자신이 선택한 업종의 특성에 부합하는지를 검토 한다.
③ 지역상권 소비자들의 소비 수준을 조사하여 잠재 수요는 충분한지 여부를 검토한다.

(2) 시장조사

① 시장조사는 기본적으로 1차조사(직접조사)와 2차조사(간접조사)로 구분이 되며, 다른 목적에 의해 수집된 자료는 2차 조사의 내용이고, 자신의 목적에 맞게 필요에 의한 조사는 1차조사의 내용이다.
② 2차조사 자료는 다른 목적에 의해 수집된 자료이기 때문에 추구하는 목적에 맞게 수정, 보완하여 사용하여야 하며, 조사회사에 의해 표준화된 절차에 따라 정기적으로 수집, 저장, 분석된 소비패턴에 대한 자료도 포함된다.
③ 2차조사 자료에는 고객의 과거거래 시점이나 구매한 상품, 구매간격 등을 이용하여 구축한 고객생애가치 자료도 이러한 자료에 포함되며, 통계청, 국책연구소, 민간경제연구소, 경제신문사 등의 기관이 수집, 배포 하는 자료가 대표적이다.

(3) 현장조사

① 현장조사는 지점상권을 선택하며, 예비조사를 통하여 2~3곳정도의 지점을 선정한다.
② 자기점포의 업종과 경쟁업종, 유사업종 등 업종별로 점포의 분포를 조사한다.
③ 상권 내의 학교, 병원, 관공서, 시장과 쇼핑센터, 터미널 등의 주요시설을 확인한다.
④ 지역 부동산 시세의 확인과 사업성을 검토하고, 자본의 규모와 투자가능 여부를 검토한다.

(4) 상권의 유형

① 상권의 유형은 크게 배후지인구 중심형 상권과 유동인구 중심형 상권으로 나눈다.
② 배후지인구 중심형 상권에는 반복적인 구매가 관건인 상권을 예로 들 수가 있다. 유동인구 중심형 상권은 일반적으로 충동적인 상품을 많이 판매하는 지역이 유리하다.
③ 유동인구 중심형 상권에는 불특정다수를 주 고객으로 하는 상권, 어떤 핵심시설로 인해 많은 유동인구가 집중되는 상권, 역세권, 번화가형 상권, 대학가상권, 비 반복적인 구매가 관건인 상권패션타운 형 상권 등이 있다.

(5) 입지 분석

① 입지 분석은 점포의 선정 과정이며, 지점 내의 2~3곳 정도의 점포를 선정한다.
② 시간대별, 연령대별, 요일별, 성별 유동인구를 조사한다.
③ 전철역, 버스정류장, 교차로 등 도로와 교통 여건을 조사한다.
④ 경쟁 점포의 매출액과 영업 전략, 타깃층 등을 확인해야 한다.

⑤ 유동인구의 동선을 확인하고, 주변상권의 활성화 정도를보고 예상매출을 산출해 본다.
⑥ 벤치마킹을 통한 틈새 여부를 확인한다.

4. 기존점포에 대한 상권 분석 방법

(1) 기존점포에 대한 상권 분석

① 기존 점포의 상권 분석에 대해서는 신규점포의 상권 분석에 비해 상권의 크기와 특성 등을 비교적 정확히 분석할 수 있다.
② 기존 점포의 상권은 점포 자료와 기타 다른 목적으로 수행된 조사 자료 등의 기업 내 2차 자료를 이용하여 측정이 가능하다.
③ 정부의 인구 통계자료, 세무자료, 여러 유통기관 및 연구소에서 발표된 자료들을 각 점포의 필요에 맞게 조정하여 가장 적합하게 사용할 수 있다.
④ 기존점포는 신용카드사용 고객과 현금사용 고객의 주소를 이용하여 상권을 비교적 용이하게 추정할 수 있다.
⑤ 일반적으로 신용카드 이용 고객의 자료를 중심으로 상권 분석이 이루어질 수 있지만, 보다 정확한 상권 분석이 이루어지기 위해서는 환급 이용 고객의 자료도 함께 분석 대상이 되어야 한다.
⑥ 상권 내 지역별 고객 특성에 따라 신용카드 보유 및 신용카드 이용에 차이가 있으므로, 신용카드 고객만을 이용한 상품 추정은 특정지역의 총 고객 수를 과다 추정 또는 과소 추정할 수 있는 과오를 범할 수 있다.

(2) 내부자료 이용법

① 고객의 평균 구매량 또는 평균 구매액
② 특정구역 내 고객들의 각 점포에서의 상품 구입 빈도
③ 자사점포 고객 중 특정지역 내의 신용카드 보유자 비율

(3) 기존점포의 상권분석방법

① 보행자나 버스, 지하철 등의 타 교통수단을 이용하는 고객에 대해서 면접 등의 방법으로 소비자를 조사하여 상권범위 및 소비행태를 파악하는 소비자조사법이 있다.
② 점포 경영자는 1차 자료(primary data)의 수집을 통해 상권 규모를 결정할 수 있다. 점주는 차량 조사법이나 소비자 조사법을 이용하여 상권의 범위를 정할 수 있다.
③ 승용차를 이용하는 고객에 대하여 차량번호판으로 자동차 소유자의 주소를 확인할 수 있어 상권범위를 파악할 수 있을 뿐만 아니라 거주지역 및 차종에 따라 대략적으로 소득수준을 예측할 수 있는 차량조사법이 있다.
④ 마일리지(mileage)를 통하여 고객의 주소를 확인할 수 있으며 상권범위를 결정하는데 유용하게 사용할 수 있을 뿐만 아니라 고객개개인의 특성 및 니즈를 파악할 수 있어 마케팅전략수립에 유효적절하게 활용할 수 있는 마일리지고객주소활용법이 있다.

05 신규점포에 대한 상권분석 방법

1. 기술적(서술적) 방법에 의한 상권 분석

(1) 체크리스트(checklist) 방법

① 체크리스트 방법의 개념

㉠ 체크리스트 방법은 상권의 규모에 영향을 미치는 요인들을 점검하여 상권을 측정한다. 상권의 규모에 영향을 미치는 다양한 요인들을 수집하여 이들에 대한 목록을 작성하고 각각에 대한 평가를 통해 시장 잠재력과 상권의 구조를 예측하는 방법이다.

㉡ 체크리스트 방법은 단일점포의 입지를 결정하는데 활용하는 방법이고 상권의 범위에 영향을 미치는 요인들은 매우 많으나 크게 상권 내의 제반 입지의 특성, 상권 고객 특성, 상권 경쟁구조로 나누어진다.

㉢ 제반 입지의 특성들은 기회요인과 위협요인으로 구분하여 분석되어야 하며, 분석 결과는 추후 마케팅 전략 수립의 근거자료로서 사용되어야 한다. 이러한 입지특성과 분석 결과를 토대로 전체 목표 상권은 다시 몇 개의 세분상권으로 분화될 필요가 있다.

② 상권 내의 제반 입지특성

㉠ 상권 내 도시계획 및 법 · 행정적 특기사항

㉡ 상권 내 대형 건축물, 인구 및 교통유발시설

㉢ 상권 내의 강, 하천, 산, 구릉 등의 자연경계 특성

㉣ 상권 내 산업구조 및 소매시설 현황 및 변화 패턴

㉤ 상권 내의 행정구역 상황 및 행정구역별 인구통계 특성

㉥ 상권 내의 도로, 통행량, 주차시설, 상권으로의 접근 용이성 등의 교통 특성

③ 상권 내 고객들의 특성

㉠ 점포 주변에 근무하는 직장인 또는 학생 고객 특성

㉡ 목표 상권의 배후 경계 내에 주거하는 가구 거주자 특성

㉢ 기타의 목적으로 점포 주변을 왕래하는 유동 인구 중에서 흡인되는 고객의 특성

④ 체크리스트법의 장 · 단점

㉠ 체크리스트법은 단순하여 평가항목에 대한 이해와 사용이 용이하며, 사용하기도 간편하고 비용도 다른 평가방법에 비해 적게 든다.

㉡ 체크리스트법은 판매활동이나 상황에 따라 체크리스트를 다르게 적용할 수 있으므로 상대적으로 유연성이 높다고 할 수 있다.

㉢ 체크리스트법은 주관성, 여러 변수, 해석의 다양성, 변수선정의 문제 등이 단점으로 작용한다.

(2) 유추법(Analog method)

① 유추법의 개념

㉠ 유추법은 하버드 비즈니스 스쿨의 애플바움(W. Apple baum)교수가 개발한 방법으로 점포형태, 매출, 업태, 지역 여건 등이 유사한 기존점포를 확인하여 신규점포의 예상 매출액을 계산해 내는 방법으로 애플바움(Applebaum)의 모형이라고도한다.

㉡ 상권분석방법 중 자사의 신규점포와 특성이 비슷한 유사점포를 선정하여 그 점포의 상권범위를 추정한 결과를 자사점포의 신규입지에서의 매출액(상권규모)을 추정하는 데 이용하는 방법이다.

㉢ 유추법은 자사의 신규점포와 특성이 비슷한 기존의 유사 점포를 선정하여 상권인구, 교통조건, 지역특성 등이 유사한 상업지구의 업종 및 업태구성, 매출액, 통행량, 구매력 비율, 객단가 등을 조사하여 상업계획지구의 수요를 추정하는 방법이다.

㉢ 유추법은 전체상권을 단위거리에 따라 소규모지역으로 나누고, 각 지역에서의 1인당 매출액을 구하며, 예상 상권내의 각 지역의 인구수에 유사점포의 1인당 매출액을 곱하여 신규점포의 예상매출액을 구한다.

㉣ 유추법은 소비자와의 면접이나 실사를 통하여 유사점포의 상권범위를 추정한 결과를 이용하여 신규점포의 예상매출액을 추정한다. 유추법의 역할은 상권규모, 고객특성, 경쟁정도 등을 파악할 수 있다는 것이다.

㉤ 분석하고자 하는 점포와 특성이 유사한 점포를 선정하여 분석함으로써 분석의 용이성을 높이고, 어떠한 대상을 선택했는지에 따라 결과가 다르게 나올 수 있기 때문에 결과의 활용이 제한될 수 있으며, 다른 점포에서 얻은 정보를 이용하여 신규점포에 대한 예측과 벤치마킹 자료로도 활용할 수 있다.

② 유추법의 특징

㉠ 상권의 범위를 유추한다. 점포는 CST map을 이용하여 1차 상권, 2차 상권 및 한계 상권을 결정할 수 있다. 유통업자들은 규모가 다른 동심원을 그려가면서 각 원이 차지하는 고객비율을 산출할 수가 있다.

㉡ 고객 특성 분석은 상권 규모가 파악되면 그 상권 내 고객들의 인구 통계적 및 사회경제적 특성을 분석할 수 있다. 이러한 분석 결과는 점포의 머천다이징과 가격정책의 수립에 적당한 지침이 된다.

㉢ 광고 및 판촉 전략을 수립해야 한다. 점포의 상권 내 주민들에게 노출되지 않은 매체나 도달 범위가 너무 넓은 매체를 이용하는 것은 비효과적이다. 예를 들어 인근 주민들을 상대로 하는 작은 편의점이 구독 범위가 매우 넓은 신문에 광고하는 것은 비용이 낭비될 것이다.

㉣ 유통업자가 기존의 점포 근처에 신규점포를 개점하려고 한다면, 신규점포가 기존 점포의 고객을 어느 정도 잠식할 것인지를 고려해야 하는데 CST map은 이러한 분석을 가능하게 한다.

ⓜ 유통업자는 CST map을 통해 점포들 간의 경쟁 정도를 파악할 수 있고, CST 지도를 이용하여 고객들의 거주지를 그림으로 표시함으로써 상권규모를 가시화시키기도 한다. 유추점포가 가지고 있는 흡인력을 조사한 후 대체입지의 예상매출과 상권을 추정하여 기대효과가 가장 높은 곳을 선정한다.

ⓑ 유추법은 신규점포의 상권 분석 뿐만 아니라 기존 점포의 상권 분석에도 적용될 수 있으며, 쇼핑패턴을 반영하여 적용하기 쉽고, 조사자의 계량적 경험과 주관적 판단을 함께 필요로 한다.

ⓢ 출점하고자 하는 점포와 환경이나 특성이 비슷한 점포를 선정하여 매출액과 상권규모 등을 추정하고, 어떠한 점포를 유추점포로 결정하는지에 따라 상권추정 및 입지가 달라지는 한계성이 많은 방법이다.

ⓞ 유추법은 유사점포를 실제 자료를 이용하여 고객들의 구매패턴을 반영하기 때문에 매우 현실적인 추정이 가능하지만 분석담당자의 주관적인 판단이 개입하는 부분이 많기 때문에 자칫 오류를 범할 가능성이 있으며, 유사점포를 여러 개 선정하여 결과를 비교하여 신설점포의 경우와 비교하는 방식을 택한다면 보다 효율적이고 정확한 추론이 가능하다.

③ 유추법의 분석절차

㉠ 1단계: 고객의 사회 · 경제적 특징, 신규점포와 점포의 특성, 고객의 쇼핑패턴, 인구 통계적 특성에 비슷한 기존점포를 먼저 설정해야 한다.

㉡ 2단계: 상권 범위를 1차 상권, 2차 상권으로 나누어 그 범위를 결정하기 전에 기존 유사점포의 상권의 범위를 먼저 결정해야 한다. 유사점포의 상권 규모는 유사점포를 이용하는 소비자와 면접이나 실사를 통하여 수집된 자료를 토대로 추정한다.

㉢ 3단계: 전체 상권을 단위거리에 따라 소규모 구역으로 나누고, 각 구역 내에서 유사점포가 벌어들이는 매출액을 그 구역 내의 인구 수로 나누어 각 구역 내에서의 1인당 매출액을 구한다.

㉣ 4단계: 신규점포가 들어서려는 지역의 상권 크기 및 특성이 유사점포의 상권과 동일하다고 가정하고 예정상권 입지 내 각 구역의 인구 수에다 유사점포의 1인당 매출액을 곱하여 각 구역에서 예상매출액을 합하여 얻어진다.

㉤ 5단계: 신규점포가 들어서는 지역에 따라서 지역특성에 맞게 조정한다.

④ CST(Customer Spotting Technique) map

㉠ 유추법에 의한 상권 규모의 측정은 CST(Customer Spotting Technique) map의 지도를 이용하여 고객들의 거주지를 그림으로 표시함으로써 상권규모를 가시화시키며, 지역 내 점포 사이의 경쟁정도를 유추할 수 있다.

㉡ 유추법에 의한 상권 규모의 측정은 CST(Customer Spotting Technique) map의 기법을 이용하여 이루어진다. CST 기법은 자사 점포를 이용하는 고객들의 거주지를 지도상에 표시한 후 자사 점포를 중심으로 서로 다른 동심원을 그림으로써, 자사 점포의 상권 규모를 시각적으로 파악할 수 있는 방법이라고 할 수 있다.

㉢ CST는 방문했던 고객들의 명함을 모두 수집하여 시내지도를 펼쳐놓고 지금까지 다녀간 손님들의 주소를 명함에서 찾아 지도에 핀을 꽂아 표시해보고, 지도상에 핀이 꽂혀있는 상태를 토대로 상권을 파악하여 전단지를 배포하려고 하는 경우에 이용이 가능하다.

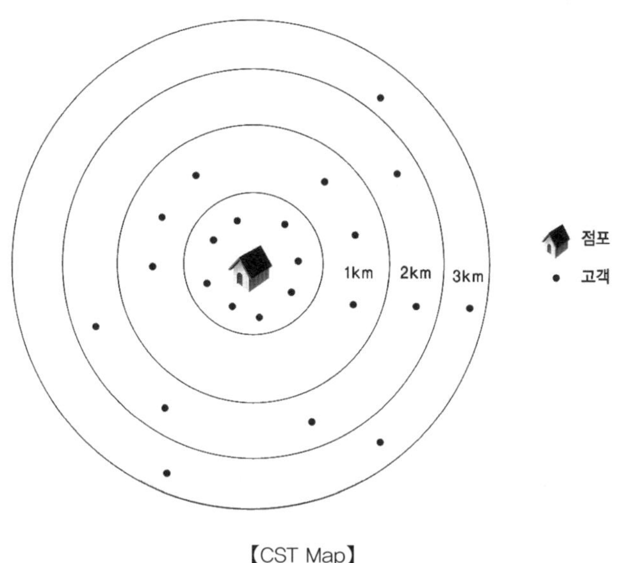

【CST Map】

⑤ CST Map의 기법의 유용성

㉠ 상권의 규모를 파악할 수 있도록 해준다.

㉡ 단일점포의 입지를 결정하는 데 활용한다.

㉢ 경쟁정도를 측정하고 파악할 수 있도록 해준다.

㉣ 선정된 목표고객그룹의 고객특성을 파악할 수 있게 해 준다.

㉤ 기존 점포의 확장을 계획하고자 할 때 유용하게 활용될 수 있는 기법이다.

㉥ 커뮤니케이션 정책에 있어서 특히 광고 및 판매 촉진 전략 수립에 유용하게 이용된다.

㉦ CST 기법은 자사점포를 이용하는 고객들의 거주지를 지도상에 표시한 후 자사점포를 중심으로 서로 다른 동심원을 그림으로써, 상권규모를 시각적으로 파악하여 유추법을 보완할 수 있다.

(3) 기타의 기술적 모형(normative model)

① 현지조사법

㉠ 현지조사법의 의의는 전형적인 조사 방법으로 그 지역에 사는 세대와 지역에 소재하는 상점을 대표하는 것 중 몇 개를 샘플로 추출하고 현장에서 면접을 실시하여 상권을 측정하는 방법이다.

㉡ 현지조사법의 내용은 대상 점포나 판매제품, 조사 성격에 따라 달라질 수 있으며, 연구자에 따라 주관적으로 조사될 가능성이 많다.

㉢ 현지조사법의 문제는 연구자에 따라 조사가 주관성을 띨 가능성이 많고 변수 해석의 다양성과 변수선정의 문제 등이 있다.

② 비율법

㉠ 비율법이란 재무수치의 관계비율을 산출하여 적정 부지를 선정하거나 주어진 부지를 평가하는 하나의 방법이다.

㉡ 상권 분석에서 자주 사용되는 비율로는 지역비율과 상권비율로 분류할 수 있으며 지역비율은 입지 가능성이 큰 지역이나 도시를 선정하는 데 사용되고 상권비율은 주어진 점포에 대한 가능매상고를 산정하는 데 주로 사용되는 비율이다.

㉢ 비율법의 장점으로는 사용되는 자료를 간단하고 쉽게 구할 수 있으며, 분석비용이 상대적으로 저렴하다.

㉣ 비율법의 단점으로는 상권확정에 분석자의 주관성이 많이 개입되고, 가능매출액에 대한 예측력이 부정확하다.

2. 규범적 모형(normative model)에 의한 상권 분석

(1) 중심지 이론(central place theory)

① 중심지 이론의 개념

㉠ 중심지 이론은 '소비자들이 유사점포 중의 한 점포를 선택할 때 그 중 가장 가까운 점포를 선택하며', '중심성(centrality)의 크기는 인구규모에 비례한다'고 독일의 크리스탈러(Christaller)에 의해 1933년에 처음으로 제시되었다.

㉡ 중심지는 배후 거주지역에 대해 다양한 상품과 서비스를 제공하며 교환의 편의를 제공하는 장소를 의미하며, 유통서비스 기능의 최대도달거리와 수익을 실현하는 데 필요한 최소수요충족거리가 일치하는 상권구조를 예측한다.

㉢ 중심지(central place)는 배후 거주 지역에 대해 다양한 상품과 서비스를 제공하고 특정 점포가 취급하는 상품의 구색과 수요를 추정하며 교환의 편의를 도모하기 위해 상업 · 행정기능이 밀집된 장소를 말한다.

㉣ 일정한 공간범위 안에서 소매활동들이 어떤 형태로 분포하게 될 것인지를 상품구색의 관점에서 예측이 가능하다는 이론이다. 지역에 중심지가 한 곳이 존재한다면 가장 이상적인 상권의 형상은 원형이 된다.

② 중심지 이론의 가정

㉠ 소비자들이 가장 가까운 중심지에서만 중심지 상품을 구매하며, 인구는 공간상에 균일하게 분포되어 있고 주민의 구매력과 소비패턴은 동일하다.

㉡ 일정한 공간범위 안에서 소매활동들이 어떤 형태로 분포하게 될 것인지를 상품구색의 관점에서 예측한다.

㉢ 인간은 합리적 사고로 의사 결정하며 최소비용으로 최대의 이익을 추구하는 경제인(economic man)이다.

㉣ 지표공간은 균질적인 표면(isotropic surface)이고 공간 고리를 극복하기 위한 교통수단은 유일하고 수송비용은 거리에 비례한다.

③ 중심지 이론의 특징

㉠ 중심지 이론에서 제시된 상업 중심지의 이상적 입지와 이들 간의 분포관계를 이해하기 위해 중심지 기능의 최대 도달거리, 최소수요 충족거리, 육각형 형태의 배후지 모양 등의 주요 개념을 이해해야 한다.

㉡ 중심지 이론에 의하면 한 도시 또는 지역 내에 여러 상업 중심지가 존재할 때 각 상업 중심지로부터 상업 서비스 기능을 제공받을 수 있는 가장 이상적인 배후상권의 모양은 정육각형이다.

㉢ 정육각형의 형상을 가진 상권은 유통서비스 기능의 최대 도달거리(range)와 수익을 실현하는 데 필요한 최소수요충족거리(threshold size)가 일치하는 공간 구조이다.

㉣ 대형마트가 개설되면 주거지 인근의 중소 소매점포들의 매출이 줄어든다는 주장이 제기되고 있는데, 크리스탈러(Christaller)는 중소 소매점포와 대형마트의 상품구색이 동일하다고 하더라도 대형마트의 가격이 더 낮기 때문이며, 교통수단의 보급이 일반화되어 고객의 대형마트 접근 비용이 감소되었기 때문이고, 소비자들은 최소비용으로 최대효과를 노리는 합리적 공간행동을 하기 때문이다.

④ 최소 수요충족거리(the threshold size)

㉠ 최소수요 충족거리란 상업중심지의 정상이윤 확보에 필요한 최소한의 수요를 발생시키는 상권범위를 말한다. 상권범위가 최소수요 충족거리보다 크게 되면 중심지의 상업시설은 초과이윤을 얻게 된다.

㉡ 상업중심지가 중심지로서의 역할을 다하려면 제품과 서비스를 제공하는 기능을 계속적으로 수행할 수 있도록 수요가 발생해야 한다.

㉢ 중심지로서 유지되기 위한 최소한의 수요 또는 그 수요를 발생시키는 상권 범위를 최소 요구치라고 하며, 이러한 최소 요구치는 중심지 기능을 수행하는 데 고객을 제공해 주는 배후지의 범위를 의미한다.

⑤ 재화나 서비스의 최대도달범위(the outer range of goods or service)

㉠ 중심지에서 제공되는 상업기능이 배후지역 거주자에게 제공될 수 있는 한계거리이고, 소비자가 상품구매를 위해 중심지까지 기꺼이 이동하려는 최대거리이다.

㉡ 재화나 서비스의 최대 도달점은 중심지 기능이 중심지로부터 미치는 한계점을 의미하고, 이론적인 분석으로는 최대 도달점은 최소 요구치보다 커야 상업적인 중심지가 존재 가능하게 된다.

㉢ 최대도달거리를 내기 위해서는 기본적으로 중심지는 최소 요구치를 확보하고 있어야 하며, 중심지기능의 가격과 그것을 확보하기 위한 이동에 드는 교통비가 최대 도달점을 결정할 것이다.

⑥ 중심지(the central place)

㉠ 배후지(hinterland)라고도 하며 중심지가 특정 공간에 유일하게 하나만 존재한다면 가장 이상적인 배후지의 모양은 둥근 원처럼 나타날 것이다.

㉡ 동일한 수준의 중심지가 다수 존재하게 되면 중심지 상호 간 시장과 고객을 확보하기 위한 경쟁이 발생한다.

㉢ 원형의 배후지가 서로 외접하게 되면 중심지 상호 간에는 어떤 중심지의 중심지 기능도 받지 못하는 소외된 저장 공간 지역이 생긴다.

(2) 라슈(A. Losch)의 수정 중심지이론

① 라슈(A. Losch)의 이론의 개념

㉠ Christaller는 중심성의 크기를 인구규모에 비례하는 것으로 보고 중심성이 큰 기능을 보유한 중심지는 고차(상위)중심지(high order central place)이며, 작은 기능을 가진 중심지는 저차(하위)중심지(low order central place)이라고 했다.

㉡ 크리스탈러(W.Christaller)에 의해 제안되고, 라슈(A. Losch)에 의해 발전된 중심지이론은 도시 중심기능의 수행정도는 그 도시의 인구규모에 비례한다.

㉢ Christaller는 중심지 계층의 포함 원리를 K-value체계를 가지고 설명한, 즉 k=3, k=4, k=7로 각각의 경우에 있어서 상업중심지들 간의 공간구조를 설명하는데 반해, 라슈는 크리스탈러의 6각형 이론에 비고정(非固定)원리를 적용함으로써 보다 현실적인 도시공간구조를 반영하려고 하였다.

② 라슈(A. Losch)의 이론 전개과정

㉠ Christaller는 최상위 중심지의 육각형 상권구조에 하위 중심지들이 포함되는 하향식 도시구조를 제시한 반면, 라슈는 보편적인 최하단위의 육각형 상권구조에서 출발하여 상위계층의 상업중심지로 진행하는 상향식 공간구조를 전개하고 있다.

㉡ Christaller는 고차상업 중심지는 저차 상업중심지의 유통기능을 전부 포함할 뿐 아니라 별도의 추가기능을 더 보유하는 것으로 간주하였으나 라슈는 고차 중심지가 저차 중심지들의 상업기능을 모두 포함하는 것은 아니라고 보고 있기 때문에 대도시 지역의 공간구조를 보다 잘 설명하고 있다.

㉢ 라슈는 인구분포가 연속적 균등분포가 아니라 불연속 인구분포를 이루기 때문에 각 중심지의 상권규모가 다르다고 가정하여 비고정 k-value 모형을 제시하였으며, 이를 이용해 설명한 대도시 지역의 상권구조는 부채꼴형의 중소도시 지역들이 대도시를 중심으로 방사하는 도시상권구조를 이루고 있음을 알 수 있다.

㉣ Christaller와 Losch의 중심지 이론은 거시적인 관점에서 도시공간구조의 형성과 중심지체계의 형성에 초점을 맞추고 있다.Losch는 가장 보편적인 최하단위의 육각형상권구조에서 출발하여 상위계층의 상업중심지로 진행하는 상향식 도시공간구조를 전개하였으며, Losch의 모형에서는 고차중심지가 저차 중심지들의 모든 상업기능을 반드시 포함하지는 않는다.

(3) 레일리(Reilly)의 소매중력(인력)의 법칙

① 레일리(Reilly) 법칙의 개념

㉠ 레일리의 소매중력의 법칙에 의하면 두 경쟁 도시(A, B) 그 중간에 위치한 소도시(C)의 거주자들로부터 끌어들일 수 있는 상권 규모는, 그들의 인구에 비례하고 각 도시와 중간(위성)도시 간의 거리 제곱에 반비례한다는 것이다.

㉡ 중심도시 A, B에 인접한 도시 C는 두 도시에 의해 상권이 분할되는 현상을 나타내며 이를 정리하여 방정식으로 표현하였다.

㉢ 개별점포의 상권경계보다 이웃 도시들 간의 상권경계를 결정하는데 주로 이용하고 점포 간 밀집도가 점포의 매력도를 증가시킨다.

㉢ Reilly의 소매인력이론에서는 다양한 점포간의 점포밀집 정도가 점포의 매력도를 증가시킬 수 있어 점포가 밀집될 수 있는 유인요소인 인구는 소비자에게 중요한 기준이 된다고 보았다.

㉣ 레일리의 소매중력의 법칙(law of retail gravitation)은 이와 같이 다양한 점포들 간의 밀집이 점포의 매력도를 증가시키는 경향이 있음을 고려하고 있으며, 이웃 도시들 간의 상권 경계(상권의 한계점)를 결정하는 데 주로 이용된다.

상권 분석

② 레일리(Reilly) 법칙의 전개과정과 산식

$$\frac{R(A)}{R(B)} = \frac{P(A)}{P(B)}\left[\frac{D(B)}{D(A)}\right]^2$$

$R(A)$: A시의 상권 규모(C로부터 A시에 흡인되는 구매력)
$R(B)$: B시의 상권 규모(C로부터 B시에 흡인되는 구매력)
$P(A)$: A시의 인구
$P(B)$: B시의 인구
$D(A)$: C로부터 A까지의 거리
$D(B)$: C로부터 B까지의 거리

㉠ 레일리의 소매중력의 법칙에 의하면 보다 많은 인구를 가진 도시가 더 많은 쇼핑기회를 제공할 가능성이 많으므로, 원거리에 위치한 고객들도 기꺼이 쇼핑 여행에 시간을 투자한다.

㉡ 두 경쟁도시 혹은 상업시설(A, B) 사이에 위치한 소도시 혹은 상업시설(C)로부터 A, B 도시(상업시설)가 끌어들일 수 있는 상권범위 즉, A, B 가 중간의 소도시(상업시설) C로부터 각각 자신에게 끌어들이는 매출액을 규정하는 것이다.

㉢ 레일리의 소매중력의 법칙은 Converse가 개발한 breaking point(분기점, 무차별점) 공식으로 나타낼 수 있고, 이는 두 도시(A, B) 간의 상권 경계를 계산하는 데 이용된다. 분기점(무차별점) C는 두 도시의 상대적인 상업 매력도가 동일한 위치이다.

㉣ C에 존재하는 A, B 도시 사이의 상권한계점을 구하기 위해서는 A, B 각 도시가 인접도시 C에서 흡인하는 소매판매액의 비를 1로 두면 된다. C에서 A, B까지의 거리의 합은 다른 도시와의 인구비율과 함께 인접도시 C의 상권경계를 형성하는 기준으로 작용하게 된다.

③ 레일리(Reilly) 법칙의 내용

㉠ 소비자들은 보다 먼 거리에 위치한 점포가 보다 나은 쇼핑 기회를 제공함으로써 물건구입의 추가 노력을 보상한다면, 기꺼이 먼 거리의 점포까지 가서 물건을 구입하게 될 것이다.

㉡ 먼거리에 위치한 점포의 상품가격과 교통비를 합한 총 가격이 자신의 거주지역 다른 점포를 이용할 경우의 구입비용보다 싸다면 소비자는 상대적으로 싼 가격의 상품을 구매하기 위해 기꺼이 먼 거리까지 가서물건을 구입할 수 있다는 것이다.

㉢ 이론의 주요 내용을 보면 소비자들의 구매 결정은 점포까지의 거리보다는 점포가 보유하고 있는 질 높은 상품이나 상품구색의 다양성, 저렴한 가격등과 같은 쇼핑 기회에 의해 결정된다고 보았다.

㉣ 소비자는 낮은 상품가격 이외에도 보다 질 좋은상품, 보다 많은 상품구색, 보다 좋은이미지를 가진 점포를 애호하기 때문에, 보다 먼거리의 점포를 언제든지 선택할 수 있다.

㉤ 먼 지역에 위치한 점포의 인근에 다른 점포들이 밀집되어 있다면, 이는 다목적 여행과 비교 구매를 할 수 있는 기회를 소비자에게 제공하기 때문에 보다 가까운 거리에 위치한 단일점포보다 매력적일 수 있다.

④ 레일리(Reilly) 법칙의 가정

㉠ 두 지역의 상점들은 똑같이 효과적으로 운영된다.

㉡ 소비자들은 주요 도로를 통하여 두 지역에 똑같이 접근할 수 있다.

⑤ 레일리(Reilly) 법칙의 한계

㉠ Reilly가 제시한 이론은 편의품, 선매품, 전문품 등의 상품유형별 차이를 고려하지 않아 실제 상황에 적용할 때에는 이에 대한 고려가 필요하다.

㉡ 소매점의 적정규모를 파악하는 데 아날로그 접근법, 크리스텔러의 중심지이론, 허프의 중력모델 중에서 가장 도움을 주지 못한다.

㉢ 레일리 법칙에서는 특정 상업지구까지의 거리는 주요도로를 사용하여 측정되지만, 소비자들이 샛길이나 간선도로를 이용할 경우 거리는 보다 길지만 여행시간이 짧게 걸릴 수 있으므로 상업지구까지의 거리보다 여행시간이 나은 척도가 될 수 있다.

㉣ 실제거리는 소비자가 지각하는 거리와 일치하지 않을 수도 있다. 소비자의 편의성 및 서비스가 낮고 복도가 혼잡한 점포는 보다 쾌적한 환경의 점포보다 고객에게 지각되는 거리는 더 클 수 있다.

(4) 레일리(Reilly) 법칙의 수정이론

① 컨버스(Converse)의 수정이론의 개념

㉠ 두 도시 사이의 분기점(breaking-point)의 정확한 위치를 결정하기 위해 소매증력의 법칙을 수정하였다.

㉡ 소비자에게서 두 도시까지의 거리가 같을 경우 두 도시별 구매 금액의 비율은 인구비율과 유사하며, 상품을 구매할 때 현재 거주하는 소도시와 인근에 위치한 대도시로 구매금액이 분산된다.

㉢ 두 도시 사이의 거리가 분기되는 중간지점(분기점, breaking point)의 정확한 위치를 결정하기 위한 분기점공식을 이용한 상권분석방법으로 인접한 두 도시간의 상권경계는 두 도시간의 인구비율에 의해 구할 수 있다는 설명을 했다.

② 컨버스의 소매인력이론 제1법칙

㉠ 도시 A와 B를 연결하는 직선상에서 A와 B 각 도시의 주 세력권, 즉 A 도시와 B 도시의 상권의 분기점을 구하는 모델이다.

㉡ 경쟁도시인 A와 B에 대해 어느 도시로 소비자가 상품을 구매하러 갈 것인가에 대한 상권분기점을 찾아내는 일이다. 이는 주로 선매품과 전문품에 적용되는 모델이다.

⊙컨버스의 제1법칙 공식

$$D(A)=\frac{d}{1+\sqrt{\frac{P(B)}{P(A)}}} \text{ 또는 } D(B)=\frac{d}{1+\sqrt{\frac{P(A)}{P(B)}}}$$

$D(A)$: A시로부터 분기점까지 거리　　$D(B)$: B시로부터 분기점까지 거리

d : A시와 B시 간의 거리($=D(A)+D(B)$)

$P(A)$: A시의 인구 수　　$P(B)$: B시의 인구 수

③ 컨버스의 소매인력이론 제2법칙

㉠ 소비자가 소매점포에서 지출하는 금액이 거주하는 도시와 경쟁도시 중 어느 지역으로 흡수되는가를 알려주는 것으로 중소도시의 소비자가 선매품을 구입하는 데 있어서 인근 대도시로 얼마나 흡수되는지를 설명하는 법칙이다.

⊙컨버스의 제2법칙 공식

$$\frac{Ba}{Bb}=\left(\frac{Pa}{Hb}\right)\left(\frac{4}{d}\right)^2$$

Ba : 대도시 A로 유출되는 중소도시 B의 유출금액

Bb : 중소도시 B에 지불하는 금액

d : A시와 B시 간의 거리

Pa : 대도시 A의 인구

Hb : 대도시 B의 인구

상권 분석

3. 확률적 모형에 의한 상권 분석

(1) 확률적 모형의 개념

① 소비자의 공간이용(spatial behavior) 패턴을 실증분석할 수 있다.

② 점포까지의 거리, 접근 가능성과 그 점포의 매력도를 비교 평가하는 과정을 모형에 반영하였다.

③ 상권의 크기를 결정하는 데 있어 소비자의 행동을 고려하였으며 소비자의 점포 선택은 선택적이라고 본다.

④ 충성도가 높은 소비자의 점포선택이라도 확정적인 것이 아니라 확률적인 가능성을 가지고 있다는 것을 가정하였다.

⑤ 거리와 점포의 규모, 판매원서비스, 상품구색 등 다양한 요소에 대한 효용을 측정하여 점포선택 확률을 구할 수 있도록 발전되었다.

⑥ 허프 모형(Huff model)은 소매업의 집적 규모와 접근성에 바탕을 두고 만들어진 모형이다. 소매점 집적지의 변화를 가져오는 요인으로는 인구분포의 변화, 소비자의 기호와 구매행동의 변화, 유통경로의 변화와 관련이 있다.

(2) 허프 모형(Huff Model)

① 허프 모형(Huff model)의 개념

㉠ 미국 UCLA대학 경제학교수인 HUFF박사가 1963년 제창한 모델로 제창되기 전에 도시단위로 행하여 졌던 소매인력론을 소매상권의 개별(상업)단위로 전환하여 전개한 이론이다. 소비자의 특정상업시설에 대한 효용(매력도)은 상업시설규모와 점포까지 거리에 좌우된다는 가정하에 진행된다.

㉡ 허프(Huff) 모형은 특정 지역에 거주하는 소비자가 특정 소매점에서 구매할 확률을 결정하는 것으로 소비자들의 점포 선택과 소매 상권의 크기를 예측하는데 널리 이용되어 온 확률적 점포 선택 모형들 중 대표적인 모형이다.

㉢ 허프(David Huff)가 1960년대 초 처음으로 점포의 상권을 추정하기 위한 확률적 모형을 소개했는데 소비자의 특정 점포에 대한 효용은 점포의 크기에 비례하고 점포까지의 거리에 반비례한다고 가정하였다.

㉣ Huff의 이론을 소매 인력이론이라고도 하며 이후 허프 모형은 이론적 및 실제 적용력 측면에서의 이점 때문에, 소매기관 연구자들 및 소매업체들에 의해 상권 분석에 폭넓게 활용되고 있다.

② 허프 모형(Huff model)의 내용

㉠ 소비자의 특정 점포에 대한 효용은 점포의 크기와 점포까지의 거리에 좌우된다. 즉, 소비자의 점포에 대한 효용은 점포의 매장이 크면 클수록 증가하고, 점포까지의 거리는 멀면 멀수록 감소한다고 보았다.

㉡ 특정 점포에 대한 선택 확률은 상권 내에서 소비자가 방문을 고려하는 점포 대안들의 효용의 총합에 대한 해당 점포의 효용의 비율로 나타내며, 거주지역에서 점포까지의 거리나 이동시간을 중심으로 상권흡입력의 크기와 소비자구매 가능성을 확률로 모형화 하였다.

㉢ 신규점포의 예상매출액에 대한 예측에 널리 사용되는 기법으로 최적상업시설 또는 최적매장면적에 대한 유추가 가능하고, 상업시설 또는 점포에 방문할 수 있는 고객수 산정, 상권지도 작성 가능, 상업시설간 경쟁구조의 파악이 가능하다.

㉣ 소비자의 구매행동은 주로 소비자의 기호나 소득에 의해 좌우되므로 소비자에게 맞는 상품을 선택 · 판매해야 한다.

㉤ Huff의 중력모델에서는 점포가 가진 경쟁의 매력도 및 고객으로부터 점포나 쇼핑센터까지의 거리나 이동시간을 고려한다. 거주지에서 점포까지의 교통시간을 이용하여 상권을 분석한 모델은 허프의 확률모델이다.

㉥ 소비자가 매장의 크기와 이동시간을 고려하여 여러 대안 점포 중에서 특정 점포를 선택할 확률을 구하는데, 각 점포의 효용을 합한 값과 각 개별 점포의 효용 값을 비교하여 구매확률을 계산하게 되므로 점포선택에 대한 합리성을 확보할 수 있다.

㉦ 허프(Huff) 모형의 한계를 극복하기 위해 추가로 고려해야 할 요인은 판매원의 서비스, 대중교통수단의 이용가능성, 취급 제품의 가격 등이 있다.

③ 허프 모형(Huff model)의 전개과정

㉠ 전체 상권 내에서 동일한 제품을 판매하는 각점포의 매장 면적을 조사하고, 잠재고객의 점포 방문 성향을 조사하여 거리에대한 민감도를 계산한다.

㉡ 허프 모형은 상업시설 간 경쟁구조의 파악이 가능하며 여러 점포를 선택할 수 있는 상황에서 특정 점포를 선택할 가능성을 계산한다.

㉢ 점포의 크기와 거리에 대한 고객 민감도(중요도)를 반영할 수 있다. 허프의 원래 공식에는 점포 크기에 대한 민감도 계수가 포함되지 않았으며 각 상품별 매출액에 대한 추정이 가능하다.

$$P_{ij} = \frac{S_j^{\ a} D_{ij}^{\ b}}{\sum_{k=1}^{j} S_k^{\ a} D_{ik}^{\ b}}$$

P_{ij} : 소비자 i 가 점포 j 를 선택할 확률
S_j : 점포 i 의 매장 크기
D_{ij} : 소비자 i 가 점포 j까지 가는 데 걸리는 시간 또는 거리
a : 소비자의 점포 크기에 대한 민감도(중요도)를 반영하는 모수(parameter)
b : 소비자의 점포까지의 거리에 대한 민감도(중요도)를 반영하는 모수
j : 소비자가 고려하는 총 점포의 수

【Huff 모형】

④ 허프 모형(Huff model)의 산식

㉠ Huff모델에 의한 신규점포의 예상매출액 산식은 '특정지역의 잠재수요의 총합×특정지역으로부터 계획지로의 흡인율'로 나타낼 수 있다.

㉡ Huff모델에 있어서 지역별 또는 상품별 잠재수요를 예측하는 방법은 '지역별 인구 또는 세대수×업종별 또는 점포별 지출액'으로 나타낸다.

㉢ 허프(Huff)모형으로, 신규점포의 전체시장을 나눈 소규모 고객집단에서의 예상매출액을 계산하고자 할 때 '그 지역의 인구수', '일인당 식료품 지출비', '전체시장을 나눈 소규모 고객집단지역 거주자의 신규점포에서의 쇼핑확률'이 필요하다.

㉣ 상권을 정의하는 레일리법칙 등의 규범적인 접근방법과 확률적 모형의 차이점은 확률적 모형에서는 소비자의 효용함수를 결정하기 위하여 실제 소비자의 점포선택행동을 이용하는 반면 규범적인 모형에서는 효용함수의 모수(a, b)값이 사전에 결정된다는 차이가 있다.

㉤ 상품의 성격에 따라 Huff모형에 사용하는 모수의 크기를 변화시키는 것이 필요하다. 전문품의 경우에는 점포크기의 모수가 거리차이의 모수보다 더 중요하다. 일반적으로 점포크기에 대한 모수(민감도)와 점포까지의 거리에 대한 모수는 서로 반대되는 성격을 갖게 되어 역수로 표현되기도 한다.

(2) 허프 모형(Huff model)의 수정모델

① 수정 모델의 개념

㉠ 허프 모형은 신규점포의 매출액 예측에 널리 활용되는 기법인데, 허프 모형이 1960년대 초 개발된 이후 허프 모형에 대한 수많은 수정 모델들이 제시되어 왔다.

㉡ 허프 모형은 점포의 크기만으로 점포 매력도를 측정하는 데 이용하였는데, 이는 특정 점포의 상권 규모와 매출액을 예측하는 데 한계가 있었다.

㉢ 허프 모형은 점포매력도가 점포의 크기 이외에 취급제품의 가격, 판매원의 서비스 등 다른 요인들로부터 영향을 받을 수 있음을 고려하지 않았다.

② 수정 모델의 내용

㉠ 수정 허프에서 소비자가 어느 상점에서 구매하는 확률은 그 상점의 '매장면적에 비례하고 그 곳에 도달하는 거리의 제곱에 반비례'한다고 하였다.

㉡ 수정Huff모델의 역할은 상업시설간의 경쟁구조 파악, 최적상업시설 또는 매장면적 유추, 매출액 추정, 상권지도 작성, 상업시설 또는 점포를 방문할 수 있는 고객수 산정 등이다.

㉢ 수정 모델들은 점포 크기 이외에 점포 이미지 관리변수, 대중교통 수단의 이용 가능성 등 점포 매력도에 영향을 미치는 여러 변수들을 추가함으로써 모형의 예측력을 개선하였다.

(3) 다항 로짓 함수 모형(MNL:multinormial logit model)

① MNL 모형의 개념

㉠ MNL 모형은 마케팅 모형에서 시장 점유율을 위한 모형으로, 소비자의 선택과정의 불확정성을 잘 반영하고 있다.

㉡ 다항로짓모델(MNL)은 루스(R.D. Luce) 교수의 선택공리 이론에 근거한 모델로, 소비자의 집합적 선택 자료를 이용하여 공간 선택의 행동을 설명하려는 것이다.

㉢ MNL 모형은 상권 내 소비자들의 각 점포에 대한 개별적인 쇼핑 여행에 대한 관측자료를 이용하여 각 점포에 대한 선택확률의 예측은 물론, 각 점포의 시장점유율 및 상권의 크기를 추정한 모델이다.

② MNL 모델의 도출 가정

㉠ 소비자의 점포 선택 행위는, 대체적 점포가 갖는 특성 중에서 소비자의 특정점포 대안에 대한 효용은 결정적 요소(determinant point)와 무작위적 요소(random component)에 대한 평가로 결정된다.

㉡ 여기서 결정적 요소는 관찰 가능한 점포 대안들의 점포 속성들 또는 소비자 특성을 반영하고, 무작위 요소(오차항)는 서로 독립적이고 결정적 요소에서 고려되지 아니한 기타 변수들의 효과를 반영하는 부분들이다.

㉢ 확률적 효용극대화 이론(stochastic utility maxmization)에 근거하여 소비자는 고려 중인 점포 대안 중에서 가장 효용이 높은 점포를 선택한다.

㉣ 이론에 의하면 특정 점포 대안이 선택될 확률은 그 대안이 가지는 효용이 다른 점포 대안들보다 클 확률과 같다.

(4) MCI(Multiplicative Competitive Interaction Model) 모델

① MCI 모델의 개념

㉠ MCI 모델은 상권 분석 및 점포 선택 행동을 추정하는데 있어서 여러 가지 중요 변수들을 제외시켜 잘못된 결론을 내릴 수 있다는 비판을 고려하여 만든 모델이다.

㉡ 점포의 효용(구매흡인력)을 측정하는 데 있어서 점포의 크기와 점포까지의 거리뿐 아니라 다양한 점포관련 특성을 포함하고 있다.

㉢ MCI 모델의 유인변수(誘因變數)로써 점포 규모 외에도 상품구색, 가격, 분위기, 점포 장식 등과 같은 변수를 추가하고 저항변수에는 교통시간 외에도 교통비용, 교통안전도, 이동 중의 안락감, 교통편의도 같은 질적 특성을 포함하고 있다.

㉣ MCI에서 소비자가 어느 상업지에서 구매하는 확률은 그 상업지역의 매장면적에 비례하고 그곳에 도달하는 거리의 제곱에 반비례한다는 것을 공식화한 것이다.

⊙MCI의 모델 공식(소비자의 점포A에 대한 선택확률)

$$P(A) = \frac{P_A{}^{A^{a^1}} S_A{}^{A^{d^2}} D_A{}^{A^b}}{\sum_{j=1}^{3} P_j{}^{a^1} S_j{}^{d^2} D_j{}^{b}} = \frac{\text{점포 A의 효용치}}{\text{점포 A의 효용치} \times \text{점포 B의 효용치} \times \text{점포 C의 효용치}}$$

D : 점포 선택 시 점포까지의 거리

P : 점포의 제품 구색 및 가격

S : 점포 판매원의 판매서비스

$P_j{}^{a^1}$: 점포 j의 제품 구색에 대한 효용치

$S_j{}^{d^2}$: 점포 j의 판매원 서비스에 대한 효용치

$D_j{}^{b}$: 점포 j까지의 거리에 대한 효용치

② MCI 모델의 내용과 산식

㉠ MCI 모델은 확률적 인력법칙인데 비해 공간수요의 결정에 유관하게 작용한다고 생각되는 중요변수의 수를 증대시킴으로써 심도 깊게 설명하려고 노력하였다.

㉡ 하지만 변수들의 증가로 변수들 사이의 공통성을 제거하고 이에 대한 설명력을 높이려는 시도에 불과하다는 비판과 매장면적과 거리 이외에 변수를 추가하고 있으나 지역 간 선택요인과 점포선택을 구별하지 못한다는 한계성도 가지고 있다.

(5) Luce 모델

① Luce 모델의 개념

㉠ 수리심리학에서 널리 알려진 Luce의 선택공리에 이론적 근거를 두고 개발된 것으로 Luce 모델은 확률적 점포선택모델이다.

㉡ 어떤 소비자가 특정한 점포를 선택할 확률은 그가 고려하는 점포 대안들의 개별 효용의 총합에 대한 특정한 점포의 효용의 비율에 의해 결정된다.

㉢ Luce 모형은 점포성과(매출액)와 소매환경변수간의 관계를 확률적인 관계로 가정하여 분석하는 확률적 모형에 속한다.

㉣ Luce 모형은 특정점포의 효용이나 매력도가 높을수록 그 점포가 선택될 확률이 높아진다고 가정한다.

㉤ 확률적 모형은 거리만 고려하는 소매중력법칙보다 많은 정보를 반영하여 상권의 범위를 예측할 수 있다.

② Luce 모델의 내용과 산식

㉠ 소비자가 특정 점포를 선택할 가능성은 소비자가 해당점포에 대해 인지하는 접근 가능성, 매력 등 소비자행동적 요소로 형성된 상대적 효용으로 결정된다고 보았다.

㉡ 소비자의 특정 점포에 대한 구매흡인 패턴은 확률적 모형에서는 소비자가 그 점포에 대해 갖는 상대적 효용에 있다고 한다. 즉, 특정점포에 대해 지각된 효용이 클수록 소비자가 그 점포의 단골이 될 가능성이 크다.

㉢ 소비자가 A, B, C 등 세 개의 점포를 고려하고 각 점포에 대한 효용이 4, 6, 8이면 그중 B를 선택할 확률은 6/(4+6+8)=0.33이다. 이를 공식으로 하면 다음과 같다.

$$P_{ij} = \frac{U_{ij}}{\sum_{j=1}^{\infty} U_{ij}}$$

D_{ij} : 소비자 i가 점포 j를 선택할 확률
U_{ij} : 소비자 i에 있어서 점포 j의 효용
j : 소비자가 고려하는 점포의 총합

③ 점포에 대한 소비자의 효용 함수

㉠ 소비자는 점포까지의 거리가 멀어질수록 그 점포에 대한 효용은 감소하기 때문에 모두 b는 負(—)의 값을 가지게 되며, 이 경우 효용과 거리 간의 (—) 관계를 거리 증가에 의한 효용 감소효과라고 한다.

㉡ 특정 점포를 평가하는 데 있어 모두 a,b는 소비자가 그 점포의 구매흡인력과 거리에 부여하는 상대적 중요성을 반영하며, 만약 b의 절대값이 그 점포의 구매흡인력의 모수인 a값보다 큰 경우에는 소비자가 점포를 선택할 때 일반적으로 거리를 중심으로 평가하고 구매흡인력은 고려하지 않으므로 소비자는 가장 가까운 점포에서 상품을 구매한다.

$$U_{ij} = A_j^{\,a} D_{ij}^{\,b}$$

U_{ij} : 소비자 i가 점포 j에 대한 효용
A_j : 점포 j의 효용
D_{ij} : 소비자 i의 거주지에서 점포 j까지의 거리
a, b : 각 점포의 구매흡인력(a), 점포까지의 거리(b)에 대한 소비자의 민감도를 반영하는 모수

Chapter 1 명품 적중 예상문제

01 다음 중 상권 규정요인으로 가장 잘못된 설명은?

① 상권을 규정하는 가장 중요한 요인은 소비자나 판매자가 감안하게 되는 시간과 비용 요인이지만, 일반적으로 상권을 규정하는 구성요인은 인구, 시간, 거리요인이다.
② 상품가치를 좌우하는 보존성이 강한 재화일수록 오랜 운송에도 견딜 수 있으므로 상권이 확대되며, 생산비, 운송비, 판매가격 등이 낮을수록 상권은 확장된다.
③ 구매자 측면에서의 상권은 적절한 가격의 재화 및 용역을 합리적으로 구매할 수 있을 것으로 기대되는 지역적 범위이다.
④ 소비자가 직접 이동하는 경우에는 재화의 종류에 따라 소비자가 투자하는 시간과 비용이 바뀌게 되지만 상권의 크기는 불변이다.
⑤ 판매자 측면에서의 상권은 특정 마케팅 단위나 집단이 상품과 서비스를 판매하고 인도함에 있어 비용과 취급 규모면에서의 특정 경계에 의해 결정되는 경제적인 범위이다.

오답풀이 소비자가 직접 이동하는 경우에는 재화의 종류에 따라 소비자가 투자하는 시간과 비용이 바뀌게 되어 상권의 크기도 바뀌게 된다.

02 다음 중 상권(trade area)에 관한 설명으로 올바르지 않은 내용은?

① 소매업은 입지선정 전에 상권에 대한 적합성(규모)에 대한 평가를 통해 상권가능 후보지를 평가한 후 이들 중에서 가장 유리한 입지를 선택하게 된다.
② 상권(trade area)이란 한 점포뿐만 아니라 점포집단이 고객을 유인할 수 있는 지역적 범위(geographic area)를 의미한다.
③ 판매자 측면의 상권, 구매자 측면의 상권, 판매량측면의 상권으로 나누어 정의할 수 있으며 소위 1차상권, 2차상권, 3차상권 및 영향권으로 구분하는 것은 오로지 판매자 측면에서만 상권을 구분한 것이다.
④ 상권은 단순한 00Km권이라고 하는 원형의 형태가 아니라 아메바와 같이 정형화되지 않은 형태로 되는 경우가 일반적이다.
⑤ 상권은 지역상권(general trading area), 지구상권(district trading area), 개별점포상권(individual trading area) 등으로 계층적으로 분류될 수 있다.

오답풀이 점포의 상권은 일반적으로 1차 상권(primary trading area), 2차 상권(secondary trading area), 한계상권(fringe trading area)으로 구성된다. 한계상권을 3차 상권이라고도 하는 것은 고객흡인율에 따른 상권분류방법이며, 고객측면에서 구분한 것이다.

정답 01 ④ 02 ③

03 지역구분에 따른 상권분석에 대한 설명으로 가장 잘못된 것은?

① 과소지역 상권은 해당 지역의 욕구를 만족시키기 위한 특정 제품이나 서비스를 판매하는 점포가 매우 부족한 지역이라고 말할 수 있다.

② 과다지역 상권은 너무나 많은 점포들이 특정 상품이나 서비스를 판매하여 현재 상권 내 경쟁이 치열한 지역으로 수익실현이나 유지에 대한 불확실성이 높다.

③ 과점지역 상권은 특정 상품이나 서비스를 몇몇 점포가 과점하여 판매하지만 경쟁력이 있는 점포는 그 시장에 진입을 하여 이익을 볼 수가 있는 지역을 말한다.

④ 점포중간지역 상권은 고객에게 우수한 상품과 서비스를 제공하며, 경쟁 소매업체들이 이익을 많이 남길 수 있으므로 소매업체들은 이 지역이 매력적이라고 생각한다.

⑤ 점포적정지역은 상권 내부의 소비자 수요에 맞게 적정수준의 점포가 개설되어 있으며, 점포적정지수는 소비자의 지출액과 매장면적과의 관계를 설명하는 지표이다.

오답풀이 포화지역 상권은 고객에게 우수한 상품과 서비스를 제공하며, 경쟁 소매업체들이 이익을 많이 남길 수 있으므로 소매업체들은 이 지역이 매력적이라고 생각한다.

04 다음 아래 설명에서 상권의 설명으로 가장 적합하게 열거된 항목은?

> 가. 동일지역에 출점한 경쟁 점포들의 경우 소형점보다 대형점이 상권이 크고, 동일한 업종으로 형성된 상권의 규모가 다양한 업종으로 형성된 상권에 비해 적다.
> 나. 소비자가 직접 이동하는 경우에는 재화의 종류에 따라 소비자가 투자하는 시간과 비용이 바뀌게 되어 상권의 크기도 바뀐다.
> 다. 상권 설정 시 해당 지역을 직접 돌아다니면서 자신의 경험적 감각을 활용한 상권파악방법으로 앙케이트 조사를 통한 상권 설정법이 있다.
> 라. 상권은 점포의 매출 및 고객이 창출되는 지리적으로 인접한 구역을 말하는데, 두세 개의 구역으로 분리될 수 있다.
> 마. 상권 내의 기생점포만으로는 고객이동을 발생시키지 못하며, 이곳의 상권은 해당지역의 쇼핑센터나 소매지역에서 주도적으로 성장하는 소매업체에 의해 결정된다.

① 가, 나, 다　② 가, 다, 라　③ 가, 라, 마
④ 나, 다, 마　⑤ 나, 라, 마

가. 동일한 업종으로 형성된 상권의 규모가 다양한 업종으로 형성된 상권에 비해 크다.
다. 상권 설정 시 해당 지역을 직접 돌아다니면서 자신의 경험적 감각을 활용한 상권 파악방법으로 실사(實査)에 의한 상권 설정법이 있다.

03 ④　**04** ⑤

05 다음 중 상권분석을 통해 얻을 수 있는 장점이라고 보기 어려운 것은?

① 마케팅 및 촉진활동의 방향을 명확히 할 수 있다.
② 시장의 구조와 각 브랜드별 점유율을 파악할 수 있다.
③ 소비자의 인구 통계적 · 사회경제적 특성을 파악할 수 있다.
④ 제안된 점포의 위치가 새로운 소비자나 기존 점포의 소비자를 유인할 수 있는지를 판단할 수 있다.
⑤ 상권 분석을 통한 상권에 대한 올바른 인식과 파악은 고객 지향적인 마케팅 전략의 수립과 전개에 필요하다.

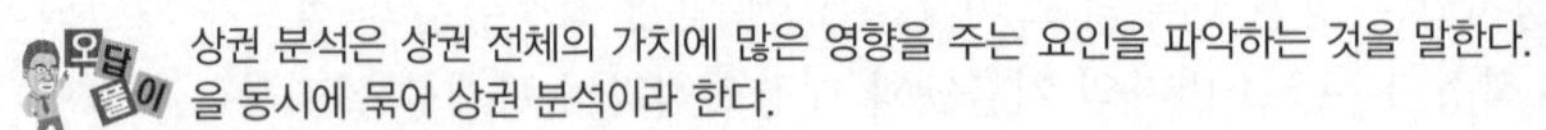

우답풀이 상권 분석은 상권 전체의 가치에 많은 영향을 주는 요인을 파악하는 것을 말한다. 상권과 입지 조건 분석을 동시에 묶어 상권 분석이라 한다.

06 점포 후보지에 대한 상권분석은 일반적으로 기존점포에 대한 상권분석과 신규점포에 대한 상권분석으로 나눌 수 있다. 다음 답항의 상권분석기법 중 나머지 넷과 사용 용도 면에서 가장 차이가 나는 것은?

① 상권의 규모에 영향을 미치는 요인에 대한 수집 및 평가를 통해 시장잠재력을 측정하는 Checklist방법
② 점포 자료와 기타 다른 목적으로 수행된 조사 자료 등의 기업 내 2차 자료를 이용하여 측정이 가능한 방법
③ 보행자나 버스, 지하철 등의 타 교통수단을 이용하는 고객에 대해서 면접 등의 방법으로 소비자를 조사하여 상권범위 및 소비행태를 파악하는 소비자조사법
④ 마일리지(mileage)를 통하여 고객의 주소를 확인할 수 있으며 상권범위를 결정하는데 유용하게 사용할 수 있을 뿐만 아니라 고객의 특성 및 개개인의 니즈를 파악할 수 있어 마케팅전략수립에 유효적절하게 활용할 수 있는 마일리지고객주소활용법
⑤ 승용차를 이용하는 고객에 대하여 차량번호판으로 자동차 소유자의 주소를 확인할 수 있어 상권범위를 파악할 수 있을 뿐만 아니라 거주 지역 및 차종에 따라 대략적으로 소득수준을 예측할 수 있는 차량조사법

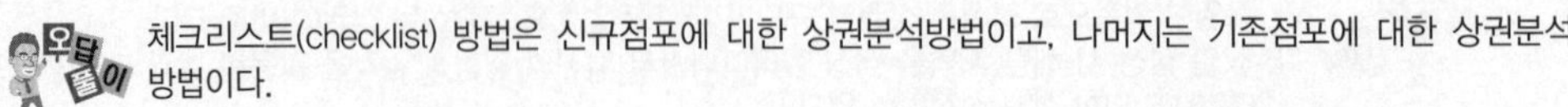

우답풀이 체크리스트(checklist) 방법은 신규점포에 대한 상권분석방법이고, 나머지는 기존점포에 대한 상권분석 방법이다.

해답 **05** ④ **06** ①

07 상권(trade area)이란 한 점포가 고객을 흡인할 수 있는 지역의 한계 범위(geographic area)를 지칭하는 말이다. 점포에 대한 마케팅 전략의 수립에 앞서 기업은 자사 점포의 상권 범위를 어디까지로 할 것인가를 먼저 결정해야 한다. 다음 중 상권의 개념에 대한 설명으로 가장 적합하지 않은 것은?

① 일반적으로 상권은 계층적 구조로 형성된 것으로 볼 수 있으며, 지역상권(general trading area), 지구상권(district trading area), 개별점포 상권(individual trading area) 등으로 계층적으로 분류될 수 있다.

② 상권(trade area)이란 한 점포뿐만 아니라 점포집단이 고객을 유인할 수 있는 지역적 범위(geographic area)를 의미하며, 상권은 단순한 원형의 형태가 아니라 아메바와 같이 정형화되지 않은 형태로 되는 경우가 일반적이다.

③ 상권이란 하나의 점포 또는 점포들의 집단이 고객을 유인할 수 있는 지역적 범위를 나타내며, 판매품질에 따라 1차, 2차, 3차 상권 및 영향권으로 구분할 수 있다. 상권의 구매력은 상권 내의 가구소득수준과 가구 수에는 영향이 없다.

④ 중소점포의 경우에도 유명 전문점은 동일 위치의 경쟁점포보다 점포 상권의 규모가 크며, 한 점포의 상권은 지역상권, 지구상권, 개별점포 상권을 모두 포함하는 것이지만, 이와 같이 엄격히 구분하지는 않는다.

⑤ 상권은 시장지역 또는 배후지라고도 부르며 점포와 고객을 상행위와 관련하여 흡수할 수 있는 지리적 영역이고, 경쟁자의 출현은 상권을 차단하는 중요한 장애물이며 고객밀도는 상권 내의 인구밀도와 밀접한 관련이 있다.

상권이란 판매수량의 크기에 따라 1차, 2차, 3차 상권으로 구분하고, 구매력은 상권 내의 가구소득수준과 가구 수의 함수로 볼 수 있다.

08 다음 중 크리스탈러(Christaller)의 중심지이론(The Central Place Theory)을 구성하는 주요 개념으로 가장 거리가 먼 것은?

① 중심지(the central place)
② 점포의 규모(the square footage)
③ 최소수요(the threshold)
④ 재화의 도달범위(the outer range)
⑤ 배후지(hinterland)

우답풀이 중심지(the central place) 이론은 독일의 크리스탈러(Christaller)에 의해 1933년에 처음으로 제시되었다. 크리스탈러의 중심지 이론에 의하면 한 도시 또는 지역 내에 여러 상업 중심지가 존재할 때 각 상업 중심지로부터 상업 서비스 기능을 제공받을 수 있는 가장 이상적인 배후 상권의 모양은 정육각형이며, 정육각형의 형상을 가진 상권은 유통 서비스 기능의 도달범위(the outer range)와 수익을 실현하는데 필요한 최소수요 충족 거리(the threshold)가 일치하는 공간 구조이다.

07 ③ 08 ②

09 다음 중 상권분석에 대한 설명으로 가장 거리가 먼 것은?

① 배후상권고객이란 목표상권의 지역경계 내에 거주하는 고객들을 지칭하며 상대적으로 도심지역의 점포보다는 외곽지대의 점포에서 매출기여도가 높다.

② 상권분석을 위해서는 배후상권고객뿐 아니라 점포주변에 근무하는 직장인이나 학생들과 같은 직장(학생)고객들도 분석의 대상에 포함시켜야 한다.

③ 유동고객에 대해서도 분석이 필요하며, 유동고객이란 기타의 목적을 가지고 점포주변을 왕래하는 거주민과 비거주민 모두를 의미한다.

④ 어느 한 상권에 속한 고객의 특성은 배후상권고객, 직장(학생)고객, 유동고객에 포함되지 않는 다른 고객유형을 찾아 분석해야 정확하게 찾을 수 있다.

⑤ 상권은 소매업 성공의 중요 요인으로 부적절한 입지는 매출에 지대한 영향을 미치기 때문에 상권분석은 자사점포의 수요예측과 마케팅 전략의 수립을 위한 필수적 단계이다.

어느 한 상권에 속한 고객의 특성은 배후상권고객, 직장(학생)고객, 유동고객에 포함된 고객유형을 찾아 분석해야 정확하게 찾을 수 있다.

10 다음 중 상권(trade area)의 변화 내용에 대한 설명으로 가장 옳지 않은 것은?

① 한 번 설정된 상권은 변동적인 것이 아니라 소비패턴이나 생활패턴의 변화 및 실버계층 증가의 변화에 의해서도 상권이 변화하지 않으므로 상권은 불변이라고 할 수 있다.

② 세대간의 변화, 신세대 내에서의 변화, 사회구조의 변화 등에 의해서도 상권이 변화하며, 라이프 사이클의 변화, 새로운 소비층의 변화, 계층 간의 소비 변화 등으로 상권이 변화된다.

③ 상권변화 분석의 방법으로 대형점은 유추법에 의한 분석을, 중소형점은 실지조사법을 많이 이용하고, 상권 변화 분석의 요령은 현지 상황의 정확한 파악과 주민의 성향을 알아야 한다.

④ 상권변화 요인은 대규모 점포의 출점과 폐점, 이동에 필요한 교통수단의 발전 등이 아주 중요한 요인으로 작용을 하며, 관공서 · 대규모 회사의 등장 및 이전 등도 포함된다.

⑤ 해당상권 내의 경쟁점포들에 대한 소비자의 지출패턴이나 소비자의 쇼핑여행패턴을 반영함으로써 특정점포의 매출액과 상관규모를 보다 정확하게 예측할 수 있다.

오답풀이: 한 번 설정된 상권은 고정적인 것이 아니라 소비패턴 · 생활패턴 변화 및 실버계층 증가의 변화에 의해서도 상권이 변화를 한다.

해답 09 ④ 10 ①

11 상권에 영향을 주는 지문에 대한 설명으로 가장 적합하지 않은 것은?

① 판매자 측면에서의 상권은 특정 마케팅 단위나 집단이 상품과 서비스를 판매하고 인도함에 있어 비용과 취급규모면에서의 특정 경계에 의해 결정되는 경제적인 범위이다.
② 점포상권의 규모는 전문품을 취급하는 점포의 상권은 선매품을 취급하는 점포의 상권보다 적고, 선매품을 취급하는 점포의 상권은 편의품을 판매하는 점포의 상권보다 적다.
③ 주요고속도로나 철도가 남북으로 길게 놓여있을 경우에는 상권도 남북으로 긴 타원의 형태가 되고, 상권 내의 기생점포만으로는 고객이동을 발생시키지 못한다는 특징이 있다.
④ 상권내 목적점포는 상품, 상품의 종류, 전시, 가격 혹은 다른 독특한 특징이 고객유인 역할을 하는 점포이며, 상권은 점포의 매출 및 고객이 창출되는 지리적으로 인접한 구역이다.
⑤ 상권의 구매력은 상권 내의 가구소득수준과 가구 수의 함수이며, 기초자료 요소로는 고객 스포팅(customer spotting), 지리정보시스템 분석자료, 구매력 지수 등을 참고해야 한다.

오답풀이 점포상권의 규모를 보면 전문품을 취급하는 점포의 상권은 선매품을 취급하는 점포의 상권보다 크고, 선매품을 취급하는 점포의 상권은 편의품을 판매하는 점포의 상권보다 크다.

12 상권조사 방법은 전수조사와 표본조사로 크게 구분할 수 있다. 두 가지 방식에 대한 설명으로 가장 올바르지 않은 것은?

① 경우에 따라서 전수조사 자체가 아예 불가능 한 경우 표본조사를 실시한다.
② 조사지역의 대상자가 많을수록 전수조사는 많은 비용과 시간을 필요로 한다.
③ 조사지역의 대상자가 많을수록 전수조사가 어려워 표본 조사가 많이 사용된다.
④ 표본프레임이 없는 경우에 사용할 수 있는 표본추출방법중의 하나는 층화표본추출법이다.
⑤ 모집단을 구성하는 구성원들의 명단이 기재된 표본프레임이 있는 경우 확률표본추출법을 통해 표본을 추출한다.

층화표본추출법(stratified sampling)으로 상권조사를 할 때 X라는 상표를 소비하는 전체 모집단에 대해 구매량을 중심으로 빈번히 구매하는 사람(heavy users)과 가끔 구매하는 사람(light users)으로 분류하고, 각각의 집단에서 무작위로 일정한 수의 표본을 추출하는 표본추출방식이다.

해답 **11** ② **12** ④

13 다음 중 상권조사를 위한 표본 추출방법으로 가장 올바르지 않은 것은?

① 표본 추출단위의 선정은 조사대상이 누구인지를 결정하는 단계로 표적 집단을 정의한 후 이루어진다.

② 표본크기의 결정은 조사대상의 수를 결절하는 것으로 일반적으로 큰 표본이 작은 표본보다 신뢰성이 높은 결과를 예측한다.

③ 표본추출절차는 응답자를 선정하는 방법을 결정하는 것으로서 대표성이 있는 표본을 추출하려 노력해야 한다.

④ 단순무작위 추출과 층화표본추출은 확률표본 추출방법으로 표본을 선택할 가능성을 감안하여 사용하는 방법이다.

⑤ 편의표본이나 군집표본은 모집단을 상호배타적인 집단으로 나눈 후 집단에 대해 표본을 추출하는 방법이다.

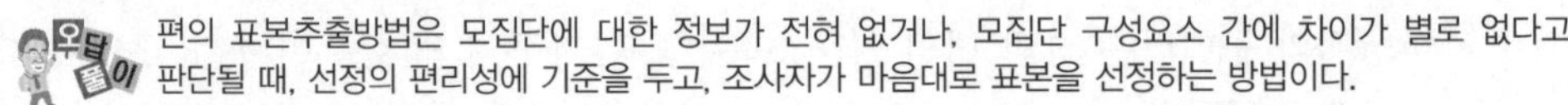

편의 표본추출방법은 모집단에 대한 정보가 전혀 없거나, 모집단 구성요소 간에 차이가 별로 없다고 판단될 때, 선정의 편리성에 기준을 두고, 조사자가 마음대로 표본을 선정하는 방법이다.

14 다음 은 상권분석(trade area analysis)과 조사에 대한 설명으로 가장 적절한 설명이 아닌 것은?

① 상권분석은 상권 전체의 가치에 많은 영향을 주는 요인을 파악하는 것을 말한다. 상권과 입지 조건 분석을 동시에 묶어 상권 분석이라 한다.

② 상권은 소매업 성공의 중요 요인으로 부적절한 입지는 매출에 지대한 영향을 미치기 때문에 상권분석은 자사점포의 수요예측과 마케팅 전략의 수립을 위한 필수적 단계이다.

③ 점포의 위치에 대해 고객이 얼마나 쉽게 기억하고 있는가를 평가하는 것을 인지성의 법칙 이라하고, 특정 입지에 다양한 업종이 입점하기 쉬운 정도가 높으면 높을수록 좋은 입지라고 볼 수 있는 것을 입지성의 법칙이라고 한다.

④ 시장조사는 기본적으로 직접조사인 1차 조사와 간접조사인 2차조사로 구분이 되며, 다른 목적에 의해 수집된 자료는 2차 조사의 내용이고, 자신의 목적에 맞게 필요에 조사는 1차조사의 내용이다.

⑤ 1차조사 자료에는 고객의 과거거래 시점이나 구매한 상품, 구매간격 등을 이용하여 구축한 고객생애가치 자료도 이러한 자료에 포함되며, 통계청, 국책연구소, 민간경제연구소, 경제신문사 등의 기관이 수집, 배포 하는 자료가 대표적이다.

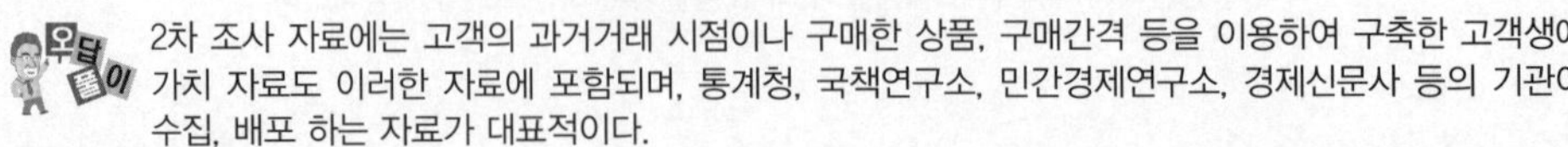

2차 조사 자료에는 고객의 과거거래 시점이나 구매한 상품, 구매간격 등을 이용하여 구축한 고객생애가치 자료도 이러한 자료에 포함되며, 통계청, 국책연구소, 민간경제연구소, 경제신문사 등의 기관이 수집, 배포 하는 자료가 대표적이다.

해답 13 ⑤ 14 ⑤

15 한번 설정된 상권은 고정적인 것이 아니라 변화를 한다. 소비패턴 · 생활패턴 변화 및 실버계층 증가의 변화에 의해서도 상권이 변화하고, 한 세대와 한 세대 간의 변화, 신세대 내에서의 변화, 사회구조의 변화 등에 의해서도 상권이 변화하며, 라이프 사이클의 변화, 새로운 소비층의변화, 계층 간의 소비 변화 등으로 상권이 변화된다. 다음 중 상권변화 분석에 대한 설명으로 가장 옳지 않은 것은?

① 상권 변화 분석의 방법으로 대형점은 유추법에 의한 분석을, 중소형점은 실지조사법을 많이 이용한다. 상권 변화 분석의 요령은 현지 상황의 정확한 파악과 주민의 성향을 알아야 한다.
② 상권이 변화한다는 것은 기존의 상가 및 점포 사이에 새로운 상가나 점포가 들어서거나 소비자들의 위치가 변화하는 것이다. 고정 인구와 유동 인구의 변화와 지역 주민들의 직업 형태에 의해서도 상권이 변화된다.
③ 상권의 변화요인은 대형할인점, 백화점, 지하철의 등장, 버스터미널 및 정류장의 형성은 포함이 되지만, 관공서 · 대규모 회사의 등장 및 이전 등은 변화와 관련이 없는 요인이다.
④ 해당상권 내의 경쟁점포들에 대한 소비자의 지출패턴이나 소비자의 쇼핑여행패턴을 반영함으로써 특정점포의 매출액과 상관규모들보다 정확하게 예측할 수 있는 상권분석 이론이다.
⑤ 고객 내점가능성의 척도 즉 유동인구가 상권 내로 진입하는 초입 또는 메인라인에서부터 도보 또는 차량으로 고객들이 점포에 수월하게 진입이 가능한지를 보는 것을 접근성의 법칙이라 한다.

상권변화는 기존의 상가 및 점포 사이에 새로운 상가나 점포가 들어서거나 소비자들의 위치가 변화하는 것으로 , 대형할인점, 백화점, 지하철의 등장, 버스터미널 및 정류장의 형성 및 이전, 관공서 · 대규모 회사의 등장하는 것이다.

16 상권인구, 교통조건, 지역특성 등이 유사한 상업지구의 업종 및 업태구성, 매출액, 통행량, 구매력 비율, 객 단가 등을 조사하여 상업계획지구의 수요를 추정하는 방법은?

① 원단위법 ② 유추법 ③ 통계분석법
④ 이론적계산법 ⑤ 모델계산법

유추법(analog method)은 새로운 점포가 위치할 지역에 대한 판매 예측에 많이 활용되는 방법이다. 하버드 비즈니스 스쿨의 애플바움(Applebaum)이 제안한 것으로 자사의 신규점포와 특성이 비슷한 기존의 유사점포를 선정하여 그 점포의 상하 범위를 추정한 결과 자사점포의 신규 입지에서의 매출액, 즉 상권 규모를 측정하는데 이용하는 방법이다.

15 ③ **16** ②

상권 분석

17 점포상권은 상권 내 점포수에 따라 점포부족지역, 점포과밀지역, 점포적정지역 등으로 분류 될 수 있다. 점포상권에 대한 설명 중 가장 올바르지 않은 것은?

① 점포적정지수는 소비자의 지출액과 매장면적과의 관계를 설명하는 지표이다.
② 점포적정지수의 변화를 보면 신규점포의 출점이 미치는 영향을 예측해볼 수 있다.
③ 점포적정지역은 상권 내부의 소비자 수요에 맞게 적정수준의 점포가 개설되어 있다.
④ 점포과밀지역은 현재 상권 내 경쟁이 치열한 지역으로 수익실현이나 유지에 대한 불확실성이 높다.
⑤ 점포생애주기는 점포부족지역이 필연적으로 점포과밀지역으로 변화한 후 점포적정지역으로 바뀌는 현상을 표현하는 개념이다.

점포생애주기는 점포부족지역이 필연적으로 점포과밀지역으로 변화한 후 점포적정지역으로 바뀌는 현상을 표현하는 개념이 아니라 한 상권에서 점포가 출점으로부터 시작하여 호황점포가 되었다가 쇠퇴를 하는 사이클을 의미한다.

18 독일의 학자 크리스탈러(Christaller)의 중심지 이론에 대한 설명으로 가장 옳지 않은 것은?

① 상업 중심지의 이상적 입지와 이들 간의 분포관계를 이해하기 위해 중심지 기능의 최대 도달거리, 최소수요 충족거리, 육각형 형태의 배후지 모양 등의 주요 개념의 우선적 이해가 필요하다.
② 상업적인 중심지가 존재가 가능하기 위해서는 이론적으로 최소요구치가 최대도달점보다는 커야하며, 중심지기능의 가격과 그것을 확보하기 위한 이동에 드는 교통비가 최대 도달점을 결정할 것이다.
③ 각 상업 중심지로부터 상업 서비스 기능을 제공받을 수 있는 가장 이상적인 배후상권의 모양은 정육각형이며, 이는 한 지역 내에 하나의 중심지가 아니라 여러 상업 중심지가 존재할 때 가능하다.
④ 소비자들이 가장 가까운 중심지에서만 중심지 상품을 구매하며, 인구는 공간상에 균일하게 분포되어 있고, 주민의 구매력과 소비패턴은 동일하다는가정이 필요하다.
⑤ 중심지로서 유지되기 위한 최소한의 수요를 발생시키는 상권 범위를 최소요구치라고 하며, 중심지 기능을 수행하는 데 고객을 제공해 주는 배후지의 범위를 의미한다.

상업적인 중심지가 존재가 가능하기 위해서는 이론적으로 최소요구치가 최대도달점보다는 적어야 하며, 중심지기능의 가격과 그것을 확보하기 위한 이동에 드는 교통비가 최대 도달점을 결정할 것이다.

해답 17 ⑤ 18 ②

19 상권을 규정하는 요인에 대한 설명 중 가장 옳지 않은 것은?

① 상권이란 상 거래함으로써 형성되는 시장지역을 의미한다.
② 상권을 규정하는 가장 중요한 요인은 소비자나 판매자가 감안하는 되는 시간과 비용 요인이다.
③ 상품가치를 좌우하는 보존성이 강한 재화일수록 오랜 운송에도 견딜 수 있으므로 상권이 확대된다.
④ 비용요인에는 생산비, 운송비, 판매비용 등이 포함되며 크기가 상대적으로 작을수록 상권은 축소된다.
⑤ 소비자가 직접 이동하는 경우에는 재화의 종류에 따라 소비자가 투자하는 시간과 비용이 바뀌게 되어 상권의 크기도 바뀐다.

상권(trade area)이란 한 점포가 고객을 흡인할 수 있는 지역의 한계 범위(geographic area)를 지칭하는 말이다. 점포에 대한 마케팅 전략의 수립에 앞서 기업은 자사 점포의 상권 범위를 어디까지로 할 것인가를 먼저 결정해야 한다. 생산비는 공장에서 완성품을 만드는 비용이지 만든 후의 발생하는 비용이 아니다.

20 지역시장의 수요 잠재력을 총체적으로 측정할 수 있는 지표로 많이 이용되는 것이 소매포화지수(Index of Retail Saturation : IRS)이다. 다음의 자료를 이용하여 소매포화지수를 계산한 결과 값은?

- 지역시장의 총 가구 수 = 100가구
- 1특정업태의 총 매장면적 = $100m^2$
- 1가구당 특정업태에 대한 지출 = 10만원
- 수요 = 1,000만원

① 50,000,000원
② 100,000원
③ 50,000원
④ 500,000원
⑤ 10,000원

$$IRS = \frac{\text{수요}}{\text{특정업태의 총매장면적}}$$

$$= \frac{\text{지역시장의 총가구수} \times \text{가구당 특정업태에 대한 지출비}}{\text{특정업태의 총매장면적}}$$

19 ④ **20** ②

21 5개 지역에서 소매포화지수(IRS)와 시장 확장 잠재력지수(MEP)를 측정한 자료이다. 이 자료로 분석한 결과가 가장 올바른 것은?

지 역	IRS	MEP
A	128	458
B	180	587
C	132	860
D	100	325
E	160	798

① IRS를 고려할 때 가장 매력적인 지역은IRS값이 가장 낮은 D지역이다.
② IRS를 고려할 때 가장 매력적인 지역은B가 되며 이는 IRS값이 가장크기 때문이다.
③ MEP를 고려할 때 가장 매력적인 지역은 모든 지역 중 MEP값이 가장 낮은 D지역이 된다.
④ IRS와 MEP를 동시에 고려할때에는 두 지수 값의 차이가 가장 작은 D지역이 가장 선호된다.
⑤ IRS와 MEP를 동시에 고려할 때에는 더 큰 값을 가지고 있는 지수로 평가하기 때문에 MEP만 고려하여 결정한다.

소매포화지수(Index of Retail Saturation ;IRS)는 한 시장지역 내에서 특정소매업태 또는 집적소매시설의 단위 면적당 잠재수요를 말하며, 특정 시장 내에서 주어진 제품계열에 대한 점포면적당 잠재매출액의 크기이고, 신규점포에 대한 시장 잠재력을 측정하는 데 유용하게 사용된다. 문제에서는 현재에 가장 좋은 지문은 ②의 내용이 된다.

22 다음 중 상권의 수요와 시장의 수요 잠재력을 측정하기 위하여 사용할 수 있는 도구와 가장 거리가 먼 것은?

① 특정업태의 총 매장면적
② 소매포화지수(index of retail saturation : IRS)
③ 시장확장 잠재력지수(market expansion potential : MEP)
④ 해당상품(서비스)의 예상 수요액을 총 매장 면적으로 나눈 값
⑤ 특정 시장지역내에서 특정 소매업태 또는 집적 소매시설이 차지하는 시장 점유율

상권에서 수요와 시장의 잠재력을 측정하기 위해서는 지역시장의요 잠재 력을 총체적으로 측정할 수 있는 지표로 많이 이용되는 것인 소매포화지수(Index of Retail Saturation ;IRS)와 지역시장이 미래에 신규수요를 창출할 수 있는 잠재력을 반영하는 지표인 시장 성장 잠재력(Market Expansion Potential ;MEP) 지수로 나타낼 수가 있다.

해답 **21** ② **22** ⑤

23 소매포화지수(Index of Retail Saturation;IRS)와 시장 확장 잠재력(Market Expantion Potential : MEP)에 대한 설명으로 가장 옳지 않은 것은?

① 지역시장의 수요 잠재력을 총체적으로 측정할 수 있는 지표로 많이 이용되는 것이 소매포화지수(IRS)이다. 한 지역시장의 점포포화(store saturation)란 기존 점포만으로 고객의 욕구를 충족시킬 수 있는 상태를 의미한다.

② IRS의 값이 크면 클수록 공급보다 수요가 상대적으로 많은 것을 의미하며 따라서 신규점포를 개설할 시장기회는 더욱 커지며, 시장의 포화정도가 낮다는 것을 의미한다.

③ MEP 값은 특정 지역시장이 앞으로 얼마나 신규 수요를 창출할 수 있는 가능성이 있는가를 예측할 수 있는 지표이다. MEP값은 타 지역에서의 쇼핑지출액을 근거로 계산되며 이 값이 클수록 타 지역에서 쇼핑을 더 많이 한다는 의미이다.

④ IRS는 MEP의 단점을 보완하는 지표로서, 구체적으로는 거주자들이 지역시장 외에 다른 시장에서의 쇼핑 지출액을 추정하여 계산이 가능하다. 이 경우 다른 지역의 쇼핑 정도가 높을수록 시장 확장 잠재력은 증가하게 된다.

⑤ IRS와 MEP의 점수가 모두 높은 지역시장이 가장 매력적인(Most Attractive) 시장이며, IRS와 MEP의 점수가 모두 낮은 지역시장이 가장 비 매력적인(Least Attractive)시장이라고 할 수 있다.

오답풀이 MEP는 IRS의 단점을 보완하는 지표로서, 거주자들이 지역시장 외에 다른 시장에서의 쇼핑 지출액을 추정하여 계산이 가능하다.

상권분석

24 다음 중 특정지역에 신규 점포를 개설하고자 한다. 신규 점포에 대한 상권분석 자료로 보기 가장 어려운 것은?

① 중심지이론
② 신용카드고객 주소자료
③ 체크리스트 방법
④ 컨버스의 소매인력이론
⑤ 유동고객 및 배후 상권고객 분석

기존 점포의 상권은 점포 자료와 기타 다른 목적으로 수행된 조사 자료 등의 기업 내 2차 자료를 이용하여 측정이 가능하다. 이와 함께 정부의 인구 통계자료, 세무자료, 여러 유통기관 및 연구소에서 발표된 자료들을 각 점포의 필요에 맞게 조정하여 가장 적합하게 사용할 수 있다. 기존 점포는 신용카드사용 고객과 현금사용 고객의 주소를 이용하여 상권을 비교적 용이하게 추정할 수 있다.

23 ④ 24 ②

25 소매입지에서 어떤 지역 또는 구역을 선택하기 위해서는 소매포화지수(IRS)와 시장확장 잠재력(MEP)을 함께 고려하여야 한다. 다음 중 어느 경우가 가장 매력적이지 못한 지역이라고 할 수 있는가?

① 높은 소매포화지수(IRS)와 높은 시장확장잠재력(MEP)
② 높은 소매포화지수(IRS)와 낮은 시장확장잠재력(MEP)
③ 낮은 소매포화지수(IRS)와 높은 시장확장잠재력(MEP)
④ 낮은 소매포화지수(IRS)와 낮은 시장확장잠재력(MEP)
⑤ 중간 소매포화지수(IRS)와 중간 시장확장잠재력(MEP)

지역시장 매력도는 IRS와 MEP를 함께 사용하여 평가될 수 있는데, 이러한 경우 시장 매력도는 네 가지 유형으로 분류하고 있다. 낮은 소매포화지수(IRS)와 낮은 시장확장잠재력(MEP)은 모든 면에서 매력적이지 못한 지역이다.

26 다음의 자료를 이용하여 지역시장의 수요 잠재력을 총체적으로 측정할 수 있는 소매포화지수(IRS)와 그 설명으로 가장 올바르지 않은 것은?

1. 지역시장의 총가구수 = 100가구
2. 특정 품목판매점들의 예상 매출액 = 5천만원
3. 특정 품목 판매점들의 매장 총합계면적 = 1,000m^2
4. 가구당 특정 품목에 대한 지출금액 = 30만원

① 가구 수와 매장면적 등을 고려한 소매포화지수를 계산하면 30,000원이 계산되며, 이 금액은 가구당 지출금액의 크기에 따라 바뀐다.
② 이 지역은 소매포화지수가 예상매출액보다 작기 때문에 포하가 되지않은 지역으로 새로운 점포가 입점될 수 있다.
③ 특정점포가 입점했을 때 소매포화 지수는 지금보다 더 커질 수 있으며, 이는 가구당 지출금액과 밀접한 관련이 있기 때문이다.
④ 기존 시장의 총가구수가 80가구였다면, 현재시장은 소매포화지수가 상대적으로 높기 때문에 시장 확장잠재력도 좋으면 시장매력도가 매우 높은 시장이 된다.
⑤ 소매포화 지수만을 보고 시장 확장잠재력을 예측할 수 없다. 따라서 시장 확장잠재력은 향후 발생할 수요를 예측함으로서 계산할 수 있다.

특정점포가 입점했을 때 소매포화지수의 분자는 동일하고, 분모는 커지기에 전체적인 수는 적어진다.

해답 **25** ④ **26** ③

27 다음 그림은 신규점포 개설시에 신규점포의 시장 잠재력을 측정하는 IRS와 MEP의 매트릭스이다. A~D까지의 각 영역에 대한 시장 매력도를 평가한 설명으로 적합하지 않은 것은?

소매포화지수(IRS) \ 시장확장 잠재력(MEP)	저	고
저	A	B
고	C	D

① A영역은 IRS와 MEP가 모두 낮은 지역으로 검토 대상이 되지 않는다.
② B영역은 IRS가 낮고, MEP가 높으므로 향후에 유망한 지역으로 적절한 시기에 개발한다.
③ C영역은 IRS가 높고, MEP는 낮은 지역으로 당장 점포를 개설할 수 있는 지역이다.
④ D 영역은 IRS와 MEP가 높은 지역으로 부지 가격만 적정하다면 아주 좋은 지역이다.
⑤ MEP는 IRS의 단점을 보완하는 지표로서, 구체적으로는 거주자들이 지역시장 외에 다른 시장에서의 쇼핑 지출액을 추정하여 계산이 가능하다.

오답풀이 C영역은 IRS가 높은 지역이기에 지금은 경기가 좋은 지역이지만, MEP는 낮은 지역이기에 앞으로 성장 예측에 따라 점포를 개설해야 한다.

28 다음 중 상권수요와 시장 잠재력에 대한 설명으로 가장 올바르지 않은 것은?

① MEP는 지역시장이 미래에 신규수요를 창출할 수 있는 잠재력을 반영하는 지표이다.
② IRS의 수치를 판단할 때 값이 클수록 공급보다 수요가 상대적으로 더 많다는 것을 의미한다.
③ 특정시장의 MEP값과 IRS값이 모두 높은 경우라면 점포가 입점하기에 가장 좋은 상황이라 볼 수 있다.
④ MEP를 활용하면 IRS의 한계성을 보완할 수 있으므로 이 두 가지 지표를 보완적으로 사용하면 좋다.
⑤ IRS에서는 주변상권의 질적 수요를 활용한다는 장점을 지니고 있지만, 상권의 미래 수요를 반영하지 못한다는 단점이 있다.

오답풀이 IRS에서는 주변상권의 양적 수요를 활용한다는 장점을 지니고 있지만, 상권의 질적 수요와 미래수요를 반영하지 못한다는 단점이 있다.

해답 **27** ③ **28** ⑤

29 상권분석시 활용하는 소매포화지수(index of retail saturation : IRS)와 시장성장잠재력지수(market expansion potential : MEP)에 대한 설명 중 가장 옳지 않은 것은?

① IRS 값은 특정업태가 가지는 시장에서의 단위면적당 잠재수요로서 클수록 신규점포 개설에 유리하다.

② IRS 값을 활용하면 지역 내에 새로운 주거단지가 추가되어 인구가 증가되었을 때의 수요변화량을 예측할 수 있다.

③ MEP 값은 특정 지역시장이 앞으로 얼마나 신규 수요를 창출할 수 있는 가능성이 있는가를 예측할 수 있는 지표이다.

④ MEP 값은 타 지역에서의 쇼핑지출액을 근거로 계산되며 이 값이 클수록 타 지역에서 쇼핑을 더 많이 한다는 의미이다.

⑤ 점포가 비슷한 전통적인 슈퍼마켓 등은 적용이 용이하나 스포츠 용품 또는 가구점 등 전문화된 점포에 적용이 어렵다.

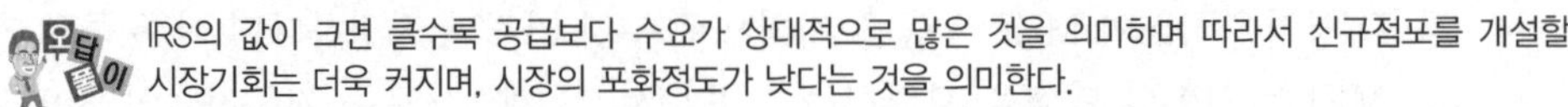

IRS의 값이 크면 클수록 공급보다 수요가 상대적으로 많은 것을 의미하며 따라서 신규점포를 개설할 시장기회는 더욱 커지며, 시장의 포화정도가 낮다는 것을 의미한다.

30 소매포화지수(Index of Retail Saturation : IRS)는 기존 시장의 수요와 공급을 반영하는 현재의 시장 매력성을 평가하는 지표로서 활용을 하고 있다. 다음 중 소매포화지수의 설명으로 가장 적절하지 않은 지문은?

① IRS에서는 점포가 비슷한 전통적인 수퍼마켓 등은 적용이 용이하나 스포츠 용품 또는 가구점등 전문화된 점포에 적용이 어렵다.

② 지역시장의 총 가구 수=250가구, 특정업태의 총 매장면적=100m^2, 가구당 특정업태에 대한 지출=15만원이라면 IRS=375,000원이 된다.

③ IRS에서 지역시장에서 특정업태의 수요 잠재력을 측정할 수 있다는 것은 해당지역의 잠재적인 판매규모를 잘 예측해야 적정한 수준의 매장규모를 선택할 수 있기 때문이다.

④ IRS값은 거주자들이 지역시장 밖에서의 쇼핑정도나 수요를 측정, 파악하기 어렵고, 경쟁의 질적인 측면만 고려되고 양적인 측면에 대한 고려가 되고 있지 않다.

⑤ IRS는에서 수요를 측정하기 위해서는 인구수와 가처분 소득을 통한 소매 구매력의 조사. 수요측정지표로 가구구성원의 연령, 구성원 수, 인구밀도, 유동성 등이 있다.

오답풀이 IRS값은 거주자들이 지역시장 밖에서의 쇼핑정도나 수요를 측정, 파악하기 어렵고, 경쟁의 양적인 측면만 고려되고 질적인 측면에 대한 고려가 되고 있지 않다.

해답 29 ② 30 ④

31 A지역 유통점들의 총 매장 면적은100,000m^2 이다. 명희는 A지역에 조만간 20,000m^2 규모의 B 할인점을 개점하고자 한다. A지역의 1차 상권 내 가구수는 15만이고, 할인점에 지출할 수 있는 금액은 가구당 월20만원이다. 전국할인점의 평균1m^{2}당 매출액은 월20만원이다. A지역은 향후 10년 동안 주변에 주택이 3만 가구 증가하고, 시청 및 대기업이 인접하여 위치할 예정이라고 한다. B할인점 입점에 대한 의사결정 중 가장 적절한 것을 고르시오.

① 신규B할인점이 개점하더라도 소매포화지수(IRS)는 불포화 상태이고, 시장확장잠재력(MEP)도 양호한 매력적인 시장이다.
② 현재는 소매포화지수(IRS)가 포화상태로 미흡한 상권이지만 시장확장잠재력(MEP)은 양호한 상태로 시기를 보고 진입한다.
③ 현재는 소매포화지수(IRS)가 불포화 상태인 상권으로 좋은 시장이지만 향후 시장확장잠재력(MEP)이 미흡한 시장이다.
④ 현재 소매포화지수(IRS)도 포화상태로 미흡하고, 시장확장잠재력(MEP)도 미흡한 상권으로 고려할 상권이 아니다.
⑤ 현재 소매포화지수(IRS)가 과포화 상태이므로 시장확장잠재력(MEP)과 상관없이 B할인점을 입점시키면 안된다.

A지역의 총 매출액을 구하면 150,000가구×₩200,000=300억이 된다. 이를 총 매장면적은100,000m^{2}로 나누어 주면 평균1m^{2}당 매출액은 ₩300,000이 되므로 평균지역인 ₩200,000보다 크기에 현재에는 좋다. 또한 앞으로의 성장 3만 가구가 증가하면 전체적으로 180,000가구가 되고, 3만가구가 지출할 수 있는 금액은 평균1m^{2}당 매출액은 월20만원이라 하면, A지역의 총 매출액을 구하면 180,000가구×₩200,000=360억이고, 이것을 총 매장면적은120,000m로 나누어 주면 평균1m^{2}당 매출액은 ₩300,000이 되므로 평균지역인 ₩200,000보다 크다. 따라서 미래에도 좋은 지역이라 말할 수 있다.

32 다음 중 소매 상권에 내용 중 가장 옳지 않은 것은?

① 상권의 구매력은 상권 내의 가구소득수준과 가구 수의 함수로 볼 수 있다.
② 소비자의 구매력이 증가하게 되면 편의품에 대한 상권범위도 같이 증가하게 된다.
③ 상품이 선매품이나 전문품인 경우 일반적으로 편의품에 비해 상권의 범위가 넓다.
④ 신호등의 위치, 좌회전 로의 존재, 접근로의 경사도 등도 상권의 범위에 영향을 미칠 수 있다.
⑤ 경관이 좋고 깨끗하다든지, 도로주변이 불결하다든지 하는 심리적 요소도 상권범위에 영향을 미친다.

소비자의 구매력이 증가한다고 하여 편의품의 상권이 증사하지는 않는다.

31 ① 32 ②

상권 분석

33 소매포화지수(index of retail saturation, IRS)에 관한 설명들이다. 가장 올바르지 않은 것은?

① 해당상품의 과거수요액을 특정업태 총 매장면적으로 나눈 값으로 나타난다.
② 소매포화지수는 새로운 점포에 대한 시장 잠재력을 측정할 때 유용하게 사용된다.
③ 소매포화지수는 한 시장지역 내에서 특정소매업태 또는 집적소매시설의 단위면적당 잠재수요를 말한다.
④ 점포포화란 기존의 점포만으로 고객의 욕구를 충족시킬 수 있는 상태를 의미하며 한 지역시장에서의 수요와 공급의 현 수준을 반영하는 척도로 활용된다.
⑤ IRS의 값이 적어질수록 점포가 초과 공급되었다는 것을 의미하므로 신규점포에 대한 시장 잠재력은 상대적으로 낮아질 것이다.

소매포화지수(index of retail saturation; IRS)는 지역시장의 수요 잠재력을 총체적으로 측정할 수 있는 지표로 많이 이용되며 특정 시장내에서의 특정 제품계열에 대한 점포면적당 잠재 매출액을 의미하는 지수이다.

34 다음 중 신규점포에 대한 상권분석방법 중 확률적 모형에 대한 설명으로 가장 옳지 않은 것은?

① 확률적 모형에서는 특정지역내의 다수의 점포 중에서 소비자가 특정점포를 쇼핑장소로 선택할 확률을 계산하는 것이므로 충성도가 높은 소비자의 점포선택이라도 확정적인 것이 아니라 확률적인 가능성을 가지고 있다는 것으로 가정하였다.
② 허프(David Huff)가 1960년대 초 처음으로 점포의 상권을 추정하기 위한 확률적 모형을 소개했는데 소비자의 특정 점포에 대한 효용은 점포의 크기에 비례하고 점포까지의 거리에 반비례한다고 가정하였다.
③ Huff모델에 의한 지역별 또는 상품별 잠재수요를 예측하는 방법은 '특정지역의 잠재수요의 총합×특정지역으로부터 계획지로의 흡인율'로 나타내고, 신규점포의 예상매출액 산식은 '지역별 인구 또는 세대수×업종별 또는 점포별 지출액'으로 나타낸다.
④ MNL 모형은 상권 내 소비자들의 각 점포에 대한 개별적인 쇼핑 여행에 대한 관측자료를 이용하여 각 점포에 대한 선택확률의 예측은 물론, 각 점포의 시장점유율 및 상권의 크기를 추정한 모델이다.
⑤ Luce의 선택공리에 따르면 소비자가 특정 점포를 선택할 가능성은 소비자가 해당 점포에 대해 인지하는 접근 가능성, 매력 등 소비자 행동적 요소로 형성된 상대적 효용에 따라 결정된다고 보았다.

Huff모델에서 신규점포의 예상매출액 산식은 '특정지역의 잠재수요의 총합×특정지역으로부터 계획지로의 흡인율'로 나타내고, 지역별 또는 상품별 잠재수요를 예측하는 방법은 '지역별 인구 또는 세대수×업종별 또는 점포별 지출액'으로 나타낸다.

해답 33 ① 34 ③

35 신규점포가 입지할 지역시장의 매력도를 평가할 때 기존점포에 의한 소매포화지수(IRS, index of retail saturation) 뿐만 아니라 시장확장잠재력(MEP, market expansion potential)을 함께 고려하여 평가한다. (소매포화지수와 시장확장잠재력을 기준으로 시장을 구분한 경우)현재에는 치열한 경쟁시장이나 향후 잠재력이 큰 시장이므로 시간을 두고 진출이 요구되는 시장은?

① IRS 및 MEP가 모두 높은 시장
② IRS와 MEP가 모두 낮은 시장
③ IRS가 낮고 MEP가 높은 시장
④ IRS가 높고 MEP가 낮은 시장
⑤ IRS와 MEP가 모두 중간인 시장

지역시장 매력도는 IRS와 MEP를 함께 사용하여 평가될 수 있는데, 이러한 경우 시장 매력도는 네 가지 유형으로 분류하고 있다. IRS와 MEP의 점수가 모두 높은 지역시장이 가장 매력적인 시장이며, IRS 점수가 높은 경우는 시장 포화도(市場飽和度)가 낮아 경쟁이 별로 없는 경우이고, IRS가 낮고 MEP가 높은 시장은 향후 잠재력이 큰 시장이므로 시간을 두고 진출이 요구되는 시장이다.

36 글 상자는 시장조사에 있어서 두 가지 유형의 자료 중 한 가지를 설명하고 있다. 그 자료의 유형에 대한 설명으로 가장 올바른 것은?

ㄱ. 조사회사에 의해 표준화된 절차에 따라 정기적으로 수집, 저장, 분석된 소비패턴에 대한 자료도 포함된다.
ㄴ. 고객의 과거거래 시점이나 구매한 상품, 구매간격 등을 이용하여 구축한 고객생애가치 자료도 이러한 자료에 포함된다.
ㄷ. 통계청, 국책연구소, 민간경제연구소, 경제신문사 등의 기관이 수집, 배포 하는 자료가 대표적이다.

① 다른 목적에 의해 수집된 자료이기 때문에 목적에 맞게 수정/보완하여 사용하여야 한다.
② 직접 수집하는 자료로써 설문조사나 인터뷰와 같은 의사소통방법에 의해 자료를 수집한다.
③ 자료수집 목적에 맞는 대상을 미리 설정하고 지속적으로 관찰하여 수집된 자료를 사용한다.
④ 자료의 수집시점과 사용시점이 근접하기 때문에 시기적으로 적절한 분석결과를 얻을 수 있다.
⑤ 조사자가 조사대상을 만나 조사목적을 밝힌 후 표준화된 설문지나 질문을 이용하여 자료를 수집한다.

문제는 2차 자료에 대한 설명을 하고 있는 것이다.

35 ③ 36 ①

37 상권분석(trade area analysis)에서는 기존점포와 신규점포에 대한 분석방법이 상당히 중요하다고 하는데, 그 이유는 자료의 유무에 따르기 때문이다. 다음 중 신규점포의 상권분석에 대한 내용으로 가장 적합한 설명이 아닌 것은?

① 체크리스트(checklist)방법은 단일점포의 입지를 결정하는데 활용하는 방법이고 상권의 범위에 영향을 미치는 요인들은 매우 많으나 크게 상권 내의 제반 입지의 특성, 상권 고객 특성, 상권 경쟁구조로 나누어진다.

② 마일리지(mileage)를 통하여 고객의 주소를 확인할 수 있으며 상권범위를 결정하는 데 유용하게 사용할 수 있을 뿐만 아니라 고객의 특성 및 개개인의 니즈를 파악할 수 있어 마케팅전략수립에 유효적절하게 활용할 수 있는 마일리지고객주소활용법이 있다.

③ 유추법(analog method)은 전체 상권을 단위거리에 따라 소규모지역으로 나누고, 각 지역에서의 1인당 매출액을 구하며, 예상 상권내의 각 지역의 인구수에 유사점포의 1인당 매출액을 곱하여 신규점포의 예상매출액을 구한다.

④ 중심지 이론에 의하면 중심지(central place)는 배후 거주 지역에 대해 다양한 상품과 서비스를 제공하고 특정 점포가 취급하는 상품의 구색과 수요를 추정하며 교환의 편의를 도모하기 위해 상업 · 행정기능이 밀집된 장소를 말한다.

⑤ 레일리의 소매중력의 법칙(law of retail gravitation)은 이와 같이 다양한 점포들 간의 밀집이 점포의 매력도를 증가시키는 경향이 있음을 고려하고 있으며, 이웃 도시들 간의 상권 경계를 결정하는 데 주로 이용된다.

마일리지를 통하여 고객의 특성 및 개개인의 니즈를 파악할 수 있어 마케팅전략수립에 활용할 수 있는 마일리지고객주소활용법은 기존점포의 상권분석방법이다.

38 다음 중 소매 상권에 내용 중 가장 옳지 않은 것은?

① 상권의 구매력은 상권 내의 가구소득수준과 가구 수의 함수로 볼 수 있다.

② 소비자의 구매력이 증가하게 되면 편의품에 대한 상권범위도 같이 증가하게 된다.

③ 상품이 선매품이나 전문품인 경우 일반적으로 편의품에 비해 상권의 범위가 넓다.

④ 신호등의 위치, 좌회전 로의 존재, 접근로의 경사도 등도 상권의 범위에 영향을 미칠 수 있다.

⑤ 경관이 좋고 깨끗하다든지, 도로주변이 불결하다든지 하는 심리적 요소도 상권범위에 영향을 미친다.

소비자의 구매력이 증가한다고 하여 편의품의 상권이 증사하지는 않는다.

해답 **37** ② **38** ②

39 두 경쟁 도시(A, B) 그 중간에 위치한 소도시(C)의 거주자들로부터 끌어들일 수 있는 상권규모는, 그들의 인구에 비례하고 각 도시와 중간(위성)도시 간의 거리 제곱에 반비례한다는 레일리(Reilly)의 소매중력(인력)의 법칙에 대한 설명으로 가장 잘못된 항목은?

① 레일리의 소매중력의 법칙(law of retail gravitation)은 이와 같이 다양한 점포들 간의 밀집이 점포의 매력도를 증가시키는 경향이 있음을 고려하고 있으며, 이웃 도시들 간의 상권 경계를 결정하는 데 주로 이용된다.
② 원거리에 위치한 점포의 상품가격과 교통비를 합한 총 가격이 다른 점포를 이용할 경우의 구입비용보다 싸다면 소비자는 보다 싼 가격의 상품을 구매하기 위해 기꺼이 먼 거리까지 여행할 수 있다는 것이다.
③ 이론의 핵심내용은 두 경쟁도시 혹은 상업시설(A, B) 사이에 위치한 소도시 혹은 상업시설(C)로부터 A, B 도시(상업시설)가 끌어들일 수 있는 상권범위 즉, A, B 가 중간의 소도시(상업시설) C로부터 각각 자신에게 끌어들이는 매출액을 규정하는 것이다.
④ C에 존재하는 A, B 도시 사이의 상권한계점을 구하기 위해서는 A, B 각 도시가 인접도시 C에서 흡인하는 소매판매액의 비를 1로 두면 된다. C에서 A, B까지의 거리의 합은 다른 도시와의 인구비율과 함께 인접도시 C의 상권경계를 형성하는 기준으로 작용하게 된다.
⑤ 인간은 합리적 사고로 의사 결정하며 최소비용으로 최대의 이익을 추구하는 경제인(economic man)이다. 지표공간은 균질적인 표면(isotropic surface)이고 공간거리를 극복하기 위한 교통수단은 유일하고 수송비용은 거리에 비례한다.

인간은 합리적 사고로 의사 결정하며 최소비용으로 최대의 이익을 추구하는 경제인(economic man)이며, 지표공간은 균질적인 표면(isopic surface)이고, 교통수단은 유일하고 수송비용은 거리에 비례한다는 내용은 중심지이론의 가정임

40 도시내의 상업직접시설을 단위로 하여, 다수의 상업시설 이용시 상업시설의 규모와 상업시설까지 걸리는 시간거리를 중심으로 각 상업시설을 방문할 확률을 계산한 것과 가장 관련이 깊은 사람은?

① 레일리(Reilly, W. J)
② 크리스탈러(Christaller, A.)
③ 허프(Huff, D. C.)
④ 애플바움(Applebaum, A.)
⑤ 니에츠크(F. Nietzsche)

허프 모형(Huff model)의 내용은 소비자의 특정 점포에 대한 효용은 점포의 크기와 점포까지의 거리에 좌우된다. 즉, 소비자의 점포에 대한 효용은 점포의 매장이 크면 클수록 증가하고, 점포까지의 거리는 멀면 멀수록 감소한다고 보았다.

39 ⑤ 40 ③

상권 분석

41 다음 중 오피스빌딩이 밀집되어 있는 상권의 특징에 대한 설명으로 가장 거리가 먼 것은?

① 직장인을 대상으로 영업하므로 거래행위가 비교적 양호하다.
② 판매상품의 구색이 거주지형 상권보다는 좁다는 특징이 있다.
③ 구매 패턴이 일정하기 때문에 매출액에 대한 예측이 용이하다.
④ 영업일수(營業日數)가 주거지의 상권에 비해 많으므로 지속적이고 안정적인 매출이 발생한다.
⑤ 점심시간 등 하루 중에서 특정시간대에 매출이 집중적으로 발생함으로 상품 및 자금 회전이 빠르다.

오피스빌딩이 밀집되어 있는 상권의 고객은 대부분이 직장인들로 구성이 되어있기 때문에 직장인들의 경기변동에 의해 많은 영향을 받는다. 오히려 주거지 상권이 지속적이고 안정적인 매출이 발생된다.

42 두 도시(A, B) 사이의 거래가 분기되는 중간지점(분기점, breaking point)의 정확한 위치를 결정하기 위한 분기점공식을 이용한 상권분석방법으로 인접한 두 도시간의 상권경계는 두 도시간의 인구비율에 의해 구할 수 있다는 컨버스(Converse)법칙의 내용으로 잘 못된 것은?

① A도시의 인구는 80,000명이고, B도시의 인구는 20,000명이며, 두 도시간의 거리가 30km라고 한 다음에 두 도시의 무차별점을 구할 수 있다.
② 전 문항의 내용을 토대로 계산을 한다면, A도시의 무차별점은 10km이고 B도시의 무차별점은 20km가 되며, 이는 B도시의 상권의 규모가 A도시의 2배가 된다고 할 수 있다.
③ 도시 A와 B를 연결하는 직선상에서 A와 B 각 도시의 주 세력권, 즉 A 도시와 B 도시의 상권의 분기점을 구하는 모델이다.
④ 경쟁도시인 A와 B에 대해 어느 도시로 소비자가 상품을 구매하러 갈 것인가에 대한 상권분기점을 찾아내는 일이다. 이것은 주로 선매품과 전문품에 적용되는 모델이다.
⑤ 컨버스의 분기점 공식도 레일리 법칙처럼 인구수와 거리를 근거로 상권을 구분했기 때문에 실제로는 상권을 정확하게 구분하기 어려운 점이 있다.

오답풀이 A도시의 무차별점은 20km이고 B도시의 무차별점은 10km가 되며, 이는 A도시의 상권의 규모가 B도시의 2배가 된다고 할 수 있다.

해답 41 ④ 42 ②

43 다음 중 상권에 대한 아래의 내용 중에서 가장 옳지 않은 것은?

① 상권 간에도 다양한 계층성이 존재한다.
② 상권의 크기는 소비자와의 물리적 거리와 밀접한 관련이 있다.
③ 상권의 크기는 주택가에 입지할수록 좁아지고, 주변에 점포가 많으면 넓어진다.
④ 취급하는 상품의 종류에 관계없이 입지조건의 특성에 따라 상권의 크기는 달라진다.
⑤ 상권(trade area)이란 한 점포가 고객을 흡인할 수 있는 지역의 한계 범위(geographic area)를 지칭하는 말이다.

매장의 규모가 동일하다고 할지라도 취급하는 상품의 종류에 따라 상권의 범위가 변화할 수 있다. 취급 품목수가 많다면 당연히 그 상권의 범위는 넓게 되고, 취급하는 품목 수가 적다면 상권 역시 좁게 될 것이다.

44 레일리(William J. Reilly)의 두 경쟁도시 혹은 상업시설 A, B 그리고 이들의 중간에 위치한 소 도시 혹은 상업시설 C와의 관계를 설명한 소매 인력법칙(low of retail gravitation)을 올바르게 설명하고 있지 못한 내용은?

① 소비자의 특정 도시(상업시설)에 대한 효용(매력도)은 도시(상업시설규모)와 점포까지의 거리에 좌우되며, 특정 상업시설을 선택할 확률은 개별 상업시설들이 가지고 있는 효용(매력도)의 비교에 의해 결정된다.
② A, B도시(상업시설)가 끌어 들일 수 있는 상권범위는 해당 도시(상업시설)의 인구에 비례하고 도시(상업시설) 간의 거리의 제곱에 반비례한다.
③ 소매 인력법칙은 개별점포의 상권파악보다는 이웃 도시(상업시설)들 간의 경계를 결정하는 데 주로 이용되는 이론이다.
④ 이론의 핵심내용은 두 경쟁도시 혹은 상업시설(A, B) 사이에 위치한 소도시 혹은 상업시설(C)로부터 A, B 도시(상업시설)가 끌어 들일 수 있는 상권범위 즉 A, B가 중간의소도시(상업시설) C로부터 각각 자신에게 끌어들이는 매출액을 규정하는 것이다.
⑤ 소비자들은 보다 먼 거리에 위치한 점포가 보다 나은 쇼핑 기회를 제공함으로써 여행의 추가 노력을 보상한다면, 기꺼이 먼 거리까지 여행을 하게 될 것이다.

레일리(William J. Reilly)의 소매 인력법칙(low of retail gravitation)에서 두 경쟁도시 혹은 상업시설 A, B 그리고 이들의 중간에 위치한 소 도시 혹은 상업시설 C와의 관계는 A, B도시(상업시설)가 끌어들일 수 있는 상권범위는 해당 도시(상업시설)의 인구에 비례하고 도시(상업시설) 간의 거리의 제곱에 반비례 한다.

43 ④ **44** ①

45 미국 UCLA대학 경제학교수인 HUFF박사가 1963년 제창한 모델로 제창되기 전에 도시단위로 행하여졌던 소매인력론을 소매상권의 개별(상업)단위로 전환하여 전개한 이론인 허프(Huff) 법칙에 대한 내용으로 가장 적합하지 않은 것은?

① 허프(Huff) 모형은 특정 지역에 거주하는 소비자가 특정 소매점에서 구매할 확률을 결정하는 것으로 소비자들의 점포 선택과 소매 상권의 크기를 예측하는 데 널리 이용되어 온 확률적 점포 선택 모형들 중 대표적인 모형이다.
② 우리 동네에는 A, B, C 상점이 있고, 'A'상점은 규모가 6,400m^2이고 거리는 우리 집에서 4km 떨어져 있다. 'B'상점은 규모가 12,500m^2이고 거리는 우리 집에서 5km 떨어져 있다. 'C' 상점은 규모가 100,000m^2이고 거리는 우리 집에서 10km 떨어져 있다는 식으로 문제가 형성된다.
③ 상품의 성격에 따라 Huff모형에 사용하는 모수의 크기를 변화시키는 것이 필요하다. 일반적으로 점포크기에 대한 모수(민감도)와 점포까지의 거리에 대한 모수는 서로 반대되는 성격을 갖게 되어 역수로 표현되기도 한다.
④ 문항2의 내용을 다음 과 같은 조건으로 계산한다고 하면, 소비자가 고려하는 규모모수(점포크기에 대해 소비자가 느끼는 민감도)는 1, 거리모수(점포까지의 거리에 대해 소비자가 느끼는 민감도)는 3을 이용하여 A상점과 B상점을 이용할 가능성을 계산하면 약 33%가 된다.
⑤ 허프(Huff)법칙을 수정한 수정Huff모델의 역할은 상업시설간의 경쟁구조 파악, 최적 상업시설 또는 매장면적 유추, 매출액 추정, 상권지도 작성, 상업시설 또는 점포를 방문할 수 있는 고객 수 산정 등이다.

A상점과 B상점을 이용할 가능성을 계산하면 약 66.7%가 된다.

46 다음의 상권범위분석 방법들 중에서 신규점포 출점시에 사용하는 기술적 조사(descriptivemethod) 방법에 해당하는 것은?

① 허프모형(Huff's model)
② 체크리스트(checklist)방법
③ 거주지 체크방법(spotting technique)
④ 크리스탈러(Christaller)의 중심지이론
⑤ 레일리의 소매중력의 법칙(law of retail gravitation)

해답 45 ④ 46 ②

문제의 방법은 모두 신규점포에 대한 분석 방법이고, 기술적(서술적) 방법에 의한 상권 분석은 체크리스트(checklist)방법이다.

47 다음 중 상권에 관한 설명으로 가장 올바르지 않은 것은?

① 주요고속도로나 철도가 남북으로 길게 놓여있을 경우에는 상권도 남북으로 긴 타원의 형태가 된다.

② 상권은 점포의 매출 및 고객이 창출되는 지리적으로 인접한 구역을 말하는데, 두세 개의 구역으로 분리될 수 있다.

③ 편의점의 상권은 고객이 자동차를 이용하여 먼 거리를 운전해도 부담 없이 쉽고 빠르게 구매할 수 있는 위치가 좋다.

④ 상권 내 목적점포는 상품, 상품의 종류, 전시, 가격 혹은 다른 독특한 특징이 고객유인 역할을 하는 점포이다.

⑤ 상권 내의 기생점포만으로는 고객이동을 발생시키지 못하며, 이곳의 상권은 해당 지역의 쇼핑센터나 소매지역에서 주도적으로 성장하는 소매업체에 의해 결정된다.

편의품이나 일상품을 판매하는 편의점의 상권은 고객이 도보를 이용하는 거리이므로 부담 없이 쉽고 빠르게 구매할 수 있는 위치가 좋다.

48 Huff모델에 의한 신규점포의 예상 매출액은?

① 1인당 소비액(지출액)×상권 내 인구수

② 지역별 인구 또는 세대수×업종(상품)별 또는 점포별 지출액

③ 특정지역의 잠재수요의 총합×특정지역으로부터 계획지로의 흡인률

④ 특정지역의 소비자가 특정지역의 상업시설에서 구매할 확률×특정지역의 소비자 수

⑤ 업종(상품)별 또는 점포별 지출액×특정지역의 소비자가 특정지역의 상업시설에서 구매할 확률

허프 모델(Huff model)은 소비자들의 점포 선택과 소매 상권의 크기를 예측하는 데 널리 이용되어 온 확률적 점포 선택 모형들 중 대표적인 모형이다. 허프모형에서 신규점포의 예상매출액 산식은 특정지역의 잠재수요의 총합을 특정지역으로부터 계획지로의 흡인률에 곱해주는 것으로 나타낼 수 있다.

47 ③ 48 ③

49 Huff 모형은 점포선택과 상권의 크기를 예측할 때 많이 사용되어온 방법이다. 다음 Huff 모형을 설명한 내용 중 올바르지 않은 것은?

① 점포의 크기와 거리에 대한 고객 민감도(중요도)를 반영할 수 있다.
② 여러 점포를 선택할 수 있는 상황에서 특정 점포를 선택할 가능성을 계산한다.
③ 점포의 위치가 가깝거나 점포의 규모가 적은 경우에는 고객이 항상 선호하게 된다.
④ 소비자가 이용하고자 하는 점포의 선택은 점포의 크기와 거리에 의해 결정된다.
⑤ 거주지에서 점포까지의 교통시간을 이용하여 상권을 분석한 모델은 허프의 확률모델이다.

허프(David Huff)가 1960년대 초 처음으로 점포의 상권을 추정하기 위한 확률적 모형을 소개했는데 소비자의 특정 점포에 대한 효용은 점포의 크기에 비례하고 점포까지의 거리에 반비례한다고 가정하였다.

50 상권분석과 관련된 주요이론 들에 대한 아래의 설명 중에서 가장 옳지 않은 것은?

① Christaller의 중심지이론은 소비자들이 가장 가까운 중심지에서만 중심지 상품을 구매한다고 가정하고 있다. 또한 지역간 인구와 구매력이 균등하다고 보고 이론을 설명하고 있다.
② Reilly의 소매 인력이론에서는 다양한 점포간의 점포밀집 정도가 점포의 매력도를 증가시킬 수 있어 점포가 밀집될 수 있는 유인요소인 인구는 소비자에게 중요한 기준이된다고 보았다.
③ Huff의 확률모형은 점포규모와 점포까지의 거리와 같은 양적요소와 교통 활용, 편의성과 같은 질적요소에 의해 소비자의 효용이 변화한다는 사실을 모형에 포함시켜 특정점포에 따른 선택확률을 계산한다.
④ Luce의 선택공리에 따르면 소비자가 특정 점포를 선택할 가능성은 소비자가 해당점포에 대해 인지하는 접근 가능성, 매력 등 소비자 행동적 요소로 형성된 상대적 효용에 따라 결정된다고 보았다.
⑤ Applebaum의 유추법에 의하면 소비자와의 면접이나 실사를 통하여 유사점포의 상권범위를 추정한 결과를 이용하여 신규점포의 예상매출액을 추정한다.

허프 모형(Huff model)의 내용은 소비자의 특정 점포에 대한 효용은 점포의 크기와 점포까지의 거리에 좌우된다. 즉, 소비자의 점포에 대한 효용은 점포의 매장이 크면 클수록 증가하고, 점포까지의 거리는 멀면 멀수록 감소한다고 보았다.

해답 49 ③ 50 ③

51 독일의 학자 크리스탈러(Christaller)에의해 처음으로 제시된 중심지 이론은 '소비자들이 유사 점포 중 한 점포를 선택할 때 그 중 가장 가까운 점포를 선택하며', '중심성(centrality)의크기는 인구규모에 비례 한다'고 되어있다. 다음 중 중심지 이론에 대한 설명으로 가장 어색한 것은?

① 중심지 이론에 의하면 중심지(central place)는 배후 거주 지역에 대해 다양한 상품과 서비스를 제공하고 특정 점포가 취급하는 상품의 구색과 수요를 추정하며 교환의 편의를 도모하기 위해 상업 · 행정기능이 밀집된 장소를 말한다.
② 중심지 이론에서 제시된 상업 중심지의 이상적 입지와 이들 간의 분포관계를 이해하기 위해 중심지 기능의 최대 도달거리, 최소수요 충족거리, 육각형 형태의 배후지 모양 등의 주요 개념을 이해해야 한다.
③ 중심지기능의 가격과 그것을 확보하기 위한 이동에 드는 교통비가 최대 도달점을 결정할 것이다. 이론적으로 최소요구치가 최대도달점보다는 커야 상업적인 중심지가 존재가 가능하게 된다.
④ 중심지로서 유지되기 위한 최소한의 수요 또는 그 수요를 발생시키는 상권 범위를 최소 요구치 라고 하며, 이러한 최소 요구치는 중심지 기능을 수행하는 데 고객을 제공해 주는 배후지의 범위를 의미한다.
⑤ 중심지 이론에 의하면 한 도시 또는 지역 내에 하나의 중심지가 아니라 여러 상업 중심지가 존재할 때 각 상업 중심지로부터 상업 서비스 기능을 제공받을 수 있는 가장 이상적인 배후 상권의 모양은 정육각형이다.

중심지기능의 가격과 그것을 확보하기 위한 이동에 드는 교통비가 최대 도달점을 결정, 최대도달점이 최소요치보다는 커야 상업적인 중심지가 존재가능하게 된다

52 다음 중 소비자를 지도로 분포할 수 있도록 주소 단위로 조사하며, 내점객 조사시 방문하는 소비자의 주소를 파악하여 자기점포의 상권을 조사하는 방법을 무엇이라고 하는가?

① 직접면접법
② 점두조사
③ 상권조사방법
④ 체크리스트법
⑤ 드라이브테스트

점두조사는 방문하는 소비자의 주소를 파악하여 자기 점포의 상권을 조사하는 방법이다. 매시간별로 구분해서 조사하며, 평일, 주말, 휴일, 경축일, 일용일 등으로 구분 조사하며, 소비자를 지도상에 분포되게 할 수 있도록 주소 단위로 한다.

51 ③ 52 ②

53 우리 동네에는 가, 나, 다 상점이 있다. '가'상점은 규모가 6,400m²이고 거리는 우리 집에서 4km떨어져 있다. '나'상점은 규모가 12,500m²이고 거리는 우리 집에서 5km 떨어져 있다. '다' 상점은 규모가 100,000m²이고 거리는 우리 집에서 10km 떨어져 있다고 할 때 Huff 모형을 이용하여 우리 집에서 '가'상점과 '나'상점을 이용할 가능성을 계산해 보시오. 소비자가 고려하는 규모모수는 1, 거리모수는 3 으로 이용하시오.

① $\frac{4}{19}$　② $\frac{5}{19}$　③ $\frac{1}{3}$　④ $\frac{2}{3}$　⑤ $\frac{3}{3}$

가 $= \frac{6,400}{4^3} = 100$　나 $= \frac{12,500}{5^3} = 100$　다 $= \frac{100,000}{10^3} = 100$

가, 나 상점을 이용할 가능성 $= \frac{가+나}{가+나+다} = \frac{200}{300}$

54 다음 중 상권(trade area)을 언급한 지문으로 올바른 내용으로만 열거된 것은?

ㄱ. 한 점포가 고객을 흡인할 수 있는 지역의 한계 범위(geographic area)를 지칭하는 말이다.
ㄴ. 지역상권(general trading area), 지구상권(district trading area), 개별점포 상권(individual trading area) 등으로 계층적으로 분류될 수 있다.
ㄷ. 상권은 단순한 원형의 형태로만 구분하는 것이고, 아메바와 같이 정형화되지 않은 형태로 되는 경우는 없다고 본다.
ㄹ. 한 점포뿐만 아니라 점포집단이 고객을 유인할 수 있는 지역적 범위(geographic area)를 의미하기도 한다.
ㅁ. 판매품질에 따라 1차, 2차, 3차 상권 및 영향권으로 구분할 수 있다. 상권의 구매력은 상권 내의 가구소득수준과 가구 수에는 영향이 없다.
ㅂ. 경쟁자의 출현은 상권을 차단하는 중요한 장애물이며 고객밀도는 상권 내의 인구밀도와 밀접한 관련이 있다.

① ㄱ, ㄴ, ㄷ, ㄹ　② ㄴ, ㄷ, ㄹ, ㅁ
③ ㄱ, ㄷ, ㅁ, ㅂ　④ ㄷ, ㄹ, ㅁ, ㅂ
⑤ ㄱ, ㄴ, ㄹ, ㅂ

ㄱ,ㄴ,ㄹ, ㅂ는 모두 맞고, ㅁ,ㄷ은 틀린다. 상권은 단순한 원형의 형태로 구분도 하고 분석도 하고, 실무적인 측면에서는 아메바와 같이 정형화되지 않은 형태가 가장 일반적인 내용으로 본다.

해답 53 ④　54 ⑤

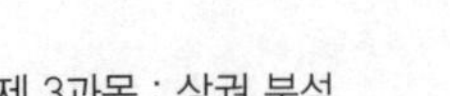

55 글 상자안의 내용을 HuffH형으로 설명할 때 가장 올바르지 않은 것을 고르시오.

> 윤희 동네에는 비슷한 제품을 판매하고 있는 세 개의 상점이 있다. '가', '나', '다' 상점은 각각의 규모가 2,700m², 6,400m², 12,500m² 이고 거리는 윤희 집에서 3km, 4km, 5km 떨어져 있다. 모수는 1(규모),3(거리)을 따른다. 상품구색의 수는 규모에 비례한다.

① '가', '나', '다' 각 상점에서 판매하는 제품이 전문품일 가능성은 매우 낮다.
② '가', '나', '다'의 상점의 이용가능성은 거리와 규모를 고려할 때 '가', '다', '나' 상점 순으로 선호된다.
③ 모수가 선택확률과 비례하는 경우 양수의 형태로 모형에 적용하고, 반비례하는 경우에는 음수의 형태로 모형에 적용한다.
④ 규모의 모수가 1이기 때문에 실제 계산에는 거리의 모수만 고려해도 되며, 윤희는 규모보다는 거리를 더 중요하게 생각한다는 의미이다.
⑤ Huff 모형을 사용하여 윤희의 선택을 예측하게 되면 거리와 규모만을 고려하기 때문에 실제 윤희의 선택과는 차이가 있을 수 있다.

가 상점 $= \frac{2,700}{3^3} = 100$, 나 상점 $= \frac{6,400}{4^3} = 100$, 다 상점 $= \frac{12,500}{5^3} = 100$

① '가', '나', '다'의 상점의 소비자의 선호가능성은 점포의 거리와 규모를 고려할 때 '가', '나', '다' 상점이 무차별하게 선호된다.

56 다음 상권분석에서 수학적 기법은 규범적 모형과 확률적 모형으로 구분할 수 있다. 다음 중에서 상권분석의 확률적 모형에 해당하는 것은?

① Reilly의 소매인력모형
② Christaller의 중심지모형
③ Applebaum교수의 유추법
④ MNL(Multinominal logit)모형
⑤ CST(Consumer Spotting Technique)모형

CST(Consumer Spotting Technique)모형은 기술적(서술적) 방법에 의한 상권분석이고, Christaller의 중심지모형과 Reilly의 소매 인력모형은 규범적 모형(normative model)에 의한 상권 분석방법이다.

55 ② 56 ④

상권 분석

57 소매 점포의 상권범위와 관련한 아래의 내용 중에서 가장 옳지 않은 것을 고르시오.

① 상권의 범위는 고정적인 것이 아니고 영위하고자 하는 복합적 요인에 의해 사례별로 결정된다.

② 상품구색이 유사할 때에도 판촉활동이나 광고활동에 따라 점포들 간의 상권범위가 달 라 진다.

③ 점포의 규모가 비슷하더라도, 취급상품의 종류나 업태에 따라 점포들의 상권범위는 차이를 보인다.

④ 같은 상업 지구에 입지한 경우에도, 점포의 규모에 따라 개별 점포들 간의 상권범위에는 차이가 있다.

⑤ 상품의 성격이나 종류가 같은 점포들 중에서는 표준화 전략을 추구하는 점포가 차별화전략을 추구하는 점포보다 상권의 범위가 넓어진다.

오답풀이 상품의 성격이나 종류가 같은 점포들 중에서는 차별화전략을 추구하는 점포가 표준화 전략을 추구하는 점포보다 상권의 범위가 넓어진다.

58 상권분석(trade area analysis)에서 기존점포와 신규점포에 대한 분석방법에 대한 내용으로 가장 적합한 설명이 아닌 것은?

① 기존 점포의 상권은 점포 자료와 기타 다른 목적으로 수행된 조사 자료 등의 기업 내 2차 자료를 이용하여 측정이 가능하다.

② 다양한 점포들 간의 밀집이 점포의 매력도를 증가시키는 경향이 있음을 고려하고 있으며, 이웃 도시들 간의 상권 경계를 결정하는 데 주로 이용된다.

③ 신규점포의 상권 분석에 대해서는 기존점포의 상권 분석에 비해 상권의 크기와 특성 등을 기존 자료를 이용하여 비교적 정확히 분석할 수 있다.

④ 승용차를 이용하는 고객에 대하여 차량번호판으로 자동차 소유자의 주소를 확인할 수 있어 상권범위를 파악할 수 있는 차량조사법이 있다.

⑤ 체크리스트는 상권의 규모에 영향을 미치는 요인들을 수집하여 이들에 대한 목록을 작성하고 각각에 대한 평가를 통해 시장 잠재력과 상권의 구조를 예측해 보는 방법이다.

오답풀이 기존점포의 상권 분석에 대해서는 신규점포의 상권 분석에 비해 상권의 크기와 특성 등을 기존 자료를 이용하여 비교적 정확히 분석할 수 있다.

해답 **57** ⑤ **58** ③

59 Reilly의 소매 인력법칙은 상권의 경계를 구하려는 노력에서 시작되었다. 중심도시 A, B에 인접한 도시 C는 두 도시에 의해 상권이 분할되는 현상을 나타내며 이를 정리하여 방정식으로 표현하였다. 다음 중 Reilly의 소매 인력의 법칙에 관련된 설명 중 가장 올바르지 않은 것은?

① A, B 각 도시가 인접도시 C에서 흡인하는 소매판매액의 비율은 A, B 각 도시 인구의 비에 비례한다.
② A, B 각 도시가 인접도시 C에서 흡인하는 소매판매액의 비율은 A, B 각 도시와 C와의 거리의 비에 반비례한다.
③ C에 존재하는 A, B 도시 사이의 상권한계점을 구하기 위해서는 A, B 각 도시가 인접도시 C에서 흡인하는 소매판매액의 비를 1로 두면 된다.
④ C에서 A, B까지의 거리의 합은 다른 도시와의 인구비율과 함께 인접도시 C의 상권 경계를 형성하는 기준으로 작용하게 된다.
⑤ R.L Nelson은 소매인력법칙을 보완하여 매장면적과 거리 외 점포의 물리적 속성에 해당되는 다른 요인도 흡인력에 영향을 미치고 있다고 보았다.

오답풀이 A, B 각 도시가 인접도시 C에서 흡인하는 소매판매액의 비율은 A, B 각 도시와 C와의 인구에 비례하고, 거리의 제곱에 반비례한다.

상권 분석

60 상권분석 방법 중 확률적 모형의 활용에 대한 설명으로 가장 올바르지 않은 것은?

① Huff모형은 거주 지역에서 점포까지의 거리나 이동시간을 중심으로 상권흡입력의 크기와 소비자구매가능성을 확률로 모형화 하였다.
② 충성도가 높은 소비자의 점포선택이라도 확정적인 것이 아니라 확률적인 가능성을 가지고 있다는 것을 가정하였다.
③ Luce는 소비자는 특정 점포나 쇼핑센터에 대해 상대적인 효용을 가지고 있고 이를 점포선택에 사용한다는 것을 가정하였다.
④ 모형에서 사용되는 거리와 점포매력도에 대한 지수(민감도)는 학자들에 의해 연구되어진 확정된 수치를 사용하는 것이 안전하다.
⑤ 거리와 점포의 규모, 판매원서비스, 상품구색 등 다양한 요소에 대한 효용을 측정하여 점포선택 확률을 구할 수 있도록 발전되었다.

소비자가 점포를 선택하는 경우 아무리 충성도가 높은 소비자의 점포선택이라도 확정적인 것이 아니라 확률적인 가능성을 가지고 있다는 것을 가정하였다. 이 모형에서 사용되는 거리와 점포매력도에 대한 지수(민감도)는 가정을 하여 1, 2, 3의 수치를 대입한다.

59 ② 60 ④

61 다음 중 상권분석 중 Huff모델에 의한 지역별 또는 상품별 예상 잠재수요를 계산하는 식은?

① 특정지역의 잠재수요의 총합×특정지역으로부터 계획지로의 흡인율
② 지역별 인구 또는 세대수×업종별(또는 상품별) 또는 점포별 지출액
③ 특정지역의 소비자가 특정지역의 상업시설에서 구매할 확률×1회 평균지출액
④ 지역별 인구 또는 세대수×특정지역의 소비자가 특정지역의 상업시설에서 구매할 확률
⑤ 업종별(또는 상품별) 또는 점포별 지출액×특정지역의 소비자가 특정지역의 상업시설에서 구매할 확률

허프(David Huff)가 1960년대 초 처음으로 점포의 상권을 추정하기 위한 확률적 모형을 소개했는데 소비자의 특정 점포에 대한 효용은 점포의 크기에 비례하고 점포까지의 거리에 반비례한다고 가정하였다. 지역별또는 상품별 예상잠재수요를 계산하는 식은 ②이 가장 적합하다.

62 레일리(William J. Reilly)의 소매인력법칙(low of retail gravitation)을 설명한 내용으로가장 거리가 먼 것은? (단, A와 B는 두 경쟁도시 혹은 상업시설을 나타내며, 이들의 중간에 위치한 소도시 혹은 상업시설 C가 있다고 가정한다.)

① 소비자의 특정 도시(상업시설)에 대한 효용(매력도)은 도시(상업시설규모)와 점포까지의 거리에 좌우되며, 특정 상업시설을 선택할 확률은 개별상업시설들이 가지고 있는효용(매력도)의 비교에 의해 결정된다.
② A, B 도시(상업시설)가 끌어들일 수 있는 상권범위는 해당도시(상업시설)의 인구에 비례하고 도시(상업시설)간의 거리의 제곱에 반비례 한다.
③ 소매인력의 법칙은 개별점포의 상권파악보다는 이웃 도시(상업시설)들 간의 경계를 결정하는데 주로 이용되는 이론이다.
④ 이론의 핵심내용은 두 경쟁도시 혹은 상업시설(A, B)사이에 위치한 소도시 혹은 상업시설(C)로부터 A, B 도시(상업시설)가 끌어들일 수 있는 상권범위, 즉 A, B가 중간의 소도시(상업시설) C로부터 각각 자신에게 끌어들이는 매출액을 규정하는 것이다.
⑤ 다양한 점포들 간의 밀집이 점포의 매력도를 증가시키는 경향이 있음을 고려하고 있으며, 이웃 도시들 간의 상권 경계를 결정하는데 주로 이용된다.

레일리(J. W. Reilly)의 소매인력의 법칙은 두 도시 사이에 존재하는 소비자에 대한 영향력을 인력관계로 설명하고 있다. 영향력의 크기는 중심의 크기와는 비례관계에 있으며, 거리상의 길이와는 반비례한다고 했다. 문제에서 ①이 가장 어울리지 않는 내용이다.

61 ② 62 ①

63 하버드 비즈니스 스쿨의 애플바움(W. Apple baum)교수가 개발한 방법으로 점포형태, 매출, 업태, 지역 여건 등이 유사한 기존점포를 확인하여 신규점포의 예상 매출액을 계산해 내는 유추법에 대한 설명으로 가장 옳지 않은 것은?

① 유추법은 분석담당자의 객관적인 판단이 개입하는 부분이 많기 때문에 자칫 오류를 범할 가능성이 있으며, 유사점포를 여러 개 선정하여 결과를 비교하여 신설점포의 경우와 비교하는 방식을 택한다면 한군데의 비교보다 혼란스럽고, 부정확한 결과를 가져온다.

② 유추법은 소비자와의 면접이나 실사를 통하여 유사점포의 상권범위를 추정한 결과를 이용하여 신규점포의 예상매출액을 추정한다. 유추법의 역할은 상권규모, 고객특성, 경쟁정도 등을 파악할 수 있다는 것이다.

③ 상권분석방법 중 자사의 신규점포와 특성이 비슷한 유사점포를 선정하여 그 점포의 상권범위를 추정한 결과를 자사점포의 신규입지에서의 매출액(상권규모)을 추정하는데 이용하는 방법이다.

④ CST 기법은 자사점포를 이용하는 고객들의 거주지를 지도상에 표시한 후 자사점포를 중심으로 서로 다른 동심원을 그림으로써, 자사점포의 상권 규모를 시각적으로 파악할 수 있는 방법이라고 할 수 있다.

⑤ 출점하고자 하는 점포와 환경이나 특성이 비슷한 점포를 선정하여 매출액과 상권규모 등을 추정하고, 어떠한 점포를 유추점포로 결정하는지에 따라 상권추정 및 입지가 달라지는 한계성이 많은 방법이다.

유추법은 유사점포를 실제 자료를 이용하여 고객들의 구매패턴을 반영하기 때문에 매우 현실적인 추정이 가능, 유사점포를 여러 개 선정하여 결과를 비교하여 신설점포의 경우와 비교하는 효율적이고 정확하다.

64 Christaller의 중심지 이론에 대한 설명 중 가장 잘못된 것은?

① 최대도달 거리의 한계점은 초과이윤공간과 밀접한 관계가 있다.

② 소비자들의 구매형태는 획일적이며 가장 가까운 곳만 선택한다고 가정한다.

③ 인구가 균등하게 분포되어 있고, 잠재구매력도 균등하다는 가정이 전제되어야한다.

④ 여러 상권이 존재하는 경우 상권중심지를 거점으로 배후상권이 다른 상권과 겹치지 않는다.

⑤ 상권의 형성은 중심지를 거점으로 방사 형태로 만들어지며, 하나의 상권에서는 육각형이다.

63 ①　64 ⑤

상권 분석

중심지 이론에 의하면 일정한 공간범위 안에서 소매활동들이 어떤 형태로 분포하게 될 것인지를 상품구색의 관점에서 예측이 가능하다는 이론이다. 지역에 중심지가 한 곳이 존재한다면 가장 이상적인 상권의 형상은 원형이 된다.

65 상권분석을 위한 다양한 방법(도구)들은 신규점포에 대한 상권분석 방법과 기존점포에 대한 상권분석방법으로 분류될 수 있다. 다음 중 특히 기존점포의 상권분석을 위하여 주로 활용되는 방법에 관하여 가장 올바르게 설명한 것은?

① 점포 내부 자료와 각종 2차 자료를 이용하여 측정할 수 있다.
② 서술적 측정방법으로서 체크리스트법이나 유추법 등이 활용된다.
③ 규범적 측정방법으로서 중심지 이론이나 소매중력의 이론 등을 주로 활용한다.
④ 시뮬레이션을 이용한 측정방법으로서 레일리모델 및 허프모델 등을 들 수 있다.
⑤ 소비자가 특정 소매점에서 구매할 확률을 결정하는 확률적 점포 선택 모형에는 MNL 모형도 있다.

기존 점포의 상권 분석에 대해서는 신규점포의 상권 분석에 비해 상권의 크기와 특성 등을 비교적 정확히 분석될 수 있다. 기존 점포의 상권은 점포 내부자료와 기타 다른 목적으로 수행된 조사 자료 등 기업 내2차 자료를 이용하여 측정이 가능하다.

66 다음 중 크리스탈러(Christaller)의 중심지 이론에서 전제가 되는 기본 가정과 가장 거리가 먼 것을 고르시오.

① 인구는 공간상에 균일하게 분포되어 있고 주민의 구매력과 소비행태는 동일하다.
② 소비자의 특정 상업시설에 대한 효용은 상업시설 규모에 비례하고 점포까지의 거리에 반비례한다.
③ 지표공간은 균질적 표면으로 되어 있고, 한 지역 내 교통수단은 오직 하나이며 운송비는 거리에 비례한다.
④ 인간은 합리적인 사고에 따라 의사결정을 하며 최소의 비용과 최대의 이익을 추구하는경제인이다.
⑤ 일정한 공간범위 안에서 소매활동들이 어떤 형태로 분포하게 될 것인지를 상품구색의관점에서 예측한다.

상업시설 규모에 비례하고 점포까지의 거리에 반비례한다는 법칙은 허프(David Huff)의 법칙이다.

해답 **65** ① **66** ②

67 다음 중 Chtristaller의 중심지 이론에 대한 설명 중 가장 적절치 못한 것은?

① 최대도달거리는 중심지가 수행하는 사업기능이 배후지에 제공할 수 있는 최대거리를 의미한다.

② 중심지는 배후지역에 다양한 상품과 서비스를 제공하고 교환의 편의를 도모해 주는 장소로 3차 산업의 기능을 수행한다.

③ 하나의 상권이 형성된 경우와 다수 상권이 서로 모여 있는 경우에 따라 구성된 상권의 형태(모양)가 서로 다르다고 제시하고 있다.

④ 최소충족거리는 상업중심지의 정상이윤 확보에 필요한 최소한의 수요를 발생시키는 상권범위로 상업중심지는 최소수요 충족거리가 최대도달거리 보다 커야 상업시설이 입지할 수 있다.

⑤ 주변에 여러 상권이 존재하는 경우 상업중심지로부터 중심기능을 제공받을 수 있는 가장 이상적인 배후상권의 모양은 정육각형이며, 최대도달거리와 최소수요충족거리가 일치하는 공간구조이다.

오답풀이 최소충족거리는 상업중심지의 정상이윤 확보에 필요한 최소한의 수요를 발생시키는 상권범위이다. 상업중심지는 최소수요충족거리가 최대도달거리 보다 클 수는 절대 없다.

68 Applebaum이 개발한 유추법에 대한 설명으로 가장 올바르지 않은 것은?

① 분석하고자 하는 점포와 특성이 유사한 점포를 선정하여 분석함으로써 분석의 용이성을 높인다.

② 어떠한 대상을 선택했는지에 따라 결과가 다르게 나올 수 있기 때문에 결과의 활용이 제한될 수 있다.

③ 대상 지역의 질적 자료보다는 양적자료를 사용하도록 유도함으로써 결과의 객관성을 유지할 수 있다.

④ 다른 점포에서 얻은 정보를 이용하여 신규점포에 대한 예측과 벤치마킹 자료로도 활용할 수 있다.

⑤ 유추법은 소비자와의 면접이나 실사를 통하여 유사점포의 상권범위를 추정한 결과를 이용하여 신규점포의 예상매출액을 추정한다.

오답풀이 유추법은 신규점포의 상권 분석뿐만 아니라 기존 점포의 상권 분석에도 적용될 수 있으며, 쇼핑패턴을 반영하여 적용하기 쉽고, 조사자의 계량적 경험과 주관적 판단을 함께 필요로 한다.

67 ④ **68** ③

69 혜빈이는 서울시(인구 1,000만 명)와 인천시(인구 250만 명) 사이에 있는 부천시에 살고 있다. 혜빈이가 살고 있는 집은 서울시에서 24km, 인천시에서는 12km 떨어진 곳에 위치해 있다. Converse의 수정소매인력법칙을 적용하여 혜빈이의 쇼핑행동을 설명하는 경우 가장 올바른 것은?(서울시와 인천시 인구는 계산편의를 위해 사용된 가상 수치임)

① 혜빈이는 일반적으로 인천시보다는 서울시에서 쇼핑을 많이 할 것이라고 볼 수 있다.
② 혜빈이가 서울로 쇼핑을 하러가는 이유는 그곳의 매장면적이 크고, 거리가 멀기 때문이다.
③ 혜빈이의 집은 인구와 거리를 고려할 때 각 도시를 무차별적으로 선택할 수 있는 경계지역에 있다.
④ 혜빈이는 서울시와 인천시까지의 이동거리를 계산하여 더 짧은 이동거리를 가지고 있는 도시를 선택하게 된다.
⑤ 혜빈이는 서울시의 인구와 인천시의 인구를 비교하여 더 많은 인구를 가진 도시를 쇼핑대상으로 선택하게 된다.

오답풀이 레일리(Reilly)의 소매중력(인력)의 법칙은 개별점포의 상권경계보다 이웃 도시들 간의 상권경계를 결정하는데 주로 이용하고 점포 간 밀집도가 점포의 매력도를 증가시킨다.

70 소비자 행동변화가 소매상권의 범위에 영향을 미친다. 소비자의 소비행동 변화와 관련된 아래의 설명내용 중에서 옳지 않은 것은?

① 주변 거주자들에게 자동차의 보급이 높아질수록 일괄구매(one-stop shopping)의 가능성을 높이게 된다.
② 자동차보급률 증가에 따라 차량접근성에 따른 소매점 선택에 있어서 중요성이 점차 강화되고 있다.
③ 소득의 증가는 여타 취미활동 등에 대한 기회가 늘어나게 되어 소비자의 소매점 선택을 위한 공간행동의 범위를 좁히게 된다.
④ 총소득에서 차지하는 비율로 보면 소득의 증가로 인해 식품 등 기초적 상품에 대한 수요 감소와 취미상품 등에 대한 수요증가를 가져온다.
⑤ 교통 상태나 운송 수단이 발달되어 있으면 소비자들이 그 점포에 접근하기가 쉽고, 따라서 매출이 증대될 가능성이 높고 이러한 결과로서 이익이 발생하게 된다.

오답풀이 소득의 증가는 여타 취미활동 등에 대한 기회가 늘어나게 되어 소비자의 소매점 선택을 위한 공간행동의 범위를 넓히게 된다.

71 다음 중 상권분석에서 쓰이는 중심지 이론에 대한 설명 중 올바르지 않은 것은?

① 중심지를 기준으로 할 때 비용과 수요 모두 거리에 비례하여 증가하는 구조를 가지게 된다.

② 유통서비스 기능의 최대도달거리와 수익을 실현하는 데 필요한 최소수요충족거리가 일치하는 상권구조를 예측한다.

③ 중심지는 배후 거주지역에 대해 다양한 상품과 서비스를 제공하며 교환의 편의를 제공하는 장소를 의미한다.

④ 한 지역 내에 인구분포와 자연조건이 일정한 여러 상업 중심지가 존재할 때 각 상업 중심지에서 상업서비스 기능을 제공받을 수 있는 가장 이상적인 배후상권의 모양은 정육각형이다.

⑤ 중심지 이론에 의하면 일정한 공간범위 안에서 소매활동들이 어떤 형태로 분포하게 될 것인지를 상품구색의 관점에서 예측이 가능하다는 이론이다.

중심지(the central place) 이론은 독일의 크리스탈러(Christaller)에 의해 1933년에 처음으로 제시되었다. 크리스탈러의 중심지 이론에 의하면 한 도시 또는 지역 내에 여러 상업 중심지가 존재할 때 각 상업 중심지로부터 상업 서비스 기능을 제공받을 수 있는 가장 이상적인 배후 상권의 모양은 정육각형이며, 정육각형의형상을 가진 상권은 유통 서비스 기능의 도달범위(the outer range)와 수익을 실현하는 데 필요한 최소수요 충족 거리(the threshold)가 일치하는 공간 구조이다. 중심지를 기준으로 할 때 비용은 비례적인 증가 수요는 반비례하여 증가하는 구조를 가지게 된다.

72 Christaller의 중심지이론에 대한 아래의 기본적인 설명 중에 서 그 내용이 가장 옳지 않은 것은?

① 지역에 중심지가 한 곳이 존재한다면 가장 이상적인 상권의 형상은 원형이 된다.

② 상권범위가 최소수요 충족거리보다 크게 되면 중심지의 상업시설은 초과이윤을 얻게 된다.

③ 최소수요 충족거리가 상업중심지의 최대 도달거리보다 클 때 해당 지역 내에 상업시설이 입지할 수 있다.

④ 최소수요 충족거리란 상업중심지의 정상이윤 확보에 필요한 최소한의 수요를 발생시키는 상권범위를 말한다.

⑤ 중심지 이론에 의하면 일정한 공간범위 안에서 소매활동들이 어떤 형태로 분포하게 될 것인지를 상품구색의 관점에서 예측이 가능하다는 이론이다.

최소수요 충족거리가 상업중심지의 최대 도달거리보다 클 수는 없다.

71 ① **72** ③

73 다음 중 상권측정을 위해 '상권실사'를 하는 것과 관련된 아래의 내용 중에서 가장 옳지 않은 것은?

① 항상 지도를 휴대하여 어느 지역에서 고객이 유입되는지에 관심을 가져야 한다.
② 기존 점포의 고객을 잘 관찰하여 교통수단별 내점비율을 파악하는 것이 중요하다.
③ 점포에 내점하는 고객의 범위를 파악하는 것이 목적이므로 교외점포에서 도보고객을 조사할 필요는 없다.
④ 상권 설정 시 해당 지역을 직접 돌아다니면서 자신의 경험적 감각을 활용한 상권파악 방법으로 실사 상권설정법이 있다.
⑤ 주로 자동차를 이용하는 고객이 많아지므로 도보에 의한 상권실사 보다는 실제 자동차주행에 의한 실사가 더욱 현실적이고 바람직하다.

상권 설정시 해당 지역을 직접 돌아다니면서 자신의 경험적 감각을 활용한 상권파악방법으로 실사 상권설정법이 있다. 자동차를 이용하는 고객이 많아도 실제로 조사를 하기에는 도보를 통한 방법이 가장 적합하다.

74 상권분석에 가장 많이 활용되고 있는 허프 모델(Huff model)에 관한 설명으로, 가장 올바르지 않은 것은?

① 미국 UCLA대학 경제학교수인 HUFF박사가 1963년 제창한 모델로 제창되기 전에 도시단위로 행하여 졌던 소매인력론을 소매상권의 개별(상업)단위로 전환하여 전개한 이론이다.
② 소비자의 특정상업시설에 대한 효용(매력도)은 상업시설규모와 점포까지 거리에 좌우된다는 가정하에 진행된다.
③ 신규점포의 예상매출액에 대한 예측에 널리 사용되는 기법으로 최적상업시설 또는 최적매장면적에 대한 유추가 가능하다.
④ 개별점포의 상권경계보다는 이웃 경쟁도시(상권)들간의 상권경계를 결정하는데 즉 어느 도시로 소비자가 상품을 구매하러 갈 것인가에 대한 상권분기점을 찾아내는데 매우 효과적인 모델이다.
⑤ 상권을 정의하는 레일리법칙 등의 규범적인 접근방법과 확률적 모형의 차이점은 확률적 모형에서는 소비자의 효용함수를 결정하기 위하여 실제 소비자의 점포선택행동을 이용하는 반면 규범적인 모형에서는 효용함수의 모수(a, b)값이 사전에 결정된다는 차이가 있다.

개별점포의 상권경계보다는 이웃 경쟁도시(상권)들간의 상권경계를 결정하는데 즉 어느 도시로 소비자가 상품을 구매하러 갈 것인가에 대한 상권분기점을 찾아내는 데 매우 효과적인 모델은 레일리(Reilly)의 소매중력(인력)의 모델이다.

73 ⑤ 74 ④

75 다음 자료들 Huff 의 중력모델에 대입할 경우 특정지역 주민이 구매할 확률과 그 지역의 주민으로부터 발생할 수 있는 매출액이 가장 큰 쇼핑센터를 차례대로 올바르게 묶은 것은?(거리는 멀수록, 크기 작을수록 주민의 선호는 떨어진다고 보고, 거리에 대한 모수는 1, 점포 크기에 대한 모수는1, 특정지역의 인구수는 10만 명이라고 가정한다.)

쇼핑센터	쇼핑센터의 규모(㎡)	특정 지역으로부터의 거리(㎞)
A	3,000	5
B	1,200	6
C	600	3
D	4,900	7
E	1,500	5

① A – D　　② A – B
③ D – D　　④ A – A
⑤ C – D

오답풀이 거리에 대한 모수는 1, 점포 크기에 대한 모수는1이므로 기본적으로 공식을 단순히 대입을 하면 정답이 도출된다.

$A=\frac{3{,}000m^1}{5^1}$=600, 이런 식으로 문제를 풀면, 가장 큰 수를 보이는 것은 $D=\frac{4{,}900m^1}{7^1}$=700이 된다.

76 인접한 두 도시간의 상권경계는 두 도시간의 인구비율에 의해 구할 수 있다는 설명은 누구와 가장 관련이 있으며, 그 사람의 법칙을 적용했을 때 A, B 도시의 상권분기점은 A 도시로부터 얼마나 떨어져 있는지 고르시오.(인구는 A: 360,000명 B: 40,000명이며 A와B 사이의 거리는 12km 이다.)

① P. D. Converse , 9km　　② D. S. Huff, 10km
③ W. Christaller , 7km　　④ A. Losch, 9km
⑤ P. D. Converse , 8km

컨버스(Converse)의 레일리수정이론에서는 두 도시 사이의 분기점(breaking-point)의 정확한 위치를 결정하기 위해 소매중력의 법칙을 수정하였다. 인구 360,000명의 도시 A는 인구 40,000명의 도시 B보다 상권이 3배이다(고객을 유인하는 거리가 3배). 두 도시 간의 거리가 12km이면, 도시 A에 대한 무차별점은 9km이고, 도시 B에 대한 무차별점은 3km이다. 즉, 도시 A는 9km 내의 거주자들을 상업 중심지로 끌어들일 수 있음을 의미한다.

$$D(A)=\frac{12}{1+\sqrt{\frac{40{,}000}{360{,}000}}}=\frac{12}{1+\sqrt{\frac{1}{9}}}=\frac{12}{1+\frac{1}{3}}=\frac{12}{\frac{4}{3}}=9km$$

해답 75 ③ 76 ①

상권 분석

77 A라는 소매업체가 신도시 지역에 신규 점포 개점을 신중하게 고려하고 있다. 신규 점포 개점시 인근에서 영업중인 B와 C가 경쟁점포가 될 것이다. 만약 특정소비자가 특정점포에 대하여 느끼는 효용은 "점포의 규모에 비례하고 거리의 제곱에 반비례 한다"라고 가정할 경우 아래의 주어진 정보를 바탕으로 이 소비자가 점포 B에서 구매할 확률을 Huff모델을 근거로 계산해 본다면?

	규모(평방미터)	거리(km)
A	15	1
B	40	2
C	100	2

① 0.2 ② 0.25 ③ 0.3 ④ 0.35 ⑤ 0.4

• 1점포 A의 효용 = $\frac{15}{1^2}$ = 15 • 1점포 B의 효용 = $\frac{40}{2^2}$ = 10 • 1점포 C의 효용 = $\frac{100}{2^2}$ = 25

이러한 각 점포에 대한 효용값을 토대로, 이 소비자의 점포 B에서의 구매확률은 다음과 같이 계산된다.

$B = \frac{10}{(15+10+25)} = 0.2$

78 A도시의 인구는 20만 명, B도시의 인구는 40만 명, 중간에 위치한 C도시의 인구는 6만 명이다. A도시와 C도시의 거리는 5km, C도시와 B도시의 거리는 10km인 경우 Reilly의 소매 인력이론에 의하면 C도시의 인구 중에서 몇 명이 A도시로 흡수되는가?

① 2만 명 ② 3만 명
③ 4만 명 ④ 5만 명
⑤ 6만 명

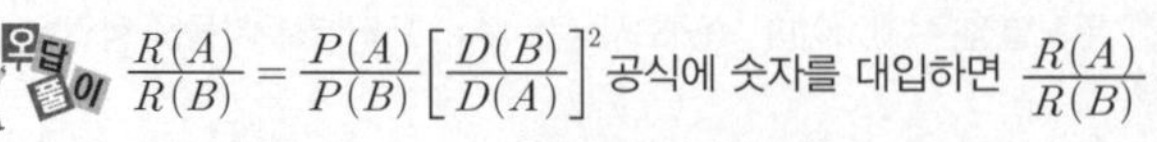

$\frac{R(A)}{R(B)} = \frac{P(A)}{P(B)}\left[\frac{D(B)}{D(A)}\right]^2$ 공식에 숫자를 대입하면 $\frac{R(A)}{R(B)} = \frac{20만명}{40만명}[\frac{10km^2}{5km^2}] = \frac{2}{1}$

6만중 A도시로는 4만, B도시로는 2만이 온다.

해답 **77** ① **78** ③

79 상권분석을 통해 고객수요와 발전가능성이 충분하다는 판단이 섰다면 상권 내 가장 적합한 입지선정이 뒤따라야 한다. 좋은 입지에는 기본적인 조건이 필요하다. 다음 설명내용을 순서대로 올바르게 나열한 것은?

> 가) 고객 내점가능성의 척도 즉 유동인구가 상권 내로 진입하는 초입 또는 메인라인에서부터 도보 또는 차량으로 고객들이 점포에 수월하게 진입이 가능한지를 보는 것
> 나) 점포가 시각적으로 눈에 잘 뛰느냐? 즉 도보고객 뿐만 아니라 차량고객들에게 시각적으로 얼마나 잘 띄느냐에 따라 내 점고객수는 현저하게 차이가 나는 것
> 다) 점포의 위치에 대해 고객이 얼마나 쉽게 기억하고 있는가?
> 라) 특정 입지에 다양한 업종이 입점하기 쉬운 정도가 높으면 높을수록 좋은 입지라고 볼 수 있다.

가) 나) 다) 라)

① 접근성의 법칙－가시성의 법칙－인지성의 법칙－입지성의 법칙
② 접근성의 법칙－입지성의 법칙－가시성의 법칙－인지성의 법칙
③ 접근성의 법칙－가시성의 법칙－입지성의 법칙－인지성의 법칙
④ 접근성의 법칙－입지성의 법칙－인지성의 법칙－가시성의 법칙
⑤ 접근성의 법칙－인지성의 법칙－가시성의 법칙－입지성의 법칙

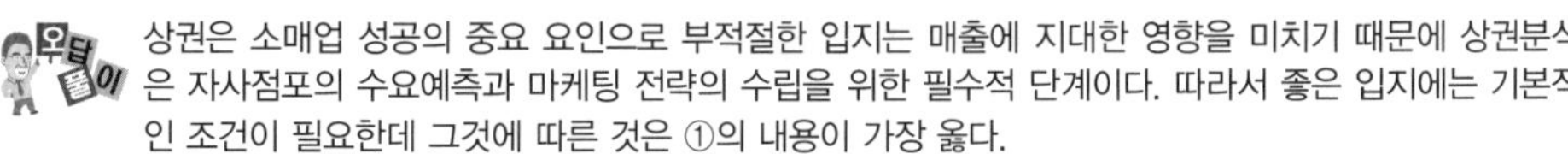
오답풀이 상권은 소매업 성공의 중요 요인으로 부적절한 입지는 매출에 지대한 영향을 미치기 때문에 상권분석은 자사점포의 수요예측과 마케팅 전략의 수립을 위한 필수적 단계이다. 따라서 좋은 입지에는 기본적인 조건이 필요한데 그것에 따른 것은 ①의 내용이 가장 옳다.

80 소매점 상권의 질(quality)을 평가할 때에는 통행인들을 잘 살펴보아야 한다. 다음 중 상권의 질(quality)에 관한 설명으로 가장 올바른 것을 고르시오.

① 산업도로에 유입되는 차량이 많을수록 상권의 질은 좋다고 평가할 수 있다.
② 목적의식이 분명한 사람들이 많이 유입되는 상권의 질은 좋다고 평가할 수 있다.
③ 관광목적으로 유입되는 사람들이 많은 경우에 상권의 질은 좋다고 평가할 수 있다.
④ 비즈니스 목적으로 유입되는 사람들의 통행량이 많을수록 상권의 질은 좋다고 평가할 수 있다.
⑤ 특별한 목적을 가지고 있지 않는 사람들이 많이 유입되는 상권의 질은 나쁘다고 평가할 수 있다.

오답풀이 관광목적으로 유입되는 사람들은 관광이라는 목적이 있지만 특정한 비즈니스적인 이유가 아니므로 많은 구매와 연결을 시킬 수 있기 때문에 이 경우에 상권의 질은 좋다고 평가할 수 있다.

해답 **79** ① **80** ③

상권 분석

81 레일리의 수정법칙인 컨버스(Converse)법칙의 내용으로 가장 잘못된 설명은?

① 두 도시(A, B) 사이의 거래가 분기되는 중간지점인 분기점(breaking point)의 정확한 위치를 결정하기 위한 인접한 두 도시간의 상권경계는 두 도시간의 인구비율에 의해 구할 수 있다.

② A도시의 인구는 900백만명이고, B도시의 인구는 100만명이며, 두 도시간의 거리가 80km라고 한다면 각각의 거리를 구하는 분기점을 구하기 위해서는 중요한 자료가 빠져있어 추가적인 자료가 요구된다.

③ 전 문항의 내용을 토대로 계산을 한다면, A도시의 무차별점은 60km이고 B도시의 무차별점은 20km가 되며, 이는 A도시의 상권의 규모가 B도시 상권규모 보다 두배 이상 크다고 말할 수 있다.

④ 전 문항의 내용을 토대로 상권규모를 비교한다면, B도시의 상권규모는 A도시의 상권규모에 비율적으로 25%에 해당한다고 말할 수 있다.

⑤ 인구수와 거리를 근거로 상권을 구분했기 때문에 실제로는 상권을 정확하게 구분하기 어려운 점이 있지만, 편의품보다는 선매품과 전문품에 적용에는 유리한 모델이다.

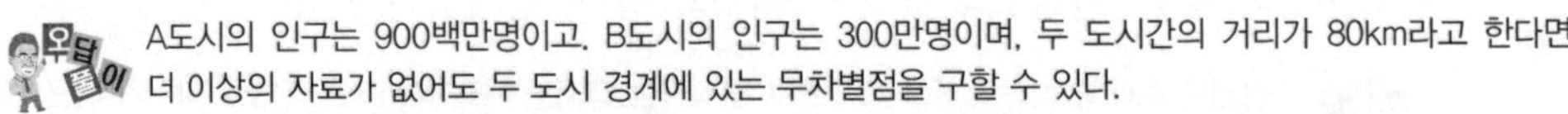
우답풀이 A도시의 인구는 900백만명이고, B도시의 인구는 300만명이며, 두 도시간의 거리가 80km라고 한다면 더 이상의 자료가 없어도 두 도시 경계에 있는 무차별점을 구할 수 있다.

82 허프(David Huff)의 확률적 모형에 의한 상권분석방법으로 가장 옳지 않은 것은?

① 확률적 모형을 처음으로 소개한 허프모형이 가장 대표적인 방법으로 소비자의 특정 점포에 대한 효용은 점포의 크기에 비례하고 점포까지의 거리에 반비례한다고 가정하였다.

② 각 점포의 효용을 합한 값과 각 개별 점포의 효용 값을 비교하여 구매확률을 계산하게 되므로 점포선택에 대한 합리성을 확보할 수 있다.

③ 상품의 성격에 따라 Huff모형에 사용하는 모수의 크기를 변화시키는 것이 필요하다. 편의품과 선매품의 경우에는 점포크기의 모수가 거리차이의 모수보다 더 중요하다.

④ 예상매출액을 계산하고자 할 때 '그 지역의 인구수', '일인당 식료품 지출비', '전체시장을 나눈 소규모 고객집단지역 거주자의 신규점포에서의 쇼핑확률'이 필요하다.

⑤ 실제 소비자의 점포선택행동을 이용하는 반면 규범적인 모형에서는 효용함수의 모수(a, b)값이 사전에 결정된다는 차이가 있다.

우답풀이 상품의 성격에 따라 Huff모형에 사용하는 모수의 크기를 변화시키는 것이 필요하다. 전문품의 경우에는 점포크기의 모수가 거리차이의 모수보다 더 중요하다.

해답 81 ② 82 ③

83 점포후보지에 대한 상권분석기법 중 규범형 모형(Normative Model)에 관한 설명이다. 올바른 것은?

① 시뮬레이션을 이용한 측정방법으로서 중심지 이론이나 소매중력의 이론 등을 주로 활용한다.

② 유사도시 점유율지표이용법은 이전에 도시단위로 행하여 졌던 소매인력론을 소매상권의 개별단위(상업시설)로 전환하여 전개한 이론이다.

③ Christaller의 중심지 이론은 한 지역내의 생활거주지의 입지 및 거주자 분포, 도시 간의 거리관계와 같은 생활공간 구조를 중심지 개념에서 설명하는 이론이다.

④ Converse의 법칙의 의의는 Huff의 법칙을 발전시켜 대도시와 중소도시간의 매물에 있어서 중소도시에서 소비되는 부문과 외부 대도시로 유출되는 부문의 관계에 대하여설명하는 법칙이다.

⑤ 소매인력법칙은 개별점포의 상권경계보다 이웃 도시들 간의 경계를 결정하는데 주로 이용되는 이론으로 두 경쟁도시(A, B) 사이에 위치한 소도시(C)로부터 A, B 도시가 끌어 들일 수 있는 상권범위는 도시간의 거리에 비례하고 해당도시의 인구수의 제곱에 반비례한다고 설명하고 있다.

상권 분석

중심지 이론은 '소비자들이 유사점포 중의 한 점포를 선택할 때 그 중 가장 가까운 점포를 선택하며', '중심성(centrality)의 크기는 인구규모에 비례한다'고 독일의 크리스탈러(Christaller)에 의해 1933년에 처음으로 제시되었다.

84 다음 중 상권분석시 수행해야 할 여러 분석의 순서가 제대로 배열된 것은?

① 지리적 여건 분석－인구통계분석－상권구조분석－경쟁점 분석
② 상권구조분석－인구통계분석－지리적 여건 분석－경쟁점 분석
③ 인구통계분석－지리적 여건 분석－경쟁점 분석－상권구조분석
④ 지리적 여건 분석－인구통계분석－경쟁점 분석－상권구조분석
⑤ 인구통계분석－지리적 여건 분석－상권구조분석－경쟁점 분석

상권 분석이란 상권 전체의 성쇠를 파악하는 것으로 잠재수요를 반영하는 판매예상량을 추정하는데 필요하고, 상권 분석을 통한 상권에 대한 올바른 인식과 파악은 고객 지향적인 마케팅 전략의 수립과 전개에 필요하다. 순서가 제대로 배열된 것은 ①이다.

83 ③　84 ①

85 점포의 다양한 매력을 고려한 MCI(Multiplicative Competitive Interaction)모형에서 상품구색 효용, 판매원의 서비스효용, 상업시설까지의 거리 효용 등이 아래와 같을 때, B백화점을 찾을 확률은?

구분	상품 구색에 대한 효용치	판매원 서비스에 대한 효용치	상업시설까지의 거리에 대한 효용치
A할인점	2	5	10
B백화점	5	4	5
C상점가	5	5	6
D쇼핑센터	10	5	3

① 10% ② 20% ③ 25% ④ 35% ⑤ 50%

A할인점	2X5X10=100	100/500=20%
B백화점	5X4X5 =100	100/500=20%
C상점가	5X5X6 =150	150/500=30%
D쇼핑센터	10X5X3=150	150/500=30%

86 레일리(Reilly)의 소매중력(인력)의 법칙에 대한 설명으로 가장 적합하지 않은 것은?

① 두 경쟁 도시(A, B) 그 중간에 위치한 소도시(C)의 거주자들로부터 끌어들일 수 있는 상권 규모는, 그들의 인구에 비례하고 각 도시와 중간(위성)도시 간의 거리 제곱에 반비례한다.

② 다양한 점포들 간의 밀집된 상황이 점포의 매력도를 더욱 증가시키는 경향이 있음을 고려하고 있으며, 개별 점포의 상권보다는 이웃 도시들 간의 상권 경계를 결정하는 데 주로 이용된다.

③ 다양한 점포간의 점포밀집 정도가 점포의 매력도를 증가시킬 수 있어 점포가 밀집될 수 있는 유인요소인 인구는 소비자에게 중요한 기준이 된다고 보았다.

④ 소비자는 낮은 상품가격 외에도 보다 질 좋은 상품, 보다 많은 상품 구색, 보다 좋은 이미지를 가진 점포를 애호하기 때문에, 먼 거리의 점포를 언제든지 선택할 수 있다.

⑤ 레일리는 편의품, 선매품, 전문품 등의 상품유형별 차이를 고려할 필요가 없다고 보았으므로 편의품을 구입하러 가는 것이나 선매품 및 전문품을 구입하러 가는 것이 차별없이 동일 하다고 보았다.

우답풀이 레일리는 편의품, 선매품, 전문품 등의 상품유형별 차이를 고려하지 않아 실제 상황에 적용할 때에는 이에 대한 고려가 필요하다

85 ② **86** ⑤

87 A, B 도시는 인구가 각각 36만명, 4만명이며 12km 떨어져 있다. 이 경우 형성되는 상권을 Converse의 제 1법칙으로 설명할 때 가장 올바른 것은?

① A도시와 B도시의 거리간격과 인구를 이용하여 상권경계를 구하며, A도시로 부터 9km떨어진 곳이 상권경계가 된다.
② Converse는 이동거리가 길수록 이동인구수는 감소하므로 두 지역의 거리차이가 상권경계 구분에 기여정도는 낮다고 보았다.
③ A도시는 B도시의 인구보다 많기 때문에 내부에 상권이 크게 형성되어 B도시에서 A도시로 쇼핑인구가 많이 이동하게 된다.
④ 매장면적을 포함시켜 계산해야 하므로 실제 상권경계를 구하기는 어렵지만 대략적으로 계산하면 B도시에 가까운 곳에 경계가 형성된다.
⑤ 인구의 비율이 상권경계를 나누는 중요한 요인이 되므로 인구비율에 따라 9:1의 지율로 거리차이를 나누게 된다.

오답풀이 Converse의 공식은 $D(A) = \dfrac{d}{1+\sqrt{\dfrac{P(B)}{P(A)}}} = \dfrac{12km}{1+\sqrt{\dfrac{40,000}{360,000}}} = 9km$

88 의류점포를 창업하고자 현경이는 다음 정보를 수집하였다. 수집된 자료를 이용하여 분석 할 수 없는 방법은?

ㄱ. 타도시의 유사 점포에 대한 규모, 상권(환경), 매출 등의 정보
ㄴ. 판매 제품(의류)을 구매하고자 하는 상권 내 고객 수
ㄷ. 해당 제품에 대한 상권 내 고객의 지출액
ㄹ. 해당 제품을 판매하고 있는 점포의 총 매장면적
ㅁ. 특정 시와 경쟁 상태에 있는 주변 도시의 각각의 인구
ㅂ. 특정 시에서 주변도시까지 이동하는 거리
ㅅ. 중소도시에서 특정 시와 주변도시로 이동하는 각각의 거리

① Reilly의 소매인력 모형
② Converse의 제1모형
③ 소매포화지수(IRS)의 계산
④ Apple baum의 모형
⑤ Luce의 모형

오답풀이
① Reilly의 소매인력 모형 : ㅁ, ㅂ
② Converse의 제1모형 : ㅅ
③ 소매포화지수(IRS)의 계산 : ㄴ, ㄷ, ㄹ
④ Apple baum의 모형 : ㄱ

해답 **87** ① **88** ⑤

상권 분석

89 동일한 중소 도시에 살고 있는 경희와 형준 남매는 모두 쇼핑을 좋아한다. 각각 사는 곳은 도시의 외곽으로 직선상 동쪽 끝과 서쪽 끝이며, 이 직선을 동쪽과 서쪽으로 조금 더 확장시키면 각각 서로 다른 대도시와 연결된다. 남매의 쇼핑상황에 대한 설명으로 바르지 않은 것은?

① Reilly의 관점을 이용하면 경희와 형준이 살고 있는 각각의 지역과 가까운 대도시들의 거리차이와 인구에 따라 함께 쇼핑하는 것이 일반적인 구매행동인지 아닌지를 평가할 수 있다.
② Converse의 관점에서는 남매가 살고 있는 지역을 연결하는 직선의 어느 곳에서 경희와 형준이네 집쪽에 면해 있는 두 대도시의 상권이 나뉘는 분기점이 존재한다.
③ 경희가 사는 곳에 가장 가까운 대도시의 인구수가 형준이 살고 있는 곳에 가까운 대도시의 인구수보다 많으면 당연히 상권이 나누어지는 분기점은 경희네 집에 더 가깝게 형성된다.
④ 매번 이남매가 쇼핑하러 가는 점포가 정해져 있다면 이 점포의 매력도는 매우 큰 편이며 실제 남매가 쇼핑하러 이동하는 거리는 남매가 인식하고 있는 거리보다 길 수도 있다.
⑤ Reilly에 의하면 일반적인 상황에서 상권의 규모는 인구에 비례하고 각 대도시와 중소도시와의 거리의 제곱에 반비례한다는 가정을 이용하여 측정 될 수 있다고 하였다.

Reilly이론과 수정이론인 Converse이론 모두로 구할 수 있다. 경희가 사는 곳에 가장 가까운 대도시의 인구수가 형준이 살고 있는 곳에 가까운 대도시의 인구수보다 많으면 당연히 상권이 나누어지는 분기점은 경희네 집에 더 멀게 형성될 가능성이 높다. 공식으로 비교를 하면 된다.

90 다음의 내용을 레일리(Reilly)법칙으로 계산한 내용에 대한 설명으로 가장 옳게 설명된 항목은?

> A도시의 인구는 200만명, B도시의 인구는 800만명, 중간에 위치한 C도시의 인구는 60만명이다. A도시와 C도시의 거리는 15km, C도시와 B도시의 거리는 30km인 경우

① C도시의 인구 60만명중 20만명이 A도시로 쇼핑을 하러 간다.
② C도시의 인구 60만명중 20만명이 B도시로 쇼핑을 하러 간다.
③ C도시의 인구 60만명중 30만명이 A도시로 쇼핑을 하러 간다.
④ C도시의 인구 60만명중 40만명이 A도시로 쇼핑을 하러 간다.
⑤ C도시의 인구 60만명중 40만명이 B도시로 쇼핑을 하러 간다.

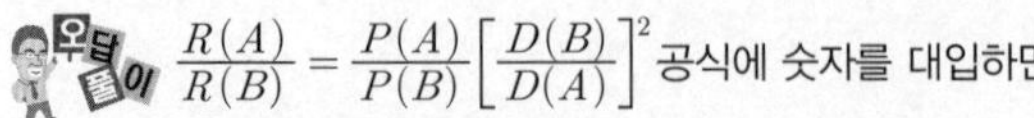

$\frac{R(A)}{R(B)} = \frac{P(A)}{P(B)}\left[\frac{D(B)}{D(A)}\right]^2$ 공식에 숫자를 대입하면

60만명 중 A도시로는 30만, B도시로는 30만이 쇼핑을 하러간다.

해답 89 ③ 90 ③

91 UCLA대학 경제학교수인 HUFF박사의 이론을 이용한 풀이 지문으로 가장 옳은 것은?

> 우리 동네에는 A, B, C 상점이 있고, 'A'상점은 규모가 6,400m²이고 거리는 우리 집에서 4km 떨어져 있으며,'B'상점은 규모가 12,500m²이고 거리는 우리 집에서 5km 떨어져 있고, C' 상점은 규모가 100,000m²이고 거리는 우리 집에서 10km 떨어져 있다.

① 일반적으로 점포크기에 대해 소비자가 느끼는 민감도와 점포까지의 거리에 대해 소비자가 느끼는 민감도는 서로 반대되는 성격을 갖게 되어 역수로 표현되기도 한다.
② 소비자가 고려하는 점포크기에 대해 소비자가 느끼는 민감도는 1, 점포까지의 거리에 대해 소비자가 느끼는 민감도 1을 이용하면 A,B,C 순서로 상점을 이용할 가능성이 있다.
③ 소비자가 고려하는 점포크기에 대해 소비자가 느끼는 민감도는 1, 점포까지의 거리에 대해 소비자가 느끼는 민감도 2을 이용하면 B,C,A 순서로 상점을 이용할 가능성이 있다.
④ 소비자가 고려하는 점포크기에 대해 소비자가 느끼는 민감도는 1, 점포까지의 거리에 대해 소비자가 느끼는 민감도 3을 이용하면 C,B,A 상점을 상점을 이용할 가능성이 있다.
⑤ 소비자가 고려하는 점포크기에 대해 소비자가 느끼는 민감도는 1, 점포까지의 거리에 대해 소비자가 느끼는 민감도 3을 이용하면 C상점을 이용할 확률은 67.7%가 된다.

일반적으로 점포크기에 대해 소비자가 느끼는 민감도와 점포까지의 거리에 대해 소비자가 느끼는 민감도는 서로 반대되는 성격을 갖게 되어 역수로 표현되기도 한다.

92 다음 중 의사결정에 사용되는 요소에 인구가 포함되지 않는 모형은?

① 상권의 분기점을 찾아내는 컨버스의 제 1법칙
② 컨버스의 제 1법칙을 수정한 컨버스의 제2법칙
③ 실질적 환경을 고려한 케인의 흡인력 모형
④ 소규모 도시의 상권을 정의한 레일리의 소매인력의 법칙
⑤ 이동시간으로 상권범위를 설명하는 애플바움의 법칙

오답풀이 애플바움(W. Apple baum)교수가 개발한 방법으로 점포형태, 매출, 업태, 지역 여건 등이 유사한 기존점포를 확인하여 신규점포의 예상 매출액을 계산해 내는 방법이다.

91 ① 92 ⑤

93 다음 중 소매포화지수(Index of Retail Saturation : IRS)에 대한 설명으로 가장 적합하지 않은 지문은?

① IRS는 특정 시장 내에서 주어진 제품계열에 대한 점포면적당 잠재매출액의 크기이고, 신규점포에 대한 시장 잠재력을 측정하는 데 유용하게 사용된다.

② IRS의 값이 적다면 그 지역에 많은 점포가 있거나 매장면적이 큰 업태가 출점을 했고, 그지역의 총가구수가 줄어들었거나 가구수는 동일해도 가구당 지출액이 줄어들었다고 추정할 수 있다.

③ IRS에서는 점포가 비슷한 전통적인 수퍼마켓 등이 적용이 용이하며, 전자제품, 스포츠 용품 또는 가구점등 전문화된 점포에 오히려 더 적용이 쉽다.

④ IRS의 값이 크면 클수록 공급보다 수요가 상대적으로 많은 것을 의미하며 따라서 신규점포를 개설할 시장기회는 더욱 커지는 것을 의미한다.

⑤ IRS의 수요를 측정하기 위해서는 인구수와 가처분 소득을 통한 소매 구매력의 조사. 수요측정지표로 가구 구성원의 연령, 구성원 수, 인구밀도, 유동성이 있다.

우답풀이 IRS에서는 점포가 비슷한 전통적인 수퍼마켓 등은 적용이 용이하지만, 스포츠 용품 또는 가구점등 전문화된 점포에 적용이 어렵다는 한계도 있다.

94 하버드 비즈니스 스쿨의 애플바움(W. Apple baum)교수의 유추법에 대한 설명으로 가장 옳지 않은 것은?

① 자사의 신규점포와 특성이 비슷한 기존의 유사 점포를 선정하여 매출액, 통행량, 구매력 비율, 객단가 등을 조사하여 상업계획지구의 수요를 확정하는 방법이다.

② 각 지역에서의 1인당 매출액을 구하며, 예상 상권내의 각 지역의 인구수에 유사점포의 1인당 매출액을 곱하여 신규점포의 예상 매출액을 구한다.

③ 유통업자가 기존의 점포 근처에 신규점포를 개점하려고 한다면, 신규점포가 기존점포의 고객을 어느 정도 잠식할 것인지를 고려해야 한다.

④ 유추점포가 가지고 있는 흡인력을 조사한 후 대체입지의 예상매출과 상권을 추정하여 기대효과가 가장 높은 곳을 선정한다.

⑤ 신규점포의 상권 분석 뿐만 아니라 기존 점포의 상권 분석에도 적용될 수 있으며, 쇼핑패턴을 반영하여 적용하기 쉽다는 특징이 있다.

우답풀이 자사의 신규점포와 특성이 비슷한 기존의 유사 점포를 선정하여 매출액, 통행량, 구매력 비율, 객 단가 등을 조사하여 상업계획지구의 수요(상권)를 추정하는 방법이다.

해답 93 ③ 94 ①

Chapter 2 소매입지와 입지선택

01 소매 입지 개요

1. 입지(立地) 일반

(1) 입지의 개념

① '소매업에서 가장 중요한 것은 입지이고, 다음으로 중요한 것도 입지이며, 그 다음도 입지' 라는 격언이 있다. 이처럼 입지는 사업의 성패를 가르는 가장 중요한 요인이다.

② 입지는 고객의 동선과 주변 여건에 따라 상급지, 중급지, 하급지로 유동 분류할 수 있으며, 입지는 정적이고 공간적 개념인 데 비하여, 입지 선정은 동적이고 공간적 · 시간적인 개념으로 분류한다.

③ 입지는 점포가 소재하고 있는 위치적인 조건으로 일반적으로 상권의 크기, 교통망, 고객층, 점포의 지세 및 지형과 밀접한 관련을 가지고 있다.

④ 입지는 사업이 지향하는 목적에 따라 결정되어야 하는데, 일반적으로 크게 원료지향형, 수송지향형, 시장지향형 입지로 구분된다.

⑤ 입지 선정시 업종과의 부합성을 반드시 검토하여야 하는데, 일반적으로 좋은 입지라고 보는 곳도 업종과 부합되지 않으면 나쁜 입지가 된다.

⑥ 입지 선정시 각종 편익시설과 학교, 관공서, 오락시설, 재래시장 등이 있으면 고객의 유입이 증가하게 된다. 도심지역에서 입지는 대도시나 소도시의 전통적인 도심 상업지역으로 중심 상업지역이라고도 하며, 소매업에서 가장 성공적인 도심입지는 그 지역에 많은 주민들이 거주하는 지역이다.

(2) 입지선정의 중요성

① 입지 선정은 지속적인 경쟁 우위를 개발하기 위해 사용될 수 있어 전략적으로 매우 중요하며, 소매업을 입지산업이라고 부를 정도로 입지는 중요한 전략적 결정 요인이다.

② 입지 위치에 따라서는 엄청난 매출과 이익이 보장되므로, 점포의 위치는 사업 성공의 여부를 결정짓는 중요한 요인이 되고 있다. 일반적으로 입지를 선정하고 영업을 시작하는 전략은 장기적이고 고정적인 성격을 가지고 있다.

③ 점포 입지 선정시 최대한의 투자 수익률과 이익을 보장해 줄 수 있는 곳을 신중하게 결정하여야 하는데 일단 점포의 입지를 결정하게 되면 쉽게 변경을 하기 어렵기 때문이다.

④ 입지의 효용은 영원한 것이 아니다. 한 시기의 좋았던 장소라도 시간이 흐름에 따라 나빠질 수 있고, 나빴던 장소도 상황이나 시간의 흐름에 따라 다시 좋아질 수 있기 때문이다.

⑤ 입지선택에 대한 의사결정에 있어서 가장 중요한 판단 기준은 투입비용과 성과와의 관계를 비교분석하여 가장 경제적 · 효율적인 대안을 찾아내는 것이다.

⑥ 입지의 경쟁우위는 다른 경쟁우위요소들과 비교할 때 중 · 장기적으로 지속할 수 있는 요소이기 때문에 경쟁우위의 지속적인 유지 및 확장관점에서 볼 때 중요하다.

(3) 신규입지의 평가기준

① 부지의 규모와 형태

② 잠재부지의 성장성, 규모 확대의 가능성

③ 건물외관, 심볼 타워 등의 주변도로로부터의 가시성

2. 입지(立地) 선정

(1) 입지 선정의 의의

① 입지 선정시 업종과의 부합성을 반드시 검토하여야 하는데, 일반적으로 좋은 입지라고 보는 곳도 업종과 부합되지 않으면 나쁜 입지가 된다.

② 입지 선정이란 특정한 입지 주체가 추구하는 거시적 상권 분석 · 평가에서, 미시적으로는 구체적인 토지와 장소를 선정하는 절차를 밟아 입지 주체가 추구하는 입지 조건을 갖춘 토지를 발견하는 과정이다.

③ 소매업을 입지산업이라고 부를 정도로 입지는 중요한 전략적 결정 요인이다. 위치에 따라서는 엄청난 매출과 이익이 보장되므로, 점포의 위치는 사업 성공의 여부를 결정짓는 중요한 요인이 되고 있다.

(2) 입지선정의 중요요소

① 입지선정 평가작업에 있어서 접근성, 현재 및 미래의 수익성에 대한 평가작업 이외에도 시장규모의 확장가능성, 자신이 속한 유통단지의 매출액 성장가능성 및 자사매장의 매출액이 성장할 가능성에 대한 예측이 중요하다.

② 입지의 경제성은 권리금, 임대료, 부지비용 등 입지의 코스트를 생산성과 관련하여 분석한다. 입지 선정이 잘못되면 경영 관리상 노력의 낭비를 가져와 사업의 실패를 초래하게 되므로, 입지는 사업의 성패를 결정하는 중요한 변수로 작용하게 되었다.

③ 입지 선정에는 입지 조사를 해야 하는데, 도시 입지와 자연환경 조사, 토지이용 조사, 인구 및 가구 조사, 도시권역 조사, 도시기능 조사 등의 입지를 조사하여야 한다.

④ 입지의 중요성은 아무리 강조해도 지나치지 않다. 좋은 점포를 구하려면 상권 전체의 특성을 파악해야 되고, 상권 전체의 특성을 파악하고 난 후에 개개 점포의 입지 조건을 분석하여 입지의 좋고 나쁨을 가려야 한다.

⑤ 동일한 상권 내에서도 장소가 좋으면 상권의 범위가 넓고, 장소가 나쁘면 상권의 범위는 좁다는 특징이 있다. 점포의 입지선정이 잘못되면 고객확보를 위하여 광고나 판매촉진과 같은 추가적인 노력이 필요하다.

⑥ 경쟁회피는 경쟁점과의 경쟁상황을 고려하므으로 경쟁점포의 입지, 성격, 규모, 형태를 감안한 입지를 선택하여 매출액을 예측한다. 소비자의 접근이 용이한 위치에 점포의 입지가 있어야 점포의 수익성이나 시장점유율이 높아지고, 목표소비자와 특정 점포사이의 거리가 증가할수록 특정 점포에서 구매가능성이나 빈도가 감소하게 된다.

(3) 입지 선정 조건

① '고객은 게으르다'는 말처럼 고객에게 최대한 편의성을 제공하여야 한다.

② 일반적으로 우측 가시성의 경우 1차선에서는 양호하지만 바깥 차선에서는 가로수, 조경 등의 방해를 받아 가시성이 불량하다.

③ 주거지역의 입지 조건을 고려할 때에는 주변환경의 쾌적성, 직장이나 기타 교통조건 등의 편리성, 다른 지역으로의 접근 가능성이 높아야 한다.

④ 방사선 도로, 정방형 도로에는 유동인구가 늘어나고 상업지역의 입지 조건은 가장 중요한 요소가 수익성을 우선적으로 고려한다.

⑤ 공업지역의 입지 조건은 생산지와 소비자 사이의 운송경로에 있는 거리를 조건으로 하여 생산비와 수송비의 절약을 우선적으로 고려해야 한다.

⑥ 농지와 임업지의 입지 조건은 기상 상태나 토양이 양호하고 생산성이 높아야 유리한 입지에 해당한다.

(4) 입지 선정의 기준

① 안정성 기준

㉠ 안정성은 사업장의 투자 규모와 수익성과의 관계라 할 수 있다. 개업에 필요한 투자비용이 수익성보다 적어야 창업은 큰 의미가 있다.

㉡ 수익성이나 사업 아이템이 장기적으로 안정적인 궤도를 유지하는 것을 안정성이라 하므로, 안정적인 사업을 한다는 것은 수익성이 있는 사업을 한다는 말과 같다.

② 균형성 기준

㉠ 균형성은 주변에 산재하고 있는 경쟁점과의 균형적인 관계를 말하는 것이다. 유사 점포와의 경쟁에서 우위를 차지할 수 있는 기본적인 여건을 갖추기 위한 일반적인 기준을 말한다.

㉡ 균형성을 추구하는 데 필요한 요건으로, 경쟁점과의 점포 규모의 차이는 고객의 흡인력에 직접적이고 커다란 영향을 미치고 있다는 것을 염두에 두어야 한다.

③ 조화성 기준

㉠ 조화성이란 새로이 사업을 시작하려는 자가 선택한 아이템과 그 주변 상권과의 관계를 말한다. 일반적으로 상권의 형성을 보면 유사한 업종이 집중적으로 형성되어 상권을 형성하고 있는 것을 볼 수가 있을 것이다.

㉡ 유사한 업종이 집중적으로 형성된 상권 내에서 고객의 관심을 유도할 수 있는 방법은 메뉴, 서비스, 이벤트 등 모든 영업활동과 관련된 부분에서 차별화될 수 있는 아이템을 구축하는 것이다.

④ 가시성 기준

㉠ 가시성은 입지선택 기준에서 중요한 입지요건에 해당한다. 고객이 다른 목적으로 가는 도중에 또는 운전 중에 그 점포를 인지하고 방문을 결정하여 접근하기까지는 일정한 시간이 필요하다.

㉡ 도보로 진행하는 고객도 점포가 쉽게 보여야만 방문을 결정할 수 있으므로 점포의 가시성은 고객이 점포를 쉽게 찾고 신속한 의사결정을 할 수 있도록 고객에게 깊은 인상을 제공해야 한다.

⑤ 접근성 기준

㉠ 접근성은 점포의 입지나 상권을 결정하는 데 있어서 상당히 중요하게 고려되는 요소이므로 거리상태, 통행량, 통행시간, 매력 등에 의하여 결정된다.

㉡ 접근성의 평가는 도로 구조나 거리에의 진입과 퇴출, 가시도, 장애물 등을 비교 분석하여 평가하여야 정확한 평가를 할 수가 있다. 또한 접근성은 쇼핑몰이나 쇼핑센터의 입지평가에 있어서도 상당히 중요하다.

(5) 입지대안 평가기준

① 유사업종의 밀집성은 유사하고 상호보완적인 점포들이 무리지어 있다면 고객을 유인하기에 용이하다는 설명이다. 다만 너무 많은 점포가 밀집되어 있으면 오히려 고객유인을 저해하는 요인이 된다.

② 입지의 경제성은 점포의 입지를 결정할 때, 점포의 생산성과 성장잠재성을 고려하여 초기의 투입비용과 비교한 후 일정수준의 경제성이 확보되어야 점포입지가 용이하다.

③ 보충가능성의 원칙은 유사하거나 상호보완적인 제품, 또는 관계를 가지고 있는 점포가 인접해 있으면 고객을 공유할 가능성이 높아져 고객을 유인할 수 있다는 점을 설명하는 개념이다. 식당이 많이 몰려있는 곳에 술집이나 커피숍이 모여 있다든지, 극장가 주변에 식당들이 많이 밀집해 있는 것 등의 입지원칙이 적용될 수 있다.

(6) 입지적 장점과 단점

① 입지가 좋으면 임대료가 상대적으로 비싸다는 특징이 있다.

② 핵점포(anchor stores)나 목적점포(destination stores)에 가까운 입지일수록 임대료가 비싸다.

③ 충동구매품목의 판매비중이 높은 점포는 유동인구가 많은 입지적 장점을 기준으로 입지를 선택해야 한다.

(7) 형태별 입지

① 목적형 입지: 목적형 입지는 주로 특정한 테마에 따라 고객이 유입되므로 차량을 이용한 접근이나 주차장 등의 시설물 이용에 불편이 없어야 한다. 고객은 단순하게 그 점포에 접근하는 것이 아니고 특정한 목적이 있는 경우에만 그곳에 와서 이용하는 입지를 말한다.

② **적응형 입지:** 주로 패스트푸드나 판매형 아이템사업 등이 유리하므로 도보 고객이 접근하기 쉬운 출입구, 시설물, 계단 등 가시성이 좋아야 한다. 일상적인 거리에서 통행하는 유동인구에 의해서 그 점포의 매출이 커다란 영향을 받고, 입지 유형 중 거리에서 통행하는 유동인구에 의해 영업이 좌우되는 입지를 말한다.

③ **생활형 입지:** 주로 식당 등이 대부분에 해당되므로 접근성이 쉬우며, 도보나 차량을 이용하는 고객 모두를 흡수할 수 있어야 한다. 일상적인 생활을 주로 하는 고객들이 편리하게 이용하는 입지로서 아파트나 주택 등 지역 주민들이 이용하는 곳을 말한다.

④ **지리적 입지:** 유통서비스업의 거점은 지리적 거리와 규모 등에 따라 계층선을 갖고, 수요자가 재화와 서비스를 제공받는 공간으로서의 각종상권 또는 서비스권이 형성된다. 수요자는 재화와 서비스를 공급받기 위해 이동하며, 이동범위에는 한계가 있고, 이동비용에도 제약을 받는다.

3. 소매 입지 선정

(1) 입지 선정 절차

① 거시적인 입지 분석으로 주민과 기존 소매점 특징과 관련하여 대체적인 상권을 평가하고 정해진 상권에 어떠한 유형의 입지에 출점할 경우가 유리한지를 결정해야 한다.

② 입지가 단독 입지인가 집합 입지인가를 결정해야 하는데, 특정의 출점입지를 선정하는 데에는 집합 입지로 결정하고 입지가 선정되었다면, 선정된 입지 유형 내에 출점할 부지를 선택한다.

③ 시장력이 약한 상태에서 경비절감을 목적으로 출점입지를 특정지역으로 한정하여 그곳에 집중적으로 점포를 개설하는 출점전략을 도미넌트전략(Dominant strategy)이라고 한다.

(2) 출점을 위한 입지평가방법

① **주먹구구식방법:** 경영자의 지금까지의 경험이나 주관적인 사업 능력에 의존하는 방법을 말한다.

② **체크리스트방법:** 특정입지에서의 매출 · 비용에 영향을 주는 요인들을 살펴보는 방법을 말한다.

(3) 입지와 부지의 평가 요소

① **보행객의 통행량:** 통행인의 수, 통행인의 유형

② **차량 통행량:** 차량 통행대수, 차종, 교통 밀집 정도

③ **주차 시설:** 주차장의 수, 점포와의 거리, 종업원 주차 가능성

④ **교통:** 대중 교통 수단의 이용가능성, 주요 도로와 접근성, 상품 배달의 용이성

⑤ **점포 구성:** 상권 내 점포 수와 규모, 인근 점포와 자사 점포의 유사성, 소매점 구성상의 균형 정도

⑥ 특정의 부지: 시각성, 입지 내의 위치, 대지의 크기와 모양, 건물의 사용연수, 건물의 크기와 모형

⑦ 점유 조건: 소유 또는 임대 조건, 운영 및 유지비용, 세금, 도시계획과의 관련 여부

⑧ 상권 잠재력: 시장규모의 정도 상권의 향후 발전가능성

(4) 유통 집적시설에 유리한 입지 조건

① 핵점포의 존재: 언제든지 누구나 찾아오기 때문에 고객의 집객력이 높다.

② 점포가 부족한 상태: 그 지역 소비자들이 대형 유통시설의 출점을 바라고 있다.

③ 교외 지역: 인구가 충분하고, 앞으로도 적정한 인구가 증가될 것으로 생각한다.

④ 독립상권의 성격: 구매력이 다른 상권으로 유출되기 어려운 조건을 갖추고 있다.

⑤ 간선 도로망: 어디에서든지 자동차로 오는데 장애를 느끼지 못한다.

⑥ 지역에서 가장 큰 주차장: 누구나 자동차가 있으므로 각종 시설의 편의를 제공한다.

(5) 상업지의 입지조건 중 물리적 조건

① 지반, 노면, 가로구조 등을 물리적 조건이라 한다.

② 건물의 외형, 부지의 형상, 인접 건물의 형태, 대기환경 등으로 구분할 수 있다.

(6) 상업지의 입지조건 중 지리적 조건

① 토지와 도로는 이용 측면에서는 한 면보다 네 면이 활용하기가 좋고, 삼각형 토지의 좁은 면은 좋은 입지가 될 수 없다.

② 일정규모 이상의 면적이라면 좌회전 차량이 많은 가각(可覺)입지와 자동차 출입이 편리한 각지(覺地)가 좋다.

③ 가시성이 높은 입지에서는 구매 경험률과 고정고객비율을 동시에 높일 수 있고 직선 도로의 경우 시계성이 좋고 좌회전이 용이한 도로변이 좋다.

④ 상권 내 자영경계 특성, 도로 및 교통 특성, 대형 건축물, 인구, 교통유발 시설 등은 입지의 지리적 특성과 가장 밀접하다.

⑤ 산악이나 하천의 경우 흐름에 따라 밑으로 내려가는 장소가 좋은 입지이며, 지대가 조금 높은 상권은 그 곳에서만 상권이 형성되어 외부로부터의 흡인력이 떨어진다. 철도, 공업단지 등 상권을 분단하는 요소가 있는 경우에는 인구가 많은 쪽이 유리하다.

(7) 상업지의 입지조건 중 사회 · 경제적 조건

① 번영의 정도

② 고객의 교통수단과 접근성

③ 배후지 및 고객의 양과 질

(8) 점포 선정의 고려요인

① 영업거래량 추정

㉠ 부지를 선택하는 데 있어서 일반적으로 잠재적 1년여의 매출액을 추정하여야만 한다.
㉡ 이는 그 부지 내의 점포가 이익을 내야 하는데, 이익을 낼 수 있는가가 가장 중요한 것은 매출액으로 평가하기 때문이다.

② 잠재 고객의 통행량

㉠ 다른 요인이 불변이라 가정하면, 보통 통행량이 많을 경우에 영업의 거래량이 많아진다고 볼 수 있다. 통행량 분석에 이용되는 이론은 교통계수 이론이다.
㉡ 통행량 분석에 필요한 대상 선택시에는 성별 · 연령별 이전 보행인을 대상으로 할 것인지, 이후 보행인을 대상으로 할 것인지에 대해 결정을 해야 하고 날짜별 · 시간별로의 통행량을 구분하는 것도 중요하다.

③ 취급 상품의 종류와 고객의 구매 관습

㉠ 부지 선정의 중요한 선택 요소는 고객의 구매 관습과 취급 상품의 종류이다.
㉡ 쇼핑에 대한 편의나 접근성이 양호해야 한다.

④ 위치와 관련된 경쟁자와 타 점포

㉠ 소매업자는 인근의 경쟁점에 대하여 면밀히 연구 주시해야 하고 중심 쇼핑구역 내에 또는 큰 쇼핑센터 내에 자리잡는 것이 좋다.
㉡ 일부 형태의 점포는 쇼핑센터나 쇼핑의 중심구역을 벗어나야 성공할 수 있다.

⑤ 고객의 접근 가능성

㉠ 계획 점포까지 이르게 하는 교통시설의 구축망이 잘 되어 있는지 여부를 잘 살피고 잠재적 고객들과 종업원들의 주거지로부터의 거리를 평가해야 한다.
㉡ 계획 점포가 위치한 지역의 교통 혼잡과 하루 혼잡시간, 주중 가장 혼잡한 일의 변화를 검토해야 한다.
㉢ 계획 점포로부터 도보로 가까운 곳에 위치한 주차시설과 요금 정도를 살피고 방문하려는 잠재 고객들이 도로의 혼잡과 여타의 제반시설에 의하여 방해받을 가능성이 있는지를 알아본다.

⑥ 자본투자에서 얻어지는 수익

㉠ 소매업자의 주된 관심은 일정한 부지에 자본을 투자함으로써 얻는 이익의 규모이다.
㉡ 소매업자가 사용하려고 계획하는 설비와 장치 및 장식, 상품의 재고, 임대료 등을 모두 다 고려해야 한다.
㉢ 단기 이윤뿐만 아니라 장기간에 걸쳐 전반적인 투자를 해서 얻는 합당한 이익을 적당한 이익으로 본다.

(9) 점포선정 시 부지의 특성

① 소매점 판로에 저해되는 부지의 특징

㉠ 매연, 악취, 먼지, 소음
㉡ 창고, 병원, 술집과 그 외 유사한 장소와 인접
㉢ 오래되고 낡은 인접 건축물, 초라하게 보이는 길

② 부지의 유용성

㉠ 건물의 형태와 구조가 현 상태로 만족을 주어도 기타의 사정으로 불리

㉡ 부지를 매입하여 신축 건물을 건축할 가능성

㉢ 토지 사용규제, 토지 매입비용, 건축비, 세금 등을 면밀히 검토

③ 부지 선택에 영향을 주는 기타 요인

㉠ 계획된 구성단위의 거리, 광고비의 증가

㉡ 효과적인 감독을 실시하고 서비스를 가능하도록 하는 것

㉢ 사회의 기존 임금으로 자격있는 요원을 활용하는 방안

02 업태 및 업종과 입지

1. 소매점의 입지 유형

(1) 도심형입지

① 고급 백화점, 고급 전문점 등이 입지하고 있는 전통적인 상업 집적지로, 도심 번화가(CBDs)형은 다양한 분야에 걸쳐 고객 흡입력을 지닌다.

② 역사(驛舍)백화점 또는 터미널 빌딩 등이 핵점포 역할을 하는 철도 환승지점을 중심으로 발달한 도심 터미널형 상업 집적지이다.

③ 인구 밀집지역으로, 원래부터 상점가가 있어 대규모 소매점의 출점이 매우 곤란한 지역은 도심 주택지이다.

(2) 교외형입지

① 외곽 도시의 관문으로까지 발전한 상업 집적지로서 양판점, 소규모 백화점, 대규모 전문점 체인 등이 다수 입지하고 있는 상업 직접지이다.

② 대부분 젊은 세대가 많은 지역으로, 원래부터 상점가가 적고 저렴한 가격과 새로운 감각이 요구되어지는 교외 주택지역이다.

(3) 외곽형입지

① 간선 도로변은 대부분 쇼핑센터를 중심으로 주말이나 휴일에 특히 번성하는 지역으로, 주요 고객층은 교외를 왕래하는 자동차 고객을 대상으로 한다.

② 대규모 유통단지는 독점적 상업 활동을 영위하기 위하여 저비용, 정가 판매를 하는 곳으로, 단지 내 중심지에 위치한 상업집적지를 말한다.

2. 소매점의 입지형태

(1) 소매입지조건

① 수익가능성
② 접근성
③ 가시성(可視性)
④ 고객의 교통수단 형태
⑤ 배후지 및 고객의 양과 질
⑥ 지역, 지구제에 따른 토지공간이용에 대한 행정적 규제

(2) 유통서비스 산업의 지리적 입지

① 유통서비스업의 거점은 지리적 거리와 규모 등에 따라 계층선을 갖는다.
② 수요자가 재화와 서비스를 제공받는 공간으로서의 각종상권 또는 서비스권이 형성된다.
③ 유통서비스산업은 대부분 최종 소비자와 결부된 경제활동으로 개개의 소비가 분산되어 있어, 거시적으로 보면 인구 또는 사업체의 분포와 대응관계가 있다.

(3) 백화점

① 국내 백화점의 입지유형은 도심(입지)형 백화점(중심상업지역)이나 부심권 입지형(지역쇼핑센터) 또는 신도시 입지형과 버스터미널 및 기차역과 연계된 역사 입지형 등으로 나누어 볼 수 있다. 백화점은 전통적인 도심지 중심상업지역 뿐만 아니라 신생 부도심지 중심상업지역에서도 목적점포로서의 역할을 하고 있는 핵심업태의 하나이다.
② 백화점은 중심상업지역과 (슈퍼)쇼핑센터지역을 위해 그들만의 유동인구를 만들어낸다. 백화점에서 가장 유리한 입지로는 일반적으로 중심상업지역이나 혹은 지역쇼핑센터 또는 슈퍼지역 쇼핑센터를 들 수 있지만, 최근의 소비자의 성향에 맞게 자동차의 접근가능성이 높고 대중교통을 쉽게 활용할 수 있는 교통이 편리한 지역을 선호하게 된다.
③ 백화점이 선호하는 입지로서 (슈퍼)지역쇼핑센터 혹은 대형 쇼핑몰에 대한 입점은 방문고객들에게 주로 안전성 특히 날씨의 변화로부터 쇼핑객들을 보호할 수 있는 장점을 제공할 수 있기 때문이다. 쇼핑센터에는 다양하고 많은 고객(층)을 유인하기 위해 목적점포의 형태로 백화점 입점을 중요시 한다.
④ 중심상업지역에 위치한 도심(입지)형 백화점의 경우 신업태의 출현과 교통체증, 주차공간의 부족 등에 의해 고객들이 구매를 기피하는 경향이 높아지고 있으며 이러한 문제를 해결하기 위해 많은 백화점들이 도시외곽으로 입지를 옮기거나 지방에 지점을 개설하는 다점포경영(multi store operation)전략을 시도하고 있다.
⑤ 최근의 백화점은 상품의 다양성과 원스톱 쇼핑의 편리성을 뛰어 넘어 소비자에게 차별화되고 고급화된 매장 분위기를 통한 상품체험쇼핑을 제공함으로써 대형할인점 및 신업태와의 경쟁에서 우위를 확보하고자 노력하고 있다.

⑥ 백화점은 대부분 지역쇼핑센터 또는 (슈퍼)지역쇼핑센터에서 고객유인점포(업태)가 될 수 있다. 도시 외곽에 위치하게 되는 대형쇼핑센터입지에는 일반적으로 백화점의 경쟁업태인 대형마트(대형할인점) 및 다양한 전문점들이 입점하게 되므로 백화점의 입지로서는 타당하다.

⑦ 백화점 입지선정에서는 규모면에서 대형화를 추구하므로 사람들의 접근성을 최대한 높여야 하고, 지하철, 철도역, 터미널 등 대중교통이 집결하는 곳이 좋은 입지가 된다. 또한 승용차의 접근성이나 주차의 편의성 또한 매우 중요한 입지조건이다. 백화점은 전통적인 중심상업지역에서 독자적으로 유동인구를 창출함으로써 고객 흡인력을 가진 중요한 핵심선도업태로서의 역할을 하고 있다.

(4) 식료품점

① 식료품점의 규모는 점포입지와 표적고객의 주거지역 사이의 거리에 비례한다.

② 식료품을 판매하지만 고객흡인력이 높은 슈퍼스토에는 노면 독립입지에 입지해도 무방하다.

③ 우유, 빵, 부식 등 일용식료품을 주로 판매하는 소매점은 가능한 한 표적고객의 주거지로부터 가까운 곳에 입지해야 한다.

④ 무, 배추, 과일 등과 같이 부피가 크고 무거운 식료품을 주로 판매하는 소매점은 농산물의 도매시장에 먼 곳에 입지해야 한다.

3. 소매점의 집적특성

(1) 소매집적의 개념

① 소매집적(小賣集積, retail cluster)이란 대형 및 중 · 소형의 동종 및 이종 소매업종과 소매업태가 공통적인 목표하에 서로 관련성을 가지고 한 장소에 모인 집단 소매시스템을 말한다.

② 소매점이 집적하게 되면 경쟁과 양립의 이중성을 가지게되므로 가능하면 양립을 통해 상호이익을 추구하는 것이좋다. 양립성을 증대시키기 위한 접근순서는 '취급품목 – 가격범위 – 적정가격 – 적정가격 대비 품질' 의 순서가 적절하다.

③ 일정한 어떤 구역에 있어서 한 소매점의 매출액 점유율은 그 지역 전체의 소매매장면적에 대한 해당 점포의 매장면적의 비율에 직접적으로 비례할 것이라는 가정 하에서 수행하는 것을 점포공간 매출액 비율법 이라한다.

(2) 소매집적의 기능

① 소매상이 집적기능을 수행하기 위해서는 그 지역사회의 커뮤니티 기능을 수행할 수 있어야 한다.

② 커뮤니티 기능은 그 지역주민이 그 지역에 입지하고 있는 소매집적 시설에 대해 요구하는 여러 가지 지역 편의기능을 말한다.

(3) 소매집적의 효과

① 매장 면적의 증대효과
② 다양한 고객흡입력 증가
③ 공간적 인접성 확보
④ 구매자의 집중력 확보

(4) 소매집적의 커뮤니티 기능

① **편의적 기능**: 셀프서비스나 원스톱 쇼핑기능을 말한다.
② **지역적 기능**: 그 지역의 발전과 자연을 충실히 보존하는 기능을 말한다.
③ **인간적 기능**: 그 지역 번화가에 많은 사람이 모여 오락성과 인간적 친밀성을 교환하는 기능을 말한다.
④ **상징적 기능**: 그 지역의 중심 특성을 표현하는 것으로 유명백화점, 유명토산품점, 유명음식점 및 유명서비스점 등의 기능을 말한다.

(5) 누적유인의 원리

① '누적유인의 원리(the principle of cumulative attraction)'는 유사하고 상호보완적인 점포들이 함께 무리지어 있는 것이 독립적으로 있는 것보다 더 큰 유인력을 갖는다는 주장이다.
② 누적유인의 원리는 특정 입지를 매력적으로 만들 수 있으며 상호 보완상품을 판매하는 점포들 간에 적용할 수 있는 원리이다.
③ 골동품점, 자동차대리점, 신발 및 의류점 등이 서로 인접해 있을 때 경영성과가 독립적으로 있을 경우보다 좋다면 누적유인의 원리로 설명할 수 있다.
④ 서로 직접 경쟁하는 점포들에게 적용이 될 수 있으며, 선매품, 전문품, 목적구매품이 적용가능하고, 누적유인의 원리와 관계가 가장 적은 상품유형은 편의품이다.
⑤ 유사하고 상호보완적인 점포들이 함께 모여 있는 것이 독립적으로 있는 것보다 더 큰 유인력을 가지고, 동일한 제품을 판매하는 점포의 수가 많을수록 상권내 매출이 높아진다.
⑥ 식당이 많이 몰려있는 곳에 술집이나 커피숍이 모여 있다든지, 극장가 주변에 식당들이 많이 밀집해 있는 것은 '보충가능성의 원칙'의 입지원칙이 적용된 것이다.

(6) 동반유인원칙(principle of cumulative attraction)

① 유사하거나 보완적인 소매상들이 군집하고 있는 경우가, 분산되어 있거나 독립되어 있는 경우보다 고객을 끌 수 있는 더 큰 잠재력을 갖는다는 이론이다.
② 귀금속상점이나 떡볶이 가게들이 몰려있어 엄청난 집객력을 갖는 경우 이 원칙으로 설명할 수 있다.
③ 경쟁/보완관계분석은 동반유인의 법칙과 양립성의법칙을 활용하여 상권을 분석하는 방법으로 모든유형의 제품에서 사용될 수 있다.

④ 잠재경쟁구조분석을 위해서는 업태내 경쟁분석과업태별 경쟁분석, 위계별 경쟁구조 분석, 경쟁/보완관계 분석이 모두 시행되어야 한다.

(7) 중심성지수(Centrality Index)

① 소매업의 공간적 분포를 설명하는 중심성지수는 상업 인구를 지역의 거주인구로 나누어 구하며, 해당지역 중에서 중심이 되는 지역이 어딘지를 알기 위해 지수를 개발하여 각 지역에 부여한 것을 말한다.

② 어떤 지역의 소매판매액을 1인당 평균 구매액으로 나눈 값은 상업인구이고, 소매 판매액의 변화가 없어도 해당 지역의 인구가 감소하면 중심성지수는 높아지게 된다.

③ 소매업의 공간적 분포를 설명하는 중심성 지수는 어떤 지역의 소매판매액을 1인당 평균 구매액으로 나눈 값을 상업인구라 하고, 상업인구를 그 지역의 거주인구로 나눈 값을 중심성지수라 한다. 소매 판매액의 변화가 없어도 해당 지역의 인구가 감소하면 중심성 지수는 높아지게 된다.

4. 도매업의 입지

(1) 입지 선정

① 도매업의 입지는 소매업의 입지와 달리 유통인구나 통행조건이나 환경에 영향을 덜 받지만 도매업의 경우에도 입지의 결정은 매우 중요하며, 생산구조와 소비구조의 특징에 따라 입지유형이 달라진다.

② 공급과 수요물량이 적고 개별화 정도가 높다면 수집이나 및 분산 모두 공간적 접근성이나 정보적 접촉이 유리한 지역이 선정되어야 한다.

③ 소매상의 입지, 점포수 및 판매액, 경쟁도매상의 입지, 분포 및 집적도, 취급상품 및 상품군,로지스틱스비용 등은 도매상권을 구성하는 요소 중 중요성이 높다.

(2) 입지 특성

① 공급물량은 크고 수요물량이 적은 경우나, 중량이 무겁고 부피가 큰 생산재인 경우 상물분리가 명확하여 불분명한 경우보다 입지선정이 쉽다.

② 공급물량은 적고 수요물량이 크며 규격화 정도가 높은 상품의 경우 생산지에 가까운 곳에 입지를 정할수록 수송비 부담이 낮아 선호 된다.

③ 수요물량과 공급물량 모두 크며 규격화 정도가 높은 상품의 경우 운송물량이 적어서 생산지와 소비지 모두 멀리 떨어지는 것은 상관 없다.

④ 도매업의 입지는 수집과 분산의 기능을 수행하기에 적합한 지역을 선택해야 하므로 주로 판매와 공급을 받는 적합한 지역을 선택한다.

⑤ 생산구조가 다수의 소량분산생산이고 소비구조 역시 다수에 의한 소량분산 소비구조일 때의 입지특성은 수집기능의 수행이 용이하고 분산기능의 수행도 용이한 곳에 입지한다.

도심입지(CBDs)

1. 도심입지(CBDs)

(1) 도심입지의 개념

① 도심입지는 대도시와 중 · 소도시의 전통적인 도심의 상업지역을 말하며 이러한 곳은 다양한 상업 활동으로 인해 많은 사람들을 유인하는 지역이다.

② 도심입지(CDB: Central Business District))는 전통적인 도심 상업지역이며, 입지를 조성하기위해서는 계획성보다는 무계획성으로 인하여 조성되어 있는 것이 일반적이다.

(2) 도심입지의 특징

① 도심입지의 상업 활동은 많은 사람들을 유인하고, 그 곳이 대중교통의 중심지이며 도시 어느 곳에서든지 접근성이 가장 높은 지역이다.

② 도심입지는 최근에 부도심과 외곽도심의 급격한 발달, 중상류층의 거주 지역 이전, 교통체증 등의 원인으로 과거와 같이 고객 흡인력이 없다.

③ 도심입지는 대체로 중상류층 이상의 사람들이 다니며 오피스타운이 인근지역에 발달해 있고 지가와 임대료가 매우 비싼 지역으로 볼 수 있다.

④ 대형유통점의 입지 평가기준으로 사업지의 유인성이 양호한 것은 전면 신호등의 거리가 대략 50m이내인 곳이 좋고, 사업지 형태는 직사각형(4:3)인 부지, 주변 지형은 저지대 평지가 가장 좋은 입지이다. 주변 주택구성은 아파트가 중심인 경우가 좋은 입지이다.

2. 일반입지 종류

(1) 일반 입지

① 입지는 점포가 소재하고 있는 위치적인 조건으로, 보통 상권의 크기, 교통망, 고객층, 가게의 지세 및 지형과 밀접한 관련이 있고, 상권의 특성에 따라 도심, 부심, 역세권, 주택가, 아파트단지, 대학가 등으로 세분화된다.

② 입지는 사업이 지향하는 목적에 따라 결정되는데, 크게 원료지향형, 수송지향형, 시장지향형 입지로 구분된다.

③ 사업자는 원료 생산지와 시장과의 관계 속에서 최소 비용을 추구하기 때문에, 원료가 중요한 업종의 경우에는 원료 생산지에 가까운 위치에 입지하게 된다.

④ 물류의 중요성이 부각되면서 2차 산업을 중심으로 교통 중심지에 입지하는 경향이 뚜렷해지고 있다.

⑤ 3차산업은 전형적인 시장 중심형입지 패턴을 갖고 있기 때문에, 상권이 미치는 영향이 절대적이라고 할 수 있다.

⑥ 개별유통업자로서 적정입지선정에 있어서 중요하게 생각해야 할 판단기준으로는 교통의 연결성 및 편리성, 매장(사용)비용 즉 전세 혹은 월세비용, 고객방문 횟수 · 빈(번)도 등을 고려해야 한다.

(2) 일반 입지의 구분

① 주거 입지

㉠ 우리나라는 예부터 집을 지을 때 남향으로 집의 구조를 형성하는 것을 원칙으로 하였다. 즉, 지형의 모양을 보면 남향은 트이고 경사도 완만하며, 배수도 잘 되고 땅이 건조하기 때문에 위생적이며 환경이 좋아 주거지로는 가장 적합한 입지이다.

㉡ 주거입지는 직장인의 출퇴근 거리를 고려해야 하며 자녀들의 학교 통학거리가 알맞아야 하고, 쇼핑센터나 각종 편의시설의 이용을 위한 교통수단이 발달되고 접근성이 편리해야 한다.

㉢ 쓰레기장 등의 각종 혐오시설이나 공항, 고속도로, 철도변, 번화가의 유흥 밀집지대는 주거지로서는 가장 부적합한 지역이다.

② 상업 입지

㉠ 도매업, 소매업, 백화점, 대형 슈퍼마켓, 구멍가게, 보험업, 증권업, 광고업, 대리점 입지 등 상업 활동이 이루어지는 장소와 그 위치를 말한다.

㉡ 사회적 · 경제적 성격, 상업 집적 상태, 배후지의 인구와 경제력, 소비자의 생활상태, 교통편의, 자연적 기후, 장래 개발계획 등을 고려해야 한다.

㉢ 입지 조건은 시간의 경과에 따라 변화하기 때문에, 현재의 상황만이 아니라 장래를 예견해서 선정해야 한다.

㉣ 상업입지가 갖추어야 할 조건으로는 '가시권 내 식별이 용이한가?', '점포 앞 차량소통은 원활한가?', '점포를 찾기가 용이한가?' 등을 살펴야 한다.

③ 산업 입지

㉠ 산업입지 조건은 제조 품목에 따라 달라지고, 동일 업종이라도 제조 방법의 차이 및 기업의 사정에 따라 달라진다.

㉡ 건설과 조업에 제일 유리한 조건을 갖추고 있는 지역 · 지점을 선정한다.

㉢ 산업이 영위되고 있는 장소와 위치로, 일종의 공업 입지라고 한다.

④ 공장 입지

㉠ 공장을 설립하는데 적당한 일정한 범위의 지역을 공장 입지라 한다.

㉡ 공장 소재지와 직접 관계가 있는 용지의 면적, 가격, 지내력 등을 살펴야 한다.

㉢ 지역의 양상이 바뀌면 제조공정의 기술혁신이 이루어져 입지 조건도 변경된다.

⑤ 농업 입지

㉠ 농업 입지에서의 생산은 작물 · 가축 등의 재배 · 사육에 의거한 유기적 생산이며, 기상 · 토양 · 지형 등에 의하여 영향을 받는다.

㉡ 농업 입지는 수송이나 저장 등이 중요하게 작용하므로, 소비지와 생산지와의 거리가 중요한 입지 조건으로 작용한다.

(3) 일반 입지 형태

① 근린형 입지

㉠ 분산적근린형 입지는 소상권을 기반으로 하여 편의적 서비스를 제공하고, 거주는 주택에 근접되어 분산되는 특징이 있다.

㉡ 집결적근린형 입지는 거주하는 인구의 집적이 크기 때문에 편의품 중심으로 상가가 집결되어 편의품의 비교 선택이 가능하고, 1차 상권의 생선 및 육류 등 생식품에 대한 집객력이 높고 타 업종에도 파급이 용이하다.

② 지구(sector) 중심형 입지

㉠ 지방의 소도시 중심부에 형성되는 상점가, 시행정(市行政) 등의 중심블록으로 형성되는 커뮤니티형 상점가를 말한다.

㉡ 지구 중심적 상권을 형성하여 실용적인 준선매품 및 가족형 식당이 합쳐진 2차 상권을 형성하여 생활 전체의 기능이 충족되는 지역을 말한다.

③ 지역과 광역 중심형 입지

㉠ 중도시 및 지방도시 중심부에 지역상권을 가진 상업지 양판점, 지역 소비자의 다양한 요구와 지역산업의 욕구에 대응, 지역적 특성을 유지하고 지역 주민의 생활에 밀착, 제3 상권을 형성하는 곳을 지역중심형 입지라 한다.

㉡ 도청 소재지 중심 상업지와 신도시 및 부도심(副都心) 상업지, 광역권의 중심도시를 중심으로 상권을 구성하고 대규모 상업 집적을 형성하며, 대도시 간 상권 경제를 형성하는 곳을 광역 중심형 입지라고 한다.

④ 거점형과 특화형 입지

㉠ 다수의 대량 교통망을 거점으로 형성된 상업지 그리고 하나의 상업시설로서 상기능을 충족하는 곳을 거점형 입지라고 한다.

㉡ 일반고객이 대상이 아니라 특수 고객층을 대응하여 소수 상점이 집적된 특화 상점가를 특화형 입지라고 한다.

04 쇼핑센터(Shopping Center)

1. Shopping Center의 개요

(1) 쇼핑센터의 의의

① 쇼핑센터는 도심 지역의 소비자들이 교외로 이전하면서 전문적인 개발업자에 의한 지역 상황과 수요 분석을 통해 규모 · 레이아웃 · 점포구성 · 만족 등이 계획적으로 개발 · 관리 · 운영되는 대표적인 집합형 소매점을 말한다.

② 쇼핑센터는 상업기업의 지리적 집단으로, 특정의 상권에 대해 입지규모 형태 등에 관하여 전체적으로 계획 · 개발 · 관리되고 있다. 이는 계획적 · 집합적인 소매상점의 지리적 집합체로서 계획적인 것만을 지칭한다.

③ 쇼핑센터는 점포 유형과 상품구색의 다양성, 쇼핑과 오락의 결합으로 고객흡인력이 높다. 영업시간, 입주점포들의 외관 등에서 동질성을 유지할 수 있으며 입점업체의 구성을 전체적 관점에서 계획하고 통제할 수 있다.

④ 쇼핑센터는 도시 근교의 광대한 토지를 확보하여 드라이브인 극장 등의 시설을 갖추고, 백화점 등 규모가 큰 소매점을 중심으로 하여 연쇄점, 전문점, 소매점 등을 모아 원스톱 쇼핑(one-stop shopping)이 가능하도록 계획적으로 만들어진 대규모 상점이라고 할 수 있다.

⑤ 역빌딩, 전문점빌딩, 지하거리 등 핵점포가 없는 전문점 집단의 쇼핑센터를 의미하며 입지적으로는 도심지나 유동인구 및 고객집객력이 높은 지역에 위치하며 대형전문점이 마그넷 역할을 하는 업태를 스페셜리티센터(Speciality Center)라 한다.

(2) 쇼핑센터의 분류

① 전통적 타입의 쇼핑센터 유형분류는 근린형, 커뮤니티형, 지역형, 수퍼지역형(혹은 광역형)으로 분류한다.

② 도심형 쇼핑센터지역은 대부분 지가가 높으므로 넓은 면적을 차지할 수가 없으며, 소규모의 면적에 고층화를 추구하고, 지역적으로 주로 도심 중심부에 위치하고 있다.

③ 교외형 쇼핑센터는 지역적인 특색은 비교적 낮은 층수와 대규모 주차시설을 보유하고 있어야 하며, 특정 상권의 사람들을 구매층으로 한다.

④ 지역쇼핑센터(regional shopping center)는 원스톱쇼핑을 가능하게 해주며 또한 식당 및 오락시설 등이 공존함으로써 매력적이다. 임대료와 상가 점포의 수익률 모두 높은 것이 특징이다.

(3) 현대식 쇼핑센터

① 소도시 센터는 소규모의 지역사회와 그 주변지역을 상권으로 하는 일종의 미니몰(mini- malls)로서 커뮤니티 센터를 본떠 규모를 압축한 형태이다.

② 전문점(Speciality) 센터는 입주점 배치시 백화점을 핵점포로 하지 않고 전문점 · 식당 · 극장 · 야외극장 등으로만 구성되는 중역형(中域型) 쇼핑센터이다.

③ 혼용(Mixed-use) 센터는 소매점과 오락 및 커뮤니티 시설을 혼용한 쇼핑시설로서 전통적인 입주점 믹스 외에 아이스 스케이트장 · 민속박물관 · 디스코텍 · 사회평생교육원 · 간이 테마파크 등을 입주시켜 문화적 · 종합 생활적 유형을 갖춘 쇼핑센터이다.

(4) 테마센터(Theme Center)

① 각각의 소매업체들은 점포의 외부환경에 대한 고민을 해당 관리업체에게 위임할 수 있다.

② 초기 해당 점포형태를 계획할 때 입점 업체에 대한 믹스를 계획하여 균형 잡힌 상품 구색을 제시할 수 있다.

③ 다양한 형태의 점포와 다양한 구색의 상품을 제공하며 쇼핑과 오락을 결합시킬 수도 있으며, 최근 우리나라에서도 많이 설립되고 있으며, 고객의 요구에 맞게 진화하고 있다.

(5) 쇼핑센터 신규출점 시 검토사항

① 점포의 크기

② 쇼핑센터 개발업자의 개발경험

③ 쇼핑센터 개발의 타당성 분석에 대한 신뢰성

(6) 범위에 따른 쇼핑센터

① 편의형(Convenience type) 쇼핑센터

㉠ 규모가 가장 작은 5~10개의 입주점으로 구성되며, 은행 · 세탁소 · 주류점 · 식당 · 서비스점이 동시에 입주하고 있다.

㉡ 핵점포는 대개 편의점이며 주로 통행량이 많은 거리를 따라 형성된다.

② 근린형(Neighborhood type) 쇼핑센터

㉠ 근린형 쇼핑센터는 대규모 슈퍼마켓을 포함하여 10~25개 정도의 입주점을 가지는 중규모의 쇼핑센터를 지칭한다.

㉡ 드럭스토어(drug store)나 슈퍼마켓이 핵점포가 되며, 상권은 약 2만명 정도 이하의 소도시에 근접된 지역으로서 자연발생적인 상점가와는 달리 계획적으로 배치되고 고객들은 대부분의 불특정 대상자를 구매층으로 한다.

③ 분산적 근린형(Neighborhood type) 쇼핑센터

㉠ 고객의 구매관습과 동기는 쇼핑센터의 위치가 가깝고 편리하여 매일 구매하고, 일상에서 사용되는 실용품과 생활용품 중심의 상품 구매, 고객의 욕구 분류는 생활조건의 욕구로서 구입 상품은 주로 실용품이다.

㉡ 상업형태는 체인스토어, 생업적 상점, 분산적 상점이며 업종 구성은 선매품 30%, 편의품 20%, 음식점 30%, 기타 서비스점 20%로 구성된다.

④ 집결적 근린형(Neighborhood type) 쇼핑센터

㉠ 고객의 구매 관습은 주 2~3회 정도이다. 근거리, 편리성, 친밀성에 의한 점포를 선택하며, 규격품과 신도심 상품을 선호하고, 욕구 분류는 생활의 합리성 욕구이다.

㉡ 상업 형태는 재래시장 · 기합점포 · 선매품점 등이며 약 80여 개 이상의 점포가 집결하고, 업종 구성은 선매품점 40%, 편의품점 20%, 음식점 30%, 기타 서비스점 10%로 구성된다.

2. 지구형과 광역형 쇼핑센터

(1) 지구형(Community type)(=커뮤니티형) 쇼핑센터

① 입지특성

㉠ 상권 및 인구는 반경 약 2~5킬로미터로 인구는 6~10만 명 정도, 내점 수단은 도보 50%, 자전거 15%, 승용차 20%, 대중교통기관 15% 정도로 구성되어 있다.

㉡ 가장 다양한 포맷의 소매 점포를 포함하는 쇼핑센터로서 고객층은 뉴패밀리층과 샐러리맨층, 통행량은 평일 약 1만 명 선이고 일요일과 휴일은 고객이 급증하는 특징이 있다.

② 구매 특성

㉠ 구매 관습과 동기는 주 1회, 월 2~4회 정도이다.

㉡ 상품 구색과 품질의 양호성 · 다양성 · 신뢰성이 있을 때 단골점포에서 구매하고, 구입 상품은 주로 준고급품과 준유행상품이다.

③ 상업지의 상업기능

㉠ 쇼핑센터의 전형적인 테넌트(tenant)들은 소형 백화점, 할인백화점, 수퍼마켓, 잡화점, 가족의류점, 약국, 스포츠용품점, 사무용품점, 할인 수퍼스토아, 가구점등으로 구성이 되어있다.

㉡ 업종 구성은 선매품점 20%, 편의품점 40%, 음식점 30%, 기타 서비스점 10% 정도이다.

㉢ 가장 일반적인 형태로서 백화점과 슈퍼마켓을 포함하여 25~50개의 입주점이 들어가는 중역형(中域型) 쇼핑센터로서 주로 보행자 광장의 주변에 입지하고 있다.

(2) 광역형(Regional type)(=거점형) 쇼핑센터

① 입지 특성

㉠ 반경 약 10킬로미터로 인구는 약 30만 명 정도, 버스 및 전철 이용객보다는 승용차 이용자가 80% 이상이며, 고객층은 하이틴 · 관광객 · 청년층 · 상류 주부층 · 도시 샐러리맨층 · 인텔리층 · 상류 계층이다.

㉡ 전문점, 고가품 등의 제품을 판매하는 점포가 유리하고, 멀리서 온 원격지 지원 고객은 약 5%이며 고정 고객은 약 30% 정도이고, 통행량은 평일 약 2만명 선이다.

② 구매 특성

㉠ 구매 관습과 동기는 월 1~2회이다. 연간 수차에 걸쳐 주로 전문품을 구매하며, 신용과 성실성에 따라 점포를 선택한다. 욕구 분류는 사회적 욕망, 개성, 탁월성, 신기성, 유행성, 문화성, 정보성 중심 욕구이다.

㉡ 구입 상품은 주로 전문품, 구급품, 고가품, 유행품, 선물 등을 구매하되 세일 기간에는 일용품도 구매 가능하다.

③ 상업지의 상업기능

㉠ 상업 형태는 대형 백화점 및 양판점, 유명 백화점, 패션 전문점, 부띠끄, 문화품점, 고급 음식가, 유흥 및 오락가가 있으며, 업종 구성은 선매품점 10%, 편의품점 60%, 음식점 30%이다.

㉡ 점포 형성은 입체적으로 분포되어 있고 시설은 공장, 몰, 가로장식, 공동간판, 네온 등 렌가보드, 주차장, 휴게소, 고급 식당가, 이벤트 행사는 젊은층을 중심으로 화제성이 높은 이벤트 행사를 해야 한다.

㉢ 대형 유명백화점과 대형전문점 그리고 200개 내외의 쇼핑전문점을 포함하는 대형 쇼핑센터로서 각종 편의시설을 갖추고 지역사회의 범위를 넘어선 넓은 지역의 고객을 흡수할 수 있는 지역에 입지한다.

3. Shopping Center의 입지

(1) 입지선정 및 입지의 접근성

① 쇼핑센터 및 쇼핑몰내부의 입지평가에 있어서 접근성은 중요하다. 독립점포 입지평가에서와 마찬가지로 쇼핑몰이나 쇼핑센터 입지평가에 있어서도 접근성은 중요하다.

② 쇼핑센터 내에서의 점포위치는 표적시장이 겹치는 경쟁점포들과 보완상품을 판매하는 점포들은 서로 근접해서 입지해야 한다.

③ 주차시설의 양과 질은 쇼핑센터, 쇼핑몰 및 주차시설을 개별적으로 갖춘 단독 매장들에 대한 접근성을 평가하기 위한 중요한 요인의 하나이다.

④ 주차 공간의 크기와 같은 양적 요인도 중요하지만 교통의 상대적인 혼잡도와 같은 질적 요인도 고려하여야 한다.

⑤ 쇼핑센터 신규입지에 대한 평가기준으로는 부지의 규모와 형태, 용도규제와 주변의 환경, 주변도로로부터의 가시성(건물외관, 심벌타워 등)을 중요하게 평가를 해야 한다.

⑥ 인접 소매업체가 동일한 표적고객을 대상으로 상호보완적인 구색을 제공하고 있다면 매우 좋은 점포위치라고 할 수 있다.

(2) 쇼핑센터 내부의 입지 전략

① 목적구매점포(destination stores)는 쇼핑센터의 핵점포(anchor stores)에서 가까운 곳 보다는 임대료가 낮은 곳에 입지해도 무방하다.

② 충동구매상품이 구색에서 차지하는 비율이 높은 소매점포는 가능하면 핵점포에 근접한 곳에 입지해야 한다.

③ 혼잡도는 사람들이 밀집되어 복잡한 정도뿐만 아니라 자동차의 밀집에 따른 복잡한 정도를 모두 포함하고 있는 개념이다.

④ 혼잡도가 일정수준을 넘어 너무 혼잡하면 쇼핑속도가 떨어지고 고객 불만을 야기하여 매출이 하락하지만, 적정수준의 혼잡도는 오히려 고객에게 쇼핑의 즐거움을 더해주기도 한다.

(3) 쇼핑센터의 외부입지 전략

① 쇼핑센터의 이용자가 주거지로부터 쇼핑센터까지 이르는 데 소요되는 시간과 거리, 이용 교통수단을 고려하여 입지를 선정해야 한다.

② 교외형과 도심형의 쇼핑센터를 확실하게 구분하여, 각각의 특성에 맞게 목표를 설정하고 있어야 한다.

③ 핵점포, 몰, 코트, 전문상가, 사회 · 문화 시설 등 쇼핑센터를 구성하는 시설의 연계체계를 자세히 고려하여야 하며 고객을 위한 휴식공간, 사회시설, 문화시설의 제공을 고려해야 한다.

④ 인접 소매업체가 동일한 표적고객을 대상으로 상호보완적인 구색을 제공하고 있다면 매우 좋은 점포위치라고 할 수 있다. 주차 공간의 크기와 같은 양적 요인도 중요하지만 교통의 상대적인 혼잡도와 같은 질적 요인도 고려하여야 한다.

(4) 쇼핑센터내 점포위치평가시 고려요소

① 쇼핑센터 내에서의 점포위치는 표적시장이 유사한 점포들과의 근접정도를 살펴보고 평가하는 것이 좋다.

② 주차 공간의 크기와 같은 양적 요인도 중요하지만 교통의 상대적인 혼잡도와 같은 질적 요인도 고려하여야 한다.

③ 인접 소매업체가 동일한 표적고객을 대상으로 상호보완적인 구색을 제공하고 있다면 좋은 점포위치라 평가한다.

④ 고객의 상표 충성도에 따라 쇼핑센터의 외관에 대한 반응이 다르므로 어떠한 형태로 쇼핑센터 외관을 구성했는지에 대한 평가도 중요하다.

4. Shopping Center의 기능

(1) 쇼핑센터의 기능적 구성

① **핵점포**: 쇼핑센터의 중심점포로서 고객을 끌어들이는 기능을 수행하는 점포로 백화점, 대형할인점, 대형전문점 등을 말한다.

② **전문상가**: 대두분 단일의 전문성이 높은 상품을 취급하는 상점과 음식점 등 서비스점 등으로 구성되며 주로 몰(Mall)을 축으로 양옆에 배치된다.

③ **코트**: 쇼핑센터의 곳곳에 고객이 머물 수 있는 공간을 둔 것으로 분수, 전화부스, 식수대, 벤치 등을 설치하여 고객의 휴식처로 조성함과 동시에 각종 정보를 안내하는 기능을 수행한다. 이러한 코트의 크기는 점점 대형화되는 경향이 있다.

④ **사회문화시설**: 쇼핑센터의 또 하나의 중요한 기능으로 커뮤니티에 대한 기여와 고객유치의 2차적 요소인 레저시설, 은행, 우체국 등의 사회시설과 미술관, 각종 강좌 등의 문화시설을 갖추고 있다.

⑤ **몰**: 쇼핑센터의 가장 특징적인 요소인 주요 동선은 고객을 각 점포에 균등하게 유도하는 보행자 도로이며, 동시에 고객의 휴식처로서의 기능도 갖고 있다.

(2) 쇼핑센터의 사회적 기능

① **상업기능**: 쇼핑센터의 기본 기능이며 규모나 형태, 입지 등에 맞는 소매기능이 발휘될 수 있도록 하여야한다.

② **커뮤니티기능**: 공공서비스를 제공하는 장소 또는 축제나 클럽 등 지역생활자가 필요로 하는 장소를 제공한다.

③ **공공적 기능**: 금융서비스, 오락, 행정 및 공공서비스 등과 같은 다양한 공적 서비스를 제공한다.

④ **고용의 창출**: 소매업은 대면판매를 하기 때문에 이에 필요한 다수 고용인을 확보함으로써 지역경제에 이바지한다.

(3) 쇼핑센터의 핵 점포(anchor stores)

① **지역별 쇼핑센터**: 하나 혹은 두 개의 (대형)백화점, 일부 선매품 및 일부 전문품에 중점

② **커뮤니티 쇼핑센터**: 양판점 또는 종합 할인점, 편의품 및 일부 선매품에 중점

③ **초광역형 쇼핑센터**: 다수의 백화점, 선매품 및 전문품에 중점

(4) 스트립 쇼핑센터의 유형

① 네이버후드 센터(Neighborhood Center)

㉠ 네이버후드 센터는 말 그대로 '이웃의 가게'라는 뜻의 지역을 말한다.

㉡ 소비자와 가장 가까운 지역에서 소비자들의 일상적인 욕구를 충족시키기 위하여 편리한 쇼핑장소를 제공하도록 설계된 곳을 말한다.

② 커뮤니티 센터(Community Center)

㉠ 커뮤니티 센터는 지구 중심으로 위치하고 있으며, 네이버후드 센터보다는 좀 더 다양한 범위의 일반적인 상품을 제공하고 있다.

㉡ 커뮤니티 센터 내의 주요 소매 업태는 일반적인 슈퍼마켓과 대형 드럭스토어, 할인 백화점 등으로 분류할 수 있다.

㉢ 커뮤니티 센터 내의 입점 업체들은 흔히 의류, 가정용품, 가구, 장난감, 신발, 애완동물용품, 전자 및 스포츠용품을 판매하는 카테고리 전문점이나 할인점이 주를 이루고 있다.

③ 파워 센터(Power Center)

㉠ 파워 센터는 할인점, 할인백화점, 창고형 클럽 또는 홈디포 등 카테고리 킬러를 포함하는 일부 대형 점포들로 구성된다.

㉡ 소매업의 업태분류 중 카테고리 킬러, 대형 마트를 핵 점포(anchor store)로 유치하는 것이 가장 적절하다.

(5) 키오스크(Kiosk)

① 쇼핑몰의 공용구역(common area)에 설치되는 판매 공간으로서 새로운 제품을 판매하거나 정규 점포를 개장하기전 시험적인 판매정보를 얻기 위해 쉽게 고객을 확보할 수 있는 통행인들이 많은 대형점포의 공용장소에 위치하는 경우가 많다.

② 쇼핑몰 내 다른 유형의 다른 점포들에 비해 단위면적당 임대료가 낮고 디스플레이 공간이 넓어 충분한 창의성을 발휘할 수 있다.

③ 주로 쇼핑몰의 공용장소에 제품을 진열하는 독립매대가 있으며, 빈 공간을 활용할 수 있어 쇼핑몰 운영자에게 선호되는 점포이다.정상적인 점포를 임대하는 것 보다 적은 위험으로 상권정보를 얻을 수 있다.

5. Shopping Mall

(1) 쇼핑몰(Shopping-Mall)의 정의

① 쇼핑센터가 포화상태에 이르자 개발업자들이 쇼핑센터를 변형한 쇼핑몰이라는 신업태를 개발하였다.

② 쇼핑몰은 쇼핑센터 내의 모든 입주점을 한 지붕과 건물 내에 수용하고 중앙부에서 공기를 조절함으로써 전천후(全天候)로 쾌적한 구매환경을 제공하는 상점가이다.

③ 주 통로가 각 점포를 이어주고 광장이나 분수대 같은 조경도 갖고 있으며, 휴식공간과 외부에 넓은 주차장이 완비되어 있는 하나의 소사회로서 입주점들이 연동식으로 된 독립점포를 가지고 있으며, 소규모의 전문점만을 공통의 건물 안에 수용하는 경우도 있다.

④ 선별된 패션이나 품질이 우수하고 값이 높은 독특한 제품을 판매하는 패션 · 전문센터나 유명상표나 백화점의 이월상표를 상당히 할인하여 할인판매하는 아웃렛 센터도 있다.

(2) 쇼핑몰(Shopping-Mall)입점의 장점

① 규모가 크고 다양한 점포를 구성할 수 있는 장점이 있어 개별점포에 비해 고객 흡인력이 매우 크다. 많은 다양한 형태의 점포와 다양한 상품구색, 그리고 쇼핑과 오락을 결합시킨다.

② 쇼핑몰조직본부에서 모든 입점업체들의 매장경영전반에 대해 계획, 실행, 관리를 해주기 때문에 개별업체들 입장에서는 투자의 위험성이 상대적으로 낮고, 점포의 외부환경을 관리해주기 때문에 쾌적한 쇼핑환경을 유지할 수 있다.

③ 쇼핑몰관리자가 점포의 외부 환경을 관리해주기 때문에 쾌적한 쇼핑환경을 유지할 수 있다. 각각의 소매업체들은 자사 점포의 외부 환경변화에 대한 공동대응 면에서 더욱 편리하다.

④ 많은 다양한 형태의 점포와 다양한 상품구색, 그리고 쇼핑과 오락을 결합시키고 입점업체의 믹스를 계획할 수 있으며 각각의 소매업체들이 자사 점포의 외부 환경에 대한 걱정이 줄어든다.

⑤ 쇼핑몰은 다양한 유형의 수많은 점포와 다양한 구색의 상품, 그리고 쇼핑을 오락과 결합하여 전천후 쇼핑을 가능하게 하는 쇼핑의 중심지가 되어가고 있다. 동일한 혹은 유사한 표적고객을 대상으로 하는 점포들이 복합적으로 입점하고 있다.

(3) 쇼핑몰(Shopping-Mall)입점의 단점

① 쇼핑몰에 목적점포가 입점해 있는 경우에는 기생점포보다 더 큰 상권범위를 형성하게 된다. 목적점포 없이 기생점포만으로 쇼핑몰을 구성하게 되면 많은 고객을 유인하는 데 한계가 있다.

② 쇼핑몰에 대한 전체적인 관점에서 본 최적의 업종 및 업체 믹스가 쇼핑몰 전체성과에 중요하게 영향을 미칠 수 있기 때문에 쇼핑몰운영조직본부에 의해 개별 쇼핑몰 입점업체에 대한 통제를 한다.

05 노면독립입지와 복합용도개발지역

1. 노면 독립입지(Freestanding Sites)

(1) 노면 독립입지의 개념

① 노면 독립입지란 여러 업종의 점포가 한곳에 모여 있는 군집 입지와 달리, 전혀 점포가 없는 곳에 독립하여 점포를 운영하는 형태를 말한다.

② 독립지역은 다른 소매업체들과는 지리적으로 떨어진 지역을 의미하며, 통상적으로 독립지역에 위치한 소매점은 다른 소매업체들과 고객을 공유하지 않는다.

③ 독립입지는 군집입지의 상반되는 개념으로 중심시가지 보다 토지 및 건물의 가격이 싸고, 대형점포를 개설할 경우 소비자의 일괄구매(one-stop shopping)를 가능하게 하며, 비교구매를 원하는 소비자에게는 그다지 매력적이지 않다.

④ 노면 독립입지의 장점은 넓은 주차공간, 영업시간, 제품에 대한 규제의 완화, 고객을 위한 큰 편의성 등이 있다. 다른 소매업체들과 지리적으로 떨어진 지역을 의미한다.

⑤ 하이마켓이나 슈퍼 센터형 대형 할인점이 흔히 독립지역에 위치하는데, 대학교 교내에 위치한 서점 등도 대표적인 독립지역의 예이다.

(2) 노면독립입지에 적합한 업종

① 통행인들에 대하여 가급적 가시성이 높은 위치에 있어야 하고 특정 입지 안에 직접 경쟁하는 점포가 비교적 적어야 한다.

② 점포 경영자가 점포의 간판, 영업시간, 상품구색에 대해 결정권을 가지고 있는 영업이어야 한다.

③ 다른 업체와 비교 우위에 있는 확실한 기술력을 보유하고 있는 전문성이 있는 업종이나 다른 업체와 비교하여 뛰어난 마케팅능력을 보유하고 있으며, 충분히 능력을 발휘할 자신이 있는 업종이 적합하다.

④ 대규모 자본을 투자하여 다른 업체와 확실한 비교 우위를 설정하여 고객 스스로 찾아올 수 있도록 할 수 있는 서비스와 시설 규모가 갖춰진 업종이 적합하다.

⑤ 뚱뚱한 사람들에게 맞는 청바지를 파는 유일한 점포와 특정 상권 안에서 가장 낮은 가격으로 식품을 판매하는 대형 슈퍼마켓과 수많은 종류의 장난감을 판매하는 카테고리 킬러와 같은 목적점포(destination stores)가 적합하다.

(3) 상권 분석 시 주의사항

① 점포가 입점할 곳을 조사하여, 창업 업종의 특색에 적합하고 시장개발 가능성이 높은 상권을 선택해야 한다.

② 창업 업종의 성장 가능성 및 지역개발 가능성 등 상권에 영향을 줄 수 있는 요인을 파악하고 중 · 장기적으로 유리한 상권을 선택한다.

③ 창업 업종에 맞는 적절한 상권 선택에 필요한 주요 수요층과 유동인구, 경쟁점 등을 고려해야 한다.

(4) 노면 독립입지의 선택

① 독자 상권에 진입하는 경우

㉠ 창업자는 점포의 입지 선정에서 독자적인 상권을 개발한다.

㉡ 점포 신설지역에서 창업 품목이나 업종에 대해 새로운 경영환경을 창조한다.

㉢ 새로운 고객층을 형성하기 위한 공격적 마케팅 전략을 수립하여, 확장 위주의 경영계획을 추진하여야 한다.

② 기존 상권에 진입하는 경우

㉠ 창업자가 진입하기 전에 이미 상권이 형성되어 있는 것을 말한다.

㉡ 기존의 고객을 새로운 점포에 흡인하기 위해서는 특별한 마케팅 서비스를 고객의 기호와 요구에 알맞은 전략을 수립해야 한다.

㉢ 신설 점포의 차별성을 부각시키기 위한 점포의 면적, 점포 간의 거리는 물론 광고, 홍보전략도 달라야 한다.

(5) 노면 독립입지의 장 · 단점

① 장 점

㉠ 임대료가 낮으며, 높은 가시성을 가지고 있다.

㉡ 직접적으로 당면하는 경쟁업체가 없다.

㉢ 주차공간이 넓어서 고객에게 편의성을 제공하고, 새로운 확장에 용이하게 작용한다.

㉣ 영업시간과 광고간판 등에 대한 규제가 비교적 완화된다.

② 단 점

㉠ 노면 독립입지의 단점은 다른 점포와의 시너지 효과가 결여되어 있기 때문에 고객을 유인하기 위해 상품, 가격, 판촉 혹은 서비스를 특별하게 제공해야 한다.

㉡ 직접적인 경쟁업체가 없으므로, 경쟁을 통한 시너지 효과를 얻기가 힘들며, 고객을 지속적으로 유인하기 위해서는 가격, 홍보, 상품, 서비스 등을 차별화해야 하므로 비용적인 측면에서 증가한다.

(6) 노면 독립입지에 적합한 정책

① 규모의 정책을 실시하여 저비용 · 저가격으로 대규모 판매를 실시해야 하는 경우에 적합하며, 일정한 크기의 토지와 형태가 요구되는 업종의 경우에 적합하다.

② 시간이나 장소적 제약을 받는 쇼핑몰이나 쇼핑센터의 운영 규제와는 상이한 독자적인 점포 정책을 실시할 필요가 있는 경우에 적합하며, 물적 유통의 네트워크상에서 비용 절감을 위하여 특정한 위치가 필요한 경우에 적합하다.

2. 복합용도 개발(MXDs : mixed-use developments)

(1) 복합용도 개발의 정의

① 1972년 Gurney Breckenfeld가 처음으로 '복합용도 개발'이라는 용어를 사용하였다. 소매점들이 복합용도개발입지를 선호하는 이유는 통상적인 고객 외에 추가적인 구매고객의 유인에 있다.

② 주거, 업무, 여가 등 다수의 용도가 물리적, 기능적으로 복합된 건물을 말하며, 상권을 조성하기 위한 단순한 개발방법이 아닌 상권과 함께 생활에 필요한 여러 편의시설을 복합적으로 개발하기 위한 방법이다.

③ 개발업체들은 넓은 보도나 대규모 진열창 등에 세세한 주의를 기울여 특별히 인간적인 느낌이 있어야 한다.

④ 주거와 상업, 업무, 문화 등 3가지 이상의 기능들을 상호 밀접하게 연관시켜 편리성과 쾌적성을 제고시킨 건물 또는 건물군의 개발을 말한다.

⑤ 복합용도개발은 하나의 복합건물에 다양한 용도 즉 쇼핑센터, 오피스타워, 호텔, 주상복합건물, 컨벤션센터 등을 복합적으로 결합시킨 것을 말한다.

(2) 복합용도 개발의 특징

① 복합용도 개발은 개발업체들이 공간을 보다 생산적으로 사용할 수 있기 때문에 복합용도개발을 선호한다.

② 특정한 지역에 같은 기능을 하는 점포들이 몰려 있어서 많은 고객들을 점포로 유인할 수 있기 때문에 소매업체들에게 인기가 높다.

③ 오피스 개념의 도심지에 주거기능을 도입함으로써 도넛 현상인 도심 공동화 현상을 어느 정도 방지할 수 있어 도시에 활력소가 된다.

④ 개발 가능성이 높기 때문에 재개발을 수행함으로써 도심지역의 토지 이용 효율성을 높일 수 있다.

⑤ 도심지 내 주거생활에 필요한 근린생활시설, 각종 생활 편의시설의 설치가 가능해 도심지 활성화의 수단으로 활용되기도 한다

(3) 복합용도 개발의 기능

① 주거 기능

㉠ 도심 재개발에 적용될 경우 도심 공동화 현상을 방지하며, 도심을 재생시키는 데 이바지한다.

㉡ 정책적인 차원에서 주거기능을 수용하도록 장려한다.

㉢ 다른 기능들에 비해 투자비가 많이 소요되는 반면, 수익성이 낮다.

② 업무 기능

㉠ 업무기능은 다른 기능과 결합되어 상승하는 효과가 있다.

㉡ 복합용도 개발에서 업무기능은 상호 경쟁적이다.

㉢ 특별한 내부 시설의 구비 없이도 건물 내에 수용이 가능하다.

③ 상업 기능

㉠ 건물 내에 다른 이용자가 있다.

㉡ 이러한 이용자로 하여 상권이 형성되고 있으므로 유리하다.

④ 호텔 기능

㉠ 건물의 이미지를 창조한다.

㉡ 호텔을 이용하는 자들의 야간 이동 인구를 확보하게 된다.

㉢ 경제적 측면에서 가장 수익성이 높은 기능이다.

⑤ 부가적 기능

㉠ 음식점 등을 판매하는 상점가를 형성할 수 있다.

㉡ 스포츠시설의 입주가 가능하다.

㉢ 오락실 등의 위락시설 등이 존재한다.

㉣ 우체국, 은행 등의 공공시설 등이 있다.

㉤ 극장이나 전시실 같은 문화시설이 있다.

(4) 위더스푼(Witherspoon)의 주장

① 3가지 이상의 용도

㉠ 호텔, 오피스, 상가, 주거 등 도심 속 인간생활의 기본요소인 주거, 작업, 여가의 각 활동을 동시에 수용할 수 있는 건물로, 3가지 이상의 용도가 한 건물 안에 물리적 · 기능적으로 복합된 건물을 의미한다.

㉡ 용도면에서 다양한 측면을 강조하여 상호 보완적 상승작용을 유지하면서, 다양한 목적을 가진 이용 대상자의 범위를 증대시키고 비업무 시간대의 활용을 유도한다.

② 물리적 · 기능적 통합

㉠ 구성요소들 간에 견고한 물리적 기능의 통합에 의한 높은 토지이용을 창출하여야 한다.

㉡ 수직적 · 수평적 동선체계의 집중적인 연결로 긴밀하게 통합되어야 한다.

③ 통일성 있는 개발계획

㉠ 단위개발 프로젝트에 비해 관련 전문분야와의 협력은 복합용도 개발에 꼭 필요하다.

㉡ 전체 프로젝트의 규모, 형태, 용도, 공정, 구성, 용도들 간의 상대적인 관계, 오픈 페이스, 인프라 등의 일관된 계획에 의해 이루어진다.

(5) 복합용도 개발의 필요성

① 젊은 독신자나 젊은 부부처럼 도시 내 · 외에서 살고자 하는 사람들에게 양질의 주택을 공급할 수 있고,수요자의 다양한 요구를 충족시키기 위해서 필요하다.

② 도심지 내에서 반드시 필요한 근린생활시설 및 각종 편의시설의 설치가 가능하게 되어, 도심지가 생동감이 넘치고 다양한 삶의 장소로 변화가 가능하다.

③ 도심지발전에 있어서 복합기능의 수용에 따라 상업기능전용의 증가현상을 억제함으로써 도시의 균형잡힌 발전을 도모할 수 있다.

④ 도심지역 내에 주거기능이 도입됨으로써 도넛 현상인 공동화 현상을 감소시킬 수 있고, 도심지의 활력을 키우고 다양한 삶의 장소로 바꾸기 위해서 필요하다.

⑤ 주거지와 직장의 거리가 단축됨으로 인해 개인적으로 출퇴근 시 교통비용과 시간의 절약이라는 이점이 있으며, 교통 혼잡도 완화할 수 있다.

⑥ 도심지 주변에 소재하고 있는 소규모 개인업체인 도소매업, 광고업, 인쇄업 등이 서비스 역할을 담당하는 유흥지역으로 변경되는 것을 억제할 수 있다.

⑦ 주상복합용도 건물의 건설로 인하여 기존 시가지 내의 공공시설을 활용함으로써 신시가지 또는 신도시의 도시기반시설과 공공서비스 시설 등에 소요되는 공공 재정이나 민간 자본을 절감할 수 있다.

⑧ 각종 업무나 주거시설 등 기능별로 주차자의 집중 이용 시간대가 분산되기 때문에, 한정된 주차 공간을 효율적으로 이용할 수 있다.

⑨ 저밀도로 이용되고 있는 도심지역을 재개발함으로써 토지 이용의 효율성을 높이고, 아울러 쾌적한 녹지 공간의 확보와 기존의 도시시설을 편리하게 이용할 수 있다.

06 입지별 유형

1. 백화점(Department store)

(1) 백화점의 개념

① 백화점(百貨店)은 의류, 가정용품, 장식품 등 다양한 상품을 폭넓게 취급하는 점포 또는 각종 상품을 부문별로 구성하여 최종 소비자가 일괄 구매할 수 있도록 직영 형태로 운영되는 대규모 점포이다.

② 우리나라의 경우 매장면적이 1,000평(지방의 경우 700평) 이상이고 50% 이상이 직영으로 운영되어야 하며, 통합적인 대규모 소매상으로는 가장 오래된 소매 업태이다.

③ 백화점은 하나의 매장 내에 일괄구매와 비교구매가 가능하도록 선매품을 중심으로 편의품에서 전문품에 이르기까지 다양한 상품 구색을 갖추고 대면판매, 현금 및 신용에 의해 정찰 판매한다.

④ 대규모 경영이라는 규모의 경제성을 통해 집중적 경영을 수행하며, 점포의 입지를 대도시 중심, 부도심 및 철도역, 터미널 등에 전략적으로 정하고 있다.

⑤ 풍부한 자금력, 인적 자원 그리고 거대한 점포를 보유하고 부분적 자원을 유용하게 활용하며, 교통소통이 원활한 곳에 입지를 정하고 있다.

⑥ 독립채산제를 원칙으로 합리적 부분별 조직을 통해 집합적 경영을 수행하며, 각 부문별로 상품의 매입, 구색, 가격, 각종 서비스를 제공함으로써 각 부 상호 간에 위험을 분산한다.

⑦ 각 백화점은 입지의 지리적 · 환경적 요인을 분석하여 소비자의 흡인을 높일 뿐만 아니라, 고객 모집력이 높은 층을 고려한 MD 개편, 문화 · 레저산업과의 연계 등 차별화된 마케팅전략이 요구된다.

⑧ 잘 알려진 백화점으로는 신세계, 롯데, 현대백화점 등이 있으며, 새로운 업태의 출현과 교통체증, 주차공간의 부족 등에 의해 주로 도심에 입지한 백화점에서의 구매를 기피하는 경향이 있다.

(2) 백화점의 발전 요인

① **대도시와 교외의 발전:** 구매력이 큰 대도시 인구의 교외로의 이전과 도심과 주변 인구의 증가로 인한 구매력이 증가하였다.

② **고객에 대한 편의시설:** 지하철과 버스 노선이 복합된 편리한 입지 선정, 자동차 이용의 대중화로 주차장 완비, 건물의 리뉴얼정책을 통한 시각적 이미지를 증가시키므로 고객의 호응을 얻게 되었다.

③ **다양한 상품의 구색제공**: 상품구색 갖추기와 저렴한 자사상표개발(private brand), 각종 서비스 제공에 중점을 두었다.

④ 정보화의 영향: 정보화 산업의 진입에 따라 각종 정보통신 수단을 통해 소비자에게 상품 정보를 신속하고 정확하게 전달하므로 소비자가 직접 반응하게 되었다.

⑤ **다양한 소비문화**: 가처분 소득의 증가로 소비자 라이프스타일이 고도화 · 개성화 · 차별화 · 다양화되면서 소비자들의 욕구를 충족시킬 상품이 제공되었다.

(3) 백화점의 입지

① 백화점은 3차 산업으로 전형적인 시장 중심형 입지 패턴을 가진 시장지향적 입지로서 입지 형태는 상업입지이다.

② 대상지역의 주요 산업, 유통인구, 인근지역 소비자의 소비형태, 대중교통과의 연계망 등을 고려하여야 하며 입지의 지리적, 환경적 요인을 분석하여 소비자의 흡인률을 높일 뿐 아니라 집객력이 높은 층을 고려한 MD개편, 문화레저산업과의 연계 등을 통한 차별화 전략이 요구된다.

③ 백화점내 매장은 매장 내의 교통체계가 정리되어야 하고, 주통로와 부통로의 유기적 관계가 중요하다. 또한 고객이 상품을 보기 쉽도록 구성해야 하며, 가능하면 장방형으로 하고 벽면을 최대한 사용하여 공간을 활용하여야 한다.

(4) 백화점의 입지 선정 시 고려사항

① 백화점은 규모면에서대형화를 추구하기 때문에 상권 내 소비자의 경제력 및 소비형태의 예측을 근거로 적정한 입지를 선정해야 한다. 백화점 입지의 선정은 주요산업, 유동인구, 대중교통 연계성 등 장기적인 발전을 고려하여 선정해야 한다.

② 국내 백화점의 경우 신업태의 출현과 교통체증, 주차공간의 부족 등으로 주로 도심지에 위치한 백화점에서의 구매를 기피하는 경향이 점차 발생하여 백화점 또한 도시 외곽의 부도심지로 옮기거나 지방에 지점을 여러 개 두는 다점포영업을 시도하고 있다.

③ 상점과 상호간의 관계, 상점가 업종구성 및 성격구분 등 백화점은 중심상업지역과 지역쇼핑센터 등의 좋은 입지여건을 고려해야 하고,고객을 유치하기 위해서는 주차장, 교통시간, 백화점의 인지도, 가격의 합리성 등 기타 환경조건 등을 고려해야 한다.

(5) 입지별 백화점 유형

① **도심형 백화점**: 가장 전형적인 형태로, 도심 중심 상업지역에 위치하고 있으며, 대규모의 상품을 취급하는 곳이다.

② **터미널형 백화점**: 대도시 내의 교외 교통망과 시내 교통망과의 접속점을 중심으로 한 상업지구에 위치하며, 역사의 건축물과 결합된 형태도 있다.

③ **교외형 백화점**: 미국에서 발달한 형태로, 교외 주택지역의 교통 중심지역에 위치하는 것으로 건물은 2~3층의 저층이지만 대규모이며 넓은 주차장을 갖고 있는 것이 특징이다. 앞으로 우리나라의 경우도 이러한 입지형이 발전될 것이다.

2. 의류패션전문점(fashion specialty stores)

(1) 의류패션 전문점의 개념

① 패션전문점(fashion specialty stores)의 상품구색에서 가장 비중이 높은 상품유형은 선매품이다.

② 의류패션 전문점은 도심 중앙이나 쇼핑몰에 다수가 포진하고 있으므로, 지나가는 통행인들을 유인하기 위하여 항상 좋은 상품을 진열하는 전략을 세우고 실행해야 한다.

③ 패션이란 유행 풍조, 양식을 일컫는 말로, 어느 일정한 시대나 시기에 특정한 사회현상이나 생활양식 등이 일반적으로 받아들여져 널리 퍼지는 과정을 말하며, 주로 의복이나 복식품의 유행을 정의한 것이다.

④ 소비자들이 여러 점포를 다니면서 비교구매를 할 수 있도록 배려하므로 중심상업지역, 중심상업지역 인근지역 또는 슈퍼지역 쇼핑센터 등 대부분의 쇼핑센터, 의류 · 전문센터, 테마 · 페스티벌 센터 등에서 영업성과가 좋다.

(2) 의류패션 전문점의 입점전략

① 의류패션전문점은 중심상업지역 인근이 좋은 입지가 된다.

② 잡화점, 인테리어 소품점 등이 주위에 입지하고 있다면 상호 보완적인 역할을 한다.

③ 비교구매를 통한 브랜드간 경쟁이 심하며, 유사점포의 밀집도가 높으면 매출에 긍정적인 영향을 미친다.

④ 고객관점에서 쇼핑의 편리성을 제공하는 입지로서 고객에게 전문적인 상품을 체험하고 고르는 즐거움을 줄 수 있어야 한다.

(3) 의류패션 전문점의 입지

① 의류패션 전문점의 입지는 오락과 즐거움을 제공할 수 있고, 비교구매가 가능한 중심상업지역 또는 인근 지역의 입지가 좋은 입지이다.

② 의류패션 전문점은 백화점보다 더 인기가 있는 곳이라 생각되는 곳에 주로 위치하지만 백화점에서 인기를 끄는 것과 같은 이유로 전문점의 특성과는 부합된다.

③ 입지는 주로 중심 상업지역(CBD), 중심 상업지역 인근 쇼핑센터, 의류 전문센터 등이 가장 유리하다.

④ 인구통계변수들 가운데 패션전문점의 입지선정에 대한 영향력으로는 상권 내 가구들의 평균 소득, 상권 내 가구 수와 가구 평균 구성원의 숫자, 상권 내 현재 인구수와 인구수의 증감 여부를 고려해야 한다.

(4) 의류패션 전문점의 영업

① 기본환경 조사

㉠ 패션점포의 형태와 규모나 점포의 위치, 도로와의 접근성과 주변 환경 및 주차 용이성의 평가기준에 따라 적절하게 평가한다.

㉡ 점포가 위치한 지역의 특성과 경쟁점포 현황, 각종 규제 여부 등을 조사하여 평가기준에 따라 평가한다.

② 상권의 분석

㉠ 의류패션 전문점의 위치를 나타내는 상세한 지도를 구입한 후 핵심 상권과 전략 상권을 정한 후 해당 상권별 인구나 세대수, 대형 주거단지 여부 및 상권 내 고객의 소비수준, 주요 교통수단과 주요 공중접객시설을 조사하고 분석해야 한다.

㉡ 경합점포 및 상호 보완업종, 고객 흡인시설의 유무와 대형 백화점 또는 할인점의 유무, 학교, 향후 발전 가능성, 도시계획의 변경 등을 조사하고 분석하여야 한다.

③ 주변 상권과의 관계

㉠ 주변 상권과의 관계를 고려해야 하는 이유는, 특히 의류점의 경우 선매품으로 고객이 여러 점포를 다니면서 가격이나 디자인, 색감이나 품질 등을 비교하여 구매하는 특성을 지녔기 때문이다.

㉡ 의류상권이 밀집된 지역이 의류패션 전문점의 지역적인 입지조건으로는 가장 좋다. 의류업의 경우에 잡화점이나 액세서리, 인테리어 소품점 등과의 관계는 상호 보완적인 업종 형태의 관계를 형성하고 있다.

㉢ 점포의 핵심 고객층을 설정하려면 점포 주변과 상권의 유동 인구수는 물론 연령대, 성별구성비, 주요 통행시간과 통행방향 및 주(主)출입구 등을 조사하여야 한다.

④ 접근성과 편의성의 고려

㉠ 점포의 입지와 상권에 대한 세부적인 분석이 이루어지면, 구체화된 점포에 접근하는 데 불편함을 최소화시켜야 한다.

㉡ 구체화된 점포가 있는 곳이 유동 고객을 유인할 수 있는 지역인지, 고객이 편리하게 모든 시설 등을 이용할 수 있는 지역인지를 고려하여 결정한다.

(5) 의류패션 전문점의 운영전략

① 시장상황의 신속하고 철저한 파악

㉠ 유명한 영화배우나 TV스타의 옷 입는 스타일과 패션을 연구하여 파악해야 한다.

㉡ 공급업자는 시장 조사를 통한 트렌드 파악과 함께 도매상인과 같은 유통 단계상의 상인들과 친밀한 관계 유지 여부를 파악해야 한다.

㉢ 인터넷의 패션 사이트나 외국의 유명 패션잡지 등을 둘러보며, 유행패션 파악 및 연구를 수행하여야 한다.

② 효율적인 매장 구성 및 관리

㉠ 매장의 컨셉을 명확히 하여 상품에 일관된 이미지를 부여하고 브랜드 매장 구성을 위하여 VMD와 MD의 개념을 도입하여야 한다.

㉡ 콘셉트를 명확히 하여 고객들에게 강한 구매충동을 일으키고, 제품에 대한 일관된 이미지를 부여하여야 한다.

③ 재고의 효율적 관리의 확립

㉠ 가급적이면 재고 최소화와 과다 재고의 방지 및 반품을 위해, 시장 상황을 빠르게 파악하여 이를 매장에 즉시 반영하여 대처해야 한다.

㉡ 상품 매입에 자신이 없는 점주나 경영자는 전문 제품 매입업자를 통하여 하거나 대형 도매상가나 쇼핑몰을 이용하여 상품을 구입해야 한다.

㉢ 약간 높은 가격에 구입하고 마진폭을 줄이더라도, 검증된 제품을 구입하고 인기상품을 파악하여 매장의 상품 구색을 맞추어야 할 필요가 있다.

㉣ 상당기간 보유하고 있는 재고품은 원가판매, 끼워팔기, 단골 고객에게 사은품 제공 등을 통하여 신속하게 처리하여야 한다.

㉤ 일반적으로 효율적인 재고관리 기법인 ABC 분석 등의 방법을 이용하여 재고비용을 절감하여야 한다.

㉥ 시장 상인들과의 신뢰도 확립 및 유지를 통해 반품시 불이익을 최소화하고, 시장에 보유하고 있는 현금을 최소화하도록 한다.

(6) 의류패션 전문점의 특징

① 의류패션 전문점은 경영성과, 즉 매출액 및 수익측면에서우위에 있는 군집(도심)입지를 선호하는 경향이 강하다.

② 의류패션 전문점의 강력한 경쟁업태의 하나로 백화점이있으며, 백화점의 인근지역 혹은 백화점내부에 입점하여상호 시너지효과를 획득하고자 하는 경향이 있다.

③ 의류패션 전문점은 중심상업지역, 중심상업지역 인근, (슈퍼)지역 쇼핑센터 등 대부분의 쇼핑센터, 의류 · 전문 센터, 테마 · 페스티벌 센터에서 영업성과가 좋다.

④ 지속적인 경쟁력 우위의 확보를 위한 전략적방안의 하나로 의류패션 전문점 또는 체인화사업과 자사상표 패션상품의 개발을 강화할 수 있다.

⑤ 일반적으로 효율적인 재고관리 기법인 ABC 분석 등의 방법을 이용하여 재고비용을 절감하여야 한다. 약간 높은 가격에 구입하고 마진폭을 줄이더라도, 검증된 제품을 구입하고 인기상품을 파악하여 매장의 상품 구색을 맞추어야 할 필요가 있다.

3. SPA & VMD

(1) SPA(Speciality retailer's store of Private label Apparel)

① SPA의 개념

㉠ SPA는 1986년에 미국 청바지 회사인 갭(GAP)이 도입한 개념이다. 전문점(Speciality retailer)과 자사 상표(Private label) 그리고 의류(Apparel)라는 합성어로 '제조직매형 전문점'이라 한다.

㉡ SPA기업은 의류제조업자가 브랜드 제품의 기획과 생산 및 소매활동에 이르기까지를 일괄적으로 시스템화하여 전개하는 기업을 의미하기도 한다.

㉢ 패션전문점의 확산과 함께 합리적인 가격의 중요성이 대두되면서 직영 또는 반직영 체제인 SPA유통망 형태의 점포가 점차 확산되고 있다.

㉣ 최근 가두매장의 대형화로 의류업체나 요식업 등이 종전의 프랜차이즈 시스템에서 직접 경영하는 직영점 형태로 변화를 시도하고 있다.

② SPA의 특징

㉠ SPA는 기획에서부터 판매에 이르기까지 하나로 연결되어 있기 때문에, 이곳에서는 이미 판매하여 소비자들에게 검증된 상품만을 만들어 판매가 이루어진다.

㉡ SPA는 매장 내에서 모든 팔 수 있는 상품을 만들기 위해 정확하게 예상을 해야 한다. 기획, 생산, 유통의 합리화를 이루며 비용 절감을 통하여 가격경쟁력을 갖추고, 소비자가 원하는 상품을 찾아내어 적시에 적정한 장소에 공급함을 목표로 한다.

㉢ SPA는 비용의 절감을 통하여 소비자의 부담을 줄이는 합리적인 패션유통의 한 형태이기 때문에, 소비자가 원하는 스타일을 파악해 신속한 기획과 생산, 반품과 매장관리가 이루어져 재고부담이 감소한다.

㉣ SPA에서는 대형매장을 직영하는 형태로 하기 때문에 백화점 등에 상당액의 수수료를 주는 것보다는 정확한 의사결정의 기능을 수행하는 통합 물류 시스템의 구축을 통해 기획, 생산, 유통 간의 저비용 운영체계를 구축하여 비용 절감을 통한 원가 인하를 할 수 있다.

(2) VMD(Visual Merchandising)

① VMD의 개념

㉠ 비주얼(visual)과 머천다이징(merchandising)의 합성어이다.

㉡ 비주얼(visual)은 고객이 어느 곳에서든 볼 수 있는 장소에 상품을 배치하여, 그 상품의 장점과 매력을 고객에게 시각적으로 호소하기 위한 것을 말한다.

㉢ 머천다이징(Merchandising)은 기업의 마케팅 목표를 실현하기 위해 특정의 상품과 서비스를 장소, 시간, 가격, 수량별로 시장에 내놓았을 때에 따르는 계획과 관리를 말하는 것으로, 마케팅 핵심을 형성하는 활동을 말한다.

② VMD의 활동

㉠ VMD는 특정한 목표에 적합한 특정의 상품과 서비스를 조합하여 적절한 장소, 시간, 수량, 가격 등을 계획적 · 조직적으로 조정하고 체계화하는 활동이다.

㉡ VMD는 마케팅의 목적을 효율적으로 달성할 수 있도록 하는 활동이다.

㉢ VMD는 마케팅 목적의 효율화를 위하여 정보수집, 재고관리, 판매촉진을 통해 매력적으로 진열 · 판매하는 활동이다.

(3) 고급 패션전문점의 입지

① 도심의 중심상업지역이 유리하다.

② 번화가, 쇼핑몰 · 지역쇼핑센터가 유리하다.

4. 식(食)생활품점(店)

(1) 식료품점

① 식료품점의 의의

㉠ 식료품점은 음식의 재료가 되는 물품으로 육류, 어류, 채소류, 곡식류, 과실류 따위와 같이 주식품 외의 것을 파는 점포를 의미한다.

㉡ 식료품점은 일반적으로 네이버후드 스트립 센터에 입지한다. 카테고리 킬러처럼 식료품점은 가격으로 경쟁하며, 네이버후드 스트립센터는 상대적으로 임대료가 비싸지 않다.

㉢ 주차장이 가까운 것도 식료품점 고객에게 중요하다. 사람들은 일반적으로 일용품을 구입하기 위해 멀리 가려고 하지 않으며, 식료품점은 일반적으로 가로변에 위치하다.

② 식료품점의 특징

㉠ 표적고객으로부터 거리가 멀어질수록 식료품점의 규모는 커진다.

㉡ 식료품점에서는 선도가 중요한 상품인 빵, 우유, 두부, 마요네즈, 냉동식품 등은 신선도의 보존과 유지가 항상 가장 중요한 요인이 되고 있다.

㉢ 식료품점에서는 선도와 보존기간이 중요한 버터, 치즈, 커피, 염간물, 청주, 맥주, 안주류와 같은 상품은 수일간의 보존은 가능하지만 포장상태 또는 점포 진열상태에 따라 품질의 변화를 일으키는 경우가 많은 상품은 보존기간의 명시 여부에 주의해야 한다.

㉣ 식료품점에서는 선도와 보존기간의 문제가 약한 간장, 화학조미료, 식용류, 통조림 등 비교적 보존성이 높은 가공식품은 저위보존식품으로 분류한다.

③ 식료품점의 입지선정 고려사항

㉠ 점포의 취급품의 종류와 품질에 대한 소비자의 구매만족도, 예상된 고객의 시간대별 통행량, 통행인들의 속성 및 분포 상황, 경쟁점포와 기타 상점들 간의 입지 선정문제를 판매가능성 요소로 고려해야 한다.

㉡ 교통의 편리성인데 고객의 거주지역과 점포까지의 운송수단과 소요시간의 내용을 고려하여 불편함이 없어야 한다.

㉢ 위치 측면에서는 상점가의 위치, 주차장소, 시간대별 · 요일별로 변화 가능성, 도로의 폭, 비탈이나 경사진 면, 상가의 좌우에 편성되어 있는 건물 등의 요소 등을 면밀히 고려해야 한다.

㉣ 회계적 측면으로 어느 누구든지 장사를 하는 것은 궁극적으로 영리를 목적으로 하기 때문에 점주는 그 사업에 투자한 금액과 시간 등에 대한 기회비용을 고려하여 언제, 얼마만큼 회수할 것인가에 관심이 많다. 따라서 그것을 명확히 고려하여 투자하여야 한다.

④ 식료품점에 적합한 입지

㉠ 일용식료품점은 주거지 인근에 입지하며, 대부분이 1층에 위치해야 하며, 점포의 규모는 10평 정도가 가장 적합하다.

㉡ 식료품점의 입지선택의 경우 가급적 가격경쟁력이 높은 도매클럽은 독립입지를 선호하는 경향이 있다.

㉢ 일반적인 주거 밀집지역, 아파트 또는 주거 밀집지역에 있는 상가나 쇼핑센터가 적당한 위치이다.

㉣ 맞벌이 부부가 많은 2,000세대 이상의 아파트지역과 독신 남녀들이 많이 모여 사는 오피스텔 주변, 사무실 밀집지역이 식료품점으로는 가장 적합한 지역이다.

(2) 청과물

① 청과물의 개념

㉠ 청과물은 채소, 과실 등 식용 원예작물을 총칭하는 말로 무, 당근, 토란, 감자 등과 같은 채소와 나무 열매인 사과, 배, 복숭아, 밤, 호두, 포도, 무화과 등이 있다.

㉡ 청과물은 크기, 수분, 영양가, 성숙도 등의 품질의 균형성을 기하기가 어렵고, 청과물의 크기나 부피에 비하면 가격적인 면에서 낮기 때문에 원거리 수송에서는 경제성이 떨어진다.

㉢ 청과물은 기상조건과 생산조건에 영향이 있기 때문에 생산과 공급에 있어서 계절적인 영향을 많이 받아 부패나 변질 가능성이 높고 수확 후 장기보존이 어려우므로 신선도 유지가 상당히 힘들다.

② 청과물상의 입지와 특징

㉠ 무 · 배추 등과 같이 부피가 크고 무거운 식료품의 소매점은 농산물도매시장에 가까운 곳에 입지할수록 불리하다.

㉡ 청과물의 수확에는 대량으로 언제든지 생산하는 제품과는 달리 인력의 능력으로는 한계가 있기 때문에 예측가능성이 상당히 낮다.

㉢ 생산된 청과물을 보관하기 위해 냉동시설을 설비하고 있는 창고가 필요하며, 부패 · 변질 가능성 때문에 시간적인 위험가능성이 언제든지 상존하고 있다.

(3) 수산물

① 수산물은 바다에서 생산되는 물고기, 삼치 등의 어류 뿐만이 아니라 미역, 해삼, 멍게 등을 포괄하는 개념이다.

② 수산물을 취급하는 수산물점은 신선도가 가격을 크게 좌우하므로 저장시설이 필수적인 조건이다.

③ 수산물은 바다에서 잡은 어류 등을 항만시설이 있는 특정지역을 통하여만 입고되므로 유통구조 면에서 다른 것보다 복잡한 면이 있다.

④ 소득수준의 향상은 수산물 수요의 향상 요인이라고 할 수 있다. 수산물은 가격기준을 정할 수 없기 때문에 마진율이 상당히 높게 책정된다.

5. 생활용품점

(1) 생활용품점의 의의

① 생활용품 전문점은 주로 일상적인 가정생활에서 사용하는 다기 · 다양한 상품들로서 무수히 많은 종류로 나눌 수 있다.

② 생활용품 전문점도 일종의 소매점의 형태를 취하고 있으며, 점포의 위치 선정에 상당한 주의를 하여야 한다. 이는 소매업은 입지가 매출과 직결되기 때문이다.

(2) 업종 선정

① 아파트 단지 내 상가의 경우 이질 업종이 결합하는 것이 바람직하다.

② 동종 업종이 집단적으로 몰려있을 경우 상권의 흡인력이 커지게 된다.

③ 대로변 상가에는 이종 업종이 거리에 따라 분포하는 것이 바람직하다.

④ 외식업이나 판매업은 동종 업종이 많이 분포할수록 장사가 잘되고, 서비스업은 동종 업종의 수가 적을수록 유리하다.

(3) 생활용품점의 입지선택요인

① 상품 요인

㉠ 주변에 대형할인점 등과 취급하는 품목이 다수 겹치게 되면 인근에 대형 유통센터가 없는 지역에 입지해야 한다.

㉡ 주변의 대형할인점이 취급하지 않는 상품인 기능성이 첨가된 숯 생활용품 전문점, 장식용 디자인 소품, 홈쇼핑 판매품목과 같이 대형 할인점에서는 취급하지 않는 것이라면, 오히려 대형 할인점의 출점지역이나 인근으로 진출하는 것이 유리하다.

㉢ 주방기구나 생활용품, 인테리어 소품, 수입용품을 전문적으로 판매할 경우 주요 고객층은 주부이다. 따라서 대단위 아파트 밀집지역, 주택가 밀집지역 등 주거지 인접지역으로 출점하여야 하며, 도로변이나 재래시장 근처, 통행량이 많은 곳이나 슈퍼마켓 근처에 입지를 선택하는 것이 유리하다.

② 접근성 요인

㉠ 일반적인 지역에서는 1층에 위치하는 것이 접근성이 유리하다.

㉡ 전문상가 건물 내에 입점할 경우 상가 건물이 활성화되어 있고, 흡인력도 좋다면 반드시 1층이 아니어도 접근성에서 긍정적인 편이다.

㉢ 생활용품 전문점의 판매 품목 중 상당수는 충동구매가 높아 접근성이 뛰어난 곳에 위치하는 곳이 좋다.

㉣ 생활용품 전문점의 입지조건으로 대형마트 등과 취급품목이 겹치지 않는 틈새상품이라면 대형마트 인근에 출점하는 것이 오히려 유리하다.

③ 소득 수준 요인

㉠ 생활용품 할인점은 서민생활 밀집주거지역에 위치하는 것이 접근성이 유리하다.

㉡ 백화점이나 대형 할인점은 중산층 이상의 소비수준을 유지하는 곳에 위치하는 것이 좋다.

㉢ 아이디어나 기능성 상품 판매점, 수입용품 판매점은 중산층 거주지가 적합하다.

㉣ 세대수가 5천세대 이상이거나 그 이상 흡수가능한 상가 건물 중 업종 구성이 다양하고 유동고객수가 많은 곳이면 어디든지 입점해도 문제가 되지 않는다.

(4) 업종별 입지

① **액세서리 전문점:** 이들은 주로 10대 후반에서 20대 후반의 연령대에서 여성들이 주고객이므로, 여학교나 번화하고 유동인구가 많고, 접근성이 용이한 지역으로 입지를 선정하는 것이 중요하다.

② **가방 전문점:** 대부분의 수요층이 특정되어 있으므로 중 · 고등학교나 대학교 인접지역과 유동인구가 많은 환승지역이나 대로변에 입지하는 것이 적합하다.

③ **문구점:** 문구를 사용하는 계층은 특정되어 있기 때문에, 학교 앞이나 사무실이 밀집된 지역에 입지를 선정한다.

④ **고깃집:** 주로 가족들이나 단체로 오는 손님들을 대상으로 하기 때문에, 일반음식점과는 구분되어 넓은 지역에 입지하는 것이 유리하며 주차시설은 필수조건이다.

⑤ **신발점:** 학교 근처나 재래시장 및 주택가에 입지를 선정한다.

⑥ **안경점:** 안경도 특정되어 있기 때문에 중 · 고등학교나 대학교 및 주택가에 입점하는 것이 좋다.

(5) 아파트 단지 상가

① 대규모 아파트 단지들은 주변에 근린생활시설과 같은 편익시설이 갖추어지지 않았기 때문에 주거와 상가를 동시에 공급할 수밖에 없는 상황에서 건설되었다

② 단독주택지 안의 아파트단지의 경우 단지 내 상가의 매력도가 떨어진다. 가능하면 이질적인 업종들이 결합하여 서로 경쟁을 피하도록 하여야 한다.

③ 대형평형 아파트단지 상가보다는 중소평형 아파트단지 상가의 매력도가 상대적으로 더욱 높다.

④ 단지별 연계성이 떨어지기 때문에 단지 내 인구가 유효인구가 되며, 더 이상의 수요 창출을 기대하기는 어렵다.

6. 패션잡화점

(1) 패션의 개념과 특징

① 패션의 개념

㉠ 패션은 보는 시각에 따라 '특정기간 동안에 지배적인 스타일' 혹은 '시대적으로 적절하다고 인정되는 발상과 구성'으로 풀이한다.

㉡ 패션은 '특정 사회적 역할에 적절한 것으로 사회적으로 규정되거나 수용되는 특정 스타일' 및 '새로운 스타일이나 제품이 사업적으로 소개된 후, 소비자들이 수용하는 사회적 전염과정'이라고 풀이한다.

㉢ 패션의 스타일로서 의복의 스타일이나 가구의 스타일, 또는 어떤 신기하거나 새로운 품목을 들 수 있으며, 가장 일반적인 패션은 하나의 행동이나 양식이 될 수도 있다.

② 패션의 특징

㉠ 패션이라고 하는 것은 일시적으로 수용되는 일정한 기간이 있다. 어떤 특정 모드나 현대적인 추세 및 유행하는 스타일들은 일시적으로는 어떤 특정한 기간 동안에 수용되지만 궁극적으로는 바뀌는 것이다.

㉡ 패션은 특정사회집단이나 또는 그 집단 구성원의 전부는 아닐지라도 적지 않은 비율에 의하여 수용된다.

㉢ 여기에 사회집단은 한 사회의 전 구성원 혹은 특정 하위 집단의 구성원일수도 있고 친구 사이와 같은 비공식적인 집단일 수도 있다.

㉣ 패션잡화점의 최적 입지는 상호보완적인 상품을 제공하는 다양한 점포들이 모여 있는 곳이다.

(2) 패션잡화점의 특징

① 패션잡화점은 목적점포(destination stores)의 성격이 강하다.

② 패션잡화점의 입지선정에서는 좋은 목보다 낮은 임대료가 더 중요한 고려사항이다.

③ 구색이 비슷하여 직접 경쟁하는 점포들이 모여 있는 입지는 패션잡화점에게 적합하지 않다.

④ 패션잡화점은 상호 보완적인 상품을 판매하는 다양한 점포들이 모여 있는 장소에 입지하는 것이 좋다.

(3) 패션잡화점의 입지

① 패션잡화점의 최적 입지는 상호보완적인 상품을 제공하는 다양한 점포들이 모여 있는 곳으로 대학가나 젊은층이 자주 찾는 지역이 좋은 입지이다.

② 여러층으로 구성된 매장에서 고객의 주된 출입구가 있는 층, 쇼핑몰 내부입지에서 핵점포(anchor store)의 통로나 출입구 근처의 입지가 적합하다.

(4) 패션상품의 수명주기

① 도입기

㉠ 신제품이 도입되면 새로운 제품이기 때문에 소비자들은 아직 관심이 없으며 또한 그 제품에 대하여 잘 알지도 못한다.

㉡ 기업에서는 신제품을 알리기 위하여 여러 가지 판매 촉진 정책을 마련해야 한다.

㉢ 신제품 개발을 위한 시험연구비, 판매촉진비용 등으로 판매액보다는 비용이 많아 결손을 보는 단계이다.

② 성장기

㉠ 기존 고객들은 이 제품을 다시 구매하며, 광고 등으로 인하여 망설이던 고객들이 시험적으로 구매를 시작하기 때문에 매출이 급격히 증가한다.

㉡ 매출증대는 이익증대로 연결되고, 따라서 경쟁자들이 이 제품시장에 뛰어들어 유사한 제품이 생기게 된다.

㉢ 매출이 증대되면 기업은 투자를 무리하게 확대하려는 경향이 강하게 작용하는데, 이 경우 기존업체 의사결정자는 전략적 계획수립에 신중을 기하여야 한다.

③ 성숙기

㉠ 초기 성숙기에서는 매출은 계속 증가하지만 많은 경쟁자들이 시장에 나타나고, 유통조직의 확장이 포화상태가 되어 새로운 고객은 창출되지 않으므로 결국 매출은 최고조에 이르러 더 이상 증가하지 않는다.

㉡ 후발 업체도 제품의 품질향상과 적극적인 마케팅을 하기 때문에 제품에 차별화가 없어지고, 업체 간 경쟁은 격렬하게 되며, 제품의 가격을 인하하여 새로운 고객을 찾으려 한다. 이 시기의 마지막에 즈음하여 고객들은 다른 대체 상품을 찾기 시작한다.

④ 쇠퇴기

㉠ 제품이 쇠퇴기에 접어들면 새로운 제품이 출현하게 되고, 새로운 것을 추구하는 소비자들은 기존 제품을 구입하지 않고 신제품으로 바꾸게 된다.

㉡ 매출은 감소하게 되지만 새로운 변화를 원하지 않는 보수적인 소비자들은 아직 기존 제품을 사용하며 매출은 겨우 명맥을 유지하고 있다.

㉢ 매출의 감소로 이익이 감소되고, 이러한 결과로서 다른 경쟁자들도 이 시장을 떠나게 된다.

(5) 패션의 수명 주기

① 프롭스(Flops)

㉠ 거의 대부분의 소비자들이 거부하는 형태를 말한다.

㉡ 극히 일부 혁신적인 소비층을 위해서만 한 번쯤 사용되다 버려지는 패션이다.

② 패즈(Fads)

㉠ 소수집단에 의해 단시간에 수용되었다가 거부되는 초단기 유행상품을 지칭한다.

㉡ 짧은 기간 동안 지속되지만 상당한 수준의 강렬한 느낌을 받는 패션 형태를 말한다.

③ 포즈(Fords)

㉠ 상당히 오랜 기간 동안 소비자들에 의해 수용되는 패션을 말한다.

㉡ 수익성도 높고 판매도 안정적이므로 포즈 상품을 여러 제조업자들이 다양한 가격대의 변형 상품으로 개발 · 판매한다.

④ 클래식(Classic)

㉠ 주로 소득이 높은 계층에 의해 수용되며 오랜 기간 동안 지속되는 패션으로서 안정적이며 수익성도 높으므로 포즈 상품보다 중요성이 더 크다.

㉡ 다수에게 기본적인 욕구를 충족시키고 단순한 디자인으로 오래 유행이 지속되는 스타일로서 소매점 머천다이즈 구성상 기본 상품을 말한다.

07 소매입지이론

1. 넬슨(R. L. Nelson)의 소매입지이론

(1) 넬슨(R. L. Nelson)이론의 개념

① 오늘날 소비자의 욕구가 다양화 · 개성화 · 전문화하는 추세하에서 소매점도 이에 대응하여 대형화 · 시스템화 · 전문화되고 있다.

② R.L Nelson은 소매인력법칙을 보완하여 매장면적과 거리 외 점포의 물리적 속성에 해당되는 다른 요인도 흡인력에 영향을 미치고 있다고 보았다.

③ 넬슨은 최대의 이익을 얻을 수 있는 매출고를 확보하기 위하여 점포가 어디에 위치하고 있어야 하며, 어디에 입지해야 하는지를 알기 위하여 입지 선정을 위한 8가지 평가원칙을 제시하였다.

(2) 넬슨(R. L. Nelson)의 입지선정의 8가지 평가방법

① **상권의 잠재력**: 현재 관할 상권 내에서 취급하는 상품, 점포 또는 상업시설의 수익성 확보가 가능한가에 대한 검토가 이루어져야 한다.

② **접근 가능성**: 동일한 상권 내의 고객들을 자신의 점포로 유인하는 데 있어서 어떠한 장애요소가 고객들이 접근할 수 있는 가능성을 방해하는지를 살펴보는 것이다.

③ **성장 가능성**: 주변의 인구 증가와 일반 고객들의 소득증가로 인하여 시장 규모나 선택한 사업장과 유통상권이 어느 정도로 성장할 수 있겠는가를 평가하는 방법이다.

④ **중간 저지성**: 경영자가 속한 상권지역 내의 기존 점포나 상권 지역이 고객과 중간에 위치하여 경쟁점포나 기존의 상권으로 접근하려는 고객을 중간에서 저지할 수 있는 가능성을 평가하는 방법이다.

⑤ **누적적 흡인력**: 동일업종의 집적에 의해 고객을 끌어들일 수 있는 가능성으로 경영자가 속한 상권지역 내에 영업 형태가 비슷하거나 동일한 점포가 집중되어 있어 고객의 흡인력을 극대화할 수 있는 가능성 및 사무실, 학교, 문화시설, 체육시설 등에 인접함으로써 고객의 흡수가 유리한 조건인가를 평가하는 방법이다.

⑥ **양립성**: 상호보완관계가 있는 점포들이 근접하여 입지함으로써 고객이 흡입될 가능성으로 경영자가 진입할 상권에 상호 보완관계에 있는 점포가 서로 인접해 있어서 고객의 흡인력을 얼마나 높아지게 할 수 있는가의 가능성을 검토하는 방법이다.

⑦ **경쟁 회피성**: 장래 경쟁점이 신규 입점함으로써 고려대상 점포나 유통단지에 미칠 영향 정도나 경쟁점(경쟁 유통단지)의 입지, 규모, 형태 등을 감안하여 고려대상 점포나 유통단지가 기존점포와의 경쟁에서 우위를 확보할 수 있는 가능성의 정도를 평가하는 방법이다.

⑧ **용지 경제성**: 경영자가 진입할 상권의 입지 가격이나 비용 등으로 인한 수익성과 생산성의 정도를 검토 평가하여 수익성 및 생산성이 가장 확실하게 보장되는 용지를 선택해야 한다.

2. 상업 입지 이론

(1) 상업 입지의 의의

① 상업입지는 상업활동이 행하여지는 지역적인 장소 또는 그 범위를 지칭하며 상업지(개별매장, 쇼핑몰 혹은 쇼핑센터)의 선택은 시간 및 거리에 크게 영향을 받는다.

② 해당상업지의 흡인력은 경쟁하는 상업지와의 거리(위치 및 도달의 편리성)에 영향을 받고, 다른 상업지를 이용하는 것은 여러 상업지의 상품의 양과 질 및 매장내부 그리고 외부시설의 매력성 등에 영향을 받는다.

③ 상업입지의 대상은 도매업이나 소매업은 물론이고, 백화점이나 대형 할인점이나 슈퍼마켓까지 다양하게 사용되고 상품의 현물을 취급하지도 않는 보험업, 증권업, 광고업과 공공거래소 등의 입지를 포함하는 개념이다.

④ 입지의 위치나 지역적인 좋고 나쁨이 영업면에 상당히 민감하게 반영되는데, 예컨대 환승역 주변의 각종 점포 등은 유동인구에 따라 매출에 상당한 영향을 받기 때문에 이러한 업종을 영위하는 점포의 사업을 '입지산업'이라 한다.

(2) 상업지의 입지 조건

① 물리적 조건

㉠ 지반, 노면, 건물의 외형, 가로구조 등을 물리적 조건이라 한다.

㉡ 부지의 형상, 인접 건물의 형태, 대기환경 등으로 구분할 수 있다.

② 사회적 조건

㉠ 고객들이 존재하는 배후지는 최고로 중요하다. 따라서 인구밀도와 지역면적이 크고, 고객의 소득수준이 높아야 상업지의 입지로 적합하다.

㉡ 고객의 교통인구가 많을수록 그곳에 위치한 상점가는 유리하며 교통인구란 단순한 통과인구가 아닌 구매와 관련된 고객인구이어야 한다.

㉢ 배후지가 아무리 발달되어 있고 소득수준이 높더라도, 교통수단의 발전이 없다면 고객을 흡인할 수 없기 때문에 접근성이 나빠 불리하다.

③ 경제적 조건

㉠ 해당지역 경영자의 창의력과 자금력이 어떤 국면에 처해 있으며, 현재 얼마나 활발하게 번영하고 있는가를 살펴야 한다.

㉡ 해당지역의 지가 수준, 임대료 수준, 급료 수준, 매상고, 교통량, 입지경쟁을 살펴보면 파악이 가능하다.

(3) 상업지의 물리적 요인

① 가로의 구조

㉠ 동(東) · 서(西)로 된 가로는 서쪽이, 커브를 이룬 가로의 경우에는 바깥쪽이 유리하다. 커브의 내부입지는 가시성과 접근성이 모두 낮으므로 피하는 것이 좋다.

㉡ T자형 도로와 한 편이 막힌 막다른 도로입지는 오직 한 방향의 고객을 잃은 것처럼 보이나 실제로는 고객이 막다른 도로의 진행을 꺼리므로 사방의 모든 고객을 잃는다.

㉢ 역이나 정류장 등을 향한 가로는 우(右)측이 유리하고, 비탈길의 경우에는 하부(下部)가 유리하지만, 구체적인 업종에 따라 다르다.

㉣ 음식점은 양지바른 쪽이 유리하고 양품점, 서점, 가구점은 도로의 남쪽 · 서쪽의 대지를 정하여 직사광선에 의해 상품이 퇴색되는 것을 방지하는 것이 유리하다.

② 도로의 구조

㉠ 토지와 도로는 한 면보다 네 면이 활용하기가 좋고, 가시성이 높은 입지에서는 구매 경험률과 고정고객비율을 동시에 높일 수 있다.

㉡ 우회전이 많은 가각 입지는 앞 차량이 운전자의 시야를 가리므로 가시성이 불량하다. 운전자는 주행신호를 받아 이미 가속한 이후에야 입지를 인지할 수 있다.

㉢ 주도로의 제한속도가 높을수록, 예를 들어 제한속도 40km보다는 60km에서 전면은 더 넓어야 한다. 도로의 중앙 분리대가 있는 경우에는 조심해야 한다. 중앙분리대는 교통안전을 위해 설치를 한 것이지만 접근성을 방해하는 경우가 있다.

③ 소매점 경영 시 나쁜 도로형태

㉠ 로프(loop)형태의 도로는 곳곳에 커브가 많아 소매업 경영에 좋은 조건은 아니다.

㉡ 뱀(serpentine)형태의 도로는 기본적으로 굴곡이 많은 도로이며, 산과 언덕의 경사가 많아 소매업 경영에 좋은 조건은 아니다.

㉢ 여러 갈래의 도로가 서로 평행(parallel)한 형태로 놓여있는 도로는 소매업 경영에 좋은 조건이 아니다.

④ 소매점 경영 시 좋은 도로형태

㉠ 큰 도로를 중심에 두고서 양쪽 옆으로 생선가시처럼 수없이 갈라지는 생선가(fishbone)형 도로는 소매업 경영에 좋은 도로 형태이다.

㉡ 도로가 나뭇가지처럼 사방으로 뻗쳐있는 나뭇가지(tree branch)형 도로는 소매업 경영에 좋은 도로 형태이다.

㉢ 모든 도로가 특정지역으로 이어져 있는 별(stellar)형 도로는 소매업 경영에 좋은 도로 형태이다. 이는 사방에서 오는 고객의 접근성이 유리하고, 고객을 한 곳으로 모을수 있는 형태이기 때문이다.

(4) 구매 관행에 따른 상업지분류

① 편의품점

㉠ 일반인들이 언제 어디서든 시간과 장소에 제약없이 쉽게 구매할 수 있는 생활필수품을 판매하는 점포로, 주로 저차원 중심지에 입지한다.

㉡ 상품이 주로 가정용품이므로, 주고객 대상은 주부이며 항상 통행하는 길목의 상점 등이 대부분 산재성 점포이다.

㉢ 소비자가 구매하고자 하는 제품은 상표에 대한 충성도가 거의 없는 일반적 제품이 많아 가격과 서비스품질이 상대적으로 뛰어난 점포를 찾아 이용하는 경우도 있지만 가까운 거리에 있는 점포도 많이 이용한다.

② 선매품점

㉠ 선매품점은 고객이 상품의 가격, 스타일 등 여러 상품과 비교하여 최종 구매를 결정하는 상품을 말한다.

㉡ 구매횟수는 적으나 편의품에 비해 가격 수준이나 이윤은 높다는 특징이 있다.

㉢ 고객의 취미 등이 잘 반영되어야 하므로 표준화시키기는 어렵다.

㉣ 선매품을 파는 상점은 원거리에서 찾아오는 손님도 많으므로, 교통수단과 접근성이 좋아야 한다.

㉤ 선매품을 취급하는 소매점포는 보다 상위의 소매 중심지나 상점가에 입지하여 넓은 범위의 상권을 가져야 한다.

③ 전문품점

㉠ 전문품은 고객이 특수하고, 높은 목표로 한 매력을 찾으려고 하기 때문에 구매에 비용을 아끼지 않는다.

㉡ 전문품에는 고급 양복, 고급 시계, 고급 자동차, 고급 보석 등이 해당된다.

㉢ 전문품을 취급하는 점포의 경우 고객이 지역적으로 밀집되어 있으므로 상권의 밀도는 높고 범위는 넓은 특성을 갖고 있다.

㉣ 전문품은 가격수준이 높으며 광고된 유명상표 상품을 갖춘 상점으로 주로 고차원 중심지에 위치한다.

(5) 새로운 입지의 수요예측방법

① 새로운 입지의 수요예측방법에는 유사성 방식, Huff모델을 이용한 방식, 다중회귀분석 등이 있다.

② 가장 폭넓게 사용되는 방법으로 유사성방식이 있으며, 유사성방식의 보다 공식적인 통계적 버전으로서 다중회귀분석방식을 사용한다.

③ 다중회귀분석방식은 획득 가능한 자료를 가진 점포의 수가 많으면 많을수록 수요예측에 더욱 적합하다.

④ 다중회귀분석방식은 우선, 성과예측을 위해 점포의 성과 및 설명변수를 찾아낸 다음 회귀방정식을 도출하여 미래의 점포성과를 예측하게 된다.

⑤ Huff의 중력모델에서 점포가 가진 경쟁의 매력도는 고객으로부터 점포나 쇼핑센터까지의 거리나 이동시간을 고려한다.

3. 주거 입지

(1) 주거지의 개념

① 주택은 배산임수라 하여 언덕에 형성되어 왔다. 주거지의 입지는 각종 주거시설이 위치하고 있는 장소를 말한다.

② 주거 입지를 선정할 때에는 입지 대상이 내포하고 있는 토지의 자연적 · 인문적인 조건을 감안하여 선정하여야 한다.

(2) 주거지의 입지 선정 요인

① 주변 환경과 더불어 쾌적한 상태를 지니고 있어야 한다.

② 주거지로부터 직장이나 학교까지의 교통수단 등의 편리성을 지니고 있어야 한다.

③ 학교, 병원 등 각종 편의시설이나 문화시설에의 접근 가능성이 높아야 한다.

(3) 주거지의 사회 · 행정적 조건

① 주거지역을 정할 때 그 지역의 범죄 발생건수, 우범지역 여부, 치안담당 관서의 유무 등도 충분히 살펴야 한다.

② 도로는 거주자가 어떤 특정한 지역을 방문할 경우에 접근 가능성을 뒷받침하고, 교통 상태 역시 지하철인가 버스인가 또는 역세권인가 멀리 떨어져 있는가에 따라 달라진다.

③ 교육시설, 의료시설, 문화시설, 구매시설, 스포츠시설, 가스공급시설, 하수도 · 오물 처리시설 등 편의시설 존재유무 등을 종합적으로 살펴보아야 한다.

④ 공해나 위험시설, 혐오시설, 공항인접지, 공장인접지, 철도, 유흥가, 경기장 주변 불리한 시설물의 상태 등을 세심하게 고려하여야 한다.

⑤ 주거 지역 거주자들의 직업, 지위, 소득 수준도 고려하여야 한다.

(4) 주거지의 입지 조건

① 지형 조건

㉠ 남(南) · 동(東)쪽은 트이고 완만하게 경사진 곳이 유리하다.

㉡ 북(北) · 서(西)쪽은 차가운 계절풍을 막아주는 산과 숲이 있는 것이 유리하다.

② 지세 조건

㉠ 붕괴 위험성이 높은 언덕배기나 절벽 밑은 피해야 한다.

㉡ 우뚝 솟은 봉우리는 바람받이가 되고, 움푹 파여 들어간 소형 분지도 주거지의 입지 조건으로는 적합하지 않다.

③ 토지 상태와 지반 상태의 조건

㉠ 집터는 단단하고 강하며 땅이 좁고, 지질은 습도가 적당히 스며들어 보존할 수 있는 점토와 사토가 약간씩 섞인 토양이 있어야 훌륭하다.

㉡ 점토, 암석, 모래지역이나 과거에 논, 수면, 늪을 매립하여 개토한 지질은 좋은 상태라고 할 수 없다.

④ 기상 조건

㉠ 강수량이나 풍향, 일조시간, 기온 등 입지에 상당한 영향을 줄 수 있다.

㉡ 요소들의 파악이 제대로 되어야 주택의 쾌적성에 영향을 줄 수 있다.

4. 공장 입지

(1) 시장 지향형

① 신선도의 유지가 절대적으로 필요한 제품이나 부패성이 높은 제품일 경우에 적합하다.

② 교통비용을 절대적으로 절감해야 하는 경우에 추구하는 조건이 된다.

③ 중량이나 부피가 늘어나는 산업이 유리하다.

④ 재고의 확보가 필요한 제품을 생산하는 공장에 적합하다.

⑤ 일반 소비자와 접촉이 많이 필요한 제품을 생산하는 경우에 필요하다.

⑥ 원재료가 단순하고 동일하며 중량이 많이 나가는 제품인 경우에 유리한 조건이다.

⑦ 생산과정에 투입되는 원재료와 재공품의 생산이 복잡한 제품을 생산하는 공장에 필요하다.

(2) 노동 지향형

① 의류 · 신발산업, 인쇄, 섬유, 출판업 등이 가장 적합하다.

② 변동비와 고정비 중 고정비가 차지하는 비중이 가장 최저점인 경우가 유리하다.

(3) 원료 지향형

① 특정 장소에서만 생산되는 원료인 편재원료를 많이 사용하는 공장에 필요하다.

② 총 비용 중에서 원료의 수송비 비중이 상당한 제품을 생산하는 공장에 적합하다.

③ 생산과정에서 원재료의 중량이 상당히 감소하는 제품을 만드는 공장에 적합하다.

④ 부패하기 쉬운 원료로 제품을 만드는 경우에 유리하다.

(4) 운송비 지향형

① 운송비를 최소화할 수 있는 곳에 입지해야 한다.

② 공항, 항만, 철도, 고속도로 등의 접근성이 중요하다.

③ 농작물을 밭떼기하여 농공단지 내에서 가공하는 공장에 가장 적합하다.

④ 바다에 위치한 제철공장과 제련공장의 경우에도 필요한 입지이다.

⑤ 어선에 의한 항구의 물고기 가공공장의 경우 적합하다.

08 입지 영향 인자

1. 라이프스타일(Life style)

(1) 라이프스타일의 의의

① 라이프스타일(Life style)은 개인이나 가족의 가치관 때문에 나타나는 다양한 생활양식 · 행동양식 · 사고양식, 생활의 모든 측면의 문화 · 심리적 차이를 전체적인 형태로 나타낸 말로서 최근에 마케팅과 소비자의 행동 연구 분야에서 관심을 가지게 되었다.

② 소매업의 개점시 라이프스타일의 특성을 고려하는 것은 매우 중요하다. 해당지역 인구의 라이프스타일 특징은 특정 소매업체가 추구하고 있는 표적시장과 일치해야 하고, 한 지역의 인구수와 소득이 구매력을 결정짓는 중요한 요 건일 수 있기 때문이다.

③ 인구 및 라이프스타일 변수 분석의 초점은 표적고객들의 특징을 파악하는 것으로 나타날 수 있다. 인구 통계와 라이프스타일의 특성은 소득문제, 가족문제, 교육문제 등 인구의 특색을 나타낼 수 있는 모든 변수들은 인구학적인 특징에 포함할 수 있다.

④ 소매점포 입지선정과정에서 상권 내 소비자들의 라이프스타일의 변화 동향을 의류패션전문점, 스포츠용품점, 문화용품점 등을 통해 파악할 수가 있다.

(2) 라이프스타일의 특징

① 사람들이 세상을 살아가는 방식이며, 개인마다 갖는 톡특한 삶의 양식이다. 상당히 많은 제품들이 고객들의 라이프 스타일에 의해 영향을 받으며, 구매된 상품은 구매자 라이프 스타일을 표현한 것임을 알 수 있다. 많은 기업들이 구매자의 라이프 스타일에 따라 그들의 시장을 세분화하고 있다.

【 라이프 스타일 세분화를 위한 AIO 변수 】

활동(activity)	관심(interest)	의견(opinion)
일	가 족	자기자신
취 미	가 정	사회적 관심사
사회적 사건	직 업	정 치
휴 가	지역사회	사 업
오 락	여가활동	경 제
클럽회원활동	여 행	교 육
지역사회	음 식	상 품
쇼 핑	대중매체	장 래

② 라이프 스타일에 의한 시장세분화는 심리분석적 세분화기법 중 가장 대표적인 방법이다. 라이프스타일의 변수는 주로 사람들의 활동(Activity), 관심(Interest), 의견(Opinion)을 기준으로 몇 개의 집단으로 구분하는데, 영문표기의 머릿글자를 따서 AIO 분석이라고 한다.

(3) 전체 인구의 변화

① 현재 우리나라 총 인구의 증가율은 세계에서 최저에 속하지만, 절대적인 총 인구의 증가는 미약하게나마 계속 증가하고 있는 상황이다.

② 총 인구의 증가는 개인의 소득 증가와 함께 유통업의 계속적인 발전 가능성을 의미한다. 따라서 특정 거래지역에서 소매점을 개설하는 경우에는 그 지역 총 인구의 증가 요인을 면밀히 검토하여 거기에 맞는 대책을 수립해야 한다.

(4) 인구 구조의 변화

① 연령별로 인구의 구조가 어떻게 형성되어 있으며 어떠한 계층의 인구가 가장 많은지를 파악하는 것은, 연령별 세분시장의 동향을 파악하는 데 중요한 요인이 되고 있다.

② 과거에 우리나라의 인구 구조는 피라미드 구조였다. 하지만 지금은 항아리 형으로 바뀌었는데, 이러한 전체적인 인구 구조의 변경사항은 새로운 시장의 탄생과 기존 시장의 쇠퇴를 말한다고 할 수 있다.

(5) 핵가족화

① 우리나라의 가구당 가족 수는 지속적으로 감소하고 있다. 기존의 1가구당 5~7명에 비해 지금은 1가구당 1~2명에 불과하니 상당히 감소한 것이다. 부모들은 1~2명의 자녀에게 많은 투자를 하기 때문에, 어린이용품의 수요나 질적인 면에서 점점 고급화되어 가는 추세에 있다.

② 결혼의 거부로 인한 비혼자들의 증가, 이혼으로 인한 독신과 노후독신 등 독신자들의 증가는 여행용품, 부엌용품, 인스턴트 식품류, 소형 아파트, 원룸 등의 수요를 증대시키고 있다.

(6) 베드타운(bed town)의 발전

① 흔히 서울을 중심으로 주변의 신도시를 위성도시라 하는데, 이를 또 다른 말로 베드타운이라고 한다. 이들 지역에 거주하는 사람들의 직장은 대부분이 대도시 내에 있으며, 단지 잠만 그곳 거주지에서 잔다 하여 붙여진 이름이다. 예를 들면 성남, 분당, 광명, 일산 등을 베드타운이라 한다.

② 베드타운에는 젊은 맞벌이 부부들이 계속 유입되므로, 이러한 지역에 진출을 희망하는 소매업체들은 인스턴트류, 세탁류 등의 업종과 상황에 맞는 신업종을 개발하여 입지해야 한다.

(7) 맞벌이 부부의 증가

① 개인주의에 의한 가치관의 변화, 독신자나 맞벌이 부부들의 증가로 인하여 쇼핑센터나 식료품점에서도 남성 고객들의 시장보는 모습을 빈번하게 목격할 수 있다.

② 맞벌이 가정은 소득이 상대적으로 여유가 있기 때문에 사치품에 대한 구매 가능성이 높은 반면에 시간은 부족하다. 이들을 대상으로 상품을 판매하려는 소매업체는 편리함과 시간절약을 강조하는 것이 우선조건에 해당한다.

③ 맞벌이 부부는 시간의 제약을 받기 때문에 인터넷을 통한 각종 상품 구매 등으로 인하여 무점포 소매업의 발전을 수반하게 될 것이다.

(8) 이동성의 증대

① 자가용 보급의 확대로 소비자들의 이동성이 커지면서, 시 외곽지역으로 외식하는 것과 원거리 지역의 쇼핑센터에서 쇼핑을 하는 일이 빈번하게 생기게 되었다.

② 이러한 기동성의 증가로 인해 이제는 대도시에 살든 농촌지역에 살든지의 소비제품 구매에 있어서 거의 차이가 발생하지 않는다. 이러한 소비자들은 어느 곳에서나 브랜드 상품을 선호하고 품질보증에도 높은 관심을 보이고 있다.

2. 비즈니스 환경

(1) 비즈니스 환경의 의의

① 비즈니스 환경은 최고 경영자가 의사결정을 내려야 할 때 고려해야 하는 외부 요인을 말한다. 이곳에 입지해야 하는지 저곳에 입지해야 하는지의 판단은 그 기업의 총 매출과 기업의 운명에 지대한 영향을 주기 때문에 최고경영자의 신중한 판단이 요구된다.

② 비즈니스 환경은 기후나 지형 같은 자연적인 조건과 정치 · 경제 · 사회 · 문화 · 기술과 같은 일반적인 환경 및 경쟁업체, 소비자, 정부 등의 구체적인 환경으로 구성되어 있다.

(2) 일반적인 환경

① 경제 환경

㉠ 경제 환경에서 국내외의 경기변동, 물가수준, 이자율이나 세율, 환율, 정부의 산업정책은 개별기업의 의지와는 상관없이 경영성과에 지대한 영향을 가져올 것이다.

㉡ 지금도 전 세계적인 금융위기로 각국이 경제위기에 심각한 타격을 받고 있으며 이러한 위기는 한 나라만의 사정이 아니라 모든 나라의 공통적인 상황이다.

② 기술 환경

㉠ 현재의 새로운 기술은 기존의 시설이나 인력을 상당히 낮추는 작용을 하게 된다. 지금처럼 급속하게 발전되는 기술 환경 속에서 경영자는 항상 기술 발전에 관심을 가지고, 신기술의 도입과 개발에 적극적이고 개방적인 자세를 취해야 한다.

㉡ 기술 발전의 영향은 단순기능 휴대폰이 고화소의 카메라기능을 첨가하여 인기를 얻고, 시시각각 기술환경이 급변하고 있다.

③ 정치와 사회 환경

㉠ 사회가 발전하면 발전할수록 경영과 관련되는 법률이 새로 제정되거나 폐지되는 경우가 많이 있다. 그것은 현재의 경제상황에 맞지 않는 것을 맞게 변화하는 과정에서 발생하는 것이다.

㉡ 소비자들의 발언권이 강화되어 있다. 소비자보호원이나 소비자보호법의 강화, 소비자보호에 대한 법률이 제정되어 기업이 올바로 대응하지 못하면 회사의 존립이 위태로운 상황에 처할 수 있다.

④ 사회적 · 문화적 환경

㉠ 사회나 문화적 환경은 총 인구와 인구 구성의 변화, 지역 간 이동, 세대 수의 변화, 의식주 생활, 여가 생활 등이 있으며, 최근에는 시골이나 일부 도심지에서 한국 남성과 결혼한 외국 여자들을 흔히 볼 수 있고, 한국의 중소기업에서 일하는 외국인 이주노동자들도 쉽게 눈에 띈다.

㉡ 인간의 행동은 가치관의 변화에 의하여 바뀌어지게 된다. 즉, 가치관이 무엇이며 어느 방향으로 나아가는지의 여부에 따라 정치가나 기업가에게 상당한 영향을 미치게 된다.

㉢ 현재의 정치 상황처럼 사회의 주류가 대다수의 진보적인 성격을 가지고 있는 권력자들이라면, 정치나 기업 경영자들의 마인드를 가급적 혁신적인 방향에 맞추려고 노력할 것이다.

⑤ 국제 환경

㉠ 지금은 국제화 시대이며, 국내기업은 세계를 무대로 뛰고 있다. 흔히 글로벌화하는 기업이 속속 생겨나고, 해외 지역에서도 국내의 대기업인 현대, 삼성, LG 같은 기업광고를 쉽게 접할 수 있다. 이렇게 해외 환경과 유기적인 상호 관계가 있기 때문에 해외에서 발생하는 정치 · 경제 · 문화적 사건에 영향을 받을 수 있다.

㉡ 대한민국은 WTO나 OECD에 가입한 후에 제조업이나 서비스업, 유통업 및 농업까지 전 산업에 걸쳐 세계적인 기업과 경쟁해야 하기 때문에 국제 환경에 보다 많은 관심을 가지고 있어야 하고, 미국 등 여러 나라와 FTA협상을 하는 과정에 있기 때문에 국제환경을 면밀히 검토해야 한다.

(3) 고객과 기업환경

① 고객 환경

㉠ 고객이란 자신의 상품과 서비스를 유상적인 가치를 지불하고 사주는 상대를 지칭한다. 여기에서 말하는 고객은 현재의 고객 및 미래의 잠재적인 고객까지 포함되는 개념이다.

㉡ 시장에서는 고객의 기호가 어떻게 변하고 있는지, 자신의 상품이나 서비스에 대해 고객들이 어떤 평가를 내리고 있는지를 정확하게 조사하여 신상품 개발에 이를 반영하여야 한다.

② 접근가능성의 원칙

㉠ 입지대안을 평가하기 위한 어떤 원칙으로 고객의 입장에서 점포를 방문하는 심리적, 물리적 특성과 관련된 원칙이다.

㉡ 지리적으로 인접해 있거나 교통이 편리하다든지, 점포이용이 시간적으로 편리하다든지 하면 입지의 매력도가 높아진다.

③ 유통기업 환경

㉠ 유통기업은 도매상이나 소매점, 대리점처럼 기업과 최종 고객 사이에서 상품이나 서비스가 제대로 도달할 수 있도록 도와주는 역할을 수행하는 기업이라 할 수 있다.

㉡ 유통기업과 상품을 공급하는 업체 간에는 갈등이 발생할 소지가 많이 있는데, 이 경우 누가 더 큰 영향력을 행사하느냐에 따라서 결과가 달라진다. 따라서 유통기업은 자사의 경쟁력과 상표력(PB)을 향상시켜 갈등의 소지를 최소화하도록 해야 한다.

④ 경쟁기업 환경

㉠ 유사한 상품으로 동일 시장을 겨냥하는 경쟁기업들 간에는 가격정책, 광고활동, 유통경로 과정에서 치열한 경쟁이 생기고, 경영자는 경쟁기업에 어떻게 대응하느냐의 결과에 따라 경영자의 능력을 발휘할 수도 있고, 그냥 소멸할 수도 있다.

㉡ 새로운 경쟁자의 위협도 경쟁 환경에 포함되어야 한다. 특히 기술력이 있는 업체는 언제든지 확실하고 막강한 기술로 무장하여 기존의 업체에 대항하게 되면, 기술력이 강한 기업만이 최종적으로 생존하게 될 것이다.

09 경쟁 상황

1. 경쟁 상황의 분석

(1) 경쟁자 분석의 의의

① 경쟁자 분석은 경쟁업체들의 행태, 비용구조, 이익률, 시장점유율, 재무구조에 대한 분석을 말하는데, 경쟁점포의 수, 새로운 참여업체의 수, 시장안정성 등의 공급 측면에서의 분석도 경쟁자 분석으로 보아야 한다.

② 경쟁자 분석은 상권 내의 업종별 점포 수, 업종비율, 업종별, 층별 분포를 파악한다. 업종별 분류에는 판매업종과 서비스업종으로 구분할 수 있는데, 판매업종은 식품류, 신변잡화류, 의류, 가정용품류, 문화용품류, 레포츠용품류, 가전 · 가구류 등으로 분류할 수 있다.

③ 경쟁자 분석은 동일상권 내의 서비스업종을 외식서비스, 유흥서비스, 레저오락서비스, 문화서비스, 교육서비스, 의료서비스, 근린서비스로 구분할 수 있다. 일정한 형태의 소매업체들이 직접 경쟁자이고 또는 잠재적 경쟁자인지를 파악하여야 한다.

④ 경쟁자 분석에서는 경쟁 소매업체가 추구하는 목적은 무엇이고, 그들이 현재 시장에서 어떠한 지위에 있는지와 목표시장 지위를 얻게 되면 경쟁 소매업체들이 추구하는 전략이 자기 점포에게 얼마나 심각한 영향을 미치는지를 잘 파악해야만 한다.

(2) 경쟁자 분석의 전략

① 경쟁자 분석에서는 판매업종과 서비스업종의 구조를 파악하고 판매업종이 많을수록 유동성이 높으며 패스트푸드 점포가 판매업종으로 가장 전망이 좋다.

② 판매업종이 다수이면 판매업종을 출점하는 것이 유리하고, 이러한 판매업종은 전문상가가 되기 때문에 판매에 있어 유리하게 작용한다.

③ 경쟁자 분석에서는 경쟁업체들이 사용하고 있는 전략이 무엇이며 어떠한 공격방법을 사용하고 있는지를 살펴야 하는데 공격을 측면으로 하는가 정면으로 하는가, 틈새공략인가 아니면 교두보 확보전략인가를 잘 주시해야만 한다.

④ 경쟁자 분석에서는 건물은 층별로 분석한다. 건물의 1층 구성비가 너무 높으면 상권이 나쁘고, 구성비가 고르면 상권이 좋다고 판단한다.

⑤ 경쟁자 분석에서는 입점업체들을 분석한다. 우리나라 소비자는 브랜드 선호도가 높으므로, 유명브랜드가 많이 입점되어 있으면 경쟁에 유리한 입지라고 할 수 있다.

⑥ 경쟁자 분석에서는 경쟁 소매업체의 능력과 장 · 단점은 무엇인가를 분석하여야 한다. 즉, 자본의 재무능력, 인적 자원의 보유, 연구개발능력, 마케팅능력 등을 세심하게 살펴 분석하여야 한다.

⑦ 경쟁자 분석에서는 경쟁 소매업체를 운영하고 있는 경영자의 과거 경력, 경영스타일, 출신지역, 인간성, 학벌, 미혼유무 등도 면밀히 파악하여 분석하여야 한다.

(3) 경쟁 상황 파악

① 경쟁 소매업체와 경쟁을 시작하기 전에 경쟁 상황을 파악하기 위하여 동일상권 내의 업종별 점포 수, 업종의 비율, 업종별 층별 분포도 등을 상세하게 파악하여야 한다.

② 건물의 각층 구성비에 따라서 상권의 좋고 나쁨에 대한 판단을 할 수 있으므로, 건물의 층별 점포 구성을 조사 · 분석하여야 한다.

③ 서비스업종이 많으면 서비스업종으로 출점하는 것이 유리하고, 판매업종이 많으면 판매업종으로 출점하는 것이 좋으므로 점포를 개점할 때에는 판매업종과 서비스 업종의 구조를 조사하여 분석해야 한다.

(4) 경쟁점 분석

① 경쟁점 분석은 상품구성 분석, 가격대 분석, 부문별 상품배치상태 분석 등을 포함한다.
② 경쟁점의 상품구성 분석의 주요 대상은 상품계열구성, 품목구성, 상품구성의 기본 정책 등이다.
③ 경쟁점의 상품구성은 고객의 구매동기와 구매빈도수, 가격대, 가격 대비 품질 등을 중심으로 분석한다.
④ 상품을 세분화하여 경쟁점과 상생할 수 있도록 차별성과 양립성을 동시에 추구해야 한다.

(5) 경쟁구조 분석

① 하나의 산업을 이해하기 위해서는 우선 그 산업에 대한 경쟁구조의 분석이 필요하다.
② 단순히 좋은 소매시장을 개척하는 것만으로 경쟁 우위가 확보되는 것으로 볼 수 없다.
③ 시장에서의 공급자와 수요자의 수, 실제 또는 인지되고 있는 상품 차별화의 정도, 가격에 대한 결정권이 시장 혹은 기업, 즉 누가 가격결정에 대한 권한이 있는지 여부가 기준이 된다.

(6) 상권 경쟁 구조 분석

① 상권의 계층적 구조를 파악하여 동일 위계상에 위치한 점포들만을 경쟁자로 파악할 것이 아니라, 다른 위계상들의 점포들도 잠재적인 경쟁자로 고려하는 거시적인 측면에서 경쟁 분석을 하여야 한다.
② 업태별, 업태 내 경쟁 구조 분석은 각 소매 업태별 경쟁현황에 대한 분석으로 마케터는 동종 업태 내 점포들뿐 아니라 다른 업태의 점포들도 경쟁 분석에 고려해야 한다.
③ 잠재 경쟁 구조 분석은 동일 업태 경쟁자 현황에 대한 분석으로서 마케터는 기존의 경쟁업체들은 물론, 앞으로 그 상권 내에 진입 가능한 잠재 경쟁자들에 대한 분석도 이루어져야 한다.
④ 경쟁 보완관계 분석은 동종 소매점 간 경쟁 또는 보완 여부에 대한 분석으로서 최소한 도보거리에 서로 근접한 동종 점포 간에는 경쟁관계와 보완관계가 공존한다. 서울 도심의 신세계 본점과 롯데 명동점의 관계, 잠실지역의 잠실 롯데백화점과 천호동 현대백화점의 관계가 가장 적합하게 설명할 수 있다.

2. 경쟁 우위 전략

(1) 경쟁 우위의 구축

① 다른 점포와 경쟁 시 경쟁 우위를 구축한다는 것은 매우 중요한 전략 중의 하나이다.
② 단순히 좋은 소매시장을 개척하는 것만으로 경쟁 우위가 확보되는 것으로 볼 수 없다.
③ 장기적인 이익을 실현하기 위해서는, 개척한 소매시장에서 유지 가능한 경쟁 우위의 전략을 구축하여 실행하여야 한다.

(2) 경쟁 우위 전략의 종류

① 가격 우위 전략

㉠ 제품단위당 원가를 낮추어 이익의 폭을 유지하면서 가격경쟁에서 유리한, 이른바 경험곡선을 이용하여 시장경쟁을 약화시키는 전략이다.

㉡ 회원제 창고형 할인매장, 가격파괴점 등이 가격 우위 전략의 일종이다. 생산비용이나 관리비용을 절감하여 비용 측면에서 다른 업체보다 비교 우위에 있는 업체에서 수행하는 전략을 말한다.

㉢ 가격 우위 전략에는 규모의 경제활용, 기술의 독점이나 기술적 노하우 등이 있으며, 만약 경쟁업체에서 당해 기업이 수행하고 있는 전략을 그대로 모방하여 사용하고, 그 결과 효과도 동일하게 나타난다면 가격 우위 전략은 실패한 전략이 되고 말 것이다.

② 차별화 전략

㉠ 차별화전략이란 여러 세분시장을 목표로 하여 각각의 시장에 독특한 제품을 차별화하여 제공하는 전략을 말한다.

㉡ 차별화 전략은 많은 고객의 요구를 충족시켜 줄 수 있기 때문에, 비차별화 마케팅에 비해 상대적으로 매출액을 증대시킬 수 있다.

㉢ 차별화 전략은 백화점이나 전문점이 하나의 사례가 될 수도 있다. 경쟁 소매업체는 가지고 있지 않으나 소비자들이 가치가 있다고 보는 점포의 장점으로 비싼 가격을 보상하려는 전략을 말한다.

㉣ 차별화 전략을 사용하는 점포는 소비자들이 지불하는 높은 가격이 적당하고 합리적으로 인정될 만큼의 가치를 제공하여야만 소비자들을 지속적으로 유인할 수 있는 동기가 발생된다.

㉤ 차별화 전략은 고객들의 다양한 욕구를 골고루 충족시키는 과정에서 비용이 증가된다는 단점을 지니고 있다. 따라서 지나치게 표적시장을 많이 선정하면 매출이나 이익의 증가보다 비용의 증가가 더 크게 작용할 수 있다.

㉥ 차별화 전략의 대상에는 여러 가지가 있는데 서비스, 점포이미지, 점포 위치, 취급상품의 구색이나 디자인 등이 그 대상으로 사용되고 있다.

③ 차별화 전략 실패의 경우

㉠ 차별화를 실시함으로 인하여 소비자가 얻는 만족도보다 더 높은 가격을 설정하여 가격 차이를 극복할 수 없는 상황

㉡ 기존의 경쟁업체가 자사의 차별화정책에 대응하여 더 효율성 있는 차별화정책을 수립하여 대응하는 상황

㉢ 소비자들의 계절적인 변화와 환경적 요인에 의하여, 차별화에 영향을 미치지 못하는 기호의 변화나 경쟁자가 자사의 제품이나 서비스를 모방하여 동일한 정책으로 나오는 상황

④ 집중적인 전략

㉠ 집중적인 전략이란 표적시장을 전체 시장의 일부분이라 생각하여, 틈새시장이나 세분시장에 집중적인 공략을 함으로써 경쟁업체보다 비교 우위에 서게 되는 전략을 말한다.

㉡ 기업의 자원이 제한되어 있을 때의 대안으로 수행하는 전략이기 때문에, 큰 시장에서 낮은 점유율을 추구하는 대신에 하나 혹은 몇 개의 세분시장에서보다 높은 점유율을 확보하는 것을 목적으로 한다.

㉢ 선정한 세분시장의 욕구에 대해 보다 많은 지식을 갖게 되고, 그 세분시장에 인기를 집중시킬 수 있기 때문에 강력한 시장 지위를 누릴 수 있다.

㉣ 집중적인 전략은 그들이 추구하는 세분시장이 약화될 수 있기 때문에, 다소의 높은 수준의 위험을 감수할 수밖에 없다.

㉤ 집중적인 전략이 실패할 가능성이 큰 경우는 표적시장이 전체 시장의 크기와 비슷하거나, 경쟁업체의 표적시장이 자사의 표적시장보다 더 작게 설정되어 집중전략을 실행할 상황을 말한다.

㉥ 포화지역 상권은 고객에서 우수한 상품과 서비스를 제공한다. 또한 경쟁 소매업체들이 이익을 많이 남길 수 있도록 해준다.

Chapter 2 명품 적중 예상문제

01 중심상업지역(CBD)은 전통적인 상업 집적지이다. 다음 중 중심상업지역(central business districts)의 설명으로 옳은 것은?

① 중심상업지역은 대도시를 제외한 중소도시의 도심상업지역을 말한다.
② 복잡한 상업활동으로 인해 도심입지 지역은 많은 사람을 유인하기 곤란하다.
③ 중심상업지역은 도보 통행량도 많고, 대중교통의 중심지역이며, 사람들은 직장에 가기 위해서도 중심상업지역에 가야 한다.
④ 소매업체에게 가장 성공적인 중심상업지역은 그 지역에 많은 주민이 거주하기보다는 주민이 적게 거주하더라도 안락한 지역이 유리하다.
⑤ CDB는 대도시와 중 · 소도시의 전통적인 도심의 상업지역을 말하며 이러한 곳은 다양한 상업 활동을 하지만 소수의 사람들만을 유인하는 지역이다.

중심상업지역(CBD)은 전통적인 상업 집적지로서 고급 전문점이나 백화점 등이 입지하고 있어 다양한 분야에 걸쳐 고객 흡인력을 지니고 있다. 이 곳은 무계획적으로 조성되었으며, 중심상업지역이기 때문에 상업활동으로 인해 많은 사람들을 유인하여 지가(地價)가 최대에 이른다.

02 전통적인 도심 상업지역인 중심상업지역(central business districts)에 대한 설명과 가장 거리가 먼 것은?

① 도심입지 지역으로서 많은 사람을 유인한다.
② 건물의 고층화, 과밀화로 토지 이용이 집약적이다.
③ 중심상업지역은 대중교통의 중심지이고 도보 통행량도 많다.
④ 중심상업지역은 대도시나 소도시의 전통적 도심상업지역을 말한다.
⑤ 중심 상업지역은 일반적으로 계획성에 의하여 조성되므로 보다 체계적인 입지구조를 가지게 된다.

중심상업지역(CBD)은 전통적인 상업 집적지로서 고급 전문점이나 백화점 등이 입지하고 있어 다양한 분야에 걸쳐 고객 흡인력을 지니고 있다. 이 곳은 무계획적으로 조성되었으며, 중심상업지역이기 때문에 상업활동으로 인해 많은 사람들을 유인하여 지가(地價)가 최대에 이른다.

01 ③ **02** ⑤

상권 분석

03 소매집적이란 다양한 크기의 동종 또는 이종 소매업종과 소매업태가 서로 관련성을 가지고 한 장소에 모인 집단소매시스템을 의미한다. 이렇게 집중화(집단화)됨으로써 얻을 수 있는 효과를 바르게 나열한 것은?

㉠ 매장 면적의 증대효과	㉡ 고객흡입력 증가
㉢ 공간적 인접성 확보	㉣ 구매자의 집중력 확보
㉤ 점포 내 취급상품의 다양성 증가	㉥ 선매품 취급 증가

① ㉠, ㉡, ㉢, ㉣
② ㉠, ㉢, ㉤, ㉥
③ ㉡, ㉢, ㉤, ㉥
④ ㉠, ㉡, ㉤, ㉥
⑤ ㉡, ㉢, ㉣, ㉤

소매집적(小賣集積, retail cluster)이란 대형 및 중 · 소형의 동종 및 이종 소매업종과 소매업태가 공통적 인목표하에 서로 관련성을 가지고 한 장소에 모인 집단소매시스템을 말한다. 이러한 이유는 매장 면적의 증대효과나 고객흡입력 증가, 공간적 인접성 확보 및 구매자의 집중력 확보가 가능하기 때문이다.

04 도심입지(CDB: Central Business District)는 대도시와 중 · 소도시의 전통적인 도심 상업지역을 말하며 이러한 곳은 다양한 상업 활동으로 인해 많은 사람들을 유인하는 지역이다. 다음 중 도심입지에 대한 설명으로 가장 옳지 않은 것은?

① 고급 백화점, 고급 전문점 등이 입지하고 있는 전통적인 상업 집적지로, 도심 번화가(CBDs)형은 다양한 분야에 걸쳐 고객 흡입력을 지닌다.
② 도심입지는 대체로 중상류층 이상의 사람들이 다니며 오피스타운이 인근지역에 발달해 있고 지가와 임대료가 매우 비싼 지역으로 볼 수 있다.
③ 도심입지는 최근에 부도심과 외곽도심의 급격한 발달, 중상류층의 거주 지역 이전, 교통체증 등의 원인으로 과거와 같이 고객 흡인력이 없다.
④ 도심입지의 상업 활동은 많은 사람들을 유인하고, 그 곳이 대중교통의 중심지이며 도시 어느 곳에서든지 접근성이 가장 높은 지역이다.
⑤ 도심입지는 지역의 핵심적인 상업시설을 가지고 있으며, 입지를 조성할 때 무계획성보다는 계획성으로 인하여 조성되어 있는 것이 일반적이다.

도심입지는 지역의 핵심적인 상업시설을 가지고 있으며, 입지를 조성할 때 계획성보다는 무계획성으로 인하여 밀집되어 있는 것이 일반적 이다.

05 도매업의 경우에도 입지의 결정은 매우 중요하며, 생산구조와 소비구조의 특징에 따라 입지유형이 달라진다. 다음 중 다수의 소량분산생산구조이며 소비구조 또한 소수에 의한 대량집중 소비구조일 때의 입지 요건을 가장 잘 설명한 것은?

① 대량집중소비구조임으로 분산 기능의 수행이 용이한 곳에 입지를 선정한다.
② 분산 기능의 수행보다는 수집 기능의 효율적 수행을 위한 입지선정이 중요하다.
③ 수집은 단순하지만, 분산을 담당하는 전문적인 상인들을 따로 모집해야 하는 어려움이 있다.
④ 수집 기능수행과 분산 기능 수행에 대한 의사결정과정에서 우선순위에 차이가 없이동등하다.
⑤ 수집 기능과 분산 기능 모두 동일하게 중요하지만 실제적 의사결정과정에서는 중계기능을 수행하기 쉬운 곳이 보다 우선한다.

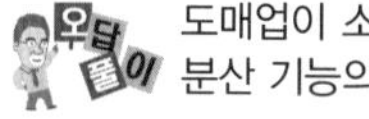

도매업이 소량분산생산구조이며 소비구조 또한 소수에 의한 대량집중소비구조라고 가정을 할 경우에는 분산 기능의 수행보다는 수집 기능의 효율적 수행을 위한 입지선정이 중요하다.

06 복합용도개발(Mixed-use Developments;MXDs)의 특징을 설명한 아래의 내용 중에서 가장 옳지 않은 것은?

① 주거, 업무, 여가 등 다수의 용도가 물리적, 기능적으로 복합된 건물을 말한다.
② 도심지역 내에 주거기능이 도입됨으로써 도넛 현상인 공동화 현상을 감소시킬 수 있다.
③ 도심지 내 주거생활에 필요한 근린생활시설, 각종 생활 편의시설의 설치가 가능해 도심지 활성화의 수단으로 활용되기도 한다.
④ 쇼핑몰의 형태로 구성되기 때문에 쇼핑몰에 입점 가능한 다양한 업태를 모두 포함하는 점포 위주로 건물 내부가 구성된다.
⑤ 상권을 조성하기 위한 단순한 개발방법이 아닌 상권과 함께 생활에 필요한 여러 편의시설을 복합적으로 개발하기 위한 방법이다.

복합용도개발(Mixed-use Developments;MXDs)은 주거와 상업, 업무, 문화 등 3가지 이상의 기능들을 상호 밀접하게 연관시켜 편리성과 쾌적성을 제고시킨 건물 또는 건물군 으로 쇼핑몰과는 다르다.

05 ② **06** ④

07 다음 소매업 점포들 가운데 입지선정과정에서 상권내 가계(Family)의 숫자를 가장 중요하게 고려해야 할 점포는?

① 가구용품 전문점
② 스포츠 전문점
③ 화장품 전문점
④ 의류패션 전문점
⑤ 신변용품(액세서리) 잡화점

소매점포를 가운데 입지선정과정에서 상권 내 소비자들의 라이프스타일의 변화 동향을 의류패션전문점, 스포츠용품점, 가구용품 전문점, 화장품 전문점, 신변용품(액세서리) 잡화점 등을 통해 파악 할 수가 있다. 입지선정과정에서 상권내 가계(Family)의 숫자를 가장 중요하게 고려해야 할 점포는 가구용품 전문점이다.

08 '소매업에서 가장 중요한 것이 입지이고, 다음으로 중요한 것도 입지이며, 그 다음도 입지'라는 격언이 있다. 이처럼 입지는 사업의 성패를 가르는 가장 중요한 요인이다. 다음 중 입지(location)에 대한 설명으로 가장 옳지 않은 것은?

① 입지는 고객의 동선과 주변 여건에 따라 상급지, 중급지, 하급지로 유동 분류할 수 있으며, 입지는 동적이고 공간적 · 시간적인 개념인 데 비하여, 입지 선정은 정적이고 공간적인 개념이다.
② 도심지역에서 입지는 대도시나 소도시의 전통적인 도심 상업지역으로 중심 상업지역이라고도 하며, 소매업에서 가장 성공적인 도심입지는 그 지역에 많은 주민들이 거주하는 지역이다.
③ 입지 위치에 따라서는 엄청난 매출과 이익이 보장되므로, 점포의 위치는 사업 성공의 여부를 결정짓는 중요한 요인이 되고 있다. 일반적으로 입지를 선정하고 영업을 시작하는 전략은 장기적이고 고정적인 성격을 가지고 있다.
④ 입지의 효용은 영원한 것이 아니다. 한 시기의 좋았던 장소라도 시간이 흐름에 따라 나빠질 수 있고, 나빴던 장소도 상황이나 시간의 흐름에 따라 다시 좋아질 수 있기 때문이다.
⑤ 입지 선정에는 입지 조사를 해야 하는데, 도시 입지와 자연환경 조사, 토지이용 조사, 인구 및 가구 조사, 도시 내부구조 조사, 도시권역 조사, 도시기능 조사 등의 입지를 조사하여야 한다.

입지는 정적이고 공간적 개념인 데 비하여, 입지 선정은 동적이고 공간적 · 시간적인 개념 이다.

해답 **07** ① **08** ①

09 백화점은 의식주에 대한 다양한 상품 및 서비스를 판매하는 각 부문별로 전문화된 대규모 소매점을 말한다. 이에 대한 특징을 설명한 것 중 가장 올바른 것은?

① 다양한 상품구색이 필요하지만 편의품, 선매품, 전문품, 고급품 중 하나에 집중하여 제품을 구성하게 된다.
② 대규모 경영이기 때문에 규모의 경제가 중요하게 되어 점차 도심지역과 떨어진 곳에서 넓은 부지를 확보하여 운영하기 시작하였다.
③ 최근의 소비자의 성향에 맞게 자동차의 접근가능성이 높고 대중교통을 쉽게 활용할 수 있는 교통이 편리한 지역을 선호하게 된다.
④ 다양한 서비스와 제품을 구성함으로써 항상 상품구색에 있어 전문점을 뛰어넘는 만족을 제공해줄 수 있다.
⑤ 중심상업지역에 위치한 도심(입지)형 백화점의 경우 신업태의 출현과 교통체증, 주차공간의 부족 등이 있지만, 고객들이 구매를 선호하는 경향이 높아지고 있다.

백화점은 규모면에서 대형화를 추구하므로 사람들의 접근성을 최대한 높여야 하고, 지하철, 철도역, 터미널 등 대중교통이 집결하는 곳이 좋은 입지가 된다. 또한 승용차의 접근성이나 주차의 편의성 또한 매우 중요한 입지조건이다.

10 다음 박스 안의 설명내용과 가장 관련이 깊은 것은?

> 1. 주거, 업무, 여가의 각 활동을 동시에 수용하는 건물
> 2. 물리적, 기능적 통합에 의한 고도의 토지이용 창출
> 3. 규모, 용도, 형태, 밀도, 구성, 공정 등에 있어 일관된 계획 하에 추진됨

① 도심 활성화 프로젝트 ② 도시 공간 재배치
③ 복합용도 개발 ④ 상권활성화 지역
⑤ 노면독립입지

복합용도 개발(MXDs;mixed-use developments)은 단위개발 프로젝트에 비해 관련 전문분야 외의 협력이 필요하다. 또한 구성요소들 간의 견고한 물리적 기능의 통합에 의한 고도의 토지 이용을 창출하기 위해 수직적 · 수평적 동선 체계의 집중적인 연결로서 긴밀하게 통합되어야 한다.

09 ③ **10** ③

11 다음 중 상권에 대한 인구통계 및 라이프스타일 분석에 대한 설명으로 옳지 않은 것은?

① 한 지역의 인구수와 소득이 구매력을 결정짓는 중요한 요건일 수 있다.
② 소매업의 개점을 준비할 때 인구통계 및 라이프스타일의 특성을 고려하는 것은 매우 중요하다.
③ 해당지역 인구의 라이프스타일 특징은 특정 소매업체가 추구하고 있는 표적시장과 일치해야 한다.
④ 상권 내 소비자들이 얼마나 많은 돈을 버는가 하는 것은 중요하지 않으며, 정말 중요한 것은 돈을 소비하는 방식이다.
⑤ 다양한 생활양식 · 행동양식 · 사고양식 등 생활의 모든 측면의 문화적 · 심리적 차이를 전체적인 형태로 나타낸 말이 라이프스타일이다.

라이프스타일(life style)은 개인이나 가족의 가치관 때문에 나타나는 다양한 생활양식 · 행동양식 · 사고양식 등 생활의 모든 측면의 문화적 · 심리적 차이를 전체적인 형태로 나타낸 말로서 최근에는 마케팅과 소비자의 행동 연구 분야에서 관심을 가지게 되었다. 상권 내 소비자들이 얼마나 많은 돈을 버는 것은 중요하며, 돈을 소비하는 방식 역시 중요하다.

12 핵 점포(anchor stores)란 소매단지 안으로 고객을 유인하는 역할을 담당하는 입점 점포를 가리킨다. 아래 네모 상자 안에 적힌 쇼핑센터 유형들 가운데, 일반적으로 뚜렷한 핵점포가 존재하지 않는 유형들만을 모두 골라 놓은 문항은?

가. 패션/전문품 센터	나. 아웃렛 센터
다. 테마/페스티벌 센터	라. 네이버후드 센터
마. 목적점포 센터	

① 가
② 가, 나
③ 가, 나, 다
④ 가, 나, 다, 라
⑤ 가, 나, 다, 라, 마

핵 점포(anchor stores)란 언제든지 누구나 찾아오기 때문에 고객의 집객력이 높다. 네이버후드 센터는 근린형 쇼핑센터를 뜻하며 출점수는 통상 10점~15점으로 인근 소비자에게 필요한 식품, 의약품, 화장품 등의 편의품과 세탁, 이발, 구두수리 등의 인적 서비스를 제공하는 것으로 핵 점포는 대부분의 경우 슈퍼마켓이다.

해답 11 ④ 12 ③

13 아파트 단지 상가에 대한 아래의 설명 중에서 가장 거리가 먼 것은?

① 단독주택지 안의 아파트단지의 경우 단지 내 상가의 매력도가 떨어진다.
② 가능하면 이질적인 업종들이 결합하여 서로 경쟁을 피하도록 하여야 한다.
③ 중소평형 아파트단지 상가보다는 대형평형 아파트단지 상가의 매력도가 상대적으로 더욱 높다.
④ 단지별 연계성이 떨어지기 때문에 단지 내 인구가 유효인구가 되며, 더 이상의 수요 창출을 기대하기는 어렵다.
⑤ 대규모 아파트 단지들은 주변에 근린생활시설과 같은 편익시설이 갖추어지지 않았기 때문에 주거와 상가를 동시에 공급할 수밖에 없는 상황에서 건설되었다.

판매상품의 언급이 있어야 하는 것이 좀 더 정확한데도, 이 문제는 단순히 '중소평형 아파트단지 상가보다는 대형평형 아파트단지 상가의 매력도가 상대적으로 더욱 높다'는 잘못된 말로만 틀렸다고 한다.

14 미국의 경우에는 이미 쇼핑몰들이 다양한 유형의 소매입지들과의 경쟁에 직면하고 있다. 쇼핑몰 경영자들은 쇼핑몰의 경쟁력을 향상시키기 위해 다양한 시도를 하고 있다. 다음 중 이러한 시도의 하나인 '몰 구조조정(de malling)'을 가장 올바르게 설명한 것은?

① 기존의 쇼핑몰을 파워 센터나 아웃렛 센터 등 업태가 다른 새로운 유형의 쇼핑공간으로 개조하는 활동
② 전체 쇼핑몰에 대해 매장 수와 규모를 축소하고, 매출이 낮은 쇼핑몰 내부의 점포를 통합 · 합병하는 활동
③ 작은 점포나 공동용도의 구역을 없애거나 조정하여 쇼핑공간이나 유희시설을 넓히는 등 쇼핑몰의 공간구성을 개선하는 활동
④ 매출이 낮은 쇼핑몰에 대해 건물이나 점포를 철거하고 주거지역, 행정시설 등 쇼핑몰과는 관련이 없는 용도로 변경하여 개발하는 활동
⑤ 백화점의 일정공간을 고객들을 위한 휴식공간으로 새롭게 개발하여 고객들의 흥미를 유발하는 오락 활동

몰 구조조정(de-malling)은 전용상점가의 해체를 의미하며, 이는 기존의 대다수의 쇼핑몰들이 보여주는 지루하기 그지없는 동일성이라든가 무미건조함에 소비자들이 흥미를 잃었던 것을 무언가 새로운 것을 찾게 해주는 것을 말한다.

13 ③ **14** ③

15 다음 중 다중회귀분석을 활용하여 예상입지의 수요를 추정하기에 가장 적합한 경우는?

① 경쟁 없는 노면 독립입지의 점포
② 단 하나의 아웃렛쇼핑센터
③ 5개 이하의 점포를 소유한 체인점
④ 30개 이하의 점포를 소유한 체인점
⑤ 50개 이상의 점포를 소유한 체인점

다중회귀분석(Multiple Regression)이란 종속변수의 변화를 설명하기 위하여 두 개 이상의 독립변수가 사용되는 선형회귀모형을 말하며, 실제 자료를 이용한 모형적합의 경우에는 대부분이 다중회귀모형을 이용한 모형적합이 이용된다. 단순회귀모형은 하나의 독립변수와 종속변수로 구성된다. 그러나 실제로 단일 요인에 의해서 결정되는 현상은 매우 드물다. 대부분의 인과관계구조는 여러 요인들로 복잡하게 얽혀있기 마련이며, 따라서 다수의 독립변수를 모형에 포함시키는 다중회귀분석이 불가피해진다.

16 다음 중 의류패션전문점에 대한 설명으로 옳지 않은 것은?

① 의류패션 전문점은 경영성과, 즉 매출액 및 수익측면에서 우위에 있는 독립입지를 선호하는 경향이 강하다.
② 의류패션 전문점의 강력한 경쟁업태의 하나로 백화점이 있으며, 백화점의 인근지역 혹은 백화점내부에 입점하여 상호 시너지효과를 획득하고자 하는 경향이 있다.
③ 의류패션 전문점은 중심상업지역, 중심상업지역 인근, (슈퍼)지역 쇼핑센터 등 대부분의 쇼핑센터, 의류/전문 센터, 테마/페스티벌 센터에서 영업성과가 좋다.
④ 지속적인 경쟁력 우위의 확보를 위한 전략적 방안의 하나로 의류패션 전문점 또는 체인화사업과 자사상표 패션상품의 개발을 강화할 수 있다.
⑤ 의류 패션 전문점의 입지는 자신들의 고객에게 오락과 즐거움의 기회를 제공하여 많은 사람을 유인하고, 소비자들이 여러 점포를 다니면서 비교구매를 할 수 있도록 배려한다.

의류패션전문점의 입지는 오락과 즐거움을 제공할 수 있고, 비교구매가 가능한 중심상업지역 또는 인근 지역의 입지가 좋은 입지이다. 입지는 주로 중심 상업지역(CBD), 중심 상업지역 인근 쇼핑센터, 의류 전문센터 등이 가장 유리하다.

해답 **15** ⑤ **16** ①

17 다음 중 입지유형 선정에 필요한 소매전략에 대한 설명으로 올바르지 않은 것은?

① 소비자들이 구매상황에 따라 점포를 선택하는데 있어 편의구매의 경우 고객이 점포에 가급적 접근하기 쉽게 점포를 입지하는 것이 좋다.
② 비교구매의 경우 고객들이 점포나 브랜드에 대한 충성도가 낮아 가급적 여러 제품을 비교할 수 있는 넓은 공간을 확보하는 것이 좋다.
③ 전문구매의 경우에는 고객 스스로 필요한 물품에 대한 정확한 정보가 없어 충동적으로 구매하는 경우가 많으므로 입지 위치가 중요하다.
④ 소매업체의 근처의 표적시장 크기가 클수록 입점하기에 좋은 장소가 된다. 보통편 의품이나 선매품의 경우에 더 유리하다고 볼 있다.
⑤ 독특하고 차별화된 제품을 제공하는 소매업체들의 경우에는 차별화가 떨어지는 제품을 판매하는 업체보다 입지의 편의성이 떨어져도 무방하다.

전문구매의 특징은 판매자나 구매자 모두가 그 상품에 대해 어느 정도는 전문적인 식견을 가지고 있는 것을 말하는 것이다.

18 입지 후보지의 상권규모를 측정하기 위해 시장 잠재력 평가 중 올바르지 않은 설명은?

① 시장 잠재력은 수요측정, 시장 확장 잠재력을 통한 공급측정, 경제적 기반측정 등으로 평가한다.
② 수요를 측정하는 방법은 인구수와 가처분소득을 통해 소매구매력을 조사하는 방법을 의미한다.
③ 지역시장의 수요 잠재력을 총체적으로 측정하기 위해서 소매포화지수(IRS)를 활용할 수 있다.
④ 소매포화지수는 특정 소매업태의 단위매장 면적당 잠재수요를 포함하고 1에 근접할수록 좋다.
⑤ 소매포화지수가 낮으면 수요에 비해 특정업태의 매장면적이 상대적으로 더 작다는 것을 의미한다.

소매포화지수(Index of Retail Saturation;IRS)공식을 참고하면, 소매포화지수가 낮으면 수요에 비해 특정 업태의 매장면적이 상대적으로 더 크다는 것을 의미한다.

17 ③　18 ⑤

19 기존과 다른 독특한 지역을 대상으로 입지를 결정하는 비전통적 입지에 대한 설명 중 올바르지 않은 것은?

① 공항 내의 입점점포는 일반 소비자들이 접근하기 어려웠고, 영업시간이 길어 선호되지 않지만 해외 여행객이 늘고, 노선이 많아지면서 각광받고 있다.
② 신제품이나 몇몇 제품군에 집중하고자 한시적인 임시 팝업점포는 사람을 유인하고, 활력과 매출을 유발 할 수 있다.
③ 리조트와 같은 관광시설에 입점하는 경우, 지역의 소매업체들과 연계하여 지역 특산품 등을 판매할 수 있는 장소로 활용할 수 있다.
④ 특정 대규모 쇼핑센터 내에 입점하는 신규점포는 개설에 필요한 마케팅 비용을 줄일 수 있다.
⑤ 다른 점포 내에 입점하는 형태에서 입점대상 점포와 목표고객이 겹치는 경우 구매고객이 분산되어 매출액이 감소할 수 있는 위험이 있다.

우답풀이 다른 점포 내에 입점하는 형태에서 입점대상 점포와 목표고객이 겹치는 경우 구매고객이 분산되어 매출액이 감소할 수 있는 위험을 파악하는 것은 전통적인 입지를 평가하는 방법이다.

20 도시의 내부구조를 토지이용 측면에서 고찰하려는 목적에서 발전한 토지이용 입지이론에 대한 설명 중 올 바르지 않은 것은?

① 토지이용은 지리적 제반여건이나 경제발전의 수준, 사회적 변화, 기술진보등 자연적, 사회 경제적, 문화적 조건에 의해 변화하고 있다.
② 도시의 토지이용유형은 현재 공간 수요의 필요성을 반영하기 보다는 오랜 시간을 통해 누적된 공간 수요의 필요성을 반영한다고 본다.
③ 도시적 기능이 집중하려는 현상인 구심력에는 흡인력, 기능적 편의성, 기능적 인력, 기능상 특권, 인간적 교환관계 등의 요인이 있다고 하였다.
④ C. Colby과 E. Hoover는 도심의 입지적 이점 중 배후지로부터의 근접용이성이 높을수록 입지경쟁을 통해 고밀도 토지이용을 유발한다고 본다.
⑤ 고밀도 토지이용에 의한 높은 임대료를 부담하지 못하게 되면 해당 기능은 점차 도심의 중심부 방향으로 이동하게 된다.

우답풀이 고밀도 토지이용에 의한 높은 임대료를 부담하지 못하게 되면 해당 기능은 점차 도심의 중심부 방향과는 멀어지게 된다.

해답 19 ⑤ 20 ⑤

21 다음은 특정지역에 대한 상권 혹은 입지를 분석하는데 영향을 미치는 요소들에 관한 설명 내용들이다. 올바르지 않은 내용은?

① 인구가 증가하고 있는 지역이 인구가 하락하는 지역보다 일반적으로 더욱 매력적이다.
② 특정 지역의 고용율은 구매력에 영향을 미칠 수 있으므로, 시장의 고용동향을 지속적으로 분석 및 파악하는 것이 중요하다.
③ 성공을 결정짓는 중요 요소의 하나로서 특정 지역의 가족의 유형, 가족의 규모, 가족의 구성, 가구당 수입 등에 관한 분석이 필요하다.
④ 특정지역에 관한 소비자의 라이프스타일분석은, 시장세분화를 위한 중요기준의 하나이지만 상권분석단계에서 고려해야 할 분석요소로 볼 수는 없다.
⑤ 입지를 구성하는 토지는 정사각형에 가까운 직사각형으로 1변이 주요 도로에 면하고, 다른 1변 또는 2변이 상당한 폭을 가진 도로에 면하는 것이 가장 이상적이라 할 수 있다.

오답풀이 특정지역에 관한 소비자의 라이프스타일분석은 시장세분화를 위한 중요기준이며 상권분석단계에서 고려해야 할 분석요소로도 보아야 한다.

22 쇼핑센터 내에서 특정 점포의 위치를 평가할 때 고려해야 하는 요소에 대한 설명 중 가장 옳지 않은 것은?

① 주차공간의 크기와 같은 양적요인도 중요하지만 교통의 상대적인 혼잡도와 같은 질적요인도 고려하여야 한다.
② 상표충성도가 높은 고객은 쇼핑센터의 외관에 대해 민감하게 반응하므로 어떠한 형태로 쇼핑센터 외관을 구성했는지에 대한 평가도 중요하다.
③ 인접 소매업체가 동일한 표적고객을 대상으로 상호보완적인 구색을 제공하고 있다면 매우 좋은 점포위치라고 할 수 있다.
④ 쇼핑센터 내에서의 점포위치는 표적시장이 유사한 점포들이 가까이 위치되어 있는가를 살펴보고 평가하는 것이 좋다.
⑤ 충동구매상품이 구색에서 차지하는 비율이 높은 소매 점포는 가능한 한 핵 점포에 근접한 곳에 입지해야 한다.

오답풀이 상표 충성도가 높은 고객은 쇼핑센터의 외관에 대해 민감하게 반응하지 않는다. 따라서 어떠한 형태로 쇼핑센터 외관을 구성했는지에 대한 평가도 크게 중요하지 않다.

21 ④ 22 ②

23 오락과 즐거움의 기회를 제공하여 많은 사람을 유인하는 의류패션 전문점의 입지에 대한 설명으로 가장 적합한 것은?

① 의류패션 전문점의 입지는 오락과 즐거움을 제공할 수 있고, 비교구매가 가능한 중심상업지역 또는 인근 지역의 입지가 좋은 입지이다.
② 의류패션 전문점의 업체들은 백화점과 같이 규모가 큰 경쟁자가 입주해 있는 쇼핑몰은 피해야 한다.
③ 소비자들이 상품들을 비교하며 시간을 보낼 수 있는 입지는 점포의 시간당 매출이 저조하므로 의류패션 전문점을 위한 좋은 입지가 될 수 없다.
④ 의류패션 전문점은 소비자들이 판매대상고객이 주로 여성이므로 식료품점과 가까울수록 좋은 입지이다.
⑤ 중심상업지역, 중심상업지역 인근, 지역 또는 슈퍼지역 쇼핑센터 등 대부분의 쇼핑센터, 의류전문 센터, 테마페스티벌 센터에서는 영업성과가 낮다.

의류패션 전문점의 위치를 나타내는 상세한 지도를 구입한 후 핵심 상권과 전략 상권을 정한 후 해당 상권별 인구나 세대 수, 대형 주거단지 여부 및 상권 내 고객의 소비수준, 주요 교통수단과 주요 공중 접객시설을 조사하고 분석해야 한다. 의류패션 전문점은 중심 상업지역(CBD), 중심 상업지역의 인근지역 또는 슈퍼지역 쇼핑센터, 의류. 전문센터 등에서 영업성과가 가장 유리하다.

24 패션잡화점의 입지선정에 관한 다음 기술들 가운데 가장 옳은 것은?

① 경쟁하는 점포들이 모여 있는 입지는 패션잡화점에 적합하지 않다.
② 비교구매가 가능한 중심상업지역 또는 인근 지역의 입지가 가장 좋은 입지이다.
③ 패션잡화점은 전문점이기 때문에 굳이 임대료가 비싼 입지를 선정할 필요가 없다.
④ 패션잡화점의 최적 입지는 상호보완적인 상품을 제공하는 다양한 점포들이 모여 있는 곳이다.
⑤ 패션잡화점은 목적점포(destination stores)이기 때문에 임대료가 비싸다면 굳이 목이 좋은 입지를 선정할 필요가 없다.

패션의 스타일로서 의복의 스타일이나 가구의 스타일 또는 어떤 신기하거나 새로운 품목을 들 수 있으며,가장 일반적인 패션은 하나의 행동이나 양식이 될 수도 있다. 따라서 패션잡화점의 최적 입지는 상호보완적인 상품을 제공하는 다양한 점포들이 모여 있는 곳이 최적이다.

해답 **23** ① **24** ④

25 점포입지를 분석할 때 입지에 더욱 의존하는 타입과 상권의 규모에 더욱 의존하는 타입으로 분류할 수 있다. 다음의 여러 업종 중에서 입지보다 상권에 더욱 의존하는 타입에 가장 적합한것은?

① 택배업　　② 의류업
③ 식료품업　　④ 음식업
⑤ 패션잡화류

의류업, 식료품업, 음식업은 좋은 입지에 위치해야 고객에게 접근성과 높은 가시성을 줄 것이다. 하지만 택배업은 좋은 입지에 있는 것보다도 신속한 이동성을 고려해야 한다.

26 소매업에서의 입지의 중요성은 상당하다. 따라서 각 업태나 업종은 입지선정에 상당한 중점을 두고 있는 데, 아래 문항에서 각 업태나 업종의 입지에 대한 내용을 설명한 것으로 가장 옳지않은 것은?

① 백화점은 규모면에서대형화를 추구하기 때문에 상권 내 소비자의 경제력 및 소비형태의 예측을 근거로 적정한 입지를 선정해야 한다. 백화점 입지의 선정은 주요산업, 유동인구, 대중교통 연계성 등 장기적인 발전을 고려하여 선정해야 한다.
② 의류 패션 전문점의 입지는 자신들의 고객에게 오락과 즐거움의 기회를 제공하여 많은 사람을 유인하고, 소비자들이 여러 점포를 다니면서 비교구매가 가능한 중심 상업지역(CBD), 중심 상업지역 인근 쇼핑센터보다 노면독립지역이 입지로서는 가장 유리하다.
③ 식료품점의 입지는 점포의 취급품의 종류와 품질에 대한 소비자의 구매만족도, 예상된 고객의 시간대별 통행량, 통행인들의 속성 및 분포 상황, 경쟁점포와 기타 상점들, 일반적인 주거 밀집지역, 아파트 또는 주거 밀집지역에 있는 상가나 쇼핑센터가 적당한 위치이다.
④ 생활용품 중 주방기구나 생활용품, 인테리어 소품등 대단위 아파트 밀집지역, 주택가 밀집지역 등 주거지 인접지역으로 출점하여야 하며, 도로변이나 재래시장 근처, 통행량이 많은 곳이나 슈퍼마켓 근처에 입지를 선택하는 것이 유리하다.
⑤ 패션잡화점의 최적 입지는 상호보완적인 상품을 제공하는 다양한 점포들이 모여 있는 곳으로 다양한 상품을 판매하고 유통인구가 많이 있으며, 주로 젊은 세대들이 자주 찾는 지역이 입지로는 가장 적합한 장소이다.

의류패션전문점의 입지는 주로 중심 상업지역(CBD), 중심 상업지역 인근 쇼핑센터, 의류 전문센터 등이 가장 유리하다.

25 ①　26 ②

27 다음 중 Central Business District에 대한 설명으로 가장 옳지 않은 것은?

① 도심 입지는 대도시와 중 · 소도시의 전통적인 도심 상업지역을 말하며 이러한 곳은 다양한 상업 활동으로 인해 많은 사람들을 유인하는 지역이다.

② 도심 입지를 조성할 때 계획성보다는 무계획성으로 인하여 조성되어 있는 것이 일반적이며 이는 오랜 기간동안 자연적으로 인구의 증가에 따라 성장했기 때문이다.

③ 도심 입지는 대체로 중상류층 이상의 사람들이 다니며 고급 백화점, 고급 전문점 등이 입지하고 있는 전통적인 상업 집적지로, 다양한 분야에 걸쳐 고객 흡입력을 지닌다.

④ 인근지역이 발달해 있고 지가와 임대료가 매우 비싼 지역이며, 부도심과 외곽도심의 급격한 발달, 중상류층의 거주지역 이전, 교통체증 원인으로 과거보다 더 많은 고객 흡인력을 가진다.

⑤ 도심 입지의 상업 활동은 많은 사람들을 그 지역에 유인하고, 그 곳이 대중교통의 중심지이며 도시 어느 곳에서든지 접근성이 가장 높은 지역이다.

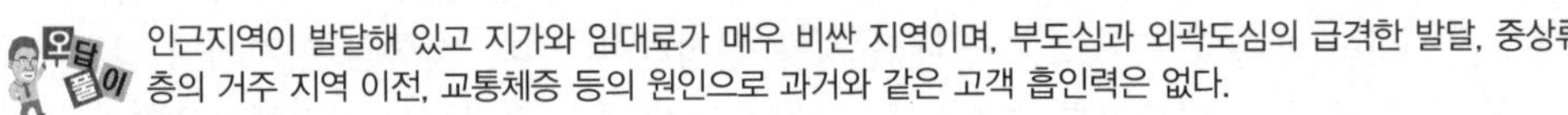

오답풀이: 인근지역이 발달해 있고 지가와 임대료가 매우 비싼 지역이며, 부도심과 외곽도심의 급격한 발달, 중상류층의 거주 지역 이전, 교통체증 등의 원인으로 과거와 같은 고객 흡인력은 없다.

28 입지선정 및 입지의 접근성과 관련된 설명으로 올바르지 않은 내용은?

① 허프 모델(Huff Model)이 나타내고 있는 바와 같이 경쟁점포와의 상호관계에서 고객 흡인력은 유통매장의 규모에 반비례하고 시간/거리에는 비례한다.

② 주차시설의 양과 질은 쇼핑센터(쇼핑몰) 및 주차시설을 개별적으로 갖춘 단독매장들에 대한 접근성을 평가하기 위한 중요한 요인의 하나이다.

③ 혼잡도는 사람들이 밀집되어 복잡한 정도뿐만 아니라 자동차가 밀집되어 복잡한 정도를 모두 내포하고 있는 개념이다.

④ 일정수준을 넘어가는 매장 내 혼잡도는 쇼핑속도를 떨어뜨리고 고객 불만을 야기하여 매출하락으로 연결될 수 있는 반면, 적정수준의 혼잡도는 오히려 고객에게 쇼핑의 즐거움을 더해 주기도 한다.

⑤ 접근성의 평가는 도로 구조나 거리에의 진입과 퇴출, 가시도, 장애물 등을 비교 분석하여 평가하여야 정확한 평가를 할 수가 있다.

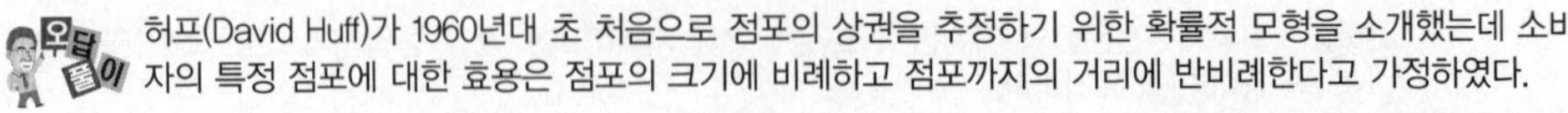

오답풀이: 허프(David Huff)가 1960년대 초 처음으로 점포의 상권을 추정하기 위한 확률적 모형을 소개했는데 소비자의 특정 점포에 대한 효용은 점포의 크기에 비례하고 점포까지의 거리에 반비례한다고 가정하였다.

해답 **27** ④ **28** ①

29 노면 독립입지(Freestanding Sites)란 여러 업종의 점포가 한곳에 모여 있는 군집 입지와달리, 전혀 점포가 없는 곳에 독립하여 점포를 운영하는 형태를 말한다. 다음 중 노면독립입지에 대한 설명으로 가장 어울리지 않은 것은?

① 노면 독립입지란 여러 업종의 점포가 한곳에 모여 있는 군집 입지와 달리, 전혀 점포가 없는 곳에 독립하여 점포를 운영하는 형태로서 지리적으로 떨어진 지역을 의미하며, 통상적으로 독립지역에 위치한 소매점은 다른 소매업체들과 고객을 공유하지 않는다.
② 주거, 업무, 여가 등 다수의 용도가 물리적, 기능적으로 복합된 건물을 말하며, 상권을 조성하기 위한 단순한 개발방법이 아닌 상권과 함께 생활에 필요한 여러 편의시설을 복합적으로 개발하기 위한 방법이다.
③ 독립입지는 군집입지의 상반되는 개념으로 중심시가지 보다 토지 및 건물의 가격이 싸고, 대형점포를 개설할 경우 소비자의 일괄구매(one-stop shopping)를 가능하게 하며, 비교구매를 원하는 소비자에게는 그다지 매력적이지 않다.
④ 다른 업체와 비교 우위에 있는 확실한 기술력을 보유하고 있는 전문성이 있는 업종이나 다른 업체와 비교하여 뛰어난 마케팅능력을 보유하고 있으며, 충분히 능력을 발휘할 자신이 있는 업종이 적합하다.
⑤ 뚱뚱한 사람들에게 맞는 청바지를 파는 유일한 점포와 특정 상권 안에서 가장 낮은 가격으로 식품을 판매하는 대형 슈퍼마켓과 수많은 종류의 장난감을 판매하는 카테고리 킬러와 같은 목적점포(destination stores)가 적합하다.

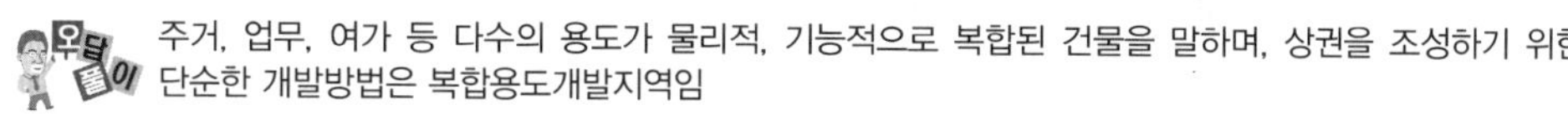

오답풀이 주거, 업무, 여가 등 다수의 용도가 물리적, 기능적으로 복합된 건물을 말하며, 상권을 조성하기 위한 단순한 개발방법은 복합용도개발지역임

30 다음 중 소매(상업)입지가 갖추어야 할 조건으로 그 중요성이 가장 낮은 요인은?

① 점포를 찾기가 용이한가?
② 가시권 내 식별이 용이한가?
③ 점포 앞 차량소통은 원활한가?
④ 점포운영에 수익가능성은 높은가?
⑤ 점포 내 쇼핑공간의 쾌적성은 어느 정도인가?

오답풀이 상업입지는 전형적인 시장 중심형 입지 패턴을 가진 시장 지향적 입지이다. '가시권 내 식별이 용이한가?','점포 앞 차량소통은 원활한가?', '점포를 찾기가 용이한가?' 등을 살펴야 한다. '점포 내 쇼핑공간의 쾌적성은 어느 정도인가?'는 점포설계적인 측면이 강하다.

해답 29 ② 30 ⑤

31 독립입지란 여러 업종의 점포가 한곳에 모여 있는 군집 입지와 달리, 전혀 점포가 없는 곳에 독립하여 점포를 운영하는 형태를 말한다. 다음 중 독립입지의 특징으로 가장 옳지 않은 것은?

① 통행인들에 대하여 가시성이 높은 곳에 위치한다.
② 특정입지 안에 직접 경쟁하는 점포가 비교적 적다.
③ 간판, 영업시간, 상품구색에 대한 점포경영자의 결정권이 크다.
④ 쇼핑센터의 입지들에 비해 단위면적당 임대료가 상대적으로 높다.
⑤ 독립지역에 위치한 소매점은 다른 소매업체들과 고객을 공유하지 않는다.

노면 독립입지(free standing sites)란 여러 업종의 점포가 한곳에 모여 있는 군집입지와 달리, 전혀 점포가 없는 곳에 독립하여 점포를 운영하기 때문에 쇼핑센터의 입지들에 비해 단위면적당 임대료가 상대적으로 저렴하다.

32 다음은 백화점의 입지선정 및 백화점경영에 관한 설명이다. 옳지 않은 내용은?

① 국내 백화점의 입지유형은 도심(입지)형 백화점(중심상업지역)이나 부심권 입지형(지역쇼핑센터) 또는 신도시 입지형과 버스터미널 및 기차역과 연계된 역사 입지형 등으로 나누어 볼 수 있다.
② 중심상업지역에 위치한 도심(입지)형 백화점의 경우 신업태의 출현과 교통체증, 주차공간의 부족 등에 의해 고객들이 구매를 기피하는 경향이 높아지고 있으며 이러한 문제를 해결하기 위해 많은 백화점들이 도시외곽으로 입지를 옮기거나 지방에 지점을 개설하는 다점포경영(multi store operation)전략을 시도하고 있다.
③ 최근의 백화점은 상품의 다양성과 원스톱 쇼핑의 편리성을 뛰어 넘어 소비자에게 차별화되고 고급화된 매장 분위기를 통한 상품체험쇼핑을 제공함으로써 대형할인점 및 신업태와의 경쟁에서 우위를 확보하고자 노력하고 있다.
④ 백화점은 전통적인 도심지 중심상업지역 뿐만 아니라 신생 부도심지 중심상업지역에서도 목적점포로서의 역할을 하고 있는 핵심 업태의 하나이다.
⑤ 도시 외곽에 위치하게 되는 대형쇼핑센터 입지에는 일반적으로 백화점의 경쟁업태인 대형마트(대형할인점) 및 다양한 전문점들이 입점하게 되므로 백화점의 입지로서는 타당하지 않다.

도시 외곽에 위치하세 되는 대형쇼핑센터 입지에는 일반적으로 백화전의 경쟁업태인 대형마트(대형할인점)및 다양한 전문점들이 입점하여 있다면 백화점의 입지로서도 가장 적합한 입지가 될 수가 있을 것이다.

해답 31 ④ 32 ⑤

33 개별유통업자로서 적정입지선정에 있어서 중요하게 생각해야 할 판단기준으로 가장 거리가 먼 것은?

① 교통의 연결성 및 편리성
② 고객의 점포선택의 가시성
③ 고객방문 횟수와 빈(번)도
④ 판매상품에 대한 생산 혹은 구매 비용
⑤ 매장(사용)비용 즉 전세 혹은 월세비용

소매업을 입지산업이라고 부를 정도로 입지는 중요한 전략적 결정 요인이다. 위치에 따라서는 엄청난 매출과 이익이 보장되므로, 점포의 위치는 사업 성공의 여부를 결정짓는 중요한 요인이 되고 있다. 판매상품의 생산이나 구매비용은 입지를 결정하는데 아무런 관련이 없다.

34 다음 중 입지선정 및 입지의 접근성과 관련된 설명으로 옳지 않은 것은?

① 소매업을 입지산업이라고 부를 정도로 입지는 중요한 전략적 결정 요인이다. 위치에 따라서는 엄청난 매출과 이익이 보장되지만, 점포의 위치는 사업 성공의 여부를 결정짓는 중요한 요인이라고 할 수 없다.
② 입지 선정 시 업종과의 부합성을 반드시 검토하여야 하는데, 일반적으로 좋은 입지라고 보는 곳도 업종과 부합되지 않으면 나쁜 입지가 된다.
③ 도심지역에서 입지는 대도시나 소도시의 전통적인 도심 상업지역으로 중심 상업지역이라고도 하며, 소매업에서 가장 성공적인 도심입지는 그 지역에 많은 주민들이 거주하는 지역이다.
④ 독립점포입지평가에서와 마찬가지로 쇼핑몰이나 쇼핑센터의 입지평가에 있어서도 접근성이 중요하다. 또한 쇼핑센터 및 쇼핑몰내부에서의 입지평가에 있어서 접근성은 중요한 평가의 대상이 된다.
⑤ 독립점포 입지평가에서와 마찬가지로 쇼핑몰이나 쇼핑센터의 입지평가에 있어서도 접근성은 중요하다. 또한 쇼핑센터 및 쇼핑몰내부에 대한 입지평가에 있어서 접근성은 평가의 대상이 될 수 있다.

소매업을 입지산업이라고 부를 정도로 입지는 중요한 전략적 결정 요인이다. 위치에 따라서는 엄청난 매출과 이익이 보장되므로, 점포의 위치는 사업 성공의 여부를 결정짓는 중요한 요인이 되고 있다.

33 ④ **34** ①

35 쇼핑센터(Shopping Center)에 대한 일반적인 설명으로 가장 적합하지 않은 설명을 고르시오.

① 전통적 형태의 범위적인 규모의 쇼핑센터 유형분류는 근린형, 커뮤니티형, 지역형, 수퍼지역형 혹은 광역형으로 분류한다.

② 도심형 쇼핑센터지역은 대부분 지가가 높지만 가급적이면 넓은 면적을 추구하며, 대규모의 면적에 고층화를 추구하고, 지역적으로 주로 도심 중심부에 위치하고 있다.

③ 교외형 쇼핑센터는 지역적인 특색은 비교적 낮은 층수와 대규모 주차시설을 보유하고 있어야 하며, 특정 주변상권의 사람들을 구매층으로 해야한다.

④ 지역쇼핑센터는 원스톱쇼핑을 가능하게 해주며 또한 식당 및 오락시설 등이 공존함으로써 매력적이고, 임대료와 상가 점포의 수익률 모두 높은 것이 특징이다.

⑤ 쇼핑센터의 입지평가에 있어서 접근성은 중요한데, 독립점포의 입지평가에서와 마찬가지로 쇼핑몰이나 쇼핑센터의 입지평가에 있어서도 접근성은 중요하다.

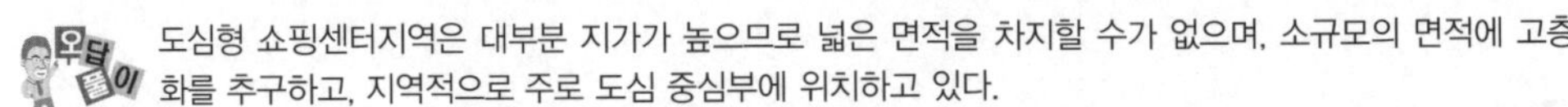

오답풀이 도심형 쇼핑센터지역은 대부분 지가가 높으므로 넓은 면적을 차지할 수가 없으며, 소규모의 면적에 고층화를 추구하고, 지역적으로 주로 도심 중심부에 위치하고 있다.

36 다음 중 노면 독립입지(Freestanding Sites)에 대한 설명으로 가장 옳지 않은 것은?

① 여러 업종의 점포가 한곳에 모여 있는 군집 입지와 달리, 전혀 점포가 없거나 소수인 지역에 독립하여 점포를 운영하는 형태를 말한다.

② 다른 소매업체들과 고객을 공유하지 않으며, 동종업태의 다른 점포와 경쟁을 하지 않으므로 점포경영에 상당한 유연성을 가질 수 있다.

③ 군집입지와는 반대로 작용되는 개념으로 중심시가지 보다 토지 및 건물가격이 싸고, 대형점포를 개설할 경우 소비자의 일괄구매가 가능하다.

④ 비교구매를 원하는 소비자에게는 가장 매력적이므로 특정 상권 안에서 영업을 수행하는 카테고리 킬러와 같은 목적점포가 적합하지 않다.

⑤ 다른 업체와 비교 우위에 있는 확실한 기술력을 보유하고 있는 전문성이 있는 업종이나 뛰어난 마케팅능력을 보유하거나 능력을 발휘할 자신이 있는 업종이 적합하다.

오답풀이 비교구매를 원하는 소비자에게는 그다지 매력적이지 않으므로 특정 상권 안에서 영업을 수행하는 카테고리 킬러와 같은 목적점포가 적합하다.

해답 35 ② 36 ④

37 다음 중 넬슨(R. L. Nelson)이 선정한 입지선정의 평가방법에 대한 내용으로 가장 적합하게 연결된 내용을 고르시오.

가. 경영자가 속한 상권지역 내의 기존 점포나 상권 지역이 고객과 중간에 위치하여 경쟁점포나 기존의 상권으로 접근하려는 고객을 중간에서 저지할 수 있는 가능성을 평가 하는 방법이다.
나. 장래 경쟁점이 신규 입점함으로써 고려대상 점포나 유통단지에 미칠 영향 정도나 경쟁점의 입지, 규모, 형태 등을 감안하여 고려대상 점포나 유통단지가 기존점포와의 경쟁에서 우위를 확보할 수 있는 가능성의 정도를 평가하는 방법이다.
다. 동일한 상권 내의 고객들을 자신의 점포로 유인하는 데 있어서 어떠한 장애요소가 고객들이 접근할 수 있는 가능성을 방해하는지를 살펴보는 것이다.
라. 주변의 인구 증가와 일반 고객들의 소득증가로 인하여 시장 규모나 선택한 사업장과 유통상권이 어느 정도로 성장할 수 있겠는가를 평가하는 방법이다.
마. 상호 보완관계가 있는 점포들이 근접하여 입지함으로써 고객이 흡입될 가능성으로 경영자가 진입할 상권에 상호 보완관계에 있는 점포가 서로 인접해 있어서 고객의 흡인력을 얼마나 높아지게 할 수 있는가의 가능성을 검토하는 방법이다.

① 가-중간 저지성
② 나-성장 가능성
③ 다-경쟁 회피성
④ 라-양립성
⑤ 마-접근 가능성

나-경쟁 회피성, 다-접근 가능성, 라-성장 가능성, 마-양립성

38 다음 중 노면 독립입지(free standing sites)의 장점이라고 보기 힘든 것은?

① 낮은 임대료
② 높은 가시성
③ 확장의 용이성
④ 다른 점포와의 시너지효과
⑤ 직접 경쟁업체의 부재 또는 상대적으로 약한 직접경쟁의 정도

노면 독립입지(Freestanding Sites)란 여러 업종의 점포가 한곳에 모여 있는 군집 입지와 달리, 전혀 점포가 없는 곳에 독립하여 점포를 운영하는 형태를 말한다. 따라서 다른 점포와의 시너지효과는 찾아 볼 수 없다.

37 ① 38 ④

39 다음의 '가, 나, 다, 라' 내용 중에서 일반적인 중심상업지역(CBD)의 특징들만을 모두 골라 놓은 답 항은?

가. 대중교통의 중심지이며 도보통행인구(보행자)도 많은 편이다.
나. 건물의 고층화, 과밀화로 토지 이용이 집약적이다.
다. 비계획적으로 조성되어 비체계적인 입지구조를 가진다.
라. 심각한 교통문제가 발생하기 때문에 지가가 비교적 저렴하다.

① 가
② 가, 나
③ 가, 다
④ 가, 나, 다
⑤ 가, 나, 다, 라

중심상업지역(CBD)은 전통적인 상업 집적지로서 고급 전문점이나 백화점 등이 입지하고 있어 다양한 분야에 걸쳐 고객 흡인력을 지니고 있다. 이 곳은 무계획적으로 조성되었으며, 중심상업지역이기 때문에 상업활동으로 인해 많은 사람들을 유인하여 지가(地價)가 최대에 이른다.

40 다음 중 복합용도 개발(mixed-use developments ; MXDs) 지역의 설명이 아닌 것은?

① 복합용도 개발의 좋은 예는 도시 변두리의 신개발 지역에서 찾아볼 수 있다.
② 개발업체들은 공간을 생산적으로 사용하기 때문에, 복합용도 개발을 좋아한다.
③ 복합용도 개발은 많은 쇼핑객들을 점포로 유인하기 때문에 소매업체에게 인기가 있는 지역이다.
④ 단순한 개발방법이 아닌 상권과 함께 생활에 필요한 여러 편의시설을 복합적으로 개발하기 위한 방법이다.
⑤ 복합용도 개발은 쇼핑센터, 오피스 타워, 호텔, 주상복합건물, 시민회관, 컨벤션센터 등 하나의 복합건물에 다양한 용도를 결합시킨 것을 의미한다.

복합용도 개발(MXDs)은 1972년 Gurney Breckenfeld가 처음 사용한 용어이다. 이는 호텔, 오피스, 상가, 주거 등 도시 속 인간생활의 기본 요소인 주거, 작업, 여가의 각 활동을 동시에 수용하는 건물로서 세 가지 이상의 용도가 하나의 건물 안에 물리적 · 기능적으로 복합된 건물을 말한다. 이러한 복합용도 개발을 도심지 주변에 건설할 경우, 도심지 내의 주생활에 필요한 근린 생활시설 및 각종 편익시설의 설치가 가능하게 되어 도심지가 생동감이 넘치고 다양한 삶의 장소로 변화될 것이다.

해답 39 ④ 40 ①

41 다음 소매업(태)의 다양한 유형들 가운데 네모상자 안의 열거된 입지의 모든 특성들을 종합적으로 가장 잘 내포하고 있는 것은?

가. 전통적인 도심 상업지역	나. 대중교통의 중심지
다. 많은 도보통행 고객	라. 심각한 주차문제

① 쇼핑몰
② 스트립쇼핑센터
③ 노면독립입지
④ 아웃렛쇼핑센터
⑤ 중심상업지역(CBD)

중심상업지역은 전통적인 도심 상업지역이며, 계획성보다는 무계획성으로 인하여 밀집되어 있는 것이 일반적이다. 이곳은 대중교통의 중심지이며 많은 도보통행 고객이 통행을 하며 심각한 주차문제를 야기하고 있다.

42 새로운 입지의 수요예측 방법들에 대한 설명내용이다. 다음 중 올바르지 않은 설명은?

① 새로운 입지의 수요예측방법에는 유사성 방식, Huff모델을 이용한 방식, 다중회귀분석 등이 있다.
② 유사성방식 및 Huff모델을 이용한 방식은 획득 가능한 자료를 가진 점포의 수가 많으면 많을수록 더욱 적합하다.
③ 다중회귀분석방식은 우선 성과예측을 위해 점포의 성과 및 설명변수를 찾아낸 다음 회귀방정식을 도출하여 미래의 점포성과를 예측하게 된다.
④ Huff의 중력모델에서 점포가 가진 경쟁의 매력도는 고객으로부터 점포나 쇼핑센터까지의 거리나 이동시간을 고려한다.
⑤ 다중회귀분석방식은 획득 가능한 자료를 가진 점포의 수가 많으면 많을수록 수요예측에 더욱 적합하다.

유사성방식은 획득 가능한 자료를 가진 점포의 수가 많으면 많을수록 더욱 적합하지만 Huff모델을 이용한 방식은 그렇지 않다.

41 ⑤ 42 ②

43 다음에 나열된 가, 나, 다 점포들 중에서 목적점포(destination stores)에 해당하는 점포들을 모두 골라 놓은 문항은?

가. 특정 상권 안에서 가장 낮은 가격으로 식품을 판매하는 대형 슈퍼마켓
나. 특정 상권 안에서 뚱뚱한 사람들에게 맞는 청바지를 파는 유일한 점포
다. 수많은 종류의 장난감을 판매하는 카테고리 킬러

① 가
② 나
③ 가, 나
④ 가, 다
⑤ 가, 나, 다

목적점포(destination stores)는 다른 업체와 비교하여 확실한 기술력을 보유하고 있는 업체나 뛰어난 마케팅 능력을 보유하고 있으며 충분히 능력을 발휘할 수 있는 업체들로서 다른 업체와 확실한 비교우위를 설정하여 고객 스스로 찾아올 수 있도록 할 수 있는 서비스와 시설 규모가 갖춰진 업종이 적합하다.

44 소매업을 입지산업이라고 할 정도로 입지선정은 중요한 전략적 결정 요인이다. 다음 중 입지에 대한 설명으로 옳지 않은 것은?

① 입지는 동적이고 시간적 개념인 데 비하여 입지 선정은 정적이고 공간적인 개념이다.
② 입지는 유동고객의 동선과 주변 여건에 따라 상급지, 중급지, 하급지로 분류할 수 있다.
③ 입지가 좋으면 그만큼 임대료가 비싸기 때문에 소매업체들은 이것의 중요성을 고려해야 한다.
④ 입지는 점포가 소재하고 있는 위치적인 조건으로 상권의 크기, 교통망, 고객층, 점포의 지세 및 지형과 밀접한 관련을 맺고 있다.
⑤ 입지는 상권과 밀접한 관련성을 지니며, 사업의 지향 목표와 일치해야하며, 입지 주체가 정하는 경제활동의 장소를 말한다.

입지는 점포가 소재하고 있는 위치적인 조건으로 일반적으로 상권의 크기, 교통망, 고객층, 점포의 지세나 지형 등과 밀접한 관련을 맺고 있다. 이러한 입지는 정적이고 공간적 개념인 데 비하여, 입지 선정 절차는 동적이고 시간적 개념이라 정의할 수 있다.

해답 43 ⑤ 44 ①

45 다음은 쇼핑몰(shopping mall)의 장점에 대한 설명들이다. 가장 거리가 먼 내용은?

① 쇼핑몰이나 쇼핑센터의 입지평가에 있어서도 접근성이 중요하다. 또한 쇼핑센터 및 쇼핑몰 내부에서의 입지평가에 있어서 접근성은 중요한 평가의 대상이 된다.

② 쇼핑몰조직본부에서 모든 입점업체들의 매장경영전반에 대해 계획, 실행, 관리를 해주기 때문에 개별업체들 입장에서는 투자의 위험성이 상대적으로 낮다.

③ 쇼핑몰에 대한 전체적인 관점에서 본 최적의 업종 및 업체믹스가 쇼핑몰 전체성과에 중요하게 영향을 미칠 수 있기 때문에 쇼핑몰운영조직본부에 의해 개별 쇼핑몰입점업체에 대한 통제가 중요하다.

④ 쇼핑몰은 다양한 유형의 수많은 점포와 다양한 구색의 상품, 그리고 쇼핑을 오락과 결합하여 전천후 쇼핑을 가능하게 하는 쇼핑의 중심지가 되어가고 있다.

⑤ 도심지형 쇼핑몰은 주로 편의성컨셉을 중심으로 형성된다. 따라서 슈퍼마켓이나 편의점이 키테넌트(key tenant)가 되며 핵점포가 차지하는 비율은 다른 쇼핑센터 유형보다 상대적으로 낮을 수밖에 없다.

쇼핑몰(Shopping-Mall)은 쇼핑센터 내의 모든 입주점을 한지붕과 건물 내에 수용하고 중앙부에서 공기를 조절함으로써 전천후(全天候)로 쾌적한 구매환경을 제공하는 상점가이다. 도심지역의 지가 상승과 폭발적인 인구 증가로 인하여 비교적 적은 면적에 고층화한 대형 백화점이나 쇼핑센터들이 생기게 되었다. 도심지역은 선매품 중심의 백화점이 키테넌트가 된다.

46 다음 중 노면독립입지(freestanding sites)와 관련된 설명으로서 가장 거리가 먼 것은?

① 노면 독립입지는 다른 소매업체들과 지리적으로 떨어진 지역을 의미한다.

② 통상적으로 독립지역에 위치한 소매점은 다른 소매업체들과 고객을 공유하지 않는다.

③ 노면 독립입지의 장점은 넓은 주차공간, 영업시간, 제품에 대한 규제의 완화, 고객을 위한 큰 편의성 등이 있다.

④ 노면 독립입지에서 독자적 상권개발을 하기 위해서는 고객층을 새로 형성하기 위한 공격적 마케팅전략보다는 기존에 형성되어 있는 환경에의 적응이 필요하다.

⑤ 노면 독립입지의 단점은 다른 점포와의 시너지 효과가 결여되어 있기 때문에 고객을 유인하기 위해 상품, 가격, 판촉 혹은 서비스를 특별하게 제공해야 한다.

노면 독립입지(freestanding sites)는 단점도 있지만, 장점도 있기에 거기에 맞는 전략을 세워야 하는데 무엇보다 고객층을 새로 형성하기 위한 공격적 마케팅전략이 필요하다.

45 ⑤ 46 ④

47 다음 중 입지(立地)의 일반적인 설명으로 가장 적합하지 않은 설명을 고르시오.

① 입지는 점포가 소재하고 있는 위치적인 조건으로, 보통 상권의 크기, 교통망, 고객층, 가게의 지세 및 지형과 밀접한 관련이 있으며, 특성에 따라 도심, 부심, 역세권, 주택가, 아파트단지, 대학가 등으로 세분화된다.

② 개별유통업자로서 적정입지선정에 있어서 중요하게 생각해야 할 판단 기준으로는 교통의 연결성 및 편리성, 매장(사용)비용 즉 전세 혹은 월세비용, 고객방문 횟수 · 빈(번)도 등을 고려해야 한다.

③ 물류의 중요성이 부각되면서 2차 산업을 중심으로 교통 중심지에 입지하는 경향이 뚜렷해지고 있으며, 입지는 사업이 지향하는 목적에 따라, 원료지향형, 수송지향형, 시장지향형 입지로 구분된다.

④ 집을 지을 때는 남향으로 집의 구조를 형성하는 것을 원칙으로 지형의 모양을 보면 남향은 트이고 경사도 완만하며, 배수도 잘 되고 땅이 건조하기 때문에 위생적이며 환경이 좋아 주거지로는 가장 적합한 주거입지이다.

⑤ 시장 입지에서의 생산은 작물 · 가축 등의 재배 · 사육에 의거한 유기적 생산이며, 기상 · 토양 · 지형 등에 의하여 영향을 받고, 수송이나 저장 등이 중요하게 작용하므로, 소비지와 생산지와의 거리가 중요한 입지 조건으로 작용한다.

농업 입지에서의 생산은 작물 · 가축 등의 재배 · 사육에 의거한 유기적 생산이며, 기상 · 토양 · 지형 등에 의하여 영향을 받고, 수송이나 저장 등이 중요하게 작용하므로, 소비지와 생산지와의 거리가 중요한 입지 조건으로 작용한다.

48 다음 중 특정 상권 내 고객들에 대하여 라이프스타일을 기준으로 시장세분화 작업을 하고자 할 때 측정해야 할 요소와 가장 거리가 먼 것은?

① 소비자들의 관심사(interests)
② 소비자들의 활동(activities)
③ 소비자들의 연령분포(ages)
④ 소비자들의 의견(opinions)
⑤ 심리 분석적 세분화기법(psychological analysis)

라이프스타일에 의한 시장세분화는 심리분석적 세분화기법 중 가장 대표적인 방법이다. 이 방법은 주로 사람들의 활동(Activity), 관심(interest), 의견(opinion)을 기준으로 몇 개의 집단으로 구분하는데, 영문표기의 머리글자를 따서 AIO분석이라고 한다.

47 ⑤ 48 ③

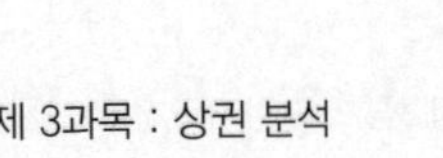

49 다음 중 입지대안을 확인하고 평가하기 위한 기준에 대한 설명 중 가장 잘못된 것은?

① 유사업종의 밀집성은 유사하고 상호보완적인 점포들이 무리지어 있다면 고객을 유인하기에 용이하다는 설명이다. 다만 너무 많은 점포가 밀집되어 있으면 오히려 고객유인을 저해하는 요인이 된다.

② 입지의 경제성은 점포의 입지를 결정할 때, 점포의 생산성과 성장잠재성을 고려하여 초기의 투입비용과 비교한 후 일정수준의 경제성이 확보되어야 점포입지가 용이하다는 설명이다.

③ 보충가능성의 원칙은 유사하거나 상호보완적인 제품, 또는 관계를 가지고 있는 점포가 인접해 있으면 고객을 공유할 가능성이 높아져 고객을 유인할 수 있다는 점을 설명하는 개념이다.

④ 접근가능성의 원칙은 고객이 점포를 방문하기에 용이한 물리적 특성만을 설명하는 개념이다. 고객이 심리적으로 느끼는 접근의 불편함은 객관화의 어려움으로 평가에서 제외된다.

⑤ 목적형 입지는 주로 특정한 테마에 따라 고객이 유입되므로 차량을 이용한 접근이나 주차장 등의 시설물 이용에 불편이 없어야 한다. 접근성의 평가는 도로 구조나 거리에의 진입과 퇴출, 가시도, 장애물 등을 비교 분석하여 평가하여야 정확한 평가를 할 수가 있다.

점포의 접근가능성은 점포로의 도달하는데 어느정도의 노력을 요하는지가 중요한 요소가 된다. 이것에는 물리작인 요소와 비물리적인 요소를 모두 포함한다. 객관화의 어려움도 당연히 포함된다.

50 다음 중 입지 선정을 위한 8가지 원칙 내용으로 볼 수 없는 것은?

① 경쟁 유발성
② 중간 저지성
③ 접근 가능성
④ 누적적 흡인력
⑤ 용지 경제성

입지 선정을 위한 8가지 평가방법(R. L. Nelson)

1. 상권의 잠재력
2. 접근하는 데 장애요소(접근 가능성)
3. 성장 가능성
4. 중간의 장애요인(중간 저지성)
5. 누적적 흡인력
6. 양립성
7. 경쟁의 회피
8. 용지 경제성

49 ④ 50 ①

상권 분석

51 다음 중 입지(location)에 대한 설명으로 가장 옳지 않은 것은?

① 소매업에서 가장 중요한 것이 입지이고, 다음으로 중요한 것도 입지이며, 그 다음도 입지라는 격언이 있듯이 입지는 사업의 성패를 가르는 가장 중요한 요인이라고 볼수 있다.
② 입지는 정적이고 공간적인 개념인 데 비하여, 입지 선정은 동적이고 공간적 · 시간적인 개념이며, 고객의 동선과 주변 여건에 따라 상급지, 중급지, 하급지로 분류할 수 있다.
③ 입지를 선정하고 영업을 시작하는 전략은 장기적이고 고정적인 성격을 가지고 있으며, 소매업에서 가장 성공적인 도심 입지는 그 지역에 많은 거주민들이 거주하는 지역이다.
④ 한 시기의 좋았던 장소라도 시간이 흐름에 따라 나빠질 수 있고, 나빴던 장소도 상황이나 시간의 흐름에 따라 다시 좋아질 수 있지만, 입지의 효용은 고정적인 것이 특징이다.
⑤ 입지선택에 대한 의사결정에 있어서 가장 중요한 판단 기준은 투입비용과 성과와의 관계를 비교분석하여 가장 경제적 · 효율적인 대안을 찾아내는 것이다.

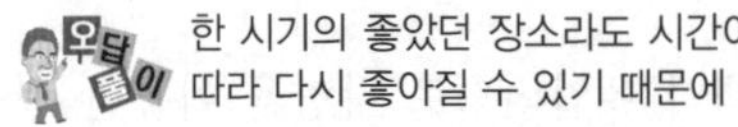

한 시기의 좋았던 장소라도 시간이 흐름에 따라 나빠질 수 있고, 나빴던 장소도 상황이나 시간의 흐름에 따라 다시 좋아질 수 있기 때문에 입지의 효용은 고정적인 것이 아니다.

52 넬슨(R.L Nelson)이 제시한 입지선정에 있어 8가지 원칙에 대한 설명 중 가장 올바르지 않은것은?

① 잠재력은 현재 관할 상권 내에서 취급하는 상품, 점포 또는 유통단지의 수익성확보 가능성을 분석하는 것이다.
② 누적 흡인력은 점포, 학교, 문화시설, 행정기관 등이 많이 몰려있어 고객을 끌어들일 수 있는 가능성을 분석하는 것이다.
③ 경쟁회피성은 경쟁점의 입지, 규모, 형태 등을 감안하여 고려대상 점포가 기존점포와 경쟁에서 우위를 확보할 수 있는 가능성을 분석하는 것이다.
④ 상권접근성은 접근가능성이라고도 하며, 상호 보완관계가 있는 점포가 근접하고 있어 고객이 자기 점포로 흡인될 가능성을 분석하는 것이다.
⑤ 성장가능성은 인구증가, 소득수준 향상으로 시장규모나 자점, 유통단지의 매출액이 성장할 가능성을 분석하는 것이다.

접근 가능성은 동일한 상권 내의 고객들을 자신의 점포로 유인하는 데 있어서 어떠한 장애요소가 고객들이 접근할 수 있는 가능성을 방해하는지를 살펴보는 것이다.

53 Nelson이 제시한 입지선정의 원칙 중 경쟁 회피성과 중간 저지성에 해당하는 것을 가장 올바르게 묶은 것은?

> 가. 장래 경쟁점이 신규 입점함으로써 고려대상 점포나 유통단지에 미칠 영향 정도
> 나. 인구증가 또는 소득수준 향상으로 고려대상 점포, 유통단지, 시장규모 등의 매출액이 성장할 가능성
> 다. 기존점포 또는 유통단지가 고객과의 중간에 위치하여 기존 점포로 접근하는 고객을 중간에서 차단할 수 있는 정도
> 라. 점포가 많이 몰려있어 고객을 끌어들일 수 있는 가능성
> 마. 상호보완관계가 있는 점포가 위치하고 있어 고객이 흡입될 가능성
> 바. 경쟁점(또는 경쟁 유통단지)의 입지, 규모, 형태 등을 감안하여 고려대상 점포나 유통단지가 기존 점포와의 경쟁에서 우위를 확보할 수 있는 가능성.
> 사. 현재 관살 상권 내에서 취급하는 상품, 점포 또는 유통단지의 수익성 확보 가능성

① 경쟁 회피성: 가, 바 / 중간저지성: 다
② 경쟁 회피성: 가, 마 / 중간저지성: 다
③ 경쟁 회피성: 마, 바 / 중간저지성: 사
④ 경쟁 회피성: 가, 바 / 중간저지성: 나
⑤ 경쟁 회피성: 라, 바 / 중간저지성: 마

넬슨(R. L. Nelson)은 입지선정의 평가를 위하여 자신이 제작한 체크리스트에 의거하여, 입지의 잠재력, 접근가능성, 성장가능성, 중간저지성, 누적적 흡인력, 양립성, 경쟁회피성, 경제성 등의 항목을 분석하여 입지의 적정성을 개략적으로 살펴볼 수 있도록 하였다. 문제에서 가장 적합한 정답은 ①이 된다.

54 넬슨(R. L. Nelson)은 입지선정의 평가를 위하여 자신이 제작한 체크리스트에 의거하여, 입지의 잠재력, 접근가능성, 성장가능성, 중간저지성, 누적적 흡인력, 양립성, 경쟁회피성, 경제성등의 항목을 분석하여 입지의 적정성을 개략적으로 살펴볼 수 있도록 하였다. 이들에 대한 개별설명 내용 중 "상호 보완 관계가 있는 인접 점포들의 점포 흡인 가능성"이란 무엇을 말하고 있는가?

① 양립성
② 입지의 경제성
③ 누적적 흡인력
④ 경쟁 회피성
⑤ 성장 가능성

양립성은 경영자가 진입할 상권에 상호 보완관계에 있는 점포가 서로 인접해 있어서 고객의 흡인력을 얼마나 높아지게 할 수 있는가의 가능성을 검토하는 방법이다.

해답 **53** ① **54** ①

상권 분석

55 쇼핑센터는 많은 소비자가 상품에 대해 가지고 있는 니즈를 충족시키기 위하여 각 업종 및 업태에 속한 소매업들이 서로 모여 있는 집합체를 의미한다. 이러한 쇼핑센터가 가지고 있어야하는 사회적 기능에 대한 설명 중 가장 올바르지 않은 것은?

① 공공적 기능: 금융서비스, 오락, 공공서비스 등과 같은 다양한 공적 서비스를 제공한다.
② 커뮤니티기능: 공공서비스를 제공하는 장소 또는 축제나 클럽 등 지역생활자가 필요로 하는 장소를 제공한다.
③ 상업기능: 쇼핑센터의 기본 기능이며 규모나 형태, 입지 등에 맞는 소매기능이 발휘될 수 있도록 하여야한다.
④ 고용의 창출: 소매업은 대면판매를 하기 때문에 이에 필요한 다수 고용인을 확보함으로써 지역경제에 이바지한다.
⑤ 지역개발기능: 일반적으로 쇼핑센터를 개발하면서 동시에 지역사회에 보탬이 될 수 있는 공공시설을 건립하여 기부한다.

쇼핑센터의 기능에는 상업기능만이 있는 것이 아니고 지역 사회에 공헌하며 커뮤니티 문화를 높이는 생활문화시설, 여가활동이나 건강관리를 위한 스포츠 레저기능 등도 포함돼야 한다. 지역개발기능으로서 일반적으로 쇼핑센터를 개발하면서 동시에 지역사회에 보탬이 될 수 있는 공공시설을 건립하여 기부한다는 말은 틀린 것이다. 어느 지역에 쇼핑센터를 한다고 하여 지역시회에 문화시실을 만들어 기부를 할 수는 있어도 강제사항이 아니다.

56 소매점포의 입지선택을 지원할 수 있는 다양한 지리정보시스템(GIS: GeographicalInformation System)들이 상업화되어 있다. 이에 대한 설명 중 가장 옳지 않은 것을 고르시오.

① 표적고객집단을 파악하는데 사용할 수있다.
② 상권의 경계선을 추정하는데 사용할 수 있다.
③ 판매시점에서 수집한 정보를 데이터 웨어 하우스에 저장하여 활용한다.
④ 고객의 인구통계정보, 구매행동 등을 포함하는 지리적 데이터베이스이다.
⑤ 다양한 소매점포 유형들의 매출액을 입지별로 추정하는데 사용할 수 있다.

GIS(Geographic Information System)는 지리적으로 참조 가능한 모든 형태의 정보를 효과적으로 수집, 저장, 갱신, 조정, 분석, 표현할 수 있도록 설계된 컴퓨터의 하드웨어와 소프트웨어 및 지리적 자료 그리고 인적자원의 통합체를 말하며, 지표면에 위치한 장소를 설명하는 자료를 모으고, 이를 이용할 수 있게 하는 컴퓨터 시스템이라고 할 수 있다.

해답 **55** ⑤ **56** ⑤

57 쇼핑센터 내에서 특정 점포의 위치를 평가할 때 고려해야 하는 요소에 대한 설명 중 가장 옳지 않은 것은?

① 주차 공간의 크기와 같은 양적 요인도 중요하지만 교통의 상대적인 혼잡도와 같은 질적 요인도 고려하여야 한다.
② 고객의 상표 충성도에 따라 쇼핑센터의 외관에 대한 반응이 다르므로 어떠한 형태로 쇼핑센터 외관을 구성했는지에 대한 평가도 중요하다.
③ 인접 소매업체가 동일한 표적고객을 대상으로 상호보완적인 구색을 제공하고 있다면 좋은 점포위치라 평가한다.
④ 쇼핑센터 내에서의 점포위치는 표적시장이 유사한 점포들과의 근접정도를 살펴보고 평가하는 것이 좋다.
⑤ 인접 소매업체가 동일한 표적고객을 대상으로 경쟁적인 구색을 제공하고 있다면 나쁜 점포위치라고 평가한다.

쇼핑센터 내에서 특정 점포의 위치를 평가하는 경우 인접 소매업체가 동일한 표적고객을 대상으로 경쟁적인 상품의 구색을 제공하고 있다면 고객들의 입장에서는 아주 좋은 점포이고, 따라서 매출의 증대로 연결되어 점포측면에서도 좋은 위치에 입지한 경우가 된다.

58 네모상자 안에 나열된 입지들 가운데 패션잡화점의 입지로서 적합한 것들만을 모두 골라 놓은 문항은?

> 가. 여러 층으로 구성된 매장에서 고객의 주된 출입구가 있는 층
> 나. 쇼핑몰 내부입지에서 핵 점포(anchor store)의 통로/출입구 근처의 입지
> 다. 상호보완적인 상품을 판매하는 다양한 점포들이 함께 모여 있는 입지
> 라. 경쟁자로부터 멀리 떨어져서 독점적 지위를 확보할 수 있는 입지
> 마. 패션잡화점은 전문점이기 때문에 가급적 임대료가 비싼 입지를 선정

① 가, 다
② 가, 나
③ 가, 나, 다
④ 가, 나, 다, 라
⑤ 가, 나, 다, 라, 마

패션잡화점의 최적 입지는 상호보완적인 상품을 제공하는 다양한 점포들이 모여 있는 곳이다. 경쟁자로부터 멀리 떨어져서 독점적 지위를 확보할 수 있는 입지는 노면독립입지의 특성이다.

해답 57 ⑤ 58 ③

59 다음 점포의 입지선정에 대한 설명 중 올바른 것만 묶인 것은?

ㄱ. 목표 소비자와 특정 점포사이의 거리가 증가할수록 특정 점포에서 구매가능성이나 빈도가 감소하게 된다.
ㄴ. 점포의 입지선정이 잘못되면 고객확보를 위하여 광고나 판매촉진과 같은 추가적인 노력이 필요하다.
ㄷ. 점포의 입지선정에 관심 대상이 되는 '거리'는 도보나 자동차 등으로 이동하는데 소용되는 시간을 포함한 개념이 된다.
ㄹ. 소비자의 접근이 용이한 위치에 점포의 입지가 있어야 점포의 수익성이나 시장점유율이 높아진다.
ㅁ. 점포에서의 판매촉진은 상품의 성격이나 종류가 같은 경우에 더욱 효과를 볼 수 있으며 입지를 결정하는 요인이 된다.
ㅂ. 점포의 물리적 속성에 가장 중요한 요인은 점포의 입지가 되며 이로 인해 점포의 유인적 즐거움이 발생한다.

① ㄱ, ㄴ, ㄹ
② ㄱ, ㄷ, ㅁ
③ ㄴ, ㄹ, ㅁ
④ ㄹ, ㅁ, ㅂ
⑤ ㄴ, ㄹ, ㅂ

'소매업에서 가장 중요한 것이 입지이고, 다음으로 중요한 것도 입지이며, 그 다음도 입지'라는 격언이 있다. 이처럼 입지는 사업의 성패를 가르는 가장 중요한 요인이다. 점포에서의 판매촉진은 상품의 성격이나 종류가 다른 경우에 더욱 효과를 볼 수 있으며, 점포의 물리적 속성에 가장 중요한 요인은 점포의 내부적 구조나 레이아웃이 된다.

60 누적유인의 원리를 가장 적절하게 설명한 것을 고르시오.

① 20%의 고객이 소매점포 매출의 80%를 창출한다.
② 만족도가 높은 고객일수록 해당 점포를 방문하는 횟수가 증가한다.
③ 동일한 제품을 판매하는 점포의 수가 많을수록 상권 내 매출이 높아진다.
④ 고객이 같은 점포를 자주 방문할수록 해당 점포에 대한 충성도가 증가한다.
⑤ 전문품보다는 선매품이나 편의품일 때 더 많은 효과를 볼 수 있는 개념이다.

'누적유인의 원리(the principle of cumulative attraction)'는 유사하고 상호보완적인 점포들이 함께 무리지어 있는 것이 독립적으로 있는 것보다 더 큰 유인력을 갖는다는 주장이다.

해답 **59** ① **60** ③

61 다음 중 입지선정과 관련된 설명으로 가장 바르지 않은 것은?

① 입지의 경제성은 권리금, 임대료, 부지비용 등 입지의 코스트를 생산성과 관련하여 분석한다.

② 입지선정 평가작업에 있어서 접근성, 현재 및 미래의 수익성에 대한 평가작업 이외에도 시장규모의 확장가능성, 자신이 속한 유통단지의 매출액 성장가능성 및 자사매장의 매출액이 성장할 가능성에 대한 예측이 중요하다.

③ 입지란 특정 상품이나 서비스를 구매할 의사가 있는 고객을 포함하고 있는 지역을 의미하며 입지선정 시 고려요인으로 특정지역 내 표적시장의 규모, 인구성장, 소득분포 및 규모와 안정성 및 경쟁수준 등을 들 수 있다.

④ 경쟁 회피는 경쟁점과의 경쟁상황을 고려하는 것으로 경쟁점포의 입지, 성격, 규모, 형태를 감안한 입지를 선택하여 매출액을 예측한다.

⑤ 입지 선정이 잘못되면 경영 관리상 노력의 낭비를 가져와 사업의 실패를 초래하게 되므로, 입지는 사업의 성패를 결정하는 중요한 변수로 작용하게 되었다.

소매업을 입지산업이라고 부를 정도로 입지는 중요한 전략적 결정 요인이다. 위치에 따라서는 엄청난 매출과 이익이 보장되므로, 점포의 위치는 사업 성공의 여부를 결정짓는 중요한 요인이 되고 있다. 입지 선정 시 고려요인으로 특정지역 내 표적시장의 규모, 인구성장, 소득분포 및 규모와 안정성 및 경쟁수준 등보다는 수익성, 접근가능성, 가시성 등을 우선 고려해야 한다.

62 다음은 입지대안을 평가하기 위한 어떤 원칙에 대한 설명인가?

> 유사한 점포와 보완점포가 너무 많이 모여 있어서 교통 혼잡과 같은 문제가 발생할 수 있다.

① 고객차단원칙(principle of interception)

② 동반유인 원칙(principle of cumulative attraction)

③ 점포밀집의 원칙(principle of store congestion)

④ 보완가능성의 원칙(principle of compatibility)

⑤ 접근 가능성의 원칙(principle of approach possibility)

점포밀집의 원칙(principle of store congestion)은 동일상권 내에 동일한 업종이 서로 한곳에 모여 입지하여야 유리하다는 원칙이지만 유사한 점포와 보완점포가 너무 많이 모여 있어서 교통 혼잡과 같은 문제가 발생할 수 있다.

61 ③ 62 ③

63 '누적유인의 원리(the principle of cumulative attraction)'는 유사하고 상호보완적인 점포들이 함께 무리지어 있는 것이 독립적으로 있는 것보다 더 큰 유인력을 갖는다는 주장이다. '누적유인의 원리'와 관계가 가장 적은 상품유형은?

① 편의품　② 선매품　③ 전문품
④ 목적구매품　⑤ 비 탐색품

유사하고 상호보완적인 점포들이 함께 모여 있는 것이 독립적으로 있는 것보다 더 큰 유인력을 가진다는 원리로서 특정 입지를 매력적으로 만들 수 있으며 상호 보완상품을 판매하는 점포들 간에 적용할 수 있는 원리이다. 편의품은 이러한 상품분류에서 가장 멀다.

64 도매업 입지의 경우에는 취급하는 제품의 생산구조와 소비구조 특징에 따라 입지유형이 달라진다. 다음 중 생산구조가 소수에 의한 대량집중 생산이고 소비구조는 다수에 의한 소량분산 소비구조일 때의 입지특성을 가장 올바르게 설명한 것은?

① 대부분의 산업구조에서 나타나는 형태이기 때문에 특별한 입지 전략을 선택해야할 필요가 없는 상황이다.
② 다수의 지역으로 분산시켜야 하는 특성 때문에 수집 기능보다 분산 기능이 강화된 곳에 입지하는 것이 유용하다.
③ 대량으로 물품을 받아야 하기 때문에 분산 기능보다는 수집 기능이 강화된 곳에 입지하는 것이 유용하다.
④ 생산과 소비가 쉽게 연결되도록 수집 기능이나 분산 기능보다는 중계기능이 강화된 곳에 입지하는 것이 유용하다.
⑤ 생산구조가 소수에 의한 대량집중생산이고 소비구조는 다수에 의한 소량분산소비구조일 때의 입지는 주로 농산품입지구조가 유용하다.

이런 제품의 특징은 공산품의 특징을 가지고 있으므로 분산기능에 중점을 두어야 한다.

해답 63 ①　64 ②

65 다음 은 한국식 쇼핑센터(Shopping Center)에 대한 일반적인 설명으로 가장 적합하지 않은 설명을 고르시오.

① 쇼핑센터는 도심 지역의 소비자들이 교외로 이전하면서 전문적인 개발업자에 의한 지역 상황과 수요 분석을 통해 규모 · 레이아웃 · 점포구성 · 만족 등이 계획적으로 개발 · 관리 · 운영되는 대표적인 집합형 소매점을 말한다.

② 쇼핑센터는 상업기업의 지리적 집단으로, 특정의 상권에 대해 입지규모 형태 등에 관하여 전체적으로 계획 · 개발 · 관리되고 있다. 이는 계획적 · 집합적인 소매상점의 지리적 집합체로서 계획적인 것만을 지칭한다.

③ 쇼핑센터는 점포 유형과 상품구색의 다양성, 쇼핑과 오락의 결합으로 고객흡인력이 높다. 영업시간, 입주점포들의 외관 등에서 동질성을 유지할 수 있으며 입점업체의 구성을 전체적 관점에서 계획하고 통제할 수 있다.

④ 쇼핑센터는 도시 근교의 광대한 토지를 확보하여 드라이브인 극장 등의 시설을 갖추고, 백화점 등 규모가 큰 소매점을 중심으로 하여 연쇄점, 전문점, 소매점 등을 모아 원스톱 쇼핑(one-stop shopping)이 가능하도록 계획적으로 만들어진 대규모 상점이라고 할 수 있다.

⑤ 커뮤니티 쇼핑센터(Community Shopping Center)는 스트립 쇼핑센터의 유형으로 가장 크고, 입점 업체들은 흔히 의류, 가정용품, 가구, 장난감, 신발, 애완동물용품, 전자 및 스포츠용품을 판매하는 카테고리 전문점이나 할인점이 주를 이루고 있다.

커뮤니티 쇼핑센터(Community Shopping Center)는 지구 중심으로 위치하고 있으며, 네이버후드센터보다는 크고, 파워센터보다는 적다.

65 ⑤

상권 분석

Chapter 3 점포개점전략

01 점포개점계획

1. 점포개점(開店)

(1) 개점(開店)의 의의

① 점포개점이란 경영자가 자신의 창업 환경을 분석 한 후 자신이 가장 잘 할 수 있는 혹은 가장 하고 싶은 아이템은 선정, 아이템과 가장 적합한 입지를 골라 영업을 하기 위한 일연의 과정으로 적합한 업종을 선정한 후에 점포를 구하는 단계를 거친다.

② 개점에 대한 이해가 부족하거나 잘못 진행 할 경우 불필요한 비용의 손실을 가져 올 뿐만 아니라 창업의 기회를 놓쳐버리는 경우가 발생하며, 위험요소를 줄이기 위해서 개점 프로세스에 대한 이해가 필요하다.

③ 출점할 점포에 대한 부지조사의 기본항목에는 소유권, 소유자의 신용, 거래 당사자의 법적자격, 토지대장, 실제 측정도, 도시 계획도, 등기부등본 등 면적, 형태, 지목, 수로, 고압선, 마을길 등의 장애물, 상하수도, 전력, 가스 등 공공시설 현황 등이 고려대상이 된다.

(2) 소매점의 출점 형태

① **건물매입 출점**: 장점으로는 안정적이고 지속적인 영업이 가능하며 영업활성화를 통한 자산가치가 상승한다. 단점으로는 하드웨어조건의 제약과 영업부진시 철수장벽의 문제가 발생할 수 있다.

② **기존점포 인수**: 장점으로는 출점코스트가 낮은 편이고, 지속적인 영업이 가능하다. 단점으로는 하드웨어 조건의 제약이 있고, 입지여건이 열악할 가능성이 있다.

(3) 적합한 아이템선정

① 대부분의 창업 결심은 '하다 안 되면 장사나 하지 뭐' 하는 식이 상당하다. 경영자는 자신에게 가장 적합한 아이템을 선정하여 치밀한 분석으로 시장에서 개점을 해야만 성공여부를 가늠할 수 있다.

② 창업자는 우선적으로 철저한 자기 분석이 먼저이고, 주변 환경 분석(적성, 자금, 시기)을 해야 한다. 그리고 동원 가능한 창업자금을 고려하고 시기를 정해야 하고, 무엇보다도 아이 템선정시 적성에 맞거나 하고 싶은 일을 선택하는 것을 최우선에 두어야 한다.

③ 실질적인 내용으로 사업계획서를 직접 작성하고, 창업방법 결정하는데, 특별한 노하우나 기술을 보유하고 있는 경우나 유경험자인 경우 전문가의 도움을 받아 독립적으로 창업이 가능하지만 초보자인 경우 프랜차이즈 창업이 유리하다.

(3) 적합성 분석순서

① 상권분석을 해야 하는데 업종에 따라서 적합 상권과 입지는 다르다. 배달업 같은 경우는 3급상권이라든가, 커피전문점 같은 경우에는 1급상권이 좋다는 분석이 필요하며, 그리고 자신의 능력에 맞는 상권과 입지 그리고 점포 크기를 정하는 절제가 필요하다.

② 입지선정을 해야 하는데 입지는 상권에서 가장 좋은 곳이어야 한다. 즉, 1급 상권의 3급지 보다는 차라리 3급 상권의 1급지가 유리하다.

③ 사업타당성 분석은 목표 매출이 가능한지를 따져보고 결정해야 한다. 간혹 보기에는 화려하나 실속없는 상권이 있는데 유통인구가 많지만 모두 흘러가는 사람들이라면 좋은 곳이라 하기는 어렵다.

(4) 공간 균배 원리에 의한 점포의 분류

① 공간 균배의 의의

㉠ 공간 균배 원리란 경쟁관계에 있는 점포는 점포 사이에 있는 공간을 새로 균등하게 배분한다는 이론으로, 한 점포가 먼저 입지하고 새로운 점포가 입지할 때 어느 위치에 입지하는 것이 유리한가를 분석하는 이론이다.

㉡ 공간 균배의 원리가 성립되기 위해서는 경쟁관계가 성립되어야 하고, 인근지역에 유인되면 안 되며, 운송비 등에 대한 소비자들의 반응이 전혀 없어야 한다.

② 집심성 점포

㉠ 입지 조건 : 상권이 도심 배후지의 중심지에 입지되는 것이 경영상 유리하다.

㉡ 대상 점포 : 극장, 백화점, 귀금속점, 고급 음식점, 고급 의류점, 대형 서점 등이 있다.

③ 집재성 점포

㉠ 입지 조건 : 동일 상권내 동일한 업종이 서로 한 곳에 모여 입지하여야 유리하다.

㉡ 대상 점포 : 은행, 보험회사, 가구점, 중고서점, 전자제품, 기계점 등이 있다.

④ 산재성 점포

㉠ 입지 조건 : 동일 상권 ,다른 상권으로 서로 분산 입지를 하고 있어야 유리하다.

㉡ 대상 점포 : 약국, 잡화점, 이발소, 세탁소, 대중목욕탕 등이 있다.

⑤ 국부적 집중성 점포

㉠ 입지 조건 : 일정한 지역에 동종업종끼리 국부적 중심지에 입지하고 있어야 경영상 유리하다.

㉡ 대상 점포 : 농기구점, 철공소, 비료점, 어구점, 석재점 등이 있다.

(5) 소매상의 점포개설 시 고려사항

① 교통문제, 소비자의 구매습관 전망 및 경쟁분석 등을 포함한 입지평가를 위한 다양한 방법들을 활용하여 소매상에 적합한 입지를 선정한다.

② 소매상들은 점포입지 선정에 있어서 거리에 따른 장 · 단점과 매장임대료의 고 · 저

사이의 상쇄관계관점에서 최고로 유리한 점포위치를 선정해야 한다. 다수의 점포를 입점시키면 개별점포의 매출을 낮아질 수 있지만 전체 점포의 매출은 증가할 수 있다.

③ 점포입지를 위해 장소를 선택한 이후, 소매업체들은 그 장소에 몇 개의 점포를 운영해야할 것인지 결정해야하는데 한 장소에 다수의 점포를 입지시키면 촉진과 유통에 있어 규모의 경제 효과를 얻을 수 있다.

④ 일반적으로 다음의 4가지 요소 즉 평균점포 통행고객 수(%), 방문고객 수(%), 구매고객 수(%), 구매고객 1인당 평균구매액을 통해 어떤 특정 점포의 판매효과성을 평가할 수 있다.

⑤ 점포입지는 권리금이 없는 점포보다 권리금이 있는 점포가 유리하며, 대형 유통시설이 들어서거나 새로운 역세권이 형성되는 지역은 주의해야 하고, 대형 사무실보다 저층의 소형 사무실이 많은 곳이 유리하다.

2. 점포출점(出店)을 위한 준비

(1) 출점을 위한 외부준비

① 소매점 출점 형태 중 '부지매입'을 하는 경우에는 자산가치 상승과 영업에 대한 안정, 점포 내부와 외부 외관에 대한 계획성 있는 조정 등의 장점은 있지만 초기 투자비용이 높고 상권변화에 대한 대응이 문제가 되는 형태이다.

② 소매점 출점형태 중 '출점되어 있는 기존 점포를 인수'하는 경우에는 점포확보를 위한 비용은 상대적으로 낮은 편이고 지속적 영업도 가능하다는 장점은 있지만, 입지 여건이나 점포구조 등이 이미 정해져 있어 출점조건이 열악할 가능성이 높다는 단점이 있다.

(2) 출점을 위한 내부준비

① **실내인테리어 및 점포 꾸미기**: 아이템에 맞는 인테리어라야 시너지 효과를 얻을 수가 있다. 프랜차이즈인 경우에는 이미 정해진 인테리어 컨셉이 있기 때문에 문제가 없지만, 독립창업인 경우 전문가에 도움을 받아 비용을 줄이거나 기존의 동일 업종으로 성업을 하고 있는 점포의 인테리어를 벤치마킹하는 것도 좋은 방법이다.

② **기자재**: 업종에 따라 필요 기자재는 차이가 있다. 자신이 선택한 업종에서 필수적으로 필요한 기자재는 사전에 충분한 시장 조사를 한 후에 결정을 해야 하는데, 마찬가지로 프랜차이즈 창업인 경우 본사에서 이미 최적의 기자재가 선정 되어 있어 크게 고민할 필요가 없지만 독립점인 경우에는 직접 확인하는 것이 좋다.

③ **초도 물품준비**: 장사를 하기 위해서는 판매할 상품을 구비해야 하는데, 판매업종인 경우 도매상을 통해 매입 계획을 세워야 하고 외식업종인 경우 수많은 종류의 식자재를 구입 혹은 구입처를 사전에 확보해 두어야 한다. 프랜차이즈 창업인 경우에는 일괄 공급이 되기 때문에 수월하다.

(3) 점포운영준비

① 장기간 안정적인 점포를 운영하고 있는 곳을 살펴보면 나름대로 독특한 특색을 지니고 있는데, 예를 들면 하루 300그릇만 파는 칼국수 집이 맘만 먹으면 500그릇도 충분히 팔 수 있지만 300그릇만 고집하기에 항상 먹지 못하고 돌아가는 손님이 있다. 점주는 그날 준비한 만큼만 팔기 때문에 최상의 제품을 팔 수 있으며, 이런 것이 바로 자기만의 개성 연출이지만 결코 쉽지 않은 결정이다.

② 식당 종사자들도 일하는 재미가 나고 즐겁게 오래도록 할 수 있으며, 경기가 아무라 나빠도 매출은 크게 문제없으니 어쩌면 이것이 식당 창업자들의 가장 큰 꿈일지도 모른다. 돈보다는 정성스런 음식준비 그것이 점주의 사업 철학이라 할 수 있으며, 점포 운영 전략은 특별한 공식이 있는 것이 아니고, 중요한 것은 자기 개성을 최대한 살리는 것입니다. 그래야 오래 동안 안정적인 매출을 올릴 수가 있다.

(4) 오픈준비 및 오픈

① 매장운영에 필요한 교육 및 인허가를 인지하고, 매장 운영에 필요한 교육을 사전에 충분히 받아야 하고, '하면서 배우지 뭐' 라는 안일한식은 금물이다. 가능하면 배우고 배워서 몸에 익히는 것이 좋다.

② 오픈은 완벽한 준비가 되지 않으면 오픈을 하지 않는 다는 마음으로 사전 준비를 철저히 해야 하고, 대부분 오픈이 가까워 오면 돈을 벌수 있다는 욕심으로 맘이 급해지고 준비가 부족한 상황에서 오픈을 하는데 이는 삼가야 한다.

(5) 개별점포에 대한 분석

① 고객들이 먼 곳에서도 쉽게 점포를 찾을 수 있는 정도를 가시도라 하는데, 가시도가 좋은 위치에 점포가 출점하고 있으면 좋은 입지라 할 수 있다.

② 충성도가 높은 고객들을 대상으로 할 때에는 점포의 가시도는 크게 중요하지 않다. 그것은 즉, 점포 자체가 유명하거나 충성심도가 좋은 점포는 가시도가 별로 중요하지 않다는 것을 말한다. 하지만 불특정 다수인이나 일반 통행인을 대상으로 하는 점포는 가시도가 높아야 유리하다.

③ 점포가 교통의 흐름이 원활한 지역에 입지한 경우 그 점포의 입지 요소로서는 대단히 유리한 경우라 할 수 있다. 이러한 지역은 차량의 운행이 빈번하게 되는 곳이나 교통 혼잡이 적은 곳은 유리한 입지 조건이라고 정의할 수 있다.

④ 출퇴근 시간에 교통이 혼잡한 것은 일반적인 현상이므로 별로 문제점이 되지 않지만 점포에서 도로 및 주차장으로의 진입과 퇴출이 양호한 곳이 점포의 입지로는 좋다.

3. 매출과 수익성분석

(1) 매출분석

① 대부분의 창업자가 창업 전 단계에 많은 관심이 집중되어 있다. 그러나 매출을 발생시키는 부분은 점포운영이다. 아무리 훌륭한 아이템을 선정 최고의 상권 최상의 입지에서 오픈을 하더라도 점포운영에 차질이 생기면 성공하기 어렵다.

② 점포운영에 대한 중요성을 새롭게 인식을 해야 하고, 장사가 잘 되는 점포의 운영 형태나 노하우를 벤치마킹하는 것은 기본이고 거기에 자기만의 개성을 가미시켜야 한다. 자연스러운 점포운영을 위한 나름대로의 노력이 필요하다.

③ 누구나 막연하게 할 수 있다는 생각을 가지고 시작하지만 막상 해보면 엄청남 시련과 고통에 직면하게 된다. 점포운영에는 매출관리, 고객관리, 점포 환경관리, 종업원관리, 상품관리 의요소가 있는데 전체적인 조화를 만들어 가는 것이 중요하고, 단기간에 성과를 내려고 하지 말고 시간이 걸리더라도 자기 생각대로 가야 한다.

④ 매출이란 사전적으로 물건을 내다 파는 일로 정의하는데 매출은 판매 행위로 인해 발생된 재화의 총칭이다. 물건을 팔고자 하는 상품과 판매자, 그리고 사려는 사람 즉, 구매자가 가격을 두고 이뤄지는 상행위의 결과로서 매출에는 상품, 판매자, 구매자, 가격, 행위의 비용이 포함된다. 매출이 많을수록 수익성도 많을 가능성이 높지만 반드시 그런 것은 아니다.

(2) 수익성 분석

① 판매상품의 가격을 정해야 하는데 기본적으로 각 메뉴나 상품별 원가나 매입가를 기준으로 책정을 하면 된다. 원가에 임대료 인건비 기타 지출 비용, 감가상각 등에 순 이익률을 포함해서 정하는 것이 기본인데, 업종에 따라 차이가 있기 때문에 동일 상권의 경쟁 점포의 가격을 파악한 후 판매가격을 정하는 것이 좋다.

② 필요인력은 업종에 따라 점포 크기에 따라 그리고 영업시간에 따라 각각 다르다. 이런 부분을 감안 사전에 준비를 해야 하는데 인력 소개소나 벼룩신문에 광고를 내면 된다는 안이한 생각을 버리고 꼭 필요하고 적합한 사람을 찾아야 한다.

③ 기본에 충실한 것이 가장 훌륭한 서비스이기에 기본이 흔들리면 아무리 요란한 서비스라 해도 제 빛을 발휘 하지 못한다는 사실을 반드시 기억해야 한다. 사업자 본인이 가장 자신 있게 할 수 있는 부분을 집중 발전시켜 특화시키는 것도 도움이 되며, 소점포 사업자의 홍보는 작지만 길게 그리고 꾸준히 해야 하는 홍보계획도 중요하다.

(3) 수익성 영향요소

① 원재료비요소로서 가장 바람직한 것은 최상의 세품을 최저가로 구입, 최고가로 파는 것이다. 업종에 따라 다르지만 외식업의 경우 이 비중이 매출대비 35%를 넘지 않도록 관리하는 것이 좋다.

② 인건비요소로서 이 비용은 고정지출 비용으로 매출에 관계없이 지출되는 비용으로 매출대비 20%를 넘지 않아야 한다.
③ 임대료요소로서 이 비용은 당연히 임차를 하는 점주에게 적용을 하지만, 자가 점포라면 기회비용을 고려해야 한다. 이 비용은 적을수록 유리하며, 매출의 10% 미만으로 관리해야 한다.
④ 관리비 · 공과금 · 세금 · 카드수수료 등도 수익성에 영향을 주는 부분이다. 이 중 관리비는 고정경비지만 나머지는 매출에 따라 변하는 변동경비이다. 전체적으로 매출대비 10% 선으로 관리 한다는 기준을 마련할 필요가 있으며, 이런 방식으로 하면 매출의 25%는 순이익을 가져 갈 수 있고, 업종의 차이는 있겠지만 대체적으로 경비를 줄이면 순이익이 늘어난다.
⑤ 매출은 수익의 원천이기 때문에 특별히 신경을 써야 한다. 점포 운영시 매월 손익분기점을 정해 놓고 철저한 매출 관리를 통해 안정적인 점포 운영을 할 수 있도록 해야 수익성도 높여 갈 수 있는 여지가 생긴다.

(4) 매출과 수익관계

① 매출이 높다고 반드시 수익성이 좋은것은 아니다. 일반적으로 매출이 크면 수익도 크지만, 반드시 그런 것은 아니다. 이럴 때는 반드시 수익성에 영향을 미치는 요소를 점검을 해 보고 수정 보완해 가는 지혜가 필요하다.
② 매출 상승보다 수익성 상승에 초점을 두어야 하는데 장사가 잘 되느냐 보다 얼마나 남느냐에 관심을 가질 필요가 있다. 하루 매출이 100만원인데 순수익은 10만원인 경우와 하루 매출은 50만원 인데 순수익 역시 10만원이라고 하면 후자가 훨씬 경쟁력 있는 점포운영이라는 것이다.
③ 그렇다고 매출을 소홀히 해서는 곤란하다. 수익성이 큰 구조로 점포 운영을 하면서 그 다음은 매출을 극대화 시키는 데 전력을 해야 하는 것이다. 매출이 없으면 지출은 있지만 수익은 전혀 존재하지 않기 때문이다. 수익의 원천은 매출이라는 사실을 기억해야 한다.
④ 매출을 높이는 노력과 동시에 수익성을 높이는 관리가 필요한데, 수익성을 저해하는 부분이 어느 부분인지를 파악하고 , 그것을 개선하면 된다. 진단하지 않고 지나갈 경우 그 결과는 예측이 가능하다.
⑤ 매출은 차별화된 상품의 가치가 주도 한다. 매출의 상승은 간단히 상품을 많이 팔면 되지만, 단순한 판매라기보다는 그 상품에 가치를 부여하는 기술이 필요하다. 단순하게 물건이나 서비스를 판매한다는 생각으로는 한계가 있으므로 반드시 가치를 부여하고 가치를 판다는 마음 자세가 무엇보다 중요하다.

4. 신규출점과 매출액

(1) 작업진행프로세스

① 출점전략입안－물건정보확인－출점여부판단기준 확정－상권설정－현지조사－출점여부 판단

② 출점방침 결정→출점지역 결정→점포 물색→수익성 및 자금조달계획과 같은 사업계획 수립→점포매입 또는 건설→개점(開店)

(2) 매출액추정

① 상품회전율을 중심으로 산출하는 방식으로 매출액: 재고금액×상품회전율

② 평당 년간 매출액을 기초로 산출하는 방식으로 매출액: 평당 연간판매액×총 평수

③ 객 단가를 기초로 산출방식의 매출액: 내점객 수×매출율×평균단가×구입개 수

④ 종업원 1인당 매출액을 기초로 산출하는 방식으로 매출액: 종업원 1인당 매출액×종업원 수

⑤ 상권 내 예상소비지출총액 : (1+평균소비성장율)×상권 내 총가구수×가구당 평균 가 처분 소득

(3) 입지요인과 상권요인

① 점포가 특정 상권에 입지할 때, 업종이나 업태에 따라 입지의존형인지 또는 상권의존형인지를 구분할 필요가 있다.

② 소매점의 매출을 결정하는 입지요인으로는 시계성(視界性) 과 주지성(周知性)을 중점으로 한 인지성이 있다.

③ 소매점의 매출을 결정하는 상권요인으로는 통행량 규모, 타사점포와의 경쟁, 시장의 규모 등이 있다.

④ 점포입지를 분석할 때 상권보다 입지에 더욱 의존하는 타입의 업태로는 의류업, 식료품업, 음식업 등이 있고, 택배업이나 목적점포는 상권에 의존을 하게 된다.

5. 상가건물 임대차보호법

(1) 상가건물 임대차보호법의 목적

① 상가건물 임대차보호법은 상가건물 임대차에 관하여「민법」에 대한 특례를 규정하여 국민 경제생활의 안정을 보장함을 목적으로 한다.

② 임차권등기명령 절차에 관한 규칙은 주택임대차보호법과 상가건물임대차보호법이 임차권등기명령절차의 시행에 관하여 대법원규칙에 위임한 사항 및 기타 주택임대차보호법과 상가건물임대차보호법의 시행에 필요한 사항을 규정함을 목적으로 한다.

(2) 상가건물 임대차보호법의 적용대상 보증범위

① 상가건물 임대차보호법은 상가건물(사업자등록의 대상이 되는 건물)의 임대차(임대차 목적물의 주된 부분을 영업용으로 사용하는 경우를 포함)에 대하여 적용한다.

② 대통령령으로 정하는 보증금액, 서울특별시(4억),수도권정비계획법에 따른 과밀억제권역(서울특별시는 제외, 3억), 광역시(수도권정비계획법에 따른 과밀억제권역에 포함된 지역과 군지역은 제외, 2억 4천만원), 그 밖의 지역(1억 8천만원)을 초과하는 임대차에 대하여는 그러하지 아니하다.

③ 우선변제를 받을 임차인은 보증금과 변제금은 서울특별시(6천5백만/2천2백만),수도권정비계획법에 따른 과밀억제권역(서울특별시는 제외, 5천5백만/1천9백만),광역시(수도권정비계획법에 따른 과밀억제권역에 포함된 지역과 군지역은 제외, 3천8백만/1천3백만), 그 밖의 지역 (3천만/1천만)금액 이하인 임차인으로 한다.

(3) 상가건물 임대차보호법의 임대기간

① 기간을 정하지 아니하거나 기간을 1년 미만으로 정한 임대차는 그 기간을 1년으로 본다. 다만, 임차인은 1년 미만으로 정한 기간이 유효함을 주장할 수 있다.

② 임대차가 종료한 경우에도 임차인이 보증금을 돌려받을 때까지는 임대차 관계는 존속하는 것으로 본다.

(4) 상가건물 임대차보호법의 계약갱신요구권

① 임대인은 임차인이 임대차기간이 만료되기 6개월 전부터 1개월 전까지 사이에 계약갱신을 요구할 경우 정당한 사유 없이 거절하지 못한다.

② 임차인의 계약갱신요구권은 최초의 임대차기간을 포함한 전체 임대차기간이 10년을 초과하지 아니하는 범위에서만 행사할 수 있다.

③ 갱신되는 임대차는 전 임대차와 동일한 조건으로 다시 계약된 것으로 본다. 다만, 차임과 보증금은 차임 또는 보증금이 임차건물에 관한 조세, 공과금, 그 밖의 부담의 증감이나 경제 사정의 변동으로 인하여 상당하지 아니하게 된 경우에는 당사자는 장래의 차임 또는 보증금에 대하여 증감을 청구할 수 있다.

④ 임대인이 제1항의 기간 이내에 임차인에게 갱신 거절의 통지 또는 조건 변경의 통지를 하지 아니한 경우에는 그 기간이 만료된 때에 전 임대차와 동일한 조건으로 다시 임대차한 것으로 본다. 이 경우에 임대차의 존속기간은 1년으로 본다.

⑤ 제4항의 경우 임차인은 언제든지 임대인에게 계약해지의 통고를 할 수 있고, 임대인이 통고를 받은 날부터 3개월이 지나면 효력이 발생한다.

(5) 계약갱신을 요구할 경우 거절의 정당한 사유

① 임차인이 거짓이나 그 밖의 부정한 방법으로 임차한 경우

② 서로 합의하여 임대인이 임차인에게 상당한 보상을 제공한 경우

③ 임차인이 임차한 건물의 전부 또는 일부를 고의나 중대한 과실로 파손한 경우

④ 임차인이 임대인의 동의 없이 목적 건물의 전부 또는 일부를 전대(轉貸)한 경우

⑤ 임차한 건물의 전부 또는 일부가 멸실되어 임대차의 목적을 달성하지 못할 경우

⑥ 임차인이 3기의 차임액에 해당하는 금액에 이르도록 차임을 연체한 사실이 있는 경우

⑦ 임대인이 목적 건물의 전부 또는 대부분을 철거하거나 재건축하기 위하여 목적 건물의 점유를 회복할 필요가 있는 경우

⑧ 그 밖에 임차인이 임차인으로서의 의무를 현저히 위반하거나 임대차를 계속하기 어려운 중대한 사유가 있는 경우

(6) 권리금(fore gift, 權利金)

① 기존 점포가 보유하고 있는 고객과 영업 방식을 이어받는 대가로 지급하는 돈이다. 임대차 계약기간동안의 사업수익으로 충분히 충당될 수 있는 정도여야 적당하다고 볼 수 있다.

② 권리금은 바닥권리금, 영업권리금, 시설권리금으로 나뉜다. 바닥권리금은 말 그대로 상권과 입지를 말하며, 영세권이나 유동인구가 많은 곳일수록 바닥권리금이 높다.

③ 영업권리금은 사업자가 얼마나 많은 단골을 확보했는지의 여부다. 단골이 많을수록 기본매출이 높아지는데, 참고로 영업권리금이 높은 업종은 학원이다. 이는 학생 수가 곧 매출로직결되기 때문이다.

④ 시설권리금은 감가상각 후 남은 시설의 가치로, 권리금은 상가를 매입하거나 임차할 때 관행적으로 인정되지만, 현행법상 상가권리금에 관한 법 규정은 존재하지 않는다.

⑤ 영업보상금 산정 기준이 되는 토지보상법 또한 권리금을 인정하지 않고 있다. 임대차 계약이 종료되더라도 임대인은 원칙적으로 권리금 반환에 대한 의무를 지지 않는다.

1. 다점포 경영

(1) 다점포 경영의 의의

① 다점포경영은 일부 기업들이 추구하고 있는 소매전략으로 동일지역에 여러 점포를 개설하여 총수익을 늘리고자 하는 전략이다.

② 다점포경영은 본점을 통한 대량매입과 각 지점을 통한 대량판매의 동시 실현을 목표로 규모의 이익과 효율을 고려하여 계획적으로 여러 지역에 출점하는 것을 말한다.

③ 다점포경영은 동일업종이나 업태의 수를 증가시킴으로써 구매자에 대한 구매력을 향상시킬 수 있다.

④ 다점포 경영은 자사의 이익과 상권 자체의 이익을 연결하기 위하여 각 해당 지역마다 자사의 지점포를 입지하게 하는 것으로서, 다점포 정책에 의해 만들어진 각 지점들의 영업활동에 관한 경영관리를 의미한다.

⑤ 유통기업이 특정 상권에 다점포전략을 사용하는 것은 자사 점포들 사이에 경쟁을 유발하여 전체적 성과를 높임과 동시에 경쟁점포의 출점에 대한 장벽을 구축하기 위한 목적이다.

⑥ 다점포경영의 발생요인은 유통업계의 대형화와 집중화 현상, 소비자행동의 변화 및 정보기술 발달 등의 환경적 변화에서 비롯된다.

⑦ 특정 상권 내에서 다점포경영은 점포들 간의 경쟁을 촉진하고, 자사 점포들의 개별 이익을 보장하지 못하는 단점을 지닌다.

⑧ 전국적인 소매체인본부에서 새로운 소매점포를 어디에 개설하는 것이 바람직한지를 알기 위해 공간분석을 실시하였다. 공간분석의 순서는 '지역분석→상권분석→입지분석'이 가장 적합하다.

(2) 다점포전략의 영향

① 추가점포를 개설하여 얻게 되는 한계이익이 한계비용보다 크다면, 추가로 점포를 개설하는 유인이 된다.

② 동일한 상권 안에 새로운 점포를 출점하는 전략은 내부경쟁을 통해 성과가 나쁜 자사(自社) 점포의 성과를 개선하는 효과를 가져올 수 있다.

③ 동일한 상권을 자사 점포로 포화시키는 전략은 점포 간 시너지를 통해 경쟁점포의 고객을 자사 고객으로 전환하는 효과를 가져올 수 있다.

④ 프랜차이즈 시스템의 다점포 출점전략은 가맹점과 본부 사이의 갈등을 야기할 수 있다. 같은 회사의 점포들 사이의 경쟁을 유발하여 각 점포경영의 성과를 더욱 촉진할 수 있다.

⑤ 소매점이 동일한 상권 안에 복수의 점포를 출점하는 경우 물류, 광고 등의 공동 활동에서 규모의 경제를 누릴 수 있고 점포 신설에 따른 한계이익이 한계비용을 초과하는 범위 안에서는 회사 전체적인 입장에서 더 큰 이익을 얻을 수 있다.

⑥ 동일 상권 내에 복수 및 다수의 점포운영은 고객의 접근성 및 편리성을 보다 높일 수 있을 뿐만 아니라 단수의 점포로는 규모가 지나치게 비대해져서 발생할 수 있는 비효율적인 경영을 막을 수 있다.

(3) 소매업태의 다점포 경영

① **할인점**: 할인점은 규모의 대규모화로 인해 백화점이나 기타 다른 경쟁업체들과의 경쟁이 치열하여 각 지방에 할인점을 설치하여 다점포 경영을 수행하고 있다.

② **프랜차이즈**: 프랜차이즈는 직접 본사에서 각 지방이나 인근 지역에 새로운 점포를 신설하는 것보다는, 기존의 상인을 대상으로 새로운 사업 아이템에 의하여 사업을 수행하는 것이라 할 수 있다. 이는 유통업, 학원, 패스트푸드점 등 전국적으로 점차 증가하고 있는 추세에 있다.

③ **백화점**: 백화점은 다른 대형 백화점이나 대규모 할인점과의 경쟁이 날로 치열해지고 있다. 따라서 백화점은 위성도시나 지방에 본점을 설치하여 다점포 경영을 수행하고 있다.

④ **농산물 시장:** 초기단계에서의 농산물 구매전략은 농산물에 대한 소비자의 인식부족과 물류기반의 미비로 인해서 산지 직구매 또는 도매시장을 통한 로컬소싱 위주가 되었으며, 이런 비슷한 신유통업태가 전국적으로 확산 추세에 있다.

2. 다점포 경영의 장 · 단점

(1) 다점포 경영의 장점

① 지점은 본사의 경영이나 관리기법을 그대로 지점에서 수행하기 때문에 지점의 실패 가능성이 상대적으로 낮아진다.

② 동일한 상권 안에 새로운 점포를 출점하는 전략은 내부경쟁을 통해 성과가 나쁜 자사(自社) 점포의 성과를 개선하는 효과를 가져올 수 있다.

③ 본사에서 대량으로 매입하여 지점에 공급하기 때문에 같은 물건이라도 단독경영을 수행하는 경쟁의 관계에 있는 업체보다 상대적으로 적은 비용으로 공급받을 수 있어 비용을 절감하여 원가에서 우위를 접할 수 있다.

④ 본사나 다른 지점에서 수행하거나 시행함으로 인하여 금융권에 안정적이라는 인식을 주어 개설비용의 융자, 상품의 외상구매 등의 효과를 얻을 수 있고, 이미 알려진 상품과 상호의 사용으로 광고, 홍보 효과를 증가시킬 수 있다.

⑤ 지점은 본사에서 훈련된 전문인력이 파견되어 시장 변화와 상황을 조사하고, 그에 알맞은 상품을 개발해 유사규모의 소매업태에 비해 시장 변화에 발빠르게 대응이 가능하다.

⑥ 촉진 및 유통활동에 있어서 규모의 경제를 실현할 수 있고, 해당 상권이 포화되어 경쟁업체에 대해 진입장벽을 형성할 수 있으며, 기업의 브랜드 가치를 높이고 사회적 이미지를 강화할 수 있다.

(2) 다점포 경영의 단점

① 소매업체 체인이 하나의 지역에 너무 많은 점포를 개설하는 경우에는 매출의 자기 잠식이 발생할 수 있다.

② 본사의 일관된 운영방식과 동일한 간판 및 인테리어 등으로 인하여 각 지역마다 특색이 있는 상권에 대응하기가 불리하게 된다.

③ 동일한 상호로 운영되기 때문에 다른 가맹점의 잘못이 발생하게 되면 전체적인 상호를 사용하는 다른 가맹점이 직접적인 영향을 받을 수도 있다.

④ 본사의 영업 확대와 사업 확장으로 도산이나 부도가 발생하게 되면 본사의 지원으로 유지되는 가맹점들은 다른 업종과의 경쟁에서 상당히 불리한 위치에 처하게 된다.

⑤ 본사에 지속적으로 로열티를 지불해야 하기 때문에 지점은 경제적인 부담이 발생하고, 장기적인 측면에서도 유동성이 낮아지게 될 수도 있다.

⑥ 다점포 경영 전략은 동종업종의 경쟁악화로 인해 제살 깎아 먹기라는 비난을 면하기 어렵다. 본사에서는 상품과 유니폼 등을 본부 운영방침대로 정하여 획일적으로 공급하기 때문에 지점 운영의 독립성과 다양성이 제한될 수밖에 없다.

3. 다점포 경영의 성공 조건

(1) 세분시장 마케팅

① 기업은 세분시장이 선택한 공급자(supplier of choice)가 되어 최고의 시장점유율과 마진율을 향유할 기회를 가질 것이다.

② 소비자 욕구가 변함에 따라 세분시장의 규모가 줄어들거나, 너무 많은 경쟁자를 끌어 들여 모든 경쟁자의 수익성이 감소할 수도 있는 위험이 있다.

③ 기업이 세분시장의 개별 소비자들을 더욱 쉽게 분별하고 만날 수 있으며, 포커스그룹인터뷰를 할 수도 있을 뿐만 아니라 매우 집중적이고 호소력 있는 상품을 설계할 수 있다.

(2) 다양한 경영전략

① 각종 미디어 등을 통하여 활발한 정보 수집으로 그 지역의 상권이나 지역적인 특성 등을 고려하여 가장 적합한 업종을 선택 개발하도록 한다.

② 지점의 상점을 개설하면 바로 현금이 유입되어 이익을 창출하는 것이 아니다. 언제든지 어느 정도의 시간이 흐른 후에 매출이 증가하고 그에 따라 이익이 생기게 되므로, 그 기간까지의 변동비와 고정비를 충족시킬 수 있는 충분한 여유자금을 확보하고 있어야 한다.

③ 지점은 기존의 시장이나 다른 상권에서 소비자들에게 검증을 받은 상품을 선택해야 하며, 유행업종이나 계절업종 및 과열업종은 가급적 취급하지 않도록 해야 한다.

④ 기존 시장이나 다른 경쟁자가 수행하지 않았고, 오직 나만이 할 수 있는 기술이나 경쟁력있는 서비스를 수행할 수 있는 것을 수행하는 것이 좋다.

⑤ 동일상권 내에 복수 및 다수의 점포운영은 고객의 접근성 및 편리성을 보다 높일 수 있을 뿐만 아니라, 단수의 점포로는 규모가 지나치게 비대해져서 발생할 수 있는 비효율적인 경영을 막을 수 있다.

03 접근성(Accessibility)

1. 접근성의 개념과 분석

(1) 접근성의 개념

① 접근성(accessibility)은 점포로의 진입과 퇴출의 용이성을 말한다. 대다수의 고객들이 통행 발생지역으로부터 자기가 원하는 특정한 지역이나 장소로 이동하는 데 있어서의 어떠한 장애요인이나 방해 없이 진입과 퇴출이 자유로운 상황을 말한다.

② 접근성은 입지의 매력도에 영향을 미치는 요소로 점포의 입지나 상권을 결정하는 데 있어서 상당히 중요하게 고려된다. 접근성은 거리상태, 통행량, 통행시간, 매력 등에 의하여 결정되며, 접근가능성이 높을수록 교통량이 증가하는 특징이 있다.

③ 접근성의 평가는 도로의 차선 수, 신호등 수, 혼잡도, 교차로 등도 접근성에 영향을 미친다. 도로 구조나 거리에의 진입과 퇴출, 가시도, 장애물 등을 비교 분석하여 평가하여야 정확한 평가를 할 수가 있다.

④ 접근성의 장애물로는 산, 강, 인조 조형물, 철로, 공원 등의 존재유무를 의미하며 지역내 소득의 격차도 점포입지를 선정하는데 접근성에 대한 장애물로 작용할 수 있다.

⑤ 고객의 충성도가 높거나 역사적으로 오래된 유명 점포의 경우에 있어서 가시도는 큰 문제가 되지 않는다. 하지만 유동고객에 대한 의존도가 높은 경우라면 가시도는 매우 중요한 요소이고, 접근성이 좋은 점포는 차량의 흐름은 빈번하되 교통 혼잡은 일이나지 않는 것이 좋다.

(2) 개별점포에 대한 접근성

① 고객들이 먼 곳에서도 쉽게 점포를 찾을 수 있는 정도를 가시도라 하는데, 가시도가 좋은 위치에 점포가 출점하고 있으면 좋은 입지라 할 수 있다.

② 충성도가 높은 고객들을 대상으로 할 때에는 점포의 가시도는 크게 중요하지 않다. 그것은 즉, 점포 자체가 유명하거나 충성심도가 좋은 점포는 가시도가 별로 중요하지 않다는 것을 말한다. 하지만 불특정 다수인이나 일반 통행인을 대상으로 하는 점포는 가시도가 높아야 유리하다.

③ 점포가 교통의 흐름이 원활한 지역에 입지한 경우 그 점포의 입지 요소로서는 대단히 유리한 경우라 할 수 있다. 이러한 지역은 차량의 운행이 빈번하게 되는 곳이나 교통혼잡이 적은 곳은 유리한 입지 조선이라고 정의할 수 있다.

④ 출퇴근 시간에 교통이 혼잡한 것은 일반적인 현상이므로 별로 문제점이 되지 않지만 점포에서 도로 및 주차장으로의 진입과 퇴출이 양호한 곳이 점포의 입지로는 좋다.

(3) 접근성의 거시적 분석

① 거시적 분석은 거래지역 내에서 자신의 점포와 연결되는 주요한 도로 구조나 도로의 상태, 장애물 등의 존재로 인하여 점포로의 접근 가능성이 얼마나 있는가를 분석하는 것을 의미한다.

② 접근성에서 도로 구조를 분석해보면 동일한 상권 내에서 자신의 점포로 연결되는 주도로의 존재 여부를 분석하는 것이다. 주도로에서 자신의 점포로 쉽게 접근할 수 있으면 경쟁력이 있고 매력적인 입지라고 할 수 있다.

③ 접근성 분석에서 도로 상태의 분석은 도로의 차선 수, 신호등의 수, 도로상의 교통 혼잡도, 도로상에 교차로의 존재 유무 및 위치 등에 관한 분석을 의미한다.

④ 접근성에서 장애물은 점포 입지의 자연장애인 산, 강이 있고 인공장애인 조형물, 육교, 철도, 공원 등이 있으며, 통행로가 없는 곳 또는 고속도로, 강의 건너편 지역 등은 점포로 접근하는 것에 불리하게 작용하기 때문에 점포의 입지로는 적당하지 않다.

(4) 접근성의 미시적 분석

① 미시적 분석은 점포 주변에서의 가시도, 교통흐름, 도로여건, 주차장으로의 진입과 퇴출, 쇼핑센터의 접근성, 센터 내 고객의 흐름 등으로 분석할 수 있다.

② 미시적 분석 측면의 내용을 상가에서 찾아보면, 점포가 위치한 층 등에 대한 분석으로 나타날 수 있다.

2. 입지 유형과 접근성

(1) 입지와 접근성

① 독립점포입지평가에서와 마찬가지로 쇼핑몰이나 쇼핑센터의 입지평가에 있어서도 접근성이 중요하다. 쇼핑센터 및 쇼핑몰 내부에서의 입지평가에 있어서도 접근성을 평가해야 한다.

② 주차시설의 양과 질은 쇼핑센터, 쇼핑몰 및 주차시설을 개별적으로 갖춘 단독매장들에 대한 접근성을 평가하기 위한 중요한 요인의 하나이다.

③ 혼잡도는 사람들이 밀집되어 복잡한 정도 뿐만 아니라 자동차의 밀집에 따른 복잡한 정도를 모두 포함하고 있는 개념이다.

④ 혼잡도가 일정수준을 넘어 너무 혼잡하면 쇼핑속도가 떨어지고 고객 불만을 야기하여 매출이 하락하지만, 적정수준의 혼잡도는 오히려 고객에게 쇼핑의 즐거움을 더해주기도 한다.

(2) 주차시설과 접근성

① 주차시설의 위치를 평가할 때는 고객 쇼핑동선의 일반적 길이를 고려하고, 적정수준의 혼잡도는 매출을 촉진시키기 때문에 전혀 문제될 것이 없다.

② 주차장의 혼잡도를 추정할 때 직원용 주차공간은 항시 일정하더라도 적정 주차 공간 추정 시 고려해야 하고 고객 위주의 적정 주차공간을 산출해야 한다.

③ 적정 주차공간을 추정할 때는 일별(주중과 주말), 주별, 계절별로 다양한 시점에서 주차차량을 조사하여 추정해야 하며, 전체적으로 시점에 관계없이 평균을 산출하여 추정하면 불확실하다.

(3) 적응형 입지의 접근성

① 적응형입지는 도보자의 접근성을 고려하여야 하기 때문에 도보로도 접근하기가 쉬운 계단과 출입구는 물론이고, 가시성이 충분해야만 한다.

② 통상적으로 대부분의 고객들이 대중교통을 이용하기 때문에 점포의 위치는 대중교통 시설물과 연계되어 있는 것이 상황적으로 적합하다.

③ 상당수의 고객들은 차량을 소유하고 있기 때문에 도심의 최적입지로서 주차시설을 갖추는 데에는 한계를 지니고 있다. 요즘 일부 점포들은 이러한 문제를 해결하기 위하여 1층에는 주차시설을 설치하고, 2층 이상을 점포로 사용하는 추세에 있다.

(4) 목적형 입지의 접근성

① 야외의 테마파크나 대규모 놀이시설은 고객들이 일부러 찾아오기 때문에 주도로에서 점포로의 접근이 좋아야 하며, 주차장이 크고 편리하여야 하므로 그러한 곳에는 주차관리원을 상주시켜야 한다. 예를 들어 서울랜드나 에버랜드를 생각하면 연관성을 쉽게 찾을 수 있을 것이다.

② 일반 고객들이 이용하기에 편리하도록 주차장은 건물의 앞쪽에 위치하고 있으며, 그 시설을 이용하는 이용객들의 상황을 고려해 보면 거의 하루 일정으로 찾아오기 때문에 시간당 주차요금을 징수하여서는 안 되고 1회 주차에 3,000원씩의 일반적인 기준을 정하는 것이 합리적이다.

(5) 생활형 입지의 접근성

① 지역 주민이 주로 이용하는 식당 등의 생활형 점포는 주차시설이 있으며, 주차요금은 거의 무료이어야 한다.

② 생활형 입지의 큰 특징은 지역 주민들이 도보로 접근하여도 쉽게 도달할 수 있는 곳에 출점을 하여야 한다는 것이다.

내점객 조사

1. 내점객(來店客) 조사

(1) 내점객 조사의 개념

① 내점객 조사는 방문자에 대하여 조사원이 질문지상의 일정한 항목을 기초로 고객에게 직접 청취 조사를 한다. 이러한 경우에 표본수는 점포 규모와 방문자 수에 따라 차이가 발생할 수 있다.

② 내점객 조사에 대응하는 점포 규모와 방문자 수는 절대적인 숫자보다는 보통 점포 방문객 수의 15~20% 정도가 가장 타당한 비율이라 할 것이다.

③ 내점객 조사는 내점한 조사대상자의 주소를 알 수 있으므로, 그러한 자료를 근거로 표적된 상권 범위를 파악할 수 있다.

④ 내점객 조사의 목적은 상권의 범위를 알기 위한 것이 아니다. 이러한 조사의 근본 목적은 좀더 발전적으로 점포 운영 전략을 계획하기 위한 것이 목적이기 때문에 상당히 중요한 조사이다.

(2) 내점객 조사의 내용

① 방문 빈도

㉠ 방문 빈도는 점포의 특성에 따라 차이가 있다. 자기점포에서 조사하고 싶은 방문 빈도의 범위를 분류한 뒤 조사표에 미리 기입해 놓으면 조사하기가 훨씬 편하다.

㉡ 고객의 정보보호를 위해 이름을 묻는 대신 일련번호를 사용할 수 있다.

㉢ 고객이 만족했다는 만족도의 결과를 기초로 만족과 불만족의 이유를 질문한다.

㉣ 우리 점포와 경쟁하는 점포 및 그 이용상황을 조사표에 포함시켜 놓는다.

② 방문 사유

㉠ 조사 대상자의 이름을 물어보면 답을 회피하거나 다른 가명을 대는 경우가 있으므로 이름 대신에 다른 방법을 사용하기도 하지만, 이 조사는 기대에 부합하지 못한다.

㉡ 조사 대상자의 연령층을 몇 개의 범주로 구분하고 관찰에 의해서 연령을 기입, 항목을 선택하는데, 이는 자기점포의 목표시장인 고객층을 세심하게 관찰해야 한다.

㉢ 조사 대상자를 반드시 목적상 구분할 필요가 있는 경우에만 결혼 여부를 파악하여야 한다. 평상시 이런 것을 물으면 대부분의 고객들은 좋은 느낌을 받지 못한다.

㉣ 조사 대상자의 직업은 일반적으로 초 · 중 · 고학생, 학원생, 직장인, 대학생, 전업주부, 맞벌이부부, 자영업, 전문직, 무직, 기타 등으로 하고 직업의 구별은 자기점포의 목표 고객층과의 관련성을 고려하여 세심하게 파악해야만 한다.

(3) 내점객 이동파악

① 교통수단과 소요시간

㉠ 점포까지 오는데 이용한 교통수단을 묻는 것으로 도보, 자전거, 자동차, 버스, 전철 등 이용한 수단을 분류 기록한다.

㉡ 점포까지 오는데 이용한 교통수단과 관계없이 단순히 집에서 점포까지 오는데 걸린 시간을 기입한다. 점포의 성격 등을 고려해서 파악할 필요가 있는 시간대로 구분하여 조사표에 기입하는 것이 나중에도 유리하다.

② 만족과 불만족 이유

㉠ 내점한 고객에게 자기점포에 대한 만족도를 묻는 것으로, 질문 내용에는 '매우 만족', '그럭저럭 만족', '불만' 등으로 대답하는 것이다.

㉡ 이러한 질문 내용은 조사하는 조사원의 태도나 장소 등에 따라 달라질 수 있으므로, 조사원은 답변자가 '불만'이라는 답을 하는 데에 있어서 자신의 감정을 개입시켜서는 곤란하다.

㉢ 만족도를 기초로, 불만의 이유가 무엇인지를 더욱 집중적으로 파악하는 것이 중요하다. 상품의 구색이 나쁘고, 품질이 나쁘고, 점포 분위기와 점포 내 가구 배치가 좋지 않다는 등 가급적이면 구체적으로 표현하도록 해야 한다.

2. 내점객 조사 방법

(1) 고객점표법

① 고객점표법의 개념

㉠ 윌리엄 애플바움(William Applebaum)이 내점객을 조사하기 위해서 개발한 내점객 조사방법이다.

㉡ 고객점표도에는 대상 점포에서 쇼핑을 하는 고객들의 지리적 분포가 나타난다.

② 고객점표법의 이용순서

㉠ 점포에 출입하는 고객들을 무작위로 인터뷰한다.

㉡ 인터뷰 내용으로 고객들의 거주지나 출발지를 확인하여, 이를 격자 도면상에 표시하여 점표도를 완성한다.

㉢ 격자별 인구를 계산한다. 이 경우 격자의 크기는 필요에 따라 조절이 가능하다.

㉣ 격자별 매상고를 추정하여 계산한다.

㉤ 몇 개의 격자를 그룹화하여 상권을 확정한다. 이로써 고객점표도가 완성된다.

(2) 실제조사 방법의 개념과 종류

① 실제조사 방법의 개념

㉠ 실제조사 방법이란 조사자가 직접 고객을 만나서 필요한 사항을 질문하고, 그 내용을 분석하여 상권을 분석하는 것을 말한다.

㉡ 실제조사 방법은 고객을 직접 만나서 조사를 하기 때문에 정확성이 높지만 조사자의 주관적인 개입이나 비용의 증가가 예상된다.

② 점두 조사

㉠ 점두조사는 방문하는 소비자의 주소를 파악하여 자기 점포의 상권을 조사하는 방법이다.

㉡ 매시간별로 구분해서 조사하며, 평일, 주말, 휴일, 경축일, 일요일 등으로 구분 조사하고, 소비자를 지도상에 분포되게 할 수 있도록 주소 단위로 한다.

③ 드라이브 테스트

㉠ 조사자가 직접 차를 타고 다니면서 만나는 사람들에게 조사하는 것이다.

㉡ 시간이 절감된다는 장점을 가지고 있으나 세심한 내용까지는 조사할 수 없다.

④ 직접 면접조사

㉠ 직접면접조사는 조사자가 직접 가정을 방문하여 개별로 대면하여 상권을 조사하는 기법이다.

㉡ 부재자를 포함한 표본 수를 준비하여야 한다. 표본은 주민등록 기본대장에 의거하며 표본의 편중을 지양하고, 질문항목도 15개 정도로 제한하여야 한다.

(3) 타임페어법

① 점포에서 역까지의 전철과 버스노선별 소요시간 및 요금을 조사하여 상권을 파악하는 방법이다.

② 타임페어법은 소비자들의 이용도가 높은 교통수단일수록 조사 방법에 유리하다

(4) 유동 인구수 조사

① 조사의 개념

㉠ 요일, 기후, 절기 등 여러 상황에 따른 다양한 기준을 활용하여 통행량을 수집하는 것이 좋다.

㉡ 다른 시간대도 중요하지만 해당 업종에 고객이 가장 많이 몰리는 시간대의 통행량 조사에 특히 신경을 써야 한다.

㉢ 점포 앞을 지나는 통행량에 대한 조사는 모든 방향에 대해 각 방향을 기준으로 통행량을 분리하여 조사하여야 한다.

㉣ 자기점포 앞을 도보로 이동하는 인구수는 내 점포의 매출과 직결되므로, 이를 인식하고 점포 전면의 유동 인구를 반드시 기록하여야 한다.

② 조사 방법

㉠ 유동 인구 조사층은 남녀별, 연령별, 계층별로 이루어져야 한다.

㉡ 조사대상은 주말 통행인구와 주중 통행인구로 구분하여 조사해야 한다.

㉢ 조사시간은 출근시간인 8시경과 출근시간 후인 10시, 점심시간인 12시, 오후 2 · 4시경과 퇴근시간인 6시, 퇴근시간 후인 20시, 22시, 24시, 익일 2시경에 체크하는 것이 일반적인 기준이다.

㉣ 조사장소는 고객이 물건 구매를 마치고 점포를 나왔을 때 점포 앞에서 조사하는 것이 적당하다.

㉤ 조사소요시간은 대략 15분을 체크한 후 파악된 통행인구 수에 4를 곱한 것이나 20분을 체크한 후 파악된 통행인구 수에 3를 곱한 것을 한 시간의 통행인구로 추정한다. 일반적인 1시간인 60분 동안 계속 조사해야 하는 것이 아니다.

3. 시장점유율법(Market Share Approach)

(1) 시장점유율법의 개념

① 총시장잠재력은 상권의 시장잠재력의 척도인 1인당 소비액(지출액)과 상권 내 인구수를 곱한 값이다.

② 시장점유율은 시장의 총 잠재 매출액 중에서 점포가 차지하는 매출 비율이며 점포의 가구당 판매액 / 가구당 잠재판매액 의 수식으로 표현된다.

③ 상권별 시장점유율 자료인 시장점유율법에서 고려할 사항은 상권내 인구수와 1인당 소비액 또는 가구당 소비액을 계산하는 것이다.

④ 슈퍼마켓 연구의 내용과 일치하며, 다른 점은 선행연구에서 '상품의 질'을 예비조사 결과를 참고하여 '식품의 신선도'로 바꾼 것이다.

(2) 매출추정의 절차

① 경쟁지역과의 접근성 등의 변수를 고려하여 업태의 상권을 추정한다.

② 인구조사자료를 기초로 하여 상권 내 인구수를 파악한다.

③ 상권의 시장잠재력 척도인 1인당 소비액을 추정한다.

④ 인구수와 1인당 지출액을 곱하여 총 시장 잠재력을 구한다.

⑤ 상권내의 총면적 대비 신규점포의 비율을 구한다.

Chapter 3 명품 적중 예상문제

01 계획된 점포 유형과 입지에 맞는 전략을 시행하기 위하여 소매상은 전략에 영향을 미치는 요소를 고려 해야 한다. 이에 대한 설명으로 가장 올바르지 않은 것은?

① 전략을 수립하기 위해서 고려해야하는 상황적 요소로는 시장요소, 경쟁요소, 환경요소, 경쟁업체에 대해 상대적인 강점과 약점의 분석 등이 있다.
② 시장요소는 시장의 규모와 성장가능성, 매출규모 등을 고려하게 되는데, 성장 중인 시장은 포화상태의 시장보다 경쟁이 적어 매출이익이 높을 수 있다.
③ 소매시장에서의 경쟁은 진입장벽, 공급업체의 교섭력, 경쟁자 등에 의해 영향을 받는데, 높은 진입장벽을 가지고 있는 시장에서 기회획득은 기선점한 기업이 더 유리하다.
④ 기업이 가지고 있는 강점과 약점을 정확히 파악하는 이유는 시장을 분석하였을 때 확인할 수 있는 기회와 위협을 활용하여 기업에게 맞는 경쟁우위를 확립할 수 있기 때문이다.
⑤ 전문점은 편의점에 비해 시장포화도와 진입장벽은 더 낮지만 상권의 범위가 좁아 시장 불확실성이 더 높다는 특징을 가진다.

전문점은 편의점에 비해 시장포화도와 진입장벽이 더 높고 상권의 범위가 넓어 시장 불확실성에 민감하게 대응할 수 있다.

02 치료 및 명상용 음악, 아로마향초, 약초 등을 판매하는 소매점이 추가로 신규점포를 출점하려한다. 신규점포의 상권을 분석할 때 가장 관심을 기울여야 할 자료는?

① 기존점포의 매출을 잠식할 가능성
② 상권 내 소비자들의 라이프스타일
③ 상권 내 소비자들의 소득 및 학력
④ 상권 내 가구들의 크기와 구성
⑤ 상권 내 소비자들의 직업 및 성별 분포

상권분석은 기본적으로 자신이 시장에 진입하여 판매를 하려는 품목의 기준으로 정해야 한다. 치료 및 명상용 음악, 아로마향초, 약초 등은 기본적으로 식품이 아니기에 소비자들의 소비기준이 명확하게 구분이 가능하며, 이 경우 상권 내 소비자들의 라이프스타일을 자세하게 분석해야 한다.

01 ⑤ 02 ②

03 점포의 유형과 제품의 유형에 따라 소비자는 서로 다른 구매행동을 하게 된다. 각 상황에 대한 소비자의 구매행동을 가장 올바르게 설명한 것은?

① 가장 가까운 점포로 이동하여 진열된 상품들을 비교하여 구매하는 것은 선매점에서 편의품을 구매하는 고객의 구매행동이다.
② 특정 상표의 제품에 집착하게 되어 여러 점포를 이동하면서 해당 제품을 찾아서 구매하는 것은 전문점에서 편의품을 구매하는 고객의 구매행동이다.
③ 평소 애용하거나 집착하는 특정 점포로 이동하여 점포에 진열된 제품들을 비교하여 구매하는 것은 전문점에서 선매품을 구매하는 고객의 구매행동이다.
④ 평소 애용하거나 집착하는 특정 점포로 이동하여 선호하는 특정 상표의 제품을 구매하는 것은 편의점에서 전문품을 구매하는 고객의 구매행동이다.
⑤ 평소 애용하거나 집착하는 특정 점포로 이동하여 점포에 진열된 제품들을 비교하여 구매하는 것은 전문점에서 편의품을 구매하는 고객의 구매행동이다.

선매품의 특징은 제품을 비교하여 구매를 한다는 특징이 있다.

04 유통경로의 시장 포괄범위의 정도는 제품의 특성에 따라 변화하며 점포의 입지와 상권분석에 많은 영향을 주게 된다. 점포 및 제품형태별로 특징을 잘 못 연결한 것은 ?

① 편의품점－편의품 : 소비자는 구매하기 가장 쉬운 곳에서 상품을 구매하기 때문에 상권의 범위가 가장 작은 유형에 속한다.
② 선매품점－편의품 : 무차별적인 상품인식을 가지고 있지만 상대적으로 좋은 서비스와 가격을 선호하여 일반적인 편의품 판매보다는 상권범의가 넓다.
③ 전문품점－편의품 : 판매점포에 대한 충성도를 가지고 있는 고객군으로 일반적인 상품도 고객이 선호하는 특별한 상점에서 구입하는 형태이다.
④ 전문품점－전문품 : 특별한 점포에서 본인이 원하는 제품을 구매하는 것으로 상권의 구모가 가장 큰 시장범의를 가지고 있는 형태이다.
⑤ 선매품점－선매품 : 무차별적인 상품인식을 가지고 있고 가장 구매하기 편리한 점포를 이용하지만 제품을 선택할 수 있어 상권이 상대적으로 크다.

선매품점–선매품 : 차별적인 상품인식을 가지고 있고, 그 제품을 구매하기위해서는 많은 시간과 노력을 요하며, 상권은 전문품점의 상권보다는 적지만, 편의품점의 상권보다는 상대적으로 크다.

03 ③ 04 ⑤

05 글 상자 안의 설명에 가장 적합한 점포관련 투자형태는?

> ⊙ 일반적으로 자산가치가 상승하는 경우가 많다.
> ⊙ 점포형태, 진입로, 주차장, 구조 등 하드웨어에 대한 계획을 새롭게 세울 수 있다.
> ⊙ 다른 경우에 비해 초기에 투자해야하는 비용이 많은 편에 속한다.
> ⊙ 주변지역(상권)의 환경변화에 빠르게 대응하기가 어렵다.

① 점포 출점을 위한 건물매입
② 점포 신축을 위한 부지임대
③ 점포 출점을 위한 건물임대
④ 점포 신축을 위한 부지매입
⑤ 이미 존재하고 있는 점포매입

점포출점에는 다양한 형태가 존재하지만 점주의 상황에 따라 구분을 해야 한다. 신축을 하면 시간이 걸리기에 대부분 임차를 선택하는데 자산가치가 상승을 고려한다면 부지를 매입하여 신축을 하는 것 역시 좋은 선택이지만 어느 것이 가장 좋다고 할 수는 없다.

06 한 지역에서 몇 개의 점포를 동시에 운영하는 다점포경영에 해당되는 내용이 아닌 것은?

① 대부분의 소매업체 체인은 촉진활동과 유통에 대해 규모의 경제를 얻을 수 있기 때문에 다점포 경영을 한다.
② 소매업체 체인이 하나의 지역에 너무 많은 점포를 개설하는 경우에는 매출의 자기잠식이 발생할 수 있다.
③ 추가점포를 개설하여 얻게 되는 한계이익이 한계비용보다 크다면, 추가로 점포를 개설하는 유인이 된다.
④ 다점포경영으로 인한 계획된 자기잠식은 점포내 혼잡함을 감소시킬 수 있어 소비자의 쇼핑경험을 강화시킬 수 있다.
⑤ 다점포경영은 해당상권에 대한 진입장벽 보다 개별 점포에 대한 퇴거장벽 형성효과를 얻을 수 있다 .

중심상업지역에 위치한 도심(입지)형 백화점의 경우 신업태의 출현과 교통체증, 주차공간의 부족 등에 의해 고객들이 구매를 기피하는 경향이 높아지고 있으며 이러한 문제를 해결하기 위해 많은 백화점들이 도시외곽으로 입지를 옮기거나 지방에 지점을 개설하는 다점포경영(multi store operation)전략을 시도하고 있다. 진입장벽을 형성할 수는 있어도 개별 점포에 대한 퇴거장벽 형성효과를 얻을 수 없다 .

05 ④ 06 ⑤

07 한 지역 내에 여러 점포를 동시에 개설하는 형태인 다점포 경영에 대한 설명 중 올바르지 않은 것은?

① 동일 지역 내에 점포를 새로 개설할 때마다 점포별 신규수요를 창출할 수 있어 효과적 이다.
② 다 점포경영은 촉진과 유통 등의 과정에서 규모의 경제 효과를 얻을 수 있어 많이 사용하게 된다.
③ 한 지역 내에 동일한 제품을 판매하는 점포가 많아져 개별점포에서는 판매량이 감소할 수 있다.
④ 동일 제품을 판매하는 점포들이 광고, 원자재 구입 등의 비용을 공유하여 비용절감 효과가 있다.
⑤ 한지역 내에 추가적으로 입점하는 점포는 한계이익이 한계비용보다 높을대 까지 입점할 수 있다.

오답풀이 동일 지역 내에 점포를 새로 개설할 때마다 점포별 신규수요는 감소하게 된다. 그 이유는 그 상권의 수요는 일정한데 점포수만 증가를 하기 때문이다.

08 신규점포의 매출액 및 상권범위를 예측하고 점포 성과와 소매환경변수 간의 관계를 평가하는데 있어 Luce 모형에 대한 설명 중 잘못된 것은?

① Luce 모형은 점포성과(매출액)와 소매환경변수간의 관계를 확률적인 관계로 가정하여 분석하는 확률적 모형에 속한다.
② Luce 모형은 특정점포의 효용이나 매력도가 높을수록 그 점포가 선택될 확률이 높아진다고 가정한다.
③ 확률적 모형은 거리만 고려하는 소매중력법칙보다 많은 정보를 반영하여 상권의 범위를 예측할 수 있다.
④ 점포를 선택할 확률은 거리에 의해 영향을 받기 때문에 거리에 대한 모수는 +값을 가지게 된다.
⑤ 소비자가 특정한 점포를 선택할 확률은 그가 고려하는 점포 대안들의 개별효용의 총합에 대한 특정한 점포의 효용의 비율에 의해 결정된다.

오답풀이 소비자는 점포까지의 거리가 멀어질수록 그 점포에 대한 효용은 감소하기 때문에 모두 는 負(—)의 값을 가지게 되며, 이 경우 효용과 거리 간의 (—) 관계를 거리 증가에 의한 효용 감소효과라고 한다.

09 신규점포의 매출예측 방법의 하나인 시장점유율법(Market Share Approach)과 관련된 설명 내용들이다. 올바르지 않은 내용은?

① 시장점유율은 시장의 총 잠재 매출액 중에서 점포가 차지하는 매출 비율이며 점포의 가구당 판매액/가구당 잠재판매액의 수식으로 표현된다.
② 시장점유율법에서 사용하는 매출추정방법을 통해 상권 외부의 소비자 유입 및 상권 내 소비자의 점포선호성향을 파악할 수 있다는 점이 특히 장점으로 부각되고 있다.
③ 상권별 시장점유율 자료인 시장점유율법에서 고려할 사항은 상권내 인구수와 1인당 소비액 또는 가구당 소비액을 계산하는 것이다.
④ 총시장잠재력은 상권의 시장잠재력의 척도인 1인당 소비액(지출액)과 상권내 인구 수를 곱한 값이다.
⑤ 슈퍼마켓 연구의 내용과 일치하며, 다른 점은 선행연구에서 '상품의 질'을 예비조사 결과를 참고하여 '식품의 신선도'로 바꾼 것이다.

시장점유율법(Market Share Approach) 또한 신규점포의 매출 예측방법이다. 시장점유율은 시장의 총 잠재매출액 중에서 점포가 차지하는 매출 비율이며, '시장점유율=점포의 가구당 판매액/가구당 잠재판매액'의 수식으로 표현한다.

10 신규점포에 대한 매출예측방법의 하나인 시장점유율법(Market Share Approach)에 있어서 매출추정의 절차를 순서대로 가장 올바르게 나열한 것은?

가) 상권내의 총면적 대비 신규점포의 비율을 구한다.
나) 인구조사자료를 기초로 하여 상권 내 인구수를 파악한다.
다) 상권의 시장잠재력 척도인 1인당 소비액을 추정한다.
라) 경쟁지역과의 접근성 등의 변수를 고려하여 업태의 상권을 추정한다.
마) 인구수와 1인당 지출액을 곱하여 총 시장 잠재력을 구한다.

① 가-나-다-라-마
② 다-라-나-마-가
③ 나-다-라-가-마
④ 라-나-다-마-가
⑤ 라-가-나-다-마

시장점유율법(Market Share Approach) 또한 신규점포의 매출 예측방법이다. 시장점유율은 시장의 총 잠재매출액 중에서 점포가 차지하는 매출 비율이며, '시장점유율=점포의 가구당 판매액/가구당 잠재판매액'의수식으로 표현한다. 매출추정의 절차를 순서대로 가장 올바르게 나열한 것은 ④의 내용이다.

09 ② 10 ④

11 서울시에 거주를 하고 있고, 커피전문점을 하려고 하는 이혜빈씨(임차인)는 우선 주변의 상권을 분석하고, 입지를 선정하여 건물을 임차하려는 마지막 단계에 들어서 있다. 건물주(임대인)와의 계약에 앞서 커피전문점을 영위하려 할 때 상당한 시설비용이 투자해야 한 다는 것을 알았다. 그런데 많은 비용을 지출하고 시설을 다 완비했는데 건물주의 일방적인 계약을 해지하는 것을 방지하기 위해 '상가건물임대차 보호법'을 읽어가는 순간 잘못된 지문을 알았다. 그내용은 무엇인가?

① 상가건물 임대차보호법은 상가건물(사업자등록의 대상이 되는 건물)의 임대차(임대차 목적물의 주된 부분을 영업용으로 사용하는 경우를 포함)에 대하여 적용한다.
② 임대기간을 정하지 아니하거나 기간을 1년 미만으로 정한 임대차는 그 기간을 1년으로 본다. 다만, 임차인은 1년 미만으로 정한 기간이 유효함을 주장할 수 있다.
③ 임차인의 계약갱신요구권은 최초의 임대차기간을 포함한 전체 임대차기간이 2년을 초과하지 아니하는 범위에서만 행사할 수 있다.
④ 임차인이 잘못되어 건물이 경매에 넘어 갔을 경우에는 우선변제를 받을 임차인은 보증금과 차임(借賃)이 있는 경우에는 5천만이하인 경우이다.
⑤ 임차인이 전(前)임차인에게 일정한 권리금을 주고 점포를 사용하고 난후에 계약기간 종료의 사유로 인하여 지불한 권리금반환을 임대인에게 청구할 수 없다.

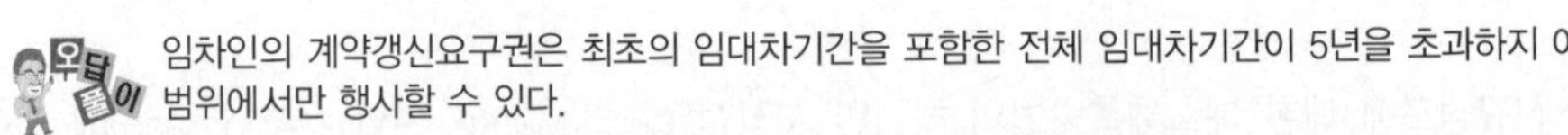

임차인의 계약갱신요구권은 최초의 임대차기간을 포함한 전체 임대차기간이 5년을 초과하지 아니하는 범위에서만 행사할 수 있다.

12 다점포경영은 일부 기업들이 추구하고 있는 소매전략으로 동일지역에 여러 점포를 개설하여 총 수익을 늘리고자 하는 전략이다. 다음 중 소매업체가 다점포 경영을 할 때의 장점이라고 가장 보기 어려운 것은?

① 촉진 및 유통활동에 있어서 규모의 경제를 실현할 수 있다.
② 기업의 브랜드 가치를 높이고 사회적 이미지를 강화할 수 있다.
③ 해당 상권이 포화되어 경쟁업체에 대해 진입장벽을 형성할 수 있다.
④ 유사규모의 소매 업태에 비해 시장 변화에 발 빠르게 대응이 가능하다.
⑤ 수요에 대한 자기 잠식 현상을 사전에 방지함으로써 총수익을 증가시킨다.

우답풀이 다점포 경영 전략은 동종업종의 경쟁악화로 인해 제살 깎아 먹기라는 비난을 면하기 어렵다. 따라서 총수익을 증가시킨다는 말은 옳지 않다.

해답 11 ③ 12 ⑤

13 다음은 소매상들이 자사의 점포를 개설하고자 할 때 고려해야 하는 관점 및 다양한 형태의 상업 지역에 관한 설명이다. 올바르지 않은 설명은?

① 중심상업지역(central business districts)은 집약적 토지이용으로 인한 건물의 고층화, 과밀화로 주거기능 및 상업기능 모두 점차 약화되고 있다.
② 소매상들은 우선적으로 점포입지 선정에 있어서 거리에 따른 장/단점과 매장 임대료의 고/저 사이의 상쇄관계관점에서 최고로 유리한 점포위치를 선정해야 한다.
③ 교통문제, 소비자의 구매습관 전망 및 경쟁분석 등을 포함한 입지평가를 위한 다양한 방법들을 활용하여 입지를 선정한다.
④ 일반적으로 다음의 4가지 요소 즉 평균점포 통행고객 수(%), 방문고객 수(%), 구매고객 수(%), 구매고객 1인당 평균구매액을 통해 어떤 특정 점포의 판매효과성을 평가할 수 있다.
⑤ 지역쇼핑센터(regional shopping center)는 원스톱쇼핑을 가능하게 해주며 또한 식당 및 오락시설 등이 공존함으로써 매력적이다. 임대료와 상가 점포의 수익률 모두 높은 것이 특징이다.

도심입지(CDBs)는 대도시와 중 · 소도시의 전통적인 도심의 상업지역을 말하며 이러한 곳은 다양한 상업 활동으로 인해 많은 사람들을 흡인하는 지역이다. 도심입지의 상업 활동은 많은 사람들을 유인하고, 그곳이 대중교통의 중심지이며 도시 어느 곳에서든지 접근성이 가장 높은 지역이다. 주거기능은 약화됐다고 할 수 있지만 상업기능은 아직도 활성화되고 있다.

14 다음 중 다점포 경영의 장점에 가장 부적합하게 되는 내용은?

① 촉진 및 유통활동에 있어서 규모의 경제를 실현할 수 있다.
② 지점은 적은 비용으로 공급받을 수 있어 비용 절감에 유리하다.
③ 지점은 자신들의 경영을 나름대로 수행할 수 있는 독립성이 있다.
④ 본사에서 훈련된 전문 인력을 파견하기 때문에 지점은 시장변화에 능동적 대응이 가능하다.
⑤ 본사의 경영이나 관리기법이 그대로 지점에서 수행되기 때문에 지점의 실패 가능성이 상대적으로 적다.

다점포경영은 본부에서 상품과 유니폼 같은 것을 본부 운영방침대로 정하여 획일적으로 시행하므로, 지점운영에 있어 독립성이 보장되지 않는 단점을 내포하고 있다. 따라서 지점은 본부의 경영방침대로 점포를 운영할 수밖에는 없다.

13 ①　14 ③

15 다음은 소매점 창업이나 경영 시 고려해야 할 도로 형태에 관한 설명들이다. 가장 옳지 않은 것은?

① 큰 도로를 중심에 두고서 양쪽 옆으로 생선가시처럼 수없이 갈라지는 생선가시(fishbone)형 도로는 소매업 경영에 좋은 도로 형태이다.
② 도로가 나뭇가지처럼 사방으로 뻗쳐있는 나뭇가지(tree branch)형 도로는 소매업 경영에 좋은 도로 형태이다.
③ 여러 갈래의 도로가 평행한 형태로 놓여있는 평행(parallel)형 도로는 소매업 경영에 좋은 도로 형태이다.
④ 모든 도로가 특정지역으로 이어져 있는 별(stellar)형 도로는 소매업 경영에 좋은 도로형태이다.
⑤ 뱀(serpentine)형태의 도로는 기본적으로 굴곡이 많은 도로이며, 산과 언덕의 경사가 많아 소매업 경영에 좋은 조건은 아니다.

여러 갈래의 도로가 서로 평행(parallel)한 형태로 놓여있는 도로는 소매업 경영에 좋은 조건이 아니다.

16 다음 중 소매점의 경쟁점에 대한 대책으로 가장 적합한 것은?

① 상품을 세분화하여 경쟁점과 상생할 수 있도록 차별성과 양립성을 동시에 추구해야 한다.
② 경쟁이 격화되는 것을 피하기 위해 경쟁점의 전략변화에 대해서 즉각 대응하지 않는다.
③ 상대적인 경쟁적 지위를 불문하고 자기 점포의 주력상품은 경쟁점의 주력상품과 동일해야 한다.
④ 가격은 상품품질을 반영하는 척도이므로, 저가정책을 기본으로 삼지 않는 한 경쟁점보다 높은 가격대를 설정한다.
⑤ 상품 분석을 세분화하여 상호 간에 주력상품이 다르다면 이는 양립할 수 있는 업체로 볼 수 있지만, 이를 통하여 소매업의 시너지 효과는 창출할 수 없다.

업종이 같다고 하여 모두 경쟁업체가 되는 것은 아니다. 상품 분석을 세분화하여 상호 간에 주력상품이 다르다면 이는 양립할 수 있는 업체로 볼 수 있으며, 이를 통하여 소매업의 시너지 효과를 창출할 수가 있고, 상품을 세분화하여 경쟁점과 상생할 수 있도록 차별성과 양립성을 동시에 추구해야 한다.

해답 **15** ③ **16** ①

17 다음 중 신규 출점에 관한 아래의 작업진행 프로세스 중에서 가장 적합한 것은?

① 출점방침 결정→출점지역 결정→점포 물색→사업계획(수익성 및 자금조달계획) 수립 →점포매입/건설→개점
② 출점방침 결정→사업계획(수익성 및 자금조달계획) 수립→점포 물색→출점지역 결정 →점포매입/건설→개점
③ 출점방침 결정→사업계획(수익성 및 자금조달계획) 수립→출점지역 결정→점포 물색 →점포매입/건설→개점
④ 출점방침 결정→점포 물색→출점지역 결정→사업계획(수익성 및 자금조달계획) 수립 →점포매입/건설→개점
⑤ 출점방침 결정→점포 물색→사업계획(수익성 및 자금조달계획) 수립→ 출점지역결정 →점포매입/건설→개점

특정한 지역에 점포를 신규로 출점을 하기위해서는 우선 출점방침을 결정하고, 출점지역을 결정하며, 점포를 물색, 수익성의 판단 및 자금조달계획을 수립한 뒤 점포를 매입하거나 건설하여 개점을 하는 것이 일반적인 방법이다.

18 다음은 한 유통기업이 특정 상권 내에서 다점포전략을 추구하는 경우에 대한 설명이다. 가장 거리가 먼 것은?

① 유통기업이 특정 상권에 다점포전략을 사용하는 것은 자사 점포들 사이에 경쟁을 유발하여 전체적 성과를 높임과 동시에 경쟁점포의 출점에 대한 장벽을 구축하기 위한 목적이다.
② 유통기업이 특정 상권에 다점포전략을 사용할 경우 경쟁점포가 출점할 수 있는 입지를미리 선점할 수 있고, 고객충성도 향상과 불량고객의 퇴출에 기여한다.
③ 다점포경영의 발생요인은 유통업계의 대형화와 집중화 현상, 소비자행동의 변화 및 정보기술 발달 등의 환경적 변화에서 비롯된다.
④ 특정 상권 내에서 다점포경영은 점포들 간의 경쟁을 촉진하고, 자사 점포들의 개별이익을 보장하지 못하는 단점을 지닌다.
⑤ 동일한 상권 안에 새로운 점포를 출점하는 전략은 내부경쟁을 통해 성과가 나쁜 자사(自社) 점포의 성과를 개선하는 효과를 가져 올 수 있다.

다점포전략은 규모의 이익과 효율을 고려하여 계획적으로 여러 지역에 출점하는 것을 말하며, 본점을 통한 대량매입과 각 지점을 통한 대량판매의 동시 실현을 목표로 하는 경영시스템을 의미한다.

해답 **17** ① **18** ②

19 고객 점포로 얼마나 내점하는가를 조사하는 내점객조사의 방법으로 가장 타당하지 않은 설명은?

① 방문자에 대하여 조사원이 질문지상의 일정한 항목을 기초로 고객에게 직접 청취 조사하고, 표본수는 점포 규모와 방문자 수에 따라 차이가 발생할 수 있다.

② 내점객 조사에 대응하는 점포 규모와 방문자 수는 절대적인 숫자보다는 보통 점포 방문객 수의 15~20% 정도가 가장 타당한 비율이라 할 것이다.

③ 조사대상자 직업은 초 · 중 · 고학생, 학원생, 직장인, 대학생 등으로 하고 직업의 구별은 자기점포의 목표 고객층과의 관련성을 고려하여 세심하게 파악해야만 한다.

④ 고객점표법은 애플바움(W.Applebaum)이 내점객을 조사하기 위해서 개발한 방법으로고객점표도에는 대상점포에서 쇼핑을 하는 고객들의 지리적 분포가 나타난다.

⑤ 점두조사법은 점포에서 역까지의 전철과 버스노선별 소요시간 및 요금을 조사하여 상권을 파악하고, 소비자들의 이용도가 높은 교통수단일수록 조사 방법에 유리하다.

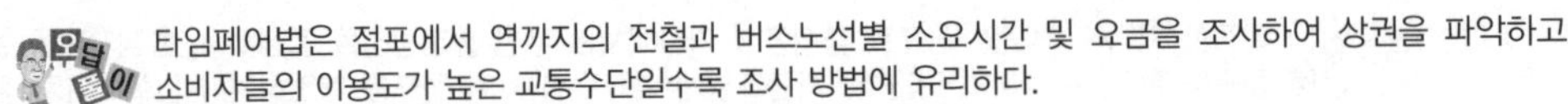

타임페어법은 점포에서 역까지의 전철과 버스노선별 소요시간 및 요금을 조사하여 상권을 파악하고, 소비자들의 이용도가 높은 교통수단일수록 조사 방법에 유리하다.

20 동일 지역 혹은 동일 상권 내에 다점포를 출점하는 전략 및 이 전략이 소매점의 입지선정에 미치는 영향에 대한 다음의 기술들 가운데 가장 옳지 않은 것은?

① 프랜차이즈 시스템의 다점포 출점전략은 가맹점과 본부 사이의 갈등을 야기할 수 있다.

② 동일한 상권 안에 새로운 점포를 출점하는 전략은 내부경쟁을 통해 성과가 나쁜 자사(自社) 점포의 성과를 개선하는 효과를 가져 올 수 있다.

③ 동일한 상권을 자사 점포로 포화시키는 전략은 점포 간 시너지를 통해 경쟁점포의 고객을 자사 고객으로 전환하는 효과를 가져 올 수 있다.

④ 유통시장 전면 개방에 대한 대응책으로 기존 중소 업체를 인수하거나 수도권 및 신도시 지역으로 신규점포를 출점하고 있다.

⑤ 특정상권 안에 다수의 점포를 출점하는 개별점포의 입지선정은 체인 전체보다 개별점포의 관점에서 최적의 입지를 선정해야 하기 때문에 더욱 어렵다.

다점포 출점이란 각 지역의 발전성이나 상권 자체가 갖고 있는 이점 등을 자사의 이익과 연계시키기 위한수단으로서 각 해당지역에 자사의 지점을 출점케 하는 경영관리를 말한다. 특정상권 안에 다수의 점포를 출점하는 개별점포의 입지선정은 체인 전체보다 개별점포의 관점에서 최적의 입지를 선정해야 하지만 쉽다고 할 수가 있다.

해답 19 ⑤ 20 ⑤

21 다음의 설명과 가장 밀접한 소매점포의 전략은?

> 유통시장 전면 개방에 대한 대응책으로 기존 백화점들은 유통망의 경쟁력 강화와 경쟁우위를 확보하기 위해 지방도시의 기존 중소 업체를 인수하거나 수도권 및 시 · 도시지역으로 신규점포를 출점하고 있다. 이로 인해 동종업종간의 경쟁악화가 하나의 문제점으로 부각되고 있다.

① 다각화 전략
② 광역형 입지전략
③ 다점포화 경영전략
④ 사업 확장전략
⑤ 도심 집중화 전략

다점포 경영은 자사의 이익과 상권 자체의 이익을 연결하기 위하여 각 해당지역마다 자사의 지점포를 입지하게 하는 것으로서, 다점포 정책에 의해 만들어진 각 지점들의 영업활동에 관한 경영관리를 의미한다. 하지만 이러한 전략은 동종업종의 경쟁악화로 인해 제살 깎아 먹기라는 비난을 면하기 어렵다.

22 소매점업태나 업종의 입지에 대한 내용을 설명한 것으로 가장 적합하지 않은 설명은?

① 백화점 입지의 선정은 주요산업, 유동인구, 대중교통 연계성 등 장기적인 발전을 고려하여 선정해야 하며, 규모면에서 대형화를 추구하기 때문에 상권 내 소비자의 경제력 및 소비형태의 예측을 근거로 적정한 입지를 선정해야 한다.
② 의류 패션 전문점의 입지를 주변 상권과의 관계를 고려해야 하는 이유는, 특히 의류점의 경우 선매품으로 고객이 여러 점포를 다니면서 가격이나 디자인, 색감이나 품질 등을 비교하여 구매하는 특성을 지녔기 때문이다.
③ 패션잡화점의 최적 입지는 상호대체적인 상품을 판매하는 다양한 점포들이 모여 있는 곳을 우선적으로 선택하고, 패션상품을 판매하고 유통인구가 적으며, 유통인구의 상당수가 젊은 세대들이 찾는 지역이 입지로서 가장 적합한 장소이다.
④ 식료품점의 입지는 위치 측면에서는 상점가의 위치, 주차장소, 시간대별 · 요일별로 변화 가능성, 도로의 폭, 비탈이나 경사진 면, 상가의 좌우에 편성되어 있는 건물 등의 요소 등을 면밀히 고려해야 한다.
⑤ 생활용품 중 주방기구나 생활용품, 인테리어 소품등 대단위 아파트 밀집지역, 주택가 밀집지역 등 주거지 인접지역으로 출점하여야 하며, 주변에 대형 할인점 등과 취급하는 품목이 다수 겹치게 되면 인근에 대형 유통센터가 없는 지역에 입지해야 한다.

패션잡화점의 최적 입지는 상호보완적인 상품을 판매하는 다양한 점포들이 모여 있는 곳을 우선적으로 선택하고, 패션상품을 판매하고 유동인구가 많이 있으며, 유동인구의 상당수가 젊은 세대들이 찾는 지역이 입지로서 가장 적합한 장소이다.

21 ③ 22 ③

23 다음 중 권리금에 관한 설명으로 가장 올바른 것은?

① 권리금은 전적으로 거래상의 관행에 의하여 발생한 것으로서 민법에 의거한 것이다.
② 임대차계약이 종료되더라도 임대인은 원칙적으로 권리금 반환에 대한 의무를 지지 않는다.
③ 권리금은 전적으로 거래상의 관행에 의하여 발생한 것으로서 민법 이외의 기타 법률에 의거한 것이다.
④ 권리금이라는 것이 법적으로 보호받는 돈이기 때문에 임대차 계약시 권리양도 계약서를 작성해야 '사기' 같은 장난을 당하지 않는다.
⑤ 주로 대도시의 토지 또는 건물(특히 점포)의 임대차에 부수하여 그 부동산이 가지는 특수한 장소적 대가로서 임대인이 임차인에게 지급하는 금전을 의미한다.

권리금은 법적으로 인정이 되는 금액이 아니므로 임대차계약이 종료되더라도 임대인은 원칙적으로 권리금 반환에 대한 의무를 지지 않는다. 단, 임대인이 강제로 계약전에 해지시 보상을 해야한다.

24 건축물의 바닥면적, 연면적, 대지면적 등을 비교하여 산정되는 용적률과 건폐율에 대한 설명으로 가장 옳지 않은 것은?

① 토지이용 과밀화 방지나 토지이용도 제고를 위해 건폐율을 강화 또는 완화하여 적용한다.
② 용적률과 건폐율은 대지내부의 입체적 또는 평면적 건축밀도를 나타내는 지표로 활용된다.
③ 지하층의 면적, 주민공동시설의 면적은 용적률 산정에서 제외된다.
④ 지상층의 주차용 면적은 해당 건축물의 부속용도로 쓰는 경우 용적률 산정에 포함된다.
⑤ 용적률은 기준용적률, 허용용적률, 상한용적률로 세분되기도 한다.

지상층의 주차용 면적은 해당 건축물의 부속용도로 쓰는 경우 용적률 산정에 제외된다.

해답 **23** ② **24** ④

25 최근 권리금에 대한 사회적 관심이 높아지고 있다. 권리금에 대한 아래의 내용 중에서 옳은 것은?

① 권리금은 일종의 영업권이며 이는 법률로 보호받을 수 있는 근거가 된다.
② 권리금은 법에서 인정을 하고 있기 때문에 법률적인 반환을 보장받을 수 있다.
③ 법률적으로 권리금은 법률상의 용어이고 회계학적으로도 권리금이라는 용어로 부르고 있다.
④ 임대차 계약기간동안의 사업수익으로 충분히 충당될 수 있는 정도여야 적당하다고 볼 수 있다.
⑤ 신축건물에도 바닥 권리금이라는 것이 있는데, 이는 주변상권의 강점을 반영하는 것이므로 높아도 무방하다.

권리금은 법률상의 용어이고 회계학적으로는 영업권이라는 용어로 부르고 있다. 법률적인 권리금은 법으로 보호를 받을 수 없기 때문에 양수나 양도 시 주의를 요해야 한다. 권리금은 영업시설, 비품 등의 유형물이나 거래처, 신용, 영업상의 노하우 또는 점포의 위치에 따른 영업상의 이점 등 무형적인 재산적 가치라고 할 수 있다.

상권 분석

26 다음 내용들 가운데 소매점이 동일한 상권 안에 복수의 점포를 출점하는 경우에 얻을 수 있는 효과만을 모두 골라 놓은 문항은?

가. 물류, 광고 등의 공동 활동에서 규모의 경제를 누릴 수 있다.
나. 점포 신설에 따른 한계이익이 한계비용을 초과하는 범위 안에서는 회사 전체적인 입장에서 더 큰 이익을 얻을 수 있다.
다. 같은 회사의 점포들 사이에 불필요한 경쟁을 유발하여 개별 점포의 성과는 악화된다.
라. 전체적인 최적규모 달성에 초점을 맞추기 때문에 개별점포들을 적정규모로 운영하기는 어렵다.

① 가
② 나
③ 가, 나
④ 가, 나, 다,
⑤ 가, 나, 다, 라

소매점이 동일한 상권에 복수의 점포를 출점하는 경우 물류센터, 광고 등의 공동 활동을 통해 규모의 경제를 누릴 수 있으며 점포 신설에 따른 한계 이익이 한계 비용을 초과하는 한, 회사 전체로는 더 큰 이익을 얻을 수 있다. 또한 같은 회사의 점포들 사이에 경쟁을 유발하여 각 점포의 성과를 개선할 수 있다.

25 ④ 26 ③

27 다음 중 산업의 경쟁적 구조에 대한 상황별 설명이 옳지 않은 것은?

① 독점은 하나의 판매자가 해당시장의 전체를 지배하는 것이다.
② 완전경쟁은 판매자들과 구매자들이 다수이고, 같은 종류의 상품들이 많으며, 시장 활동에 최소한의 제약이 있을 때를 말한다.
③ 독점적 경쟁은 여러 기업들이 경쟁자의 상품과 몇 가지 면에서 차별화된 상품을 파는 것이다. 상품들은 독자적인 외양, 상표, 포장방법 등으로 차별화되어진다.
④ 불완전경쟁은 완전경쟁도 독점도 아닌 상태로 생산물의 차별화를 수반하는 독점적 경쟁의 경우와 과점의 경우가 있다. 현실의 경제계는 대부분 불완전경쟁의 상태에 있다.
⑤ 과점은 다수의 큰 기업의 지배를 받는 시장구조이다. 매우 높은 상품 차별화가 이루어지며, 시장에 있는 기업의 수가 비교적 많기 때문에 경쟁행동은 상호의존성이 눈에 띌 정도로 현저한 것이다 특징이다.

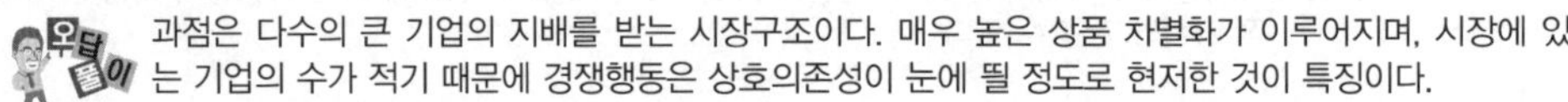

오답풀이 과점은 다수의 큰 기업의 지배를 받는 시장구조이다. 매우 높은 상품 차별화가 이루어지며, 시장에 있는 기업의 수가 적기 때문에 경쟁행동은 상호의존성이 눈에 띌 정도로 현저한 것이 특징이다.

28 소매점이 동일한 상권에 복수의 점포를 출점하고자 하는 경우 특징에 대한 기술들 가운데 가장 옳지 않은 것은?

① 물류센터, 광고 등의 공동 활동을 통해 시너지 효과를 획득할 수 있다.
② 소비자들은 동일한 상호를 가지 업체이지만 서비스 경쟁에서 얻는 소비자 만족효과가 있다.
③ 같은 회사의 점포들 사이의 경쟁을 유발하여 각 점포 경영의 성과를 더욱 촉진할 수 있다.
④ 동일상권 내 점포별 차별화 특히 가격차별화 및 서비스 차별화를 통해 다양한 소비자 계층간의 다양한 욕구를 더욱 잘 충족시키기 위한 점포확장 전략으로 주로 사용된다.
⑤ 동일상권 내에 복수 및 다수의 점포운영은 고객의 접근성 및 편리성을 보다 높일 수 있을 뿐만 아니라, 단수의 점포로는 규모가 지나치게 비대해져서 발생할 수 있는 비효율적인 경영을 막을 수 있다.

오답풀이 복수의 점포 출점이란 각 지역의 발전성이나 상권 자체가 갖고 있는 이점 등을 자사의 이익과 연계시키기 위한 수단으로서 각 해당지역에 둘 이상의 지점을 출점케 하는 경영관리를 말한다. 하지만 동일지역에서는 차이가 있는 가격이나 서비스를 제공하기는 어려울 것이다.

해답 27 ⑤ 28 ④

29 다음은 접근성에 대한 설명이다. 이 중 옳지 않은 것은?

① 접근성은 고객들이 원하는 장소로의 이동에 불편함이 없다는 것을 말한다.
② 점포의 입지나 상권을 결정하는데 있어서 접근성은 상당히 중요하게 고려되는 요소이다.
③ 자동차보급률 증가에 따라 차량접근성이 소매점 선택에 있어서 그 중요성이 강화되고 있다.
④ 접근성의 평가는 도로 구조나 거리의 진입과 퇴출, 가시도, 장애물 등을 비교 분석하여 평가하여야 한다.
⑤ 접근성은 거리상태, 통행량, 통행시간 등에 의하여 결정되며 이러한 접근 가능성이 낮을수록 교통량이 증가한다.

접근성은 고객들이 원하는 장소로 이동하는 데 불편함이 없어야 한다는 것으로 점포의 입지나 상권을 결정하는 데 있어서 상당히 중요하게 작용하고 있다. 이러한 접근성은 거리상태, 통행량, 통행시간 등에 의해 결정되며, 접근 가능성이 높을수록 교통량이 증가한다.

상권 분석

30 특정 입지(site)의 접근성에 대한 주차시설의 영향 평가와 관련된 다음의 기술들 가운데 가장 옳지 않은 것은?

① 혼잡도는 사람들이 밀집되어 복잡한 정도뿐만 아니라 자동차의 밀집에 따른 복잡한 정도를 모두 포함하고 있는 개념이다.
② 적정수준의 혼잡도는 매출을 촉진시키기 때문에 적정수준의 혼잡도는 전혀 문제될 것이 없다.
③ 주차장의 혼잡도를 추정할 때 직원용 주차공간은 항시 일정하기 때문에 적정 주차공간 추정 시 고려 사항에서 제외하고 고객을 위주로 적정 주차공간을 추정하여 산출해야 한다.
④ 적정 주차공간을 추정할 때는 일별(주중과 주말), 주별, 계절별로 다양한 시점에서 주차차량을 조사하여 추정해야 하며, 전체적으로 시점에 관계없이 평균을 산출하여 추정하면 불확실하다.
⑤ 주차시설의 위치를 평가할 때는 고객 쇼핑동선의 일반적 길이를 고려해야 한다.

직원용 주차공간은 항시 일정하기 때문에 적정 주차 공간 추정 시 주차장의 혼잡도를 추정할 때 고려 사항에서 포함하여 적정 주차공간을 추정하여 산출해야 한다.

해답 **29** ⑤ **30** ③

31 다음 중 편의품을 판매하는 점포에 대한 설명 중 가장 적합한 것은?

① 편의품을 취급하는 소매점포는 보다 상위의 소매 중심지나 상점가에 입지하여 넓은 범위의 상권을 가져야 한다.

② 소비자는 복수의 점포를 둘러보고 여러 제품들을 비교 검토한 후에 제품을 구매하게 되므로 일정 범위에 걸쳐 유사하거나 같은 업종의 점포가 조밀하게 모여 있을수록 좋은 입지이다.

③ 가까운 곳에 상주하고 있는 소비자도 있지만 원거리에 거주하는 소비자도 있고, 이들이 이동하여 제품을 구매하는 경우가 많기 때문에 주차장이 있거나 다양한 대중교통수단을 활용할 수 있는 곳이어야 한다.

④ 소비자가 구매하고자 하는 제품은 상표에 대한 충성도가 거의 없는 일반적 제품이 많아 가격과 서비스품질이 상대적으로 뛰어난 점포를 찾아 이용하는 경우도 있지만 가까운 거리에 있는 점포도 많이 이용한다.

⑤ 소비자는 진열된 상품 중에서 가장 목적에 적합한 제품을 구매하게 되므로 품질, 가격, 스타일, 유행 등의 여러 요소들을 비교하게 된다. 따라서 여러 상품에 대한 구색을 맞출 수 있는 곳이 유리하다.

우답 풀이 편의품점은 일반인들이 언제 어디서든 시간과 장소에 제약 없이 쉽게 구매할 수 있는 생활필수품을 판매하는 점포로, 주로 저차원 중심지에 입지한다.

32 소매점이 동일한 상권에 복수의 점포를 출점하고자 하는 경우의 특징에 대한 다음의 기술들 가운데 가장 옳지 않은 것은?

① 물류센터, 광고 등의 공동 활동을 통해 시너지 효과를 획득할 수 있다.

② 같은 회사의 점포들 사이의 경쟁을 유발하여 각 점포경영의 성과를 더욱 촉진할 수 있다.

③ 동일 상권 내에 복수 및 다수의 점포운영은 고객의 접근성 및 편리성을 보다 높일 수 있다.

④ 단수의 점포로는 규모가 지나치게 비대해져서 발생할 수 있는 비효율적인 경영을 막을 수 있다.

⑤ 동일 상권 내 점포별 차별화 특히 가격차별화 및 서비스차별화를 통해 다양한 소비자 계층 간의 다양한 욕구를 더욱 잘 충족시키기 위한 점포확장전략으로 주로 사용된다.

우답 풀이 복수의 점포 출점이란 각 지역의 발선성이나 상권 자체가 갖고 있는 이점 등을 자사의 이익과 연계시키기 위한 수단으로서 각 해당지역에 둘 이상의 지점을 출점케 하는 경영관리를 말한다. 하지만 동일지역에서는 차이가 있는 가격이나 서비스를 제공하기는 어려울 것이다.

해답 31 ④ 32 ⑤

33 다음 중 넬슨(R. L. Nelson)이 선정한 입지선정의 평가방법에 대한 내용으로 가장 옳지 않은 것은?

① 경영자가 진입할 상권의 입지 가격이나 비용 등으로 인한 수익성과 생산성의 정도를 검토 평가하여 수익성 및 생산성이 가장 확실하게 보장되는 용지를 선택해야 하는 것이 성장 가능성이다.

② 장래 경쟁점이 신규 입점함으로써 고려대상 점포나 유통단지에 미칠 영향 정도나 고려대상 점포가 기존점포와의 경쟁에서 우위를 확보할 수 있는 가능성의 정도를 평가하는 방법이 경쟁 회피성이다.

③ 동일한 상권 내의 고객들을 자신의 점포로 유인하는 데 있어서 어떠한 장애요소가 고객들이 접근할 수 있는 가능성을 방해하는지를 살펴보는 것이 접근 가능성이다.

④ 상호보완관계가 있는 점포들이 근접하여 입지함으로써 고객이 흡입될 가능성으로 경영자가 진입할 상권에 고객의 흡인력을 얼마나 높아지게 할 수 있는가의 가능성을 검토하는 방법이 양립성이다.

⑤ 경영자가 속한 상권지역 내의 기존 점포나 상권 지역이 고객과 중간에 위치하여 경쟁점포나 기존의 상권으로 접근하려는 고객을 중간에서 저지할 수 있는 가능성을 평가하는 방법이 중간 저지성이다.

경영자가 진입할 상권의 입지 가격이나 비용 등으로 인한 수익성과 생산성의 정도를 검토 평가하여 수익성 및 생산성이 가장 확실하게 보장되는 용지를 선택해야 하는 것이 용지 경제성이다.

34 고객 흡인력을 창출하는 점포의 접근성(accessibility)에 대한 설명으로 가장 옳지 않은 것은?

① 고객들이 통행 발생지역으로부터 자기가 원하는 특정한 지역이나 장소로 이동하는 데 있어서의 어떠한 장애요인이나 방해 없이 진입과 퇴출이 자유로운 상황을 말한다.

② 점포의 접근성은 거리상태, 통행량, 통행시간, 매력 등에 의하여 결정되며, 접근가능성이 높을수록 점포주변의 교통량이 증가하는 특징이 있다.

③ 접근성의 장애물로는 산, 강, 인조 조형물, 철로, 공원 등의 존재유무를 의미하며, 지역 내 소득의 격차는 점포입지를 선정하는데 접근성에 대한 장애물로 작용할 수 없다.

④ 자신의 점포와 연결되는 주요한 도로 구조나 도로의 상태, 장애물 등의 존재로 인하여 점포로의 접근 가능성이 얼마나 있는가를 분석하는 것이 접근성 분석이다.

⑤ 접근성에서 적정 주차공간을 추정할 때는 일별, 주별, 계절별로 주차차량을 조사하여 추정해야 하며, 시점에 관계없이 평균을 산출하여 추정하면 불확실하다.

오답풀이 접근성의 장애물로는 산, 강, 인조 조형물, 철로, 공원 등의 존재유무를 의미하며 지역 내 소득의 격차도 점포입지를 선정하는데 접근성에 대한 장애물로 작용할 수 있다.

34 ①　　35 ③

상권 분석

35 점포의 임대차과정에서 다루게 되는 권리금에 대한 설명으로 옳지 않은 것은?

① 토지 또는 건물의 임대차와 관련해 발생하는 부동산이 갖는 특수한 장소적 이익의 대가를 의미한다.

② 점포의 영업시설, 비품, 거래처, 신용, 영업상의 노하우, 상가건물 위치에 따른 영업상의 이점 등을 양도 또는 이용하는 대가이다.

③ 점포에 내재된 부가가치의 하나로 바닥권리금, 시설권리금, 영업권리금, 기타권리금 등이 포함된다.

④ 기타권리금이란 사업자가 확보한 단골고객의 가치로서 영업활동을 통해 얻을 수 있는 이익에 의하여 형성된 권리금이다.

⑤ 권리금 계약은 신규임차인이 되려는 자가 임차인에게 권리금을 지급하기로 하는 계약이다.

사업자가 확보한 단골고객의 가치로서 영업활동을 통해 얻을 수 있는 이익에 의하여 형성된 권리금은 영업권리금이다.

36 소매점포의 입지분석에서 다른 입지조건이 동일할 때 도로와 관련한 일반적인 입지판단으로 가장 옳지 않은 것은?

① 방사형 도로에 있어서 교차점에 가까운 위치가 통행이 집중되어 양호한 입지조건으로 볼 수 있다.

② 주도로와 보조도로로부터 접근이 가능하고 중앙분리대가 설치되어 있지 않다면 주도로상의 가까운 모퉁이 점포가 가시성이 높다.

③ 도로와의 인접하는 점포의 접면은 넓을수록 유리하며 도로의 제한속도가 높을수록 더 넓어야 한다.

④ 주거지에서 역이나 정류장을 연결하는 출퇴근 이동이 많은 도로에서는 대체로 퇴근 동선에 위치한 경우가 유리한 입지로 볼 수 있다.

⑤ 커브가 있는 곡선형 도로의 바깥쪽에 있는 점포가 안쪽에 있는 점포보다 가시성 측면에서 유리하다.

오답풀이: 주도로와 보조도로로부터 접근이 가능하고 중앙분리대가 설치되어 있지 않다면 주도로상의 가까운 모퉁이 점포는 가시성에 한계를 가지고 있어 낮을 수밖에 없다.

해답 35 ④ 36 ②